龚留柱 主编

朱绍侯逝世周年纪念文集

河南大学出版社
HENAN UNIVERSITY PRESS
·郑州·

图书在版编目(CIP)数据

朱绍侯逝世周年纪念文集 / 龚留柱主编. --郑州：河南大学出版社，2023.5
　　ISBN 978-7-5649-5474-1

Ⅰ.①朱… Ⅱ.①龚… Ⅲ.朱绍侯–纪念文集 Ⅳ.①K825.81-53

中国国家版本馆 CIP 数据核字(2023)第 104571 号

朱绍侯逝世周年纪念文集

ZHU SHAOHOU SHISHI ZHOUNIAN JINIAN WENJI

责任编辑　马　博　展文婕
责任校对　王　珂
封面设计　史　岩

出　版	河南大学出版社
	地址：郑州市郑东新区商务外环中华大厦2401号　邮编：450046
	电话：0371-22860116(人文社科分公司)　网址：hupress.henu.edu.cn
	0371-86059701(营销部)
排　版	郑州市今日文教印制有限公司
印　刷	郑州印之星印务有限公司
版　次	2023年5月第1版
开　本	787 mm × 1092 mm　1/16
字　数	951 千字
印　次	2023年5月第1次印刷
印　张	52
定　价	258.00 元

版权所有·侵权必究

(本书如有印装质量问题,请与河南大学出版社营销部联系调换。)

序

在敬爱的朱绍侯先生离开我们一周年之际,我收到了河南大学出版社送来的龚留柱教授主编的《朱绍侯逝世周年纪念文集》校样。正是盛夏时节,我端坐于桌前,读着这饱含深情的纪念文稿。文稿由学术论文和回忆文章两部分组成,既体现了先生生前倡导的"以文会友"的优良学风,也反映了学界同人们的追思缅怀与真情爱戴、弟子们的感恩之心与无尽思念。先生的道德文章与音容笑貌,一齐浮现眼前,涌上心头,不觉热泪满面。

先生生于1926年,祖籍辽宁省新民市。1954年东北师范大学研究生部毕业后到河南大学工作,历任历史系副主任、主任,出版社总编辑等职;曾兼任中国史学会理事,中国秦汉史研究会副会长、顾问,中国魏晋南北朝史学会常务理事,河南省社会科学联合会委员,河南史学会会长,河南省地方史志编委会编委,河南省文物管理委员会委员,河南省古籍整理领导小组副组长,《史学月刊》编辑部主任,"今注本二十四史"编委,《今注本二十四史·宋书》主持校注等。先生于1992年获国务院颁发的有突出贡献的专家特殊津贴证书,2012年被中华文化促进会和香港凤凰卫视评为"中华文化人物",2017年被评为"感动河大"人物,2019年获中共中央组织部评选的"全国离退休干部先进个人"称号,是当代著名历史学家、教育家、出版家。先生一生扎根学校,辛勤耕耘68年,立德、立功、立言,留下了不朽的精神遗产。

先生宽仁忠厚,誉满学界。先生温文尔雅,低调谦逊,待人宽厚,可亲可敬,从不苛责别人,对后学晚辈总是循循善诱,扶持提携,他的品格得到学界朋友的一致赞誉。中国秦汉史研究会会长卜宪群老师盛赞先生是一位具有"学术韧性"的学者,是"教之以事而喻之德也"的师者,是"心中有丘壑、眉目作山河"的长者,先生做人做事做学问,都做到了极致。陕西师范大学原校长赵世超老师是20世纪70年代"文革"结束前,在先生积极帮助和运作下成功引进到河南大学历史系的第一位青年教师,在他的记忆里,先生是著名的历史学家、学术活动的组织者和指挥者,是年轻人的良师益友,先生待人平实、宽厚,一片至诚,得享高寿,是上辈人中的幸运者,也是一位学者中的典型代表,身上凝聚着一代人的光辉。年近90岁的宋应离老师在中文系上学时曾聆听过先生的中国古代史课,1990年他担任河南大学出版社社长,与先生朝夕相处,先生为人、治学、工作中勇于担当的使命感、强烈的责任感和勤于治学的紧迫感对他的学习工作产生了积极的影响,他眼中的先生作风朴实,为人正派、谦和、低调、内敛,掩而不露。中国历史研究院的彭卫老师对先生一以贯之的和蔼、温厚、亲切印象深刻,他说,先生在他的学生中、在河南大学、在学术界的崇高声望,与他的人格魅力是融会在一起的。西北大学文博学院的黄留珠老师特别佩服先生让贤于年轻同志的高尚"让德"。李振宏老师在先生身边四十多年,他从先生身上感悟最多的就是如何做人,感受最深的就是先生宽仁忠厚的仁者品格。先生的高尚品格,将永远垂范后学。

先生潜心治学,建树卓越。先生曾题诗自勉:"天资愚钝凭勤奋,事倍功半终有成。聪明才智荒学业,虚度年华空一生。"先生的勤奋给师生们留下了深刻印象。赵世超老师每次到先生家里拜访,看到的都是先生在窗前伏案的背影,他把先生喻为每日耕耘于田间的黄牛,永不停步,有一种锲而不舍的韧劲和踏踏实实的"黄牛"精神。先生92岁高龄时,还对看望他的青年教师说:"现在不行了,每天只能工作六个小时了。"先生数十年如一日,笔耕不辍,著作等身。主编的《中国古代史》迄今已修订改版五次,发行量达140余万册,在全国60%以上的高校历史院系使用;撰写的《军功爵制试探》《军功爵制研究》《军功爵制考论》《军功爵制研究(增订版)》4部专著,成为军功爵制研究的权威之作。先生一生发表学术论文200余篇,在八十至九十岁的10年间,还完成了60余万字的论著,平均每年发表论文四到五篇;

同样在这10间,先生主持校注的《今注本二十四史·宋书》杀青,全书六百多万字,成为"今注本二十四史"这项浩大文化工程的杰出成果之一。2012年,鉴于先生在历史研究领域,尤其在"今注本二十四史"编纂期间所表现出的令人敬佩的学术精神与史学贡献,中华文化促进会和香港凤凰卫视授予先生"中华文化人物"称号。

先生担当使命,振兴学科。赵世超老师常对人说,先生是新时期河南大学史学队伍的主要奠基人。历史学科作为河南大学的传统优势学科,曾一度出现人才断层危机。先生以强烈的历史使命感和现实责任感,主动谋划,建言献策,在师资队伍建设方面发挥了关键作用。推动七八级7位优秀研究生留校任教,之后又力主留下、调入了8位校内外七七级、七八级优秀本科生和研究生,河南大学历史系从此形成人才济济的发展局面。这批教师后来多成长为史学领域的杰出学者,成为学校历史学科繁荣发展的中坚力量。先生主张科研与教学并重,认为教学与科研相辅相成、相互促进。尤其把搞好课堂教学视为教师的基本责任,不仅始终活跃在三尺讲坛,而且提出三条培养青年教师教学能力的得力举措:一是必须指定导师传、帮、带;二是必须通过试讲;三是经常听课检查。在先生的督导和帮助下,历史系优秀教师辈出,逐渐形成了"课比天大"的传统教风。先生还重视学术阵地建设,他多方奔走,推动把《史学月刊》留在学校,如今的《史学月刊》已是大刊名刊,对提升历史学科的学术影响力发挥着重大作用。先生还特别重视学风建设,改革开放初期学术繁荣,先生十分欣慰地看到历史学科的无限生机,但也要求青年学人不要走极端,要学会运用历史唯物主义的方法看问题。先生一边鼓励学生的创新精神,一边进行引导和校正,还联合中文、政教两系举办文科学术交流活动,事后编印论文选集,让好的文章发挥示范作用。赵世超老师在回忆这段往事时感慨道,河南大学良好学风的形成既与这一时期学术繁荣有关,更离不开先生等人的努力和付出。

先生淡泊名利,学术养生。先生视学术如生命,以学术为养生之道,一生致力于学问,没有任何功利之心。发表文章从来不看刊物级别高低,是不是正式期刊也不在乎。在先生看来,写文章就是为了解决问题,发表在哪里都一样。先生的成果也和各级项目无关,完全来自于"兴趣、怀疑、学术争鸣和课堂教学"。正是基于这种淡泊名利的品格,先生发现了诸多真问题,提出了诸多真见新见,奠定了先生一生的学术地位。马小泉老师回忆先生曾说过"做官是一时的,做学问是终生的"。李振宏老师回忆,先生生前总是以一个普通学者的身份,面对学界同人,从来不承认自己是名家、大家,更不承认自己是学术大师,他认为不是先生不配,而是先生不喜,在他看来,学术是先生的生命,只要还有新的学术课题需要思考,需要探讨,先生就可以不老,这是先生的信念,也是先生的人生。

1984年9月,我考入河南大学历史系,领到的教材中就有先生主编的《中国古代史》上、中、下三册,在入学教育时有幸见到了时任系主任的先生,心中非常激动。先生讲话的具体内容已经记不清楚了,但是先生批驳当时流传"史学危机"的说法,要我们坚定专业思想的教诲,却深深留在我的脑海里。遗憾的是先生没有给我们上过课,但是在赵世超老师为我们年级讲授"中国古代史"的一年里,我们深刻感受到先生在中国古代史领域里的学术贡献和地位。当时历史系有很多被称为先生的老前辈,而先生是我们最崇拜和敬仰的年轻先生之一。由于先生工作忙,平时很少见到他,但是他关爱学生,只要是学生的事,他有求必应。高兴的是,在我们毕业之际,先生为我们毕业纪念册题词:"为河大争光,为四化做贡献,不负人民的期望,做国家栋梁之材。"我们历史系八四级同学毕业十年、二十年、三十年的聚会活动,先生都亲自参加并发表热情洋溢的致辞。我清晰地记得,2018年8月8日上午,先生在我们年级毕业三十年聚会上结合自己学术养生经验,鼓励我们说,五六十岁是夯实人生知识的重要时期,是创造人生业绩的最佳时期,要尽量做好自己的工作,将来退休了,时间松动了,反倒容易出成绩。先生希望我们保持良好心态,特别注意自己的身体,在退休后能够发挥余热,多做贡献。

我平时工作忙,与先生的交往不多。先生年事渐高后伤病住院,我才得以有机会协调安排。吉人自有天相,先生曾多次病重,但每次都有化险为夷,平安出院,我因此也与先生多了不少汇报交流的机会。每次看望先生,先生除了关心我的工作和生活外,都要关心学校的发展,特别是关心文科的建设与发展,叮嘱要把文科的优势保持下去。先生言犹在耳,却已魂归道山。书山有阻,谁引前路?学海无涯,谁为舟航?先生有灵,请化作夜空中最亮的那颗星,照耀我们无畏前行。

  斯人已逝,风骨长存。"永远怀念朱先生!"这是河南大学师生的共同心声。河南大学官方网站发表《潜心做大学问的"大先生"——追忆河南大学历史学家朱绍侯》一文,追忆先生笃行求真明大道,有大德、大智、大事业;先生蜡照丹心暖杏坛,有大爱、大格局;先生用生命书写历史,有大情怀、大境界。校党委书记卢克平深切缅怀:"曾随先生赴南阳,躬耕之地费思量。学者持论千斤重,不为世俗说短长。"校长张锁江院士表示:"朱先生是深受敬仰的史学大家。他为人师表、着眼未来、胸怀天下,一生用三尺讲台将传统文化代代相传。他的逝世是河南大学乃至学界的重大损失!我们要化悲痛为力量,继承朱先生的遗志,为河南大学'双一流'建设的美好明天接续奋斗!"

  先生逝世后,李振宏老师与龚留柱老师提议,在先生一周年时举办纪念活动,主旨是把先生的思想、品格和学术继承下去,薪火不灭,让以追求真理为宗旨的良好学术传统发扬光大。去年11月初,我遵两位老师的嘱托,召集河南大学出版社、历史文化学院和人文社科研究院开会,李振宏老师、龚留柱老师介绍了主要思路和基本情况,三家单位全力支持,分工合作,开始筹备朱先生纪念文集的征集和编撰出版工作。短短几个月时间,学界前辈、同人以及师生朋友纷纷赐稿,截至7月初,共收到47篇学术论文和15篇回忆纪念文章,九十余万字。文集前一部分是学术论文,分为先秦秦汉魏晋、宋代以后论文两个单元,主要按研究对象的时代先后排序;后一部分是纪念文章,大致按作者年龄大小排序。先生生前最重视以文会友,前辈学者熊铁基先生、黄今言先生、瞿林东先生,史学界时贤和青年才俊,以及学校不少师生惠赐大作。先生在天有灵,也会为之欣慰。

  特别需要说明的是,文集主编龚留柱老师随先生从事学术研究数十载,一直陪伴于先生左右,谨执弟子礼,有太多默默无闻的付出。先生之子朱玉衡当我面多次赞叹,龚老师侍奉先生比他做儿子的还要周到,他做不到的,龚老师都做到了。龚老师对先生是敬仰的,曾为先生撰写出版学术传记,系统总结和高度评价了先生的学术人生。在他心中的先生眼神慈祥、脸色和蔼,腰身谦恭,心地平和,灵魂宁静,不以物喜,不以己悲。本文集的编纂工作时间紧、任务重,龚老师承受着腰椎之痛,不辞辛劳,付出大量心血,圆满完成了这项任务,令我感佩不已!

  值此文集正式出版之际,我谨代表河南大学对学界同人、师生朋友给予的关心和支持表示衷心感谢,对河南大学出版社、历史文化学院和人文社科研究院提供的支持和赞助表示感谢。

  哲人其萎,薪火相传。敬爱的朱绍侯先生永远活在我们心中!

孙君健
2023 年 7 月 22 日

目 录

河洛地区在中华文明形成与早期发展时期的重要地位 ………… 程有为 1
中国古代宗族的几个问题 ………………………… 马 新 齐 涛 18
"葛藟"与早期酒史 …………………………………………… 王子今 37
周王室后人史事研究 …………………………………………… 薛瑞泽 47
试论秦人婚姻家庭生育观念 …………………………………… 吴小强 54
秦汉宗族政策与社会结构变迁的几个问题 …………………… 臧知非 72
史籍失载的秦始皇荆楚故地的一次出巡及其诏书析证 ……… 孙家洲 88
秦始皇帝"到沙丘而亡"谶语蠡测 …………………………… 张 欣 103
司马迁怎样总结秦汉之际的历史经验 ………………………… 瞿林东 119
秦汉二十等赐爵制与官僚制 …………………………………… 卜宪群 133
军功爵制：中国法制史不能忽略的一个内容 ………………… 郝铁川 141
秦及汉初二十等爵与"士下"准爵层的剖分 ………………… 贾丽英 144
对简牍与秦汉史研究的几点思考 ……………………………… 王彦辉 166
说"制诏御史" ………………………………………………… 代国玺 172
刘贺废黜的历史考察 …………………………… 黄今言 温乐平 200
巫蛊之祸视阈下汉武帝与戾太子的父子纠葛探析 …………… 李 峰 219
汉代政治文化中的"天意"话语发微 ………………………… 王 健 247
汉代政治决策与政治运作基本原则的检讨 …………………… 陈文豪 265
秦汉狱吏问题补说 ……………………………………………… 沈 刚 272
边塞、边郡、边疆与秦汉北边边民的身份体验 ……………… 朱圣明 286

董仲舒正谊明道原始性文献记述异同考	秦进才	305
东汉时期的民族交融及历史启示	史党社	330
论汉唐洛阳辟雍兴废的原因	郭炳洁	338
从汉唐昆明池考古看历史考古学的文献自觉	刘 瑞	350
汉代居延甲渠河南道上塞走向与位置新考	侯旭东	360
论居延汉简"主官"称谓	李迎春	375
张家山336号汉墓竹简《功令》读记	邬文玲	385
曹操高陵墓中的3号人骨是丁夫人	袁祖亮	396
两晋南朝的赐位制度	陈长琦	405
北魏左、右中郎将考	张鹤泉	436

无彩的奇异：宋代白色的社会功能	程民生	454
有关宋辽交聘中泛使概念的几点辨析	贾玉英	477
嵇文甫先生旧学师承渊源考略	郑永福	487
乾嘉考据学的遗产与20世纪中国史学的发展	王记录	494
粤海关陋规名目及其历史影响考察	王宏斌	514
中国思想史学科主体性问题的再思考	张宝明	547
简论墨法之间的隐性对立	张荣明	561
历史人物评价中的"翻案"问题	刘克辉	567
《战国策》的廉政思考	张彦修 徐田亮	577
庄子学说之独立性研究	徐 莹	586
汉代循吏的法家履践	乔松林	613
论荀子思想体系中的"敬"观念	张文瀚	622
"十三经"逻辑结构研究	邱梦艳	636
易学当代创新发展简论	范毓周	677
河大校园的日本灯塔之谜	李玉洁	687
2016年中国古代史研究概述	晋 文 沈 杰	690
略论20世纪中后期英国工党修正主义	阎照祥	704

| "仰之弥高,钻之弥坚" | 卜宪群 | 736 |

深切怀念朱绍侯教授	赵世超	739
我心目中的朱绍侯先生	宋应离	752
我与朱先生近半个世纪的交往	熊铁基	756
朱绍侯先生逝世一周年祭	黄留珠	759
缅怀朱绍侯先生	彭 卫	762
先生的教诲	马小泉	766
沉痛悼念著名史学家朱绍侯先生	程有为	768
在先生身边四十年	李振宏	773
怀念朱绍侯先生	赵国华	788
我的人生导师	刘小敏	794
河南大学图书出版的拓荒牛	朱建伟	800
牢记先生教导，书墨香里辑春秋	史锡平	805
他的生命永远定格在盛夏	袁喜生	810
朱绍侯先生印象散记	田海林	812

编者的话 ……………………………………… 龚留柱　818

河洛地区在中华文明形成与早期发展时期的重要地位

程有为

西汉著名史家司马迁曾说:"昔三代之(君)〔居〕皆在河、洛之间,故嵩高为中岳,而四岳各如其方",①又说:"昔唐人都河东,殷人都河内,周人都河南。夫三河在天下之中,若鼎足,王者所更居也,建国各数百千岁"。② 所谓"河"即黄河,"洛"即伊洛河,"嵩高"即中岳嵩山。司马迁以"河东"(今山西省南部)、"河内"(今河南省黄河以北)、"河南"(今河南省黄河以南)为"三河"。"河、洛之间"和"三河"均指河洛地区。"居"即帝王所建之都邑。司马迁又以唐(虞)、商、周为"三代"。唐虞之世是中华文明形成的时期,夏、商、西周是中华文明早期发展时期。司马迁之言高屋建瓴,指出了河洛地区在中华文明形成和早期发展时期的重要地位。

河洛地区是中国现代考古学的发祥地,百年来田野考古工作不断开展,逐渐完善了史前考古学文化系列。从 20 世纪末至 21 世纪初,国家先后实施的"夏商周断代工程"和"中华文明探源工程",其研究对象都以河洛地区为重点,并取得了极其丰硕的成果,为河洛地区文明起源、形成与早期发展提供了丰富的实证资料。

本文采用二重证据法,从传世文献记载和考古发掘成果两个方面,廓清河洛地区文明形成与早期发展的历史轨迹,探讨河洛地区在中华文明形成与早期发展时期的重要地位。

---

① 司马迁:《史记》卷二八《封禅书》,中华书局,1959,第 1371 页。
② 司马迁:《史记》卷一二九《货殖列传》,第 3262-3263 页。

一、上古三代帝王之都居考述

在司马迁之后,西晋文学家左思又说了相似的话。其《蜀都赋》云:"崤函有帝皇之宅,河洛为王者之里。"①"崤"即崤山,居黄河、洛水之间,为秦岭余脉。"函"即函谷关。函谷旧关为战国时秦置,在今河南灵宝市东北三十里。《西征记》曰:"函谷关城,路在谷中,深险如函,故以为名……东自崤山,西至潼津,通名函谷,号曰天险。"②汉武帝元鼎三年(公元前114年)徙关城于新安,称函谷新关,在今河南新安县东一里。总之,"崤函"的地域范围,西起陕西潼关,东达河南新安,北抵黄河,南至洛河。"崤函"特指河洛地区西部,又与"河洛"互文见义,统指河洛地区。左思重申了河洛地区在中华文明形成与早期发展阶段的重要地位。

下面我们从历史文献层面,对上古三代帝王之都居予以考述。

伏羲氏是史前传说时代的中华人文始祖,与燧人氏、神农氏并称"三皇"。传说伏羲氏曾在河洛地区活动。河水中跃出一匹龙马,背上有规则的符号,人称"河图"或"龙图",伏羲据此画八卦。伏羲曾在洛汭祭天,今巩义河洛镇有"伏羲台"。伏羲的女儿宓妃又成为洛水之神。司马相如《子虚赋》云"若夫青琴宓妃之徒……",如淳曰:"宓妃,伏羲女,溺死洛水,遂为洛水之神。"③

司马迁的巨著《史记》以黄帝、颛顼、帝喾、尧、舜为"五帝",除颛顼之外,其余四帝之都居皆在河洛地区。

黄帝轩辕氏是中华人文始祖。《史记》称:"黄帝居轩辕之丘"④,"黄帝者,少典之子"⑤。《集解》引徐广曰:"号有熊。"⑥皇甫谧曰:"有熊,今河南新郑是也。"⑦《山海经》言:"青要之山,实惟帝之密都。"郭璞云:"天帝曲密

---

① 萧统:《文选》卷四《京都中》,中华书局,1983,第75页。
② 李吉甫:《元和郡县图志》卷六《河南道二》,中华书局,1983,第158-159页。
③ 司马迁:《史记》卷一一七《司马相如传》,第3039-3040页。
④ 司马迁:《史记》卷一《五帝本纪》,第10页。
⑤⑥ 司马迁:《史记》卷一《五帝本纪》,第1页。
⑦ 司马迁:《史记》卷一《五帝本纪》,第2页。

之邑。"袁珂案:"此天帝盖即黄帝也。"①青要山在今河南新安。可见河洛地区有黄帝之都。河洛地区还有不少黄帝传说,如:"黄帝东巡河,过洛,修坛沉璧,受龙图于河,龟书于洛,赤文绿字。"②"黄帝采首山铜,铸鼎于荆山下。鼎既成,有龙垂胡髯下迎黄帝。黄帝上骑,群臣后宫从上者七十余人。"③"首山"即首阳山,在今山西永济市西南蒲州镇南;"荆山"一名覆釜山,在今河南灵宝市西。

帝喾即高辛氏。《史记》称:"至高辛即帝位。"《集解》引皇甫谧曰:"都亳,今河南偃师是。"④

帝尧为陶唐氏。《史记》言:"帝尧为陶唐。"《集解》引张晏曰:"尧为唐侯,国于中山,唐县是也。"⑤又言:"帝尧者。"《正义》引《帝王记》云:"尧都平阳,于《诗》为唐国。"⑥唐县在今河北唐县东北南固城。《帝王世纪》云:"帝尧氏始封于唐,今中山唐县是也,尧山在焉。""及为天子,都平阳,《诗》于风为唐国。"⑦唐县应为尧早年活动地域,其都城当在平阳(今山西临汾境内)。《水经》又云:汾水"又南过永安县西,历唐城东",郦道元注引薛瓒注《汉书》云:"尧所都也。东去冀十里。"⑧此唐城在今山西霍州市西。总之,尧都平阳或唐城,都在晋南,亦即河洛地区。

帝舜为有虞氏。皇甫谧曰:"舜所都,或言蒲阪,或言平阳,或言潘。潘,今上谷也。"⑨蒲阪在今山西永济西南蒲州镇,潘在今河北涿鹿县西南。文献记载尧、舜在同一地域活动。既然尧都平阳或唐城,舜都亦应在今山西临汾或运城永济境内。

鲧、禹父子是尧舜时期重要的历史人物。史称:"其在有虞,有崇伯鲧……"⑩崇伯即崇国之君主。周内史过曰:"昔夏之兴也,融降于崇山。"韦

---

① 袁珂:《山海经校注》卷一五《中山经》,上海古籍出版社,1980,第125页。
② 郦道元:《水经注校证》卷一五《洛水》,陈桥驿校证,中华书局,2007,第373页。
③ 司马迁:《史记》卷二八《封禅书》,第1394页。
④ 司马迁:《史记》卷一《五帝本纪》,第13页。
⑤ 司马迁:《史记》卷一《五帝本纪》,第45-46页。
⑥ 司马迁:《史记》卷一《五帝本纪》,第15页。
⑦ 皇甫谧:《帝王世纪》第二《五帝》,齐鲁书社,2010,第15页。
⑧ 郦道元:《水经注校证》卷六《汾水》,陈桥驿校证,第160-161页。
⑨ 司马迁:《史记》卷一《五帝本纪》《集解》引,第44页。
⑩ 《国语》卷三《周语下》,上海古籍出版社,1988,第103页。

昭注："崇，崇高山也。夏居阳城，崇高所近。"①可见鲧之崇国在嵩山一带。嵩山附近的阳城在今河南登封告成镇。鲧治水失败，子禹继承其事业，治水成功，帝舜赐夏后氏。史称："禹都咸阳，及后乃徙安邑。""禹都阳城，在大梁之南。"②咸阳今属陕西，安邑在今山西夏县西北，大梁以南之阳城在今河南商水西南。孟子说：舜崩，"禹避舜之子于阳城，天下之民从之"③。古人以山南、水北为"阳"，以"阳城"为名的城邑甚多。关于禹都阳城的地望虽众说纷纭，但应以今河南登封告成镇为是，学界多认为登封王城岗遗址即禹都阳城。

夏代共14世17王，享国471年。《竹书纪年》记载夏代都邑变迁较详，即：禹都阳城。太康居斟寻。帝相即位，处商丘。相居斟灌。帝（宁）〔杼〕居原，自迁于老丘。胤甲即位，居西河。太康居斟寻，羿亦居之，桀又居之。④此外，文献记载夏代诸王的都邑还有启居阳翟、少康居纶、桀居安邑之说。上揭诸地名，阳翟即今河南禹州，纶在今河南虞城东北，原即今河南济源，老丘在今河南开封，西河在今河南安阳一带，斟鄩在今河南偃师，斟灌在今山东寿光，商丘（即帝丘）在今河南濮阳。总之，夏代王居除了太康失国后的一段时间在今河南东部及山东外，大多在河洛地区。

殷商凡29王，享国496年。孟子说："汤居亳，与葛为邻。"⑤葛国在今河南宁陵，亳在河南商丘（一说山东曹县），是商汤灭夏前的都邑。史称："汤始居亳，从先王居，作《帝诰》。"《集解》引《括地志》云："亳邑故城在洛州偃师县西十四里，本帝喾之墟，商汤之都也。"⑥"先王"指帝喾。可见，商汤灭夏后，迁都夏中心区，仍称亳（或西亳），在今洛阳偃师区。此后诸商王的都城，《竹书纪年》所记甚详：外丙胜居亳。殷仲壬即位，居亳。沃丁绚即位，居亳。小庚辩即位，居亳。小甲高即位，居亳。雍己伷即位，居亳。仲丁即位，元年，自亳迁于嚣。外壬居嚣。河亶甲整即位，自嚣迁于相。帝开甲逾即位，居庇。祖丁即位，居庇。南庚更自庇迁于奄。阳甲即位，居奄。盘

---

① 《国语》卷一《周语上》韦昭注，第30-31页。
② 《世本》之《居篇》，齐鲁书社，2010，第56页。
③ 杨伯峻：《孟子译注》卷九《万章上》，中华书局，1960，第221页。
④ 《古本竹书纪年》之《夏纪》，齐鲁书社，2010，第3-5页。
⑤ 杨伯峻：《孟子译注》卷六《滕文公下》，第147页。
⑥ 司马迁：《史记》卷三《殷本纪》，第93页。

庚旬自奄迁于北蒙,曰殷。自盘庚徙殷,至纣之灭,(七)[二]百七十三年,更不徙都。小辛颂即位,居殷。小乙敛居殷。祖庚跃居殷。帝甲载居殷。冯辛先居殷。庚丁居殷。武乙即位,居殷。帝辛受居殷。①总之,商汤灭夏,都亳(今洛阳偃师区,一说郑州),仲丁迁嚣(一作敖,今荥阳北),河亶甲迁相(今安阳附近),祖乙迁邢(今河北邢台),又居庇(今山东菏泽,一说武陟境内),南庚迁奄(今山东曲阜东),盘庚迁殷(今安阳)。商代都城除短期在山东外,大多在河洛地区。

西周王朝历11世12王,据《夏商周断代工程1996—2000年阶段成果报告》,西周积年为276年。史称:"始文王继父为西伯,都于雍州之地。""文王徙宅于程。""文王自程徙都酆。"②《诗》称:周文王"既伐于崇,作邑于丰","考卜维王,宅是镐京。维龟正之,武王成之"。③ 可见周文王都丰,及武王灭纣,迁都于镐。史称:"武王在酆鄗。""懿王徙于犬丘。""厉王淫乱,出于彘。"④"雍州"指今陕西、甘肃及青海东部地区。"程"在今陕西咸阳东北。"酆"在今陕西户县东。"镐"在今陕西西安西北。"犬丘"在今陕西兴平东南。"彘"在今山西霍州。总之,西周都城在关中的"镐",称"宗周"。但在周成王时,周公又营建洛邑(今洛阳),称"成周"。西周形成东、西两京,但洛邑的重要性不在镐京之下。

从上述考据可知,司马迁所谓"昔三代之居皆在河、洛之间",左思所谓"崤函有帝皇之宅,河洛为王者之里",并非虚言,而是以众多史实为依据的。但司马迁所说的"三代"是指唐(虞)、商、周王朝,而对夏朝则没有言及。笔者前文考述已经证明,夏代的都城也大多在河洛地区。更准确地说,应该是唐虞、夏、商、周四代之居大都在河洛地区。"在司马迁的叙述中,五帝三代自炎黄始而万世一系,他们的活动范围基本上环绕中原,而三代之居皆在河洛之间,今天的以洛阳为中心的中原。河洛地区被认为是天地之中,是观象授时、祷告天地的适当地方,新朝新王(帝)必须占领先朝故地,天下中心,获得天命的支持,才能被认同与成为文化上的正统。"⑤由此可见,河

---

① 《古本竹书纪年》之《殷纪》,第7-10页。
② 皇甫谧:《帝王世纪》第五《周纪》,第39-40页。
③ 《诗集传》卷一六《大雅》之《文王有声》,朱熹集注,上海古籍出版社,1980,第188-189页。
④ 《世本》之《居篇》,第57页。
⑤ 曹兵武:《历史的中国》,《中国文物报》2015年8月27日。

洛地区在中华文明形成与早期发展阶段的重要地位。

二、考古所见河洛地区的聚落与都邑

近百年来，考古工作者在河洛地区发现了众多新石器时代的聚落、都邑遗址，也发现了夏、商、周三代都城遗址。持续的考古发掘揭示了这些遗址的文化内涵，成为探讨河洛文明的珍贵材料，下面分别述之。

（一）新石器时代河洛地区的聚邑

距今1万年前后，中华大地进入新石器时代。新石器时代又可分为早、中、晚三个时期。

新石器时代早期是原始农业起源并初步发展、定居聚落出现的时期，河洛地区分布着裴李岗、老官台、枣园、磁山等多支考古学文化。

裴李岗遗址位于河南新郑市新村镇裴李岗村西，面积2万平方米。考古发掘了一批墓葬、窖穴（含灰坑）和陶窑、房基，出土石器铲、镰、斧、磨盘、磨棒、陶器壶、钵、罐、碗、鼎，猪羊骨骼和陶猪、羊等艺术品。以裴李岗遗址为代表的文化遗存被称作裴李岗文化，又分为多个类型，其中的裴李岗类型主要分布在嵩山周围。贾湖类型的典型遗址贾湖遗址位于河南舞阳县北舞渡镇贾湖村，保护区面积5.5万平方米。考古工作者先后进行8次发掘，清理房址17座，陶窑3座，灰坑91座，兽坑2座，墓葬193座，出土陶、石、骨、角和牙等材质器物1000余件，发现栽培稻、家猪骨骼等动植物遗存。其中的骨笛是中国迄今为止发现的最早的可吹奏乐器，甲骨契刻符号是目前发现的最早与汉字起源有关的实物资料。贾湖类型标志着新石器时代早期河洛地区原始农业的发展水平。

到了新石器时代中期，河洛地区完全被仰韶文化所覆盖。仰韶文化早期，今晋南、豫西地区兴起以山西芮城东庄文化遗存为代表的东庄类型文化。仰韶文化发展到中期，即繁荣期，河洛地区出现了庙底沟类型文化。

仰韶村遗址位于河南省渑池县仰韶村南部的缓坡台地上，总面积约30万平方米，包含着仰韶文化和龙山文化时期的聚落。发现仰韶时期的房址、墓葬、窖穴、壕沟、道路及灰坑等遗迹，出土陶器、石器、骨器和蚌器，陶器有红底黑彩、深红彩陶罐和碗,小口尖底红陶瓶等。仰韶文化即因该遗址的发掘而得名。

庙底沟遗址位于河南三门峡市湖滨区韩庄村北,面积约34万平方米,发现仰韶文化中、晚期及向龙山文化过渡期的文化遗存,包括窖穴、灰坑、房基、壕沟、陶窑、墓葬等。其下层陶器多夹砂或泥质红陶,器型有釜、灶、甑、鼎、尖底瓶、罐、盂、钵、盘、杯等,纹饰以植物叶纹彩陶为特征,据此确定为仰韶文化庙底沟类型;其上层发现半地穴式圆形白灰面房基、窖穴、陶窑,出土陶器多灰陶,器型有鼎、斝、豆、罐、盆、灶、杯等,多饰篮纹,少量彩陶,确定为庙底沟二期文化。

北阳平遗址群位于河南灵宝市阳平镇境内,其核心遗存属庙底沟类型文化。北阳平村西的仰韶文化遗址面积约100万平方米以上,是该遗址群中面积最大的遗址,应为其中心聚落。考古工作者先后进行三次发掘,发现房址、灰坑、墓葬和窑址等各类遗迹上百处,出土一批重要文物。其仰韶中期的两座大型房址均为半地穴式,面积在200平方米左右。西坡遗址位于阳平镇西坡、南涧和北涧村,面积约40万平方米,时间约距今5800年。考古工作者先后进行六次发掘,发现建筑面积100—200平方米的大型房基多座,其中最大的一座房址位于遗址中心部位,整体占地516平方米,主室面积204平方米,具有殿堂性质,是迄今在全国发现的最大的新石器时代房址;清理墓葬34座,其中一座墓葬长5米,宽3.4米,深2.4米,是目前全国发现的同时期最大的墓葬。

双槐树遗址位于河南省巩义市河洛镇双槐树村,处在黄河南岸伊洛汇流处的高台地上,时间距今约5300年,是仰韶文化中晚期的一处大型都邑遗址。考古发现有三重环壕、具有迄今所见最早瓮城结构的围墙、封闭式排状布局的大型中心居址,3处共1700余座经过严格规划的大型公共墓地,3处夯土祭祀台基遗址,与大型建筑融合的用九个陶罐模拟的北斗九星天文遗迹,与丝绸起源有重要关联的最早家蚕牙雕艺术品,20多处礼祀遗迹,以及制陶作坊区、储水区、道路系统等,并出土了一大批丰富的文化遗物。

新石器时代晚期河洛地区分布着龙山文化,考古发现众多都邑性城址。

王湾遗址位于洛阳市红山乡王湾村,面积约4.5万平方米。其新石器时代文化可分为三期:第一期为仰韶文化遗存,陶器以泥质红陶为主,饰线纹、弦纹,多彩陶;第二期属仰韶文化向龙山文化过渡期遗存,陶器以夹砂灰陶为主,有少许彩陶;第三期属龙山文化遗存,陶器以泥质和夹砂灰陶、黑陶为主,饰方格纹、篮纹,出现鬲、斝、鬶、盉等新器型,据此确立河南龙山文化王湾类型。

后冈遗址位于河南安阳市东郊乡高楼庄后冈,面积约10万平方米,为新石器时代和商代遗址。1931—1934年梁思永主持四次发掘,发现了小屯殷文化、龙山文化、仰韶文化的"三叠层",首次明确了中原地区这三种文化的年代序列。20世纪50年代以来又进行多次发掘。其仰韶文化陶器以红顶碗、钵、圜底罐型鼎等为特点,后据此确立为仰韶文化后冈类型。龙山文化遗存发现有几十座圆形白灰面房基及一段长70余米的夯土城墙,是河南首次发现的龙山文化城址,出土陶器器型以折腹平底罐、斝、鼎、鬲、瓮、盆、盘、豆等为主,饰以绳、篮纹,后据此确立河南龙山文化后冈类型。

陶寺遗址位于山西襄汾县陶寺村南,总面积300多万平方米,包括居住城址和墓葬两部分,年代为公元前2500—公元前1900年。其中期城址面积280万平方米,是目前发现的中国史前最大的城址。遗址中发现有王族墓地和宫殿区、观象祭祀台、下层贵族居住区、大型仓储区、普通居民居住区、陶窑址及手工业作坊等,出土陶器、玉器、木器、石质工具和少量铜器。发掘墓葬1000多座,大型墓内随葬鼍鼓、特磬、土鼓、龙盘以及成组木器、陶器、玉器等礼乐重器。其文化被称作龙山文化陶寺类型。陶寺城址具有大型都邑性质,学界多认为它就是"尧都平阳"。

(二) 夏商周三代的都城遗址

王城岗遗址位于河南登封市告成镇八方村东,面积约50万平方米,遗存主要属于河南龙山文化晚期和二里头文化。首次发掘时发现东、西并列的两座小城,其中西城面积约1万平方米。后来在小城址的西面发现一座龙山文化晚期的大城,有夯土城墙和城壕,总面积约34.8万平方米,大城北部分布大面积的夯土群,城内发现祭祀坑和若干夯土基址。学界认为该遗址即文献记载的"禹都阳城"。

古城寨遗址位于河南新密市曲梁镇大樊庄村古城寨村民组周围,总面积约200万平方米,是一座以龙山文化晚期城址为主体的遗址。其北、东、南三面城墙基本完整,外面有护城河环绕。城内发现的大型宫殿建筑基址和廊庑建筑基址是目前发现的龙山时期面积最大、结构最复杂的宫殿式建筑遗址。该城的建造经过统一规划和精心设计,体现使用者具有至高无上的地位和尊严。

瓦店遗址位于河南禹州市火龙乡瓦店村东北,面积约40万平方米。遗址包含龙山文化早、中、晚三期遗存,而以晚期遗存为主。考古工作者先后进行三次发掘,在西北台地发现王湾三期文化晚期大型环壕,在环壕内中部发现两处地面起建的大型建筑基址和奠基坑等遗迹,出土陶酒器、玉鸟、玉璧、玉铲和大卜骨等。后又发现多组环壕遗迹、大型夯土建筑基址及祭祀遗迹。

新砦遗址位于河南新密刘寨镇新砦村西,面积约70万平方米。其北部为龙山文化遗存,中南部为二里头文化遗存。近年在遗址中发现一座龙山文化晚期至新砦期大型城址,北墙长900多米,东西墙残存,又有内壕和外壕,城内中心区有大型夯土建筑基址。

二里头遗址位于河南洛阳市偃师区翟镇二里头村,面积约300万平方米,绝对年代大致为公元前1750年—公元前1530年。在其中心区分布着宫城和大型宫殿建筑群,宫城外围有井字形主干道道路网,并分割出不同的功能区。制造奢侈品的官营手工业作坊区位于宫城近旁,祭祀区、贵族聚居区拱卫在宫城周围。宫城内发现10余处宫殿基址。1号基址面积1万平方米,有殿堂、门厅,四周有围墙,围墙内外建有回廊。大门由三个门道和四个门塾组成。主体殿堂南面是一个5600平方米、可聚集万人的大庭院。2号基址也有殿堂、塾房、围墙、回廊与庭院,北部有一座大墓,可能是宗庙类的建筑。在宫殿区的北面和西北一带,集中分布着与祭祀有关的建筑遗迹。以高大的宫殿为中心,包括广阔的庭院和廊庑、门塾在内的封闭的威严建筑群,正是王权的反映。遗址中发现有铸造铜器、制陶、制骨、制造玉器和绿松石器的作坊。一处铸铜作坊遗存面积约1万平方米,遗留有多座操作间,铸铜工具有坩埚、炉壁和陶范,表明二里头的青铜铸造业已具一定的规模。中小贵族墓出土许多青铜器、玉器、漆器和骨器。在二里头遗址发现中国最早的城市主干道网、最早的宫城、最早的大型四合院宫室建筑群、最早的多进院落大型宫殿建筑,显现出王都所特有的气势。二里头遗址的宫城布局开启了我国古代帝王之居"建中立极"的建都模式,体现了礼制思想对于都城布局的决定作用。

东下冯遗址位于山西夏县东下冯村,同类文化遗址在运城盆地和临汾盆地多有发现,绝对年代在公元前 1900—公元前 1600 年,人称二里头文化东下冯类型或东下冯文化,该类型文化受二里头文化影响较大,当为夏族人活动地域。

郑州商城遗址位于郑州市区偏东部的郑州旧城及北关一带,面积约 25 平方千米,有三重城垣,内城城垣保存完整。城址内发现宫殿区、手工业作坊区、居民区、墓葬区等遗存以及房址、水井、窖藏坑等遗迹,出土大量石器、陶器、铜器、玉器和骨器等生产工具和生活用具。宫殿区发现宫殿基址多处,还有用石板砌筑的蓄水设施。商城周围发现有铸铜、制陶、制骨等作坊遗址,铜器窖藏及多座中小型墓葬。郑州商城是目前我国已发现的规模最大、保存最完好的商代早期都城遗址。其三重城池和宫殿区的整体形制奠定了中国城市发展的基础;宫殿区发现的供水系统严密科学;三座窖藏坑内出土大批王室青铜重器。学界多认为它就是商汤的亳都。

偃师商城遗址位于河南洛阳偃师区塔庄和高庄,总面积约 190 万平方米。城址为三重城垣相套合。大城发现 7 座城门,探出大道 11 条,其间分布铸铜遗存、制陶作坊及大型仓储基址。在大城中、南部有一座时代更早一些的小城,其内有宫城,发现 8 座宫殿基址。中部有一座大型宫殿基址,左右各有两座面积与之相似的宫殿基址。东部的 4 号建筑遗址和西部的南北排列的建筑遗址,可能是宫城之中的宗庙与宫殿建筑遗址。宫城东北和西南各有府库,北侧有池苑遗存和祭祀场。城内出土有石器、骨器、铜器、陶器及原始瓷器,发现有铸铜作坊遗址。偃师商城和文献记载的汤都西亳地望相吻合。

小双桥遗址位于郑州市石佛乡小双桥村,总面积约 400 万平方米。城址面积 144 万平方米,发现有夯土建筑台基、大小道路和陶窑、祭祀坑。其中心区有多处大型宫殿建筑基址、祭祀场所和青铜冶炼遗迹,出土青铜器物有爵、斝、簪、钩、镞和建筑构件等,特殊石器有大型石磬、石圭、石祖等。小双桥遗址时代属于白家庄期,为具有都邑规模和性质的遗址,有学者认为是仲丁所迁之隞都。

洹北商城遗址位于河南安阳市洹水以北,总面积约470万平方米,发现大型宫殿基址、房基、水井、灰坑、墓葬等。1号基址平面呈"回"字形,包括门塾、主殿、配殿和廊庑,总面积近1.6万平方米。学界多认为洹北商城是盘庚所迁的殷都,也有人认为是河亶甲所迁的相都。

殷墟位于安阳西北郊小屯村及其北面的洹水两岸。1928—1937年曾进行15次发掘,出土大量陶器、骨器、蚌器、石器、玉器、青铜器,甲骨27000多片。1950年以来持续进行大规模的钻探和发掘,探明了殷墟的王宫遗址及其周围的居民点、手工业作坊区、墓葬区、殷王陵、贵族墓葬、祭祀坑、平民墓葬、聚落遗址的分布情况,清理武官村大墓和殉人祭祀坑、铸铜和制骨作坊遗址、一般居住遗址和墓葬区。殷墟中心区的50多座宫殿建筑在夯土台基上,排列着整齐的石柱础和铜柱础,重门复室,形成中心广庭的四合院布局,规模巨大,气势宏伟。西北岗王陵区发现13座大墓,随葬青铜器、玉器数量众多。

西周时期的河洛地区的重要遗址有成周洛邑、辛村卫国都城遗址及北赵和曲村—天马晋侯墓地等。

成周洛邑始建于周成王五年(公元前1038年),周公征用殷遗民,"乃作大邑成周于土中。城方千七百二十丈,郛方七十里。南系于洛水,北因于郏山,以为天下之大凑"①。考古工作者在河南洛阳老城北郊北窑一带发现西周时期的贵族墓地,共有墓葬400多座,出土有大量青铜器、玉器、陶器及原始瓷器。在墓地东南发现了大型铸铜手工业遗址,在瀍水东岸发现了西周祭祀遗存和众多殷移民墓。据何尊铭文所记,洛邑为最早的"中国"。

辛村卫国都城遗址位于河南鹤壁市淇滨区金山办事处,面积90余万平方米。20世纪30年代在此发掘西周墓葬80余座。王陵区的墓葬均为长方形竖穴土坑墓,出土大量青铜器、玉器等。近年来,考古工作者又对非墓葬类遗存进行大规模考古发掘,发现制骨作坊区、铸铜作坊区、一般居住区以及大量殉人、殉牲坑。辛村的西周遗址为卫国的核心遗址,是集王陵区、铸铜作坊区、制骨作坊区及其他功能区为一体的都邑。

天马—曲村晋国都城遗址位于山西曲沃县东部与翼城县西部地区,总

---

① 《逸周书》卷五《作雒解》,齐鲁书社,2011,第49页。

面积875万平方米,主要遗存年代为西周早期至春秋初年,应为从晋侯燮父开始的晋都遗址。考古发现房址、陶窑、水井、灰坑及墓葬、车马坑等。在居遗址中部的北赵晋侯墓地清理晋侯及夫人墓9组19座,以及附属的陪葬墓、祭祀坑等。墓地规模宏大,出土文物种类丰富,数量惊人,仅玉器即以万计。

此外,还有虢国和应国都城、墓地,不再赘述。

总之,河洛地区发现的从新石器时代到西周时期的聚落和都邑遗址数量之多及其重要性,在全国都是独一无二的,它充分表明河洛地区在中华文明形成与早期发展阶段所具有的举足轻重、无可替代的地位。

三、河洛文明的形成、早期发展及其在中华文明中的地位

在距今1万年前后,河洛地区的古人类开始脱离使用打制石器从事狩猎和采集的旧石器时代,过渡到使用磨制石器进行农作物种植的新石器时代。考古工作者在河南新密李家沟遗址发现了距今约10500—8600年的史前文化堆积,其下层出土有细石核和细石页等典型的细石器遗存,上层则出土有含绳纹及刻划等纹装饰的粗夹砂陶及石磨盘等。它"揭示了该地区史前居民从流动性较强、以狩猎大型食草类动物为主要对象的旧石器时代,逐渐过渡到具有相对稳定的栖居形态、以植物性食物与狩猎并重的新石器时代的演化历史"①。

新石器时代是人类文明起源、形成的时代。原始农业和原始手工业产生,先民们过上了定居生活,出现了聚落。后来随着生产的发展,社会逐渐复杂化,出现聚落群、中心聚落和一般聚落,聚落成员贫富分化,地位悬殊,阶级、国家出现,开始迈入文明社会的门槛。

新石器时代可分为早、中、晚三个时期。

大约距今9000—7000年,河洛地区处于新石器时代早期。这一时期在今河南中西部分布着裴李岗文化,陕西东部分布着老官台文化,山西南部分布着枣园文化,河北南部则分布着磁山文化。裴李岗遗址出土有石器铲、

---

① 北京大学考古文博学院、郑州市文物考古研究院:《中原地区旧新石器时代过渡的重要发现——新密李家沟遗址发掘收获》,《中国文物报》2010年1月22日。

镰、斧及磨盘、磨棒,发现有密集的炭化粟粒;贾湖遗址发现聚落和公共墓地以及房址、窖穴、陶窑、墓葬等,发现栽培稻和猪、狗等家畜骨骼以及麻织物残片;磁山遗址发现大量窖穴,部分窖穴下部有粟灰堆积。这些,表明当时虽然畜牧业、渔猎业、采集业仍有一定地位,但是农业生产已有一定程度的发展,原始农耕文明已经形成。

大约距今7000年前后,社会发展到新石器中期。距今6700—4800年间,河洛地区处于仰韶文化时期。仰韶文化是以彩陶和磨光石器为标志的一种新石器时代文化,分布于河南大部、河北中南和西北部、山西大部、陕西大部、甘肃东部、青海极东部、内蒙古南部和湖北西北部地区。仰韶文化因其分布之广泛,延续之长久,内涵之丰富,影响之深远,成为中国史前文化中的一支主干。

河洛地区仰韶文化从早到晚可以分为半坡类型、庙底沟类型、西王村或大河村类型。仰韶文化早期,在晋南豫西地区兴起东庄类型文化。约从距今6000年开始,仰韶文化发展到中期,即庙底沟期,也是仰韶文化的繁荣期。庙底沟类型文化以三门峡市庙底沟遗址而得名,河洛地区为其分布的核心区。在距今5800年前后,以灵宝北阳平遗址群及三门峡庙底沟、渑池仰韶村等遗址为代表的仰韶文化庙底沟类型成为中原文明起源阶段的核心文化。北阳平遗址群是河洛地区仰韶文化庙底沟类型遗址的典型代表,可能和黄帝族群的活动有密切关系。这一时期人口急遽增长,农业种植进一步发展,制陶手工业独具特色;聚落进一步扩大稠密,聚落之间分化严重,产生区域核心聚落、聚落群中心聚落和一般聚落的差别,社会出现复杂化现象,开启了文明化进程。北阳平遗址面积近100万平方米,为该聚落群的中心聚落。西坡遗址面积约40万平方米,为次等聚落。在此发现大型半地穴式房屋基址10多座,其中最大的房址占地516平方米,包括主室和回廊,具有殿堂性质。西坡墓地为庙底沟类型最晚阶段的典型墓地,墓葬已出现贫富和地位的分化,可以分为四个层级,墓葬的随葬品虽有差别但不特别突出。其"高等级墓葬虽然有标志社会身份的大口缸等特殊物品,但这些物品数量少,也并不特别精致;与此形成对照的是,墓葬规模是社会身份的重要标志,与随葬品数量或'价值'相比,墓葬规模表现出的等级化趋势更加明确……西坡墓地代表的庙底沟类型社会选择了明显更简朴的'物化'社会等级的方式,既无奢华的随葬品,也无浓厚的宗教气氛。这一在社会复杂化初期形成的传统,对中原地区后来的文明化进程产生了深刻影响"①。庙底沟类型文化的传播,东到大海,南抵长江,北达河套和辽河流域,西到甘肃,促进了各地区一体化,形成了"早期中国文化圈"。庙底沟类型覆盖范围最广,人口规模最大,为中华文明的形成和发展积蓄了最深厚的人力和物力基础。

距今5300年前后,中华大地各区域陆续进入文明阶段。河洛地区包括巩义双槐树遗址、郑州西山城址与大河村遗址、荥阳青台遗址、汪沟遗址等的仰韶中晚期文化遗存,已基本可以确定为初步意义上的文明形态。巩义双槐树遗址发现有三重大型环壕,具有最早瓮城结构的围墙,封闭式排状布局的大型中心居址,3处共1700余座经过严格规划的大型公共墓地,3处夯土祭祀台遗址,与大型建筑融合的用九个陶罐模拟的北斗九星天文遗迹,与丝绸起源有重要关联的最早家蚕牙雕艺术品,20多处礼祀遗迹,以及制陶作坊区、储水区、道路系统等,出土大批文化遗物。双槐树作为黄河流域仰韶文化中晚期高规格都邑性质中心聚落,被著名考古学家李伯谦、王巍等命名为"河洛古国",推测可能是黄帝族群在中原地区活动晚期的中心聚落。"以双槐树遗址为代表的'中原文明发展模式',崇尚中心和文化包容,重视民生、农桑,不过分地把创造的社会财富贡献给神灵,而是更多地投入社会再生产。这一模式的主体在后代为主流社会所继承和发扬,成为中华文明历史进程中最具代表性和引领性的主流发展模式和思想。"②

约距今5000年前后,河洛地区的仰韶文化最早发生变化,过渡到庙底沟二期文化,并在不太长的时间内迅速扩展开来。约距今4800年前后,进入龙山时代早期。距今4600—4300年,河洛地区进入龙山时代中期,即发展繁荣阶段,形成王湾三期、三里桥类型、后岗二期等几种文化类型。这一时期社会经济发展,生产工具出现飞跃式进步,陶器普遍采用轮制,以灰陶为主,出现少量蛋壳黑陶和白陶。聚落面积扩大,盛行零星、小型、简单的墓葬。

---

① 中国社会科学院考古研究所、河南省文物考古研究所编著《灵宝西坡墓地》,文物出版社,2010,第297—298页。
② 齐岸青:《河洛古国:原初中国的文明图景》之《引子》,大象出版社,2021,第6页。

在距今4300年前后,中国大多数区域性文明进入衰落期,河洛地区的中原龙山文化却脱颖而出,强势发展。各区域间的文化交流和人群迁徙更加频繁,黄河下游的龙山文化、长江中游的石家河文化进入河洛地区,新的文明要素不断在河洛地区汇聚。在山西临汾盆地发现襄汾陶寺遗址,其中期城址面积多达280万平方米,内有最早的宫城,发掘出宫殿区和王族墓地,清理的1000多座墓葬分为大、中、小三个规格,大墓内随葬鼍鼓、特磬、龙盘等礼乐重器,表明礼乐制度已经出现。陶寺的大型城址、宫殿区、王族墓地以及出土的高档次随葬品,充分表明当时河洛地区已经出现早期国家,进入邦国文明社会。

约距今4000年,河洛地区人口普遍增长,聚落规模扩大,发展出若干新的区域中心。在嵩山周围,从登封王城岗、禹州瓦店到新密新砦,形成了分布最集中的城址群。登封王城岗遗址被一些学者推断为"禹都阳城"。禹州瓦店遗址作为一处以河南龙山文化晚期为主的大型都邑遗址,可能与文献记载的"夏居阳翟""夏启均台之享"有关。新密新砦遗址是一处河南龙山文化晚期和二里头文化早期遗址,出土遗物包含较多的海岱文化因素,可能与夏代早期的"后羿代夏"相关。

考古工作者在伊洛盆地发现并长期发掘的偃师二里头遗址,被多数学者认定为夏王朝中晚期的都城遗址,可能是文献记载的夏都"斟鄩"。在二里头遗址发现了"最早的城市干道网;最早的宫城(后世宫城直至明清'紫禁城'的源头);最早的中轴线布局的宫室建筑群(建筑上的王权表征);最早的大型多进院落和'四合院'宫室建筑;最早的青铜礼器群(含容器与兵器,华夏青铜文明之肇始);最早的大型围垣官营作坊区;最早的青铜礼器铸造作坊;最早的绿松石器作坊。这里是——公元前二千纪前半叶最大的中心性城市(现存面积约300万平方米),最早的具有明确城市规划的大型都邑……我们可以说,二里头遗址是迄今所知中国最早的广域王权国家的都城;而在当时文化发展程度最高的二里头文化,则成为东亚地区各族团在走向社会复杂化进程中第一支遥遥领先的核心文化"[①]。地处中原腹地的二里头文化,融合各方文化因素,其都邑规格和宫室建筑继承了中原传统,信

---

① 许宏:《最早的中国:二里头文明的崛起》,生活·读书·新知三联书店,2021,第19-20页。

仰和仪式有关物品吸收了东方和江汉地区因素。从而在一个涉及淮河流域并立足黄河中游伊洛河流域建立了中国最初的广域性"王国",中华文明进入了一个新的时代。考古界普遍认为,二里头早期国家的形成表明以中原为中心的历史发展趋势的正式确立,中原地区的早期文明化进程完成。二里头遗址出土的青铜礼器表明青铜器制造已将冶炼和熔铸工艺分开,并已掌握范铸技术,从而开启了中国乃至东亚文明的"青铜时代"。

约公元前 1600 年,商汤灭夏,建都夏的中心区,仍称"亳"。商代都城多迁,大多在河洛地区。商代前期的郑州商城与偃师商城、中期的郑州小双桥城址和洹北商城、晚期的安阳殷墟,都在河洛地区,先后形成二里岗文化和殷墟文化。河洛地区是商代全国的政治、经济、文化中心。郑州商城出土众多青铜器表明商代前期青铜工业的发展和铸造技术的进步。安阳殷墟的青铜作坊数量更多,规模更大,出土青铜器数量种类更多,铸造工艺更为精美,表明我国青铜文明已经进入鼎盛期。殷墟发现的甲骨文是我国已经成熟的系统的文字。距今约 3300—3000 年的殷墟文化是商代晚期的文化遗存,其分布范围以豫北为中心,北至京津,南达豫南,西至陕西,东达鲁中,反映了殷商王朝统治地域之广阔。众多考古成果表明,殷商文化对长江流域文化已产生较大影响。

约公元前 1046 年,周武王出兵灭商,建都关中的镐京,称宗周。为了巩固和加强对关东广大地区的控制,周公又在伊洛盆地营建洛邑,称成周,在河洛地区分封卫、晋等重要诸侯国作为周室的藩屏。周公在洛邑"制礼作乐",在继承前代礼乐的基础上,制定了周代的礼乐制度。西周文明把中华文明带入了一个更高度发展阶段——以"封邦建国"和"礼乐文明"为特征的统一国家阶段,为日后秦朝中央集权制的统一国家开辟了先河。西周制度被我国历代封建王朝继承和发展,成为中华政治文明的根基。

四、结语

综上所述,在距今 9000 年前后的新石器时代早期,河洛地区已经出现了以粟、黍作为主体、稻作为辅的原始农耕文明,先民建设聚落,过上了定居生活。到距今 6000—5500 年的仰韶文化庙底沟期,河洛地区生产发展,人口增长且集中,出现聚落群和中心聚落、一般聚落,社会成员在地位和贫富方面产生差别,社会开始复杂化。在灵宝西坡遗址出现占地500多平方米、围绕着广场的大房子,先民开启了步入文明社会的进程。庙底沟文化向四方扩张,各地区之间的文化联系加强,形成了最早的"中国文化作用圈"。至距今5300年的仰韶文化中晚期,巩义双槐树遗址发现三重环壕和有围墙环绕的高等级建筑集群,具有都邑性质,它与周围的聚落一起被称作"河洛古国",展现了"原初中国"的文明图景。

距今4300—4100年,长江中下游的石家河、良渚等区域文明相对衰落,河洛地区的龙山文化持续崛起,呈现出"邦国林立"的局面。在晋南地区出现了面积达280万平方米的陶寺遗址,城内兴建了最早的宫城,出现了早期国家,进入到"邦国文明"社会。

约距今4000年,夏王朝在河洛地区建立。距今3800年前后,河洛地区出现了以二里头城址为都邑的广域王权国家,形成了以二里头文化为代表的比龙山文化更为成熟的文明形态。二里头文化在河洛地区产生和发展的过程代表了早期国家的形成与扩张的全过程,二里头文化在中原各地的统一性大大加强,其文化影响力向四方辐射,成为中华文明总进程的核心与引领者。

二里头遗址出土的青铜器是中国进入青铜时代的标志。商代前期的郑州商城、偃师商城代表的二里岗文化反映了河洛地区青铜文明快速发展,至商代后期以安阳殷墟为代表的青铜文明达到高峰,影响及于全国各地。西周成王时周公营建成周洛邑作为两京之一,在此分封诸侯,巩固了周王朝的统治;在此制礼作乐,西周的礼乐制度成为中国传统文化的根基。

总之,河洛地区是中华文明形成和早期发展的核心区域,是中华民族和华夏文明的重要发祥地。早在西周时期,洛邑就被认为是最早的"中国"所在地,并形成了"择中建都"的传统观念。受其影响,作为"天下之中"的河洛地区,从春秋战国到宋代长期成为全国政治、经济、文化的中心。

中国古代宗族的几个问题

马　新　齐　涛

中国文明的生成走的是一条与西方经典道路不同的路线。它既不发生在商品经济与私有制的形成过程中,也未发生在以地域关系编制民众并取代氏族血缘组织时,而是发生在商品经济尚未出现、私有制尚未完全形成之时,是因战争与洪水的作用而形成的以宗法血缘为基点的文明。① 在文明形成过程中,宗法血缘关系非但没有被冲破;相反,还不断在强化。早期国家的出现,就是宗法血缘组织强化的结果。夏、商、周的国家组织体系实际上也是宗法血缘体系的复制与放大。战国以降,虽然在郡县制的实施中实现了以地域关系编制其国民,但在广大的乡村社会,宗法血缘关系并未消失,在多数时代的多数乡村地区,依然是最为重要的居民关系纽带;村落实质上是地缘外壳与血缘内核的组合体,宗族与宗法关系在乡村社会中发挥着不可替代的作用。因而,研究中国古代社会中宗族与宗法血缘关系的重要性不言而喻。②

一、中国古代宗族的基本范畴

在中国古代社会中,宗族是最为突出的社会存在之一。对于宗族与宗法血缘关系对中国古代社会的影响,学界给予了充分关注,各种成果可谓汗牛充栋。但于现有理论体系与中国古代社会实际状况的错位,学界在一些

---

① 详见马新、齐涛:《中国远古社会史论》,北京科学出版社,2003,第153-250页。
② 参见马新:《中国传统宗族论》,《山东大学学报》(哲学社会科学版)》2015年第4期。

基本问题上各执一词,歧义甚多,尤其在宗族定义、宗族结构以及宗族在中国古代社会的存在状态等问题上更是如此。

首先,就宗族定义而言,迄今为止,较有代表性的观点主要有四种:

其一是血统说。该说强调父系血统在宗族组合中的意义。如林耀华先生认为:

> 宗指祖先,族指族属,宗族合称,是为同一祖先传衍下来,而聚居于一个地域,而以父系相承的血缘团体。①

陈其南先生提出:

> 宗族之称不过是证明以父系祭祀关系,即所谓"宗"所界定出来的群体。这个宗族群体可以是缺乏实际社会功能的人群范畴(category),也可以是带着各种不同功能作用,彼此互动的社会团体(group)。②

这一范畴的界定是依据文化人类学的理论而做出的。

在此基础上,一些历史社会学研究者进一步指出,宗族不仅是血统的界定,还是在这一前提下有组织、有制度的血缘集团。如王玉波先生认为:

宗族不仅是比家庭更大的血缘集团,而且,在宗族内部还存在亲属贵贱的等级关系和相应的行为准则,即宗法。③

常建华先生进一步提出:

> 宗族已成为一种制度,即它是宗族活动有组织的系统,以祖先崇拜把族人结合在一起,强调共同体意识和互助精神,并有相应的规范。这一制度表现在祭祀先祖和睦族人的庙制,包含继承、分支、管理的大小宗制,五服亲属制度,最基本的组织是家庭。④

其二是社会组织说,即宗族是在宗法血缘纽带下组成的社会群体。如费孝通先生认为:"所谓族,是由许多家所组成,是一个社群的社群。"⑤钱穆先生从"族"字的本义入手,分析古人观念中的"族"究竟为何物。他认为,

---

① 林耀华:《义序的宗族研究》,生活·读书·新知三联书店,2000,第73页。
② 陈其南:《家族与社会》,联经出版事业公司,1990,第217页。
③ 王玉波:《中国家庭的起源与演变》,河北科学技术出版社,1992,第52页。
④ 常建华:《中华文化通志·宗族志》,上海人民出版社,1998,第15页。
⑤ 费孝通:《乡土中国》,生活·读书·新知三联书店,1985,第39页。

《说文解字》卷七上释"族"字曰:"族,矢锋也,束之族族也。从㫃从矢。"段玉裁注:"旌旗所在而矢咸在焉,众之意也。"①即众之所聚为族,因此,"族"字是一面旗与一支箭,同族即在同一旗帜下的作战者。②

何启民先生也持此说。他提出:

> 家族不仅是一个出自同一祖先的血缘团体,也是祭祀同一祖先的宗教团体;在古代更是隶属同一旗帜的战斗团体。③

日本学者滨岛敦俊先生则认为,宗族是父系血缘社会组织或社会集团,有时还兼具地缘组织性质,其主要功能在于保障宗族中人的再生产与生活的再生产。④

其三是共同体说。此说认为宗族的实质是以豪强族长为核心的共同体。如贺昌群先生指出:

> "宗族"是古代以血缘关系、地域关系构成的氏族公社的残余……一个宗族集团的存在有下列一些条件:(一)宗族的家长豪强表现上以土地为共同体,实则是家长豪强垄断一个宗族所以聚族而居的物质基础;(二)虽不限于部落的形成,聚居一处,但必须有紧密团结的呼应关系……(三)有一个共同的祖先祭祀,作为对宗族成员的精神感召……(四)要具有经济的调剂措施,以掩盖宗族内部的贫富对立和阶级矛盾。⑤

日本学者谷川道雄先生认为:

> 中国的家族是靠血缘纽带形成的自然关系,同时也是一种由夫妇、父子、兄弟等关系结合到一起共同生活的组织。对于他们来说,这种家族关系才是自身存在的世界。从这种意义上来看,我们也可以把这样

---

① 许慎:《说文解字注》卷七《㫃部》,段玉裁注,上海古籍出版社,1988,第312页。
② 参见钱穆:《中国文化史导论》,正中书局,1951,第94页。
③ 何启民:《鼎食之家——世家大族》,载刘岱主编《中国文化新论·社会篇:吾土吾民》,生活·读书·新知三联书店,1992,第41页。
④ 参见濱島敦俊:《明代江南は「宗族社会」なりしや》,载山本英史编《中国近世の規範と秩序》,东洋文库,2014,第94-135页。
⑤ 贺昌群:《关于宗族、宗部的商榷——评〈魏晋南北朝史论丛〉》,《历史研究》1956年第11期。

的生存方式叫做"家族共同体"……他们有"家族共同体"成员所具有的自觉意识,当受到来自外界的威胁时,他们以"家族共同体"的方式来保卫自己,维持自己生存的世界。①

其四是经济组织说。该说认为,宗族成立的前提及其主要功能都与商业发展密不可分。如英国学者科大卫先生明确提出:

> 宗族是中国16世纪以来的商业革命的产物,出现于中国最商业化的地区,宗族往往以乡村而非城市的制度出现,原因是中国的乡村地区远比城市地区为普遍。读者可以看到:在像佛山那样商业化与工业化的城镇,宗族以优雅和娴熟的姿态崛起,服务于商业的需要,强调公益、和平、稳定、效忠王朝。②

他进而将宗族与公司相比较,提出宗族就是公司:

> 当然,宗族并不是严格意义上的公司,无视宗族与公司的区别就等于无视西方社会从商业革命以来的种种巨大变化。但另一方面,宗族活动的确与公司有诸多相似之处。与同时代的商业企业相比,宗族在融资方面甚至有着更明显的优势。③

除此之外,关于宗族定义还有其他若干论述,这里就不再一一罗列。④

其次,就宗族结构而言,同样是见解各异,有二级说、三级说及四级说等若干观点。

二级说认为,宗族组织由家庭与家族两级构成。如徐扬杰先生认为:

> 一般说来,家庭和家族的关系,主要表现为个体和群体的关系,在以血缘关系为纽带结合而成的这类社会组织中,家庭是个体,是基础,家族则是群体,是家庭的上一级的组织形式。正如前面说到的族字的意义,就是将许多个体家庭束在一起的意思。家庭和家族的主要区别,在于是否同居、共财、合爨,家庭是同居、共财、合爨的单位,而家族则一

---

① 谷川道雄:《试论中国古代社会的基本构造》,载张国刚主编《中国社会历史评论》第4辑,商务印书馆,2002,第7—8页。
② 科大卫:《皇帝和祖宗——华南的国家与宗族》,卜永坚译,江苏人民出版社,2010,第13页。
③ 科大卫:《近代中国商业的发展》,周琳、李旭佳译,浙江大学出版社,2010,第104页。
④ 以上参见马新:《中国传统宗族论》,《山东大学学报(哲学社会科学版)》2015年第4期。

般地表现为别籍、异财、各爨的许多个体家庭的集合群体。①

三级说认为,宗族由家庭、家族、宗族三级构成。如杜正胜先生认为:

> 凡同居或共财的称为"家庭",五服之内的成员称为"家族",五服以外的共祖族人称为"宗族"。同居共财的范围最大到大功。②

张国刚先生也持此说。他阐释道:

> 家族与宗族的区别在于,前者是血缘关系比较密近的亲族集团,而后者则包括血缘关系比较疏远的同姓宗亲。大体可以规定五服之内为家族,超出五服的共祖同姓为宗族。③

四级说认为,宗族由家庭、家族、宗族、族系四级构成。如程维荣先生从狭义与广义两个方面对宗族进行划分,提出:

> 狭义的宗族是同一曾祖或高祖的若干家族所构成。广义的宗族包括家庭、家族、宗族、族系四层概念,即由一对夫妻及其子女二代,有时还有其祖父母共三代所构成的共同生活的家庭;由若干独立生活的兄弟家庭所构成的宗族;由同一曾祖或高祖的若干家族所构成的宗族(即狭义的概念);由同一始祖、居住在一个或相邻乡村的若干有远亲关系的宗族所构成的族系。④

这一划分方法比较精细。但也正因此,在现实社会中,这种区界清楚的家庭、家族、宗族与族系体系很难见到。

最后,就宗族的存在状态而言,多数研究者认为,宗族一直存在于中国古代社会,也有一些学者提出了不同认识。比如,裘锡圭先生主张商代的宗法血缘制度只是行之于百姓贵族范围内,商代平民"中间已经不存在宗法系统了"⑤。谢维扬先生认为周代庶人无宗族,"周代野人与六乡庶人一样,也

---

① 徐扬杰:《中国家族制度史》,人民出版社,1992,第5页。
② 杜正胜:《编户齐民——传统政治结构之形成》,联经出版事业公司,1990,第67页。
③ 张国刚主编:《中国家庭史》"卷首语",广东人民出版社,2007,第2页。
④ 程维荣:《中国近代宗族制度》"序言",学林出版社,2008,第3页。
⑤ 裘锡圭:《关于商代的宗族组织与贵族和平民两个阶级的初步研究》,载裘锡圭:《古代文史研究新探》,江苏古籍出版社,1992,第330页。

是由不同血缘的家庭聚居在一起"①。杨升南、鲁西奇等先生也持类似观点。② 又如，秦晖先生提出了汉唐乡村无宗族说，认为："从内地到边疆，黄河流域到长江流域，全是非宗族化的乡村，其非宗族化的程度不仅高于清代农村，甚至高于当代乡间一般自然村落。"③滨岛敦俊先生提出了明清江南无宗族说；科大卫先生则提出宗族是中国 16 世纪以来的商业革命的产物。

由上述各家之说不难看出，迄今为止，学界关于宗族的基本范畴尚未达成一致，而且，各种观点相互交织、抵牾，直接影响中国古代宗族研究的拓展与深化。究其原因有三：

第一，相当一个时期以来，学界在中国古代宗族研究中所使用的理论范畴与方法多自西方舶来，无论是社会学理论、文化人类学理论，还是民俗学、行为组织学等等，都是如此。而在宗法血缘关系问题上，由于中国社会与西方社会走的是完全不同的发展道路，所以两者没有共同的语境。而一些学人以另一环境下生成的理论范畴去剖析中国古代之宗族社会，自然歧义丛生。

如英语中的 family、法语中的 famille、德语中的 familie，大致相当于中文的家庭或宗族，这三个单词都源自拉丁语 familia，从语源和其本意看，与中文的家庭或家族并不那么贴切。法国学者安德烈·比尔基埃曾对"famille"的词源与演化进行讨论。他提出：

> 这种一词多义的情形显然证明这个词所指的这一组织在历史上几经变换。familia 是个拉丁词；它出现在罗马，从 famulus（拉丁文，意为"仆人"）派生出来，但是它与我们平常对这个词的理解并不符合。"Familia 大概指的是生活在同一屋顶下的全体奴隶和仆人……后来又指 maison，一方面是主人，另一方面是在主人统治之下的妻子、儿女及仆人……后来词义扩展，familia 又指 agnati 和 cognati，成了 gens 这个词的同义词，至少在日常用语中是如此。"……Maison 是指生活在同一屋顶下的所有的人；gens 是指同一祖先的所有后代组成的共同体；agnati

---

① 谢维扬：《周代家庭形态》，黑龙江人民出版社，2005，第 289 页。
② 参见杨升南：《商代经济史》，贵州人民出版社，1992，第 71-81 页；鲁西奇：《聚落、地域性联合与古代早期的社会控制——〈周礼〉乡里制考原》，《江西社会科学》2018 年第 4 期。
③ 秦晖：《传统十论》，复旦大学出版社，2003，第 38 页。

是指父系亲属,cognati 是指母系亲属,后来词义扩展,指血亲的整体。这些不同的亲族单位,我们如今将其统统集合在"famille"[法文:家庭——译注]这同一个名词之下。①

由这段讨论我们可以看到,"famille"是家庭和其他亲缘组合的泛称,无法与中文的家庭与宗族相对应,即便是曾经存在的代指父系亲属的 agnati 和代指母系亲属的 cognati,也无法直接对应中文的宗族或家族。

第二,中国古代有关宗族的范畴既清晰又模糊,必然给后世的研究者们带来莫大的困惑与错乱。

言其清晰,是指其在宗法层次关系上的明确,既有"上凑高祖,下至玄孙"②的纵向层次,又有自缌麻至斩衰的五服之制。言其模糊,是指其作为宗法血缘共同体的家族或宗族一直没有明确的内涵和清楚的外延。在中国古人的观念中,宗与族是一个集合体,对这一集合体的常用表达是"宗""族""宗族""亲族""族党""九族"等等,而每一个概念都没有明确的定义,几乎可通用。

比如,对于"宗族"的经典解释,简明版当属《尔雅·释亲》所言:"父之党为宗族。"③繁缛版当属《白虎通义》卷八《宗族》所言:

> 宗者,何谓也?宗者,尊也。为先祖主者,宗人之所尊也。《礼》曰:"宗人将有事,族人皆侍。"古者所以必有宗,何也?所以长和睦也。大宗能率小宗,小宗能率群弟,通其有无,所以纪理族人者也。……
>
> 族者,何也?族者,凑也,聚也。谓恩爱相流凑也。上凑高祖,下至玄孙,一家有吉,百家聚之,合而为亲。生相亲爱,死相哀痛,有会聚之道,故谓之族。④

《尔雅》讲清楚了宗族的实质,但未能讲清宗族的内涵与外延;《白虎通义》讲清了宗族的内涵与外延,但仅限于某一历史时期的宗族认定。就整个

---

① 安德烈·比尔基埃等主编《家庭史》第 1 卷《遥远的世界,古老的世界》上册,袁树仁等译,生活·读书·新知三联书店,1998,第 13–14 页。
② 陈立:《白虎通疏证》卷八《宗族》,吴则虞点校,《新编诸子集成》本,中华书局,1994,第 398 页。
③ 《尔雅注疏》卷四《释亲》,郭璞注,邢昺疏,《十三经注疏》本,中华书局,1980,第 2593 页。
④ 陈立:《白虎通疏证》卷八《宗族》,吴则虞点校,第 393–394、397–398 页。

中国古代而言,宗族仍是一个难以清晰定义的概念。

第三,中国古代社会的宗族与宗法血缘体系自上古至近代,绵延数千年,其间经历了不同的发展阶段,各个阶段又各具特色,有时还相去甚远。在这种情况下,研究者们往往立足自己的研究阶段,根据某一历史时期的宗族发展状况,确定其定义,讨论其结构、存续状态等基本问题,必然会产生种种分歧与争论,也难以构建统一的研究范畴与讨论平台。因而,我们必须从宗族与宗法血缘关系的内在结构与外在联系出发,对传统宗族进行客观的历史分期,明确各个历史时期宗族发展的特点,寻找其共性所在,尔后才能明确其基本范畴。①

二、中国古代宗族的分期

中国古代文明的起点是宗法血缘关系的凝聚,而在数千年的文明传承中,宗法血缘关系也一直是中国古代文明的重要基点。因而,它的发展进程必然与中国古代国家的发展息息相关、密不可分。我们认为,讨论中国古代宗族的发展进程,明确其历史分期,既要立足宗族与宗法血缘关系的内在结构,又要充分注意宗族组织与国家政权组织的关系,从不同维度进行把握。

宗族与宗法血缘关系的内在结构主要是指家庭与宗族的关系,其外在联系主要是指宗族组织与国家政权组织的关系。以此为基点,可将中国古代宗族的发展分为前、后两个时期:前期自宗族萌生到春秋;后期自战国秦汉至明清。前期宗族又可称之为"上古宗族",有两大突出特征:一是国与族的一体性;二是家与族的一体性。

所谓国与族的一体性,是指国家政权组织自上而下都与宗族及宗法血缘组织相一致,各级政权组织其实就是各类宗法血缘组织。对此,我们可以以殷商为例说明之。殷商王朝以氏族为一级统治单位,氏族既有其土地,又有其甲兵;同时又是一个相对完整的宗法血缘共同体,在这一共同体内实现着分层与管理,进行着从祭祀到生产到社会分配的所有活动。从晚商卜辞资料可以看到,每一个氏族都有属于自己的活动空间或者可以说是领地范

---

① 以上参见马新:《中国传统宗族论》,《山东大学学报(哲学社会科学版)》2015年第4期。

围。在各宗族领地内,宗族首领们有其武装,有其经济与政治权力,宗族实际上是领有一方土地的军事、政治、经济共同体。在商朝宗法血缘系统中,可以分为王族、多子族与多生族三个大类。王族当然是商王所在之大宗,多子族则是各王子之族。至于多生族,当如张政烺先生所言:"多生即多姓,即许多族的族长,在周代铜器铭文里,百姓亦写作百生。"①王族居于王畿,多子族亦多环王畿而居,也有一些较为疏远的同姓宗族被派驻到西部地区,作为商王朝之屏障,抵御外族侵扰。异姓宗族或作为姻族交叉于内地,或作为臣藩分布四处。

氏族之下,也是宗法血缘组织与地方基层组织的合一,其分层较为复杂,以二级制和三级制较为普遍。从商代聚落考古资料看,城邑外的各种聚落多分为二级:一级聚落属于中心性聚落,可称为"宗邑";二级聚落属于普通聚落,可称为"村邑"。无论是村邑还是宗邑,其基本组织状态都是宗法血缘关系的组合,具体而言,都是聚族而居。

所谓家与族的一体性,主要是指个体家庭尚不具备完整性,仍被包含在族中,两者是一个统一的整体。在文明起源时代宗法血缘体系的构建中,便是家在族中,以族为基本社会单位与经济生产单位。此后,整个上古时期都是如此。以西周时代为例,这一时期,族是最为基本的社会组织,个体家庭只是基本的生活单元,每一农户有自己相对独立的家室居所、相对独立的家庭生活;族则是基本的生产单元与社会活动单元,从生产的组织到具体劳作直至基层社会组织的构建,都以族为基本单元。

从社会生产与经济活动的组织看,无论是公田、私田,还是国中庶民的土地都是以族为单位的集体耕作。《诗经·周颂·载芟》:"载芟载柞,其耕泽泽。千耦其耘,徂隰徂畛。侯主侯伯,侯亚侯旅,侯彊侯以。"毛传:"主,家长也;伯,长子也;亚,仲叔也;旅,子弟也。"②因此,参加"千耦其耘"的"主""伯""亚""旅"均应为同族之人。

从祭祀与其他社会活动看,主要也是以族为单位进行。西周乡村居民

---

① 张政烺:《古代中国的十进制氏族组织》,《历史教学》1951年第10期。
② 《毛诗正义》卷一九《周颂·载芟》,毛亨传,郑玄笺,孔颖达等正义,《十三经注疏》本,中华书局,1980,影印本,第601页。

的最大特征是"死徙无出乡"①,同祖子孙聚居为族,因而祭祖就是族祭。郑玄所谓"出必共沟间而耕,入必共族中而居,又有祭酺合醵之欢"②就是指此。《诗经·周颂》之《载芟》与《良耜》在篇章尾部也都有合族同祭的描述:《载芟》云:"载获济济,有实其积,万亿及秭。为酒为醴,烝畀祖妣,以洽百礼。"③《良耜》云:"杀时犉牡,有捄其角。以似以续,续古之人。"朱熹对此注曰:"续,谓续先祖以奉祭祀。"④其他各种节庆、祭祀与婚丧、嫁娶活动等等,也都如此。每到年末岁终,一族之人会聚于族中公堂,共享丰年。如《诗经·豳风·七月》所咏:"朋酒斯飨,曰杀羔羊;跻彼公堂,称彼兕觥,万寿无疆。"⑤

后期宗族也有两个突出特征:一是族与国的两合性;二是家与族的两合性。就族与国的两合性而言,后期宗族与国的关系与前期宗族有着本质不同,这一历史时期的"族"只是民间自组织。在正常情况下,宗族已不具备地缘行政组织的性质,而是在王朝地缘行政组织管理之下的民间自组织,两者关系具有明显的两合性。与之相应,两者间的两面性也十分突出:一方面,宗族是中古以来最为重要的民间自组织,在地方社会尤其是乡村社会中有着重要影响,可以成为王朝政府与乡村社会间的重要媒介,甚至成为王朝治理体系在乡村的延伸;另一方面,宗族在特定历史条件或社会环境下,又可能过度膨胀,畸形坐大,走上王朝治理体系的对立面。东汉末年豪族之军事化、北朝初期之宗主专擅都直接影响到整个王朝的统治;明清时期一些地方宗族势力的发展,也影响到了地方安定。正因为此,各王朝对于宗族也采取了利用与抑制并行的两面政策。

就家与族的两合性而言,后期宗族家与族的关系与前期宗族也有着本质不同。一方面,在"编户齐民"之制下,家不仅是婚姻与生活单元,还是相对独立的生产单元与社会单位,所有家庭都是直隶于王朝的编户齐民,从这个意义上说,家与族并非一体;另一方面,族又通过宗法血缘关系将家编织

---

① 焦循:《孟子正义》卷一〇《滕文公上》,沈文倬点校,《新编诸子集成》本,中华书局,1987,第358页。
② 《毛诗正义》卷一九《周颂·良耜》,毛亨传,郑玄笺,孔颖达等正义,第603页。
③ 《毛诗正义》卷一九《周颂·载芟》,毛亨传,郑玄笺,孔颖达等正义,第602页。
④ 《诗集传》卷一九《周颂·良耜》,朱熹集注,上海古籍出版社,1980,第234—235页。
⑤ 《毛诗正义》卷八《豳风·七月》,毛亨传,郑玄笺,孔颖达等正义,第392页。

其中,而这种宗法血缘关系数千年来一直绵延不绝,从五服之制到族长、族规与族谱,形成了完整的体系与组织,从这个意义上又可以说,家在族中。当然,从整体上讲,家相对于族的独立是根本特性,家与族是典型的两合关系。

后期宗族又可细分为中古宗族与近古宗族两个发展阶段,两个阶段前后相承,各具特色,有着清晰的发展脉络。

中古宗族指战国秦汉至隋唐五代之宗族,系自上古宗族转化发展而来,与上古宗族比较,有以下代表性标志:

首先,中古宗族是以乡村为基点构建的宗法血缘组织,与上古时期以城邑为基点构建的宗法血缘组织有明显不同。此时的乡村宗族已不是宗法血缘组织的局部存在,不仅不需要依附于城邑,而且具有了较为完整的独立性,拥有了独立的宗族组织、宗族功能与宗族活动。其次,中古宗族有了清晰的外延,"上凑高祖,下至玄孙",以九族为宗族之外延,超出九族,即不再视为同一宗族。这与上古宗族绵延不绝的宗法延伸有本质不同。正因为此,上古宗族被称为"大宗宗法",中古宗族被称为"小宗宗法"。最后,中古宗族只是民间自组织,并非像上古宗族那样具有地缘行政与血缘组织合一的功能,其社会功能主要是族人会议、节庆婚丧的组织、祭祖等,活动方式是族长组织下的族人共襄。其经济功能主要是经济互助,与上古宗族之经济生产功能大不相同。尽管中古宗族中还存在一些共同的经济行为,残留着宗族财产所有制的遗存。但这种痕迹已十分微弱,在宗族内部,各家庭都是独立的经济单位,宗族本身已丧失了其作为经济共同体的功能。①

近古宗族即宋元明清之宗族,由中古宗族发展而来,既传承着中古以来宗法血缘关系的传统,又延展着中古宗族的功能与社会影响;与之同时,在新的历史条件下,无论是宗族的内涵还是功能,都发生了较大变化,形成了富有特色的近古宗族制度。

其一,随着王朝政权对宗法权利管理方式的改变,特别是对家庙设置的开放,以宗祠与谱牒为基点的完整的宗族制度渐渐普及。明代"大礼议"之

---

① 详见马新:《论两汉乡村社会中的宗族》,《文史哲》2000年第4期。

前,"臣民不得祭其始祖、先祖,而庙制亦未有定则"①。此后,不仅家庙与宗祠深入于民间,而且,嘉靖皇帝还特地下诏:"天下臣民得祀始祖"②,由此造就了明清宗族的庶民化。其实质是以祭祖为核心的宗法权利向民间的让渡,并非此前庶民社会不存在宗族。

其二,与"天下臣民得祀始祖"相联系,近古宗族出现了大宗宗法的某些特征,宗祠可以祀自始祖,族谱也可溯至始祖。但这并非是对上古宗族制度的回归,而是一种权利与价值的解放,只是为近古宗族提供了较之中古宗族更为广阔的发展空间。而且,在近古宗族的发展中,小宗宗法所构建的宗族结构仍是这一时期宗族的基本形态,大宗宗法只是将五服之外的宗姓关系加以制度化、规范化,其实质内容多局限在统宗族谱与合族祀祖上。

其三,近古宗族的组织性与内凝性大大加强。在多数情况下,宗族拥有以族长、族正为核心的组织体系,有族规家法等管理制度,有族祠与族人大会制度,还有族田、族学等经济、教育设施。宗族已成为组织体系完备、功能多元的民间自组织。

由上所述,不难发现,学界关于宗族的各种定义在不同历史时期宗族发展中都能找到对应的内容,表明各家所论都具有其合理性。但是,若以之作为整个中国古代社会通用的宗族定义,则失之偏颇;若再以之讨论不同时期发展变动中的宗族问题,更会有刻舟求剑之虞。

因此,我们认为,如果给宗族做出一个统一的定义,只能是宏观的定性描述。最为恰当的概括还是《尔雅》所云"父之党为宗族"③,亦即宗族是以父系血亲关系为纽带的宗法血缘共同体。若要进一步明确描述,则应以宗族产生与发展的历程为依据,充分借鉴中国古代通用的宗族范畴表达,对前期宗族与后期宗族分别定义。

前期宗族是具有共同的生产、共同的财产、共同的组织与首领、共同的信仰、共同的祖先等等的宗法血缘共同体;作为这一宗法血缘共同体基本单

---

① 夏言:《夏桂洲先生文集》卷一一《疏·请定功臣配享及令臣民得祭始祖立家庙疏》,载《四库全书存目丛书》第74册,齐鲁书社,1997,第526页。

② 许重熙:《宪章外史续编》卷二,载《续修四库全书》第353册,上海古籍出版社,2002,第44页。

③ 《尔雅注疏》卷四《释亲》,郭璞注,邢昺疏,第2593页。

元之族,对内是家与族一体,对外则有着多层级的上位宗法组织体系,既非独立之血缘组织,又无祭祖之权。依《白虎通义》之标准:"宗者,尊也。为先祖主者,宗人之所尊也。"此时期之族不宜称"宗族",而应名之"家族"。文明起源时代的宗法血缘组织,也是家在族中,家与族一体,亦应名之"家族"。

后期宗族是具有共同的祖先、共同的组织与首领、共同的祭祀与信仰以及在生产、财产、教育等方面有一定共通关系的宗法血缘共同体。对内是家与族两合,对外则以九族为外延,有着相对独立性,拥有祭祖之权。既符合《白虎通义》所言"宗"的标准;又体现了《白虎通义》所言"族"之内涵:"族者,凑也,聚也。谓恩爱相流凑也。上凑高祖,下至玄孙,一家有吉,百家聚之,合而为亲。生相亲爱,死相哀痛,有会聚之道,故谓之族。"①故可以名之为"宗族"。②

三、中国古代宗族的社会功能

中国古代宗族植根于中国古代农耕文明,经历了不同的发展阶段,每一阶段都表现出鲜明的特色,这些都可以归之为中国古代宗族的特性。但仅止于此是远远不够的,我们还应当从中国社会历史发展的长时段入手,深入考察中国古代宗族在中国古代社会发展中的功能与作用,更加全面地把握其历史本来与历史价值。

首先,我们必须看到,中国古代宗族在中国古代文明的发生发展中起到了至为重要的作用。可以说,宗族的发展与宗法血缘体系的完备,是早期国家形成的基础。③ 自文明初生,宗族与宗法血缘关系便与之共生,此后无论朝代如何更迭陵替、社会如何治乱兴衰,宗族一直是中国社会重要的组织形式,有起伏变动,但从未中断。其中原因,就在于中国古代文明是连续一体、绵延不绝的农耕文明,一直存在着宗族发生与发展的社会条件,使其能够不断滋生、不断延续。以经济环境言之,中国传统经济一直以农业经济为主

---

① 陈立:《白虎通疏证》卷八《宗族》,吴则虞点校,第393-394、397-398页。
② 参见马新:《中国传统宗族论》,《山东大学学报(哲学社会科学版)》2015年第4期。
③ 详见马新:《原始家族与中国早期文明的发生》,《文史哲》2004年第2期。

体,农业经济所造就的安土重迁为宗族聚居提供了有力保障;以家庭制度言之,中国古代社会一直流行的家产诸子均分制,为宗族生成注入着源源不断的动力。诸子既然可以平等地从长辈处分得家产,往往会就地生活与繁衍,"家家守村业,头白不出门"①,历数代之后,便会形成一个自然聚居的宗族。

其次,我们还要看到,中国古代宗族是王朝官方与民间社会沟通的重要平台,在多数情况下,宗族可以充当社会的调和剂,辅助王朝政权对基层社会的管理。中国古代社会缺少欧洲历史上庞大的教会组织,也缺少系统的社会中间组织,宗族也就成为官方政权与普通民众最为重要的沟通平台。所以,历代王朝都十分注意将宗族组织与宗法血缘关系纳入治理体系。比如,两汉王朝所强调的"三纲六纪":

> 三纲者,何谓也?谓君臣、父子、夫妇也。六纪者,谓诸父、兄弟、族人、诸舅、师长、朋友也。故《含文嘉》曰:"君为臣纲,父为子纲,夫为妻纲。"又曰:"敬诸父兄,六纪道行,诸舅有义,族人有序,昆弟有亲,师长有尊,朋友有旧。"②

在上述"三纲六纪"的九个方面中,父子、夫妇、诸父、兄弟、族人、诸舅等六个方面属于宗族与宗法血缘关系的内容。可见,汉王朝对宗族作用之重视。又如,宋代朱熹再三强调:"管摄天下人心,收宗族,厚风俗,使人不忘本,须是明谱系,收世族,立宗子法。"③宋代以来,随着宗族制度的发展,宗族与官方体系间有了更多的依托与认同。以族规为例,各族族规往往都将对国法的恪守作为重要旨归。诸如明代朱元璋的"圣谕元言"、清代康熙的"上谕十六条"等就常被直接使用;还有的族规直接引入朝廷律法。清乾隆时期,浙江绍兴阮氏曾"就国法所严人情易犯者,订为二十条,编入家规"④。清咸丰时期,湖南彭氏"于大清律例中择其有关伦常或无知易犯者谨录之,以俾警觉,以著炯戒"⑤。也有许多宗族为了增强宗约族规的权威性,要求

---

① 白居易:《朱陈村》,载彭定求等编《全唐诗》卷四三三,中华书局,1960,第4790页。
② 陈立:《白虎通疏证》卷八《三纲六纪》,吴则虞点校,第373—374页。
③ 朱熹、吕祖谦:《近思录集释》卷九《治法》,张京华辑校,岳麓书社,2010,第750页。
④ 《越州阮氏宗谱》卷一九《家训》,阮彬华、阮廷藩修,陶念钦纂,转引自白寿彝总主编《中国通史》第10卷《中古时代·清时期》(上),上海人民出版社,2004,第531页。
⑤ 咸丰《彭氏三修族谱》卷一《三修凡例》,转引自常建华:《中华文化通志·宗族志》,第461页。

官府核批,经官府核批的宗约族规更是朝廷法律的直接延伸。如明万历二十六年(1598年),安徽歙县在核准朱氏宗族族规的告示中规定:

> 为此示仰朱姓通族人等知悉,务宜遵守家规,取有违约不遵者,许约正族长人等指名呈来,以凭究处,以不孝罪论,决不轻恕,特谕。①

可见,地方官府对于这些族规并非简单的核准,而是赋予其法律地位,要求族众必须遵循;否则官府要加以惩处。由此,宗族族规俨然成为国法的延伸,宗族组织也具有了亚行政组织色彩。

再次,我们也要看到,中国古代宗族是城乡关系的重要纽带。前期宗族时代,城乡处于同一宗法血缘共同体中,宗法血缘关系自然是城乡间的基本关系;后期宗族时代,乡村宗族成为整个社会宗法血缘关系的基点,虽然随着城市的发展与人口的流动,大量乡村人口进入城市,但大都不会脱离原有宗族体系。如汉末三国时期之司马朗,河内温县人,其父司马防为治书御史,举家居于洛阳,董卓专权后,司马朗返回温县,劝宗族外出避难,"父老恋旧,莫有从者"。司马朗不久后又返回家乡,"时岁大饥,人相食",他"收恤宗族,教训诸弟,不为衰世解业"。② 同时代的涿郡太守温恕卒后,其子温恢"送丧还归乡里,内足于财……一朝散尽,振施宗族"③。不仅仕宦如此,经商者、游学者也是如此。明清时代,在士子们大量进入城市的同时,仕宦致仕者也源源不断地回到乡村,成为村落士绅的基本构成;外出经商者、务工者同样也是在城乡间往返流转,成为乡村发展的重要力量。其中一个重要原因就是乡村宗族的凝聚力。

复次,我们又要看到,中国古代宗族是乡村社会重要的凝聚力量。中国古代农民家庭以建立在小农经济之上的小型家庭为主体,具有较强的分散性与弱小性,对于各种天灾人祸难以抵御,而各王朝乡里系统只是在地缘关系上对其进行编制,无法从内在上解决其分散与弱小。以宗族为纽带的宗法血缘关系则是宗族成员间良好的凝聚因素,"敦睦宗族"是乡村各宗族的宗法通则。在乡村社会的秩序调谐、亲情凝聚等方面,以宗法血缘关系为基

---

① 《朱氏祠志》,载张海鹏等主编《明清徽商资料选编》,黄山书社,1985,第33页。
② 《三国志》卷一五《魏书·司马朗传》,中华书局,1959,第466-467页。
③ 《三国志》卷一五《魏书·温恢传》,第478页。

础的宗族的作用至关重要。同宗族内的守望相助、共同的社会活动与精神文化活动、宗法血缘关系中的亲情认同,在聚族而居、聚族而葬的基础上得到充分发展,对于稳定小农家庭,凝聚宗族组织起到了重要作用。

最后,我们需要看到,中国古代宗族是中国古代伦理文化传承的重要载体。中国古代伦理文化包括政治伦理、社会伦理、生活伦理、宗法伦理等多重内容,其重要核心是宗法伦理。在这些伦理内容中,宗族是基本载体。另外,宗族所制定与实施的家法族规,也包括了大量的社会伦理、政治伦理与生活伦理的内容。比如,族规家训多为族人子弟树规立制,亲情爱敬与戒规是两项基本内容。亲情爱敬即"循其名分""相爱相敬"①;戒规中最常见的内容就是要族人们勤俭守道,还要求为官者不得受贿,农民不得窃田水,工匠不得造售弊伪器物,商人不得酒色浪费,等等。因此,在中国古代乡村社会的发展中,家法族规对村落秩序的规范与调谐也是一个不容忽视的内容。家法族规以及宗亲族人的约束力远大于国法。凡有触犯者,或被族法惩治,或被宗族相责;最为重要的是,若被认定"玷辱祖宗""贻羞戚族"②,在族内便无法立足。中国古代乡村社会中良好的村落秩序与风尚,与宗法亲情的制约有着难以割舍的关系。

同样重要的是,除上述问题外,我们还需清醒地认识到,中国古代宗族对于古代社会秩序的反向作用。宗族力量一旦凝聚过大,往往会形成势倾乡里、左右地方、扰乱社会秩序的势力,进而突破王朝治理体系的制约与管理,成为王朝统治的异己力量。

比如,宗族的家法族规对于维护族内秩序至关重要,在一些情况下,可以成为国法的延伸或补充,有利于基层秩序的维护。值得注意的是,乡村社会中许多宗族不仅将家法与国法并举,甚至将家法混同国法,像"家有家法,国有国法""不遵家训,即不守国法"之类的字样在许多家规族约中都有呈现;有的则明确指出:"祠规之设,所以济国法之不足。"③将家法视为国法的

---

① 章廷玉纂修《上虞雁埠章氏宗谱》卷一四《家训二十四则》,民国十四年(1925年)星聚堂校印本。
② 同治七年(1868年)广东顺德县《文海林氏家谱·家规》,转见李文治、江太新:《中国宗法宗族制和族田义庄》,社会科学文献出版社,2000,第309页。
③ 堵克祥等修《(江苏宜兴)堵氏族谱·祠规引言》,光绪九年(1883年)永言堂木活字本,载陈建华、王鹤鸣主编《中国家谱资料选编》第9册《家规族约卷》,上海古籍出版社,2013,第487页。

补充,实际上是将家法作为国法的一部分。在这种认知基础上,各宗族都希望把族人问题解决在族内,族内无法解决方呈送官府。如清代广东宝安黄氏族规规定:

> 禁淫纵、赌博、斗狠、浪荡。盖淫纵,则秽族损德;赌博,则倾产败家;斗狠,则亡身危亲;浪荡,则荒事废业。此四者,为害不小。有犯之,为家长者当力为之惩;不率,则经投族内尊贤,拘出祠警责;又不率,则送官究治。先家规,后国法,所以挽风俗以归仁厚也。①

由族规条文,可见族内若有淫纵等人,先是家长惩戒;不从,则族内警责;又不从,则送官究治。多数宗族对于送官一事十分慎重,甚至要族内会商决定。如明代江西上饶青塘洪氏宗族《条目》即规定:

> 族中互相争竞田土大小等事,不许径自赴官陈告。务要投明族众,会议是否。如有不悛,方许陈告。②

还有一些宗族将家法族规置于国法之前,甚至置于国法之上,形成自成一体的族内惩戒体系。例如,清代江苏镇江赵氏宗族,其宗族诉讼一律在族内解决,族规处罚最高可"沉之江中"。时人记道:

> 祠有祠长,房有房长。族人有讼,不鸣之官,而鸣之祠,评事议之,族长判之,行杖者决之。有干名教犯伦理者,缚而沉之江中,以呈官,无不厌众心者。③

这些现象必然对国家基层管理体系造成冲击。对此,王朝统治者不会意识不到其危害性——家法取代国法的必然结果是国家威权不在,统一完整的王朝统治体系也就难以维系。乾隆元年(1736年)曾专门下诏指斥族内私刑杀人"种种惨恶,骇人听闻";另一方面更是明确指出这是"藐法横行",无视国法,触犯了王朝权威,因此要"从重定拟,不少宽贷"④。

---

① 黄世麟等纂修《宝安黄氏族谱》卷上《族规》,同治十一年(1872年)刻本,第6/b页。
② 诵芬堂纂修《(江西上饶)敦煌郡清塘洪氏支谱·条目》,嘉庆十四年(1809年)紫云书屋刻本,载陈建华、王鹤鸣主编《中国家谱资料选编》第8册《家规族约卷》,第22页。
③ 刘献廷:《广阳杂记》卷四,汪北平、夏志和点校,《清代史料笔记丛刊》本,中华书局,1957,第215页。
④ 《清高宗实录》卷一八,乾隆元年(1736年)五月丙午,中华书局,1985,第466页。

又如,在宗族间纠纷中,血族复仇是以宗族为单位的高烈度族际相争,规模大、涉及人员多,往往殃及全族,极为惨烈。如晋末沈预与沈林子两宗族结怨,后沈林子随宋高祖发迹,"沈预虑林子为害,常被甲持戈。至是林子与兄田子还东报仇。五月夏节日至,预正大集会,子弟盈堂,林子兄弟挺身直入,斩预首,男女无长幼悉屠之,以预首祭父、祖墓"①。血族复仇既是宗族行为,冤冤相报,旷日持久,往往历数代以至更久。对此,东汉桓谭已明确指出:

> 今人相杀伤,虽已伏法,而私结怨仇,子孙相报,后忿深前,至于灭户殄业,而俗称豪健,故虽有怯弱,犹勉而行之,此为听人自理而无复法禁者也。②

当然,血族复仇是族际关系的极端方式,但却反映出族际矛盾与冲突的基本特性。在这一时代的族际矛盾中,有杀身之仇、势位之争,但更多的还是土地纠纷、小利之争,以及其他常见性的纠纷与冲突,这些纠纷与冲突都是宗族成员的共同行为,也都牵扯到整个宗族的共同利益任何个体家庭与个人都没有自主的处置权;而且族际纠纷与冲突的持久性、继承性,也和血族复仇一样十分突出。直接影响了基层社会秩序。

再如,在中国古代社会,强势宗族为害一方甚至尾大不掉者也屡见不鲜。以汉代为例。早在西汉时代,就出现了乡村宗族势力坐大、公开扰乱地方秩序的情况,当时"济南瞷氏宗人三百余家,豪猾,二千石莫能制"③;东海郡豪族许仲孙"为奸猾,乱吏治,郡中苦之"④;涿郡"大姓西高氏、东高氏,自郡吏以下皆畏避之,莫敢与牾。咸曰:'宁负二千石,无负豪大家。'宾客放为盗贼,发,辄入高氏,吏不敢追。浸浸日多,道路张弓拔刃,然后敢行,其乱如此"⑤。也有通过入仕操控地方者。汉代在本籍人士中可以被辟除为掾吏的很少有平民百姓,而是那些在地方上有一定势力或影响的人物。这样,强宗大姓中人便大量地充斥郡县衙署中,成为长吏左右的掾属人员。到东

---

① 沈约:《宋书》卷一〇〇《自序·田子弟林子传》,中华书局,1974,第2453页。
② 范晔:《后汉书》卷二八《桓谭传》,中华书局,1965,第958页。
③ 班固:《汉书》卷九〇《酷吏·郅都传》,中华书局,1962,第3647页。
④ 班固:《汉书》卷七六《尹翁归传》,第3208页。
⑤ 班固:《汉书》卷九〇《酷吏·严延年传》,第3668页。

汉时代,强宗大姓子弟出任掾吏似乎已成惯例。还有起兵争霸者。在东汉末年的动荡中,出现"名豪大侠,富室强族,飘扬云会,万里相赴"[①]的情况,宗族力量成为社会动荡的直接促成者。

正因为此,宗族问题一直是中国古代社会的关键所在,既是各王朝必须面对、无法回避的社会存在,又是几乎所有民众身在其中的宗法凭依,在古代社会发展与社会治理中具有重要意义。对于中国古代历史研究而言,其重要性同样不言而喻。

---

① 《三国志》卷二《魏书·文帝纪》裴松之注引《典论》,第89页。

"葛藟"与早期酒史

王子今

儒学典籍《易》与《诗》中，可以看到"葛藟"字样。有的文句可以理解为"葛藟"与"酒"存在特殊关系的反映。相关文字除了文化史料的意义之外，也从侧面体现早期酒的酿制与消费，可能与野生"葛藟"有关。古人的酒业经营，或许曾经对这种植被资源予以试探性的利用开发。考古资料证实，在张骞"凿空"之前，新疆地方已经有葡萄栽培。而与所谓"野葡萄""山葡萄"相关的植物，在黄河流域或许也已经介入饮食消费社会生活。反映"葛藟"与"酒"相关联的史迹，从物质生活与精神生活视角看，都是文明史进程中值得重视的现象。

一、《易》所见"葛藟"和"酒食"

《诗·王风》有《葛藟》篇："绵绵葛藟，在河之浒。终远兄弟，谓他人父。谓他人父，亦莫我顾。绵绵葛藟，在河之涘。终远兄弟，谓他人母。谓他人母，亦莫我有。绵绵葛藟，在河之漘。终远兄弟，谓他人昆。谓他人昆，亦莫我闻。"诗句借"葛藟"植物样态根茎枝叶的"绵绵"关系，表达"王族刺平王"，指向"周室道衰，弃其九族焉"的政治批评。① 马瑞辰引《左传》："宋昭公欲去群公子，乐豫曰：'公族，公家之枝叶也。若去之，则本根无所庇荫矣。'"指出："葛藟犹能庇其本根，故君子以为比。诗盖以葛藟之能庇本根，

---

① 《毛诗传笺》，毛亨传，郑玄笺，陆德明音义，孔祥军点校，中华书局，2018，第102页。

兴王宜推恩亲族,非专以河水润泽取兴。"①《诗·大雅·旱麓》:"莫莫葛藟,施于条枚。岂弟君子,求福不回。"郑玄笺:"葛也,藟也,延蔓于木之枝本而茂盛。喻子孙依缘先人之功而起。"②所见"葛藟"虽然只是用于维护宗法关系的政治文化层次的借喻,与我们讨论的酒史主题并非直接相关,但是却提示了重要的信息,即当时文化人对于"緜緜葛藟""莫莫葛藟"是相当熟悉并且可能比较亲近的。

《易·困》有"困于酒食"与"困于葛藟"文句。"九二,困于酒食,朱绂方来,利用享祀,征凶无咎。象曰:困于酒食,中有庆也。"又说:"上六,困于葛藟,于臲卼,曰动悔有悔,征吉。象曰:困于葛藟,未当也。动悔有悔,吉行也。"对于"困于葛藟,于臲卼,曰动悔有悔,征吉",魏王弼、晋韩康伯注:"居困之极,而乘于刚下无其应行则缠绕者也。行则缠绕,居不获安,故曰'困于葛藟,于臲卼'也。下句无困,因于上也。处困无极,行无通路,居无所安,困之至也。凡物穷则思变,困则谋通。处至困之地,用谋之时也。曰者思谋之辞也。谋之所行,有隙则获,言将何以通至困乎?曰动悔令生有悔,以征则济矣。故曰'动悔有悔,征吉'也。"③然而对于"困于酒食,为好事之困者"与"困于株木与葛藟之类"的关系,学者以往多有疑惑。④"酒食之养,人故需之",与"葛藟,此言遇所恶也"不同。⑤ 或指出"葛藟"等为"困之害者","险而在外",而"困为酒食"则"悦而在内"。⑥ 有学者则以为"酒食"存于"葛藟"等困苦之中:"古之圣贤鲜有不困者,惟处险而说,则险不能陷。有坎之信可以习坎,有兑之说可以亨困。彼木石、蒺藜、劓刖、葛藟,天所以玉成君子也。酒食、朱绂、金车,即存于饥渴劳苦之中。困何负于人乎!"⑦也有学者说,"酒食"虽是"受福",然而"非缘天赋,顾人自处何如","可以言

---

① 马瑞辰:《毛诗传笺通释》,陈金生点校,中华书局,1989,第240-241页。
② 《毛诗传笺》,毛亨传,郑玄笺,陆德明音义,孔祥军点校,第366页。《礼记·表记》引作:"莫莫葛藟,施于条枚。凯弟君子,求福不回。"郑氏注:"凯,乐也。弟,易也。言乐易之君子其求福修德以俟之,不为回邪之行。要之如葛藟之延蔓于条枚,是其性也。"(《十三经注疏》,阮元校刻,中华书局,1980年影印版,第1641页。
③ 《十三经注疏》,阮元校刻,第59页。
④ 蔡清:《周易蒙引》卷六下,清文渊阁《四库全书》本,第349页。
⑤ 冯椅:《厚斋易学》卷二四,清文渊阁《四库全书》本,第379页。
⑥ 郝敬:《周易正解》卷一三,明《郝氏六经解》本,第238页。
⑦ 钱士升:《周易揆》卷七,明末赐余堂刻本,第127页。

困矣"。① 也有"柔之困",困于"葛藟";"刚之困,困于酒食"的说法。二者"穷达之困至矣",于是感叹道:"噫,富贵者困于酒食车服,举世皆然,宁无惧哉!"②"葛藟,柔之困也;酒食……刚之困也"之说也见于清人《易》学论著。③

王夫之《读通鉴论》卷一二《愍帝》写道:"事之可为者,无有禁我以弗为;所难者,身处于葛藟尨毦之中,而酒食相縻,赤绂相系,于是而戈矛相寻不觉矣。"同书卷一三《成帝》又就嵇绍事迹说:"若绍也,溅血汤阴,徒为仇雠之篡主死,则朱绂酒食,为其葛藟,而恶望其享哉?有志而不遂,有先人之志而不遂之,非所据而据焉,身之不保,而人贱之矣。此则可为抱志而先亡者悲也!"所谓"有先人之志而不遂之",即言"所可悲者,嵇康之有嵇绍耳"。④ 此"船山史论","成于最晚之岁","于上下古今兴亡得失之故,制作轻重之原,均有论列"。⑤ 在邻近篇次之中两用"葛藟""酒食"之典,足见对于这种文化象征的特别重视。

二、"葛藟""蘡薁""山葡萄""野葡萄"说

《留青日札》卷三三"千岁虆,万年枝"条介绍"葡萄":"葡萄,《汉书》作蒲陶,一名马乳,号草龙、珠帐。《白孔六帖》有大如鸡卵者,可酿酒,张骞自西域来中国,今有紫、水晶、琐琐三种。"随即还写道:"又有蘡薁,名山葡萄,野生,实小,亦可为酒。茎主呕逆,即今悠悠藤之类。故名千岁虆,又名万岁藤。"⑥此所谓"蘡薁",或以为即"葛藟"。

关于类似"葡萄"的"葛藟"的生性,《诗经胡传》卷一《樛木》说:"藟树如葡萄,作藤生。《左氏》:'葛藟犹能庇其本根。'"⑦指出"藟""作藤生",

---

① 吴桂森:《周易像象述》卷一,清文渊阁《四库全书》本,第149页。
② 章潢:《周易象义》卷三,明钞本,第120页。
③ 孙奇逢:《周易大旨》卷二,清文渊阁《四库全书》本,第46页。
④ 王夫之:《读通鉴论》,舒士彦点校,北京:中华书局,1975,第321—322、356页。
⑤ 中华书局哲学编辑组:《〈读通鉴论〉校点例言》,载王夫之:《读通鉴论》,舒士彦点校,第4页。
⑥ 田艺蘅:《留青日札》,朱碧莲点校,上海古籍出版社,1992,第632页。
⑦ 胡绍曾:《诗经胡传》卷一,明崇祯胡氏春熙堂刻本,第7页。

"如葡萄"。而有的学者更强调"葛藟"和"山葡萄""野葡萄"的关系。《毛诗传笺通释》卷二《南有樛木》写道:"葛藟纍之。笺:木枝以下垂之。故葛也,藟也,得纍而蔓之。按藟与纍同。《尔雅》'诸虑山纍',郭注:今江东呼纍为藤。似葛而粗大。《易》'困于葛藟',《释文》:'藟似葛之草。'刘向《九叹》'葛藟虆于桂树兮',王逸注:'藟,葛荒也。'窃疑葛藟为藟之别名,以其似葛故称葛藟。犹拔之似葛,因呼茏葛。郑分葛、藟为二。戴震谓葛藟犹言葛藤。皆非也。此诗疏引陆玑云:藟,一名巨苽,似燕薁。《易释文》引《草木疏》作'葛藟一名巨荒',以'葛藟'二字连读。《毛诗题网》亦云'葛藟一名燕薁'。宋开宝《本草注》云'蘡薁是山葡萄',则葛藟盖亦野葡萄之类。"①

"葛藟"又写作"蘡薁",其形态"作藤生","如葡萄",亦即"山葡萄""野葡萄"之类的说法,作为植物史知识的反映,值得我们重视。

三、"葛藟""蒲陶""并堪为酒"

《证类本草》卷二三"葡萄"条注文又引录了这样的说法:"蘡薁与葡萄相似,然蘡薁是千岁藟。葡萄作酒法:总收取子汁酿之,自成酒。蘡薁、山葡萄,并堪为酒。陶云用藤汁为酒,谬矣。臣禹锡等谨按蜀本《图经》云,蔓生苗叶似蘡薁而大,子有紫、白二色。又有似马乳者,又有圆者,皆以其形为名。又有无核者,七月、八月熟,子酿为酒及浆,别有法。谨按蘡薁是山葡萄,亦堪为酒。"②

大概"山葡萄""野葡萄"可以酿酒,是唐宋人的通识。《通志》卷七六《昆虫草木略二·果类》说到"葡萄":"葡萄,藤生。传自西域。《史记》云:大宛以葡萄为酒,富人藏葡萄酒至万余石,久者十数岁。张骞使西域,得其种而还,中国始有。又有一种曰蘡薁,谓之山葡萄,野出。其实如葡萄而小,亦堪为酒。其茎主呕逆。断其两头节,炊之有汁出,如通草。"③前引《留青日札》说"葡萄""可酿酒",又说"蘡薁,名山葡萄","亦可为酒"。则是明代

---

① 马瑞辰:《毛诗传笺通释》卷二,清道光十五年学古堂刻本,第26页。
② 唐慎微:《重修政和经史证类备用本草》卷二三,《四部丛刊》景金泰和晦明轩本,第831页。
③ 郑樵:《通志》,中华书局,1987,第878页。

文献记录,指出了"山葡萄"所"为酒"与"葡萄"所"酿酒"的关系。

《史记》保留了葡萄酒由"戎"地传入汉地的酒史记录。张骞出使西域,回到长安,向汉武帝报告西行见闻,包括沿途考察西域国家的地理、人文、物产等多方面的信息。据《史记》卷一二三《大宛列传》记载,"(张)骞身所至者大宛、大月氏、大夏、康居,而传闻其旁大国五六,具为天子言之"。① 张骞的西域考察报告分两个层次,第一是"身所至者"诸国,第二是"传闻其旁大国"。首先是亲身考察,其次是得自"传闻"。关于"大宛"国情,张骞报告:"大宛在匈奴西南,在汉正西,去汉可万里。其俗土著,耕田,田稻麦。有蒲陶酒。多善马,马汗血,其先天马子也。有城郭屋室。其属邑大小七十余城,众可数十万。其兵弓矛骑射。"大宛的地理形势,"其北则康居,西则大月氏,西南则大夏,东北则乌孙,东则扜罙、于寘。于寘之西,则水皆西流,注西海;其东水东流,注盐泽。盐泽潜行地下,其南则河源出焉。多玉石,河注中国。而楼兰、姑师邑有城郭,临盐泽。盐泽去长安可五千里。匈奴右方居盐泽以东,至陇西长城,南接羌,鬲汉道焉。"②张骞关于大宛自然条件、经济生活、军事实力及外交关系的报告,在陈述其生产方式之后,明确说到其国"有蒲陶酒"。这是中国历史文献关于"蒲陶酒"的最早的记载。

汉武帝对于大宛国最为关注,甚至不惜派遣数以十万计的大军远征以夺取的对象,是"多善马,马汗血,其先天马子也"。我们看到,在司马迁笔下,大宛"有蒲陶酒"的记载,竟然在"多善马"之前。可知太史公对于这一资源信息和民俗信息的高度重视。关于安息的介绍,《史记》卷一二三《大宛列传》写道:"安息在大月氏西可数千里。其俗土著,耕田,田稻麦,蒲陶酒。"《史记》记述大宛国情所谓"有蒲陶酒",是"(张)骞身所至者"的直接体会。关于安息的"蒲陶酒",则应当来自"传闻"。安息国有稳定的货币体系。"以银为钱,钱如其王面,王死辄更钱",与中国传统货币制度不同。所谓"有市"之说,反映商品经济已经比较成熟。而所谓"民商贾用车及船,行旁国或数千里",体现商运的发达程度。"蒲陶酒"在社会经济生活中的意义,应当是重要的,可能仅次于"稻麦"农产收获。"商贾""行旁国或数千里"的交通条件,无疑可以保障"蒲陶酒"的远销。据《史记》卷一二三《大宛

---

①② 司马迁:《史记》,中华书局,1959,第3160页。

列传》记载,"蒲陶酒"是西域多个地方的特产。而当地民俗饮食消费传统,"嗜酒"是显著标志。司马迁写道:"宛左右以蒲陶为酒,富人藏酒至万余石,久者数十岁不败。俗嗜酒,……"①所谓"藏酒""久者数十岁不败",说明"蒲陶酒"的储藏技术已经比较成熟,也体现"蒲陶酒"的社会经济价值相当重要。"蒲陶",是西域地方普遍栽培的,主要因可以酿酒而具有重要经济意义的藤本植物。《汉书》卷九六上《西域传上》"且末国"条说"有蒲陶诸果","难兜国"条和"罽宾国"条又都记载,当地"种五谷、蒲陶诸果"。②《晋书》卷九七《四夷传》"康居国"条也写道,其国"地和暖,饶桐柳蒲陶"。而"大宛国"条说"有蒲陶酒"。③ "以蒲陶为酒",很可能是当地民人"种""蒲陶"、"饶""葡萄"的主要经营目的。

在丝绸之路物种引入史中,"蒲陶"是众所周知的引种对象。司马迁在《史记》卷一二三《大宛列传》中记录了汉王朝移植西域经济作物的情形:"宛左右以蒲陶为酒,富人藏酒至万余石,久者数十岁不败。俗嗜酒,马嗜苜蓿。汉使取其实来,于是天子始种苜蓿、蒲陶肥饶地。"丝路交通的繁荣,使得这两种经济作物的栽植形成了更大的规模。"及天马多,外国使来众,则离宫别观旁尽种蒲萄、苜蓿极望。"④《史记》卷一一七《司马相如列传》载录司马相如歌颂极端"巨丽"的"天子之上林"的赋作,其中可以看到这样的文句:"于是乎卢橘夏孰,黄甘橙楱,枇杷橪柿,楟柰厚朴,樗枣杨梅,樱桃蒲陶,隐夫郁棣,榙𣏖荔枝,罗乎后宫,列乎北园。"可知中原所未见物种之中,上林苑中栽植了"蒲陶"。关于"蒲陶",裴骃《集解》引录郭璞的解释:"蒲陶似燕薁,可作酒也。"⑤大概宫苑中"蒲陶"的栽培,主要目的应当是用以"作酒"。大概长安宫苑管理者已经能够学习"宛左右"地方的酿酒技术,"以蒲陶为酒"了。

西汉长安上林苑有"蒲陶宫"。《汉书》卷九四下《匈奴传下》记载:"元

---

① 司马迁:《史记》,第 3162 页,第 3173 页。这里所谓"宛左右",《汉书》卷九六上《西域传上》"大宛国"条写作"大宛左右"。(中华书局,1962,第 3894 页)《晋书》卷一二二《吕光载记》:"胡人奢侈,厚于养生,家有蒲桃酒,或至千斛,经十年不败,士卒沦没酒藏者相继矣。"(中华书局,1974,第 3055 页)

② 班固:《汉书》,第 3879、3884、3885 页。

③ 房玄龄等:《晋书》,第 2544、2543 页。

④ 司马迁:《史记》,第 3173 页。

⑤ 司马迁:《史记》,第 3028 页。

寿二年,单于来朝,上以太岁厌胜所在,舍之上林蒲陶宫。告之以加敬于单于,单于知之。"①《史记》记载,一说"苜蓿、蒲陶",一说"蒲陶、苜蓿",次序有所不同。《汉书》卷九六上《西域传上》"大宛国"条则都写作"蒲陶、目宿","蒲陶"均列名于前。值得我们注意的是河西汉简资料中,"苜蓿"都作"目宿"。"目宿"字样,可能体现了汉代文字书写习惯。我们注意到,"蒲陶、苜蓿"是同时引入的富有经济意义的物种,但是河西汉简文字仅见"目宿"而不见"蒲陶"。有可能"蒲陶"移种,其空间范围主要集中在"离宫别观旁"。即前引司马相如《上林赋》所谓"罗乎后宫,列乎北园"。

《汉书》卷九六下《西域传下》与《史记》卷一二三《大宛列传》"益种蒲陶、目宿离宫馆旁,极望焉"句,颜师古注:"今北道诸州旧安定、北地之境往往有目宿者,皆汉时所种也。"②指出唐代丝绸之路沿线的苜蓿种植沿承了"汉时所种"的植被形势。而"蒲桃镜""葡萄镜"则是唐五代社会上下共同喜好的器用。③

四、"葛藟"关联"酒"事的文字学考察

关于"葛藟",几种很有分量的植物史专著都没有论述。④ 然而汉代文字学文献是有所说明的。

《说文·艸部》写道:"藟,艸也。从艸,畾声。《诗》曰:莫莫葛藟。一曰秬鬯。"许慎引用了《诗·大雅·旱麓》的诗句。段玉裁注:"陆玑云:藟一名巨荒,似燕,亦延蔓生。叶如艾,白色。其子赤,可食。酢而不美。幽州谓之椎藟。开宝《本艸》及《图经》皆谓即千岁藥也。按凡藤者谓之藟。系之艸则有藟字,系之木则有藥字,其实一也。戴先生《诗补注》说葛藟犹言葛藤。《尔雅》山櫐虎櫐,《山海经》卑一作毕,山多櫐,古本从木皆是也。然郑君《周南笺》云葛也,藟也,分为二物,与许合。葛与藟皆藤生,故《诗》多类举

---

① 班固:《汉书》,第3817页。
② 班固:《汉书》,第3896页。
③ 欧阳修:《五代史记注》卷一七,彭元瑞注,清道光刻本,第636页;高濂:《遵生八笺》卷一四《燕闲清赏笺上卷》,第304页,明万历刻本,第304页。
④ 如吴其濬:《植物名实图考校释》,张瑞贤、王家葵、张卫校注,中医古籍出版社,2008;夏纬瑛:《植物名释札记》,夏经林增编,中华书局,2022。

之。《左氏》亦云：葛藟犹能庇其木根。藤古只作縢，谓可用缄縢也。《山海经传》曰：櫐一名縢。"关于"秬鬯"，段玉裁有这样的说明："此字义别说也。秬鬯之酒。郁而后鬯。凡字从畾声者、皆有郁积之意。是以神名郁垒。《上林赋》云：隐辚郁。秬鬯得名藟者，义在乎是。其字从艸者，酿芳艸为之也。"

《说文·艸部》还有关于"蘡"的解说："蘡，婴蘡也。"段玉裁注引录《诗传》"蘡薁"及《广雅》"燕薁"的有关文字，但是没有涉及酿酒情节。①

在当时人的知识体系中，有些野生草本植物的果实，以其品味香美，是可以加工酿酒的。这里所说的植物，有的是藤类。而"秬鬯得名藟"的说法，暗示中原原有的野生葡萄作为酒业原料，可能很早就已经得到初步开发。

五、"葛藟"关联"酒"事的文学史记忆

《留青日札》卷三三"千岁藥，万年枝"条写道："余尝有诗云：'酒香千岁藥，花发万年枝。'"所谓"蘡薁，名山葡萄"，"可为酒"者入诗②，以"酒香"相赞美，是值得珍视的文学史记忆。

以"葛藟"与酒事相联系，又有清人曹溶《真州容园》诗句："江上为园本易成，渚蒲风絮逐时生。自增楼阁如图画，便觉禽鱼少性情。葛藟暗萦眠鹿槛，酒旗偷换煮茶铛。浮云世事休惆怅，兔苑兰亭迹已倾。"③"葛藟"与"酒旗"的对仗是工整的。

清人谭麟应《傅溪旧谱诗送族父以吾归永宁》诗："悠悠《葛藟》诗，济济《乡饮》礼。"④既然说"饮"，也可以理解为"葛藟"与"酒"之联系的文学说明。又如朱日章《清和节鸿翁先生招同社集春星草堂分得三江韵呈郢正》诗写道："送春邀酒伴，作醵有奇庞。蘡薁开盈亩，蔷薇罩一窗。充庖筍作脯，醉客玉为釭。杜宇催归意，曹腾上两艭。"⑤诗句中"蘡薁"与"酒"似乎

---

① 许慎：《说文解字注》，段玉裁注，上海古籍出版社，1981年韵楼藏版影印版，第30页。
② 田艺蘅：《留青日札》，朱碧莲点校，第632页。
③ 曹溶：《静惕堂诗集》卷三六《七言律》，清雍正刻本，第350页。
④ 邓显鹤辑《沅湘耆旧集》卷三，清道光二十三年邓氏南邨艸堂刻本，第31页。
⑤ 陈瑚辑《顽潭诗话》卷下，民国《峭帆楼丛书》本，第46页。

没有标示直接的文字关联,但是以"蘡薁"酿酒"作醲"的联想,是读者自然可以形成的。

六、酒史与葡萄栽培史的科学探索

考古学者新近发现,仰韶文化通常使用的陶制小口尖底瓶,是较早的酿酒器、盛酒器。① 看来,对中国酒史初始期的探索,还有很多学术课题需要解决。

考古工作者在新疆洋海古墓群发掘出土大约 1 米长的古代葡萄藤遗存,可以看出明显经过人工剪枝。经植物考古学方法检测,可知是 6 年生葡萄的枝条。其年代判定为公元前 300 年。② 这是新疆地区早于张骞出使西域的非常重要的葡萄种植史料。

而内地黄河流域以中原野生葡萄作为酿酒原料,也很可能确实有较早创始的历史。

就葡萄的驯化史而言,科学家的考察有新的成果。葡萄为世界上广泛种植的经济作物之一。然而对于鲜食葡萄和酿酒葡萄的起源,存在长期的学术争议。云南农业大学董扬教授团队牵头联合 17 国 78 位科学家,发起葡萄起源、驯化和传播等重要学术问题的考察,形成了关于葡萄起源与迁徙的大略一致的观点。研究成果揭示了栽培葡萄驯化中心为两个,即提出了双起源中心模式,纠正了此前的单起源中心理论。

研究团队"论证了栽培葡萄的起源时间大约在距今 1.1 万年前,远早于此前人类认知的起源时间,表明葡萄是人类目前已知最早驯化的水果,为作物起源驯化研究、葡萄栽培考古学研究提供了重要线索",据介绍,"通过基因组方法,团队证明了酿酒葡萄和鲜食葡萄在不同区域同时起源,并且起源初期遗传背景就具有重大的差异,解决了学术界对鲜食葡萄和酿酒葡萄起源长达数百年的争议。"对于今后的进一步研究,"团队还构建了栽培葡萄

---

① 刘莉、李永强、侯建星:《渑池丁村遗址仰韶文化的曲酒和谷芽酒》,《中原文物》2021 年第 5 期,第 77 页。
② 蒋洪恩、张永兵、李肖等:《我国早期葡萄栽培的实物证据:吐鲁番洋海墓地出土 2300 年的葡萄藤》,《首届干旱半干旱地区葡萄产业可持续发展国际学术研讨会》;新疆吐鲁番学研究院、新疆文物考古研究所:《新疆鄯善洋海墓地发掘报告》,《考古学报》2011 年第 1 期。

遗传资源高精度亲缘关系谱系图,并发现了大量的葡萄人工驯化形状控制基因,绘制了葡萄起源和人工驯化、改良的全景图",有这样的乐观预测,"这些研究成果将为葡萄功能基因组学研究和育种提供重要参考"[①]。

前引《留青日札》卷三三所谓"千岁藥,万年枝"当然可以理解为野生,而非移植。但是古人笔下的"山葡萄""野葡萄",在一定意义上很可能也经历了"驯化"的程序。前引诗句记述酒聚时所见"蘡薁开盈亩",可以作为实证。

---

① 徐鑫雨:《科学家揭示葡萄的起源和驯化过程》,《光明日报》2023 年 3 月 7 日。

周王室后人史事研究

薛瑞泽

东周是中国历史上衰落王朝的象征。春秋时期,周王室作为诸侯国的共主,虽然在诸侯国的夹缝中艰难生存,但所具有的政治地位依然不低。战国时期,周王室沦为弱小的诸侯国政权,仅仅控制着洛阳周边地区的几个县邑。到了秦庄襄王元年(前249年),东周灭亡之后,周王室被迁移离开洛邑。兹对周王室后人史事作一论述。

一、愚狐聚、阳人聚及其政治意义

周慎靓王六年(前315年)驾崩后,周赧王姬延立,"王赧时东西周分治。王赧徙都西周"。周王室由此分为东、西二周两个更加弱小的政权。周王赧迁都西周,只是名义上的周天子,西周国君为周武公,公子咎为太子。是后,周二王室依违于秦、韩、楚大国之间,生存艰难。周赧王五十九年(前256年),"秦取韩阳城负黍,西周恐,倍秦,与诸侯约从,将天下锐师出伊阙攻秦,令秦无得通阳城。秦昭王怒,使将军摎攻西周。西周君奔秦,顿首受罪,尽献其邑三十六,口三万。秦受其献,归其君于周。"可以说经过此役,西周已经名存实亡,不久,西周武公、周赧王病亡,次年,"周民遂东亡"。随着西周民众的逃亡,"秦取九鼎宝器,而迁西周公于𢠵狐"①,西周灭亡。又过了七年,秦庄襄王元年(前249年),"东周君与诸侯谋秦,秦使相国吕不韦诛之,尽入其国。秦不绝其祀,以阳人地赐周君,奉其祭祀",东周也灭亡了。秦国随即占领成皋、巩,秦国国界至大梁,初置三川郡。② 这里提到了东西二周国君及其随从最后的落脚地,西周公在𢠵狐,东周君在阳人。

关于𢠵狐与阳人的具体地望,史书上有较为详细的记载。秦灭西周后,"迁西周公于𢠵狐",《集解》徐广曰:"𢠵音惮。𢠵狐聚与阳人聚相近,在洛阳南百五十里梁、新城之间。"《正义》引《括地志》云:"汝州外古梁城即𢠵狐聚也。阳人故城即阳人聚也,在汝州梁县西四十里,秦迁东周君地。梁亦古梁城也,在汝州梁县西南十五里。新城,今洛州伊阙县也。"张守节按云:"𢠵狐、阳人傍在三城之间。"③《汉书》卷二八上《地理志上》云:"梁,𢠵狐聚,秦灭西周徙其君于此。阳人聚,秦灭东周徙其君于此。"关于"梁"县,臣瓒曰:"此梁,周之小邑,见于《春秋》。"④据今人考证阳人聚在今河南汝州市西四十里,𢠵狐聚在今河南汝州市西北四十里。⑤ 可以说秦灭西周后,将西周公迁到𢠵狐聚,那么跟随西周公南迁的显然不可能只有他一人,而极有可能是秦人将西周公的王公大臣甚或普通百姓都迁移到这一新的地方。秦庄襄王灭东周,将东周的君臣迁到阳人聚。秦人这样做一方面断绝了西周公与东周君进一步复国的想法,另一方面,将这些人迁离洛邑,集中安置更有利于管控,清除了不稳定的因素,使秦人能够在洛邑地区推行郡县制。但从臣瓒所说的话也可以看出两地均属于周王室此前直接控制的地方,迁移到此处,也不至于使周王室的君臣有更多的不适感,也可以平息诸侯国的舆论指责。

秦庄襄王灭东周后将东周君迁到阳城聚,形成了𢠵狐聚与阳人聚周人集中居住的现象。周人集中居住洛阳、梁县、新城之间,有利于对其管理,使其不敢作乱。秦灭两周之后,洛阳周边地区先成为秦的郡——三川郡,原属

---

① 司马迁:《史记》卷四《周本纪》,中华书局,1982,第169页。《史记》卷五《秦本纪》云:"(秦昭襄王五十一年)西周君背秦,与诸侯约从,将天下锐兵出伊阙攻秦,令秦毋得通阳城。于是秦使将军摎攻西周。西周君走来自归,顿首受罪,尽献其邑三十六城,口三万。秦王受献,归其君于周。"(第218页)
② 司马迁:《史记》卷五《秦本纪》,第219页。
③ 司马迁:《史记》卷四《周本纪》,第170页。
④ 班固:《汉书》卷二八上《地理志上》,中华书局,1962,第1557页。
⑤ 史为乐主编《中国历史地名大辞典》,中国社会科学出版社,2005,第1137、2912页。

于周王室所辖的县邑,"周比亡之时,凡七县,河南、洛阳、榖城、平阴、偃师、巩、缑氏"①等,都属于三川郡所辖,据马非百考证,三川郡下辖洛阳、荥阳、开封、京、成皋、巩、河南、榖城、梁、平阴、阳武、卷、新安、宜阳、陕、缑氏、渑池等。② 秦人设立郡县之后,罴狐聚与阳人聚就成为三川郡梁县下辖的聚落,更有利于对两周后人的控制。特别是为了控制洛邑,秦庄襄王以河南、洛阳十万户封相国不韦为文信侯,在秦始皇十一年(前236年),吕不韦被废。洛邑前后14年为吕不韦的食邑,有利于控制洛阳以及洛阳南数十里距离的罴狐聚与阳人聚,主要还是两周的后人。可以看出秦庄襄王这样安排是出于长远战略考虑的。

罴狐聚与阳人聚作为周人集中居住之地,随着岁月的流逝早已隐没在历史长河中,但作为周人的历史记忆,在后世作为地名仍然留存下来。郦道元曾记述汝水沿岸有"阳人城","城,古梁之阳人聚也,秦灭东周,徙其君于此"。罴狐聚,"《地理志》云:秦灭西周徙其君于此,因乃县之。杜预曰:河南县西南有梁城,即是县也"③。唐代汝州梁县"又有阳人聚故城,在今县西,秦灭东周,徙其君于阳人聚,即此城也"④。《通典》亦载梁县"又有阳人聚,故城在今县西,秦灭东周,徙其君于阳人聚,即此地也,又孙坚大破董卓军之所"⑤。马端临《文献通考》也载"县东有阳人聚,秦灭东周,徙其君于阳人,即此地"⑥。从《水经注》《通典》到元代《文献通考》罴狐聚与阳人聚之所以引起学人的关注,无疑从一个侧面可以看出其影响之深远。清代朱彝尊《刺梅园饯别陆进游汝阳》有云"村烟断续阳人聚,山色东西郏县楼"⑦,正体现出阳人聚逐步成为人口聚集的平常地。

---

① 司马迁:《史记》卷四《周本纪》,第170页。
② 马非百:《秦集史》,中华书局,1982,第589-593页。
③ 郦道元:《水经注》卷二一《汝水注》,陈桥驿注释,浙江古籍出版社,2001,第324-325页。
④ 李吉甫:《元和郡县图志》卷六《河南道二·汝州》,贺次君点校,中华书局,1983,第165页。
⑤ 杜佑:《通典》卷一七七《州郡七·古荆河州》,王文锦、王永兴、刘俊文等点校,中华书局,1988,第4660页。
⑥ 马端临:《文献通考》卷三二〇《舆地考六·古豫州》,中华书局,1986,第2513页。
⑦ 朱彝尊:《曝书亭集》卷一〇《古今诗》,世界书局,1937,第37页。

二、周子南君被封的政治意义

秦朝建立后,废除封国制,强力推行郡县制,东周、西周君主的后人均未获封,引起了后人的颇多诟病。汉代初年,因为天下尚未稳定,分封的诸侯王多为异姓诸侯王。汉文、景二帝在位期间,虽然分封了同姓诸侯王,但并没有对两周君主的后人进行分封。汉武帝在封禅泰山前分封了周人后裔周子南君,以显示兴亡继绝的恢宏气度。"汉兴九十有余载,天子将封泰山,东巡狩至河南,求周苗裔,封其后嘉三十里地,号曰周子南君,比列侯,以奉其先祭祀。"①关于汉武帝此次封周子南君,《史记》卷二八《封禅书》载汉武帝诏曰:"三代邈绝,远矣难存。其以三十里地封周后为周子南君,以奉其先祀焉。"汉武帝之所以封周子南君,是因为汉武帝在封禅之时要向上苍报告成功,所以对前代先君的后裔进行分封是必须进行的。所以汉武帝在封禅前有一系列祭天地河流等举措,元鼎四年(前113年)十月,汉武帝从夏阳出发,巡视汾阴。十一月甲子,汉武帝在汾阴脽上立后土祠。仪式结束后,汉武帝经荥阳,返回时途经洛阳,诏曰:"祭地冀州,瞻望河、洛,巡省豫州,观于周室,邈而无祀。询问耆老,乃得孽子嘉。其封嘉为周子南君,以奉周祀。"②分封周子南君使周人的后人找到了精神的归宿,也使汉武帝宏大的政治抱负得以展现。唐代赵莹曾评价云:"汉皇封王赧之孙,盖悲亡国。"③

周子南君在后世的也有存世。《史记》卷四《周本纪》的《集解》瓒曰:"《汲冢古文》谓卫将军文子为子南弥牟,其后有子南劲,朝于魏,后惠成王如卫,命子南为侯。秦并六国,卫最为后,疑嘉是卫后,故氏子南而称君也。"《正义》引《括地志》云:"周承休城一名梁雀坞,在汝州梁县东北二十六里。《帝王世纪》云'汉武帝元鼎四年,东巡河洛,思周德,乃封姬嘉三千户,地方三十里,为周子南君,以奉周祀。元帝初元五年,嘉孙延年进爵为承休侯',在此城也。平帝元始四年,进为郑公。光武建武十三年,封于观,为卫公。"颜师古云:"子南,其封邑之号,为周后,故总言周子南君。"张守节按:"自嘉

---

① 司马迁:《史记》卷四《周本纪》,第170页。
② 班固:《汉书》卷六《武帝纪》,第183-184页。
③ 赵莹:《论修唐史奏》,载董诰编《全唐文》卷八五四,上海古籍出版社,1990,第3974页。

以下皆姓姬氏,著在史传。瓒言子南为氏,恐非。"①关于周子南君被分封为周承休侯,臣瓒所言显然是不可靠的。汉武帝封周的后人姬嘉为周子南君,其封地三十里应当是在罴狐聚与阳人聚周人集中居住之地,所食三千户应当是跟随姬嘉先君的东西二周的后人。

关于周子南君在汉武帝时期被分封的情况,《史记》卷二〇《建元以来侯者年表》对其被分封的详细情况有完整的记述。周子南君被分封地,《索隐》云:"表在长社。"其被分封的原因是侯功"以周后绍封"。元鼎四年(前113年)十一月丁卯,"侯姬嘉元年",姬嘉在位三年,元封四年(前107年),"君买元年"。②《汉书》卷一八《外戚恩泽侯表》记载,周子南君姬嘉,其"侯状户数"为"以周后诏所襃侯,三千户"。始封者姬嘉,"元鼎四年十一月丁卯封,六年薨"。其子"元封四年,君置嗣,二十四年薨"。姬嘉之孙"始元四年,君当嗣,十六年,地节三年,坐使奴杀家丞,弃市。"其封地在颍川郡长社。③汉元帝初元五年春正月,"以周子南君为周承休侯,位次诸侯王"。文颖曰:"姓姬,名延年。其祖父姬嘉,本周后,武帝元鼎四年封为周子南君,令奉周祀。"师古曰:"承休国在颍川。"④所以在汉代"武帝时,始封周后姬嘉为周子南君,至元帝时,尊周子南君为周承休侯,位次诸侯王"⑤的说法颇为流行。东汉时期,建武二年五月庚辰,光武帝封"周后姬常为周承休公",李贤注云:"武帝封周后姬嘉为周子南君,成帝封姬延为周承休公,常即延之后。承休所封,故城在今汝州东北。"⑥到了建武十三年,光武帝以爵位过高现象较为严重,将有些王降为侯,有些王降为公,又"以殷绍嘉公孔安为宋公,周承休公姬武为卫公"⑦,《续汉书·百官志五》云:"卫公、宋公。本注曰:建武二年,封周后姬常为周承休公;五年,封殷后孔安为殷绍嘉公。十三年,改常为卫公,安为宋公,以为汉宾,在三公上。"综上所述,周子南君及其后人的世袭按照《建元以来侯者年表》如下:姬嘉→姬买。《外戚恩泽侯表》

---

① 司马迁:《史记》卷四《周本纪》,第 171 页。
② 司马迁:《史记》卷二〇《建元以来侯者年表》,第 1046 页。
③ 班固:《汉书》卷一八《外戚恩泽侯表》,第 688 页。
④ 班固:《汉书》卷九《元帝纪》,第 285 页。
⑤ 班固:《汉书》卷六七《梅福传》,第 2926 页。
⑥ 范晔:《后汉书》卷一上《光武帝纪上》,中华书局,1965,第 29–30 页。
⑦ 范晔:《后汉书》卷一上《光武帝纪上》,第 61 页。

的世袭:姬嘉→姬置→姬当→姬延年→姬常。之所以出现姬买与姬置的差别,是因为"買"与"置"字形相近似的缘故。其被封的名号有周子南君姬嘉,周承休侯姬延年,周承休公姬常,周卫公姬武等。

从君、侯到公的变化虽然是封号的不同,但却是周王室后人地位变化的真实写照,因为随着时代的变迁,周王室后人在国家政权建设中的作用愈来愈边缘化,故而其封号与受封的地域愈来愈小则是显而易见的。

三、汉代之后姬氏的流播

汉代之后,姬姓后人在史书中的记载逐渐减少,但仍然有相关姬姓的事迹流传,对这些姬姓后人的史实加以考述,有助于为我们认识姬姓在后世的影响。

《元和姓纂》记述"沛郡周氏,赧王之后"是周姓八大郡望中的"旧望",长安周氏"本姬姓,赧王之后",属于周姓新兴的九大郡望中的"新望"。[1]长安周氏是先天年间为了避唐玄宗的名讳,改姓周氏。"后周太子太仆愿,弟威;生权;生思忠、思恭。思忠,职方员外;生处逊,水部员外、万年令。思恭,丹州刺史。愿侄道斌,长安令、比部郎中。"[2]唐玄宗时长安周氏改姓在其他史书中也有披露,《通志二十略·氏族略·以姓为氏》云:"姬氏:姓也,帝喾生姬水,因以为姓。裔孙周文王,三十余代至赧王,子孙号姬氏。汉有周子南君姬嘉。唐水部郎中姬处逊,世居长安,开元初,明皇以嫌名,改为周氏。望出南阳。"[3]姬处逊的情况,除了上述两书略有记述外,在《御史台精舍碑题名》中的《碑阴题名》有《侍御史并内供奉》《殿中侍御史并内供奉》《监察御史并□□□》等三处有其题名。[4] 至于说沛国周氏为"赧王之后",林宝云:"汉汾阴侯周昌,从父兄苛,御史大夫;子武,高景侯。又蒯城侯周緤,与昌并沛人。"[5]特别是到唐玄宗先天元年,姬姓为了避讳改为周姓之后,周姓后人开始逐步增多。

---

[1] 林宝:《元和姓纂》卷五《十八尤·周》,岑仲勉校说,中华书局,1994,第645页。
[2] 林宝:《元和姓纂》卷五《十八尤·周》,岑仲勉校说,第644页。
[3] 郑樵:《通志二十略》,王树民点校,中华书局,1987,第104页。
[4] 赵钺、劳格:《唐御史台精舍碑题名考》,张忱石点校,中华书局,1997,第1、3、6页。
[5] 林宝:《元和姓纂》卷五《十八尤·周》,岑仲勉校说,第648页。

周王室在东西二周灭亡之后传承情况，是时代变迁的结果。秦将周人集中居住是为了便于控制，汉武帝分封姬嘉为周子南君，体现了兴亡继绝的政治理念。而到了唐玄宗时的姬氏改为周姓，则是唐代社会政治环境变化的真实写照。

试论秦人婚姻家庭生育观念

吴小强

男女相爱、婚嫁生育,乃人类自产生以来最基本、最直接的社会实践活动之一。关于秦人的婚恋家庭生活,特别是秦人中下层社会的婚姻家庭生育活动,史书上基本是个空白,故鲜有论及者。然而,翻开自湖北云梦睡虎地秦墓出土的竹简《日书》,剥裸其宗教迷信的外衣,却给我们展现一幅富于浓郁生活气息的秦人中下层社会风俗长绢图,为我们提供了颇为丰富的秦国社会史资料,在很大程度上填补了历史文献记载的阙遗。《日书》中关于婚姻家庭,特别是生育方面的资料十分可观,其分量在整个《日书》中占相当大比例。据笔者初步统计,《日书》甲(包括正反两面简)、乙两种,共有简591支(甲种编号730-895,反面895-730;乙种编号896-1154),除去其中七支无文字空白简(反面简773,735-730),有文字简共584支,其中直接或间接涉及嫁娶生子的简文共183支,占《日书》简文31.4%。值得重视的是《日书》反映出的秦人中下层社会的婚姻家庭生育观念,既有秦楚文化交融的特点,又有与后世观念相通之处。笔者谨就秦人婚姻家庭生育观念献一孔之得,企盼专家斧正。

一

嫁娶生子,必须选择良日,回避忌日,趋吉避凶,是秦人婚姻家庭生活最显著的观念。

秦简《日书》是关于人们日常生活的宗教迷信手册,专门为各种事物,如五谷六畜、贾市买卖、土木兴建、远行入室、攻伐野战以及人本身规定了良日忌日,如"金钱良日""人良日""人日""男子日""女子日"等。婚嫁生育活动的禁忌吉凶则更多,比比皆是,如简865①:"凡酉日可以取(娶)妇家(嫁)女。"简870:"乙巳生子,吉。"简871:"丙子生子,不吉。"简884:"取妻龙日:丁巳、癸丑、辛酉、辛亥、乙酉及春之未戌,秋丑辰,冬戌亥。丁丑、己丑取妻不吉。"等等。

笔者粗略统计,《日书》中说明结婚不吉利,不能嫁娶的简文多达70处(甲种31处,乙种39处),结婚吉利、可以嫁娶的简文有40处(甲22,乙18);生子不吉利的简文则有60处(甲40,乙20),可以生育的简文有65处(甲36,乙29)。如此多的婚育吉凶规定,足以表明秦人风俗中婚育禁忌观念的广泛和牢固。衣食住行,婚丧生老重择日辰,避忌就吉,这种民间风俗习惯形成甚早,殷周即已有之,卜辞里有大量关于百事吉凶预测的内容。春秋战国时代普遍流传日忌之风,《吕氏春秋·仲春纪》说"是月也,安萌牙(芽),养幼少,存诸孤,择元日,命人社。"注曰:"元,善也。日,从甲至癸也。"②秦汉时代盛行此风。后汉思想家王充针砭时弊指出:"世俗信祸祟,以为人之疾病死亡,及更患被罪,戮辱欢笑,皆有所犯,起功移徙,祭祀丧葬,行作入官嫁娶,不择吉日,不避岁月,触鬼逢神,忌时相害。故发病生祸,絓法入罪,至於死亡,殚家灭门,皆不重慎,犯触忌讳之所致也。"③在百事禁忌中尤以婚育为甚,《史记·日者列传》载"孝武帝时,聚会占家问之,某日可取妇乎?五行家曰可,堪舆家曰不可,建除家曰不吉,丛辰家曰大凶,历家曰小凶,天人家曰小吉,太一家曰大吉。辩讼不决,以状闻。制曰:'避诸死忌,以五行为主。'"④上自天子,下至庶民,嫁娶生子无不讲究择吉避忌。此风长期流行于我国社会之中,时至文明开化之今日,青年举办婚礼,在选定日期上仍可依稀看到趋吉避忌风俗的孑遗。

婚姻生育与货物交易、奴隶买卖、宗教祭祀活动密切相联系,是秦人社会观念又一重要内容。嫁娶生育同货物交易、奴隶买卖及祭祀活动相提并

---

① 《云梦睡虎地秦墓》编写组:《云梦睡虎地秦墓》,文物出版社,1981,本文所引《日书》简文释文均出于此,下同。
② 许维遹:《吕氏春秋集释》卷二《仲春季二》,中国书店,1985,影印本,第45页。
③ 王充:《论衡》第二十四卷《辩祟篇》,上海人民出版社,1974,第373页。
④ 司马迁:《史记》卷一二七《日者列传》,中华书局,1982,第3222页。

论,在多数情况下,其吉凶是一致的。如简735:"阴日利以家室祭祀、家子取妇,入材(财)大吉。"简752:"收日可以入人民、马牛、禾粟、入室、取妻及它物。"(入人民马牛禾粟,即指买进奴隶牲畜谷物。《周礼·质人》:"掌成市之货贿、人民、牛马、兵器、珍异。"郑注:"人民,奴婢也。"①)再如简767:"敫……不可取妇家女、出入货及生。"简800:"房,取妇家女、出入货及祠吉。"简829-830:"不可以取妇家女、祷祠、出货。"

《日书》上述这种行文现象并非信手下笔、毫无意义,而是表达了当时社会现实内容。从形式上看,嫁娶生子都是一进一出。从内容上分析,婚姻活动与财物奴婢的交换买卖有比较密切的联系。先秦的婚嫁活动总是伴随着一定数量的财物、牲畜、奴婢所有权的交换转让。《史记·殷本纪》说伊尹曾为有莘氏媵臣,《秦本纪》载晋献公"既虏百里傒,以为秦缪公夫人媵於秦。"媵即女方陪嫁奴婢。西汉司马相如与卓文君结合,卓王孙给爱女陪嫁僮百人,钱数百万。《急就篇·浯》:"妻妇聘嫁斋媵僮,奴婢私隶枕牀杠。"《日书》许多关于奴婢、人民、妾臣的资料证实秦人社会中尚有相当数量的奴隶存在,臣妾奴婢是中上层家庭的组成部分。恩格斯在论述奴隶制家庭结构时指出:"这种家庭的主要标志,一是把非自由人包括在家庭以内,一是父权。"②《日书》反映了奴隶制残余及秦人家庭的某种阶级特征。从云梦秦简《封诊式》也可得到印证。例如:"告臣 爰书:某里士五(伍)甲缚诣男子丙,告曰:'丙,甲臣,桥(骄)悍,不田作,不听甲令。谒买(卖)公,斩以为城旦,受贾(价)钱。'"③又如:"黥妾 爰书:某里公士甲缚诣大女子丙,告曰:'某里五大夫乙家吏。丙,乙妾殹(也)。乙使甲曰:丙悍,谒黥劓丙。'"④秦人家庭的这种特点,正如马克思所论述的"现代家庭在萌芽时,不仅包含着奴隶制(Servitus),而且也包含着农奴制,因为它从一开始就是同田间耕作的劳役有关的。它以缩影的形式包含了一切后来在社会及其国家中广泛发展起来的对立"⑤。

《日书》将婚育与祭祠并提,则说明秦楚民间婚育与巫术有不解之缘,

---

① 《十三经注疏》第四《周礼注疏·地官·质人》,阮元校刻,中华书局,1980,第737页。
② 《马克思恩格斯选集》(第四卷),人民出版社,1972,第52页。
③ 睡虎地秦墓竹简整理小组编《睡虎地秦墓竹简》,文物出版社,1978,第259页。
④ 睡虎地秦墓竹简整理小组编《睡虎地秦墓竹简》,1978,第260页。
⑤ 《马克思恩格斯选集》(第四卷),1972,第53页。

婚嫁生子定要举行一定的祭祀活动。

一夫一妻的家庭观念,是《日书》给我们留下的深刻印象之一。人类家庭形态的演变,随着文明时代的到来而进入一夫一妻制时代,"女性的具有世界历史意义的失败"(恩格斯语)导致妇女地位的急剧下降,女子在两性关系天平上严重倾斜,沦为男子的私有物和附属品,丈夫则以拥有妻妾的多寡来显示身份和地位的高低,妻妾奴婢成为丈夫财产、权力和地位的象征,女性成为男性传宗接代、发泄肉欲的工具,丧失了作为一个人的独立人格。《盐铁论·散不足篇》:"古者夫妇之好,一男一女而成家室之道。及后,士一妾,大夫二,诸侯有侄娣九女而已。今诸侯百数,卿大夫十数。中者侍御,富者盈室。是以女或旷怨失时,男或放死无匹。"①多妻制是统治者、权贵、富人的特权,从春秋战国的诸侯封君,到秦汉的皇帝宗室、诸侯王、大官僚、大商贾,妻妾成群,歌伎盈堂,几十、百数,甚至上千,亦不足为奇。与秦人上层社会荒淫的婚姻生活相反,普遍平民百姓仍然实行着真正的一夫一妻制家庭。在《日书》内看不到妻妾成群的片言只语,可以肯定秦中下层社会的婚姻基本形态是一夫一妻制。特别是下层社会的秦人,因位卑身贱,衣食不足,终日奔忙,根本无饶财余力娶几房、十几房妻妾。《日书》仅有两处提到娶两个妻子。简 815:"毕……以死必二人,取妻必二妻。"简 981:"四月,毕……取妻必二。"能娶二妻的人应是稍有余财、家境小康的小地主、小官吏、殷富农民、乡绅文士,穷愁潦倒、衣食无着的贫苦农民与二妻无缘。"事实上,一夫多妻制,显然是奴隶制度的产物,只有占据特殊地位的人物才能办到。"②《日书》所反映的秦中下层社会婚姻观念,很难找到一夫多妻制的阴影,明显折射出一夫一妻家庭特征。

二

《日书》对秦人中下层社会家庭夫妇关系有多方面的反映,从中可窥探出许多重要的秦人择偶观念、妇女观念和夫妻观念。

在自然经济为基础的传统社会里,男权一统天下,关于家庭方面的清条

---

① 《盐铁论简注》,马非百注释,中华书局,1984,第 241 页。
② 《马克思恩格斯选集》(第四卷),1972,第 56 页。

戒律，几乎全部是针对妇女的。《大戴礼记·本命篇》规定："妇有七去：不顺父母，去；无子，去；淫，去；妒，去；有恶疾，去；多言，去；窃盗，去。"《仪礼·丧服》进一步明确："妇人有三从之义，无专用之道，故未嫁从父，既嫁从夫，夫死从子。"①这是宗法制度对妇女的基本要求，但是从《日书》大量资料所映射出的秦人妇女观念则与此明显有别，带有鲜明的秦文化特征。根据《日书》有关资料，笔者把秦人的择偶观、妇女观归纳如下：

（一）悍

简 801："心，……取妻妻悍。"简 995："十月，心……取妻妻悍。"秦国在与西戎长期苦斗中发展，民俗"贪狼强力"，悍勇敢斗，寡义趋利。贾谊说："秦人家富子壮则出分，家贫子壮则出赘。借父耰鉏，虑有德色；母取箕箒，立而谇语。抱哺其子，与公併倨；妇姑不相悦，则反唇而相稽。其慈子嗜利，不同禽兽者亡几耳。"②在这种社会环境中，秦女自然深染其俗，性格刚强。宗法制在秦地历来松弛，特别进入战国之后，宗法观念在中下层社会更是淡薄如水，女子社会活动范围较广，所受精神桎梏束缚较少，有发展自己的个性的环境和条件，因此在家庭内有一定的地位和参政权，《日书》反面简881："宇左长，女子为正。"正通政，此处多指家政，女子当家做主的情况，在秦人家庭中并非罕见。"女子为正"与"妻悍"可以互证。

不过，对秦男子来说，"妻悍"并不是个优点，有时甚至无法接受。与《日书》同出的云梦秦简《法律答问》载"妻悍，夫殴治之，夬（决）其耳、若折支（肢）指、胅膿（体），问夫可（何）论？当耐。"③打老婆是秦丈夫的家常便饭，严重时竟致妻残废。这从反面揭示了秦人妇女反抗性强、敢于向男权挑战的特点。做为大男子主义者，秦男子显然喜欢柔顺温和的女子，不欢迎"悍妻"。

（二）多舌

简 803："箕……取妻，妻多舌。"简 997 内容相同。《诗经》有"妇有长

---

① 《十三经注疏》第五《仪礼注疏·丧服》，阮元校刻，第 1106 页。
② 班固：《汉书》卷四八《贾谊传》，中华书局，1962，2244 页。
③ 睡虎地秦墓竹简整理小组编《睡虎地秦墓竹简》，1978，第 185 页。

舌,维厉之阶"①诗句。多舌与长舌意义相似。联系上述"妻悍"、"妻多舌"则反映了秦妇女在家庭中不甘处于受压制的附庸地位,力争自主权、积极参与家政大事的实际情况。同时也体现出秦男子对"妻多舌"的不满情绪,他们不希望妻子多嘴多舌、流长飞短、搬弄是非、爱管闲事。

(三) 妬

简797:"角……取妻妻妬。"简991文字类似。传统社会观念历来将妬嫉视为妇女的劣根性,史书里有不少妇女"妬忌"典型事例的记载,例如西汉广川王去的幸姬陶望卿被王后昭信妬诬与郎吏有奸,"去即与昭信从诸姬至望卿所,裸其身,更击之。令诸姬各持烧铁共灼望卿。望卿走,自投井死。昭信出之,椓杙其阴中,割其鼻唇,断其舌,……与去共肢解,置大镬中,取桃灰毒药共煮之,召诸姬皆临观,连日夜靡尽"②。这种上层社会家庭内极端残忍的妬忌报复行为充分展示了"妻妬"的可怕。妬忌,不利于维持妻妾姒娣关系,容易造成家庭矛盾。《日书》"妻妬"曲折表达了秦妇女要求丈夫爱情专一、过一种纯粹的一夫一妻家庭生活的强烈愿望。普通秦男子愿娶贤妻,厌恶妻妬,这是当时普遍的社会择偶心理。需指出的是,在男权社会里,所谓"妻妬"往往是男女不平等的产物;绝大多数情况下,是男子压迫女子的幌子。

(四) 不宁

简809:"营室……以取妻,妻不宁。"简975文字略同。不宁,即不安静,与悍、妬、多舌意思相近,说明妻子不安分守己,不逆来顺受,不甘受丈夫主宰摆布,因而造成家庭不安静。这种不宁之妻非秦丈夫所情愿,多不受欢迎。

(五) 贫

简799:"牴……取妻妻贫。"简993内容大同。《说文》:"贫,财分少

---

① 《十三经注疏》第三《毛诗正义·大雅·瞻卬》,阮元校刻,第577页。
② 班固:《汉书》卷五三《景十三王传·广川惠王刘越传》,第2429页。

也。"在以小农个体经济为支柱的农业社会里,贫穷是人们永远无法摆脱的魔影。饱受贫困折磨的下层社会秦人渴望富裕生活,幻想告别穷苦生活,因此,男子非常喜欢选择富家小姐为妻,不愿与贫家姑娘结偶,《日书》所谓"妻贫"正是从反面指明了当时"乐选富女"的社会择偶心态。汉因秦风,《史记·陈丞相世家》载:"及平长,可娶妻,富人莫肯与者,贫者平亦耻之。"① 尽管张负女孙是位历五嫁的老寡妇,美男子陈平还是娶她为妻,只因她是富家碧玉。张耳娶外黄富人的美丽千金,陈余纳赵地苦陉富人公乘氏爱女,都只因对方一个"富"字。可见家境康富的姑娘易结良缘,英雄才子乐选富女是秦汉社会盛行的风气。

《日书》"妻贫"除了反射秦男子乐择富女为偶的心理之外,我们还可从中透视出小农家庭经济拮据、入不敷出的窘境。丈夫终年劳作,亦难以使妻子儿女免遭贫穷困扰。夫妻共同承担生活重负,长期忍受贫困的煎熬,这是下层社会个体农民家庭真实的生活景象。

（六）病

反面简874:"囷居东北,妻善病。"疾病往往与贫穷共来,疾病是困扰秦人家庭生活的另一大恶魔。任何一个丈夫都不愿看到妻子病魔缠身,但现实生活却让很多秦妇身染多种疾病,备受病痛折磨。

（七）不媚

反面简882:"内居西南,妇不媚於君。"此处的"君"应指统治阶级成员、中上层社会的男士。传统观念认为"士以才智要君,女以媚道求主"②。传统社会中,女人能否以色相、容貌取悦于男人,以求得宠幸,至关重要;缺乏沉鱼落雁之容、闭花羞月之貌的女子则常遭冷眼,长耐寂寞。何为媚？《后汉书·梁冀传》说冀妻孙寿"色美而善为妖态,作愁眉,啼粧,堕马髻,折腰步,龋齿笑,以为媚惑"③。即使如花似玉的美女,一旦姿色衰退、美貌消失,所受宠爱也随即消散,对此,汉武帝爱妃李夫人认识最清楚:"我以容貌之

---

① 司马迁:《史记》卷五六《陈丞相世家》,第2051页。
② 范晔:《后汉书》卷二八《桓谭冯衍列传上》,中华书局,1965,第956页。
③ 范晔:《后汉书》卷三四《梁统列传附梁冀传》,第1180页。

好,得从微贱爱幸于上。夫以色事人者,色衰而爱弛,爱弛则恩绝。上所以挛挛顾念我者,乃以平生容貌也。今见我毁坏,颜色非故,必畏恶吐弃我,意尚肯复追思闵录其兄弟哉!"①《日书》中所称"不媚於君"之妇的境遇之凄凉,可想而知。从另一方面来说,这条材料也反映出秦人在择偶心理上的"爱美之心"。

(八) 绝后

反面简879:"宇多於西北之北,绝后。"反简881:"内居西北,毋(无)子。"以农为本的秦人非常重视后嗣,惧怕绝后。因之,妇女生殖力如何,成为秦男子选择配偶时考虑的最重要因素之一,没有生育能力的女子将横遭冷落歧视。西汉景帝薄皇后、武帝陈皇后皆因不育而失宠遭贬黜,上层社会情况与中下层社会略同。即使在今天,因不育而惨遭迫害的妻子依旧存在,一对夫妇终生不要孩子仍然是现实生活中很难被认可的事情。

将《日书》出现的上述八条妇女观与宗法制度妇女"七出"之罪状相比较,可发现"七出"中的"不顺父母""淫""窃盗"三条在《日书》中没有反映。《日书》有"孝"字,云梦秦简《法律答问》《封诊式》也有"孝"的观念反映,但所有秦简都未列女子"不孝"罪名,史书更无明文。联系贾谊所说"抱哺其子,与公併倨",秦人不苛责女子"不孝"表现了这样一个秦社会现实:兄弟分家,父子别居,个体核心家庭的普遍化,使夫妻关系成为最重要的家庭关系,与父母的关系则降到较为次要的地位,夫妻关系第一,父子婆媳关系第二。相应的"孝"的观念在家庭中也退居次要地位,社会观念也不以"孝"来要求妇女。

《日书》无"淫"字,对照史书记载,可得出秦人贞操观念淡薄的结论。秦简《法律答问》有许多奸淫案件的记录,例如"臣强与主奸"②、"同母异父相与奸"③、"甲、乙交与女子丙奸"④等。还列有"以其乘车载女子"⑤罪名,可见当时男女交往相当自由随便。与《日书》成书同时代的秦昭襄王母宣

---

① 班固:《汉书》卷九七《外戚传》,第3952页。
②③ 睡虎地秦墓竹简整理小组编《睡虎地秦墓竹简》,第183页。
④ 睡虎地秦墓竹简整理小组编《睡虎地秦墓竹简》,第225页。
⑤ 睡虎地秦墓竹简整理小组编《睡虎地秦墓竹简》,第226页。

太后曾公开与义渠王同居,并生有二子,而且敢于当众坦然宣布私生活:"妾事先王时,先王以其髀加妾之身,妾困不支也。尽置其身妾之上,而妾弗重也。"①秦始皇生母私通吕不韦,后与嫪毐姘居,私生两子。秦国上层妇女如此放荡纵欲,恰与秦简《法律答问》记录的中下层社会男女关系的开放相呼应。秦人社会观念不责备女子"淫",亦不奇怪了。

至于"窃盗",在秦人社会中实属司空见惯,见怪不怪。《法律答问》中关于盗窃的记录俯拾皆是,举不胜举。例如:"夫盗二百钱,妻所匿百一十"②、"夫盗千钱,妻所匿三百"③、"夫、妻、子五人共盗"④、"夫、妻、子十人共盗"⑤等等。秦人爱盗窃,《日书》就不必专责女子"窃盗"。

三

爱情是维系秦人夫妻关系的重要纽带。除了矛盾、摩擦、冲突之外,中下层社会的秦人家庭还存在着夫妻依恋、倾慕、恩爱之情,这是《日书》反映出的引人注目的内容。例如:

简811:"奎,祠及行吉,以取妻,女子爱而口臭。"(臭,香气。《易·系辞上》:"同心之言,其臭如兰。"疏:"臭,气香馥如兰也。")简812:"娄,……以取妻,男子爱。"简813:"胃,……以取妻,妻爱。"反面简890:"凡取妻出女之日,冬三月奎、娄,吉。以奎,夫爱妻;以娄,妻爱夫"。

春秋战国时代,礼崩乐坏,宗法制度瓦解,青年男女自由恋爱、自主结合风气相当浓厚,如齐湣王之子法章(齐襄王)与莒太史敫之女(君王后)的私合。秦汉承此风,如司马相如与卓文君的私奔。汉乐府诗《上邪》充分表达了秦汉女子对爱情的忠贞:"上邪!我欲与君相知,长命无绝衰!山无陵,江水为竭,冬雷震震夏雨雪,天地合,乃敢与君绝。"《汉书·张敞传》记京兆尹张敞为妇画眉,《后汉书·梁鸿传》述儒生梁鸿与妻孟光相敬相爱,甚至雄才大略的汉武帝对李夫人亦洋溢着深挚的恋情。史书中的爱情佳话与《日

---

① 《战国策》卷二七《韩策二·楚围雍氏五月》,刘向集录,载范祥雍、范邦瑾:《战国策笺证》,上海古籍出版社,2006,第1540页。
②③ 睡虎地秦墓竹简整理小组编《睡虎地秦墓竹简》,第157页。
④⑤ 睡虎地秦墓竹简整理小组编《睡虎地秦墓竹简》,第209页。

书》的记载足以证明秦人汉人家庭生活中爱情的存在和他们对真挚美好爱情的向往与追求。值得注意的是,《日书》只提妻爱夫,或夫爱妻,不讲夫妻互爱。这说明秦人夫妻间的爱情基本上是单向型,双向型不多;《日书》所讲的"爱"与我们今天理解的现代爱情内涵与外延都不尽相同。

秦人夫妻性生活有一定禁忌。简856规定:"凡且有大行、远行,若(或者)饮食、歌乐、聚畜生及夫妻同衣,毋以正月上旬午、二月上旬亥、三月上旬申、四月上旬丑、五月上旬戌、六月上旬卯、七月上旬子、八月上旬巳、九月上旬寅、十月上旬未、十一月上旬辰、十二月上旬西。"简1027也有"夫妻同衣"字句。《初学记》卷18"贫"目文中有"同衣而出"句。《日书》"夫妻同衣"可有二解:a.同衣,按同声相训原则,解为同衣、同壹,实指夫妇身体合一。b.同衣,解为夫妻因贫穷至同衣出入。根据《日书》上下行文意思,a.解似乎较妥。古人同房,历来讲究忌讳,避开不祥时日,这种性生活的禁忌节制习惯,至晚从秦人即已形成。

有趣的是,秦(还有楚)国社会观念认为,夫妻夜生活有时会遭到鬼神的冲击和干扰。反面简849-848:"犬恒夜入人室,执丈夫,戏女子,不可得也。是神狗伪为鬼……"秦人认为鬼与人一样,有着七情六欲,要娶妻成婚,而且阴间的鬼要娶阳世姑娘为妻。必须采取某些驱鬼措施,才能制止鬼的干扰,摆脱鬼神纠缠。反面简858:"鬼恒从人女与居,曰:'上帝子下游。'欲去自浴,以犬矢(屎)系以笔,则死矣。"反面简857-856:"鬼恒胃(谓)人:'鼠(予)我而女,不可辞,是上神下取妻。'系以苇,则死矣。弗御,五来,女子死矣。"秦人夫妻生活在某种程度上受这些近似原始巫术的迷信的很大影响,说明秦社会文化知识水准很低,秦人夫妻家庭生活的层次不高。遗憾的是《日书》所描述的原始迷信方式至今仍在不少偏僻乡村农民家庭生活中发生着重要作用,甚至造成家破人亡、妻离子散的现代悲剧。

离异与结婚同时来到人世。由于传统社会男女地位的极不平等,离婚休妻、遗弃女子成为男性压迫女性的可怕手段之一,离婚几乎变为男人的特权。《日书》多次提到弃妻,例如:

反面简895:"春三月季庚辛,夏三月季壬癸,秋三月季甲乙,冬三月季丙丁,此大败日,取妻不终,盖屋燔。"

反面简893:"戊申、己酉,牵牛以取织女而不果。不出三岁,弃若亡。"

反面简 890:"凡参、翼、轸以出女,丁巳以出女,皆弃之。"

反面简 886:"戌与亥是胃分离日,不可取妻,取妻不终,死若弃。"

这种材料,《日书》中有十余条之多,都是说明弃妻,无一条说弃夫,充分反映了秦社会家庭的夫权特征。《公羊传》庄公廿七年何休注云妇女有三不去、五不娶、七弃:"尝更三年丧不去,不忘恩也。贱取贵不去,不背德也。有所受无所归不去,不穷穷也。丧妇长女不娶,无所戒也。世有恶疾不娶,弃於天也。世有刑人不娶,弃於人也。乱家女不娶,类不正也。逆家女不娶,废人伦也。无子弃,绝世也。淫泆弃,乱类也。不事舅姑弃,悖德也。口舌弃,离亲也。盗窃弃,反义也。嫉妒弃,乱家也。恶疾弃,不可奉宗庙也。"①《后汉书·应奉传》注引《韩诗外传》有妇人"五不娶"之说,《孔子家语》有妇女"七弃"之论。汉代观念与秦人有相吻合之处,在男子随便弃妻这点上是完全一致的。但二者也有显著区别,即秦人受宗法观念束缚较少,女子在婚姻关系解除上亦有一定自主权,并非完全听任丈夫摆布,这是与后世不同之处。秦女敢于抛弃不幸婚姻,离开不喜欢的丈夫,去追求新的生活。秦简《法律答问》有不少这种内容的记载,例如:

"女子甲为人妻,去亡,得及自出,小未盈六尺,当论不当?"②

"女子甲去夫亡,男子乙亦阑亡,相夫妻,甲弗告请(情),居二岁,生子,乃告请(情),乙即弗弃。"③

"甲取人亡妻以为妻,不智(知)亡,有子焉。"④

汉代也有女子主动解除婚姻的事例。《汉书·张耳陈余传》:"外黄富人女甚美,庸奴其夫,亡邸父客。"后来嫁给张耳才满意。《汉书·朱买臣传》说朱买臣妻因无法忍受贫穷,求去,"买臣不能留,即听去。"

秦人认为夫妻离异毕竟是十分不幸的事情,人们期望夫妻相终,白头偕老。战国时牛郎织女的爱情故事已广泛流传于民间,故秦人以牛郎织女来象征人间的不幸婚姻。传说中的禹娶涂山氏之女的日子,也被秦人视为婚姻忌日。如反面简 894:"癸丑、戊午、己未,禹以取梌(涂)山之女日也。不

---

① 《十三经注疏》卷第八《春秋公羊传注疏·庄公二十七年·大归曰来归》,阮元校刻,第 2239 页。

② 睡虎地秦墓竹简整理小组编《睡虎地秦墓竹简》,第 222 页。

③④ 睡虎地秦墓竹简整理小组编《睡虎地秦墓竹简》,第 223 页。

弃,必以子死。"

四

《日书》关于婚姻家庭生育方面资料,除散见于其他不同类题内容外,还专列"生子""人字""取妻""作女子"(以上甲种)、"家(嫁)子忌""不可取妻""生"(乙种)等类题。特别是"生子""人字""生"三个类题内容,比较集中地反映了秦人的生育观念,尤可珍贵。

经典作家指出:"根据唯物主义观点,历史中的决定性因素,归根结底是直接生活的生产和再生产。但是,生产本身又有两种,一方面是生活资料即食物、衣服、住房以及为此所必需的工具的生产;另一方面是人类自身的生产,即种的蕃衍。"①在传统的农业社会,人们把谷物六畜的生产与人口生产视为同等重要的大事,甚至将两种生产的意义不加区别。《日书》即体现了秦人对五谷六畜,尤其是生育子女的高度重视。

反面简877:"依道为小内,不宜子。"反简876:"井居西北匡,必绝后。"反简873:"圈居宇西北,宜子兴。"简1020:"甲子,乙丑……命曰毋后。"这一方面表达了秦人企盼子孙繁茂、恐畏无子绝嗣的愿望和心理;另一方面,《日书》作者则将卧室与生育相联系,对现实生活中的男女不育症作了迷信解释。在现代工业社会以前的漫长历史岁月中,由于落后的生产力水平和自然经济结构,使劳动生产率的提高不能不主要依赖于劳动者人口数量的增长,"多子多孙为福"构成人们基本的生育观念。1988年在新疆呼图壁县天山深处发现的距今约三千年的"生殖崇拜"大型岩画,极其生动地展现了先民期望人口繁殖的心愿。父系氏族社会多育心理与秦人重子嗣心理有内在的一致性。

然而,人口增长有其自身的发展规律,并不依人们的愿望而增减益损。由于恶劣的生活环境和简陋的医疗条件,秦社会人口生得多,也死得多,呈现人口生产"双高一低"(高出生率、高死亡率、低自然增长率)态势,与中华人民共和国成立前中国人口生育状况相类似。简731:"结日……生子毋

---

① 《马克思恩格斯选集》(第四卷),第2页。

弟,有弟必死。"简 766:"生子子死。"简 804:"斗……生子,不盈三岁死。"简 806:"须女……生子三月死,不死毋晨。"简 818:"东井……取妻多子,生子旬而死。"简 1142:"庚子生,不出三日必死。"透过《日书》迷信雾障,不难看到秦(以及楚)社会人口生育的一个侧影。

由于营养差、护理工作跟不上,许多新生儿婴幼儿即使侥幸存活下来,也难免疾病的困扰。如简 810:"东辟……以生子不完。"简 815"毕……生子疟。"简 1140-1141:"丙辰生,必有疵於体。"

医疗条件和卫生条件的缺乏,使许多秦妇在生育过程中发生难产、死亡等意外事故,很多人因此染上妇女病。简 767:"以生子,子不产。"简 872:"丁未生子,不吉,毋母。……丁卯生子不正,乃有疵前"(据长沙马王堆汉墓帛书《杂疗方》及秦简《封诊式·出子》,"前"即阴部。)简 1133:"丁卯(生),不正,然必有疵於前。"《史记·郑世家》云"生太子寤生。生之难。"①"生子不正"即手足先出的寤生(逆生)。崔寔在《四民月令》五月五日列有"治产妇难生衣不下"②药方。鬼神也会干扰产妇的生育活动,反面简 844:"人生子未能行而死,恒然。是不辜鬼处之。"在《日书》的鬼神世界中,有"字鬼""鬼婴儿""哀乳之鬼""幼殇"等名称。剔除其迷信色彩,不正说明秦人产妇和婴幼儿的死亡现象吗?

秦人生育观念极为重视生育日期的选择。《史记·日者列传》:"产子必先占吉凶,后乃有之。"《索隐》"谓若卜之不祥,则式不收也。卜吉而后有,故云'有之'。"《日书》简 1142:"凡己巳生,勿举,不利父母。"举,哺育。《史记索隐》谓初诞而举之,浴而乳之。凡在忌日出生的婴孩,往往不予养活。这种风俗不独秦人有,齐地乃至后世亦存此俗。《史记·孟尝君列传》:"田婴有子四十余人,其贱妾有子名文,文以五月五日生。婴告其母曰:'勿举也'。其母窃举生之。"《索隐》引东汉应劭《风俗通》云:"俗说五月五日生子,男害父,女害母。"③《后汉书·张奂传》载河西"其俗多妖忌,凡二月、五月产子及与父母同月生者,悉杀之"④。《论衡·四讳》也说汉代

---

① 司马迁:《史记》卷四二《郑世家》,第 1759 页。
② 严可均校辑《全上古三代秦汉三国六朝文·第一册》卷四七《全后汉文》,中华书局,1958,第 730 页。
③ 司马迁:《史记》卷七五《孟尝君列传》,第 2352—2353 页。
④ 范晔:《后汉书》卷六五《皇甫张段列传·张奂传》,第 2139 页。

民俗"讳举正月、五月子,以为正月、五月子杀父与母;不得已举之,父母祸死,则信而谓之真矣"①。这种人为造成婴幼儿死亡行为除了受迷信观念支配外,也同时隐含着小农家庭饥贫困迫,无力抚养更多人口的真实生活背景。

从《日书》可以看出秦人已具有朦胧的优生意识,他们重视生育时间的选择,更重视对儿女体质的选择,他们希望出生的孩子健康体壮,白胖美丽,招人喜爱。简741:"以生子,男女必美。"简801:"生子,人爱之。"简820:"以生子,肥。"简821:"生子乐。"简875:"庚辰生子,好女子……庚申生子,良。"秦汉之际,社会以肥白为美。《史记·陈丞相世家》:"平为人长大美色。人或谓陈平曰:'贫何食而肥若是?'"②《史记·张丞相列传》:"苍坐法当斩,解衣伏质,身长大,肥白如瓠。时王陵见而怪其美士,乃言沛公,赦勿斩。"③秦人父母对儿女体质美的追求已透射出优生意识的萌动,这和今天年轻父母们优生意识不无相通之处。

男子在农业社会中的作用和地位,决定了"重男轻女"生育观念的根深蒂固,秦人自不例外。简736:"生子男吉,女必出於邦。"反面简887:"甲寅之旬不可取妻,毋子,虽有毋男。"汉文帝时淳于公叹道:"生子不生男,缓急非有益!"④汉武帝立卫子夫为皇后,天下歌之曰:"生男无喜,生女无怒,独不见卫子夫霸天下!"⑤这些都足以揭示秦汉社会"重男轻女"的生育观念和社会生育心理。

五

古今中国父母们极少对子女前程出路漠然置之者。《日书》非常清楚地表达了秦人父母对儿女未来的关切和期待,其舐犊之情,感人至深。社会存在决定社会意识,处于中下层社会的秦人父母由于自身社会经济政治地

---

① 黄晖:《论衡校释》第二十三卷《四讳》,中华书局,1990,第977页。原文引自《诸子集成·论衡》。
② 司马迁:《史记》卷五六《陈丞相世家》,第2051页。
③ 司马迁:《史记》卷九六《张丞相列传》,第2675页。
④ 班固:《汉书》卷二三《刑法志》,第1097页。
⑤ 司马迁:《史记》卷四九《外戚世家》,第1983页。

位的局限,既希望儿女能富贵荣华、永离贫贱之地,但又不敢奢望子女会飞黄腾达,青云直上。《日书》为孩子们未来所勾画的众多蓝图,无不深深地刻上了阶级阶层和身份地位的印痕。望子成龙,望子成器,各有所异。《日书》所表示的秦人父母对儿女的期望,可归纳如下:

(一) 贵

简798:"生子,必有爵。"简805:"生子为大夫。"简809:"生子为大吏。"简811:"生子为吏。"简813:"生子必使。"简816:"生子为正。"简822:"以生子,为邑桀。"简824:"以生子,必驾。"简873:"戊申生子,宠,事君。"简875:"庚寅生子,女为贾,男好衣佩而贵。"简876:"辛未生子,肉食。"商鞅设二十等军功爵,第一至第五级为士爵(民爵),第七级以上为高爵,第九级以上才可免役。《日书》所称"有爵",一般即指民爵而言,至高达到能免役的五大夫;望子有爵,可见军功爵制在秦人心目中有极高的威信和诱惑力。秦"以吏为师",吏直接治民,权势不小,秦人仰畏吏,梦想后代能为吏,甚至为大吏,进入"肉食"、乘车阶层,事奉君主。豪强地主的威势,使许多秦人也希望儿孙成为垄断乡曲、独霸一方的"邑桀。"《日书》反映了秦人期望儿子在政治上进取、不再受欺压的强烈愿望,同时,他们所期望的"贵"又很有限,不能超脱自身所处环境的制约。

(二) 富

简800:"生子,富。"简803:"生子贫富半。"简870:"乙亥生子,榖(俸禄)而富。乙酉生子,榖好乐。"简871:"丙申生子,好家室。丙午生子,耆(嗜)酉(酒)而疾,后富。"简874:"己酉生子,榖有商。"向往富足美好生活,是中下层秦人的夙愿。经商是致富捷径,战国时天下趋商,农不如工,工不如商。故《日书》称"有商。"多数秦人指望子孙以入仕受俸来致富,因之《日书》再三讲"榖"。"好家室"则代表相当一部分依恋个体小农家庭的秦人心愿。

(三) 武

简814:"以生子,喜鬬(斗)。"简869:"甲午生子,武有力,少孤。甲辰生子,穀且武,而利弟。"简871:"丙寅生子,武以圣。"简875:"庚戌生子,武而贫。"简877:"壬辰生子,武而好衣剑……壬子生子,恿(勇)。"简1134:"甲戌生,好甲"。秦素有尚武好斗精神,孔武有力为秦人所追求,父母自然要求孩子武勇善战,这也是战国时代战争环境造就的民风。有的秦人靠军功发家,更多的秦人则难免"武而贫"的命运。

(四) 巧

简799:"生子巧"。简870:"乙丑生子,武,以攻(工)巧。"简872:"丁丑生子,好言语,或生於目。"简878:"癸未生子,长大善得。"有某种技艺之长,灵巧善工,是身为劳动者的秦人对子女的期望。

(五) 孝

简872:"丁亥生子,攻巧,孝。"简1136:"丁亥生,考(孝)。"秦兴自宗周故地,吸取周文化营养,"孝"的观念早已有之,如秦孝公、孝文王谥号加"孝"字,秦简《法律答问》有"免老告人以为不孝,谒杀"[1]案例,《封诊式·告子》也有生父告亲子"不孝"事件。[2] 不过,相对齐鲁,秦人"孝"的观念仍十分微弱,《日书》也无仁义礼智信观念反映。

如同嫁娶百事有吉凶良忌,子女的命运也有很多不尽如人意之处。在秦人看来,不幸伴随着有幸,总是会降临许多人头上。与人们的善良希冀相反,《日书》作者为不少孩子指明了厄运,主要有以下数种:

(1) 贱:简874:"己巳生子,鬼(醜),必为人臣妾。"简1002:"生子,老为人治也,数诣风雨。"简1142:"凡己巳生……男子为人臣,女子为人妾。"个体小农力单势孤,经不起天灾人祸,一旦破产,便会沦为奴隶。

(2) 贫:简874:"己丑生子,贫而疾。"简1141:"癸亥(生),贫,毋终。"下层社会的秦人尽管梦寐以求富裕,但富裕对他们来说,始终只是水中月、画中饼而已,可望而不可即。

(3) 疾:简783-784:"戊午去父母,同生异者焦婆(贫寒)居瘝(肚肿)。"简870:"乙卯生子,要(腰)不膏(直)。"简1137:"己丑生,疾。"疾病

---

[1] 睡虎地秦墓竹简整理小组编《睡虎地秦墓竹简》,第195页。
[2] 睡虎地秦墓竹简整理小组编《睡虎地秦墓竹简》,第236页。

是许多秦人难以解脱的伴影,他们贫病交加,处境悲惨。

(4) 孤:简740:"以生子,窭、孤。"简869:"甲子生子,少孤,衣污。"战争和疾病夺取了许多儿童的父母,使他们沦为孤儿。

(5) 远离:"戊寅生子,去父母南。戊子生子,去其邦北。"(简873)战争频仍,徭役苛烦,秦人对此早已厌倦,不愿远离故土。女子远嫁他乡,男子远走异邦因此被秦人视为不祥。不愿远离,亦曲折映照出秦人依恋土地和故园的小农保守心理。

《日书》甲种简879—883列有一份《人字图》。字,《说文》:"乳也。"段注:"人及鸟生子曰乳。"《汉书·谷永传》:"急复益纳宜子妇人,毋择好丑,毋避尝字。"① 故"人字"即妇女生产孩子,《人字图》也可称之为"生育图"。这幅图由上下两个人体略形组成,各分为躯干、四肢等七部分。每个人体的首部与躯干相连,上肢分别为两截,下肢则是一个整体。上边人体上侧注有秋、冬二字。下边人体上侧标有春、夏,在上下两个人体的不同部位分别注有十二地支名称,地支所标的位置,上下有所区别。从两个人体的肩、臂、腰、胯、臀、大腿外形来比较分析,上者似为男子形,下者似为女人体。地支大约代表孩子出生日期时辰,春夏出生者看下边人体位置,秋冬出生者看上边人体位置;出生男孩以上边人体为准,女孩则以下边人形为据。《人字图》与简文互解,《日书》使用者——日者根据此图可推测出世孩子的吉凶福祸。在头首部位者富贵,在足部则贫贱。《人字图》之下的简文有:

简879:"人字其日在首,富难胜殹(也)。女子以巳字,不复字。"

简880:"夹颈者贵。在足下者贱。"

简881:"在奎者富。在外者奔亡。"

简882:"在掖者爱。"

简883:"在手者巧、盗。"

这幅类似图谶的《人字图》及其简文,包含着中下层社会秦人对子女的希望。《日书》仅有一条材料反映上层社会父母对儿女前程的构想:简1143:"凡生子,北首西乡(向),必为上卿,女子为邦君妻。"男为国上卿,女为邦君妻,下层社会秦人是不敢存此非分之念的。农民起义领袖陈胜所谓

---

① 班固:《汉书》卷八五《谷永杜邺传》,第3452页。

"王侯将相宁有种乎"的狂言,并不代表秦下层社会的普遍观念。

战国秦汉时代的妇女所受精神束缚较小,她们深深参与了社会生产生活,活动天地远比宋明清妇女辽阔,从事着相当广泛的社会职业,社会地位也较后世为高。《日书》对此有明确反映。从《日书》所见秦国妇女的职业有:

(1) 女贾:简875:"庚寅生子,女为贾。"秦妇昂首跻身商贾行列,足迹遍及名都大邑。

(2) 女医:简1139:"女子为医。"《汉书·外戚传》说"女医淳于衍者,霍氏所爱"①。《日书》中的女医是活跃于中下层社会的民间医生,他们为妇女、儿童甚至男患者解除病痛。

(3) 女巫:简989:"生子,男为见(觋),女为巫。"女子从事巫术职业,始自无文字时代。在秦社会,女巫的数量和能量都是惊人的。

(4) 女盗:简771:"生子,男女为盗。"简1151:"丁亡,盗,女子也。"联系秦简《法律答问》的案例,可知女子为盗在秦人眼中毫不足奇。在秦汉农民反抗暴政的斗争队伍中,即能发现女儿矫健的身影。

(5) 女子为正:《日书》多次提到"女子为正(政)"。说明女子不仅在家庭生活中起着举足轻重作用,而且在社会政治生活领域也发挥着重要影响。例如秦国政权曾长期为宣太后所左右,汉室最高权柄也曾多次操于女子纤细嫩手之中,吕后、窦太后、邓太后、阎太后等著名妇女显示出惊人的政治才华和魄力。她们为"女子为正"提供了绝妙注脚。

《日书》——这一湮没已久的秦史资料宝藏正日益引起中外学者的高度重视和积极开发,本文只是探索研究《日书》工程的很小一部分。笔者深信,在史学同人的不懈奋斗下,在可以预见的将来,"《日书》之谜"终将获得完全的解决。笔者急切期待着这一天的到来。

---

① 班固:《汉书》卷九七《外戚传》,第3966页。

秦汉宗族政策与社会结构变迁的几个问题
——兼论商鞅变法离散宗族的历史内涵

臧知非

宗族血缘关系与地缘关系合一、国家与社会合一,是中国传统社会结构特点,宗族关系与国家权力特别是基层行政的辩证属性,是基层社会秩序变迁的重要因素,其功能的发挥因时而异,取决于多种因素。梳理分析这一问题,是考察中国古代社会控制、基层治理的重要方面。秦汉是中国统一王朝建立和大发展时期,是历代统一王朝基层社会治理的奠基时期,宗族力量与国家力量经历了分与合、合与分的历史过程,直接影响着基层社会秩序与统一国家建立与分裂的历史变迁。商鞅变法的离散宗族的政策和制度规定则是认识这一历史过程的基础,准确把握商鞅变法离散宗族的历史精神和制度内涵、历史意义,不仅关乎商鞅变法基本原则的认识,也是认识秦汉社会结构变迁的需要,同时是把握秦汉以后国家权力与基层社会治理的基础。

如所周知,秦是后起之国,在周人故地、因周人之力、在周人文化基础上发展起来,其国家结构本质上是西周的翻版而带自身特色,当东方诸侯国纷纷主动变革传统、弱化族权、强化君权而加速社会转型的时候,秦国还在传统社会的泥淖中艰难跋涉。① 至孝公继位,"秦僻在雍州,不与中国诸侯之会盟,夷翟遇之",为"复缪公之故地,修缪公之政令",②乃任用商鞅,推行新法,彻底改变这一历史局面。商鞅变法即在总结各国变法成败的经验和教训基础上展开,以法律手段强化国家对自然资源和社会资源的控制,把宗族血缘关系彻底从国家权力运作过程中剥离出去,是新法的特征,③"令民父子兄弟同室内息者以为禁""民有二男以上不分异者倍其赋""令民为什伍而相牧司连坐",④从不同角度表达了离散宗族的彻底性。认识秦汉宗族与社会结构变迁问题,必须从商鞅变法的宗族政策说起。

一、强制分户的历史内涵

商鞅曾自诩"始秦戎翟之教,父子无别,同室而居。今我更制其教,而为其男女之别,大筑冀阙,营如鲁卫矣"⑤。这是对"令民父子兄弟同室内息者以为禁"的直接解释,现代学者咸以为"令民父子兄弟同室内息以为禁"是移风易俗之举。这有其道理,但这仅仅是商鞅针对赵良质疑新法的辩护之词。若置之于社会结构变动的历史场域下考察,"令民父子兄弟同室内息者以为禁"的历史内涵远不止此。因为"同室内息"并非"父子无别,同室而居"那么简单,其目的也不限于"为其男女之别"。其时之"室"是宗族社会的基层血缘共同体,而非变法以后的一般意义上的"家室"。赵良以关心商

---

① 秦源于东方,兴起于西北,学者或以为秦在发展过程中因为地理环境因素,秦的社会、文化带有戎狄文化性质。笔者以为,此说有其历史依据,中国大一统文化本来是多种区域文化整合融通的结果,但是,之所以整合融通为大一统文化,乃是因为不同区域文化虽然各具个性,但其本质相通。秦人兴起于西北,其经济生产与社会结构、社会生活与风俗,当然带有区域特色,但秦人在正式受封之前主观上向慕周文化而逐步为周认同,护送平王东迁,受封建国之后,客观上因周之地、收周之民的同时,主观上则尽可能地采用周制,以礼乐治国,在东方各国的宗族血缘关系与国家权力逐步剥离、君权逐步集中时,秦国的宗族权力与国家权力则处于一体化进程之中,直至战国初期,秦国的社会结构依然处于传统之中。参见拙文:《相同的社会结构,不同的历史进程——秦国社会结构散论》,载《秦文化论丛》第三辑,西北大学出版社,1994;《秦人"受命"意识与秦文化的发展》,载《秦文化论丛》第八辑,西北大学出版社,2000。参见拙著:《秦思想与政治研究》上编"天命与国运",西北大学出版社,2021。
② 司马迁:《史记》卷五《秦本纪》,中华书局,1959,第202页。
③ 关于西周、春秋、战国宗族血缘关系与国家权力的变迁,参见田昌五、臧知非:《周秦社会结构研究》,西北大学出版社,1996,第17-60、183-213、242-287页。
④ 司马迁:《史记》卷六八《商君列传》,第2231、2230页。
⑤ 司马迁:《史记》卷六八《商君列传》,第2234页。

鞅命运的口吻批评商鞅剥夺宗室贵族权利,事事依法,轻罪重罚,"刑黥太子之师傅,残伤民以骏刑,是积怨畜祸也。教之化民也深于命,民之效上也捷于令"①,不符合《诗》《书》仁义之道,上至公子公孙,下迄平民百姓,对商鞅充满着怨恨,商鞅不会有好下场,劝其主动辞官,中止新法。商鞅明白赵良的立场,遂以移风易俗为据作答,意在说明新法固然改变传统,但"为其男女之别"是《诗》《书》之教的体现,说明新法的合理性。当然,赵良谓"残伤民以骏刑,是积怨畜祸也"是不符合事实的。新法初行时民一度"不便",但"居三年,百姓便之"②,"行之十年,秦民大说,道不拾遗,山无盗贼,家给人足"③,足以说明一切。这要考察"室"的历史含义。

《说文》:"室,实也。从宀至声,室屋皆从至,所止也。"④"宫,室也。"⑤"实,富也。从宀贯。贯为货物。"⑥室、宫同意,同时室有着财产单位的含义,有大小尊卑之别。在宗族奴隶社会,财富归统治宗族所有,贵族是财富支配者,财富多少和宗族等级一致,有"室"者均为统治宗族,而有"家室""宗室""公室""王室"之别。这些"室"既是经济单位,也是政治单位,国家权力按照宗族血缘关系的亲疏远近分配,是为宗族贵族政治之下的世族世官制。春秋各国,宗室贵族相互倾轧,胜者对待失败者最常用的手段就是"分其室"。"分其室""兼其室""纳其室"不仅仅是瓜分、占有这些"室"的财产,也包括其世袭的权力,是权力结构重组的过程。商鞅变法以前的秦国,"室"仍是以宗族为特征的财产单位和权力单位。"令民父子兄弟同室内息者为禁"意味着大家族分为小家庭,一"室"变多"户",原来以"室"为单位的土地人口由官府析分、登记在各"户"之下,确认其土地权属关系,均直接隶属于国家,原来的"家长""族长"失去了对土地和宗族成员的人身支配权,宗族土地所有制变为国有制,民户成为国家课役农。

"令民父子兄弟同室内息者为禁"和土地关系的变动是前贤时哲所未及的问题,需作简单说明。董仲舒谓商鞅之法"除井田,民得买卖",造成

---

① 司马迁:《史记》卷六八《商君列传》,第 2234 页。
② 司马迁:《史记》卷五《秦本纪》,第 203 页。
③ 司马迁:《史记》卷六八《商君列传》,第 2231 页。
④ 段玉裁:《说文解字注》,中华书局,2013,第 341 页。
⑤ 段玉裁:《说文解字注》,第 346 页。
⑥ 段玉裁:《说文解字注》,第 343 页。

"富者田连仟伯,贫者亡立锥之地"的严重结果,①历代学者均视之为商鞅变法推行土地私有制的铁证。事实并非如此,董仲舒是地地道道的"过秦"之言,是实实在在的借古讽今。出土资料和研究表明,战国时代是我国古代土地国有化的法典化时代,各国都程度不同地实行国家授田制,李悝的"尽地力之教"就以每户百亩的授田制为基础,商鞅之法严格实行授田制和军功赐田制,授予普通平民百亩(大亩)田、一区宅,军功爵者依爵位高低赐田宅。这里的百亩是国家规定的良田,包括已垦和可垦而未垦之田,劣质土地则增加授田数量,按二百亩、三百亩等授予,仍然按照百亩良田计算、征收田租,即以受田数量调节质量所带来的产出差异,是为"相地而衰征"②,其性质是土地国有制,不存在"民得买卖,富者田连仟伯,贫者亡立锥之地"问题。从土地制度层面看,商鞅变法的核心是在国家全面控制土地、人口前提下,按照编户民的身份等级统一分配,宗室贵族土地也必须按照法律分配。③ 从形式上看,一室分多户,并不等于宗族关系的消解,宗族血缘关系依然存在,原来登记在宗族主名下的土地分解在兄弟们名下而已,形象的表述就是分散登记,和土地出户没有必然联系,但是"户"隶名官府,其土地在法律层面是由国家授予,法律上已经划归国有,各自立户的"父子兄弟"之间虽然存在着宗族血缘关系,但是,这个宗族血缘关系属于民间关系,不再具有身份等级的贵贱属性,其土地也不再是因其高贵的血统而获得。在这里,宗族关系与土地了无关系,原来的宗族贵族土地所有制,转变为国有制。

基于以上分析,我们不难理解"令民父子兄弟同室内息者为禁"远非移风易俗那么简单。商鞅此举是一次深刻的社会革命,是为了更深层次地把宗族血缘关系从国家权力分配和运作过程中剥离出去,国家力量不必再依靠宗族力量控制社会,解除了宗族血缘关系对民户的束缚。当然,编户成为国家受田民的同时,承担相应的租税徭役,徭役即"事"的义务远远大于田租,但摆脱宗族身份限制的民户可以凭借自身努力改变社会地位,实现富且

---

① 班固:《汉书》卷二四上《食货志上》,中华书局,1962,第1137页。
② "相地而衰征"是春秋战国授田的一般原则,并非传统理解的按照土地数量多寡征收田税,参见拙文:《"相地而衰征"新探——兼论春秋战国田税的征收方式》,《人文杂志》1996年第1期。
③ 关于战国、秦朝、西汉土地制度,参见拙著:《秦汉土地赋役制度研究》,中央编译出版社,2017。

贵的梦想,空前地激发了他们的主观能动性,在法律法规范围内,可以通过"耕织至粟帛多者复其身"而致富,通过军功获爵获得更多的土地和"庶子",踏入"贵"的政治序列,原来社会结构、个人与国家关系彻底改变。

"民有二男以上不分异者倍其赋"是"父子兄弟同室内息以为禁"的制度表述,凸显了"户"的社会控制意义。授田、征税、起役、社会等级的确定,均以"户"为基础。按户为象形字,即《说文》说的"半门曰户",出入同一门户的人口是为同户,登记在文书上是为户籍。在等级社会,居住区划分、住房大小、建筑样式,因身份而别,作为建筑组成部分的门户有大小、高低、式样之别,因而门户也就有了区别身份等级的功能。只是在宗族社会,门户所表达的社会关系涵盖于宗族关系之中,尚不作为独立的社会等级标志。当国家权力突破宗族关系束缚、渗透到社会基层之后,包括所有家庭成员的年龄、性别、体貌特征,以及土地、房屋、奴隶和其他财产等,均登记在户籍簿上,作为征税起役的依据。人隶属于"户",个人的毁誉荣辱和"户"的利害关系一体化,控制"户"就控制所有社会成员,因而"户"成为国家控制社会的基本单元,对社会各阶层的身份属性一目了然。

二、"令民为什伍而相牧司连坐"与社会控制

"令民为什伍而相牧司连坐"并非商鞅的发明,而是战国通制。《周礼·大司徒》有"令五家为比,使之相保;五比为闾,使之相受。四闾为族,使之相葬;五族为党,使之相救;五党为州,使之相赒;五州为乡,使之相宾。"《小司徒》有"五家为比,十家为联;五人为伍,十人为联。""五家相受,相和亲,有辜奇邪,则相及"之语。《逸周书·王鈇》谓:"其制邑理都使矔习者,五家为伍,伍为之长,十伍为里,里置有司……里有司退修其伍,伍长退修其家。事相斥正,居处相察,出入相司。"《管子·立政》谓"十家为什,五家为伍,什伍皆有长焉""罚有罪不独及,赏有功不专与"等等。对各书所述略加思考,就不难发现,各国基层行政编制虽然不同,但不约而同地以五家为伍、十家为什为基础,什伍之人荣辱与共,"辅之以什,司之以伍"的目的是为实现"罚有罪不独及,赏有功不专与",是为了"居处相察,出入相司""刑罚庆赏,相及相共"的方便,只是思想家们还保留着宗族血缘关系之下的温情脉

脉,强调同伍之间的相亲相爱,所谓"相保""相受""相葬""相救""相赐""相宾"就是历史余韵,乡里基层组织之"族""党"体现了宗族关系的遗存。①

商鞅"令民为什伍而相牧司连坐"当然不是简单的因袭旧制,而是旧瓶装新酒,重点在"相牧司连坐":"不告奸者腰斩,告奸者与斩敌首同赏,匿奸者与降敌同罚。"《索隐》云:"牧司谓相纠发也。一家有罪而九家连举发,若不纠举,则十家连坐。恐变令不行,故设重禁。"②司马迁之语是对商鞅连坐法的原则概括,制度并不一定如司马贞所言是一家违法九家连坐,所谓"不告奸者腰斩,告奸者与斩敌首同赏,匿奸者与降敌同罚"之"奸"也有其特定内容,而非一般意义上的作奸犯科。但是,同伍连坐之严厉确实空前。云梦秦律《秦律杂抄》有云:"战死事不出,论其後。有(又)后察不死,夺后爵,除伍人;不死者归,以为隶臣。"③按规定,战争中不屈战死,无论死者功劳大小均授其子以爵位。后来发现其人没有阵亡,褫夺其子爵位,剥夺同伍者的奖励,以示对同伍者失察的惩罚;未死而归者,罚为隶臣。《傅律》规定:"百姓不当老,至老时不用请,敢为酢(诈)伪者,赀二甲;典、老弗告,赀各一甲;伍人,户一盾,皆迁之。"④没到老免年龄而免老,到了老免年龄未经批准而免老,里典、田典、伍老"赀一甲"的同时伍人"户一盾",全部迁往边远苦寒之地。傅籍是乡官里吏的日常职责,核实年龄是乡官里吏的公务行为,出现错误受罚理所当然,结果伍人也要被罚,而且惩罚很重,赀"户一盾"的同时要处以迁刑,就是因为"令民为什伍而相牧司连坐"是国家行政的一般原则,"告奸"是什伍之民的基本义务,不"告奸"无论是否存在故意,都导致户口统计不实,使国家役源流失,故而一并处罚,从而使邻里之间每时每刻都要

---

① 关于战国什伍乡里制度,参见拙文:《先秦什伍乡里制度试探》,《人文杂志》1994年第1期;拙著:《战国秦汉行政、兵制与边防》,苏州大学出版社,2017。
② 司马迁:《史记》卷六八《商君列传》,第2230页。
③ 睡虎地秦墓竹简整理小组编《睡虎地秦墓竹简》,文物出版社,1978,第146页。整理小组注"除伍人":"除,《考工记·玉人》:'以除慝'。注:'除慝,诛恶逆也。'据此,除有惩办的意义。"笔者按:谓此处的"除"为追究、惩处的意思是正确的,但具体追究、惩处内容不明。细察上下文意,"除伍人"除了抽象的追究、惩处伍人含义之外,应该有具体的规定,这就是免除同伍者因为"战死事不出"所得的奖励。同伍之人,荣辱与共,一人"战死事不出",是死者的不屈,也是同伍的荣耀,奖励其"后"的同时,也要奖励同伍之人,以激励同伍者。发现当事并未战死,剥夺其后爵位的同时,剥夺同伍者的奖励。这里的除,即免除。
④ 睡虎地秦墓竹简整理小组编《睡虎地秦墓竹简》,第143页。

盯紧对方，随时举报不法行为。所谓"居处相察，出入相司"之"察"与"司"的内容就是各种违法行为，充分体现了国家权力对百姓日常的控制。这些学界熟知，无须详述。我们只要明白商鞅变法以后，全面建立国家控制社会的制度体系、宗族关系的温情脉脉在国家行政中被涤荡殆尽就行了。

汉儒及后世学者对"令民为什伍而相牧司连坐"诟病有加，认为是严刑峻法的代名词，但是，历史主义地看问题，带给秦民的并非如后人理解的灾难，相反是改变命运的制度契机。变法之后，编户民固然要承担徭役赋税，但是这个徭役赋税以国家授田为基础，家家户户生产资料有保障，并可以通过军功和耕织获得爵位和奖赏，可以通过个人努力实现富而贵的梦想。只此之故，才能使"秦民大悦，道不拾遗，山无盗贼，家给人足。民勇于公战，怯于私斗，乡邑大治"①。荀子对秦的政风民情，才赞誉有加。②

三、秦朝离散宗族与社会矛盾的集中

秦朝统一，在秦始皇及其近臣心目中，是天命使然，秦制是圣制，秦法是圣法，天下万民必须严格遵行秦制秦法，统一行政、土地制度，按照二十等爵制规范社会等级和财产等等，上合天心，下顺民意，顺理成章，必然会使天下之民幸福欢悦，天下之民自然感恩戴德，做嬴秦顺民，从此以后，天下太平，一世二世以至于万世地传之无穷。但是，历史开了一个真实的玩笑，秦王朝没有传之万世，而是二世而亡。其原因固然复杂，其中离散宗族所导致的社会矛盾是不可忽视的因素。

由于历史传统、资源环境、制度政策等因素，秦与六国之间，六国与六国之间的经济发展、社会结构存在差异，宗族关系、宗族力量对国家行政运转有明显不同。六国制度改革没有商鞅那样彻底，宗族遗存远远大于秦国，不仅宗室贵族分割君权，大家族的存在也远远普遍于秦国，宗族豪强是左右基层行政不可忽视的力量，身份高低、权力大小、土地分配、财富占有以及风俗

---

① 司马迁：《史记》卷六八《商君列传》，第 2231 页。
② 参见拙文：《"驳而霸"探微——荀子眼中的秦国政治评析》，《苏州大学学报》2002 年第 2 期。

习惯较多地保留着宗族血缘底蕴,国家对社会的控制远弱于秦。① 无论是手握重权的宗室贵族还是靠经营矿冶盐铁及长途贩运等起家的基层大姓,都以其宗族背景,广占土地,役使农民、奴隶、徒附,同时有宾客死士为之奔走,控制基层政府,拥有诸多特权。从经济和政治层面分析,这些宗族成员与宗主之间、主奴之间、主客之间存在着阶级差别,但历史地看问题,彼此又有着依存关系,是利益共同体。以贵族而论,如楚国鄂君启节铭文表明鄂君身为宗室,享有封地的同时,拥有庞大的商队,陆路可以免征五十乘车子货物的商税,每一辆的运载量相当于十匹马、十头牛的驮运量;水路免征一百五十艘船货物的商税;所贩货物除了军用品之外,无所不包。② 这仅仅是楚君允许的免税车船数量,实际免税数量很可能不止此数,鄂君所拥有的商队更可能超过五十乘车、一百五十艘船,可见其役使人数之多。铭文记载的仅仅是商队规模,至于其他财富当然不止于此。至于那些富甲一方的地主、矿冶业主、畜牧业主的社会势力尽管不能和鄂君这样的贵族相比,但是富甲一方、称雄一地、横行乡里者所在多有。③

统一之后,六国贵族、豪强大姓,无论是留在原籍,还是迁徙关中或者其他地区,绝大多数是既无军功、也无事功,和秦的爵位制度没有关系,均为什伍之民,都要互相监督、有罪连坐,原来的田宅、财富、权力均被剥夺。出土的云梦睡虎地秦律、龙岗秦律、里耶秦律、岳麓书院藏秦律关于授田(行田)、户籍等的规定和各种司法案件,足以说明这些。张家山汉简《二年律令》更具体说明秦朝社会等级与田宅、财富的关系,与宗族大小了无关系。这些官僚贵族、工商业主、地方豪强失去其原来的权势和财富,必然以各种方式抵制新的法律制度。而普通农民也因其故俗不经意间触犯新法而身陷囹圄。但秦始皇以得天命自居,把自己当作天帝在人间的体现,个人意志即上天意志,个人欲望即上天之希望,在受五德终始说的鼓吹之下,无视世异则事异的常识,把秦法推向极致,"刚毅戾深,事皆决于法,刻削毋仁恩和义,

---

① 秦国与六国社会差异,参见拙文:《周秦风俗的认同与冲突》,载《秦文化论丛》第十辑,三秦出版社,2003。
② 铭文参见徐中舒主编《殷周金文集录》,四川人民出版社,1984,第 472-473 页。
③ 参见田昌五、臧知非:《周秦社会结构研究》,第 352-370 页。

然后合五德之数。于是急法,久者不赦"①。结果使六国社会各个阶层都把仇恨的矛头指向新王朝,希望回到过去,千方百计地和过去的主人保持联系,离散宗族故旧的效果也就大打折扣。如项氏叔侄避难吴中,"吴中贤士大夫皆出项梁下。每吴中有大徭役及丧,项梁常为主办,阴以兵法部勒宾客及子弟,以是知其能"②。这"宾客及子弟"是包括项氏叔侄原来追随者和依附者在内的,并成为起兵的骨干,其余各国宗室起兵复国均以其故众为基础。岳麓秦律中关于"从人"的种种规定,从反面说明离散宗族的政治意义,值得深入分析。

四、西汉宗族关系的复兴与基层社会秩序的重建

刘邦称帝,接受陆贾"逆取顺守"之论,以"汉政"代"秦政",为宗族势力的复活提供条件。惠帝四年春,"举民孝悌、力田者复其身"③。高后"初置孝弟、力田,二千石者一人"④。"复其身"是对孝弟力田的优待,"初置孝弟力田二千石者一人"是对孝悌力田的尊崇。文帝继位,高举以孝治国大旗,"孝、悌,天下之大顺也。力田,为生之本也。三老,众民之师也。廉吏,民之表也。朕甚嘉此二三大夫之行。今万家之县,云无应令,岂实人情?是吏举贤之道未备也。其遣谒者劳赐三老、孝者帛人五匹,悌者、力田二匹,廉吏二百石以上率百石者三匹。及问民所不便安,而以户口率置三老孝悌力田常员,令各率其意以道民焉"⑤。尽管文帝初衷是以此调节宗室内部矛盾,消弭诸侯王的不臣之心,但三老、孝悌、力田选自民间,与民共处,是道德楷模,以自身行为劝民行孝守法。⑥ 就平民言,孝道的日常行为是孝敬父母,提倡同居共财、聚族而居,以"秦人家富子壮则出分,家贫子壮则出赘"

---

① 司马迁:《史记》卷六《秦始皇本纪》,第 238 页。
② 司马迁:《史记》卷七《项羽本纪》,第 297 页。
③ 班固:《汉书》卷二《惠帝纪》,第 90 页。
④ 班固:《汉书》卷三《高后纪》,第 96 页。
⑤ 班固:《汉书》卷四《文帝纪》,第 124 页。
⑥ 从历史背景分析,文帝以孝治国,除了古今学者分析的教化万民目的之外,从当时的历史背景分析,有着特定的历史含义,这就是希望以孝道调节宗室内部矛盾,以兄友弟恭自砺,以自身的宽厚温婉,感化诸侯王的不臣之心。这些尚无人论及,特此指出,详论留待另文。

为耻辱①。国家既然如此提倡孝道,从郡县到乡里设孝悌、力田、三老成为常制,商鞅以来的"民有二男以上不分异者倍其赋"的制度自然消解废除,宗族力量迅速发展起来。

稽诸历史,史家艳称的"文景之治"与宗族势力的兴起同步。司马迁曾历数汉初著名的矿业主如蜀卓氏、程郑、宛孔氏、齐刀氏以及关中由齐地迁徙来的齐国宗室之后—"诸田"的同时,概括谓"陆地牧马二百蹄,牛蹄角千,千足羊,泽中千足彘,水居千石鱼陂,山居千章之材。安邑千树枣。燕、秦千树栗。蜀、汉、江陵千树橘。淮北、常山已南,河济之间千树萩。陈、夏千亩漆。齐、鲁千亩桑麻。渭川千亩竹。及名国万家之城,带郭千亩亩钟之田,若千亩卮茜,千畦姜韭:此其人皆与千户侯等"②。这些矿业主、种植业主、畜牧业主,都以宗族力量为支持,史不绝书的"豪民""豪猾""豪奸""豪富"都是指富豪大姓。但是,就国家治理而言,宗族兴起,以其富厚,交通王侯,和贪官污吏沆瀣一气,操纵乡里,欺压良善,兼并农民,鱼肉弱小,意味着社会秩序的紊乱、国家权力的分割、国家控制社会的弱化。这与社会有序发展、中央集权的本质属性背道而驰,甚至成为诸侯王割据的依靠。故从景帝开始即以行政法律手段打击宗族大姓的不法行为,将抑制宗族势力纳入国家统治的范围之内。如:"济南瞷氏宗人三百余家,豪猾,二千石莫能制,于是景帝拜都为济南守。至则诛瞷氏首恶,余皆股栗。居岁余,郡中不拾遗,旁十余郡守畏都如大府。"③郅都因为不再纵容瞷氏的胡作非为,严格执法,被史家列为"酷吏"。

酷吏之所以"酷",一是不按照正常法律程序处理政务,有专杀之嫌。二是诛杀权豪,不避贵戚,以杀戮严猛立威,维护皇权。三是顶格量刑,绝不宽贷。汉武帝鉴于宗族大姓兼并农民形式日益严峻和地方长吏枉法行政、背公向私、维护地主大姓利益的现实,继续任用"酷吏"的同时,设立刺史,以六条问事,第一条是"强宗豪右田宅逾制,以强凌弱,以众暴寡。"其余五条均为对二千石充当豪强大姓保护伞等不法行为的惩处,如"倍公向私,旁诏守利,侵渔百姓,聚敛为奸","不恤疑狱,风厉杀人,怒则任刑,喜则淫赏,

---

① 班固:《汉书》卷四八《贾谊传》,第 2244 页。
② 司马迁:《史记》卷一二九《货殖列传》,第 3272 页。
③ 班固:《汉书》卷七七《酷吏传·郅都传》,第 3647 页。

烦扰刻暴,剥截黎元,为百姓所疾,山崩石裂,袄祥讹""违公下比,阿附豪强,通行货赂,割损正令"等。① 不过,这些措施仅仅是治标而不治本,要想治本,必须铲除豪强大姓的经济基础。汉武帝征伐匈奴、开通西域,使帝国声威远扬的同时,也使帝国军费支出剧增。那些"田宅逾制"的强宗豪右不仅不佐公家之急,相反大发国难财,借经营盐铁矿冶之机,大肆盗铸造钱币,哄抬物价,垄断市场,兼并农民,鲸吞国有土地,欲控制地方豪强、宗族大姓的恶性发展,必须在制度层面消除其经济来源。汉武帝遂通过经济制度改革,集中铸币与发行、盐铁官营、均输平准、"假民公田"、"屯田"等措施,强化国家干预经济力度,发挥国家调整土地关系的作用,剥夺工商业主、畜牧业主、种植业主的敛财基础;同时严格算缗告缗,使"中家以上大氐皆遇告……得民财物以亿计,奴婢以千万数,田大县数百顷,小县百余顷,宅亦如之"②。这些"中家以上"多是豪强大姓之家,"遇告"而"破产",那些不得不依附于豪强的农民获得自由,国家对基层社会的控制强化。

汉武帝打击宗族固然严厉,但不可能从根本上抑制其发展。因为宗族豪强是地主阶级的组成部分,他们是王朝统治的阶级基础,而国家是地主阶级利益的最高代表,郡守二千石之所以"阿附豪强"就是因为他们有阶级利益的一致性。故随着时间流逝,宗族血缘关系必然成为封建统治权力的组成部分。第一,土地私有化,是难以逆转的历史趋势,是宗族发展的经济基础。第二,绝大多数官僚出身地主,即使少数官僚出身贫寒,一经为官即成为官僚地主,官僚、地主、工商业主三位一体。第三,儒家思想意识形态化,儒家伦理法律化、行政化、聚族而居、同宗共荣成为社会榜样,无论是官僚地主、豪强地主还是工商业主无不发展宗族势力,宗族血缘关系成为世家大族的社会基础、控制基层社会的工具,地方行政或者为宗族大姓作把持,或者地方政府必须借助豪强大姓实现对基层社会的控制。血缘关系、宗族势力日益渗透于基层行政运作,世家大姓、强宗豪右凭借手中权力、利用制度之便,光明正大地盘剥贫弱的同时,刮削国家资财、分割国家权力。西汉后期,政治黑暗,吏治败坏,土地兼并迅猛,农民破产流亡加剧,和宗族势力发展同

---

① 参见拙文:《秦汉里制与基层社会结构》,《东岳论丛》2005年第6期,完整版参见拙著:《战国秦汉行政兵制与边防》,苏州大学出版社,2017,第48-68页。
② 班固:《汉书》卷二四下《食货志下》,第1170页。

步的原因就在这里。

五、东汉宗族发展与王朝解体

两汉之际的战乱,是豪强势力膨胀的助推剂。战乱之中,大大小小的地主无不聚族自保,成为武装割据的基础。刘秀的开国元勋们,绝大多数是大地主,举族追随刘秀,所率族人、宾客,实际上就是私人武装,构成了刘秀军事力量的支柱。如寇恂所将"皆宗族昆弟也"[1]。刘植有"宗族宾客数千人"[2]。耿纯率"宗族宾客"从刘秀,"老病者皆载木自随"[3],又自焚家园以绝宗人反顾之心。冯勤率"老母兄弟及宗亲归"刘秀。[4] 阴识"率子弟、宗族、宾客千余人往诣伯升(刘縯)"[5]。王丹"率宗族上麦二千斛"投刘秀大将军邓禹等等。[6] 刘秀麾下如此,其余割据武装亦然。无论是割据河西、心系汉家的马融,还是割据陇西、巴蜀、齐地与刘秀为敌的隗嚣、公孙述、张步,手下都聚集着各地的宗族武装。建武三年,冯异定三辅时,曾"诛豪杰不从令者,褒赏降附有功劳者,悉遣其渠帅诣京师,散其众归本业,威行关中"[7]。建武五年,耿弇平齐,张步归降,"弇勒兵入据其城,树十二郡旗鼓,令步兵各以郡人诣旗下,众尚十余万,辎重七千余辆,皆罢归乡里"[8]。这些"罢归乡里"的武装大都以宗族、乡里为纽带,他们"罢归乡里"之后,仍然保持着原来的血缘和地缘关系,当其利益得不到满足时,一有风吹草动,还会起兵为乱。桓谭曾语刘秀云:"臣伏观陛下用兵,诸所降下,既无重赏以相恩诱,或至掠虏,夺其财物,是以兵长渠帅,各生狐疑、党辈连结,岁月不解。"[9]这"兵长渠帅,各生狐疑、党辈连结,岁月不解"说明"罢归乡里"并没有起到刘秀希望的效果。建武八年,刘秀亲征隗嚣,战幕刚开,关东即乱,"颍川盗贼寇

---

[1] 范晔:《后汉书》卷一六《寇恂传》,中华书局,1965,第622页。
[2] 范晔:《后汉书》卷二一《刘植传》,中华书局,1965,第760页。
[3] 范晔:《后汉书》卷二一《耿纯传》,中华书局,1965,第762页。
[4] 范晔:《后汉书》卷二六《冯勤列传》,中华书局,1965,第909页。
[5] 范晔:《后汉书》卷三二《阴识列传》,中华书局,1965,第1129页。
[6] 范晔:《后汉书》卷二七《王丹传》,中华书局,1965,第931页。
[7] 范晔:《后汉书》卷一七《冯异传》,中华书局,1965,第64页。
[8] 范晔:《后汉书》卷一九《耿弇传》,中华书局,1965,第712页。
[9] 范晔:《后汉书》卷二八《桓谭传》,中华书局,1965,第960页。

没属县,河东守兵亦叛,京师骚动"①。刘秀只好班师,先平叛乱。这些"盗贼"即原来的割据势力。《东观书》载杜林语云:"张氏(即张步)虽皆降散,犹尚有遗脱,长吏制御无术,令得复炽……小民负县官不过身死,负兵家灭门殄世。"②就在这次叛乱事件中,投降东汉居住洛阳的张步就"将妻子逃奔临淮,与弟宏、兰欲招其故众,乘船入海,琅邪太守陈俊击斩之"③。刘秀对此是有所了解的,知道简单的"罢归乡里"不能消除地方割据的隐患,但在当时的条件下,"罢归乡里"不过是为求粗安的临时举措,要想彻底控制基层社会,必须剥夺兵长渠帅的权力基础,即将兵长渠帅控制的人口归于官府,清查兵长渠帅所占有的土地,从而严格"度田"。④

因为刘秀依靠宗族力量建立东汉政权,对宗力量只能是选择性打击,严格"度田"打击的是与新生政权为敌的宗族势力,支持东汉王朝的世家大族则是优容的对象,学界认为东汉政权开国伊始即是大地主利益代表,即因于此。崔寔《四民月令》曾对东汉宗族形态、社会功能有高度概括式说明。宗族成员同宗公祖,每年按时祭祀,一年之中,六个月有祭祖活动,除了因为季节关系祭品有异之外,其程序、参加人员除了宗族成员还包括乡党宾客,除了祭祖,还有着尊敬家长、和睦族人、礼敬高年、商议族内事务以及团结乡里的目的。如正月祭祖礼毕,"乃室家尊卑,无小无大,以次列坐于先祖之前;子、妇、孙、曾,各上椒酒于其家长,称觞举寿,欣欣如也。谒贺君、师、故将、宗人、父兄、父友、友、亲、乡党耆老"。十二月"祀冢事毕,乃请召宗亲、婚姻、宾旅,讲好和礼,以笃恩纪"。这完全是例会的形式。这宗亲、宗人、乡党耆老的土地有多少少,贫富相差巨大,本来属于不同阶级,因为同祖同宗,都"以次列坐于先祖之前,子、妇、孙、曾,各上椒酒于其家长,称觞举寿,欣欣如也"。⑤ 在这里,没有了阶级的差别。当然,贫富是客观存在,"家长"表示彼此相亲的同时,也要扶贫济危,如九月,存问九族"孤、寡、老、病不能自存者,

---

① 范晔:《后汉书》卷一下《光武帝纪下》,中华书局,1965,第54页。
② 范晔:《后汉书》卷一〇五《五行志三》注引,中华书局,1965,第3305页。
③ 范晔:《后汉书》卷一二《张步传》,第500页。
④ 关于刘秀"度田",学者多认为没有严格执行,因为引起武装动乱,贵族、地主反对,而不了了之。但细析史实,并非如此。关于学界对"度田"认识的分歧及其分析,参见拙文:《刘秀"度田"新探》,《苏州大学学报》1997年第2期;拙著:《秦汉土地赋役制度研究》,第172-187页。
⑤ 石声汉:《四民月令校注》,中华书局,1965,第1、74页。

分厚彻重,以救其寒",十月"同宗有贫窭久丧不堪葬者,则纠合宗人,共兴举之。以亲疏贫富为差,正心平敛,毋或踰越;务先自竭,以率不随"。① 所谓"分厚彻重,以救其寒""以亲疏贫富为差,正心平敛,毋或踰越"是指同宗之户按照贫富和亲属关系分摊救助宗人费用,既表示同宗相恤是所有宗人的共同义务,也体现了家长的主导地位。这实际上分担了国家的救助贫弱以化解社会矛盾的义务。这是全体宗族成员的义务也是权力,同时是相互沟通的机会。这些学界论述甚多,不予举证,这里要强调的是,这并非东汉后期的新生事物,在东汉前期已然,所以《白虎通义》才对"宗族"构成、作用做出专门的定义。

如果说宗主、家长举宗族力量扶危济困、赈恤乡里,在经济层面分担了国家维持社会秩序的职能,间接地维护王朝统治,那么武装族人、维持治安则直接行使国家的统治功能。《四民月令》谓三月"缮修门户,警设守备,以御春饥草窃之寇"②。九月要"缮五兵,习战射,以备寒冻穷厄之寇"③。这个职能更为重要,在西汉后期已经开始。哀帝时鲍宣说民有七亡:"部落鼓鸣,男女遮迣,六亡也。"晋灼注:"迣,古列字也。"师古曰:"言闻桴鼓之声以为盗贼,皆当遮列而追捕。"④这些"盗贼"实即暴动之饥民,"遮列"之男女就是地主的庄民,也是地主的家兵成员。王褒《僮约》有云:"犬吠当起,警告邻里。枨门柱户,上楼击鼓。荷盾曳矛,环落三周。"⑤说明西汉后期不仅有家兵,而且建有工事,既有候望用的高楼,又有报警用的枹鼓,僮仆也有执兵警戒的义务。至东汉,宗族武装远较西汉发展。这除了《四民月令》所述之外,出土的东汉画像石、砖和坞壁实物模型直观体现了田庄中军事活动的普遍性。著名的如四川成都曾家包和新都的东汉画像砖都有武库图,库内兵器架上有戟、矛,墙上挂弓、弩。⑥ 广州动物园和甘肃武威雷台东汉墓都出土过坞壁模型,而以雷台出土的结构最为复杂:坞壁呈四方形,正面大门

---

① 石声汉:《四民月令校注》,第 65、68 页。
② 石声汉:《四民月令校注》,第 29 页。
③ 石声汉:《四民月令校注》,第 65 页。
④ 班固:《汉书》卷七二《鲍宣传》,第 3088、3089 页。
⑤ 严可均校辑《全上古三代秦汉三国六朝文》,《全汉文》卷四二,中华书局,1958(下同),第 359 页。
⑥ 王有鹏,四川省博物馆:《四川新都县发现一批画像砖》,《文物》1980 年第 2 期;陈显双、成都市文物管理处:《四川成都曾家包东汉画像砖石墓》,《文物》1981 年第 10 期。

上建门楼,四角建两层角楼;正面以外的三面筑重墙,院中筑五层楼阁,正面有门窗以作瞭望和战射之用。① 在内蒙古和林格尔、甘肃嘉峪关东汉墓的壁画中都有坞壁图,并有"坞"字题记。② 在中原地区此类资料更多,如山东滕县西户口、龙阳店,徐州青山泉、白集出土的画像石均有武库图。③ 河南陕县刘家渠汉墓一次出土了七件楼阁模型,均为三层,在第二层、第三层的四角均有武士执兵守卫,注视四周。④ 这些都是墓主生前拥有家兵的生动写照。

东汉后期,阶级矛盾激化,宗族武装更加发达,如初平年间,"胶东人公沙卢宗强,自为营堑,不肯应发调"⑤。许褚于是"汉末聚少年及宗族数千家,共坚壁以御寇"⑥。李典"合宾客数千家在乘氏",追随曹操官至捕虏将军,封都亭侯,"宗族部曲三千家居乘氏"。⑦ 江夏平春人李通"以侠闻于江、汝之间。与其郡人陈恭共起兵于朗陵,众多归之。时有周直者,众二千余家,与恭、通外和内违"。"有众两千余家"的周直和李通"外和内违",起码说明归附李通之"众"和周直相当。后来李通"封都亭侯,拜汝南太守。时贼张赤等五千余家聚桃山,通攻破之"。⑧ 类似史例,俯拾即是,为学界所熟知,不予赘举。族是家的扩大,族长和家长是合一的,在一个小家庭中,家庭成员要听命于家长;在一个宗族中,宗族成员就要听命于族长,为宗族主执兵作战天经地义,保护宗主,也保护自己,得利最多的当然是宗族主。

就国家统治而言,宗族势力的发展是一把双刃剑,既可以维护国家统治,也可蚕食国家统治。国家机器从形式上看,是社会公正的象征,是使统治阶级和被统治阶级避免在阶级冲突中同归于尽的产物,但是,从本质上说,国家机器是统治阶级利益的最高代表。东汉也好,西汉也罢,国家权力

---

① 广州市文物管理委员会:《广州动物园东汉建初元年墓清理简报》,《文物》1959年第11期;甘肃省博物馆:《武威雷台汉墓》,《考古学报》1974年第2期。
② 内蒙古自治区博物馆文物工作队编《和林格尔汉墓壁画》,文物出版社,1978;嘉峪关市文物清理小组:《嘉峪关汉画象砖墓》,《文物》1972年第12期。
③ 山东省博物馆、山东省文物考古研究所编《山东汉画像石选集》,齐鲁书社,1982。南京博物院:《徐州青山泉白集东汉画像石墓》,《考古》1981年第2期。
④ 黄河水库考古工作队:《河南陕县刘家渠汉墓》,《考古学报》1965年第1期。
⑤ 陈寿撰,裴松之注《三国志》卷一一《魏书·王修传》,中华书局,1959,第345页。
⑥ 陈寿撰,裴松之注《三国志》卷一八《魏书·许褚传》,第542页。
⑦ 陈寿撰,裴松之注《三国志》卷一八《魏书·李典传》,第533、534页。
⑧ 陈寿撰,裴松之注《三国志》卷一八《魏书·李通传》,第534、535页。

本质上都是地主阶级利益的最高代表,只是不同历史阶段因为官僚队伍构成的变化,代表着地主阶内部不同的利益集团。这种"利益代表"是由各个时期的官僚集团实现的,皇权是他们的统一体现。地主、官僚是由具体的人组成的,具体的人代表着具体的家庭、家族、宗族,而人的欲望、人的追求是变动的,统治阶级的贪婪更是无限的。东汉的宗族以大土地所有制为基础,是地主、官僚、工商三位一体的政治、经济、社会单元,这种结构单元以血缘亲疏、"乡党"关系为纽带,在血缘"乡党"关系之下温情脉脉,而对于其他没有利益关系的人,则冷漠无情,当发生利益冲突时,则合全体之力以拼争。因而作为一个阶级来说,宗族地主内部分为不同利益集团,各个集团都想方设法使本集团利益最大化,彼此之间存在冲突,和皇权之间也存在着冲突,不过和皇权之间的冲突不是直接表现为与皇权相抗衡。在大一统的皇权体制之下,任何个人、集团都无法和皇权公开抗衡。这里说的冲突是宗族力量的总体对皇权统治的分割而言。宗族主救恤九族乡党,组织家兵防止盗贼,协助官府歼灭不稳定因素,都有助于国家统治,但是在一定历史条件下,中央政府或者地方长吏不能满足这些"宗族"的利益需求、而有更大的利益诱惑出现的时候,这些"宗族"就会成为国家统治的异己力量,族人、乡党听命于宗族主而置国家法令于不顾,或者把国家法令当作谋取本集团利益的工具。当地方长吏本身也是宗族主的时候,自然将手中掌握的国家权力变为维护宗族利益的工具,在极尽全力兼并土地的同时,也极尽全力把原来隶属于国家的农民变成自己的依附民,置国家、皇室、皇帝于不顾,国家势必失去对基层社会的控制,最终导致统治的崩溃。也就是说,宗族力量发展所导致的后果之一就是原来隶属于国家的农民逐步地在宗族血缘关系的隐蔽之下成为宗主的依附民,国家不能有效地把宗族力量控制在统治秩序范围之内,历史的发展将走向最高统治者愿望的反面。

史籍失载的秦始皇荆楚故地的一次出巡及其诏书析证
——岳麓书院藏秦简《秦始皇禁伐湘山树木诏》新解

孙家洲

秦始皇在完成吞并六国、统一华夏的旷世大业之后,到他途中病逝于沙丘宫为止,共有五次"出巡"之举。《史记·秦始皇本纪》记载了这五次出巡的具体时间和行经之地及主要的举措。不管对秦始皇五次"出巡"的意义评估有多少不尽一致的看法,认定它有重要的政治文化作用,是秦始皇力图巩固统一秩序的努力之一,应该是多数历史学人的共识。在《史记》所记载的五次"出巡"之外,秦始皇是否有过另外的出巡之举?在新材料问世之前,由于史料的限制,历史学界自然无从探讨。《岳麓书院藏秦简(伍)》公布了秦始皇的一道诏书,依据其主要内容,可简称为《秦始皇禁伐湘山树木诏》。这道意外发现的诏书,为讨论秦始皇此次南巡荆楚故地之举,提供了令人兴奋的新材料。我在开始构思这篇文章之初,三年前的一个场景涌上眼前:2017年元月6至12日,岳麓书院专门召开《岳麓书院藏秦简(伍)》释文审定会,承蒙课题主持人陈松长教授邀约,我有幸参加了这次会议。在现场看到了这份秦始皇诏书文本时,我谈了阅读之后的几点初步认识。现在完成的这篇文章,是在当时现场发言的基础之上有所发展而成。希望对这道诏书的内容可以加深理解,更希望由此而对秦始皇"统一六国"之后的政治作进一步的拓展研究。

为便于其后的述论起见,先将这道珍贵的《秦始皇禁伐湘山树木诏》,

依据释文录出如下：

> 廿六年四月己卯，丞相臣状、臣绾受制相(湘)山上："自吾以天下已并，亲抚晦(海)内，南至苍梧，凌涉洞庭之水，登相(湘)山、屏山，其树木野美，望骆翠山以南，树木□见亦美，其皆禁勿伐。"臣状、臣绾请："其禁树木尽如禁苑树木，而令苍梧谨明为骆翠山以南所封刊。臣敢请。"制曰："可。"廿七。①

这道新出秦始皇诏书，引起了学界关注和讨论。据我见闻所及，有四位学者发表了专论文章。秦桦林《〈岳麓书院藏秦简(伍)〉第56-58号简札记》②，于振波《岳麓书院藏秦简始皇禁伐树木诏考异》③，晏昌贵《禁山与赭山：秦始皇的多重面相》④，符奎《自然、家庭与帝国：人性视角下的秦始皇——从岳麓秦简秦始皇"禁伐树木诏"谈起》⑤。四篇文章讨论问题的视角和侧重点各有不同，对诏书文本的解读旨趣也互有异同，对于深化这个课题的研究，各有贡献。此处不一一具体介绍，在本文所讨论的几个问题之下，上述四篇文章的相关论断，我分别加以引用和讨论。为节省篇幅起见，所有引用涉及作者都省略"先生"等敬称。

一、诏书颁布时间：秦始皇廿六年

依据上文引录的秦简释文，《秦始皇禁伐湘山树木诏》下达的时间很具体"廿六年四月己卯"。但是，很关键的第二字"六"是否释读准确，是有争议的一个问题。于振波在文章中从字形余笔的推测入手提出了不同的释读意见。谨将其说分段摘录如下：

---

① 陈松长主编《岳麓书院藏秦简(伍)》，上海辞书出版社，2017，第57-58页。
② 秦桦林：《〈岳麓书院藏秦简(伍)〉第56—58号简札记》，简帛网，http://www.bsm.org.cn/show_article.php?id=3008。
③ 于振波：《岳麓书院藏秦简始皇禁伐树木诏考异》，《湖南大学学报(社会科学版)》2018年第3期。
④ 晏昌贵：《禁山与赭山：秦始皇的多重面相》，《华中师范大学学报(人文社会科学版)》2018年第4期。
⑤ 符奎：《自然、家庭与帝国：人性视角下的秦始皇——从岳麓秦简秦始皇"禁伐树木诏"谈起》，载邬文玲、戴卫红主编《简帛研究二○一九(春夏卷)》，广西师范大学出版社，2019，第136-147页。

简 1001—1 右半残缺,所有字迹只存左半,给准确释读带来一定困扰。好在此简绝大多数文字的释读,从字形到上下文意的贯通,都无争议,只有被整理者释为"廿六年"的"六",却存在疑点。整理者认为此字残存字迹与简 0964 等简中的"六"非常相似,因此释为"六"。

从字形上看,释为"六"虽有字例可资参证,但是也存在相左的字例。简 0970 中"直钱千九百廿"的"九"也是一个残字,仅仅根据字形,很难判断此字应该读为"六"还是"九"。

……

简 1001—1 确定为"六",证据并不充分。

质言之,目前仅仅根据字形,很难判断简 1001—1"廿□年四月"中的"□"到底是"六"还是"九"。

……

相关释文应该修正为"廿九年",而不是"廿六年"。

这条诏令也可补正《史记》对秦始皇二十九年第三次出巡路线记载的疏漏。①

于振波的考释,推测这道诏书的颁布时间不是"廿六年",而应该是"廿九年"。对这道诏书意义的解读,自然也就会大不相同。

晏昌贵对诏书的年份提出了"廿八年"之说,他的考释意见关键在两句话:其一,"秦始皇廿六年四月壬子朔,己卯为 28 日;廿八年四月庚午朔,己卯为 10 日;廿九年四月甲子朔,己卯为 16 日。并可通"。是说从历法朔日推算,两个年份的"四月己卯"都在正常范围之内,不能根据历朔而直接排除其一。其二,"二十六年为始皇统一天下不久,此年当无始皇南巡事"。他认定为"廿八年",推测的依据是"今查《史记·秦始皇本纪》,二十八年琅邪刻石曰:'维二十八年,皇帝作始。''二十八年'一作'廿六年',是指秦始皇始建帝国的年代,'皇帝作始'可为证明"。他的结论是"因此,我猜测,简文中的'廿六年'很可能是误将秦统一之年当作秦始皇南巡江湘之年,其误

---

① 于振波:《岳麓书院藏秦简始皇禁伐树木诏考异》,《湖南大学学报(社会科学版)》2018 年第 3 期。

如今本《史记》琅邪刻石"。①

符奎的文章，对于诏书的颁布年代，没有多加考订，只是简洁明了地认定为"二十八年"，似乎是接受晏昌贵的影响较多："《岳麓书院藏秦简（伍）》有一条简文涉及秦始皇二十八年（前219）巡行，它反映的史实与《史记》的记载全然不同，一定程度上反映了秦始皇热爱山水的自然情怀。"还有一句断语，是截取了整理者按语的一部分而把"六"认定为"八"。② 这样截取"整理者"按语中的"或说"部分而不及此前的考释意见，似乎有所不妥。

秦桦林对简文中的关键字是"六"还是"八"，有对比和思考，表达迂回委婉，其结论似乎是认定为"六"。

上述四位学者对《秦始皇禁伐湘山树木诏》的考释，在诏书的颁布年代上形成了三种不同意见，但是他们在解读这道诏书时，都与《史记·秦始皇本纪》记载的秦始皇某年的出巡联系到一起。在这一点上他们的思路是一致的。

我对这道新出秦始皇诏书的解读，有两点看法：

其一，诏书颁布的年代，是否可以确认为"廿六年"，最基础的工作，还是对简文的准确释读，这是"简牍学与出土文献整理"的经典功夫；其次才是与《秦始皇本纪》所载内容的关联性"通解"，这是简牍学与历史学相结合的解释路径。其中在"廿"字之后的关键字，释读为"六"，还是"八"或"九"，在简文释读过程中，就有所讨论。《岳麓书院藏秦简（伍）》对此字有一段整理者按语："廿六年四月己卯：此简左右拼合后，'六'字稍残笔画，但所见笔画与'六'形完全相合，或疑此形为'九'，但形体不如'六'形吻合。《史记·秦始皇本纪》，秦始皇二十八年东巡泰山，经渤海，登琅琊。之后，西南渡淮水，到衡山、南郡，浮江至湘山祠。据此'六'也可能是'八'之误。

---

① 晏昌贵：《禁山与赭山：秦始皇的多重面相》，《华中师范大学学报（人文社会科学版）》2018年第4期。

② 符奎：《自然、家庭与帝国：人性视角下的秦始皇——从岳麓秦简秦始皇"禁伐树木诏"谈起》，载邬文玲、戴卫红主编《简帛研究二〇一九（春夏卷）》，广西师范大学出版社，2019，第136-147页。其中把"六"认定为"八"的一处断语是：整理者推测："此'六'也可能是'八'之误。"甚是。于振波：《岳麓书院藏秦简始皇禁伐树木诏考异》，《湖南大学学报（社会科学版）》2018年第3期。

此纪年的简文内容未见文献记载。"①这段按语应该理解为整理者对简文字形做反复比对之后的审慎取舍：他们认定将关键字释读为"六"，相比较"九"或"八"更为妥当。整理者的这个断语，应该是在充分吸收不同的释读意见基础上斟酌拟定的。我认为，在对简文释读出现令人信服的重大突破之前，应该尊重整理者的这个判断。除了前面所述它是"集思广益""审慎取舍"的分析之外，我还有一个相对感性的理由：陈松长教授对这个关键字的释读，特别用心。他不仅是这一研究项目的主持人，还是书法家，尤其是精通秦简书法，由他主导而做出的这个"整理者"断语，有理由得到更多的尊重。

其实，陈松长教授在另外一篇文章中还专门就这个字的释读做了说明："这条令文经反复研读，其内容大致明晓，但颇有歧义的是其起首的'廿六年'的'六'字的释文隶定问题。从内容看，它所记载的是秦始皇'廿六年''南至苍梧'，'登相山、屏山'时所颁布的令文，但这与史书记载明显不符，因为《史记·秦始皇本纪》记载：二十八年，东巡上泰山，经渤海，登琅琊。其后，他'乃西南渡淮水，之衡山、南郡。浮江，至湘山祠'。据此，秦始皇到湘山应该是在二十八年，故简文中的'廿六年'的'六'可能有误。而正好这个字保存得并不完整，故有的学者认为可能应隶定为'八'或'九'字。其实，该字形虽有残损，但关键笔画还是很清楚的……通过字形比较，此字显然只能是'六'字，肯定不能释为'八'或'九'字。我们认为，不仅从字形上判断此字应该是'六'字，而且将简文所记事件与历日天象和史书记载去比对，也可证明此处不能随便改释为'八'或'九'字。"②有这个论断，这个关键字释读为"六"应该可以成为定论了。

其二，认定诏书颁布于"廿六年"，就历史研究的价值而言，最为重大。只有这个年份得以确认，本文标题所凝练的研究结论才可以成立。如果把"六"字改释为"九"或"八"，也就是把这道诏书归属于《史记·秦始皇本纪》记载的秦始皇某年的出巡之内了。如此看待其事，其意义仅仅在于丰富了秦始皇某年出巡的第一手资料而已。它只可以证明《史记》漏载了秦始

---

① 陈松长主编《岳麓书院藏秦简（伍）》，第76-77页。
② 陈松长：《〈岳麓书院藏秦简（伍）〉的内容及分组略说》，载中国文化遗产研究院编《出土文献研究》第十六辑，中西书局，2015，第94-95页。

皇某次出巡的一道诏书。不论这道诏书的内容如何出人意表，其史料价值必定受限。唯有认定这道诏书颁布的时间不见于《史记·秦始皇本纪》记载的秦始皇任何一年的出巡，才使得这道新出诏书的历史研究价值更为凸显——它可以证明：《史记》漏载的不仅仅是秦始皇出巡途中的一道诏书，而是漏载了秦始皇的一次特殊的出巡。那么，这道新出诏书的意义之重大，就不言而喻了。

秦始皇廿六年（前221），之所以在中国古代的历史框架中具有特殊的坐标意义，就在于它与秦始皇吞并六国而建立华夏一统的"纪念碑"式的历史巨变直接关联。确认《秦始皇禁伐湘山树木诏》颁布于"廿六年"，就可以认定秦始皇在统一六国之后的出巡，不是《史记》所记载的五次，而是六次。并且补充《史记》所漏载的这次秦始皇的出巡，居然发生在完成华夏统一的当年，出巡之地不是秦国旧境，而是荆楚故地——探索其中可能蕴涵的历史奥秘，对于有幸见到《秦始皇禁伐湘山树木诏》文本的研究者而言，无疑充满了蛊惑力和幸运感。

依据这个思路，我展开下面的进一步分析。

二、秦始皇廿六年出巡荆楚故地可能性分析

上引几位学者的文章，之所以认为《秦始皇禁伐湘山树木诏》颁布时间不应该是"廿六年"的理由，除了对"六"的简文稍残笔画、因而给异释提供了可能性之外，更重要的是以"通解"的方式，认为"廿六年"是刚刚完成统一之年，秦始皇大事缠身，不太可能安排出荆楚之行的时间。

于振波于此用力最多，他排列史事，尤其注重比较秦人吞并楚国与齐国可能产生的不同感受，从而推测廿六年秦始皇不太可能有出巡荆楚之举。原文较长，兹摘要如下：

> 需要指出的是，这一年，还有更加值得庆祝的事，那就是与楚国实力和地位不相上下的齐国的归降……由于齐国的归降，秦国的统一事业才得以完成，秦王政才能成为秦始皇。称帝后的嬴政马上东巡齐国故地，岂非更加顺理成章？
>
> 从咸阳出武关，到湘山，然后原路返回，大约需要两三个月时间。

如果继续从湘山北上,到达齐国故地,再沿黄河西进,经函谷关返回,恐怕至少要半年时间(注释略去)。事实上,在秦始皇二十六年这一特殊年份,有很多比出巡更重要的工作需要帝国的君臣来做。虽说随着统一大业的完成,秦帝国主要是把秦制向六国故地推广,然而从王国到帝国,还是会面临诸多复杂的问题,各项政策,各种制度,需要群臣讨论,皇帝定夺。皇帝此时出巡,朝臣势必分为两部分,一部分跟随皇帝,一部分留守京城,彼此之间如何协商讨论,密切配合,恐怕存在很大问题。

秦始皇二十六年既没有灭楚之战那样的重大事件,又没有比祭告祖先和封禅更重要的事由,而且称帝之后的第一次出巡,甚至连一块歌功颂德的石碑都不曾树立,难免令人生疑。①

上引文字中,"如果继续从湘山北上,到达齐国故地,再沿黄河西进,经函谷关返回,恐怕至少要半年时间",这当然是推测之语。我理解作者的用意所在,是为了强化秦始皇二十六年不可能有出巡之事的说服力而极言其耗时之长,除了出巡荆楚之外又附带上远巡齐地的假设,属于"推测中的附带推测"。本文的讨论不再延续"附带推测"的话题,而集中讨论二十六年春夏之交秦始皇是否有出巡荆楚故地的可能性。

其一,秦始皇二十六年,固然是他完成统一华夏的坐标式年份,但是,却不是他最为紧张忙碌的年头,不至于无暇分身。

在某种意义上说来,我甚至认为有理由相信:这一年是秦始皇统一战争过程中最为游刃有余的一年,甚至是他心态上最为轻松和惬意的一年。六国被秦国吞并的顺序,以东方的齐国最晚。战国中期的齐国曾经一度与秦国并列为东西二强,其中的一个标志性事件就是公元前288年秦昭王与齐闵王并称"东西二帝"②。但是,在经历了"弱燕破强齐"的变局之后,战国后期的齐国早就一蹶不振。等到秦始皇依次吞并六国之时,齐国空有大国之名,却根本不是强秦的对手。特别是由于秦国实施"重金收买"的策略,成功地收买了执掌国政的齐国丞相后胜。面对着秦人的战略迂回的威逼,

---

① 于振波:《岳麓书院藏秦简始皇禁伐树木诏考异》,《湖南大学学报(社会科学版)》2018年第3期。
② 司马迁:《史记》卷六《秦本纪》,中华书局,1959,第212页:"王为西帝,齐为东帝。"《史记》卷四六《田敬仲完世家》,第1898页:"王为东帝,秦昭王为西帝。"

齐国却不修攻战之备，最后秦人对齐国发起进攻，齐军未经一战就束手归降，秦人不战而胜。对这个关系重大的问题，我曾经写过一篇文章，做过专题讨论。其中说到对齐亡国的分析："它毕竟是东方的大国。假如齐相后胜不被秦人所收买，他只需要按照战国时代列国之间常见的'互相掣肘'的常态，在秦国出兵攻伐其他五国时，齐国派出援军，共同抵御秦军，那么，秦军吞并诸国的行动也必定受到制约。在后胜的主导之下，偌大的齐国，坐视秦军对其他国家各个击破而袖手旁观，最后齐国的命运居然是不战而降。"①号称东方大国的齐国在面临亡国之祸时，居然束手降秦，这就使得秦国统一战争的最后一战未曾"发力"即告结束。读史者甚至有理由推知：率领雄师从燕国南下进逼的秦将王贲或许有"英雄无用武之地"的遗憾。齐国不战而降的结局，使得秦国将士，得以避免了一场苦战，就获得了统一战争的完胜。

如果一味地考虑这是统一战争的"收官"之年，并据此判断秦始皇陷入军国要务而无暇分身南巡，似乎也可顺理成章。但是，我们仔细分析秦军灭齐的实际状态，是否可以推测出另外一种可能——对秦始皇而言，享受不战而胜的结局，他的心情也必定是轻松愉快的。享受胜利的快感，更借灭齐的余威，而迅速决策出巡荆楚故地，确实有其可能性。

其二，推测二十六年秦始皇有南巡的可能性，还有一个"心理分析"的视角也应该予以重视。秦始皇亲自指挥的吞并六国的攻坚战，耗时十年，最为艰苦的战争就是灭楚之战。曾经出现过由李信统领的秦国二十万远征军被楚人击溃的重大败绩，秦始皇不得不亲自到告老还乡的老将军王翦的老家，敦请王翦复出。秦始皇以非凡的魄力，把组建起来六十万大军完全托付给王翦统领，南征荆楚强敌。秦军两次出动大兵，先后耗时二年，才得以灭楚。回想秦始皇亲自登门敦请老将军王翦复出到王翦统兵南下的全过程，当时，守御军队空虚的君王与雄兵在手的大将之间，关系极为微妙，王翦不得不以公开索要"美田宅"的方式，以自污志节的方式谋求自保。请看王翦对左右亲信的肺腑之语："夫秦王怚而不信人。今空秦国甲士而专委于我，我不多请田宅为子孙业以自坚，顾令秦王坐而疑我邪？"②其君臣关系到了

---

① 孙家洲：《"重金收买"与"离间计"在秦统一过程中的作用》，《光明日报》2017年7月19日。
② 司马迁：《史记》卷七三《王翦传》，第2340页。

何等尔虞我诈的程度！这对秦始皇而言,是无法忘记的艰难时刻。这个反复曲折的君臣心斗,连同对楚作战的惨烈战况,在秦始皇心中留下了最深刻印记,是不言而喻的。秦付出了惨重的代价取得灭楚的最后胜利是在秦始皇二十五年(前222),第二年就取得不战而灭齐的巨大胜利。此时,作为征服者的秦始皇,携统一天下之威而南下荆楚,纵情享受统一战争的成果,也向曾经拼死抵抗的荆楚遗民炫耀武力,在秦始皇的内心深处,应该有此必要。

其三,秦王政(秦始皇)在完成统一六国的过程中,曾经有过一次匪夷所思的东行。这就是在秦军灭赵之后,秦王政竟然亲自远行到达赵都邯郸。他此次东行邯郸的所作所为,根据司马迁在《史记·秦始皇本纪》中的记载,极为简单:"十九年,王翦、羌瘣尽定取赵地东阳,得赵王。引兵欲攻燕,屯中山。秦王之邯郸,诸尝与王生赵时母家有仇怨,皆坑之。秦王还,从太原、上郡归。"①当时,天下战事方殷,秦王政的此次东行,安全并非完全无虞,但是他却一定要亲临邯郸,似乎只为做一件事:那就是当年他出生在邯郸以及后来的童年成长时期对其母子结下仇怨的人,秦王政一定要亲自在场实施报复,将这些三十多年前结下私怨的赵都邯郸人全部坑杀。这样的行为,表现出他极为强烈的"报复"心态。从其身份而言,此时的秦王政是强秦之君,赵国已经被秦军攻灭,他是胜利的征服者,是君临赵国故地之上的新的统治者。按照一般的历史和政治常规,作为征服者的新君,应该努力塑造胸怀宽大、普示德泽的仁君形象,尤其是对于"打天下"过程中的敌对阵营的人物,更要显示理解"各为其主"的通达潇洒,标榜"不咎既往"的恢宏大度,以此来笼络人心、稳定大局。但是,秦王政却不屑于这样做。他要向世人显示的不是仁君形象,而是"快意恩仇"的性格特点。不论谁"得罪"了我,一旦我有胜算在握,一定不计后果地予以报复。请注意他的行程记录"秦王还,从太原、上郡归",往返途中没有任何其他事项记载,这说明至少在司马迁所了解的历史信息中,秦王政此番东行没有其他值得记载入史的安排。基本可以断定,秦王政是专程前往邯郸实施残酷的"坑杀"报复。秦王政坑杀邯郸有旧怨的若干人,是这种复仇心理的表达;同样的道理,在"荆

---

① 司马迁:《史记》卷六《秦始皇本纪》,第233页。

轲刺秦"失败之后，秦王政不仅要把荆轲本人肢解以泄愤，他还要调整对敌国用兵的重点，精兵强将压向燕国，一定要把荆轲背后的主使者燕太子丹置于死地方才罢休，也是复仇心理的表达。我甚至有如下推测：秦王政在类似的举动中刻意显示的，不是他"鲁莽野蛮"的性格，或许他有另外的一种逻辑——在统一之战的过程中，用这种极端手段，来推行一种"威慑"效应：谁敢违逆秦国、得罪秦君，都要被追责、被复仇，要为此付出惨重的代价。对赵国和燕国超过常规的严峻处置，应该是同一个思路。

秦王政十九年的东赴邯郸，甚至不妨理解为是他统一华夏之后多次出巡的前奏曲，或者称之为预演。因此也就带有"随意性"和"非制度化"的色彩。这对于我们理解二十六年可能有南巡荆楚故地之行，至少可以有两点启示：第一，在评估此类事件是否可能出现时，不能只是根据一般事理来推测，而必须把这位当事人的特殊心态估测在内。第二，目标预设相对单纯的出巡，与《史记·秦始皇本纪》所记载的五次内涵繁复的出巡相比较，往返所用时间可以大为压缩。让我们再回看《秦始皇禁伐湘山树木诏》所涉及的奉诏官员的简文"丞相臣状、臣绾"，隗状（《史记·秦始皇本纪》作"隗林"），时任左丞相；王绾，时任右丞相。两位丞相同为湘山受诏官员，表明此次秦始皇的南巡，不论是否是"制度化"的出巡，因为有两位丞相同行，也就可以判定出巡的规格很高。

如果我们认定《秦始皇禁伐湘山树木诏》确实颁布于秦始皇二十六年，并且与十九年的邯郸之行同为目标相对单纯的出行类型，那么，秦始皇一行由关中经武关而南下，到达湘水湘山附近一带再返回关中根本之地，其筹备的难度和实际耗时，都可以减少许多。

三、《秦始皇禁伐湘山树木诏》文风刍议

《岳麓书院藏秦简（伍）》所公布的这道诏书，除了可以补出《史记》漏载的秦始皇出巡荆楚旧地、盘桓于湘山一事之外，还有一个文献解读层面，意义同样重大——这道诏书的文风，与我们此前所知道的秦始皇的诏书，有很大的差异。保留在《史记·秦始皇本纪》中的诏书，由两部分构成：一是随事而发的各种"诏曰""诏书""制书"和"上曰"，二是刊录的五次出巡途中

的刻石颂德之文。这一组刻石,被合称为"秦代七大刻石"。它们分别是位于山东烟台的"之罘刻石"和"东观刻石"、位于青岛胶南市的"琅琊刻石"、位于山东邹县的"峄山刻石"、位于山东泰安的"泰山刻石"、位于河北昌黎县的"碣石刻石"、位于浙江绍兴的"会稽刻石"。根据历代传说,这七大刻石歌功颂德之文及其书法,同出自于秦相李斯之手。秦代刻石,在中国文化历史上具有特别重要的意义。司马迁全文收录刻石原文,也被认为是开启了以石刻文字入史的先例。从"史料学"的角度而言,它们是研究秦朝历史的第一手史料。这两种类型的秦始皇诏书,从基本的文风而言是一致的。它们都带有皇帝文书的鲜明特色:多见朝廷的恢宏、政治的庄重、法律的威严,很少见到文学意义上的润色,更少见到个人情感的自然流露。如果勉强以战国诸子的文风来做附会,那么秦始皇诏书最接近法家著作的文风:严谨威势有余,文气灵性不足。

但是,《秦始皇禁伐湘山树木诏》的遣词造句,足以令读者大感意外。它打破了我们以往对秦始皇诏书刻板文风的印象!它居然是那样的"文质彬彬",不似君王严旨,倒带有几分文人醉情于名山修竹时而抒情的色彩。请复睹其中的佳句:"亲抚晦(海)内,南至苍梧,凌涉洞庭之水,登相(湘)山、屏山,其树木野美,望骆翠山以南,树木□见亦美……"特别是其中几个动词的妙用"凌涉""登""望",再加之与"苍梧""洞庭""湘山""屏山""骆翠山"等山水名胜之地浑然一体的搭配,更有气韵十足的"树木野美"做点睛之笔,假如暂且搁置开篇与结尾的君王之语,这分明就是一篇荆楚湖光山色的踏青咏春之作!如果从文风来加以赏析,说它出自于文士之手,似乎没有不妥。一个出于直感的判断,也就油然而生:这道诏书与《史记·秦始皇本纪》中保留下来的秦始皇的所有诏书相比较,其文风明显不同。

由此就产生了一个值得讨论的问题:秦始皇的诏书两种文风的不同是如何形成的?

我认为,诏书的文风不同,很可能是由于起草人的不同而形成。尽管诏书经过核准和颁发下达的程序,就凝固为皇帝的意旨,但是,"草诏"者的文风不同,在他们分别草拟的诏书中依然保留着各自的本色。

清代以"考据"而著名的历史学家赵翼注意到汉代有"汉诏多惧词"的

现象。① 如果循此思路延伸:汉代皇帝发布的诏书中不仅充满戒惧之心,而且对皇帝常有直刺其短之语,有的竟然是涉及对皇帝个人道德和能力的贬斥。按照后世的人之常情推测,如果是臣子代拟诏书,对皇帝不敢如此不假颜色。由此逆推,汉代皇帝在某些情况之下或有自拟诏书的事例存在,应该是比较合理的推断。至于秦始皇是否曾经自拟诏书,《史记》等史籍没有留下明确的记载。但是,有一点是肯定的,秦始皇的诏书,多见自得和自傲,从来不见有自责之语,更不必说会有戒惧之心。由此可以逆推:秦始皇的诏书,大概都由别人代为草拟,而不是出自他本人笔下。秦始皇在不同时期所任用的"草诏"官员不同,其传世的诏书呈现出不同的文风,也就不必太过惊奇了。

历代为皇帝起草诏书,都是很重要的政治行为,往往有专设机构负责,由精通政事的官员来具体执行,这就是"草诏"机构和活动于其中的政治干才负责的工作。有"草诏"之权的官员,除了日常理政的能力之外,更必须是得到皇帝高度信任的人,要有与皇帝灵犀相通的能力。在秦汉时期,御史大夫所负责的官僚系统,既是诏书的起草和下达机构,也是监察机构。就一般常态而言,御史大夫作为朝廷重臣,一定负有"草诏"职责。其下的御史,也会有参与草诏的机会。检索《史记》,秦始皇时代担任御史大夫之职的,似乎仅有冯劫一人见于记载。值得我们高度注意的是:恰好是在二十六年,秦始皇完成统一之后,下令群臣"议尊号",领衔集议并答对的官员是"丞相绾、御史大夫劫、廷尉斯等",可见在这个关键时刻担任御史大夫要职的,就是冯劫。他和丞相王绾、廷尉李斯共同构成了统一之初的秦廷高层官员。等到冯劫的姓名再次出现在史册上,已经是秦朝末年了。而且他的官职已经不是"御史大夫"而是"将军"了。冯劫离任御史大夫的具体时间,由于史书失载而无法确知。秦始皇死后,二世皇帝即位,反秦义军蜂起,天下大乱的形势已经很明显了。为了挽救这场迫在眉睫的统治危机,右丞相冯去疾、左丞相李斯、将军冯劫三位大臣联名向秦二世皇帝进谏,希望停止部分赋税和力役的征发,以收拾民心,维持社会秩序。三位重臣的直言进谏却被二世皇帝下诏驳回:"今朕即位二年之间,群盗并起,君不能禁,又欲罢先帝之所

---

① 参见赵翼:《廿二史札记》卷二,"汉诏多惧词"条,凤凰出版传媒集团,2008,第28页。

为,是上毋以报先帝,次不为朕尽忠力,何以在位?"二世皇帝随即下令将三位大臣逮捕下狱,实在不便以直言而逮治大臣,就巧立名目"案责他罪"。冯去疾、冯劫二人坚守"将相不辱"的传统伦理,选择自杀以保持自己的名节。与冯氏兄弟形成对照的是:左丞相李斯在暴政之下,不愿赴死,而接受了下狱受审的屈辱。李斯心存侥幸,以为自己可以保住生命,最后的结果却是"就五刑"①,并且惨遭灭族之祸。由此可见,冯劫尽管在历史上留下的记载有限,却代表着秦朝统治高层中和讲究志节的官员形象,尤其是与李斯贪恋权位不能慨然赴死相比较,不失为一位流芳青史的人物。

《秦始皇禁伐湘山树木诏》的"草诏"者,由于文本自身没有任何痕迹,这里的分析,就只能建立在"合理性推测"的基础之上。我们认定这道诏书是颁布于秦始皇二十六年,而此时担任御史大夫之职的冯劫,自然也就是最有可能的诏书起草人。以这个推测为起点,我对于冯劫的身世包括其家庭教育的背景,就有了加以探讨的想法。很可惜的是,史书中能够检索出来的有效信息太少。《汉书·冯奉世传》追溯其先世的开篇文字,尤其值得珍视。"冯奉世字子明,上党潞人也,徙杜陵。其先冯亭,为韩上党守。秦攻上党,绝太行道,韩不能守,冯亭乃入上党城守于赵。赵封冯亭为华阳君,与赵将括距秦,战死于长平。宗族繇是分散,或留潞,或在赵。在赵者为官帅将,官帅将子为代相。及秦灭六国,而冯亭之后冯毋择、冯去疾、冯劫皆为秦将相焉。"②战国后期引发了秦赵"长平之战"的关键人物冯亭,他的后代名流辈出,秦朝统一前后,身居将相要职的冯毋择、冯去疾、冯劫三位名臣,居然都是冯亭的后代。出现在《史记·秦始皇本纪》中的记载有"伦侯武信侯冯毋择","右丞相去疾",冯劫的官职则有"御史大夫"和"将军"。冯氏一门,可谓官宦世家。其地位显赫,自不待言。冯劫出身名门,历任文武要职,其文化修养水平应该偏高。由此推测《秦始皇禁伐湘山树木诏》的"草诏"者或许就是冯劫。

秦始皇二十六年南巡荆楚旧地,冯劫以御史大夫身份随同出行,并代拟了在湘山颁布的诏书,这个推论是合情合理的。随着冯劫离任御史大夫之职,从制度而言,他就不会再参与"草诏"之事。其他可能代秦始皇草拟诏

---

① 司马迁:《史记》卷六《秦始皇本纪》,第271-272页。
② 班固:《汉书》卷七九《冯奉世传》,中华书局,1962,第3293页。

书的人，至少我们会排列出李斯、蒙毅、赵高等人在内的名单。还有姓名不曾记载入史的其他御史系统的官员，都有参与"草诏"的机会。这些"代笔草诏"的人员，应该多是精通法律之学的人物，而缺乏文士式的学术修养，或者说也不曾刻意展示自己的个性文采。由这些熟谙法家理论又"循规蹈矩"的官场人物起草的诏书，就成为我们通过《秦始皇本纪》而熟知的秦始皇诏书的固定化的风格。

如果以上的推论可以成立（甚至不必认定《秦始皇禁伐湘山树木诏》的"草诏"者究竟是谁），我们就应该想到一个思考的角度：重视分析秦始皇的诏书文风呈现出不同的文风，固然是其意义，但是，也不必求之过深。出现"文士抒情"般的诏书文风，或许有某种偶然因素在发挥作用。不一定由诏书文风的不同，而推测对秦始皇的禀赋与性格有重新认识的必要，也不必由此而认为对秦始皇治国施政的特点应该重新分析。因为这道诏书的具体内容，只是规定禁止砍伐湘山树木，不涉及重大的政治制度和法律制度的变革，所以，不论它的文风有多大不同，都不能理解为由此而可以重新解读秦朝的历史与政治文化。

本文的简单结论：《秦始皇禁伐湘山树木诏》的颁布时间应该认定为是在秦始皇二十六年，也就是秦朝最终完成吞并山东六国、统一华夏之年。这道诏书的出现，可以增补《史记》漏载的秦始皇出巡荆楚故地的一个重要政治举措。秦始皇的这次出巡，不妨理解为此后五次大规模出巡的前奏和预演。即便这次出巡在"程式化"设计方面尚有不完善之处（如：不见有"刻石颂德"兼"纪盛"之事），但是，刚刚完成统一大业就出巡南方的行为，是值得历史研究者给予高度重视的。对这个年份的认定，除了尊重岳麓书院秦简整理者的简文释读意见之外，还有与其他历史事件的关联性思考可为佐证。秦始皇强烈的个性因素，是必须纳入的研究视角。对秦始皇而言，齐国不战而降带来的轻松和惬意、庆祝对楚作战从遭遇重大失败到如愿全胜的心理需求、灭赵之后东行邯郸只为坑杀早年"冤仇"的反常做法，都可以作为秦始皇出巡荆楚的决策因素。这道诏书的文风，带有文士抒情的色彩，与《秦始皇本纪》所见其他的诏书明显不同。由此而讨论秦始皇的诏书具有不同文风并进而探讨其形成的原因，是历史研究者应该致力探索的问题。本文力图从诏书草拟者的不同来解释诏书风格有异的原因，认定时任御史大夫冯劫或许是这道诏书的草拟者,这个具体结论固然是出于推测,但是这个研究思路,自有其意义。同时更要注意:《秦始皇禁伐湘山树木诏》文质彬彬的行文风格,仅仅是"文士情怀"的一种文字表达而已。草诏者的文风,可以为皇帝诏书提供润色之益,增加其文采美誉,却无法约束皇帝的心志,更无法改变其行为。所以,诏书文风迥异属实,却不敢轻易断言秦始皇由此而呈现出不同的历史面相。

秦始皇帝"到沙丘而亡"谶语蠡测

张　欣

秦帝国晚期紧张的政治氛围中,产生了一些谶语,或预言秦始皇帝亡之时间,"今年祖龙死"①;或预言始皇帝将死及死后国家局势,"始皇帝死而地分";或预言灭亡秦国者或其缘由,"亡秦者胡也"。② 管见所及,预言始皇帝将死之地,沙丘是重要的一个,"始皇还,到沙丘而亡"③。从《论衡》等相关记载可知,始皇帝将亡于沙丘的预言出现较早,似从属于秦汉之际诸多亡秦谶语中的一种。这些谶语有多种解读,也多少为后来秦国历史发展所证实。以今日的视角来看,秦始皇帝亡于沙丘,似不无偶然因素,此后出现的沙丘政变,产生了一系列连锁反应,其作用之巨大,甚至被称为改变了秦帝国的历史航道。

圣君贤相无论作出多大功绩,都将作古,这是客观规律。全国各地诞生了无数圣贤,也在各地自然消亡。古都名胜地理观念是一个方面,也常为人们所提及,而同时存在另一种作为禁忌之地的观念,沙丘就是一处重要代表。以今人自然地理学知识,可以对沙丘形成的原因作出作较好的解释。而且沙丘在中国较早历史时期,还是河流众多,风景旖旎之地。但为何沙丘成为谶语中的秦始皇帝闻之生畏,并避之不唯恐不及之地?其原因何在?

秦始皇帝"到沙丘而亡"的谶语,表明东方六国旧贵族及民众对于秦始

---

① 对此谶语的解读,参见蒋非非:《在华阴平舒道玉璧的背后——重新认识秦朝政治史》,《文史知识》2004 年第 12 期。
② 上述三处谶语分见司马迁:《史记》卷六《秦始皇本纪》,中华书局,1959,第 259、252 页。
③ 黄晖:《论衡校释》卷四《书虚篇》,中华书局,1990,第 201 页。

皇帝若干施政作为的态度,也可能反映出秦始皇帝近侍之臣提醒其早立嫡嗣所做一再努力的良苦用心,而预言始皇帝将亡于沙丘一地,也反映出秦汉之际民众似已具有将沙丘视作不祥之地的观念。

总之,秦帝国末年政局表面静若止水,实则暗流涌动,机缘巧合与沙丘一地独特的历史文化资源发酵,出现了秦始皇帝"到沙丘而亡"谶语。

"到沙丘而亡"的谶语出现以后,历代学者对其有过不少著录与研究。《论衡》以降,纬书《春秋演孔图》,以及《异苑》《殷芸小说》《太平御览》《说郛》《太平广记》《阙里志》等文献都有近似的记载,或进一步的推演,马骕《绎史》①、崔述《洙泗考信录》②等对其内容也都有所辨析,严可均《全上古三代秦汉六朝文》③、孙楷《秦会要》等也在相应篇章将其著录为秦事。这些记载和研究,为我们解读"到沙丘而亡"的谶语提供了重要的材料和有益的启示。本文则在梳理"到沙丘而亡"的谶语内容基础上,推测其产生的大体时代,并对其形成原因作出管窥蠡测,以期更好地理解这则蕴含丰富历史信息的谶语,对秦汉之际的历史研究有所助益。

一、"到沙丘而亡"谶语内容的解读

较早记述秦始皇帝"到沙丘而亡"的谶语是东汉初年人王充(27—104)《论衡》的两则材料。《论衡·书虚篇》:"夫谶书言始皇还,到沙丘而亡;传书又言病筑疮三月而死于秦。一始皇之身,世或言死于沙丘,或言死于秦,其死,言恒病疮。传书之言,多失其实,世俗之人,不能定也。"④另一则来自《论衡·实知篇》:

孔子将死,遗谶书,曰:"不知何一男子,自谓秦始皇,上我之堂,踞我之床,颠倒我衣裳,至沙丘而亡。"其后,秦王兼吞天下,号始皇,巡狩至鲁,观孔子宅,乃至沙丘,道病而崩。又曰:"董仲舒乱我书。"……

---

① 或对这条谶语嗤之以鼻,如马骕《绎史》在注文评析这些材料时云"始皇未尝至鲁,此妄谬何足辩"。参见马骕:《绎史》卷一四九,中华书局,2002,第3734-3735页。
② 崔述:《洙泗考信录》卷四《遗型》,见崔述编著《考信录》,上海古籍出版社,1988,第320-321页。
③ 严可均:《全上古三代秦汉六朝文》卷一四《阙名》,中华书局,1958,第100页。
④ 黄晖:《论衡校释》卷四《书虚篇》,第201页。

曰：此皆虚也。①

王充的观点很明确，"此皆虚也"，认为谶书系虚妄不经之词，并作了具体分析：

> 既不至鲁，谶记何见，而云始皇至鲁？至鲁未可知，其言孔子曰"不知何一男子"之言，亦未可用。……谶书秘文，远见未然，空虚闇昧，豫睹未有，达闻暂见，卓谲怪神，若非庸口所能言。②

《论衡校释》一书作者刘盼遂已指出王充仅据《史记》三十七年之事为说"疏矣"，其实秦始皇帝未尝不至鲁："东行郡县，上邹峄山。立石，与鲁诸儒生议，刻石颂秦德，议封禅望祭山川之事。"③

记载始皇帝亡于沙丘一事，《论衡·实知篇》与《论衡·书虚篇》一言始皇帝"到沙丘而亡"，一言"至沙丘而亡"，二者没有本质区别，因此本文统称为"到沙丘而亡"。《论衡·实知篇》与《论衡·书虚篇》也有所不同。后者较为简略，仅言其"还"的途中亡于沙丘。不知是原谶语如此简略，抑或仅为王充节略转引所致。前者将始皇帝亡于沙丘置于孔子临终遗留谶书中，置于所谓的始皇帝到访鲁国孔宅，并"踞我之床，颠倒我衣裳"之后。

托言孔子，是不少谶语的共性。孔子能精准预知200余年之后的历史，颇为荒诞，不合常理。④ 不过如果将"踞我之床，颠倒我衣裳"理解为，秦始皇帝占据统治者中心地位，颠倒孔子所制礼制一事，回顾秦朝以吏为师，焚书坑儒之举，重用文法吏，忽视儒生地位诸多方面看，孔子所遗谶书所言，的确道出部分事实，并未完全为虚妄之辞。进而，如果将"至沙丘而亡"理解为秦始皇帝卒于沙丘之后，陈述这一客观事实，当然没有问题。但若将其理解为秦始皇帝因为此前毁坏礼制之举，预言始皇帝将死于沙丘，则与《论衡·书虚篇》所载谶语大体相同，只是写出了预言始皇帝死于沙丘的原因。

---

① 黄晖：《论衡校释》卷二六《实知篇》，第1069-1070页。
② 黄晖：《论衡校释》卷二六《实知篇》，第1072页。
③ 司马迁：《史记》卷六《秦始皇本纪》，第242页。
④ 崔述《洙泗考信录》卷四《遗型》："余按：前知之术圣人能之，而非所以为圣人也。然所谓前知者，不过剥复倚伏之理，治乱循环之运，非若后世射覆乌占之术也。况为秘书以遗后世，欲何为乎？汉人好信谶纬，故其为言如此；其亵圣人殊甚，良可笑也。"参见崔述编著《考信录》，第320-321页。

与《论衡》"到沙丘而亡"谶语相近的记载又见于《春秋演孔图》①：

驱除名政，颠倒吾衣裳，坐吾曲床，滥长九州，灭六王，至于沙丘亡。②

《春秋演孔图》中多以孔子立言，此条文字亦复如此，其中包含了丰富的内容："驱除名政"，为汉驱除的名字称为政的人（似暗指秦始皇帝嬴政）；"颠倒吾衣裳"，似指将孔子本人的代表礼制的衣裳倒穿（或者颠倒放置），亦即违背礼制；"坐吾曲床"，似指占据孔子素王的位置；"滥长九州"，超越其应得名分（"僭越"）职掌九州（天下）；"灭六王"，指统一六国；"至于沙丘亡"，指灭亡六国后，到沙丘一地时将暴卒。总的看来，这一记载明显含有汉家立场的色彩，指责秦始皇帝灭亡六国，并将在此后途经沙丘一地时死去。

《春秋演孔图》与《论衡》所载谶语的内容互有详略：

相近之处：都是有关孔子作出的预言；对象皆是秦始皇帝嬴政；颠倒衣裳、坐孔子之床有关内容大体相同，而《论衡》所引"上我之堂"也可以归入此类，所指代的秦始皇帝所作违礼之事也大体一致；都指出秦始皇帝将亡于沙丘。

相异之处：前者未明确谶语的时代，据文意似在秦代，后者则将其假托在孔子亡时，即春秋晚期。后者出处未明，前者将其收于《春秋演孔图》。《春秋演孔图》在秦始皇帝死的时间节点更为明确地点破，即秦始皇帝"灭六王"之后将亡于沙丘。《论衡》所引谶语缺少更为明确的时间。

永寿二年（156）鲁相韩勑所立《礼器碑》，原石今藏于曲阜孔庙。碑文中也有与秦始皇帝亡于沙丘的谶语。兹据《汉碑集释》摘录相关内容：

---

① 《演孔图》得名缘由，见《公羊传》卷二八哀公十四年，何休解诂："得麟之后，天下血书鲁端门曰：趋作法，孔圣没，周姬亡，彗东出，秦政起，胡破术，书记散，孔不绝。子夏明日往视之，血书飞为赤鸟，化为白书，署曰《演孔图》，中有作图制法之状。"参见《十三经注疏》卷五三，阮元校刻，中华书局，2009，第5115页。《七纬（附论语谶）》引此条，所作考辨云："《类聚·祥瑞部》（卷九八）、《白帖·春秋》引此，下有'此鲁端门血书，十三年冬有星字东方'十五字。"参见赵在翰辑《七纬（附论语谶）》，钟肇鹏、萧文郁点校，中华书局，2012，第373页。

② 《春秋纬·春秋演孔图》，载赵在翰辑《七纬（附论语谶）》，钟肇鹏、萧文郁点校，第383页。其中"沙丘"作"沙邱"。参见李昉等：《太平御览》卷六九六《服章部十三》引《春秋演孔图》，中华书局，1960，第3106页。"颠倒"作"衣"。又可参见安居香山、中村璋八辑《纬书集成》，河北人民出版社，1994，第584页。

孔子近圣,为汉定道。自天王以下,至于初学,莫不思驮(冀)……念圣历世,礼乐陵迟,秦项作乱,不尊图书,倍道畔德,离败圣舆食粮,亡于沙丘。君于是造立礼器。乐之音符,钟磬瑟鼓(鼓),雷洗觞觚,爵鹿柤桓,篚枳禁壹(壶),修饰宅庙,更作二舆,朝车威熹。①

按,食粮,食可能即飧的省文,是故所谓食粮即餐和粮食两事,这恰与《异苑》所载"飧吾饭,以为粮"所含内容相近。这证明《异苑》所载,部分内容有着更早的历史资源背景,并非起始于刘宋时人的观念。同时也反映了这一故事(谶语)流传的久远。

这条碑文与其他材料的重要区别,是将项羽也牵涉进去,但事实上仅有秦始皇帝亡于沙丘。"秦项"确实"不尊图书"②。但碑文所要表达的重点,不是"项",而是"秦",点出了秦始皇帝破坏孔圣人车舆、餐、粮食等,并指出了始皇帝亡于沙丘。碑文展现了两方面的事实,但似乎并未指出前者与亡于沙丘之间有无密切关联。此条史料可以印证谶语的某些方面,但却无法证明谶语出现的时代与立碑的时间有何关系。

这里有必要对相对晚出,内容却与《礼器碑》密切相关的材料作一辨析。明代出现,清代续有补辑的记载孔子相关文献大成的《阙里志》载:

秦始皇既焚书坑儒,乃发孔子墓,欲取经传。墓既启,见冢壁上刻文云:秦始皇,何强梁,开吾户,据吾床,饮吾浆,唾吾堂,飧吾饭,以为粮,张吾弓,射东墙,前至沙丘当灭亡。始皇甚恶之,愤欲发墓,闻墓内琴声,遂不敢动,乃东游,远沙丘而循别路,见郡(群)小儿攒沙为阜,问之何为。答曰,此为沙丘也,从此得病而亡。或云孔子将此遗书曰,后世有个小儿,即不知谁家子,自谓秦始皇,上我堂,据我床,颠倒我衣裳,行至沙丘而亡。③

《阙里志》与《异苑》两条内容几乎相同,当系同样的史源,其少量文字

---

① 《礼器碑》,载高文:《汉碑集释》,河南大学出版社,1997,第181–182、190页。
② "图书"代表礼乐文化。
③ 陈镐:《阙里志》卷一一《古迹志》,孔胤植等增补,载四库全书存目丛书编纂委员会编《四库全书存目丛书》,史部第76册,齐鲁书社,1996,第172页。

差异当系版本流传中发生的变异。《阙里志》明清时代所编①,抄撮前代史籍而成。引用文献多未注出处。此条亦然。

皮锡瑞《汉碑引纬考》对《鲁相韩勅造孔庙礼器碑》(即《礼器碑》)作了分析,其中说道,"惟《阙里志》有'飡吾饭,以为粮'语,与此碑合,则《阙里志》当有所本。惟《志》不云本于何书,为可惜耳"②。皮锡瑞认指出《阙里志》部分内容与《礼器碑》相契合,不为无见,但更准确的应该是《阙里志》与《异苑》内容相合。皮锡瑞还认为《阙里志》有关记载无出处为憾事,其实《阙里志》此条所本应该比较清楚,即承袭自《异苑》。有学者对此条材料之价值有所怀疑,认为"谶纬不经之语,词既平直不古,义复鄙琐不堪"③。其实明了《阙里志》中材料的因袭关系,以及与《礼器碑》的关联,即可消除王澍一类学者的误解。

南朝宋刘敬叔《异苑》④载卷四:

> 秦世有谣曰:"秦始皇,何僵梁,开吾户,据吾床,饮吾酒,唾吾浆,飧吾饭,以为粮,张吾弓,射东墙,前至沙邱,当灭亡。"始皇既坑儒焚典,乃发孔子墓,欲取诸经传。圹既启,于是悉如谣者之言。又言谣文刊在冢壁,政甚恶之,乃远沙邱而循别路,见一群小儿辇沙为阜,问云沙邱,从

---

① 《四库全书总目》卷五九《史部一五·传记类存目一》:"《阙里志》二十四卷。浙江汪启淑家藏本明陈镐撰。孔允植重纂。镐,会稽人。成化丁未进士,官至右副都御史,巡抚湖广。允植,孔子六十五世孙,袭封衍圣公。阙里向无志乘,仅有《孔庭纂要》、《祖庭广记》诸书。宏治甲子,重修阙里孔庙成,李东阳承命致祭。时镐为学提副使,因属之编次成志。崇祯中,允植重加订补,是为今本。"(永瑢等:《四库全书总目》,中华书局,1965,第 532 页)杨秀娟《〈阙里志〉——一部孔氏家族史》(《曲阜师范大学校报》2013 年第 30 期):"该志书共计十三卷,详细记述了孔子一生的活动、阙里庙制、历代皇帝的封赐、祭孔礼乐等内容,是一部较为完整的孔氏家族史。此书为曲阜历史上的第一部《阙里志》。"

② 皮锡瑞:《汉碑引经考》卷六《汉碑引纬考》,载吴仰湘编《皮锡瑞全集》第 7 册,中华书局,2015,第 638 页。

③ 王澍:《虚舟题跋原》卷二"汉鲁相韩敕孔庙碑":"愚谓此盖后人见碑有'食粮亡于沙邱'之语,漫衍其旨,伪为此语以惑人,而昧者不察,遂据以为信耳。此亦当是谶纬不经之语,词既平直不古,义复鄙琐不堪,岂有大圣人而为此小道者乎?"王澍:《虚舟题跋 虚舟题跋补原》,秦跃宇点校,凤凰出版社,2017,第 137-138 页。

④ 鲁迅《中国小说史略》第五篇"六朝之鬼神志怪书(上)":"《异苑》今存者十卷,然亦非原书。"《鲁迅全集》第九卷,人民文学出版社,2005,第 49 页。

此得病。①

《太平御览》卷八六《皇王部——·始皇帝》引《异苑》：

> 秦世有谣云："秦始皇，奄僵。开吾户，据吾床。饮吾酒，唾吾浆。飡吾饭，以为粮。张吾弓，射东墙，前至沙丘，当灭亡。"始皇既坑儒焚典，乃发孔子墓，欲取诸经传。圹既启，于是悉如谣者之言。又言谣文刊在冢壁，政甚恶之。及达沙丘，而脩别路，见一群小儿辇沙为阜，问云沙丘，从此得病。②

两个版本的《异苑》整体意思基本相同，部分文字存在异文。乃、及，远、达，循、修，三组词组繁体字，特别是在毛笔书写的情况下，容易出现混淆的情况。具体来说，一是扰道他处，避开沙丘（未踏入沙丘），一是到达沙丘后，另修一路，绕开沙丘（主城）。两相比较，四库本《异苑》内容较《太平御览》所引《异苑》内容更为融通。不过，四库本也存在一定问题，如秦始皇帝"远沙丘"，即绕开而未至沙丘，其病逝缘由，仅是因为小儿堆沙子，名为沙丘而已（闻"沙丘"之名而病卒）。与其他材料所载至沙丘（地名）而卒不一致。《太平御览》所引表明秦始皇帝到达了沙丘，未走主路（修别路），又听到"沙丘"之名而生病。

秦始皇帝信谶，这与他求仙、求长生药等一系列举动相呼应。也与日书中人们趋吉避凶的信仰相一致。秦始皇无法完全超越他所处的时代。为趋吉避凶，采取绕路的措施，试图远离本为返回咸阳必经之地的沙丘，但最终未能摆脱谶语的魔力。

《异苑》所载谣言是秦始皇帝掘开孔子墓穴时的情况。③ 而《论衡》所记是秦始皇帝巡行至鲁孔子宅发生之事。尽管有着这些不同，但结果却并无不同——至沙丘而亡。可以隐隐感知到，孔宅或孔子墓所代表的儒学，与

---

① 《异苑》卷四，《景印文渊阁四库全书》，第 1042 册，台湾商务印书馆，1986，第 514 页；刘敬叔：《异苑》卷四，黄益元校点，载《汉魏六朝笔记小说大观》，王根林等校点，上海古籍出版社，1999，第 624 页。

② 《太平御览》卷八六，中华书局，1960，第 410 页。

③ 《阙里志·林庙志》还记载有秦始皇试图掘开的为孔子虚墓（疑冢）的传闻："秦始皇伐林墓得虚墓五间，皆石为之。坚不可动。有白兔出于中，逐之而没，遂不敢发。"陈镐《阙里志》卷一一《林庙志》，载四库全书存目丛书编纂委员会编《四库全书存目丛书》，史部第 76 册，孔胤植等增补，第 166 页。

秦始皇帝之间的冲突。是秦始皇帝的激进举动（闯入孔宅及一系列活动）或措施（坑儒焚典），产生了严重后果——秦始皇之死。谶语背后显示了秦始皇帝对儒学的举措与其病死沙丘之间的关联。这则谶语所要表达的惩戒目的，似乎是告诫当权者不要对儒学实施过激的行为，否则后果将是如秦始皇帝一样的下场。这则材料的时代，至少部分内容的时代，应远早于南朝宋。

南朝梁殷芸《殷芸小说》载：

> 秦世有谣云："秦始皇，何强梁；开吾户，据吾床；饮吾浆，唾吾裳；餐吾饭，以为粮；张吾弓，射东墙；前至沙丘当灭亡。"始皇既焚书坑儒，乃发孔子墓，欲取经传。墓既启，遂见此谣文刊在冢壁，始皇甚恶之。及东游，乃远沙丘而循别路，忽见群小儿攒沙为阜，问之："何为？"答云："此为沙丘也。"从此得病而亡。或云："孔子将死，遗书曰：'不知何男子，自谓秦始皇，上我之堂，据我之床，颠倒我衣裳，至沙丘而亡。'"①

"或云"句与《论衡·实知篇》所引谶语内容一致。谓孔子所遗谶书，省略为遗书。前一部分与《异苑》内容基本一致，仅字句小有异同。也是先写谣言再叙述谣言后续应验的故事。《异苑》"辇沙为阜，问，云沙邱"作"攒沙为阜，问之：'何为？'答云：'此为沙丘也。'"似更为合理。两者史源相近，或者可以看作是对《异苑》的修改与完善。

二、"到沙丘而亡"谶语出现的时代

为准确解读"到沙丘而亡"谶语的内涵，论述其学术意义，有必要对其出现的时代作出大体的判断。不过颇为遗憾的是，史书记载有秦始皇亡于沙丘的明确时间，而在秦汉编年体、纪传体性质的文献中并未有"到沙丘而亡"谶语这条材料时代的明确记载，我们只能从一些相关事例和当时的政治情景作出侧面的考察，以求其大体的时代断限。

通过上文记载"到沙丘而亡"谶语相关材料的分析，可知现存文献记载

---

① 殷芸：《殷芸小说补证》卷二，魏代富补证，山东人民出版社，2018，第98页。《殷芸小说》卷二，王根林校点，载《汉魏六朝笔记小说大观》，王根林等校点，第1024页。

中以《论衡·书虚篇》《论衡·实知篇》时代为早。兹以《论衡·实知篇》为据,考察其编纂的大体时代。

> 孔子将死,遗谶书,曰:"不知何一男子,自谓秦始皇,上我之堂,踞我之床,颠倒我衣裳,至沙丘而亡。"其后,秦王兼吞天下,号始皇,巡狩至鲁,观孔子宅,乃至沙丘,道病而崩。又曰:"董仲舒乱我书。"其后,江都相董仲舒,论思《春秋》,造著传记。又书曰:"亡秦者,胡也。"其后二世胡亥,竟亡天下。用三者论之,圣人后知万世之效也。孔子生不知其父,若母匿之,吹律自知殷宋大夫子氏之世也。不案《图》《书》,不闻人言,吹律精思,自知其世,圣人前知千岁之验也。
>
> ……案始皇本事,始皇不至鲁,安得上孔子之堂,踞孔子之床,颠倒孔子之衣裳乎?始皇三十七年十月癸丑出游,至云梦,望祀虞舜于九嶷。浮江下,观藉柯,度梅渚,过丹阳,至钱唐,临浙江,涛恶,乃西百二十里,从陕(狭)中度,上会稽,祭大禹,立石刊颂,望于南海。还过,从江乘,旁海上,北至琅邪。自琅邪北至劳、成山,因至之罘,遂并海,西至平原津而病,崩于沙丘平台。既不至鲁,(刘盼遂案:《史记·秦始皇本纪》:"二十八年,始皇东至邹县,上邹峄山。立石,与鲁诸儒生议,刻石颂秦德。乃遂上泰山。"是始皇未尝不至鲁也。仲任仅从《史记》三十七年之事为说,疏矣。)谶记何见,而云始皇至鲁?至鲁未可知,其言孔子曰"不知何一男子"之言,亦未可用。"不知何一男子"之言不可用,则言"董仲舒乱我书",亦复不可信也。①

王充接连举出三例孔子谶语:秦始皇帝至沙丘而亡,董仲舒乱其书,亡秦者胡。值得注意的是王充驳斥谶语虚妄的论据。一是因为上述三个谶语皆与孔子有关,所以王充先驳斥孔子对自己的身世都理不清楚,"不案《图》、《谶》,不闻人言"云云,表明王充并未完全置身于《图》、《谶》(图谶、洛书)时代漩涡之外,这是他判断一事是否为事实的重要依据。

二是王充以秦始皇帝未曾到过鲁国作为判断谶语为虚的依据,并以此作为基点推演谶语接下来的论述为虚。刘盼遂业已指出王充的这条依据不确,《史记·秦始皇本纪》记载其二十八年曾"东行郡县,上邹峄山。立石,

---

① 黄晖:《论衡校释》卷二六《实知篇》,第1069—1072页。

与鲁诸儒生议,刻石颂秦德,议封禅望祭山川之事"①。这样一来王充立论依据的基石被抽出,则谶语所载内容并非悉为虚构。

我们可以看到三例孔子谶语中两例事关秦朝,一例事关汉武帝朝。三例排列顺序可能有误,不当在两例秦朝中间插入汉朝事例。可能是王充在引用时作了调整。三则事例都在西汉中期以前。陈直还据居延汉简中"不知何一男子"的表述,认为这是"西汉中晚期之习俗语"②。侧面印证此条材料时代应为西汉而非东汉。

谶语"亡秦者胡",《史记》等有明确记载:

> 始皇巡北边,从上郡入。燕人卢生使入海还,以鬼神事,因奏录图书,曰"亡秦者胡也"。始皇乃使将军蒙恬发兵三十万人北击胡,略取河南地。③

该条出现于秦始皇帝三十二年(前213年)④。转述此图谶者为燕人卢生,并非孔子。可见孔子作为圣人,有被好事者将洞察千古的智慧附会于孔子一身的倾向。不过从另一层面也表明,附会于孔子的谶语并非凭空产生,而是具有一定依据,所依据的材料可能为时甚早。而作为三例谶语中秦朝谶语之一,且排列在"亡秦者胡"谶语之前,时代也当与"亡秦者胡"谶语相当。

博学洽闻的王充,在反驳三例谶语虚实参半时,并未从三例谶语产生时代上立论,值得注意。似亦默认三例谶语产生时代较早。

我们还可以从一些典籍对"到沙丘而亡"谶语的著录,侧面考察该条谶语的时代。

严衍《资治通鉴补》卷七《秦纪一》将《论衡·实知篇》所载"至沙丘而亡"谶语作为附录,引于始皇帝三十七年七月丙寅崩于沙丘条下。⑤ 未作按语或评议,未对此条时代产生异议,似也认可这例谶语产生于秦汉之际。

---

① 司马迁:《史记》卷六《秦始皇本纪》,第242页。
② 陈直:《汉书新证》,中华书局,2008,第451—455页。
③ 司马迁:《史记》卷六《秦始皇本纪》,第252—253页。
④ 司马迁:《资治通鉴》卷七,第242页。
⑤ 严衍:《资治通鉴补》卷七《秦纪一》,载《续修四库全书》,第336册,上海古籍出版社,1996,第639页。

严可均《全上古三代秦汉六朝文》卷一四,将此条谶语置于"亡秦者胡"条之下,且仅此两条。可大体考见此条时代,以及在诸多关于秦谶语中的地位。

《秦会要·历数·图谶》条将《论衡·实知篇》谶语其收入其中,也将《太平御览》所引《春秋演孔图》谶语收入。①

我们再反过来思考,假设孔子谶语产生于汉代,而此时秦始皇帝卒于沙丘已成为一般知识,再编造此类谶语,预言秦始皇帝卒于沙丘,从汉廷及普通民众角度来看,预言的效果较差,宣传效应也较低。所以《异苑》《殷芸小说》等所说"秦世有谣",更为符合秦汉之际的历史语境。这一谶语可能出现的时间,是在秦始皇帝最后一次巡游之前或途中,是基于秦末政局表面静若止水,实则暗流涌动局势而抛出的舆论工具。

三、"到沙丘而亡"谶语形成原因的推测

"到沙丘而亡"谶语出现在沙丘,而非他处,即准确预言秦始皇帝即将殒命之地,其背后的原因何在。这是本节关注的主要问题。

(1)殷纣王在沙丘广建离宫别馆,酒池肉林,成为导致煊赫一时的殷商帝国崩溃瓦解的前奏。这一印记深深留在殷周以降民众心中。沙丘即导致亡国之地。这可能是沙丘被预设为秦始皇殒命之地的远因。《史记·殷本纪》载:

> 帝纣……好酒淫乐,嬖于妇人。……于是使师涓作新淫声,北里之舞,靡靡之乐。厚赋税以实鹿台之钱,而盈巨桥之粟。益收狗马奇物,充仞宫室。益广沙丘苑台,多取野兽蜚鸟置其中。慢于鬼神。大最乐戏于沙丘,以酒为池,悬肉为林,使男女倮相逐其间,为长夜之饮。②

可知沙丘首次展现在历史舞台上,是作为一处奢侈挥霍之地的负面形象出现的。

---

① 孙楷《秦会要订补》卷一二,徐复订补,中华书局,1959,第175、176页。孙楷:《秦会要》卷一二,杨善群校补,上海古籍出版社,2004,第196—197页。
② 司马迁:《史记》卷三《殷本纪》,第105页。

在《史记·货殖列传》《汉书·地理志》中颇为独特的"仰机利而食",男子"椎剽掘冢",女子"游媚富贵"的风俗,也都将其原因归为"沙丘纣淫乱余民"。①《史记·货殖列传》:"中山地薄人众,犹有沙丘纣淫地余民,民俗懁急,仰机利而食。丈夫相聚游戏,悲歌忼慨,起则相随椎剽,休则掘冢作巧奸冶,多美物,为倡优。女子则鼓鸣瑟,跕屣,游媚贵富,入后宫,遍诸侯。"②意图将赵国风俗归于纣王个人一时举动的看法,不免失之肤浅。但也可以大体看到沙丘负面形象有着较早的根源。

(2) 沙丘再次出现在历史舞台上,是作为赵武灵王惨死之地。秦始皇帝去世于前210年,距离前295年赵武灵王饿死于沙丘宫过去了85年,是当时的"近代史"③,使得此地留下更为浓重的阴影。《史记·赵世家》载:

> 主父及王游沙丘,异宫,公子章即以其徒与田不礼作乱,诈以主父令召王。肥义先入,杀之。高信即与王战。公子成与李兑自国至,乃起四邑之兵入距难,杀公子章及田不礼,灭其党贼而定王室。公子成为相,号安平君,李兑为司寇。公子章之败,往走主父,主父开之。成、兑因围主父宫。公子章死,公子成、李兑谋曰:"以章故围主父,即解兵,吾属夷矣。"乃遂围主父。令宫中人"后出者夷",宫中人悉出。主父欲出不得,又不得食,探爵鷇而食之,三月余而饿死沙丘宫。主父定死,乃发丧赴诸侯。
>
> 是时王少,成、兑专政,畏诛,故围主父。主父初以长子章为太子,后得吴娃,爱之,为不出者数岁。生子何,乃废太子章而立何为王。吴娃死,爱弛,怜故太子,欲两王之,犹豫未决,故乱起,以至父子俱死,为天下笑,岂不痛乎!④

---

① 班固《汉书》卷二八《地理志下》,中华书局,1962,第1655页。
② 司马迁:《史记》卷一二九《货殖列传》,第3263页。相近记载又见于班固《汉书》卷二八《地理志下》:"赵、中山地薄人众,犹有沙丘纣淫乱余民。丈夫相聚游戏,悲歌慷慨,起则椎剽掘冢,作奸巧,多弄物,为倡优。女子弹弦跕躧,游媚富贵,遍诸侯之后宫。"(第1655页)
③ 《战国策》卷一七《客说春申君》:孙子为书谢曰:"疠人怜王,此不恭之语也。……近代所见,李兑用赵,饿主父于沙丘,百日而杀之;……下比近代,未至擢筋而饿死也。"诸祖耿编撰《战国策集注汇考》增补本,凤凰出版社,2008,第837-838页。
④ 司马迁:《史记》卷四三《赵世家》,第1815-1816页。《列女传》卷七《孽嬖传·赵灵吴女》记载此事的另一版本,可以参看。王照圆:《列女传补注》,虞思徵点校,华东师范大学出版社,2012,第319-320页。

赵武灵王废太子立幼子,后又在孰为继承人的问题上犹豫不决,造成王室集团互相倾轧,不可一世的赵武灵王,被围困于沙丘宫内三个月,活活饿死的人间惨剧。今日不难从 2000 年前残留的若干文字中窥见当时的悲壮。

"到沙丘而亡"谶语,预示秦始皇帝将病卒于沙丘,沙丘一地特殊的历史文化资源,似乎也在一定程度上暗示着秦始皇帝在立嫡问题上不应犹豫不决,为避免王朝再度出现赵武灵王错误决断导致王朝倾覆的命运,应在临终前,及早妥善处理王国继承人的大事。

(3)沙丘地名也具有分布广泛,甚至具流动性的寓意,成为谶语中秦始皇帝的梦魇。自然界中的沙丘流动性,分布广泛。逃离再远的秦始皇帝,终究要被沙丘所围困至死。《尔雅》曰:"迤逦,沙丘也。"作为河流冲积扇的沙丘地区,遍布着漫漫黄沙,随着狂风劲吹,黄沙在遮天蔽日的同时,又可能发生沙链般的整体迁移,会造成将人、物埋于沙堆中的危险。《异苑》中的记载非常形象,先是有沙丘台,继而有应验的迹象"悉如谣者之言",又发现"谣文刊在(孔子)冢壁",似乎早已命定,无可逃脱,因此秦始皇嬴政"甚恶之",试图躲避这种不良局面的出现:

> 及远沙丘,而循别路,见一群小儿辇沙为阜,问云沙丘,从此得病。①

秦始皇帝先是试图避开沙丘这一不祥之地,寻找其他回咸阳的道路。而《太平御览·皇王部十一》所载《异苑》云"及达沙丘,而修别路",云秦始皇帝到达了沙丘后,又试图另修其他回咸阳的路。临时修路不知何时能通,势必要拖延时间,较长时期滞留在沙丘。因此《异苑》的《太平御览》版不及四库本更合情理。

秦始皇帝得病之由,也当来自心理暗示,早已饫闻沙丘为不祥之地,秦始皇本人也将在此地发生不祥之事。因为小儿所撵之沙阜,并非彼(作为地名的)沙丘。沙丘地区遍地的黄沙,似乎具有了流动性,在沙丘城之外,仍是大大小小的沙丘,甚至是人工堆积起来的沙阜,将试图逃避的秦始皇帝席卷进去。

我们在考察了沙丘地区所具有的独特历史文化资源后,也应注意到"到

---

① 刘敬叔:《异苑》卷四,黄益元校点,载《汉魏六朝笔记小说大观》,王根林等校点,第 624 页。

沙丘而亡"揭示出秦末诸多普遍问题,舆论的操盘手正是利用了这些因素,结合秦始皇帝即将行经的沙丘之地,抛出了这则谶语。

(1)方术浓厚氛围与秦始皇帝对术数思想的敬畏与痴迷。

沙丘历史资源丰富,容易引起后人多方面负面的联想。不过,如果秦始皇帝不信谶,对占卜、预言、求仙、压胜等诸多活动并不信从,"到沙丘而亡"谶语即使抛出,相信秦始皇帝也只会一笑置之。但历史事实并非如这一假设一般,秦始皇帝是一个对方术信奉甚深,甚至是一个痴迷者,而他又生活在一个方术氛围浓厚的时代,在一个动辄需要占卜择日,对生死充满不安的时代下,秦始皇本人欲望十足,渴望长生,维持既有的独尊权力。这些都是谶语可能被借题发挥而出现的因素。

方术氛围浓厚。传世史料记载秦代方术活动相对有限,如《吕氏春秋·尽数》:"今世上卜筮祷祠,故疾病愈来。譬之若射者,射而不中,反修于招,何益于中?夫以汤止沸,沸愈不止,去其火则止矣。故巫医毒药,逐除治之。"①治疗疾病不是问医用药,而是进行占卜、祷祠,尽管吕不韦等作了辩驳,但给出的方案仍是用"巫医毒药","逐除治"难以摆脱巫术的阴影。《韩非子·外储说右下》载:"秦昭王有病,百姓里买牛而家为王祷。"②马非百据此论案云"以祷祠治疾病,古代实甚流行"③,所论当得历史情实。

我们可以通过秦简日书管窥整个社会对方术的盲从程度。据刘乐贤对睡虎地秦简日书的归纳,可见一般民众对日书的使用范围:动土、盖房、安置门户、出行、迁徙、入官见官、娶妻嫁女、生子、疾病死亡、祭祀、占盗、裁衣、农事、傅户、求人、相宅、梦。④ 位于秦朝故地的放马滩秦简日书内容与睡虎地秦简日书大体相同。⑤ 日书是当时广泛信仰的方术中的一类,足见人们在婚丧嫁娶、盖屋动土,生产生活的方方面面都有着各种各样的宜忌,这一浓厚的时代氛围,使得民众的行为深受方术的左右。秦始皇帝作为时代的一

---

① 许维遹:《吕氏春秋集释》卷三《尽数》,中华书局,2009,第68—69页。
② 王先慎:《韩非子集释》卷一四《外储说右下》,钟哲点校,中华书局,1998,第335页。同书另记述此事作"秦襄王病,百姓为之祷,病愈,杀牛塞祷"(第336页)。
③ 马非百:《秦集史·风俗志》,中华书局,1982,第726页。
④ 刘乐贤:《睡虎地秦简日书研究》,文津出版社,1994,第419—421页。胡正明、林剑鸣:《日书·秦国社会的一面镜子》,《文博》1986年第5期。
⑤ 孙占宇:《天水放马滩秦简整理与研究现状述评》,《中国史研究动态》2009年第12期。

分子,不能不受到方术的影响。

秦始皇帝对方术信奉甚深,甚至是一个痴迷者。我们来看看《史记·秦始皇本纪》所记载的秦始皇帝对方术的痴迷情况。他对终将到来的死亡充满恐惧,数次求仙、寻求长生不老药,前219年派徐福(市)率领数千童男童女入海求仙;又派燕人卢生去寻找仙人羡门、高誓两位仙人;前215年,又使韩终、侯公、石生去求仙人的不死之药。对于未能取到仙药,"世主莫不甘心焉。及至秦始皇并天下,至海上,则方士言之不可胜数"①。

听信卢生"亡秦者胡"的谶语,以为胡即为匈奴胡人,因而实行压胜之术,"使将军蒙恬发兵三十万人北击胡,略取河南地"②;方士卢生又解释说长生仙药一直未能求得是由于皇帝未能做到行踪微密,让臣下知晓,"上所居宫毋令人知,然后不死之药殆可得也",秦始皇帝真的就按照卢生所说的去做。前211年,听到"今年祖龙死"的谶语,"始皇默然良久",先调查事情的源头,有占卜,"卦得游徙吉"。又因"东南有天子气",秦始皇帝就通过向东南巡视的方式进行压胜。③ 等等。在焚书之余,保留的是"医药卜筮种树之书"④,充分表明卜筮一类方术活动在秦始皇帝心中的地位,也在一定程度上反映当时社会的信仰风俗。

诸多例证可以看出,秦始皇对方术异常信奉,这也正是谶语的操盘手编造出"到沙丘而亡"的重要原因。

(2)"到沙丘而亡"谶语背后诸多操盘手。

一是始皇帝近侍之臣根据秦国政局、始皇帝身体状况作出的判断。前211年山鬼"今年祖龙死"的预言,为取信于始皇帝,居然将数年前(前219年)祭祀时投入江水中的璧,不避繁难潜入滚滚江水中寻找,并交给秦始皇帝作为信物。这是一次蓄谋已久的始皇帝近侍之臣着意提醒始皇帝的举动。⑤"到沙丘而亡"的谶语,更明确将始皇帝巡游返程中即将病逝的地点写出,显示出时间更为紧迫,提示始皇帝命不久矣,局势更为危机,似为近侍

---

① 司马迁:《史记》卷二八《封禅书》,第1370页。
② 司马迁:《史记》卷六《秦始皇本纪》,第252页。
③ 司马迁:《史记》卷七《高祖本纪》,第348页。
④ 司马迁:《史记》卷六《秦始皇本纪》,第255页。
⑤ 蒋非非:《在华阴平舒道玉璧的背后——重新认识秦朝政治史》,《文史知识》2004年第12期。

之臣再度提醒秦始皇帝的政治举动,其中缘由可能包括及早确定皇位继承人,是否调整帝国统治政策,这些事情要尽可能快地安排并确定下来,以防皇帝百年之后,帝国群龙无首出现混乱局面。

二是东方六国旧贵族对推统一天下战争,致使六国宗社倾覆的始皇帝的刻骨仇恨,他们中既有如张良等以在博浪沙直接谋杀的方式,伺机报仇,也有在秦始皇帝巡行路线上刻上"始皇死而地分"之类谶语①。还有散布"楚虽三户,亡秦必楚"谶语②。这些谶语有六国旧族的参与,也可能有焚书坑儒之后,儒生等对秦政不满者,诸多力量形成合力,散布的谶语,充满对秦始皇帝刻骨的仇恨,恶毒的咒骂与誓言。

秦始皇身边能够知详其身体状况、对秦政局忧心忡忡者,也可能利用了这些谶语,以达成政治主张的目的。

四、结语

秦末政局表面静若止水,实则暗流涌动。秦始皇帝"到沙丘而亡"谶语,可能既含有时人对沙丘一地独特历史文化资源的认识,也含有秦王朝近侍之臣对秦国政局、始皇帝身体状况的判断,还含有六国旧族、儒生等群体对秦始皇帝入骨的仇恨③,等等。在秦帝国晚期紧张的政治氛围下,基于秦始皇帝对方术的痴迷、对死亡充满的恐惧心理,在诸多背后推手合力作用下,"到沙丘而亡"谶语产生了。

---

① 班固:《汉书》卷二七《五行志中之上》,第1400页。
② 司马迁:《史记》卷七《项羽本纪》,第300页。
③ 林剑鸣等《秦汉社会文明》认为"那些蒙着神秘外衣出现的谶语,正是各种反秦势力对秦统治者进行的一种反抗活动"。参见林剑鸣等:《秦汉社会文明》,西北大学出版社,1985,第293页。

司马迁怎样总结秦汉之际的历史经验

瞿林东

司马迁的《史记》是一部通史,也是一部社会史(从汉代社会来看,尤其如此),是一部关于古代社会的经济、政治、思想、文化的百科全书。从现代的学科分类来看,不论是史学、文学、哲学、经济学、政治学、社会学、民俗学、美学,还是天文学、地理学等等,都可以选择一个角度对《史记》进行研究,而且也都可以总结出来司马迁在这些方面的成就,并对我们有所启发。上述这些研究,无疑都是很有意义的,都具有科学史研究的价值。但是,《史记》毕竟首先是一部史书,是一部通史著作。从史学本来的意义和主要的目的来看,从《史记》的着力所在和精彩之笔来看,从司马迁所处的时代条件和他本身所意识到的肩负的历史责任来看,我认为《史记》最重要的历史价值在于它详尽地、深刻地而且也是生动地总结了秦汉之际的历史经验。这是司马迁奉献给当时的特别是后来的人们的一笔巨大精神财富和蕴含丰富的历史智慧。

司马迁对秦汉之际历史经验的总结,从比较开阔的视野来看,上起秦国的兴起,下迄汉武帝时的强盛,内容极为丰富。概而言之,我以为主要集中在以下四个问题上:

(1) 落后的秦国为什么能够击败东方六国,完成统一大业?它为什么又招致速亡?

(2) 楚汉战争中,为什么力量强大的项羽终于遭到失败,力量弱小的刘邦反而获得成功?

(3) 汉初统治者为巩固统治、发展经济制订了什么样的国策?

(4) 极盛时期的汉武帝统治面临着什么新的问题？

这些问题，是战国中期以来至西汉前期大约二百七八十年间的重大历史问题，也是司马迁所处时代的近现代史上的重大问题，有的则是属于他那个时候的当代问题。司马迁真不愧是一个伟大的历史学家，他非但没有回避这些重大问题，而是以严肃的态度、深邃的思想、卓越的见识和神奇的史笔回答了这些问题。

那么，司马迁是怎样总结秦汉之际的历史经验，又是如何回答这些问题的呢？

一

落后的秦国为什么能够击败东方六国，完成统一大业？它为什么又招致速亡？

关于这个问题，司马迁在《秦本纪》和《秦始皇本纪》中，并没有以自己的口气作许多评论。他只是在《秦始皇本纪》的后论中简略而含蓄地写道："自缪公以来，稍蚕食诸侯，竟成始皇。始皇自以为功过五帝、地广三王，而羞与之侔。"①这两句话，既概括地写出了秦国发展、强大的过程，秦始皇完成统一大业后的宏大的超越前人的政治抱负，也隐约地揭露了他蔑视历史、目空一切、专横自恣的政治品质。从根本上说，这两句话也就是对《秦本纪》和《秦始皇本纪》所记秦国历史的一个总结。接着，司马迁全文引用了汉初贾谊的《过秦论》，并说"善哉乎贾生推言之也"②。显然，司马迁是同意贾谊《过秦论》所提出的看法的，他是要借用贾谊的看法来回答上述问题的。这是司马迁历史评论的一种独特的形式

贾谊《过秦论》分析秦国自缪公以来不断强大、终于统一全国的原因，主要有三条。一是有利的地理形势，即所谓"被山带河以为固，四塞之国也"③。这种地理形势在军事上的优胜之处是：六国攻秦，秦可以逸待劳，"守险塞而军，高垒毋战，闭关据阨，荷戟而守之"④；于是六国逐渐疲惫，而

---

①② 司马迁：《史记》卷六《秦始皇本纪》，中华书局，1959，第 276 页。
③④ 司马迁：《史记》卷六《秦始皇本纪》，第 277 页。

秦国则锐气养成,加之政治上的"远交近攻"方略,乃能逐一击败各国,完成统一事业。关中地区在地理上的这种优势,在中国历史上的政治斗争和军事斗争中曾经保持了相当长的时期,历代政治家、思想家、史学家都有论述。贾谊是较早总结这一历史经验的思想家,他的这一看法对后人有很大的影响,司马迁就是最先接受这种看法的人之一。二是能用人,"当此之世,贤智并列,良将行其师,贤相通其谋"①,同时采取了"安土息民,以待其敝"②的政策。秦国国君善于广揽人才,用其所长,这有长久的历史,也是它逐步强大起来的一个重要原因。对此,贾谊之前,已有人作过评论,李斯的谏除逐客之令的上书是典型的概括。他指出:"昔缪公求士,西取由余于戎,东得百里奚于宛,迎蹇叔于宋,来丕豹、公孙支于晋。此五子者,不产于秦,而缪公用之,并国二十,遂霸西戎。孝公用商鞅之法,移风易俗,民以殷盛,国以富强,百姓乐用,诸侯亲服,获楚、魏之师,举地千里,至今治强。惠王用张仪之计,拔三川之地,西并巴、蜀,北收上郡,南取汉中,包九夷,制鄢、郢,东据成皋之险,割膏腴之壤,遂散六国亡从(纵),使之西面事秦,功施到今。昭王得范睢,废穰侯,逐华阳,强公室,杜私门,蚕食诸侯,使秦成帝业。此四君者,皆以客之功。由此观之,客何负于秦哉!向使四君却客而不内,疏士而不用,是使国无富利之实而秦无强大之名也。"③这是讲的缪公、孝公、惠王、昭王善于用人的历史,也是讲的秦国由弱变强的历史。司马迁作《李斯列传》,全文收录这篇上书,他是赞同李斯和贾谊的看法的。三是得力于商鞅变法和张仪之谋:"内立法度,务耕织,修守战之备,外连衡(横)而斗诸侯"。关于商鞅变法和张仪之谋,李斯已有评论。从秦国的历史来看,商鞅变法是许多重大事变中最重要的一件,所以司马迁说:商鞅之法,"行之十年,秦民大说(悦),道不拾遗,山无盗贼,家给人足。民勇于公战,怯于私斗,乡邑大治"④。把这个评价同上文所引李斯的评价结合起来看,商鞅变法对于秦国后来的富强确是起了关键的作用。以上三条,即地理形势、用人和改革,是秦国强大的主要原因。所以到了秦王嬴政时,"续六世之余烈,振长策而御

---

① ② 司马迁:《史记》卷六《秦始皇本纪》,第 277 页。
③ 司马迁:《史记》卷八七《李斯列传》,第 2541–2542 页。
④ 司马迁:《史记》卷六八《商君列传》,第 2231 页。

宇内,吞二周而亡诸侯,履至尊而制六合,执棰拊以鞭笞天下,威振四海"①,成就了统一大业。

那么,从秦国发展成为秦王朝后,为什么反倒招致速亡呢？贾谊认为,这完全是执行了错误的政策所致。第一,"秦王怀贪鄙之心,行自奋之智,不信功臣,不亲士民,废王道,立私权,禁文书而酷刑法,先诈力而后仁义,以暴虐为天下始"②。贾谊认为,"兼并"时期与安定时期应有不同的政策,叫做"取与守不同术也",可是秦始皇不懂得这个道理,用对付六国诸侯的办法来对待民众,这是极大的错误。第二,"废先王之道,焚百家之言,以愚黔首……秦王之心,自以为关中之固,金城千里,子孙帝王万世之业也"③。企图用愚民政策来巩固"万世之业",却没有制订出如何进一步安定"黔首"的政策,这跟秦国历史上曾经实行过的"安土息民"政策相比,同商鞅变法时实行的有关政策相比,自是一个历史的退步。第三,是"多忌讳之禁",拒绝谏谋。贾谊指出,秦王朝在政策上的错误,当时并不是没有人看出来的,即"世非无深虑知化之士也",但"忠臣不敢谏,智士不敢谋",这是因为"忠言未卒于口而身为戮没矣",人们只好"倾耳而听,重足而立,拑口而不言"。④这种紧张的政治局面,同战国时期各国国君广揽人才、认真听取各种富国强兵之道的生动活泼的政治气氛实有天壤之别,就是同后来的一些英明的封建君主肯于纳谏的情况也有根本的不同。所以贾谊感叹地说:秦末,"天下已乱,奸不上闻,岂不哀哉！"⑤秦二世时,非但不知改弦更张,反而使这些错误的做法有增无减。在这种情况下,陈胜等人"斩木为兵,揭竿为旗,天下云集响应"⑥,最后导致秦王朝的灭亡。

司马迁并没有用太多的话直接评论秦朝在政治上的种种失误,只是据事直书(如他写焚书坑儒事件等)。但他在这里借贾谊《过秦论》批评秦朝统治者的为政之失,充分表达了自己的看法,这不仅贯穿着一种历史的联系,而且也增强了对于历史判断的说服力。

---

① 司马迁:《史记》卷六《秦始皇本纪》,第 280 页。
② 司马迁:《史记》卷六《秦始皇本纪》,第 283 页。
③ 司马迁:《史记》卷六《秦始皇本纪》,第 280-281 页。
④⑤ 司马迁:《史记》卷六《秦始皇本纪》,第 278 页。
⑥ 司马迁:《史记》卷六《秦始皇本纪》,第 281 页。

二

楚汉战争中,为什么力量强大的项羽终于遭到失败,力量弱小的刘邦反而获得成功?司马迁对于这个问题的回答在方法上与上面所讲的有所不同,他在《项羽本纪》中是直接而又明确地阐述了自己的看法的。毋庸置疑,司马迁对于项羽这个失败的英雄,是带有几分同情的。依我的浅见,这种同情主要是出于对项羽的英雄气概和直率性格的赞赏,并不含有更多的深意。而这种赞赏,在《项羽本纪》中随处可见。如:

(汉四年)楚汉久相持未决,丁壮苦军旅,老弱罢转漕。项王谓汉王曰:"天下匈匈数岁者,徒以吾两人耳,愿与汉王挑战(指挑身独战——引者)决雌雄,毋徒苦天下之民父子为也。"汉王笑谢曰:"吾宁斗智,不能斗力。"①

项羽的直率(甚至略带几分天真)跃然纸上,这同刘邦的冷静和老谋深算比起来,相去何止千里!又如:刘邦父母、妻子为项羽所俘,置于军中。后刘邦派人同项羽讲和,"项王乃与汉约,中分天下,割鸿沟以西者为汉,鸿沟而东者为楚。项王许之,即归汉王父母、妻子。……项羽已约,乃引兵解而东归"②。项羽的诚意亦跃然纸上,但他的这种诚意却使他陷入了困境,因为刘邦已经部署好了对项羽的袭击。

从垓下之战至项羽乌江自刎的一段记述,是司马迁对项羽深寄同情之心最突出的地方,其中有一段文字是:

(汉五年)项王军壁垓下,兵少食尽,汉军及诸侯兵围之数重。夜闻汉军四面皆楚歌,项王乃大惊曰:"汉军已得楚乎?是何楚人之多也!"项王则夜起,饮帐中。有美人名虞,常幸从;骏马名骓,常骑之。于是项王乃悲歌忼慨,自为诗曰:"力拔山兮气盖世,时不利兮骓不逝。骓不逝兮可奈何,虞兮虞兮奈若何!"歌数阕,美人和之。项王泣数行下,左右皆泣,莫能仰视。③

---

① 司马迁:《史记》卷七《项羽本纪》,第 328 页。
② 司马迁:《史记》卷七《项羽本纪》,第 331 页。
③ 司马迁:《史记》卷七《项羽本纪》,第 333 页。

今天读来,仍然使人感到,这是一幅多么悲壮的历史画面! 后人据此编写出"霸王别姬"的故事并搬上舞台,广为流传,当非偶然。接着,司马迁写了项羽不愿一人渡江:"天之亡我,我何渡为! 且籍与江东子弟八千人渡江而西,今无一人还,纵江东父兄怜而王我,我何面目见之? 纵彼不言,籍独不愧于心乎?"乃谓亭长曰:"吾知公长者。吾骑此马五岁,所当无敌,尝一日行千里,不忍杀之,以赐公。"乃令骑皆下马步行,持短兵接战。独籍所杀汉军数百人。项王身亦被十余创。顾见汉骑司马吕马童,曰:"若非吾故人乎?"马童面之,指王翳曰:"此项王也。"项王乃曰:"吾闻汉购我头千金,邑万户,吾为若德。"①乃自刎而死等。司马迁的史笔可谓写尽了其人的性格与气质,有很大的感人力量。

但是,司马迁毕竟是一位严肃的史学家,他对项羽又是采取批判态度的:对项羽的刚愎自用,不懂得组织人才和总结经验教训,以及过分相信自己的武力等等,都是予以否定的。从中可以看出项羽为什么终于遭到失败的历史教训。如司马迁写其垓下之战失败后,仅存二十八骑,而汉军追者数千人:

>项王自度不得脱。谓其骑曰:"吾起兵至今八岁矣,身七十余战,所当者破,所击者服,未尝败北,遂霸有天下。然今卒困于此,此天之亡我,非战之罪也。"②

他甚至要采用"快战"的战术,"必三战之",以"令诸君知天亡我,非战之罪也"。到了此时,他还要用这种匹夫之勇来证明"天亡我,非战之罪也",足见项羽刚愎自用几乎达到了愚蠢的地步! 他对乌江亭长说的"天之亡我,我何渡为!"表明他始终认为,他的失败,其意在天,自己是毫无责任的。

正因为项羽是这样一个人,所以司马迁在《项羽本纪》后论中,一方面充分肯定他"将五诸侯灭秦,分裂天下,而封诸侯,政由羽出,号为'霸王',位虽不终,近古以来未尝有也"。另一方面又批评他不懂得谋略,"放逐义帝而自立";迷信武力,"自矜功伐,奋其私智而不师古,谓霸王之业,欲以力

---

① 司马迁:《史记》卷七《项羽本纪》,第336页。
② 司马迁:《史记》卷七《项羽本纪》,第334页。

征经营天下,五年卒亡其国,身死东城,尚不觉悟而不自责,过矣! 乃引'天亡我,非用兵之罪也',岂不谬哉!"。① 从轰轰烈烈走向失败,然不知何以失败,至死不悟,这真是英雄的双重悲剧。而与这个悲剧恰成鲜明对照的则是刘邦的喜剧。

楚汉战争中,刘邦多次失败,以至父母、妻子都成了项羽的俘虏,为什么最后终于获得成功? 司马迁虽然没有如同《项羽本纪》后论那样,集中地、明确地写出自己的看法,但通观《史记》全书,他是回答了这个问题的。如《高祖本纪》后论说:"秦政不改,反酷刑法,岂不缪乎! 故汉兴,承敝易变,使人不倦,得天统矣。"②这里说的"承敝易变",指的是变秦苛法。这里虽有循环论的因素,但变法却是实实在在的,关于这一点,《高祖本纪》有具体而生动的记载:

(汉元年十月,刘邦)还军霸上。召诸县父老豪杰曰:

"父老苦秦苛法久矣,诽谤者族,偶语者弃市。吾与诸侯约,先入关者王之,吾当王关中。与父老约,法三章耳:杀人者死,伤人及盗抵罪。余悉除去秦法,诸吏人皆案堵如故。凡吾所以来,为父老除害,非有所侵暴,无恐!"乃使人与秦吏行县乡邑,告谕之。秦人大喜,争持牛羊酒食献飨军士。③

这应当就是司马迁说的"承敝易变"的主要内容。项羽是"欲以力征经营天下",而刘邦是懂得人心向背对于政治活动的得失起着重要作用的,因而是懂得政治大局的。经验与教训,成功与失败,竟是如此泾渭分明。

这样的历史认识,司马迁在《萧相国世家》后论中也有类似的表述。他称赞萧何辅佐刘邦,"谨守管籥,因民之疾秦法,顺流与之更始"④。这里,"顺流"一词用得很好,既形象,又深刻。这是顺民心之所向,在一定的程度上说,也是顺应历史潮流。

刘邦在楚汉战争中获得成功,原因当然是多方面的,但"承敝易变",顺应民心,"顺流与之更始",则是最根本的原因。善于用人,是刘邦成功的很

---

① 司马迁:《史记》卷七《项羽本纪》,第 338—339 页。
② 司马迁:《史记》卷八《高祖本纪》,第 394 页。
③ 司马迁:《史记》卷八《高祖本纪》,第 362 页。
④ 司马迁:《史记》卷五三《萧相国世家》,第 2020 页。

重要的原因。关于这一点，以往的许多论著讲得不少了，这里不再重复。

楚汉战争是秦汉之际的重大事件，其间得失成败当然不只是项羽、刘邦个人的事情，也不只是他们个人的才能、品质、性格的较量。唯其如此，我们从司马迁所总结的这一出历史悲剧的经验教训中，可以得到许多有益的启示。而对于刘邦来说，楚汉战争中的胜利，也只是初步的成功；他的更大的成功，是要在完成对于西汉政权的巩固之后才能获得。

三

汉初统治者为巩固统治、发展经济制定了什么样的国策？这是司马迁在《史记》中写得最丰富、最精彩的部分，也是他对秦汉之际的历史经验总结得最深刻的部分。因此，本文不可能对司马迁所做的这一总结作比较详尽的评论。这里，我想指出一个带根本性质的问题，即司马迁对汉初统治者所制订的并历经几代连续贯彻的基本国策的记述与评价。

我想先讲一讲陆贾这个人，因为他跟这里所要讨论的问题有极大的关系。陆贾是楚地人，以有辩才而从刘邦定天下，深得刘邦的信任。司马迁记下了他在汉初所做的一件具有重大历史意义的事情。这就是：

> （汉初定）陆贾时时说称《诗》《书》。高帝骂之曰："迺公居马上而得之，安事《诗》《书》！"陆生曰："居马上得之，宁可以马上治之乎？且汤、武以逆取而以顺守之，文武并用，长久之术也。昔者吴王夫差、智伯极武而亡；秦任刑法不变，卒灭赵（秦）氏。向使秦已并天下，行仁义，法先圣，陛下安得而有之？"高帝不怿而有惭色，乃谓陆生曰："试为我著秦所以失天下，吾所以得之者何，及古成败之国。"陆生乃粗述存亡之征，凡著十二篇。每奏一篇，高帝未尝不称善，左右呼万岁，号其书曰《新语》。①

可以想见，这在当时是何等庄严、深沉而又富有生气的场面！值得注意的是，刘邦这个人的文化素养并不高，有时还带有几分无赖习气，但他毕竟是一个政治家，不象项羽那样"自矜功伐，奋其私智"，因而能够采纳臣下的

---

① 司马迁：《史记》卷九七《郦生陆贾列传》，第 2699 页。

合理建议。他命陆贾总结秦何以失天下、汉何以得天下及古成败之国的历史经验,实在是一个极其英明的决定。汉初统治集团,以皇帝为首这样重视总结历史经验,对于西汉初年乃至西汉前期基本国策的制订和贯彻,无疑产生了重大的影响。还有一点值得注意的是,陆贾说的"以逆取而以顺守之,文武并用,长久之术也"的话,跟后来贾谊说的"取与守不同术也"的话,是相通的。从这个历史的联系中,可以窥见汉初知识分子在总结历史经验、思考当代治国方略上,有不少共同的认识,也作出了重大的贡献。

陆贾《新语》十二篇,今存。有人认为是后人伪托,但也有认为是大致可信的,我倾向后一种说法。十二篇中的第四篇即《无为》篇指出:"秦非不欲为治,然失之者,乃举措暴众而用刑太极故也"。认为实行"宽舒""中和"①之政是非常必要的。是否可以认为,"无为""宽舒""中和",既是对秦朝"用刑太极"政策的否定,也是直接影响到西汉前期基本国策的理论根据之一。汉初统治者内部在政治上存在着激烈的斗争,有朝廷同异姓封国的斗争,有刘氏集团同诸吕集团的斗争,有同姓封国同朝廷的斗争等等,但"无为""宽舒""中和"为理论根据的基本国策却相沿未改,在较长的时期里得到了贯彻。

司马迁显然十分重视这一历史经验。他在考察这个问题的时候,一方面注意到它的连续性,另一方面也注意到它的实际效果。他在《吕太后本纪》后论中指出:"孝惠皇帝、高后之时,黎民得离战国之苦,君臣俱欲休息乎无为,故惠帝垂拱,高后女主称制,政不出房户,天下晏然;刑罚罕用,罪人是希;民务稼穑,衣食滋殖。"②《吕太后本纪》所记述的史事,大多是关于诸吕同刘氏宗室及开国功臣争夺权力的斗争,是关于吕后在这个斗争中的种种残酷手段。从上文所引司马迁语来看,说明他在总结惠帝、吕后统治时期的功过得失时,没有局限于统治集团内部的纷争,而着眼于这一时期的总的社会发展趋势。这正是司马迁的历史见识的非同凡响之处。而所谓"君臣俱欲休息乎无为",同刘邦废秦苛法,萧何"顺流与之更始",陆贾提出"以逆取而以顺守之"的历史经验和"无为"的主张等等,是一脉相承的。这里贯穿着一个基本的国策,即顺应民心,与民休息。这一国策在文、景时继续得

---

① 陆贾:《新语·无为》,载《诸子集成》第七册,中华书局,1954,第7页。
② 司马迁:《史记》卷九《吕太后本纪》,第412页。

到贯彻,所以司马迁一再称颂文帝的"盛德":"汉兴,至孝文四十有余载,德至盛也。"①"汉兴,孝文施大德,天下怀安。"②司马迁这样盛赞文帝是很有道理的,因为正是在他统治的二十多年中,西汉的社会经济得到了恢复并迅速发展起来,在惠帝、吕后时期"民务稼穑,衣食滋殖"的基础上,进而发展到"海内殷富,兴于礼义"的局面。对于文帝本人的政治才能和治国方略,司马迁有一段记载,写得平实、感人,使人能于细微处见其不平凡的政治家风度,兹录于下:

> 孝文帝从代来,即位二十三年,宫室苑囿狗马服御无所增益,有不便,辄弛以便民。尝欲作露台,召匠计之,直百金。上曰:"百金,中民十家之产,吾奉先帝宫室,常恐羞之,何以台为!"上常衣绨衣,所幸慎夫人,令衣不得曳地,帏帐不得文绣,以示敦朴,为天下先。……与匈奴和亲,匈奴背约入盗,然令边备守,不发兵深入,恶烦苦百姓。……群臣如张武等受赂遗金钱,觉,上乃发御府金钱赐之,以愧其心,弗下吏。专务以德化民,是以海内殷富,兴于礼义。③

从这里所列举出的一些事例,可以看出文帝时期的政治特点。值得注意的是,司马迁用了"海内殷富"这四个字,反映出这个时期的社会经济状况已完全摆脱了汉初那种"天子不能具钧驷,而将相或乘牛车,齐民无藏盖"④的贫困局面。这是自西汉建立至文帝时四十余年中的根本性变化。从惠帝、吕后时期的"无为"到文帝时期的"以德化民",这也是基本国策的一脉相承。可见,汉初社会经济得以迅速恢复和发展,确与这一基本国策的正确制订和长期延续有极大的关系。

我们还应当看到,这一国策的延续性在大臣中的反映。史载,曹参代萧何为相,不理事,遭到惠帝斥责,曹参解释说:"高帝与萧何定天下,法令既明,今陛下垂拱,参等守职,遵而勿失,不亦可乎!"⑤惠帝认为曹参说得对。曹参是刘邦旧臣,对刘邦和萧何的政治举措自然了解至深。从刘邦的"承敝

---

① 司马迁:《史记》卷一○《孝文本纪》,第437页。
② 司马迁:《史记》卷一一《孝景本纪》,第449页。
③ 司马迁:《史记》卷一○《孝文本纪》,第433页。
④ 司马迁:《史记》卷三○《平准书》,第1417页。
⑤ 司马迁:《史记》卷一四《曹相国世家》,第2030页。

易变"、萧何的"顺流与之更始",到惠帝、吕后的"无为"和曹参的"遵而勿失",这正是秦汉之际封建王朝政策转换中的两种不同表现形式,是"易变"和稳定的统一。汉初统治者的成功之处,是他们比较恰当地把握住了这一政策转换中的两个不同的环节;而司马迁的高明之处,是他完全洞察了这种"变"与不变的政治举措对当时社会发展的重要性,故而能对它们进行深刻而生动的总结。然而,司马迁的这一总结并不限于此,他还引用当时的民谣来说明上述国策的连续性在民间的反映:"萧何为法,顜若划一;曹参代之,守而勿失。载其清净,民以宁一。"又说:"曹为汉相国,清静极言合道。然百姓离秦之酷后,参与休息无为,故天下俱称其美矣。"①这是从历史的高度来看待当时的民谣和评价曹参的思想与做法,是历史经验的形象的表示和理论的概括的统一。

以上这些,说明司马迁是从秦的酷法役民到汉的"清净"、"无为"、"与民休息"这一政策的变化,来总结汉初统治者是如何巩固统治、发展社会经济的。不论是处置封国问题,还是解决民族矛盾问题,汉初统治者都没有改变"与民休息"的基本国策,这就证明汉初统治者是真正总结了秦亡的教训。司马迁不愧是伟大的史学家,他非常准确地把握住了这一重大的历史经验,并在《史记》中一再反映出来,其深意所在,可以想见。这就是他总结历史经验不仅仅是为了说明历史,他还以此来观察现实。他对于汉武帝统治时期的政治的认识,正是他上述历史认识的合乎逻辑的产物。

四

极盛时期的汉武帝统治面临着什么新的问题?

这是司马迁所亲身经历的历史变化。应当说,司马迁所处的时代,正是西汉最富庶、最强大的时期。如他自己所说:"汉兴五世,隆在建元。"②"建元"元年是公元前 140 年,而司马迁就诞生于公元前 145 年或公元前 135 年,可谓生当其时。古往今来,有不少政治家、思想家、史学家对汉武帝统治

---

① 司马迁:《史记》卷一四《曹相国世家》,第 2031 页。
② 司马迁:《史记》卷一三〇《太史公自序》称:"汉兴五世,隆在建元,外攘夷狄,内修法度,封禅,改正朔,易服色。作今上本纪第十二。"

时的盛世讴歌备至。但是他们忽略了一个重要的事实,即身处汉武帝时代的司马迁,却没有陶醉于对盛世的歌颂。他以一个冷静的、负责任的史学家的眼光,看到了这个盛世表象后面的社会问题,并在《史记》中有所记载,从而显示出他的卓越的史识和实录的精神。

  司马迁于盛世之中洞察到事物的变化和存在的问题,当从《史记》的《今上本纪》、《封禅书》、《平准书》等篇中看得尤其突出。可惜《今上本纪》已佚,今《史记·武帝本纪》为后人以《封禅书》所补,所以我们只能以《封禅书》和《平准书》作为主要根据来考察司马迁的这一思想。司马迁在《封禅书》后论中说:"余从巡祭天地诸神名山川而封禅焉。入寿宫侍祠神语,究观方士祠官之言,于是退而论次自古以来用事于鬼神者,具见其表里。后有君子,得以览焉。"①十分清楚,他是要以自己的所见所闻来揭露方士祠官的虚妄和笃信鬼神的帝王们的荒诞。《封禅书》除记述了历代的封禅活动外,主要落笔在对汉武帝笃信神仙、受方士愚弄的揭露和讽刺上。篇中说到汉武帝"尤敬鬼神之祀",先后为方士李少君、少翁、栾大、公孙卿等人的一再耍弄而执迷不悟,以至于"东至海上,考入海及方士求神者,莫验,然亦遣,冀遇之"②,达到了欲罢不能的地步。篇末有几句带有结论性的话是:"今上封禅,其后十二岁而还,遍于五岳、四渎矣。而方士之候祠神人,入海求蓬莱,终无有验。而公孙卿之候神者,犹以大人之迹为解,无有效。天子益怠厌方士之怪迂语矣,然羁縻不绝,冀遇其真。自此之后,方士言神祠者弥众,然其效可睹矣。"③这无异是说,入海求仙,不过是一出出闹剧而已。汉武帝本人虽久求而不可得,未免感到厌恶,但还是抱着希望,能够见到神仙。由于皇帝的笃信不改,毒化了社会风气,相信神仙的人愈来愈多,但那结果不是十分清楚吗。

  显而易见,司马迁正是通过《封禅书》从一个方面揭示了汉武帝统治时期盛世表象背后的阴暗面,汉武帝的这些愚蠢行径使他看到了"物盛而衰"的历史变化。这种历史变化,已不只是表现为对于神仙的笃信和求访,而是人世间的活生生的反映。司马迁在《平准书》中描绘了汉武帝即位后不久,

---

① 司马迁:《史记》卷二八《封禅书》,第 1404 页。
② 司马迁:《史记》卷二八《封禅书》,第 1401 页。
③ 司马迁:《史记》卷二八《封禅书》,第 1403 页。

正值西汉经过七十余年的发展而达到的繁荣局面,可谓一派盛世景象。但他接着就写道:"当此之时,网疏而民富,役财骄溢,或至兼并豪党之徒,以武断于乡曲。宗室有士公卿大夫以下,争于奢侈,室庐舆服僭于上,无限度。物盛而衰,固其变也。"司马迁以朴素的辩证观点来看待和解释这种变化,即他说的"物盛而衰,固其变也。"从今天的观点来看,这种变化正是封建的经济关系和政治统治固有矛盾发展的结果;武帝不同于高祖、文景,因为他处在这个矛盾发展的新的阶段上。从这个意义上说,最高统治者的变化,不应看作是上述变化的原因,而恰恰是这个变化的一部分。但是,最高统治者的变化因其所处地位的特殊性,他的变化必然会在相当的程度上影响到社会的变化。司马迁虽然还不能科学地说明这二者之间的关系,但他毕竟是十分敏感地观察到了这两种变化。他在概括地描绘了社会的变化之后,又从一些具体方面揭示了"物盛而衰"的种种表现。如:由于开通西南夷道和筑卫朔方,弄得"府库益虚";由于对匈奴的连年用兵,"于是大农陈藏钱经耗,赋税既竭,犹不足以奉战士";由于置赏官武功爵,"军功多用越等,大者封侯卿大夫,小者郎吏。吏道杂而多端,则官职耗废";由于"张汤用峻文决理为廷尉,于是见知之法生";由于"有腹诽之法比",于是"公卿大夫多诌谀取容矣";以及"富商大贾或蹛财役贫,转毂百数,废居居邑,封君皆低首仰给。冶铸煮盐,财或累万金,而不佐国家之急,黎民重困";"县官往往即多铜山而铸钱,民亦间盗铸钱,不可胜数。钱益多而轻,物益少而贵";等等。[①] 这些现象是以前所没有的,或者虽然有但却没有显露得如此突出。当然,武帝时代的西汉社会比惠、高、文、景时代的西汉社会是向前发展了,于是新的社会问题也就跟着产生了。司马迁以朴素的辩证思想来说明他看到的这些变化,认为:"物盛则衰,时极而转,一质一文,终始之变也。"他当然还不能完全跳出循环论的窠臼,但他毕竟敏感地揭示了社会的变化,于盛世之中看到了新的社会问题。这些变化,这些问题,固不可完全视为盛衰之变,但也确实包含着盛衰之变。唯其如此,司马迁才给后人留下了永远值得思考的历史课题。

[①] 参见司马迁:《史记》卷三〇《平准书》,第 1422–1426 页。

五、结语

司马迁不愧是伟大的史学家。他不仅能够以冷静的态度看待历史,也能够以同样冷静的态度看待现实。他善于以历史的经验来揭示现实的问题,也善于以现实的问题去反衬历史的经验。他的思想上无疑还带着历史循环论的印记,但他确实是那个时代的思想巨人,因为他对历史与现实中发生的变化从不感到惊奇和困惑。——他的历史哲学是:"物盛则衰,固其变也","事势之流,相激使然,曷足怪焉"。①

要之,司马迁所总结的秦汉之际的历史经验中包含的历史智慧,确是他留给后人的一笔丰厚的精神遗产。

附记:我于1979年冬,在开封师院历史系举办的全国历史科学讨论会上与绍侯先生相识,从那以后我受教于绍侯先生处甚多,先生可亲可敬,感人至深。先生离开我们已近周年,特以此文表达对先生为人为学的真诚敬意和深切缅怀之情!

瞿林东谨记
2023 年 2 月 26 日

---

① 司马迁:《史记》卷三〇《平准书》后论,第 1422、1443 页。

秦汉二十等赐爵制与官僚制

卜宪群

春秋战国之际,中国古代出现了一种不同于周代五等爵制的新的赐爵方式。这种新的赐爵方式大体以二十等爵制为其基本内容。二十等赐爵制伴随着中央集权君主专制制度和官僚制度的兴起而产生,随着中央集权制度和官僚制度的逐渐完善,又趋于消亡。这一长时段的历史轨迹,不仅需要我们从微观上深入探讨,更需要从宏观上予以阐述和把握。

一、新爵制的渊源及其性质

春秋战国之际出现的新爵制,是新兴君主专制权力的一种体现。它在一定程度上反映了地主阶级内部权力、财产的再分配,是新兴地主阶级将奴隶主阶级赶下历史舞台的一种手段。但还不仅如此,例如爵不仅赐给地主,也赐给庶民;不仅赐给官僚,也赐给非官僚。因此,赐爵制也只有在其初期官爵合一的情况下才与政治权力的再分配有关。赐爵体现的是一种以皇权(包括春秋战国时的君权)为核心的身份等级秩序。从这个意义上看,春秋战国之际产生的新爵制,虽是作为旧的五等爵的对立物而产生的,但从爵的内在机制看,二者不无相通之处。

爵原是行礼的酒器,后以此作为一种身份等级的标志。五等爵是西周社会实施社会统治的重要手段之一,是周代王权藉以联系贵族阶级的一条重要政治通道。按照这样一种身份等级实施分封制的统治方式,体现了爵与政治权力再分配的关系。

春秋战国之际，中央集权和君主专制处于萌芽之中，分封制逐渐被郡县制取代，贵族制让位于官僚制。新兴统治阶级在变革旧制度的同时，也无不从既往的旧制度中吸取有益的因素。各国的变法，实际就包含着因袭和发展的双重内容。旧制度中的赐爵制也被改造和吸收。如学者指出，秦爵就是在周爵的基础之上发展而来的。

新爵制作为一种体现身份等级秩序关系的象征，与旧爵制有相通之处。但二者又有本质的不同。新爵制抽掉了旧爵制中封土治民的实质内涵，强调的是强化君权和体现以君权为核心的身份等级关系。《韩非子·二柄》总结齐国"君反制于臣"的历史教训，就是因为"田常上请爵禄而行之群臣"，①爵禄之权的丧失，也就是君权的丧失。所以爵禄之权是君权的象征。当君权演化为皇权时，赐爵依然体现的是以皇权为核心的身份等级秩序。汉代人也有一种观点，认为皇帝之赐爵禄受之于天，非皇帝私有，其实这只是对皇帝滥赐爵禄的一种限制企图而已。

二、爵在官僚制度形成中的作用

新的赐爵制体现着以皇权为核心的身份制。从理论上看，它与体现以理性行政为基础的官僚制并无必然联系。作为一种实施行政管理的官僚制，在更大程度上体现着社会分化的需要。而赐爵只是皇权赋予个人的社会身份、地位、荣誉以及某些特权。被赐予的爵位具有私有化的特点，而官僚被授予的官职和权力是国家公共权力的体现，权力不是私有的。爵位和官职尽管有着本质的不同，但新爵制本身的特点及其产生的特殊历史氛围，决定了它对早期官僚制的形成必然产生重大影响。这表现在如下三个方面：

第一，"国以功授官予爵"。春秋末期出现了不同于旧爵制的新的赐爵方式，如齐国庄公设立的"勇爵"，赐予的条件是有功与否，而非血缘关系。战国时代，以军功爵为核心的赐爵制在魏、韩、楚、齐、燕、赵、秦等国都已实行，但以商鞅变法所确立的爵制最为系统和完整，重点最为突出，即以功授

---

① 王先慎：《韩非子集解》卷二《二柄第七》，钟哲点校，中华书局，2008，第40页。

爵。新爵制以功作为获爵的必要条件,功的标准又有了客观依据;特别是秦爵具有官爵合一的特征,这样在早期官僚制尚未整备的情况下,爵和爵秩为选官制度提供了客观标准。

第二,"庶人之有爵禄"。五等爵是严格限制在贵族范围之内的,身份秩序具有凝固化的特点。庶民没有任何渠道获得爵位。新爵制则打破了这种界限,赐爵的对象主要是士兵和农民。爵及庶人体现了旧爵制中贵族化因素的消失,使非宗法血缘关系的个人可以突破家族、地域限制而与统治者建立政治联系。非身份性的个人可以通过爵的获得而拥有任官资格,获得君权所赋予的政治身份,从而使政治权力不再为宗法贵族所独享。战国时期人才荟萃,被称为"布衣驰骛之时",就是庶民政治地位上升之明证。以中央集权和君主专制为特征的官僚制化行政管理,要求官僚的非世袭性和流动性,防止官僚的世族化、贵族化,这就必须扩大选官范围,促使一定程度上的政治权力普遍化。尽管这一过程是漫长的,但早期赐爵制为此做出了积极贡献,推动了官僚制的发展。

第三,"不官无爵"。《韩非子·定法》云:"商君之法曰:斩一首者,爵一级,欲为官者为五十石之官;斩首二级,爵二级,欲为官者为百石之官;官爵之迁与斩首之功相称也"。① 据 70 年代出土的云梦秦简《内史杂》记载,秦代如无爵位,连当个官佐也很困难。这个政策,汉代也在一定程度上继续执行这个政策。

强调爵在任官资格上的意义,是与爵体现君权所赋予的身份相关的。反之,它又极大地加强了各级官吏对君主的向心力。它使爵制所包含的内容不仅是经济上的,而且也是政治上的。

三、官、爵关系的演变历程

二十等爵制在推动官僚制的形成中起到了很大作用。但爵制和官制并非是简单的合二为一的事物。随着秦汉大一统帝国的形成,官僚制的逐渐完备,官爵关系也在发生着深刻的变化。

---

① 王先慎:《韩非子集解》卷一七《定法四十三》,钟哲点校,第 399 页。

商鞅变法后建立的赐爵制强调"不官无爵",显示出官爵合一的特征。但是我们根据目前的材料已很难深究这一制度是如何实行的了。如果按照韩非的机械式方法来算,秦国不可能有这么多的官职提供给有爵者。所以秦代的官爵合一应作如下理解:第一,有爵者拥有任官必备的政治身份;第二,爵尊于官,爵秩尊于官秩。某人在有官和有爵的同时,史书往往只称其爵而不称其官;官僚的级别待遇是按其爵秩而非官秩;在官吏的处罚上,夺爵也就意味着免官;第三,所谓官爵合一还意味着秦代某些爵名可能就是官名。但秦代官爵合一的特征在秦统一前后发生了变化。首先,有官不一定有爵,有爵也不一定有官。云梦秦简《传食律》说明佐、史之类的小吏可由无爵者担任,而《封诊式》中的"某里公士"、"某里五大夫"等有爵者,皆没有官职的迹象。其次,从秦统一后的仕进制度看,爵已不是必要条件;如韩信"贫无行"不得为吏,"贫无行"主要指品行,不是根据有爵无爵来决定的。秦的仕进制度有多途,也有不少限制,但没有把是否有爵作为一条制度化的规定,这说明统一前后,官爵分离的倾向十分明朗。

秦汉之际,由于战争的需要,爵的意义又充分显露出来。史载曹参、樊哙、夏侯婴、靳歙等人因战功而升迁时,只载其爵而不载其官,无疑是爵重于官,官爵合一的特征再次得到强调。根据新近公布的江陵汉简《奏谳书》发现,汉初基层政权中也有大量拥有高爵者,尽管官、爵的对比关系十分混乱,但"吏多军功"却是事实。广泛的赐爵制使拥有爵位和高爵的人数激增,官爵关系的混乱显然也不利于统治秩序的维护。因此,刘邦生前就已着手解决这一问题。如汉高祖八年诏就以提高爵等来限制有爵者的特权,惠帝时又进一步提高至九级五大夫,遂成定制。汉爵中也因此有了所谓官爵和民爵的区分。也就是说第九级五大夫爵位只赐予吏六百石以上,而六百石以下及一般庶民只能获得不超过公乘的爵位。这说明赐爵代表的皇权赋予的身份特权只能限定在一定的范围之内。但高、低爵,官、民爵的划分并不是阶级划分。

随着高低爵,官民爵的划分,西汉官、爵关系也发生了新变化,这就是以官秩决定爵位。所谓官秩决定爵位的含义,是指爵所包含的特权仅限于拥有一定官秩的人〈皇室贵族除外〉,即达到一定官秩方可获得一定爵位。例如丞相封侯就是一个明证。武帝元朔中,公孙弘被擢为丞相,与原来"汉帝以列侯为丞相"不同,这次拔擢的公孙弘却"无爵"。"无爵"并不是没有任何爵位,而如学者所指出的那样"没有与他丞相地位相称的侯爵"。公孙弘擢为丞相后被封为平津侯。《汉书·外戚恩泽侯表》说:"公孙弘自海濒而登宰相,于是宠以列侯之爵,……自是之后,宰相毕侯矣。"① 从表面上看,丞相有侯爵无论在武帝前后都是一样的,但形式却发生了变化。武帝前是爵位决定官秩,有侯爵方有相位,武帝后是官秩决定爵位,有相位再授侯爵,汉人对武帝此举的惊叹正在于此。官秩决定爵位,证明官、爵是分授的。官、爵的分授意味着爵在任官上不具有特殊意义。爵的赐予代表着皇权所赋予的身份,而官的授予是依据才能的高下。汉代选官制度有多途,也没有把是否有爵作为一个必要条件。普遍的赐民爵,其目的并不在于给天下人都有任官的资格,普遍的赐官吏爵同样也不是为其升迁提供政治条件。

西汉末年王莽代汉,废除了二十等爵制,代之以五等爵。刘秀又废除了五等爵,重新恢复了二十等爵。但刘秀在战争中和战后都没有像刘邦那样广泛的赐爵。二十等爵的作用和意义在发生变化。第一,东汉除章帝和安帝各有一次赐吏爵外,没有再给官吏赐爵的记载,表明在官、爵关系上爵的意义进一步消失;第二,从东汉列侯与三公官职的相配看,列侯的地位在朝廷的秩次中已低于三公,爵位与官秩相比处于下降趋势。第三,东汉不仅爵位低于官秩,而且官、爵的特权已经分离。东汉列侯的经济地位远高于西汉,但东汉列侯与政却被视为"恩遇",是列侯政治地位下降的标志。东汉虽然不再赐予吏六百石以上人的爵位,但这些人的特权不仅没有减少反而扩大了,西汉以来官秩决定爵位,爵位决定特权的状况,又发生了变化,也就是特权决定于官秩而非爵位,这也是东汉不必强调给予吏六百石以上者五大夫爵的重要原因。

东汉二十等爵制已不完整了。除列侯、关内侯、五大夫、公乘等爵位外,其他已不见记载。二十等爵制已处于分崩离析之中。汉末王粲《爵论》云:"近世赏人,皆不由等级,从无爵封为列侯,原其所以,爵废故也。""爵废故也"概括出了东汉以降官、爵关系演变的总趋势。

---

① 班固:《汉书》卷一八《外戚恩泽侯表》,中华书局,1962,第677页。

四、结论

从秦代的官爵合一到西汉以官秩决定爵位,官重于爵,以及东汉官、爵的最终分离,这条线索是清楚的。我们认为支配官、爵关系演变的原因大体有三种因素,即皇权因素、官僚制因素和爵制本身的因素。

皇权因素。以体现皇权赋予身份性为特征的二十等赐爵制是加强皇权的一种手段,但它与皇权之间也存在着内在的冲突,这主要表现在爵所包含的政治身份极易导致官僚的世族化,爵高震主的情况也会发生。因此那种官爵合一的模式在皇权一旦稳固下来之后必然要发生变化。不仅如此,对爵所包含的特权身份也要予以限制。如高低爵(官民爵)的划分,以官秩决定爵位,赐吏爵的取消等等,都是皇权力图将爵的身份特权限制在更小的范围之内。至东汉主要是诸侯王和列侯这两级上了,而这两级中的政治特权也被大大削弱了。这是与专制主义加强的总趋势相吻合的。

官僚制度因素。赐爵是使刚刚从宗法血缘关系下解脱出来的个人与新的君主之间发生联系的一个重要手段。早期官僚制在选官、考绩、等级秩序等因素尚不完备的情况下,爵制补充了官制的不足。但官与爵在本质上是不相同的,当官僚制本身的机制逐渐完备后,赐爵不仅不能有效地维护官僚制的正常运行,反而对这种机制起到破坏作用,这特别表现在皇权的滥加赐爵和爵的买卖上。如果说晁错的卖爵"犹不妨吏道",那么武帝时的状况已不一样。《史记·平准书》云武帝"乃募民能入奴婢得以终身复,为郎增秩,及入羊为郎,始于此"①。"入羊""入奴婢"为郎,必是先获爵而再为郎。武帝新置武功爵也并不仅是赏赐武功,也主要是用来买卖的。《史记·平准书》:"诸买武功爵官首者试补吏。"②杨仆就曾"以千夫为吏。"西汉中期"吏道杂而多端,则官职耗废"的状况,就与爵的买卖有关。成帝时入财百万,爵获右更,补吏三百石亦属此类。后汉虽然较少以买爵而为官者,这是官、爵分开,官重爵轻的表现,但东汉往往官爵搭配而卖,买官者往往也买得这种身份,这势必同样影响着官僚队伍的稳定性。官僚队伍中的部分官僚对这

---

① 司马迁:《史记》卷三〇《平准书》,中华书局,1959,第1422页。
② 司马迁:《史记》卷三〇《平准书》,第1423页。

种破坏性因素曾予以抵抗,如颍川黄霸"武帝末以待诏入钱赏官,补侍郎谒者,坐同产有罪劾免。后复入谷沈黎郡,补左冯翊二百石卒史。冯翊以霸入财为官,不署右职"①。《史记·平准书》云:"请置赏官,命曰武功爵。"②可知黄霸是用钱买爵,再以爵补吏的,后再入仕时当亦如此,但黄霸"不署右职",反映了官僚队伍中的部分人对这条道路不予认同。西汉晚期出现的"夫官爵非陛下之官爵""王者代天爵人"等思想,都表现了官僚队伍对皇权滥用赐爵制的一种限制企图。官僚制度本身的完善化是导致官、爵分离的一个重要原因。

爵制本身的因素。春秋战国之际出现的新爵制强调以功授爵,功的多少有具体标准加以衡量,这是以商鞅为代表的变法革新派的厉行主张。但先秦思想家对于爵的作用、功能、赐爵原则等还有不同看法。如孟子主张以"仁"授爵。荀子主张以"贤"授爵。《周礼·夏官·司士》云"以德诏爵,以功诏禄,以能诏事,以久奠食"③,这是主张以"德"授爵。以"德""仁""贤"授爵的核心是以"德"授爵,这与以功授爵有本质的差异。如果说秦代坚持以功授爵的话,那么在汉代,特别在东汉,以"德"授爵已是普遍化了。这在《白虎通》《中论》《潜夫论》等著作中都有论述。从以功授爵演化到以"德"授爵,使爵人的标准发生了巨大变化。以功授爵有客观标准,以"德"授爵就难以有客观标准了。即使有,也难划分出具体等级。只能凭统治者的个人好恶。授爵客观标准的消失,爵秩秩序的瓦解自然不可避免了。

无论以功、以德授爵,都与秦汉帝国的选官制度存在着难以调和的矛盾。这是官与爵的本质冲突所引起的。获爵与为官本不是一个概念。韩非早就批评过以"斩首之功"者为"智能"之官,是与以斩首者为医匠的性质同一的。斩首获爵是勇,为官治民是能,二者不可混为一谈。此点先秦思想家已有认识。秦汉统治者对功和能都十分重视,但在选官制度上更偏向于能。有能则迁,无能则罢,选官任能,是秦汉帝国选官制度发展的总趋势。能的要求也逐渐从泛化向客观化演变,汉代选官制度中考试因素的发展,就是这种客观化标准产生的标志。功和能有相互包含的一面,但并不完全相同。

---

① 班固:《汉书》卷八九《黄霸传》,第3627-3628页。
② 司马迁:《史记》卷三〇《平准书》,第1422-1423页。
③ 《周礼注疏》卷引,郑玄注,贾公彦疏,十三经注疏,中华书局,1980,第848页。

可以积日月为功，却不可积日月为能；能所要求的素质更为广泛全面。对功的赏赐应是爵禄钱帛，而对能的赏赐则应是官秩的升迁。这二者的分化在东汉大体已经完成。

军功爵制:中国法制史不能忽略的一个内容

郝铁川

我的硕士研究生导师朱绍侯先生在去年7月23日因病逝世,享年96岁。我历来认为,对于导师的最好悼念方式,莫过于继承发展其学术思想。经过几个月的思索,我发现朱先生关于古代军功爵制的研究,迄今仍未被法史学界重视,有关法史教材、论著对此都未提及,对此我深感遗憾。所以然者何?一般认为,春秋战国是奴隶制社会向封建社会过渡时期,秦朝是封建社会确立时期[当然这里所言的封建社会不仅与周朝"封建"(分封)含义不同,亦与西欧中世纪多有不同],中华法系奠基于此,那么,这个时期的大变革以什么为标志呢?目前教材多以战国时期一系列"变法"事件为标志,但"变法"的核心又是什么呢?我觉得只有这个"核心"才能作为时代变革的标志。这个"核心"应该就是朱先生提出的"军功爵制",这一新生制度埋葬了建立在宗法分封制基础上的奴隶主阶级,催生了依靠军功起家、任人唯功行赏的第一代地主阶级,创造了中华法系初期的法家化法典。朱先生的军功爵制研究为我们找到了春秋战国之变的密码。

军功爵制是继西周,公、侯、伯、子、男五等爵制之后而出现的新制度。它产生于春秋,确立于战国,在秦汉的政治舞台上也曾起过一定的历史作用。《左传》《国语》《战国策》《史记》《汉书》《后汉书》等史书都有所反映。但是自东汉以后,由于军功爵制除侯爵(包括列侯、关内侯、乡侯、亭侯、关中侯)之外,已逐渐失去实际作用,流于形式,而趋于衰亡。因此,后人对于军功爵制亦不知其来龙去脉。有人甚至把春秋战国出现的军功爵制和西周的诸侯分封制混为一谈。新中国成立后出版的包括法制史在内的有关中国古代史论著虽然偶尔提到战国秦汉时的赐爵制等问题,然而对于军功爵制的产生、发展和衰亡的全部过程,对于军功爵制的阶级属性、历史作用则缺乏明确的解释和分析。日本学者西嶋定生先生的《中国古代帝国的形成与构造——二十等爵制的研究》对军功爵制进行了全面细致的研究探讨,但是该书直到2017年才在大陆出版。而且西嶋定生先生对军功爵制的研究偏重于探源与考证,对军功爵制的性质、作用和历史地位分析不多。因此,军功爵制长期成为被法史学界遗忘的角落。

周朝曾有建立在宗法分封制基础上的公、侯、伯、子、男爵制,即《礼记·王制》里所说的"王者之制爵禄,公、侯、伯、子、男凡五等"的五等爵制。郭沫若先生在《周代彝铭中的社会史观》一文中,根据周代彝器铭文对五等爵制作了细致的考证,认为"公侯伯实乃国君之通称",不存在《孟子》《王制》说的那样整齐划一的等级差别。我以为郭沫若否认五等爵制的等级差别,并不是否认周代有过这种封爵制度。根据鲁史《春秋》考察,在周代的地方诸侯中,确有公、侯、伯、子、男五种爵称。在《春秋会要》"世系"条中,除周以外包括四裔共收有大小国家一百七十四个,其中公爵有四,侯爵二十五,伯爵二十一,子爵三十七,男爵三,附庸六。爵称不明的七十八,不管这五种爵称之间有没有严格的等级差别,周代确实存在过公、侯、伯、子、男的封爵制是无可怀疑的。

春秋战国时期出现的军功爵制与周朝的五等爵制有着本质的不同。第一,周朝五等爵制建立在宗法分封制基础上,奉行的是"亲亲、尊尊"原则。"亲亲、尊尊"的含义是:要亲近有血缘关系和姻亲关系的亲属,尊重在尊位的人,周朝虽然也有按功行赏习惯,但它把按功行赏的范围局限于宗亲和姻亲贵族范围之内,不"恩泽"于庶人,即"刑不上大夫,礼不下庶人"。而在春秋战国的军功爵制中,"亲亲、尊尊"的原则已为"不别亲疏,不殊贵贱""宗室非有军功论,不得为属籍"的原则所取代。在量功录入时坚持以"功"为主要标准,是"见功而行赏,因能而授官"。在新的军功爵制下,即使贵如赵国的长安君,"人主之子也,骨肉之亲也",也要再立新功,"犹不能恃无功之尊,无劳之奉,而守金玉之重也"。如果说春秋以前的爵禄制度是一种贵族制度,那么战国时的军功爵制则为庶民入仕提供了方便条件。《盐铁论·险固》篇说:"庶人之有爵禄,非升平之兴,盖自战国始也。"正道出了春秋、战国两个历史时期爵禄制度的根本不同。第二,周朝的五等爵制是一种世袭制度,而春秋战国的军功爵制造就了一批爵禄及身而止,不再传给子孙的新官僚和一批军功地主,它废除了贵族世卿世禄制度,建立了新的依靠官俸生存、随时可以任免的官僚制度。正是由于这一原因,在战国时期活跃于政治舞台上的著名将、相,大多已不是出身于旧贵族,而是出身于微贱者了,从而开启秦汉以后的"布衣将相之局"。

通过朱先生的研究,我们得以知道,军功爵制是战国一项重要的法制创新,它是地主阶级摧毁西周贵族世袭五等爵制、让平民百姓登上历史舞台的一把利剑。但到了汉代,军功爵制逐渐变质,先把二十等爵分为四大等级,军功爵制由最初的反对世袭,逐渐允许世袭。之后分出官爵与民爵,保护高爵既得利益的取向更加明显。西汉中期以后,军功爵已趋轻滥。刘秀重建汉朝政权之后,虽恢复了军功爵制,但没有改变其衰亡的趋势。东汉末年因外戚、宦官专政出现党锢之祸,已不能按军功爵制进行赏赐。在曹操控制汉政府时,中原的经济已被摧毁,再无力支付高爵的封赏,故改革爵制,废除军功爵制,建立以虚封为主的六等爵,而把不需浪费财力的荣誉头衔的民爵八级保留下来,而且延续了569年。

一项废除以宗法分封制为基础的五等爵制、代之以打破门第出身为基础的军功爵制的法制创新,更换了一个时代;但由于没有对军功爵制进行与时俱进地改革,又使这一制度陈旧落伍,"挥挥手,不带走一片云彩",历史就是这样有喜怒交集地表演。

秦及汉初二十等爵与"士下"准爵层的剖分

贾丽英

二十等爵是秦汉史学界长期关注的一个课题,研究成果丰硕。睡虎地秦简和张家山汉简的公布,更是将爵制研究推进了一大步。① 以往研究成果证实,二十等爵自商鞅至汉初有一个逐渐完善的过程。成熟的二十等爵,

---

① 日本学界富有成效的研究,早期以镰田重雄、栗原朋信、守屋美都雄、西嶋定生等为代表,其中西嶋定生《中国古代帝国的形成与结构——二十等爵制研究》(东京大学出版会,1961),将爵制秩序作为国家秩序的理论研究影响最为深远。睡虎地秦简和张家山汉简问世后,先后有古贺登、籾山明、富谷至、堀敏一、石冈浩、宫宅潔、椎名一雄等进行探索。楯身智志曾撰文《日本秦简研究现状·爵制、身份制度》(《简帛》第 6 辑,上海古籍出版社,2011)作过较为详细的说明。中国学者如廖伯源《汉代爵位制度试释》(《新亚学报》10-1,1973,第 93-184 页;《新亚学报》12,1977,第 183-242 页)、高敏《论两汉赐爵制度的历史演变》(《文史哲》1978 年第 1 期,收入氏著《秦汉史论集》,中州书画社,1982,第 33-57 页)、朱绍侯《军功爵制试探》(上海人民出版社,1980)、《军功爵制考论》(商务印书馆,2008)则加入张家山汉简出土后所成论文。杨光辉《汉唐封爵制》(学苑出版社,2002)、阎步克《从爵本位到官本位——秦汉官僚品位结构研究》(生活·读书·新知 三联书店,2009)、李均明《张家山汉简所反映的二十等爵制》(《中国史研究》2002 年第 2 期)、张鹤泉《〈二年律令〉所见二十等爵对西汉初年国家统治秩序的影响》(《吉林师范大学学报》2005 年第 3 期)、杨振红《秦汉官僚体系中的公卿大夫士爵位系统及其意义——中国古代官僚政治社会构造研究之一》(《文史哲》2008 年第 5 期)、邢义田《张家山汉简〈二年律令〉读记》(载《地不爱宝:汉代的简牍》,中华书局,2011,第 144-199 页)、凌文超《汉初爵制结构的演变与官、民爵的形成》(《中国史研究》2012 年第 1 期)等等,是代表性著作;杨眉《秦汉爵制问题研究综述》(《中国史研究动态》2010 年第 1 期)对此前中国大陆爵制研究进行了分类梳理。

其位阶等序为一级爵公士、二级爵上造直至二十级爵彻侯。① 在这个身份序列中,不同的功赏权益及义务附于不同的爵级。爵级序位,调整的不仅仅是身份秩序,更重要的是国家秩序和社会秩序。

值得注意的是,张家山汉简及与近年公布的里耶秦简、岳麓书院藏秦简中出现了一个紧靠一级爵"公士"的新名词——公卒。而且在身份序列相关权益的按等分配中"公卒"无一例外的排在"公士"之后,"士伍""庶人"之前。我们知道"无爵为士伍"②是汉代社会的共识,那么排在"士伍"之前的"公卒"是不是秦汉爵制系统中的一级爵位?跟二十等爵是什么关系?二十等爵之外,是不是存在一个不同于庶人的身份阶层?下面试从简牍材料入手,结合传世文献,对这些问题进行探讨,祈请指正。

一、秦简牍中的"公卒"简

"公卒"作为一个身份性术语在秦汉传世文献中未见,仅出现在 21 世纪公布的秦汉简牍材料中。张家山汉简最早见到"公卒"简。《奏谳书》第 22 例记载秦王政六年(前 241 年)盗伤案,提到了一个叫"公卒癒"的人:

(1) □□□□偏(?)□□及(?)隶妾每等晨昧里,訏(研)词谦(廉)问不日作市贩,贫(简 210)急穷困,出入不节,疑为盗贼者,公卒癒等③偏(徧)令人微随视为谓、出入、居处状,数(简 211)日,乃收讯其士

---

① 传世文献多称二十等爵。《汉旧仪》"汉承秦爵二十等,以赐天下"(孙星衍等辑:《汉官六种》,周天游点校,中华书局,1990,第 84 页)。《汉书·百官公卿表》:"爵:一级曰公士,二上造,三簪袅……十九关内侯,二十彻侯。皆秦制。"(班固:《汉书》卷一九上《百官公卿表上》,中华书局,1962,第 739—740 页)刘劭《爵制》曰:"商君为政,备其法品为十八级,合关内侯、列侯凡二十等,其制因古义。"(司马彪:《后汉书志》第二八《百官五》,中华书局,1965,第 3631 页注)等等。朱绍侯先生称军功爵制,认为"称二十等爵制,在秦汉时期是合适的,但上推至商鞅变法以前的战国时期,就不够准确"(朱绍侯:《军功爵制考论》,第 3 页)。高敏先生则称为赐爵制,"赐爵制度,又称为二十等爵制,近人还有称之为'军功爵制'的。实则仍以名为赐爵制比较适宜"(高敏:《秦的赐爵制度试探》,载《秦汉史论集》,第 1—57 页)。
② 孙星衍等辑:《汉官六种》,周天游点校,第 85 页。
③ "公卒癒等"4 字,原释文为上读,学习院大学汉简研究会改作下读,参见《秦代密通、盗伤事件——读江陵张家山汉简〈奏谳书〉》,《学习院史学》2001 年第 39 号,转引自彭浩、陈伟、工藤元男主编《二年律令与奏谳书》,上海古籍出版社,2007,第 281 页注。暂从。

五(伍)武,曰:将阳亡而不盗伤人。(简212)①

这是一个盗伤女子婢的案例,在官府调查的过程中公卒瘛、士伍武、走马仆、公士孔等或参与案例调查,或被怀疑或被传讯,最终查明是公士孔所为。通过这个案件我们首次知道,公卒与士伍、走马、公士一样是秦时的一个身份用语。

近年来里耶古城出土的秦简和岳麓书院藏秦简相继公布,在这二批简牍中我们又发现了活生生的公卒的实例。

里耶秦简出土于秦洞庭郡迁陵县官署所在地。这批简牍主要是迁陵县与上级洞庭郡府和下属的司空、仓、田官等诸曹、署以及都乡、启陵、贰春三乡的往来文书和各种簿籍②,是现实社会生活的反映,不是冥世文化。目前公布的里耶秦简中有"公卒"简 8 枚:

(2)☐公卒☐☐Ⅰ

☐为蘭、枝☐Ⅱ(简 8-113)③

(3)丹阳公卒外里弈。☐(简 8-430)④

(4)屯卒公卒朐忍固阳失自言:室遗廿八年衣用未得。今固陵(简 8-445)⑤

(5)廿八年七月戊戌朔癸卯,尉守窃敢之:洞庭尉遣巫居赀公卒Ⅰ安成徐署迁陵。今徐以壬寅事,调令仓贳食,移尉以展约日,敢言之Ⅱ(简 8-1563)⑥

(6)径膚粟米四石。卅一年七月辛亥朔日,田官守敬、佐壬、稟人娙出稟罚戍公卒襄城武宜都朘、长利士五(伍)顤。Ⅰ(简 8-2246)⑦

---

① 张家山二四七号汉墓竹简整理小组编《张家山汉墓竹简〔二四七号墓〕》(释文修订版),文物出版社,2006,第 110 页。
② 参见陈伟主编《里耶秦简牍校释》(第 1 卷),武汉大学出版社,2012,第 2 页。
③ 陈伟主编《里耶秦简牍校释》(第 1 卷),第 65 页。
④ 陈伟主编《里耶秦简牍校释》(第 1 卷),第 147 页。
⑤ 陈伟主编《里耶秦简牍校释》(第 1 卷),第 151 页。
⑥ 陈伟主编《里耶秦简牍校释》(第 1 卷),第 361 页。里耶秦简博物馆、出土文献与中国古代文明研究协同创新中心中国人民大学中心编著《里耶秦简博物馆藏秦简》,中西书局,2016,第 26 页,此简编号为 8-1571a。
⑦ 陈伟主编《里耶秦简牍校释》(第 1 卷),第 450 页。

秦及汉初二十等爵与"士下"准爵层的剖分 | 147

(7) 卅三年四月辛丑朔丙午,司空腾敢言之阳陵□里公卒广有赀钱千三百卅四……(简 9-12 正)①

(8) 钱三百六十。卅二年九月甲戌朔丁酉,少内殷、佐处出禀家为占入钱居县受偿署所均佐临邛公卒奇里召吾卅二年冬、夏衣。(简 12-2301)②

(9) 径膚粟米一石泰半斗。卅一年五月壬子朔己未,田官守敬、佐、禀人娙出貣罚戍公卒襄武(简 9-763)③

简(2)中的"公卒"在里耶秦简中出现在第八层,尽管残断严重,校释者仍给出意见:"公卒,身份用语。"④甚是。简(3)—简(7)相对较为完整,公卒的身份特征更为明显,公卒弈、公卒失、公卒徐、公卒肢、公卒广,都是在迁陵戍守服役的人员。简(8)公卒召吾⑤是在迁陵出任"均佐"的⑥。简(9)与简(6)相似。如果说里耶秦简中出现的公卒,因无迁陵县本地人,尚不够具体的话,再来看岳麓秦简中的"公卒"简:

(10)《芮盗卖公列地案》:●敢谳(谳)之:江陵言:公卒芮与大夫材共盖受棺列,吏后弗鼠(予)。芮买(卖)其分肆士(简 062 正)五(伍)朵,地直(值)千,盖二百六十九钱。以论芮。(简 063 正)⑦

(11)《识劫𡟰案》:【敢谳(谳)】之:十八年八月丙戌,大女子𡟰自告曰:七月为子小走马义占家訾(赀),义当□大夫建、公卒(简 108 正)昌、士五(伍)積、喜,遗钱六万八千三百,有券,𡟰匿不占吏为訾(赀)。(简 109 正)⑧

(12)《善等去作所案》:去,之杨台苑中除 徒所。闻士五(伍)善、公士定、公卒良□【……】(简 208 正)⑨

---

① 郑曙斌、张春龙等编著《湖南出土简牍选编》,岳麓书社,2013,第 97 页。
② 郑曙斌、张春龙等编著《湖南出土简牍选编》,第 129 页。
③ 湖南省文物考古研究所编著《里耶秦简》(贰),文物出版社,2017,第 99 页。
④ 陈伟主编《里耶秦简牍校释》(第 1 卷),第 65 页。
⑤ 召吾:《里耶秦简博物馆藏秦简》,第 204 页,释作"吕吾"。
⑥ 均佐:里耶秦简校释小组认为"似为身份描述"。参见里耶秦简牍校释小组:《新见里耶秦简牍资料选校》(三),简帛网,http://www.bsm.org.cn/show_article.php?id=2279。
⑦ 朱汉民、陈松长主编《岳麓书院藏秦简》(叁),上海辞书出版社,2013,第 129 页。
⑧ 朱汉民、陈松长主编《岳麓书院藏秦简》(叁),第 153 页。
⑨ 朱汉民、陈松长主编《岳麓书院藏秦简》(叁),第 214 页。

此 3 例来源于《为狱等状四种》。《为狱等状四种》是秦司法文书集成，与张家山汉简《奏谳书》体例相类。这些"公卒"都是在叙述案例的过程中出现的。简（10）中的公卒芮与大夫材和士伍朵等有财产纠纷；简（11）中的公卒昌与大夫建、士伍積、士伍喜、士伍遗共同借了大夫沛 68300 钱做买卖而亏损；简（12）记述的是公卒良与士伍善、公士定等去杨台苑作所。由这些鲜活的实例我们看到，"公卒"在当时的社会生活中，与大夫、大夫寡、不更、走马、上造、公士、士伍、司寇等身份的人，一起生活在居民里中，共同构成时人的生活画卷①。

我们知道秦汉社会是一个身份社会，那么，公卒在秦汉社会的身份秩序中处于什么样的位置？来看律令简中提到的"公卒"。先看岳麓秦简中的身份序列：

（13）●戍律曰：城塞陛郭多　（决）坏不修……尽旬不足以索（索）繕之，言不足用积徒数属所尉，毋敢令公士、公卒、士五（伍）为它事，必与繕城塞。（简 188 正-189 正）②

修繕城塞，徒隶不足，则用公士、公卒、士伍。"公卒"排在"公士"之后，"士伍"之前。张家山汉简中此类排序的材料更多些，如《二年律令·傅律》：

（14）大夫以上[年]九十，不更九十一，簪褭九十二，上造九十三，公士九十四，公卒、士五（伍）九十五以上者，禀鬻米月一石。（简 354）③

（15）大夫以上年七十，不更七十一，簪褭七十二，上造七十三，公

---

① 户籍简中至今未能发现公卒身份的家庭，像记录身份比较复杂的里耶秦简 8-19，出现了大夫、大夫寡、不更、小上造、小公士、士伍、司寇、小男子、大女子这样身份的人，未见公卒。陈伟主编：《里耶秦简牍校释》（第 1 卷），第 32-33 页：□二户。AⅠ大夫　一户。AⅡ大夫寡三户。AⅢ不更一户。AⅣ小上造三户。AⅤ小公士一户。AⅥ士五（伍）七户。BⅠ司寇一【户】。BⅡ小男子□BⅢ大女子□BⅣ·凡廿五 BⅤ（简 8-19）不过，既然有公卒的个人身份，公卒的户籍户人身份，也必然是存在的。

② 陈松长主编《岳麓书院藏秦简》（肆），上海辞书出版社，2015，第 130 页。

③ 张家山二四七号汉墓竹简整理小组编《张家山汉墓竹简〔二四七号墓〕》（释文修订版），第 57 页。其中"鬻"，据彭浩、陈伟、工藤元男主编《二年律令与奏谳书》，第 230 页校订。

士七十四,公卒、士五(伍)七十五,皆受仗(杖)。(简355)①

(16) 不更年五十八,簪袅五十九,上造六十,公士六十一,公卒、士五(伍)六十二,皆为睆老。(简357)②

(17) 不更以下子年廿岁,大夫以上至五大夫及小爵不更以下至上造年廿二岁,卿以上子及小爵大夫以上年廿四岁,皆傅之。公士、(简364)公卒及士五(伍)、司寇、隐官子,皆为士五(伍)。畴官各从其父畴,有学师者学之。(简365)③

廪米、受杖、睆老,我们发现所有的"公卒"简都出现在按爵制序列排序时享有权益者的最末一等,并且都出现在"公士"之后。公士为二十等爵中的一级爵称,显然,公卒当不在二十等爵范围之内④。值得注意的是,上举简文中所有"公卒"都与"士伍"并举。那么,弄清"士伍"一词至关重要。何谓士伍?旧说大体有三种:一是无爵身份说⑤,二是有罪者夺爵说⑥,三是刑罚说⑦。20世纪70年代睡虎地秦简出土,进一步推动了对士伍问题的探

---

① 张家山二四七号汉墓竹简整理小组编《张家山汉墓竹简〔二四七号墓〕》(释文修订版),第57页。
② 张家山二四七号汉墓竹简整理小组编《张家山汉墓竹简〔二四七号墓〕》(释文修订版),第57页。
③ 张家山二四七号汉墓竹简整理小组编《张家山汉墓竹简〔二四七号墓〕》(释文修订版),第58页。从内容上来看,简364和简365所说的并不是一回事。前者所说为傅籍的情况,后者说的内容跟职业有关,不知从事什么样的职业的情况下公卒、士伍、司寇、隐官之子可以为士伍。
④ 参见李均明:《张家山汉简所反映的二十等爵制》,《中国史研究》2002年第2期。
⑤ 以东汉卫宏为代表,参见《汉官旧仪》"无爵为士伍",据孙星衍等辑:《汉官六种》,周天游点校,第85页。
⑥ 以汉末魏时如淳和唐代颜师古为代表。参见班固:《汉书》卷四四《淮南王传》,第2142页提及士伍开章,如淳曰:"律,有罪失官爵,称士伍也。开章,名。"班固:《汉书》卷七四《丙吉传》,第3149页提及长安士伍尊,师古曰:"先尝有爵,经夺免之,而与士卒为伍,故称士伍,其人名尊。"
⑦ 以明代董说和清末沈家本为代表。《七国考》卷一二《秦刑法》(中华书局,1956)第349页"士伍"条。董说未直接说士伍是刑罚,但将"士伍"直接放入秦各类刑罚条目中,像"弃市、腰斩、戮尸、枭首……赐死、士伍、黥、刖、宫……",足以显示其将"士伍"归类于秦刑罚之一。沈家本:《历代刑法考·刑制总考二》(中华书局,1985)第15页"士伍"条,与董说相似,直接与各类刑罚条目相并列,如"夷三族、士伍、斩、迁、戮尸、枭首……"。

讨①，批驳了旧说之有罪夺爵说和刑罚说②。刘海年先生认为士伍有三个基本特征：一是傅籍之后至六十岁免老前的男性；二是无爵或曾有爵而被夺爵者；三是非刑徒和奴婢③。郑有国先生在总括前人研究成果的基础之上，提出士伍就是秦的无爵之"耕战之士"，其"务农的身份特征是比较明确的，绝对不是从末之人"④。朱绍侯先生对睡虎地秦简28处士伍进行了考证，认为"秦汉时期的士伍，就是居住在里伍或什伍中的没有官职、没有爵位，在户籍上有名的成年男子"⑤。但是从近年来出土的简牍材料来看，士伍的身份有必要进一步认识。一是士伍是否成丁的问题。张家山汉简有"小爵"⑥，里耶秦简有"小上造"⑦、"小公士"⑧，尽管至今尚未发现"小士伍"的简，我们却不能说没有"小士伍"存在的可能。而且历史的遗存也不容忽视，比如三国吴简有"士伍济年二岁（简壹2602）"⑨、"士伍蒴年一岁（简贰1609）"⑩等，王子今先生认为可以读作"小士伍"⑪。二是士伍的务农身份。岳麓书院藏秦简《芮盗卖公列地案》中买"分肆"的士伍朵⑫，《识劫婉案》中贷钱以"市贩"的士伍穨、士伍喜、士伍遗⑬等都显示了士伍身份不仅仅是耕战之士，末业之人同样称士伍。三是士伍的任职问题。里耶秦简中士伍有为尉

---

① 刘海年：《秦汉"士伍"的身份与阶级地位》，《文物》1978年第2期；罗开玉：《秦"什伍""伍人"考》，《四川大学学报》1981年第2期；秦进才：《秦"士伍"异同论》，《中华文化史论丛》第2辑；郑有国：《秦汉"士伍"身份及特征》，《福建论坛》1991年第6期；周厚强：《秦士伍的身份及阶级属性辨析》，《求索》1991年第4期；施伟青：《也论秦"士伍"的身份——与周厚强同志商榷》，《中国社会经济史研究》1993年第1期。

② 刘海年、郑有国等先生认为第三种旧说为刑徒说，参见刘海年：《秦汉"士伍"身份及阶级地位》，《文物》1978年第2期；郑有国：《秦汉"士伍"身份及特征》，《福建论坛》1991年第6期。

③ 参见刘海年《秦汉"士伍"的身份与阶级地位》，《文物》1978年第2期。

④ 郑有国：《秦汉"士伍"身份及特征》，《福建论坛》1991年第6期。

⑤ 朱绍侯：《士伍身份考辨》，载《军功爵制考论》，第405-416页。

⑥ 张家山二四七号汉墓竹简整理小组编《张家山汉墓竹简〔二四七号墓〕》（释文修订版），第58页。

⑦ 湖南省文物考古研究所编著《里耶发掘报告》，岳麓书社，2007，第203-208页。

⑧ 陈伟主编《里耶秦简牍校释》（第1卷），第32页。

⑨ 长沙市文物考古研究所、中国文物研究所等编著《长沙走马楼三国吴简·竹简》（壹），文物出版社，2003，第984页。

⑩ 长沙市简牍博物馆、中国文物研究所等编著《长沙走马楼三国吴简·竹简》（贰），文物出版社，2007，第750页。

⑪ 王子今：《秦汉称谓研究》，中国社会科学出版社，2014，第93页。

⑫ 朱汉民、陈松长主编《岳麓书院藏秦简》（叁），第129页。

⑬ 朱汉民、陈松长主编《岳麓书院藏秦简》（叁），第153页。

史者、少内守者①。朱绍侯先生本人后来在对汉简的研究中又指出居延简中有2例士伍任燧长的事例②。由此也可以看出"士伍"作为一个历史现象的复杂性。

综上分析，几十年来的学术探索，的确厘清了关于士伍身份的不少疑问，尤其是对士伍阶级属性和阶级地位的探索具有强烈的时代意义，但是，终均未超出东汉卫宏的"无爵为士伍"说。

士伍无爵，公卒也是无爵者。岳麓书院藏秦简《尉卒律》：

（18）置典、老，必里相谁（推），以其里公卒、士五（伍）年长而毋害（简143正）者为典、老……毋爵者不足，以公士……（简144正-145正）③

由此显见公卒无爵。但简牍材料中"公卒"无一例外地出现在"士伍"之前，这种排序让我们不得不考虑"公卒"可能会在某些方面优于"士伍"。那么，"公卒"优于"士伍"体现在什么地方？河南大学曹骥先生曾尝试解释这个问题。通过比较秦汉简，以及《二年律令·傅律》"不为后而傅者，关内侯子二人为不更，它子为簪袅……公乘、公大夫子二人为上造，它子为公士；官大夫及大夫子为公士；不更至上造子为公卒。（简360）"④认为"公卒"与"士伍"都处于编户齐民的最底层，不同的是公卒"产生于上造以上有爵之家……他们唯一能对士伍炫耀的地方可能就是他们的出身"⑤。强调了"公卒"在出身上的优越性。但是，如果说由"不更至上造子为公卒"一句可以得出"公卒"出身于上造以上之家，那么这句话的前一句是"官大夫及大夫子为公士"，我们能不能得出"公士"产生于大夫以上之家这样的结论？答案是否定的。

---

① 陈伟主编《里耶秦简牍校释》（第1卷），第316页："尉史士五（伍）郫小莫剔般，毋它坐（简8-1364）"；第334页："少内守谢，士五（伍），胸忍成都归休（简8-1469）"。
② 朱绍侯：《从居延汉简看汉代民爵八级的政治地位》，《南都学坛（人文社会科学学报）》2012年第4期。
③ 陈松长主编《岳麓书院藏秦简》（肆），第115-116页；周海峰：《〈岳麓书院藏秦简（肆）〉的内容与价值》，《文物》2015年第9期。
④ 张家山二四七号汉墓竹简整理小组编《张家山汉墓竹简〔二四七号墓〕》（释文修订版），第58页。
⑤ 曹骥：《秦汉简中的"公卒"与"庶人"》，《唐都学刊》2013年第4期。

事实上,从目前已有的材料看,除了身份排序的不同,我们的确很难辨析二者权益的差异。但作为二个不同的身份术语,其最初的差异肯定是存在的。我们知道,秦爵的产生源于军职,卫宏《汉旧仪》这样记载,公士"谓为国君列士也",上造"乘兵车也",不更"主一车四马",大夫"主一车,属三十六人"。① 刘劭《爵制》:"一爵曰公士者,步卒之有爵为公士者。二爵曰上造……皆步卒也。三爵曰簪袅,御驷马者……四爵曰不更……为车右……五爵曰大夫……在车左者也。"② 阎步克、西嶋定生等也作如是解③。在全民皆兵的战国时期,我们可以想见"公卒""士伍"的身份名称也产生于军队,其差别在于军事分工的不同。后来,在爵位调整的身份秩序超越军层,变成全社会秩序的调整位阶时,二者的差异才不明显。从商鞅爵制的情况来看,在爵制形成的过程中,最初的"公卒"和"士伍"与"公士"一样,处于爵制序列的下层。

二、商鞅爵制中的爵层剖分

《商君书·境内》有一段文字,对我们理解"公卒"有重要的价值,但历来各家由于断句的不同,对于原文的理解也不同,现摘录几家主要观点如下:

第一:朱师辙《商君书解诂定本》:

> 四境之内。丈夫女子。皆有名于上。[生]者著。死者削。其有爵者乞。无爵者以为庶子。级乞一人。其无役事也。其庶子役其大夫月六日。其役事也。随而养之。军爵自一级已下至小夫。命曰校徒操。出公爵。自二级已上至不更。命曰卒。④

朱师辙按:"秦以爵赏战功,故云军爵。自公士已下至小夫,名曰校徒

---

① 孙星衍等辑《汉官六种》,周天游点校,第84页。
② 司马彪:《后汉书志》第二八《百官五》,第3631页注。
③ 参见阎步克:《从爵本位到官本位——秦汉官僚品位结构研究》,第58页:"二十等爵的爵称大多来自军职之名。"西嶋定生:《中国古代帝国的形成与结构——二十等爵制研究》,武尚清译,中华书局,2004,第77页:"二十等爵制,在秦代初制定时,是跟军职相对应的。"
④ 朱师辙:《商君书解诂定本》,古籍出版社,1956,第71页。

操。校徒操三者,皆军爵。"出公爵,"谓在军爵之外"。杜正胜的断句与朱师辙同,但认为"校、徒和操这三种军人包含一级公士与无爵的小夫,他们之爵位是秦公颁授的,不必一定靠战功",所以才称作"出公爵"①。

第二:蒋礼鸿《商君书锥指》:

> 四境之内,丈夫女子皆有名于上,者著,死者削。其有爵者乞无爵者以为庶子,级乞一人。其无役事也,其庶子役其大夫,月六日。其役事也,随而养之军。爵,自一级已下至小夫命曰校徒、操、出公。爵自二级已上至不更命曰卒。②

蒋礼鸿认为秦汉爵总称为爵,"未有军爵、公爵之分。且一级以下明包公士在内,二级已下明包上造在内,岂有割二十级之一别称军爵者?"将"军""公"二字上读。清代俞樾《诸子平义·商子》认为"出字,当疑作士,古书士出字多互误"③。这一点蒋礼鸿赞同,并进一步认为"出公"二字,应是"公士"之讹倒。

张觉《商君书校注》"军、公"二字也是从上读,但最后一句这样断句:

> 爵自一级已下至小夫,命曰校、徒、操、出公;爵自二级已上至不更,命曰卒。④

张觉以《韩非子·解老》"始之谓出"来释此句中的"出"。认为公即公士,出公即是始于公士,以公士为起点之意。商君之法赏爵一级,"并无半级之类的爵位",公士一级之下无爵。

第三:高亨《商君书注译》:

> 四境之内,丈夫女子皆有名于上,[生]者著,死者削。其有爵者乞无爵者以为庶子,级乞一人。其无役事也,其庶子役其大夫月六日;其役事也,随而养之。
>
> 军爵,自一级已下至小夫命曰校徒操出。公爵,自二级已上至不更

---

① 杜正胜:《编户齐民——传统政治社会结构之形成》,联经出版事业股份有限公司,1993,第336页。
② 蒋礼鸿:《商君书锥指》,中华书局,1986,第114页。
③ 俞樾:《诸子平议》卷二〇《商子》,中华书局,1956,第402页。
④ 张觉:《商君书校注》,岳麓书社,2006,第147页。

命曰卒。①

高亨将"军""公"二字属下,认为爵有"军爵"和"公爵"之分②。公爵是"对军爵而言,如行政官吏的爵位与不任官职人的爵位等是"。"小夫",俞樾认为"军爵自一级已下至小夫,则当时自有小夫名目"③,高亨则将小夫视为军队中地位最低者。"出"为"士"之误,校徒操士,都是指教育操练的士兵。

三种断句及其理解的不同,在于三个关键字:"军""出""公",其中已用着重号标出。笔者认为朱师辙断句最为妥当。

首先,"军"和"公"的上读问题。蒋礼鸿将这二字上读,其主要原因是认为秦汉无军爵、公爵之称。现今随着简牍材料的出土,证实秦爵确实本称"军爵"。睡虎地秦简《秦律十八种》中有《军爵律》(简154、156),④是对拜爵、以爵免人等的规定。只不过,入汉后军爵更名(也许更早)。张家山汉简《二年律令》中有《爵律》(简395)⑤,是与爵有关的法律条文。《军爵律》更名为《爵律》,这一方面显示了秦汉爵本身与军制、军职、军功赏爵密不可分,另一方面也显示了爵的发展历程中,其所调整和规范的身份秩序已超越军层,成为一种更广泛的社会性身份品位。杜正胜先生称"军爵塑造新社会"⑥,贴切地指出了军爵的革命性意义,爵的更名正是适应这一重大社会变革的法律体现。

其次,"出"字。笔者不否认"出"与"士"互误在古书中的存在,但此处不易理解为误。"校徒操"在《境内》篇后文中也有出现,像"吏自操及校以上大将""以徒校分积尺而攻之……内通则积薪,积薪则燔柱"⑦之语,都从侧面显示校、徒、操是在军阵中,从事攻城的丈量、穿洞、积薪等军杂事务的

---

① 《商君书·境内》,载《高君书注译》,高亨注译,中华书局,1974,第147页。《商君书校释》(陈启天校释,商务印书馆,1935,第123页)也是这样断句,认为"出"为"士"之误,且正文中直接写作"校徒操士"。
② 高敏先生也主此说。参见《秦的赐爵制度试探》,载《秦汉史论集》,第1-32页。
③ 俞樾:《诸子平议》卷二〇《商子》,第403页。
④ 睡虎地秦墓竹简整理小组编《睡虎地秦墓竹简》,文物出版社,1990,第55页。
⑤ 张家山二四七号汉墓竹简整理小组编《张家山汉墓竹简〔二四七号墓〕》(释文修订本),第62页。
⑥ 杜正胜:《编户齐民——传统政治社会结构之形成》,第358页。
⑦ 朱师辙:《商君书解诂定本》,第72、74页。

人员,这三类名称,应理解为军吏。或许与现代军队当中工兵有相类之处。

再次,"出公爵"。三字当连读。此句之"公"与"功"当通用。《后汉纪·孝桓皇帝纪》建和三年(149)诏引《诗经·大雅·江汉》"肇敏戎功,用锡尔祉",周天游校注:"'功'今本作'公',古通用。"①出公爵,即"出功爵"。功爵,商鞅爵制"得[甲]首一者,赏爵一级"②,是谓传统的"上首功"逐级晋爵的军功爵。出功爵,就是指不在军功斩首赏爵范围之内。《秦律十八种·军爵律》中有"从军当以劳论及赐(简154)"③,劳,整理小组释为"劳绩"。《秦律杂抄》有《中劳律》,整理小组:"中劳律,应为关于从军劳绩的法律。"④于振波将《中劳律》视为"满足法定标准而获得'劳'的法律"⑤。也就是说,秦军爵既可得甲首赏爵,也可依劳得爵。军爵在一级及以下至小夫,从事校、徒、操军务工作的这些人,主要靠积劳得爵。

上引《商君书·境内》这句话断句标点如下:

> 军爵自一级已下至小夫,命曰校、徒、操,出公爵;自二级已上至不更,命曰卒。

至此可见,商鞅军爵分作两个层次。一层为军功斩首授爵,一层以积劳得爵,一级和二级是二个分层临界爵。一级爵下靠,二级爵上靠。而这个一级,在没有其他材料来佐证的情况下,暂只能认为是"公士"。《境内》篇后段有这样一段描述:

> 爵自二级以上,有刑罪则贬。爵自一级以下,有刑罪则已。⑥

高亨注译:二级爵位以上的人犯了刑罪,就降低他的等级,一级爵位以下的人犯了刑罪,就取消他的爵位。

类似的表述,在《七国考》中是这样的:

---

① 袁宏撰:《后汉纪校注》,周天游校注,天津古籍出版社,1987,第566页。
② 《商君书·境内》,载《高君书注译》,高亨注译,第152页。
③ 睡虎地秦墓竹简整理小组编《睡虎地秦墓竹简》,第55页。
④ 睡虎地秦墓竹简整理小组编《睡虎地秦墓竹简》,第83页。
⑤ 于振波:《简牍所见汉代考绩制度探讨》,载《简牍与秦汉社会》,湖南大学出版社,2012,第202-237页。
⑥ 《高君书注译》,高亨注译,第152页。

自二级以上有刑罚则贬爵,自一级以下有刑罚则刵矣。①

事实上,结合《汉书·刑法志》和已公布的秦汉简有关刑罚的规定来看,"刑罪"并不是指广义上的犯罪,而是指肉刑,包括黥、劓、刖(斩)。② 能用爵位减免的"刑罪",往往是肉刑,③所以《七国考》的表述是有道理的。由此,一级公士在商鞅爵制的分层中属下靠爵,公士之下,当时很有可能还有"小夫"④爵称。依《境内》的表述,作表如下:

表1 商鞅爵制低爵爵层剖分

爵级	二级以上	一级以下
爵名	……←不更←簪袅←上造	公士→……小夫
途径	军功斩首	积劳(出功爵)

《商君书》为商鞅及后来者所著,⑤战国末曾广泛流传,韩非曾说"今境内之民皆言治,藏《商》《管》之法者家有之"⑥。尽管郭沫若曾断定《境内》为商鞅本人所作,但今本《境内》明显错乱,商鞅爵制在商鞅时代具体实施情况已不能详知。不过,商鞅爵制对百余年后秦爵的影响是不容忽视的。除了爵称、爵级、爵的权益等方面,商鞅军爵低爵分层的原则,在后来秦军爵及汉初爵位系统中也有体现,只不过临界爵发生了变化,爵层出现了新剖分。

---

① 董说:《七国考》卷一二《秦刑法》,第349页。
② 《汉书》卷二三《刑法志》,第1098页曰"今法有肉刑三,而奸不止",孟康注曰:"黥、劓二,刖左右趾合一,凡三也。"
③ 冨谷至:《秦汉刑罚制度研究》,柴生芳、朱恒晔译,广西师范大学出版社,2006,第213页。
④ 清代俞樾提到"当时自有小夫名目",至于是什么名目,则未言明。参见俞樾:《诸子平议》卷二〇《商子》,第403页。朱绍侯先生将小夫视为一个爵位,说秦爵"一级公士之下还有个小夫爵",是"赐给军队中勤杂人员的爵位"。参见朱绍侯:《对刘劭〈爵制〉的评议》,《南都学坛》2008年第4期。
⑤ 高亨认为此书为商鞅及以后别位法学家作品,《垦令》《靳令》《外内》《开塞》《耕战》为商鞅遗作。参见《商君书注译》,高亨注释,第1、10页。郭沫若主张除《境内》篇"殆系当时令文,然亦残夺不全者外,其余均非商鞅所作",参见郭沫若:《十批判书》,东方出版社,1996,第339页。张觉主张此书为秦国主管图书档案的御史所编,除《徕民》《弱民》《更法》和《定分》非商鞅本人所作,其他大部分篇章为商鞅遗著。参见张觉:《商君书校注》,第6—12页。
⑥ 王先谦:《韩非子集解》,钟哲点校,中华书局,1998,第451页。

三、秦及汉初的"士下"准爵层

秦王政时期和汉初的爵位系统与商鞅军爵相比照,最突出的变化在于"一级已下至小夫"的"一级"爵成了上靠爵,优越性明显高于下爵。比如对有爵者犯罪的优待上,以公士、公士妻为界:

> 吏民亡,盈卒岁,耐;不盈卒岁,𩽾(系)城旦舂;公士、公士妻以上作官府,皆偿亡日。(简157)①

"女子比其夫爵(简372)"②,公士的爵位特权,其妻同样享有。上引《商君书·境内》提到的免于"刑罪"的爵,在秦王政时期和汉初的法律规定中,也上升到公士爵,先来看睡虎地秦简《秦律杂抄》:

> 游士在,亡符,居县赀(简4)一甲;卒岁,责之。·有为故秦人出,削籍,上造以上为鬼薪,公士以下刑为城旦。(简5)③

睡虎地秦简并不是秦律的全部内容,只是摘抄。这条律文应不是完整的,张家山汉简中有一条同时期的规定,可以补充说明:

> 故律曰……不孝者弃市。弃市之次,黥为城旦舂。当黥公士、公士妻以上,完之。(简182)④

这是出自《奏谳书》第21例"杜泸女子甲和奸案"。关于这个案例的时间,大家颇有争议。李学勤和蔡万进先生认为是汉初案例,⑤彭浩先生认为

---

① 张家山二四七号汉墓竹简整理小组编《张家山汉墓竹简〔二四七号墓〕》(释文修订本),第30页。
② 张家山二四七号汉墓竹简整理小组编《张家山汉墓竹简〔二四七号墓〕》(释文修订本),第59页。
③ 睡虎地秦墓竹简整理小组编《睡虎地秦墓竹简》,第80页。
④ 张家山二四七号汉墓竹简整理小组编《张家山汉墓竹简〔二四七号墓〕》(释文修订本),第108页。
⑤ 李学勤:《〈奏谳书〉解说(下)》,《文物》1995年第3期。李先生认为是汉初案例。其一是案例中的廷尉及其属官,均见于西汉。二是廷尉正之"正"字不避讳,尤不合于秦始皇制度。蔡万进:《张家山汉简〈奏谳书〉研究》,桂林:广西师范大学出版社,2006年版,第41页。蔡先生认为西汉时期的案例其特征是首末句有"敢谳之",文中有"疑罪"字样。完整的奏谳文书,还皆有告劾、讯、诘、问、鞫等程序。此案有"疑甲罪"之语。

属秦代,①陈治国先生总结各家之言认为此案秦时发生,至汉代汇编入册。②比照现岳麓书院藏秦简《为狱等状四种》的奏谳文书格式,以及张家山汉简《奏谳书》22例文书的编联顺序,此案当属秦代。而且作为法律汇编的参考文书,案例时间不会太远,应为秦王政时期。

结合这两条秦律文,秦公士爵有当刑者,"完之"。张家山汉简《二年律令·具律》与此规定相同:

> 公士、公士妻及□□行年七十以上,若年不盈十七岁,有罪当刑者,皆完之。(简83)③

《汉书·惠帝纪》:"民年七十以上若不满十岁有罪当刑者,皆完之",孟康注曰:"不加肉刑髡剃也。"④可见"完"是免于断残肢体、刺青面部或被剃去头发的刑罚,⑤使有爵位的人保持尊严,不受戮辱。正如瞿同祖先生所说"这种容貌上的无法掩饰的残毁,受者终身不齿于人,奇耻大辱莫过于此,自非君子所能堪"⑥,能够免于戮辱刑,无疑是法律对特权者权益的保障。这一点与传统观念中"刑不逮于君子,礼不逮于小人"、"刑不上大夫,礼不下

---

① 彭浩:《谈〈奏谳书〉中秦代和东周时期的案例》,《文物》1995年第3期。彭先生将此案归入秦。认为《奏谳书》22例法律文书,大致按照年代编排,年代较晚在前,较早的在后。16件为西汉初的在前,4件秦代和2件春秋时期的在后。这种编排与西汉时期的司法需要是相适应的。

② 陈治国:《张家山汉简〈奏谳书〉"杜泸女子甲和奸"案年代探析》,《中国历史文物》2009年第5期。此文从二方面对李学勤汉初说进行了驳议,一是《通典》明确记载秦时已有廷尉正。清人黄本骥编撰的《历代职官表》也谈到秦时有廷尉正和廷尉监。二是秦时避讳不甚严格。像睡虎地秦简《编年记》王赢政七年时,记有"正月甲寅,鄢令史",王政十八年"正月,恢生"。按:里耶秦简中,也有大量"正月"字样,也可以佐证这个观点。像简8-157"卅二年正月戊寅朔甲午"、8-197"卅四年正月丁卯朔辛未",等等。

③ 张家山二四七号汉墓竹简整理小组编《张家山汉墓竹简〔二四七号墓〕》(释文修订本),第20页。

④ 班固:《汉书》卷二《惠帝纪》,第88页。

⑤ 关于完的处刑方式,主要有几种说法:第一种是沈家本主张剃须发和鬓发,与耐刑同。参见沈家本:《历代刑法考》,中华书局,1985,第301-303页。第二种是程树德主张只剃鬓发,不施髡刑。参见程树德:《九朝律考》,中华书局,2003,第45页。第三种是堀毅的剃去头发说。认为日语中"完"与"丸"音同,是剃光头发的意思。参见堀毅:《秦汉法制史论考》,法律出版社,1988,第163页。第四种是富谷至认为是不剃去头发,使之保存完好的意思。参见富谷至《秦汉刑罚制度研究》,柴生芳、朱恒晔译,第16页。由张家山汉简《二年律令·具律》简82"上造、上造妻以上,及内公孙、外公孙、内公耳玄孙有罪,其当刑及当为城旦舂者,耐以为鬼薪白粲"来看,上造和上造妻的爵免是由"刑"降为"耐",或沈家本说为妥。

⑥ 瞿同祖:《瞿同祖法学论著集》,中国政法大学出版社,1998,第224页。

庶人"有相通之处①。由此也可看出公士爵权益的重大飞跃。

与此同时,下靠的临界爵成为"公卒"。岳麓书院藏秦简《绾等畏耎还走案》和张家山汉简《二年律令·傅律》的材料:

(19)有(又)取卒畏㝡(最)先去、先者次(?)十二人,完以为城旦、鬼薪。有(又)取其次(?)十四人,耐以(简244正)为隶臣。其余皆夺爵以为士五(伍);其故上造以上,有(又)令戍四岁,公士六岁,公卒以下八岁。[简244(2)正]②

(20)大夫以上年五十八,不更六十二,簪袅六十三,上造六十四,公士六十五,公卒以下六十六,皆为免老。(简356)③

简(19)是秦王政二十六年(前221年)的案例,在提到将畏耎怯战者"夺爵以为士伍"后,再行罚戍,"故上造以上,有(又)令戍四岁,公士六岁,公卒以下八岁"。简(20)为汉初吕后二年(前186)实施的法律。有关免老的年龄规定,爵位越高免老的年龄越低,大夫以上爵58岁,不更62岁,簪袅63,上造64,公士65,"公卒以下六十六"。从这两个例子可以看出,在罚戍、免老的规定方面,公卒都成为下靠的临界爵。

那么,"公卒以下"包含什么?《二年律令·户律》:

(21)关内侯九十五顷,大庶长九十顷,驷车庶长八十八顷,大上造八十六顷,少上造八十四顷,右更八十二顷,中更八十(简310)顷,左更七十八顷,右庶长七十六顷,左庶长七十四顷,五大夫廿五顷,公乘廿顷,公大夫九顷,官大夫七顷,大夫五顷,不(简311)更四顷,簪袅三顷,上造二顷,公士一顷半顷,公卒、士五(伍)、庶人各一顷,司寇、隐官各五十亩。(简312)④

---

① 参见瞿同祖:《瞿同祖法学论著集》,第224页;李衡梅:《"刑不上大夫"之"刑"为"肉刑"说补证》,《河南大学学报(哲学社会科学版)》1986年第1期;刘信芳:《"礼不下庶人,刑不上大夫"辨疑》,《中国史研究》2004年第1期;等等。
② 陶安:《〈岳麓书院藏秦简(叁)〉校勘记》,载复旦大学出土文献与古文字研究中心编《出土文献与古文字研究》第6辑,上海古籍出版社,2015,第537-574页。
③ 张家山二四七号汉墓竹简整理小组编《张家山汉墓竹简〔二四七号墓〕》(释文修订版),第57页。
④ 张家山二四七号汉墓竹简整理小组编《张家山汉墓竹简〔二四七号墓〕》(释文修订版),第52页。

(22)……宅之大方卅步,彻侯受百五宅,关内侯九十五宅,大庶长九十宅,驷车庶长八十八宅,大上造八十六宅,少上造八十四宅,右(简314)更八十二宅,中更八十宅,左更七十八宅,右庶长七十六宅,左庶长七十四宅,五大夫廿五宅,公乘廿宅,公大夫九宅,官大夫七宅,大夫(简315)五宅,不更四宅,簪袅三宅,上造二宅,公士一宅半宅,公卒、士五(伍)、庶人一宅,司寇、隐官半宅。(简316)①

这是名田宅制中依爵位高低名田宅的律文,自彻侯、关内侯直至大夫、不更、簪袅、上造、公士,共二十等,不同的爵等名有不同的田与宅,正体现了"夫爵以建事,禄以食爵"②的精神。值得注意的是,二十等之下,公卒、士伍、庶人单列为一等。如前所述,公卒、士伍无爵,在爵的演变过程中二者的权益差别不甚明了。就士伍与庶人而言,其差别比较明显。我们知道有爵者犯罪夺爵,在文献和简牍材料中多称"夺爵为士伍"或"削爵为士伍"。举两个西汉中期以前的例子:

《汉书》卷五《景帝纪》:"吏迁徙免罢,受其故官属所将监治送财物,夺爵为士伍,免之。无爵,罚金二斤,令没入所受。"③

《汉书》卷四十四《衡山王传》:"论国吏二百石以上及比者,宗室近幸臣不在法中者,不能相教,当免,削爵为士伍,毋得官为吏者。"④

"夺爵为士伍,免之",李奇作注曰:"有爵者夺之,使为士伍,有位者免官也。"⑤夺的是爵,免的是官。岳麓书院藏秦简牍材料中也有2例这样的记载,像简(19)"夺爵以为士五(伍)"以及《为狱等状四种》的第5例《多小未能与谋案》:

多初亡时,年十二岁,今廿二岁,巳(已)削爵为士五(伍)。它如辤(辞)。(简091正)⑥

---

① 张家山二四七号汉墓竹简整理小组编《张家山汉墓竹简〔二四七号墓〕》(释文修订版),第52页。
② 徐元诰:《国语集解》,王树民、沈长云点校,中华书局,2002,第436页。
③ 班固:《汉书》卷五《景帝纪》,第140页。
④ 班固:《汉书》卷四四《衡山王传》,第2152页。
⑤ 班固:《汉书》卷五《景帝纪》,第141页注。
⑥ 朱汉民、陈松长主编《岳麓书院藏秦简》(叁),第142页。

简(19)是对战争中畏葸逃跑者的法律惩治。最先逃跑的12人,完为城旦、鬼薪;其次的14人耐为隶臣。其他人则全部夺爵为士伍。士伍是为无爵者,但相对于秦汉社会身份序列中之庶人、徒隶、奴婢等却仍然是荣耀的,这一点应是学界主流观点①。我们知道秦汉社会是一个身份社会,自有爵者、无爵者、司寇、徒隶有一个自上而下的身份序列②。我们查证史料,不能发现一起既"夺爵为士伍",又"免为庶人"的例证。庶人、士伍只能是秦汉社会身份序列当中的两个点。

《孟子·万章下》提及的周室班爵,叙周之内爵"君一位,卿一位,大夫一位,上士一位,中士一位,下士一位,凡六等",爵等不同,秩也不同。有关士之禄这样表述,"上士倍中士,中士倍下士,下士与庶人在官者同禄,禄足以代其耕也"③。张家山汉简授田宅"公卒、士伍、庶人"同为"一宅""一顷",不正与"下士与庶人在官者同禄"高度相似?可见秦及汉初的"公卒、士伍"其地位应与周室之"下士"相当,高于庶人。而且需要强调的是与庶人不在同一个身份层面。

前引岳麓书院藏秦简《尉卒律》提及官府任命"典、老","必里相谁(推),以其里公卒、士五(伍)年长而毋害者","毋(无)年长者令它里年长者"。即使用它里的公卒、士伍,也不任命本里的庶人。另外《置吏律》也有相似的规定:

(23)县除小佐毋(无)秩者,各除其县中,皆择除不更以下到士五

---

① 参见任仲爀:《秦汉律中的庶人》,载《简帛研究二〇〇九》,广西师范大学出版社,2011,第274-314页;林炳德:《秦汉时期的庶人》,载《简帛研究二〇〇九》,第315-326页;曹旅宁:《秦汉法律简牍中的"庶人"身份及法律地位问题》,《咸阳师范学院学报》2007年第3期;吕利:《"庶人"考论》,《社会科学家》2010年第10期;椎名一雄:《关于秦汉时代的庶人要旨》,"出土资料与战国秦汉社会转型研究"国际学术研讨会,杭州2013年11月23日。

② 张家山汉简《二年律令》的《具律》《户律》《赐律》《傅律》等多处显示汉初身份序列,比较典型的如《赐律》:"赐不为吏及宦皇帝者,关内侯以上比二千石,卿比千石,五大夫比八百石,公乘比六百石,公大夫、官大夫比五百(简291)石,大夫比三百石,不更比有秩,簪袅比斗食,上造、公士比佐史。毋爵者,饭一斗、肉五斤、酒大半斗、酱少半升。(简292)司寇、徒隶,饭一斗、肉三斤、酒少半斗、酱廿分升一。(简293)。"[参见张家山二四七号汉墓竹简整理小组《张家山汉墓竹简〔二四七号墓〕》(释文修订本),第49页]。近年来,更有研究者尝试将刑罚性身份序列和爵制性身份序列相衔接。将司寇、隶臣妾、城旦舂视为准爵位身份指标(参见鹰取祐司:《秦汉时代的刑罚与爵制性身份序列》,载周东平、朱腾主编《法律史译评》,北京大学出版社,2013,第1-27页)。

③ 《孟子注疏》,赵歧注,孙奭疏,北京大学出版社,1999,第272页。

(伍)史者为佐,不足,益除君子子、大夫子、小爵(简 210 正)及公卒、士五(伍)子年十八岁以上备员。(简 211 正)①

小佐无秩者,其任职资格的最下限为士伍或士伍子。另外与此条简文相邻的简 209 显示抓捕盗贼的宪盗,也是"除不更以下到士五(伍)"②。庶人及以下身份的人,在法律上是没有资格的。

值得注意的是,妇人无爵的规定也适用于"士伍"这个身份。《礼记·效特牲》曰:"妇人无爵,从夫之爵,坐以夫之齿。"③《二年律令·置后律》也有这样的律文:"女子比其夫爵。(简 372)。"④尽管秦汉社会有少许女性是有爵位的,但绝大部分女性没有爵。而"士伍"身份,我们也没有见到有女性获得。前引刘海年和朱绍侯先生的文章也都提及士伍的身份为男性。岳麓秦简的有关隶臣和隶妾放免时的律文,更加补充了这样的认知:

寺车府、少府、中府、中车府、泰官、御府、特库、私官隶臣,免为士五(伍)、隐官,及隶妾(简 033 正)以巧劳免为庶人,复属其官者,其可亡盈三月以上而得及自出,耐以为隶(简 034 正)臣妾。(简 035 正)⑤

隶臣免为士伍和隐官,隶妾则免为庶人。当然女性庶人嫁与士伍,则成为士伍妻⑥,嫁与大夫,则成为大夫妻⑦。

从秦汉社会序列的视角来看,庶人的特殊性还表现在它的枢纽作用。庶人既可以是有爵者、有官者"免为庶人",也可以是徒隶、奴婢"免为庶人",前一个"免"应是罢免,后一个"免"应是"赎免""赦免""放免"之意。略举几则文献和简牍材料中的例子:

《汉书》卷十一《哀帝纪》:"秋,曲阳侯王根、成都侯王况皆有罪。

---

① 陈松长主编《岳麓书院藏秦简》(肆),第 137-138 页。
② 陈松长主编《岳麓书院藏秦简》(肆),第 137 页。
③ 《礼记·效特牲》,载《礼记正义》,郑玄注,孔颖达疏,北京大学出版社,1999,第 815 页。
④ 张家山二四七号汉墓竹简整理小组编《张家山汉墓竹简〔二四七号墓〕》(释文修订本),第 59 页。
⑤ 陈松长主编《岳麓书院藏秦简》(肆),第 49-50 页。
⑥ 参见里耶秦简牍校释小组:《里耶秦简牍资料选校》(二),载《简帛》第 10 辑,上海古籍出版社,2015,第 202 页:"东成户人士五(伍)夫。Ⅰ妻大女子沙。Ⅱ(简 9-2064)。"
⑦ 参见岳麓书院藏秦简《识劫娩案》中关于娩为大夫妻,还是庶人的争议。朱汉民、陈松长主编《岳麓书院藏秦简》(叁),第 153-162 页。

根就国,况免为庶人,归故郡。"①

《汉书》卷九十九上《王莽传上》:"丞相朱博奏:'莽前不广尊尊之义,抑贬尊号,亏损孝道,当伏显戮,幸蒙赦令,不宜有爵土,请免为庶人。'上曰:'以莽与太皇太后有属,勿免,遣就国。'"②

岳麓书院藏秦简《猩、敞知盗分赃案》:"敞当耐鬼薪,猩黥城旦。遝戍午赦,为庶人。鞫(简045正)审,澍(谳)。(简046正)"③

睡虎地秦简《秦律十八种》:"欲归爵二级以免亲父母为隶臣妾者一人,及隶臣斩首为公士,谓归公士而免故妻隶妾一(简155)人者,许之,免以为庶人。"(简166)④

张家山汉简《二年律令·置后律》:"死毋后而有奴婢者,免奴婢以为庶人。"(简382)⑤

前二例提到的成都侯王况、新都侯王莽都为有封爵、封土者,犯罪后夺爵、夺土、免官,身份下降为庶人。后几例简牍材料则是由徒隶或奴婢经过赦免、赎免或放免,身份上升而成为庶人。

处在身份序列枢纽位置中的庶人,未必如学者所言要受到国家的"持续控制"⑥,但从上述分析可以看出其阶级身份一定低于士伍,二者的身份分层为两个层次。

沿着二十等爵的思路,如果我们将爵制身份序列和刑罚身份序列的连接点"庶人"定为"0"级,那么爵制身份序列就是正数,刑罚身份序列应是负数。考虑到二十等爵的习惯用法,若公士为1,庶人上下几个身份序列可标识为:公士1→公卒$\frac{2}{3}$→士伍$\frac{1}{3}$→庶人0→司寇-1→隶臣妾-2→鬼薪白粲-3→城旦舂-4。

由此,我们看上述"公卒以下",应不包括庶人。在爵位系统中,这一时

---

① 班固:《汉书》卷一一《哀帝纪》,第337页。
② 班固:《汉书》卷九九上《王莽传上》,第4042页。
③ 朱汉民、陈松长主编《岳麓书院藏秦简》(叁),第119页。
④ 睡虎地秦墓竹简整理小组编《睡虎地秦墓竹简》,第55页。
⑤ 张家山二四七号汉墓竹简整理小组编《张家山汉墓竹简〔二四七号墓〕》(释文修订本),第61页。
⑥ 参见任仲爀:《秦汉律中的庶人》,载《简帛研究二〇〇九》,第274–314页。

期低爵自大夫之下的排序应该是:不更→走马(簪袅)①→上造→公士→公卒→士伍。公士以上为二十等爵,公卒和士伍我们暂以准爵层命名。另,居延汉简新莽简有"士以下"称谓:"·甲沟候官新始建国天凤上戊六年桼月吏命士以下至下士秩别名(简210.34)。"②刘劭《爵制》有这样一句话:"列侯者,依古列国诸侯之义也。然则卿大夫士下之品,皆放古。"③如果我们将公卒以下称作"士下",可作表如下:

表2 秦及汉初低爵及准爵层剖分

爵级	公士以上	公卒以下
爵名	……←不更←簪袅←上造←公士	公卒→士伍
爵档	士	士下
分层	二十等爵	准爵层

一般认为,二十等爵在入汉后的发展演变过程中渐分出官爵和民爵,官爵的起始爵为五大夫,民爵的最高爵为公乘。④ 而从秦及汉初的情况来看,爵制系统的结构性分野则表现在"二十等爵"和"士下"准爵层的分层上。颜师古注一级爵"公士"时说:"言有爵命,异于士卒。"⑤如果说二十等爵的身份为"官",那士下准爵的身份则为"兵"。

综上,秦军爵爵层剖分由来已久,在商鞅爵制中就有"出公(功)爵"之低爵层。后在爵制演进的过程中,公士爵权益有了重大飞跃,进入二十等爵。低爵层中的"小夫"消失,仅有公卒和士伍成为"士下"之品。公卒和士伍在最初为军爵时应在作战分工上有所区别,且公卒略高于士伍。后来随着爵调整和规范的身份秩序超越军层,成为一种更广泛的社会性身份品位时,二者的差别逐渐缩小,以致在爵所带来的诸多权益的表述中多见公卒与士伍并列。

另外,入汉后爵制渐行式微,附于爵的身份权益也呈减弱趋势,享有食

---

① 参见王勇、唐俐:《"走马"为秦爵小考》,《湖南大学学报》2010年第4期。主要观点,走马、簪袅二名在秦代可能通用,汉初整理爵位时对同爵异称的情况进行了规范,废止了爵称走马。
② 简牍整理小组编《居延汉简》(贰),"中研院"史语所,2015,第258页。
③ 司马彪:《后汉书志》第二八《百官五》,第3631页引刘劭《爵制》。
④ 钱大昭:"自公士至公乘,民之爵也……自五大夫至彻侯,则官之爵也。"参见王先谦:《汉书补注》,书目文献出版社,1995,第285页上栏引。另可参见西嶋定生:《中国古代帝国的形成与结构——二十等爵制研究》,第84-89页;朱绍侯:《军功爵制考论》,第368-377页。
⑤ 班固:《汉书》卷一九上《百官公卿表上》,第740页。

邑、比地为伍、免役等特权的爵等越来越高。比如在秦时大夫爵享有"不当伍及人"①的权益,汉初则上升至五大夫,②西汉中期,甚至比地为伍的爵到了关内侯。③ 而随着爵的权益的弱化,爵制系统也呈简化趋势,三国吴简户籍口食简中只存"公乘""士伍"二个相关称号,④就是一个有力的说明。而"公卒"在爵位系统中作为"士下"准爵称,被简化的时间应该更早。从居延汉简、肩水金关汉简、敦煌汉简、悬泉汉简等的材料来看,公乘以下的公大夫、官大夫、大夫、不更、簪袅、上造、公士、士伍等身份的戍卒都有发现,唯独没有公卒。因此,"公卒"作为第一个被裁并的身份,应发生在西汉前期。这可能也是"公卒"在汉代文献材料不见记载的原因。

---

① 睡虎地秦墓竹简整理小组编《睡虎地秦墓竹简》,第129页:"大夫寡,当伍及人不当?不当。"(简156)
② 张家山二四七号汉墓竹简整理小组编《张家山汉墓竹简〔二四七号墓〕》(释文修订本),第51页:"自五大夫以下,比地为伍。"(简305)
③ 《盐铁论校注》,王利器校注,中华书局,1992,第584页:"故今自关内侯以下,比地于伍,居家相察,出入相司。"
④ 参见沈刚:《走马楼吴简所见公乘、士伍述论》,载中国魏晋南北朝史学会、武汉大学中国三至九世纪研究所编《魏晋南北朝史研究:回顾与探索》,湖北教育出版社,2009,第717-723页。

对简牍与秦汉史研究的几点思考

王彦辉

20 世纪初，简牍的发现并成为一门新的学问与马克思主义唯物史观传入中国大体同步，简牍研究走的是文献与简牍互证（以王国维为代表）和以简牍证史（以陈梦家为代表）的路径，是为新历史考证学；唯物史观重在揭示社会的本质属性及历史演进的内在规律，进而建构中国古代的历史体系，形成了历史编纂中综合性通史与分领域专史两条学术路径，并在新中国成立以后取得压倒性地位。这种宏大叙事的传统虽然没有完全脱离实证这一历史学的本质特性，但由于把马克思主义唯物史观简单化、绝对化，历史研究的命题却严重脱离中国历史的实际。改革开放以后，历史研究在走出"史学危机"的同时，渐次兴起文化史、社会史等研究思潮，"回到乾嘉去""走向国学"成为主导性的价值理念。这种回归当然有其学理上的要求，但也深受后现代主义史学的影响。在这种学术背景下，秦汉史研究在取得骄人成绩的同时，也留下了许多缺憾和发人深思的地方。

中华文明史是世界上唯一连续的没有被异域文明中断的历史，古代典籍浩如烟海，受苏联历史学科设置的影响和出于对特定时间单元深入研究的需要而划分出断代史。其中，秦汉史研究遭遇的最大困境是传世文献有限而研究起点又相对较高，极大地限制了我们进一步认识和叙述这段历史。所幸近代以来陆续发现了大批秦汉时期的简牍资料，内容极其丰富，涉及秦汉时期的政治、法律、经济、军事、社会、医疗、文化等诸多方面，许多文书档案连司马迁、班固等古代史家都未曾见到，实乃秦汉史乃至中国古代史研究的一大幸事。正所谓新的材料必将带来新的学术，时至今日，简牍学已经成为国际显学,带动了文献学、古文字学、历史地理学、历史学等学科的发展。

回眸近三十年来的秦汉史研究,可以说在各个领域都取得了前所未有的成绩,如果说陈梦家、陈直等老一辈史家利用居延汉简在补史、证史方面已经为我们奠定了标志性的研究方法,睡虎地秦墓竹简、江陵汉简、银雀山汉简、居延新简、张家山汉简、龙岗秦简等简牍的公布则为我们提供了从不同视角、不同层面认识秦汉社会的第一手资料。而西方史学理论与方法的不断涌入和研究手段的变革,也极大地拓展了学者的视野和研究领域。为此,秦汉史学界利用这些简牍资料写出了一大批综合性的断代史著作和专史著作,学术论文仅从量上来说更是逐年翻番。在秦汉基本问题的研究中,许多问题已经取得突破性进展或填补了前人研究的空白。比如在土地制度、赋税制度、货币经济、爵位制度、地方行政组织及吏员设置、法律体系、刑法制度、户籍制度、婚姻家庭、继承制度、民间信仰等诸多方面撰写出一批高质量的学术专著和论文,从而使秦汉史的研究水平得到了整体提高。

当然,我们在取得令人瞩目成绩的同时,也存在着许多明显的缺憾和不足,尤其是在理论探讨方面显得更为薄弱,概括来说主要反映在以下几个方面。

一是选题的碎片化,导致多数研究成果停留在实证的层面。史学研究的基础是实证,这就决定对许多历史问题的讨论离不开考据法,尤其在简牍的释读和历史概念的解释上更是如此。学界诟病的研究课题的"碎片化",指的或者不是选题本身,而是研究内容没有和关涉的历史问题联系起来。选题可以是微观的,但要一叶知秋,通过一个概念、一种现象透视那个社会的千姿百态。那些具有里程碑意义的考据学著作概莫能外。阎若璩的《古文尚书疏证》是一部考据学名作,但他用毕生精力来做这项辨伪工作的目的却是要打破几千年来对儒家经典的迷信,把信仰的对象变成研究的对象;王国维在释读甲骨文的同时所写的《殷卜辞中所见先公先王考》及《续考》并非仅仅是为了在甲骨文中找出商王的名号,而是为了回应疑古学派对古史体系的无端怀疑;陈寅恪的《隋唐制度渊源略论稿》旁征博引,材料恢宏,但他的主旨是要从两晋南北朝三百年的历史纵深中寻找出隋唐制度的渊源。如果我们的研究仅仅停留在考据的层面,只是为了证明或证伪一个个具体的概念和问题,而缺少对秦汉基本问题及其在历史纵深上的价值做出回答,那么除了获得史实上的澄清或解释外,这些碎片化的选题和个案的考察终究无法积累出一个系统的知识体系,也不能增进我们对秦汉基本问题的认识。我们当然不能否定对简牍材料提供的某些概念或史实进行考证的应有价值,但这却不能成为历史研究的唯一价值追求。因为对新的历史概念的解释和对一些史实的澄清,本应成为推进既往历史课题的研究或建构新视角、开辟新领域新途径的基石,而不是把这些基石撒落到历史的汪洋大海。

造成这种局面的原因当然有体制因素的困扰,各种名目的立项、评奖、评优铺天盖地,已经牵扯了学者太多的时间和精力,而量化的职称评定标准更令中青年学者无所适从,进而影响了学者兴奋点的聚焦和课题研究意义的选择。如果说这是历史研究的庸俗化表现,那也是一种无奈的庸俗,是个体研究者无法抗拒和改变的。从学者自身来说,自觉或不自觉地受到去意识形态化思潮的影响,或多年形成的以梳理某一问题描述某一事件考证某一史实的思维惯性的无意识,使一些学者津津乐道于选题的多样和深奥,不能沉寂下来对历史基本问题进行长期关注,不善于把考据的成果放到一个重大历史课题和长时段的历史纵深中去思考,从而使许多研究成果失去了深度和灵魂,这不能不说是简牍与秦汉史研究的一大缺憾。

二是简牍与历史研究脱节,影响了成果质量的整体水准。任何传世文献都经过了当代或后代史家对他所面对的历史资料的筛选、加工和润色,都难免或多或少或明或暗地注入研究者自身的意识形态立场、价值判断和审美情趣等因素,因此已经与事实本身拉开了一定的距离。但这些文本毕竟是系统化的历史叙事,而秉笔直书的传统更使古代的史书尽可能贴近真实。为此,对存世文献的专精和对历史的体悟程度不仅是释读和运用简牍资料从事研究的基础和前提,而且决定着研究者的选题方向和解决问题的历史深度。简牍资料除了部分文化典籍基本都是当时的文书档案以及生产生活的记录,真实性无可置疑,其中的秦汉律令、日书、算术书等更加弥足珍贵,为我们重新认识秦汉制度、社会组织结构、生产生活状态以及情感世界提供了新的支点和角度,甚至在某些方面正在颠覆千百年来确立起来的关于秦汉历史的知识体系。但是,我们必须牢记,历史研究是建立在厚重的文献功底、长期的学术积淀和强烈的历史意识的基础之上的,利用这些资料进行研究要做到文献、简牍和历史意识的有机结合,而不是单纯的释文析字,更不是简文的连缀和归纳,而是要在这些基础工作的基础上拨开历史疑云,开拓研究领域,解决历史问题。对此,老一辈史学家已经为我们做出了表率,比如王国维对汉代边郡都尉官系统的梳理和楼兰古城地望的考察、陈梦家对汉代俸禄制度的研究、大庭脩通过复原"元康五年诏书"简册对诏书的书写格式和公文下达程序的考察、裘锡圭对啬夫在秦汉的演变及地方行政组织关系的讨论、杜正胜对汉唐家庭结构的比较研究等,无不具有开创性意义。

在世纪之交掀起的新一轮简牍研究热潮中,新公布的资料无论在内容的系统性上还是涵盖范围的普遍性上都远远超过以往,出版和发表的学术论著之多令人目不暇接,选题更是让人眼花缭乱。但在基础研究取得重大进展的同时,历史研究并没有收获多少突破性成果,绝大多数论著论题陈旧、创新不足,缺少历史深度和清晰的历史整体性定位。这种学术虚假繁荣的背后除了体制因素外,就简牍与秦汉史研究而论,恐怕存在一个简牍与历史研究脱节的问题。目前的研究队伍大体由三部分人构成:一是具有古文字学素养的学者,他们在整理和释读简牍的过程中也关注和撰写秦汉史方面的论文;二是经过秦汉史专业训练的断代史学者,他们主要是利用简牍资料从事秦汉史研究;三是掌握其他学科如经济学、法学、历史地理学等原理和方法的跨学科学者也在简牍研究中华丽转身。学科的细化有如植物的分蘖是学术研究深入发展的要求,但却造成史学人才的培养专精有余而兼通不足,使他们在简牍与秦汉史研究中各有所长也各有所短,一些学者或长于说文解字而短于历史感悟和整体意识;或专于秦汉史研究而短于音韵训诂和历史通识;或善于建构研究体系而短于对历史常识和历史关系的把握。由此带来的结果就是简牍与历史研究存在一定程度的脱节,或选题虽新但基本是简文的归纳和概括,不能在历史联系上展开和在历史深度上贯通;或专题研究思路清晰引证广博,但停留在史实的澄清和论题的说明,不能正确理解简文的含义而使结论的可信度大打折扣或不攻自破;或体系宏大概念新颖,但在理论框架的包装下缺少历史经验事实的支撑,甚至对简文的理解与议题自相矛盾。诸如此类,虽然许多论题已经触及秦汉史研究的深层次问题,但却不善于在历史联系中引申到问题的实质,使我们的研究主要是历史概念和历史问题的诠释,而不是对秦汉历史文化的特质和社会结构及其演变轨迹的思考。

三是重实证轻理论，忽视了对秦汉社会结构等重大理论问题的归纳和探讨。在社会史论战和旷日持久的古史分期以及由此引申出来的"五朵金花"讨论中，史学前辈围绕汉代社会性质、土地所有制形式、农民革命和农民战争、民族关系等问题已经对文献资料进行了系统梳理和挖掘，对周秦之际、汉魏之际的社会结构演变及相关社会状况做出了深入分析和研究，这是古史分期论战留给我们的丰厚史学遗产。但由于把马克思主义理论简单化和教条化，历史研究陷入以史证论的泥潭，史学在某种意义上演变为替某一理论或结论作注脚的注疏之学。随着史学领域的思想解放，回到乾嘉、远离"主义"成为职业历史家的普遍共识。虽然期间各种西方史学理论与方法也不断引入，但从欧洲历史经验中归纳出来的所谓新理论新范式却与中国的历史实际水土不服，除了从一个个新的视角重新叙述了以往的命题和认识，最多在学术园地平添了几道多彩的风景而已。而实证的选题又零碎分散，远离了"主义"却没有贴近秦汉的社会，正如何兹全先生在《研究人类社会形态、结构及其发展规律是社会史研究的主流》一文所表达的忧虑："社会史的研究方向，大多侧重在社会生活，衣食住行，风俗习惯，宗教信仰等方面。"忽视了对决定整个社会面貌的社会经济形态、社会结构及其发展的探讨。就是说生产方式、社会结构、社会形态等理论问题是我们无法回避的重大课题，因为我们要在历史序列中认识一个社会，就要全面分析这个社会的社会结构等问题，历史的枝丫末节也需要认识和定位，但终究代替不了对社会属性的判断和历史阶段性特征及其演变规律的认识。比如在战国以后中国社会经济结构的讨论中大体有三种看法，即地主经济论、市场经济论、权力经济论，究竟秦汉以后中国的经济结构属于哪种类型？简牍资料已经为我们的研究提供了丰富的素材，但却很少有这方面的选题。再比如我们走出了"五种社会形态"必经论的藩篱，开始了重建中国古史体系的尝试，大家的历史分期和概念体系虽然五花八门，但基本都承认战国是中国古代社会发生社会转型的一个时代，足以把秦以后的社会历史与三代社会明显分开。如此说来，秦汉正是两种不同社会结构和历史发展阶段的分水岭，历史地位极其重要，对秦汉社会组织形式及其运作、阶级阶层的构成及其状态、经济类型及其演变、职业分工及其联系等的认识，直接关系到对魏晋以后中国历史走向的考察。如果我们暂时撇开概念上的差异，其实我们讨论的很多问题原本就是古史分期中论战的内容。我们羞于谈论"主义",夸于别开生面,在解构一种意识形态和理论体系的同时,却并没有建立起符合中国历史发展逻辑的新的理论构架,甚至把决定一个社会基本面貌的研究内容也从史家的选项中一同抛弃,这除了陷入理论与方向的迷茫,恐怕不会推进秦汉史研究的真正进步。就是说,原有的理论体系可以被淡化,但不等于我们需要解决的问题也消失了。

中国历史不同于西方,是中西历史的发展道路、社会结构、文化特质的经验事实。中国的历史文化具有发展的连续性和统一性,而西方的历史文化是几经纵向的断裂和横向的接续的,因此,那些源自于西方社会历史的理论和模式不能在中国历史的研究中直接应用,最多不过提供给我们一种借鉴和参照。英国著名物理学家霍金曾在他的《伟大的设计》一书中否定了宇宙形成中上帝之手的存在,牛顿所谓的第一推动力的理论大厦轰然崩塌,则在人类社会历史的进化中所谓上帝、精神、意志决定论也就不攻自破了。从这个意义上说,马克思主义唯物史观仍然具有生命力,但只是在原理和方法的层面具有指导性,而他本人对中西历史研究的具体观点和结论却不具有普世价值。即是说,我们要对中国的历史道路、社会结构及其演变轨迹做出科学的合乎实际的说明,必须从中国历史的研究中进行总结和概括。如果说以往的研究更多的是通过逻辑演绎的方式去证明那些所谓的"命题",如今则要通过归纳的方式去概括中国历史的特性和发展规律,而归纳和概括是建立在实证史学的基础之上的。如果说前人研究秦汉史无论采纳何种假说,都存在着文献不足征的瓶颈问题,那么在简牍资料大量发现并陆续公布的今天,恰是我们大有所为的时候,我们还有什么理由对这些重大的历史问题和理论问题躲躲闪闪或以种种托词掩盖理论修养上的懦弱呢?难道还要继续去追赶那些所谓的思潮而乐此不倦,让一次次过眼烟云继续笼罩在秦汉史研究的天空,如弄潮儿一般跟在西方史学流派的后面去追风吗?

笔者是在反思自己的学术经历,无意对学界指手画脚,我们在反思当下存在的问题,而不是为真真假假的学术繁荣唱颂歌,言过其实笔端尖刻在所难免。反思就代表着希望,我们期待着简牍与秦汉史研究在不久的将来取得突破,构筑起中国帝制时代的社会结构及其发展规律的理论体系。

说"制诏御史"

代国玺

一、问题之提出

汉代的皇帝命令可分为四种:"一曰策书,二曰制书,三曰诏书,四曰戒书。"①策书一般用于封授诸侯王、三公,戒敕用于告诫刺史、太守及三边营官,两者皆用诸特定场合。唯制书和诏书广泛应用于日常行政之中。制书一般以"制诏某官"起首,后面紧跟皇帝的命令之辞。诏书主要由臣民章奏、"制曰"和皇帝的批答三者复合构成。相较于诏书,制书将"令由君出"的君主专制特性体现得更为充分。故西汉皇帝的重要命令,一般用制书下达。《独断》曰:"制书,帝者制度之命也,……赦令、赎令之属是也。"说明的正是这一点。

制书又可分为两类,一类是面向全国发布的,另一类则下达给特定的官僚机构。面向全国发布的制书,其起首语是固定的。西汉时期,即为"制诏御史"或"制诏丞相御史"。此类制书主要有三大功能:一、立法;二、布政;三、宣布对高官(贵爵)的任免(封除)。② 其例如《二年律令·津关令》:"制诏御史:其令扞(扜)关、郧关、武关、函谷(关)、临晋官,及诸其塞之河津,禁

---

① 蔡邕:《独断》,文渊阁四库全书本。下引《独断》同。
② 参见代国玺:《汉代公文形态新探》,《中国史研究》2015 年第 2 期。

毋出黄金,诸奠黄金器及铜,有犯令。"①又如《汉旧仪》载:"日食,即日下赦曰:制诏御史:其赦天下自殊死以下。"②《汉书·刑法志》载:"(文帝)遂下令曰:'制诏御史:盖闻有虞氏之时,……其除肉刑,有以易之;及令罪人各以轻重,不亡逃,有年而免。具为令。'"③再如敦煌悬泉汉简所载诏令:"制诏丞相御史☐☐☐☐务崇宽大长和睦☐。"④总之,"制诏御史"与"制诏丞相御史"所引领的诏令性质相同,皆属于西汉最重要的皇帝命令。这就引出了我们以下的疑问。

面向全国发布的重要制书以"制诏丞相御史"起首,易于理解,因为丞相与御史大夫是百官总率,诏令要由他们监督百官执行。⑤ 但为何会以"制诏御史"起首？这令人费解。而且,从现有史料来看,以"制诏御史"起首的制书,数量要大于以"制诏丞相御史"起首者,重要制书呈现着以"制诏御史"起首为主、以"制诏丞相御史"为辅的局面。这就更添疑惑了。"制诏御史"一语形成的缘由何在？具有怎样的历史背景？尽管已有学者从汉初御史大夫负责颁下诏令的角度,对以上问题作过解释,⑥但我们仍觉其说于史实颇有龃龉,故这里再作探究,以就正于方家。

二、"制诏御史"之"御史"非"御史大夫"的省文

从御史大夫负责颁下诏令的角度解释"制诏御史",立论的基点是以

---

① 张家山二四七号汉墓竹简整理小组编著《张家山汉墓竹简〔二四七号墓〕》(释文修订本),文物出版社,2006,第83页。
② 孙星衍等辑《汉官六种》,周天游点校,中华书局,1980,第72页。
③ 班固:《汉书》卷二三《刑法志》,中华书局,1962,第1098页。
④ 张俊民:《悬泉汉简与班固〈汉书〉所引诏书文字的异同》,《文献》2013年第2期,第59页。此简编号为(ⅣT0617③:38)。
⑤ 参见祝总斌:《两汉魏晋南北朝宰相制度研究》,中国社会科学出版社,1990,第36页。
⑥ 参见祝总斌:《两汉魏晋南北朝宰相制度研究》,第36-37页。

"制诏御史"之"御史"为"御史大夫"的省文。对于这一观点,学界几无异词。① 不过,这个共识,仍有待商榷。

"御史"可以是"御史大夫"的省文,这没有问题。前辈学者陈直就指出《汉书》中,"御史大夫与丞相连称者,简称为丞相御史"②。但一般来说,"御史"是指御史大夫的属官。《通典·职官六》注引《汉旧仪》曰:"御史,员四十五人,皆六百石。其十五人衣绛,给事殿中,为侍御史,宿庐在石渠门外,二人尚玺,四人持书给事,二人侍前,中丞一人领。余三十人留寺,理百官事。"③留在御史大夫寺的御史,与给事殿中的"侍御史",皆称"御史"。大多数时候,《汉书》所言"御史",盖指此两者。"侍御史"近侍皇帝,更有"持书给事"的职能,不乏经手诏令的可能,何以就能肯定"制诏御史"之"御史"为"御史大夫"而非"侍御史"?

《汉书·万石君传》载,元鼎五年(前112年),丞相赵周坐酎金免,武帝下诏曰:"制诏御史:'万石君先帝尊之,子孙至孝,其以御史大夫庆为丞相,封牧丘侯。'"④如若"制诏御史"之"御史"为"御史大夫",诏文中言"其以御史大夫庆"云云,岂非床上叠床、屋上架屋?

《汉书·律历志》载:

> 至武帝元封七年,汉兴二百岁矣,大中大夫公孙卿、壶遂、太史令司马迁等言"历纪坏废,宜改正朔"。是时御史大夫兒宽明经术,上乃诏宽曰:"与博士共议,今宜何以为正朔?服色何上?"宽与博士赐等议,皆曰:"帝王必改正朔,易服色,所以明受命于天也。……臣愚以为三统之制,后圣复前圣者,二代在前也。今二代之统绝而不序矣,唯陛下发

---

① 择其要者,参见陈直:《甘肃武威磨咀子汉墓出土王杖十简通考》,《考古》1961年第3期;甘肃省博物馆、中国科学院考古研究所编《武威汉简》,文物出版社,1964,第142页;祝总斌:《两汉魏晋南北朝宰相制度研究》,第36页;陈启云:《略论两汉枢机职事与三台制度之发展》,载陈启云:《儒学与汉代历史文化——陈启云文集(二)》,广西师范大学出版社,2007,第217页;大庭修:《秦汉法制史研究》,林剑鸣等译,上海人民出版社,1991,第211页;武威县博物馆:《武威新出土王杖诏令册》,载甘肃省文物工作队、甘肃省博物馆编《汉简研究文集》,甘肃人民出版社,1984,第37页;陈直:《汉书新证》,中华书局,2008,第162页;郝树声、张德芳:《悬泉汉简研究》,甘肃文化出版社,2009,第327页。
② 陈直:《汉书新证》,第80页。
③ 杜佑:《通典》卷二四《职官六》注引,王文锦、王永兴等点校,中华书局,1988,第666页。
④ 班固:《汉书》卷四六《万石君传》,第2197页。

圣德,宣考天地四时之极,则顺阴阳以定大明之制,为万世则。"于是乃诏御史曰:"乃者有司言历未定,广延宣问,以考星度,未能雠也。盖闻古者黄帝合而不死,名察发敛,定清浊,起五部,建气物分数。然则上矣。书缺乐弛,朕甚难之。依违以惟,未能修明。其以七年为元年。"①

此文叙事分明,言诏"御史大夫兒宽"曰"诏宽";宣布改元,则云"诏御史"而不云"诏御史大夫"。此与"制诏御史"之"御史"为"御史大夫"的说法,显然扞格。

汉景帝以后,诏令一般由御史大夫下丞相,再由丞相下中二千石、二千石、郡国守相,《史记·三王世家》与出土简牍皆有明证。学者一般据此推断"制诏御史"为"制诏御史大夫"的省文。然而,汉初的诏令下达方式却与此有异。《汉书·高帝纪》载高祖诏曰:"布告天下,使明知朕意。御史大夫昌下相国,相国酂侯下诸侯王,御史中执法下郡守。"②"御史中执法"即"御史中丞"。汉初诏令是按两条线下达的,与其时的郡国体制相对应。一由御史大夫转下,一由御史中丞转下。大约是到景帝中元五年(公元前145年),诸侯国性质发生变化后,"诸侯王不得复治国,天子为置吏,改丞相曰相"③,两条线的下达方式才并为一条线,即全由御史大夫转下。但以"制诏御史"引领诏令,自高祖已然如此。这又如何解释?

由此来看,"御史大夫"说,捉襟见肘,似不可取。合理的解释是,"制诏御史"之"御史"为"侍御史"。这样才能消除以上疑窦,兼顾汉初下达诏令的两条线。侍御史既是御史大夫的属官,又是御史中丞的属官,在殿中给事。由侍御史引出这两条线,就比较自然了。

"侍御史"之说,《汉书》中本有佐证。其一,"侍御史"通称"御史",为汉代常态。如《汉书·谷永传》"上使侍御史收永,敕过交道厩者勿追。御史不及永"④云云,《汉书·朱云传》"御史将云下,云攀殿槛"⑤云云,两者所谓"御史"实为"侍御史"。又如"符玺御史""绣衣御史",亦属侍御史。故

---

① 班固:《汉书》卷二一上《律历志》,第975页。
② 班固:《汉书》卷一下《高帝纪》,第71页。
③ 班固:《汉书》卷一九上《百官公卿表》,第741页。
④ 班固:《汉书》卷八五《谷永传》,第3465页。
⑤ 班固:《汉书》卷六七《朱云传》,第2915页。

陈直谓："侍御史在叙典章制度则用全名,在叙事则简称为御史。"①大约称"侍御史"是为区别于御史大夫直接领导的属官,通常亦可不加"侍"字。

其二,《汉书·陈平传》载:"高帝南过曲逆,上其城,望室屋甚大,曰:'壮哉县！吾行天下,独见洛阳与是耳。'顾问御史:'曲逆户口几何？'对曰:'始秦时三万余户,间者兵数起,多亡匿,今见五千余户。'于是诏御史:'更封平为曲逆侯,尽食之,除前所食户牖。'"②高祖出巡,御史随侍左右,则此"御史"应为"侍御史"。所谓"诏御史",即是"诏侍御史"。"诏御史"后紧随封爵之辞,当与"制诏御史"引领的诏文有渊源关系。可作为"侍御史"之说的佐证。

其三,《汉书·卫青传》载,卫青伐匈奴有功,武帝封其三子为侯,卫青以诸将校未封为由固辞,"上曰:'我非忘诸校功也,今固且图之。'乃诏御史曰:'护军都尉公孙敖三从大将军击匈奴,常护军傅校获王,封敖为合骑侯……'"③。此"诏御史"亦即"诏侍御史",后面紧跟封爵之辞。亦可佐证"制诏御史"应为"制诏侍御史"。

最有力的证据见于敦煌悬泉出土的汉简。悬泉汉简虽然还没有全部公布,但仅据胡平生、张德芳、张俊民等刊布的内容,已可说明问题。刊布的悬泉汉简中,有数量颇丰的"传信简"。所谓"传信",是朝廷颁给外出执行公务人员的一种特权凭证。持有这种凭证,汉代官吏不但可以通行所过关津,而且有权要求所过各地提供免费的车马、食宿等。由悬泉所见"传信简"来看,传信一般要具备两个内容。其一,有皇帝诏旨;其二,由御史大夫签发。御史大夫签发的部分,格式与用语基本相同。皇帝诏旨的部分,格式则大体分为两类。一类言"有请诏",即说明此传信的内容已由大臣奏请皇帝并获得批准。如简(ⅤT1412③:100):"甘露三年十月辛亥,丞相属王彭护乌孙公主及将军、贵人从者道上。传车马为驾二封轺传,有请诏。御史大夫万年下谓成,以次为驾,当舍传舍,如律令。"④又如简(ⅡT0115④:34):"甘露四

---

① 陈直:《汉书新证》,第80页。
② 班固:《汉书》卷四〇《陈平传》,第2045页。
③ 班固:《汉书》卷五五《卫青传》,第2475页。
④ 张俊民:《敦煌悬泉汉简所见人名综述(四)——以中央机构职官为中心的考察》,载卜宪群、杨振红主编《简帛研究2007》,广西师范大学出版社,2010,第110页;郝树声、张德芳:《悬泉汉简研究》,编号为(Ⅴ92DXT1412③:100),第149页。

年六月辛丑,郎中马上使护敦煌郡,塞外漕作仓穿渠。为驾一乘传,载从者一人,有请诏。外卅一。御史大夫万年下谓,以次为驾,当舍传舍从者,如律令。"①另一类是中朝臣"承制"下旨,经由侍御史而形成诏令。此诏令形式上同于制书,以"制诏侍御史"或"制诏御史"起首。诏令以"制诏侍御史"起首的"传信简",如:

1. 神爵二年四月戊戌,大司马车骑将军臣□承

  制 诏侍御史曰:使乌孙长□□君长富侯臣或与斥候王利国侯君周国假长

  万□□中乐安世陈盖众□□□□延年奉□迎

  为驾二封轺传,十人共传,二人共载。 十月□

  御史大夫□下扶风厩,承书

  以次为驾,当舍传舍,如律令。   ⅠT0309③:59②

2. 甘露二年十一月丙戌,富平侯臣延寿、光禄勋臣显承

  制 诏侍御史曰:穿治渠军猥候丞□万年漆光王充诣校尉作所

  为驾二封轺传,载从者一各人,轺传二乘。 传八百册四

  御史大夫定国下扶风厩,承书

  以次为驾,当舍传舍,如律令。   ⅡT0214③:73A③

3. 甘露三年四月己未,富平侯臣延寿、光禄勋臣显承

  制 诏侍御史:营军司马王章诣部,

  为驾二封轺传,载从者一人

  御史大夫定国下扶风厩,承书以

---

① 张俊民:《敦煌悬泉汉简所见人名综述(四)——以中央机构职官为中心的考察》,载卜宪群、杨振红主编《简帛研究2007》,第109页。

② 张俊民:《敦煌悬泉汉简所见人名综述(四)——以中央机构职官为中心的考察》,载卜宪群、杨振红主编《简帛研究2007》,第111页。

③ 张俊民:《敦煌悬泉汉简所见人名综述(四)——以中央机构职官为中心的考察》,载卜宪群、杨振红主编《简帛研究2007》,第108页;郝树声、张德芳:《悬泉汉简研究》,编号为(Ⅱ90DXT0214③:73),第147页;胡平生、张德芳:《敦煌悬泉汉简释粹》,编号为(Ⅱ0214③:73),上海古籍出版社,2001,第40页。按,"猥候丞□万年漆光",《悬泉汉简研究》(以下简称《研究》)作"□候丞□万年□光",《敦煌悬泉汉简释粹》(以下简称《释粹》)作"猥候丞承万年汉光"。

次为驾,当舍传舍,如律令。　　　　　　　　　　VT1312③:2①

4. 初元五年十一月,左将军光禄大夫臣嘉、右将军典属国臣奉世承

　　制　诏侍御史曰:都护西域校尉司马令史窦延年武党∨充国∨良诣部为驾一封

　　御史大夫万年下□☑公卒□☑

　　当舍传舍如律令□　　　　　　　　　　　　　VT1512③:11②

5. 建平四年五月壬子御史中丞臣宪承

　　制　诏侍御史曰:敦煌玉门都尉忠之官,为驾一乘传,载从者

　　御史大夫延下长安,承书以次为驾

　　当舍传舍,如律令。　　　　　　　　　　　　IT0112②:18③

诏令以"制诏御史"起首的"传信简",如:

1. 五凤四年六月丙寅,使主客将军散骑光禄大夫□扶承

　　制　诏御史曰:使云中太守安国、故教未央仓龙屯卫司马苏于武强,

　　使送车师王、乌孙诸国客,与军候周充国载屯俱,

　　为驾二封轺传,二人共载

　　御史大夫延年大司马承书以次为驾,

　　当舍传舍,如律令。　　　　　　　　　　ⅡT0113③:122:151A④

---

①　张俊民:《敦煌悬泉汉简所见人名综述(四)——以中央机构职官为中心的考察》,载卜宪群、杨振红主编《简帛研究2007》,第108页;郝树声、张德芳:《悬泉汉简研究》,编号为(V92DXT1312③:2),第148页。按,"诣部",《研究》作"诣□"。

②　张俊民:《敦煌悬泉汉简所见人名综述(四)——以中央机构职官为中心的考察》,载卜宪群、杨振红主编《简帛研究2007》,第109页;郝树声、张德芳:《悬泉汉简研究》,编号为(V92DXT1512③:11),第136页。

③　张俊民:《敦煌悬泉汉简所见人名综述(四)——以中央机构职官为中心的考察》,载卜宪群、杨振红主编《简帛研究2007》,第111页;郝树声、张德芳:《悬泉汉简研究》,编号为(Ⅰ90DXT0112②:18),第150页;胡平生、张德芳:《敦煌悬泉汉简释粹》,编号为(Ⅰ0112②:18),第38页。

④　张俊民:《敦煌悬泉汉简所见人名综述(四)——以中央机构职官为中心的考察》,载卜宪群、杨振红主编《简帛研究2007》,第107页;郝树声、张德芳:《悬泉汉简研究》,编号为(Ⅱ90DXT0113④:122),第145-146页;胡平生、张德芳:《敦煌悬泉汉简释粹》,编号为(Ⅱ0113③:122),第151页。按,"□扶承",《研究》作"□扶韦",《释粹》作"田扶韦"。"故教""屯卫",《研究》《释粹》俱作"故□""□卫"。"苏于武强",《释粹》作"苏□武强"。

2. 永光二年六月乙亥,左将军卫尉臣嘉、右将军□掾属臣奉世承
制　　诏御史曰:使送焉耆王北道客传马□□□□□□□文□
橄蔡宗辅俱,为驾一封轺传,二人共载。　　　　　VT1210③:131①
3. 元始二年二月己亥少傅左将军臣丰右将军臣建承
制　　诏御史曰:候旦发送乌孙归义侯侍子。
为驾一乘轺传,得别驾,载从者二人　御七十六　　T0116S:14②

可以看出,两种"传信简"的性质、内容、格式完全相同,而后一种传信中的"制诏御史"显系"制诏侍御史"的省文。传信作为一种特权凭证,命令的是持传人所过之处,故其上的诏令,性质近乎"赦令、赎令之属",亦属于面向全国发布的诏令。由此应该可以推定,我们在《史记》《汉书》和出土汉简中习见的"制诏御史",并非"制诏御史大夫"的省文;"制诏御史"中的"御史"实为"侍御史"。

就"传信简"中的"制诏侍御史",有学者曾发表过两种推测。其一,"侍御史在接到其他二千石官员等根据皇帝旨意下达的书面命令后,将命令上呈其长官御史大夫"③。其二,"所谓'承制诏侍御史曰'实际就是直接下达给御史大夫的命令,由于御史大夫秩亦为二千石,且位次先于其他二千石,其他二千石移御史大夫的文书不能直接称名,而采取给其下属下命令的曲折方式来表达"④。两说皆失之曲迂。后者淡化了"承制"两字的特殊意义,前者则轻视了"侍御史"的作用。这可能是受了"御史大夫说"的影响,遂将重点放在御史大夫身上,故未能揭示"制诏(侍)御史"的独特涵义。

---

① 张俊民:《敦煌悬泉汉简所见人名综述(四)——以中央机构职官为中心的考察》,载卜宪群、杨振红主编《简帛研究2007》,第114页。

② 张俊民:《敦煌悬泉汉简所见人名综述(四)——以中央机构职官为中心的考察》,载卜宪群、杨振红主编《简帛研究2007》,第119-120页;郝树声、张德芳:《悬泉汉简研究》,编号为(Ⅰ90DXT0116S:14),第142页;胡平生、张德芳:《敦煌悬泉汉简释粹》,编号为(Ⅰ0116:S.14),第146页。按,"发送",《研究》作"□送",《释粹》作"受送"。

③④ 侯旭东:《西北汉简所见"传信"与"传"——兼论汉代君臣日常政务的分工与诏书、律令的作用》,《文史》2008年第3辑,第12页。

三、侍御史记王言

"制诏御史"一语应与西汉诏令的形成过程有关。清人沈钦韩曾指出，西汉初期，"凡诏令，御史起草，付外施行。御史大夫为长，故径下相国也"①。祝总斌亦曾说："御史起草后，或直接交皇帝批准，再送御史大夫发出，或先交御史大夫审阅，再由皇帝批准颁下。"②他们都已注意到了西汉诏令要经侍御史之手这一现象。不过，经侍御史之手，却不等于说诏文是由侍御史草拟的。说"御史起草"，并不恰当。如果诏文为侍御史或御史大夫所草拟，其以"制诏御史"起首岂不是本末倒置？"制诏"意即"皇帝命令"，侍御史岂敢冠自作之诏以"制诏"？比照唐代诏令，中书起草，门下审核，尚书执行。诏令有以"门下"起首者，未尝见以"中书"起首，原因就在于诏文本由中书草拟。故侍御史草拟诏令之说，并不可取。实际上，在西汉诏令的形成过程中，侍御史负责的是"记王言"，而非"代王言"。

清人赵翼《廿二史札记》卷四有"汉帝多自作诏"条，曰：

> 两汉诏命皆由尚书出，故比之于北斗，谓天之喉舌也。……汉诏最可观，至今犹诵述，盖皆简才学士充郎署之选。而如陈忠所云，则亦拙于为文，及辗转倩人者，可知代言之职綦重矣。然亦有天子自作者，武帝以淮南王安工文词，每赐安书，辄令司马相如等视草，是帝先具草而使词臣讨论润色也。哀帝策董贤为大司马，有"允执其中"之语，萧咸谓此乃尧禅舜之文，非三公故事，长老莫不心惧，此必非代言者所敢作也。光武诏司徒邓禹曰："司徒尧也，亡贼桀也，宜以时进讨。"立阴贵人为后，诏曰："贵人乡里良家，归自微贱，自我不见，于今三年。宜奉宗庙，为天下母。"又帝疑侯霸荐士有私，赐书曰："崇山幽都何可偶，黄钺一下无处所。欲以身试法耶？将杀身成仁耶？"此等文词，亦必非臣下所代作者。明帝登极诏曰："今上无天子，下无方伯。实赖有德，左右小子。"章帝诏亦有云："上无明天子，下无贤方伯。"按二帝方在位，而诏

---

① 王先谦：《汉书补注》卷一下《高祖纪》十一年注引，上册，中华书局，1983，影印本，第55页。
② 祝总斌：《两汉魏晋南北朝宰相制度研究》，第36页。

云上无天子,人臣代草,敢为此语耶?①

赵翼已经注意到了西汉和东汉初皇帝有自作诏之事。但受魏晋以降人臣草诏制度的影响,他只是将其视为偶然现象,归为"亦有"之流。实则不然,皇帝自作诏当属西汉常态。

先来看汉高祖的一些诏令。高祖五年(公元前202年)夏五月,诏曰:"诸侯子及从军归者,甚多高爵,吾数诏吏先与田宅,……爵或人君,上所尊礼,久立吏前,曾不为决,甚亡谓也……今吾于爵非轻也,吏独安取此……其令诸吏善遇高爵,称吾意。且廉问,有不如吾诏者,以重论之。"②

高祖六年(公元前201年)冬十二月,诏曰:"天下既安……或未习法令,或以其故犯法,大者死刑,吾甚怜之。其赦天下。"③

高祖十一年(公元前196年)二月,诏曰:"盖闻王者莫高于周文,伯者莫高于齐桓,皆待贤人而成名……今吾以天之灵,贤士大夫定有天下……贤人已与我共平之矣,而不与吾共安利之,可乎?贤士大夫有肯从我游者,吾能尊显之。布告天下,使明知朕意。"④

高祖十二年(公元前195年)冬十二月,诏曰:"燕王绾与吾有故,爱之如子,闻与陈豨有谋,吾以为亡有,故使人迎绾。绾称疾不来,谋反明矣。燕吏民非有罪也,赐其吏六百石以上爵各一级。"⑤

高祖十二年三月,诏曰:"吾立为天子,帝有天下,十二年于今矣。与天下之豪士贤大夫共定天下,同安辑之。其有功者上致之王,次为列侯,下乃食邑……吾于天下贤士功臣,可谓亡负矣……布告天下,使明知朕意。"⑥

上列诏令,有两个共同特点。其一,应是汉高祖自作。这点显而易见。皇帝称"朕",秦制已然,汉代承而不改,近臣草诏,岂敢用"吾""我"等词?"燕王绾与吾有故,爱之如子"之言,也只可能由汉高祖说出。而"王者莫高于周文,伯者莫高于齐桓"语,正与汉高祖的知识水平相契合。其二,浅显明

---

① 赵翼:《廿二史札记校证》卷四,王树民校证,中华书局,1984,第86页。
② 班固:《汉书》卷一下《高帝纪》,第54—55页。
③ 班固:《汉书》卷一下《高帝纪》,第59页。
④ 班固:《汉书》卷一下《高帝纪》,第71页。
⑤ 班固:《汉书》卷一下《高帝纪》,第77页。
⑥ 班固:《汉书》卷一下《高帝纪》,第78页。

白,有着鲜明的口语特征。一诏之中,时自称"吾",时自称"我",时自称"朕",书面语言定不如此。"甚亡谓也""吾以为亡有""可乎""可谓亡负矣"等语,如同面对面说话,情绪表露无遗。综合以上两个特点,我们认为这些诏令,应该是由汉高祖口授,近臣在旁笔录而成。

《史记·张丞相传》有"符玺御史"赵尧近侍高祖,则《汉旧仪》所载侍御史数人给事殿中,或尚玺,或持书给事,此制高祖之时已然。结合《陈平传》,高祖过曲逆,向随行的侍御史下诏"更封平为曲逆侯"云云的记载,可知执笔记录者即为侍御史。前引高祖诏令,应该是出自高祖之口,成于侍御史之手。侍御史掌记王言于简牍,并负责封以玺印,将其制成合乎规范的制书。

再看文帝的有些诏令。文帝元年(公元前179年)正月,诏曰:"朕既不德,上帝神明未歆飨也,天下人民未有惬志。今纵不能博求天下圣贤有德之人而嬗天下焉,而曰豫建太子,是重吾不德也。谓天下何?其安之。"①

元年三月,诏曰:"方春和时,草木群生之物皆有以自乐,而吾百姓鳏寡孤独穷困之人或阽于死亡,而莫之省忧。为民父母将何如?其议所以振贷之。"②

文帝十二年(公元前168年)三月,诏曰:"道民之路,在于务本。朕亲率天下农,十年于今,而野不加辟……吾诏书数下,岁劝民种树,而功未兴,是吏奉吾诏不勤,而劝民不明也。且吾农民甚苦,而吏莫之省,将何以劝焉?其赐农民今年租税之半。"③

文帝十三年(公元前167年)五月,诏曰:"盖闻有虞氏之时,画衣冠异章服以为戮,而民不犯……今法有肉刑三,而奸不止……吾甚自愧……今人有过,教未施而刑加焉,或欲改行为善而道毋由也。朕甚怜之……其除肉刑。"④

文帝十四年(公元前166年)春,诏曰:"朕获执牺牲珪币以事上帝宗庙,十四年于今。历日弥长,以不敏不明而久抚临天下,朕甚自愧……今吾

---

① 班固:《汉书》卷四《文帝纪》,第111页。
② 班固:《汉书》卷四《文帝纪》,第113页。
③ 班固:《汉书》卷四《文帝纪》,第124页。
④ 司马迁:《史记》卷一〇《孝文本纪》,中华书局,1959,第427-428页。

闻祠官祝釐,皆归福于朕躬,不为百姓,朕甚愧之。夫以朕之不德,而专乡独美其福,百姓不与焉,是重吾不德也。其令祠官致敬,无有所祈。"①

以上诏令,也应该是文帝自作的。如"博求天下圣贤有德之人而嬗天下"语,人臣起草,岂敢用哉?皇帝诏书言"朕既不德""朕甚自愧"云云,魏晋以降虽成套文,但文帝之前罕见其例,人臣草拟,岂敢如此信手拈来?且屡以"吾"为皇帝自称,恐亦非人臣草拟所宜用。同时,"吾""朕"并用,"谓天下何""为民父母将如何""将何以劝"等,颇显口语特征。故这些诏令,可能也是出于文帝之口,成于侍御史之手。

秦汉之时,书写的材料主要是竹简与木牍,所用工具为刀与笔。笔以书写,有误则用刀削除之。写起来不易,写好更不易,而欲制成规范文书,就更费时费力了。汉初侍御史给事殿中,就是为皇帝解决这个问题。《史记·张丞相列传》载:"赵尧年少,为符玺御史。赵人方与公谓御史大夫周昌曰:'君之史赵尧,年虽少,然奇才也,君必异之,是且代君之位。'周昌笑曰:'尧年少,刀笔吏耳,何能至是乎!'"②周昌言"刀笔吏",并非有意贬损赵尧,只不过是忠实描述侍御史的职掌而已。而且,西汉时期,不唯皇帝身旁设此类书记官,地方长官左右亦有之。《汉书·朱博传》载,朱博为琅琊太守,整饬地方治安,"阁下书佐入,博口占檄文曰:'府告姑幕令丞:言贼发不得,有书。檄到,令丞就职,游徼王卿力有余,如律令!'王卿得敕惶怖"③。此"阁下书佐",其职掌正是书记太守口令。这也旁证了我们的观点:汉初诏令多系出于皇帝之口,成于侍御史之手。

当然,并非所有的汉初诏令,皆经这种简单的"口授""笔录"过程。文帝、景帝的有些诏令,文致典雅,引经据典,颇似宿构。此类诏令,可能是皇帝自具草稿,再交由侍御史抄写。侍御史按规定格式、规定书体誊抄后,封以玺印,最终制成规范的制书。诏令制作完毕,再交其长官御史大夫颁下。此外,由于其时书写不易,文辞雅致的诏令,亦可能经历以下过程:皇帝先口授初稿,侍御史笔录于简册之上,待皇帝润色修改后,侍御史再按格式、书体誊抄并封以玺印,进而颁下。不论如何,汉初诏令皆由皇帝自作,侍御史只

---

① 班固:《汉书》卷四《文帝纪》,第126页。
② 司马迁:《史记》卷九六《张丞相列传》,第2678页。
③ 班固:《汉书》卷八三《朱博传》,第3401页。

负责记王言。抄写,亦记言之属。

汉初如此,西汉中后期呢?《文心雕龙·诏策》曰:"文景以前,诏体浮新;武帝崇儒,选言弘奥。"①武帝开始,诏令喜欢称引六经,文辞追求典雅,颇有别于当时口语。不过,此时仍未有人臣"代王言"的制度,皇帝自作诏仍属常态。

武帝赐淮南王玺书,②已如赵翼所说,"是帝先具草而使词臣讨论润色",而非武帝倩文学之士代言。《史记·儒林列传》载,丞相公孙弘上奏说:"臣谨案诏书律令下者,明天人分际,通古今之义,文章尔雅,训辞深厚,恩施甚美。小吏浅闻,不能究宣,无以明布谕下。"③武帝的诏令典雅弘美,"刀笔吏"读懂都属不易,更不要说草拟了。可知武帝诏令多系自撰。当然,武帝选任严助、司马相如等辞章之士为郎,此类词臣于少数诏文恐亦有贡献。又据《后汉书·百官三》注引胡广言:"孝宣感路温舒言,秋季后请谳。时帝幸宣室,斋居而决事,令侍御史二人治书。"④则宣帝的诏令,颇有出于其口而成于侍御史之手者。至于元帝,元帝侍中曾对班彪评价说:"上牵制文义,优游不断,孝宣之业衰焉。然宽弘尽下,出于恭俭,号令文雅,有古之风烈。"⑤所谓"号令文雅"云云,盖指元帝诏文。此亦元帝自作诏之证。

再者,西汉的四种皇帝命令中,最讲求文辞者,无疑应属策书。此种诏令本为追拟周代策命礼仪而设,其辞亦需仿效周代训诰。若此时已有人臣草诏之制,最应代言者,自当为此。然武帝封三王策,文辞最为古奥,却为"武帝手制"⑥。哀帝封董贤为大司马,策文有"允执其中"⑦语,中郎将萧咸曰:"此乃尧禅舜之文,非三公故事,长老见者,莫不心惧。"⑧则此策亦属哀帝自撰。相较于策书,西汉制书之辞要清简平易得多。难者既无代言之制,易者应该也是没有的。通观西汉制书,大都简明扼要,直叙其令,简略如后世所谓的"词头"。依理推之,恐亦无待词臣起草。

---

① 《增订文心雕龙校注》,黄叔琳注,李详补注,杨明照校注拾遗,中华书局,2000,第256页。
② 班固:《汉书》卷四四《淮南王传》,第2145页。
③ 司马迁:《史记》卷一二一《儒林列传》,第3119页。
④ 范晔:《后汉书》志二六《百官三》,中华书局,1965,第3600页。
⑤ 班固:《汉书》卷九《元帝纪》,第298页。
⑥ 司马迁:《史记》卷六〇《三王世家》"索隐",第2111页。
⑦ 班固:《汉书》卷九三《佞幸传》,第3736页。
⑧ 班固:《汉书》卷九三《佞幸传》,第3738页。

西汉中后期,皇帝自己作诏既仍为常态,侍御史所负责的,应该依旧是笔录或誊抄王言,继而制成规范的制书,交付其长官御史大夫颁行。

这里有三点需要补充。首先,皇帝自作诏为常态,并不是说西汉完全不存在人臣草诏之事。《汉书·贾捐之传》载,元帝时,有人上书推荐贾捐之说:"君房下笔,言语妙天下,使君房为尚书令,胜五鹿充宗远甚。"①据此,元帝时似已有尚书令草诏之事。但有其"事"不代表有其"制",我们的重点是说,西汉时期并未确立人臣代王言的制度。而人臣草诏,应属于清人赵翼所谓"亦有"的范畴,不是主流。

其次,皇帝自作诏为常态,也不等于说西汉诏旨皆属皇帝的个人决断。恰恰相反,由侍御史记录或誊抄的皇帝命令能最终形成,多系皇帝采纳臣民建议的结果。如文帝除肉刑之诏,起于缇萦的上书。缇萦上章中说:"妾伤夫死者不可复生,刑者不可复属,虽复欲改过自新,其道无由也。"文帝诏则曰:"今人有过,教未施而刑加焉,或欲改行为善而道毋由也。"②文帝不仅采纳了缇萦的建议,其诏文亦借用缇萦语。又如武帝颁行的推恩令,本为主父偃的主意。《汉书·主父偃传》曰:"偃说上曰:'古者诸侯地不过百里,强弱之形易制。今诸侯或连城数十,地方千里。……愿陛下令诸侯得推恩分子弟,以地侯之。彼人人喜得所愿,上以德施,实分其国,必自销弱矣。'于是上从其计。"③所谓"上从其计",亦即"制诏御史:诸侯王或欲推恩分子弟邑者,令各条上,朕且临定其号名"④。至于皇帝采纳中朝臣、丞相、御史大夫等官员的建议而下诏,其例必多,无须赘述。西汉时期,诏令多由皇帝自作,某种程度上说,是其时政府体制仍较为古简使然。不能仅仅据此,就过分夸大西汉时期的皇权。

最后,尤其要注意的是皇帝授权近臣宣诏的问题。悬泉"传信简"中的"承制诏(侍)御史",就与此有关。所谓中朝臣"承制诏(侍)御史",其实是指中朝臣代宣王命,令侍御史书于简牍之上,并制成规范的制书。制书制好后,交付其长官御史大夫,由御史大夫封印、签发。皇帝近臣代宣王命的史

---

① 班固:《汉书》卷六四下《贾捐之传》,第2835页。
② 司马迁:《史记》卷一〇《孝文本纪》,第427–428页。
③ 班固:《汉书》卷六四上《主父偃传》,第2802页。
④ 班固:《汉书》卷一五上《王子侯表》,第427页。

例,《汉书》亦有保留。宣帝时,丞相魏相在上奏时引及高祖故事,曰:

> 高皇帝所述书《天子所服第八》,曰:"大谒者臣章受诏长乐宫,曰:'令群臣议天子所服,以安治天下。'相国臣何、御史大夫臣昌谨与将军臣陵、太子太傅臣通等议:'春夏秋冬天子所服,当法天地之数,中得人和……臣请法之。中谒者赵尧举春,李舜举夏,兒汤举秋,贡禹举冬,四人各职一时。'大谒者襄章奏,制曰:'可。'"①

这里的大谒者襄章,显然是向群臣传高祖口谕。汉初的大谒者,多由宦官充任,吕后称制时有大谒者张泽,出入禁内,受宣诏命,深得吕后宠信。②故汉初的诏令,有些可能是由大谒者代宣、经侍御史笔录而成。这在形式上属于西汉中后期中朝臣"承制"宣诏的先声。当然,中朝臣"承制"的情形,要更复杂些。由于中朝臣协助皇帝处理政务,一些具体而微的日常政令,皇帝可能不会亲自过问细节,而是直接授权中朝臣负责。如"传信"所需诏令,恐即属于此种情形。这种"承制",就不是简单地传口谕而已了。甚至在非常时期,中朝臣可能代天子作重要诏令,如霍光、王莽所为。但从本质上讲,中朝臣"承制"下诏,属于天子自作诏的派生形态。

经由以上考证,"制诏御史"的蕴义也就清楚了,应指皇帝命令侍御史记录王言,并将其制成规范的制书。又据《汉旧仪》"诏书以朱勾施行"③之语,则侍御史书记王言于简牍之上后,可能还要由皇帝朱笔画勾,才可封以玺印,继而交送御史大夫颁下。

西汉的各类制书一般都是经侍御史书记或抄录而成的。下达给特定官僚机构的制书,以"制诏+具体命令的职官"起首,是因为事权明晰,命令对象具体而明确,皇帝下诏之时已然言明其官,侍御史只需忠实记录即可。而立法、布政、命官等发布范围广泛的制书,命令的对象实际上是不具体的。由于丞相和御史大夫是百官之首,臣民总率,而且负责执行、下发诏令,命令的对象大多可以用"丞相御史"来做代表和标志。但是,有些诏令就不大合

---

① 班固:《汉书》卷七四《魏相传》,第3139-3140页。
② 司马迁:《史记》卷五一《荆燕世家》,第1995-1996页。又《后汉书·宦者列传序》曰:"汉兴,仍袭秦制。置中常侍官。然亦引用士人,以参其选,皆银珰左貂,给事殿省。及高后称制,乃以张卿为大谒者,出入卧内,受宣诏命。"(范晔:《后汉书》卷七八《宦者列传》,第2508页)
③ 孙星衍等辑《汉官六种》,周天游点校,第71页。

适了,譬如以下两者:

其一,宣布任免丞相或御史大夫的诏令。此时旧官已罢而新官犹未到任,正处于空缺之期,故这类诏令不宜用"丞相御史"作标志。而且,任命丞相的诏令,尤其不宜。因为按照西汉惯例,丞相一般由御史大夫升任。故有关丞相的任命,往往既涉及丞相,又涉及御史大夫。

其二,命令对象不具体,同时又与丞相或御史大夫没有直接关系的诏令。如传信,命令的是持传人所过的津关和传舍,命令对象很不具体,又与丞相无直接关系。这类诏令,也是不宜以"丞相御史"为命令对象的。

是以立法、布政、命官等发布范围广泛的命令,皇帝若不言明具体的命令对象(即"丞相御史"),而仅是让侍御史记录或誊抄命令内容,如"长沙王忠,其定著令""其以贤良高第扬州刺史霸为颍川太守"之类,侍御史一般都会以"制诏御史"来引领诏令。从性质上讲,"制诏御史"只是起到引领诏令的作用。

四、西汉的侍御史与尚书

作为重要制书的引领语,"制诏御史"一语省为"制诏"亦未尝不可。其所以标明"御史",是要凸显出侍御史在制书拟制过程中的作用。西汉时期,供职殿中从事文书工作的,除了侍御史,还有尚书。那么,两者的具体分工如何,职权上有无重合?为弄清西汉侍御史的地位,这里再稍作梳理。

武帝以前,尚书的事迹罕见史载,唯一可考者是窦婴上书称自己曾受景帝遗诏,书奏,"案尚书,大行无遗诏"①。这可能是因为负责奔走传送诏书,收发都要登记备案,是以知道有无遗诏。则汉初尚书的职责在于传送文书而已,属于奔走服役的小吏,谈不上有什么权力。② 汉初侍御史则不然。御史中丞统率众侍御史供职殿中,帮助皇帝处理文书事宜,制书成于其手不说,而且还有审查章奏之权。《汉书·百官公卿表》曰:"中丞,在殿中、兰台,掌图籍秘书,外督部刺史,内领侍御史员十五人,受公卿奏事,举劾按

---

① 班固:《汉书》卷五二《灌夫传》,第 2392 页。
② 参见祝总斌:《两汉魏晋南北朝宰相制度研究》,第 86 页。

章。"①从《陈平传》侍御史具知曲逆户口变化的情况看,侍御史"掌图籍"云云似自汉初已然。故汉初侍御史属于真正意义上的皇帝近侍秘书,尚书难与之相提并论。

不过,从现有史料来看,西汉初期,御史中丞及侍御史在"举劾按章"方面的权力还不是很突出。这可能与此时御史大夫寺位居宫中有关。高祖时周昌为御史大夫,燕入奏,见高祖正拥戚姬玩乐。② 吕后薨,平阳侯曹窋行御史大夫事,得闻吕产密语。③ 盖皆因御史大夫居宫中办公。《初学记》注引《汉旧仪》曰:"御史大夫寺在司马门内,门无匾题,署用梓板,不起郭邑,题曰'御史大夫寺'。"④这应该说的是汉初的情形。此时,侍御史与御史中丞虽供职殿中,但由于其长官御史大夫亦在宫中办公,相去不远,位望又远在其上,故审查章奏的权力实际上掌握在御史大夫的手中。高祖时御史大夫周昌以为侍御史赵尧不过"刀笔吏"而已,可间接反映这一点。而到西汉中期,御史大夫寺移出宫外,侍御史与御史中丞既无束缚,遂切实拥有审查章奏之权。

《汉书·霍光传》载:

> 光薨,上始躬亲朝政,御史大夫魏相给事中。显谓禹、云、山:"女曹不务奉大将军余业,今大夫给事中,他人壹间,女能复自救邪?"后两家奴争道,霍氏奴入御史府,欲踏大夫门,御史为叩头谢。乃去。⑤

霍光寡妻所谓"大将军余业",指隔绝宫内外以便霍氏专权之策。然御史大夫魏相加官给事中,⑥即可经常入宫面帝,沟通中外,霍氏擅权之法遂不复奏效。御史大夫得加给事中方能常入宫中办公,则其正式的办公地点

---

① 班固:《汉书》卷一九上《百官公卿表》,第725页。
② 参见班固:《汉书》卷四二《周昌传》,第2095页。
③ 参见班固:《汉书》卷三《高后纪》,第102页。
④ 徐坚等:《初学记》卷一二《职官部下·御史大夫第六》,中华书局,2004,第289页。
⑤ 班固:《汉书》卷六八《霍光传》,第2951页。
⑥ 按,西汉给事中,杨鸿年先生认为是省官,能出入禁省(参见杨鸿年:《汉魏制度丛考》,武汉大学出版社,2005,第42~46页)。这似乎还可以商榷。《汉书·百官公卿表》言"得入禁中"者,仅为"侍中、中常侍",未尝言及给事中亦有此方便。且《初学记》所引《汉仪注》明确说:"给事中日上朝谒,平尚书奏事,以有事殿内,故曰给事中。"(徐坚等:《初学记》卷一二《设官部下·给事中第三》,第284页)则所谓"给事中"者,恐乃"给事殿中",而非"给事禁中"。

当已不在宫中。再者,霍氏奴能入御史府公然闹事,亦可证御史大夫寺早在宣帝之前已移出宫。御史大夫既由中出外,御史中丞遂统率侍御史职掌枢机,实实在在地拥有审查章奏之权。《汉书·陈咸传》:"元帝擢咸为御史中丞,总领州郡奏事,课第诸刺史,内执法殿中,公卿以下皆敬惮之。"①《汉书·薛宣传》:"成帝初即位,宣为中丞,执法殿中,外总部刺史……举奏部刺史郡国二千石,所贬退称进,白黑分明,由是知名。"②皆足以说明西汉中后期,御史中丞因掌有居中审核公卿章奏之职,权力甚重。

御史中丞及侍御史切实拥有居中审核公卿章奏之权,还可从其与御史大夫关系的变化中看出。《史记·酷吏列传》载:"河东人李文尝与(张)汤有郤,已而为御史中丞,恚,数从中文书事有可以伤汤者,不能为地。"③李文利用其居中审查章奏之权,专察张汤的过失。张汤虽为御史大夫,当时亦无可奈何。《汉书·杜钦传》:"(孙)宏前为中丞时,(翟)方进为御史大夫,举掾隆可侍御史,宏奏隆前奉使欺谩,不宜执法近侍,方进以此怨宏。"④此则御史中丞审查御史大夫上奏,举其违失,遂使御史大夫举荐侍御史之事不获批准。这与汉初情形相比,不可同日而言。由此来看,中外位置的变化,不仅使得御史中丞及侍御史不再受御史大夫的控制,更是权势相移,反使大夫常受中丞的掣肘。应该说,到西汉中后期,御史中丞及侍御史之于御史大夫,更大程度上是属于名义上的上下级关系。⑤

关于西汉中后期御史中丞及侍御史的地位,出土简牍有更直接的反映。敦煌悬泉汉简(ⅠT0309③:221):

> 御史中丞臣强、守侍御史少史臣忠昧死言:尚书奉御史大夫吉奏丞相相上酒泉大守武贤、敦煌大守快书,言二事:其一事,武贤前书穬麦皮

---

① 班固:《汉书》卷六六《陈咸传》,第2900页。
② 班固:《汉书》卷八三《薛宣传》,第3386—3387页。
③ 司马迁:《史记》卷一二二《酷吏列传》,第3142页。
④ 班固:《汉书》卷六〇《杜钦传》,第2679页。
⑤ 参见陈启云:《略论两汉枢机职事与三台制度之发展》,载陈启云:《儒学与汉代历史文化——陈启云文集(二)》,第218页。

芒厚，以廪当食者，小石三石，少不足。丞相请郡当食廪穬麦者石加……①

从这条材料来看，西汉中后期地方上于中央的奏事文书，在最终奏请皇帝批答之前，一般要经历三道程序。先递交丞相，丞相提出处理意见；继而丞相府转交御史府，由御史大夫上奏宫中；而奏入宫中后，还要由御史中丞及侍御史来审查处理。御史大夫会受中丞及侍御史掣肘之因，于此概可一目了然。且这条材料如果能和经大庭脩先生复原的居延汉简《元康五年诏书册》相比照，就更易探明问题了。《元康五年诏书册》曰：

御史大夫吉昧死言丞相相上大常昌书言大史丞定言元康五年五月二日壬子日夏至宜寝兵大官抒

井更水火进鸣鸡谒以闻布当用者●臣谨案比原泉御者水衡抒大官御井中二千石二千石令官各抒别火　　　　　　　　　　10·27②

官先夏至一日以除隧取火授中二千石二千石官在长安云阳者其民皆受以日至易故火庚戌寝兵不听事尽

甲寅五日臣请布臣昧死以闻　　　　　　　　　　　　　　5·10③

制曰可　　　　　　　　　　　　　　　　　　　　　　332·26④

元康五年二月癸丑朔癸亥御史大夫吉下丞相承书从事下当

用者如诏书　　　　　　　　　　　　　　　　　　　　10·33⑤

二月丁卯丞相相下车骑将军将军中二千石二千石郡大守诸侯相承书从事下当用者如诏书

少史庆令史宜王始长　　　　　　　　　　　　　　　　10·30⑥

册中所言丞相、御史大夫，恰与前引悬泉简一样，俱为魏相、丙吉。此册

---

① 张俊民：《敦煌悬泉汉简所见人名综述（四）——以中央机构职官为中心的考察》，载卜宪群、杨振红主编《简帛研究 2007》，第 106-107 页；郝树声、张德芳：《悬泉汉简研究》，编号为（Ⅰ91DXT0309③:221），第 169 页；胡平生、张德芳：《敦煌悬泉汉简释粹》，编号为（Ⅰ0309③:221），第 52-53 页。按，"御史大夫奏"，《释粹》作"御史大夫奉"。
② 谢桂华、李均明、朱国炤：《居延汉简释文合校》，文物出版社，1987，第 16 页。
③ 谢桂华、李均明、朱国炤：《居延汉简释文合校》，第 8 页。
④ 谢桂华、李均明、朱国炤：《居延汉简释文合校》，第 522 页。
⑤ 谢桂华、李均明、朱国炤：《居延汉简释文合校》，第 17 页。
⑥ 谢桂华、李均明、朱国炤：《居延汉简释文合校》，第 16 页。

的前半部分为御史大夫的上奏，可以补充前引悬泉简中"御史大夫奏丞相相上……书"的部分，说明御史大夫对于丞相的上奏，并非简单地中转传达而已，而是有权作补充处理的。综合两条材料可知，西汉中后期，群臣的奏事文书要历经丞相、御史大夫和御史中丞及侍御史的处理，方可请皇帝最后定夺。这历经的正是由外而内、由疏而亲的次序。丞相为群臣总率，外朝执政，故有司办理日常行政事务的奏疏，要先交付丞相，由丞相作初步处理。御史大夫虽已出外为丞相之副，但他本为皇帝的秘书长，①且犹有属官留居宫中，为王近侍，故承担着沟通外内之责，是以负责补充丞相所上奏疏以转奏宫中。而御史中丞及侍御史审查丞相御史所上奏疏，实质上是其作为皇帝的近侍秘书，为皇帝作最终处理提供参考和依据。西汉的内外之分，某种程度上可视为皇权与相权之分。② 御史大夫因其特殊身份，故成为沟通相权与皇权的管道。而御史中丞及侍御史位虽卑微，却可审查二府奏疏，盖因其代表的是皇权。

前引《元康五年诏书册》的后半部分反映的是自景帝以后，西汉诏令下行的一般流程：御史大夫颁下丞相，再由丞相下达百官。这亦可从敦煌悬泉汉简中再得证明。简（ⅡT0111③:73）："元康四年正月己丑朔丙申，后将军卫尉充国行御史大夫事下丞相，承书从事下当用者。"③元康年间丞相为魏相，而简（ⅠT0309③:14）曰："……丞相相下车骑将军，中二千石，二千石，中垒护、城门、步兵校尉、郡大守□□□□□□□□□下当用者，如诏书。"④两相参证，足知西汉诏令下行确实如此。御史大夫虽为丞相之副，却负责向丞相颁下诏令，其原因就在于御史大夫是侍御史的长官。清人沈钦韩所言"凡诏令，御史起草，付外施行。御史大夫为长，故径下相国"，若改"起草"为"书记"，此即为切中肯綮之论。为呈现元康年间诏令形成与下行的完整图式，这里再补充一条材料以作佐证：

  元康元年十月乙巳，前将军臣增、大仆臣延年承

---

① 大庭修：《秦汉法制史研究》，林剑鸣、王子今、黄小芬等译，上海人民出版社，1991，第211页。
② 参见钱穆：《国史大纲》，商务印书馆，1996，第161—163页。
③ 张俊民：《敦煌悬泉汉简所见人名综述（四）——以中央机构职官为中心的考察》，载卜宪群、杨振红主编《简帛研究2007》，第118页。
④ 张俊民：《敦煌悬泉汉简所见人名综述（四）——以中央机构职官为中心的考察》，载卜宪群、杨振红主编《简帛研究2007》，第100页。

> 制　诏侍御史曰:将田车师军候强将士诣田所
> 为驾二封轺传,载从者一人。　　传第二百卅
> 御史大夫吉下扶风厩,承
> 书以次为驾,当居传舍,如律令。　　ⅡT0214③:45①

综括可知,制书形成与下行的流程,恰与奏疏上行处理的流程,次序虽颠倒,性质却统一。侍御史为皇帝近侍秘书,负责将皇帝诏旨制成规范文书;御史大夫为侍御史长官,沟通内外,负责将制书下发至外朝总率丞相;丞相下发并监督百官执行。

有必要再说一下西汉的御史大夫。汉成帝鸿嘉元年(公元前20年),谷永上书荐少府薛宣为御史大夫,总括御史大夫职掌曰"内承本朝之风化,外佐丞相统理天下"②。"内承""外佐"二语,就已点明了御史大夫的特殊地位,即御史大夫兼具双重身份。从"掌副丞相""佐丞相"来看,他受丞相统率,表征的是相权。从"承本朝风化"来看,他虽居外却仍为皇帝近侍秘书的长官,表征的是皇权。御史大夫其实是西汉皇权与相权相互沟通的管道和标志。故宣帝为夺霍氏之权,加御史大夫给事中,霍光寡妻闻而心惧,良有以也。而相互沟通同时也就意味着相互监督。相权始终处于皇权的控制之下,是中国古代政治制度的基本特质。西汉相权始终受皇权监督,这点自不待言。但西汉皇权受相权监督,却也并非虚言。汉哀帝欲封董贤为侯,"心惮(丞相王)嘉,乃先使皇后父孔乡侯傅晏持诏书视丞相御史。于是嘉与御史大夫贾延上封事言:'窃见董贤等三人始赐爵,众庶匈匈,咸曰贤贵,其余并蒙恩,至今流言未解……(陛下)宜暴贤等本奏语言,延问公卿大夫博士议郎,考合古今,明正其义,然后乃加爵土;不然,恐大失众心,海内引领而议……'"③。其事遂暂不果行。恰遇不久有东平王谋反事,哀帝借机下诏切责公卿过失以封贤侯,使公卿无颜诤谏,其事才获施行。此后,哀帝又"托傅太后遗诏,令成帝母王太后下丞相御史,益封贤二千户",丞相王嘉则

---

① 张俊民:《敦煌悬泉汉简所见人名综述(四)——以中央机构职官为中心的考察》,载卜宪群、杨振红主编《简帛研究2007》,第107页。
② 班固:《汉书》卷八三《薛宣传》,第3391页。
③ 班固:《汉书》卷八六《王嘉传》,第3492页。

直接"封还诏书"。① 则皇权亦颇受相权的监督。因此,西汉御史大夫亦可谓皇权与相权实现相互监督的途径和标志。

成帝绥和元年(公元前8年),受复古改制思潮的影响,改御史大夫为大司空,而仅过三年,大司空朱博就奏请哀帝仍复其旧。其奏称:"高皇帝以圣德受命,建立鸿业,置御史大夫,位次丞相,典正法度,以职相参,总领百官,上下相监临,历载二百余,天下安宁。今更为大司空,与丞相同位,未获嘉祐。"②所谓"上下相监临",实际上就是指"内外相监临"、皇权与相权互相监督。西汉设御史大夫以保证皇权与相权之间的相互沟通、监督,确实可视为确保国家政令更加合理的重要措施。朱博所言是有道理的。当然,朱博之所以奏请复旧制,还有一点的重要原因。大司空位等丞相,却纯为外朝总率。御史大夫虽位秩略低,然因其遥领御史中丞及侍御史,身份中蕴含着代表皇权的成分。且外朝众臣,独此一人而已。两者相比,御史大夫略卑而实亲,大司空则稍尊而已疏。这恐怕是朱博欲为御史大夫而不乐为大司空的私衷。

再回到御史中丞及侍御史上。侍御史负责审查公卿奏疏,与其掌记王言的职责是相统一的。审查奏疏,主要是看其有无违失,故史言其"执法近侍"。盖因侍御史记王言,法令诏旨俱"成其手",遂典藏之,③并据以案劾公卿奏疏。这与先秦史官因"主书记"而得"主法令"是一脉相承的。而御史中丞负责"外督部刺史",有时还承诏治狱,④亦因其掌法令诏旨。汉武帝元封五年(公元前106年),"初置部刺史,掌奉诏条察州"⑤。刺史的职责即在监督地方长官贯彻皇帝命令,诏令为其问责郡守的主要依据。且刺史以"六条问事",第二条言"二千石不奉诏遵承典制,倍公向私,旁诏守利"⑥云云,更是直接点明此点。侍御史既掌记王言,法令诏旨最为熟悉,故由御史中丞来总领部刺史,处理刺史奏事,是很自然的事情。西汉侍御史始终为皇帝的

---

① 班固:《汉书》卷八六《王嘉传》,第3498页。
② 班固:《汉书》卷八三《朱博传》,第3405页。
③ 按,御史中丞"内掌兰台",《王杖十简》"兰台令第卅三、御史令冊三"、《王杖诏书令》"兰台令第卅三""令在兰台第卅三"等,皆足说明御史中丞及侍御史典藏和执掌法令。
④ 参见安作璋、熊铁基:《秦汉官制史稿》,齐鲁书社,2007,第62页。
⑤ 班固:《汉书》卷一九上《百官公卿表》,第741页。
⑥ 班固:《汉书》卷一九上《百官公卿表》注,第742页。

近侍秘书,参与枢机,权力甚重,由此可明矣。

我们再来看西汉中后期的尚书。约在武昭之时,尚书的主体职掌基本确立,开始全面负责章奏文书与诏令文书的收发、传送与保管工作。

尚书收发、传送章奏文书。据《史记·三王世家》载,大司马霍去病上章建议封皇子为王,"御史臣光守尚书令奏未央宫"。所谓"御史臣光守尚书令",指光以侍御史试守尚书令一职。再据《汉旧仪》曰"尚书令赞奏"①云云,这说明尚书令负责上达、唱读群臣章奏。而前引悬泉汉简(ⅠT0309③:221)"御史中丞臣彊、守侍御史少史臣忠昧死言:尚书奉御史大夫吉奏丞相相上酒泉大守武贤、敦煌大守快书"②云云,"尚书奉"一语,明确指出尚书职在收发和传送,其传送的对象不限于皇帝,而且还有宫中的相关办事机构。侍御史由于负责审核公卿奏疏,因此也是尚书的服务对象。

尚书收发、传送诏令文书。西汉支撑日常行政的诏令文书,主要是制书(即皇帝主动下达的命令)和章奏批复(即诏书的主要类型)。先说章奏批复。皇帝批答章奏之后,一般由尚书负责发送相关机构。如前举霍去病的上章,武帝批答让丞相御史处理后,"御史臣光守尚书令、丞非下御史,书到言"③云云。悬泉汉简(VT1612④:20)曰"☐辛巳朔戊子尚书令福之斌下御史,书到言☐"④,"之"应为"丞"之误,这也反映的是尚书组织负责下发皇帝批答。

至于制书,尚书负责的是重封和发送。据胡广《汉制度》曰:"制书者……皆玺封,尚书令印重封。"⑤则《汉旧仪》所谓"尚书令封下书"⑥,应该就是指尚书令用其官印重封并下发制书。而在此之前的制书的拟制和玺封工作,都是由侍御史负责的。关于拟制,前文已有详细说明。这里再对玺封的问题略加补充。有学者根据《汉书·霍光传》所载昭帝时,"殿中尝有怪,

---

① 孙星衍等辑《汉官六种》,周天游点校,第 32 页。
② 按,丙吉任御史大夫在地节三年(前 67)至神爵三年(前 59)间,去昭帝未远,故此简所反映的尚书与侍御史之间的关系,昭帝之时应已如此。
③ 司马迁:《史记》卷六〇《三王世家》,第 2105 页。
④ 张俊民:《敦煌悬泉汉简所见人名综述(四)——以中央机构职官为中心的考察》,载卜宪群、杨振红主编《简帛研究 2007》,第 127 页。
⑤ 范晔:《后汉书》卷一上《光武帝纪》注引,第 24 页。
⑥ 孙星衍等辑《汉官六种》,周天游点校,第 32 页。

一夜群臣相惊,光召尚符玺郎,郎不肯授光"①云云,认为《汉旧仪》所谓侍御史"二人尚玺",是汉初的情形,指出武帝时即改为由郎尚符玺,侍御史不再负责。② 这种看法不是很准确。《汉书·百官公卿表》曰:"秩比六百石以上,皆铜印黑绶,大夫、博士、御史、谒无,其仆射、御史治书尚符玺者,有印绶。"③明确言及"治书"(也即"持书")与"尚符玺"的侍御史有印绶,则所谓侍御史掌管符玺,应不仅仅是汉初制度。又据《汉官仪》:"治书侍御史……秩六百石,印绶与符玺郎共,平治廷尉奏事。"④此言治书侍御史与符玺郎共用同一官印,虽与《百官公卿表》说法稍异,但亦可证侍御史与符玺的关系密切。故准确说来,西汉中后期,侍御史仍然是掌管符玺的,尽管掌管的具体形式可能有所变化。西汉制书由侍御史制成,与侍御史掌管玺印的职掌是一体的。相比而言,对于制书,尚书只是负责传送,未离其奔走服务的本色。

尚书保管章奏、诏令文书。据《汉书·张安世传》载,张安世"用善书给事尚书",武帝"亡书三箧","唯安世识之,具作其事"。⑤ 说明尚书上传下达的同时,还负责保管相关文书。

又,《汉旧仪》:"(尚书)丞二人,主报上书者,兼领财用火烛食厨。"⑥武帝时既有尚书丞,参以宣帝初期,茂陵徐生上书言霍氏太盛,建议"宜以时抑制,无使至亡","书三上,辄报闻"。⑦ 则武昭之时尚书丞应该已经负责向上书者口报"闻",⑧表明皇帝已览。

总之,尚书负责的都是有关文书的基础性事务,主要在于收发、传送和保管而已,并未参与章奏、诏令的处理或拟制工作。

宣元之时,尚书负责的事务有所延伸。尚书会受诏口传皇帝批示、书记

---

① 班固:《汉书》卷六八《霍光传》,第 2933 页。
② 汪桂海:《汉代官文书制度》,广西教育出版社,1999,第 113-114 页。
③ 班固:《汉书》卷一九上《百官公卿表》,第 743 页。
④ 孙星衍等辑《汉官六种》,周天游点校,第 145 页。按,《通典》于"印绶"之前多"有"字,整理者遂标点为"有印绶,与符节郎共平廷尉奏事"。(杜佑:《通典》卷二四《职官六》,王文锦、王永兴等点校,第 666 页)由于汉代符玺郎并不参与文书处理工作,可知"与符节郎共"处应该断开。
⑤ 班固:《汉书》卷五九《张安世传》,第 2647 页。
⑥ 孙星衍等辑《汉官六种》,周天游点校,第 32-33 页。
⑦ 班固:《汉书》卷六八《霍光传》,第 2957 页。
⑧ 关于"闻"为口报之语,而非文书之辞,笔者在《汉代公文形态新探》中有所考证。

公卿对状,这是其传送章奏和批答职掌的延续。① 转达皇帝口头批示,更是直承尚书丞"口报闻"而来。同时,尚书有时还受诏为皇帝提供人事任免的资料和数据。② 这应该是由其保管文书资料的职掌而衍生。这两项延伸而来的事务随之亦成为西汉后期尚书的基本职掌。如成帝"使尚书问(谷)永,受所欲言"③,诏"尚书奏文帝时诛将军薄昭故事"④;哀帝召丞相王嘉"诣尚书"受责问并"对状",⑤召御史大夫赵玄"诣尚书问状"⑥等事,皆说明这一点。此类职掌与传送文书一样,皆属于基础性的事务工作,仍谈不上多大权力。

成帝以降,尚书的权力才真正有所扩大。成帝时,京兆尹王章上书言大将军王凤专权,成帝不忍废王凤,遂"使尚书劾奏章'知野王以王舅出补吏,而私荐之……非所宜言'"⑦。哀帝时,大司空师丹因事受劾,给事中申咸、炔钦前后上章所言处理相互违背,"尚书劾咸、钦:'幸得以儒官选擢备腹心……咸、钦初傅经义以为当治,事以暴列,乃复上书妄称誉丹,前后相违,不敬'"⑧。则成帝以降,尚书有时会受皇帝命令根据章疏违失奏劾公卿。这虽然只是皇帝为实现己意所采用的便宜之法,但它却意味着尚书组织开始具备了表达自己意见的资格。相比成帝以前,尚书只能收发传送他人的章奏,虽典枢机,却是染指而毋尝,现在却有资格自己上奏,这无疑是质的进步,标志着尚书真正开始参与枢机。而且,西汉末期,尚书组织逐渐实现了由受皇帝命令奏劾到表达自己意见的发展。如哀帝策免师丹后,尚书令唐林上疏建议稍加抚慰之,⑨即可为证。这一发展为东汉尚书全面执掌枢机,提供了基础。

大体说来,西汉中后期尚书的主要职责其实还是收发、传送、保管章奏

---

① 参见祝总斌:《两汉魏晋南北朝宰相制度研究》,第 89 页。
② 参见祝总斌:《两汉魏晋南北朝宰相制度研究》,第 95 页。
③ 班固:《汉书》卷八五《谷永传》,第 3458 页。
④ 班固:《汉书》卷九八《元后传》,第 4025 页。
⑤ 班固:《汉书》卷八六《王嘉传》,第 3500 页。
⑥ 班固:《汉书》卷八三《朱博传》,第 3407 页。
⑦ 班固:《汉书》卷九八《元后传》,第 4023 页。
⑧ 班固:《汉书》卷八六《师丹传》,第 3507 页。
⑨ 班固:《汉书》卷八六《师丹传》,第 3509 页。

文书和诏令文书。西汉人常谓"尚书百官(之)本"①，明确言"百官"者，正是因为它全面负责有关群臣章奏的基础性事务。学者多据萧望之所言"尚书百官之本，国家枢机，宜以通明公正处之"②，论说西汉尚书权力之大。③实际上，萧望之言尚书之任"宜以通明公正"者，仍是就尚书上传下达的本业为言。西汉对于尚书的收发传送缺乏严格的监督机制，是以给尚书留下了稽延章表上达的余地。《汉书·翟方进传》载，成帝时，司隶校尉陈庆在甘泉宫殿中说："前我为尚书时，尝有所奏事，忽忘之，留月余。"④就明确反映了这一点。而据《汉书·王莽传》："尚书因是为奸寝事，上书待报者连年不得去。"⑤则有时尚书甚至会故意积压臣民章表。这些行为无疑会阻碍群臣与皇帝之间的及时沟通。只有严肃尚书的选任，才暂可避免这种情况。萧望之"宜以通明公正处之"语正为此发。

　　侍御史与尚书的关系由此大体可以厘清。整体来看，西汉中后期，侍御史的权力和位望仍在尚书之上。虽然从诏旨下达的过程看，两者的权力没有多大差别。侍御史仅负责书记或抄录皇帝主动下达的命令，并将其制成规范文书。尚书负责转下制书和皇帝批答，并转达皇帝的口头批示。两者作为皇帝秘书，只是分工不同，不过为"动手"或"动腿""动口"而已，负责的都是具体事务，谈不上什么权力。但从章奏上达的过程看，侍御史与尚书的权力却是有高下之分的。前引悬泉简（ⅠT0309③:221）"御史中丞臣彊、守侍御史少史臣忠昧死言:尚书奉御史大夫吉奏丞相相上酒泉大守武贤、敦煌大守快书"云云，就典型地反映了尚书与侍御史在权力上的差距。尚书负责传送公卿奏疏于宫中，仍不离其奔走本色。尽管有时会劾奏公卿，但都是皇帝授意而为，具有鲜明地差遣性质。这与侍御史审查公卿奏请为明确的制度，自不可等量齐观。

　　不过，成哀以降，若论与皇帝关系的亲密，尚书要比侍御史更占优势。

---

① 班固:《汉书》卷六四下《贾捐之传》，第2835页;《汉书》卷九三《佞幸传》，第3727页。
② 班固:《汉书》卷九三《佞幸传》，第3727页。
③ 赵翼:《陔余丛考》卷二六《尚书》，中华书局，1963，第535页。
④ 班固:《汉书》卷八四《翟方进传》，第3412页。
⑤ 班固:《汉书》卷九九中《王莽传》，第4140页。

由于中朝的出现,加之诏文亦开始注重文辞,①西汉中后期,侍御史由近侍皇帝以书记王言,逐渐变而为抄录王命或书记中朝臣代宣的王言。其与皇帝的关系,遂没有汉初亲密。而尚书则不然,尚书令负责为皇帝诵读章奏,尚书亦能负责口传皇帝批示。相比汉初只是奔走服役而已,宣元以降,尚书与皇帝接触的机会大大增多,②其与皇帝也更为亲密。虽同为秘书,与皇帝亲疏关系的变换,最后导致的就是尚书对侍御史职掌的侵犯。据《汉书·郑崇传》载,建平四年(公元前3年),哀帝欲封傅商为侯,尚书仆射郑崇"谏曰:'……今无故欲复封商,坏乱制度,逆天人心,非傅氏之福也……臣愿以身命当国咎。'崇因持诏书案起。傅太后大怒曰:'何有为天子乃反为一臣所颛制邪!'上遂下诏曰:'朕幼而孤,皇太太后躬自养育,免于襁褓,教道以礼,至于成人,惠泽茂焉……其封商为汝昌侯'"③。所谓"诏书案",颜师古注为"写诏之文"。这反映出西汉末期尚书仆射有时亦负责书记王言。从悬泉传信简(IT0112②:18)所云"建平四年五月壬子御史中丞臣宪承制诏侍御史"云云来看,尚书仆射所写之"诏书案",可能还是要交付侍御史抄录以制成规范文书。但皇帝与侍御史之间,既已横亘了尚书,床上复有床,屋上又多屋,则预示着侍御史终将无言可记。

东汉光武即位不久,调整官制,由尚书取代侍御史以全面负责诏令事宜,即是内容之一。据《汉官解诂》云:"建武以来,省御史大夫官属入侍兰台。兰台有十五人,特置中丞一人以总之。此官得举非法,其权次尚书。"④《通典》曰:"及御史大夫转为大司空,而(御史)中丞出外为御史台率。"⑤两者所言实为一事,指侍御史由供职殿中兼领兰台变而为专领兰台,不再供职殿中。这标志着侍御史不再负责记王言,而是成为专门的监察官。记王言之职转而归尚书所有。汉明帝诏曰:"尚书盖古之纳言,出纳朕命。"⑥即是

---

① 参见代国玺:《由"记王言"而"代王言":战国秦汉人臣草诏制度的演生》,《文史哲》2015年第6期。
② 武帝以降章奏文书大为增多,也是尚书与皇帝日渐亲密的重要原因。
③ 班固:《汉书》卷七七《郑崇传》,第3255-3256页。
④ 李昉等:《太平御览》卷二二五《职官部二三·御史中丞上》,第二册,中华书局,1966,影印本,第1070页。
⑤ 杜佑:《通典》卷二四《职官六》,王文锦、王永兴等点校,第663页。
⑥ 欧阳询:《艺文类聚》卷四八《职官部四·尚书》,上册,汪绍楹校,上海古籍出版社,1985,影印本,第859页。

明证。不过,尚书负责记言的时间比较短暂。大约是在章和之时,人臣代王言的制度完全确立,诏文开始专门由尚书郎来草拟。人臣记王言的制度到此算是正式结束,帝国体制和皇帝制度进入了一个新的历史阶段。①

---

① 按,关于先秦时期人臣记王言的问题和人臣代王言之制确立于东汉的问题,笔者在《由"记王言"而"代王言":战国秦汉人臣草诏制度的演生》一文中已有考证,故本文不赘述。

刘贺废贬的历史考察

黄今言　温乐平

刘贺（公元前92年—公元前59年），历经武帝、昭帝、宣帝三个时期，他在政治舞台上曾起伏浮沉，首先是由昌邑王迎立为皇帝，旋即遭到废黜并遣归故国，而十年后又被封为海昏侯遣就封国，一生多变。刘贺政治上的成败既与当时的社会背景、政治生态有着密切关系，同时更是其本人的主观因素和个性特征所致。关于刘贺废黜问题，过去学术界有过一些论述[①]，皆归因于霍光专权，认为这是刘贺与霍光政治斗争失败的结果。这是一个值得研究的问题。本文根据文献资料，拟就刘贺所处的社会背景、废黜原因以及汉宣帝贬封他为海昏侯的原因，等谈些初步看法，旨在正本清源，恢复历史原貌，推进南昌汉代海昏侯刘贺墓发掘的历史研究。

一

据史载：后元二年（前87年），汉武帝病逝，年仅8岁的昭帝刘弗陵继位，大将军大司马霍光受遗诏辅佐幼主，车骑将军金日磾、左将军上官桀为副辅，然而"政事一决于光"。昭帝即位初期，面临着复杂的政治形势：

一是对汉武帝执政期间的路线、方针，昭帝即位后朝野双方在认识上存在严重分歧。集中体现在盐铁会议上，对过去的盐铁政策、匈奴和战问题、法治与德治的关系及儒法理论评价等四个方面，贤良文学们不同于桑弘羊

[①] 吕思勉、廖伯源等学者认为刘贺被废的原因主要是霍光专权之结果（吕思勉：《秦汉史》，上海古籍出版社，2005；廖伯源：《秦汉史论丛》，五南图书出版公司印行，2003）。

等人的政治立场,并与之展开了激烈的辩论,对过去的方针政策提出了质疑和批判。在这场争辩中,无论桑弘羊等人抑或贤良文学们,都对和战的认识既有正确、合理的一面,也有偏激、片面之处。桑弘羊等人充分肯定汉武帝反击匈奴的正当性及其历史功绩,主张加强边防建设、筹措必要的军费,以实现边境安宁之目的,这对维护国家统一具有重要的历史作用。但是,他们讳言战争带来的一系列不良后果,不顾百姓的赋役负担,无视武帝晚年的国情恶化,尤其是"轮台诏"之后,仍主张继续大规模地用兵打击匈奴,强调单纯的军事手段,忽视"与民休息",这确乎与时势不合。然而,贤良文学们提倡仁义,崇尚道德,反对穷兵黩武,关注民生疾苦,这与当时的"轮台诏"比较合拍,有其正面意义。但是,他们偏执儒学教条,只看到战争的消极面和副作用,进而一概否定战争,无视反击匈奴的正当性,否认边防建设,只谈"义"而不顾"利",抹杀汉武帝的历史功绩,这也是不足为据的。昭帝即位后,"知时务之要"的霍光继续执行武帝晚年与民休养的路线,重点推行"轻徭薄赋,与民休息"政策,"力本农",发展经济;同时,采取与匈奴修好"和亲"策略,不再主动大规模出兵征战,于是迎来经济繁荣、社会安定的"昭宣中兴"局面。然而,桑弘羊等人顽固地坚持汉武帝前期积极的财政和边防政策,要求继续推行盐铁官营,筹措军费,穷兵黩武,征伐周边少数民族,以战争替换和平。为此,以霍光为首的政治集团和以桑弘羊为首的政治势力必然会因政见差异而引发两派的政治斗争与冲突。实际上,这是儒法两家思想交锋的继续,它反映了汉廷统治集团内部的所谓"民主",但是质疑批判武帝的路线、方针,这在一定程度上对当时神圣的"皇权"思想产生了某些触动,对政坛更替不无影响。

二是诸侯王争位激烈,霍光专权局面形成。昭帝即位后,诸侯王肆意争夺皇位,最为突出的是燕刺王旦,以昭帝之兄自居,认为他应当继承帝位,因未如愿,对霍光"常怀怨望"。昭帝姊鄂邑盖主因宠幸丁外人而为其求官爵不得,"以是怨光"。① 上官桀、上官安父子"数为外人求官爵弗能得",由是"与光争权";御史大夫桑弘羊以"为国兴利"有功,"欲为子弟得官"不成,"亦怨恨(霍)光"。② 于是,鄂邑盖主、上官桀父子、桑弘羊等人与燕刺王旦

---

① 《汉书》卷六八《霍光传》,中华书局,1962,第 2934 页。
② 《汉书》卷六八《霍光传》,第 2935 页。

"通谋",合伙反对霍光。先诈令人为燕王上书,指责"光专权自恣,疑有非常。臣旦愿归符玺,入宿卫,察奸臣变"①。上官桀欲从中内引,桑弘羊欲与诸大臣共同上奏削夺霍光的职权。当昭帝收到恶告霍光的书奏后,不予理睬,充分信任霍光。于是上官桀等人又阴谋诈令鄂邑盖主置酒宴请霍光,准备伏兵格杀霍光,并废除昭帝,迎立燕王旦为天子。谋逆之事被发觉后,霍光尽诛上官桀、上官安、桑弘羊、丁外人宗族。燕王旦、鄂邑盖主皆自杀。从此,霍光威震海内,总揽权纲,有摄行天子权之实,执政十三年间,百姓充实,四夷宾服。

昭帝死后,无子嗣。汉武帝六个儿子唯独广陵王刘胥健在,群臣上下皆议立广陵王胥。但霍光"内不自安",认为广陵王胥"以行失道,先帝所不用","不可承宗庙"。因此,导致以广陵王刘胥为首的政治势力对霍光极为不满。尔后,有朝臣提议立汉武帝之孙即昌邑哀王的儿子刘贺,可以继承帝统,霍光在情不得已的情况下"征王(刘)贺典丧",又感到"忧懑",内心忧闷应是因为刘贺不是他想要的最佳人选,而想要的人选却没有人敢于提议。当刘贺入京即位后,虽未正式登基,却表现急于掌权与夺权,为扭转霍光专权的朝廷局面,迅速从昌邑国调来二百余昌邑故臣抵京城长安,试图以这些昌邑故臣取代汉廷中央旧官员,甚至与心腹策划斩除以霍光为首的政治势力。但事与愿违,刘贺的异常举动引起了霍光集团高度戒备,旋而暴发了一场宫廷政变:刘贺被废,刘病已即位。

二

为巩固自己的权势,霍光早在昭帝之时铲除了桑弘羊、上官桀父子等异己势力之后,朝中已经形成了"政事一决于光"局面。刘贺即位后,急于夺权,与霍光集团发生冲突,于是霍光便对刘贺下手。当时霍光私下联合大司农田延年、车骑将军张安世图谋废立大计,后来召集丞相、御史、将军、列侯、中二千石、大夫、博士会议齐集未央宫召开废除刘贺的会议。在朝堂上,田延年按剑叱责群臣,在逼迫大臣同意霍光废除刘贺决议方面起了重要作用,

---

① 《汉书》卷六八《霍光传》,第 2935 页。

史载"会昭帝崩,昌邑王嗣位,淫乱,霍将军忧惧,与公卿议废之,莫敢发言。延年按剑,廷叱群臣,即日议决"①。"今日之议,不得旋踵。群臣后应者,臣请剑斩之。"②于是朝中议者皆叩头称是,唯大将军令从。霍光立即率领群臣拜见16岁的上官皇太后,"具陈昌邑王不可以承宗庙状"③,要求废除昌邑王刘贺。上官皇太后同意后,乘车至未央承明殿,诏令"诸禁门毋内昌邑群臣"④。至此,废除刘贺的政治时机已经完全成熟了。

于是,霍光首先"尽驱出昌邑群臣,置金马门外。车骑将军安世将羽林骑收缚二百余人,皆送廷尉诏狱,"扫除刘贺的旧属群臣。再是"令故昭帝侍中中臣侍守王",派人严密监控并软禁刘贺。紧接着,霍光以群臣联名奏书宣布刘贺的罪状,废除刘贺。据《汉书·霍光传》记载:

> (大)[天]子所以永保宗庙总壹海内者,以慈孝礼谊赏罚为本。孝昭皇帝早弃天下,亡嗣,臣敞等议,礼曰"为人后者为之子也",昌邑王宜嗣后,遣宗正、大鸿胪、光禄大夫奉节使征昌邑王典丧。服斩缞,亡悲哀之心,废礼谊,居道上不素食,使从官略女子载衣车,内所居传舍。始至谒见,立为皇太子,常私买鸡豚以食。受皇帝信玺、行玺大行前,就次发玺不封。从官更持节,引内昌邑从官驺宰官奴二百余人,常与居禁闼内敖戏。自之符玺取节十六,朝暮临,令从官更持节从。为书曰:"皇帝问侍中君卿:使中御府令高昌奉黄金千斤,赐君卿取十妻。"大行在前殿,发乐府乐器,引内昌邑乐人,击鼓歌吹作俳倡。会下还,上前殿,击钟磬,召内泰壹宗庙乐人辇道牟首,鼓吹歌舞,悉奏众乐。发长安厨三大牢具祠阁室中,祀已,与从官饮啖,驾法驾,皮轩鸾旗,驱驰北宫、桂宫,弄彘斗虎。召皇太后御小马车,使官奴骑乘,游戏掖庭中。与孝昭皇帝宫人蒙等淫乱,诏掖庭令敢泄言要斩。
> ……………
> 取诸侯王、列侯、二千石绶及墨绶、黄绶以并佩昌邑郎官者免奴。

---

① 《汉书》卷九〇《酷吏传》,第2665页。同书又载:后来田延年有罪,御史大夫田广明谓太仆杜延年:"当废昌邑王时,非田子宾之言,大事不成。"(第2666页)田广明重申田延年在刘贺废立事件中作用。

②③ 《汉书》卷六八《霍光传》,第2938页。

④ 《汉书》卷六八《霍光传》,第2939页。

变易节上黄旄以赤。发御府金钱刀剑玉器采缯,赏赐所与游戏者。与从官官奴夜饮,湛沔于酒。诏太官上乘舆食如故。食监奏未释服未可御故食,复诏太官趣具,无关食监。太官不敢具,即使从官出买鸡豚,诏殿门内,以为常。独夜设九宾温室,延见姊夫昌邑关内侯。祖宗庙祠未举,为玺书使使者持节,以三太牢祠昌邑哀王园庙,称嗣子皇帝。受玺以来二十七日,使者旁午,持节诏诸官署征发,凡一千一百二十七事。文学光禄大夫夏侯胜等及侍中傅嘉数进谏以过失,使人簿责胜,缚嘉系狱。荒淫迷惑,失帝王礼谊,乱汉制度。臣敞等数进谏,不变更,日以益甚,恐危社稷,天下不安。

臣敞等谨与博士臣霸、臣儁舍、臣德、臣虞舍、臣射、臣仓议,皆曰:"高皇帝建功业为汉太祖,孝文皇帝慈仁节俭为太宗,今陛下嗣孝昭皇帝后,行淫辟不轨。《诗》云:'籍曰未知,亦既抱子。'五辟之属,莫大不孝。周襄王不能事母,《春秋》曰'天王出居于郑',繇不孝出之,绝之于天下也。宗庙重于君,陛下未见命高庙,不可以承天序,奉祖宗庙,子万姓,当废。"①

从以上记载来看,当时他们对刘贺罪行的定性是未能修身奉法,"行淫乱",有"失帝王礼谊",乱了汉家制度。主要罪证是:

(1) 对先帝不尽孝道。汉昭帝死后,刘贺主丧期间,无悲哀之心,我行我素,不遵守孝道制度。汉代以孝治天下,孝道是基本伦理纲常。刘贺被征后,在赶往京城的道路上不素食,常食肉,不遵守丧葬期间饮食制度;还派遣随从人员沿途虏略女子,载入衣车,纳入传舍淫乱,不节欲。主丧时,因丧服裳下不便行走,直接斩割缞裳,无悲哀之心,废弃丧葬礼义。即使立为皇太子后,越过食监管理,常使人私下买鸡豚肉饮食,从不素食,违悖人伦孝道。

(2) 违背皇帝印玺制度。汉制:皇帝有三个印玺,天子玺随身佩带,行玺、信玺在符节台。国玺就是国器,应当缄封,大行前授之,用后退还原处,封存。大行前,行玺、信玺在昭帝灵柩前。刘贺用印玺后,随便搁置,更不缄封起来,常人皆能看见,极其不重视和谨慎。又拿诸侯王、列侯、二千石绶及墨绶、黄绶随意佩戴在昌邑郎官身上,亵渎尊贵,滥宠卑贱,随意释免奴婢为

---

① 《汉书》卷六八《霍光传》,第 2940-2946 页。

良人,扰乱法制。

（3）乱用持节,大兴功作。刘贺任由昌邑从官随意相互持节,并引进昌邑从官、驺宰、官奴二百余人,与他们常在禁宫内游戏无度。擅自前往官署取节十六,命令随从官吏随便更换持节官吏,不再专人专持。随意更改持节上标识,由黄旄改为赤旄。刘贺在丧服期间,尚未祭祀宗庙的前提下而私下祭礼昌邑哀王刘髆,颁布玺书派遣使者持节前往,用三太牢祭祀昌邑哀王园庙,并称"嗣子皇帝"。刘贺自受国玺以来二十七日,直接越过朝臣廷议,滥发政令,使者往来如同穿梭,持节诏令诸官署频于征发,大兴功作,共计一千一百二十七事。

（4）纵情声色,行淫不轨。刘贺在主丧期间擅自发配乐府乐器,引进昌邑乐人,击鼓、歌吹,作俳倡。昭帝灵柩刚入冢,刘贺不居处丧位,而随意居处前殿。击钟磬,召见泰壹宗庙乐人辇道牟首,鼓吹歌舞,悉奏众乐。擅自征发长安厨用三太牢具祭祀阁道中淫祀。祭祀完后,与从官饮食无常,驾乘法驾,皮轩鸾旗,驱驰北宫、桂宫,弄彘斗虎。诏令调用上官皇太后御用小马车,使官奴骑乘之,游戏于宫庭之中。更可恶的是,与孝昭皇帝宫人蒙等淫乱,还密诏掖庭令"敢泄言要斩",威胁朝中官吏。

（5）拒谏饰非,毫不悔过。刘贺行为淫乱、乖僻,不守规矩,文学光禄大夫夏侯胜等以及侍中傅嘉数次进谏,说明其过失,期望其修身奉法,遵守礼义。然刘贺不予反思,拒谏饰非,还使属下以文簿指责夏侯胜,封堵夏侯胜之口;又派人捆绑侍中傅嘉并打入监狱;杨敞等朝臣数次进谏,毫不更改,且日益不可收拾。如此荒淫迷惑,完成丧失帝王最基本的仁德,严重扰乱汉室制度,将危及国家社稷安定。

综观刘贺的上述"罪行",群臣直言:刘贺"嗣孝昭皇帝后,行淫辟不轨。……不可以承天序,奉祖宗庙,子万姓,当废"。为此上官皇太后痛责刘贺"为人臣子当悖乱如是邪"! 并下诏废除其帝位。霍光命令刘贺起拜受诏,即持其手,解脱其玺组,奉上皇太后,扶刘贺下殿,出金马门,群臣随送出门。刘贺西向面拜,痛心曰:"愚戆不任汉事。"① 霍光将他送回昌邑邸。

此后,群臣奏言:"古者废放之人屏于远方,不及以政。请徙王贺汉中房

---

① 《汉书》卷六八《霍光传》,第 2946 页。

陵县。"①要求将刘贺流放至汉中房陵县，而上官皇太后不同意，诏令刘贺返归昌邑，赐汤沐邑二千户，并将"故王家财物皆与贺"②，让其承袭前昌邑王刘髆的全部家产。同时昌邑"哀王女四人各赐汤沐邑千户"，废除昌邑国，改为山阳郡。随后，霍光以昌邑群臣"亡辅导之谊，陷王于恶"的名义，"悉诛杀二百余人"③，全面清除刘贺的势力。

刘贺被废后，霍光与朝臣商议帝位继承人选时，明确提出广陵王刘胥、燕剌王刘旦都有罪责，其子都不在讲论范围。武帝近亲后代中唯独卫太子刘据之孙刘病已在民间，众臣皆赞同选择刘病已为帝。霍光与丞相杨敞等共同迎立刘病已为帝，即孝宣皇帝。

从上文来看，明显发现刘贺被废的突出原因有二：一是刘贺本身有问题，行为不轨，淫乱。这在《汉书》中有多处记载，太傅夏侯胜、昌邑王师王式、侍中傅嘉、昌邑中尉王吉、郎中令龚遂、御史中丞于定国等人多次劝谏刘贺，指出其行为不轨问题；二是刘贺急于夺权，与专权的霍光发生激烈的矛盾。刘贺为了掌控朝权，甚至欲剪除霍光等人。但是霍光等人先下手为强，在处死昌邑群臣时，这些人号哭呼叹，痛悔"当断不断，反受其乱"，意思是刘贺及其昌邑故群臣后悔没有早杀死霍光等人，才落得如此下场。

后人因此认为刘贺被废是霍光专权的结果，据史记载："汉兴百有余年，有人不短不长，出（自）[白]燕之乡，持天下之政，时有婴儿主，却行车。"《索隐》曰：婴儿主"谓昭帝也"。《索隐》曰："言霍光持政擅权，逼帝令如却行车，使不前也。"④这里指出昭帝时霍光专权擅政。吕思勉先生认为"史所言昌邑王罪状，皆不足信。……（即使刘贺即位后）政事一决大将军，垂拱南面而已。……以国辅大臣未褒，而昌邑小辈先迁，为过之大者"⑤。台湾学

---

① 《汉书》卷六八《霍光传》，第2946页。
② 《汉书》卷六三《武五子传》，第2765页。
③ 《汉书》卷六八《霍光传》，第2946页。
④ 《史记》卷一三《三代世表》引《黄帝终始传》指明霍光在昭帝时擅政专权（第506—507页）；其实，关于霍光的评价，史家不一。《汉书》卷六八《霍光传》载班固评霍光"因权制敌，以成其忠"，"拥昭立宣，光为师保，虽周公、阿衡，何以加此！"（第2967页）。《史记》卷二〇《建元以来侯者年表》载褚先生评霍光"前事武帝，觉捕得侍中谋反者马何罗等功侯，三千户。中辅幼主昭帝，为大将军。谨信，用事擅治，尊为大司马，益封邑万户。后事宣帝。历事三主，天下信乡之，益封二万户"（第1059页）。这对霍光评价较高，无专权之事，侍从三代皇帝，为天下人所信服。
⑤ 吕思勉：《秦汉史》，上海古籍出版社，2005，第135页。

者廖伯源先生认为昌邑王贺见废之原因是其与霍光之权力斗争,"霍光专政十余年,行使皇帝之权力,又京师武力皆在掌握。昌邑王入承大统,有收回权力之迹象,光即废之"①。

其实,刘贺被废、宣帝即位,还有一个不可忽视的重要隐因。这个隐因要追溯到汉武帝时期皇位继承人选之争问题。为了争夺皇位,当时存在两大政治集团,即卫太子刘据集团和昌邑王刘髆集团。详见下面关系图:

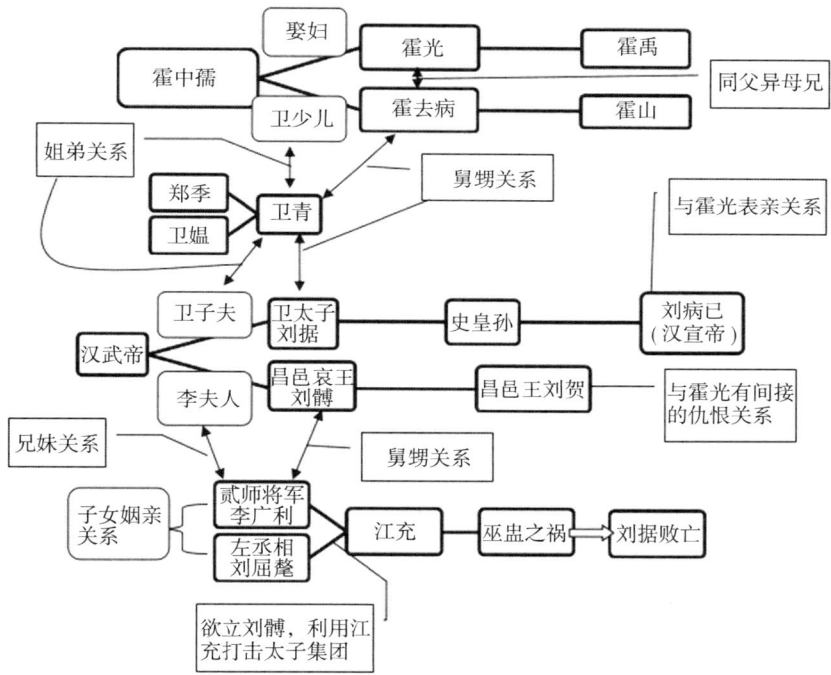

在卫太子刘据集团中,刘据是汉武帝与卫子夫皇后所生,卫子夫是大将军卫青的三姐,大将军卫青与太子刘据是舅甥关系。卫青父亲郑季,河东郡平阳人,县吏,在平阳夷侯曹时家中供事②,与平阳侯家僮卫媪私通,生卫青。卫青同母异父的长兄卫长君、大姐卫孺、二姐卫少儿、三姐卫子夫、弟卫步,后来因卫子夫受宠而得到武帝封赏。骠骑将军霍去病是卫青二姐卫少儿的儿子,与卫青的甥舅关系,十八岁得幸于天子,为天子侍中。另一重臣霍光是霍去病同父异母的弟弟,霍去病带他入宫从政,其死后,霍光为奉车

---

① 廖伯源:《秦汉史论丛》,五南图书出版公司印行,2003年,第45页。
② 《史记》卷一一一《卫将军骠骑列传》引注:"以县吏给事平阳侯之家。"(第2921页)

都尉光禄大夫,出入禁闼二十余年,小心谨慎,未尝有过,甚得武帝亲信。①卫太子刘据虽然有如此强硬厚实的政治背景,但是因江充谋划巫蛊之祸而轰然倒台,卫皇后被废,太子刘据兵败逃亡,幸得史皇孙的王夫人留有遗腹子刘病已。霍光与太子刘据同辈分,都是卫青的外甥,霍光与刘病已之间是爷孙辈分的表亲关系。

在昌邑王刘髆集团中,与太子刘据集团相比较,政治势力显得弱小,昌邑哀王刘髆是武帝与李夫人所生,李夫人的两位兄长贰师将军李广利、协律都尉李延年因她得幸于武帝,其中李广利欲令外甥刘髆立为太子,争夺皇位,联合时为丞相刘屈氂,李刘之间是儿女姻亲关系,刘屈氂掌有朝权,又是武帝庶兄中山靖王刘胜之子,政治背景亦深厚。然而,刘髆集团的竞争实力远远不及刘据集团,为此贰师将军李广利、左丞相刘屈氂利用江充制造巫蛊之祸②,祸及公主、皇后、太子,太子集团败亡。武帝晚年醒悟,悔及对太子刘据的过失,厌恶李广利、刘屈氂利用自己阴谋成势,酿成无法挽回的政治灾难,因此对李广利、刘屈氂等人一一诛灭,间接平反太子冤案。武帝最后也没有以刘髆为太子,刘髆死后,其子刘贺嗣昌邑王封号。

在两大政治集团斗争中,霍光亲身经历这场你死我活的残酷角斗,太子刘据集团惨败,昌邑王刘髆集团惨胜,因此上一代恩怨仇恨使霍光与刘贺之间关系存在必然的隔阂,霍光对刘贺必然产生"非我族类,其心必异"的戒备心理,加上刘贺刚即位就暴露出急于夺权的种种迹象,因此霍光先下手为强,联合群臣将尚未正式登基的刘贺废除,重新议立刘据之孙刘病已继位皇帝。

其实,朝野中存在一股暗中支持刘病已继承皇位的势力,而且不断扩大。据史记载:巫蛊之祸时,时任廷尉监的丙吉暗中支持卫太子,"时宣帝生

---

① 《汉书》卷六八《霍光传》:霍去病父亲霍中孺,河东平阳人,为平阳侯家吏,属于县府派遣小吏在平阳侯家供差事,与平阳侯妾卫媪二女儿即平阳侯侍者卫少儿私通,生霍去病。霍中孺吏事结束后归家,另娶妇人生霍光。骠骑将军霍去病路过平阳时,将十余岁的霍光带至长安,任郎官,后稍迁诸曹侍中。

② 《汉书》卷六六《刘屈氂传》记载:"广利曰:'愿君侯早请昌邑王为太子。如立为帝,君侯长何忧乎?'屈氂许诺。……贰师女为屈氂子妻,故共欲立焉。是时治巫蛊狱急,内者令郭穰告丞相夫人以丞相数有谴,使巫祠社,祝诅主上,有恶言,及与贰师共祷祠,欲令昌邑王为帝。"(第2883页)巫蛊之祸起自朱安世,成于江充,遂及公主、皇后、太子,皆败。自左丞相与贰师阴谋逆乱,巫蛊之祸流及士大夫。

数月,以皇曾孙坐卫太子事系,吉见而怜之。又心知太子无事实,重哀曾孙无辜,吉择谨厚女徒,令保养曾孙,置闲燥处"①。于是他私密救下刘病已。早在昭帝即位初,民间流传立刘病已为天子的说法。史载:"孝昭元凰三年正月,……是时昌邑有枯社木卧复生,又上林苑中大柳树断枯卧地,亦自立生,有虫食树叶成文字,曰'公孙病已立'。……时昭帝幼,大将军霍光秉政,恶之,下其书廷尉。奏赐、孟妄设妖言惑众,大逆不道,皆伏诛。"②民间传言代表了一种政治倾向,存在暗中支持宣帝的政治势力。但是,当时霍光忌讳提立宣帝的事,诛杀这些所谓"妖言惑众"的人。至昭帝末,寝疾,征天下名医,杜延年典领方药。"时宣帝养于掖廷,号皇曾孙,与延年中子佗相爱善,延年知曾孙德美,劝光、安世立焉。"③昭帝死后,霍光派四个人去征刘贺入京,其中至少三人是霍光心腹,二人是暗中支持宣帝者:行大鸿胪事少府史乐成,是宣帝外戚;光禄大夫丙吉,是宣帝救命与抚养恩人;宗正刘德,楚元王之曾孙刘辟强之子;中郎将利汉,史书未载,不知姓,是霍光心腹之人。这种安排可谓用计极其深虑! 至刘贺被废时,霍光与车骑将军张安世诸大臣议立未定时,时任光禄大夫的丙吉上奏霍光,推立刘病已为帝,称其"通经术,有美材,行安而节和"④,"近亲唯有卫太子孙号皇曾孙在民间,咸称述焉。"⑤霍光览其奏议,遂尊立刘病已为帝。

霍光亲自扶持宣帝登基和掌权,不仅延续了武帝晚年为太子刘据平反的思路与政策,而且安抚了原先太子刘据集团的剩余政治势力及其政治支持者,稳定了刘据集团的政治力量,重新平衡朝廷中各政治派别的力量。所以,刘贺被废、宣帝即位是有其必然的政治隐因。

---

① 《汉书》卷七四《丙吉传》,第 3142 页。
② 《汉书》卷七五《眭弘传》,第 3153-3154 页。另外据《汉书》卷二七中之下《五行志》记载:"昭帝时,上林苑中大柳树断仆地,一朝起立,生枝叶,有虫食其叶,成文字,曰'公孙病已立'。昌邑王国社有枯树复生枝叶。眭孟以为木阴类,下民象,当有故废之家公孙氏从民间受命为天子者。昭帝富于春秋,霍光秉政,以孟妖言,诛之。后昭帝崩,无子,征昌邑王贺嗣位,狂乱失道,光废之,更立卫太子之孙,是为宣帝。宣帝本名病已。"(第1412页) 这段史料虽是天象迷信说法,但是汉人借天象说政事。昭帝时,民间早已流传要立史皇孙后代刘病已为天子的说法。昭帝时,霍光秉政,诛杀方术之士眭孟以封杀"民间谣言",可能忌讳暴露其政治目的。这种"民间谣传"往往从朝廷传出来,说明朝廷暗中存在支持立刘病已的政治力量。
③ 《汉书》卷六〇《杜周传》,第 2665 页。
④ 《汉书》卷七四《丙吉传》,第 3141 页。
⑤ 《汉书》卷六八《霍光传》,第 2947 页。

至于霍光起初同意征刘贺入京嗣位的疑虑心理与复杂原因,恐难猜测,但是,不排除霍光的深谋远虑、欲擒故纵之大计:先征刘贺入嗣,旋即废除,最终达到除国的目的,以绝后患。①

三

元平元年(前74年)刘贺被废,宣帝即位;刘贺被遣归故昌邑国,继承了原昌邑王财物,从此无封号无爵位,过着深居简出的家居生活。十一年后,元康三年(前63年),汉宣帝封刘贺为海昏侯,并责令从原昌邑国南下就归豫章郡海昏国。为什么汉宣帝在位11年后才封刘贺为海昏侯?其原因值得探讨。

汉宣帝即位后,"心内忌贺"②,一直派遣地方官吏秘密监视刘贺及其家属人员的活动。至元康二年(前64年),宣帝派遣使者赐山阳太守张敞③玺书曰:"制诏山阳太守:其谨备盗贼,察往来过客。毋下所赐书!"师古注曰:"密令警察,不欲宣露也。"④诏令山阳太守秘密地警察刘贺的举动,不得泄露密旨,为此太守张敞向宣帝做详细汇报。据《汉书·武五子传》记载:

> 敞于是条奏贺居处,著其废亡之效,曰:"臣敞地节三年五月视事,故昌邑王居故宫,奴婢在中者百八十三人,闭大门,开小门,廉吏一人为领钱物市买,朝内食物,它不得出入。督盗一人别主徼循,察往来者。以王家钱取卒,迻宫清中备盗贼。臣敞数遣丞吏行察。四年九月中,臣敞入视居处状,故王年二十六七,为人青黑色,小目,鼻末锐卑,少须眉,身体长大,疾痿,行步不便。衣短衣大绔,冠惠文冠,佩玉环,簪笔持牍趋谒。臣敞与坐语中庭阅妻子奴婢。臣敞欲动观其意,即以恶鸟感之,曰:'昌邑多枭。'故王应曰:'然。前贺西至长安,殊无枭。复来,东至济阳,乃复闻枭声。'臣敞阅至子女持辔,故王跪曰:'持辔母,严长孙女

---

① 按吕思勉先生说"然则昭帝之亡嗣,霍氏为之也"(吕思勉:《秦汉史》,第134页),那么霍光可能有意使昭帝无子嗣,以便传位至卫太子刘据曾孙刘病已。
② 《汉书》卷六三《武五子传》,第2767页。
③ 《汉书》卷七六《张敞传》记载:"宣帝初即位,废王贺在昌邑,上心惮之,徙敞为山阳太守。"(第3216页)
④ 《汉书》卷六三《武五子传》及注,第2767—2768页。

也。'臣敞故知执金吾严延年字长孙,女罗绀,前为故王妻。察故王衣服言语跪起,清狂不惠。妻十六人,子二十二人,其十一人男,十一人女。昧死奏名籍及奴婢财物簿。臣敞前书言:'昌邑哀王歌舞者张修等十人,无子,又非姬,但良人,无官名,王薨当罢归。太傅豹等擅留,以为哀王园中人,所不当得为,请罢归。'故王闻之曰:'中人守园,疾者当勿治,相杀伤者当勿法,欲令亟死,太守奈何而欲罢之?'其天资喜由乱亡,终不见仁义如此。后丞相御史以臣敞书闻,奏可。皆以遣。"上由此知贺不足忌。①

上述记载,至少说明这样三点:(1)刘贺的居住条件及生活状况。他仍住原昌邑王宫,有奴婢183人,大门关闭,常开小门,经常有一位"廉吏"领取钱物到市场购买商品,每天早上送入食物,除食物之外,其他物品皆不得妄自出入。有一位"督盗"吏主管巡视督察,监察往来人员。用故昌邑王家私钱雇佣士卒,巡察王宫周围,防备盗贼出入,严禁"异人"出入王宫。(2)刘贺身体很差,行动不便。刘贺年龄二十六七岁,肤色不好,呈青黑色,小眼睛,鼻末端鹰钩低下,胡须、眉毛稀少,身体高大,有风湿疾病,行步不方便。又穿短衣大裤,戴惠文冠(汉代侍中所著侍中冠),佩带玉环,插笔于头,手持木牍,举止随便、失当。(3)刘贺"清狂不惠",精神不正常。尝试探刘贺的政治意向,即以"恶鸟"感叹道:"昌邑多枭啊",意思是说昌邑国还有许多不安分己、觊觎皇位的人。刘贺回应道:"是啊!以前贺西至长安,从来没有什么枭。自从返回后,东至济阳,又听见枭声。"刘贺的穿着衣服、言语举止、跪下起身,已是一个精神不正常、心智不聪慧之人。张敞将刘贺的这种情况上奏后,汉宣帝"由此知贺不足忌"。"贺不足忌"似乎成为宣帝次年封刘贺为海昏侯的一个前提。

既然汉宣帝知道刘贺不足以忌惮,那么为何还要封刘贺为海昏侯呢?这也出之有因。元康三年(前63年)春,宣帝颁布诏令,曰:"盖闻象有罪,舜封之,骨肉之亲,析而不殊。其封故昌邑王贺为海昏侯,食邑四千户。"②诏书中以舜封象故事来说明宣帝与刘贺之间骨肉之亲属关系,冠冕堂皇地

---

① 《汉书》卷六三《武五子传》,第2767-2768页。
② 《汉书》卷六三《武五子传》,第2769页。

封刘贺为海昏侯,"骨肉之亲"似乎是宣帝封刘贺为海昏侯的直接原因;"食邑四千户",户数较多,一年租赋收入丰厚。关于海昏侯的经济收入情况,将另有专文详述。

对刘贺封侯的诏书下达后,接着,宣帝的亲信侍中卫尉金安上上书奏言:"贺天之所弃,陛下至仁,复封为列侯。贺嚚顽放废之人,不宜得奉宗庙朝聘之礼。"①意思是刘贺是上天所废弃之人,宣帝至仁至义,重新分封刘贺为列侯,但是刘贺冥顽不化、废弃之人,不宜在原籍供奉宗庙朝觐天子,应当远离京城归国。宣帝即刻准奏,宣布刘贺就国豫章郡海昏县。由此可见,所谓的"骨肉之亲",宗族之情,只是一个方面,并未排除宣帝对刘贺的控制且调离政治中心的意图,所以"明封暗贬"才是实质。众所周知,"江南卑湿,丈夫早夭",豫章海昏,地处江湖周边,湿瘴之气浓重,刘贺本身患有风湿疾病,将贬至江南,反映出宣帝对刘贺仍心存顾忌。

刘贺封海昏侯数年后,扬州刺史柯上奏书,通报刘贺与故太守卒史孙万世私下交往,孙万世曾问刘贺:"前见废时,何不坚守毋出宫,斩大将军,而听人夺玺绶乎?"刘贺回答:"然。失之。"孙万世说刘贺以后有可能再封王豫章,成为诸侯。刘贺回答:"且然,非所宜言。"官府案验,确有其事,请求逮捕孙万世等人。宣帝制曰:"削户三千。"②只是削夺了海昏侯刘贺食邑户数三千,仍食邑一千户,为此海昏侯的租赋收入减少了四分之三。扬州刺史柯的奏书充分反映出宣帝还是派遣官吏严密监视海昏侯刘贺,并未放松对刘贺的警惕。

此事不久,刘贺病死。豫章太守廖奏言:"舜封象于有鼻,死不为置后,以为暴乱之人不宜为太祖。海昏侯贺死,上当为后者子充国;充国死,复上弟奉亲;奉亲复死,是天绝之也。陛下圣仁,于贺甚厚,虽舜于象无以加也。宜以礼绝贺,以奉天意。愿下有司议。"③朝中官员"议皆以为不宜为立嗣,国除",形成了一面倒的政治倾向与舆论,海昏侯国废除,不立嗣。至此,才是真正消除了汉宣帝对刘贺这一块"心病"。然则豫章太守廖奏言中提到一个重要事项:刘贺生前,汉宣帝"于贺甚厚"。他死后,宣帝仍然"于贺甚

---

① 《汉书》卷六三《武五子传》,第 2769 页。
② 《汉书》卷六三《武五子传》,第 2769-2770 页。
③ 《汉书》卷六三《武五子传》,第 2770 页。

厚",对其刘贺进行高级别埋葬。这有大量考古发掘资料为证:海昏侯刘贺墓西侧有大型真车马陪葬坑;"乐器库"中有超过列侯级别的三堵悬乐;主椁室有大量青铜鼎;棺椁附近有两件代表汉玉最高水平的韘形玉佩;还有大量的马蹄金、麟趾金、金饼和金钣等,均反映了墓主刘贺的特殊身份,可以说他的墓葬规格超越了列侯而近似王侯。

汉宣帝封刘贺为海昏侯的原因亦复杂,他并没有完全释放对刘贺猜忌,以"骨肉之亲"明封刘贺是假象,真实目的是把刘贺贬放至南方。考虑到刘贺在原封地昌邑有盘根错节的关系,根基深厚,怕他一旦遇有机会,招兵买马,扩大势力,威胁到自己的帝位。而将刘贺调离昌邑,贬至海昏,远离祸害。当时海昏县是豫章郡十八县之一,地广人稀,水耕火耨,民食鱼稻,暑热湿痹,瘴疠疾疫,其社会经济发展程度远远落后于北方的昌邑。刘贺食邑海昏县,再也没有力量来威胁宣帝皇位。所以,宣帝分封刘贺为海昏侯的真实原因,是进一步打击刘贺,最终消除刘贺的有效实力,直至消亡。宣帝封刘贺为海昏侯,其实不过是一种明封暗贬的政治手段而已。

综上所述,昭帝死后,迎立与废黜刘贺有其复杂的政治环境,先征刘贺入京嗣位,旋而被废黜,主要有三个方面原因:一是刘贺本身的政治素养不合汉制,行为不轨,不宜继承帝统;二是霍光掌控朝政,形成了一人专权局面;三是朝野存在一股暗中支持宣帝继位的政治势力,而且不断扩大。宣帝即位后,内心一直顾忌刘贺并监视之。后来分封刘贺为海昏侯,不过是一种明封暗贬的政治策略,达到消除对刘贺忌惮的最终目的。

附一:昌邑王世系表

人名	时间		主要事迹	材料出处
	年号	公元		
刘髆	天汉四年六月乙丑	前97年	封为昌邑王	《汉书》卷14《诸侯王表》,P420
	后元元年	前88年	刘髆薨	《汉书》卷6《武帝纪》,P211
	后元二年	前87年	根据在王位"十一年"计算,刘髆在此年薨。廖伯源先生认为刘贺在此年嗣位 武帝驾崩,昭帝继位	
刘贺	始元元年	前86年	王贺嗣	《汉书》卷14《诸侯王表》,P420
	元平元年	前74年	十二年,征为昭帝后,立二十七日,以行淫乱,废归故国,予邑三千户	《汉书》卷14《诸侯王表》,P420

附二:海昏侯世系表

人名	时间		主要事迹	材料出处
	年号	公元		
刘贺	宣帝元康三年	前63年	(二)[三]年四月壬子,以昌邑王贬封为侯	《汉书》卷15下《王子表》,P493
	宣帝神爵三年	前59年	在侯位四年,薨。坐故行淫辟,不得置后	
刘代宗	元帝初元三年	前46年	釐侯代宗以贺子绍封	
刘保世			原侯保世嗣	《汉书》卷15下《王子表》,P493
刘会邑			侯会邑嗣,免,建武后封	《汉书》卷15下《王子表》,P493

附三：刘贺生平年表

时间		昌邑王纪年	年龄	主要事件	备注	材料出处
年号	公元					
征和元年	前92年		1岁	出生		
征和二年	前91年		2岁	宣帝刘病已出生（1岁）		
征和三年	前90年		3岁			
征和四年	前89年		4岁			
后元元年	前88年		5岁	昌邑哀王刘髆薨	有人认为刘贺此年嗣位	《汉书》卷6《武帝纪》，P211
后元二年	前87年		6岁	立昭帝为太子，年八岁。武帝崩，昭帝继位。大司马大将军霍光受遗诏辅少主，车骑将军金日磾、左将军上官桀副焉	廖伯源先生认为昌邑哀王刘髆薨于此年，刘贺在此年嗣位。	《汉书》卷7《昭帝纪》，P217
始元元年	前86年	昌邑一年	7岁	刘贺嗣昌邑王位 车骑将军金日磾薨	《汉书·诸侯王表》记载刘贺此年嗣位。据其在位十三年计算，此年开始昌邑纪年	《汉书》卷7《昭帝纪》，P220
始元二年	前85年	昌邑二年	8岁	大将军光、左将军桀皆以前捕斩反虏重合侯马通功封，光为博陆侯，桀为安阳侯		《汉书》卷7《昭帝纪》，P220
始元三年	前84年	昌邑三年	9岁			
始元四年	前83年	昌邑四年	10岁	春三月甲寅，立皇后上官氏。文颖曰："上官桀孙，安之女。"	昭帝12岁，上官皇后6岁，父上官桀、母霍光女儿	《汉书》卷7《昭帝纪》，P221
始元五年	前82年	昌邑五年	11岁	六月，封皇后父骠骑将军上官安为桑乐侯		《汉书》卷7《昭帝纪》，P222
始元六年	前81年	昌邑六年	12岁			

续表

时间		昌邑王纪年	年龄	主要事件	备注	材料出处
年号	公元					
元凤元年	前80年	昌邑七年	13岁	九月,鄂邑长公主、燕王旦与左将军上官桀、桀子票骑将军安、御史大夫桑弘羊皆谋反,伏诛。初,桀、安父子与大将军光争权,欲害之,诈使人为燕王旦上书言光罪。时上年十四,(张晏曰:"武帝崩时八岁,即位于今七岁,今年十五。"师古曰:"此云'初,桀、安父子与大将军争权,诈为燕王上书',盖追道前年事耳,非今岁也。张说(非)[失]之。")觉其诈。后有潛光者,上辄怒曰:"大将军国家忠臣,先帝所属,敢有潛毁者,坐之。"光由是得尽忠		《汉书》卷7《昭帝纪》,P226
元凤二年	前79年	昌邑八年	14岁			
元凤三年	前78年	昌邑九年	15岁			
元凤四年	前77年	昌邑十年	16岁			
元凤五年	前76年	昌邑十一年	17岁			
元凤六年	前75年	昌邑十二年	18岁			
元平元年	前74年	昌邑十三年	19岁	刘贺立二十七日,行淫乱,废归故国,国除,为山阳郡。宣帝刘病已即位(18岁),立许氏为皇后	昭帝崩,年22岁。上官皇后16岁	《汉书》卷63《武五子传》,P2765 《汉书》卷8《宣帝纪》,P238-239
本始元年	前73年		20岁	大将军光稽首归政,上谦让委任焉。论定策功,益封大将军光万七千户,车骑将军光禄勋富平侯安世万户		《汉书》卷8《宣帝纪》,P239

续表

时间		昌邑王纪年	年龄	主要事件	备注	材料出处
年号	公元					
本始二年	前72年		21岁	秋七月,诏立燕刺王太子建为广阳王,立广陵王胥少子弘为高密王		《汉书》卷8《宣帝纪》,P242
本始三年	前71年		22岁	春正月癸亥,皇后许氏崩		《汉书》卷8《宣帝纪》,P244
本始四年	前70年		23岁	三月乙卯,立皇后霍氏		《汉书》卷8《宣帝纪》,P245
地节元年	前69年		24岁			
地节二年	前68年		25岁	春三月庚午,大司马大将军光薨		《汉书》卷8《宣帝纪》,P247
地节三年	前67年		26岁	臣敞地节三年五月视事,臣敞数遣丞吏行察。立皇太子,大赦天下。赐广陵王黄金千斤,诸侯王十五人黄金各百斤,列侯在国者八十七人黄金各二十斤	张敞监视故昌邑王刘贺故昌邑王刘贺被废,不属诸侯王,不在赏赐之列	《汉书》卷8《宣帝纪》,P249
地节四年	前66年		27岁	九月中,臣敞入视居处状,故王年二十六七。秋七月,平定大司马博陆侯禹与母宣成侯夫人显及从昆弟冠阳侯云、乐平侯山、诸姊妹婿度辽将军范明友、长信少府邓广汉、中郎将任胜、骑都尉赵平、长安男子冯殷等人谋反。八月己酉,皇后霍氏废	根据张敞的说法,这一年刘贺为二十六岁。(周岁26,虚岁27,故此云年二十六七)	《汉书》卷63《武五子传》,P2767 《汉书》卷8《宣帝纪》,P251
元康元年	前65年		28岁			
元康二年	前64年		29岁	遣使者赐山阳太守张敞玺书曰:"制诏山阳太守:其谨备盗贼,察往来过客。毋下所赐书!"		《汉书》卷63《武五子传》,P2767

续表

时间		昌邑王纪年	年龄	主要事件	备注	材料出处
年号	公元					
元康三年	前63年		30岁	诏曰:"盖闻象有罪,舜封之,骨肉之亲,析而不殊。其封故昌邑王贺为海昏侯,食邑四千户。"	贺就国豫章	《汉书》卷63《武五子传》,P2769
元康四年	前62年		31岁	二月,河东霍征史等谋反,诛		《汉书》卷8《宣帝纪》,P258
神爵元年	前61年		32岁			
神爵二年	前60年		33岁			
神爵三年	前59年		34岁	海昏侯刘贺薨。议皆以为不宜为立嗣,国除	元帝时复封贺子代宗为侯	《汉书》卷63《武五子传》,P2770

巫蛊之祸视阈下汉武帝与戾太子的父子纠葛探析

——与辛德勇等先生商榷

李 峰

在对西汉重大历史事件巫蛊之祸的研究中,汉武帝与戾太子的矛盾问题一直深为学界所关注,其中田余庆、辛德勇、韩树峰等的看法颇有代表性。田余庆认为汉武帝与戾太子的矛盾在本质是上两条不同治国路线的分歧和斗争,因形势变化导致矛盾激化,从而表现为武帝与太子的不可两立的抗争①。辛德勇认为武帝与戾太子父子的矛盾体现为权力之争,巫蛊之祸的爆发,是后宫争宠的结果②。韩树峰认为巫蛊之狱不含路线冲突的色彩,武帝更无借此废黜戾太子的想法,相反,武帝此举还具有为戾太子日后执政扫清障碍的意味③。以上诸观点,田余庆的观点因以《资治通鉴》中不明出处的史料为支撑,故引起学者质疑,辛德勇、韩树峰的观点虽新颖,然其论述颇多似是而非之处。有鉴于此,笔者决定对汉武帝晚年与戾太子的矛盾纠葛进行再考证,以求正于方家。

---

① 田余庆:《论轮台诏》,《历史研究》1984 年第 2 期。
② 辛德勇:《汉武帝晚年政治取向与司马光的重构》,《清华大学学报(哲学社会科学版)》2014 年第 6 期。
③ 韩树峰:《论巫蛊之狱的性质——以卫太子行巫蛊及汉武帝更换继嗣为中心》,《社会科学战线》2015 年第 9 期。

一、汉武帝晚年与戾太子的矛盾

通过对《汉书》等相关史料的研读,可以发现汉武帝晚年与戾太子之间矛盾重重。

首先,武帝父子治国理念不同。此说由张烈首倡①,而为田余庆所弘扬②,嗣后蒲慕州③、阎步克④、陈曦⑤等屡有阐发,然诸家皆征引有《资治通鉴》中出处不明的史料,在这些史料的可信性受到质疑的当下,似乎诸家之论皆难以成立。然而蒲慕州、陈曦的部分观点还是颇有说服力的,如蒲慕州认为戾太子以文治为主的政治倾向,"可以由他的教育背景及他性格的仁慈宽厚上看出"⑥。陈曦通过对《汉书》所叙戾太子"私问《谷梁》而善之"一事解读,指出:"戾太子反对汉武帝及其用法大臣依据《公羊传》而实施的征伐四夷的开边政策与用法严苛的血腥政治。"他"立足于《谷梁传》,形成了与汉武政治色彩不同的'守文'思想。"⑦但辛德勇却认为戾太子之"私问《谷梁》",当在其既通《公羊》之后、举行冠礼之前。因此怀疑戾太子是否真正理解《谷梁传》:"戾太子何时举行这一仪式,《汉书》没有明确记载,但继武帝之后即位的昭帝,举行此礼,是在十八岁的时候,戾太子的情况,应当大致与之相仿。小小年纪,他能否一问《谷梁》即为其系统的思想观念所折服,这未免令人疑惑。"进而指出元狩六年(前117年),戾太子十二岁时,受武帝宠幸的王夫人子刘闳受封为诸侯王,立八年而薨,时年戾太子二十岁,"这也就意味着在戾太子十八岁成人之前'私问《谷梁》而善之'的时候,他正处

---

① 张烈:《评盐铁会议》,《历史研究》1977年第6期。
② 田余庆:《论轮台诏》,《历史研究》1984年第2期。
③ 蒲慕州:《巫蛊之祸的政治意义》,《"国立中央研究院"历史语言研究所集刊》第57本第3分(1986年)。
④ 阎步克:《汉武帝时"宽厚长者皆附太子"考》,《北京大学学报(哲学社会科学版)》1993年第3期。
⑤ 陈曦:《戾太子"私问〈穀梁〉而善之"发覆》,《浙江师范大学学报(社会科学版)》2008年第2期。
⑥ 蒲慕州:《巫蛊之祸的政治意义》,《"国立中央研究院"历史语言研究所集刊》第57本第3分(1986年)。
⑦ 陈曦:《戾太子"私问〈穀梁〉而善之"发覆》,《浙江师范大学学报(社会科学版)》2008年第2期。

于母亲卫皇后遭受汉武帝冷落而异母弟刘闳深得宠幸的环境之中。"由于卫皇后母子地位受到王夫人母子的威胁,而《谷梁传》关于鲁隐公与鲁桓公身份问题的叙述与评价有利于维护戾太子的地位,因此戾太子对《谷梁传》感兴趣①。

据《汉书·戾太子传》称戾太子"少壮,诏受《公羊春秋》,又从瑕丘江公受《谷梁》"②。《儒林传》称:"于是上因尊《公羊》家,诏太子受《公羊春秋》,由是《公羊》大兴。太子既通,复私问《谷梁》而善之。"③可知戾太子是在通晓《公羊传》后,学的《谷梁传》。而两传即如辛德勇所言,"本同源异流",《谷梁传》是在"《公羊传》基础上进一步讲说《春秋》大义,对《公羊传》所说,既有沿承,也有变易,二者并非截然对立的思想学说"。则戾太子在通晓《公羊传》的基础上再学习《谷梁传》,自应是轻车熟路。且《公羊传》兼传《春秋》大义微言,《谷梁传》但传《春秋》大义,则相对于《公羊传》,修习《谷梁传》较为容易,故南朝人王俭论及《谷梁传》,径称其为"《谷梁》小书"④。所以戾太子"私问《谷梁》而善之"是合乎情理的。

同时,征诸史实,齐王刘闳卒于元封元年(前110年),戾太子时年十九岁。王夫人卒于元狩六年武帝封其子刘闳为齐王前后。据《史记·三王世家》称封刘闳等为王的动议起自元狩六年,该年三月,霍去病上疏请武帝封刘闳等皇子,四月策立刘闳等为王。

据褚少孙称,刘闳将立为齐王时,王夫人病,"武帝自临问之",王夫人死后,"帝痛之,使使者拜之曰:'皇帝谨使使太中大夫明奉璧一,赐夫人为齐王太后'"⑤。此显见王夫人在元狩六年刘闳封齐王前后已去世。王夫人卒后,史无载任何武帝宠爱刘闳之语,可知刘闳之宠已衰,不再对戾太子构成威胁。而燕王刘旦、广陵王刘胥为李姬所生,"其母无宠,以忧死"⑥。对戾太子也构不成威胁。宠姬李夫人因其兄李延年引荐而得幸,而李延年为

---

① 辛德勇:《汉武帝晚年政治取向与司马光的重构》,《清华大学学报(哲学社会科学版)》2014年第6期。
② 班固:《汉书》卷六三《戾太子传》,中华书局,1962,第2741页。
③ 班固:《汉书》卷八八《儒林传》,第3617页。
④ 李延寿:《南史》卷四八《陆澄传》,中华书局,1975,第1188页。
⑤ 司马迁:《史记》卷六〇《三王世家》,中华书局,1959,第2115页。
⑥ 司马迁:《史记》卷四九《外戚世家》,第1981页。

武帝所赏识,是在元鼎六年(前111年)春,汉朝灭南越后,故李夫人得幸当在此后。因此李夫人纵使在元鼎六年得幸,其生子亦当在元鼎六年后,即戾太子十八岁后。另外需要指出的是,汉代太子举行冠礼并无确定的时间,如武帝为太子,景帝后元三年(前141年)正月行冠礼,时年十六岁;元帝为太子,五凤元年(前57年)春行冠礼,时年十八岁;成帝为太子,竟宁元年(前33年)正月行冠礼,时年十九岁;哀帝未立为太子前,于元延四年(前9年)行冠礼,时年十七岁。故辛德勇以昭帝十八岁行冠礼,以推戾太子十八岁行成人礼是不正确的。同时,还要指出的是戾太子的靠山大司马大将军卫青此时尚在。所以自刘闳被立为王至其薨这段时间,卫子夫虽色衰,然其皇后之位尚稳,对于武帝对卫后的宠遇,《汉书》初仅言其"色衰"而不言其"宠衰":"皇后立七年,而男立为太子。后色衰,赵之王夫人、中山李夫人有宠,皆蚤卒。后有尹倢伃、钩弋夫人更幸。"①同时明确指出其"宠衰"是在"武帝末"②。在此期间,戾太子也得到武帝的着意栽培,且武帝对戾太子的宠爱一直持续到他行冠礼后尚不衰:"及冠就宫,上为立博望苑,使通宾客,从其所好。"③也就是说戾太子是安全的,并无被夺嫡之忧。所以辛德勇假定卫子夫母子地位受到王夫人母子威胁的观点是不成立的,其由此而发的议论自然亦不能成立。由于《公羊传》宣扬大一统、鼓吹大义灭亲,强调复国仇,而《谷梁传》讲亲亲尊尊、重视礼教、主张以民为本,而武帝重《公羊传》,戾太子善《谷梁传》,故此确可视为武帝与戾太子之间存在着治国路线之异的佐证。

另外从戾太子深得民心也可看出他与武帝的治国路线之异。如始元五年(前82年)春,发生伪戾太子诣阙自陈事件,长安数万吏民闻讯前来聚观,并对伪戾太子表现出极大的热情。如燕王刘旦称:"前日一男子诣阙,自谓故太子,长安中民趣乡之,正欢不可止,大将军恐,出兵陈之,以自备耳。"④考虑此前戾太子驱长安四市人与武帝对抗,导致数万人死于非命,嗣后许多人又受到牵连,或被流放远方,或被投入监狱。然而长安吏民得知戾太子归

---

① 班固:《汉书》卷九七上《外戚传》上,第3950页。
② 班固:《汉书》卷六三《戾太子传》,第2742页。
③ 班固:《汉书》卷六三《戾太子传》,第2741页。
④ 班固:《汉书》卷六三《刘旦传》,第2756页。

来的消息后,表现出的不是愤怒、怨恨,而是热烈欢迎,因此对百姓的表现不应仅仅理解为是因为对太子含冤出走的同情、怜惜,还应是出于对他的敬仰与爱戴。敬仰与爱戴的原因肯定不是因为他是武帝之政的拥护者。因为武帝之政在其在世时已为百姓所痛恨,昭帝时仍得不到百姓的原谅。盐铁会议上,来自民间的数十位贤良文学对武帝之政深致不满就是明证。而若考虑到昭帝初推行新政的力度有限,长安百姓对戾太子的欢迎,还应包含着希望由戾太子带领他们走向太平盛世的现实诉求。

其次,武帝晚年,戾太子羽翼已成,让武帝对他充满疑忌。关于武帝疑忌戾太子事,笔者在拙著《巫蛊之祸　西汉中期政坛秘辛》一书中已指出,武帝时以卫、霍为首的军功外戚集团,成为太子母子的重要依靠。"尽管这个集团随着霍去病、卫青的先后去世,再加上武帝的压制,在武帝后期的政坛已呈江河日下之势,但这支力量还在,一旦太子有召唤,没有人敢保证他们不会倒向太子。"①

同时还要补充说明的是,卫氏外戚的核心人物中其时颇有身居要职者。如卫后姊卫君孺的丈夫公孙贺为丞相,其子公孙敬声为太仆,父子并居公卿位。丞相司直田仁、监北军使者任安曾是卫青的舍人。而石庆、卜式、严青翟、赵周等名臣皆曾为太子之师,这些人后皆不得意,或以过见谴,或获罪自杀,属于他们的势力为图谋东山再起,在政治上倾向于支持戾太子是可以想见的。而名臣张汤之子张贺为戾太子亲吏。东城侯居股、开陵侯禄、亚谷侯卢贺等与戾太子的关系也甚密切。另外,戾太子成人后,武帝特为他立博望苑,任由他根据自己的喜好招揽宾客,这使社会上许多才俊被戾太子所延揽,成为他的亲信。而征和二年(前91年),当戾太子为江充所逼,问计于少傅石德时,石德建议戾太子:"可矫以节收捕充等系狱。"②显见戾太子持有武帝授予的"节",该物"代表皇帝命令,是一种最高权力的象征",持节"可以行使天子给予的特殊权力"。③ 据此可知戾太子拥有武帝的授权,可以行使部分皇权。总此诸方面原因,使戾太子在朝中权势颇盛,而"政治权力的转移,对于最高执政者本人来说,是非常严重的事。即使是他自己选定的继

---

① 李峰:《巫蛊之祸　西汉中期政坛秘辛》,河南大学出版社,2015,第6页。
② 班固:《汉书》卷六三《戾太子传》,第2743页。
③ 安作璋、熊铁基:《秦汉官制史稿(下册)》,齐鲁书社,1985,第476页。

承人,也难免面对苛刻挑剔的目光"①。更何况戾太子亲党中颇多跋扈之徒。如李敢之女为太子中人,为太子所"爱幸",李敢之子李禹"有宠于太子",由于其人"好利",司马迁见微知著,因云"李氏陵迟衰微矣"。②班固则更进一步指出其"有勇",行事嚣张而无礼③。太仆公孙敬声,"以皇后姊子,骄奢不奉法"④。因此纵使戾太子无逆乱之心,但其亲党如此恣意妄为,如何能让生性多疑、年迈多病、执政能力严重下降的武帝心安?武帝公开肯定政治投机者江充举报戾太子属下违制之举就是这种心理的反映。

江充,原名江齐,赵国人,早年借女色攀附上赵太子刘丹,进而得幸于赵王刘彭祖:"有女弟善鼓琴歌舞,嫁之赵太子丹。齐得幸于敬肃王,为上客。"⑤而靠色相谋取富贵,颇为汉人所不取。如司马迁认为"女以色媚"属靠侥幸获得富贵的行为⑥。班固亦称此属"进不由道"⑦。后因争宠于赵王而与赵太子结怨,最终双方矛盾激化,先是赵太子以确凿的罪证诛杀江充的父兄:"久之,太子疑齐以己阴私告王,与齐忤,使吏逐捕齐,不得,收系其父兄,按验,皆弃市。"继而江充诣阙告发赵太子"与同产姊及王后宫奸乱"及"交通郡国豪猾,攻剽为奸,吏不能禁"等二条大罪,赵王称江充这样做是为了"复私怨",即公报私仇,其实赵太子又何尝不是。⑧而对于这样的行为,一经发现,武帝是定要予以严惩的。如元鼎二年十一月,丞相严青翟及三长史挟私借武帝之手除掉御史大夫张汤,后被武帝发觉,遂按诛三长史,并逼严青翟自杀。然而此次赵太子、江充所为虽同属利用公器逞其私欲的挟私报复,但武帝最终却只惩治赵太子,而不问罪于江充,乃在于江充洞察时势,揣摩到了武帝的心思。汉自七国之乱后,持续强化对诸侯王国的控制,早在景帝中元五年(前145年),已"令诸侯王不得复治国,天子为置吏"⑨。又"自吴楚反后,五宗王世,汉为置二千石,去'丞相'曰'相',银印。诸侯独得

---

① 王子今:《晚年汉武帝与"巫蛊之祸"》,《固原师专学报(社会科学)》1998年第5期。
② 司马迁:《史记》卷一○九《李将军列传》,第2876页。
③ 班固:《汉书》卷五四《李广传》,第2450页。
④ 班固:《汉书》卷六六《公孙贺传》,第2878页。
⑤ 班固:《汉书》卷四五《江充传》,第2175页。
⑥ 司马迁:《史记》卷一二五《佞幸列传》,第3191页。
⑦ 班固:《汉书》卷九三《佞幸传·赞》,第3741页。
⑧ 班固:《汉书》卷四五《江充传》,第2175–2176页。
⑨ 班固:《汉书》卷一九上《百官公卿表》,第741页。

食租税,夺之权"。而刘彭祖擅权赵国,为所欲为,"立五十余年,相、二千石无能满二岁,辄以罪去,大者死,小者刑,以故二千石莫敢治"。虽然如此,由于刘彭祖为人"巧佞卑谄,足恭而心刻深",朝廷竟奈何不得。① 故江充遂于此处用力,告发赵太子扰乱地方秩序,而武帝一收到江充的奏书,即严惩赵太子,借以打击赵王,故赵王虽竭力请求武帝宽恕赵太子,武帝却不为所动,"竟败赵太子"②。通过梳理整个事件的经过,可知就江充而言,其初"进不由道",后与赵太子争宠于赵王,当时若赵太子任由他受宠于赵王,纵使赵太子犯下滔天的罪过,他也不会赴长安告发赵太子的。故其行虽有益于国,但其心却可诛,因此被时人视为奸邪之徒。如巫蛊之祸中,戾太子骂江充"赵虏!乱乃国王父子不足邪!"③。壶关三老茂在为戾太子讼冤时称:"往者江充谗杀赵太子,天下莫不闻。"④

武帝晚年,戾太子家使曾违制乘车马行驰道中,为时为直指使者的江充收其车马。戾太子知道后派人请求江充不要将此事报告武帝,江充不为所动,仍然奏白武帝,武帝对此予以激赏:"人臣当如是矣。"⑤蒲慕州认为这显示"武帝心中也并非十分满意太子"⑥。因为武帝虽未明言对戾太子的看法,然其肯定江充的行为,就是对戾太子的批评。太子因违制而被臣下举奏的事情在前代也曾发生过。如文帝时,张释之为公车令,就曾有震慑太子之举。然而文帝却将太子不敬之责揽在自己身上,对于张释之,文帝只是惊讶于他敢冒犯太子,此事过后,很快拜他为职司顾问应对没有实权的中大夫,观此可知文帝此举颇有保护太子之意:"顷之,太子与梁王共车入朝,不下司马门,于是释之追止太子、梁王无得入殿门。遂劾不下公门不敬,奏之。薄太后闻之,文帝免冠谢曰:'教儿子不谨。'薄太后乃使使承诏赦太子、梁王,然后得入。文帝由是奇释之,拜为中大夫。"⑦而武帝却不仅不维护戾太子的声誉,还公开显扬太子的过失,于此可见武帝对戾太子疑忌之深。考此事

---

① 司马迁:《史记》卷五九《五宗世家》,第2098-2104页。
② 班固:《汉书》卷四五《江充传》,第2176页。
③ 班固:《汉书》卷四五《江充传》,第2179页。
④ 班固:《汉书》卷六三《戾太子传》,第2745页。
⑤ 班固:《汉书》卷四五《江充传》,第2178页。
⑥ 蒲慕州:《巫蛊之祸的政治意义》,《"国立中央研究院"历史语言研究所集刊》第57本第3分(1986年)。
⑦ 司马迁:《史记》卷一○二《张释之列传》,第2753页。

发生的具体时间或在太始三年(前94年)。因为史称江充向武帝告发戾太子家使违制事后,武帝将江充"迁为水衡都尉"①,据《汉书·百官公卿表》太始三年"直指使者江充为水衡都尉"②。故蒲慕州称:"是年江充因劾奏卫太子家使行甘泉驰道受武帝嘉许,迁为水衡都尉。"③

最后,若戾太子继位,汉家可能会再度出现太后擅权的局面,这也是武帝所不能容忍的④。

此外,卫皇后色衰后,赵之王夫人、中山李夫人、尹婕伃、钩弋夫人相继受宠,而王夫人、李夫人、钩弋夫人皆有子,由此而导致武帝与戾太子关系疏离,从而深化二者之间的矛盾也是可以理解的。然而如辛德勇那样坚持认为因"后宫争宠"而导致巫蛊之祸的发生⑤,则显然是把问题简单化了。巫蛊之祸,是以汉武帝与戾太子的矛盾斗争为核心,各利益攸关方深度参与政治博弈的结果,其背景极其复杂。

二、武帝发动巫蛊之狱的心路历程

太始三年(前94年)钩弋夫人因孕十四月而为武帝生下了其少子刘弗陵后,武帝以尧母亦孕十四月而生尧为由,"乃命其所生门曰尧母门"⑥。司马光认为此事透露了武帝欲更换继嗣之心:"为人君者,动静举措不可不慎,发于中必形于外,天下无不知之。当是时也,皇后、太子皆无恙,而命钩弋之门曰尧母,非名也。是以奸人逆探上意,知其奇爱少子,欲以为嗣,遂有危皇后、太子之心,卒成巫蛊之祸,悲夫!"⑦

对于司马光的看法,一些学者并不认同,然而武帝施政过程中,常故意用晦涩的言辞来表达自己对一些敏感事情的态度,却是不争的事实。另外

---

① 班固:《汉书》卷四五《江充传》,第2178页。
② 班固:《汉书》卷一九下《百官公卿表》,第787页。
③ 蒲慕州:《巫蛊之祸的政治意义》,《"国立中央研究院"历史语言研究所集刊》第57本第3分(1986年)。
④ 李峰:《巫蛊之祸 西汉中期政坛秘辛》,第7页。
⑤ 辛德勇:《汉武帝晚年政治取向与司马光的重构》,《清华大学学报(哲学社会科学版)》2014年第6期。
⑥ 班固:《汉书》卷九七上《外戚传》,第3956页。
⑦ 司马光:《资治通鉴》卷二二,汉武帝太始三年,中华书局,1956,第723页。

武帝借盛赞江充惩治太子家使事,以显扬戾太子的过失,实际上也隐约透露了其意欲更换继嗣之心。因此司马光的看法是有道理的。但司马光为此批评武帝,显然是未能洞察武帝的用心。因为武帝虽有易储之心,但要想实现这一愿望,却必须借助臣下的力量,"若不表露出来,臣下如何能知道并助他实现这个愿望?"①。

当然在辛德勇看来,武帝只是想废除戾太子,而不是要诛杀戾太子:"武帝因不甘年老体衰而祈求长生,自然极其憎恨戾太子行巫蛊咒其速死,但即便太子被废,在两汉时期亦并无擅杀废太子之事。"②事实是景帝前元七年(前150年)十一月废栗太子刘荣为临江王,中元二年(前148年)三月,以罪被征至长安,"诣中尉府对簿。中尉郅都簿责讯王,王恐,自杀"③。窦太后闻之甚怒,以危法免郅都归家,景帝乃遣使者即拜郅都为雁门太守,窦太后又以法治之,"景帝曰:'都忠臣。'欲释之。窦太后曰:'临江王独非忠臣邪?'于是遂斩郅都"④。此显见刘荣之死是出自景帝的授意。而栗氏外戚被诛,栗姬以忧死。刘荣为太子前后不足三年,就让景帝因担心他的存在会威胁到未来君主的地位,便毫不留情地除掉了他,并尽诛栗氏外戚。而戾太子至太始三年时已为储君二十九年,不仅实力雄厚,而且深得民心,这让武帝如何能容得下他! 不过以武帝行事之老练,他当然不会直接杀掉戾太子,从而使自己陷于千夫所指的境地,但既然已与戾太子反目成仇,以武旁之果于杀戮,戾太子被废之后难得善终是可以想见的。

然而尧母门事件后有年余,针对戾太子,武帝似乎并未采取什么实质性的行动。究其原因,"首先可能是自己年过花甲而得少子,让他自觉身体尚健,认为易储之事不必急在一时;其次,由于太子羽翼甚众,若轻率动摇太子,稍一不慎,就会引起朝局的动荡;最后,他与太子为父子数十年,对太子还是有感情的,让他断然下狠手处置太子,确实于心不忍。但是来自上天的警示却又让他屡屡欲罢不能"⑤。

---

① 李峰:《巫蛊之祸 西汉中期政坛秘辛》,第3页。
② 辛德勇:《汉武帝晚年政治取向与司马光的重构》,《清华大学学报(哲学社会科学版)》2014年第6期。
③ 班固:《汉书》卷五三《刘荣传》,第2412页。
④ 司马迁:《史记》卷一二二《酷吏列传》,第3134页。
⑤ 李峰:《巫蛊之祸 西汉中期政坛秘辛》,第9页。

太始四年（前93年）七月，"赵有蛇从郭外入邑，与邑中蛇群斗孝文庙下，邑中蛇死"①。此事当引起武帝的注意，因为历史上曾发生过类似的蛇斗事件。春秋时，郑庄公死后，各方势力角力，诸子争位，郑昭公忽、子亹、子仪相继死于非命，鲁庄公十四年流亡在外的郑厉公突复入。在郑厉公复位前，子仪为君，郑国的国都南门曾发生过被视为妖异之事的蛇斗事件："初，内蛇与外蛇斗于郑南门中，内蛇死。六年而厉公入。公闻之，问于申繻曰：'犹有妖乎？'对曰：'人之所忌，其气焰以取之。妖由人兴也。人无衅焉，妖不自作。人弃常，则妖兴，故有妖。'"②

就太始四年发生在赵国的蛇斗事件而言，据《淮南万毕术》云："蛇无故斗于君室，后必争立，小死小不胜，大死大不胜，小大皆死，皆不立也。"③其兆对应的当为朝廷之事，因为此次蛇斗发生在已故君主孝文庙下，相当于事故发生在"君室"。而江充是赵人，因此《汉书》认为这是江充将为祸宫廷之谶："后二年秋，有卫太子事，事自赵人江充起。"④进一步讲此为君主诸子争位之谶。从历史上的案例及《淮南万毕术》所持的谶理推考，此事喻示着武帝他子将与戾太子争立，郭外蛇由外侵入邑内，处于争位，象征要攻取太子之位的武帝他子；邑中蛇处于守位，象征要保有太子之位的戾太子，而最终的结果是郭外蛇战胜了郭内蛇，也就预示着武帝他子战胜了戾太子，故武帝应当欣慰。然而武帝能做此解读，未必戾太子就不能，若如此，颇具实力的戾太子势力为了反制，极有可能率先做出过激之举！

至于与戾太子争位者为何人，宋艳萍认为是武帝少子刘弗陵，其称"班固记载赵蛇事件的真正目的，其实是映射'尧母门'"，因为"'尧母门'中，赵婕妤为赵人，她生的儿子，最终战胜汉武帝的其他儿子，顺利地当上了皇帝，这和太始四年发生的赵蛇和邑中蛇群相当而最终取胜的现象何其相似"。⑤然而赵婕妤家在河间国而非赵国。当然其地在战国时属赵地，称其为赵人

---

① 班固：《汉书》卷六《武帝纪》，第207页。
② 《春秋左传正义》卷九，左丘明传，杜预注，孔颖达疏，鲁庄公十四年，载《十三经注疏》（下册），中华书局，1980，第1771页中栏。
③ 瞿昙悉达：《唐开元占经》卷一二〇，文渊阁四库全书第807册，第1040页上栏。
④ 班固：《汉书》卷二七下之上《五行志》，第1468页。
⑤ 宋艳萍：《汉武帝时期的"赵蛇"之谶解析——兼论汉代画像中的"蛇"形象》，《邯郸学院学报》2015年第2期。

亦无不可,但是"中山本来也属于赵国,后来才从赵国分出来的"①。而武帝五子昌邑王刘髆的母亲李夫人出自中山国,且其时武帝对李氏外戚的宠幸甚盛,故宋艳萍的看法是不成立的。但觊觎太子之位的拥钩弋夫人势力及李氏外戚集团,各自将此解读为此谶预示着己方将争得太子之位,却是有可能的。而这势必会进一步激化各方的矛盾,并严重影响武帝对时局的判断。

太始四年"冬十月甲寅晦,日有蚀之"②。日蚀即日食,《左传》昭公七年发生日食,士文伯指出该天象的出现反映的是上天对人事的谴责:"不善政之谓也。国无政,不用善,则自取谪于日月之灾。"③《上海博物馆藏战国楚竹书(五)》之《竞建内之》载齐桓公问日食发生的缘故,鲍叔牙答曰:"疠将来,将有兵,有忧于公身。"④故文帝二年(前178年)十一月晦日日食,文帝特下诏求言称:"谪见于天,灾孰大焉!"认为导致出现这一异常现象的原因有二,一为"朕之过失",一为"知见思之所不及"。⑤

征和元年(前92年)夏,"大旱"⑥。《尚书·洪范》云:"曰僭,恒旸若。""恒旸"即久晴不雨,属"咎征"。⑦

征和元年冬,又发生搜索奸人事件。《汉书·武帝纪》:"冬十一月,发三辅骑士大搜上林,闭长安城门索,十一日乃解。"⑧《五行志》:"是岁发三辅骑士闭长安城门,大搜。"⑨文颖认为这是"简车马,数军实也"。臣瓒则引据《汉帝纪年》,明确指出这是在搜捕"奸人":"搜谓索奸人也。上林苑周回数百里,故发三辅车骑入大搜索也。《汉帝年纪》发三辅骑士大搜长安上林

---

① 方诗铭:《西汉武帝晚期的"巫蛊之祸"及其前后——兼论玉门汉简〈汉武帝遗诏〉》,《上海博物馆集刊》1987年第4期。
② 班固:《汉书》卷六《武帝纪》,第207页。
③ 《春秋左传正义》卷四四,左丘明传,杜预注,孔颖达疏,鲁昭公七年,载《十三经注疏》(下册),第2048页下栏。
④ 《竞建内之》,陈佩芬考释,载马承源主编《上海博物馆藏战国楚竹书(五)》,上海古籍出版社,2005,第171页。
⑤ 《史记》卷一〇《孝文本纪》,第422页。
⑥ 班固:《汉书》卷二七中之上《五行志》,第1393页。
⑦ 《尚书正义》卷十二《洪范》,孔氏传,孔颖达疏,载《十三经注疏》(上册),中华书局,1980,第192页中栏。
⑧ 班固:《汉书》卷六《武帝纪》,第208页。
⑨ 班固:《汉书》卷二七中之上《五行志》,第1393页。

中,闭城门十五日,待诏北军征官多饿死。"①考虑到臣瓒的生存年代,"当在西晋"②。据《汉书·艺文志》有《汉大年纪》五篇,王应麟认为:"《高祖·文帝·武帝纪》臣瓒注引《汉帝年纪》,盖即此书。"③张舜徽亦指出:"此乃汉初诸帝大事记也。"④故其语颇可采信。

武帝在上林苑、长安城大搜奸人,当是因为他感到自身安全受到严重威胁,认为有必要予以搜捕。而若推考谁为奸人的幕后指使者,虽然武帝认为欲谋害自己的人甚众,但联想到太始四年七月出现的蛇斗之谶,继而发生的预示可能发生非常之事的日食、大旱等异兆,使其更有理由断定这很可能是出自戾太子势力所为。总之,通察武帝除掉戾太子的过程,此次大搜的对象"奸人",在巫蛊之祸中起到了关键作用,因为正是所搜捕的"奸人"彻底激怒了武帝,使他对卫氏外戚大开杀戒。

而据《汉武故事》,该奸人在建章宫为武帝所亲见:"上又见一男子带剑入中龙华门,逐之弗获。上怒,闭长安城诸宫门,索十二日不得,乃止。"⑤《资治通鉴》言之尤详:"上居建章宫,见一男子带剑入中龙华门,疑其异人,命收之。男子捐剑走,逐之弗获。上怒,斩门候。冬,十一月,发三辅骑士大搜上林,闭长安城门索;十一日乃解。巫蛊始起。"⑥若果真如此,则此事甚诡异。因为按照常理推,若卫氏外戚有意暗害武帝,断不会选在武帝身边有侍卫的情况下贸然派刺客行刺。然而武帝却不循常理考虑,借此径向卫氏外戚集团大开杀戒,可知他除掉戾太子之心已定,所缺的只是机会而已。而若问设局者为何人,拥钩弋夫人势力及李氏外戚集团皆有可能,而此事也为日后武帝相继除掉这两股势力埋下了伏笔。

考武帝铲除戾太子羽翼的过程,始自抓捕朱安世:"是时诏捕阳陵朱安世不能得,上求之急。"考其原因,是由于朱安世为"京师大侠"⑦,而当时的

---

① 班固:《汉书》卷六《武帝纪》,第 208 页。
② 刘宝和:《〈汉书音义〉作者"臣瓒"姓氏考》,《文献》1989 年第 2 期。
③ 王应麟:《汉艺文志考证》卷三,载《二十五史补编》(第二册),开明书店,1937,第 1403 页上栏。
④ 张舜徽:《汉书艺文志通释》,湖北教育出版社,1990,第 73 页。
⑤ 佚名:《汉武故事》,载晁载之:《续谈助》卷三,丛书集成初编本,第 68 页。
⑥ 司马光:《资治通鉴》卷二二,汉武帝征和元年,第 725 页。
⑦ 班固:《汉书》卷六六《公孙贺传》,第 2878 页。

京师游侠"几乎没有一个不以权贵为靠山"①。朱安世既为京师大侠,当与京师权贵过从甚密,故抓捕朱安世或可探知卫氏外戚的阴私,武帝据以惩治卫氏外戚,可收事半功倍之效。但因求之不得,遂直接以罪抓捕太仆公孙敬声,而剑指公孙贺,强攻卫氏外戚。而公孙贺救子心切,竟自请逐捕朱安世以赎公孙敬声之罪。此举正中武帝下怀,因许之,"后果得安世。"接下来朱安世即于狱中上书,"告敬声与阳石公主私通,及使人巫祭祠诅上,且上甘泉当驰道埋偶人,祝诅有恶言。下有司案验贺,穷治所犯,遂父子死狱中,家族。"其间有个小插曲,即朱安世是被送入狱中后,方才"闻贺欲以赎子"②。可知公孙贺为了抓捕朱安世,使用了欺骗的手段,因此惹怒朱安世,不待拷问即告发了公孙敬声。不过公孙贺纵使事前对朱安世有所安抚,以汉朝刑狱之酷,朱安世终究是要交代的。亦即到得此时,公孙贺与朱安世私下是否有交易,都已无伤大局。公孙贺父子死狱中,其家被族诛的时间是在征和二年(前91年)正月。

武帝虽然除掉了公孙贺家族,但同案的阳石公主却没有受到惩处,而据《江充传》云"会阳陵朱安世告丞相公孙贺子太仆敬声为巫蛊事,连及阳石、诸邑公主"③,可知涉案的尚有诸邑公主,然也未被惩处。考其原因当有二,一是为了避免让社会舆论将此解读为宫廷的权力之争,并深挖内蕴,从而窥测到武帝动摇戾太子储君之位的机心。因为一旦出这样的舆论,"不仅会降低他惩处公孙贺等的正义性与正当性,而且还会引发社会舆论反弹,出现拥护卫太子的声浪"④。二是此举可造成只是针对公孙贺家族的假象,从而避免以戾太子为首的卫氏外戚集团忧急之下做出过激之举。

三月,武帝提拔涿郡太守刘屈氂为左丞相,封澎侯,由于"贰师女为屈氂子妻"⑤,武帝此举易被解读为他是要以李氏外戚来对付卫氏外戚,这势必将引起卫氏外戚的不安。有鉴于此,武帝遂借拜刘屈氂为左丞相一事,制诏御史,对公孙贺被诛及提拔刘屈氂的原因进行解释。诏书称公孙贺被惩治,

---

① 劳干:《对于〈巫蛊之祸的政治意义〉的看法》,载《"国立中央研究院"历史语言研究所集刊》,1986,第57本第3分。
② 班固:《汉书》卷六六《公孙贺传》,第2878页。
③ 班固:《汉书》卷四五《江充传》,第2178页。
④ 李峰:《巫蛊之祸 西汉中期政坛秘辛》,第15页。
⑤ 班固:《汉书》卷六六《刘屈氂传》,第2883页。

是因为他"倚旧故乘高势而为邪",颜师古曰:"帝为太子,贺已为舍人,故云旧故。"亦即是说公孙贺依仗着与武帝的"旧故"关系,利用其权势而作奸犯科,而观其所列公孙贺的罪状甚众,诸如损公肥私、收受贿赂、困扰百姓等,然而于巫蛊事却只字未提。此可解读为虽然朱安世告公孙敬声犯下与阳石公主私通、祝诅武帝等罪,但武帝并未予以采信,之所以惩处公孙贺,完全是因为他擅权误国,无关其他。并且诏书又说"狱已正于理",此可解读为此案已结,相关涉案人员不必担心会受到株连。至于以刘屈氂为左丞相,武帝说他是在效法"亲亲任贤"的周唐之道,因此委自己的侄子以重任,故世人不必对此作过度联想。及至闰五月,在卫氏外戚猝不及防的情况下,武帝骤然出手,"诸邑公主、阳石公主皆坐巫蛊死"①。而卫青子故长平侯卫伉亦因巫蛊罪"坐诛"②。至此卫氏外戚核心人物尽除。

针对武帝自征和二年正月至闰五月的杀戮,易佩绅指出:"此杀皇后、太子之渐也。公孙贺之族,后姻党也;诸邑、阳石两公主,后所生也;长平侯伉,后弟卫青之子也。初以卫后之宠废陈后,遂宠及卫氏姻党,至卫后宠衰而姻党先诛矣,次及两公主矣,后与太子其能保乎!"③

在剪除掉卫氏外戚集团的骨干力量之后,武帝幸甘泉宫,幕后操控除掉已形同困兽的卫皇后、戾太子母子事宜。在此过程中,江充一度表现得相当活跃,然而需要说明的是,江充能介入其中,乃在于他窥测到武帝的心思后,自己积极争取所致,其实他并不在武帝的计划之内,因为"扶持一个新起的外戚打击另一个正在得势的外戚"④,是武帝惯用的伎俩,此次他将刘屈氂招至长安,就是意图借刘屈氂之手废黜戾太子。不过有人认为刘屈氂能为丞相,"可能即是出于李广利的推荐"⑤。然武帝最忌臣下操持朝廷的人事任免之权:"自魏其、武安之厚宾客,天子常切齿。"⑥故当年以卫青、霍去病之尊贵,亦不敢在这方面置喙,李广利又如何敢公然为刘屈氂讨要丞相之

---

① 班固:《汉书》卷六《武帝纪》,第 208 页。
② 班固:《汉书》卷六三《戾太子传》,第 2742 页。
③ 易佩绅:《通鉴触绪》卷八,清光绪刻本。
④ 陈啟喆:《"巫蛊之祸"中外戚、权臣势力消长的考证——以〈史记〉、〈汉书〉为中心》,载林超民主编《西南古籍研究(2011 年总第九期)》,云南大学出版社,2012,第 169 页。
⑤ 方诗铭:《西汉武帝晚期的"巫蛊之祸"及其前后——兼论玉门汉简〈汉武帝遗诏〉》,《上海博物馆集刊》1987 年第 4 期。
⑥ 司马迁:《史记》卷一一一《卫将军骠骑列传》,第 2946 页。

位,尤其是当此政局动荡之际!

虽然武帝废黜戾太子之意已甚明,但韩树峰始终不认为武帝有废黜戾太子之意:"汉武帝在此案中并无废黜卫太子的打算,而是意欲清除卫氏集团,以避免母后、外戚干政,为卫太子日后执政扫清障碍。"①成祖明亦持此见②。果若如此,武帝在接下来的清洗活动中就应该将戾太子与卫皇后区别开来,可是武帝一到甘泉宫便同时切断了与卫皇后、戾太子的联系。如石德称:"且上疾在甘泉,皇后及家吏请问皆不报。"③与此同时,武帝却与江充保持着通畅的联系。

武帝幸甘泉后疾病,江充因"奏言上疾祟在巫蛊",武帝于是命他"为使者治巫蛊"。④ 时江充因罪免官,远离统治核心,自是无缘随侍甘泉,然而他却能够知道武帝患病的确切信息,并能对武帝的病因做出判断,可知他在甘泉一定有可靠的消息源。而史称江充与侍中仆射马何罗"相善"⑤。戾太子起兵反抗后,武帝又派马何罗的弟弟侍郎马通出使长安,及乱后江充宗族被夷灭,马何罗兄弟遂担心与江充关系密切而被诛,可知武帝知道马何罗兄弟与江充的关系,因此我们有理由怀疑武帝患病的消息是马何罗兄弟透露给江充的。当然由于武帝工于权谋,他是不会明确指示江充除掉戾太子的。所以江充治蛊先在民间展开,"江充这样做,其意一是为了避免打草惊蛇,招致卫太子的反制;同时也含有揣摩武帝的心思的想法。因为虽然他已窥测到武帝意欲废黜太子,但此事做到什么程度,武帝并没有明言,所谓天威难测,过与不及都是不可取的,他需要边做边观察武帝的反应,以确保自己每一步行动都与武帝的意愿相符"⑥。及见武帝对自己的举措并无不满,接下来又"白言宫中有蛊气"⑦,其意就在于向武帝请示是否向卫后、戾太子下手,而武帝则允许他入宫治蛊。

---

① 韩树峰:《论巫蛊之狱的性质——以卫太子行巫蛊及汉武帝更换继嗣为中心》,《社会科学战线》2015 年第 9 期。
② 成祖明:《内部秩序与外部战略:论〈轮台诏〉与汉帝国政策的转向》,《清华大学学报(哲学社会科学版)》2016 年第 2 期。
③ 班固:《汉书》卷六三《戾太子传》,第 2743 页。
④ 班固:《汉书》卷四五《江充传》,第 2178 页。
⑤ 班固:《汉书》卷六八《金日磾传》,第 2960 页。
⑥ 李峰:《巫蛊之祸 西汉中期政坛秘辛》,第 31 页。
⑦ 班固:《汉书》卷六三《戾太子传》,第 2742 页。

为了使工作得以顺利展开,武帝又"使按道侯韩说、御史章赣、黄门苏文等助充"①。由于得到了武帝的授权,江充等入宫治蛊,矛头直指卫后、戾太子:"先治后宫希幸夫人,以次及皇后,遂掘蛊于太子宫,得桐木人。"当然《汉书》亦言"后武帝知充有诈,夷充三族"。② 观此似乎武帝确实是受了江充的欺骗,然而被武帝派来协助江充的三个人中韩说"佞幸"于武帝③,苏文为宦官,武帝派他们来助江充,定会有明确的授意,如就韩说而言,其人"不仅是巫蛊事件的参与者,而且应是直接秉承武帝旨意的帮凶。……也正由于韩说的特殊身份,深知武帝的用意,才能在掘蛊太子宫后,太子假传诏书收捕韩说、江充等时,韩说'疑使者有诈,不肯受诏',而江充则不能"④。结果江充束手就缚,韩说则被格杀。而章赣、苏文亦当因悉知武帝欲除戾太子之意,而知持节收捕他们者之言有诈,故皆拒捕,章赣"被创突亡"⑤,苏文也逃脱。所以若武帝无意除掉戾太子,在韩说等人的监督下,江充定不敢冒犯戾太子。因此韩树峰称:"我们可以肯定地说,所谓太子行巫蛊,确实出于江充的陷害,巫蛊之狱作为一场冤狱,是板上钉钉的铁案。"⑥然通察武帝的行事,此语只是说对了一半,正确的断语应该是:"所谓太子行巫蛊,确实是在武帝授意下出于江充的陷害。"嗣后太子兵败逃亡,追捕不得。壶关三老茂上书为戾太子讼冤,"书奏,天子感寤"⑦。然武帝仍不肯诏停对太子的搜捕,最终太子命丧湖县。

三、巫蛊之祸中戾太子的被动应对

征和年间,面对武帝咄咄逼人的攻势,戾太子一直采取守势,隐忍以对。此固然与武帝手段老辣关系甚大,同时也与《通鉴》所言的戾太子"性仁恕温谨""敦重好静"有关。但辛德勇认为"戾太子绝非《通鉴》所说'性仁恕

---

① 班固:《汉书》卷六三《戾太子传》,第 2742 页。
② 班固:《汉书》卷四五《江充传》,第 2179 页。
③ 司马迁:《史记》卷一二五《佞幸传》,第 2195 页。
④ 吴刚:《"巫蛊之祸"新探》,《中国史研究》1993 年第 2 期。
⑤ 班固:《汉书》卷六三《戾太子传》,第 2743 页。
⑥ 韩树峰:《论巫蛊之狱的性质——以卫太子行巫蛊及汉武帝更换继嗣为中心》,《社会科学战线》2015 年第 9 期。
⑦ 班固:《汉书》卷六三《戾太子传》,第 2745 页。

温谨'或是'敦重好静'之人"①。成祖明亦称"除去《通鉴》文字,我们对太子性格及其周边集团成员所知甚少",认为"卫太子'仁恕温谨'的形象部分是后来史书的建构,其人亦有怒目金刚的一面"。② 对此笔者不敢苟同。

关于戾太子的性情,可从培养、教育他的一批贵族、重臣的共性来推理。武帝喜欢恭谨的臣下,因此卫氏外戚集团的骨干成员皆注重修饬自己的言行。如苏建称他曾批评卫青在厚待、推荐贤才方面存在不足,卫青则答曰"自魏其、武安之厚宾客,天子常切齿。彼亲附士大夫,招贤绌不肖者,人主之柄也。人臣奉法遵职而已,何与招士!",霍去病"亦放此意"。③ 就卫子夫而言,武帝多欲,后宫女子甚众,这些女子为争宠而争斗不休,武帝又天性雄猜,果于诛戮,因此武帝在世期间,其后宫一直是矛盾集中的是非之地,及其晚年尤甚。而卫子夫置身于这样的环境中,得为皇后三十八年,且巫蛊之祸前,史书无一语言及其自身有纤芥之过,可知其为人一贯谨慎内敛,尤其是在色衰后。戾太子作为卫氏外戚集团的希望、其他政治势力陷害的对象,熟知武帝性情的卫子夫、卫青、霍去病等人一定会注意教育、提醒他行事要稳重谨慎,并注意规范他的言行。而武帝为戾太子所置之傅之德行亦皆颇可称道。如太子太傅石庆"笃行"、卜式"质直"④。太子太傅赵周、太子少傅严青翟皆"娖娖廉谨"⑤,其中以恭谨、至孝知名的石庆自戾太子立便被选为太子之傅,教育太子长达七年之久,后于太子太傅之位迁官御史大夫。严青翟、赵周亦先后以太子少傅、太子太傅的身份被拜为丞相,据此可知武帝对他们教育太子的工作是满意的。卜式由御史大夫贬秩太子太傅,则是武帝认为其不堪政事,而取其为人忠厚质直,因以其为太子之傅,以规范太子。总之,戾太子自其出生之后,尤其是在被立为太子之后,就为这样一个群体所环绕,则他们的言行必然会对戾太子性格的形成产生重要影响。事实上《汉书·戾太子传》亦无一语言及戾太子本人有失德之举。

---

① 辛德勇:《汉武帝晚年政治取向与司马光的重构》,《清华大学学报(哲学社会科学版)》2014年第6期。
② 成祖明:《内部秩序与外部战略:论〈轮台诏〉与汉帝国政策的转向》,《清华大学学报(哲学社会科学版)》2016年第2期。
③ 司马迁:《史记》卷一一一《卫将军骠骑列传》,第2946页。
④ 班固:《汉书》卷五八《公孙弘卜式儿宽传·赞》,第2634页。
⑤ 司马迁:《史记》卷九六《张丞相列传》,第2685页。

当然太子家使有擅行驰道的违礼逾制之举,然谨慎如金日䃅,其子亦有与宫人戏的不谨之行,要在如何处置尔。金日䃅是直接将儿子杀掉,戾太子则是请求江充原谅:"后充从上甘泉,逢太子家使乘车马行驰道中,充以属吏。太子闻之,使人谢充曰:'非爱车马,诚不欲令上闻之,以教救亡素者。唯江君宽之!'"①戾太子此举显示其处事能力存在着不足。首先,事情发生后,戾太子不是主动向武帝承认自己有管教属下不严之过,而是企图隐瞒自己的过失,这就犯了武帝的忌讳;其次,江充自赴京状告赵王太子刘丹以来的种种作为,已充分显示其是一个志在投武帝之所好的政治投机者,并不值得信赖,但戾太子却试图以自己的威望影响江充的决断,这显然非明智之举。故就此事而言,称戾太子处事思虑不周、举止草率是不为过的。另外,此事发生后,戾太子不是严惩家使,而是希望江充不要上报武帝,也显示出他对待属下的宽厚。故《资治通鉴》论及戾太子的性情,称其"及长,性仁恕温谨,上嫌其材能少,不类己"②。此条史料虽无法考知其出处,但从戾太子处理家使违礼逾制一事,确实可以看出他性情温厚、少才能的一面。另外从前述卫氏外戚的骨干成员李禹、公孙敬声等在朝中为所欲为的表现,也可看出戾太子缺乏驾驭群下之能。最后需要指出的是武帝与戾太子有父子之亲,然而戾太子犯了错误却宁肯去求一个公认的奸邪之徒宽恕,也不敢去向武帝认错,显见由于此时他们父子之间隔阂已甚深,使其父子亲情淡漠,君臣关系凸显,戾太子已无法与乃父坦诚相见。故蒲慕州指出此事显示"太子和武帝之间此时并没有一种相互的信任与了解"③。

因《戾太子传》称戾太子"及冠就宫,上为立博望苑,使通宾客,从其所好,故多以异端进者"④。司马光论及此事云:"古之明王教养太子,为之择方正敦良之士以为保傅、师友,使朝夕与之游处。左右前后无非正人,出入起居无非正道,然犹有淫放邪僻而陷于祸败者焉。今乃使太子自通宾客,从其所好。夫正道难亲,谄谀易合,此固中人之常情,宜太子之不终也!"⑤辛

---

① 班固:《汉书》卷四五《江充传》,第2178页。
② 司马光:《资治通鉴》卷二二,汉武帝征和二年,第726页。
③ 蒲慕州:《巫蛊之祸的政治意义》,载《"国立中央研究院"历史语言研究所集刊》,1986,第57本第3分。
④ 班固:《汉书》卷六三《戾太子传》,第2741页。
⑤ 司马光:《资治通鉴》卷二二,汉武帝征和二年,第734页。

德勇也将此作为太子性情并非仁恕温谨的例证："众宾客'以异端进'使太子据得以'从其所好'，这显示出戾太子绝非《通鉴》所说'性仁恕温谨'或是'敦重好静'之人。"又称："审读《汉书》相关记载，我们可以看到，在戾太子身边，不仅看不到'宽厚长者'附从于身后的迹象，反倒是因戾太子招致诸多歹人，从而给他制造了致命的麻烦。"①显然辛德勇与司马光一样是把"异端"理解为歹人了。实则"异端"一词出自《论语·为政》："子曰：'攻乎异端，斯害也已。'"②指儒家以外的其他学说、学派。就汉朝而言，武帝推崇儒学，表彰六经，排斥申、商、韩非、苏秦、张仪之学，故此处所谓的"异端"所指与《论语》同。但由于武帝时期是一个进取的时代，儒家学说并不能完全满足时代的需要，因此宗奉其他学说的智能之士在政坛也相当活跃。故《史记·龟策列传》云："至今上即位，博开艺能之路，悉延百端之学，通一伎之士咸得自效，绝伦超奇者为右，无所阿私。"③班固也称武帝之时，"群士慕向，异人并出"④。故戾太子好"异端"与武帝"悉延百端之学"并无不同，都是时代需要使然，不能一概斥为歹人。故王子今将戾太子的宾客"多以异端进者"，理解为"刘据身边当时已经聚集了一批有政治眼光和政治能力的人"⑤无疑是正确的。而观戾太子生前的交往群体及其言行举止，其去世后，三老茂、高寝郎田千秋先后为其讼冤，丙吉受诏治巫蛊郡邸狱，心知太子无事实等事，使我们有理由相信《通鉴》"群臣宽厚长者皆附太子"的说法并非空穴来风⑥。且戾太子忧急之时，首先问计于太子少傅石德，而石德是由武帝任命来辅佐戾太子的，并不预所谓的"异端"之数。

据《江充传》称江充等从戾太子宫中掘出桐木人："充既知上意，因言宫中有蛊气，先治后宫希幸夫人，以次及皇后，遂掘蛊于太子宫，得桐木人。"⑦

---

① 辛德勇：《汉武帝晚年政治取向与司马光的重构》，《清华大学学报（哲学社会科学版）》2014年第6期。
② 《论语注疏》卷二《为政》，何晏集解，邢昺疏，载《十三经注疏（下册）》，中华书局，1980，第2462页下栏。
③ 司马迁：《史记》卷一二八《龟策列传》，第3224页。
④ 班固：《汉书》卷五八《公孙弘卜式儿宽传·赞》，第2633页。
⑤ 王子今：《晚年汉武帝与"巫蛊之祸"》，《固原师专学报（社会科学）》1998年第5期。
⑥ 司马光：《资治通鉴》卷二二，汉武帝征和二年，第727页。
⑦ 班固：《汉书》卷四五《江充传》，第2179页。

《戾太子传》亦称:"充遂至太子宫掘蛊,得桐木人。"①故辛德勇认为戾太子"以桐木人偶诅咒汉武帝速死,当属事实。"②又称:"像《汉书》这样严谨的历史著作,其最基本、也是最为首要的功能,当然是如实记述史事。在有关巫蛊之案侦办与被告双方人物的传记里,都决然不见江充暗设计谋来诬陷太子据埋设桐木偶人以行蛊术的记载,清楚显示出这是一件在太子宫内实实在在发生了的事情,并非无中生有。"③

然而以常理揣度,设若戾太子果真为巫蛊祝诅武帝,后见武帝严查巫蛊事,为求自保,太子母子也当及早挖出所埋之蛊。并且江充入宫治蛊,最初是从甘泉宫开始的:"曩者,江充先治甘泉宫人,转至未央椒房。"④因此他们"完全有时间消灭痕迹"⑤,也有机会做这样的事情。

可是江充等还是在太子宫掘出了蛊,这可能宫中本就有蛊,但非戾太子所为。征和四年,田千秋为丞相后,曾率群臣劝慰武帝,武帝回应称:"虽然,巫蛊始发,诏丞相、御史督二千石求捕,廷尉治,未闻九卿、廷尉有所鞫也。曩者,江充先治甘泉宫人,转至未央椒房,以及敬声之畴、李禹之属谋入匈奴,有司无所发,今丞相亲掘兰台蛊验,所明知也。至今余巫颇脱不止,阴贼侵身,远近为蛊,朕愧之甚,何寿之有?"⑥辛德勇认为:"这些话等于是说江充虽然另有图谋,醉翁之意本不在酒,但太子据行用巫蛊,实亦确有其事。"⑦实则武帝这段话并非是说戾太子确实有为蛊诅咒自己事,而是说巫师在宫中活动猖獗,为蛊成风,巫蛊之事刚发生时,自己让群臣捕治,但是大家却敷衍了事。无奈之下,自己只好起用江充治蛊,然而江充却与巫师在宫中狼狈为奸,另外公孙敬声、李禹等人与胡巫谋划叛逃匈奴,所有这一切官

---

① 班固:《汉书》卷六三《戾太子传》,第2742页。
② 辛德勇:《汉武帝晚年政治取向与司马光的重构》,《清华大学学报(哲学社会科学版)》2014年第6期。
③ 辛德勇:《汉武帝太子据施行巫蛊事述说》,《华中师范大学学报(人文社会科学版)》2016年第3期。
④ 班固:《汉书》卷六六《田千秋传》,第2885页。
⑤ 顿文聪:《再论巫蛊之祸——以卫氏宠衰与昭帝承统为中心的考察》,《唐都学刊》2017年第5期。
⑥ 班固:《汉书》卷六六《田千秋传》,第2885页。
⑦ 辛德勇:《汉武帝太子据施行巫蛊事述说》,《华中师范大学学报(人文社会科学版)》2016年第3期。

员都无所发举。事实上宫中是有蛊的,现在丞相田千秋就亲自在兰台掘出了蛊,这是大家都清楚的,因此当年追查巫蛊事不是没有原因的。就此事而论,由于戾太子宫中侍从甚众,若有人出于自身的考虑暗中埋蛊祝诅他人也是有可能的。

同时,这也可能是江充等所置,但辛德勇却认为江充不可能这样做。因为辛德勇对江充以往行事进行梳理,认江充虽奸邪,行事却有原则:"我们看江充其人以前做过的事情,并没有发现他强行以栽赃手段诬陷他人的先例。"①然《江充传》云:"是时,上春秋高,疑左右皆为蛊祝诅,有与亡,莫敢讼其冤者。"②据此可知武帝身边的近臣亦深为武帝所疑忌,其中颇有被江充所穷治者,其中的"有",当是有行巫蛊之事,但非祝诅武帝,而是"与之不睦的邻家大叔"和"隔壁的老王"③,却被诬陷为祝诅武帝,因此有"冤",否则若确实有行巫蛊祝诅武帝之事,则何冤之有,需要讼之?其中的"亡",当是无行巫蛊祝诅之事,却被栽赃诬陷为有其事且是祝诅武帝,故而亦"冤"。"由于巫蛊祝诅之事本来就不可捉摸,一旦言者凿凿,被告者极难证明自己的无辜。于是巫蛊祝诅很容易就成为一种莫须有的罪名。"④故江充借治蛊无中生有、栽赃陷害自己的政敌,或是除掉武帝疑忌之人以迎合上意,都是有可能的,自然辛德勇的看法是值得商榷的。并且纵使江充此前并无栽赃陷害他人之举,也不能保证此次他不会这样做,因为此次事件涉及他自身的安危,非同寻常。但辛德勇认为这是不可能的,因为"堂堂太子宫中,江充如何能够派遣私人径行阑入?"并且武帝为防止江充"恣意妄为",特派韩说等人来协助并监督江充⑤。然而在江充等控制掘蛊现场的情况下,胡巫一人即可为奸,何需派私人阑入!至于韩说等人,戾太子后遣其客来却要将他们与江充一并抓捕,显见当是由于韩说等扮演了江充的帮凶的角色而非持中

---

① 辛德勇:《汉武帝太子据施行巫蛊事述说》,《华中师范大学学报(人文社会科学版)》2016年第3期。
② 班固:《汉书》卷四五《江充传》,第2179页。
③ 辛德勇:《汉武帝太子据施行巫蛊事述说》,《华中师范大学学报(人文社会科学版)》2016年第3期。
④ 蒲慕州:《巫蛊之祸的政治意义》,载《"国立中央研究院"历史语言研究所集刊》,1986,第57本第3分。
⑤ 辛德勇:《汉武帝太子据施行巫蛊事述说》,《华中师范大学学报(人文社会科学版)》2016年第3期。

立的态度之故。故辛德勇的推理与实情并不相符。

由于石德论及江充在戾太子宫中掘得桐木人事称:"不知巫置之邪,将实有也,无以自明。"①辛德勇认为这是"石德故意为戾太子开脱","而戾太子并没有当面否认他有埋藏桐人的举措,这就说明他以桐木人偶诅咒汉武帝速死,当属事实"。②

然而《蒯伍江息夫传》赞语却称"江充造蛊,太子杀"③,但辛德勇通过梳理江充入宫治蛊的过程,指出所谓"造蛊"意为"江充之所造,是制造巫蛊之祸,而不是埋置巫蛊之具——桐木偶人"④。然而班固在此赞语中又说江充此举属"自小覆大,由疏陷亲"⑤,也就是说,在班固看来巫祸之祸中戾太子是受到了江充的陷害的,所谓"造蛊"指的就是栽赃陷害。

《田千秋传》称田千秋上急变为太子讼冤曰:"子弄父兵,罪当笞;天子之子过误杀人,当何罪哉!臣尝梦见一白头翁教臣言。"⑥因其中未言及巫蛊事,辛德勇遂认定:"这也显示出在田千秋看来,太子据在行用巫蛊一事上,亦并非无辜。"⑦实则并非如此。据学者研究,《汉书》虽然保存了大量的汉代篇籍,被视为汉代文献的渊薮,但《汉书》毕竟是史著而非文选,因此根据行文的需要,班固对汉代文章采录的方式有全录、摘录、照录、改写、引录、转叙等,其特点为:"全录与摘录结合;照录与改写相混;引录与转叙交融。"⑧就此事而言,由于《刘屈氂传》已将江充诬陷戾太子事做了叙述:"其秋,戾太子为江充所谮,杀充。"⑨《田千秋传》在叙过田千秋的奏章后又云:

---

① 班固:《汉书》卷六三《戾太子传》,第2743页。
② 辛德勇:《汉武帝晚年政治取向与司马光的重构》,《清华大学学报(哲学社会科学版)》2014年第6期。
③ 班固:《汉书》卷四五《蒯伍江息夫传·赞》,第2189页。
④ 辛德勇:《汉武帝太子据施行巫蛊事述说》,《华中师范大学学报(人文社会科学版)》2016年第3期。
⑤ 班固:《汉书》卷四五《蒯伍江息夫传·赞》,第2189页。
⑥ 班固:《汉书》卷六六《田千秋传》,第2883页。
⑦ 辛德勇:《汉武帝太子据施行巫蛊事述说》,《华中师范大学学报(人文社会科学版)》2016年第3期。
⑧ 罗书华:《〈汉书〉引文的方式与特点——兼说〈全汉文〉采录〈汉书〉的难误》,载北京大学中国古文献研究中心编《北京大学中国古文献研究中心集刊(第七辑)》,北京大学出版社,2008,第269页。
⑨ 班固:《汉书》卷六六《刘屈氂传》,第2880页。

"是时,上颇知太子惶恐无他意。"①而如前所述,在田千秋为丞相后,率群臣劝慰武帝时,武帝还批评群臣眼看着江充等在宫中为非,却无人予以揭发。显见班固将江充诬陷戾太子事已说清楚,故虽然《武五子传》赞语称田千秋在奏章中指明巫蛊之事的真实情况,使戾太子之冤得以显露明白:"故车千秋指明蛊情,章太子之冤。"②但班固为了避免行文重复,在采录田千秋奏章时,只是摘录了田千秋为戾太子兴兵所犯的"过误"进行开解之文而已。

除以上分析外,《汉书》还有多处明言戾太子死于江充的诬陷。如《武五子传》明言江充治蛊,其意就在于戾太子:"充与太子及卫氏有隙,恐上晏驾后为太子所诛,会巫蛊事起,充因此为奸。"③《丙吉传》则称丙吉治巫蛊郡邸狱,"心知太子无事实",又"吉治巫蛊事,连岁不决"。④ 也就是说始终无法得出结论。《五行志》称:"后有江充巫蛊卫太子事。"王先谦云:"诬卫太子为巫蛊也。"又称征和二年"七月,使者江充掘蛊太子宫,太子与母皇后议,恐不能自明,乃杀充"。⑤《外戚传》亦云江充为奸,陷害戾太子:"卫后立三十八年,遭巫蛊事起,江充为奸,太子惧不能自明,遂与皇后共诛充。"⑥

由于宣帝定戾太子谥号为"戾",辛德勇认为:"按照所谓周公谥法,乃'不悔前过曰戾'。戾太子先行巫蛊,再继以兵戎犯上,正符合所谓'不悔前过曰戾'的特征,这也可以从侧面证明,戾太子确实有过施行巫蛊的事情。"⑦然而由于上已辩明时人认为戾太子无行巫蛊之事,则其被谥为"戾",实因其虽被冤抗争,但其一错再错,有不可原谅之处。如胡寅指出:"既不忍忿忿,斩充炙胡,犹可身之甘泉,庶几见察。方且发中厩车载战士,出武库兵,发长乐卫卒,是将何为?少傅不之谏,皇后不之止,拒丞相军合战五日。于不得已中得已而不已,是真反矣。至此,罪不可贷,则亡而经死,非不幸

---

① 班固:《汉书》卷六六《田千秋传》,第 2883 页。
② 班固:《汉书》卷六三《武五子传·赞》,第 2771 页。
③ 班固:《汉书》卷六三《戾太子传》,第 2742 页。
④ 班固:《汉书》卷七四《丙吉传》,第 3142 页。
⑤ 班固:《汉书补注》卷二七上《五行志》,王先谦补注,上海师范大学古籍整理研究所整理,上海古籍出版社,2008,第 1921–1922 页。
⑥ 班固:《汉书》卷九七上《外戚传》,第 3950 页。
⑦ 辛德勇:《汉武帝晚年政治取向与司马光的重构》,《清华大学学报(哲学社会科学版)》2014年第 6 期。

也。"①因此此谥号虽是霍光主政时所定,但后来宣帝亲政后仍然因循不改,"考其原因,还是怕因此产生恶劣的影响"②。

总之,自征和元年冬武帝向卫氏外戚集团发难起,直到江充在太子宫掘出桐木人前,戾太子面对武帝咄咄逼人的攻势,一直隐忍以对,及至江充在太子宫掘蛊得桐木人,为求自保,方奋起抗争。壶关三老茂论及此事称:"太子进则不得上见,退则困于乱臣,独冤结而亡告,不忍忿忿之心,起而杀充。"③对此辛德勇认为三老茂之语"并不符合当日实际情况,不过是刻意为太子据开脱而已",因为以江充的身份,"根本无力阻止太子据为自己辩护"。④ 此说颇有道理。事实上,后来戾太子问计于石德,石德在论及此事时并不担心戾太子没机会为自己辩护,而是认为由于江充等掘蛊太子宫获得确凿的证据,故戾太子虽可为自己辩护,却已无法自证清白。显见三老茂的说法只是出于推测。

戾太子被江充逼至绝境,进退失据,方才问计于太子少傅石德。

关于石德,蒲慕州认为其父"即前丞相石庆"⑤。阎步克亦认为其为石庆之子:"石德是著名的'万石君'石奋之孙,石庆之子。"⑥其论当是受颜师古影响而发,因为颜师古认为少傅石德是"石庆子"⑦。实则并非如此。据《汉书·石奋传》,石奋子石庆为丞相,封牧丘侯,石庆薨,武帝让其中子石德嗣,"后为太常,坐法免,国除"⑧。《百官公卿表》称太初三年,"牧丘侯石德为太常,三年坐庙牲瘦入谷赎论"⑨。《外戚恩泽侯表》称石庆以丞相及父万石君石奋积行,于元鼎五年九月封牧丘侯,十年薨,"太初三年,侯德嗣,二

---

① 胡寅:《致堂读史管见》卷二,台湾商务印书馆,1981,第 91 页。
② 李峰:《巫蛊之祸 西汉中期政坛秘辛》,第 301 页。
③ 班固:《汉书》卷六三《戾太子传》,第 2744—2745 页。
④ 辛德勇:《汉武帝太子据施行巫蛊事述说》,《华中师范大学学报(人文社会科学版)》2016 年第 3 期。
⑤ 蒲慕州:《巫蛊之祸的政治意义》,《"国立中央研究院"历史语言研究所集刊》第 57 本第 3 分(1986 年)。
⑥ 阎步克:《汉武帝时"宽厚长者皆附太子"考》,《北京大学学报(哲学社会科学版)》1993 年第 3 期。
⑦ 班固:《汉书》卷六三《戾太子传》,第 2743 页。
⑧ 班固:《汉书》卷四六《石奋传》,第 2200 页。
⑨ 班固:《汉书》卷一九下《百官公卿表》,第 785 页。

年,天汉元年,坐为太常失法罔上,祠不如令,完为城旦。"①故周寿昌指出这说明石庆之子石德"从未官太子少傅,亦无劝戾太子矫节发兵事,且德免官失侯在天汉元年,距征和二年已十年,无缘复为太子少傅。"并且若劝太子矫节发兵,并随太子发兵反为石庆之子石德,由于此属当族诛之重罪,故《汉书》必当书之,"而万石君传及各表皆无之,此等大事,班史不容有遗误,兼以年代考之,亦不合",故认为"此盖别一石德,非石庆之子德也"。② 此论甚是。

由于当时武帝欲除掉戾太子之意已大明,戾太子问计于石德,更多的是想从石德那里寻求支持,而非如一些学者认为的那样真的只是向石德寻求应对之策。因为太子少傅为太子宫官属之领袖,代表着太子宫众官属,而史称石德"惧为师傅并诛"③,据此可知,石德也看出若任由事态发展,戾太子必无生理,而他作为太子的师傅,亦将受到株连,同被处死,因此建议戾太子起而抗争。石德如此想,太子的其他亲信亦应如此想。想当年,武帝穷治陈皇后巫蛊事,"女子楚服等坐为皇后巫蛊祠祭祝诅,大逆无道,相连及诛者三百余人。"④如今戾太子被诬陷而不能明,这意味着历史即将重演,戾太子的亲信不能不担忧自己的命运,因此也愿意支持戾太子,而戾太子因得到太子宫众官属的支持,遂作困兽之斗,奋起抗争。

当戾太子问计于石德时,石德的建议,"只是收捕江充等"⑤,"穷治其奸诈"⑥。获得江充等陷害戾太子的证据,使戾太子得以证其清白。而考戾太子之初衷,亦是要按照石德的建议行事,所以当时没与卫皇后商量,便自行抓捕江充等。没想到抓捕中,韩说被杀,御史章赣、黄门苏文逃归甘泉,这一下子打乱了戾太子的计划。因为戾太子遣使持节假传诏令,已犯了武帝的忌讳,更何况又擅杀使者,可谓大错已成;而苏文等逃归甘泉,定会将治蛊情况汇报给武帝,到得此时,再审讯江充等已无意义。"于是太子之思想开始

---

① 班固:《汉书》卷一八《外戚恩泽侯表》,第 690 页。
② 周寿昌:《汉书注校补》卷四一,载沈钦韩等:《汉书疏证(外二种)》,上海古籍出版社,2006,第 726 页下栏。
③ 班固:《汉书》卷六三《戾太子传》,第 2743 页。
④ 班固:《汉书》卷九七上《外戚传》,第 3948 页。
⑤ 劳干:《对于〈巫蛊之祸的政治意义〉的看法》,载《"国立中央研究院"历史语言研究所集刊》,1986,第 57 本第 3 分。
⑥ 班固:《汉书》卷六三《戾太子传》,第 2743 页。

转变为放手一搏,消灭政敌,取得继位先机。"①在抓捕江充等的当天夜间遣舍人无且入皇后宫商议,"太子使舍人无且持节夜入未央宫殿长秋门,因长御倚华具白皇后"②,遂起事,因处死江充与胡巫。而辛德勇认为江充、胡巫等被杀,是因为他们被捕之后,没有屈服认账,太子无计可施,只好反叛,并诛之,"用以发泄自己的愤恨"③。这一看法显然与实情不符。

戾太子在卫氏外戚骨干力量悉数被武帝铲除的情况下仓猝起事,仍然颇具实力。对此陈啟喆曾颇为惊讶地指出:"戾太子最初以自保为目的的叛乱居然获得了许多官吏、权贵的支持。"④具体而言,其先是"发中廐车载射士,出武库兵,发长乐宫卫",可知部分南军已被他掌握;后又"炙胡巫上林中"。⑤ 上林苑为步兵校尉所屯守,太子在上林炙胡巫,可知步兵校尉所统领的一校士卒已归附于他。戾太子又遣使者拼制"赦长安中都官囚徒",实力大增;又"使长安囚如侯持节发长水及宣曲胡骑,皆以装会",惜被侍郎马通所夺;又"召监北军使者任安发北军兵,安受节已闭军门,不肯应太子",⑥然亦不攻戾太子,而是持观望态度。另外东城侯居股参与了戾太子举兵反叛事,亚谷侯卢贺接受了戾太子的符节。武帝一方,许多官员都不愿卷入他们父子的纷争,愿意为武帝卖命倾力打击戾太子的不过是左丞相刘屈氂、侍郎马通以及大鸿胪商丘成等数人而已。而当戾太子战败,家人四散出逃之时,丞相司直田仁将戾太子父子三人放出城门,刘屈氂因此欲斩田仁,却遭到御史大夫暴胜之反对。开陵侯禄收留了戾太子私幸的女子。凡此皆可见戾太子在朝中威望之重、影响之大。因此若他真处心积虑欲谋反,恐怕他们父子在长安城的杀戮不会仅仅持续五日、死亡数万就能了事。

---

① 顿文聪:《再论巫蛊之祸——以卫氏宠衰与昭帝承统为中心的考察》,《唐都学刊》2017 年第 5 期。
② 班固:《汉书》卷六三《戾太子传》,第 2743 页。
③ 辛德勇:《汉武帝太子据施行巫蛊事述说》,《华中师范大学学报(人文社会科学版)》2016 年第 3 期。
④ 陈啟喆:《"巫蛊之祸"中外戚、权臣势力消长的考证——以〈史记〉、〈汉书〉为中心》,载林超民主编《西南古籍研究(2011 年总第九期)》,云南大学出版社,2012,第 172 页。
⑤ 班固:《汉书》卷六三《戾太子传》,第 2743 页。
⑥ 班固:《汉书》卷六六《刘屈氂传》,第 2881 页。

四、余论

巫蛊之祸是发生在武帝晚年的重大政治事件，对西汉中后期的政治走向影响至巨。从垂训后世的角度考虑，有必要对汉武帝、戾太子、卫皇后等核心人物错综复杂的矛盾关系予以深入揭示。然而班固撰《汉书》，却罕有显言，仅是将事件的起因简单归结为武帝年迈，卫后宠衰，小人弄权，祸乱宫廷所致："武帝末，卫后宠衰，江充用事。充与太子及卫氏有隙，恐上晏驾后为太子所诛，会巫蛊事起，充因此为奸。是时，上春秋高，意多所恶，以为左右皆为蛊道祝诅，穷治其事。"①进而将巫蛊之祸的发生归于天意："故太子生长于兵，与之终始，何独一嬖臣哉！"②然此不仅厚诬戾太子，而且扭曲了事情的真相。

后世学者通察武帝一朝复杂之政治，稽考班固撰述《汉书》之用心，多难以认同其论断。因此纷纷对巫蛊之祸进行剖析，阐幽发微，宏论间出。但往往新说甫出，异论即起，每成聚讼。近年来，围绕《资治通鉴》所采录的与巫蛊之祸相关的史料的可信性问题，更是屡起纷争。田余庆多方为司马光辩护，却难惬人意；而辛德勇全盘否定相关史料，又招来持论过猛之讥。

然据考证，《史记》成书后，续补其书者有十六家。后班彪作《后传》六十五篇，班固、班昭、马续接续撰成《汉书》。《汉书·艺文志》还著录有数种汉史著作。征诸史实，除《汉书》行世外，其他叙述西汉历史的著作在汉晋间颇有流传者，而《汉书》学又是魏晋六朝间的显学，甚受学者重视，"因此必然会有为《汉书》所不载的汉代史事流传下来，故而对于汉魏六朝间流传下来的诸如《汉武故事》《西京杂记》等书，学者虽知其中虚妄之事甚多，但一些叙述可补史传之阙也是不争的事实"③。另外，《通鉴》叙巫蛊之祸，其史料有不可考知出处的，考虑到汉魏六朝间典籍大多颇有散佚，故若司马光等曾见到过后世所不见的史料，也是可以理解的。

而如前所述，我们姑且搁置《通鉴》中的相关史料，仅利用《汉书》及其

---

① 班固：《汉书》卷六三《戾太子传》，第2742页。
② 班固：《汉书》卷六三《武五子传·赞》，第2771页。
③ 李峰：《〈汉武故事〉作者及史料价值探析》，《枣庄学院学报》2016年第6期。

他可信据的史料,仍然可窥测到《通鉴》史料所彰显的武帝与戾太子的治国理念之异,及戾太子"仁恕温谨""敦重好静"的个性。显见《通鉴》所采录的史料与《汉书》反映的情况基本相同,并且《通鉴》所采录的史料只是进一步丰富了我们对巫蛊之祸这一历史事件的理解而已。因此笔者认为在探讨巫蛊之祸时,将《通鉴》中不明出处的史料作为辅助史料来运用是合适的。

汉代政治文化中的"天意"话语发微

王 健

"天意"是古代天人思想的重要范畴,也是汉代政治生活中士大夫制衡皇权的话语凭借。"天意"在两汉朝堂广泛流行,是值得人们关注的思想史现象。既往学界投入很大精力,聚焦于天的性质、作用和地位,来检讨两汉天的信仰和天人思想流变,但对汉代文献中活跃的"天意"范畴未能给予应有的重视,这种状况似可称之为"重天"而"轻意"。①

历史现象是横看成岭侧成峰的,视角的转换会带来新的体悟。当人们进入汉代政治语境,就不难察觉"天意"别具洞天,其丰富的思想文化内涵有待深究。一方面,"天意"是剖析汉代天人思想的前沿话语,是将天观念落实到具体语境的重要支撑点;另一方面,"天意"又折射天与人君之间乃至君臣之间的矛盾与冲突,展现了弘阔的庙堂政治生态,呈现的意义显然超出了在灾异谴告论框架中的解读,为人们提供了认知传统天人观的新视角。

本文借鉴思想社会史的考察范式,立足于政治哲学和天人之辨,结合生动具体的两汉政治语境,就"天意"话语的意涵和运用现象作初步的探索,尝试提出一个原创性话题,即汉代是否存在代言"天意"的话语权之争,进而揭橥围绕"天意"话语的博弈和冲突,重评两汉朝堂舆论史。

---

① 对于两汉时期天之信仰的研究,主要论著有侯外庐《中国思想通史》秦汉卷(人民出版社 1957),冯友兰《中国哲学史新编》第三卷(人民出版社 1985),金春峰《汉代思想史》(中国社会科学出版社 1987),徐复观《两汉思想史》(华东师范大学出版社 2001),冷德熙《超越神话——纬书神话研究》(东方出版社 1996),钟肇鹏《谶纬论略》(辽宁教育出版社 1991),等。代表性论文将在下文中引用时述及。从知网检索关键词"天意",可知迄今尚未见专题研讨的论文。

一、"天意"话语溯源及其性质定位

"天意"最早见于战国时期的《墨子》,广泛流行于汉代至后世。《辞源》:"天意,上天的旨意。"天意亦即天的意志。因此,探究天意话语,首先面临主体的定性问题,也就是古人对天的理解。

学术界通常认为,周秦两汉时期人们观念中的天,分裂为三种主要形象,即神灵之天、道德之天和自然之天。这个长时段内天的表述,可以孔孟荀、墨子和董仲舒为代表。

原始儒家论天,首先指神灵之天。孔子说"获罪于天,无所祷也"①,此处的天被指认为人格神,神灵之天也就是意志之天。第二种含义就是自然之天,孔子云:"大哉尧之为君也,巍巍乎惟天为大,惟尧则之。"②三是道德之天,子云:"天生德予余,桓魋其如予何。"③战国思孟学派将天与心性一体化,进一步将天加以道德化。孟子对天之意志的论述影响很大:"天与之者,谆谆然命之乎?曰否,天不言,以行与事示之而已矣。"④因天不言,天意见诸于行与事的启示,孟子为后世诠释天意指示了理论路向。战国大儒荀子发展儒家的天论,所论自然之天最为著名,但西汉董子论天却在很大程度上扬弃了荀学的精华。

墨子论天的宗教性最突出,他将天视为有意志、施赏罚的最高主宰:"天为贵,天为知"⑤,"今人皆处天下而事天,得罪于天,将无所以避逃之者矣"⑥。故民初章太炎将其判定为宗教家⑦。墨子独树一帜,倡导"天志"思想,同时又大讲天意,《墨子》中天意出现10次,天之意31次,频度远超天志的5次,天意与天志基本同义,强调天的意志、判断和裁决。墨子以天志为

---

① 《论语注疏》卷三《八佾》,载《十三经注疏》,中华书局,1980,影印本,第2467页。
② 《论语注疏》卷八《泰伯》,载《十三经注疏》,第2487页。
③ 《论语注疏》卷七《述而》,载《十三经注疏》,第2483页。
④ 《孟子注疏》卷九《万章上》,载《十三经注疏》,第2737页。
⑤ 王焕镳:《墨子校释》,浙江古籍出版社,1987,第218页。
⑥ 王焕镳:《墨子校释》,第228页。
⑦ 此说始自章太炎:"墨家……论道必归之于天志,此乃所谓宗教矣。"参见章太炎:《诸子学略说》,中国社会科学出版社,1997。

仁义之标准,天意被道德化,成为人伦之理。① 墨子言天志、天意,对董仲舒思想有直接影响。

西汉的董仲舒继承、发展了孔、墨的天论。他讲的天首先指神灵之天:"天者,百神之君也,王者之所最尊也。"②天是一种超自然的存在,具有神灵的超验性质和人格化意志。董子讲到天欲、天心、天仁、天意、天德等概念,甚至"天亦有喜怒之气",天被定义为一种宗教意义的人格神。董子发展的天人感应学说,主要是天对人君所作所为的反应。灾异是天的意志的表现,而天意是随人君行为而变化的,既能对人君的善政给予祥瑞的奖赏,也能对劣政降临灾异来警醒和惩罚。

董仲舒继承了孔子的道德之天理念。在董子看来,在天的神秘性背后又蕴含着人文内涵:"察于天之意,无穷极之仁也。"③"天,仁也。天覆育万物,即化而生之,有养而成之。事功无已,终而复始,凡举归之以奉人。"④"仁,天心,故次以天心。"⑤这里他将人间的道德价值观投射到天上面去,赋予天意以道德属性,或者说天被定义为"至善的道德化身"⑥。从本质上论,董学体系中神灵之天的至善属性并非是无条件的,它对人间乱政同样会降下灾害、怪异乃至伤败示以惩罚,动用恶的手段来维护善的价值,在这个意义上道德之天成为神灵之天的工具,它们的属性正是人间君主德刑并用政治性格的投射。由此看来,道德之天与神灵之天的相互为用和统一不仅是形式的,也是内在的。所谓天意在这个长时段中的活跃表达,正是道德之天和神灵之天的交错融合。

董仲舒对先秦诸子天论所作的神学化改造,凸显了天意在天人关系中的重要地位,他所发起的话语更新,将天意由东周时期的边缘性话语提升为儒家意识形态的核心话语之一,这与其神学化努力是同步的思想现象,同时也付出了思想倒退的代价。⑦

---

① 参见杨俊光:《墨子新论》,江苏教育出版社,1992,第 222 页。
② 苏舆:《春秋繁露义证》卷一四《郊语》,中华书局,1992,第 398 页。
③ 苏舆:《春秋繁露义证》卷一五《郊义》,第 402 页。
④ 苏舆:《春秋繁露义证》卷一一《王道通三》,第 329 页。
⑤ 苏舆:《春秋繁露义证》卷六《俞序》,第 161 页。
⑥ 任继愈主编《中国哲学发展史》秦汉卷,人民出版社,1986,第 329 页。
⑦ 参见边家珍:《董仲舒与汉代天道信仰的重建》,《河南教育学院学报》2004 年第 6 期。

自从 20 世纪初新史学起步以来,使用神学范畴的概括体现了多数研究者的取向。侯外庐先生将董子学说定位为"中世纪神学正宗思想",认为其神学"给汉武帝的隐法阳儒政治涂上了上帝的油漆"①。任继愈先生主编《中国哲学发展史》,以"天人感应神学体系"为题展开评述。② 冯友兰先生打破既往的理解格局,将董子宗教化的天细化为两种观念,一是"像玉皇大帝之类活灵活现的人格神,既有人的意志和情感,又有和人一样的形体";另一种是"被人格化但没有人一样的形体的超越的实体",③而后者居于主要地位,可归之于将自然变化拟人化的目的论。徐复观先生揭示出董子天论的内在矛盾性,指出"董子以气为基底的天的构造,与他建立天的哲学的宗教情绪,是含有很大的矛盾"④。金春峰先生提出董子天论体系存在着"内部的混乱和矛盾说",神灵之天是因袭先秦传统,道德之天是由神学信仰到哲学理性思维的过渡,在看似统一的神学主张之下掩盖了非目的论的天道思想。⑤

新世纪以来,国内学术界引入秩序观念,来重释东周和汉代的儒家天的思想,形成淡化其神学性格或无神化处理的研讨趋势。这种新思路应进一步阐明以董子思想为代表的儒家天观念如何与两汉社会神秘主义信仰、谶纬神学和本土早期宗教保持距离、自我表达的内在机制,深入探明阴阳五行学说的机械论与天道目的论之间的复杂关系,从而开拓解读天意的新格局。本文赞同这种主流观点,认同采用双重性格说诠释汉代的天信仰和天意学说,力求客观地反映其意识形态特征,对古人思想给予同情之理解。

二、"天意"话语在汉代普遍性之表达

如果说,周秦诸子罕见谈论天意,唯独墨子为另类,那么到了两汉时期,诸子和历史文献中的天意出现了很大的增量,变化引人瞩目。从两汉诸子、两汉正史和据两汉皇帝诏令编纂的文献中,可以窥见天意话语的普遍使用。

---

① 侯外庐等:《中国思想通史》秦汉卷,人民出版社,1957,第 105 页。
② 任继愈主编《中国哲学发展史》秦汉卷,人民出版社,1985,第 321 页。
③ 冯友兰:《中国哲学史新编》第三册,人民出版社,1985,第 53 页。
④ 徐复观:《两汉思想史》第二卷,华东师范大学出版社,2001,第 245 页。
⑤ 金春峰:《汉代思想史》,人民出版社,1987,第 156 页。

本文依照文献年代顺序依次做以下统计。

汉代文献中天意及相关话语频次统计表

文献名称	天意（含天之意）	天心	天道（含天之道）
《新语》	0	0	4
《新书》	0	0	3
《淮南鸿烈》	0	6	24
《韩诗外传》	0	0	9
《说苑》	1	3	15
《春秋繁露》	17	2	36
《尚书正义》孔安国注	5	5	18
《老子河上公注》	2	1	15
《史记》	0	1	20
《盐铁论》	0	0	4
《汉书》	34	38	69
《全西汉文》	25	33	25
《春秋公羊传注》何休注	5	0	7
《白虎通》	3	0	10
《论衡》	13	1	37
《昌言》	0	0	11
《老子指归》	2	14	10
《纬书集成》	5	5	3
《礼记正义》郑注	4	0	5
《毛诗正义》郑笺	7	5	2
《孟子注疏》赵岐注	5	0	9
《太平经》	69	158	285
《后汉书》	34	36	64
《全后汉文》	28	35	44
《两汉诏令》	0	7	5

上表反映出汉代人谈天意有以下几个特点：

一是从两汉诸子视域看。西汉前期的陆贾、贾谊、刘安和韩婴只讲天道，均未提及天意。董仲舒打破这个局面，在谈天道同时，创造性地承袭墨子天志思想脉络，重启天意话题。他使用的天意频度达 19 次①（加上天之意 2 次，《天人三策》谈天意 2 次），他大讲"屈君而伸天"，天成为制衡皇权

---

① 加上谈"天之意"2 次，"天人三策"谈天意 2 次。

的虚幻主体,进而塑形了两汉政治舆论形态。董子发起的话语更新,将天意由东周时期的边缘性话语引入汉代思想场域,提升到儒家意识形态的核心圈位置,与天道并列为天的二级范畴,这与其神学化努力是同步的思想现象。

两汉经学家的注经解经过程中,天意也成为时髦的话语。值董学破局同时代的孔安国,谈天意也颇有建树,《尚书正义》注文中孔安国谈天意达到 5 次。入东汉后,天意话语一直活跃在诸子著述中。何休注《春秋公羊传》,讲到天意 8 次。《白虎通》讲天意 4 次。王充强调自然主义的天意观,批评董仲舒的神学天意说,讲天意达 13 次。大儒郑玄遍注群经,赵岐注《孟子》,均广泛使用了天意范畴。

二是该语汇渗透到朝堂舆论场中,儒臣群体热衷讲天意。如果说董子主要解决了灾异理论形态问题,实践上则有待儒臣跟进、发挥,付诸应用。从此之后,两汉儒臣上疏奏议的君臣对话中,开始大张旗鼓地谈天意。西汉有谷永、京房、鲍宣、路温舒、贡禹、李寻等,东汉有李固、张衡、襄楷、左雄、黄琼、张文等。儒臣进言于皇帝,褒贬时政,阐明政见,几乎言必称天意,作为君主必须遵循的最高原则来指责皇帝为政的缺失。《汉书》《后汉书》中出现 68 次天意,大都是儒臣对君主进言所及。① 当然,两汉儒臣谈天意,还有很多情况并不能纳入灾异论情境,而另有特殊语境和话语凭借。

三是帝王也谈天意。两汉君主崇尚天道,视天意为美化王政、控御臣下的工具。《两汉诏令》(宋林虙、楼昉辑)中天意频度达 7 次,其中王莽谈得最多,天意成为他为篡权操控舆论的思想武器。②

四是宗教家更热衷谈天意,东汉道教经典《太平经》谈天意达到 69 次的峰值。这个思想事实恰好证明了神学论证的需要。天被神格化之后,强调其主观意志的能动性,自然大讲特讲天意。由此也佐证了两汉天意话语兴起的历程,与神学思潮的强化具有相生相伴、同频共振的特征。

作为天意的参照概念,上表右侧还并列了天道、天心的话语统计,三者构成了中古释天的二级范畴系列。其中,天道是古代天信仰中出现最早的

---

① 《全汉文》中天意频次达到 53 次。
② 据《汉书·王莽传》,王莽大作天意的文章,除了言论造势,还有很多具体动作,如金匮故事等。

范畴,首见于春秋时期问世的《道德经》。陈来先生释春秋时期的天道之义,认为有三种意蕴。一是宗教命运式的理解。二是继承周书中的道德之天,天道体现为道德意义的法则和秩序。三是对天道的自然主义的理解,天道就是宇宙的常道。① 沟口雄三先生称之为客观自然之天的运行"条理"②。上表中可见,直至两汉时期,人们在论天语境下谈到天道的频度是最高的。毫无疑问,天道支撑了天的内涵的主干架构,这是历来汉儒谈天道最为活跃的根本原因。

既然天道承担天信仰的诸多功能,为何又发展出天意概念呢?

显然,天道代替不了天意的功能。由此引发的问题是,两者之间的功能和差异在哪里? 依照笔者的初步认识,有两点值得注意。一是主客观维度的差异。天意并非跟上述天道三层义项全然对应,而仅仅接近于天道的第二义。但更多强调的是主观意志,带有人格化的神学色调。天意不同于天道的微妙差异。天道客观的机械论属性居多,自然之天的条理,本体论的外在天理,过去称之为客观唯心主义。天意主观意志属性多,内圣之道的拟人化意志,神格化意志居多,主观唯心主义属性。到了《太平经》问世,将天道与天意两个词融合起来,又推出了颇有创意的新说法,叫作"天道意"③,赋予客观之规则以意志、愿望的意涵,两个词之间的区别被消融,天道向天意靠拢,客观向主观让渡,"天道意"的主观意志色调更为浓郁。二是宏微观维度的差异。天道立意宏大,思想站位高,所谓"天道玄远",往往是大范围、高层次的形而上的理论原则。相应之下,天意则具有具体而微的强烈针对性,更多带有一事一议的特点,因而更能够下落到具体施政情境之中。总之,汉人既讲客观又讲主观,既讲宏观又讲微观,多重维度和谐共存于天意话语的内核。

天意和天心两个范畴构成了另外一对意涵紧密相关的范畴。心是古代早期思想常见的范畴,孟子云"心之官则思"④。汉儒均重视"心",此为先

---

① 陈来:《古代思想文化的世界——春秋时代的宗教、伦理与社会思想》,生活·读书·新知三联书店,2002,第64-66页。
② 沟口雄三:《题解》,载《中国的思维世界》,江苏人民出版社,2006,第5页。
③ 《太平经钞》己部,卷六,明正统道藏本。笔者统计,该书共出现"天道意"11次。
④ 《孟子注疏》卷一一下《万章上》,载《十三经注疏》,第2753页。

秦儒道两家自孟、庄之后的通义。① 研究者指出，董子所言天心呈现出来的是一种"由内向外主导其行"的意志，并且是道德性的意志，"在一种人格神的余绪下，天心作用于人事的方式经常被诠释为意志性的。天心通常被理解为天意或天志"。② 由此可见，两者强调的都是天的主观性意念和意志，《太平经》中云："古者圣人深承知此，故不失天意，得天心也。"③《尚书正义》正义曰："人君为配天在下，当承天意治民，治之当使称天心也。"④天意与天心在这里为互文，两者在很大程度上可以视为同义词看待。

三、谁有资格代言、诠释"天意"

关于天意表达的主体，通常认为，圣王代言天意。董仲舒称："王者承天意以从事。"⑤"受命之君，天意之所予也。"⑥王充说："尧之心知天之意也。尧授之，天亦授之，百官臣子皆乡与舜。舜之授禹，禹之传启，皆以人心效天意。"⑦天授的出处在此，王者具有与天意沟通的天赋能力，天意在早期中国语境中便是神意，既往研究者因而归结为"君权神授论"。

这种沟通带有双向意味。天作为神格主体，是第一位的，因此，天赋君权是天带有主动性的施予；另一方面，圣王也有对天的反作用能力，这便是圣王代言天意的超越能力。董仲舒强调了天子承天意治国的职责，似乎却罕言代言能力。后儒对董子上述解读多有发展。如明儒吕维祺云："上天经常不易之法传与天子，天子口代天言，身代天事。"⑧清儒魏校云："盖道理本出乎天，人君之心纯是道理，与天同德，口里说出话来，便是代天说话。"⑨因此，显性文化层面上，天意的代言人无疑是君主。传统政治哲学重视圣王

---

① 参见徐复观：《两汉思想史》第二卷，华东师范大学出版社，2001，第246页。
② 参见贺敢硕：《早期"天心"观念初探——基于政治语境和哲学语境》，《暨南学报》2020年第4期。
③ 《太平经》卷四二《九天消先王灾法第五十六》，明正统道藏本。
④ 《尚书正义》卷一九《文侯之命》，正义曰，载《十三经注疏》，第254页。
⑤ 班固：《汉书》卷二二《礼乐志》，中华书局，1962，第1031页。
⑥ 苏舆：《春秋繁露义证》卷一〇《深察名号》，第286页。
⑦ 《论衡》卷一四《谴告篇》，上海人民出版社，1974，第228页。
⑧ 《孝经大全》卷三，清康熙刻本。
⑨ 《魏校庄渠遗书》卷二。

论,研究者已做过深入诠释。①

值得注意的是,天意还有第二种代言人,即有德无位的圣人。儒家热衷谈的圣贤,身份具有两重性,圣王固然是圣贤,但不具有王身份的至德之人如贤臣和学者也是圣贤,孟子将伊尹、伯夷、柳下惠、孔子列入圣人行列,孟子称:"圣人,人伦之至也。"②荀子曰:"圣也者,尽伦者也。"③至汉代,出现了"圣人"与"圣王"分流的现象,人们将孔子称为"有德无位"的"素王"④。这种道德领域的顶级人物,也同样有代言天意的特殊功能。《易纬乾凿度》:"圣人所以通天意,理人伦,而明至道也。"⑤《太平经》:"非圣人不能独谈通天意也。"⑥元朝儒家郝经撰孔子碑称:"生则代天为言,没则配天庙享。"⑦明儒罗汝芳称:"及到孔子,又加倍辛勤……自此以后,口则悉代天言,而其言自时,身则悉代天工,而其动自时。"⑧明儒黄道周说过类似的话:"是无言的夫子,分明是代天言的夫子。"⑨上述前后相沿袭的说法,呈现出事实上的二元主体,可称为天意的双轨代言模式。

其三,在汉代语境下,除了顶级的素王孔子之外,具有优秀禀赋的儒臣同样也能够感知天意,如东汉蔡邕称:"股肱大臣,推皇天之命。"⑩又赞颂碑铭之主人翁"受天正气"、"天授懿度"⑪、"天启哲心"⑫。特别是当谶纬思潮兴起后,由谶纬而沟通天意成为时尚,如《小黄门谯敏碑》称谯敏能"精微天

---

① 参见刘泽华:《中国传统政治思维》,"天君同道观",吉林教育出版社,1991;刘泽华主编《中国传统政治哲学与社会整合》,"崇圣与社会控制",中国社会科学出版社,2000。
② 《孟子注疏》卷七上《离娄上》,载《十三经注疏》,第2718页。
③ 《荀子简注》,章诗同注,上海人民出版社,1974,第240页。
④ 《孝经钩命诀》:"(孔子)以素王无爵禄之赏,斧钺之诛,与先王以托权,目至德要道,以题行。"(安居香山等辑《纬书集成》下册,河北人民出版社,1994,第1003页)圣王与圣人的分流,参见冷德熙:《超越神话——纬书神话研究》,东方出版社,2000,第4页。
⑤ 安居香山等辑《纬书集成》上册,第10页。
⑥ 《太平经》卷五〇《去浮华诀第七十二》,明正统道藏本。
⑦ 郝经:《陵川集》卷三四《顺天府孔子新庙碑》。
⑧ 罗汝芳:《明道录》卷四。
⑨ 黄道周:《榕坛问业》卷九。
⑩ 蔡邕:《宗庙祝嘏辞》,载《蔡中郎集》文集卷八。
⑪ 蔡邕:《贞节先生范史云铭》,载《蔡中郎集》文集卷二。
⑫ 蔡邕:《玄文先生李子材铭》,载《蔡中郎集》文集卷二。

意"①,《鲁相韩敕造孔庙礼器碑》赞颂韩君"独见天意","卓越绝思"②。

值得注意的是,到了后世思想激进的敢言者笔下,代天言者由高不可及的圣贤降维至匹夫身份的在野儒者:"匹夫可与天地参也,奚必在位,一言合天理是为代天言,一事循天理是为代天工。夫士之任,岂不重哉!"③三才理论中的"人",由圣贤下落到民间。当然,在君权独尊的时代,在浩瀚的中古文献中的这类出格的话语无疑属于稀有资源。

还要指出,汉人言论中出现将天意与民心并提,民心即天意主体。这属于两汉民本思想的闪光点,是古代思想史上渊源久远的进步思想。

总之,上述多元代言之说的意义,在于打破了圣王垄断天意的一言堂格局。朝堂儒臣引经据典,直陈天意,大胆论政,抨击时弊,天的权威赋予了庙堂议政的合法性,激活了朝廷舆论的政治生命力。

四、何以见"天意"——诠释之依据

除了上面谈的显性模式之下的代言天意之外,两汉时期还存在着隐性天意感知模式,在朝堂舆论层面,天意诠释已经放下身段,降为儒臣批评朝政的话语热点。

既然天子最有资格上知天意,上感天心,那么,儒臣何以知天意?

董仲舒远承孟子讲的天不言而见诸行事之说,近承阴阳五行家的四时、五行和阴阳之论,对于知天心观天意自有一番高见:"夫王者不可以不知天。知天,诗人之所难也。天意难见也,其道难理。是故明阳阴、入出、实虚之处,所以观天之志。辨五行之本末顺逆、小大广狭,所以观天道也。天志仁,其道也义。为人主者,予夺生杀,各当其义,若四时;列官置吏,必以其能,若五行;好仁恶决,任德远刑,若阴阳;此之谓能配天。"④天意不易明晓,要通过阴阳五行之变的"天道"来辨明。这段话中,天意与天志同义,是通过阴阳实虚的运化之气觉察天之意志。而天道则强调以五行为媒介,带有自然

---

① 《隶释》卷一一《小黄门谯敏碑》。
② 《隶释》卷一〇《鲁相韩敕造孔庙礼器碑》。
③ 方弘静:《千一录》卷二六。
④ 苏舆:《春秋繁露义证》卷一七《天地阴阳》,第467页。

主义色彩。这种沟通天意的复杂玄妙理论，是设身处地为王者所设计，思辨色彩尤为浓厚。正是在上述逻辑的支持下，董子发展完善了灾异谴告论。

从《汉书·五行志》的记载中，可以窥见董仲舒如何将这种理论转换到应用层面。他论衡古今，化繁为简，从灾异表象中揭橥天意。在《春秋》及《公羊传》中并没有与天谴相联系的灾异以及日食、星变等，但董仲舒几乎全部与政事挂上了钩，证明那是天诫、天谴。据统计，日食、星变等被董仲舒一口气判定为天诫、天谴的，就有 77 件之多。① 由此他建立起天意的推求模式，即援引历史经验，从已然发生的天灾异动出发，寻求在位君主某类失德劣政，建立事态与天意之间的感应关联模式，从而为追随者的解读灾异、揣测天意指示了门径。

在董子之后，标榜天意来解读灾异的话语迅速流行开来，儒臣仿效前儒楷模，用以批判时政。西汉成帝时谷永借灾异进谏，先后有"建始三年举方正对策"、"黑龙见东莱对"、"日食对"等近十次之多。他自称"疏贱之臣至敢直陈天意"，希望成帝"深察愚臣之言，致惧天地之异，长思宗庙之计，改往反过"。② 京房治《易》，其说长于灾变而获元帝信任，进奏考功课吏法之改革得罪宦官势力被外任，他借蒙气谈天意，希冀皇帝将其调回京师："蒙气所以不解，太阳亡色者也。臣去朝稍远，太阳侵色益甚，唯陛下毋难还臣而易逆天意。"③ 谏大夫鲍宣以"民有七死七亡对"批评哀帝乱政，指责佞臣董贤蒙宠致使"奴从宾客皆用致富"，"此非天意也"。④

再如东汉安帝时左雄"上封事谏封山阳君及襄邑侯"，进言君主应"以济民为务，宜循古法，宁静无为，以求天意，以消灾异"。⑤ 李合因日蚀地震上书安帝称："宜察宫阙之内，如有所疑，急摧破其谋，无令得成。修政恐惧，以答天意。"⑥ 顺帝时布衣郎𫖮诣阙拜章"对状尚书条便宜七事"，进言称"今陛下多积宫人，以违天意"，"立春以来，金气再见，金能胜木，必有兵气，

---

① 统计数据参见牛秋实：《董仲舒灾异说对后世的影响》，《衡水学院学报》2014 年第 6 期。
② 班固：《汉书》卷八五《谷永杜邺传》，第 3454 页。
③ 班固：《汉书》卷七五《眭两夏侯京翼李传》，第 3166 页。
④ 班固：《汉书》卷七二《王贡两龚鲍传》，第 3089 页。
⑤ 范晔：《后汉书》卷六一《左周黄列传》，中华书局，1965，第 2021 页。
⑥ 司马彪：《续汉书志》第六《五行志》注引《李氏家书》，中华书局，1965，第 3365 页。

宜黜司徒，以应天意"。① 顺帝时尚书仆射黄琼"灾异上疏荐黄错任棠"称"卦位错谬，寒燠相干，蒙气数兴，日暗月散。原之天意，殆不虚然"。② 并举荐处士入朝。顺帝时李固对策，痛陈灾异称："臣所以敢陈愚瞽，冒昧自闻者，倪或皇天欲令微臣觉悟陛下。"③桓帝时襄楷诣阙上疏称"荧惑今当出而潜，必有阴谋。皆由狱多冤结，忠臣被戮。德星所以久守执法，亦为此也。陛下宜承天意，理察冤狱"④，又抨击宦官危害朝廷，"今乃处古常伯之位，决谋于中，倾动内外，恐非天意也"⑤。灵帝光和年间，郎中番忠上书劾朱瑀，直言"天意愤盈，积十馀年矣。故频岁日食于上，地震于下，所以谴戒人主，欲令觉悟"⑥。

  上述以天意标榜的议政言论，皆有深厚的文化背景。从西汉兴起的经学思潮到东汉崛起的谶纬思潮，其中形形色色的理论话语纷纷登场，分别有董仲舒的《春秋》学、翼奉的《齐诗》五际说、京房的《易》阴阳学、刘向的《洪范五行传论》灾异说等，呈现出驳杂的思想背景。⑦ 东汉崛起的谶纬思潮，由灾异祥瑞体现出天的赏罚意志和警醒态度。⑧ 研究者指出，早在周秦时代就萌发的灾异解读，言说者往往是基于大众，面向人间，针对客体是社会性的。⑨ 但进入汉代的灾异论调整或改变了暗喻对象，变成针对君主施政，赏罚对象定格在君主，由此体现出东周到两汉的思想变化。⑩ 两汉庙堂发声者竞相使用的一个说法叫做"天意若曰"，"若"为假定之词，《辞源》："若，好像。"⑪"若曰"即好像是、仿佛是，分明一种猜度和探究的语气，议政

---

① 范晔:《后汉书》卷三〇下《郎顗襄楷列传》，第1064页。
② 范晔:《后汉书》卷六一《左周黄列传》，第2033页。
③ 范晔:《后汉书》卷六三《李杜列传》，第2077页。
④ 范晔:《后汉书》卷三〇《郎顗襄楷列传》，第1081页。
⑤ 范晔:《后汉纪》卷二二《孝桓帝纪下》，第428页。
⑥ 范晔:《后汉书》卷七八《宦者列传》，第2528页。
⑦ 参见汤志钧等:《西汉经学与政治》，上海古籍出版社，1994，第216页。
⑧ 东汉谶纬思潮下的天意话语，与灾异论有一定区别。尤其是纬书中的占星类作品中罕见言天意者，因为灾异论事件主要是地震、天灾等自然灾害类型，这是由天主导的现象，天的意志可以决定其发生或不发生。但奸臣图谋君权之类的侵主事态，则属于人为的能动活动，这种场合下占星术提供了预测功能，以便告诫君主防患于未然，天意的操纵作用似乎不再是决定因素，因此纬书中的占星类著作便不再奢谈天意。
⑨ 陈来:《古代思想文化的世界》，三联书店，2002，第76页。
⑩ 参见沟口雄三主编《中国的思维世界》，孙歌等译，江苏人民出版社，2006，第71页。
⑪ 《辞源》，商务印书馆，2002，第2630页。

者尝试做解的口吻跃然纸上,也印证了天意诠释的不确定性和没有唯一解的窘况。

汉代士大夫从灾异渠道诠释天意,表达政治态度,也存在明显的偏失。正如研究者所指出,依照天人感应的灾异说,灾异和天意之间形成的是简单的对应关系,言者拥有自由发挥的空间,做自由的批评,甚至引发无休止的争论。笔者赞同这种意见,以《汉书·五行志》"飞雉升鼎"为例,西汉孔安国、刘歆和东汉的郑康成三位名儒却作出大相径庭的天意诠释,难有正解。① 不仅如此,在一些情况下,天意的诠释沦为朝臣群体派别斗争的工具。② 当然,也不应该因而贬低天意话语的积极意义,不应因局部现象妨碍到对事态整体的实事求是评价,"抑制论"仍旧是概括天意话语运用的有效解释。③

在非灾异论的议政语境下,天意又何以见出呢,这使得判断变得复杂起来,需要做进一步探讨。

其一,在汉代经学地位高涨的情势下,儒臣援引《春秋》之旨见天意。董仲舒思想固然是其个人学术的结晶,但仅仅靠儒生之见,难得获得权威性,也无人相信,便意味着无法耸动皇帝视听,朝堂上便没有市场。因此,要将其个人观点与经典《春秋》乃至《公羊传》联系起来,进而说成是天意,由此赢得权威性:

"臣谨案《春秋》之文,求王道之端,得之于正。正次王,王次春。春者,天之所为也;正者,王之所为也。其意曰,上承天之所为,而下以正其所为,正王道之端云尔。然则王者欲有所为,宜求其端于天。……终阳以成岁为名,此天意也。王者承天意以从事,故任德教而不任刑。"④

再如路温舒引《春秋》上书宣帝进言天意:"臣闻《春秋》正即位,大一统而慎始也。陛下初登至尊,与天合符,宜改前世之失,正始受之统,涤烦文,

---

① 黄伦:《尚书精义》:"孔安国以为,耳不聪之异雉鸣也。刘歆以为鼎三足三公象也,而以耳行野鸟居鼎耳,是小人将居公位,败宗庙之祀也。郑康成以为鼎三公象,又用耳行雉升鼎耳而鸣,象视不明天意,若曰当任三公之谋,以为政也。孔以雉升鼎为耳不聪,使雉在鼎足,亦为足不良乎。"
② 参见蔡亮:《政治权力绑架下的天人感应灾异说》,《中国史研究》2017 年第 2 期。
③ 参见池田知久:《中国古代的天人相关论》,载沟口雄三主编《中国的思维世界》,孙歌译,江苏人民出版社,2006,第 70 页。
④ 班固:《汉书》卷五六《董仲舒传》,第 2502 页。

除民疾,存亡继绝,以应天意。"①

东汉章帝时有杨终之谏:"鲁文公毁泉台,《春秋》讥之曰'先祖为之而己毁之,不如勿居而已',以其无妨害于民也。襄公作三军。昭公舍之,君子大其复古,以为不舍则有害于民也。今伊吾之役,楼兰之屯,久而未还,非天意也。"②自古明君之道不可穷兵黩武,这也是由《春秋》治道见天意。

其二,援引先王礼制"以奉天意"。西汉宣帝时,海昏侯刘贺病死后,豫章太守廖某奏言主张"以礼绝贺,以奉天意",其理论根据便是历史上先王舜帝礼制经验。该主张既符合朝廷皇权利益,又寻找到古代圣王举措的先例,从而完美体现天意,为宣帝处置刘贺侯国找到得体做法。③

其三,援引古道、君道讲天意。西汉时谷永上书成帝进谏称:"唯陛下深察古道,从其俭者,大减损乘舆服御器物,三分去二……独舍长安城南苑地以为田猎之囿,自城西南至山西至鄠皆复其田,以与贫民。方今天下饥馑,可亡大自损减以救之,称天意乎?……至于陛下,独违道纵欲,轻身妄行,当盛壮之隆,无继嗣之福,有危亡之忧,积失君道,不合天意,亦已多矣。为人后嗣,守人功业,如此,岂不负哉!"④一席话中使用了古道和君道话语,天意的烘托跃然纸上。

再如东汉时陈宠关于刑期之议:"若以此时行刑,则殷、周岁首皆当流血,不合人心,不稽天意。"⑤这是援引古道传统以见天意。

如果说天意话语在西汉以董子之学问世而出现第一次高光时刻,那么,到了西汉后期至东汉时期,由于谶纬思潮和宗教思潮的兴起,进一步推波助澜而形成了新的高潮。

谶纬思潮崛起于西汉后期,活跃于东汉一代。纬书中宗教化的天意话语,如《礼稽命征》言祥瑞称:"王者制礼作乐,得天意则景星见。"⑥《乐稽耀嘉》讲朝代递嬗之象云:"禹将受位,天意大变,迅风靡木,以明将去虞而适

---

① 班固:《汉书》卷五一《贾邹枚路传》,第2369页。
② 范晔:《后汉书》卷三八《杨李翟应霍爰徐列传》,第1598页。
③ 班固:《汉书》卷六三《武五子传》,第2770页。
④ 班固:《汉书》卷八五《谷永杜邺传》,第3463页。
⑤ 范晔:《后汉书》卷四六《郭陈列传》,第1551页。
⑥ 安居香山等辑《纬书集成》中,河北人民出版社,1994,第511页。

夏也。"①再如《春秋考异邮》言天降灾异云:"天子僭天……考之天意,则大旱不雨。"②这些说法带有鲜明特点,谶纬家解读天意,完成了对天意作新的主体定位,将人格神身份确指为"天皇"(耀魄宝)和"天帝"(五色帝),构建了历史上第一个独立的诸神体系,这比儒家天论神学体系向宗教形态推进了一大步。③ 有的研究者将其概括为纬书记异(星象之异)不记灾(自然之灾或天灾人祸),认为这是纬书与两汉儒臣言灾异天意的不同之处。④ 但上引《春秋考异邮》的说法,证明纬书也是记灾异的。

早期道教思潮下宗教家所谈天意,更具特色。《太平经》这部早期道教经典中的天意频度达 60 余次,天心高达 90 次。与汉代儒者言天意背后那种若隐若现状态的人格神有很大的不同,《太平经》确认最高神祇为"太一"之神,⑤天意主体为"天君",天意即"天君意"⑥。书中又增益了天师的传道角色,面向人间帝王布达天意:"今天师既加恩爱,乃怜帝王在位,用心愁苦,不得天意,为其每具开说,可以致上皇太平之路。"⑦

与汉儒相比,透过灾异、人心或天象来曲折见天意,不再是《太平经》基本表达方式。该书由作者登场代言天意,推导天意,来鲜明表达教义的宗旨。经文面向人间君主,宣扬依照天意而治的宗教式奖惩:"王者深得天意,至道往佑之。"⑧"是故古者大贤圣深计远虑,知如此故学而不止也,其为人君者,乐思太平,得天之心,其功倍也,魂神得常游乐与天善气合。其不能平其治者,治不合天心,不得天意,为无功于天上,已到终其魂神,独见责于地下,与恶气合处。"⑨由此可见,天意成为宗教家的理想社会传声筒,赋予这种朝政批判以充分的权威性和合法性。撰经者笔下的天意就是神意;同时,天道也成为"天道意"⑩,这便将客观规则予以主观化了,神意无所不在。

---

① 安居香山等辑《纬书集成》中,第 546 页。
② 安居香山等辑《纬书集成》中,第 789 页。
③ 参见冷德熙:《超越神话——纬书神话研究》,东方出版社,2000,第 82 页。
④ 冷德熙:《超越神话——纬书神话研究》,第 219 页。
⑤ 参见刘仲宇:《中国道教文化透视》,学林出版社,1990,第 116 页。
⑥ 《太平经》卷七:"预知天君意所施为者,为上第一之人。"(明正统道藏本)
⑦ 《太平经》卷三〇《分别贫富法第四十一》。
⑧ 《太平经》卷五〇《去邪文飞明古诀第六十七》。
⑨ 《太平经》卷四〇《努力为善法第五十二》。
⑩ 笔者统计,天道意在《太平经》中出现 11 次之多。

五、"天意"话语的政治效应

围绕天意话语权的博弈，反映出汉代君臣政治制衡与冲突的复杂格局，以下拟作初步的考察和总结。

在两周秦汉政治文化的显性层次上，如董子所言，只有天子能够沟通天意，实践天意，宣扬天意，话语权归属自是明白无误的。然而，当进入文献记载的舆论事实层面，就会发现一种不虞性现象，天意话语权的博弈之势凸显出来。在朝廷舆论场上，儒臣借助于天意言说的批评焦点是君主，发言者俨然占据了道义制高点，代表了天意发问、反诘和质疑。在天意面前，君主处于被诘问、被质疑的状态，沦为伦理和舆论的守势地位，一种特殊的话语对局出现了。

天意显然给汉代君主带来莫大的政治压力，从历朝皇帝诏书中足以彰显对天意的敬畏之情。史家赵翼曾提出"汉诏多惧词"之见，① 他排比诏书史料："文帝诏曰：'朕以不敏不明，而久临天下，朕甚自愧。'又诏曰：'间者岁比不登，朕甚忧之。愚而不明，未达其咎。'元帝诏曰：'元元（人民）大困，盗贼并兴，是皆朕之不明。政有所亏，咎至于此，朕甚自耻。'"君主之惧，便是灾异谴告论所刻意追求的"屈君伸天"、以天抑君之效。

然而，汉代君主还要乐此不疲，礼贤下士，面向天下广延"直言极谏之士"，借助于儒者道德造诣和独到知识来沟通天意，容忍朝臣的面折廷诤，由此巩固皇权，改善政治。

赵翼又曾以"汉儒言灾异"为题，归纳灾异言论影响帝王决策的案例："而其时人君，亦多遇灾而惧。如成帝以灾异用翟方进言，遂出宠臣张放于外，赐萧望之爵，登用周堪为谏大夫。又因何武言，擢用辛庆忌。哀帝亦因灾异用鲍宣言，召用彭宣、孔光、何武，而罢孙宠、息夫躬等。"②

在庙堂上，天意成为儒臣制衡皇权的舆论工具，借助于灾异祥瑞说的干政作用，实质上是天权制约皇权，让步于民意。天意在很多情境下借助于君道和治道原则，从伦理政治角度干预了君主政治，在重大的政治决策中抑制

---

① 赵翼：《廿二史札记校证》卷二，王树民校证，中华书局，1984，第 40 页。
② 赵翼：《廿二史札记校证》卷二，王树民校证，第 42 页。

了皇权的一意孤行,如同汉学家狄百瑞所说的"调和与软化"汉代专制体制,①这成为两汉儒家政治的亮点。论者高度评价灾异话语的舆论形态:"以灾异言政事,可以说是西汉政治批判的最高形式。"②

天意话语的操控,也同样是最高统治者反制朝臣舆论的重要手段。两汉诏书中谈天意约有7例,但具有说服力的先例是王莽居摄阶段所导演的闹剧。他利用武功丹石的符命事件,说成祥瑞之天意来大做文章,从舆论上打击异己势力,群臣奏言"太后圣德昭然,深见天意,诏令安汉公居摄"③,为篡权做合法性的舆论造势。

君权手中握有国家暴力的利器,当儒臣建言天意有违君主切身利益时,随时可能遭到君权的反制,董子自己就吃过讲辽东高庙灾背后天意的苦头,险为此丧命。西汉京房、眭弘等人死于言灾异、讲天意的进谏,东汉襄楷的遭遇尤为典型,他诣阙上书借灾异言天意,激烈批评桓帝宠信宦官导致乱政,遭到宦官反诬"违背经艺,假借星宿,伪托神灵,造合私意,诬上罔事",直言的天意被贬斥为"私意","请下司隶,正楷罪法",襄楷险遭处死,落了个"司寇论刑"的下场。④

因此,儒臣借助于天意议论皇朝政治,代天立言的政治风险极大,触动的不仅是高高在上的皇权,还有围绕皇权寄生的外戚宦官等各色利益集团,儒臣单凭舆论力量与之对抗,也就是所谓"道统"对抗"政统",双方实力天壤之别,进言者随时面临着杀身之祸。班固《汉书·眭两夏侯京翼李传》论曰"汉兴,推阴阳言灾异者,孝武时有董仲舒、夏侯始昌;昭、宣则眭孟、夏侯胜;元、成则京房、翼奉、刘向、谷永;哀、平则李寻、田终术。此其纳说时君著明者也",其结局令人扼腕,"仲舒下吏,夏侯囚执,眭孟诛戮,李寻流放……悲夫!"。⑤

---

① 狄百瑞:《中国的专制政治与儒家理想》,载《中国思想与制度论集》,联经出版事业公司,1976,第215页。
② 于迎春:《秦汉士史》,北京大学出版社,2000,第152页。
③ 班固:《汉书》卷九九《王莽传》:"是月,前辉光谢嚣奏武功长孟通浚井得白石,上圆下方,有丹书著石,文曰:'告安汉公莽为皇帝。'符命之起,自此始矣。……于是群臣奏言:太后圣德昭然,深见天意,诏令安汉公居摄。"(第4080页)
④ 范晔:《后汉书》卷三〇《郎顗襄楷列传》,第1083页。
⑤ 班固:《汉书》卷七五《眭两夏侯京翼李传》,第3195页。

从两汉政治史上看,天意的舆论权威至多对君主形成某种观念上或道德上的威慑,并不具备任何强制力,以朝堂舆论制约君权的社会效果是有限的。如同研究者所说,"理论上虚幻的权威是无法与政治上的实体权威相抗衡的,反而常常屈从于君主,为君权服务"①,这是两汉天意话语无法逃避的历史命运。

---

① 刘泽华主编《中国政治思想史》(秦汉魏晋南北朝卷),浙江人民出版社,1996,第238页。

汉代政治决策与政治运作基本原则的检讨

陈文豪

一、前言

  论及秦汉时期政治制度对后世的影响,我们常说,"中国之政,得秦皇而后行","两千年之政,皆秦政"。从政治制度史发展的大方向来论,秦汉时期刚好是封建制度与郡县制度的分水岭,郡县制度的基本精神,自秦汉迄今仍未变①,因此我们会认为它的影响最大。不过这种认知似乎过于呆板和机械化,就整体而言,秦汉时期的政治制度,影响后世最深远者,应该是皇帝制度。盖此后两千年中国政治制度的变化,无不与皇帝制度息息相关②。所以了解皇帝制度肇建初期的政治决策与政治运作基本原则,有助我们认识皇帝制度对此后政治制度演变的影响。

  秦朝因享国较短,有关政治决策与政治运作的资料传世较少,所以我们只能了解一个大概轮廓。欲深入明了皇帝制度下的政治决策与政治运作基本原则,应从汉代谈起。汉代的政治决策与政治运作基本原则,一言以蔽之,为"信托政治"及"分层负责"。这两项原则在两汉时期是否能一以贯

---

  ① 后代地方行政制度的二级制或三级系,其基本精神即本乎郡县制度而来。
  ② 研究中国皇帝制度的论著很多,目前较容易看到的,有雷海宗:《皇帝制度之成立》,原载《清华学报》,第9卷第4期。另见韩复智编《中国通史论文选辑》上册,南天书局,1994。邢义田:《中国皇帝制度的建立与发展》,载《秦汉史论稿》,东大图书公司,1987,第43—84页;此文原名《奉天承皇帝制度》,载《中国文化新论·制度篇——立国的宏规》,联经出版事业公司,1982,第29—87页。

之？皇帝制度下的君主如何看待之及其影响？值得我们深入探讨。

二、"信托政治"的破坏

劳干教授首先在《汉代的政制》一文中提出"信托政治"的观念①，此一观念在阐明汉代的皇帝与丞相（宰相）之间的权力运作关系。劳干教授的这一看法是有所承本的，按《汉书》卷十九上《百官公卿表第七上》明载丞相的职责是"掌丞天子助理万机"。丞相是在皇帝充分授权下来执行他的任务，而丞相的职掌为何？陈平认为是：

> 宰相者，上佐天子理阴阳，顺四时，下育万物之宜，外镇抚四夷诸侯，内亲附百姓，使卿大夫各得任其职焉。②

依据陈平的说法，宰相负责所有的内政外交，皇帝只要任命一位值得信赖的宰相，就可以垂拱而治。学者们指出这种君主无为和责任宰相的制度，是先秦以来儒、法两家共具的政治理想③，《吕氏春秋》一书汲取先秦各学派的思想，对这种政治理想有进一步的分析，它强调君臣之间的分工，将君臣之间的分工，比喻成天地之间的分工。它说：

> 天道圜，地道方，圣王法之，所以立上下。……主执圜，君处方，方圜不易，其国乃兴④。

君臣之间的分工，简单地说，就是要做到"虚君实臣"。做国君的只要掌握大方针，任用贤能，督促臣子发挥他的智能，国家就可治好。故进而指出：

> 先王用非其有，如己有之，通乎君道者也。夫君也者，处虚素服而无智，故能使众智也；智反无能，故能使众能也；能执无为，故能使众为

---

① 劳干：《汉代的制度》，载《中国政治思想与制度论集（三）》，中华文化事业出版委员会，1961，第1-16页。
② 司马迁：《史记》卷五六《陈丞相世家》，中华书局，1959，第2061-2062页。
③ 邢义田：《中国皇帝制度的建立与发展》，载《秦汉史论稿》，第61页。
④ 吕不韦编：《吕氏春秋校释》卷三《季春纪第三·圜道》，陈其猷校释，学林出版社，1990，第171-172页。

也。无智、无能、无为,此君之所执也。人主之惑者则不然,以其智强智,以其为强为,此处人臣之职也。处人臣之职而欲无壅,虽舜不能为①。

《吕氏春秋》所传达的思想与理论,并没有被秦王政接受,甚至吕不韦还为此而付出生命的代价②。但是从《汉书·百官公卿表》及相关纪传中透露的讯息,可以发现秦汉时期的政治制度与运作,多少还是受到《吕氏春秋》的影响。所以汉初的丞相如萧何、曹参都能获皇帝的信任。

"虚君实臣"的理论虽然在两千多年前的政治运作中曾部分实现,出现短暂的"信托政治"现象,可是我们必须了解,皇帝并不会甘愿被架空权力的人,也不会完全将权力下放托付他人。他总是将权力掌握在自己手中,或是托付给自己信任的人,因此秦汉政治制度的发展,出现丞相权力逐渐被侵夺的现象。

秦汉时期丞相被侵夺的现象,一般常认为汉武帝时期内外朝的出现是转变的重大关键。但是这种现象不是短时间内促成的,它是长时间的发展演变而来的。欲了解这一演变的过程,我们可以在文、景两朝担任丞相的申嘉屠的故事做为例子来说明③。

汉文帝有一位宠臣邓通④,仗恃着文帝的宠爱,上朝时在文帝身旁怠慢无礼,丞相申屠嘉认为他已破坏朝廷礼制,因此下朝后,就传檄征召邓通到丞相府问罪,并说若不前往将会被问斩。邓通心生畏惧,先向文帝求情,文帝有心维护邓通,但丞相执法的尊严也不能不顾,于是要邓通赴相府受审,不过答应派遣使者去替他说情。邓通到相府后,免冠光脚向丞相磕头谢罪。申嘉屠毫不客气,痛责一番,并说:"听小臣,戏殿上,大不敬,当斩。"邓通吓

---

① 吕不韦编:《吕氏春秋校释》卷二五《似顺论第五·分职》,陈其猷校释,第1658页。
② 洪家义:《吕不韦评传》,南京大学出版社,1995,第249—250页。有关《吕氏春秋》政治思想的研究,可参见钟吉雄:《吕氏春秋的政治思想》,中国学术著作奖助委员会,1988;贺凌虚:《吕氏春秋的政治理论》,台湾商务印书馆;田凤台:《吕氏春秋探微》,台湾学生书局,1986;刘元彦:《杂家帝王学——〈吕氏春秋〉》,生活·读书·新知三联书店,1992。
③ 申屠嘉的故事见诸班固:《汉书》卷四二《张周赵任申屠嘉传》,中华书局,1962,第2100—2102页。学者研究汉代相权的式微时常以之为例,前引邢义田亦然,本文之撰写部分参考邢文。
④ 邓通事件见班固:《汉书》卷九三《佞幸传》,第3722—3724页。据说有一善于看面相的,指出邓通将来会因贫穷而饿死,文帝就将巴蜀严道地区铜山的开采权赐给邓通,由他自行铸钱,邓通因此致富。

得不断磕头求饶,鲜血溅流满地。文帝估计邓通苦头已吃得差不多,才派人向丞相说情,请丞相饶邓通一命。

文帝驾崩后,景帝继位,申屠嘉继续担任宰相,但所获得的尊重已不如文帝时,当时景帝最信任的官员是内史晁错。晁错官署门向东,出入不便,因此在官署的南面再开一个门,未料这个门竟开在太上皇庙的外墙上。申屠嘉得知后,欲奏请诛晁错。晁错闻悉,连夜入宫向景帝求情。故当申屠嘉请诛晁错时,景帝对晁错大加袒护,说:"错所穿非真庙垣,乃外堧垣,各冗官居其中,且又我使为之,错无罪。"退朝后,申屠嘉直叹没有先斩后奏,反为晁错出卖,回家后,一气之下,竟呕血而死。①

汉文帝及汉景帝对待申屠嘉的态度与两人的个性虽有密切的关系②,但是我们可以从中了解,宰相的职权并没有制度上的保障,他完全基于皇帝的信任及尊重。皇帝尊重谁、信任谁,谁的权力就大。所以在汉武帝时期建立起内外朝的制度以后,宰相的权力逐渐式微,无法和皇帝宠信的大臣及外戚比拟,甚至还要为权臣的政策背书③。汉成帝绥和元年(前8年),以大司马骠骑将军为大司马、御史大夫为大司空,于是丞相、大司马、大司空为三公,并为宰相④。汉哀帝时,将丞相改名为大司徒,大司徒、大司马、大司空并称三公,宰相之名被废,相权一分为三⑤。东汉初年,大司徒改称司徒,大司马改为太尉,大司空改称司空,仍称三公,但大权都集中于内朝的尚书,故仲长统有"虽置三公,事归台阁"之叹⑥。唐代三省制度的建立与发展,肇因于此。

从以上的分析,可知"信托政治"在汉代初年曾短暂实现,但这一项原则的贯彻,还是操诸皇帝本身对宰相的信任与否。因多数的皇帝不仅不信

---

① 班固:《汉书》卷四二《张周赵任申屠嘉传》,第 2100-2102 页。
② 汉文帝为政,专务以德化民,例如:张武等人寿赂金钱,事发后不仅未被处罚,文帝给予更厚的赏赐,欲使其感到惭愧。参见班固:《汉书》卷四《文帝纪》,第 135 页;故较能尊重大臣。汉景帝为太子时,曾因博戏争道细事,以博局击杀吴太子(班固:《汉书》卷三五《荆燕吴传》,第 1904-1905 页),显见汉景帝的个性较不尊重他人。
③ 霍光在废昌邑王事中,已在内朝做成决策再命人知会丞相杨敞,由杨敞领衔上书皇太后为政策背书。参马先醒:《霍光时代》,载《历史人物与文物续编》,作者自印,1993。
④ 班固:《汉书》卷一〇《成帝纪》,第 329 页。
⑤ 班固:《汉书》卷一一《哀帝纪》,第 344 页。
⑥ 范晔:《后汉书》卷四九《王充王符仲长统列》,中华书局,1965,第 1657 页。

任宰相,甚至想尽办法削弱宰相的权力,所以影响到中国宰相制度的变化。

三、"分层负责"观念的演化

汉代政治决策与政治运作中的第二项基本原则是"分层负责"。关于此一原则,首先我们可从汉文帝与周勃、陈平之间的话来讨论。这一段对话,常被学者引用,为大家所熟知。根据《史记·陈丞相世家》的记载为:

> 孝文皇帝既益明习国家事,朝而问右丞相(周)勃曰:"天下一岁决狱几何?"勃谢曰:"不知。"问:"天下一岁钱谷出入几何?"勃又谢不知,汗出沾背,愧不能对。于是上亦问左丞相(陈)平,平曰:"有主者。"上曰:"主者谓谁?"平曰:"陛下既问决狱,责廷尉;问钱谷,责治粟内史。"上曰:"苟各有主者,而君所主者何事也?"平谢曰:"主臣!陛下不知其驽下,使待罪宰相。宰相者,上佐天子理阴阳,顺四时,下有万物之宜,外镇抚四夷诸侯,内亲附百姓,使卿大夫各得任其职焉。"孝文帝乃称善①。

以今日的议会运作方式来推论,面对议员的突然一问,没有事先充分准备的行政首长,也难以作具体的答询。所以在上述记载中,武夫出身的周勃一时无法响应汉文帝的问题,紧张得汗流浃背。陈平一向以智谋见胜,富机智,因此狡辩称,欲问"天下一岁决狱几何?"要问掌管司法的廷尉;问"天下一岁钱谷出入几何?"要找掌管财政的治粟内史。不过联系下文中提到的皇帝、丞相的职责,及"使卿大夫各得任其职焉"一语,陈平也道出部分汉代政治决策与政治运作中的实情,即从天子、丞相至公卿大夫的职掌有明确的划分,逐层分层负责。这一种观念到西汉晚期,基本上还存在。汉宣帝时丞相丙吉的故事反映了此一事实:

> 吉又尝出,逢清道群斗者,死伤横道,吉过之不问,掾史独怪之。吉前行,逢人逐牛,牛喘吐舌。吉止驻,使骑吏问:"逐牛几里矣?"掾史独谓丞相前后失问。或以讥吉,吉曰:"民斗相杀伤,长安令、京兆尹职所

---

① 司马迁:《史记》卷五六《陈丞相世家》,第 2061—2062 页。

当禁备逐捕,岁竟丞相课其殿最,奏行赏罪而已。宰相不亲小事,非所当于路问也。方春少阳用事,未可大热,恐牛近行,用暑故喘,此时气失节,恐有所伤害也。三公典调和阴阳,职当忧,是以问之。"掾史乃服,以吉知大礼。①

丙吉看到有人打群架,致死伤横陈于道,但并不过问,看牛无端吐舌,却遣人追究,而引起掾吏的好奇与讥讽。丙吉认为打架斗殴之事由长安令及京兆尹等地方官处理即可,处理是否妥当,待年终举行考课评考绩时再做定夺;而牛在春天尚未大暑之际,喘如炎夏时,是时气失调,他应过问,因调和阴阳是丞相的责任。丙吉的说词,基本与陈平相同,调和阴阳的论调,同于"理阴阳,顺四时,下遂万物之宜",是一种"分层负责"的观念。

根据上述分析,我们可以了解,汉代的行政运作上有"分层负责"的基本原则。这种原则在基层行政单位,大体能够遵循,例如:《续汉书·百官志》,大司农条下云:

> 本注曰:掌诸钱谷金帛诸货币。郡国四时上月旦见钱谷簿,其逋未毕,各具别之。边郡诸官请调度者,皆为报给,损多益寡,取相足。②

大司农能够适时掌握财政调度,仰赖郡国按四时上报钱谷簿。基层行政单位按四时陈报相关数据给上级单位的制度,不仅财政体系如此,其他行政系统亦然,这种制度再汉代有一个专有名词,称之为"四时言",于汉简中常见诸③。地方行政单位大体能做到"分层负责",中央机关亦相去不远。不过值得我们注意者,这一种"分层负责"的观念,在中央正如"信托政治"一样,能否正常的运作,还是取决于皇帝本身对官僚的尊重与信任。当相权

---

① 班固:《汉书》卷七四《魏相丙吉传》,第 3147 页。
② 司马彪:《后汉书志》第二六《百官三》,中华书局,1965,第 390 页。
③ "四时言"的例子在汉简中常看到,此处为节省篇幅,仅举《居延新简·甲渠候官》(甘肃省文物考古研究所、甘肃省博物馆、中国文物研究所、中国社会科学院历史研究所编,中华书局,1994)E·P·F22:48A 及 48B 简(B 为该简之背面)为例说明之。该简内容为:
　　武四年五月辛巳朔戌子甲渠塞尉放行候事敢言之诏书曰吏民
　　毋得伐树木有无四时言●仅案部吏毋伐树木者敢言之
　　掾谭
这是东汉光武帝建武四年(公元 28 年)下达给甲渠候官的一道诏书,目的在要求吏民不得随意砍伐树木,并要求将实行的结果,按四时向上回报。甲渠候官的掾谭,回报说辖区没有随意砍伐树木。

逐渐被侵夺时，"分层负责"的观念也相对的被破坏，皇帝往往将任务交付给自己能够信任的大臣去执行。这种例子不胜枚举，于此我们仅举桑弘羊为例。汉武帝时其因对外征伐及游幸等，使财政支出庞大，所以实施盐铁专卖政策，以弥补财政的短绌。盐铁专卖政策在元狩元年（前122年）由大司农东郭咸阳及孔仅主其事，但并未具体化，直至元封元年（前110年）桑弘羊以治粟都尉领大司农，整个方案才成熟①。盐铁专卖财政一环，在东郭咸阳及孔仅为大司农时已在推动，但尚未能具体化，要等到桑弘羊以治粟都尉领大司农事时才见成效，显见汉武帝对于东郭咸阳及孔仅的信任不及时任大司农属下的治粟都尉桑弘羊。

大司农为汉代九卿之一，九卿是汉代中央政府中的重要事务官，②至唐代职权为六部取代，职级并降至六部之下，成为九寺。这一种变化，和皇帝的信任逐渐式微，应是有所关联的。

四、结语

秦汉时期的政治家，为迎接大一统帝国的来临，为使帝国能够长治久安，于是汲取先秦诸子百家学说，建立起"信托政治"及"分层负责"的政治决策和政治运作基本原则。不过这些原则终究还是挡不住皇帝对于制度的漠视与破坏，致使此一政治制度基本原则无法长期持续运作。这种现象可以说是为了使制度与人事相配合所致③。导致活的人事破坏了死的制度，二千多年来的政治制度，基本是循着这一轨道演变，迄今亦然。

---

① 陈文豪：《汉代大司农研究》，硕士学位论文，中国文化大学史学研究所，1986，第236页。
② 陈文豪：《汉代九卿研究》，博士学位论文，中国文化大学史学研究所，1993。
③ 有关制度必须与人事配合讨论，可参见钱穆：《中国历代政治得失》，东大图书公司，1977。唯笔者浅见与之略有差异，钱先生认为制度随人事的变动，是因人事需要而逐渐酝酿创设；笔者着眼于制度的基本精神与原则，一种制度的基本精神与原则的破坏，不见得完全是因人事的需要，人为刻意的破坏因素亦不能排除。

秦汉狱吏问题补说

沈 刚

  秦汉国家集权初建,为了有效统治民众,恩威并重是基本的施政策略。作为重要的国家机器,司法机构及相关司法吏员在政府组织中占据特殊地位。在地方行政机构中,除了郡守、县令等兼司刑狱事务的长吏外,也设置了专门负责案狱事务的狱吏。这在秦汉地方行政制度的论著中已有论述,主要依据传世文献分列狱曹史掾、狱司空等设置与职能①。宋杰考察汉代监狱制度时也关注到狱政相关吏员并做了论述②。近年新出地方行政制度与法律简牍中,狱吏表现出与其他官吏不同的特质,受到学界关注,分别从

---

① 严耕望:《中国地方行政制度史——秦汉地方行政制度》,上海古籍出版社,2007,第233页;安作璋、熊铁基:《秦汉官制史稿》,齐鲁书社,2007,第670页。
② 宋杰:《汉代监狱制度研究》,中华书局,2013,第299-327页。

概念内涵、职能等角度做了考察。① 出土简牍的不断增多,狱吏的相关材料也不断丰富,对其认识也更为清晰。本文拟从秦汉时期狱吏内涵、专业素养、职责转变及其影响因素等方面补充前贤之说。

一、狱吏相关概念辨析

狱吏,顾名思义是负责刑狱的吏员。"狱"在秦汉时期有其特定含义,因而在考察狱吏之前,有必要先了解"狱"的内涵。陈松长曾对此做过分析,他从文字构型、语义演化,以及在秦汉文献中出现的语境等角度指出:狱的本义当是争讼,而狱所当是其引申义。② 狱具有刑讼和狱所双重含义。因而狱吏也是狱政吏员的泛称,比如《汉书》卷三一《项籍传》:"长史司马欣,故栎阳狱吏,尝有德于梁。"③根据下文司马欣当时为狱史。又如《后汉书》卷三八《度尚传》:"磐不肯出狱,方更牢持械节,狱吏谓磐曰:'天恩旷然而君不出,可乎?'"④这里提到的狱吏则与牢狱相关。所以狱吏包含一些具体的官称。管理牢狱的专职吏员叫牢监,比如里耶秦简"迁陵吏志"中牢监与令史、诸官、长吏、校长一样,是单列的职官。注释者说是"监狱官吏之

---

① 朱红林考察了秦汉决狱中的"史",参见朱红林:《史与秦汉时期的决狱制度》,《社会科学辑刊》2017年第1期,第150-155页。水间大辅做了较为系统的研究,参见水间大辅:《秦汉时期县狱史的职责》,载王沛主编《出土文献与法律史研究》(第一辑),上海人民出版社,2012,第201-228页;《秦汉县狱吏考》,载中国社会科学院考古研究所编《汉代城市和聚落考古与汉文化》,科学出版社,2012,第419-430页。金钟希则讨论了秦和汉初县内治狱、覆狱的官吏,参见金钟希:《秦、汉初覆狱运营和奏谳制度——从最新出土文献看行政级别司法运营和律令整备》,载《简牍与战国秦汉历史:中国简帛学国际论坛2016》,香港中文大学,2016;他还讨论了秦代狱史职责及其在官僚体系中的特殊性问题,参见金钟希:《秦代县廷狱史的职能与特殊性》,载武汉大学简帛研究中心主办《简帛》(第十九辑),上海古籍出版社,2019,第147-161页。陈松长、李均明、宋少华等学者介绍和梳理了走马楼西汉简牍中的狱吏办公地点、职能等,参见李均明、宋少华:《长沙走马楼西汉简狱政资料的整理与考证》,载中国文化遗产研究院编《出土文献研究》(第十八辑),中西书局,2019,第150-158页;陈松长:《再论秦汉时期的"狱"——以长沙走马楼西汉简为中心》,《华东政法大学学报》2022年第1期,第114-122页;陈松长、陈湘圆:《走马楼西汉简所见长沙国职官建置论考》,《社会科学战线》2022年第4期,第103-113页。此外,邰俊斌、刘雨萌、胡仁智也关注了秦汉时代的司法官吏等问题,参见胡仁智:《两汉郡县官吏司法权研究》,法律出版社,2008;邰俊斌:《论汉代的狱吏》,《兰台世界》2014年第30期,第1页;刘雨萌:《秦汉县狱史研究》,硕士学位论文,东北师范大学,2019,第1-64页。
② 陈松长:《再论秦汉时期的"狱"——以长沙走马楼西汉简为中心》,第115页。
③ 班固:《汉书》卷三一《项籍传》,中华书局,1962,第1809页。
④ 范晔:《后汉书》卷三八《度尚传》,中华书局,1965,第1286页。

名"。① 在尹湾汉简集簿所列官职中,也同样如此。② 这一方面说明专职监狱吏员在地方职官体系中的地位比较重要,另一方面也反映了牢监这种专门化职官一直存在于秦汉时期,职责单一。对于管理牢狱内专职吏员牢监、狱卒等,宋杰已经有细致论述③李均明、宋少华、陈松长又依据后出材料做了补充④,不赘述。但是负责司法诉讼的狱吏内涵较为复杂,先前的研究成果已有过辨析。我们仅分析其中几个较为纠结的问题。

一是狱史与狱掾。严耕望指出地方行政机构列曹中掾地位高于史⑤。水间大辅引用仲山茂的观点,认为狱史、狱掾和令史三者的关系是:属吏在被任命为一次等级的令史后,在保持着令史身份的同时就任为二次等级的狱掾、狱史。狱掾在狱吏中是最高等级的属吏,狱史的地位亚于狱掾。⑥ 这种说法放在汉代当无疑问。当时狱掾和狱史并置,比如下面这条简文:

□史谒千八百　　长史男孟卿　　肩水候纯光君上叩头拜请
□尉谒五千二百　　幼小男侠卿　　狱掾王仲狱史韩子深
□尉谒四千　　　　□□□君房会□　辞曹史路子孝叩＝叩＝
□□谒□千六百　　□□□□孙枚　以李长叔累子孝会府报
73EJT30:56A⑦

狱史和狱掾同时出现在正式公文中,说明二者皆为实际存在的吏员。但是,如果放在秦代,似难成立。秦代简牍记载的地方属吏中,狱史频繁出现,却无法检索到狱掾。特别是作为县级行政文书的里耶秦简中记录了至少三个狱曹,吏员皆为狱史,并没有统领的狱掾。不仅狱史与狱曹没有对应的狱掾,而且其他列曹也无对应的曹掾。据孙闻博研究,作为部门长官,掾是西汉中后期出现的吏员。秦和汉初简牍中虽然也出现了"掾"字,都是动

---

① 陈伟主编《里耶秦简牍校释》(第二卷),武汉大学出版社,2018,第167-168页。
② 连云港市博物馆等编《尹湾汉墓简牍》,中华书局,1997,第79页。
③ 宋杰:《汉代监狱制度研究》,第311-316页。
④ 李均明、宋少华:《长沙走马楼西汉简狱政资料的整理与考证》,第151-158页;陈松长:《再论秦汉时期的"狱"——以长沙走马楼西汉简为中心》,第120-122页;陈松长、陈湘圆:《走马楼西汉简所见长沙国职官建置论考》,第111-113页。
⑤ 严耕望:《中国地方行政制度史——秦汉地方行政制度》,第112-113页。
⑥ 水间大辅:《秦汉县狱吏考》,第421页。
⑦ 甘肃简牍博物馆等编《肩水金关汉简》(叁)下,中西书局,2013,第109页。

词"如"的意思。①

不过,传世文献却记载了秦代存在着狱掾。如曹参,"秦时为狱掾"②。并且狱掾和狱史还出现在同一段文献中,"梁尝有栎阳逮,请蕲狱掾曹咎书抵栎阳狱史司马欣,以故事皆已"③。这和上引肩水金关汉简 73EJT30：56AB 的情况一样。水间大辅认为"狱掾无异于狱史,只不过他们是狱史中的负责人,这是他们与一般狱史的不同之处"④。然而,《史记》记载这件事情却是:"项梁尝有栎阳逮,乃请蕲狱掾曹咎书抵栎阳狱掾司马欣,以故事得已。"⑤司马欣的身份又是狱掾。说明这可能是混讹。这种混讹从西汉中期开始,当时曹吏已经分化为狱史与狱掾,而从司马迁到班固,他们追述秦代的事情时,借用了汉代已有的制度,⑥对狱掾和狱史不作准确区分,不能认为狱掾就是秦代既存的职官。

二是令史与狱史。在里耶秦简"迁陵吏志"所列举的职官中没有狱史,而有令史。但岳麓秦简《为狱等状四种》案例(?)中,有这样一段话:"今狱史触、彭沮、衷得微难狱,磔皋(辠)一人。为奏十六牒,上。触为令史廿(二十)二岁。"⑦因此学界普遍认为狱史就是令史的一种。里耶秦简所记列曹中有狱曹,狱史为狱曹之史。但是其他列曹中却未发现以曹名命名的史职。从秦代情况看,作为令史的狱史能够被单独命名,还是强调其特殊性。比如,在《岳麓书院藏秦简》(肆)中:

● 狱史、令史、有秩吏及属、尉佐以上,二岁以来新为人赘壻(婿)者免之。⑧

以尺牒牒书,当免者人一牒,署当免状,各上,上所攻执灋,执灋上其日,史以上牒丞【相】、御史,御史免之,属、尉佐、有秩吏,执灋免之,

---

① 孙闻博:《从乡啬夫到劝农掾:秦汉乡制的历史变迁》,《历史研究》2021 年第 2 期,第 81 页。
② 班固:《汉书》卷三九《曹参传》,第 2013 页。
③ 班固:《汉书》卷三一《项籍传》,第 1796 页。
④ 水间大辅:《秦汉县狱吏考》,第 422 页。
⑤ 司马迁:《史记》卷七《项羽本纪》,中华书局,1959,第 380 页。
⑥ 孙闻博认为是司马迁使用武帝时代的制度。参见孙闻博:《从乡啬夫到劝农掾:秦汉乡制的历史变迁》,《历史研究》2021 年第 2 期,第 82 页。
⑦ 朱汉民、陈松长主编《岳麓书院藏秦简》(叁),上海辞书出版社,2013,第 191 页。
⑧ 陈松长主编《岳麓书院藏秦简》(肆),上海辞书出版社,2015,第 205 页。

而上牒御史丞相└,后上之恒与上攻皆(偕)└,狱史、令史、县官,恒令令史官吏各一人上攻劳吏员,会八月五日。①

这两条材料中的狱史和令史作为并列身份出现。在处罚、上功劳等场合,强调狱史等同于令史,反映出有异于其他曹史之处。这种差异性在汉代更为突出,在尹湾汉简的县级吏员的记录有:

> 海西吏员百七人,令一人,秩千石;丞一人,秩四百石;尉二人,秩四百石;官有秩一人;乡有秩四人;令史四人;狱史三人;官啬夫三人;乡啬夫十人;游徼四人;牢监一人;尉史三人;官佐七人;乡佐九人;亭长五十四人,凡百七人。②

狱史已经彻底独立于令史单独统计。因此,总的看来,在秦汉时代狱史还无法简单地等同于令史,常强调其特殊性。

三是狱丞。敦煌悬泉汉简:"出钱万八千,以给丞、狱丞、尉三人,秩各二百石,十月尽十二月积九月奉(俸)。卩。敦……Ⅱ0214②:45"③汉代狱丞二百石,是和丞、尉并列的县中长吏。廖伯源据尹湾汉简认为狱丞只是设置在郡治所在的首县,并非所有县全部设立。可能和郡府案验重审重犯有关:

> 郯县之吏员尚有"狱丞一人,秩二百石",盖朝廷命官,且东海郡38县中,仅郯县有狱丞……各县之重案尚须呈报郡府,郡府或案验重审,为提审嫌犯方便,于郯置较大之监狱。然郯狱丞为郯县之官员,非郡吏,郯狱丞管理之监狱属郯县,郡府不设监狱。④

在《肩水金关汉简》中也的确能够发现这一设立规律,比如宛(南阳郡首县)狱丞(73EJT10:115B)、觻得(张掖郡首县)狱丞(73EJT21:47)等。但是长陵(73EJT9:29A)和茂陵(73EJT24:535)亦有狱丞,他们并非三辅首县,或是因三辅特制。狱丞的职责也不止管理属县监狱事宜,和狱史一样,也负责刑狱相关的事务:

---

① 陈松长主编《岳麓书院藏秦简》(肆),第210-211页。
② 连云港市博物馆等编《尹湾汉墓简牍》,第79页。
③ 胡平生、张德芳:《敦煌悬泉汉简释粹》,上海古籍出版社,2001,第54页。
④ 廖伯源:《汉代郡县属吏制度补考》,载廖伯源《简牍与制度:尹湾汉墓简牍官文书考证》,广西师范大学出版社,2005,第65页。

> 牒书狱所逯一牒
> 本始二年七月甲申朔甲午䉣得守狱丞却胡以私印行事敢言之肩水都尉府移庚候官告尉谓游
> 徼安息等书到杂假捕此牒人毋令漏泄先闻知得定名县爵里年姓秩它坐或　73EJT21:47①

这条简文记录了狱丞向相关机构发出缉捕文书,其职责负责县中,甚至协助郡府负责刑狱之事。此外,因为秩级与县丞相同,狱丞还能代理县丞职事:

> 闰月丙辰尉史武敢言之谨案去疾□
> 闰月丙午长陵令　　狱守丞建行丞事 73EJT9:29B②

不过,秦时县中没有狱丞。里耶秦简"迁陵吏志"只有三长吏,为令、丞、尉。并且考虑到当时行政重心在县不在郡,郡对县案件的审核监督是通过卒史覆狱来实现,没有如汉代那样狱丞出现的外部条件和需求。

除了这些拥有禄秩而被统计进官员花名册的吏员外,还有协助他们的底层冗员。如牢人,里耶简有:"☑【竹】笞一合。卅四年九月癸亥朔甲子,少内守狐付牢人□☑ 8-1170+8-1179+8-2078"③;狱书佐,五一广场汉简有"给事县备狱书佐"④、"狱助史"⑤。

二、狱吏的专业化及其养成途径

狱吏作为一个集合概念包括把守牢狱和处理日常刑狱事务的多种吏员。前者如牢监,所掌事务简单;后者职能则比较复杂。据水间大辅总结,县中狱史职能包括侦查、追捕、逮捕、讯问、询问、查封各环节,甚至参与最终判决。⑥ 这与普通令史不同,他们的业务能力决定了处理刑狱事务的效率。

---

① 甘肃简牍保护研究中心等编《肩水金关汉简(贰)》(下册),中西书局,2012,第13页。
② 甘肃简牍保护研究中心等编《肩水金关汉简(壹)》(下册),中西书局,2011,第103页。
③ 陈伟主编《里耶秦简牍校释》(第一卷),武汉大学出版社,2012,第287页。
④ 长沙市文物考古研究所等编《长沙五一广场东汉简牍》(壹),中西书局,2018,第206页。
⑤ 长沙市文物考古研究所等编《长沙五一广场东汉简牍》(贰),中西书局,2018,第176页。
⑥ 水间大辅:《秦汉时期县狱史的职责》,第204-221页。

政府对此比较重视,秦代对狱史评价有相应的标准,如岳麓秦简:"●敢言之。

令曰:狱史能得微难狱,【上。今狱史洋】得微难狱,【……】为奏九牒,上。"①治狱是狱吏必备的专门技能,能"得微难狱"成为狱史迁转的重要条件。我们仅以狱吏在史籍记载较多的县级狱史为例讨论其专业素质的养成。

狱史是令史的一种,所以他们要具备处理文书的能力,需要接受作为史官的基本读写训练。秦代没有直接材料,但在张家山汉简《二年律令·史律》中提到令史的来源:"史学童以十五篇,能风(讽)书五千字以上,乃得为史。有(又)以八體(体)试之,郡移其八體(体)课大史,大史诵课,取冣(最)一人以为其县令史,殿者勿以为史。"②这是史职官吏的基本能力。不过,县级诸官机构中史处理的文书较为简单,比如在出禀场合:

径膚粟米一石二斗少半斗。 ·卅一年十二月戊戌,仓妃、史感、禀人援出禀大隶妾援。Ⅰ令史朝视平Ⅱ。8-762③

仓史负责记录,大概就是人名、数字等程式化内容。并且县中诸官决策权在官啬夫,史并没有太多的主动权。令史也同样如此,尽管处理的文书可能稍微复杂,考虑到他们承担的是县令或县丞秘书角色,对事务也没有裁决权。

相比普通史官而言,狱史的工作技能要复杂一些。讯狱是狱史的基本职责之一,他们可以和令、丞等共同进行:

卅年十一月庚申朔丙子,发弩守涓敢言之:廷下御史书曰县Ⅰ□治狱及覆狱者,或一人独讯囚,啬夫长、丞、正、监非能与Ⅱ□□殹,不参不便。书到尉言。·今已到,敢言之。Ⅲ8-141+8-668④

---

① 朱汉民、陈松长主编《岳麓书院藏秦简》(叁),第180-181页。
② 张家山二四七号汉墓竹简整理小组编著《张家山汉墓竹简〔二四七号墓〕》(释文修订本),文物出版社,2006,第80-81页。
③ 陈伟主编《里耶秦简牍校释》(第一卷),第219页。
④ 陈伟主编《里耶秦简牍校释》(第一卷),第81页。

狱史能够参与其间,因为他们是职业司法官吏,具有律令专业知识。①

狱史的文书能力传世文献也不乏记载。秦时赵高,"秦王闻高强力,通于狱法,举以为中车府令"②,而他"故尝教胡亥书及狱律令法事,胡亥私幸之"。③ 两条记载连起来看,赵高所通"狱法"包括"书"和"狱律令法事",即基本的书写能力和律令知识。西汉时期也同样如此,《汉书》卷五一《路温舒传》:"使温舒牧羊,温舒取泽中蒲,截以为牒,编用写书。稍习善,求为狱小吏,因学律令,转为狱史,县中疑事皆问焉。"④时为西汉武帝时期。路温舒除了具备基本的书写能力,要在学习律令之后,方能转为狱史。甚至狱史所学案牍文书,也与相关法律内容结合到一起。西汉严延年,"尤巧为狱文,善史书,所欲诛杀,奏成于手,中主簿亲近史不得闻知。奏可论死,奄忽如神"⑤。善史书是史职的基本书写能力,而"巧为狱文"说明刑狱文书另有一套规则,有超出日常政府公文书写之外的技巧。

除了要掌握律令和文书处理能力外,因狱史的工作多是实务,经验也同样重要。比如案件勘验、诊问等所面临的情况多种多样,需要在治狱实践中获取知识。秦代国家对此也格外重视,如下面两条令文:

●令曰:御史节发县官吏及丞相、御史、执法发卒史以下到县官佐、史,皆毋敢名发。其发治狱者官必遣尝治狱二岁以上。⑥

●令曰:有发繇(徭)事(使),为官狱史者,大县必遣其治狱冣(最)久者,县四人,小县及都官各二人,乃遣其余。⑦

调动、征发县中狱史是以他们治狱时间作为衡量标准,时间愈久则经验愈丰富。我们还可用秦代两个实例比较令史与狱史的仕宦经历。一是里耶秦简中的一份阀阅簿:

资中令史阳里釦伐阅:AⅠ十一年九月隃为史。AⅡ为乡史九岁一

---

① 水间大辅甚至认为,在县级进行的是"狱吏主导型"的治狱,参见水间大辅:《秦汉时期县狱史的职责》,第 201 页。
② 司马迁:《史记》卷八八《蒙恬列传》,第 3114 页。
③ 司马迁:《史记》卷六《秦始皇本纪》,第 336 页。
④ 班固:《汉书》卷五一《路温舒传》,第 2367 页。
⑤ 班固:《汉书》卷九〇《酷吏严延年传》,第 3669 页。
⑥ 陈松长主编《岳麓书院藏秦简》(伍),上海辞书出版社,2017,第 110 页。
⑦ 陈松长主编《岳麓书院藏秦简》(伍),第 192 页。

日。AⅢ为田部史四岁三月十一日。AⅣ为令史二月。AⅤ□计。BⅠ年卅六。BⅡ户计。CⅠ可直司空曹。DⅠ 8-269①

另一份是睡虎地秦简所记墓主"喜"的宦历,经陈侃理复原如下:"秦王政三年八月,喜十九岁,获得史的身份,三个月后被任命为南郡安陆某乡的乡史。秦王政六年四月,喜二十二岁,升任安陆县令史,次年正月,调任同郡鄢县令史。秦王政十二年四月癸丑,喜二十八岁,'治狱鄢',即出任鄢县的狱史。"②两者相比较,从获得史的身份,到乡史,及至令史都相同。但是喜升任令史后,在鄢县又经过五年时间才获得治狱的资格,陈侃理认为是成为狱史,那么这五年就是他积累治狱经验的时间。而简 8-269"釦"则因为只做了两个月令史,故只有轮值到司空曹。

治狱知识的专业化发展到了汉代,甚至成为世代相传的家学。《后汉书》卷二〇《王霸传》:"王霸字元伯,颍川颍阳人也。世好文法,父为郡决曹掾,霸亦少为狱吏。"③时在西汉末年新莽时期。文中称"世好文法",李贤注引《东观记》曰:"祖父为诏狱丞。"④正文结合注文可以看出,其祖、父皆为治狱官员,故而王霸少为狱吏与其出身律学之家,耳濡目染而传承积累的经验有着密切关系。

狱吏专门化使得刑狱系统吏员迁转形成一个相对独立的路径。如王温舒,"数为吏,以治狱至廷尉史"⑤。他以治狱做到廷尉史的位置,治狱的专业法律素养是重要原因。另外一些材料可以更具体地看出狱吏有自己的一条独立甚至封闭的仕进通道。比如《汉书》卷七一《于定国传》:"于公为县狱史,郡决曹,决狱平,罗文法者于公所决皆不恨。"⑥郡决曹史是郡中决狱的吏员,狱史的前途依然是郡级狱吏。还有一条材料:

> 池阳令举廉吏狱掾王立,府未及召,闻立受囚家钱。宣责让县,县案验狱掾,乃其妻独受系者钱万六千,受之再宿,狱掾实不知。掾惭恐自杀。宣闻之,移书池阳曰:"县所举廉吏狱掾王立,家私受赇,而立不

---

① 陈伟主编《里耶秦简牍校释》(第一卷),第 125-126 页。
② 陈侃理《睡虎地秦简〈编年纪〉中喜的宦历》,《国学学刊》2015 年第 4 期,第 50 页。
③④ 范晔:《后汉书》卷二〇《王霸传》,第 734 页。
⑤ 班固:《汉书》卷九〇《酷吏王温舒传》,第 3655 页。
⑥ 班固:《汉书》卷七一《于定国传》,第 3041 页。

知,杀身以自明。立诚廉士,甚可闵惜! 其以府决曹掾书立之枢,以显其魂。"①

"以府决曹掾书立之枢",颜师古注曰:"以此职追赠。"②说明郡县狱吏的升迁,在这些专门负责治狱列曹间流动并非个案,甚至是当时的一种惯常。秦祚虽短,制度亦不完善,无法清楚地看出官员升迁路径。但是在前述《岳麓书院藏秦简》(叁)所记案例,狱史觸因侦测案件有功而升迁郡卒史。郡中卒史有覆狱的职责,因而这也可视为刑狱系统吏员按照固有的路线升迁。

> 议:属尉佐有秩、斗食啬夫、狱史、令史当治狱三岁以上,年卌五以下至卅,欲诚〈试〉二千石官,县道官遣诣廷,廷以大狱、狱计、奏谳(谳)、律令有罪名者,诚〈试〉之,并以廷史、郡治狱卒史员衜(率)十人而取诚〈试〉高者二人,上御史,以补郡二千石官治狱卒史。廷史缺,以治狱卒史上苐(第)补。所上毕,已用,御史告廷,诚〈试〉以为常。③

根据后文"以补郡二千石官治狱卒史",则"欲诚〈试〉二千石官"或是脱"治狱卒史"几个字。因为整条令文都是在谈狱吏的迁转,而"属尉佐有秩、斗食啬夫、狱史、令史"显然不可能直升朝廷命官,还是循序升任或转任卒史。这其中分为两类,一种有三年治狱经验的属吏,这需要通过中央廷尉的专门考核;另一种是来源于专业的狱吏。不仅如此,对"治狱三岁",《功令》也有明确的界定:

> 请:身治断狱三岁以上乃署能治狱,其其治狱岁数如式令。其以卒史属主狱而非身断之也,及以丞以上居治狱官者皆不得为治狱,不从令者以署能不以实令论。④

这条令文强调断狱是指亲自参与,而挂名者不在此列。这也是保证治狱官吏有真正的法律经验。《功令》的两条令文和前面从文献中梳理出的秦汉狱吏素养与迁转特点正相吻合。

---

① ② 班固:《汉书》卷八三《薛宣传》,第3390页。
③ 荆州博物馆编《张家山汉墓竹简》〔三三六号墓〕,文物出版社,2022,第106页。
④ 荆州博物馆编《张家山汉墓竹简》〔三三六号墓〕,第118页。

综上所言，狱吏是地方职官体系中专业性和实践性很强的职位。除了基本的读写素养以外，他们还要具备相应的法律知识，在实际办案活动中积累经验更为重要。狱吏群体以自己的专业素养守护着秦汉帝国的运转。

三、秦汉时期狱吏素养与职责的转变

如上所述，秦汉时期狱吏需要具备书写能力、律令知识，以及处理刑狱的经验。特别是秦代以法家路线治国，强调狱吏执行法律严苛的一面。秦人侯生、卢生说："始皇为人，……专任狱吏，狱吏得亲幸。博士虽七十人，特备员弗用。"①狱吏和博士相对，在刻板规则和弹性教化之间，秦始皇还是偏向前者。汉初人在反观秦代政治文化特征时也说："且秦以任刀笔之吏，吏争以亟疾苛察相高，然其敝徒文具耳，无恻隐之实。"②

汉代自然也是沿袭秦制，利用法律塑造和维持基层社会秩序，狱吏也是专门化的工作，甚至有了家学的趋势。但和秦代相比，最迟到西汉中后期，片面强调法律素养的倾向有了一些变化。地方机构中的法律官吏，有的已经具备一定的儒学素养。比如"徐宣故县狱吏，能通《易经》"。③ 不过，这些基层狱吏样本不多。如果观察汉代整体司法官吏特征能发现这并非偶然。我们曾考察过汉代的廷尉，到了西汉中期以后，儒学知识也成为他们学习的内容。④ 秦汉时代的这种变化，与统治思想的变迁有着密切关系。从纯任法家，到王霸道杂之、缘饰以儒术的转变反映到了官僚制度层面。

秦汉时期狱吏职责也有一些变化。秦和西汉前期狱史职能多样，后来朝着单一职能方向发展。比如张家山汉简《奏谳书》："淮阳守行县掾新郪狱，七月乙酉新郪信爰书：求盗甲告曰：从狱史武备盗贼……"⑤求盗为亭吏，负责治安。狱史带领求盗"备盗贼"，即缉捕工作。和亭长追捕不同的是，狱史捕盗通常是已经发现了案发现场，甚至有了明确的嫌疑人，其工作

---

① 司马迁：《史记》卷六《秦始皇本纪》，第329页。
② 司马迁：《史记》卷一〇二《张释之列传》，第3330页。
③ 范晔：《后汉书》卷一一《刘盆子传》，第481页。
④ 沈刚：《汉代廷尉考述》，《史学集刊》2004年第1期。
⑤ 张家山二四七号汉墓竹简整理小组编著《张家山汉墓竹简》〔二四七号墓〕（释文修订本），第98页。

带有勘验破案的意味。然而到了东汉时代,狱史主要从事案件审理、查实:

> 罪奉得书,辄考问详知状者。东部邮亭掾赵竟、行丞事守史谢修、兼狱史唐泛、邮佐郑顺节讯详妻荣、子男顺等。辞皆曰:各以故吏给事县署视事,详例 2010CWJ1③:266-39①

参与审讯程序的人员有邮亭掾、丞、狱史、邮佐。邮亭掾和邮佐或是作为事涉此案的机构参与其中,狱史和丞是主要的审理者,如下简:

> 延平元年十月乙巳朔八日壬子,兼狱史封、行丞事永叩头死罪敢言之。谨移案诊男子刘郎大奴官为亭长董仲所格杀爰书、象人一牍。CWJ1①:110②

爰书是司法审判文书,象人是辅助说明的材料,都是对伤人者定罪的依据。③ 此案审结后,狱史和县丞共同上交相关材料。狱史在前,应在其中起到了主导作用,这与秦时并无不同。但五一广场东汉简牍还显示对案件相关人员的追索,由贼曹掾史分部率领亭长等负责,则不见狱史参与其间。④

秦汉时期司法审判还有一道覆狱程序。它作为一种再治狱,是再次审查案件的过程。⑤ 针对秦汉时代的覆狱,学界依据出土简牍已有多种成果问世。就本文讨论的主题看,秦代地方政府覆狱的职官主要有郡级卒史,比如里耶秦简有:

> ……狼属司马昌官。谒告昌官,令狼归船。报曰:狼有逮在覆狱己卒史Ⅱ衰、义所。今写校券一牒上,谒言己卒史衰、义所,问狼船存所。其亡之,为责券移迁陵,弗□□属。Ⅲ谒报。敢言之。/……8-135⑥

籾山明认为这是郡卒史在郡监御史的指示之下,被派遣到所辖郡中的

---

① 长沙市文物考古研究所编《长沙五一广场东汉简牍》(五),中西书局,2020,第123页。
② 长沙市文物考古研究所编《长沙五一广场东汉简版选辑》,中西书局,2015,第133页。
③ 黄朴华、罗小华:《长沙五一广场东汉简牍中的"象人"》,《出土文献》2020年第4期,第1页。
④ 沈刚:《五一广场东汉简牍所见县域内的分部管理》,载清华大学出土文献研究与保护中心编《长沙五一广场简与东汉历史文化学术研讨会论文集》,清华大学出版社,2003,第80-98页。
⑤ 金钟希:《秦、汉初覆狱经营和秦讞制度——从最新出土文献看行政级别司法运营和律令整备》,第539页。
⑥ 陈伟主编《里耶秦简牍校释》(第一卷),第72页。

一种监察官员,其中职能就是负责覆狱。① 水间大辅将其和西汉中后期的决曹掾史联系起来,认为后者是前者二次等级,成为卒史之后分配到决曹,身份一致。② 同样在秦代负责覆狱的吏员还有狱史:

> 卅四年八月□亥朔己未,迁陵守【丞】昵谓覆狱狱史□:令史Ⅰ唐与输者,守府毋徒,其以更【戍卒】城父士五(伍)乐里顺予Ⅱ令史唐□□□。它如律令。Ⅲ9-2203③

覆狱狱史是县级吏员,但他们不在本县覆狱,而是到同郡旁县覆狱。因为同批材料中,出现了"覆狱沅陵狱佐Ⅰ已治所迁陵传洞庭。Ⅱ8-255"。类似"覆狱沅陵狱佐"亦非孤例,金钟希认为"尽管县狱史被派遣到覆狱治所,覆狱的处理实际上取决于上级机关干涉"。④ 就里耶简来说,似可以理解为洞庭郡将沅陵狱佐派遣到迁陵县代表郡府覆狱。

从吏员使用角度,秦地方覆狱制度还显粗疏。与此相比,东汉时期则更为严密、规范。一是有专门的郡决曹负责和覆狱相关事务,这一点水间大辅已经提及。此外从技术角度看,也有与覆狱类似的更为合理、细致制度设计。比如五一广场东汉简牍:

> 元兴元年十一月庚辰朔十七日丙申长沙大守中部案狱掾豊有案问移临湘民自言辞如牒谛如辞仓部吏追捕受取民钱物众多狼藉诏2010CWJ1③:265-253⑤

简文中提到中部案狱掾,这和郡督邮书掾一样,也是将一郡分部管理,比笼而统之派遣卒史或调派县狱史更为专门;"案问移临湘民自言辞如牒谛如辞",则说明这是督促解决临湘民提出的"仓部吏追捕受取民钱物众多狼藉"这一案件。除决曹史掾、部案狱掾这些与覆狱关系密切的郡府曹吏外,

---

① 籾山明:《卒史覆狱试探——以里耶简秦 J1⑧134 为线索》,中国社会科学院考古研究所等编《里耶古城·秦简与秦文化:中国里耶古城·秦简与秦文化国际学术研讨会论文集》,科学出版社,2009,第 125 页。

② 水间大辅:《秦汉时期承担覆狱的机关与官吏》,载武汉大学简帛研究中心主办《简帛》(第七辑),上海古籍出版社,2012,第 291 页。

③ 陈伟主编《里耶秦简牍校释》(第二卷),第 432 页。

④ 金钟希:《秦、汉初覆狱运营与秦讞制度——从最新出土文献看行政级别司法运营和律令整备》,第 559 页。

⑤ 长沙市文物考古研究所等编《长沙五一广场东汉简牍》(肆),中西书局,2019,第 199 页。

其他府吏也或与此相涉。《后汉书》卷二五《鲁恭传》:"建初七年,郡国螟伤稼,犬牙缘界,不入中牟。河南尹袁安闻之,疑其不实,使仁恕掾肥亲往廉之。"李贤注:"仁恕掾,主狱,属河南尹,见《汉官仪》。廉,察也。"郡中的仁恕掾亦负责刑狱。① 从这条材料看,他们与狱掾有所区别,专业性没有后者强,更侧重监察、监督。但无论如何,说明郡对县刑狱进行复核、监督的职能更为多样。狱史从兼任的覆狱工作中解放出来,成为专门的治狱之吏。

通过对狱史职能变化历程的考察,可以看出他有着从多重职能向专一化发展,这也是狱吏群体演变的趋向之一。狱吏作为地方官僚体系的重要组成部分,这一变化与秦汉时期地方行政机构地位的演进密不可分。一是西汉中期以后,地方统治中心逐渐上移到郡,郡府机构增多,有了专门治狱和覆狱的机构与吏员,不需要临时调遣县中吏员。二是就县级机构而言,列曹扩张,曹吏职能更为专门,狱吏分工也更为明确。秦汉地方狱吏在官僚系统中的特殊地位,反映了集权体制对国家机器的倚重。他们种类增多,职能细化,显示了早期帝制国家统治方式不断成熟的过程。国家统治理念的不断调适,也使狱吏自身素养不断变化和丰富。

---

① 范晔:《后汉书》卷二五《鲁恭传》,第 874–875 页。

边塞、边郡、边疆与秦汉北边边民的身份体验

朱圣明

《史记·匈奴列传》云:"秦有陇西、北地、上郡,筑长城以拒胡。而赵武灵王亦变俗胡服,习骑射,北破林胡、楼烦。筑长城,自代并阴山下,至高阙为塞。而置云中、雁门、代郡……燕亦筑长城,自造阳至襄平。置上谷、渔阳、右北平、辽西、辽东郡以拒胡。当是之时,冠带战国七,而三国边于匈奴。"①其谓在抵御北方胡人的相同目标下,战国秦、赵、燕三国均有了长城之筑、北边边郡之置,并作为"冠带"之国与匈奴相界。三国后统于秦,其历史传统与政治遗产亦为秦朝所承继并延及至汉。而秦汉之际,匈奴冒顿单于完成"大破灭东胡王"、"西击走月氏,南并楼烦、白羊河南王"的大业,"尽服从北夷,而南与中国为敌国"。② 由于塞外强敌的持续存在,长城成为中原政权与塞外政权之间较为稳定的政治辖域、军事范围乃至华夷身份的分界,北边则充当着塞内外互动前沿阵地的角色。

秦汉北边幅员广阔,边塞延绵漫长,边郡列置众多。赵充国有言:"北边自敦煌至辽东万一千五百余里。"③元延元年(公元前12年)七月,成帝诏曰:"内郡国举方正能直言极谏者各一人,北边二十二郡举勇猛知兵法者各一人。"④在秦汉国家结构中,"北边边郡"与"内郡国"相对。这些边郡分别

---

① 司马迁:《史记》卷一一〇《匈奴列传》,中华书局,1959,第2885-2886页。
② 司马迁:《史记》卷一一〇《匈奴列传》,第2889-2890页。
③ 班固:《汉书》卷六九《赵充国传》,中华书局,1962,第2989页。
④ 班固:《汉书》卷一〇《成帝纪》,第326页。

承续了三代,特别是战国以来的当地历史文化传统,在民风民俗上不尽相同。于此,《史记·货殖列传》《汉书·地理志》多有描述。另外,各边郡所毗邻的匈奴、乌桓、鲜卑、羌等族群亦有差别。如江上波夫指出匈奴同乌桓、鲜卑不同,前者为纯粹的游牧民,流动性较大,而后者是牧主农副的民族,地缘性更强①。王明珂则认为汉代北边存在三种不同的"华夏边缘",其对应代表族群分别为羌、匈奴、鲜卑②。甚至,同一族群内部的区分,也会关联到与之相接的边郡。如匈奴"诸左方王将居东方,直上谷以往者……右方王将居西方,直上郡以西……而单于之庭直代、云中"③。鲜卑檀石槐"乃自分其地为三部,从右北平以东至辽东,接夫余、濊貊二十余邑为东部,从右北平以西至上谷十余邑为中部,从上谷以西至敦煌、乌孙二十余邑为西部,各置大人主领之"④。王海指出,秦汉北边包含东、西、北三个组成部分,其可能与匈奴、鲜卑的"三方(部)"存在关联,体现出北边的地域差异⑤。在不同的文化传统下,与不同的塞外族群互动,北边各地及其边民之间理当也会有所差异。蒋璐曾从汉墓入手,对北方长城地带各地区的文化特色有过考论⑥。此可为实证。

不过,在诸多"差异性"之外,秦汉北边各地亦有其共性。第一,北边在绝大多数时间同属一个政权统辖;第二,北边各地的军事防御职能都很突出;第三,北边面向的塞外族群势力均较为强大;第四,北边多为原"蛮夷"之地,亦多"蛮夷"居处。凡此,也促成了北边各地边民在生活状态与身份体验上的相通性。而通过与"蛮夷"族群的互动,秦汉北边形成了边塞、边郡与边疆三种社会环境。其中,边塞区分塞内与塞外,强调对塞外的防御;边郡突出与内郡、塞外的差异,彰显其兼具"边"之特色与"郡"之内核;边疆则昭示与内地有别,重视地域的多元、复杂、异质性。在不同的社会环境下,北边边民的生活状态与身份体验并不绝然一致。虽然边塞、边郡与边疆既

---

① 江上波夫:《骑马民族国家》,张承志译,光明日报出版社,1988,第68-69页。
② 王明珂:《游牧者的抉择:面对汉帝国的北亚游牧部族》,广西师范大学出版社,2008,第101-219页。
③ 司马迁:《史记》卷一一〇《匈奴列传》,第2891页。
④ 范晔:《后汉书》卷九〇《乌桓鲜卑列传》,中华书局,1965,第2989-2990页。
⑤ 王海:《秦汉时期"北边"略说》,《史学月刊》2010年第6期,第122-124页。
⑥ 蒋璐:《北方地区汉墓的考古学研究》,浙江大学出版社,2016,第113-170页。

有区分,也有重叠与交错,但笔者认为,基于不同社会环境的单独探讨相比笼统的论述,更能清晰地揭示秦汉北边边民身份的多样性与可变性。本文尝试将凸显北边边民身份特征的材料按其所偏重的社会环境进行分类归置,并在与内郡之民、塞内蛮夷、塞外蛮夷等不同人群的比较中,对材料所示边民的身份体验展开剖析。

一、边塞与边民

秦汉时期,北边边塞具有分隔华、夷地域与人群的职能①。其尤为显著者如汉文帝在后元二年(公元前162年)给匈奴老上单于的文书中提道:"先帝制:长城以北,引弓之国,受命单于;长城以内,冠带之室,朕亦制之。"②作为秦汉帝国北边的"他者",匈奴在促成与维持长城的这一职能上发挥着重要作用。在东汉北匈奴衰败西迁后,其角色又为继起的鲜卑所替代。东汉末,应劭言:"鲜卑隔在漠北,犬羊为群,无君长之帅,庐落之居,而天性贪暴,不拘信义,故数犯障塞,且无宁岁。唯至互市,乃来靡服。苟欲中国珍货,非为畏威怀德。"③再如,魏文帝初期,"北狄(指鲜卑——引者注)强盛,侵扰边塞……(田)豫以戎狄为一,非中国之利"④。不过,虽然"中国"的他者由匈奴变为鲜卑,但漠北、边塞隔绝"蛮夷"的功能始终存在。反过来,塞内边民的"华夏""中国"身份亦因边塞而彰显。

汉初陆贾指出:"秦始皇设刑罚,为车裂之诛,以敛奸邪,筑长城于戎境,以备胡、越。"⑤其云始皇为维护统治秩序,设置刑罚以约束罪人,修筑长城为防备胡人。秦汉之世,虽然有大量罪人被迁往边地,成为边民的主要来源,但其仍处在长城之内,依旧属于"华夏"群体⑥,与长城之外的"夷狄"并未混为一谈。更何况,边民本身也要承担防备胡、越的任务。

---

① 朱圣明:《华夷之间:秦汉时期族群的身份与认同》,厦门大学出版社,2017,第57-59页。
② 司马迁:《史记》卷一一〇《匈奴列传》,第2902页。
③ 范晔:《后汉书》卷四八《应劭传》,第1609页。
④ 陈寿:《三国志·魏书》卷二六《田豫传》,中华书局,1959,第727页。
⑤ 王利器:《新语校注》卷上《无为》,中华书局,1986,第62页。
⑥ 朱圣明:《汉代"边民"的族群身份与身份焦虑》,《中国边疆史地研究》2017年第3期,第53-55页。

体现秦汉北边边民于塞下抵御塞外蛮夷的记载有很多。文帝曾言"今匈奴内侵,军吏无功,边民父子荷兵日久"①;武帝时《喻巴蜀檄》谓"夫边郡之士,闻烽举燧燔,皆摄弓而驰,荷兵而走,流汗相属,唯恐居后"②;盐铁会议上,文学述武帝时,"边民不解甲弛弩,行数十年,介胄而耕耘,鉏耰而候望,燧燔烽举,丁壮弧弦而出斗,老者超越而入葆"③。在塞内外对峙时期,北边边民此种兵民合一的身份特点表现得甚是明显。文帝时,晁错言道"令远方之卒守塞,一岁而更,不知胡人之能,不如选常居者,家室田作,且以备之"④,其建议徙民塞下,以边民就地御边;《汉书·丙吉传》载丙吉身边有一驭吏是"边郡人","习知边塞发奔命警备事,尝出,适见驿骑持赤白囊,边郡发奔命书驰来至。驭吏因随驿骑至公车刺取,知虏入云中、代郡"⑤。驭吏对边塞事务的了解与其边郡人的身份息息相关;建武十二年(36年),光武帝以骠骑大将军杜茂镇守北边,"因发边卒筑亭候,修烽火,又发委输金帛缯絮供给军士,并赐边民,冠盖相望"⑥。在军士之外,"金帛缯絮"亦赐予边民,显是对后者协同防御北边的认可;章帝章和二年(88年),尚书宋意上疏曰:"夫戎狄之隔远中国,幽处北极,界以沙漠……自汉兴以来,征伐数矣……(光武皇帝)故因其来降,羁縻畜养,边人得生,劳役休息。"⑦其谓边塞和平、征伐不再,边民才得以停止劳役;曹魏之初,王观为涿郡太守,"涿北接鲜卑,数有寇盗,观令边民十家以上,屯居,筑京候"⑧。北狄由"匈奴"、"羌人"变为"鲜卑",不变的是北边边民的守边之责。

反过来,国家也会通过边塞的修筑和戍守来保障北边边民的安全。在昭帝时期召开的盐铁会议上,御史大夫桑弘羊云:"先帝哀边人之久患,苦为虏所系获也,故修障塞,饬烽燧,屯戍以备之。"⑨建武十四年(38年),"(马成)屯常山、中山以备北边……又代骠骑大将军杜茂缮治鄣塞,自西河至渭

---

① 司马迁:《史记》卷二五《律书》,第1242页。
② 司马迁:《史记》卷一一七《司马相如列传》,第3045页。
③ 王利器:《盐铁论校注》卷八《和亲》,中华书局,1992,第513页。
④ 班固:《汉书》卷四九《晁错传》,第2286页。
⑤ 班固:《汉书》卷七四《丙吉传》,第3146页。
⑥ 范晔:《后汉书》卷二二《杜茂传》,第777页。
⑦ 范晔:《后汉书》卷四一《宋意传》,第1415-1416页。
⑧ 陈寿:《三国志·魏书》卷二四《王观传》,第693页。
⑨ 王利器:《盐铁论校注》卷一《本议》,第2页。

桥,河上至安邑,太原至井陉,中山至邺,皆筑堡壁,起烽燧,十里一候。在事五六年,帝以成勤劳,征还京师。边人多上书求请者,复遣成还屯。及南单于保塞,北方无事,拜为中山太守"①。后文将马成职务变动与"南单于保塞"、"北方无事"的背景相系,表明边民"求请"马成还屯应与后者能够保障他们的安全有关。对于北边边民而言,边塞与戍卒是他们防止塞外侵扰的第一道屏障。汪桂海指出:"汉朝设置边塞并派遣吏卒屯戍守卫,对防御匈奴中小规模的侵扰寇掠发挥了重要作用,基本保障了边郡生产、生活的安宁。"②而当塞外的寇掠无法得到有效阻止时,朝廷也会迁徙边民到安全的地域避难,即所谓"移民逃寇"③。如建武十三年(37年),"(匈奴)遂寇河东,州郡不能禁"④,十五年(39年),"徙雁门、代郡、上谷三郡民,置常山关、居庸关以东"⑤。

  关于国家与边民在防御塞外入侵上应有的关系,桑弘羊曾有精彩论述。在盐铁会议上,其曰:"王者包含并覆,普爱无私,不为近重施,不为远遗恩。今俱是民也,俱是臣也,安危劳佚不齐,独不当调邪?不念彼而独计此,斯亦好议矣?缘边之民,处寒苦之地,距强胡之难,烽燧一动,有没身之累。故边民百战,而中国恬卧者,以边郡为蔽扞也。《诗》云:'莫非王事,而我独劳。'刺不均也。是以圣王怀四方独苦,兴师推却胡、越,远寇安灾,散中国肥饶之余,以调边境,边境强,则中国安,中国安则晏然无事。何求而不默也?"⑥这段话蕴含多种信息:第一,按照理想的圣王政治,"缘边之民"同内郡(中国)之民的身份、地位是一样的,"俱是民也""俱是臣也";第二,现实中的情况却是,边民处苦寒之地,百战不休,以保证内郡及其民众的安全;第三,圣王应该做的是,兴兵抵御胡、越,利用内郡(中国)富饶之余助力边郡(边境)强盛。该做法实施至极,用一同参加会议的文学之言来讲,便是:"转仓廪之委,飞府库之财,以给边民。中国困于繇赋,边民苦于戍御。"⑦武帝时颁布

---

① 范晔:《后汉书》卷二二《马成传》,第779页。
② 汪桂海:《汉简所见匈奴对边塞的寇掠》,载武汉大学简帛研究中心主办《简帛》第三辑,上海古籍出版社,2008,第306页。
③ 范晔:《后汉书》卷五《安帝纪》,第243页。
④ 范晔:《后汉书》卷八九《南匈奴列传》,第2940页。
⑤ 范晔:《后汉书》卷一《光武帝纪》,第64页。
⑥ 王利器:《盐铁论校注》卷四《地广》,第207页。
⑦ 王利器:《盐铁论校注》卷三《轻重》,第180页。

《金布令甲》云:"边郡数被兵,离饥寒,夭绝天年,父子相失,令天下共给其费。"①此即内郡供给边郡、边民的具体规定。质而言之,在对抗强胡一事上,国家应视边郡(边境)与内郡(中国)、边民同内郡之民为一体,并同等对待。正如桑弘羊所说:"中国与边境,犹支体与腹心也……故无手足则支体废,无边境则内国害。"②东汉安定临泾人王符讲得更为透彻,其谓:"地(不可)无边,无边亡国。是故失凉州,则三辅为边;三辅内入,则弘农为边;弘农内入,则洛阳为边。推此以相况,虽尽东海犹有边也。"③在边民出身的王符看来,正因有"边",才有"国",在对面羌人侵扰上,塞内的每一寸土地都应该坚守。曹魏时镇北将军刘靖秉持"经常之大法,莫善于守防,使民夷有别"的原则,"开拓边守,屯据险要"④。其意谓政府守住了边塞,即守住了边民不同于"(塞外)蛮夷"的身份。

由上,因为边塞的存在,使得边民有了同于内郡之民的"华夏"身份及对国家的认同。作为国家臣民,边民理应抵御塞外侵扰,而国家亦当固守边塞,保障其臣民安全。若此种关系失衡,边民的身份与认同便会发生改变。晁错曾向文帝提及,当匈奴侵扰边塞时,"陛下不救,则边民绝望而有降敌之心"⑤。国家对边民的安全保障是后者对前者建立认同的基础,一旦这一基础受到损害,认同难免会发生转移。永初四年(110年)先零羌叛乱后,大将军邓骘提出放弃凉州。郎中虞诩曰:"凉州士民所以推锋执锐……为臣属于汉也。今推而捐之,割而弃之,庶人安土,不肯迁徙,必引领而怨曰:'中国弃我于夷狄。'"⑥边民身处塞内,臣属于汉,拥有"华夏"身份,便要为国家抗拒"夷狄"。而一旦被"中国"弃为"夷狄"(因边塞内移),其认同也会出现变化("引领而怨""必生异志")⑦:既然边民同内郡之民一体的"华夏"身份得不到认可,其对国家的认同自然会改变。永初五年(111年)秋,即发生了

---

① 班固:《汉书》卷七八《萧望之传》,第3278页。
② 王利器:《盐铁论校注》卷八《诛秦》,第488页。
③ 王符:《潜夫论笺校正》卷五《救边》,汪继培笺,彭铎校正,中华书局,1985,第258页。
④ 陈寿:《三国志·魏书》卷一五《刘馥传》,第464页。
⑤ 班固:《汉书》卷四九《晁错传》,第2285页。
⑥ 《两汉纪·后汉纪》卷一六《孝安皇帝纪》,张烈点校,中华书局,2002,第313页。
⑦ 范晔:《后汉书》卷五八《虞诩传》,第1866页。

"汉阳人杜琦及弟季贡、同郡王信等与羌通谋"的事件①。

二、边郡与边民

秦汉北边边郡多设于原"蛮夷"之地,如秦始皇时取匈奴河南地置九原郡,汉武帝时夺河套地置朔方郡、获河西地置酒泉郡等郡。这种地域的"蛮夷"旧史,会成为一种"历史记忆",长久都难消逝。到了东汉初年,班固论及郡县沿革时,尚有"定襄、云中、五原,本戎狄地"②、"武帝攘却胡、越……北置朔方之州"③、"自武威以西,本匈奴昆邪王、休屠王地,武帝时攘之,初置四郡"④等叙述。其点明这些边郡虽为"华夏"汉郡,却是"蛮夷"旧地。加上现实中郡内外"蛮夷"的存在,此共同赋予了北边边郡一些相比内郡不曾有的或更为突出的职能。

首先,北边边郡可以处理与塞外蛮夷有关的事务。如汉初的辽东郡:"会孝惠、高后天下初定,辽东太守即约(卫)满为外臣,保塞外蛮夷,毋使盗边。"⑤此外,汉代敦煌郡、酒泉郡、西河郡、武威郡亦都有过代管边外事务的情况⑥。再次,北边边郡要负责对塞内蛮夷的管理。自汉以来,由于"蛮夷"之地的置郡与"蛮夷"的降附入塞,越来越多的"蛮夷"被纳入到北边边郡中来。东汉以降,"蛮夷"内迁之势愈演愈烈。南匈奴、羌人纷纷内徙,鲜卑、乌桓附塞者多。正如唐人刘贶所云:"东汉至曹马,招来羌狄,内之塞垣,资奉所费,有逾于昔。"⑦又次,北边边郡具有鲜明的军事防御职能⑧。事实上,一些边郡的设置本就被寄予了军事使命,如汉武帝置河西四郡有隔绝羌胡、

---

① 范晔:《后汉书》卷八七《西羌传》,第 2888 页。
② 班固:《汉书》卷二八下《地理志下》,第 1656 页。
③ 班固:《汉书》卷二八上《地理志上》,第 1543 页。
④ 班固:《汉书》卷二八下《地理志下》,第 1644 页。
⑤ 班固:《汉书》卷九五《朝鲜传》,第 3864 页。
⑥ 谢绍鹢:《汉代西北边郡代管边外事务试析》,《西域研究》2015 年第 2 期,第 1—6 页。
⑦ 杜佑:《通典》卷二〇〇《边防十六》,中华书局,1988,第 5501 页。
⑧ 孙闻博指出,秦及汉初,军国体制特征突出,内郡、边郡的差别并不大,地方军事组织呈现出一种中外平等格局;汉武帝以降,京师、内郡军事组织逐步减少或退出日常职官序列,边郡军事组织则多得保留并有进一步演进,军事组织呈现出"边地化"趋势,内郡、边郡军事组织的差异不断发展。参见孙闻博:《秦汉"内史—诸郡"武官演变考——以军国体制向日常行政体制的转变为背景》,《文史》2016 年第 1 辑,第 5—21 页。换言之,相比内郡,秦汉边郡的军事职能始终存在并持续发展。

沟通西域以抗击匈奴的目的,"二千石治之,咸以兵马为务"①。秦汉时期,北边边郡太守的军事权责要显著强于内郡太守。其于治民之外还需安边。以雁门太守鲜于璜的事迹为例:"永初元年,拜雁门太守,折节清行,恭俭束修,政崇无为。声教禁化,猷风之中。时依郡乌桓,狂狡畔戾,君执以威权,征其后伏。"②引文前半部述鲜于璜治民作为,后半部言其安边功绩。不过,说到底,北边边郡军事职能的突出亦是因为塞内外"蛮夷"的存在。

"蛮夷"不仅塑造了北边边郡特殊的政治、军事职能,还深刻影响着当地的经济发展。秦汉时期国家针对北边边郡的移民屯田、军屯、养马、互市等经济活动背后都有很强的"蛮夷"因素。如前揭晁错提出的"徙民屯田"正以备塞防胡为主要目的。此外,与"蛮夷"的战争,总会给北边边郡的经济发展带来致命摧残。盐铁会议上,针对御史提出的"边郡之利亦饶",文学针锋相对地提出:"师旅数发,戎马不足,牸牝入阵,故驹犊生于战地。六畜不育于家,五谷不殖于野,民不足于糟糠……《传》曰:'大军之后,累世不复。'方今郡国,田野有陇而不垦,城郭有宇而不实,边郡何饶之有乎?"③即便是维系和平,北边边郡有时亦需要承受相应的经济负担。如甘露三年(前51年),呼韩邪单于入朝后归国,汉廷"转边谷米糒,前后三万四千斛,给赡其食"④。元帝刚即位,"呼韩邪单于复上书,言民众困乏。汉诏云中、五原郡转谷二万斛以给焉"⑤。这些支援匈奴的粮食均是从北边边郡调拨的。总之,在北边边郡的经济发展中,"蛮夷"的烙印与影响很难抹去。

以上可知,北边边郡的设置、职能、族群结构、经济发展等诸方面无不渗透着"蛮夷"的存在及作用。但与此同时,边郡作为郡,其也有同于内郡的政治制度与治民职责。换言之,边郡既有"边"的特色,亦有"郡"的内核。对于生活在北边边郡的边民而言,既与塞内外"蛮夷"互动,又受郡县乡里体制约束,其特有的生活状态也由此而生。安帝永初元年(107年),凉州先零种羌反叛,故左校令庞参使其子庞俊上书建议:"留征西校尉任尚使督凉

---

① 班固:《汉书》卷二八下《地理志下》,第1645页。
② 高文:《汉碑集释》,河南大学出版社,1985,第294页。
③ 王利器:《盐铁论校注》卷三《未通》,第190页。
④ 班固:《汉书》卷九四下《匈奴传下》,第3798页。
⑤ 班固:《汉书》卷九四下《匈奴传下》,第3800页。

州士民,转居三辅。休徭役以助其时,止烦赋以益其财,令男得耕种,女得织纤,然后畜精锐,乘懈沮,出其不意,攻其不备。"①从中不难得知,此前凉州士民在当地既须如内郡之民一样服役纳赋,也要承担对抗叛乱"蛮夷"的任务。

传世文献对秦汉北边边民的记载甚为粗略。不过,20世纪以来西北汉简的大量发现,为我们深入、细微地揭示当地普通边民的日常生活状况提供了可能。下面,仅从里名、身份入手,以材料反映较为集中的张掖郡居延县边民的生活状况为例,稍作分析。

一方面,居延县边民生活中"边"的色彩尤为突出。如当地里名中出现了内郡少见的祈望君好国安的"万岁里"②、"安国里"③,其突出体现了边民对皇帝、国家之认同在边地的重要性,也有内郡鲜有的"遮虏里"④,凸显边民对塞外蛮夷的防御。对于家在边郡的边民而言,"保家"与"卫国"实际是两面一体的⑤,"遮虏"既是安家,亦为安国。另外,当地边民多拥有军事色彩浓厚的身份,如戍卒⑥、骑士⑦、隧长⑧、候史⑨、候长⑩等。永田英正曾指出边塞隧长和戍卒多为出生于当地的人⑪。于振波更明确言及居延都尉府的隧长多从居延县选用⑫。并且,不同于来自内郡的戍卒多一岁而更,边民戍守边塞更具长久性。如居延始至里孟宪自居摄元年(6年)已戍边,历任隧长、尉史、候长,到建武四年(28年)仍在候长任上⑬。晁错曾言:"臣又闻古之制边县以备敌也,使五家为伍,伍有长;十长一里,里有假士;四里一连,连有假五百;十连一邑,邑有假候:皆择其邑之贤材有护,习地形知民心者,

---

① 范晔:《后汉书》卷五一《庞参传》,第1687页。
② 谢桂华、李均明、朱国炤:《居延汉简释文合校》,文物出版社,1987,第220、362、459页。
③ 马怡、张荣强主编《居延新简释校》,天津古籍出版社,2013,第3、713、716页。
④ 甘肃简牍保护研究中心等《肩水金关汉简(壹)》,中西书局,2011,第124页。
⑤ 黎镜明:《朝廷·内地·边郡:汉政权内部在边疆经略中的利益纠葛与心态差异》,《学术探索》2022年第11期,第107-109页。
⑥ 谢桂华、李均明、朱国炤:《居延汉简释文合校》,第97、128、218页。
⑦ 谢桂华、李均明、朱国炤:《居延汉简释文合校》,第153、655页。
⑧ 谢桂华、李均明、朱国炤:《居延汉简释文合校》,第56、64、90页。
⑨ 马怡、张荣强主编《居延新简释校》,第245、564页。
⑩ 马怡、张荣强主编《居延新简释校》,第549、724、728页。
⑪ 永田英正:《居延汉简研究》,张学锋译,广西师范大学出版社,2007,第293页。
⑫ 于振波:《简牍与秦汉社会》,湖南大学出版社,2012,第74-81页。
⑬ 李振宏、孙英民:《居延汉简人名编年》,中国社会科学出版社,1997,第269-271页。

居则习民于射法,出则教民于应敌。故卒伍成于内,则军正定于外。"①这种边县基层组织背后的"备敌"偏向,亦能在居延的乡里社会得见②。而其富于"北边"特色的生活正是在塞内外政治、军事对峙下生成的。

另一方面,居延县边民也有如内郡民众一样的乡里生活。该地存在同于内郡的寄寓美好愿望的吉祥里名,如"昌里"③、"富里"④、"延年里"⑤、"安乐里"⑥等,其分别在汝南郡西陵县⑦、河东郡皮氏县⑧、钜鹿郡南䜌县⑨、河南郡⑩出现过;同里中也存在贫富差距,如"訾家""僦人"等身份均在居延昌里⑪、安国里⑫同时出现;边民户籍亦受严格管理,如居延临仁里赵良"新占民"身份的标识⑬;边民可被辟除为本地小吏,如始至里万常善任居延都尉给事佐⑭、鞮汗里王禹任居延城仓佐⑮、安故里臧护任廄佐⑯,等等。这些都能体现出居延县边民同内郡民众在日常生活上的一致性。

基于相似的内外政治、军事环境,上述对居延县边民的分析在北边当具有一定的普适性。仅以边民所居里名为例,居延县外,张掖郡昭武、觻得、间

---

① 班固:《汉书》卷四九《晁错传》,第 2289 页。
② 边民为边郡中实际缘边的县。张家山三三六号汉墓出土《功令》第五十六条云:"陇西、北地、上郡、云中郡、雁门、代郡军吏、军吏丞、城塞尉、边县令、尉,年长及能不宜其官者,辄言状丞相、御史。"(荆州博物馆编,彭浩主编《张家山汉墓竹简:三三六号墓》,文物出版社,2022,第 116 页)简文中的边县就隶属陇西等北边边郡。又据《后汉书·明帝纪》,永平八年十月,"诏三公募郡国中都官死罪系囚,减罪一等,勿笞,诣度辽将军营,屯朔方、五原之边县。"(范晔:《后汉书》卷二《显宗孝明帝纪》,第 111 页)此有"朔方、五原之边县"。而居延乃张掖郡边县。显然,在郡中,"边"之色彩又尤以边县更为显著。
③ 谢桂华、李均明、朱国炤:《居延汉简释文合校》,第 218、228、483 页。
④ 马怡、张荣强主编《居延新简释校》,第 444、679 页。
⑤ 马怡、张荣强主编《居延新简释校》,第 532、711 页。
⑥ 甘肃简牍博物馆等编《肩水金关汉简(叁)》,中西书局,2013,第 32 页。
⑦ 李均明、何双全编《散见简牍合辑》,文物出版社,1990,第 3 页。
⑧ 甘肃简牍保护研究中心等编《肩水金关汉简(贰)》,中西书局,2012,第 4 页。
⑨ 甘肃简牍保护研究中心等编《肩水金关汉简(壹)》,第 11 页。
⑩ 甘肃简牍保护研究中心等编《肩水金关汉简(壹)》,第 110 页。
⑪ 马怡、张荣强主编《居延新简释校》,第 583 页。
⑫ 谢桂华、李均明、朱国炤:《居延汉简释文合校》,第 448 页。
⑬ 马怡、张荣强主编《居延新简释校》,第 725 页。
⑭ 谢桂华、李均明、朱国炤:《居延汉简释文合校》,第 74 页。
⑮ 谢桂华、李均明、朱国炤:《居延汉简释文合校》,第 111 页。
⑯ 马怡、张荣强主编《居延新简释校》,第 700 页。

田、骊靬、日勒、番和等县均有"万岁里"①，酒泉郡表是县也有"万岁里"②，觻得县有"安国里"③。此外，张掖昭武、番和、氐池诸县都有"安汉里"④，氐池及酒泉郡禄福县均有"广汉里"⑤，张掖郡屋兰县有"灭胡里"⑥，敦煌冥安县有"破胡里"⑦，其名称稍异于居延"安国里""遮虏里"，但寓意相同。相应的，张掖郡觻得、昭武两县及武威郡揟次县都有"富里"⑧，酒泉郡会水县有"延年里"⑨，表是县有"安乐里"⑩，张掖郡觻得⑪、屋兰⑫、氐池⑬诸县也有"安乐里"。另外，觻得县有"广昌里"⑭、"益昌里"⑮、"延寿里"⑯，昭武县有"高昌里"⑰、"长寿里"⑱，屋兰⑲、氐池⑳及武威郡鸾鸟县㉑有"大昌里"，其名亦与居延县"昌里""延年里"相去不远。从里名来看，北边边郡不同于内郡者，都源出边民替国守"边"的职责；其同于内郡者，均来自边民与内郡民众一同为"民"的诉求。

此外，边民又不同于"蛮夷"，这源自其本为"编民"。传世文献常以"民夷"概称汉代边郡的边民与塞内蛮夷，如述刘虞迁幽州刺史，"民夷感其德化"㉒；云郝昭"镇守河西十余年，民夷畏服"㉓。出土文献亦见"蛮夷"、"边

---

① 谢桂华、李均明、朱国炤：《居延汉简释文合校》，第 25、240、362、524、591、631 页。
② 甘肃简牍保护研究中心等编《肩水金关汉简(贰)》，第 163 页。
③ 谢桂华、李均明、朱国炤：《居延汉简释文合校》，第 486、524 页。
④ 谢桂华、李均明、朱国炤：《居延汉简释文合校》，第 138、632、662 页。
⑤ 甘肃简牍保护研究中心等编《肩水金关汉简(壹)》，第 156、111 页。
⑥ 甘肃简牍保护研究中心等编《肩水金关汉简(壹)》，第 38 页。
⑦ 胡平生、张德芳：《敦煌悬泉汉简释粹》，上海古籍出版社，2001，第 50 页。
⑧ 甘肃简牍保护研究中心等编《肩水金关汉简(贰)》，第 154、107、141 页。
⑨ 甘肃简牍保护研究中心等编《肩水金关汉简(贰)》，第 7 页。
⑩ 甘肃简牍保护研究中心等编《肩水金关汉简(贰)》，第 79 页。
⑪ 甘肃简牍保护研究中心等编《肩水金关汉简(壹)》，第 110 页。
⑫ 谢桂华、李均明、朱国炤：《居延汉简释文合校》，第 632 页。
⑬ 甘肃简牍保护研究中心等编《肩水金关汉简(壹)》，第 73 页。
⑭ 谢桂华、李均明、朱国炤：《居延汉简释文合校》，第 61 页。
⑮ 谢桂华、李均明、朱国炤：《居延汉简释文合校》，第 343 页。
⑯ 马怡、张荣强主编《居延新简释校》，第 199 页。
⑰ 马怡、张荣强主编《居延新简释校》，第 15 页。
⑱ 马怡、张荣强主编《居延新简释校》，第 269 页。
⑲ 甘肃简牍保护研究中心等编《肩水金关汉简(贰)》，第 4 页。
⑳ 谢桂华、李均明、朱国炤：《居延汉简释文合校》，第 372 页。
㉑ 谢桂华、李均明、朱国炤：《居延汉简释文合校》，第 88 页。
㉒ 范晔：《后汉书》卷七三《刘虞传》，第 2353 页。
㉓ 陈寿：《三国志·魏书》卷三《明帝纪》，裴松之注引《魏略》，第 95 页。

县民"并举①。其既凸显了两者杂居同处的状况,也明晰着两者为不同人群。

对共存于北边边郡的塞内蛮夷与边民之差异及矛盾,时人多有评析。如竟宁元年(前33年),郎中侯应向元帝指出:"近西羌保塞,与汉人交通,吏民贪利,侵盗其畜产妻子,以此怨恨,起而背畔,世世不绝。"②建武九年(33年),班彪上言光武帝:"今凉州部皆有降羌,羌胡被发左衽,而与汉人杂处,习俗既异,言语不通,数为小吏黠人所见侵夺,穷恚无聊,故致反叛。夫蛮夷寇乱,皆为此也。"③建武二十五年(49年),"乌桓或愿留宿卫,于是封其渠帅为侯王君长者八十一人,皆居塞内,布于缘边诸郡,令招来种人,给其衣食",班彪又上言:"乌桓天性轻黠,好为寇贼,若久放纵而无总领者,必复侵掠居人。"④永元元年(89年),侍御史鲁恭上疏和帝曰:"夫戎狄者,四方之异气也。蹲夷踞肆,与鸟兽无别。若杂居中国,则错乱天气,污辱善人,是以圣王之制,羁縻不绝而已。"⑤无论是从客观实际出发,或是出于对"蛮夷"的偏见,侯应、班彪、鲁恭都认为边民与"蛮夷"乃两种人,不应杂处。杂处不仅会使羌胡受到侵夺,也会使"居人(边民)"遭遇侵掠。

与边民不同,北边"塞内蛮夷"多未被直接纳入乡里管辖体制,他们仍隶属于各自君长、部落。如敦煌悬泉汉简中出现有完整的归义羌人名籍简册,其详细登记了各羌人归属于何种羌落⑥。南匈奴入居塞内后,于北地、朔方、五原、云中、定襄、雁门、代郡"亦列置诸部王……皆领部众为郡县侦罗耳目"⑦,其虽聚居边郡,但仍以部帅统领。上揭引文可知,塞内乌桓种人亦是如此。汉廷只是分设护羌校尉、使匈奴中郎将、护乌桓校尉总领相应族群。

于是,在边郡日常乡里生活中,北边边民便能同塞内外"蛮夷"区分开来:在乡里制度的实践上,"边民"可与"塞内蛮夷"相分;在对外防御的工作

---

① 荆州博物馆编,彭浩主编《张家山汉墓竹简〔三三六号墓〕》,文物出版社,2022,第208页。
② 班固:《汉书》卷九四下《匈奴传下》,第3804页。
③ 范晔:《后汉书》卷八七《西羌传》,第2878页。
④ 范晔:《后汉书》卷九〇《乌桓鲜卑列传》,第2982页。
⑤ 范晔:《后汉书》卷二五《鲁恭传》,第876页。
⑥ 胡平生、张德芳:《敦煌悬泉汉简释粹》,第166页。
⑦ 范晔:《后汉书》卷八九《南匈奴列传》,第2945页。

上,"边民"又与"塞外蛮夷"有别。在与塞外蛮夷长期对峙,及与塞内蛮夷持续共处中,"蛮夷"都成为北边边民始终相随的"他者",并反塑着边民的"华夏""编民"身份。而特殊的里名——"万岁里""安国里""遮虏里"等及对塞外的防御,则在日常中强化着边民的国家认同。

不过,若与内郡相比,强调边郡"边"之特色,则又能彰显北边边民同内郡之民的差异。相比内郡之民,北边边民不仅拥有"北边"特色的生活状态,还具有相对固化的身份。汉代制度规定,边民占籍边郡后,不得内移。即有个别脱籍占著内郡者,也是少见的"殊荣"①。其表明,虽同为国家编民,边民向内郡之民的转变存在较难跨越的鸿沟。而这当然是由占籍边郡所带来的。

三、边疆与边民

前述可知,北边边塞并不能完全隔绝"蛮夷"与"华夏"人群。"蛮夷"可以入居塞内,与边民共处。同样,文化上的华夷互动也非障塞所能隔断。司马迁、班固在述及秦汉北边风俗时,总会将其与"边胡""迫近戎狄""本戎狄"相联系。如《史记·货殖列传》云:"种、代,石北也,地边胡,数被寇。人民矜懻忮,好气,任侠为奸,不事农商……其民羯羠不均,自全晋之时固已患其僄悍,而武灵王益厉之,其谣俗犹有赵之风也。"②又谓:"夫燕亦勃、碣之间一都会也。南通齐、赵,东北边胡。上谷至辽东,地踔远,人民希,数被寇,大与赵、代俗相类,而民雕捍少虑,有鱼盐枣栗之饶。北邻乌桓、夫馀,东绾秽貉、朝鲜、真番之利。"③《汉书·地理志》曰:"自武威以西,本匈奴昆邪王、休屠王地……习俗颇殊。"④又道:"天水、陇西……及安定、北地、上郡、西河,皆迫近戎狄,修习战备,高上气力,以涉猎为先。"⑤还云:"定襄、云中、

---

① 朱圣明:《汉代"边民"的族群身份与身份焦虑》,《中国边疆史地研究》2017年第3期,第55、60-61页。
② 司马迁:《史记》卷一二九《货殖列传》,第3263页。
③ 司马迁:《史记》卷一二九《货殖列传》,第3265页。
④ 班固:《汉书》卷二八下《地理志下》,第1644-1645页。
⑤ 班固:《汉书》卷二八下《地理志下》,第1644页。

五原,本戎狄也……其民鄙朴,少礼文,好射猎。雁门亦同俗。"①在史家看来,因逼近塞外,边民多少都渐染了"蛮夷"的习气。

　　这种情况的出现并非是一朝一夕的,亦非秦汉时期才有的。其自有延续于当地的传统。从上揭引文中"晋""赵""燕"等表述可知,北边的"蛮夷"风尚早在春秋战国时便已存在。姚大力更指出:"在夏、商和西周的整个所谓三代,北部中国,包括它的核心地区,事实上并不是排他性地为诸夏人群所独占。恰恰相反,诸夏一直是与被它称呼为蛮、夷、戎、狄的各人群交叉分布,共同活动在那个地域范围之内。"②战国以来,伴随诸夏之国对戎狄的征伐,原华、夷杂居之地才多被置为边郡。而燕、赵、秦三国长城及秦汉长城的修筑,则试图人为地将"蛮夷"隔绝于塞外。不过,华、夷风俗的杂糅断非后筑的边塞所能分隔斩断,"蛮夷"与边民的同居共处亦未就此终结。

　　如此,在考究北边边民与"蛮夷"的区分之外,我们也不能忽略与"蛮夷",特别是"塞内蛮夷"互动给边民身份带来的"蛮夷化"影响。如马腾之父在陇西与羌人杂居,因"家贫无妻,遂娶羌女,生腾"③。"家贫娶羌女"作为一种可行性选择,当非仅体现在马腾父亲身上,也适用于其他当地边民。马腾等因此便有了羌人血统。再如陇西临洮人董卓少时"尝游羌中,尽与豪帅相结"④,后又拥羌胡士卒入朝,控制汉廷。于此,皇甫规之妻曾直斥董卓为"羌胡之种","毒害天下"⑤。司马彪则云:"董卓陵虐王室,多援边人以充本朝,胡夷异种,跨蹍中国。"⑥其亦径言董卓及其所援引之边人(董卓部下如李傕、郭汜等多为凉州人,同董卓一样都是"羌胡化"的边民出身)是"胡夷异种"。两说虽稍显偏激,但也足以表明边民因"羌胡化"而被视同为羌胡的现象在现实社会是存在的。而马腾、董卓的"蛮夷化"状况乃因二人后来的历史影响才被正史书写,其他绝大多数边民的"蛮夷化"则被湮没无闻。

　　林幹指出古代汉人被北方少数民族同化有三种情况:一是投奔北方民

---

① 班固:《汉书》卷二八下《地理志下》,第1656页。
② 姚大力:《"华夏边缘"是怎样被蛮夷化的》,《思想战线》2018年第1期,第3页。
③ 陈寿:《三国志·蜀书》卷三六《马超传》,裴松之注引《典略》,第945页。
④ 范晔:《后汉书》卷七二《董卓列传》,第2319页。
⑤ 范晔:《后汉书》卷八四《列女传》,第2798页。
⑥ 司马彪:《后汉书志》第一三《五行一》,中华书局,1965,第3272页。

族地区而被同化;二是被俘而被同化;三是在北方民族地区居官,世代相传,被同化。此外,还存在"因军队驻防,戍卒守边,平民屯垦,或其他原因迁往或留居少数民族地区而被同化"①。在这些同化类型中,边民的"蛮夷化"无疑是最为日常且持久的。在秦汉北边,其往往和塞内蛮夷的"华夏化"是同时发生的。如东汉时期,受羌人内迁影响,分别出现了塞内羌人"汉化"及凉州边民"羌化"的现象②。甚至在羌人大举内徙,朝廷对边地控制力趋弱的情况下,后者还要更为显著。前述马腾、董卓即为其代表。余英时曾指出:"将羌人安置在帝国境内的政策的直接后果,与其说是使羌人中国化,不如说是使边境中国人蛮夷化。"③此说亦能为考古墓葬材料所支持。在羌人聚居的青海地区发现的很多汉墓,在基本形制上与中原相似,又均带有鲜明的游牧文化特色④。

显然,北边边塞并不能彻底隔绝"蛮夷"文化("蛮夷"风俗),也不能隔绝"蛮夷"族群("塞内蛮夷"),甚至还不能隔绝"蛮夷"统治形式(君长制)、"蛮夷"生活方式(游牧)。凡此种种,促成了与内地相对且外部边界弱化之"边疆"的生成。从东汉时期迁移边塞、废徙边郡的行为中,可以清晰地看出,面对塞外蛮夷侵扰,边塞撤守后,北边地域也可放弃,用以保护内地。其寓示,既然边塞并不能绝对隔绝"蛮夷",作为边疆的北边便成为内地抵御各种"蛮夷化"的缓冲区域。不同的政治体制、生活方式、文化、族群在这里相交织,共同构筑了当地复杂的地域、人群生态。

李峰认为:"边疆是一个中间的或者过渡性的地带,在这里,不同的文化相遇,不同的种族团体相共存,不同的经济类型相混杂;这与许多传统史学中划分文明人口和所谓蛮族的那种二元对立式的政治分界截然不同。"⑤换言之,在边疆地区,由于各种"异质性"因素交汇,有关"华夏"与"蛮夷"的人群区分并不是那么的绝对。具体到秦汉时期,北边人群华夷身份的判定往

---

① 林幹:《古代北方民族的同化、汉化及汉人的北方民族化》,《内蒙古大学学报》1993年第2期,第1-10页。
② 王力、王希隆:《东汉时期羌族内迁探析》,《中国边疆史地研究》2007年第3期,第55-60页。
③ 崔瑞德、鲁惟一编《剑桥中国秦汉史》,杨品泉等译,中国社会科学出版社,1992,第412页。
④ 青海省文物考古研究所:《青海省考古五十年述要》,载文物出版社编《新中国考古五十年》,文物出版社,1999,第455-467页。
⑤ 李峰:《西周的灭亡:中国早期国家的地理和政治危机》,徐峰译,汤惠生校,上海古籍出版社,2007,第202页。

往具有鲜明的场景性。虽然在边郡之内,其人群有着民、夷之分,但放置在更为广阔的地域视野中,对于内郡之民与塞外蛮夷而言,边疆民众无论在地域还是身份上都是"边缘"的存在:不仅是"华夏"的边缘,亦是"蛮夷"的边缘。在这里,边民可因"蛮夷化"被视同为"蛮夷",塞内蛮夷能因处于塞内被归入"华夏"①。两者从而具有了"亦华亦夷"或"华、夷之间"的身份。

正是这种身份的模糊性或双重性或中间性,给边疆族群带来了更为灵活的生存活动空间。如"蛮夷化"的边民更易同塞外政权互动。据《史记·匈奴列传》,武帝时,"汉使王乌等窥匈奴。匈奴法,汉使非去节而以墨黥其面者不得入穹庐。王乌,北地人,习胡俗,去其节,黥面,得入穹庐。单于爱之,详许甘言,为遣其太子入汉为质,以求和亲"②。相比于因"不肯去节"而"单于乃坐穹庐外"相见的汉使杨信③,北地人王乌因接受"胡俗"得以与单于相亲近。"习胡俗"外,"习胡事"亦能为边民带来能动效应。高祖末年,燕人张胜以"习胡事"而为燕王卢绾使者,"亡在匈奴","为匈奴间"④。武帝时,燕人大行王恢因"习知胡事"力主兴兵抗击匈奴,首倡马邑之谋。而马邑之谋的核心计策乃是"阴使聂翁壹为间"。聂翁壹为雁门马邑人,从他上言"匈奴初和亲,亲信边,可诱以利"来看,显习胡事⑤。其均可见边民以"习胡事"游走于汉、匈之间,出谋献策。这种双重倾向也在塞内的保塞蛮夷那里体现,后者一方面要以汉朝"内臣"的身份为汉朝保塞,另一方面也能由"同族"身份而叛应塞外族群⑥。由上,边疆民众的身份与认同相比其他人群更加需要"固化"。这样,边塞的对内防控功能便得以凸显。侯应曾明确提出塞徼的修筑与戍守不仅是为了防范匈奴人入侵,也有阻止属国降民北归,禁止汉人亡入匈奴的作用⑦。富谷至通过分析河西汉简,亦主张汉

---

① 朱圣明:《有层次的"天下"与有差别的"政区"——兼论秦汉天下格局视域下的人群划分与认同建构》,《中国边疆史地研究》2014年第1期,第10—20页。
② 司马迁:《史记》卷一一〇《匈奴列传》,第2913页。
③ 司马迁:《史记》卷一一〇《匈奴列传》,第2913页。
④ 司马迁:《史记》卷九三《韩信卢绾列传》,第2638—2639页。
⑤ 司马迁:《史记》卷一〇八《韩长孺列传》,第2861页。
⑥ 朱圣明:《两汉"保塞蛮夷"考论》,《河南大学学报(社会科学版)》2011年第3期,第91—94页。
⑦ 班固:《汉书》卷九四下《匈奴传下》,第3804页。

代北方边塞关口有防止内部人口逃亡的功能①。

但是,即便如此,北边人群的越塞亡出仍时有发生②。对于属国降胡来说,其本就是匈奴人,北归只是重回故地。如元帝初元元年(前48年)秋八月,"上郡属国降胡万余人亡入匈奴"③。而于汉人而言,跨越边塞、去往新地则存在较大风险。不过,由于居处原"蛮夷"之地,毗邻塞外易受塞外风俗影响,与塞内蛮夷杂居熟悉其生活方式,使得北边边民跨越边塞相比内郡之民要容易得多。秦汉时期,当生存受到威胁时,北边边民的流动存在两种方向:内徙内郡或亡出塞外。在北边发生战乱时,边民多流向内郡,如建武二十六年(50年),光武帝"发遣边民在中国者,布还郡县"④;中元二年(57年),明帝下诏:"边人遭乱为内郡人妻……一切遣还边"⑤;永平五年(62年),明帝亦有"发遣边人在内郡者"⑥的举措。这些命令的发布都与东汉初年北边战乱导致的边民内徙有关。而逢及中原动乱波及北边时,边民则选择亡出塞外,如"汉初大乱,燕、齐、赵人往(朝鲜)避地者数万口"⑦。除动乱时期的大规模亡出外,边民更有平时的零星亡出。元光元年(公元前134年),聂翁壹"亡入匈奴,谓单于曰:'吾能斩马邑令丞吏,以城降,财物可尽得。'单于爱信之,以为然,许聂翁壹"⑧。单于能够轻信"亡人"聂翁壹之言,实能表明平素里边民亡出降匈并不鲜见。居延汉简中也有与边民"亡出"有关的实例,如"甲渠第四守候长、居延市阳里上造原宪,与主官人谭与宪争言斗,宪以剑击伤谭匈一所……骑马阑越隧南塞天田,出西南去"⑨、"居延常安亭长王闳、闳子男同攻房亭长赵常及客民赵闳、范禽等五人俱亡……阑越甲渠当曲隧塞,从河水中天田出"⑩。其中,原宪为居延市阳里

---

① 富谷至:《文书行政的汉帝国》,刘恒武、孔李波译,江苏人民出版社,2013,第275-276页。
② 朱圣明:《秦汉边民与"亡人""蛮夷"的演生——以东北边塞为例》,《学术月刊》2022年第4期,第184-186页。
③ 班固:《汉书》卷九《元帝纪》,第280页。
④ 范晔:《后汉书》卷一下《光武帝纪下》,第78页。
⑤ 范晔:《后汉书》卷二《显宗孝明帝纪》,第96页。
⑥ 范晔:《后汉书》卷二《显宗孝明帝纪》,第109页。
⑦ 范晔:《后汉书》卷八五《东夷列传》,第2817页。
⑧ 司马迁:《史记》卷一〇八《韩长孺列传》,第2861页。
⑨ 马怡、张荣强主编《居延新简释校》,第724页。
⑩ 马怡、张荣强主编《居延新简释校》,第727-728页。

人,王闳、赵常的具体户籍所在虽未明确,然汉制亭长多由本地人担任,二人亦当为居延本地人。此三人虽有吏职,但其仍属边民。简文中王闳之子更为普通边民。他们都得以越塞亡出。

从国家层面而言,"亡"在很多时候即谓"降","亡出"便意味着放弃对国家的认同。如上引聂翁壹之例。因此,汉朝对于亡出者的处罚甚是严厉。敦煌汉简《捕律》云:"亡入匈奴、外蛮夷……皆要(腰)斩,妻子耐为司寇,作如。"①即便在匈奴成为汉朝外臣之后,双方仍秉持"有犯塞,辄以状闻;有降者,不得受"②、"中国人亡入匈奴者……不得受"③的约定,亡出与降敌仍无不同。不过,对于边民自身来说,虽然边塞会强化他们对国家的认同感,但"亡出"也可以成为寻求生存的选项。其时,他们可能并不在乎归属何方,也并不着意于坚守单一的认同,甚至能够跨越边塞亡出、亡入,如九原人赵破奴"尝亡入匈奴,已而归汉"④。不仅边民这样,塞内蛮夷亦是如此。如汉代属国降胡、内徙降羌既可在塞内替汉"保塞",亦可"叛逃"出塞,回归故地⑤。从族际环境的相似性而言,边民、塞内蛮夷可看作是同一类人,他们既都可被边塞赋予"华夏"的身份与"保塞"的职责,又均因居于边疆拥有了亡入"蛮夷"的可能与"越塞"的便利。

当然,并不一定要出塞,边疆的存在亦能使塞内边民尤其是边民精英主动在身份上混同"蛮夷",并抗衡中原政权成为事实。如王莽时,安定郡三水县人卢芳诈称其曾祖母为"匈奴谷蠡浑邪王之姊",后又"与三水属国羌胡起兵",更始败后,"三水豪杰共计议……乃共立芳为上将军、西平王,使使与西羌、匈奴结和亲"⑥。卢芳自称匈奴曾孙、与羌胡起兵等行为的产生正与其和属国羌胡共处的生活经历息息相关。从其得到当地边民豪杰的支持,而与羌胡和亲来看,卢芳混同与拉拢羌胡的做法显有一定的社会基础。再如,东汉末年,边章、韩遂、宋建、马腾、董卓等凉州本土精英或地方实力派多通过密切同羌胡之联系,利用羌胡势力与汉廷对抗甚至控制汉廷。在他

---

① 甘肃省文物考古研究所编《敦煌汉简(下)》,中华书局,1991,第256-257页。
② 班固:《汉书》卷九四下《匈奴传下》,第3818页。
③ 班固:《汉书》卷九四下《匈奴传下》,第3819页。
④ 司马迁:《史记》卷一一一《卫将军骠骑列传》,第2945页。
⑤ 朱圣明:《两汉"保塞蛮夷"考论》,《河南大学学报(社会科学版)》2011年第3期。
⑥ 范晔:《后汉书》卷一二《卢芳传》,第505-506页。

们主动"羌胡化"的过程中,对汉朝的认同亦在弱化。

四、结语

秦汉北边既属边塞之内,又分置为诸多边郡,也是内地的边疆。对秦汉北边边民与北边社会的研究应置入到边塞、边郡、边疆三种不同的社会环境下进行。通过考察边民在不同背景下的生活状态与身份体验,可以丰富我们对这一群体的认知。

受北边边塞军事上隔绝塞外、身份上分隔夷夏职能的影响,一方面,防御塞外、为国守土成了边民的重要职责,另一方面,边民的"华夏"身份及对国家的认同也因此而彰显。边民与内郡之民相同而不同于塞外蛮夷的身份得以体现;在既有"边"之特色又有"郡"之内核的边郡下,边民乡里生活中既有守"边"的职责又有为"民"的本质,前者昭示着边民不同于塞外蛮夷的"华夏"身份,后者则凸显出边民不同于塞内蛮夷的"编民"身份。而占籍边郡,也让"边民"的身份得以固化,与内郡之民相分并较难向后者转变;在不同政治体制、生活方式、文化、族群相交织的边疆下,亡入"蛮夷"、混同"蛮夷"可以成为边民生活的选项,体现出边民"亦华亦夷"或"华、夷之间"的双重性或中间性身份。

边塞、边郡、边疆的并存,共同造就了秦汉北边边民身份的多样性与可变性,也赋予了其在现实生活中的更多能动性。多重身份的合一,不但催生了边民生活的丰富性,也塑造了边民国家认同的复杂性。在秦汉边地社会发展及边地与中原关系嬗变过程中,来自边民身份特征促成的影响不容忽视。

董仲舒正谊明道原始性文献记述异同考

秦进才

董仲舒在出任诸侯王相期间有次重要的对话,在传世文献《汉书·董仲舒传》和《春秋繁露·对胶西王越大夫不得为仁》中均有记述,所言"正其谊不谋其利,明其道不计其功"倍受宋人的推崇,奉为圭臬,给予了崇高的评价,进行了深入的阐释,获得了广泛的传播。程子曰:"董子有言:'仁人正其谊不谋其利,明其道不计其功。'度越诸子远矣。"①充分肯定了正谊明道的价值与地位。朱熹指出:"'正其谊不谋其利,明其道不计其功。'《春秋》大法正是如此。"②又言:"只有一个'正其谊不谋其利,明其道不计其功',其他费心费力,用智用数,牢笼计较,都不济事,都是枉了。"③把正谊明道视为春秋大法、高明智慧。楼钥曰:"惟仁人之对曰:'仁人者,正其谊不谋其利,明其道不计其功'。……真得吾夫子之心法,盖深于春秋者也。"④把正谊明道视为董仲舒得孔子心法、研究《春秋》的结晶。黄震认为:"愚按今书(《春秋繁露》)惟《对胶西王越大夫之问》,辞约义精,而具在本传,余多烦猥,甚至于理不驯者有之。"⑤特别推崇《对胶西王越大夫之问》即《对胶西王越大夫不得为仁》篇。后人根据《汉书·董仲舒传》的记述概括为正谊明

---

① 程颢、程颐:《二程集·河南程氏粹言》卷二《圣贤篇》,中华书局,2004,第1238页。
② 黎靖德编《朱子语类》卷八三《春秋·经传附》,中华书局,1986,第2174页。
③ 黎靖德编《朱子语类》卷七二《易八·咸》,第1819页。
④ 楼钥:《攻瑰集》卷七七《跋春秋繁露》,载《景印文渊阁四库全书》,台湾商务印书馆,1986,第1153册第241页。
⑤ 黄震:《黄氏日抄》卷五六《读诸子二·春秋繁露》,载《全宋笔记》,大象出版社,2018,第十辑编第10册第180页。

道、明道正谊、谋利计功、正谊不谋利等,誉之为"正谊明道,为世准程"①,成为董仲舒思想的重要组成部分、中国古代义利观的经典语言。事情是同一件,记述是两部书中的两篇文章、两种体裁,一是《春秋繁露》中对话体的问答,有明确的篇名;一是《汉书·董仲舒传》,命名了相似而不相同的题目②,字数多少不同,记述大同小异。笔者注意两篇记述的相异情况,曾略述管窥蠡测之见③,因作为论文的一部分,限于篇幅,仍有未尽之意,不揣浅陋,再次收集资料,对记述董仲舒正谊明道的原始性文献——《春秋繁露·对胶西王越大夫不得为仁》与《汉书·董仲舒传》的异同再作考察,以表纪念朱先生之意,并请教于大家。

一、两篇相异之处

《春秋繁露·对胶西王越大夫不得为仁》与《汉书·董仲舒传》,两篇不仅著述体裁不同,而且在具体记述上,也有相异之处。

(一) 提问者不同

《春秋繁露·对胶西王越大夫不得为仁》,篇名显示董仲舒所应对者为胶西王,《汉书·董仲舒传》记载向董仲舒提问者是江都王,两篇记载的提问者不同。对于此事,前贤今哲有着不同的看法。

---

① 雍正《故城县志》卷五《文翰·赞·董子像赞》,载《中国地方志集成·河北府县志辑》,上海书店出版社,2006,第 54 册第 180 页。
② 《汉书》属于纪传体断代史,董仲舒传属于专传无疑,董仲舒与江都易王刘非的对话,有些编纂汉代文章者亦作为对问体,有称为"粤有三仁对"者,如梅鼎祚编《西汉文纪》卷八(《景印文渊阁四库全书》,第 1396 册第 378 页),严可均《全上古三代秦汉三国六朝文·全汉文》卷二四(中华书局,1958,第 257 页);有作"董仲舒三仁对"者,如冯琦、冯瑗《经济类编》卷八九《人事类一·仁》(《景印文渊阁四库全书》,第 963 册第 264 页);亦有作"对江都王论三仁"者,如真德秀编《文章正宗》卷一二《议论八》(《景印文渊阁四库全书》,第 1355 册第 348 页)。从上述篇名看,都用"对"字标明体裁,以"三仁"注明关键词。
③ 初稿《董仲舒"正其谊不谋其利,明其道不计其功"管窥》(《董仲舒研究文库》第一辑,巴蜀书社,2013);修改稿《董仲舒"正其谊不谋其利,明其道不计其功"管窥》(《衡水学院学报》2014 年第 3 期,中国人民大学《报刊复印资料·中国哲学》2014 年第 7 期全文转载);增订稿《"正其谊不谋其利,正其道不计其功"探析》(《反思中的思想世界——刘泽华先生八秩华诞纪念文集》,天津人民出版社,2014),后者都比前者有所扩展。

杨树达认为:"《繁露》以为胶西王问,与《汉书》以为江都王者又不同,疑《繁露》得其实也。"①提出了自己的看法,未展开论证,也未阐释其理由。英国学者鲁惟一认为:"如果非要说这段轶事的主人公是胶西王,或许倒是有一点可以拿来作为证据:董仲舒举了鲁公欲攻打齐国而被劝阻的例子,而胶西正像鲁国一样,是山东半岛的小国。虽然文中没有说明胶西王想攻打哪一个国家,但这样推断来看,它很可能是像春秋时期的齐国一样的大国。"②似乎可以为杨树达的说法提供证据。话可以这样说,其实并没有具体的史料可以证实,只是属于一种推断、猜测。鲁惟一还是认为,"总的来看,这段轶事中的诸侯王更有可能是江都王而非胶西王。《春秋繁露》的作者可能觉得把这件事安在刘端身上更有吸引力,毕竟刘端比刘非残暴得多"③。"《春秋繁露》的作者"当是编者,鲁惟一还是倾向于提问者是江都王刘非。

周桂钿从任职时间、思想变化方面着眼,认为《春秋繁露》这段对话应是可信的,董仲舒所对的确是胶西王。对话的时间是董仲舒任胶西相期间,大致是汉武帝元朔六年(前123年)到元狩元年(前122年)之间。④ 周先生所言的董仲舒思想转变的确有道理,但应当具体问题具体分析,看看董仲舒所要回答的是什么问题,与阴阳五行相联系的问题,思想转变以前肯定会联系,思想转变以后也就有可能不再联系,这样的问题可以用思想转变来说明。而诸侯王要董仲舒回答越国三仁问题,如果在董仲舒思想转变前用阴阳五行来回答,就有点答非所问。同时,对话是两个人的事情,除了关注回答者董仲舒思想外,也应当看看提问者的思想倾向。从提问者语气来看,带有欣赏兵家权谋的意味,尤其是对擅长兵谋权诈的越王勾践君臣的钦佩,认为可与殷三仁媲美,并有以齐桓公自视的气度等,这些似乎与江都王刘非的性格、追求和封国所在的地理位置相吻合,而与胶西王刘端无关。再则,"胶

---

① 杨树达:《汉书窥管》卷六《董仲舒传》,上海古籍出版社,1984,第438页。
② 鲁惟一:《董仲舒:"儒家"遗产与〈春秋繁露〉》第六章《〈春秋繁露〉的章节和内容》,戚轩铭、王珏、陈灏哲译,中华书局(香港)有限公司,2017,第278页。
③ 鲁惟一:《董仲舒:"儒家"遗产与〈春秋繁露〉》第六章《〈春秋繁露〉的章节和内容》,戚轩铭、王珏、陈灏哲译,中华书局(香港)有限公司,2017,第276、277页。
④ 周桂钿:《董学探微·董仲舒考》,北京师范大学出版社,2008,第22-24页。

西王素闻董仲舒有行,亦善待之"①。当不会提这种使董仲舒难堪的问题。现在周先生的看法已经有所变化②,以上所言是过去的看法,作为一家之言列举出来。

王葆玹从董仲舒对策在元朔五年(前124年)的前提出发,认为《汉书·董仲舒传》记载的董仲舒与江都易王的对话,"此事亦载于《春秋繁露·对胶西王越大夫不得为仁》篇,则《董仲舒传》中的江都易王当为胶西于王之误。江都易王死于元朔元年,不可能在仲舒对策之后与他共事。"注言:"仲舒下吏及对策之前,曾为江都易王之相,这可能是班固误以胶西于王为江都易王的原因。"③董仲舒贤良对策的时间,笔者粗略统计有八种之多④,一般看法在元光元年(前134年),有《汉书·武帝纪》的记载,有《汉纪》的旁证,与《春秋繁露·止雨》的江都王二十一年相吻合等。据元朔五年说固然可排列出"董仲舒出任江都相不止一次"的表格⑤,但有几个问题不好解释。一是元朔五年说依据《汉书·循吏传》的"仲舒数谢病去",说"董仲舒出任江都相不止一次"。实际上,"数谢病去"这句话,并没明确讲是董仲舒"数谢病去"江都相任,还应包括任胶西相时"恐久获罪,病免"⑥在其内。元朔五年说也不能解释《汉书·叙传》所说的"抑抑仲舒,再相诸

---

① 司马迁:《史记》卷一二一《儒林列传·董仲舒》,中华书局,2013,第3773页。
② 周桂钿译注《春秋繁露·对胶西王越大夫不得为仁》题解言:"本文对的是胶西王,而《汉书·董仲舒传》对的是江都王。"注释①作:"相,这里指代董仲舒,因他当时任胶西相。"译文作:"江都王问董仲舒说"(中华书局,2012,第127、128、130页)胶西与江都并存。张世亮、钟肇鹏、周桂钿译注《春秋繁露》与周桂钿译本同(中华书局,2016,第336-338页)。周桂钿解读《春秋繁露·对胶西王越大夫不得为仁》注释[1]与[点评]与上述说法基本相同(国家图书馆出版社,2019,第240、244页)现在周先生说法已经有所改变? 原因为何? 待有机会当面请教。
③ 王葆玹:《今古文经学新论》第四章《汉承秦制与"罢黜百家,独尊儒术"的问题》,中国社会科学出版社,1997,第223页。
④ 秦进才:《〈春秋繁露·止雨〉"二十一年"管窥》,《扬州大学学报(人文社会科学版)》2008年第5期,第90-92页。
⑤ 参见王葆玹:《天人三策与西汉中叶的官方学术——再论"罢黜百家,独尊儒术"的时间问题》,《哲学研究》1990年第6期,第102页。
⑥ 班固:《汉书》卷五六《董仲舒传》,中华书局,1962,第2525页。

侯"，再，汉代指两次、第二次①。"再相诸侯"②，即先后相江都、胶西两王，也即是《汉书·董仲舒传》的"凡相两国，辄事骄王"③，而不是"董仲舒出任江都相不止一次"。二是汉代诸侯王相，不仅已是二千石高官，参加贤良对策不合情理，而且举荐贤良方正者中有诸侯相，如"建元元年冬十月，诏丞相、御史、列侯、中二千石、二千石、诸侯相举贤良方正直言极谏之士"④。又如建初元年（76年）三月己巳，汉章帝"其令太傅、三公、中二千石、二千石、郡国守相举贤良方正、能直言极谏之士各一人"⑤。还有永初五年（111年）闰月戊戌，汉安帝下诏，"其令三公、特进、侯、中二千石、二千石、郡守、诸侯相，举贤良方正、有道术、达于政化、能直言极谏之士各一人，及至孝与众卓异者，并遣诣公车，朕将亲览焉"⑥。笔者目前尚未看到诸侯相被举荐为贤良方正的资料。由上述来看，可知元朔五年董仲舒对策说不可信，根据元朔五年对策说推断董仲舒所对为胶西王说也不可信。

李金松经过分析论证，认为"就性格、实力与其他社会条件等诸方面而言，向董仲舒提出'越有三仁'这一问题的人不可能是胶西王刘端，而只能是江都王刘非。换言之，董仲舒所对的是江都王刘非，而不是胶西王刘端"，并推测，"此篇原来的篇目已佚或佚去前面数字，抄刻者无可取证。而《春秋繁露》自《隋书·经籍志》以来，作者一向署以'汉胶西相董仲舒'，抄刻者不检《汉书》本传，极有可能根据'胶西相'演绎出董仲舒是篇所对为胶西王刘端。后人不加考辨，沿袭其误，以致流传至今"⑦。所言有理有据平实可信，有推测的地方需要用史料去证明。

---

① 如班固：《汉书》卷六《武帝纪》载："古者，诸侯贡士，壹适谓之好德，再适谓之贤贤，三适谓之有功，乃加九锡；不贡士，壹则黜爵，再则黜地，三而黜爵地毕矣。"（第167页）班固：《汉书》卷八一《孔光传》："光凡为御史大夫、丞相各再，壹为大司徒、太傅、太师。"（第3364页）范晔：《后汉书》卷四四《胡广列传》载："凡一履司空，再作司徒，三登太尉，又为太傅。"（中华书局，1965，第1510页）洪适：《隶释》卷一〇《太尉陈球碑》跋言："三剖郡符，五入卿寺，再为三公。"（中华书局，1986，第111页）上述资料均证明，汉代"再"字，一般指两次、第二次。至于"再"字泛指多次，那是汉朝以后的事情了。
② 班固：《汉书》卷一〇〇下，《叙传下》，第4255页。
③ 班固：《汉书》卷五六《董仲舒传》第2525页。
④ 班固：《汉书》卷六《武帝纪》，第155-156页。
⑤ 范晔：《后汉书》卷三《肃宗孝章帝纪》，中华书局，1965，第133页。
⑥ 范晔：《后汉书》卷五《孝安帝纪》，第217页。
⑦ 李金松：《〈春秋繁露对胶西王越大夫不得为仁〉篇题辨正》，载《古籍研究》2005年卷下，安徽大学出版社，2005，第127、128页。

何丽野认为:《汉书》和《春秋繁露》记载的话"虽然都是董仲舒所言,但说话对象却不是同一个人。《汉书》里记载的话,是董仲舒对汉'江都王'说的;《春秋繁露》里的话,却是他后来对汉'胶西王'说的。前者是在武帝元年至二年间(前140年左右),后者是在元狩三年(前120年)。时间上前后相差18年,且估计《春秋繁露》是在董仲舒退出政界以后写的,所以《春秋繁露》上的这段话,其记载的时间可能还要晚一些"[①]。从表面上看,思虑周全,似乎有些道理。但不仅要问,《汉书·董仲舒传》的史料从何而来?班固是东汉人,为何《汉书》记载的董仲舒所言,要早于《春秋繁露》?反之,为何西汉董仲舒撰写的《春秋繁露·对胶西王越大夫不得为仁》记载的时间反而要晚些?为何两个诸侯王会提如此相同的问题?为何董仲舒回答两个诸侯王的语言如此雷同?诸如此类的问题搞明白了,其说法才会有更大的说服力。

上述诸位前贤今哲从不同的角度,对于《春秋繁露》与《汉书》不同的提问者阐述了自己的看法,形成了三种不同的观点——一是主张提问者是胶西王,二是认为提问者是江都王,三是认为《汉书》里的提问者是江都王,《春秋繁露》里的提问者是胶西王。笔者读后深受教益、启迪,认为前贤今哲的论述似乎还有发挥的余地,继续探索的必要性,试在前贤今哲研究成果的基础上,略述管窥蠡测之见。

胶西王刘端,江都王刘非,都是汉景帝程姬所生,一母同胞,都是汉武帝的同父异母兄弟,都受封为诸侯王,董仲舒都曾为其相,都有向董仲舒提问的权力和可能性。但两篇记述的所提问的事情相同,怎么会相隔十八年两人先后提问同一件事情,即使胶西王、江都王兄弟二人先后提问过同一件事情,董仲舒也不可能先后回答的言语如此的雷同。判断提问者为何人,笔者认为还是从江都、胶西两王的性格、经历、追求入手分析为好。

江都王刘非(前168年—前128年),汉景帝二年(前155年),受封为汝南王(都今河南平舆县北古城)。吴楚七国之乱时,主动上书请缨,率军出

[①] 何丽野:《从语境看董仲舒义利观的一段学案——兼论中国思想史研究中的"语境意识"》,《哲学研究》2011年第2期,第54页。

征,疆场勇猛拼杀,立下军功。平定七国之乱后,汉景帝三年①,徙封吴国故地为江都王(都今江苏扬州市市区),并赐予天子旌旗,以表彰其军功。汉武帝元光年间(前134—前129年),匈奴侵扰汉朝北方边境,主动上书请求出击匈奴,汉武帝未允许其请。不仅自己追求建功立业,而且为儿子命名为建②、敢③、定国④、胥行⑤等,可见江都王刘非亦有期望儿子们建功立业、安邦定国、有勇气有胆量干事情的心态。封于丰饶的吴国故地,拥有雄厚的财力、物力,喜欢建造宫馆,招集四方豪杰,骄横不法。不仅在平常生活中讲究奢侈豪华,而且死后随葬品精美丰盛⑥。班固称为"江都钞轻",颜师古注曰

---

① 司马迁:《史记》卷一七《汉兴以来诸侯王年表》载:汉景帝四年"初置江都。六月乙亥,汝南王非为江都王元年"(中华书局,1982,第1002-1003页)。梁玉绳:《史记志疑》卷一〇《汉诸侯王年表》载:"此文有缺误。当云'初置江都国。六月乙亥,汝南王非徙江都元年'。但据《景纪》是三年事,六月乙亥,正与封鲁王、菑川王日日同,则此置四年非也。以后皆当移前一格。"(中华书局,1981,第490-491页)司马迁:《史记》卷一一《孝景本纪》载:三年"六月乙亥,赦亡军及楚元王子蓺等与谋反者。封大将军窦婴为魏其侯。立楚元王子平陆侯礼为楚王。立皇子端为胶西王,子胜为中山王。徙济北王志为菑川王,淮阳王馀为鲁王,汝南王非为江都王"。(第555页)由此可见,汉景帝三年六月乙亥,封一侯,新立三王,徙封三王,涉及七人。其他史料亦可证明梁玉绳所言可信。江都王刘非,应在汉景帝前三年六月乙亥封王、徙王。

② 司马迁:《史记》卷五九《五宗世家·江都易王非》载:"立二十六年卒,子建立为王。"(第2536页)许慎:《说文解字》卷二下聿部载:"建,立朝律也。从聿从廴。"徐铉曰:"廴,律省也。"(徐铉校订,中华书局,1963,第44页)建本义为立朝律,有建立、树立、建造等多种含义,有建树、建业、建策、建功立业等多组词语。可见江都易王刘非不仅自己要疆场鏖战,而且期望儿子建功立业。

③ 司马迁:《史记》卷二一《建元以来王子侯者年表》载:江都易王子丹杨哀侯敢(第1272页)。《汉书》卷一五上《王子侯表上》载:江都易王子丹阳哀侯敢(第437页)。两表有丹阳与丹杨封号之异,都是谥号哀侯、名敢,无疑是同一人。敢,含有果敢、有勇气、有胆量等意。

④ 班固:《汉书》卷五三《景十三王传·江都易王非》载:"建异母弟定国为淮阳侯,易王最小子也。"(第2414页)司马迁:《史记》二一《建元已来王子侯者年表》载:睢陵侯刘定国。(第1273页)班固:《汉书》卷一五上《王子侯表上》作:"淮陵侯定国。江都易王子。"(第438页)虽有淮阳、淮陵、睢陵封侯名称的不同,姓名为刘定国则是一致的。定国,也与安邦定国等相联系。

⑤ 司马迁:《史记》卷二一《建元以来王子侯者年表》载:江都易王子湖孰顷侯刘胥。(第1272页)班固:《汉书》卷一五上《王子侯表上》作:"胡孰顷侯胥行。江都易王子。"(第437页)两表有湖孰、胡孰封号不同,名字有胥、胥行相异,但谥号均为顷侯、江都易王子,可知为一人。胥,含有才智的人之意,有伍子胥著名人物,有效仿伍子胥之意。

⑥ 李则斌等:《揭开江都王陵 盱眙大云山汉墓发掘纪实》载:南京博物院抢救性发掘江苏盱眙县大云山江都易王刘非墓,出土了铜器、金银器、玉器、漆器等文物一万余件,鎏金铜犀牛等均是首次发现,铁剑、铁刀、铁戟、弩机等武器数量众多,车辆装饰华贵(《中国文化遗产》2012年第1期,第81页)。还出土了罕见的玻璃编磬,具有域外风格的凸瓣纹银盒等,金缕玉衣、黄肠题凑等(李则斌、陈刚:《江苏盱眙大云山汉墓考古成果论证会纪要》,《文物》2012年第3期)。南京博物院、盱眙县文广新局:《江苏盱眙大云山汉墓》载:江都王刘非陵园内,出土了镶玉漆棺、雁型金带钩、兔型金带钩等(《考古》2012年第7期)。器物种类甚多豪华精美,可见《汉书·景十三王传》所说江都王刘非好气力、骄奢真实不虚。

"訬,谓轻狡也"。① 由上述可见,江都王刘非是一个崇尚武力、追求建功立业的骄王。

胶西王刘端(?—前108年),汉景帝三年(前154年),受封为胶西王。政治上与朝廷站在一起,但为人骄纵贼蟄,陷害相二千石,奉汉法以治国者,辄求其罪告之,无罪者诈药杀之。相二千石从王治者,则汉绳之以法。汉朝公卿数次请诛杀胶西王,汉武帝以手足之情不允许,而刘端行为肆无忌惮。因此削减其封国太半。刘端心中恼怒又无后代②,遂为无訾省(不计算、查核财物),府库坏漏,尽腐财物以巨万计,也不加修理。令吏毋得收租赋。后去宿卫,封宫门,从一门出入。数变名姓,以布衣身份到其他诸侯国去。由上述可见胶西王固然有迫害相二千石的行为,对于朝廷是消极反抗,又是强足以距谏,知足以饰非的骄王,但自己并无建功立业的追求。

据上述江都王刘非和胶西王刘端的性格、追求、行为来看对话内容,提问者,当以《汉书·董仲舒传》记载的江都易王刘非更可靠,这不仅有《汉书·董仲舒传》的记载,而且在诸多《春秋繁露》的版本中也有所体现,有些版本在《对胶西王越大夫不得为仁》题目中的胶西王旁用小字注明"合作江都",或"合作江都王"③,即"胶西王"应作"江都王"为是;有些版本标明"本

---

① 班固:《汉书》卷一〇〇《叙传下》及颜师古注(第4253、4254页)。
② 司马迁:《史记》卷五九《五宗世家·胶西于王端》载:"立四十七年,卒。竟无男代,国除,地入于汉,为胶西郡。"(第2538页)班固:《汉书》卷五三《景十三王传·胶西于王端》载:"立四十七年薨,无子,国除。地入于汉,为胶西郡。"(第2419页)班固:《汉书》卷一四《诸侯王表》、卷一〇〇《叙传下》,亦可为证,两篇多处记述虽有不同,但胶西王刘端无子是共同的,也是可信的。
③ 虽然在《春秋繁露》中篇名为《对胶西王越大夫不得为仁》,但在宋明清民国的版本中,有些校勘、注释者还是用注释说明应当作"江都王",有两种形式,一是"合作江都",二是"合作江都王"。如宋嘉定四年(1211年)江右计台本,目录作"对胶西合作江都弟第三十二",在内文题目"胶西王"下注明"据本传合作江都王"(《中华再造善本·唐宋编·经部》,国家图书馆出版社,2003,第1册第3页a,第4册第2页b;又见《北京图书馆古籍珍本丛刊·经部·春秋繁露》,书目文献出版社,第2册第508、557页)。除上述所列举外,钟肇鹏主编《春秋繁露校释(校补本)》卷九《对胶西王越大夫不得为仁》载,在"胶西王"下注明"据本传合作江都王"者,有无锡华氏兰雪堂活字本、周泖阳(采)刊本(河北人民出版社,2005,第599页)等。这说明有些校勘、注释者注意到了《春秋繁露》与《汉书》的异同,认为"合作江都"即应当是江都王。现代,不仅有些《春秋繁露》影印本保存了"合作江都王"的看法,而且有些点校本也继续了"合作江都"的说法,如张祖伟点校《春秋繁露》卷九作:"对胶西合作江都第三十二。"(山东人民出版社,2018,第85页)

传作江都王"①，提醒读者注意《春秋繁露》与《汉书·董仲舒传》记述的不同。还有，提问者的口吻——"桓公决疑于管仲，寡人决疑于君"②。不仅以齐桓公与自己相比拟，而且将江都相董仲舒视为管仲。所问的问题——"孔子曰：殷有三仁。今以越王之贤与蠡、种之能，此三人者，寡人亦以为越有三仁"③。认为越国有三仁。所涉及的人物——越王、大夫蠡、大夫种、大夫庸、大夫睪、大夫车成。欣赏越王勾践等人的行为——"越王与此五大夫谋伐吴，遂灭之，雪会稽之耻，卒为霸主。范蠡去之，种死之。寡人以此二大夫者为皆贤"④。推崇越王勾践卧薪尝胆、发愤称霸的谋略举措。这些当与江都国地处春秋战国吴、越故地有关，与吴越流传有吴越争霸、越王勾践卧薪尝胆、范蠡出谋划策等故事有关，这些故事能与江都王刘非产生共鸣，也与其崇尚武力、追求建功立业的目标相吻合。相比之下，胶西王刘端没有在疆场上浴血奋战的经历，没有建功立业的追求，也没有越王勾践式权变多端的军事谋略，更没有齐桓公式的霸主气势，只是玩一些迫害诸侯王相二千石官员的伎俩，干一些自己变更姓名去其他诸侯国游玩的勾当，还有胶西与吴、越国距离较远，与越王勾践君臣没有共鸣等，因此，《春秋繁露》所载董仲舒对胶西王似乎有误，当以《汉书》记载的江都王刘非为是。

向董仲舒提问者，是江都王刘非，还是胶西王刘端，是一个客观的实证

---

① 在《春秋繁露》的诸多版本中，有些校勘、注释者说明与《汉书·董仲舒传》的异同，标明"本传作江都王"。如《景印摛藻堂四库全书·子部·儒家类·春秋繁露》（世界书局，1988，影印本，第246册第376页）、卢文弨抱经堂校定本《春秋繁露》（《抱经堂丛书》，北京直隶书局民国十二年影印本，第3册第2页b；陈东辉主编《卢校丛编》的《春秋繁露》，浙江大学出版社，2021，影印抱经堂校定本，第198页），赵曦明重校本（《诸子百家丛书》，上海古籍出版社，1989，影印本，第55页），凌曙注《春秋繁露》（《畿辅丛书》，清光绪五年定州王氏谦德堂刊本，第2页b；中华书局，1975，第325页；《龙溪精舍丛书》，中国书店，1991，影印潮阳郑氏用凌氏蜚云阁刊本，第1册第227页；《续修四库全书》，上海古籍出版社，2002，第150册第290页），苏舆：《春秋繁露义证》（中华书局，1992，第266页；《续修四库全书》，影印宣统庚戌本，第150册第635页），王心湛：《春秋繁露集解》（广益书局，1936，第82页）等在题目"第三十二"下注明"本传作江都王"，或"卢云本传作江都王"，即注明了《春秋繁露》与《汉书》本传的异同。除上述所列举外，钟肇鹏主编《春秋繁露校释（校补本）》卷九"对胶西王越大夫不得为仁"载，在题目"第三十二"下注明"本传作江都王"者，有王道焜刊本、王谟《汉魏丛书》本等（第599页）。说明有些校勘、注释者看到了《春秋繁露》与《汉书》的异同，特别标以提醒读者注意。现代，不仅有些《春秋繁露》影印本保存了"本传作江都王"的看法，而且有些点校本、今注今译本也继续了"本传作江都王"的说法，如袁长江等校注《董仲舒集·春秋繁露·对胶西王越大夫不得为仁》注释曰："《汉书》本传作胶西王作江都王。"（学苑出版社，2003，第212页）又如赖炎元注译《春秋繁露今注今译》卷九今注曰："胶西王，汉书董仲舒传作'江都王'。"（台湾商务印书馆，1984，第243页）
②③④ 苏舆：《春秋繁露义证》卷九《对胶西王越大夫不得为仁》，第267页。

问题,不是一个公说公有理、婆说婆有理的认识问题,最终只有一个答案,但《春秋繁露·对胶西王越大夫不得为仁》与《汉书·董仲舒传》有两个不同的记载——一是江都王刘非,一是胶西王刘端,其中当有一个是错误的,但错误是如何产生的,由于年代的久远,史料的缺乏,还无法定谳,因而仍然是一个应当仔细考究的问题,虽然李金松、鲁惟一等提出了不同的推断,不无道理,但仍然不能确定无疑。笔者认为,可能是古代人习惯以最后官职作为人的代称,董仲舒就以胶西相为人所熟知,因而被《春秋繁露》编辑者加到了残缺不全的篇名中①,造成了《春秋繁露》与《汉书》提问者的不同。而前贤今哲形成了三种不同的说法,其中当有两种是错误的,学术是天下的公器,任何学术问题都可以讨论、商榷,各抒己见,重要的是要有确凿无疑的证据。在各家公认的证据发现之前,只要各自持之有故言之成理、自洽其说即可,不妨各随自便,多说并存,在相互商榷中逐步走向认识的统一。即使提问者三说并存,也不影响对于董仲舒正谊明道思想的研究。

(二) 记载详略不同

《春秋繁露·对胶西王越大夫不得为仁》所载为三百六十五字,《汉

---

① 古人习惯以最后的官职作为人的代称,董仲舒最后官职为胶西王相,因此,《春秋繁露义证》卷一五《郊事对》载:"臣汤承制以郊事问故胶西相仲舒。"(第414页)班固:《汉书》卷三六《楚元王传·刘向》载:董仲舒,"复为太中大夫,胶西相,以老病免归。"(第1930页)范晔《后汉书》卷四八《应奉列传·应劭》载:"故胶(东)〔西〕相董仲舒老病致仕,朝廷每有政议,数遣廷尉张汤亲至陋巷,问其得失。"(第1612页)魏徵等:《隋书》卷三二《经籍志一》载:"《春秋繁露》十七卷。汉胶西相董仲舒撰。"(中华书局,2019,第1052页)卷三五《经籍志四》载:"汉胶西相《董仲舒集》一卷。"(第1200页)李彭撰《日涉园集》卷九《西塔》言:"欲记曾游三峡处,诗成赖有董胶西。"(《景印文渊阁四库全书》,第1122册第696页)契嵩:《镡津文集》卷七《品论》言:"董胶西之对策,美哉! 得正而合极,所谓王者之佐,非为过也。"(上海古籍出版社,2016,第121页)苏颂《苏魏公文集》卷五八《颍州万寿县令张君墓志铭》载:张挺卿以文章名,"使之一用于朝廷,评者必曰:典册之文也,议论该洽纯正,似贾太傅、董胶西、陆宣公"(《景印文渊阁四库全书》,第1092册第626页)。现存《春秋繁露》最早的版本是宋嘉定四年(1211年)江右计台本,而从汉朝到宋代,称董江都者则很稀少。因此,当《春秋繁露》中此篇篇名出现残缺时,编辑者将"胶西王"加在了篇名之中,随之就以讹传讹传到了现代。明清时代,亦有人将董仲舒文章,编为《董仲舒集》《董子文集》《董胶西集》等,不仅有单行本的《董胶西集》雕版传世,而且有总集《七十二家集》《汉魏六朝百三名家集》收录、刊刻的《董胶西集》,还有丛书《增订汉魏六朝别解九十三种·集部》收录、印行的《董胶西集》,使得《董胶西集》广泛传播。后来人们多称董仲舒为董江都,称董胶西者转少,但这时《春秋繁露》早已传钞、刊刻传世数百年,《对胶西王越大夫不得为仁》的篇名已经为人知,很多人知道写错了,但刊刻书讲究要保持书的原貌,不能轻易删改,有些《春秋繁露》刊本只能在目录或正文题目的"胶西"或"胶西王"旁,加注"合作江都""合作江都王""本传作江都王"等,以表示自己的意见和提醒读者注意而已。

书·董仲舒传》所载为二百一十五字,不足《春秋繁露》字数的百分之六十。总起来看,《春秋繁露·对胶西王越大夫不得为仁》叙述详细,《汉书·董仲舒传》记述简略。从两篇记载的文字看,有字数多少的不同,有详细与简略的区别,但两篇记述的内容相同,基本精神一致。当是《春秋繁露·对胶西王越大夫不得为仁》撰写在前,当时应是以对江都王为名,不会是以对胶西王为名,如果以胶西王为篇名,《汉书》也就不会作江都王了。当是《汉书·董仲舒传》根据对江都王篇删削而成,不会是《春秋繁露·对胶西王越大夫不得为仁》是从《汉书·董仲舒传》中抄来的①。

《汉书·董仲舒传》之所以简略,一是班固删削去一些具有西汉时代特色的语言,如说仁人者"致无为而习俗大化",固然,"无为"不是道家的专利语言,儒家等有时也用,董仲舒运用此语还是带有受到黄老思想影响的痕迹,班固为塑造董仲舒醇儒的形象,删去了此语。二是删去一些班固与董仲舒看法不一致的语言,如说仁人者"可谓仁圣矣,三王是也",三王在《汉书·古今人表》中已经不再是仁人而是排在圣人的行列,如果照抄为"仁圣",亦属相互矛盾之处,因此,还是删去为好。三是对于一些话做了概括节略,如《春秋繁露·对胶西王越大夫不得为仁》载"命令相曰②:'大夫蠡、大夫种、大夫庸、大夫睪、大夫车成,越王与此五大夫谋伐吴,遂灭之,雪会稽之耻,卒为霸主,范蠡去之,种死之。寡人以此二大夫者为皆贤。孔子曰:殷有三仁。今以越王之贤,与蠡、种之能,此三人者,寡人亦以为越有三仁,其于君何如? 桓公决疑于管仲,寡人决疑于君。'"简化为《汉书·董仲舒传》的"王问仲舒曰:'粤王句践与大夫泄庸、种、蠡谋伐吴,遂灭之。孔子称殷有三仁,寡人亦以为粤有三仁。桓公决疑于管仲,寡人决疑于君。'"③由一百零九字减为五十个字。这里不仅是删去了一些文字,而且体现出对话体的精髓在于对话,纪传体更讲究记述的简明有神,体现出两种体裁的不同追

---

① 张岱年:《中国哲学大纲·人生论》言:"疑《春秋繁露》所载,乃董子原语,而《汉书》所记,乃经班固修润者。"(《张岱年全集》第二卷,河北人民出版社,1996,第 422 页)其说可信。何丽野:《从语境看董仲舒义利观的一段学案——兼论中国思想史研究中的"语境意识"》认为:"后世校注者大都以为《春秋繁露》里的记载是从《汉书》中抄来的。"(《哲学研究》2011 年第 2 期,第 54 页)此言不知有何种根据? 具体是哪几个校注者认为《春秋繁露》里的记载是从《汉书》中抄来的",没有明确标注其姓名与著述名称,不便具体考察其说法,以判断其是非。

② 苏舆:《春秋繁露义证》卷九《对胶西王越大夫不得为仁》,第 266-267 页。

③ 班固:《汉书》卷五六《董仲舒传》,第 2523 页。

求,反映出董仲舒与班固不同的历史背景和思想上的一些异同之处。

从总体上看,《汉书·董仲舒传》做了删削,篇幅缩小,字数减少,但有的地方,也增加了一些文字。如《春秋繁露·对胶西王越大夫不得为仁》载"为其诈以成功,苟为而已也"①十一个字。《汉书·董仲舒传》作"为其先诈力而后仁谊也,苟为诈而已"②十五个字。增加了四个字。其中删去了"以成功、也"四个字,增加了"先、力而后仁谊也、诈"八个字。使表述更完整,形象更鲜明。

(三) 人员数量不同

《春秋繁露·对胶西王越大夫不得为仁》作:"大夫蠡、大夫种、大夫庸、大夫睪、大夫车成,越王与此五大夫谋伐吴。"③越王勾践与五大夫,共计六人。

《汉书·董仲舒传》作:"粤王句践与大夫泄庸、种、蠡谋伐吴。"④越王与三大夫,共计四人。

《春秋繁露·对胶西王越大夫不得为仁》所记五大夫,《汉书·董仲舒传》所说为三人,删去了大夫睪、大夫车成两人,两篇所记述的越大夫人数不同。

(四) 三仁姓名不同

《春秋繁露·对胶西王越大夫不得为仁》作:"今以越王之贤,与蠡、种之能,此三人者,寡人亦以为越有三仁。"⑤认为越国三仁为越王勾践、范蠡、文种。

《汉书·董仲舒传》本身没有明确越三仁为何人,颜师古据"粤王句践与大夫泄庸、种、蠡谋伐吴"而注曰:"泄庸一也,大夫种二也,范蠡三也。"⑥
苏舆指出:"卢云:'本传以泄庸与种、蠡同为三仁。'舆案:此以一去一

---

① 苏舆:《春秋繁露义证》卷九《对胶西王越大夫不得为仁》,第 268 页。
② 班固:《汉书》卷五六《董仲舒传》,第 254 页。
③ 苏舆:《春秋繁露义证》卷九《对胶西王越大夫不得为仁》,第 266–267 页。
④ 班固:《汉书》卷五六《董仲舒传》,第 2523 页。
⑤ 苏舆:《春秋繁露义证》卷九《对胶西王越大夫不得为仁》,第 267 页。
⑥ 班固:《汉书》卷五六《董仲舒传》,第 2524 页。

死,与越王雪耻为三仁。本传虽引泄庸、种、蠡三人,未必即以三仁属之。当据此订正颜注之失,否则睪与车成皆五大夫,何独遗耶?"①苏舆认为,越国三仁为文种、范蠡与越王勾践,应当以《春秋繁露·对胶西王越大夫不得为仁》纠正《汉书·董仲舒传》颜师古注的失误,否则五个越大夫中单独遗忘哪个合适呢?

刘师培则指出:"卢校云:'本传以泄庸与种、蠡同为三仁。'窃以此文有讹当从本传订正。考《繁露》此篇以'越大夫不得为仁'标目,则无越王甚明。又下云:'而况与为诈以伐吴',谓与越王为诈也,明所指仅及越臣。疑本文当作:'今越王有庸之贤与蠡种之能',嗣挩'庸'字,又乙'越王有'为'有越王'。《汉书》所据之文与今本殊,故去睪〔睪〕及车(臣)〔成〕之名,以泄庸种蠡伐吴之文与下越有三仁相续也。"并注明:"殷有三仁均殷臣,越有三仁不得有越君。"②刘师培认为越三仁不应当包括越王勾践。其看法被有些学者所认同。③

两人均依据卢文弨校勘成果,做出了不同的判断。苏舆按《春秋繁露》的记述,言之有据。刘师培结合《春秋繁露》的篇名,运用理校方法,持之有故。苏舆与刘师培所言均为假说,结论还得等待发现确切的史料依据,才能定夺。

(五) 核心语言不同

《春秋繁露·对胶西王越大夫不得为仁》作:"仁人者,正其道不谋其利,修其理不急其功,致无为而习俗大化,可谓仁圣矣。三王是也。"《汉书·董仲舒传》作:"夫仁人者,正其谊不谋其利,明其道不计其功"。两篇除了"仁人者""不谋其利"七字相同外,其他的表述都不同。

《汉书》把"正其道不谋其利"改为"正其谊不谋其利",将"道"改为"谊

---

① 《春秋繁露义证》卷九《对胶西王越大夫不得为仁》(第267页)。"卢校",即《春秋繁露》卢文弨校定本,其言见《卢校丛编·春秋繁露》卷九,第198页。
② 刘师培:《春秋繁露斠补》卷中《对胶西王越大夫不得为仁》,载《仪征刘申叔遗书》,广陵书社,2014,第3149-3150页。
③ 赖炎元注译《春秋繁露今注今译》认为:"今以越王之贤与蠡种之能。当从刘师培校作'今以越王有庸之贤与蠡种之能'。下文越有三仁,即指泄庸、文种和范蠡。"(第243页)认同刘师培的根据篇题校证内文。钟肇鹏《春秋繁露校释(校补本)》卷九《对胶西王越大夫不得为仁》认为:"苏、刘二说正相对立,细审之,刘说为长。"(第601-602页)

（义）"字,就是把道理相对改为了谊（义）道相对。把"修其理不急其功"改为"明其道不计其功",将"修其理"改为"明其道",意思更易懂。把董仲舒的对于"功"的"不急"改为"不计"。不急是不着急,不以为先、不以为重之义,含有不要操之过急、不要急功近利之意;不计是不用计较、不用考虑之意,与董仲舒的表述有所区别。删去了"致无为而习俗大化,可谓仁圣矣。三王是也。"仁人的标准,由三项变为两项。

"仁人者,正其道不谋其利,修其理不急其功,致无为而习俗大化,可谓仁圣矣。三王是也"与"夫仁人者,正其谊不谋其利,明其道不计其功"相比,两者没有根本性的差异。前者更符合董仲舒的本义——树立起仁人的标准,以便于对照、衡量,去否定所谓越国的三仁。后者文字简略,阐述的清晰,传播的更广泛,更引人注目,影响更加深远,宋代以降,成为正统儒家义利观的经典表述。

（六）结句词语不同

《春秋繁露·对胶西王越大夫不得为仁》以"臣仲舒伏地再拜以闻"结句,《汉书·董仲舒传》以"王曰'善'"结束。

《春秋繁露》中除此篇外,《郊事对》结句为"臣仲舒昧死以闻"[①]。《五行对》结句为"王曰:'善哉！'"《春秋繁露》中还有《楚庄王》《精华》等篇亦用对问体裁,一问一答或问答多次。其结句,并不完全一致,体现了或因事造文,或因文生义的对问体裁和汉代文献的特点。《汉书》结句,增加"王曰:'善'"。表示赞同其说。当是汲取了《史记》书中的"王曰'善'"的结句格式,如《史记》中的"惠王曰:'善。'""齐王曰:'善。'""秦王曰:'善。'"[②]胶西"王曰:'善。'"[③]等。《汉书》中除《董仲舒传》外,亦有"汉王曰:'善。'"[④]"王曰:'善。'"[⑤]等结句形式,为当时所习见,符合史书记述体裁,有事件起因,有发展脉络,有结局。结句相异体现了两篇不同的著述体裁。

---

① 《宋刊古文苑》卷五《对·郊祀对》作:"臣仲舒冒死以闻。"（章樵注,中国书店,2021,第189页）篇名、文字与《春秋繁露》稍有不同。
② 司马迁:《史记》卷七〇《张仪列传》,第2762、2779、2783页。
③ 司马迁:《史记》卷一〇六《吴王濞列传》,第3401页。
④ 班固:《汉书》卷三九《萧何传》,第2007页。
⑤ 班固:《汉书》卷三五《吴王濞传》,第1907页。

综上所述,《春秋繁露·对胶西王越大夫不得为仁》与《汉书·董仲舒传》相异之处,笔者归纳为提问者、记述详略、人员数量、三仁姓名、核心语言、结语词语等六方面的不同,这些不同,既有因为诸侯王与相对话体与纪传体体裁的不同所致,亦有因为董仲舒、班固历史背景不同、思想不同、文笔风格相异等所致,从而体现出西汉董仲舒与东汉班固不同的思想倾向。

二、两篇相同之处

《春秋繁露·对胶西王越大夫不得为仁》与《汉书·董仲舒传》的记述,虽然有上述六方面的相异之处,亦有相同之处,主要体现在以下各方面。

(一) 两篇所记事件相同

《春秋繁露·对胶西王越大夫不得为仁》与《汉书·董仲舒传》,记述了董仲舒在出任诸侯王相期间,诸侯王提出了越国三仁问题,董仲舒奉命回答,阐述了自己的看法,明确了仁人标准,否定了越国三仁,取得了诸侯王的认同。从内容看,两篇所记载的是同一件事情。

(二) 记载时间模糊相同

《春秋繁露·对胶西王越大夫不得为仁》,顾名思义应当发生在董仲舒出任胶西王相期间,但没有准确具体的时间。

《汉书·董仲舒传》记述为"对既毕,天子以仲舒为江都相,事易王。易王,帝兄素骄好勇,仲舒以礼谊匡正,王敬重焉。久之,王问仲舒曰"。董仲舒担任江都王相有具体时间,在元光元年(前134年),所言"久之",江都王刘非咨询越三仁事,时间模糊,没有具体的日期。

《汉纪》系于元光元年董仲舒对策之后,言:"仲舒对策,擢为江都相。时,易王甚骄而好勇,问仲舒曰。"①似乎距为江都王相时间近些,也无具体的时日。

历史研究,讲究原始资料,重视当时人、当事人的记述,因为史实记载

---

① 荀悦:《汉纪》卷一一孝武皇帝纪二年,《两汉纪》,中华书局,2017,上册第176页。

"远不如近,闻不如见。"①"地近则易核,时近则迹真。"②距离越遥远讹误会越来越多,年代越久记忆会越来越模糊,事过境迁,物是人非,只有原始性的历史文献,才会保存比较多的真实因素。历史考证讲究无征不信孤证不立,后人在没有新资料发现的情况下,很难颠覆、补充、修订前人的记载。汉代人都说不清的问题,后人只能人云亦云了,这是无可奈何而又确实存在的问题。

刊刻于宋宁宗嘉定十四年(1221年)的王益之撰《西汉年纪》系于元光元年五月董仲舒对策、"初令郡国举孝廉各一人"后,曰:"以仲舒为江都相,仲舒相易王。王问仲舒曰。"资料来源亦是《汉书·董仲舒传》。《考异》言:"今仲舒对策,从《汉书》本纪、荀氏《汉纪》载于此年。又依《武帝故事》以举孝廉事附焉,至于相江都、论三仁、著《灾异记》以次列焉。"③附记在相关事件之后,没有具体的年代。

有些学者将《越有三仁对》系于董仲舒对策之后④,这是没有发现相关的新资料,只能采取与古人相类似的办法,将年代不清晰的相关事件,放在一起来记述。有些学者将此事系于董仲舒在江都相任上⑤,亦属于模糊性的时间记载。

由上述可知,董仲舒对越大夫不得为仁事件的系年,多是笼统附记于董

---

① 黄晖:《论衡校释》卷二九《案书篇》,中华书局,1990,第1163页。
② 章学诚《文史通义校注》卷八《修志十议》,叶瑛校注,中华书局,1985,第843页。
③ 王益之:《西汉年纪》卷一一武帝元光元年五月,中华书局,2018,第205页。
④ 如宋清等:《中国学术编年·两汉卷》系于武帝元光元年五月董仲舒对策后,作:"董仲舒为江都相,与易王论仁人。"(华东师范大学出版社,2013,第141页)属于附录性,并非准确记载年月。郑文杰、李梅:《中国学术思想编年·秦汉卷》系于武帝元光元年五月董仲舒对策后,附录了董仲舒论仁人(陕西师范大学出版社,2005,第123页),而非此事就发生于此年此月。李梅等:《秦汉经学学术编年》与《中国学术思想编年·秦汉卷》记述相同(凤凰出版社,2015,第133页)。据上述诸书所言,将董仲舒越有三仁对,系于董仲舒对策后,均属于时间模糊的大致时段。
⑤ 刘汝霖:《汉晋学术编年》卷二根据《汉书·董仲舒传》《春秋繁露》系于元光二年"董仲舒治江都"条下,言"王尝问仲舒曰"(华东师范大学出版社,2010,第82页),也未精确注明其年代。刘跃进:《秦汉文学编年史》中编汉武帝刘彻元光元年(前134)丁未载:"七月,京师雹,鲍敞问仲舒'雹何物',仲舒作《雨雹对》。其时仍为江都相,作《粤有三仁对》。"(商务印书馆,2006,第144-145页)看似精确到了元光元年七月,时间很具体,其实说董仲舒"其时仍为江都相"的范围之内可信。说"故知本年末、下年初以为江都相也"(第145页)亦可信。系《雨雹对》于元光元年七月,有《西京杂记》卷五的根据也当可信。但把"其时"具体为元光元年七月,董仲舒作《粤有三仁对》,则缺乏证据和论证了,不太可信了。因为《汉书·董仲舒传》说"久之",《汉纪》附录于董仲舒对策后,都没有具体年月日时间,此书也未有新资料、新证据,就系于元光元年七月似乎不可信。

仲舒对策、董仲舒出任江都王相之后,尚未有准确清晰的年代可言。

(三) 文章结构大致相同

《春秋繁露·对胶西王越大夫不得为仁》与《汉书·董仲舒传》,两篇文章结构大致相同,均是先由诸侯王提出越国三仁问题,董仲舒奉命回答,引用柳下惠伐国不问仁人的故事,阐释仁人的标准,否定越国有三仁的存在,进而说明五霸与三王相比也不是仁人,诸侯王认同其回答。其文章谋篇布局大致相同。

(四) 仁人不谋其利相同

《春秋繁露·对胶西王越大夫不得为仁》载:"仁人者,正其道不谋其利,修其理不急其功,致无为而习俗大化,可谓仁圣矣。"《汉书·董仲舒传》作:"夫仁人者,正其谊不谋其利,明其道不计其功。"两篇虽然有"正其道"与"正其谊"等不同,但都有"仁人者""不谋其利"相同的记述。

(五) 伐国不问仁人相同

《春秋繁露·对胶西王越大夫不得为仁》载:"昔者鲁君问于柳下惠曰:'我欲攻齐,何如?'柳下惠对曰:'不可。'退而有忧色,曰:'吾闻之也,谋伐国者,不问于仁人也。此何为至于我?'但见问而尚羞之,而况乃与为诈以伐吴乎?"《汉书·董仲舒传》亦载:"闻昔者鲁君问柳下惠:'吾欲伐齐,何如?'柳下惠曰:'不可'。归而有忧色,曰:'吾闻伐国不问仁人,此言何为至于我哉!'徒见问耳,且犹羞之,况设诈以伐吴虖?"两篇引用柳下惠伐国不问仁人的故事主要情节相同,而在叙述时,所用语言文字,多有相异。这是董仲舒借用"圣之和者""百世之师"[1]柳下惠的伐国不问仁人的故事、言论,借事明义,借题发挥,以否定越国三仁。

---

[1] 焦循:《孟子正义》卷二〇《万章下》载:"伯夷,圣之清者也;伊尹,圣之任者也;柳下惠,圣之和者也;孔子,圣之时者也。孔子之谓集大成。"(中华书局,1987,第672页)卷二八《尽心下》又载:"圣人百世之师也,伯夷、柳下惠是也。"(第976页)柳下惠名高天下,所言说服力强。

(六）贵信而贱诈思想相同

《春秋繁露·对胶西王越大夫不得为仁》载："《春秋》之义,贵信而贱诈。诈人而胜之,虽有功,君子弗为也。"①把贵信而贱诈提高到《春秋》之义的高度。《汉书·董仲舒传》作："仲尼之门五尺之童羞称五伯,为其先诈力而后仁谊也。苟为诈而已,故不足称于大君子之门也。"②虽然删去了几句话,增加了几个字,但贵信而贱诈的思想还是很明确的。

(七）五尺童子羞称五霸相同

《春秋繁露·对胶西王越大夫不得为仁》载："是以仲尼之门,五尺童子,言羞称五伯。为其诈以成功,苟为而已也。故不足称于大君子之门。"③《汉书·董仲舒传》作："是以仲尼之门,五尺之童羞称五伯。"④两篇所载基本相同,所言的"仲尼之门五尺之童羞称五伯",是沿袭了孟子、荀子的说法。孟子曰："仲尼之徒无道桓文之事者,是以后世无传焉。臣未之闻也。"⑤荀子曰："仲尼之门人,五尺之竖子言羞称乎五伯。"⑥"仲尼之徒""仲尼之门"含义相近。王"念孙案:'仲尼之门人''人'字后人所加也"⑦。王念孙旁征博引,所言是,"人"字衍当删。刘向曰："孟子、孙卿、董先生,皆小五伯,以为仲尼之门,五尺童子皆羞称五伯。"⑧桓谭言："传曰:'孔氏门人,五尺童子,不言五霸事者,恶其违仁义而尚权诈也。'"⑨孟子、荀子所言为董仲舒、刘向、桓谭等人所认同。实际上,且不说仲尼之门、五尺童子是否羞称五霸,就是孔子在有些场合也是谈论五霸和肯定辅佐五霸的管仲等人的。如孔子曰："晋文公谲而不正,齐桓公正而不谲。"⑩对于春秋五霸中的晋文

---

① 苏舆:《春秋繁露义证》卷九《对胶西王越大夫不得为仁》,第 268 页。
② 班固:《汉书》卷五六《董仲舒传》,第 2524 页。
③ 苏舆:《春秋繁露义证》卷九《对胶西王越大夫不得为仁》,第 268 页。
④ 班固:《汉书》卷五六《董仲舒传》,第 2524 页。
⑤ 焦循:《孟子正义》卷三《梁惠王上》,第 77 页。
⑥ 王先谦:《荀子集解》卷三《仲尼篇》,中华书局,1988,第 105 页。
⑦ 王念孙:《读书杂志·荀子杂志》第二《仲尼·门人》,江苏古籍出版社,1985,第 659 页。
⑧ 王先谦:《荀子集解》卷二〇《荀卿新书三十二篇》,第 559 页。
⑨ 桓谭:《新辑本桓谭新论》卷二《王霸篇》,朱谦之校辑,中华书局,2009,第 4 页。
⑩ 刘宝楠:《论语正义》卷一七《宪问》,中华书局,1990,第 570 页。

公、齐桓公有肯定有批评。孔子又曰:"桓公九合诸侯,不以兵车,管仲之力也。如其仁!如其仁!"①陈亮指出:"伊川所谓:'如其仁者,称其有仁之功用也。'仁人明其道不计其功,夫子亦记人之功乎?"②肯定了齐桓、管仲的贡献,比较了董仲舒所言与孔子之言的不同。孔子曰:"管仲相桓公,霸诸侯,一匡天下,民到于今受其赐。微管仲,吾其被发左衽矣。"③孔子赞赏管仲仁德、功绩。《上海博物馆藏战国楚竹书》中记述了孔子在回答季康子问政时,引用了辅佐齐桓公和晋文公成就霸业的管仲、孟者吴(孟子余、赵衰)的治国言论,赞扬了他们的辅霸策略④。把传世文献与出土文献结合起来看,荀子、董仲舒、刘向、桓谭等人所谓的"仲尼之门五尺童子言羞称五伯"的说法,是战国两汉儒者的看法。从历史事实看,表述并不准确。董仲舒、班固都认同这种不准确的说法,反映了两汉时代的特点,也反映了思想家借事明义的特点。

综上所述,《春秋繁露·对胶西王越大夫不得为仁》与《汉书·董仲舒传》相同之处,主要体现在所记述的为同一件事情,都没有具体年代,文章结构相同,引用典故相同,思想脉络大致相同,都有仁人者"不谋其利"的话,均有仲尼之门五尺童子羞称五霸等,都是以柳下惠和三王作为正面立论的典范,以五霸作为反面衬托的例证,都有贵仁义而贱权谋兵诈之意。

三、两篇异同的原因

笔者看《春秋繁露·对胶西王越大夫不得为仁》与《汉书·董仲舒传》的相异之处和相同之处,共是十三条,已经列举于上,有些具体原因,也在论述中提到,下面再稍做分析。

---

① 刘宝楠:《论语正义》卷一七《宪问》,第 573 页。
② 陈亮:《陈亮集(增订本)》卷二八《又乙巳春书之二》,载《邓广铭全集》第五卷,河北教育出版社,2005,第 276-277 页。
③ 刘宝楠:《论语正义》卷一七《宪问》,第 577-578 页。
④ 马承源主编《上海博物馆藏战国楚竹书》第五册《季庚子问于孔子》,上海古籍出版社,2005,第 195-199 页。

（一）不同的时代因素

西汉与东汉，都是刘家天下，不仅血脉相连、辈分相接，而且制度相沿，但也有一些不同之处。西汉开国，政治制度，在汉承秦制的前提下，也有很多的变革，分封诸侯，是秦制所无，郡国制度是汉朝的创造。统治思想，从汉初寻觅到"因阴阳之大顺，采儒墨之善，撮名法之要，与时迁移，应物变化，立俗施事，无所不宜"①清静无为的黄老之学，遵奉推行，轻徭薄赋，与民休息，取得了社会安定、经济恢复、文化发展的成就，但亦有匈奴侵扰、诸侯王坐大等问题。雄才大略的汉武帝，即位初年，实施建元新政，采取一系列措施，实现了由黄老之学占主导地位到"罢黜百家、表章六经"②的转变。在前人创造的基础上，对内，改革制度，制礼作乐。对外，四面出兵，开疆拓土。在取得重大成就的同时，也付出了沉重的代价，形成了严重的社会危机。晚年醒悟，颁布轮台诏，转变治国方针，再加上顾托得人，逐渐化解了危机。历经昭宣中兴，元成哀衰落，平帝傀儡，王莽代汉。绿林赤眉起兵，刘秀河北崛起，鄗南即位开国。汉光武帝刘秀，一方面尊崇经学，设立五经十四博士，另一方面"宣布图谶于天下"③。经学的尊崇地位更加巩固。作为汉武帝时代，人称"群儒首"、"儒者宗"④、"为世儒宗"⑤的董仲舒，在东汉时代更受尊崇，由在《史记·儒林列传》的附传，变成了《汉书·董仲舒传》的专传，篇幅扩大，内容更丰富，评价更高。按照东汉的主流思潮来塑造董仲舒的形象，变得理所当然。那么，董仲舒的文章按照东汉的需要，进行修改只是时间问题了。因此，《春秋繁露·对胶西王越大夫不得为仁》与《汉书·董仲舒传》出现异同亦是情理当中的事情。

---

① 司马迁：《史记》卷一三〇《太史公自序》，第3966页。
② 班固：《汉书》卷六《武帝纪》，第212页。
③ 范晔：《后汉书》卷一下《光武帝纪下》，第84页。
④ 班固：《汉书》卷五六《董仲舒传》赞引刘歆曰："仲舒遭汉承秦灭学之后，六经离析，下帷发愤，潜心大业，令后学者有所统壹，为群儒首。"（第2526页）《汉书》卷二七上《五行志上》称："汉兴，承秦灭学之后，景、武之世，董仲舒治《公羊春秋》，始推阴阳，为儒者宗。"（第1317页）两者叙述了董仲舒所处的历史背景，肯定了董仲舒的学术贡献与历史地位。
⑤ 班固：《汉书》卷三六《楚元王传·刘向》载：董"仲舒为世儒宗，定议有益天下"（第1930页）。

（二）不同的体裁因素

《春秋繁露·对胶西王越大夫不得为仁》用对问体裁①，又称对、对命、对答、对策等，既是中国古代文章体裁之一，又是战国秦汉时代君臣交流的一种形式②。既有书面的回答，如严助、董仲舒、公孙弘等贤良对策，又如东方朔、主父偃、终军、严安等上书，亦有面君奏对，如丞相、九卿等大臣以面君奏对提出自己的意见。形式多样。以有问有答的形式，问自有问的用意，答自要申明其看法，以论说为主，道理说清了也就可以结束了。因此，《春秋繁露·对胶西王越大夫不得为仁》用诸侯王问、董仲舒答的形式，进行了阐述，最后以"臣仲舒伏地再拜以闻"结束了，诸侯王反应如何，没有再说。

《汉书·董仲舒传》属于纪传体中的列传体裁，以记述为本，既要交代事件的来龙去脉，又要简洁精练。《汉书·董仲舒传》按照纪传体列传的撰写规范，精简了文字，增加了"王曰'善'"结束了对话。增加"王曰'善'"的根据，当是班固受《史记》记载战国秦汉君臣对话格式的影响，又是根据汉朝君臣对话的一般情况而言。

体裁不同导致的记述异同，不仅体现在《春秋繁露》和《汉书》中，而且记述董仲舒与诸侯王对话的编年体史书、年表等著述中，与上述两篇相比也是大同小异自有特色。

---

① 在《春秋繁露》的版本中，有将《对胶西王越大夫不得为仁》简称者，一是简称为"对胶西"，如《中华再造善本·唐宋编·宋嘉定四年江右计辞《春秋繁露》目录作《对胶西》(《中华再造状况本·唐宋编》第 1 册第 3 页 a。又见《北京图书馆古籍珍本丛刊·经部·春秋繁露》目录，书目文献出版社，1988，第 2 册第 508 页）等。二是简称为"对胶西王"，如清乾隆武英殿聚珍版《春秋繁露》目录作"对胶西王"如明程荣纂加强《汉魏丛书·春秋繁露》目录（明万历新安程式刊本第 5 页 a）。(《四部丛刊·经部》，商务印书馆，1919、1929、1936，影印武英殿聚珍版，第 50 册第 3 页 a）。《景印文渊阁四库全书·经部·春秋类》附本《春秋繁露》目录作"对胶西王"（第 181 册第 698 页）。卢文弨抱经堂校定本《春秋繁露》目录亦作"对胶西王"（《抱经堂丛书》本，第 1 册第 3 页 a；《卢校丛编》的《春秋繁露》，第 9 页；中华书局辑《四部备要·子部》，中华书局，1936，排印本）。王心湛：《春秋繁露集解》目次作"对胶西王"（第 9 页）。将目录、目次简称为"对胶西"或"对胶西王"，更加清楚地显示出文章的体裁是对问体。

② 陈松长主编《岳麓书院藏秦简（伍）》简 1679+1673、1667 载："●令曰：制书下及受制有问议者，皆为薄（簿），署到初受所及上年日月，官别留日数、传留状，与对皆（偕）上。不从令，赀一甲。·卒令乙五。"（上海辞书出版社，2017，第 101 页）秦代有君有问议，臣有对。两汉更普遍，不一一列举。

(三) 相同的文章渊源

正谊明道的原始性文献记述,在《汉书》与《春秋繁露》中有同有异,根本原因,在于是同一篇文章。《春秋繁露》所载是原作,是《汉书》资料的来源。《汉书》是修改版,有着原作的因素,又受着班固思想、眼光、水平与《汉书》体裁的影响,按照班固的思路进行了删繁就简、升华思想的改造,因此,两篇呈现出异同并存、同大于异的现象。

综上所述,事情相同,体裁相异,其中有着其合理的因素,既有精简的删略,亦有合理的想象增加,导致了两篇记述有异同现象的存在。

四、两篇异同的影响

现在看来,《春秋繁露·对胶西王越大夫不得为仁》,是原作,蕴含着董仲舒的思想,代表着董仲舒的主张。《汉书·董仲舒传》的《粤有三仁以》,是班固在原作基础上,加工、删改而成,既有董仲舒思想的因素,也有班固的思想倾向。研究董仲舒正谊明道思想,应当看《春秋繁露·对胶西王越大夫不得为仁》,考察正谊明道思想的影响,应当看《汉书·董仲舒传》。

(一) 核心语言不同后来居上

两篇核心语言的异同,形成了后世不同的社会影响。

笔者检索《文渊阁四库全书电子版》,正文引用"正其谊不谋其利,明其道不计其功"者,涉及一百一十二种书一百三十六卷一百四十六个匹配,注释中引用二十六种书三十卷三十三个匹配。检索《中国基本古籍库》,引用"正其谊不谋其利"者三百零五次。检索爱如生数据库,引用"正其谊不谋其利,明其道不计其功"者,《中国方志库初集》涉及一百零三种书一百二十条记录;《中国方志库二集》涉及七十七种书八十七条记录;《中国类书库》涉及二十二种书三十九条记录。2022年4月23日检索读秀搜索引擎,涉及引用"正其谊不谋其利,明其道不计其功"的条目四千五百三十五条。

笔者检索《文渊阁四库全书电子版》,正文引用"正其道不谋其利,修其理不急其功",涉及两种书两次,一是《春秋繁露》,一是《西汉文纪》;注释中一次引用也没有。检索《中国基本古籍库》,引用"正其道不谋其利"者六次。检索爱如生数据库,引用"正其道不谋其利,修其理不急其功"者,《中国方志库初集》《中国方志库二集》为零;《中国类书库》仅有一条记录。2022年4月23日检索读秀搜索引擎,涉及引用"正其道不谋其利,修其理不急其功"的条目八百零三条。

虽然笔者所检索的数据库资料有限,但由上述检索对比可知,核心词语相异,后来居上,后人引用、阐述、解释者,以班固删改、润饰的《汉书·董仲舒传》为多,以"正其谊不谋其利,明其道不计其功"为主,远远超过了对《春秋繁露·对胶西王越大夫不得为仁》"正其道不谋其利,修其理不急其功"的引用,数量相差悬殊,成为正谊明道思想的主要载体,正谊明道成为中国古代义利观的经典语言,并被赋予了多种多样的含义。

(二) 伐国不问仁人内涵丰富

不仅两篇记载相异的正谊明道成为著名的经典,而且记载相同的伐国不问仁人,历经与时俱进的词义扩展,成为后世文人的自觉意识。

柳下惠(前720年—前621年),春秋鲁国(都今山东曲阜鲁国故城遗址)人,展氏,名获,字禽,食邑柳下,私谥惠,人称柳下惠,鲁桓公时,入仕参末议。鲁庄公、鲁僖公时,任士师,正直为国,信诚为人,三仕三黜,蒙耻救民,人称和圣。董仲舒所讲柳下惠"伐国不问仁人"的故事,不见于《左传》《国语》《论语》《孟子》等书的记载,笔者目前所见"伐国不问仁人"记述,以董仲舒所言为最早,影响深远。

在董仲舒以后,"伐国不问仁人",逐渐成为文士的自觉意识。如王莽时,曾任郡文学、以明经征诣公车的崔篆,太保甄丰举为步兵校尉,崔篆辞曰:"吾闻伐国不问仁人,战陈不访儒士。此举奚为至哉?"遂投劾而归①。又如东汉末年,袁术以何夔是陈郡人,欲胁令说服蕲阳。何夔谓谋臣李业曰:"昔柳下惠闻伐国之谋而有忧色,曰:'吾闻伐国不问仁人,斯言何为至于我哉!'"遂遁匿潜山②。上述崔篆、何夔的实践与所言"伐国不问仁人"与"战陈不访儒士"相通,体现了自觉的儒士角色意识。

---

① 范晔:《后汉书》卷五二《崔骃列传·崔篆》,第1703页。
② 陈寿:《三国志》卷一二《魏书·何夔传》,中华书局,1982,第378页。

宋代有人问："伐国不问仁人，然则古之人不伐国，其伐者皆非仁人乎？"程子曰："展禽之时，诸侯以土地之故，暴民逞欲，不义之伐多矣。仁人所不忍见也，况忍言之乎？昔武王伐纣，则无非仁人也。"①从不同角度提出了问题，程子做了新的解释。元代李治言："伐国不问仁人，仁人不可以伐国乎？伐人之国，虽曰能之，要非仁者之心也。"②上述程颐、李治所言"伐国不问仁人"，区分了伐国既有不仁，亦有仁者，伐国者应持仁人之心。

东晋时，有些人以王导帝师名位隆重，百僚宜为降礼。太常冯怀问于颜含，颜含答复，"王公虽重，理无偏敬。降礼之言，或是诸君事宜。鄙人老矣，不识时务。"既而告人曰："吾闻伐国不问仁人。向冯祖思问佞于我，我有邪德乎？"③以伐国不问仁人，自觉反思自己的行为、做派。明代，邹"观光，既成进士，里人以百金丐居间，艴然不悦，曰：'伐国不问仁人，吾宁有不足所耶，而以汙我。'其人踟蹰而退"④。清代有人言："昔人有言：'附东林者亦有小人，攻东林者必无君子。'此言是乎，非乎？愿因先生定之。"唐子附掌而笑曰："古语云：'伐国不问仁人'。子奈何以此事问我哉！吾与子论党者，伤人国之沦亡，恶人心之中戾气，故明中和之道，以立治辨学，以为后世取法。吾乌知其何为附东林，何为攻东林；吾乌知其为东林、西林、南林、北林也！"⑤上述颜含、邹观光、唐甄所言"伐国不问仁人"与"邪恶不近明智"含义相通，均由他人询问而考虑自己的行为举止。明李化龙言："再照'伐国不问仁人，游士不求贞女，古之操行有闻者'。雄藩寝其邪谋，大吏减其驺从，盖至暮夜而有故人。"⑥

李化龙将"伐国不问仁人"与"游士不求贞女"，相互对照解释，又赋予了新的含义。

---

① 程颢、程颐：《二程集·河南程氏粹言》卷二《圣贤篇》（第 1230 页）。《二程集·河南程氏遗书》卷一八《伊川先生语四》载：问："'伐国不问仁人'，如何？"曰："不知怎生地伐国？如武王伐纣，都是仁人，如柳下惠之时则不可。当时诸侯，以土地之故，糜烂其民，皆不义之伐，宜仁人不忍言。"（第 217 页）两者含义大致相似，而语序则先后不同，当是记录不同而然。
② 李治：《敬斋古今黈》卷七，中华书局，1995，第 92 页。
③ 房玄龄等：《晋书》卷八八《孝友传·颜含》，中华书局，1974，第 2287 页。
④ 李维桢：《大泌山房集》卷七〇《邹次公家传》，载《明别集丛刊》第四辑，黄山书社，2015，第 10 册第 90 页。
⑤ 唐甄：《潜书》下篇下《除党》，中华书局，1963，第 164 页。
⑥ 李化龙：《平播全书》卷六《纠参黷帅疏》，载《续黔南丛书》第一辑上，贵州人民出版社，2012，第 359 页。

由上述可知,董仲舒所言柳下惠"伐国不问仁人"的说法,为后人认同,既有付诸于实践者,又有反思自己的为人处世者,还有拓展其内涵者,内容越来越丰富。

综上所述,两篇核心语言相异,《汉书》记述的正谊明道后来居上,固然有纪传体史书涉及领域广泛,社会需要量大,印行版本众多,个人著述根本不能望其项背等原因有关,也与《汉书》记述简明、升华核心语言、简约易知等因素有关,亦与董仲舒正谊明道思想契合了宋代二程、朱熹等创新儒学思想的需要有关,还与正谊明道适应了宋代理学思想发展潮流的需求有关,更与宋代以降众多学者、官员、皇帝等由下而上和由上而下的传播弘扬相形益彰有关。两篇相同的伐国不问仁人,也与时俱进,内涵日益丰富,成为中国传统文化中的名言警句。

作为董仲舒正谊明道思想的原始性文献记述——《春秋繁露·对胶西王越大夫不得为仁》与《汉书·董仲舒传》,一是西汉董仲舒原作,一是东汉班固修改之作。两篇相互比较,相异之处主要体现在提问者、记载详略、人员人数、三仁姓名、核心语言等方面,相同之点主要存在于所记事件、文章结构、思想主张等方面。这些异同,不仅是由于两篇著述体裁不同所致,也是朝代不同、思潮变化的体现,而且还可以证明《春秋繁露》董仲舒原作成篇较早,《汉书·董仲舒传》的问对是在《春秋繁露》董仲舒原作基础上删减润色而成,也可以说明思想家董仲舒正谊明道广泛传播,影响深远,既有《春秋繁露·对胶西王越大夫不得为仁》提供的基础,也有史学家班固所撰《汉书·董仲舒传》加工修饰、精炼升华的功劳,还有宋代以来众多思想家、学者、皇帝、官员等弘扬传播的成效凝聚在其中。

东汉时期的民族交融及历史启示

史党社

一、东汉的民族关系

东汉接续秦与西汉,是一个多民族王朝。由于长期政治统一所带来的经济、文化的融合和民族认同感的加强,东汉的疆域表现出相当的稳定性,民族关系也以中央管理之下的多民族共存发展为主要特征,如《后汉书·东夷列传》所说:"自中兴之后,四夷来宾,虽时有乖畔,而使驿不绝。"[1]

东汉基本的民族格局,以华夏共同体——汉族的前身"汉人"为主要角色,各民族继续互动与融合,多民族共同体有所发展。这主要表现为两个方面:第一,汉民族进一步充实和壮大。在统一的国家体系下,东汉对少数民族地区的治理进一步加强,一些地区得到开发,例如河西设置郡县和移民屯田,在东越旧地设置郡县,使这些地方得到开发和华夏化;还有多支来源为"蛮夷"的少数民族因迁徙到华夏之地,逐渐融入华夏内部,例如羌、南匈奴、南郡蛮,等等。这些历史进程的发生,使汉民族得以壮大,分布范围扩大。第二,以汉为核心的多民族共同体进一步发展。由于华夏与"蛮夷"之间文化共性、同质性的增强,使得各少数民族的政治与华夏认同感加强,多民族共存的局面因此得以维持和发展。与此相应的,天下一家的民族观也更加巩固。

---

[1] 范晔:《后汉书》卷八五《东夷列传》,中华书局,1965,第2810页。

东汉的少数民族,主要生活在华夏族的周边地带。北方徼内主要有羌、南匈奴、乌桓、高句骊,徼外有匈奴、鲜卑、夫余、濊貊等族。南方长江上中游地区的巴、南郡、武陵、长沙、零陵诸郡,有板楯蛮等所谓的"南蛮",更南的南海诸郡,分布的主要是百越民族。西南方向,在蜀、犍为、牂柯、益州、永昌等郡,有夜郎、滇、邛都、笮都、冉駹、白马及哀牢等"西南夷"的不同分支,徼外则有羌及"西南夷"的其他支系。西北徼内,主要是羌及西域诸国,徼外为匈奴、乌孙。境内各族,都是汉代民族共同体的成员;境外各族,也与汉朝维持着附属、竞争等不同的关系。

东汉的民族关系,即各民族的联结和互动行为,主要发生在华夏与"蛮夷"少数民族之间;少数民族之间,也有密切的互动和联系,但属东汉民族关系的次要方面。其中,对东汉内政影响最大者,主要是北方族群,计有境内之羌、乌桓和西域诸族,以及分布广泛的匈奴、鲜卑、高句骊等族。

东汉与这些民族的关系,对于东汉王朝的延续十分重要,有时甚至是决定性的,例如乌桓与袁、曹集团的关系,可以决定历史的走向,曹操集团收附的由乌桓降众组成的"天下名骑",在曹氏的统一事业起到了很大作用。总体来说,东汉国力已非西汉那样强盛,在东汉民族主流民族关系发生的北方地区,已经没有西汉中后期那样"人民炽盛,牛马布野"①的理想图景,汉朝曾与羌、匈奴、鲜卑等族爆发过许多矛盾和冲突;南方"南蛮""西南夷"之叛也时有发生。但这些民族竞争现象,总归还是发生在东汉王朝控制下的统一的政治框架或版图之内,也并非只有政治、军事方面的角力和斗争,而还包括政治归附和行政管理,以及其他不同形式的往来和联系。所以,东汉少数民族与汉朝的各种关系,无论怎么说都属于统一国家的内政,是民族交往、融合过程中的常见现象,政治一统下的多民族共存、交融,仍然是东汉民族关系的主流。

二、东汉边疆治理的启示

纵观东汉的民族关系、各民族的交往历史,我们可以得到一些规律性的

---

① 班固:《汉书》卷九四《匈奴传》,中华书局,1962,第3826页。

认识和启示。

第一，以军事、经济为后盾的强大的政治实力，以及包容、合理的民族政策，是汉与周边诸族交好、边疆长治久安的前提。

政治和行政力量，是形成和凝聚民族的强有力的杠杆，秦汉时期，凭借强大的中央集权，汉族与稳定的多民族共同体得以形成和维系。东汉与周边内外少数民族的关系，是以政治归属和行政管辖、军事威服、封赏、人质、贡纳、贸易等所构成的一个多重体系。这个体系的维持，需要中央政府强大的政治和军事实力，即中央与"蛮夷"少数民族的力量对比。除此之外，还有包容、合理的民族政策，以及对这些政策恰当的具体执行。

从政治层面看，东汉作为统一的王朝，各个民族都是国中成员，稳定的政局、强大的国家实力，是边疆治理的前提，如《后汉书·东夷列传》缕述汉与东夷的关系：

> 王莽篡位，貊人寇边。建武之初，复来朝贡。时辽东太守祭肜威詟北方，声行海表，于是濊、貊、倭、韩万里朝献，故章、和已后，使聘流通。逮永初多难，始入寇钞；桓、灵失政，渐滋曼焉。①

文中所述王莽、光武章和、安帝及桓灵几个历史阶段，政局或稳或乱，汉与蛮夷之关系也随之起伏。背后起主要作用的，是东汉政局之稳定与否，以及由此所决定的中央政府的实力。当然这种实力的体现，并非单纯凭借战争这样的军事手段，而一定是刚柔并济的，即在军事实力的基础上，辅之政治保护、赏赐等柔性的措施，所谓的"威服"，其实是两方面的。这种传统是由来已久的，如西周武王放逐戎夷泾洛之北，荒服以时入贡，周朝仍须"修文德以来之"；西汉武帝灭南越而有"西南夷"，也须时赐美食绢帛以抚之。东汉中央政府承继了这个有效的历史传统，对少数民族的控制，在"兵威"之外，尚有"财赂"之诱②。

东汉的民族策略和措施，是国家意志的集中体现。东汉对少数民族主要的治理方法，仍是设立县、道，并利用了少数民族的上层，在租赋等方面也有所优惠。其中，与县同级的道，东汉一仍秦与西汉之旧，主要还是存在西

---

① 范晔：《后汉书》卷八五《东夷列传》，第 2809—2810 页。
② 范晔：《后汉书》卷八八《西域传》，第 2931 页。

北陇西、西南蜀郡等"蛮夷"少数民族的聚居区。东汉政府虽然把地方行政组织的设立为总目的,但也采取了灵活的形式,如郡县之外,还设置属国、校尉、都护、使中郎将和度辽将军,经常给四夷君长加封王侯之号,对少数民族实行因俗而治的治理措施,这使整个东汉的边疆策略和行政手段表现出差异化、动态化的特征,也取得了一定的实效。在某些时段内,边疆内外祸乱不起,夷夏相安,蛮夷"内属"频繁。这种"内属"有两种情况:或政治上归附汉朝(如西域诸国);或举民内迁(如"西南夷"的某些支系)。其起源于西汉,东汉时期发生最为频繁,是东汉族群关系和边疆治理效果的突出体现。至于东汉后期,汉王朝对于边疆地区的控制已经十分严密。

历史、辩证地看,东汉的民族政策和具体措施,虽取得了实效,实现了对少数民族的有效管辖,维护了国家的统一,但并不能全称成功。汉朝既能"开四夷之境,款殊俗之附"①,同时也存在屡次连年的"羌乱"及乌桓、"南蛮"、"西南夷"之乱,"陵跨中国,结患生人者,靡世而宁",历史教训与经验是同时存在的。其中原因,首先当归为东汉民族治理方面,好的策略的缺失。范晔在评价东汉的民族策略时说,"制御上略,历世无闻;周、汉之策,仅得中下"②。这个评论应是符合实际的,例如东汉对西域、乌桓的策略,就存在一定问题。东汉初,对西域的地位重视不够,光武朝号称"中兴",却罕见地拒绝了西域诸国的内属,导致西域内乱,并与匈奴勾结屡寇河西,时间长达近半个世纪。乌桓本居塞外,"天性轻黠,好为寇贼",建武二十五年,辽西塞外乌桓欲内属,汉朝使乌桓为汉葆塞抗击匈奴和鲜卑,乃"封其渠帅为侯王君长者八十一人,皆居塞内,布于缘边诸郡",并置校尉管理。安帝之后,乌桓作乱不已,以至称王,至汉末才稍熄。汉朝对乌桓的策略,是否存在引入轻易、管控不力等问题,从而使其为祸北边,也值得总结。

对于中央策略、措施的执行者,即负责一方的地方军政长官及属吏,他们的行为对于维护边疆稳定,也是至关重要的。这些人熟悉边疆情况,在某些情况下又是政策的建议者,但这些人在具体行政时,却经常存在问题。如安帝永初之后,羌乱不绝,屡寇凉、并二州以至三辅。羌乱之因,多与当地官吏豪强压榨有关。《后汉书·西羌传》记载:"诸降羌布在郡县,皆为吏人豪

---

① 范晔:《后汉书》卷八六《南蛮西南夷列传》,第 2862 页。
② 范晔:《后汉书》卷九〇《乌桓鲜卑列传》,第 2994 页。

右所徭役,积以愁怨。……朝规失绥御之和,戎帅骞然诺之信。其内属者,或佺偬于豪右之手,或屈折于奴仆之勤。"① 又如巴郡之板楯蛮,其人勇武善战,在"南蛮"中历来享受租赋等方面的优待。战国时期夷人射恶虎有功,秦昭王与之立石而盟,使秦、夷人使互不相犯,并"复夷人顷田不租,十妻不筭,伤人者论,杀人者得以倓钱赎死"②。高祖还定三秦,板楯蛮参与有功,"复其渠帅罗、朴、督、鄂、度、夕、龚七姓,不输租赋,余户乃岁入賨钱,口四十"③。东汉时期板楯蛮数次随汉平定羌乱,大有"忠功"于汉。但是,由于"郡守常率以征伐",加上"长吏乡亭更赋至重,仆役棰楚,过于奴虏",即地方管理者破坏历来成法,加重赋税和奴役,导致桓灵之后板楯蛮多次畔汉。④ 顺帝永和元年(136 年),武陵蛮因太守不遵"先帝旧典",增其租赋,致其"举种反叛"⑤。

总结以上东汉的历史说明,国家内政强大安宁,加上合理、适度的民族政策以及好的具体执行者,边疆才能得到治理和发展。

第二,对边疆的治理,也是一个地域开发、文化传播和民族融合的过程。

如今浙江南部、福建一带的东越(包括东越和闽越)之地,由于东汉政府的行政管辖和移民,使这些地区得到了开发。西汉建元三年(前 138 年)、元封元年(前 110 年)⑥两次大规模移民江淮后,导致东越地内人口稀少,《汉书·地理志》记载西汉后期会稽郡有 26 县,属于东越旧地的,只有武帝时所设的回浦(今临海)、冶(今福州)两县,其余县份大约都在杭州湾以北。《后汉书·郡国志》中,则在此两县(回浦改称章安、冶为东冶)之外,于永和三年(138 年)增加了永宁(今温州)一县。但到了东汉末年,会稽郡新置县有十一个,其中建安间所置的建安(建瓯东南)、汉兴(浦城)、南平(延平)、松阳(丽水西北)、建平(建阳东)五县,就位于原来越人之地⑦,这是东越旧地人口增加、地域开发的表现。

---

① 范晔:《后汉书》卷八七《西羌传》,第 2895 页。
②③ 范晔:《后汉书》卷八六《南蛮西南夷列传》,第 2842 页。
④ 范晔:《后汉书》卷八六《南蛮西南夷列传》,第 2843 页。
⑤ 范晔:《后汉书》卷八六《南蛮西南夷列传》,第 2833 页。
⑥ 司马迁:《史记》卷一一四《东越列传》,中华书局,1959,第 2980、2984 页。
⑦ 周振鹤、李晓杰、张莉:《中国行政区划通史·秦汉卷》,复旦大学出版社,2016,第 991-1001 页。

又如西南夷地区,由于行政管辖、移民、办学等具体措施,以及少数民族对中原文化的艳羡,中原的文化习俗东汉时期也逐渐传播于此。《后汉书·南蛮西南夷列传》记载,光武时期,锡光、任延为交趾、九真两郡太守,"教其耕稼,制为冠履,初设媒娉,始知姻娶,建立学校,导之礼义";夜郎在桓帝时有郡人尹真从汝南许慎、应奉受经书图纬,学成后还授乡里,"于是南域始有学焉";滇,肃宗元和中王追为益州太守,"始兴起学校,渐迁其俗"。①

这种地域开发和文化传播现象,在考古资料方面也有很多证据。从物质层面观察,统一的、同质的汉文化西汉中期已基本形成,并逐渐向周边少数民族地区传播。东汉时期,在南到南海、东北到鸭绿江流域、西到新疆,北到河套的边疆少数民族地区,都成了汉文化的分布区,境内的羌、匈奴或南匈奴、板楯蛮、夜郎之类,从文化上已越来越与中原汉族相似了。

例如匈奴。匈奴在汉代有两次成规模的内属:一次是西汉元狩二年(前121年)昆邪王将四万众归汉,汉设五属国安置之;另一次是东汉建武二十六年(50年),分裂后的南匈奴入居云中,后徙西河。由于此类原因,在内蒙古、陕西、宁夏、青海等地都留下了匈奴考古遗存。从其中年代落入东汉的遗存来看,这些地区的匈奴,无论文化还是人种,都处于与汉的融合之中。如神木大保当遗址,包括东汉早中期的墓葬和城址,从人骨特征和历史文献记载来看,遗址的主人应与南下归附的匈奴有关,但从墓葬形制、随葬品的组合看,大保当东汉墓除了与同时期陕北、内蒙古中南部的汉墓拥有共同的地域特征之外,与中原及关中同时代的汉墓也存在明显的共性②。更西的青海大通上孙家寨东汉晚期匈奴墓(乙区 M1),其所在的河湟一带,秦汉时期是羌、汉、匈奴杂居之地,若单纯看此墓的文化面貌,已经无法判断墓主的族群身份,只有墓中所出的一枚"汉匈奴归义亲汉长"印,才可知道墓主原来是位匈奴人士③。

又如"西南夷"之一的夜郎,其留下了著名的赫章可乐和威宁中水遗址。从这两个遗址看,本地从先秦开始,文化上的中原化进程一直进行,东

---

① 范晔:《后汉书》卷八六《南蛮西南夷列传》,第 2836、2845、2847 页。
② 陕西省考古研究所、榆林市文物管理委员会办公室编著《神木大保当:汉代城址与墓葬考古报告》,科学出版社,2001,第 111-114、132-145 页。
③ 青海省文物管理处考古队:《青海大通上孙家寨的匈奴墓》,《文物》1979 年第 4 期;许新国:《大通上孙家寨出土"汉匈奴归义亲汉长"铜印考说》,《青海社会科学》1989 年第 4 期。

汉承继了这个文化融合的趋势,至于东汉晚期,包括夜郎故地的整个贵州地区,文化上已经基本融入中原文化系统。如夜郎故地的墓葬,主要流行汉式的砖室墓、石室墓与崖墓,随葬器物也为汉式的仓、灶、井、屋、鸡、狗、侍俑等陶质明器,以及陶釜、甑、壶、罐、碗等生活用具[①]。

三、东汉是中华民族一体性形成的重要时期

东汉在政治一统的情况下的边疆治理,所产生的效应是复合的,各民族之间政治、经济、文化等联系的加强,既使少数民族地区得以开发,汉文化得以传播,也最终促进了民族融合。对于东汉时期边疆地区的政治、文化变迁,王充《论衡》说:

> 周家越常献白雉,方今匈奴、鄯善、哀牢贡献牛马。周时仅治五千里内,汉氏廓土,收荒服之外。牛马珍于白雉,近属不若远物。古之戎狄,今为中国;古之裸人,今被朝服;古之露首,今冠章甫;古之跣跗,今履商舄。[②]
> ……
> 巴、蜀、越巂、郁林、日南、辽东、乐浪,周时被发椎髻,今戴皮弁;周时重译,今吟《诗》《书》。[③]

文化作为民族的重要内涵和标志,共同的文化,会促使民族、政治认同的形成,民族、政治认同反过来又会促进文化认同,最终使诸多少数民族与汉民族走向一体,结成更大、更加稳固的民族共同体。费孝通先生指出,中华民族"是由众多民族在形成为国家的长期历史发展中逐渐形成的民族集合体。众多民族各有其发展的历史与文化,是中华民族的多元性;有着长期在统一国家中并处并发展其统一不可分割的联系,最终自觉地联合成不可分割的整体,是中华民族的一体性"[④]。东汉时期,边疆处于统一的国家之

---

① 中国社会科学院考古研究所编著《中国考古学·秦汉卷》,中国社会科学出版社,2015,第896—900页。
② 黄晖:《论衡校释》卷一九《宣汉》,中华书局,2018,第718页。
③ 黄晖:《论衡校释》卷一九《恢国》,第727页。
④ 费孝通主编《中华民族多元一体格局》(修订本),中央民族大学出版社,1999,第253页。

内,在以郡县化为主要手段的治理过程中,文化、民族与内地深度交融,少数民族对中原王朝的认同感、归属感加深,因此,东汉无疑是中华民族一体性形成的重要时期。

论汉唐洛阳辟雍兴废的原因

郭炳洁

辟雍是西周时期的中央学校:"小学在公宫南之左,大学在郊,天子曰辟雍,诸侯曰泮宫。"①西汉末年"元始礼仪"建设中赋予新内涵和形制的辟雍出现在西汉都城长安的南郊,东汉光武帝中元元年(56年)在洛阳南郊营建。传世文献中,辟雍历经汉魏西晋辉煌,北魏隋唐逐渐弱化直至消失。这与汉唐洛阳都城考古中,辟雍遗址存废情况基本吻合:汉晋时期,辟雍、明堂、灵台并列发现于洛阳南郊;北魏时期,汉魏辟雍遗址不复修缮遗弃不用;隋唐洛阳城遗址中,还未发现辟雍的痕迹。学界对辟雍的研究主要集中西周时期辟雍的内涵、形制、功能以及与明堂的关系等方面,详见龚露《辟雍研究成果综述》。学界对汉代重建后辟雍关注较少,其在汉唐间发展的轨迹更是鲜有关注,仅有徐国龙介绍两汉魏晋南北朝辟雍考古遗址状况并指出其建筑特色由夯土高台到平面展开的变化。② 汉代重建的辟雍,是继承西周文化传统基础上,儒学意识形态、皇权强化以及教育等综合结果,随着汉唐间治国理念、制度建设和教育内容等转变,辟雍由汉晋鼎盛辉煌,到隋唐时期退出都城洛阳南郊。本文拟梳理其兴盛衰落的历史过程并着重探究其原因。

---

① 《礼记正义》,郑玄注,孔颖达疏,载《十三经注疏》,阮元校刻,中华书局,2009,第2885页。
② 参见龚露:《辟雍研究成果综述》,《凯里学院学报》2020年第1期,第104-108页;徐国龙:《两汉魏晋南北朝都城建筑的发展演变》,《中原文物》2020年第3期,第57-67页。

一、汉晋时期辟雍兴建原因

春秋战国礼崩乐坏,秦和汉初的礼仪重建中未提及辟雍。汉武帝独尊儒术后,特别是西汉末年王莽托古改制,辟雍作为儒学政治意识形态的重要标志,与皇权的强化相结合,占据都城南郊的神圣地位,在国家礼仪中具有重要地位。

(一)汉晋辟雍的兴建

辟雍是西周天子对贵族子弟进行礼乐教育的学校,与太庙、明堂共处一地,是综合性政治场所,不同建筑要素因功能作用各有侧重而有不同的名称:"故言明堂,事之大,义之深也。取其宗祀之清貌,则曰清庙。取其正室之貌,则曰太庙。取其尊崇(矣),则曰太室。取其(堂)向明,则曰明堂。取其四门之学,则曰太学。取其四面周水圆如璧,则曰辟雍。"① 春秋战国时期礼乐崩坏,辟雍湮没无闻。汉武帝独尊儒术采纳儒学为统治思想,政治生活中制礼作乐日渐重要。河间献王刘德曾向武帝"献雅乐,对三雍宫"②。西汉后期执政的王莽,秉承儒学制礼作乐,教化万民执政理念,大力启用刘歆、王舜等人以《周礼》为蓝本制礼作乐。平帝元始四年(公元4年)"莽奏起明堂、辟雍、灵台,为学者筑舍万区,作市、常满仓,制度甚盛"③。1957年发掘的西安大土门遗址在汉代长安城故址南约1公里余,整个遗址包括中心建筑、围墙、四门及配房建筑和圜水沟等部分。发掘者认为:"因本遗址是带有圜水沟的建筑,故认定它是辟雍遗址。"④ 东汉建立后,光武帝兴建三雍,即明堂、辟雍和灵台,明帝举行盛大三雍礼,之后辟雍礼仪开始制度化规范化,春三月行飨射礼和讲经礼、秋十月行养老礼成为定制。曹魏西晋传承东汉礼制传统,1931年河南偃师县东大郊村出土有《大晋龙兴皇帝三临辟雍皇太子又再莅之盛德隆熙之颂碑》记载了晋武帝和太子先后五次莅临辟雍举

---

① 司马彪:《后汉书志》第八《祭祀中》注引蔡邕《明堂论》,中华书局,1965,第3178页。
② 班固:《汉书》卷五三《景十三王传》,中华书局,1962,第2411页。
③ 班固:《汉书》卷九九《王莽传》,第4069页。
④ 中国社会科学院考古研究所编著《西汉礼制建筑遗址》,文物出版社,2003,第226页。

行大射礼和乡饮酒礼。中国社会科学院考古研究所从 1962 年开始汉魏洛阳故城考古发掘,辟雍位于洛阳城南郊开阳门外大路的东侧:"(辟雍)建筑基址的始建年代不会早于东汉,魏晋时期则进行了部分重建与沿用,北魏时期在此则未进行任何的重建或改建活动。"①

辟雍何以在汉晋被统治阶级重视得以重建,又为何能够落座都城南郊?

(二) 汉晋辟雍兴建的原因

1. 辟雍是中央官学,其兴建是儒学执政理念的要求

儒学追求以仁义道德为本的王道政治,主张礼乐治国"致礼乐之道,举而错之天下,无难矣"②。主张实施礼乐教化方式实现,而不是一味诉诸暴力。孔子将教化作为为政根本原则:"子曰:'庶矣哉!'冉有曰:'既庶矣,又何加焉?'曰:'富之。'曰:'既富矣,又何加焉?'曰:'教之。'"③荀子主张必须对人实施后天礼仪教化,化性为伪:"不富无以养民情,不教无以理民性。"④

汉初贾谊总结出:"教者,政之本也;道者,政之本也。"⑤在董仲舒思想体系中,"以德化民"是核心思想:"古之王者明于此,是故南面而治天下,莫不以教化为大务。"⑥如何实施教化?他指出学校教育是实施教化重要途径:"立大学以教于国,设庠序以化于邑,渐民以仁,摩民以谊,节民以礼。"⑦并进一步指出中央设置的太学是根本环节:"太学者,贤士之所关也,教化之本原也。"⑧

"辟雍是东汉中央官学的组成部分并且处于主导地位。"⑨学界一般认为元朔五年(前 124 年),汉武帝为五经博士配置博士子弟是汉代建立官学

---

① 中国社会科学院考古研究所编著《汉魏洛阳故城南郊礼制建筑遗址 1962—1992 年考古发掘报告》,文物出版社,2010,第 179 页。
② 《礼记正义》,郑玄注,孔颖达疏,载《十三经注疏》,阮元校刻,第 3347 页。
③ 《论语注疏》,何晏注,邢昺疏,载《十三经注疏》,阮元校刻,第 5446 页。
④ 王先谦:《荀子集解》卷一九《大略》,诸子集成第二册,上海书店,1981,第 328 页。
⑤ 贾谊:《新书校注》,阎振益、钟夏校注,中华书局,2000,第 349 页。
⑥ 班固:《汉书》卷五六《董仲舒传》,第 2503 页。
⑦ 班固:《汉书》卷五六《董仲舒传》,第 2503 页。
⑧ 班固:《汉书》卷五六《董仲舒传》,第 2512 页。
⑨ 郭炳洁:《辟雍与东汉中央官学教育》,《孔子研究》2015 年第 4 期,第 139 页。

的开始,太学是博士对弟子实施儒学教育的场所。在东汉到魏晋的历史场景中,时人认为的太学并不仅是学校教育,还包括进行礼仪教育的辟雍,"明帝时辟雍始成,欲毁太学,太尉赵憙以为太学、辟雍皆宜兼存,故并传至今"①。《白虎通义》辟雍一章总论教育领域的各个方面,对教师的作用、学习的规律、师生的关系、教学的原则、教育的目的等进行阐释。汉晋时期,进行礼仪教育的辟雍与研习儒学的太学共同组成中央官学,是有机统一体。兴建辟雍实施教化是继承先王之道的盛举:"定明堂,造太学,修先王之道"②,"唐虞发举,成周造业"③,是帝王的无上功业"登封告成,修建三雍,肃穆典祀,功德巍巍,比隆前代"④。传承仁义王道是儒学理想中圣明君主的根本属性之一:"丰美中世,垂华亿载,冠尧佩舜,践履五代。三雍既洽,帝道继备。"⑤

礼是中国文化的重要载体,具有教育功能。胡新生指出"礼"包含三层含义:"'礼'是指各种程序化的仪式、礼典、礼节及与之相关的事物……'礼'是包括慈、孝、忠、信等道德要求在内的伦理道德体系,是统领各种德目的最高道德、最高伦理……'礼'是指政治等级、政治秩序及一系列相应的政令法规。"⑥辟雍中礼仪包括飨射礼、讲经礼和养老礼等,进行以"孝"为核心的伦理道德教育。礼乐仪式面向社会效果空前,史称汉明帝"袒割辟雍之上,尊养三老五更。飨射礼毕,帝正坐自讲,诸儒执经问难于前,冠带缙绅之人,圜桥门而观听者盖亿万计。"⑦礼教强调在上位者道德表率和行为榜样:"教,上所施,下所效也。"⑧那么辟雍礼教中展现出帝王崇高的德性从何而来?民众如何信服?毕竟春秋以降,在残酷的富国强兵、兼并战争现实下,以法家思想为主导的行政统治的"政统"已经与尧、舜等仁义德治道德标准与精神价值的"道统"分离。

---

① 范晔:《后汉书》卷四八《翟酺传》,中华书局,1965,第1606页。
② 班固:《汉书》卷五一《贾山传》,第2336页。
③ 班固:《汉书》卷九九《王莽传》,第4069页。
④ 司马彪:《后汉书志》第九《祭祀下》,第3196页。
⑤ 严可均辑《全后汉文》,商务印书馆,1999,第434页。
⑥ 胡新生:《礼制的特性与中国文化的礼制印记》,《文史哲》2014年第3期,第67页。
⑦ 范晔:《后汉书》卷七九《儒林传》,第2545页。
⑧ 段玉裁:《说文解字注》,中华书局,2013,第128页。

2. 明堂"宗祀"是辟雍礼仪的形上依据

辟雍礼教中展现出帝王崇高德性的合法性来源,是通过明堂祭祀建立起的帝王与上古圣王血缘联系取得的。辟雍是人文教化场所,不承担宗教祭祀功能,但是它和明堂在空间上紧密相连,内涵上承继。

南郊祭祀格局形成在汉平帝统治时期。王莽以《周礼》为理论,将天地、祖宗,以及日月、山川等诸神集中在都城南郊和四周祭祀。王莽元始明堂以及东汉洛阳明堂的修建是儒学遥想的传统与现实观念融合结果:"阴阳家'月令明堂'与传统儒家'周公明堂'融合为一。于是,涵盖两大知识体系的新'明堂'理论逐渐形成,并在元始明堂与洛阳明堂的营建中不断完善。元始明堂糅合了'月令明堂'的形制与'周公故事'的礼事。"[1]东汉初期以元始仪为蓝本,进一步将所有神祇祭祀压缩到都城洛阳南郊。田天指出:"郊祀制度不再强调诸神的神圣性,而强调君主与天的联系,以及这种联系的唯一性与权威性。"[2]南郊有祭祀天的圜丘祭祀,也有祭祀五帝的明堂祭祀,两者并行不悖,分别展示帝王与天、帝王与上古圣王的联系,通过祭祀礼仪活动强化其政权合法性。其建立的方位神、历代圣王、祖先与皇帝之间联系,凸显最高统治者崇高个人品德以及执政权力来源于天地、历史和祖先。

明堂中"宗祀"为祭祀祖先渊源处出,对象为上古圣王,从而建立帝王与上古圣王的血缘联系。元始明堂"宗祀于明堂,以配皇始祖考虞帝"[3],即以虞舜作为新朝的上帝。东汉明堂更多受到月令思想的影响,明堂五帝为德泽深厚的五人帝:黄帝、太昊、炎帝、少皞和颛顼。同时,五帝还兼具方位神的属性。祭祀五帝的礼仪与顺时令、施教化、治国理政结合在一起。

辟雍教化是明堂实现治朝功能的场所。大会诸侯群臣明堂祭祀,是向天下展示君主与上古圣王渊源,"教诸侯之孝"的礼仪教育是表明统治要继承上古的德治仁政传统。明堂与辟雍并存"正好反映儒教的两个层面,一是天子承天命,二是天子实行教化"[4]。辟雍礼仪承接明堂祭祀中帝王获得的崇高品德和权利的合法性,实施以孝治天下教化。

---

[1] 薛梦潇:《"周人明堂"的本义、重建与经学想象》,《历史研究》2015年第6期,第38页。
[2] 田天:《西汉末年的国家祭祀改革》,《历史研究》2014年第2期,第39页。
[3] 班固:《汉书》卷九九《王莽传》,第4105页。
[4] 甘怀真:《皇权、礼仪与经典诠释:中国古代政治史研究》,华东师范大学出版社,2008,第64页。

魏晋继承汉代明堂祭祀,西晋挚虞指出:"昔在上古,生为明王,没则配五行,故太昊配木,神农配火,少昊配金,颛顼配水,黄帝配土。此五帝者,配天之神,同兆之于四郊,报之于明堂。"①与之相配合就是辟雍中君主定期进行养老、飨射、读经等礼仪活动,展示以德孝治国的理念,进行大射礼、乡饮酒礼等教化活动。

二、北魏隋唐时期的辟雍

北魏洛阳迁都洛阳后,南郊的明堂辟雍依然有营建使用。隋及唐初,明堂礼仪偶有实行,但明堂辟雍建筑只存在于群臣莫衷一是的讨论中。武则天时期明堂搬离南郊功能已经变化,明堂祭祀礼仪融入南郊昊天上帝祭祀中,成为其中一部分,而辟雍和辟雍礼不再被提及。辟雍的消失与明堂祭祀对象的变化和礼教形式的变化息息相关。

(一)北魏隋唐传承汉晋祭典同时对辟雍的扬弃

北魏孝文帝在迁都洛阳前,吸收中原政权祭典进行礼制改革。太和十年(486)"诏起明堂、辟雍"②,太和十六年(492年)孝文帝举行了三雍礼仪:"宗祀显祖献文皇帝于明堂,以配上帝。遂升灵台,以观云物;降居青阳左个,布政事。"③平城辟雍修建得到考古证实:"明堂立于都城南郊,丙已之地;上圆下方;十二户九室;东南西北立四门;周围有圜水,为辟雍;圜水之外围以圆墙。"④迁都洛阳后,"国家祭典中所有的北亚文化传统——包括最重要的四月西郊祭天——全部一扫而空。根据《魏书·礼志》所载,孝文帝在这一年花了不少力气整顿南郊祭典"⑤。迁都洛阳后,明堂辟雍也曾在原址上修葺兴建:"故尚书令、任城王臣澄按故司空臣冲所造明堂样,并连表诏答、两京模式,奏求营起。缘期发旨,即加葺缮。"⑥但是朝廷不甚重视,资费

---

① 房玄龄等:《晋书》卷一九《礼志上》,中华书局,1974,第587页。
② 魏收:《魏书》卷七《孝文帝纪》,中华书局,1974,第161页。
③ 魏收:《魏书》卷七《孝文帝纪》,第169页。
④ 姜波:《汉唐都城礼制建筑研究》,博士学位论文,中国社会科学院,2001,第85页。
⑤ 康乐:《从西郊到南郊:北魏的迁都与改革》,北京联合出版公司,2020,第177页。
⑥ 魏收:《魏书》卷四一《源恭传》,第934页。

不足。根据中国社会科学院考古研究所对汉魏洛阳故城考古发掘:"明堂基址最晚的建造使用和废弃时代,当都是在北魏。"①"(辟雍)建筑基址始建年代不会早于东汉,魏晋时期则进行了部分重建与沿用,北魏时期在此则未进行任何的重建或改建活动。"②

隋朝开皇年间,礼部尚书牛弘上奏"请依古制修立明堂"③,但未被朝廷接受。他对前代相关礼制的追述佐证了前朝教化礼制建制的陵夷:"宋、齐已还,咸率兹礼。此乃世乏通儒,时无思术,前王盛事,于是不行。后魏代都所造,出自李冲,三三相重,合为九屋。檐不覆基,房间通街,穿凿处多,迄无可取。及迁洛阳,更加营构,五九纷竞,遂至不成,宗祀之事,于焉靡托。"④三雍礼中最重要的明堂建制难以实行,辟雍的境遇也就可想而知。唐朝初期,虽然明堂礼仪多有施行,但明堂建筑因群臣纷纭莫衷一是,无从兴建。垂拱三年(687年)"则天临朝,儒者屡上言请创明堂。则天以高宗遗意,乃与北门学士议其制,不听群言。垂拱三年春,毁东都之乾元殿,就其地创之"⑤。明堂从南郊撤离,移入宫城,功能发生根本变化。1959年到2001年隋唐洛阳考古,辟雍已经没有任何痕迹。

北魏隋唐祭典礼仪传承汉晋以来文脉,陈寅恪指出:"隋文帝继承宇文氏之遗业,其制定礼仪则不依北周之制,别采梁礼及后齐仪注。所谓梁礼并可概括陈代,以陈礼几全袭梁旧之故,亦即梁陈以降南朝后期典章文物也。所谓后齐仪注即北魏孝文帝摹拟采用南朝前期之文物制度,易言之,则为自东晋迄南齐,其所继承汉、魏、西晋之遗产,而在江左发展演变则也。"⑥辟雍作为汉晋时期南郊重要礼制建筑,象征着国家礼乐教化的文教施政原则。为什么在北魏隋唐洛阳都城礼制建筑中被扬弃?

---

① 中国社会科学院考古研究所编著《汉魏洛阳故城南郊礼制建筑遗址1962~1992年考古发掘报告》,文物出版社,2010,第125页。
② 中国社会科学院考古研究所编著《汉魏洛阳故城南郊礼制建筑遗址1962~1992年考古发掘报告》,第179页。
③ 魏徵等:《隋书》卷四九《牛弘传》,中华书局,1973,第1300页。
④ 魏徵等:《隋书》卷四九《牛弘传》,第1303页。
⑤ 刘昫等:《旧唐书》卷二二《礼仪志》,中华书局,1975,第862页。
⑥ 陈寅恪:《隋唐制度渊源略论稿·唐代政治史述论稿》,三联书店,2001,第13页。

（二）辟雍退出洛阳南郊的原因

北魏隋唐时期，专制主义皇权日益巩固，君权神授观念得以强化，特别是最高统治者感神而生的神话使得皇帝先天具备无上权威和崇高的德行，从血缘上建立与古代先王内在联系就不再具有必要性，明堂丧失了独立存在的意义，而成为祭祀昊天上帝的一部分，辟雍礼仪失去形上依据。国家礼制不断法典化、制度化，通过制度化的规定，礼乐仪式内化为民众的行为规范，在教育领域中，礼乐仪式教育被尊崇孔子的儒学教育取代，辟雍礼仪教化失去形下必要。

1. 明堂由祭祀五人帝到昊天上帝，辟雍礼仪失去合法性依据

西晋建立伊始，明堂祭祀对象出现了变化。泰始二年（266年）"明堂南郊，宜除五帝之坐，五郊改五精之号，皆同称昊天上帝，各设一坐而已"①。昊天上帝成为明堂祭祀对象，和郊祭便没什么区别。到太康十年（289年），接受太医令韩杨上书，恢复明堂五帝祭祀："《孝经》'郊祀后稷以配天，宗祀文王于明堂以配上帝'。而《周官》云'祀天旅上帝'，又曰'祀地旅四望'。望非地，则明堂上帝不得为天也。往者众议除明堂五帝位，考之礼文不正。且《诗序》曰'文武之功，起于后稷'，故推以配天焉。宣帝以神武创业，既已配天，复以先帝配天，于义亦所不安。其复明堂及南郊五帝位。"②晋怀帝时，尚书郎挚虞指出明堂丰盛的祭祀用品是祭祀人鬼，与使用简约祭品的天神完全不同："郊丘之祀，扫地而祭，牲用茧栗，器用陶匏，事反其始，故配以远祖。明堂之祭，备物以荐，玉牲并陈，笾豆成列，礼同人鬼，故配以近考。"③

西晋时期，对五帝属性认识以王肃观点为主，认为太皞、炎帝、黄帝、少皞、颛顼为五帝，是上古确然存在的圣王，即五人帝。但是对五帝祭祀，存在五人帝和五天帝分歧。汤勤福先生指出："两晋时所祭祀的五帝是五天帝（五精帝）还是五人帝，其间有较大反复，西晋时大致两者时间相当，而东晋

---

① 房玄龄等：《晋书》卷一九《礼志上》，第583页。
② 房玄龄等：《晋书》卷一九《礼志上》，第584页。
③ 房玄龄等：《晋书》卷一九《礼志上》，第587页。

则以五人帝为主。"①明堂祭祀对象改为昊天上帝虽然与郑玄五帝为天神之说有关,但最直接的原因应该是受郑玄始祖感生说的影响,对祖先所源自上古圣王的淡化。以上论述已经指出,汉魏明堂祭祀祖之所源自五帝,以为帝王德行高尚提供合法化来源。东汉时期郑玄帝王感生说的经学解释,将统治者祖先出生神化为其母与天神交感的产物,自身出生就带有天意天命神圣性,无须再借助德性塑造自身形象。郑玄帝王感生说主要体现对殷、周始祖契和弃出生的解读"《诗》齐、鲁、韩,《春秋公羊》说,圣人皆无父,感天而生"②。帝王感生神化契合最高统治者的心意,南北朝隋唐在五帝性质上抛弃王肃的五人帝说,而采用郑玄的五天神说。

南北朝隋及唐朝初期,明堂礼制祭祀对象为天神,但是由于受到儒学内部对五帝属性的内在矛盾认识,祭祀对象在"五方神帝"与"昊天上帝"之间徘徊。南朝宋明帝泰始六年(470年):"前兼曹郎虞愿议:'郊祭宗祀,俱主天神,而同日殷荐,于义为黩。'"③宋大明六年(462年),孝武帝"南郊还,世祖亲奉明堂,祠祭五时之帝,以文皇帝配,是用郑玄议也"④。宋祠部郎王延秀议:"案郑玄云:'郊者祭天之名,上帝者,天之别名也。神无二主,故明堂异处,以避后稷。'谨寻郊宗二祀,既名殊实同,至于应告,不容有异。"⑤

武则天时期明堂祭祀为昊天上帝:"亲祀明堂,合祭天地,以周文王及武氏先考、先妣配,百神从祀。"⑥之后,明堂礼又称"秋季大享",在圜丘中举行:"中宗即位,神龙元年九月,亲享明堂,合祭天地,以高宗配。礼毕,曲赦京师。明年驾入京,于季秋大享,复就圜丘行事,迄于睿宗之世。"⑦唐玄宗时期《大唐开元礼》将之固定下来:"季秋大享于明堂,祀昊天上帝,以睿宗大圣真皇帝配座。又以五方帝五官从祀。"⑧确定祭祀对象为昊天上帝,五帝、五官神从祀,配享对象为先考,其祭祀仪式亦有明确规定,并成为圜丘祭

---

① 汤勤福:《人神之际:古代中国五帝祭祀的变迁(上)》,《河北学刊》2019年第5期,第184页。
② 《毛诗正义》,郑玄笺,孔颖达疏,载《十三经注疏》,阮元校刻,第1140页。
③ 沈约:《宋书》卷一六《礼志三》,中华书局,1974,第431页。
④ 沈约:《宋书》卷一六《礼志三》,第434页。
⑤ 沈约:《宋书》卷一六《礼志三》,第435页。
⑥ 刘昫等:《旧唐书》卷二二《礼仪志》,第864页。
⑦ 刘昫等:《旧唐书》卷二二《礼仪志》,第873页。
⑧ 萧嵩等:《大唐开元礼》卷一,民族出版社,2000,第14页。

祀组成部分。至此,明堂祭祀功能转变,不再是建立最高统治者德行权威与历史圣王之间的关联,而是突出他与昊天的关联。与此相联系,辟雍礼仪教化功能也就失去了依托,在国家政治生活中的作用逐渐式微,退出历史舞台。唐代宗时国子司业归崇敬曾经上奏请改国学之制,并更国学名为辟雍:"《礼记·王制》曰,天子学曰辟雍。又《五经通义》云,辟雍,养老教学之所也。以形制言之,雍,壅也;辟,璧也,壅水环之,圆如璧形。以义理言之,辟,明也,雍,和也,言以礼乐明和天下。《礼记》亦谓之泽宫。《射义》云,天子将祭,必先习射于泽宫。故前代文士,亦呼云璧池,亦曰璧沼,亦谓之学省。后汉光武立明堂、辟雍、灵台,谓之三雍宫。至明帝,躬行养老于其中。晋武帝亦作明堂、辟雍、灵台,亲临辟雍,行乡饮酒之礼。又别立国子学,以殊士庶。永嘉南迁,唯有国子学,不立辟雍。北齐立国子寺,隋初亦然。至炀帝大业十三年,改为国子监。今国家富有四海,声明文物之盛,唯辟雍独阙,伏请改国子监为辟雍省。"①朝廷重视归崇敬奏议,下诏尚书召集百官商议:"议者以为省者,禁也,非外司所宜名。《周礼》代掌其职者曰氏,国学非代官,不宜曰太师氏。其余大抵以习俗既久,重难改作,其事不行。"②

明堂飨配对象由五人帝和方位神属性的五帝替换为昊天上帝,汉晋时期明堂祭祀承担的"承德治""顺时令""施教化"功能也随着淡化乃至消失。帝王祖先的感生神话使得他们与天的联系更加紧密,先天拥有神圣品德,不证自明。无须通过对上古圣王的效仿传承,无须再用任何其他的辅助向臣民展示其德和施政原则。辟雍作为展示皇帝德行,宣示国家以孝治国、实施礼乐教化的场所也就失去了形上依据。

2. 中央官学礼教不断弱化,辟雍失去存在的必要

汉晋时期,辟雍是国家实施教化的场所,太学中博士对经学研究以及培养博士弟子均服务于这一目的。魏晋南北朝时期,随着思想教育领域内涵的不断变化,在国家统治中,礼教承担者主体逐渐下移,唐宋时期主要由地方官学承担,唐宋以后私学的崛起,礼教则由居乡的士大夫负责。辟雍逐渐失去存在的必要性。

首先,教化作为国家治理手段在中央层面受到冲击。随着东汉帝国崩

---

① 刘昫等:《旧唐书》卷一四九《归崇敬传》,第 4017 页。
② 刘昫等:《旧唐书》卷一四九《归崇敬传》,第 4019 页。

坏以及随之而来的王朝更迭、战争频繁、分裂割据、经济崩溃、佛教东来等，两汉谶纬化的儒学受到批判，魏晋以来时期儒学的衰落，玄学的兴起，玄学运而生。玄学以《老子》《周易》《老庄》为经典，通过引用老子、庄子道家思想，围绕自然和名教思想，对儒学进行批判和重建。玄学注重对自然天地玄虚之体的探究，摒弃汉代儒学天人感应和章句训诂，用纯思辨的方法来阐述对经验之外的各种问题。儒家教化思想治理理念少有政治家谈及，中央到地方官学建设得不到统治者的重视，学校制度兴废无常。如东吴孙休永安元年（258年）诏曰："古者建国，教学为先。所以导世治性，为时养器也。自建兴以来，时事多故，吏民颇以目前趋务，弃本就末，不循古道。"①东晋王导曰："自顷皇纲失统，礼教陵替，颂声不兴，于今二纪。"②东晋"议立国学，征集生徒，而世尚庄、老，莫肯用心儒训"③。隋炀帝诏书曰："君民建国，教学为先，移风易俗，必自兹始。而言绝义乖，多历年代，进德修业，其道浸微。"④《旧唐书·儒学传》载："古称儒学家者流，本出于司徒之官，可以正君臣，明贵贱，美教化，移风俗，莫若于此焉。故前古哲王，咸用儒术之士，汉家宰相，无不精通一经，朝廷若有疑事，皆引经决定，由是人识礼教，理致升平。近代重文轻儒，或参以法律，儒道既丧，淳风大衰，故近理国多劣于前古。"⑤

中央层面礼教弱化并不代表国家放弃运用礼教治理手段，而是通过地方官学的普遍建设，礼教下移到地方官学层面。

其次，国家礼教不断法典化制度化。从西晋开始，国家通过制定五礼的方式对民众进行规范："晋国建，文帝又命荀顗因魏代前事，撰为新礼，参考今古，更其节文。"⑥世人将之称为五礼。国家通过具体礼制形式实施教化："其吉礼也，则三茅不翦，日观停璘；其凶礼也，则深衣布冠，降席撤膳。明乎以谦三益之义，而教化行。"⑦之后东晋、南朝宋、齐不断损益增补，萧梁时

---

① 沈约：《宋书》卷一四《礼志一》，中华书局，1974，第357页。
② 沈约：《宋书》卷一四《礼志一》，第358页。
③ 沈约：《宋书》卷一四《礼志一》，第363页。
④ 魏徵等：《隋书》卷三《炀帝纪》，第64页。
⑤ 刘昫等：《旧唐书》卷一八九《儒学传》，第4939页。
⑥ 房玄龄等：《晋书》卷一九《礼志上》，第581页。
⑦ 房玄龄等：《晋书》卷一九《礼志上》，第580页。

期,在梁武帝主持下,进一步完善,奠定了后世五礼的基础。北朝五礼体系发展到北齐也基本成熟。经过隋朝唐朝前期的不断整合,最后开元年间《大唐开元礼》定型。五礼以吉、宾、军、嘉、凶五礼为顺序编撰而成,吉礼主要是各种祭祀礼仪,宾礼内容为接待蕃夷国主及师者的礼仪,军礼是军事活动中的仪式,嘉礼包括冠、婚、朝仪、养老等各个方面的仪式。五礼以君权为中心,以贵贱、尊卑的严格各级秩序来开展各种关系。对上至皇帝下至一般庶民各种身份人的冠婚丧祭的吉凶礼仪作了具体的规定,通过制度实践体现国家政治需要以及伦理道德的需要。例如凶礼中治丧、丧葬、丧服等礼仪规定,充分反映了孝悌观念。"魏晋南北朝时期的五礼不仅仅是一种制度,也是一种实践。"[1]这一时期,五礼制度不断完善并落实到主要是世家大族及庶族地主层面。国家在太学进行礼乐仪式教育逐渐失去存在的必要。

汉唐间都城洛阳辟雍礼制建筑的兴废发展,反映出中古时代国家治国理念、制度建设、思想文化以及教育内容等嬗变。专制主义皇权不断神化皇帝出身,政统与道统分离是辟雍从南郊消失的前提条件;政教分离下,原来具有弥漫性特征的国家治理体系不断细化,礼教划细分为制度规范和学校教育使辟雍失去存在的现实依据。五礼法典化过程中,繁复的礼节仪式成为制度规范,行为要求。礼乐教育的方式则由上行下效,通过动作神情威仪传递思想理念,转变为体悟礼典制度内涵"道",以陶冶性情。统治者更加重视对儒学经典内涵的圣人之"道"的研读阐述传承,中央官学在形式由汉晋时期礼仪教育和儒学教育相结合即辟雍和太学的模式,演化为孔庙与国子学、太学建制。服膺儒学尊崇先圣先师的释奠礼日益成为主导学礼,建构起知识分子与儒学的密切联系。

---

[1] 梁满仓:《论魏晋南北朝时期的五礼制度化》,《中国史研究》2001年第4期,第27页。

从汉唐昆明池考古看历史考古学的文献自觉

刘 瑞

据文献记载,昆明池为汉武帝在元狩三年(前120年)、元鼎元年(前116年)两次修建而成。《汉书·武帝记》元狩三年"发谪吏穿昆明池",颜师古注引如淳曰:"《食货志》以旧吏弄法,故谪使穿池,更发有赀者为吏也。"①《汉书·食货志》载,武帝时"粤欲与汉用船战逐,乃大修昆明池,列馆环之。治楼船,高十余丈,旗帜加其上,甚壮"②。嗣后昆明池"习战"成为传统,至昭帝时方废。

王莽之后虽汉祚东迁,但昆明池依然存在。《后汉书·孝安帝纪》载安帝延光三年(124年)"祠高庙,遂有事十一陵,历观上林、昆明池"③。到唐代,昆明池更成为长安近郊一处重要胜地。《唐会要》卷27载武德九年(626年)高祖"幸昆明池,习水战"④。卷28载贞观五年(631年)太宗"大狩于昆明池,蕃夷君长咸从"⑤。

昆明池地处京郊,长有天子临幸之举,传世文献中保留了不少与其相关的记载。如规模,《三辅黄图》载,"《三辅旧事》曰:'昆明池周三百三十二顷……'。图曰:'上林苑有昆明池,周匝四十里。'"⑥如后世的疏浚,《魏

---

① 班固:《汉书》,中华书局,1962,第177页。
② 班固:《汉书》,第1170页。
③ 范晔:《后汉书》,中华书局,1965,第240页。
④ 王溥:《唐会要》,上海古籍出版社,2006,第599页。
⑤ 王溥:《唐会要》,第612页。
⑥ 陈直:《三辅黄图校正》,陕西人民出版社,1982,第93页。

书·世祖纪》载太平真君元年(440年)二月"发长安人五千浚昆明池"①。《唐会要》卷八九载贞元"十三年七月,诏曰,昆明池俯近都城,蒲鱼所产,宜令京兆尹韩皋充使修堰"②。《册府元龟》卷一四"帝王部·都邑"载"韩皋奏:准敕涨昆明池,修石炭、贺兰两堰,并造土堰,开淘湖渠"③。《旧唐书·文宗本纪》大和九年(835年)"郑注言秦中有灾,宜兴土功厌之,乃浚昆明、曲江二池"④。此外,文献中还记载了不少昆明池侧宫观的名称,如《三辅黄图》"宣曲宫,在昆明池西"⑤,"豫章观,武帝造,在昆明池中,亦曰昆明观"⑥,"白杨观,在昆明池东"⑦,等等。《旧唐书·李客师传》还载李客师"有别业在昆明池南"⑧。不过随着唐以后国家政治中心的东移,昆明池逐渐荒废,宋代学者宋敏求在其《长安志》"昆明池"条下明载,其所见"今为民田"⑨。

从文献的记载看,汉武帝早于昆明池六年开凿的漕渠,也与昆明池有密切联系。《水经注》卷一九载:"渭水又东北与镐水合,水上承镐池于昆明池北"⑩,"渭水东合昆明故渠,渠上承昆明池东口,东迳河池陂北,亦曰女观陂。又东合沈水,亦曰漕渠"⑪,"又东北迳新丰县,左合漕渠,汉大司农郑当时所开也。以渭难漕,命齐水工徐伯发卒穿渠引渭。其渠自昆明池南,傍山原,东至于河,且田且漕,大以为便"⑫,显示经过一些渠道的连接,漕渠和昆明池构成了一个庞大的水利系统。宋敏求《长安志》"交水"条中,载交水"又西至石㳭,分为二水。一水西流注丰,一水自石㳭北经细柳诸原,北流入昆明池"⑬,指出交水下注昆明池。而在《类编长安志》"镐水"下更载,"按

---

① 魏收:《魏书》,中华书局,1974,第93页。
② 王溥:《唐会要》,第1923页。
③ 王钦若等:《册府元龟》,凤凰出版社,2006,第148页。
④ 刘昫:《旧唐书》,中华书局,1975,第561页。
⑤ 陈直:《三辅黄图校正》,第77页。
⑥ 陈直:《三辅黄图校正》,第125页。
⑦ 陈直:《三辅黄图校正》,第128页。
⑧ 刘昫:《旧唐书》,第2482页。
⑨ 宋敏求、李好文:《长安志·长安志图》,辛德勇、郎洁点校,三秦出版社,2013,第388页。
⑩ 《水经注疏》,郦道元注,杨守敬、熊会贞疏,江苏古籍出版社,1999,第1563页。
⑪ 《水经注疏》,郦道元注,杨守敬、熊会贞疏,第1591页。
⑫ 《水经注疏》,郦道元注,杨守敬、熊会贞疏,第1617页。
⑬ 宋敏求、李好文:《长安志·长安志图》,辛德勇、郎洁点校,第388页。

《长安图》,本南山石鳖谷水,至香积寺与坑河交,谓之交河,西北入石巷口,灌昆明池,北入古镐京,谓之镐水"①,明指香积寺之上石鳖谷(今名"石砭峪")之水在石巷口(今名"石匣口")注入昆明池。

随着考古学在中国的不断发展,考古学成为昆明池研究中的一项重要方法。从20世纪30年代至2012年之前的昆明池考古有前后6次:

1. 1935 年,陈子怡在实地调查后发表《由昆明池而溯及镐京丰邑》②,用较大篇幅讨论了昆明池的所在及范围。

2. 1943 年,中央研究院历史语言研究所石璋如在陕西关中考古调查时,在长安丰镐村发现"昆明池深约五公尺至七公尺,从西向东遗迹尚存"③。

3. 1955 年前,顾铁符调查了西安附近的西汉石雕艺术,④其中有两件与昆明池相关。

4. 1961 年,中国科学院考古研究所对昆明池"进行了广泛的钻探。钻探的范围达 400 余万平方米……将与镐京有密切关系的汉昆明池范围大部探出"⑤,到"1963 年春完成昆明池等古代水道的铲探工作",但钻探图纸在"文革"中遗失,胡谦盈先生在 1980 年据记忆和工作日记对昆明池范围进行了描绘。⑥

5. 1983—1984 年,陕西省考古研究所在镐京调查发现汉唐陶片。1984—1986 年,陕西省考古研究所对五号建筑遗址进行发掘,发现五角形下水管道、汉代水井,发掘判断为周代建筑,⑦胡谦盈认为其非周代遗存⑧。从资料看,其当是与昆明池有关的汉代遗址。

---

① 骆天骧:《类编长安志》,黄永年点校,三秦出版社,2006,第 164 页。
② 陈子怡:《由昆明池而溯及镐京丰邑》,载《西京访古丛稿》,民国二十四年(1935 年)。
③ 石璋如:《传说中周都的实地考察》,载《中央研究院历史语言研究所集刊》第二十本下册,1949。
④ 顾铁符:《西安附近所见的西汉石雕艺术》,《文物参考资料》1955 年第 11 期。
⑤ 中国科学院考古研究所资料室:《中国科学院考古研究所一九六一年田野工作的主要收获》,《考古》1962 年第 5 期;《关于〈中国科学院考古研究所 1961 年田野工作的主要收获〉的补充说明》,《考古》1962 年第 8 期。
⑥ 胡谦盈:《汉昆明池及其有关遗存踏察记》,《考古与文物》1980 年第 1 期。
⑦ 陕西省考古研究所:《镐京西周宫室》,西北大学出版社,1995。
⑧ 胡谦盈:《丰镐二京都城遗址的考古工作概况及其主要收获》,载《三代考古纪实》,中国社会科学出版社,2009,第 53 页。

6. 2005 年,中国社会科学院考古研究所汉长安城工作队对汉唐昆明池遗址进行勘探试掘,"基本究明了遗址的范围、时代、进水渠、出水渠、池内高地以及池岸建筑遗址的分布等情况,并在遗址以北探明了另外两个古代水池——镐池与彪池遗址"①。

在前述 6 次考古中,第 1、第 2 次仅为地面踏查,第 3 次针对昆明池遗留石刻,第 4 次是在镐京考古中涉及昆明池,只有第 5、第 6 次的 1961 年和 2005 年两次考古是专门针对昆明池而展开,工作规模大,收获自甚为丰富。这样,经过多次考古,与昆明池相关的问题逐渐廓清,有力推动了相关问题研究的持续深入。

但不容回避的是,就考古资料而言,1961 和 2005 年两次考古工作的成果,在昆明池池岸线位置、昆明池进水口、出水口位置等一系列重大问题上都存在巨大分歧。1961 年资料的附图和文字均未介绍昆明池从何处进水,但描述了昆明池的两条出水渠道。其中一条是昆明池向沣河排水,另一条是昆明池西岸外的张村北侧、马营寨村以南大体中间的位置从昆明池向沣河排水,在东岸外的万村北侧有水向东流出。2005 年资料认为,昆明池在东南方向取水,通过万村西侧和北侧的两个进水口注入昆明池,除北岸三个出水口外,在西岸张村东侧另有一个出水口。也就是说,1961 年认为在东西两侧出水,而 2005 年认为从东侧进水有水从西侧流出。但两次均认为的西侧出水渠道,1961 年资料是向西南方向注入沣水,而 2005 年资料是向西北方向流淌,当然进出口的位置也有差异,可谓大相径庭。此外,1961 年资料认为,昆明池西岸在过斗门镇后向直接东北延伸,与镐京没有太多叠压,南岸则基本是在东侧的万村与西南侧的石匣口村之间直接相连。2005 年资料认为,昆明池的西岸要绕过斗门镇东侧后西折后向北延伸,在上泉北村东折后与北岸相连,东岸在万村继续向南,经下店至浦阳村北后西折为南岸,后延伸至石匣口村与西岸连接。很明显,两次考古资料在昆明池西北岸、东南岸线的走向上均存在巨大差异。

作为长安附近最重要的人工湖泊,一直有学者不断对昆明池进行历史

---

① 中国社会科学院考古研究所汉长安城工作队:《西安市汉唐昆明池遗址的钻探与试掘简报》,《考古》2006 年第 10 期,第 53 页。

地理学等方面研究。其复原成果，无论是清汪士铎《水经注图》①、杨守敬《水经注图》②，还是现代谭其骧先生的《中国历史地图集》③、史念海先生的《西安历史地图集》④，以及长期以来陆续对昆明池开展研究的黄盛璋⑤、马正林⑥、杜思植、杜甫亭⑦、郭声波⑧、吕卓民⑨、曹尔琴⑩、徐卫民⑪、史念海⑫、李令福⑬等等学者，均据文献记载，高度一致地认为，昆明池的进水口就应在其西南的石匣口村一带，恰与1961年和2005年两次考古的判断完全不同。

虽然在复旦大学李晓杰先生近年复原的昆明池水系中，一方面采纳2005年考古资料，不过将考古资料中昆明池东岸的"进水口"改为出水口，并据文献在昆明池西南的石匣口村西绘有进水口⑭。而西北大学李健超先生在完全了解两次考古资料情况下开展的昆明池复原，则完全不同意考古资料的相关判断，依然将昆明池的进水口置于西南石匣口村西。⑮

一般而言，由于文献记载的简约和疏漏，对于很多重要的历史事物和事件，都会存在各种各样的学术争议，久难平息。而在考古学出现后，若对争

---

① 汪士铎：《水经注图》，载杨守敬：《水经注图（外二种）》，中华书局，2009，第723页。
② 杨守敬：《水经注图（外二种）》，第304页。
③ 谭其骧：《中国历史地图集》（第二册）"长安附近"图，中国地图出版社，1996，第15页。
④ 史念海：《西安历史地图集》"昆明池图"，西安地图出版社，1996，第58页。
⑤ 黄盛璋：《西安城市发展中的给水问题以及今后水源的利用与开发》，《地理学报》1958年第4期，第411页。
⑥ 马正林：《汉长安城兴起以前西安地区的自然环境》，《陕西师大学报（哲学社会科学版）》1979年第3期，第60页。
⑦ 杜思植、杜甫亭：《对西安城市供水问题的探讨》，《陕西师大学报（自然科学版）》1984年第1期，第93-94页。
⑧ 郭声波：《隋唐长安的水利》，载《唐史论丛（第四辑）》，1988，第273页。
⑨ 吕卓民：《西安城南潏滈二水的历史变迁》，《中国历史地理论丛》1990年第2期，第168页。
⑩ 曹尔琴：《从汉唐昆明池的变化谈国都与水的关系》，载《中国古都研究（第十二辑）——中国古都学会第十二届年会论文集》，1994，第15页。
⑪ 徐卫民：《西汉上林苑的几个问题》，《文博》1994年第4期，第20页。
⑫ 史念海：《环绕长安的河流及有关的渠道》，《中国历史地理论丛》1996年第1期，第12页。
⑬ 李令福：《论西汉长安城都市水利》，载《中国古都研究（第十九辑）——中国古都学会2002年年会暨长江上游城市文明起源学术研讨会论文集》，2002，第203-204页。
⑭ 李晓杰：《渭水流域分图十一》，载《水经注校笺图释·渭水流域诸篇》下册，复旦大学出版社，2007，第345页。
⑮ 李健超：《昆明池历史演变与地理环境》，载《昆明池研究》，陕西科学出版社，2014，第132页。

议对象开展考古并有了新考古资料,那普遍的情况是争议双方都会按考古资料再进行重新讨论。

但从前述昆明池考古与研究的情况看,1961年和2005年两次考古资料无论是在池岸线位置,还是在进水、出水等关键问题上都存在着几乎完全不同的判断,而且更与文献记载和学者据文献得出的大量研究结果存在巨大差异。这种在有了新考古资料后,依然不断出现学者不认可考古资料而坚持文献记载的情况,应该说非常罕见。

那么,在这种情况下,我们就不仅要反思传世文献和学者研究的依据和逻辑判断是否合适,同样也要思考之前获得的考古资料本身是不是真的"可靠"——尤其当两次考古还存在巨大差异的情况下。于是,在不断审视传世文献的同时,若能再次开展考古工作,就必然会对相关问题的解决提供积极线索。

非常幸运的是,从2012年秋开始,由中国社会科学院考古研究所与西安市文物保护考古研究院联合组成的阿房宫与上林苑考古队,为配合陕西省斗门水库建设,在之前两次考古判断的昆明池遗址及其周边区域,展开了长时间大规模的考古勘探与试掘。

经几年工作,考古队重新勘探确定了昆明池的池岸线位置,了解了昆明池池岸的结构、特征和早晚变化,而且确定了早期昆明池面积约14.2平方公里,唐代中期扩大为15.4平方公里的变化情况。其所确定的昆明池西岸北段及北岸的走向,与2005年考古资料基本一致,而昆明池的东岸南段及南岸的走向则与1961年约略相同。

为从根本上解决长期以来考古学与历史地理学、考古学本身都争议不绝的昆明池水来源问题,考古队不仅对之前两次考古勘探确定的昆明池进出水口进行了复探和试掘,而且还对文献记载和学者研究一直坚持的昆明池西南的石匣口村一带展开重点勘探,最后确定此处确有沟渠将水引入昆明池,证明文献记载所言不虚,之前学者的坚持现在看来当然非常值得肯定。而进一步的勘探表明,石匣口发现的进水沟渠,向上可上溯至秦岭石砭峪,经较长距离于石匣口村西北注入昆明池,此外在昆明池周边再无进水口。更让人欣喜的是,在该次考古工作中,在昆明池南侧、东侧发现了之前两次考古均未发现的汉唐漕渠,昆明池有向东的水道将池水注入漕渠,相关发现与前引文献记载基本一致。①

这样，新的考古工作表明，传世文献中有关昆明池的记述虽较简略，但其对昆明池在哪里进出水的问题及在昆明池旁有无漕渠的记述上，均无误载。之前学者据文献开展的一系列研究，特别是李健超先生从文献、从地形地貌出发直面质疑考古资料的努力，不仅基本符合历史事实，且其体现的学术自信和求真务实的精神更值珍视。

中国有着悠久的史学传统，为我们留下了非常丰富的文献记载，这是今天研究历史、探根究源的核心资料。传世文献所构建的中国历史框架，虽在历史学、文献学研究者的不懈努力下得到不断深化，特别是在考古学传入中国后的大量发现不断更新乃至改写着文献中的有关记述，但基于文献建立的中国史的基本格局尚未从根本上改变。

夏鼐、王仲殊先生20世纪80年代早期即已指出，"考古学是根据古代人类通过各种活动遗留下来的实物以研究人类古代社会历史的一门科学"②。作为研究古代社会的考古学，"从研究的年代范围上划分，考古学科可分为史前考古学和历史考古学两大分支……史前考古学的研究范围是未有文字之前的人类历史，历史考古学的研究范围则限于有了文献记载以后的人类历史，两者的界限在于文字的发明"③。历史考古学主要研究青铜时代尤其是铁器时代"。研究不同时代对象的考古学的任务有所不同，史前考古学承担了究明史前时代人类历史的全部责任，而历史考古学则可以与历史学分工合作，相辅相成，共同探明人类社会的历史。

从研究方法看，历史考古学"必须与历史学相配合，同时还要依靠古文字学、铭刻学、古钱学和古建筑学等分支。从断定绝对年代的手段来说，史前考古学在很大程度上要依靠物理学、化学等自然科学的技术，而历史考古学则主要依靠文献记载和年历学的研究"④，"断定绝对年代的方法，在历史

---

① 阿房宫与上林苑考古队：《西安汉唐昆明池水系的考古勘探与试掘（2012—2016）》，《中国文物报》2017年3月24日。
② 夏鼐、王仲殊：《考古学》，《中国大百科全书·考古学》，中国大百科全书出版社，1986，前言第2页。
③ 夏鼐、王仲殊：《考古学》，《中国大百科全书·考古学》，前言第16页。
④ 夏鼐、王仲殊：《考古学》，《中国大百科全书·考古学》，前言第17页。

考古学领域内,主要是依靠文献记载和年历学的研究"①。

夏鼐、王仲殊先生还指出,在开展考古"调查之前,要广泛查阅文献,同时要充分利用地图和地名学的研究成果,以便得到探求各种遗迹、遗物的线索"②。以昆明池而言,除文献记载外,前述李健超先生研究的重要基础,是20世纪30年代以来该地区大地测量成果显示出的地形地貌和河流走向。而从昆明池一带的现地名看,除了前述一直流传石匣口村取水的"石匣口村"村名外,昆明池西岸的堰下张村、斗门镇、上泉村、下泉村、落水村等都是与水有关的地名。它们不仅是探寻昆明池的重要资料,而且从后来的考古资料看,其都紧邻昆明池岸,是汉唐昆明池悠久历史的深厚记忆。

从1961年、2005年和2012年以来的昆明池考古看,当考古资料与文献记载出现不一致的情况后,除要慎重考虑是不是存在文献记载或传抄有误的情况外,同样也要慎重考虑是不是考古资料本身存在不足。

其实早在1999年,著名考古学家张忠培先生就曾专门著文讨论了考古学的局限性问题,指出"对考古学的局限性,我们不仅不能回避,而且应勇于直面它"③。2016年钱耀鹏先生进一步分析了考古学的局限性,指出:"考古学在基础研究即信息提取方面所具有的自然科学属性和历史阐释层面的人文科学属性,所谓学科优势与局限性,都是比较而言的;在历史研究领域,无论实物资料还是历史文献或民族志资料,除了在历史研究中各具某些优势之外,也分别存在一些'与生俱来'的先天性缺陷,没有优劣之分,相互借鉴需以批判的态度克服简单的'拿来主义'倾向。唯有如此,才能有效实现不同学科、不同历史资料形式的优势互补。"④

因此,如果从昆明池考古的"经历"看,在历史考古学中,在坚持开展田野考古的同时,也应对传世的各种历史文献,自觉给予充分的重视。那种认为传世文献和考古资料都很真实的判断、将文献和考古资料不断"神化"而不允许质疑的做法、轻易否定文献而盲从考古资料的做法,都不可取。

---

① 夏鼐、王仲殊:《考古学》,《中国大百科全书·考古学》,前言第14页。
② 夏鼐、王仲殊:《考古学》,《中国大百科全书·考古学》,前言第12页。
③ 张忠培:《浅谈考古学的局限性》,《故宫博物院刊》1999年第2期,第69页。
④ 钱耀鹏:《略论考古学的优势与局限性》,载文化遗产研究与保护技术教育部重点实验室等编《西部考古》第11辑,科学出版社,2016,第23页。

从考古情况看,作为汉唐首都最重要的水利工程,昆明池一方面是有着各种文献和学者几乎"众口铄金"般的近乎一致的记述和认识,另一方面则是两次结果存在巨大差异的考古成果,孰是孰非,肯定需要进行审慎考察,不轻易否定文献或考古,也不能盲从而不疑。

昆明池第三次考古的收获,除在该地区进行了远超之前两次考古的长时间而全面的考古勘探和必要的发掘外,之所以取得前述发现的最重要基础,是在开始新一次的考古之前,全面考察了文献记载和两次考古资料的异同,自觉从文献记载出发,针对性地对文献和学者研究一直没有疑义的昆明池进水口所在的石匣口村一带展开了重点勘探。当然,最后的发现恰恰证明文献和学者研究的无误。

这就表明,当文献记载的内容与一两次考古结果不一致时,如能从文献出发,对相关考古资料和对象进行反复的踏察、排除、探寻,自然会得到"意想不到"的结果。

夏鼐先生曾将考古资料与文献记载做了形象比喻,说它们"犹如车子的双轮,飞鸟的两翼,不可偏废"①。王仲殊先生回忆夏鼐先生的成就时指出,"在从事专题研究、进行综合研究时,考古学者除了依据调查发掘所得的考古实物资料以外,还必须结合历史文献的记载。古代中国的历史文献记载十分丰富,而且多是翔实可靠的,非常值得考古学者们在进行专题研究和综合研究时仔细参考认真引用"②。而夏鼐先生一系列重要的历史考古学的论述,莫不是文献与考古材料结合的典范③。

在具体研究中,我们虽不能盲从文献,但从昆明池考古的经历看,文献记述的内容肯定会有不少疏漏,但对重要地区(如首都、重要城市)、重要工程(如都城、陵墓、道路、水利等国家工程)的诸如其空间位置、大小规格、相互关系等等记载的可靠性、可信度都应很强。从文献传承和保存的角度看,在进入历史时期早期阶段的文献数量甚少,相关记载难免"粗疏",但越晚近时期的文献越多,记载越加翔实,这些理应成为考古工作的重要基础。

在历史考古学中,无论是考古调查、考古勘探与发掘,都"要广泛查阅文

---

① 夏鼐:《什么是考古学》,《考古》1984年第10期,第932页。
② 王仲殊:《夏鼐先生与中国考古学》,《考古》2010年第2期,第4页。
③ 姜波:《夏鼐先生的学术思想》,《华夏考古》2003年第1期,第106页。

献",只有全面收集文献记载、审慎判定文献后,才能对与文献记载不同的考古结果保持足够"警惕"。无论从事历史学还是考古学的研究人员,想来都应如在开展传统研究前"质疑"文献记载一样,对考古学的局限性、考古资料的局限性有足够认知,这样历史考古学的发展才会更加美好,不然很容易陷入"孤掌难鸣"和"独翼难飞"——毕竟历史上曾出现的"独轮车"早已被更加平衡的多轮车所代替。

汉代居延甲渠河南道上塞
走向与位置新考

侯旭东

居延最早见于《史记》与《汉书》,具体位置的记述则初见于《汉书·地理志下》"张掖郡"条。古来记述地点只能靠方位与里程,无法精细化,居延的具体位置缘此亦难以确证。20世纪30年代中瑞科学考察团在这一地区开展系统考察,不仅对这一地区的古代遗址进行了挖掘与调查,于不同地点发现了上万枚汉简,并出版了考察报告,绘制了相当详细的地图[①]。此后又有多次小规模的考察,几代学者也根据这些考察与出土资料反复研究,特别是陈梦家的研究,对比、揭示了这一地区不少遗址的汉代名称,从而对这一地区的汉代屯戍机构分布与职能可以开展更为仔细而深入的研究。这方面的工作进展虽多,分歧与遗留的难点依然不少,大到居延城的位置,依然众说纷纭,小到考古发现的烽燧对应的汉代名称,同样难获共识。

上述疑难问题中的一个是关于居延甲渠河南道上塞的走向。甲渠河南道上塞之称,仅见于居延新简中"塞上蓬火品约"中的一枚(EPF16:3[②]),河南道所涉烽燧与邮路,西汉后期便已存在。这些烽燧与考古上发现的哪些遗址相对应,至晚从陈梦家就开始关注,迄今尚未取得一致意见。笔者最近因讨论东汉建武六年(30年)三月不侵候长陈业起草的一份劾状而涉及此

---

① 关于西北科学考察团的情况,参见王新春:《西域考古时代的终结——西北科学考查团考古学史》,甘肃文化出版社,2018。
② 居延新简均据张德芳主编《居延新简集释》七册,甘肃文化出版社,2016,下同。

问题,该劾状提及的王闳等五人阑越塞的地点是甲渠候官不侵部的当曲隧①,即属该邮路北端的烽燧。兹尝试对此邮路的走向与具体位置,在前人研究基础上,做些新探索。

一、前人说法的检讨

陈业在给甲渠守候提交的劾状中说王闳等"兰越甲渠当曲隧塞,从河水中天田出"(EPT68:62、EPT68:63),然后就不知去向了。甲渠即是甲渠候官,其驻所就是贝格曼等20世纪30年代在西北考察时发现的A8遗址,当地人称为破城子(坐标是东经100°56′56.71″,北纬41°47′35.36″②),东北直线距额济纳旗首府达来呼布镇24公里。

当曲隧隶属于甲渠候官不侵部。据研究,该候官下辖10部,最常见的有万岁、第四、第十、第十七、第廿三、鉼庭、临木、诚北、吞远、不侵10部,70个隧左右。辖区分为河北塞与河南道上塞两个方向,总长近200汉里。其东北方向为珍北候官,南方是卅井候官,东北方向是居延县与居延都尉府所在地,也是居延屯田区的核心,县与都尉府的驻地,讨论了近一个世纪,分歧犹在。因诸遗址没有全面挖掘,依靠考古调查与现有的资料,要坐实某说,尚有困难。不过位置所在的大致方位,结合近年来沙漠考古、遥感、地理学的研究,可以排除一些说法,缩小分歧③。下图是根据陈梦家《汉简缀述》中的额济纳河流域汉代亭障分布图,由曾磊标注制作的辖区分布图,这里仅截取了卅井候官以北的区域:

---

① 侯旭东:《亭长王闳等逃往何处?——从东汉初年的一份劾状说起》,载朱玉麒主编《西域文史》第17辑,科学出版社,2023,待刊。
② 据邢义田:《全球定位系统(GPS)、3D卫星影像导览系统(Google Earth)与古代边塞遗址研究》表2提供的数据中邢义田测定的,其余四位的数据略有差别,应与测定地点位置不同有关,收入氏著《地不爱宝:汉代的简牍》,中华书局,2011,第241页。
③ 有关各家说法以及分歧所在的梳理,具体有四说:K710、K688、黑城(K799)与绿城,详参石昇烜:《何处是居延?——居延城建置反映的汉代河西经营进程》,《史原》(复刊)2014年第5期,第3—10页,此文承游逸飞君下载并寄下,谨此致谢!此外,籾山明2001年初刊,后收入《秦汉出土文字史料研究——形态·制度·社会》,创文社,2015,第八章的《汉代额济纳河绿洲的开发与防卫线的展开》,也是赞成居延县为K710,都尉府为K688,第316页。

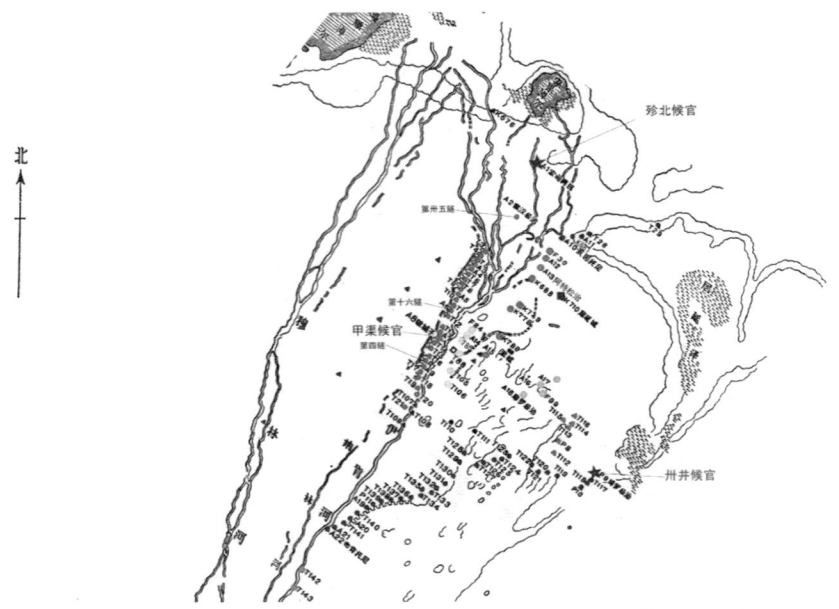

图1：汉代居延地区烽燧分布与隶属关系示意图（卅井候官以北区域）

甲渠河南道上塞之称，仅见于"塞上蓬火品约"中的一枚（EPF16：3），该品约的年代属新莽或东汉初年①，"河南道"之说见于记载较晚，该道所辖的部隧很早便存在。目前所见当曲隧最早的纪年简是宣帝五凤四年（前54年，EPT56：24）。围绕文书本身，学者在不同主题的研究中涉及当曲隧，首先是甲渠候官或河南道上塞的部隧组织，其次是河南道上塞的所指，复次是关于行书与文书传递道路。尽管小的分歧犹存，总体上学界已取得一致的认识，即河南道上塞（吉村昌之称为"甲渠东部塞"）由四部构成，由南往北依次为临木部、诚（城）北部、吞远部、不侵部。不侵部属于甲渠河南道上塞中最北端的部，下辖不侵、当曲、止害、驷望、止北、察微、伐胡隧7个隧。不

---

① 甘肃省居延考古队简册整理小组：《"塞上烽火品约"释文》，《考古》1979年第4期，第360页及图版捌－拾壹；徐苹芳：《居延、敦煌发现的〈塞上蓬火品约〉——兼释汉代的蓬火制度》，《考古》1979年第5期，第445－451页；何双全：《〈塞上烽火品约〉诠释》，《考古》1985年第9期，第843－847页；以上均赞成东汉初年说。王莽或东汉初说，见薛英群：《居延〈塞上烽火品约〉册》，《考古》1979年第4期，第361－364页；李智令、安忠义：《居延所出〈塞上蓬火品约〉性质再探》，《鲁东大学学报》2011年第27卷第4期，第56－60页。鹰取祐司亦围绕这些简讨论了"品"与"品约"的含义，见冨谷至主编《汉简语汇考证》"品""品约"条，中译本，中西书局，2018，第238－241页。

侵隧位于该部的最南端,而当曲隧在最北端,再北则是居延(县)的收降亭①。

关于居延地区的邮路与道路,陈梦家最早整理,王北辰、李均明、徐乐尧、宋会群与李振宏、吴昌廉、初师宾、孙兆华与田家溧和鹰取祐司均进行过复原,富谷至也有涉及②,诸家中以鹰取祐司的研究最晚出且最为系统③,笔者亦稍有论及。鹰取复原的"收降—不今线"从居延通到张掖太守府,中间虽有些部分可能还有现今无考的亭隧,相较其他学者的复原,依然是最为完整的。其后,笔者考察了金关一带的邮路,可以对鹰取的研究做些补充。兹在转录鹰取考证结果的基础上,就可以坐实的部分略作补充,原线路中虚线部分两点之间可能有不知名的亭隧存在。结果如下:

居延都尉府……居延收降亭—甲渠当曲隧—甲渠不侵隧—甲渠吞远隧—甲渠诚北隧—甲渠临木隧—卅井诚势北隧……卅井南界隧……广地北界隧……广地破胡亭……橐佗橐佗隧……橐佗莫当隧—肩水驿

---

① 李均明:《汉代甲渠候官规模考(上)》,《文史》1992年第34辑,第35页;李均明:《汉代甲渠候官规模考(下)》,《文史》1992年第35辑,第86—87页;宋会群、李振宏:《居延甲渠候官燧考》、《居延地区邮驿方位考》,1994年、1993年初刊,载李振宏:《居延汉简与汉代社会》,中华书局,2003,第157—181页;吉村昌之:《居延甲渠塞的部隧设置》,《古代文化》7(1998年),杨振红译,收入《简帛研究2001》下册,广西师范大学出版社,2001,第715—718页;孙兆华、田家溧:《说"甲渠河南道"》,收入曾磊、孙闻博、徐畅、李兰芳编《飞軨广路:中国古代交通史论集》,中国社会科学出版社,2015,第238页。邮书传递记录写的只是"居延收降(亭)",这里的居延所指为何?学者讨论不多。籾山明认为属于居延县,见《汉代额济纳河绿洲的开发与防卫线的展开》,载《秦汉出土文字史料研究——形态·制度·社会》,第312页。此说可从。而非居延都尉府的收降亭。在居延地区出土的汉简中可以见到不少居延县亭长的记录,居延候官则存在时间甚短。

② 陈梦家:《汉简考述》,1963年初刊,后收入所著《汉简缀述》,中华书局,1980,第12—33页;王北辰:《古代居延道路》,《历史研究》1980年第3期,第107—122页;李均明:《汉简所见"行书"文书述略》,1984年初刊,后收入所著《简牍法制论稿》,第213—219页;徐乐尧:《居延汉简所见的边亭》,载《汉简研究文集》,甘肃人民出版社,1984,第309—319页;宋会群、李振宏:《居延地区邮驿方位考》,第170—179页;吴昌廉:《甲渠"当曲隧"至"临木隧"里程重考》,《简牍学报》2006年第19期,第489—520页;孙兆华、田家溧:《说"甲渠河南道"》,第233—246页;富谷至:《木简竹简述说的古代中国——书写材料的文化史》增补新版,中西书局,2021,第130—134页。

③ 鹰取祐司:《秦汉官文书的基础研究》第二部第五章"汉代居延·肩水地区的文书传送",汲古书院,2015,第331—370页。

北亭—沙头亭—驿马隧—不今界……张掖太守府①

　　这是由居延都尉府通往张掖太守府的文书传递主干线。按县与候官来说，经过居延县—甲渠候官河南道上塞—卅井候官—广地候官—橐佗候官—肩水候官，最后通向张掖郡治觻得县，线路的主体是南北走向的，因而在邮书传递记录上注明的均是南书或北书，而甲渠候官治所（A8）与河北道烽燧并不在此主干线上②。从现存文书传递记录看，李均明、徐乐尧与吉村昌之提出的这一判断相当重要，也相当有道理。推断河南道上塞与当曲隧的具体位置要基于此一认识。这条路线的走向大致如下：

---

① 鷹取祐司：《秦汉官文书的基础研究》第二部第五章"汉代居延·肩水地区的文书传送"（《秦漢官文書の基礎の研究》第二部第五章"漢代居延·肩水地域の文書傳送"），第 336—343 页；橐佗莫当隧与不今之间原为虚线，据笔者的研究，改为实线，见侯旭东：《西汉张掖郡肩水候官驿北亭位置考》，《湖南大学学报》2016 年第 4 期，第 32—37 页及插页、封三。李均明此前也做过整理，得到的结论基本一致，仅个别隧没有出现，见所著《汉简所见"行书"文书述略》，第 216 页。吴昌廉注意到邮书传递记录中"当曲"至"临木"之间有三种距离：80 汉里、95 汉里和 98 汉里，见《甲渠"当曲隧"至"临木隧"里程重考》，第 491—496 页；李均明则认为南书与北书的起止点不同，导致出现不一样的里程，见《汉简所见"行书"文书述略》，《简牍法制论稿》，第 219 页；吉村昌之对李均明的计算有疑问，认为"行书文书中书写的里数不一定是实际的距离数，而应该是规定的必须行驶的距离"，见《居延甲渠塞的部隧设置》，第 719 页；孙兆华、田家溧认为原因是多种邮路，见《说"甲渠河南道"》，第 245 页。笔者认为邮路应该只有一条，的确是起算的起止点不同所致，但并非源于南书与北书的不同，而是实际传递文书时邮卒拿到文书或转交文书给下一站的地点有所不同，导致了实际由甲渠候官所属亭隧负责传递的里程不同。如果分别是在临木隧与当曲隧完成交接，应该对应于 80 汉里，若临木卒是在卅井诚烽北隧拿到的文书，而当曲卒又是送到了收降亭才交给了收降卒，那就应该是最远的 98 汉里，若两端中有一端是在自己的烽燧拿到的文书，应该对应于 95 汉里。考虑传递文书的邮卒的实际工作状态，就不难理解里程长短的伸缩。

② 李均明认为"居延邮路中北从居延收降隧，南至肩水不今隧的一段，显然是沿额济纳河东岸南北走向的主干邮路"，见《汉简所见"行书"文书述略》，第 217 页；徐乐尧指出"'甲渠河南道上塞'乃是居延北部的主干邮路"，见所著《居延汉简所见的边亭》，《汉简研究文集》，第 311 页；吉村昌之亦指出"卅井塞的北边是甲渠塞，其中心甲渠候官不在张掖太守府向北延伸至居延都尉府的主要干线上。甲渠塞的北面是珍北塞，东北是在主干线上的居延塞"，吉村昌之：《居延甲渠塞的部隧设置》，载《简帛研究 2001》下册，第 710 页。

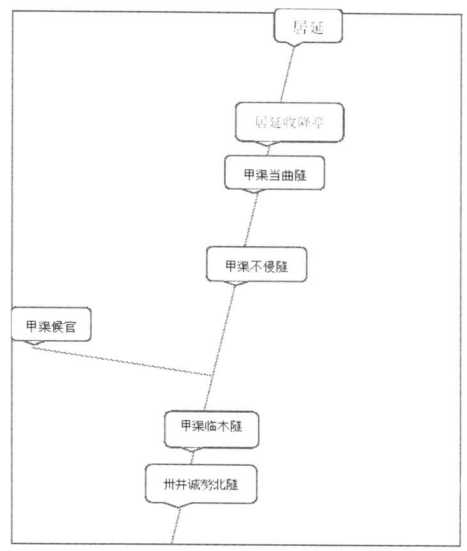

图 2：甲渠河南道上塞走向示意图

河南道上塞对应于考古发现的哪些遗址，以及当曲隧又可能落实为哪座烽燧遗址，开展遗址考察的中外学者们也做过不少推测，因为很多遗址没有做过发掘，也没有出土过简牍，缺乏内部证据，结论还是颇有分歧，需要结合邮路的位置、居延都尉府的可能所在以及河南道上塞中所谓"河"的走向与位置，综合加以裁断。现有推断大致可分为二种：

第一种看法认为河南道上塞的位置更接近A8遗址，其中重要的遗址有F84，或可概括为"西线说"。最早提出者是徐乐尧，他推测：

这条伊肯河南岸的道上塞，似北起殄北塞的T28、A11、K681、A10，中经A12、F84、A14、T88、T105、T106、T108 等，再由三十井塞西南端，出县索关门，南接广地塞。……甲渠河北塞基本上是以数目相排的序数隧，河南道上塞则多系专名隧。①

1993年，宋会群与李振宏也进行了考察，看法相近，只是北端没有延伸到殄北塞附近。宋李说的推进之处在于与简牍出现的隧名建立了对应关系。他们认为北端起于F84城，南至T128、T129以北，西隔河与河北塞相望，东临戈壁、山梁。并认为A14很可能是河南道上塞最北边的一个邮站，或许就是不侵部的当曲隧。据相对距离推测，T106至T110之间应是城北

---

① 徐乐尧：《居延汉简所见的边亭》，《汉简研究文集》，第311页。

部的范围,T88 至 T106 可能是吞远部的范围,吞远隧接近 T106,万年隧接近 T88,T88 到 F84 之间是不侵部的范围①。20 世纪 90 年代后期,罗仕杰对居延地区各遗址的位置坐标与之间的距离,通过 GPS 做过测量,在其报告中基本接受后一看法②。吴礽骧对河西地区的汉塞做过系统的调查,并与出土简牍进行过对照,他也参加过甲渠候官遗址的发掘,他指出:

在伊肯河东岸,自悬索关至居延都尉府,分布着一条西南—东北走向的汉代驿道,长约 70 公里(约合汉里 168.4 里),其中 F84 至 T109 的一段,正当 A8(甲渠候官障)的河对岸,长约 25 公里,包括 8 个烽燧、1 个障,大约也归甲渠候官领属。

其调查报告中这一目的标题为"(甲渠塞)河南道上燧 F84、A14、T85、T88、T105、T106、T107 - T109"③,这些当是作者推断属于河南道上塞的遗址。以上数家的看法大同小异,走向均偏西。对照额济纳河流域烽燧分布图,按照吴礽骧的看法,将河南道上隧所在的各遗址用蓝色实线标注其范围在地图上,如下图:

图 3:甲渠河南道上塞对应的考古调查发现的烽燧遗址(西线说)

吴礽骧所推断的河南道应该是基于一条线状分布的假设,实际据李均明等学者的考察,属于河南道的有 4 个部,29 个隧。

第二种看法可称为"东线说"。相对于前说,持此说者认为邮路的主干

---

① 见李振宏:《居延汉简与汉代社会》,第 180-181 页。
② 罗仕杰利用 GPS 做过测量并归入河南道上塞的遗址有 F84、A14、T85、T88 和 T109 等,见《汉代居延遗址调查与卫星遥测研究》,台湾古籍出版有限公司,2003,第 89、98 页,相关讨论见第 135-136 页。
③ 吴礽骧:《河西汉塞调查与研究》,文物出版社,2005,第 141 页。

位置偏东。最早提出此说的是吉村昌之,他认为"T85 是收虏隧,A14 是执胡隧,F84 是吞远候,K747 是当曲隧,K749 是居延收降亭。居延收降亭前面 28 里是 K710 的居延都尉府……T88 相当毋伤隧,……T106 可能是卅井诚北隧"①。片野竜太郎认为河南道上塞始于 K749、A15,最南端是 T106。片野的论文中对此并无具体说明,只是在地图上标出了河南道上塞所属遗址的范围②,地图详下。大体应是基于吉村昌之的比对。

图 4:甲渠河南道对应的考古调查发现的烽燧遗址(东线说)③

以上两说的问题是,学者推定的河南道南端的烽燧,无论是 T108(西线说)还是 T106(东线说)都距离现在所认定的卅井候官的烽燧过远,与邮书传递记录中的记载难以对应,无法相连。20 世纪 30 年代以来的多次考古调查已发现,T109 以南到 A21、A22 之间的区域迄今几乎没有见到烽燧遗

---

① 吉村昌之:《居延甲渠塞的部隧设置》,第 718、719 页。附图中译文未载,见《居延甲渠塞における部隧の配置について》,第 378 页第 4 图。

② 片野竜太郎:《汉代边郡的都尉府与防卫线》,载籾山明、佐藤信编《文献与遗物的境界——中国出土简牍史料的生态研究》,東京外国語大学アジア・アフリカ言語研究所,2011,第 47 页图 4。冨谷至亦认为"K749 遗址被认为即是收降燧,这里并列设置着收降燧、收降部以及收降亭等多个机构",见所著《文书行政的汉帝国》第三编第一章,2010 年初刊,江苏人民出版社,2013,第 205 页注释①,亦是遵从了吉村昌之的看法。

③ 此图据片野竜太郎:《汉代边郡的都尉府与防卫线》,载籾山明、佐藤信编《文献与遗物的境界——中国出土简牍史料的生态研究》,第 47 页图 4。这种看法在日本学者中大概是得到普遍认可的,角谷常子:《额济纳河流域的关——以肩水金关为中心》所附的图 1〔《丝绸之路学研究纪要》22(2005 年),第 96 页〕中标出的河南道上塞的位置与此基本一致。

迹,邮路若由此经过,往南再没有接应的烽燧,因此,需要向更东的方向去寻找甲渠河南道。

二、甲渠河南道上塞位置与走向新探

值得注意的是,在 2009—2011 年内蒙古阿拉善盟进行的长城遗址调查中,调查者也对居延屯田区的烽燧线的分布做出了说明。调查指出:

(该区域)主要可分为三条烽燧线。在甲渠塞以东,与甲渠塞大致平行,有一条烽燧线,由 9 座烽燧组成,从北向南依次为:A12 烽燧、A13 烽燧、温都格北 1 号烽燧、温都格北 2 号烽燧、K778 烽燧、陶来图 1 号烽燧、A15 烽燧、陶来图 2 号烽燧、T106 烽燧。

在居延候官(F84 障)西南有一条烽燧线,由 7 座烽燧组成,由北向南依次为:A14 烽燧、T85 烽燧、T88 烽燧、T105 烽燧、T107 烽燧、T108 烽燧、T109 烽燧。

绿城西南方向有一条烽燧线,由 5 座烽燧组成,从东北向西南依次为:A16 烽燧、A17 烽燧、A18 烽燧、T111 烽燧、T110 烽燧。以上三条烽燧线之间零散分布有 3 座烽燧,分别为拉力乌素烽燧、陶来图 3 号烽燧、陶来图 4 号烽燧。①

调查者并没有将这些遗址与简牍中出现的道路或烽燧名称进行对应,但三条烽燧线的观察,对于判断河南道上塞,依然是有帮助的。绿城西南方向的烽燧线,更有可能是河南道。相对于前二说,这条线更偏东,其最南端与宋会群、李振宏根据里程推测的南端重合②。关于最南端位置的推断还可找到出土简牍上的内证。

查地图,T111 东南不远即是 T128 和 T129(T111—T128 = 5.63 公里,T128—T129 = 2.67 公里),属于卅井候官,而其西南不远处的 T130(T129—T130 = 3.00 公里,以上距离均据罗仕杰测量③)在 1976 年调查时曾发现过

---

① 内蒙古自治区文化厅(文物局)、内蒙古自治区文物考古研究所编著《内蒙古自治区长城资源调查报告·阿拉善卷》,文物出版社,2014,第 8、114 页。地图见第 238—239 页"地图四",引文原为一段,为醒目,分为三段。可惜图幅太小,分辨不易,且无经纬度坐标,无法与卫星地图对照。
② 见李振宏:《居延汉简与汉代社会》,第 178—179 页。
③ 罗仕杰:《汉代居延遗址调查与卫星遥测研究》,第 96、100 页。

156 枚汉简①,释文收在《居延新简》中。据这批简中一般不会移动的签牌等,可知 T130 为卅井候官下的次东隧与次东部(ESC:26、29;ESC:10、63A),不过此处出土简牍中出现的隧与部名很多,亦不无为孤山部、孤山隧的可能(ESC:40、107、147),且还出土了两枚出入记录:

　　市就　葆作者堃池臨市里趙由年卅　十一月七日出十一月廿四日入　ESC:81

　　當隧□□□三泉里孫勳　十月丙子夕入　ESC:87

前一枚简上下字迹的墨色与笔迹不同,明显是分别书写的,可惜上端与左侧残损。格式上与金关(A32)出土的出入关名籍颇为相近。后者出土的如:

　　田卒居延富里張惲年三十五大車一兩用牛二頭　九月戊戌出 ノ　73EJF3:371

　　就家酒泉濼官力田里公士馬適常年廿　九月庚午出 ノ 車一兩牛二　73EJD:7

　　官大奴苛壽　九月丁未出 ノノ　73EJD:10

　　☐高止隧長　守尉史李辟兵　七月辛酉出　73EJD:54

　　收葆亭長紀尊　車一乘馬二匹　十月甲申出　73EJC:337

　　右扶風平陵廣宵里陳贛小奴滿廚長五尺二寸六月庚午入 ノ　73EJC:338

　　☐䚡得市陽里公乘楊禹　十月壬戌出 ノ　73EJC:339

　　☐月辛巳入　六月丁丑出　73EJT24:546

　　長安新里公大夫張駿年卅五長七尺三寸黑色　五月壬子出　73EJT9:98

　　都倉置佐程譚　葆屋蘭大昌里趙勤年卅八　十二月癸亥北嗇夫豐出　已入 73EJT37:129

　　董詡年卅 ノ　用牛二　十一月辛丑北佐音出　十月乙卯南佐音入

---

① 该遗址的情况,《述要》与 1976 年调查的描述不同,吴礽骧有解释,见《河西汉塞调查与研究》,第 144 页。

73EJT37:808①

A32 发现的出入关文书甚多,有一次书写与二次书写两种,书写格式亦不尽相同②,不过均会注明出或入,时间多数会注明月份与干支,个别的仅写月。还有一些会注明"北出""南入",甚至有关口官吏的签署。永田英正整理的"诣官簿"也会有类似的记录,而 ESC81 记录的不是戍吏,亦无"诣官"两字以及诣官缘由的记录(如宁、召、将部卒诣官廪、初除诣官等),也没有具体记录诣官的时刻③,且兼有出与入的时间记录,而一般的诣官簿也不会记录戍吏的籍贯,只有出入名籍上才会要求。这两枚简尽管数量有限,对照类似的简,提示我们或与关口保存的记录有关,进而将我们引向一直苦于没有内证而无法落实具体方位的卅井候官所辖的悬索关。

另值得注意的是,T130 北面不远便是 T110 和 T111,结合"塞上蓬火品约"中提到的"匈奴人渡三十井县(悬)索关门外道上队(隧)"云云(EPF16:6),道上隧恐怕指的就应是从居延都尉通往张掖郡的大道沿途的烽燧,至于门外具体指的是门之南,还是北,参考金关的出入关记录,或许指的关门以北。此说若不误,道上隧应该就是上述河南道塞上隧。该品约的另一枚简云:"・匈奴人入三十井诚劵北隧县索关门以内,举蓬燔薪如故。三十井县索关诚劵隧以南,举蓬如故,毋燔薪"(EPF16:7),诚劵北隧与悬索关应相距

---

① 以上金关简,据甘肃省文物考古研究所、甘肃简牍保护研究中心等编《肩水金关汉简》五册,中西书局,2011—2016。
② 有关研究可参青木俊介:《肩水金关汉简的致与通关制度》,《日本秦漢史研究》2014 年第 12 号;田家溧:《汉简所见"致籍"与"出入名籍"考辨——以肩水金关简为中心》《史学集刊》2014 年第 6 期;郭伟涛:《汉代的通关致书与肩水金关》,载《丝路文明》第 2 辑,2017,第 21—44 页。
③ 详参永田英正《试论居延汉简中所见的候官——以破城子出土的"诣官"簿为中心》,载氏著《居延汉简研究》下册,1989 年初刊,中译本,广西师范大学出版社,2007,第 371—395 页;新近的研究见广濑薰雄:《谈小方盘城出土汉简中的"诣府"簿与"诣府"文书》,载氏著《简帛研究论集》,上海古籍出版社,2019,第 156—169 页。

不远。T130 甚至也不能排除是"悬索关"的所在①。

而以往被认为是"悬索关"的 A21 遗址,虽然也出土了通关记录,但根据迄今为止的实地调查,只在 T140 与 A20 西北方向 2.7 公里处发现了一个烽燧,命名为"川吉淖尔烽燧"②,沿河干流向东北近 30 公里均未再发现烽燧与塞墙或天田遗迹③,且若在 A21 或 A22,均与诚勢北隧相距较远,无法实现相互直接传递敌情或文书。再加上前述居延通往张掖太守府的主要交通线应偏东,而不是靠近甲渠候官一带,因此,悬索关应位于卅井候官中更偏东的塞墙间恐怕更与简文所述相合,不应该位于其最西端。考虑到 A21 出土的出入记录,也不能排除悬索关的位置发生过变化,至少到了塞上蓬火品约出现的王莽时期以及东汉初年,则移到更偏东处,或许就在 T130 附近。

如果上述推断不无道理,当曲隧也就应该在 A16/A17 附近南北方向的邮路上,具体对应于哪座烽燧,恐怕也还要继续研究④。此路正是在卫星地图所显示的汉代弱水河道的南侧⑤。前述推测的东、西两线说均更为靠近 A8 遗址,尤其是以 F84 为中心,实际在西汉时期的河道以北,也与简牍中所说的"河南道上塞"的称呼相违,尽管罗仕杰提出一种新解释,认为所谓

---

① 县(悬)索关的位置,若干学者做过推测,基本看法差别不大,一说在 A21,一说在 A22 布肯托尼附近。前说 1979 年徐苹芳提出,但未见论述,见氏著《居延、敦煌发现的〈塞上蓬火品约〉——兼释汉代的蓬火制度》,第 448 页;李均明详加论证,见氏著《汉简所见出入符、传与出入名籍》,《文史》1983 年第 19 辑,第 34-35 页;富谷至亦赞同此说,见《汉代边境的关所》,1990 年初刊,后收入氏著《文书行政的汉帝国》,第 263-268 页;角谷常子赞同此说,见氏著《额济纳河流域的关——以肩水金关为中心》,第 84 页;王蕾亦持此说,见《中古丝路交通视野下的河陇关津研究》,博士学位论文,兰州大学,2018,第 65-75 页。持后说的有李并成,认为在额济纳旗驻地达来呼布镇西南 70 公里,黑河下游的布肯托尼一带,见氏著《汉悬索关考》,《敦煌研究》2004 年第 4 期,第 86-87 页;吴礽骧的意见相近,推测大约在 A22 附近的驿道上,见《河西汉塞调查与研究》,第 146 页;张俊民:《"简索"与"悬索关"》,收入氏著《简牍学论稿——聚沙篇》,甘肃教育出版社,2014,第 164-166 页。

② 内蒙古自治区文化厅(文物局)、内蒙古自治区文物考古研究所编著《内蒙古自治区长城资源调查报告·阿拉善卷》,第 113 页。

③ 见《额济纳河流域障隧述要》,收入中国社会科学院考古研究所编《居延汉简甲乙编》下册,中华书局,1980,第 303、305、309 页;吴礽骧:《河西汉塞调查与研究》T21 引述前说,第 141 页。

④ 森谷一樹利用居延新简 EPT22:187-195 对当曲隧、收降亭、河之间的相对关系进行过复原,并绘制了示意图,见氏著《汉代额济纳·绿洲——简牍资料所见》,收入《绿洲地域研究会报》2005 年第 5 卷第 1 号,第 10-12 页。可参,但他总体上是依据吉村昌之的复原,属于前述的东路说,并将收降亭与当曲隧的走向认定为东西向的,与邮书记录中所说的南书、北书不相吻合。

⑤ 河道的具体走向,可参罗仕杰《汉代居延遗址调查与卫星遥测研究》附图一与附图二,第 141 页。

"河"实际指的是"甲渠"这一人工开挖的沟渠①,当地人恐怕很清楚天然河与人工渠之别,不会混为一谈。

籾山明继承市川任三 1961 年提出的看法,认为河北塞(甲渠中的番号隧)是防御匈奴的前线,实名隧(沿着河南道上塞)承担传递文书工作是邮亭②,大致存在这种分工,额济纳汉简 99ES17SH1:7 所说的"当曲隧以南尽临木,道上行书,不省",就是因"道上行书",人手紧张而免除了"省卒"抓差。当然,在隧名上,河北道依然有一些实名隧,主要位于最南端的万岁部,这或是后来增置的。承担传递文书任务的诸隧,也有天田。现存不侵部候长与候史的日迹记录:

> 候长尊
> 候史长秋,丁未诣官不迹　　闰月己卯从当曲隧北界迹南尽不侵隧南界尽丁未积廿九日毋城塞出入迹　　EPT56:28

这是对不侵部的候长尊与候史长秋两人闰月日迹的记录。全月 29 天中,尊应该是每天都巡视了整个辖区,而候史长秋则在闰月最后一天丁未这天去了甲渠候官治所(A8),没有巡视天田,其余的 28 天都从最北端的当曲隧北界开始到最南端的不侵隧南界,巡视了整个不侵部的辖区。在居延屯戍活动的时间范围内,根据闰月朔晦日的干支推知可能的年份只能是甘露四年(前 50 年)闰二月③,而同探方出土不少甘露四年月迹簿的正文(EPT56:22、25、26)或标题(EPT56:282)④,当是其残文,年份应是甘露四年。此外,还有候长个人的月迹记录,如 EPT48:6:

> 候长郑赦　七月己卯尽丁未积廿九日日迹从不侵隧南界尽当曲隧塞天田 EPT48:6

---

① 罗仕杰:《汉代居延遗址调查与卫星遥测研究》,第 135 页。
② 籾山明:《秦汉出土文字史料研究——形态·制度·社会》,第 301-302 页,徐乐尧亦持此说,见《居延汉简所见的边亭》,载《汉简研究文集》,第 311 页。蒋丹丹、孙兆华的看法则更谨慎,见氏著《早期中国边塞防御组织再认识——以甲渠候官的实名燧、序数燧为中心》,《南都学坛(人文社会科学学报)》2015 年第 5 期,第 1-6 页。
③ 朱桂昌编著《太初日历表》,中华书局,2013,第 112 页。
④ 参胡永鹏编著:《西北边塞汉简编年》,福建人民出版社,2017,第 154-159 页。作者亦将此简系于甘露四年,见 156 页。

这是不侵候长郑赦某年七月巡视辖区范围内天田的记录。候长郑赦又出现在著名的册书"永光二年(前 42 年)予候长郑赦宁册"(57.1/A8)中,还见于 145.30+145.37/A8,这是一份建昭二年(前 37 年)关于甲渠候长郑赦的功劳案,三件出现的郑赦应是一人。此简的年份可大致推定在元帝朝,按月朔干支与小月,对应的是元帝永光四年(前 40 年)。不过不清楚建昭二年时他是否还任不侵候长。当曲隧旁边有天田,且据 EPF22:529:"当曲隧 举堠上一蓬,燔一积",遇到匈奴人入塞,当曲隧也要按照烽火品约来报警或传递信息,换言之,在传递邮书任务之外,也要承担一般烽燧的警戒任务。尽管附近也有天田,也需要戍卒、候长与候史每天巡视,但附近应没有塞墙之类的设施。按照吴礽骧的调查,认为居延地区只是开挖壕沟,将挖出的沙砾向两侧堆成垄,在壕沟内铺细沙做天田,而并无塞墙。新近的调查亦只是记录了各候官辖区内天田的长度,仅在肩水候官部分提及塞墙①。

地理学家结合文献、考古调查、实地考察与遥感卫星资料,对黑河下游特别是古居延绿洲一带历史时期人类活动的遗迹进行了比较系统的研究,对河道与人工开挖的渠道遗迹亦进行了整理和标注。指出汉代古绿洲南北均见人类活动遗迹,但以北部区域遗址分布较南部密集,且北部区域汉代重要城址也多于南部地区②,整体上看,汉代的遗址远远多于西夏—元时期,后一时期集中在黑城(K799)、绿城周围。

如果作者的分析属实,居延县与居延都尉府,以及尚存疑的居延候官的驻所,都应该在作者所说的绿洲北部区域内,而不会坐落在南部地区,绿城

---

① 见吴礽骧:《河西汉塞调查与研究》,第 135 页;《内蒙古自治区长城资源调查报告·阿拉善卷》,第 87-144 页,肩水候官的塞墙见第 135-137 页。
② 见景爱:《额济纳河下游环境变迁的考察》,《中国历史地理论丛》1994 年第 1 期,第 60-65 页;胡宁科:《黑河下游历史时期人类活动遗迹的遥感调查研究》,博士学位论文,兰州大学,2014,第 45 页。至于造成这一分布特点的原因,景爱归结为沙漠化,见第 65 页,耿建伟等通过对比黑河古河道与今河道的纵比降,发现额济纳盆地主要过水河道的整体地形特征为东南高、西北低,地形因素控制着水系向现代额济纳绿洲方向转移,见其著《历史时期额济纳盆地水系与绿洲演变过程及其机制研究》,《第四纪研究》2016 年第 36 卷第 5 期,第 1204-1215 页,这也就解释了汉代为何灌溉与屯田区主要集中在河道的左岸,因为这一方向地势略低,便于水的自然流动与灌溉。

作为居延县城的说法，当排除①。而应在 K789、K749、K710 与 K688 中确认。K688 偏北，距离匈奴更近，作为都尉府或民政中心的县城危险性更高，我推测更可能是在余下三城中②。

当曲隧的具体位置应在绿城南北的烽燧线上，这里恰好处在当时流经 K789 与 K710 的弱水河道以南。西汉时期这一地区尚未得到大规模的开发，处于绿洲的边缘。

三、结论

以上从考察当曲隧的位置出发，对甲渠河南道上塞的走向，特别是与哪些考古遗址对应，在前人基础上，结合居延新简中公布的 T130 采集的简牍，重新推定了悬索关的位置，认为 T130 可能在西汉末年到东汉初年或是关址所在，因而河南道上塞的位置应该比前人所推定的西线说与东线说均更偏东，这一推定与居延新简"塞上蓬火品约"提供的信息更相吻合。

本研究是古文字与中华文明传承发展工程"中国文书简的理论研究与体系构建"（G1424）的前期成果。写作中先后得到胡宁科、游逸飞与郭伟涛先生惠助；初稿完成后请孙兆华、田家溧君审正，两位仔细核对文字，提示高见与论文；并呈请邢义田先生，蒙示下意见与资料；2022 年 10 月 6 日将此文提交清华大学第 133 次简牍研讨班讨论，得到张琦、屈涛、郭伟涛、张官鑫、冉艳红、曹天江、赵尔阳、华迪威、梅笑寒、陈韵青、文若萱、梁睿成、蒋晓亮、陈陶然、肖石长、邹晟、成鹏等的指教，张琦同学费心核对史料，谨此一并致谢！

---

① 据齐乌云等对绿城遗址东南疑似古耕地遗迹一处（采样地点的 GPS 数据为 N 41°43′38″、E 101°18′05″）出土炭化农作物和田间杂草的鉴定和分析，出土小麦的年代测定，树枝状分布的引水渠之间分布有多处西夏的房址，引水渠与上覆沙丘之间红柳叶的测年分析数据，以及古土壤发育及其横向延伸、具有较大范围和地形平坦开阔等特征，综合判断绿城遗址东南一带应为西夏时期的古耕地遗迹。这些引水渠和农田历经西夏和元代，一直被沿用至明代初期。见氏著《居延地区绿城遗址东南古耕地遗迹》，《农业考古》2019 年第 6 期。感谢胡宁科先生示知此文！可惜作者只是根据一处地点进行了植物的鉴定与测年，值得进行更多地点的系统研究。

② 居延都尉府与居延县城的关系，多认为分处两城，但从简文看，一段时间里有可能共处一处，此问题别详另文。

论居延汉简"主官"称谓

——兼谈汉代"掾""史"称谓之关系

李迎春

居延汉简中有关于"主官""主官令史""主官掾""主官尉史"的记载,由于传世秦汉史籍中几乎未见"主官"称谓,故学界对此曾予以关注。日本学者森鹿三注意过"主官令史"一职,称:"如果令史是指候官令史而言,那么所谓主官令史,也许是指候官中的主任令史,因为在同样的候官中有几个令史。"①汪桂海对居延简中的"主官"也做过研究,认为:"'主'是主持之意。'主官'当谓主持候官事务",是"在候官最高长吏候外出、病休或刚离任而新任命者尚未到任的情况下,'行候事'或'兼行候事'的掾、令史、尉史等属吏的一种称呼。他们临时代候主持候官事务,故被称为'主官'"。②《中国简牍集成》的撰者则两次对"主官"予以解释,一是"关塞诸属吏中为首者,主持日常例行公务",并称"例如掾、令史可称主官,又称掌官"③;二是"主管官府长吏以下各属吏"④。各家之说存在差异。笔者认为厘清"主官"的内涵和外延,进而认识"主官令史""主官尉史"与普通令史、尉史及"掾"等称谓的差别与联系,既有助于更好地理解居延汉简,也有助于澄清我们对汉代基层文官制度的认识,是辨别文献中常见的"掾史"称谓中"掾"

---

① 森鹿三:《关于令史弘的文书》,姜镇庆译,载中国社会科学院历史研究所战国秦汉史研究室编《简牍研究译丛(第一辑)》,中国社会科学出版社,1983,第23页。
② 汪桂海:《汉简丛考(一)》,载李学勤、谢桂华主编《简帛研究2001》,广西师范大学出版社,2001,第378-379页。
③ 中国简牍集成编委会:《中国简牍集成(第九册)》,敦煌文艺出版社,2001,第5页。
④ 中国简牍集成编委会:《中国简牍集成(第十二册)》,敦煌文艺出版社,2001,第6页。

和"史"关系的重要线索,值得进一步探索。

一、居延汉简中的"主官"

前述诸家对"主官"一词的解释,及对"主官"和"主官令史"关系的判断,都有一定道理,但也有些问题需要辨别。汪桂海认为"主"有主持之意,可以成立。但将"主官"等同于"行候事",是"临时代候主持候官事务"者,在出土文献中似乎没有依据。居延汉简载:

> 甲渠候告主官掾齐对府已急诣官所留事即难得即　264·8①
>
> 让持酒来过候饮第四守候长原宪诣官候赐宪主官谭等酒酒尽让欲去　EPT68·18
>
> 第八隊攻候鄣君与主官谭等格射各十余发虏复并塞　EPF16·47②

各例既有甲渠候、候、鄣君,又有主官掾、主官,两种称谓同时出现,可见主官不是候不在的情况下暂时"行候事"的掾。居延 EPT68·9 和 EPT68·10 号简有"●状辞公乘居延鞮汗里年卅九岁姓夏侯氏为甲渠候官斗食令史署主官以主领吏备盗贼为职"的记录。其中"主官"可以"署"也说明当是具体职名,如是"行候事"的意思,则完全可以像其他简例那样写作"甲渠候官斗食令史行候事"。

"主"为"主持""掌管"。《孟子·万章上》:"使之主事而事治,百姓安之",其中"主事"即主管、主持事务。秦汉文献中将主持吏员选拔的"功曹"称为"主吏",用法更是与居延简"主官"之"主"异曲同工。"官"是官府机构,西北汉简中主要指边塞的候望组织——候官。据西北汉简,边塞候官属吏除了驻扎部队,以候望为主要职责的候长、士吏、隧长外,主要就是在候官中直接帮助候处理上下级文书的令史、尉史,及在部中负责文书的基层文书吏——候史。前引 EPT68·18 和 EPF16·47 两简中,"主官"既与候官的长

---

① 除特殊说明者外,本文引旧居延汉简的简号及释文,皆据谢桂华、李均明、朱国炤:《居延汉简释文合校》,文物出版社,1987。

② 除特殊说明者外,本文引新居延汉简的简号及释文,皆据甘肃省文物考古研究所等编《居延新简》,中华书局,1994。

官"候"同见于一份文书,则不可能是"候"。且汉简常见"主官令史""主官尉史"而不见"主官候长""主官士吏",可知"主官"所"主"之事应主要是文书而非具体的候望事务。这样,从字意分析,"主官"就应是"主持候官文书事务"。当然,在具体语言环境中,"主官"一词又可有多种用法。检阅居延简可以发现,"主官"既可作动词,如简 EPT1·1"令史三人尉史四人名如牒请所用代褒主官"即是选用吏员代褒主持候官文书事务;也可作为形容词,指"主持候官文书事务的",由于候官中处理文书事务属吏主要是令史、尉史,故有"主官令史""主官尉史"等称谓;当然如果将"主官令史"、"主官尉史"省称,则"主官"又成为名词,即主持候官文书事务的令史、尉史,如EPT68·18 和 EPF16·47 简中的"主官谭"就是"主官令史夏侯谭"的省称。

二、主官令史与普通令史之关系

清楚了"主官"的含义,并不意味着问题已完全解决。候官中掌文书的属吏主要有令史、尉史等,李均明称"每候官设令史三人左右",尉史"曾达四人"。① 既然一个候官中令史也有三人之多,那么"主官令史"究竟是多位令史中的负主要责任者,还是所有候官令史皆可称主官,则仍有澄清的必要。笔者认为,从简文看,"主官"、"主官令史"虽秩"斗食",仍属令史级别②,但从实际权属来说与普通令史有一定差别,应是诸令史和诸文书吏员中的负主要责任者。居延汉简 71·43 号简"●右一人主官令史",是某种簿籍残存的一支,虽不能完整反映簿籍的全貌,但似乎也说明候官众多令史、尉史中,真正"主官"者应仅一人。居延 326·13 和 185·16 号简载:"令史范弘　今调主官",可见令史与"主官"并不完全等同,令史需经特殊调用,方有"主官"资格,成为"主官"。前引 EPT68·9 和 EPT68·10 号简是甲渠移送居延狱的劾状中的两支,记载了负责移送的甲渠令史的情况,"●状辞公乘居延鞮汗里年卅九岁姓夏侯氏为甲渠候官斗食令史署主官以主领吏备

---

① 李均明:《汉代甲渠候官规模考》,原载中华书局编辑部编《文史》(第三十四辑),中华书局,1992,第 28 页,后收入李均明编《初学录》,兰台出版社,1996,第 269 页。
② 令史秩斗食,在居延简中常见,参李均明《汉代甲渠候官规模考》一文。居延 EPT68·10 号简"候官斗食令史署主官",可见"署主官"之后的令史仍秩斗食。

盗贼为职",其中普通令史通过"署"的方式成为"主官",成为"主官"后的职责是"主领吏备盗贼"。无独有偶,在同探方中还有类似劾状,如EPT68·13—28号简就是由普通令史立移送居延狱的劾状,其对移送者身份的记载是"上造居延累山里年卌八岁姓周氏建武五年八月中除为甲渠官斗食令史备寇虏盗贼为职"(EPT68·16、17)。值得注意的是,普通令史职责仅是"备寇虏盗贼",恰无"主领吏"一语,可见"主官令史"确与普通令史不同,其主领之吏应该就是以处理文书事务为主要职责的普通令史及稍低等级的尉史。

20世纪70年代出土居延汉简,尤其是EPT68、EPF22所出简牍中有不少关于甲渠候官主官令史夏侯谭的简文,引起了学界关注。关于夏侯谭其人的生平事迹,前人已有研究,分别见刘军《甲渠候官掾夏侯谭》,李振宏、孙英民《居延汉简人名编年》,罗仕杰《夏侯谭生年、籍里及其相关研究》等文。据刘军等人研究,夏侯谭在新莽末到建武八年(32年)担任"甲渠候官掾"。通过收集与此人相关的简牍,我们也可以发现"主官令史"与普通令史,及"主官"、"主官令史"间的内在关系,更好地理解"主官"称谓的内涵。这一时期简文对夏侯谭官称有不同称呼。相关简文主要有:

1. ☐正月丙午朔甲戌甲沟掾谭敢言之谨　　EPT59·79
2. 新始建国地皇上戊元年二月己亥朔癸亥
   左隆　掾谭　　EPF22·413A、B
3. 新始建国地皇上戊三年五月庚辰朔甲沟候长隆以私印行候文书事敢
   掾谭造史业尉史宁　　EPF22·359A、B
4. 建世二年三月癸亥朔甲申甲渠候　移殄北候官当曲
   掾谭　　EPT65·43A、B
5. 汉元始廿六年十一月庚申朔甲戌甲渠鄣候获敢言之
   谨移十月尽十二月完兵出入簿一编敢言之
   掾谭　　EPF22·460A、B
6. 建武三年十二月癸丑朔丁巳甲渠鄣候获叩头死罪敢言之
   掾谭尉史坚　　EPF22·187A、B
7. 建武四年五月辛巳朔戊子甲渠塞尉放行候事敢言之诏书曰

吏民

毋得伐树木有无四时言●谨案部吏毋伐树木者敢言之

掾谭　EPF22·48A、B

8. 建武五年五月乙亥朔丁丑主官令史谭敢言之

谨移劾状一编敢言之

五月丁丑甲渠守候博移居延写移如律令/掾谭　EPT68·1—3

9. 建武六年正月辛丑朔癸丑令史嘉敢言之

谨移劾状一编敢言之

正月癸丑甲渠守候　移居延　写移如律令掾谭令史嘉　EPT68·134—136

10. 建武柒年十月辛酉朔壬戌主官令史谭敢言之爰书不侵候长居延中宿里□业主亭隧柰所听呼不缮治☐

言之　EPF22·700

11. 叩头死罪死罪府记曰主官夏侯谭毋状斥免党叩头　EPT20·5

12. 党叩头死罪死罪谭素公廉为主官出入卅余□九月　EPT20·12

上述诸简时间明确，集中于新莽天凤六年（公元19）至东汉建武八年（32）间①。从简文看，天凤六年夏侯谭即被称为"甲沟掾谭"，至东汉建武七年（31年）仍是甲渠"掾谭"，可见十余年间，夏侯谭活跃在甲渠候官，其地位、官职并未发生变化。② 在此期间，夏侯谭可同时被称为"掾""主官令史""主官"，可见在这些简中，这三个称谓所指相同，"主官"可被称为"主官令史"。

---

①　两汉之际，政权更迭频繁，有些年号说明如下：简4有"建世二年"纪年，"建世"是赤眉政权年号，建世二年相当于东汉建武二年（公元26年）；简5有"元始廿六年"纪年，"元始"系西汉平帝纪年，计五年（公元1—5年），然新莽政权崩溃后，割据河西的窦融一度以"元始"年号纪年，故居延简中有"元始廿六年"的纪年，元始廿六年即建武二年（公元26年）。简1没有年号，但根据"甲沟"称谓，可判断其为新莽简无疑，再参考"正月丙午朔"的月朔，可知此简为天凤六年（公元19年）简；简3根据月朔，可判断为地皇四年（公元23年）简。简12、13两例根据相关简牍可推测为建武八年（公元32年）简，刘军、罗仕杰诸先生有所论证，参前引文。除此之外，EPT68·7—10，EPF22·38、51、250、370、379、430等简也有夏侯谭官称的记载，与所引诸简一致，在此不赘。

②　至建武八年前，夏侯谭一直为甲渠候官掾，直至建武八年方被斥免，参罗仕杰：《夏侯谭生年、籍里及其相关研究》，载中国秦汉史研究会编《秦汉史论丛（第七辑）》，中国社会科学出版社，1998。

如前所述,一个时期内甲渠候官有令史三人左右。具体到夏侯谭担任"主官"的建武初年,甲渠候官至少有令史四人,除夏侯谭外,还有周立(EPT68·13—17)、孙良(EPF22·60)、张嘉(EPT68·134—140)等。而被称为主官的谭无疑是负主要责任者,所以署名中遵循"掾谭令史嘉"的顺序,身为"主官令史"的夏侯谭,在普通令史张嘉之前。

三、汉代"掾""史"称谓之关系

前引有关夏侯谭的简文,不仅为解决"主官令史"与普通令史关系提供了佐证,其中"主官令史谭"又被称为"掾谭"的现象,也为学界长期讨论的"掾史"称谓中"掾"与"史"的内涵及相互关系问题的解决,提供了可能。

汉代属吏称谓中常见"掾""史",它们间的关系是学界关注的重点,也是秦汉属吏制度的难点。《说文·手部》载"掾,缘也。从手,象声",朱骏声称:"本训当为佐助之谊,故从手。《玉篇》'公府掾史也',亦佐助之一事。"[①] 掾,由"佐助"之意,可引申为佐助长官管理某一方面事务的吏员。西汉时期,"掾"成为负责某方面具体事务属吏的代称,主要指特定机构内某一部门的管理者。关于"掾""史"关系,一般认为,掾的地位高于史,掾为正官,史为副官。[②] 这种观点,有其合理性,掾作为一部门的主管,当此部门还有其他"史"时,其权力和地位会高于其他的"史"。但我们也发现,"掾"和"史"在汉人观念里有时可以通用。如《后汉书·王良传》载:"司徒史鲍恢以事到东海,遇候其家,而良妻布裙曳柴,从田中归。恢告曰:'我司徒史也,故来受书,欲见夫人。'妻曰:'妾是也。苦掾,无书'。"鲍恢为司徒史,王良妻却称其为"掾"。在这种情况下,"掾"和"史"显然没有级别上截然的区分,其关系则另需考虑。

秦及汉初,各行政部门中有"卒史""令史"等属吏。到了西汉中后期,各种曹史、门下史、都吏(史)大量出现。但在西汉晚期的尹湾简中,却存在

---

① 朱骏声:《说文通训定声》,中华书局,1984,第747页。
② 参陈直:《望都汉墓壁画题字通释》(载氏著《文史考古论丛》,天津古籍出版社,1988)、严耕望:《中国地方行政制度史·秦汉地方行政制度》(上海古籍出版社,2007)、宋一夫:《汉代"属吏"、"曹"、"掾史"考》(载《文史》第46辑,中华书局,1998)等论著。

一个有意思的现象:同是作为东海郡属吏统计的"卒史""令史"和曹史、门下等称谓并不出现于同一簿籍之中。《集簿》中对东海郡太守府的属吏统计是"卒史九人属五人书佐十人啬夫一人",《东海郡吏员簿》称太守府属吏有"卒史九人属五人书佐九人用算佐一人小府啬夫一人",各县文书类属吏则主要有令史、狱史、尉史等。《集簿》和《东海郡吏员簿》属吏名目基本一致。然同墓出土《东海郡属吏设置簿》对太守府属吏的记载,则与《集簿》和《东海郡吏员簿》大相径庭。除属吏数目不一外,名目也有较大差别,未见"卒史""属"等称谓,代之的则是督邮史、案事史、外邮掾、劝田史等名目复杂的"门下""曹史"称谓。尹湾汉简郡府属吏名目差异现象得到了学界的关注,部分学者认为,随着行政系统机构组织的进一步细密,秦及汉初作为具体属吏职名的"卒史"等称谓,到西汉后期渐演变为等级称谓,而"卒史"通过署曹,则成为各曹史、门下史等具体属吏称谓。廖伯源称:"员额之官名(即"卒史"等职名)是新增职务官名之所本,故员额之官名渐成为某一属吏等级之名称。如卒史成为郡府高级属吏之等级名称,郡府诸曹之掾及督邮等高级属吏占卒史之员额。"①李解民也说:"如果说卒史犹如掾史、曹掾是泛称的话,那么功曹则是着眼于署曹执掌的专称。"②蔡万进更明确提出"卒史署曹"的观点,认为"'曹史'本身就是由'卒史'来充任的,它们之间是秩级与职事的统一"③。"卒史署曹"观点的提出,等级称谓与具体职名称谓的划分,拓宽了我们对西汉后期属吏称谓理解的思路。当然,尹湾汉简材料主要集中于"卒史",其实考察史籍可以发现,当时郡府属吏等级称谓主要有表示较高级别的"卒史"和稍低级别的"属",县廷属吏等级称谓则有较高级别的"令史"和低级别的"尉史",他们都可以通过"署曹"的方式成为曹史、门下史等具体职官。由于"卒史""属""令史""尉史"与曹史、门下诸吏通过"署曹"的方式产生了关联,故探讨"掾""史"关系,既是讨论"曹掾""门下掾""曹史""门下史"等具体职名称谓间的关系,也是讨论同一行政系统的同一部门中"掾"与"卒史""属""令史"间的关系。

---

① 廖伯源:《简牍与制度》,广西师范大学出版社,2005,第60页。
② 李解民:《〈东海郡吏员簿〉所反映的汉代官制》,载李学勤、谢桂华主编《简帛研究2001》,广西师范大学出版社,2001,第407页。
③ 蔡万进:《尹湾简牍所反映的汉代卒史署曹制度》,载李学勤、谢桂华主编《简帛研究2002、2003》,广西师范大学出版社,2005,第273页。

严耕望曾探讨过汉代郡府属吏的等级关系,称:"曰掾曰史,或多冠曹为称,而称卒史者则较少,有之而地位亦较低",将"掾"与"卒史"等称谓对立了起来,并以居延简文书署名中多循"掾某卒史某书佐某"的次序为证,说明"掾"地位高于"卒史"①。居延文书签署简中,中央九卿府和郡太守、都尉府文书常循"掾某卒史某书佐某"之序,县级候官文书常循"掾某令史某尉史某"之序。从这个现象来看,署名之"掾"的权限、地位确应高于"卒史""令史",但这并不说明,"掾"之级别要高于"卒史""令史",相反通过前引主官夏侯谭的简例来看,"掾"本身就是"卒史""令史",只是诸"卒史""令史"中的负主要责任者而已。

前引夏侯谭诸简中,夏侯谭在文书签署中被称为"掾谭",排序在"令史嘉"之前。然在文书正文中,其又经常被称作"主官令史"。尤其如EPT68·1—3号简,"建武五年五月丁丑"一天之中夏侯谭既称为"掾",又称"主官令史"。"主官令史"以"主官"为特点,以"主领吏"为特殊职责,但既以"令史"为称,无疑说明其仍是"令史"级别。居延EPF22遗址中有一批笔迹一致、内容相关,属于一段时期的"吏廪名籍"(EPF22·83—124号简),其中有"令史夏侯谭 四月食三石 四月辛亥自取"(EPF22·93号简)的记载。同一名籍中,又有"诚北候长王褒"(EPF22·90号简)、"万岁候长何宪"(EPF22·104号简)等人的廪食记录。据李振宏、孙英民《居延汉简人名编年》,何宪任"万岁候长"首见于建武三年,"城北守候长"("诚北""城北"作为甲渠塞部候名相通)王褒也见于建武三年,如此则此"吏廪名籍"当是建武初年的记录。而夏侯谭担任甲渠(甲沟)候官掾恰在新莽天凤六年(公元19年)至东汉建武八年(公元32年)间。由此可知,前述"吏廪名籍"产生的时代,正是夏侯谭担任"掾"期间。名籍称担任"掾"的夏侯谭为"令史夏侯谭",证明了作为候官之掾的夏侯谭,其级别正是令史,而非高于令史。

"主官令史谭"同于"掾"谭,说明了此处"掾"职的"令史"级别。这里

---

① 严耕望:《中国地方行政制度史·秦汉地方行政制度》,上海古籍出版社,2007,第112-114页。

的"掾"也可称"主官掾",①只是在佐助部候负责候官文书责任大小上与普通令史有别。② 同样,居延简"掾某卒史某"签名中的"掾"也应属于"卒史"级别,只是在诸位卒史中处于主导责任。正如谢桂华所说:"在居延简文中,作为太守和都尉府属吏的掾和卒史,在《集簿》和《东海郡吏员簿》中均作为卒史。"③

"掾"来源于"令史"或"卒史",而不是比之更高的一种级别,这一点从其他史料也可得到证明。居延汉简中有官吏领俸的簿书,如:

	候一人六千	令史三人二千七百	
五凤四年八月奉禄簿	尉一人二千	尉史四人二千四百	凡□……
士吏三人三千六百	候史九人其一人候史拓有劾五千四百□☑		EPT5・47

这枚简记录了宣帝五凤年间甲渠候官的吏俸情况。其包含了所有在候官工作的文书类吏员,然而却没有关于"掾"的记录,这与"掾"在文书签署简中的活跃不相符,唯一合理的解释只能是"掾"已包含在了"令史"之中。此外,《续汉书・百官志四》称司隶校尉有"从事史十二人",州有"从事史、假佐",可见"从事史"是司隶校尉、州刺史高级属吏的正式称谓。但我们在出土文献中却能发现一些关于"从事掾"的记录,悬泉汉简Ⅱ0114:89号简有"从事宋掾"、Ⅱ0214:74号简有"从事田掾"、Ⅱ0214:535号简有"护羌从事马掾",这些"从事"应该都是文献中的"从事史",但又可被称为"掾"。

居延汉简有"令史三人尉史四人名如牒请所用代褒主官"(EPT1・1)的记载,应是甲渠候官提请居延都尉府从甲渠普通令史、尉史中选择代替"褒"主官作"掾"之人的文书。一般来说,能担任一部门之"掾"的应该是级别较高的属吏,候官掾正常应由"令史"出任。但也不能完全排除特殊情况下有低级别属吏担任"掾"的可能,如居延汉简266・34号简就有"主官尉

---

① 居延30・8号简载:"建始三年五月甲辰主官掾昌取",同出土于破城子遗址的188・27、EPT50・192、EPT51・666、EPT52・20则有"掾昌","主官掾昌"和"掾昌"很可能为一人。作为文书签署简的EPT51・666号简中"掾昌"居"令史"前处签署者之首,也符合其"主官"的职责。

② 相似的情况,还见于居延简中关于范弘的简文。326・13和185・16号简载"令史范弘,今调主官",是在普通令史中选拔"主官"的例证,而EPT51・629号简中的"掾范弘"应是范弘"调为主官"后的称谓。

③ 谢桂华:《尹湾汉墓所见东海郡行政文书考述(上)》,载连云港市博物馆等编《尹湾汉墓简牍综论》,科学出版社,1999,第33页。

史"。EPT1·1号简中,选拔"主官"要上"令史""尉史"名单,也说明低级别属吏尉史有出任"掾"的可能。居延文书签署简中有个别署名顺序为"令史某掾某尉史某"(如EPS4T2·30)的简例,窃以为"令史"排在"掾"前的原因即是其中"掾"职是由尉史担任了,其虽负主要责任,但由于级别低于令史,所以排序在"令史"之后。

综上所述,我们认为西汉时期的"掾"只是部门管理者,与"卒史""属""令史""尉史"等称谓不同,本身并无级别意义。而"史"的情况则稍复杂,西汉中期之后,属吏先通过功次或其他途径,取得卒史、属或令史的级别。然后再授予具体职事,通过"署"的方式成为某曹掾史、门下掾史、督邮掾史等具体部门之吏。这时根据所属部门的不同,"史"称谓与部门主管"掾"发生不同的联系。在有不止一个高级属吏的较大部门中,"掾"与其他级别同是令史(在郡级机构中是"卒史")的属吏(如各曹史)级别相同,但由于负主要责任而权力、地位稍高于其他"史"。在只有一个高级属吏的较小部门中(此部门由一个高级别属吏和其他佐史类低级属吏构成),这个高级别属吏一般是部门管理者,其在被称为某曹史的同时,也可被称为某曹掾,称某曹史是就其"卒史"或"令史"的身份而言,称某曹掾是就其主管者的地位而言,两者并不矛盾。

居延汉简中"主官""主官掾""主官令史"等称谓的含义基本相同,它们是候官中负主要文书责任的令史[①]。从佐助鄣候管理部门角度来说,其可称"掾"或"主官",从级别来说则属于"令史"。通过对这一称谓的考察,不但厘清了"主官令史"与"令史"的联系与区别,更为我们解决传世文献中"掾""史"称谓的复杂关系提供了另一种思路,在一定程度上或许可推动相关属吏制度的研究。

---

① 候官与县基本同级,但由于其以"候望"为职,不理民,故结构简单,不用像县的行政结构那样,划分为不同的曹。候官治所有高级文书属吏令史三人左右,低级文书属吏尉史四人左右,他们构成一个整体,类似于本文提到的"有不止一个高级属吏的较大部门"。

张家山 336 号汉墓竹简《功令》读记

邬文玲

经过整理者多年的辛勤付出，湖北江陵张家山 336 号汉墓竹简近日得以正式出版，内容丰富，图版清晰，释文及注释皆是高水平佳作，其中刊布的《功令》尤其引人注目。① 《功令》规定了呈报功劳文书的格式及呈报次序、功劳的计算标准、申报不实的处罚等。其中有多条令文涉及官吏任命的条件，如清廉、公平和处置公务的能力，有犯罪前科者及贾人不得任用。② 在阅读的过程中，发现《功令》中有个别释文不够准确，这里略作补遗，以就教于方家。

本文拟讨论的是《功令》卅八、六十一条中的"效"字，为了方便起见，先将整理者的释文迻录如下：

卅八　请：尝有罪耐以上吏，不廉、不平端、上功劳不以实而免，及鞫狱故纵、不直、盗、受赇，罪赎以下，已论九二有（又）免之。诸坐此及其狱未决而效入赘婿，皆毋得宦为吏，犯令者夺爵为士五（伍），吏智（知）而九三除与同罪，弗智（知），罚金四两。其已以戊寅效前宦为吏者勿斥。九四

六十一　上功劳不以实六月及半功以上，虽在效前而以丙申效后得，皆毋得宦为吏。犯令者夺爵为士五（伍），智（知）而除与同罪，

---

① 荆州博物馆编，彭浩主编《张家山汉墓竹简〔三三六号墓〕》，文物出版社，2022。
② 荆州博物馆：《湖北江陵张家山 M336 出土西汉竹简概述》，《文物》2022 年第 9 期。

弗智(知)罚金四两。——三①

第卅八条令文涉及官吏任命的条件,按照目前的释文,其中有两句话颇难通解。一是九三简"诸坐此及其狱未决而效入赘婿",二是九四简"其已以戊寅效前宦为吏者勿斥"。要弄清这两句话的准确含义,关键在于如何理解"效"字。整理者注释说:

效,验证。《汉书·楚元王传》:"世之长短,以德为效。"师古曰:"效谓征验也。"上文可对照《汉书·贡禹传》:"孝文皇帝时,贵廉洁,贱贪污,贾人赘婿及吏坐赃者皆禁锢不得为吏。"②

可见,整理者是把这里的"效"理解为"验证"。不过这一解释,置于令文中颇不顺畅。首先看"诸坐此及其狱未决而效入赘婿",按字面意思,就是犯有此类罪行及其案件尚未审结而被验证入赘婿者。且不论文献中似未见"效入赘婿"的说法,即便"效入赘婿"勉强可以理解为"被验明归入赘婿身份",也与前文语境不相符。前文所谓"诸坐此"之"此"所涵盖的"不廉、不平端、上功劳不以实,鞫狱故纵、不直、盗、受赇,罪赎以下"罪行,皆是针对为吏者而言,没有吏职的赘婿是不大可能犯下这些罪行的。如果原本是"赘婿"因各种机缘而担任了吏职,只要验明身份即可予以斥免,而不必俟其有职务犯罪行为后再行立案处理。如果把"效入赘婿"理解为一种处罚结果,也于文意不通畅,既言"狱未决",显然就谈不上处罚结果"效入赘婿"了。

其次看"其已以戊寅效前宦为吏者勿斥",字面意思就是已经在戊寅日进行验证之前被任命为官吏者不予斥免。这与整条令文限制官吏任免条件的宗旨不相符。似乎很难想象,当时的官府会择定某个具体的验证日期,作为解除犯罪人罪责的依据。

第六十一条也是限制官吏任命条件的令文,主要是规定申报功劳不实者不能任命为官吏。整理者未对其中的"效"字作解释,但对"丙申效"之"丙申"注云:"令九十(简一五二)有'高皇后时八年八月丙申下',两令皆

---

① 荆州博物馆编,彭浩主编《张家山汉墓竹简〔三三六号墓〕》,第112、117页。图版分别见同书第10、11、13页。

② 荆州博物馆编,彭浩主编《张家山汉墓竹简〔三三六号墓〕》,第113页。

有'丙申',不能确定是否同日。"①如果将这里的"效",仍然解作"验证"的话,令文的意思也不够顺畅。"上功劳不以实六月及半功以上,虽在效前而以丙申效后得,皆毋得宦为吏",似乎只能理解为功劳呈报存在一个"效(验证)"的环节,意即呈报功劳不实的行为即使发生在"效"前而在"丙申效"后被发觉,都会被禁止担任官吏。从以往的资料来看,功劳需逐级呈报,各级机构收到呈报后,的确有核验确认的环节,但由于是逐级呈报,上下级机构不可能同一时间获得呈报的材料,很难想象不同层级机构会选定某个具体日期统一进行核验,并将此日期作为限定申报功劳不实者担任官吏的分界线。

因此,要理解这两段令文,还得另寻他途。

首先需考虑释文是否准确。仔细审视图版,可见整理者所释的"效"字,分别写作:

简九三　　简九四　　简一二二　　简一二三

九三简中的所谓"效"字,因简材残断,笔画略有缺失,其余三枚简中的所谓"效"字,笔画完整清晰,两相对照,可知四个字的写法相同,应为同一个字。但该字的写法,与同墓所出汉律《效律》中数见的"效"字写法有别:

效律 二七一

实官吏免、徙,必效代者。二七二

效桉(案)官及县料而不备者,负之。二七三

县道官令、长及官毋长而有丞者节(即)免、徙,二千石官遣都吏效代者。虽不免、徙,居官盈 二七四 三岁,亦辄遣都吏桉(案)效之。二七五

效桉(案)官而不备,其故吏不效新吏,新吏居之未盈岁,新吏弗坐。二七六 ②

其中有六个"效"字,分别写作:

简二七一　　简二七二　　简二七三

---

① 荆州博物馆编,彭浩主编《张家山汉墓竹简〔三三六号墓〕》,第117页。
② 荆州博物馆编,彭浩主编《张家山汉墓竹简〔三三六号墓〕》,第200、201页。图版见同书第63、64页。

简二七四　　简二七五　　简二七六

从图版来看，《效律》中六个"效"字，墨迹清晰、完整，皆写作从交从支的形体，释作"效"准确无误。

通过字形对比可知，第卅八条和六十一条中的四个所谓"效"字，与《效律》中的六个"效"字，右部相同，皆从支，但左部形体差距比较大，其并非从交，而是从亦，实乃"赦"字异体"赦"。《说文》云："赦，置也，从攴赤声。"又说"赦或从亦"，并收录了字形"赦"。① "赦"字在金文、秦简和汉简中皆常见写作从"亦"的形体。比如云梦睡虎地秦简《法律答问》37简"赦前"、"赦后"之"赦"，125简"群盗赦为庶人"之"赦"，153简"会赦未论"之"赦"，② 居延汉简17.15简、57.1简、160.14简、214.102简中的"赦"字，③ 皆写作从亦从支的"赦"形：

睡简37　　睡简125　　睡简153

居延简17.15　　居延简57.1

因此，从字形来看，第卅八条和六十一条令文中整理者原来所释"效"字，应改释为"赦"字。

其次，从文意来看，改释为"赦"字，可以通解。

九三简"诸坐此及其狱未决而赦入赘婿，皆毋得宦为吏"，其中"狱未决而赦"，意即案件尚未审结而获得赦免。不过"入赘婿"之"入"字，仅残存右半，写作" "。从前后文来看，这里的所谓"入"字颇疑应是"人"字，其前很可能遗漏了"贾"字及更多的内容。汉代初年禁止贾人赘婿为官吏。《史记·平准书》云："天下已平，高祖乃令贾人不得衣丝乘车，重租税以困辱之。孝惠、高后时，为天下初定，复弛商贾之律，然市井之子孙亦不得仕宦为

---

① 许慎：《说文解字》，中华书局，1963，第68页。
② 睡虎地秦墓竹简整理小组：《云梦睡虎地秦墓竹简》，文物出版社，1990。字形图片引自陈伟主编《秦简牍合集》第一卷《睡虎地11号秦墓竹简》，武汉大学出版社，2014。
③ 谢桂华、李均明、朱国炤：《居延汉简释文合校》，文物出版社，1987。字形图片引自简牍整理小组《居延汉简（壹—肆）》，"中研院"历史语言研究所专刊之一〇九，"中研院"历史语言研究所，2014-2017。

吏。"①《汉书·贡禹传》载："孝文皇帝时,贵廉洁,贱贪污,贾人赘婿及吏坐赃者皆禁锢不得为吏。"②《功令》第十六条亦明确规定贾人不得为吏:

> 十六　贾人身有市籍若其父、母、妻、子及其大父母、同产与同居而有市籍为贾人者,皆不得为吏及宦,犯令者庚_{七一}夺爵为士五(伍),吏智(知)其不当为吏而上功劳及除者,与同罪。_{七二}③

据此,全句或当作"诸坐此及其狱未决而赦,[贾]人赘婿,皆毋得宦为吏",意即凡是犯有上述罪行及其相关案件尚未审结而获得赦免者、贾人赘婿,都不能被任命为官吏。

另外,九二简中有一处释文的标点也有商榷的余地,整理者读作:"尝有罪耐以上吏,不廉、不平端、上功劳不以实而免,及鞫狱故纵、不直、盗、受赇,罪赎以下,已论有(又)免之。"其中的"吏"字,整理者属上读,但从文意来看,后文所言"不廉、不平端、上功劳不以实而免,及鞫狱故纵、不直、盗、受赇,罪赎以下,已论有(又)免之",针对的都是"吏"的违法行为,因此"吏"字属下读,更为顺畅:"尝有罪耐以上,吏不廉、不平端、上功劳不以实而免,及鞫狱故纵、不直、盗、受赇,罪赎以下,已论有(又)免之。"

从第卅八条令文对官吏任命条件的规定来看,如下四类人员,不得任用为官吏:(1)曾"有罪耐以上"者;(2)曾因"不廉、不平端、上功劳不以实,鞫狱故纵、不直、盗、受赇,罪赎以下"而被论罪且免除职务的官吏;(3)凡是犯有前述罪行及其在相关案件尚未审结时而被赦免的官吏;(4)贾人赘婿。从《功令》来看,对官吏的"廉洁"与"平端"十分重视。一方面对"不廉""不平端"行为严厉惩处,比如第四条规定"吏有罪罚及坐不廉、不平端免者,皆遣戍二岁。_{四一}"第七十六条对"不廉"的行为做出了明确的界定:"吏及宦皇帝受其官署及所监、所治、所行吏、民、徒隶钱、财、酒肉、它物而非枉法也,皆为不廉。_{一三一}"另一方面,对于廉洁、平端的官吏,则特许不按功次升迁,而是予以超迁褒奖,第八条云"御史、丞相谨察诸吏行谌(甚)端平、廉絜、毋害、孝弟、修日有以异者,请迁之,毋以次。_{五〇}"第九条云"吏廉絜、平端者,吾甚

---

① 司马迁:《史记》卷三〇《平准书》,中华书局,1959,第1418页。
② 班固:《汉书》卷七二《王贡两龚鲍传·贡禹传》,中华书局,1962,第3077页。
③ 荆州博物馆编,彭浩主编《张家山汉墓竹简〔三三六号墓〕》,第108页。

欲得而异迁及有(又)以赏禄之。前日诏吏谨察诸吏廉絜、平端者用之。今二千石官、郡五一守未尝有言良吏者,甚不称吾欲疠(厉)吏之意。其令二千石官、郡守各谨察诸吏廉絜、平端、毋害者,具署官秩、五二所以异之状,径上,会十月朔日,且以智(知)二千石官、郡守能独察其吏者。它如前诏,亟下。五三"①

《功令》对于官吏"上功劳不以实"的行为格外关注,惩处严厉。第三十八条和第六十一条中皆有关于"上功劳不以实"者会被免职且"不得宦为吏"的令文。一四简更是明确规定,对于"上功劳不以实"的官吏,不仅剥夺爵位,而且免除官职,除非有皇帝的诏令特别予以赦免:"上功劳不以实二岁若一功以上,夺爵二级。不盈二岁至六月及半功,夺爵一级,皆免之。诏所致不用此令。戊一四"第八条则把如实呈报功劳的行为视为"廉",予以署用:"八诸上功劳廉者,署之。四九"②

九四简"其已以戊寅赦前宦为吏者勿斥",意思是在戊寅赦令颁布之前,已经被任命为官吏者,无须斥免。"戊寅赦",指某年某月戊寅日颁布的赦令。尽管汉代有针对个别群体或者地区的特赦,但考虑到官吏任职资格的规定具有普遍性,这里的"戊寅赦"应指针对全国范围的大赦令。通常情况下,经过大赦之后,在大赦之前所犯的很多罪行皆被赦免而不再追究。

第六十一条一二二简"上功劳不以实六月及半功以上,虽在赦前而以丙申赦后得,皆毋得宦为吏。"意思是,呈报功劳不如实,误差六个月以及半个功(二年)以上,即便是发生在赦令颁布之前而于丙申赦令颁布之后被察觉,皆不能被任命为官吏。"丙申赦",指某年某月丙申日颁布的赦令。关于"丙申",整理者在注释中指出,还见于令九十(简一五二)"高皇后时八年八月丙申下",不过不能确定二者是否同日。③ 第九十条令文如下:

　　九十　丞相、御史请,外郎出为吏者以补三百石。・制曰:可。・高皇后时八年八月丙申下。一五二④

从内容来看,该令是关于"外郎出为吏者以补三百石"的规定,与赦令

---

① 荆州博物馆编,彭浩主编《张家山汉墓竹简〔三三六号墓〕》,第103、119、104、105页。
② 荆州博物馆编,彭浩主编《张家山汉墓竹简〔三三六号墓〕》,第98、104页。
③ 荆州博物馆编,彭浩主编《张家山汉墓竹简〔三三六号墓〕》,第117页。
④ 荆州博物馆编,彭浩主编《张家山汉墓竹简〔三三六号墓〕》,第121页。

无涉。因此可以判定该令与"丙申赦"无关。

综上所述,将"效"字改释作"赦",从文意来看,也是可以成立的。

接下来,尝试探讨两条令文中提及的"戊寅赦"和"丙申赦"究竟颁布于何年何月。

根据整理者的推断,《功令》的编成年代大体在汉文帝二年至七年之间。① 如果这一推断可靠,此处的"戊寅赦"应发生于汉文帝七年之前。根据《史记》和《汉书》的记载,汉文帝七年之前,汉高帝、惠帝、吕后、文帝时期,一共颁布过十一次大赦令,分别为:高祖五年正月赦天下、六年六月壬辰大赦天下、六年十二月赦天下、十一年正月大赦天下、十二年四月丁未大赦天下,②惠帝五年三月甲子赦天下、七年八月戊寅大赦天下,③吕后六年四月赦天下、八年七月辛巳大赦天下,④文帝元年九月赦天下、七年四月赦天下。⑤

初文帝七年前颁行的大赦令及历日对照表

帝号	年代	月日	赦免状况	赦免背景	月朔历日对照
高祖	五年	春正月	赦天下殊死以下		癸亥朔,有戊寅日,无丙申日
	六年	六月壬辰	大赦天下	定都长安	
	六年	十二月	赦天下		丁巳朔,有戊寅日,无丙申日
	十一年	春正月	大赦天下		丁巳朔,有戊寅日,无丙申日
	十二年	四月丁未	大赦天下	高祖崩	
惠帝	五年	春三月甲子	赦天下	惠帝冠	
	七年	秋八月戊寅	大赦天下	惠帝崩	
高后	六年	夏四月	赦天下	星昼见	乙未朔,无戊寅日,有丙申日
	八年	秋七月辛巳	大赦天下	吕后崩	

---

① 荆州博物馆:《湖北江陵张家山M336出土西汉竹简概述》,《文物》2022年第9期;荆州博物馆编,彭浩主编《张家山汉墓竹简[三三六号墓]》,第95页。
② 司马迁:《史记》卷八《高祖本纪》;班固:《汉书》卷一《高帝纪》。
③ 司马迁:《史记》卷九《吕太后本纪》;班固:《汉书》卷二《惠帝纪》。
④ 司马迁:《史记》卷九《吕太后本纪》;班固:《汉书》卷三《高后纪》。
⑤ 司马迁:《史记》卷一〇《孝文本纪》;班固:《汉书》卷四《文帝纪》。

续表

帝号	年代	月日	赦免状况	赦免背景	月朔历日对照
文帝	元年	九月	赦天下	文帝即位	乙亥朔,有戊寅日,有丙申日
	七年	夏四月	赦天下		癸酉朔,有戊寅日,有丙申日

史书中对于汉初颁行大赦令的时间记录,很多仅注明年月,只有部分精确标记了日干支。从上表所列赦令颁布的年月日来看,十一次赦令中,仅有五次标记了日干支。其中四次即高祖六年六月壬辰大赦天下、十二年四月丁未大赦天下,惠帝五年三月甲子赦天下,吕后八年七月辛巳大赦天下的日干支,皆与"戊寅""丙申"不相合,可首先排除。惠帝七年八月戊寅大赦天下,可作为"戊寅赦"的选项之一。

需要特别说明的是,关于惠帝七年八月戊寅大赦天下的日干支"戊寅",是通过相关线索间接推断出来的。《史记·吕太后本纪》记载:

> (惠帝)七年秋八月戊寅,孝惠帝崩。发丧,太后哭,泣不下。留侯子张辟彊为侍中,年十五,谓丞相曰:"太后独有孝惠,今崩,哭不悲,君知其解乎?"丞相曰:"何解?"辟彊曰:"帝毋壮子,太后畏君等。君今请拜吕台、吕产、吕禄为将,将兵居南北军,及诸吕皆入宫,居中用事,如此则太后心安,君等幸得脱祸矣。"丞相乃如辟彊计。太后说,其哭乃哀。吕氏权由此起。乃大赦天下。九月辛丑,葬。太子即位为帝,谒高庙。元年,号令一出太后。①

《汉书·高后纪》的记载较为简略:"惠帝崩,太子立为皇帝,年幼,太后临朝称制,大赦天下。"②根据上述记载,惠帝于七年八月戊寅日驾崩,同日发丧。吕后掌控局势后,发布了大赦天下的诏令。虽然《史记》的记载,在发丧和大赦天下之间,插入了吕太后为巩固地位所进行的人事安排等环节,但相关事迹都系于七年八月戊寅日,可以推测大赦天下的诏令很可能也是这一天颁布的。也即惠帝驾崩后大赦天下的日期,可能与发丧同日。之所

---

① 司马迁:《史记》卷九《吕太后本纪》,第399页。
② 班固:《汉书》卷三《高后纪》,第95页。

以做出这样的推测,是因为有汉高祖刘邦驾崩后的相关成例作为参照。《史记·高祖本纪》载:

> (高祖十二年)四月甲辰,高祖崩长乐宫。四日不发丧。吕后与审食其谋曰:"诸将与帝为编户民,今北面为臣,此常怏怏,今乃事少主,非尽族是,天下不安。"人或闻之,语郦将军。郦将军往见审食其,曰:"吾闻帝已崩,四日不发丧,欲诛诸将。诚如此,天下危矣。陈平、灌婴将十万守荥阳,樊哙、周勃将二十万定燕、代,此闻帝崩,诸将皆诛,必连兵还乡以攻关中。大臣内叛,诸侯外反,亡可翘足而待也。"审食其入言之,乃以丁未发丧,大赦天下。
>
> 丙寅,葬。己巳,立太子,至太上皇庙。群臣皆曰:"高祖起微细,拨乱世反之正,平定天下,为汉太祖,功最高。"上尊号为高皇帝。太子袭号为皇帝,孝惠帝也。令郡国诸侯各立高祖庙,以岁时祠。①

据此可知,刘邦于十二年四月甲辰日驾崩,四天以后即丁未日,发丧,大赦天下。也即发丧和颁布大赦天下的诏令,是同一天进行的。按照时人的习惯做法,通常会将颁布大赦令的日干支冠于赦令之前,来指称各次赦令,以示区别。汉高祖十二年四月丁未大赦天下,即可称为"丁未赦"。

对于吕后来说,在刘邦驾崩时所面临的局势,与惠帝驾崩时相类,皆有令皇室权威受到挑战的危机与不安。吕后的应对措施也十分相似,皆是在稳定局势之后,才正式发丧,同时颁布大赦天下的诏令。如果这一推测成立的话,则惠帝七年八月戊寅大赦天下,即"戊寅赦",可以作为对应第卅八条令文中九三简所言"戊寅赦"的选项之一。

另外六次赦令失载颁行的日期,需逐一确认是否有与"戊寅赦"和"丙申赦"相合的可能性。

根据张培瑜《三千五百年历日天象》②,逐一比照(详见上表),结果如下:高祖五年正月、六年十二月、十一年正月,文帝元年九月、七年四月,皆有戊寅日,换句话说,这五次大赦令皆有可能颁布于戊寅日而被称为"戊寅

---

① 司马迁:《史记》卷八《高祖本纪》,第 392 页。
② 张培瑜:《三千五百年历日天象》,大象出版社,1997。又据朱桂昌编著《颛顼日历表》(中华书局,2012),历日与前者一致。

赦"，只有吕后六年四月无戊寅日，可排除。

高祖五年正月、六年十二月、十一年正月，皆无丙申日，可以判定高祖时期这三次赦令与"丙申赦"无关。吕后六年四月、文帝元年九月和七年四月，皆有丙申日。因此，"丙申赦"的颁布时间，可以限定在这三个年份之内。

考虑到赦令的时效性，不同于制度性规定具有长效性，令文中涉及的赦令，应为距离编成《功令》之日最近的赦令。因此，令文中的"戊寅赦"和"丙申赦"，很可能是文帝元年九月和七年四月颁布的赦令。但根据张培瑜《三千五百年历日天象》，这两个月份，皆既有戊寅日，也有丙申日，仅凭借月日干支难以分别坐实。不过可以肯定的是，同一个月之内通常不会颁布两次大赦天下的诏令，因此"戊寅赦"和"丙申赦"必然是分属两个年月的。首先，从《功令》原有的编号来看，"戊寅赦"见于第卅八条，"丙申赦"见于第六十一条，这暗示"戊寅赦"，故可将"戊寅赦"系于文帝元年九月，"丙申赦"系于文帝七年四月。其次，考虑到文帝元年九月是因登基而大赦天下，往往为无条件赦罪，恩赦的范围更广，赐予的恩泽更为深厚，免除罪责的力度更大。比较而言，第卅八条令文末尾规定"其已以戊寅赦前宦为吏者勿斥"，即在戊寅赦令前已被任命为官吏者不予斥免，实际是宽免了戊寅赦令前的违法行为。这与秦代以来形成的不追究赦前事的传统是一脉相承的。而第六十一条令文，则明确规定，申报功劳不实的行为即使是发生于赦令前而在丙申赦令颁布后才被发觉，也不能免责，仍然会受到追究而不能再被任命为官吏，这表明"丙申赦"的限制性条款较为严格，从而有别于登基大赦。如果这一判断可以成立的话，则可以合理推测，无条件的"戊寅赦"可能是文帝元年九月（戊寅）"赦天下"，有条件限制的"丙申赦"可能是文帝七年四月（丙申）"赦天下"。

不过，整理者已经注意到，令文中存有四个明确的纪年，即"高皇后时八年八月"、文帝"元年六月戊辰"、"二年十月戊申"、"二年十一月戊子"。[①] 汪华龙对《功令》的编次原则与修订年代、《功令》的内部年代结构与增删修订情况做了详细的研究。他指出《功令》原有的令文编号顺序是按照令的

---

① 荆州博物馆编，彭浩主编《张家山汉墓竹简〔三三六号墓〕》，第95页。

颁布时间顺序排列的,上述四个纪年分别见于令文编写第九十、第九十一、第九十二、第九十四条。而"戊寅赦"与"丙申赦"分见于第卅八、第六十条,年代应早于第九十条"高皇后时八年八月",故推测"戊寅赦"指惠帝七年八月戊寅"大赦天下","丙申赦"指高后六年夏四月(丙申)"赦天下"。① 也很有说服力。

总之,不论从字形还是文意来看,将"效"改释作"赦",皆是可靠的。因此,《功令》第卅八条和六十一条令文,应分别改释如下:

　　卅八　请:尝有罪耐以上,吏不廉、不平端、上功劳不以实而免,及鞫狱故纵、不直、盗、受赇,罪赎以下,已论_九二_有(又)免之。诸坐此及其狱未决而赦,[贾]人赘婿,皆毋得官为吏,犯令者夺爵为士五(伍),吏智(知)而_九三_除与同罪,弗智(知),罚金四两。其已以戊寅赦前官为吏者勿斥。_九四_

　　六十一　上功劳不以实六月及半功以上,虽在赦前而以丙申赦后得,皆毋得官为吏。犯令者夺爵为___士五(伍),智(知)而除与同罪,弗智(知)罚金四两。_一二三_

这两条令文中提及的"戊寅赦"和"丙申赦",可以为令文的颁布年代和《功令》的编成年代提供更多的时间线索。

附记:对军功爵制的系统研究,是朱绍侯先生最重要的学术成就之一。谨以张家山汉墓竹简《功令》为题撰成小文,缅怀朱先生,向朱先生致敬。

---

① 汪华龙:《张家山 M336 汉律令年代问题初探》,待刊稿。

曹操高陵墓中的3号人骨是丁夫人

袁祖亮

2009年《读书》杂志第9期、第10期、第11期上发表了拙作《高陵揭秘》一文。在论及该墓中两个女者时,认为其中一女者应是曹操的嫡妻丁夫人。由于当时时间仓促,论证并不完善,今作补充论证如下:

首先介绍一下曹操高陵墓中出土的人骨的基本情况。该墓中共有尸骨3具,一男两女。根据中国社会科学院王明辉研究员的鉴定,1号头骨是男性,年龄为60岁左右,2号头骨和3号头骨是女性。2号头骨比较年轻,年龄在20—25岁左右。3号头骨年龄比较大,其年龄在50岁左右。①

根据目前所见史料,曹操的妻室分为夫人、昭仪、姬、妾诸等,计有15人之多。《三国志》卷二十《武文世王公传》记载了她们分别是:卞夫人、丁夫人、刘夫人、环夫人、杜夫人、秦夫人、尹夫人、王昭仪、孙姬、李姬、周姬、刘姬、宋姬、赵姬、陈妾共15人。其他未生子的妻室未被提及,缘以母以子为贵。这与《汉书·武五子传》中所提及的汉武帝之孙——昌邑王刘贺(后改封为海昏侯)有妻十六人差不多,数量相当。曹操的妻室在《三国志》中提及较多者有三位,这便是曹昂的生母刘夫人、养母丁夫人、曹丕之母卞皇后。

现在我们分析一下,在曹操众多妻妾中,哪两位女性有可能与曹操同穴埋葬在一起呢?如上所知,2号墓共有3具人骨个体,其中1具是男性,年龄在60岁左右,人骨编号为1号,学界认为这具个体应是曹操,大家没有什么异议,因为文献记载曹操死亡年龄66岁。人骨编号为2号的女性个体,年

---

① 河南省文物考古研究院编著《曹操高陵》,中国社会科学出版社,2016,第279-280页。

龄在 20 至 25 岁之间,①学界认为她应该是曹操之长子孝廉曹昂的生母刘夫人,她还为曹操生下了长公主和相殇王铄。编号为 3 号的女性个体究竟是谁呢？朱绍侯先生在《史学月刊》2010 年第 5 期发表的题为《曹操与曹操墓》一文,最先认为是曹昂的养母丁夫人。拙文《高陵揭秘》亦认为是丁夫人。但学界有不同的看法,王素研究员认为曹操墓出土的两位女性尸骨,"年轻的应该是卞夫人的侍婢,年老的应该就是卞夫人本人"②。另有潘伟斌研究员认为高陵墓中所葬的两女者中年长者是卞夫人③。

潘伟斌《曹操夫人卞氏年龄考》(以下简称《年龄考》)这篇文章共分四个部分,撮其要点是说史料记载的卞夫人的年龄有问题。《三国志》正文没有记载卞氏去世的年龄,后人之所以推定卞氏去世的年龄是 71 岁,"主要根据是裴松之所引的《魏书》上的注解,并没有其他资料作旁证"④。故潘伟斌研究员认为根据曹操的性格,他应该是十分宠爱卞氏的,"在当时崇尚传宗接代,没有有效避孕的条件下,能够坚持七年不怀孕,这几乎是不可能的。之所以会出现以上情况,恐怕只能有一个理由来解释,那就是上面裴松之所引注文中,卞氏的出生时间有问题,从而造成了据此推断的其嫁给曹操的时间也有问题"⑤。《年龄考》云:"曹丕生于 187 年,也就限定了曹操纳卞氏的时间应该不晚于公元 187 年,更合理的时间应该是在此之前的一两年。而曹操赋闲在老家的时间,也正好是在公元 185 年至 188 年之间。如果按照曹操纳卞氏在曹丕出生的头一年来算,曹操的年龄应该为 32 岁,此时卞氏年龄在 20 岁,曹操要比卞氏长 12 岁,卞氏出生的时间应该在公元 167 年前后。卞氏去世于魏明帝太和四年(230 年),此时卞氏的年龄应该在 64 岁左右,而不能为 71 岁。"⑥《年龄考》最后说,现在考古学上的年龄鉴定主要是从头骨、盆骨、肢骨等来进行的。具体到曹操墓中所出土的骨架,因为已经被扰动了,三个人的肢骨都混杂在了一起,不易区分开来,主要是从头骨特

---

① 河南省文物考古研究院编著《曹操高陵》,第 278 页。
② 王素：《从"曹操墓"谈当时的夫妻合葬制》,《中国文物报》2010 年 4 月 2 日。
③ 潘伟斌：《曹操夫人卞氏年龄考》,载河南省文物考古研究院编著《曹操高陵》,第 310-316 页。
④ 潘伟斌：《曹操夫人卞氏年龄考》,载河南省文物考古研究院编著《曹操高陵》,第 310 页。
⑤ 潘伟斌：《曹操夫人卞氏年龄考》,载河南省文物考古研究院编著《曹操高陵》,第 311 页。
⑥ 潘伟斌：《曹操夫人卞氏年龄考》,载河南省文物考古研究院编著《曹操高陵》,第 314 页。

征鉴定的。并引用中山大学李向军先生的经验,有的误差可能在10岁左右,故其认为卞夫人的"实际年龄应该在60多岁"①,否定史料卞夫人年龄是70岁的记载。对于上述观点,我们有不同的看法,下面从两个方面阐述拙见。

一、卞夫人不可能与曹操同穴合葬

(一) 史书中关于卞夫人年龄的记载

卞夫人的年龄史书均有明确记载,《三国志》卷五《后妃传》记载:"武宣卞皇后,琅邪开阳人,文帝母也。本倡家,年二十,太祖于谯纳后为妾。"②东汉时期的琅邪开阳,约在今山东临沂。对于上述文字,裴松之注引《魏书》曰:"后以汉延熹三年十二月己巳生齐郡白亭,有黄气满室移日,汉延熹是汉桓帝的年号,延熹三年是160年。至于十二月己巳日生,有点疑问,因为该年十二月的朔日是辛卯,查该月无"己巳"日。但有"乙巳"日,也可能是"乙""巳"字形及字音相近,恐怕是转抄时的错误所致。除此之外,《三国志》卷三《明帝纪》记载:太和四年(230年),"六月戊子,太皇太后崩……秋七月,武宣卞后祔葬于高陵。"③。如此算来,卞夫人是活了70岁,而2号墓中3号人骨的年龄经鉴定为50岁左右,其间差距甚大,故不可能是卞夫人。

(二) 卞夫人的年龄并非孤证

《年龄考》认为,史书中关于卞夫人年龄的记载,仅有裴松之注引《魏书》一例,是孤证。否,我们还可以再找出一条史料来佐证,而且还是出自卞夫人的口述。《三国志》卷五《后妃传》载:建安"二十五年,太祖崩,文帝即王位,尊后曰王太后,及践阼,尊后曰皇太后,称永寿宫"④。裴松之对此句话又加引注,其内容是卞夫人告诫外戚的话语,裴引《魏书》曰:"吾事武帝四五十年,行俭日久,不能自变为奢,有犯科禁者,吾且能加罪一等耳,莫望

---

① 潘伟斌:《曹操夫人卞氏年龄考》,载河南省文物考古研究院编著《曹操高陵》,第314页。
② 陈寿:《三国志》卷五《魏书·后妃传》,中华书局,1959,第156页。
③ 陈寿:《三国志》卷三《魏书·明帝纪》,第97页。
④ 陈寿:《三国志》卷五《魏书·后妃传》,第157页。

钱米恩贷也。"①建安二十五年是220年，卞氏是20岁时被曹操纳为妾的，时在180年，从此时开始侍奉曹操，到建安二十五年曹操死，以事曹40年计算，这时卞夫人的年龄应该是60岁。卞夫人的死年是230年（魏明帝太和四年），那么再次证明卞夫人是活了70岁。

（三）关于"合葬高陵"的有关记载问题

《三国志》卷五《后妃传》中记载了魏明帝太和四年，"其年五月，后崩。七月，合葬高陵"②。同是《三国志》，但在卷三《明帝纪》中的记载却有所不同，其载为："秋七月，武宣卞皇后祔葬于高陵。"③司马光在编纂《资治通鉴》时，对上述两种提法均未采纳，而改写为："秋七月，葬武宣皇后。"④司马光写《通鉴》之所以史料价值高，是因为它弥补了正史的不足之处。有人作过统计，两汉部分弥补处超过10%左右。至于《明帝纪》中所载的"祔葬"作何解释呢？东汉许慎《说文解字》，释"祔"为"后死者合食于先祖"，那么什么叫"合食"？《辞海》说"合祭也，详'祫'字注"，而《辞海》给出的"祫"字的解释是："大合祭、先祖亲疏远近也，《周礼》'三岁一祫'，见《说文》段注"。其中"大合祭先祖亲疏远近也"这句话是抄自《说文解字》的"祫"字注。转来转去，看不出有同穴合葬之意，"祔"字似乎是把神主牌位供奉在一起罢了。

有的学者认为，高陵2号墓没有二次葬的迹象。刊于《中国文物报》2010年1月13日焦南峰研究员的《安阳西高穴墓地应是曹操高陵》一文指出："总之，我个人认为，发掘者对墓地的名位、规模、形制、出土及薄葬的研究判断基本是正确的。至于有人热心质疑'合葬高陵'的问题，实际上两汉以前，特别是西汉以前所谓'合葬'并不是埋在一个墓内，而是'同茔异穴'的合葬。曹操与卞王后葬期相差10年，发掘中除盗洞外，又未见墓道填土有二次掘开再填埋的迹象。"不但焦南峰研究员有此看法，朱绍侯先生在撰写《曹操与曹操墓》一文时，也曾与考古界的朋友交换看法，同样否认2号墓曾有二次葬这个问题。因此，墓中的两具女性个体均非卞夫人，最根本的原

---

① 陈寿：《三国志》卷五《魏书·后妃传》，第157页。
② 陈寿：《三国志》卷五《魏书·后妃传》，第158页。
③ 陈寿：《三国志》卷三《魏书·明帝纪》，第97页。
④ 司马光：《资治通鉴》卷七一，明帝太和四年七月，中华书局，2015，第2261页。

因还是卞夫人年龄与墓中女性的年龄差距太大。

二、丁夫人有可能与曹操同穴合葬

关于2号墓3号人骨究竟是谁,最早提出是曹操的嫡妻丁夫人者是朱绍侯先生,可见《曹操与曹操墓》一文。本人在撰写《高陵揭秘》时,也认为高陵2号墓中的3号人骨可能是丁夫人。为了进一步阐明这一问题,今作一补充论证。《三国志》卷五《后妃传》裴松之注引《魏略》中有一段较长的记载,为了便于分析且避免断章取义,今照录于下:

> 太祖始有丁夫人,又刘夫人生子脩及清河长公主。刘早终,丁养子脩。子脩亡于穰,丁常言:"将我儿杀之,都不复念!",遂哭泣无节。太祖忿之,遣归家,欲其意折。后太祖就见之,夫人方织,外人传云:"公至",夫人踞机如故。太祖到,抚其背曰:"顾我共载归乎!"夫人不顾,又不应。太祖却行,立于户外,复云:"得无尚可邪!"遂不应,太祖曰:"真诀矣。"遂与绝,欲其家嫁之,其家不敢。初,丁夫人既为嫡,加有子脩,丁视后(指卞夫人)母子不足。后为继室,不念旧恶,因太祖出行,常四时使人馈遗,又私迎之,延以正坐而已下之,迎来送去,有如昔日。丁谢曰:"废放之人,夫人何能常尔邪!"其后丁亡,后请太祖殡葬,许之,乃葬许城南。后太祖病困,自虑不起,叹曰:"我前后行意,于心未曾有所负也。假令死而有灵,子脩若问'我母所在',我将何辞以答!"①

上述引文,我们认为它反映了以下几个问题。

其一,这段引文是曹操的临终遗嘱,曹操病重,感到死亡不可避免时,他言说回忆个人这一生,除了对曹昂、丁夫人和刘夫人有歉疚外,其他没有什么对不起人的地方。战宛城时,自己人马俱受伤,若非曹昂献出自己的战马,恐怕性命难逃,正因如此,爱子蒙难。如果死后魂灵见到儿子,子脩问及自己的两位母亲今在何处时,如果不把丁、刘二夫人同自己葬在一起,怎么向曹昂交代呢?这句话其意甚明,就是只有把刘夫人、丁夫人和自己葬在一起,才能对爱子有个答复,这是弥补内心愧疚之举,也是良心之发现。

---

① 陈寿:《三国志》卷五《魏书·后妃传》,第156-157页。

其二，从上面的引文可以看出，曹操对这位嫡妻丁夫人是很有情意的。由于丁夫人失去养子曹昂哭泣不止，曹操想利用改变环境的办法来转移丁夫人的哀思，于是便把她送回娘家。过了一段时间后，曹操还亲自去接她。当时丁夫人正在织布，外人告知她说：曹公来接你来了。丁夫人听到之后毫无反应，动也不动，仍旧坐在织机上照旧织自己的布。曹操走到织机旁，手抚其背，和声细语说道："转过身来看我，我是特意来接你的，跟我一起回家吧！"丁夫人不抬头，不转身也不回话。曹操无奈，退到户外，又恳切地说："真的不愿跟我一起回去吗？"丁夫人仍然不语，曹操只好离去。上述话语，都是引文的演白，看似画蛇添足，但再加以演白也是必要的。一来是丁夫人守节，二来是丁家也不敢，丁夫人始终未改嫁，除了身份地位有所改变外，她仍然是曹氏家庭中的一员。因为她死后丧葬的办理是由曹家操办的，埋葬的地理方位也得到了曹操的允准。所以曹操在死前的遗言特意提及这位往日的嫡妻也不是无缘无故的。

其三，卞夫人仍然把丁夫人的地位看作是曹操的正嫡。丁夫人当初虽然未遂曹愿，但她在众人的眼中仍然尊贵如常，特别是从卞夫人的态度中可以看得出来。当曹操领兵外出的时候，卞夫人会派人给丁夫人馈送食物，而且还"常四时"这样做。四时非一天两天，一月两月。除了馈送物品之外，还把丁夫人接过来，让其就位于上坐，而自己居于下坐。"迎来送去"非一时之举。对丁夫人的尊敬程度如同以前，没有什么两样。

其四，曹操与丁夫人相诀后，她仍属曹氏家族中的一员，我们之所以提出上述看法，是有根据的。丁夫人后来亡故，卞夫人还请示了曹操如何择地殡葬的问题。经曹允许，埋葬在许昌城的南面。如果丁夫人不属曹家之人，那么卞夫人为何要料理她的后事呢！实际上历代后宫妃子们得宠和失宠是常事，废立皇后是司空见惯的事情。而被废者未必都驱之宫外。曹操名义上虽不是皇帝，但已越制非为。

其五，丁夫人的死亡年龄可能是 46 岁左右。关于丁夫人的死亡年龄问题，史无明载，我们只好细心求证。

曹氏父子在纳妻方面都是以姿色为重，似乎不太在意年龄的大小。当打败河北的袁绍拿下邺城后，曹丕抢先冲进邺宫，《三国志》卷五《后妃传》注引《魏略》曰："熙出在幽州，后（指袁熙之妻甄夫人）留侍姑。及邺城破，绍妻及后共坐皇堂上。文帝入绍舍，见绍妻及后，后怖，以头伏姑膝上，绍妻两手自搏。文帝谓曰:'刘夫人云何如此?令新妇举头!'姑乃捧后令仰,文帝就视,见其颜色非凡,称叹之。太祖闻其意,遂为迎取。"①同书还载,甄氏是生于东汉光和五年(182年),她比生于中平四年(187年)的曹丕大了整整5岁。甄氏后来生下了魏明帝曹睿。甄氏赐死后,曹丕所纳的郭皇后是生于中平元年(184年)也比曹丕大了3岁。曹操的以色取人也不亚于儿子。汉献帝建安二年,操领兵战宛城。据守宛城的张绣降,操纳张绣叔父张济之妻。绣恨之,夜袭曹营,杀了曹昂。②建安三年,曹操与刘备合攻屯于下邳的吕布。当时关羽向曹操提出,取胜之后,"乞娶其妻,公许之。临破,又屡启于公。公疑其有异色,先遣迎看,因自留之,羽心不自安"③。《三国志·明帝纪》青龙元年条,裴松之注引《魏氏春秋》曰:"(秦)朗字元明,新兴人。《献帝传》曰:朗父名宜禄,为吕布使诣袁术,术妻以汉宗室女。其前妻杜氏留下邳,布之被围,关羽屡请於太祖,求以杜氏为妻,太祖疑其有色,及城陷,太祖见之,乃自纳之。"曹操的尹夫人曾是何进的儿媳,难怪后代的诗人杜牧写下了"东风不与周郎便,铜雀春深锁二乔"的诗句。文中之所以举出上述诸多看似多余的琐事,实非多余,因为关系到对丁夫人年龄的估测。总之曹氏父子是以色取人的,不在于女方的年龄大小,因此在判断丁夫人的年龄上难度较大,丁夫人与曹操的年龄相比存在如下可能,可能比曹大,或比曹小,或与曹同庚。如众所知,文献记载曹比卞夫人大6岁,卞夫人之前还有刘夫人,刘夫人之前还有曹的嫡妻丁夫人。假若以曹比丁夫人大2岁推测,曹生于154年,那么丁夫人可能生于156年。建安二年(197年)"春正月,公到宛。张绣降,既而悔之,复反。公与战,军败,为流矢所中,长子昂、弟子安民遇害"④。裴松之注引《魏略》曰:"公所乘马名绝影,为流矢所中,伤颊及足,并中公右臂。"⑤同时还注引《世语》曰:"昂不能骑,进马于公,公故免,而昂遇害。"⑥曹昂的死年丁夫人是约41岁。

曹昂之死,丁夫人十分悲痛,每天没有节制的痛哭,泪奔不止。并且还说:"将我儿杀之,都不复念。""太祖忿之,遣归家,欲其意折。"《三国志》中的这两

---

① 陈寿:《三国志》卷五《魏书·后妃传》,第160页。
② 司马光:《资治通鉴》卷六二,献帝建安二年正月,第1994页。
③ 陈寿:《三国志》卷三六《蜀书·关张马黄赵传》,第939页。
④ 陈寿:《三国志》卷一《魏书·武帝纪》,第14页。
⑤ 陈寿:《三国志》卷一《魏书·武帝纪》,第15页。
⑥ 陈寿:《三国志》卷一《魏书·武帝纪》,第15页。

处引注,当然反映了在曹昂死后发生的,但是曹昂死后多长时间内发生的呢?从注文体现了丁夫人对曹操的不满来看,这句话是发生在建安四年(199年)之后。因为建安四年十一月,曹操做了一件令丁夫人不满的事情。《三国志》卷一《武帝纪》载:"冬十一月,张绣率众降,封列侯。"①《资治通鉴》建安四年条也记载了这件事且较为详细,"冬,十一月,绣率众降曹操。操执绣手,与欢宴,为子均取绣女,拜扬武将军。"子均是曹操的周姬所生,事见《后妃传》,此即曹操为儿子曹均娶了张绣之女儿为妻,两位仇家此时又骤变为姻亲。《三国志》卷八《张绣传》还载:"官渡之战,绣力战有功,迁破羌将军。从破袁谭于南皮,复增邑凡二千户。是时天下户口减耗,十裁一在,诸将封户未有满千户者,而绣特多。"②我们认为"将我儿杀之,都不复念"就是对此事而发,表现了丁夫人对丈夫的不满。正如《资治通鉴》所云:"夫有霸王之志者,因将释私怨以明德于四海。"曹操将前仇释怀,这一年丁夫人约为43岁。

曹昂死后,丁夫人本来就伤心不已,特别是张绣降曹、受封、联姻,丁夫人更难以接受,于是便发出了"将我儿杀之都不复念"的怨言。可能就是在这种情况下,曹操才暂时把丁夫人送回娘家。丁夫人此后未嫁人,卞夫人常派人去看望她,并常迎之。死后的丧事由曹家办理,葬地是许昌城南,而且还请示过曹操。那么,从张绣降曹到丁夫人离世,这中间又经过了几年呢?如果能查到大致年代,那么我们就可以确定丁夫人的死亡年龄。

曹操有几十个儿女妻妾,这支家属队伍庞大,当初其安营地是在许昌。曹操也是有儿女情长的,每当战事的间歇时间,他会回到许昌驻地。后来其家室就搬到了邺城,并建铜雀台以处之。那么曹操是从什么时候才把他的家眷从许昌迁到邺城呢?我们不妨追寻一下历史的线索。

《三国志》卷一《武帝纪》载:建安六年(201年)夏四月,曹操攻袁绍,破之,"公还许"。③

《三国志》卷一《武帝纪》载:建安八年(203年)夏四月,曹操攻打邺城,"五月还许,留贾信屯黎阳"。④

《三国志》卷一《武帝纪》载:建安九年(204年),曹操平定邺城,同

---

① 陈寿:《三国志》卷一《魏书·武帝纪》,第17页。
② 陈寿:《三国志》卷八《魏书·张绣传》,第262—263页。
③ 陈寿:《三国志》卷一《魏书·武帝纪》,第22页。
④ 陈寿:《三国志》卷一《魏书·武帝纪》,第23页。

年,"天子以公领冀州牧"。①

《三国志》卷一《武帝纪》载:建安十年(205年),曹操平定冀州后,"冬十月,公还邺"。②

《三国志》卷一《武帝纪》载:建安十二年(207年)春二月,"公自淳于还邺"。③

《三国志》卷一《武帝纪》载:建安十三年(208年),曹操打败乌丸后,正月"公还邺"。④

此年十二月还发生了赤壁大战。

《三国志》卷一《武帝纪》载:建安十五年(210年),曹操在邺城西北作铜雀台。《水经注》言其高十丈,有屋百余间。

从以上所列的时间顺序可以看出,从建安四年(199年)张绣降曹到建安十年(205年)之前史书均载"公还许"而无公还邺的记载。从建安十年之后,方见"公还邺"而无"公还许"的记载。

这说明自建安十年,曹操的家眷迁到了邺城。同时也说明丁夫人是亡于建安十年之前及张绣降曹后的某一年。因为若亡在建安十年之后,她不可能葬在许城,或许是葬在邺城某地。

估算一下时间,从张绣降曹受封联姻,到丁夫人发出怨言"将我儿杀之都不复念"。从曹操将丁夫人送回家,到卞夫人一年四季都派人去看望,乃至曹操外出打仗时她不断"送往迎来"接待丁夫人。估计丁夫人的亡故之年应在建安八年(203年)前后,她的死亡年龄大约是46岁左右。这与高陵2号墓3号人骨约50岁左右的鉴定数值相仿。

根据以上分析,曹操高陵2号墓3号人骨极有可能是曹操原来的嫡妻丁夫人。

---

① 陈寿:《三国志》卷一《魏书·武帝纪》,第26页。
② 陈寿:《三国志》卷一《魏书·武帝纪》,第27页。
③ 陈寿:《三国志》卷一《魏书·武帝纪》,第28页。
④ 陈寿:《三国志》卷一《魏书·武帝纪》,第30页。

两晋南朝的赐位制度

陈长琦

题记：朱先生一生对军功爵制研究用力最多、持续时间最久，成果亦最多，学术影响亦最大。先生的特点，是善于运用发展、变化的观点，从整体上系统、深入地揭示这一制度萌芽、诞生、演化、衰落的全过程。受到朱先生的影响，我在研究九品官人法的过程中，也注意从整体上去把握制度发展、变化的脉络。特别在考察九品官人法衰落的过程时，受到朱先生有关"赐爵"与军功爵制的轻滥及军功爵制衰落关系的论点启发，发现九品官人法的衰落与军功爵制的衰落竟有惊人的相似之处。

两晋南朝文献中多有"赐位"的记录。实施赐位的主体是皇帝，受赐的对象具有多元性。其中有文武百官、百姓，还有"作庙者"、"予丧事者"、"投刺劝进者"、旧部将吏、"客"、"义客"，乃至于"故乡老少"。赐位多逢皇帝即位、皇帝冠礼、立皇后、立太子之时，具有喜庆的特色。所赐之"位"，实际上是九品官人法下的品位。

大规模的赐爵，造成了军功爵制的轻滥与衰亡，同样，品位是九品官人法制度的基石，大规模的赐位，也造成了品位的轻滥，乃至于九品官人法的最终消亡。

谨以此文拜祭先生。

秦汉与隋唐是我国古代政治制度发展史中的两个重要阶段。其所开创的秦汉型与隋唐型政治制度对中国古代政治发展影响深远。而介于二者之间的魏晋南北朝，则是一个重要的转换期，它承秦汉而终结了秦汉制度，启隋唐而开创了隋唐制度。隋唐的许多制度都在这一时期萌生、发育及成长壮大。但也有一些制度在这一时期产生、发展与逐渐消亡,以至后世湮没无闻,鲜有学者讨论。"赐位"制度当属后者。笔者整理拙见,谨就两晋南朝的"赐位"制度做一粗浅的探讨,抛砖引玉,以就教于学界同人。

一、赐位制度的实施

两晋南朝的文献中多有关于"赐位"的记载。

如《宋书》卷五《文帝纪》:文帝即位,"大赦天下,改景平二年为元嘉元年,文武赐位二等"①。

又如《南齐书》卷八《和帝纪》:和帝"即皇帝位,大赦,改元。文武赐位二等。鳏寡孤独不能自存者谷,人五斛"②。

又《梁书》卷六《敬帝纪》:改元诏书"可改承圣四年为绍泰元年,大赦天下,内外文武赐位一等"③。

"赐位"又作"增位"。

《文馆词林》卷六六七《东晋孝武帝地震大赦诏》:"庶因天变,与人更始,其大赦天下,……冠礼之重,告成宗庙,前朝旧典,普有位赐,盖酬率土,咸同嘉庆,其追增文武位各一等。"④

考之于史,这当是晋孝武帝太元元年(376年)之诏书。《晋书》卷九《孝武帝纪》:"太元元年春正月壬寅朔,帝加元服,见于太庙。皇太后归政。甲辰,大赦,改元。丙午,帝始临朝。"⑤

"帝加元服,见于太庙",与《文馆词林》中诏书"冠礼之重,告成宗庙"之语相合,元服即冠,加元服,即行冠礼。据《晋书·孝武帝纪》,太元元年正月壬寅,孝武帝加冠。但没有实施赐位。五月癸丑,地震。甲寅,即地震第二日,孝武帝发布诏书,大赦天下,并增文武位各一等。初看《晋书》,赐位似乎与孝武帝冠礼无涉。但《文馆词林》与《晋书》相比,多出"冠礼之重,告成宗庙,前朝旧典,普有位赐,盖酬率土,咸同嘉庆,其追增文武位各一等"一

---

① 沈约:《宋书》卷五《文帝纪》,中华书局,1974,第73页。
② 萧子显:《南齐书》卷八《和帝纪》,中华书局,1972,第112页。
③ 姚思廉:《梁书》卷六《敬帝纪》,中华书局,1973,第144页。
④ 许敬宗编:《日藏弘仁本文馆词林校证》卷六六七,中华书局,2001,第319页。
⑤ 房玄龄等:《晋书》卷九《孝武帝纪》,中华书局,1974,第227页。

段话。显然《文馆词林》所载诏书是原文,《晋书》所载诏书是节文,当以《文馆词林》为是。从"冠礼之重,告成宗庙,前朝旧典,普有位赐"之语来看,皇帝冠礼之时,实施赐位,已是前朝旧有之制。但不知何因,孝武帝冠礼之时没有遵守旧制,实施赐位。故拖延了数月之后,方借地震大赦之诏,追赐应于皇帝冠礼之时所授予文武官员的"位"各一等。因为文武官员属于本身已经有"位",所赐之"位"应是在其原有之位的基础上再增加位等,故"赐位"作"增位"。文献所载对文武官员的赐位,亦多作"增位"。

如《晋书》卷四《惠帝纪》:永宁元年四月,惠帝复辟。"六月戊辰,大赦,增吏位二等。"①

或作"加位"。

《晋书》卷九《孝武帝纪》:宁康三年"秋八月癸巳,立皇后王氏,大赦,加文武位一等"②。

亦作"进位"。

《宋书》卷四《少帝纪》:"明年春正月己亥朔,大赦,改元为景平元年,文武进位二等。"③而《南史》卷一《宋本纪》作:"景平元年春正月己亥朔,大赦,改元。文武赐位二等。"④

赐位之所以作进位,用意如同增位、加位。因文武官员本身已有"位",所赐之"位"是在其原有之位的基础上再进升位等。

由上述文献看来,增位、加位、进位皆等同于赐位。

赐位的实施,大体有规律可循。一般在下列情况下赐位:

(1)皇帝即位。皇帝即位,实施赐位,最为常见。如《晋书》卷三《武帝纪》:晋武帝即位,诏书"以骠骑将军石苞为大司马,封乐陵公,车骑将军陈骞为高平公,卫将军贾充为车骑将军、鲁公,尚书令裴秀为钜鹿公,侍中荀勖为济北公,太保郑冲为太傅、寿光公,太尉王祥为太保、睢陵公,丞相何曾为太尉、朗陵公,御史大夫王沈为骠骑将军、博陵公,司空荀𫖮为临淮公,镇北大将军卫瓘为菑阳公。其余增封进爵各有差,文武普增位二等"⑤。

---

① 房玄龄等:《晋书》卷四《惠帝纪》,第89页。
② 房玄龄等:《晋书》卷九《孝武帝纪》,第227页。
③ 沈约:《宋书》卷四《少帝纪》,第64页。
④ 李延寿:《南史》卷一《宋本纪》,中华书局,1975,第29页。
⑤ 房玄龄等:《晋书》卷三《武帝纪》,第52页。

西晋灭亡，十六国时期北方少数民族首领僭越称帝，亦采晋制，实施赐位。《晋书》卷一百七《石季龙载纪下》："季龙……以永和五年僭即皇帝位于南郊，大赦境内，建元曰太宁，百官增位一等。"①

东晋皇帝即位，多有赐位。《晋书》卷六《元帝纪》：太兴元年三月，元帝即位，"于是大赦，改元，文武增位二等"②。

《晋书》卷七《成帝纪》："成皇帝，讳衍，字世根，明帝长子也。太宁三年三月戊辰，立为皇太子。闰月戊子，明帝崩。己丑，太子即皇帝位，大赦，增文武位二等，赐鳏寡孤老帛，人二匹"③

《晋书》卷七《康帝纪》：咸康八年六月，"癸巳，成帝崩。甲午，即皇帝位，大赦"，"十二月，增文武位二等。壬子，立皇后褚氏"。④

《晋书》卷九《简文帝纪》：咸安元年冬十一月己酉，即皇帝位。戊午，诏曰："其大赦天下，大酺五日，增文武位二等，孝顺忠贞鳏寡孤独米人五斛。"⑤

南朝皇帝即位，亦多有赐位。《宋书》卷五《文帝纪》：文帝即位，诏书"大赦天下，改景平二年为元嘉元年，文武赐位二等，逋租宿债勿复收"⑥。

刘劭弑宋文帝篡位，亦以赐位为手段，收揽人心。《宋书》卷九十九《元凶劭传》：劭篡位后宣布，"可大赦天下。改元嘉三十年为太初元年。文武并赐位二等，诸科一依丁卯"⑦。

《宋书》卷十《顺帝纪》升明元年，顺帝即位，诏书"改元，大赦天下，赐文武位二等"⑧。

《南齐书》卷二《高帝纪下》：齐高帝萧道成篡位建齐，宣布"可大赦天下。改昇明三年为建元元年。赐民爵二级，文武进位二等，鳏寡孤独不能自存者谷人五斛。逋租宿债勿复收。有犯乡论清议，赃汙淫盗，一皆荡涤，洗

---

① 房玄龄等：《晋书》卷一〇七《石季龙载纪下》，第2785页。
② 房玄龄等：《晋书》卷六《元帝纪》，第149页。
③ 房玄龄等：《晋书》卷七《成帝纪》，第169页。
④ 房玄龄等：《晋书》卷七《康帝纪》，第185页。
⑤ 房玄龄等：《晋书》卷九《简文帝纪》，第221页。
⑥ 沈约：《宋书》卷五《文帝纪》，第73页。
⑦ 沈约：《宋书》卷九九《元凶劭传》，第2427页。
⑧ 沈约：《宋书》卷一〇《顺帝纪》，第193页。

除先注,与之更始。长徒敕系之囚,特皆原遣。亡官失爵,禁锢夺劳,一依旧典"①。

《南齐书》卷五《海陵王纪》:"延兴元年秋七月丁酉,即皇帝位。……大赦,改元。文武赐位一等。"②

《南史》则曰赐位二等。《南史》卷五《齐本纪》:"废帝海陵恭王讳昭文,字季尚,文惠太子第二子也。永明四年,封临汝公,郁林王即位,改封新安王。及郁林废,西昌侯鸾奉帝纂统。延兴元年秋七月丁酉,皇帝即位,大赦,改元,赐文武位二等。"③

《南齐书》卷六《明帝纪》:"建武元年冬十月癸亥,即皇帝位。诏曰:'大赦天下,改元。宿卫身普转一阶,其馀文武,赐位二等。逋租宿责,换负官物,在建武元年以前,悉原除。'"④

《南齐书》卷八《和帝纪》:"中兴元年春三月乙巳,即皇帝位,大赦,改元。文武赐位二等;鳏寡孤独不能自存者谷,人五斛。"⑤

《梁书》卷二《武帝纪中》:梁武帝即位,诏"改齐中兴二年为天监元年。赐民爵二级,文武加位二等,鳏寡孤独不能自存者,人谷五斛。逋布、口钱、宿债勿复收。其犯乡论清议,赃污淫盗,一皆荡涤,洗除前注,与之更始。"⑥

《梁书》卷六《敬帝纪》:绍泰元年冬十月己巳诏,"今坠命载新,宗祧更祀,庆流亿兆,岂予一人。可改承圣四年为绍泰元年,大赦天下,内外文武赐位一等。"⑦

《陈书》卷二《武帝纪下》:陈霸先即位,宣布"可大赦天下,改梁太平二年为永定元年。赐民爵二级,文武二等。鳏寡孤独不能自存者,人谷五斛。逋租宿债,皆勿复收。其有犯乡里清议,赃污淫盗者,皆洗除先注,与之更始。长徒敕系,特皆原之。亡官失爵,禁锢夺劳,一依旧典。"⑧

---

① 萧子显:《南齐书》卷二《高帝纪下》,第32页。
② 萧子显:《南齐书》卷五《海陵王纪》,第78页。
③ 李延寿:《南史》卷五《齐本纪》,第139页。
④ 萧子显:《南齐书》卷六《明帝纪》,第85页。
⑤ 萧子显:《南齐书》卷八《和帝纪》,第112页。
⑥ 姚思廉:《梁书》卷二《武帝纪中》,第34页。
⑦ 姚思廉:《梁书》卷六《敬帝纪》,第144页。
⑧ 姚思廉:《陈书》卷二《武帝纪下》,中华书局,1972,第32页。

这里"文武二等",似有漏简。难以理解。以《陈书·武帝纪》与《南齐书·高帝纪》、《梁书·武帝纪》校读可知,陈武帝代梁即位诏,与齐高帝代宋即位诏以及梁武帝代齐即位诏同出一辙。皆有大赦、改元、"赐民爵二级,文武进位二等,鳏寡孤独不能自存者谷人五斛。逋租宿债勿复收。有犯乡论清议,赃汙淫盗,一皆荡涤,洗除先注,与之更始。长徒敩系之囚,特皆原遣。亡官失爵,禁锢夺劳,一依旧典"之语①,这是当时诏书的一般程式。因此,"文武二等"当作"文武赐位二等",或作"文武进位"、"加位"二等。

《陈书》卷五《宣帝纪》即位诏:"可改光大三年为太建元年,大赦天下,在位文武赐位一阶,孝悌力田及为父后者赐爵一级,异等殊才并加策序。鳏寡孤独不能自存者,人赐谷五斛。"②

(2) 皇帝复辟。《晋书》卷四《惠帝纪》:永宁元年四月,惠帝复辟。"六月戊辰,大赦,增吏位二等。"③

(3) 皇帝冠礼。《晋书》卷七《成帝纪》:"咸康元年春正月庚午朔,帝加元服,大赦,改元,增文武位一等,大酺三日,赐鳏寡孤独不能自存者米,人五斛。"④

《晋书》卷八《穆帝纪》:"升平元年春正月壬戌朔,帝加元服,告于太庙,始亲万机。大赦,改元,增文武位一等。皇太后居崇德宫。"⑤

《晋书》卷九《孝武帝纪》:"太元元年春正月壬寅朔,帝加元服,见于太庙。"

"夏五月癸丑,地震。甲寅,诏曰:'顷者上天垂监,谴告屡彰,朕有惧焉,震惕于心。思所以议狱缓死,敕过宥罪,庶因大变,与之更始。'于是大赦,增文武位各一等。"

关于这次赐位的原因,前面已作考辨。从字面理解,似乎是因地震而赐位。其实不然,考之于《文馆词林》,知《晋书》有删节。《文馆词林》有"冠礼之重,告成宗庙,前朝旧典,普有位赐,盖酬率土,咸同嘉庆,其追赠文武位

---

① 萧子显:《南齐书》卷二《高帝纪下》,第32页。
② 姚思廉:《陈书》卷五《宣帝纪》,第76页。
③ 房玄龄等:《晋书》卷四《惠帝纪》,第98页。
④ 房玄龄等:《晋书》卷七《成帝纪》,第179页。
⑤ 房玄龄等:《晋书》卷八《穆帝纪》,第202页。

各一等"之语,可知这次赐位,不是因地震,而是追赐。追赐应于冠礼之时所当行而未行之赐位。以《文馆词林》校之,《晋书》所引诏书不仅多有删节,而且有讹误,致使有些文意难以理解。如文中"庶因大变,与之更始"二句,《文馆词林》作"庶因天变,与人更始。"古人视地震为天谴,故称地震为天变。"与之更始"当作"与民更始"。《文馆词林》为唐代写本,避李世民之讳,改民为人。"之"又为"人"字之讹。故这两句当作"庶因天变,与民更始。"其实这是汉代以来诏书之熟语,不烦举例。

《晋书》卷十《安帝纪》:"隆安元年春正月己亥朔,帝加元服,改元,增文武位一等。"①

(4) 皇帝丧礼。《晋书》卷四《惠帝纪》:"太熙元年四月己酉,武帝崩。是日,皇太子即皇帝位,大赦,改元为永熙。尊皇后杨氏曰皇太后,立妃贾氏为皇后。"

夏五月辛未,葬武皇帝于峻阳陵。景子,增天下位一等,预丧事者二等,复租调一年,二千石已上皆封关中侯。"②

(5) 改元。《宋书》卷四《少帝纪》:"明年春正月己亥朔,大赦,改元为景平元年。文武进位二等。"③

《宋书》卷七《前废帝纪》:永光元年八月,诏书"改元为景和元年,文武赐位二等"④。

《南齐书》卷六《明帝纪》:建武五年改为永泰元年。"夏四月甲寅,改元,赦三署囚系原除各有差。文武赐位二等。"⑤

《梁书》卷三《武帝纪下》:"普通元年春正月乙亥朔,改元,大赦天下,赐文武劳位,孝悌力田爵一级,尤贫之家,勿收常调,鳏寡孤独,并加赡恤。"⑥

《文馆词林》卷六七〇《梁武帝恩赦诏》:"在位群臣、宿卫文武、边疆戍,咸有劬劳,普赉一阶。孝悌力田、为父后者,赐爵一级。"⑦本篇诏书未系年

---

① 房玄龄等:《晋书》卷一〇《安帝纪》,第 249 页。
② 房玄龄等:《晋书》卷四《惠帝纪》,第 89 页。
③ 沈约:《宋书》卷四《少帝纪》,第 64 页。
④ 沈约:《宋书》卷七《前废帝纪》,第 144 页。
⑤ 萧子显:《南齐书》卷六《明帝纪》,第 91 页。
⑥ 姚思廉:《梁书》卷三《武帝纪下》,第 63 页。
⑦ 许敬宗编:《日藏弘仁本文馆词林校证》卷六七〇,第 385 页。"边疆戍"一句,疑有错漏。或当为"边疆戍士"?

月,但考之《文馆词林》卷六六八《梁武帝改元大赦诏》,两篇诏书内容大略相同,知其为中大通元年改元大赦诏。

(6) 立皇后。《晋书》卷七《成帝纪》:咸康二年二月"辛亥,立皇后杜氏,大赦,增文武位一等"①。

考之《文馆词林》,作"普增位一等"。《文馆词林》卷六六六《东晋成帝立皇后大赦诏》:"今长秋既建,虔告宗庙……其大赦天下,普增位一等,自王公以下在职者,赐各有差。"②《文馆词林》所载是诏书,当以《文馆词林》为是。从诏书行文中亦可以看出,晋成帝的赐予对象分两个层次,一是对有位者,无论是否在职,即是否有官职,均赐位一等,即"普增位一等";二是对在职者,即有官职者,"自王公以下在职者,赐各有差"。显然,成帝对有位的官员比对有位而无官的人要更优惠。但不知何故,唐人所修的《晋书》要把"普增位一等"改作"增文武位一等"。我推测,自隋废九品官人法之后,已不存在有位无官的问题。在唐代,赐位等同于赐阶,只能赐予文武百官,改"普增位一等"为"增文武位一等"符和唐代的认识,也符和唐代诏书的行文习惯。而这种改动不是个别现象,下条史料亦同此例。

《晋书》卷九《孝武帝纪》:(宁康三年)"秋八月癸巳,立皇后王氏,大赦,加文武位一等。"③

《文馆词林》卷六六六《东晋孝武帝立皇后大赦诏》作"长秋肇建,……率土悦豫,咸同斯庆。其大赦天下,普增位一等"④。显然,《晋书》又改"普增位一等"为"加文武位一等"。增、加之意相同,可见唐代史臣改字之随意,但刻意添加"文武"二字,则偏离原意甚远。

(7) 立太子。《晋书》卷六《明帝纪》:太宁三年三月,"戊辰,立皇子衍为皇太子,大赦,增文武位二等,大酺三日,赐鳏寡孤独帛,人二疋"⑤。《文馆词林》作"大赦天下,增位二等"⑥。

《晋书》卷九《孝武帝纪》:太元十二年"秋八月辛巳,立皇子德宗为皇太

---

① 房玄龄等:《晋书》卷七《成帝纪》,第 180 页。
② 许敬宗编:《日藏弘仁本文馆词林校证》卷六六六,第 282 页。
③ 房玄龄等:《晋书》卷九《孝武帝纪》,第 227 页。
④ 许敬宗编:《日藏弘仁本文馆词林校证》卷六六六,第 283 页。
⑤ 房玄龄等:《晋书》卷六《明帝纪》,第 163 页。
⑥ 许敬宗编:《日藏弘仁本文馆词林校证》卷六六六,第 284 页。

子,大赦,增文武位二等,大酺五日,赐百官布帛各有差"①。《文馆词林》作"其大赦天下,加位二等,大酺五日。布帛之赐,主者详为之制,其余依旧"②。

《宋书》卷五《文帝纪》:元嘉六年"三月丁巳,立皇子劭为皇太子。戊午,大赦天下,赐文武位一等"③。

(8)成太庙。《晋书》卷三《武帝纪》:(太康)十年夏四月,"太庙成。乙巳,迁神主于新庙,帝迎于道左,遂祫祭。大赦,文武增位一等,作庙者二等"④。

以太庙落成为由而赐位,文献中并不多见。晋的太庙,最初当建于曹魏时期,曹魏晚期,司马昭受封为晋王,建有太庙。⑤ 晋朝建立后,泰始二年有营建晋的太庙之议,武帝恐耗费过大,遂改用魏的太庙为晋太庙。太康八年,"太庙殿陷"⑥,故武帝决意重修晋太庙。晋武帝对这次太庙落成非常重视,亲自出席落成大典,特下诏要实施赐位。然这次赐位活动,中间历经波澜,几乎夭折。

《晋书》卷五十一《挚虞传》:"时太庙初建,诏普增位一等。后以主者承诏失旨,改除之。虞上表曰:'臣闻昔之圣明,不爱千乘之国而惜桐叶之信,所以重至尊之命而达于万国之诚也。前《乙巳赦书》,远称先帝遗惠余泽,普增位一等,以酬四海欣戴之心。驿书班下,被于远近,莫不鸟腾鱼跃,喜蒙德泽。今一旦更以主者思文不审,收既往之诏,夺已澍之施,臣之愚心窃以为不可。'诏从之。"⑦

综合《晋书》之《武帝纪》、《挚虞传》可知,太康十年四月,新的太庙落成,乙巳日,晋武帝司马炎亲自主持了神主迁庙仪式。并于此日颁布《乙巳赦书》,"远称先帝遗惠余泽,普增位一等"。然而由于经办这件事情的大臣"承诏失旨",没有正确理解武帝的旨意,致使武帝动怒,改变初衷,要废除

---

① 房玄龄等:《晋书》卷九《孝武帝纪》,第236页。
② 许敬宗编、罗国威整理:《日藏弘仁本文馆词林校证》卷六六六,第285页。
③ 沈约:《宋书》卷五《文帝纪》,中华书局第77页。
④ 房玄龄等:《晋书》卷三《武帝纪》,第79页。
⑤ 《晋书》卷三《武帝纪》:司马炎篡位登基后,"遣太仆刘原告于太庙"。即当告于晋的太庙。
⑥ 房玄龄等:《晋书》卷三《武帝纪》,第77页。
⑦ 房玄龄等:《晋书》卷五一《挚虞传》,第1426页。

赐位诏书,收回成命。经挚虞上表劝解,武帝方怒意消释,重新实施赐位。

这次赐位险遭夭折的关键原因,是"主者"即经办这件事情的大臣"承诏失旨"。那么"承诏失旨",即误解武帝旨意的具体表现何在?《挚虞传》说是"思文不审"。究竟怎样"思文不审"?显然不可能是因为诏书有一般的语法、措辞失误。因为起草诏书的大臣们个个都是文章高手,不至于犯低级的错误。况且接到诏书的大臣和百姓,人人兴高采烈,没有人看到诏书有错。然而,这个最终被武帝看出来的错误,即"主者承诏失旨"之处,应该在于"承诏者"误解了武帝赐位的真实旨意,武帝赐位的真实旨意当是《武帝纪》所说的"文武增位一等",而并非是《挚虞传》所提到的《乙巳赦书》中所说的"普增位一等"。这确实是一个重大问题。因为"文武增位一等"与"普增位一等"是两个不同的概念。"文武增位一等",是专为文武百官们增位一等,它限制在官员的范围之内,而"普增位一等"则是为所有那些具有"位"的人们,增位一等。也就是说给那些有"位",但并非"文武"的人同样亦增位一等。难怪"驿书班下,被于远近,莫不鸟腾鱼跃,喜蒙德泽。"惹得有望获得赐位的人们,个个欢欣喜悦。

从史料来看,武帝虽然同意恢复赐位诏书,但他并不愿意将错就错,委屈自己。而是坚持按"文武增位一等"的初衷赐位。因此,我们看到《武帝纪》所留下的赐位记录,即最后的赐位结果是"文武增位一等",而并不是《乙巳赦书》中所说的"普增位一等"。因为武帝要维护自己的权威。

由此,我们应看到,"普增位一等"与"文武增位一等"是两个涵义不同的概念。关注到这一点,对于我们深入理解赐位制度也许具有重要的意义。

南朝亦有一例太庙落成后实施赐位的记录,不过规模较小。《南齐书》卷二《高帝纪》:建元元年六月"庚辰,七庙主备法驾即于太庙。诏'诸将及客,戮力艰难,尽勤直卫,其从还宫者,普赐位一阶'"①。

(9)籍田。《文馆词林》卷六六五宋孝武帝《藉田大赦诏》:"可大赦天下,文武赐位一等,长系宜有降宥,诸逋负合宽减者,并详为其格。孤老六疾不能自存,人赐谷五斛。蠲建康、秣陵二县今年田租之半。藉田华林园职僚,悉畴量赐之。"②

---

① 萧子显:《南齐书》卷二《高帝纪下》,第34页。
② 许敬宗编:《日藏弘仁本文馆词林校证》卷六六五,第271页。

诏书未系年月。《宋书》卷六《孝武帝纪》，唯孝建四年有藉田、改元大赦诏："四年春正月辛未，车驾祠南郊。甲戌，宕昌王奉表献方物。乙亥，车驾躬耕藉田，大赦天下，尚方徒系及逋租宿债，大明元年以前，一皆原除。力田之民，随才叙用；孝悌、义顺，赐爵一级；孤老、贫疾，人谷十斛。藉田职司，优沾普赉。百姓乏粮种，随宜贷给。吏宣劝有章者，详加褒进。"①或即是。

（10）庆祥瑞。《文馆词林》卷六六七《宋文帝嘉禾秀京师大赦诏》："自天降康，岂伊在予。思覃斯庆，施于万邦，可大赦天下，文武赐位一等，华林园职，畴量赐之。"②

诏书未系年月。《宋书》卷二十九《符瑞志》："元嘉二十二年六月，嘉禾生藉田，一茎九穗。"又曰："元嘉二十二年，嘉禾生华林园，百六十穗。园丞陈袭祖以闻。"③这当是嘉禾秀京师之具体内容，诏书更有"华林园职，畴量赐之"之语，可知嘉禾当生于华林园中。以此考之，《文馆词林》卷六六七《宋文帝嘉禾秀京师大赦诏》，当系于元嘉二十二年。

（11）赏亲旧。《文馆词林》卷六六六《宋孝武帝巡幸历阳郡大赦诏》："可大赦天下。南豫州别署敕系长徒一切原散，其兵厮考袭谪伐悉停。从朕昔初出镇将吏，赐位二等。"④

诏书未系年月。《宋书》卷六《孝武帝纪》：大明七年"十二月，丙午，行幸历阳。甲寅，大赦天下。南豫州别署敕系长徒，一切原散。其兵期考袭谪戍悉停"⑤。与《文馆词林》之语合，可知上述《宋孝武帝巡幸历阳郡大赦诏》，当系于大明七年。

《梁书》卷三《武帝纪下》：普通十年"三月甲午，舆驾幸兰陵，谒建宁陵。辛丑，至脩陵。壬寅，诏曰：'朕自违桑梓，五十余载，乃眷东顾，靡日不思。今四方款关，海外有截，狱讼稍简，国务小闲，始获展敬园陵，但增感恸。故乡老少，接踵远至，情貌孜孜，若归于父，宜有以慰其此心。并可锡位一阶，并加颁赉。所经县邑，无出今年租赋。监所责民，蠲复二年。并普赉内外从官军主左右钱米各有差。'因作《还旧乡》诗。癸卯，诏园陵职司，恭事勤劳，

---

① 沈约：《宋书》卷六《孝武帝纪》，第125页。
② 许敬宗编：《日藏弘仁本文馆词林校证》卷六六七，第309页。
③ 沈约：《宋书》卷二九《符瑞志下》，第829页。
④ 许敬宗编：《日藏弘仁本文馆词林校证》卷六六六，第296页。
⑤ 沈约：《宋书》卷六《孝武帝纪》，第134页。

并锡位一阶,并加沾赉"①。

（12）郊祠。《宋书》卷五《文帝纪》：元嘉"十四年春正月辛卯,车驾亲祠南郊。大赦天下;文武赐位一等;孤老、六疾不能自存者,人赐谷五斛。"②

（13）庆功。《宋书》卷九《后废帝纪》：元徽二年五月,平息桂阳王休范之叛,后废帝诏书,"是日解严,大赦天下,文武赐位一等。戊戌,原除江州逋债,其有课非常调、役为民蠹者,悉皆蠲停"③。

（14）其他。难以归类的赐位有以下数例。《晋书》卷十《安帝纪》：义熙八年九月癸酉,葬僖皇后于休平陵。刘裕矫诏曰："其大赦天下,唯刘毅不在其例。普增文武位一等。孝顺忠义,隐滞遗逸,必令闻达。"④

《宋书》卷五《文帝纪》：元嘉"二十四年春正月甲戌,大赦天下,文武赐位一等。系囚降宥,诸逋负宽减各有差。孤老、六疾不能自存,人赐谷五斛。蠲建康、秣陵二县今年田租之半。"⑤

《南齐书》卷六《明帝纪》："建武二年……五月甲午,寝庙成,诏'监作长帅,可赐位一等,役身遣假一年,非役者蠲租同假限'。"⑥

《梁书》卷三《武帝纪下》：普通五年"秋七月辛未,赐北讨义客位一阶"⑦。

二、赐位制度的内涵

从上述史料可见,赐位制度在两晋南朝的历史上延续三百年,其赐位范围之广、次数之多、时间之久、影响之大,颇值得研究。

"位",《说文》曰："列中庭之左右谓之位,从人立。"释位为官员在朝廷中站立的位置,反映了汉代学者对"位"字的社会认识。从六书的角度看,"位"当是会意字。上古位、立同字。段注曰："故《书》位作立,古文《春秋》

---

① 姚思廉：《梁书》卷三《武帝纪下》,第88页。
② 沈约：《宋书》卷五《文帝纪》,第84页。
③ 沈约：《宋书》卷九《后废帝纪》,第182页。
④ 房玄龄等：《晋书》卷一〇《安帝纪》,第263页。
⑤ 沈约：《宋书》卷五《文帝纪》,第94页。
⑥ 萧子显：《南齐书》卷六《明帝纪》,第87页。
⑦ 姚思廉：《梁书》卷三《武帝纪下》,第68页。

公即位为'公即立。'古者立、位同字。"因此，位的本意应该是人在自然界站立的位置。"引申之，凡人所处皆曰位。"①在人类社会中，"位"是一个被赋予社会意义、包涵宽泛的概念。人们在社会中所处的不同位置，则形成了人们各种不同的社会地位。从社会制度的角度来观察，社会制度的各个方面、各个领域也为制度中的人们设计、规范了区别身份的各种位置。诸如官僚体系中的官位、爵制中的爵位、九品官人法中的品位等等。

那么，在两晋南朝如此大规模、频繁赐位中所赐出的"位"究竟是何位？最有可能的，当不出官位、朝位、秩位、爵位、品位等五种。

首先，我们来看是否官位。以"位"字来简称、代称官位，在两晋南朝文献中，最为普遍。如《晋书》卷五十六《江统传》："迁中郎。选司以统叔父春为宜春令，统因上疏曰：'故事，父祖与官职同名，皆得改选，而未有身与官职同名，不改选之例。臣以为父祖改选者，盖为臣子开地，不为父祖之身也。而身名所加，亦施于臣子。佐吏系属，朝夕从事，官位之号，发言所称，若指实而语，则违经礼讳尊之义；若诡辞避回，则为废官擅犯宪制。今以四海之广，职位之众，名号繁多，士人殷富，至使有受宠皇朝，出身宰牧，而令佐吏不得表其官称，子孙不得言其位号，所以上严君父，下为臣子，体例不通。若易私名以避官职，则违《春秋》不夺人亲之义。臣以为身名与官职同者，宜与触父祖名为比，体例既全，于义为弘。'朝廷从之。"②

文中所言"位"即"官位"，"位号"即"官位之号"，而"官位之号""名号""官称"皆等同于官职。

位亦等同于"官位""官职"。

《晋书》卷三十三《石苞传》：石苞子统"字弘绪，历位射声校尉、大鸿胪"③。

《晋书》卷四十《贾充传》附孙谧传："历位散骑常侍、后军将军。"④

《晋书》卷六十四《武陵王遵传》：遵"历位散骑常侍、秘书监、太常、中领军"⑤。

---

① 许慎：《说文解字注》，段玉裁注，上海古籍出版社，1981，影印经韵楼版，第371页下栏。
② 房玄龄等：《晋书》卷五六《江统传》，第1535页。
③ 房玄龄等：《晋书》卷三三《石苞传》，第1004页。
④ 房玄龄等：《晋书》卷四〇《贾充传》，第1173页。
⑤ 房玄龄等：《晋书》卷六四《武陵王遵传》，第1728页。

《晋书》卷六十五《王导传》：元帝即位，导"进位侍中、司空、假节、录尚书，领中书监"①。

《晋书》卷六十七《郗鉴传》：成帝即位，鉴"进位车骑大将军、开府仪同三司，加散骑常侍"②。

《晋书》卷七十《应詹传》：詹子玄"位至散骑侍郎"③。

臧荣绪《晋书》卷五："郑冲字文和。荥阳人也。位至太傅。"④

综上可见，上述之位，皆指"官位"。"历位"即历任官位、历任官职，"进位"即晋升官位，"位至"即官位所达至。

虽然以"位"来简称、代称官位在两晋南朝文献中非常普遍，但是这种普天同庆性的、大规模的赐位，似不可能是赐官位。因为官位具有二重性的特点，即它对于官员个人来说，具有政治地位及禄位的性质；对于国家来说，它是行使国家管理责任的职位。从国家的角度考虑，官位的设置、官位的职数、官位的任用，首先是国家的行政需求、行政效能的发挥，以及任职者的胜任与否。但大规模赐位中所赐出的位，似完全不考虑这一点。我们认为，即便不考虑任职者的个人能力，大规模的增设官位、增加官位职数，如一州任命一百名刺史，一郡有一百个郡守，不仅不可取，也是不可能的。

其次，我们来看赐位制度中所赐出的位是否是朝位。以《说文》的解释，"列中庭之左右谓之位"。位即朝位。但赐位不可能是赐朝位，因为，一，接受赐位的人中，有一些是百姓，他们根本就没有也不可能有朝位。二，对于有朝位的官员来说，如果人人的朝位都向前位移一位的话，那就等于人人都在原地没有移动。这样的赐位也就毫无意义。

其三，赐位制度所赐出的位是否是秩位。"位"代指秩位，在文献中不乏例证。《宋书》卷五十六《谢瞻传》：谢瞻"言于高祖曰：'臣本素士，父、祖位不过二千石'"⑤。位不过二千石，即秩位不过二千石。可见秩位是可以简称作位的。

《三国志》卷二十七《魏书·王昶传》："嘉平初，太傅司马宣王既诛曹

---

① 房玄龄等：《晋书》卷六五《王导传》，第1749页。
② 房玄龄等：《晋书》卷六七《郗鉴传》，第1799页。
③ 房玄龄等：《晋书》卷七〇《应詹传》，第1861页。
④ 汤球：《九家旧晋书辑本》，杨朝明校补，中州古籍出版社，1991，第35页。
⑤ 沈约：《宋书》卷五六《谢瞻传》，第1558页。

爽,乃奏博问大臣得失。昶陈治略五事:……其三,欲令居官者久于其职,有治绩则就增位赐爵。"①王昶建议,对于有政绩的官员应该给于"增位赐爵"奖励。使其能够居其官而"久于其职"。也就是说,让那些有政绩的官员在保持原官职不变动的情况下,通过增位而得到奖励和实惠,使他们能够安心在原官职岗位上较长期地工作,以保持一方的长治久安。这里的增位疑是增秩位。

《晋书》卷七十七《诸葛恢传》:"太兴初,以政绩第一,诏曰:'自顷多难,官长数易,益有诸弊,虽圣人犹久于其道,然后化成,况其余乎!汉宣帝称,与我共安天下者,其惟良二千石。斯言信矣!是以黄霸等或十年,或二十年而不徙,所以能济其中兴之勋也。赏罚黜陟,所以明政道也。会稽内史诸葛恢莅官三年,政清人和,为诸郡首,宜进其位班,以劝风教。今增恢秩中二千石。"②

诸葛恢的"进位",显然是增秩位。诏书引汉代增秩奖励黄霸,使其久于郡守之位的故事,用以奖励诸葛恢。两晋沿用汉制,郡国首长郡守、内史秩位二千石。诸葛恢的"进位",就是由二千石的秩位进至其上一级秩位中二千石。成为具有中二千石秩位的内史。

然而,大规模的赐位中所赐出的位,似不可能是赐秩位。因为,第一,秩位事实上就是禄位。它与官员个人的经济收入、同国库的支出,紧密相连。大规模的、普惠性、高频率的赐秩位,是国家难以为继,国库所难以支撑的。第二,从文献中看,秩位性质的赐位,大多施行于个别的场合,属于特别的嘉奖。如上揭诸葛恢,"以政绩第一","莅官三年,政清人和,为诸郡首",方受进位一等的特别奖励,如果人人都能够轻易的获得秩位之赐,那秩位之赐也就失去了其特殊的含义,没有了奖励的作用。

其四,赐位制度所赐出的位是否是爵位?"位"代指爵位,文献中亦不乏例证。但文献中常常有赐位与赐爵位并行的记录。

如齐高帝萧道成篡位建齐,宣布"可大赦天下。改昇明三年为建元元年。赐民爵二级,文武进位二等,鳏寡孤独不能自存者谷人五斛"③。

---

① 陈寿:《三国志》卷二七《魏书·王昶传》,中华书局,1959,第749页。
② 房玄龄等:《晋书》卷七七《诸葛恢传》,第2042页。
③ 萧子显:《南齐书》卷发给《高帝纪下》,第32页。

梁武帝即位,诏"改齐中兴二年为天监元年。赐民爵二级,文武加位二等,鳏寡孤独不能自存者,人谷五斛"①。

陈霸先即位,宣布"可大赦天下,改梁太平二年为永定元年。赐民爵二级,文武二等。鳏寡狐独不能自存者,人谷五斛。"②

陈宣帝即位诏:"可改光大三年为太建元年,大赦天下,在位文武赐位一阶,孝悌力田及为父后者赐爵一级。"③

诏书中赐位与赐爵并称、并行,且依诏书格式,赐爵称"级",赐位称"等"或"阶",用例分明。显然二者不是一回事,即赐位不是赐爵位。

在排除以上四种可能之后,让我们把关注的重点,放到最后一种可能上来。

文献中,品位可以简称为位。《晋书》卷四十五《刘毅传》,刘毅抨击九品官人法曰:"天下汹汹,但争品位,不闻推让,窃为圣朝耻之。"同传又曰:"位以求成,不由行立,品不校功,党誉虚妄。"④指斥品位确定的不公。

位即品位。《宋书》卷四十三《徐羡之传》:"义熙十一年,除鹰扬将军、琅邪内史,仍为大司马从事中郎,将如故。高祖北伐,转太尉左司马,掌留任,以副贰刘穆之。初,高祖议欲北伐,朝士多谏,唯羡之默然。或问何独不言,羡之曰:'吾位至二品,官为二千石,志愿久充。'"⑤徐羡之所任官职中,鹰扬将军、琅邪内史二职为官品第五,大司马从事中郎、太尉左司马二职为官品第六⑥,徐羡之称其"位至二品",即其个人的品位达至二品。这里的"位"即品位的简称。

又《南齐书》卷五十六《倖臣传》:"中书之职,旧掌机务。汉元以令仆用事,魏明以监令专权,及在中朝,犹为重寄。陈准归任上司,荀勖恨于失职。晋令舍人位居九品,江左置通事郎,管司诏诰。"⑦

"晋令舍人位居九品。"即《晋令》规定,舍人的品位为第九品。

---

① 姚思廉:《梁书》卷二《武帝纪中》,第 34 页。
② 姚思廉:《陈书》卷二《武帝纪下》,第 32 页。
③ 姚思廉:《陈书》卷五《宣帝纪》,第 76 页。
④ 房玄龄等:《晋书》卷四五《刘毅传》,第 1273、1276 页。
⑤ 沈约:《宋书》卷四三《徐羡之传》,第 1329 页。
⑥ 见《宋书·百官志》《通典·晋官品》。
⑦ 萧子显:《南齐书》卷五六《倖臣传》,第 971 页。

南朝梁武帝"天监改制",推行官制改革,施行十八班制。以品位二品为线,大体上将"位登二品"以上者,即需要二品品位以上者担任的官职,划为十八班。二品品位以下者担任的官职,又划为七班。称之为"位不登二品者,又为七班。"①以"位"代指品位,是两晋南朝官制中的习惯用语。

最能说明赐位性质的史料,也许是《晋书·熊远传》。

《晋书》卷七十一《熊远传》:"及中兴建,帝欲赐诸吏投刺劝进者加位一等,百姓投刺者赐司徒吏,凡二十余万。远以为'秦汉因赦赐爵,非长制也。今案投刺者不独近者情重,远者情轻,可依汉法例,赐天下爵,于恩为普,无偏颇之失。可以息检覆之烦,塞巧伪之端。'帝不从。"②

其中"秦汉因赦赐爵,非长制也"一句,似有漏简,当补"赐位"二字。作"秦汉因赦赐爵,赐位非长制也"。文意尚通。否则,言"秦汉因赦赐爵,非长制也",不仅有悖于秦汉因赦赐爵之长制,也与之下所言"依汉法例,赐天下爵,于恩为普,无偏颇之失",建议不赐位,而以汉例实施赐爵之语相左。解读这条史料,其意大略谓:东晋建立,晋元帝即位。元帝想赏赐投刺劝自己即位的官吏加位一等,百姓投刺劝进者为司徒吏。熊远以为不妥,他认为秦汉时期的惯例是皇帝即位实施大赦、赐爵,而赐位不是常制。建议元帝,可以比照汉代的法例,赐天下爵位。这条材料非常有价值。

首先,它排除了"赐位"是赐爵的可能,解除了"赐位"是否是赐爵的疑惑。熊远针对晋元帝准备对"投刺劝进者"赐位这件事而上书,建议改为"依汉法例,赐天下爵"。清楚说明赐位不是赐爵位。

其次,它说明没有品位的百姓可以通过赐位而获得品位,晋身为司徒吏。"赐司徒吏",就是赐予其品位,使其成为司徒吏。

关于司徒吏,阎步克先生曾作过较为深入的研究。他几乎搜罗了迄今可见的有关魏晋司徒吏的史料,对司徒吏的身份作了富有学术价值的推断。他说:"我怀疑,'司徒吏'就是获得了中正品第,因而隶名于司徒府、拥有了任官补吏资格者。"③这确实是一个卓越的、近乎天才的推断。然而,在正确

---

① 魏徵等:《隋书》卷二六《百官志上》,中华书局,1973,第733页。
② 房玄龄等:《晋书》卷七一《熊远传》,第1886-1887页。
③ 阎步克:《北魏北齐"职人"初探——附论魏晋的"王官司徒吏"》,《文史》48辑,中华书局,1999。又收入氏著《乐师与史官》,生活·读书·新知三联书店,2001,第356-402页。

的结论将呼之欲出,顺理成章之际,阎先生却受旧的九品中正制研究思路的困扰,话锋一转说:"魏晋施行九品官人之法,士人欲求入仕,就必须'求品于乡议','无乡邑品第'者是不能任官补吏的。"其实,阎先生的论文中已引用到《晋书·熊远传》的史料,史料自身已经说明百姓可以通过赐位而获得品位,晋身为司徒吏。不必泥于中正的品评。① 但阎先生在突破重围,临门抽射之际,却突然收脚,殊为惋惜。准确的说,司徒吏应该是拥有品位,隶名于司徒府的官吏候补者。至于士人品位的获得,可以经由中正品评,也可以经由皇帝赐位、察举、经学考试等不同途径。显然,皇帝的赐位、主持察举与考试的国家机关对士人品位的给予和认定,无须再经中正的认可。中正不能凌驾于主持察举与考试的国家机关乃至于皇帝之上。

上述材料涉及到两个品位,即一是个人的品位;二是官的品位。传统上,对个人的品位有"乡品""中正的品第"之谓,笔者认为称"资品"较合适。② 对官的品位称之为"官品"似无疑义。

其实,资品与官品是一回事,二者具有同一性,即都是"官才之品"。《三国志》卷九《魏书·夏侯玄传》:"自州郡中正品度官才之来,有年载矣,缅缅纷纷,未闻整齐。"③ 州郡中正所品评的是以等级形式所表示的官才。而官所标的品位,则是任用该官所需的官才之等级。换句话说,资品是个人的任官资格品等,官品则是官所需要的品位。

九品官人法运作的形式是"制九格登用"。

《初学记》卷十一:"习凿齿《晋阳秋》曰,初陈群为吏部尚书,制九格登用,皆由于中正考之簿世然后授任。"④"格",即尺度、标准。《文选》鲍照《芜城赋》:"格高五岳,袤广三坟。"李善注引《苍颉篇》:"格,量度也。"又《后汉书·傅燮传》:"朝廷重其方格。"李贤注:"格,犹标准也。"官职所标的品位就是该官用人的格,即该官用人的尺度、标准。但九品官人法的官格是担任该官的最低标准。《晋书》卷四十五《刘毅传》:"本立格之体,将谓人伦

---

① 笔者在《历史研究》1995 年第 6 期《九品官人法再探讨》一文中,曾列举过士人不经中正获品的几种途径,可参见。
② 参见拙著《魏晋南朝的资品与官品》,《历史研究》1990 年第 6 期。
③ 陈寿:《三国志》卷九《魏书·夏侯玄传》,第 295 页。
④ 徐坚等:《初学记》卷一一,中华书局,1962,第 266 页。

有序,若贯鱼成次也。为九品者,取下者为格,谓才德有优劣,伦辈有首尾。"①品位体系建立的本意,是为了人才的有序使用,"为九品者,取下者为格",即设计九品选拔、任用官员的制度时,是取最低的尺度、标准作为任人的品位要求。

例如,魏晋规定,郡守、鹰扬将军、王国内史、中书侍郎、黄门郎、司徒左长史等官品第五,②按照"为九品者,取下者为格"的意义理解,就是说郡守、鹰扬将军、王国内史、中书侍郎、黄门郎、司徒左长史等官,至少需要品位第五的人来担任。虽然具有五品品位的人不一定都能够担任上述官职,但低于五品品位的人则肯定无资格担任上述官职。

在九品官人法下,品位是任官的资格。除了皇帝的特殊赐官,一般情况下,没有品位即没有做官的资格。

文献中,官品往往就是资品,也就是品位。二者是统一的。

如《南齐书》卷九《礼志上》:"建武四年正月,诏立学。永泰元年,东昏侯即位,尚书符依永明旧事废学。领国子助教曹思文上表曰:'……据臣所见,今之国学,即古之太学。晋初太学生三千人,既多猥杂,惠帝时欲辩其泾渭,故元康三年始立国子学,官品第五以上得入国学。'"③

"官品第五"怎解?我们理解,官品第五以上,能够进入国学读书的人,并不是我们上述所提到的郡守、中书侍郎、黄门郎、司徒左长史等这些官品第五的官,也不是官品第五的官员们的子弟。而是指其本身具有五品资品,或者说是其本身具有五品品位的人。

《南齐书·礼志上》又曰:"建元四年正月,诏立国学,置学生百五十人。其有位乐入者五十人。生年十五以上,二十以还,取王公已下至三将、著作郎、廷尉正、太子舍人、领护诸府司马谘议经除敕者、诸州别驾治中等见居官及罢散者子孙。"④

由这段史料的解读可知,南齐建元四年建立的国学,共有学生一百五十人。"其有位乐入者",即其中有品位并乐意入学的是五十人。这些国学生

---

① 房玄龄等:《晋书》卷四五《刘毅传》,第1275页。
② 沈约:《宋书》卷四〇《百官志下》,第1262页。
③ 萧子显:《南齐书》卷九《礼志上》,第144-145页。
④ 萧子显:《南齐书》卷九《礼志上》,第143页。

的年龄在十五至二十岁之间，其身份是王公以下至诸州别驾、治中从事史等现居官以及罢、散官的子孙。而这五十名"有位乐入"的国学生，按照"官品第五以上得入国学"的规定。就应该是"官品第五以上"的人。换句话说，他们就是有品位第五以上且乐于入学的人。官品就是官才之品，官品第五就是官才之品第五。

又《宋书》卷十四《礼志一》："晋武帝泰始八年，有司奏：'太学生七千余人，才任四品，听留。'诏：'已试经者留之，其余遣还郡国。大臣子弟堪受教者，令入学。'"①

这条材料与上述《南齐书》卷九《礼志上》联系起来读，也许就看得更清楚一些。这大概是指要求太学生们经过学习，才能应有提高，品位应有进步，达到"才任四品"，方能留下来候任官职，如达不到"才任四品"的要求，就要"遣还郡国"。"才任四品"之意，是说其才能达到了可以任四品人所能担任的官。也就是可以获得四品品位之意。

再如，文献中经常提到的"二品官"，往往也不是指官阶等级中的第二等的官，而是指有二品品位的官。《宋书》卷十七《礼志四》："宋孝武帝孝建元年十月戊辰，有司奏章皇太后庙毁置之礼。二品官议者六百六十三人。太傅江夏王义恭以为：'经籍残伪，训传异门，谅言之者罔一，故求之者鲜究。……远考史策，近因暗见，未应毁之，于义为长。……'六百三十六人同义恭不毁。散骑侍郎王法施等二十七人议应毁。"②

据此，在这次章皇太后庙毁置与否的争议中，发表意见的二品官总共有六百六十三名。其中，六百三十六名与太傅江夏王刘义恭的意见一致，赞成保留章皇太后庙，而散骑侍郎王法施等二十七名提出应该毁庙。同意保庙的六百三十六人与提议毁庙的二十七人相加，总数正合于六百六十三名之数，可知"散骑侍郎王法施等二十七人"在"二品官议者六百六十三人"之数。南朝宋代散骑侍郎官品第五，说明"二品"是指王法施等官员的个人品位，"二品官"是指具有二品品位的官。

同样，下面史料中的二品亦指资品，即品位。

《宋书》卷十八《礼志五》："古者贵贱皆执笏，其有事则搢之于腰带，所

---

① 沈约：《宋书》卷一四《礼志一》，第356页。
② 沈约：《宋书》卷一七《礼志四》，第470页。

谓搢绅之士者,搢笏而垂绅带也。绅垂三尺。笏者有事则书之,故常簪笔。今之白笔,是其遗象。三台、五省二品文官簪之,王、公、侯、伯、子、男、卿、尹及武官不簪。加内侍位者,乃簪之。"①

"三台、五省二品文官"何解？三台、五省之名不必细数,我们仅举其中的尚书省、中书省为例。在三台五省之中,尚书省的长官尚书令,中书省的长官中书监、令官品最高,但他们也只是官品第三,其属官之品更无出其右者。因此,"三台、五省二品文官"无疑是指三台、五省中具有二品品位的文官。

又《宋书》卷六十四《郑鲜之传》:"时新制长吏以父母疾去官,禁锢三年。山阴令沈叔任父疾去职,鲜之因此上议曰:'夫事有相权,故制有与夺,此有所屈,而彼有所申。未有理无所明,事无所获,而为永制者也。当以去官之人,或容诡托之事,诡托之事,诚或有之。岂可亏天下大教,以末伤本者乎。……省父母之疾,而加以罪名,悖义疾理,莫此为大。谓宜从旧,于义为允。'从之。于是自二品以上父母没者,坟墓崩毁及疾病族属辄去,并不禁锢。"②

宋制,县令最高为官品第六。郑鲜之为山阴令沈叔任因父疾去职而受禁锢之事上书,使二品以上因父母死亡而去职的官员,不再受到禁锢,包含山阴令沈叔任在内的一大批官员得到实惠。说明这里的二品亦即资品或者品位。

《南齐书》卷四十一《张融传》:"举秀才,对策中第,为尚书殿中郎,不就,为仪曹郎。……寻请假奔叔父丧,道中罚干钱敬道鞭杖五十,寄系延陵狱。大明五年制,二品清官行僮干杖,不得出十。为左丞孙缅所奏,免官。"③

此处所言张融的经历,乃是发生于宋代的事。张融身为仪曹郎而违反宋"大明五年制,二品清官行僮干杖,不得出十"的规定,受到免职。说明他属"二品清官"。尚书殿中郎、仪曹郎,宋制皆官品第六。可知,二品清官亦是指具有二品资品即二品品位的清官。

---

① 沈约:《宋书》卷一八《礼志五》,第519页。
② 沈约:《宋书》卷六四《郑鲜之传》,第1695—1696页。
③ 萧子显:《南齐书》卷四一《张融传》,第726页。

《南史》卷七十七《恩幸传》:"以旧制军人、士人二品清官,并无关市之税。"①

义亦同上。

综上所述,前揭文献中的"官品第五"的官品,以及二品文官、二品清官、二品官的品,皆是指个人的资品,即个人的品位。

历史的研究应该具有整体观。只有把一个事物放在整体中去看,而不是就事论事,也许才能够更清楚地看清这一事物。

我们把资品、官品放在九品官人法的框架内来看,就容易看清楚,所谓的资品、官品,其实都是九品官人法中的品位。不过随着场合的不同,其称谓发生不同的变化。品位,对于某个人来说,它是个人的官才品第、资品;对于官职来说,它是在选拔任职者时所需的最低官才尺度标准,即品位要求。从根本上来看,品位是附着于个人,跟着个人走的。

规模赐位制度中所赐出的位,事实上是跟着个人走的品位,它附着于个人,成为个人任官的资品。

三、规模赐位的特点

通检两晋南朝史料,规模赐位大约实施 46 次,按照时间顺序排列可以得下表:

两晋南朝规模赐位统计表

赐位者	时间	受赐者	赐位	原因	史料来源
晋武帝	泰始元年(265)	文武	2等	皇帝即位	《晋书》卷3
	太康十年(289)	文武 作庙者	1等 2等	太庙落成	《晋书》卷3
晋惠帝	太熙元年(290)	天下有位者 预丧事者	1等 2等	皇帝丧礼	《晋书》卷4

---

① 李延寿:《南史》卷七七《恩倖传》,第1940页。

续表

赐位者	时间	受赐者	赐位	原因	史料来源
	永宁元年（301）	吏	2等	皇帝复辟	《晋书》卷4
晋元帝	太兴元年（318）	文武	2等	皇帝即位	《晋书》卷6
	东晋初	诸吏劝进者 百姓劝进者	加位1等 司徒吏	投刺劝进	《晋书》卷71
晋明帝	太宁三年三月戊辰（325）	文武	2等	立太子	《晋书》卷6
晋成帝	太宁三年闰八月己丑（325）	文武	2等	皇帝即位	《晋书》卷7
	咸康元年（335）	文武	1等	皇帝冠礼	《晋书》卷7
	咸康二年（336）	普增位	1等	立皇后	《文馆词林》卷666
晋康帝	咸康八年（342）	文武	2等	皇帝即位	《晋书》卷7
晋穆帝	升平元年（357）	文武	1等	皇帝冠礼	《晋书》卷8
晋简文帝	咸安元年（371）	文武	2等	皇帝即位	《晋书》卷9
晋孝武帝	宁康三年（375）	普增位	1等	立皇后	《文馆词林》卷666
	太元元年（376）	文武	1等	皇帝冠礼	《晋书》卷9
	太元十二年（387）	文武	2等	立太子	《晋书》卷9
晋安帝	隆安元年（397）	文武	1等	皇帝冠礼	《晋书》卷10
	义熙八年（412）	文武	1等	皇后丧礼，刘裕矫诏。	《晋书》卷10

续表

赐位者	时间	受赐者	赐位	原因	史料来源
宋少帝	景平元年（423）	文武	2等	改元	《宋书》卷4
宋文帝	元嘉元年（424）	文武	2等	皇帝即位	《宋书》卷5
	元嘉六年（429）	文武	1等	立太子	《宋书》卷5
	元嘉十四年（437）	文武	1等	郊祠	《宋书》卷5
	元嘉二十二年（445）	文武	1等	庆祥瑞	《文馆词林》卷667
	元嘉二十四年（447）	文武	1等	藉田	《宋书》卷5
刘劭	太初元年（453）	文武	2等	篡位	《宋书》卷99
宋孝武帝	元嘉三十年（453）	文武 从军者	1等 2等	皇帝即位	《宋书》卷6
	大明元年（457）	文武	1等	藉田	《文馆词林》卷665
	大明七年（463）	旧部将吏	2等	赏旧部	《文馆词林》卷666
宋前废帝	景和元年（465）	文武	2等	改元	《宋书》卷7
宋后废帝	元徽二年（474）	文武	1等	庆功	《宋书》卷9
宋顺帝	升明元年（477）	文武	2等	皇帝即位	《宋书》卷10
齐高帝	建元元年（479）	文武	2等	皇帝即位	《南齐书》卷2
	建元元年（479）	诸将及客从还宫者	1阶	太庙落成	《南齐书》卷2
齐废帝	延兴元年（494）	文武	2等	皇帝即位	《南史》卷

续表

赐位者	时间	受赐者	赐位	原因	史料来源
齐明帝	建武元年（494）	宿卫其余文武	普转1阶2等	皇帝即位	《南齐书》卷6
	建武二年（495）	监作长帅	1等	寝庙成	《南齐书》卷6
	建武五年（498）	文武	2等	改元	《南齐书》卷6
齐和帝	中兴元年（501）	文武	2等	皇帝即位	《南齐书》卷8
梁武帝	天监元年（502）	文武	2等	皇帝即位	《梁书》卷2
	普通元年（520）	文武	1等	改元	《梁书》卷3
	普通五年（524）	北讨义客	1阶	赏义勇	《梁书》卷3
	中大通元年（529）	在位群臣、宿卫文武、边疆戎士	普赍1阶	改元	《文馆词林》卷670
	大同十年（544）	故乡老少园陵职司	并锡位1阶	赏亲旧	《梁书》卷3
梁敬帝	绍泰元年（555）	内外文武	1等	皇帝即位	《梁书》卷6
陈武帝	永定元年（557）	文武	2等	皇帝即位	《陈书》卷2
陈宣帝	太建元年（569）	在位文武	1阶	皇帝即位	《陈书》卷5

由上表可以归纳两晋南朝规模赐位制度的以下特征：

（1）赐位制度实施的主体是皇帝。通检上述四十六例规模赐位，可见实施赐位的主体是皇帝。唯有皇帝具有赐位的权力。赐位与赐爵、赐官等行为一样，属"上之专擅"①，是皇帝的专有权力。说明赐位不属一般的政治行为。

---

① 班固：《汉书》卷二四《食货志上》，中华书局，1962，第1134页。

（2）受赐的对象具有多元性。从史料来看，"赐位"的实施，大体可以归纳为文武赐位、普赐位、普增位及特殊赐位等。这些不同的"赐位"，显示着受赐对象的多元性。在上述四十六例规模赐位中，最多的是赐位于"文武"。即受赐的对象为文武百官。其次是"普赐位"与"普增位"。我们推断，"普增位"与"普赐位"中获得赐位的对象又有差异。实施普增位行为的关键，在于一个"增"字。普增位，就是将品位赐予原本有品位的人，为原本有品位的人增加位等。故言"增位"。而"普赐位"中，获得赐位的对象，应该包含没有品位的人在内。在实施普赐位时，则不论受赐对象原来有否品位，都可以获得赐位，也就是说，原本没有品位的人，可以通过皇帝的普赐位行为而获得品位。另外，受赐者中还时常有一些特殊的群体。例如，晋武帝太康十年，为庆祝太庙落成，对"作庙者"，即参与太庙建设者赐位二等；晋惠帝太熙元年，在安葬晋武帝之后，对"予丧事者"，赐位二等；东晋元帝即位，对"投刺劝进者"，即对投刺拥戴他做皇帝者，诸吏加位一等，百姓赐位为司徒吏。宋孝武帝大明七年，巡视地方，对"从朕昔初出镇将吏"，即为其旧部将吏赐位二等。齐高帝建元元年，宣布对跟随他还官的"诸将及客"赐位一阶。梁武帝普通五年，对"北讨义客"赐位一阶；大同十年，武帝衣锦还乡，对"故乡老少"赐位一阶。由此可见，受赐的对象具有多元性，其中有文武百官、百姓，还有"作庙者"、"予丧事者"、"投刺劝进者"、旧部将吏、"客"、"义客"，乃至于皇帝之"故乡老少"。

概括的讲，从品位的角度看，受赐的对象可以归纳为两大类，即原本有品位者与原本没有品位者。

从受赐对象的多元性，我们可以更清楚地认识赐位制度的面貌，即我们在排除了赐位是赐爵位之后，又可以由受赐对象的多元性质，轻易排除赐位是赐官位、官员的朝堂位次、官员的秩位。因为官位、朝位、秩位均与官员的身份相联系，没有官员身份的人，显然谈不上官位、朝位与秩位。

（3）赐位具有喜庆的特色。从上述赐位行为分析，特别是逢皇帝即位、皇帝加冠、立皇后、立太子等实施赐位的动机来看，赐位明显具有喜庆的特色。这一点与汉代的赐爵制度极为相似。翻检汉代史料，尤其是《汉书》《后汉书》，每每皇帝即位、皇帝加冠、立皇后、立太子等皇室喜庆之日，多有赐天下民爵、赐民大脯，以示普天同庆的记录。

四、赐位与九品官人法

赐位的多元特征与喜庆特色对九品官人法造成了极大的冲击。

品位是九品官人法的基石,在九品官人法之下,一般来说,没有品位的人,即没有做官的资格。同时,每个官职亦都规定有相应的任官的品位要求。也就是说,有品位的人,就有依九品官人法的程序做官的资格。

在九品官人法创立之初,人们获得品位的途径相对较少,大约只有中正品评、察举、太学考试等数途,① 品位的实际作用及在人们心中的地位相当重要。因此有《晋书·刘毅传》所说:"天下汹汹,但争品位,",又有"上品无寒门,下品无世族"之讥。但在东晋大规模的,甚至是密集的赐位之后,由于品位获得的容易及品位的累积所造成的高品位者的亟增,品位已渐转入轻滥。我们仅举东晋成帝为例,从明帝太宁三年(325)三月,他被立为太子,到咸康八年(342)六月,他在帝位上去世,康帝即位,前后十八年,就有五次赐位,累积赐位达到八等。最为突出的是,太宁三年(325)三月戊辰日,明帝立成帝为太子,"增文武位二等",闰八月戊子日,明帝崩。己丑日,成帝即位,又"增文武位二等"。半年之中,竟有二次赐位,累积赐位达到四等。假设有官员恰与成帝的在位相始终,且又符合赐位的条件,那仅在这十八年中,他所获得的赐位,累加就可以达到八等。这足以使任何一位低品位的官吏晋身于高品位的行列。

赐位,对一般受赐对象来讲是一种品位的获得。而对于已有品位者来说,则是其品位的增加。因此,正如前所述,在历代"赐位"诏书中,有关文武百官的"赐位",往往作"增位""加位"。② 其意即是为已有品位的百官增加位等。在实际操作过程中,增加位等则表现为受赐对象品位的提高。所以,有关文武百官的"赐位",往往亦作"进位"。在九品官人法的品位设计中,九品是最低的品位,一品是最高的品位。获得"增位""加位"者,其增加位等的表现,则是其本人拥有的品位由低品向高品晋升的过程。由于赐位

---

① 参见拙著《魏晋九品官人法再探讨》,《历史研究》1995年第6期。
② 例如《晋书》卷六《元帝纪》:太兴元年三月,元帝即位,"于是大赦,改元,文武增位二等"。再如《晋书》卷九《孝武帝纪》:宁康三年"立皇后王氏,大赦,加文武位一等"。

是可以累加的,不断获得"增位""加位"者的品位就可以不断地由低向高累积晋升。问题是,九品官人法所设计的品位只有九等,而入仕的最低品位要求就是六品①,也就是说,在职百官的品位最低就是六品。因此,从理论上说,在大规模的、密集的赐位中,任何一位官员的品位都会轻易达到最高品位。那么,从制度的设计考虑,这种品位的增加,或者说是品位的提升是否有一个限度?如果有限度,其限度何在?如果达到或者超过限度,又作何处理?

我们推测,对于大多数的一般人而言,品位晋升的限度是二品。这从北朝的史料中可以得到旁证。北朝亦继承两晋的赐位制度,施行赐位。如:

《魏书》卷五《高宗文成帝纪》:文成帝即位后,兴安元年十有一月丙子诏,"文武各加位一等"②。

《魏书》卷七《孝文帝纪》:太和十九年,夏四月庚子,车驾幸彭城。"诏宿卫武官增位一级。"③

太和二十二年伐齐,夏四月甲寅,孝文帝亲临前线,诏:"从征武直之官进位三阶,文官二级,外官一阶。"④

《魏书》卷八《世宗宣武帝纪》:太和二十三年夏四月丁巳,"即皇帝位于鲁阳,大赦天下"。八月,"宫臣增位一级"⑤。

景明二年二月庚午,诏:"宿卫之官进位一级。"⑥

《魏书》卷九《肃宗孝明帝纪》延昌四年春正月丁巳夜,即皇帝位,三月"丙辰,诏进宫臣位一级"。"乙丑,进文武群官位一级"⑦。

正光元年,"帝加元服,大赦,改年。内外百官进位一等"⑧。

与赐位相类似的有"泛级"。

《北齐书》卷五《废帝纪》:"文宣崩。癸卯,太子即帝位于晋阳宣德殿,

---

① 魏晋时期,士人入仕的最低品位要求是六品。参见拙著《魏晋南朝的资品与官品》,《历史研究》1990年第6期。
② 魏收:《魏书》卷五《高宗文成帝纪》,中华书局,1974,第111页。
③ 魏收:《魏书》卷七《孝文帝纪下》,第177页。
④ 魏收:《魏书》卷七《孝文帝纪下》,第184页。
⑤ 魏收:《魏书》卷八《世宗宣武帝纪》,第191页。
⑥ 魏收:《魏书》卷八《世宗宣武帝纪》,第193页。
⑦ 魏收:《魏书》卷九《肃宗孝明帝纪》,第221页。
⑧ 魏收:《魏书》卷九《肃宗孝明帝纪》,第231页。

大赦，内外百官普加泛级，亡官失爵，听复资品。"①

《北齐书》卷八《后主纪》："帝加元服，大赦，九州职人各进四级，内外百官普进二级。"②

北朝前期赐位较少，后期赐位已非常之滥。但品位仍然是做官的资格。没有一定的品位，就不能做一定的官。如《北史》卷四十三《张彝传》：

> 明帝初，侍中崔光表："彝及李韶，朝列之中，唯此二人，出身官次，本在臣右，器能干世，又并为多。而近来参差，便成替后。计其阶途，虽应迁陟，然恐班秩，犹未赐等。昔卫之公叔，引下同举。晋之士丐，推长伯游。古人所高，当时见许。敢缘斯义，乞降臣位一阶，授彼泛级。"③

依崔光所言，张彝虽然个人能力、任官资历都达到了官位升迁的标准，但品位达不到升迁的要求。因此，崔光上书愿降自己的品位一阶，转授张彝，以使其获得升迁的资品。

一般人获得赐位的限度，大约是二品。达到二品之后所获得的赐位，可以转授亲属。《魏书》卷九《肃宗孝明帝纪》：

> 武泰元年二月甲寅，皇子即位，大赦天下。皇太后诏曰："凡厥在位，并加陟叙。内外百官文武、督将征人，遭艰解府，普加军功二阶；其禁卫武官，直阁以下、直从以上及主帅，可军功三阶；其亡官失爵，听复封位。谋反大逆削除者，不在斯限。清议禁锢，亦悉蠲除。若二品以上不能自受者，任授儿弟。可班宣远迩，咸使知之。"④

由诏书"若二品以上不能自受者，任授儿弟"一语，可以推断，泛级、勋功等所获得的赐位都不能超越二品，二品也应是一般赐位的限度。

我们推测，南朝的赐位限度也是二品。沈约《宋书》卷九十四《恩幸传序》："汉末丧乱，魏武始基，军中仓卒，权立九品，盖以论人才优劣，非为世族高卑。因此相沿，遂为成法。……岁月迁讹，斯风渐笃，凡厥衣冠，莫非二品，自此以还，遂成卑庶。"⑤

---

① 李百药：《北齐书》卷五《废帝纪》，中华书局，1972，第74页。
② 李百药：《北齐书》卷八《后主纪》，第99页。
③ 李延寿：《北史》卷四三《张彝传》，中华书局，1974，第1576页。
④ 魏收：《魏书》卷九《肃宗孝明帝纪》，第249页。
⑤ 沈约：《宋书》卷九四《恩倖传》，第2302页。

"凡厥衣冠,莫非二品"一句,是为名句。多为学者所征引。然而,对于"衣冠"二字,一些学者并无深究,有用增字解经法,加为"衣冠子弟"、"衣冠大族",解释为门阀子弟、门阀大族。认为门阀子弟或门阀大族出身者,都因中正的品评而获得了二品。将"衣冠"理解为"高门华阀"。其实,"衣冠"就是官僚。《魏书》卷七十四《尔朱荣传》论河阴之变,百官被杀,曰:"河阴之下,衣冠涂地。"①"衣冠"即百官。《周书》卷三十二《唐瑾传》"于瑾南伐江陵,以瑾为元帅府长史,军中谋略,多出瑾焉。江陵既平,衣冠仕伍,并没为仆隶"②。仕伍即百姓,衣冠与百姓并举,即指官僚。《文选》卷四十沈约《奏弹王源笺》:"自宋氏失御,礼教雕衰,衣冠之族,日失其序。"注引《袁子正书》曰:"古者命士已上,皆有冠冕,故谓之冠族。"③命士即天子任命的官员,可知沈约《宋书·恩幸传》与其《奏弹王源笺》中"衣冠"一词之用例相同,皆用以借喻官僚。正是东晋以来大规模、密集的赐位,品位的累积,造成了南朝以降"凡厥衣冠,莫非二品"的局面,形成了品位的轻滥和贬值。

品位的轻滥,动摇了九品官人法的根基。人人轻易地获得品位,特别是文武百官的"莫非二品",使九品官人法失去了昔日人才选拔与人才任用的功能并渐次走向消亡。这使我们想起秦汉时期曾经盛行一时的军功爵制以及赐爵制度,在军功爵制建立之初,军功爵制在当时人们政治生活中的作用是非常重要的,它与官位结合紧密,有爵者可以为官。如韩非所言:"商君之法曰:'斩一首者爵一级,欲为官者为五十石之官;斩二首者爵二级,欲为官者为百石之官。'官爵之迁与斩首之功相称也。"④但随着汉代赐爵的盛行,赐爵成了皇帝即位、立皇后、立太子而普天同庆的点缀。爵位的普及、轻滥,使爵位在人们政治生活中的作用、在人们心目中的重要地位渐次丧失,造成人们赐爵不喜,夺爵不惧的无所谓心态。⑤ 到了南朝,赐民爵就更是一种虚设的、毫无用处的花样文章。历史竟有惊人的相似之处,大规模的赐爵造成

---

① 魏收:《魏书》卷七四《尔朱荣传》,第 1657 页。
② 令狐德棻:《周书》卷三二《唐瑾传》,中华书局,1971,第 564 页。
③ 萧统编:《文选》卷四〇《奏弹王源笺》,李善注,中华书局,1983,第 1813 页。
④ 韩非撰:《韩非子集释》卷一七《定法》,陈奇猷集释,上海人民出版社,1974,第 907 页。
⑤ 欧阳询等:《艺文类聚》卷五一《封爵部》(上海古籍出版社,1999,新 2 版,第 916 页)引王粲《爵制》:"古者爵行之时,民赐爵则喜,夺爵则惧,故可以夺赐而法也。今爵废矣,民不知爵者何也,夺之,民亦不惧,赐之,民亦不喜,是空设文书而无用也。"

了爵位的轻滥和军功爵制的消亡,同样,大规模的赐位也造成了品位的轻滥与九品官人法的消亡。

如果我们站在魏晋南北朝与隋唐历史的节点上,审视赐位制度的性质与内涵,考察赐位制度作用与影响,也许可以有助于我们正确认识九品官人法,正确解读其消亡的历史之谜;也许可以有助于我们正确认识科举制度,正确解读其创立的历史意义;也许可以有助于我们加深理解在魏晋南北朝与隋唐历史的转折中社会与制度所发生的深刻变化。

北魏左、右中郎将考

张鹤泉

北魏的左、右中郎将是重要的侍卫武官。可是,左、右中郎将却是在孝文帝官制改革后开始设置的,而且,这两个职官的设置,并没有仿照晋制,而是适应了北魏后期侍卫制度构建的需要。因此,考察左、右中郎将的设置、选任及其职能,对认识北魏后期侍卫制度的特点,是很有必要的。一些研究者对北魏左、右中郎将的问题,提出了有启发性的看法,[①]但是,仍然还有继续探讨的必要。因此,本文拟对北魏左、右中郎将的设置、任职特点及其侍卫职能问题做一些阐释,进而有益于认识北魏后期胡、汉交融的侍卫制度的特点。

一、左、右中郎将的设置

考察北魏左、右中郎将的设置,需要提及晋代的情况。《晋书》卷二四《职官志》称:"光禄勋,统武贲中郎将、羽林郎将、冗从仆射、羽林左监、五官、左、右中郎将。""率更令,主宫殿门户及赏罚事,职如光禄勋、卫尉。"这说明,晋代左、右中郎将为光禄勋属官,与武贲中郎将、羽林郎将都是侍卫皇宫的官员。可是,晋代这种设置左、右中郎将的做法,没有为北魏国家所仿效,却在侍卫官的设置上,延续了拓跋氏部落联盟的传统做法。《魏书》卷一一三《官氏志》:"建国二年,初置左右近侍之职,无常员,或至百数,侍直

---

① 张金龙:《魏晋南北朝禁卫武官制度研究》,中华书局,2004,第807-814页;俞鹿年:《北魏职官制度考》,社会科学文献出版社,2008,第293页。

禁中,传宣诏命。"这就是说,还在代国之时,拓跋珪就设置了左右近侍之职。在拓跋珪所设的这些近侍职官中,应该包括侍卫武官。《魏书》卷二七《莫题传》:"莫题,代人也,多智有才用。初为幢将,领禁兵。"莫提统领禁兵,并担任幢将,正在拓跋珪建国之时。这说明,当时设置的幢将,就应该是负有侍卫职责的武官。一些研究者考证,北魏初年置三郎卫士宿值禁中,由幢将统领。① 并且,拓跋珪设置的幢将,并非只有长官,而是形成了完整的侍卫武官系统。在这一系统中,包括内都幢将、三郎幢将、内三郎等职,并由内都幢将统领三郎幢将、内三郎值宿禁中。② 实际上,北魏初期,道武帝确定的这种侍卫武官制,是以拓跋鲜卑人的扈从制为基础而确立的,所以,应该属于鲜卑系统的武官,并且,所任命的幢将侍卫武官,"皆取诸部大人及豪族良家子弟仪貌端严,机辩才干者应选"③。也就是受任幢将系统的侍卫武官都必须是拓跋鲜卑贵族及勋贵子弟。例如,拓跋可悉陵"世祖壮之,即日拜都幢将,封暨阳子"④。豆代田"代人也。……加散骑常侍、右卫将军、领内都幢将"⑤。楼安文"从征平凉有功,赐爵霸城男,加虎威将军。后迁三郎幢将"⑥。来大千"代人也。……永兴初,袭爵,迁中散。至于朝贺之日,大千常著御铠,盘马殿前,朝臣莫不嗟叹。迁内幢将,典宿卫禁旅"⑦。拓跋大头"善骑射,擢为内三郎。从世祖有战功,赐爵"⑧。这些事例说明,由于当时的禁卫军士兵都是拓跋鲜卑人,因而,也就决定北魏国家必须实行以幢将为主官的侍卫武官制。

然而,由于北魏前期,国家任用汉族士人制定官制,因而,也就设置了以中郎将这种汉官为名称的侍卫职官。《魏书》卷五一《韩茂传》:"太宗曾亲征丁零翟猛,茂为中军执幢。时有风,诸军旌旗皆偃仆,茂于马上持幢,初不倾倒。太宗异而问之。征茂所属,具以状对。……太宗深奇之,以茂为虎贲中郎将。后从世祖讨赫连昌,大破之。"可见,明元帝开始设置虎贲中郎将,

---

① 张金龙:《魏晋南北朝禁卫武官制度研究》,第 710 页。
② 俞鹿年:《北魏职官制度考》,第 36 页。
③ 魏收:《魏书》卷一一三《官氏志》,中华书局,1974,第 2971 页。
④ 魏收:《魏书》卷一五《昭成子孙·常山王遵传》,第 375 页。
⑤ 魏收:《魏书》卷三〇《豆代田传》,第 727 页。
⑥ 魏收:《魏书》卷三〇《楼伏连传》,第 718 页。
⑦ 魏收:《魏书》卷三〇《来大千传》,第 725 页。
⑧ 魏收:《魏书》卷一四《神元平文诸帝子孙·淮陵侯大头传》,第 362 页。

并且,所设的虎贲中郎将,还具有侍卫武官的职责。可是,北魏前期的虎贲中郎将,却与晋制的规定不同。《魏书》卷五〇《尉元传》:"(尉元)神廌中,为虎贲中郎将,转羽林中郎,小心恭肃,以匪懈见知。"显然,尉元可以由虎贲中郎将迁转为羽林中郎。张金龙考证,羽林中郎为幢将所属的武官。① 所以,北魏前期,羽林中郎都由拓跋鲜卑人担任。例如,拓跋郁"初以羽林中郎内侍,勤干有称"②。刘尼"代人也。本姓独孤氏。……少壮健,有膂力,勇果善射,世祖见而善之,拜羽林中郎"③。因此,可以从尉元的迁转情况看出,实际虎贲中郎将与羽林中郎一样,都属于鲜卑幢将的侍卫武官系统,所以,才使二者能够相互迁转,进而保证侍卫武官的鲜卑职官特征。

  北魏前期,国家除了设置虎贲中郎将之外,还设置了羽林中郎将。《魏书》卷一五《昭成子孙·毗陵王顺传》:"(拓跋)库汗,为羽林中郎将。从北巡,有兔起乘舆前,命库汗射之,应弦而毙。世祖悦,赐一金兔以旌其能。"这是北魏国家设置羽林中郎将的最早记载。由这一记载可见,拓跋库汗担任的羽林中郎将也有侍卫的职能。《魏书》卷三一《于栗䃅传》:"(于烈)少拜羽林中郎,迁羽林中郎将。"显然,于烈能由羽林中郎迁转为羽林中郎将。这说明,羽林中郎将与幢将侍卫武官系统是有联系的。实际这种联系透露出,北魏前期设置的羽林中郎将也与虎贲中郎将一样,都属于幢将侍卫武官系统。可是,北魏前期设置的虎贲中郎将、羽林中郎将,却与光禄勋卿没有任何关系。因此,可以明确,这两类中郎将并不是仿照晋制设置的,并不属于北魏的汉官系统。实际上,虎贲中郎将、羽林中郎将的设置也只是借汉官之名,而行鲜卑侍卫武官之实。这些情况表明,由于北魏前期,国家按照拓跋鲜卑传统设置的幢将武官负责皇帝的侍卫,因而,也就没有必要仿照晋制设置左、右中郎将。

  太和十五年,孝文帝开始官制改革,制定了前《职员令》。可是,在前《职员令》中,只规定设置羽林中郎将(三品下)。④ 这说明,孝文帝制定前《职员令》并没有仿照晋制设置与侍卫有关系的中郎将。而规定设置的羽

---

① 张金龙:《魏晋南北朝禁卫武官制度研究》,第 711 页。
② 魏收:《魏书》卷一四《神元平文诸帝子孙·顺阳公郁传》,第 347 页。
③ 魏收:《魏书》卷三〇《刘尼传》,第 721 页。
④ 魏收:《魏书》卷一一三《官氏志》,第 2980 页。

林中郎将,实际是延续幢将系统武官的设置。因为在前《职员令》中,不仅有羽林中郎将的设置,还有设置羽林郎(从五品中)①、羽林郎将(从四品上)②、羽林中郎(从四品上)③的规定。可以说,这应该是羽林系的侍卫武官。《魏书》卷一〇八之三《礼志三》载孝文帝诏令:"内职羽林中郎已下,虎贲郎已上,及外职五品已上无衰服者,素服以终三月。"这说明,这一系列侍卫武官为内职,因而,很受孝文帝的重视。可是,由此也透露出,孝文帝官制改革后,还依然部分保留原来一些幢将系统的侍卫武官。换言之,孝文帝并没有完全废除原来的幢将侍卫武官系统。可以说,前《职员令》的规定,实际是以部分保留幢将武官为基础而设置了羽林中郎将、羽林中郎、羽林郎将、羽林郎侍卫武官,所以,这一侍卫武官系统的鲜卑职官色彩还是很浓厚的。

可是,孝文帝改革官制的同时,也改变了禁卫军的组成,"诏选天下武勇之士十五万人为羽林、虎贲,以充宿卫"④。也就是说,禁卫军士兵已经不限于鲜卑士兵,还有汉族士兵。当然,侍卫皇宫的士兵成分也要随之改变。所以,对侍卫士兵的统领,也就不能完全依赖原来只能统领鲜卑士兵的羽林系武官。正因如此,孝文帝制定前《职员令》后,也就没有完全按照职令的规定设置侍卫官员。《魏书》卷一九中《景穆十二王中·任城王云传》:"(元嵩)高祖时,自中大夫迁员外常侍,转步兵校尉。……后从平沔北,累有战功,除左中郎将,兼武卫将军。"《元钦墓志》:"(元钦)河南洛阳人也。恭宗景穆皇帝之孙,阳平哀王之季子也。……太和中出身元士,俄迁正员郎,寻转左中郎将。景明初,除司徒右长史。"⑤很显然,元嵩、元钦应该是在孝文帝官制改革后担任的左中郎将。据《魏书》记载,在这一时期担任左、右中郎将者还有:傅竖眼、乞伏保、王温、封凭等人。这说明,孝文帝已经开始实行设置左、右中郎将的做法。也就是说,前《职员令》的规定没有使左、右中郎将的设置受到限制。而孝文帝为适应禁卫军组成的变化,开始实行设置左、右中郎将的做法,并积极完善这两个职官的设置。

---

① 魏收:《魏书》卷一一三《官氏志》,第 2983 页。
②③ 魏收:《魏书》卷一一三《官氏志》,第 2986 页。
④ 魏收:《魏书》卷七下《孝文帝纪下》,第 178 页。
⑤ 《大魏故侍中特进骠骑大将军尚书左仆射司州牧司空公钜平县开国侯元君之神铭》,载赵超:《汉魏南北朝墓志汇编》,天津人民出版社,2008,第 249 页。

太和二十三年,孝文帝又制定后《职员令》,而且,"世宗初班行之,以为永制"①。后《职员令》规定设置左、右中郎将,并确定左、右中郎将品级为从四品。② 又规定设置虎贲中郎将,其品级为六品。③ 可是,后《职员令》的这种规定,显然并不是仿照晋制,而是按照国家侍卫需要设置的。应该说,后《职员令》规定左、右中郎将设置的特点表现有三:一是这两个职官不是原来鲜卑幢将侍卫系统的武官。二是后《职员令》使左、右中郎将和虎贲中郎将都与光禄勋脱离关系,不再作为其属官。三是使左、右中郎将与虎贲中郎将分离,并使它的品级低于左、右中郎将。由此来看,后《职员令》规定设置的左、右中郎将,基本摈弃了晋代的做法,因而,应该是重新的设计的。《魏书》卷四二《韩秀传》:"(韩务)景明初,假节行肆州事,转左中郎将、宁朔将军,试守常山郡。"《魏书》卷九三《恩幸·王仲兴传》:"高祖于马圈,自不豫、大渐迄于崩,(王)仲兴颇预侍护。达鲁阳,世宗即位,转左中郎将,仍齐帅。"很明显,宣武帝已经将左、右中郎将作为重要的侍卫职官。而且,北魏国家设置左、右中郎将主要使其作为禁卫武官。《魏书》卷三二《高湖传》:"(高徽)神龟中,迁射声校尉、左中郎将、游击将军。"从高徽任职经历来看,如第二节要说明的,他所任射声校尉,当为五校尉之一,应该为侍卫武官。也就是说,高徽受任的左中郎将与所任的射声校尉、游击将军一样,都同在禁卫武官之列,所以,他的转任和晋升都在性质相同的职官范围内,因而,也就使他的任职能够一直保持侍卫的职能。

北魏后期,国家还使设置的左、右中郎将构成新的隶属关系。《隋书》卷二七《百官志中》载北齐官制:"左右卫府,将军各一人,掌左右厢。所主朱华阁以外,各武卫将军二人贰之。……又有武骑、云骑将军各一人,骁骑、游击、前后左右等四军将军,左右中郎将,各五人。"左、右卫府即是左、右卫将军府。也就是说,北齐的左、右中郎将与骁骑、游击、前、后、左、右将军一并都归于左、右卫将军统辖。可是,北齐国家将左、右中郎将作为左、右卫将军的属官,并不是当时官制改革的结果,而应该是从北魏后期延续下来的。

实际上,北魏后期,左、右卫将军是在领军将军(中领军)之下的禁卫军

---

① 魏收:《魏书》卷一一三《官氏志》,第2993页。
② 魏收:《魏书》卷一一三《官氏志》,第2997页。
③ 魏收:《魏书》卷一一三《官氏志》,第2999页。

武官。从孝文帝官制改革后,左、右卫将军的职掌来看,要"宿卫虎闱,抚绥介旅"①,"总彼禁戎,文武兼姿"②。就是说,左、右卫将军负有统领禁卫军的重要职责。《魏书》卷六三《宋弁传》:"(宋弁)寻迁右卫将军,领黄门。"《魏书》卷九《孝明帝纪》:"(正光二年)右卫将军奚康生于禁内将杀元叉,不果,为叉矫害。"这些记载说明,左、右卫将军可以出入禁中,实际具有侍卫皇宫的职责。《元遥墓志》:"(元遥)太和中,祖治兵樊邓,复摄左卫将军。暨龙旌返斾,飨士论功,除左卫将军、饶阳男。太和之季,伪贼侵边,王师亲讨,军次马圈。圣躬不豫,特命公与太师彭城王侍疾,委以戎马,晏驾之始,在公怀抱。"③很显然,在孝文帝亲征之时,受任左卫将军的元遥直接负有护卫孝文帝的职责。因此,左、右卫将军在禁卫武官中,占有非常重要的地位。

从左、右卫将军的品级来看,后《职员令》规定为三品。而骁骑将军、游击将军为四品、前、后、左、右军将军为从四品上阶、左、右中郎将为从四品下阶。④ 由规定的这种品级序次,也就能够使一些任左、右中郎将者逐步晋升为左、右卫将军。例如,侯刚"世宗以其质直,赐名刚焉。稍迁奉车都尉、右中郎将、领刀剑左右,加游击将军、城门校尉。迁武卫将军,仍领典御,……刚长子,叉之妹夫,乃引刚为侍中、左卫将军"⑤。可以说,左、右中郎将与左、右卫将军在品级上的差等,也就成为二者能够建立隶属关系的基础。

不过,北魏国家使左、右中郎将隶属左、右卫将军,却与孝明帝调整二卫将军的设置有很大关系。《魏书》卷一一三《官氏志》:"正光元年七月,置左、右卫将军各二人。"也就是说,孝明帝将左、右卫将军设置的人数,由原来的二人改为四人。不过,应该看到,孝明帝做这种调整,应该不限于增加设置的人数,大概也要改变所属的职官,因而,也就使左、右中郎将的隶属关系出现变化的动向。这种变动应该受到南齐设置左、右中郎将的影响。《通典》卷二九《职官十一》称:"齐左、右中郎将属西省。"但南齐的西省包括的职官却出现变化。《南齐书》卷一六《百官志》:"自二卫、四军、五校已下,谓

---

① 《魏故使持节後将军肆州刺史和君墓志铭》,载赵超:《汉魏南北朝墓志汇编》,第207页。
② 《魏故使持节侍中都督中外诸军事司空公领雍州刺史文宪元公墓志铭》,载赵超:《汉魏南北朝墓志汇编》,第111页。
③ 赵超:《汉魏南北朝墓志汇编》,第93页。
④ 魏收:《魏书》卷一一三《官氏志》,第2996—2997页。
⑤ 魏收:《魏书》卷九三《恩幸·侯刚传》,第2005页。

之'西省',而散骑为'东省'。"很显然,在南齐西省的官员中,左、右卫将军是居于首位的。这也透露出,左、右卫将军与西省的其它官员,应该有上、下统属的关系。当然,归属西省的左、右中郎将也在此列。依据南齐左、右中郎将隶属关系的这种变动,可以推断,正光元年,在孝明帝调整左、右卫将军的设置人数之时,也要加强所属官员的设置,而在这一过程中,也就仿照南齐的做法,使左、右中郎将归于左、右卫府统辖,而北齐国家则进一步完善了这种隶属关系。

综上可见,北魏国家设置左、右中郎将,并不是在建国之时开始设置的。实际上,北魏国家设置左、右中郎将是与侍卫武官系统的演变有重要的关系。北魏前期,由于沿续拓跋鲜卑扈从侍卫传统而建立了幢将武官,因而,也就不需要设置左、右中郎将这类汉官。而孝文帝官制改革后,因为还利用残留的幢将武官而继续设立羽林系侍卫武官,所以,前《职员令》也就没有规定左、右中郎将的设置。可是,由于孝文帝以鲜卑族人与汉族人共同组成禁卫军士兵,因而,也就需要改变原来的侍卫武官,进而有效地统领禁卫军。可以说,北魏国家开始设置左、右中郎将,正是要适应这种情况。因此,孝文帝制定的后《职员令》明确规定了左、右中郎将的设置,并赋予其侍卫的职能。至孝明帝时,又将左、右中郎将归于左、右卫将军统辖,因此,在国家侍卫制度中,也就使左、右中郎的设置完全有别于晋制,从而使这两个职官成为适应北魏后期统治需要的重要官员。

二、左、右中郎将的任职特点

北魏国家设置左、右中郎将,在后《职员令》制定和实行后,进一步明确和完善化,并且,左、右中郎将的任职也具有明显的特点。

(一) 从现任职事官中除授左、右中郎将

可以说,随着左、右中郎将设置的完善化,北魏国家对左、右中郎将的除授也实行了明确的规定。《魏书》卷五六《崔辨传》:"(崔楷)后为尚书左主客郎中、伏波将军、太子中舍人、左中郎将。"显然,崔楷是由太子中书舍人晋升左中郎将的。《魏书》卷七一《江悦之传》:"张元亮,汉中人。……拜东莱

太守,入为平远将军、左中郎将。"张元亮则是由东来太守转任为左中郎将的。这些事例说明,在后《职员令》实行后,原来担任中央、地方职事官者,都能除授为左、右中郎将。由于北魏国家除授左、右中郎将都是以现任职事官为对象,所以,在文献记载中,也将选任左、右中郎将称为"转",也就是转任。例如,王仲兴"世宗即位,转左中郎将,仍齐帅"①。可是,北魏国家除授左、右中郎将,对原任职事官还是有一些限制规定的。为便于阐释问题,以下依据《魏书》《北史》《北齐书》《周书》和墓志铭记载,将受任左、右中郎将者及原任职官及品级列表说明:

任职者	任左、右中郎将名称	任左、右中郎将前职官	任左、右中郎将前职官品级
崔楷	左中郎将	太子中舍人	五品上阶
徐謇	右中郎将	平东府长史	从五品上阶
元嵩	左中郎将	步兵校尉	五品下阶
傅竖眼	左中郎将	步兵校尉	五品下阶
乞伏宝	左中郎将	步兵校尉	五品下阶
韩务	左中郎将	长水校尉	五品下阶
杨津	左中郎将	长水校尉	五品下阶
封凭	左中郎将	越骑校尉	五品下阶
王仲兴	左中郎将	越骑校尉	五品下阶
侯刚	右中郎将	奉车都尉	从五品下阶
王温	左中郎将	中给事中	从五品下阶
杨钧	右中郎将	洛阳令	从五品下阶
崔纂	左中郎将	廷尉正	六品下阶
裴侠	左中郎将	东郡太守	四品—六品
张元亮	左中郎将	东莱太守	四品—六品

依据上表统计,可以确定,北魏国家选任左、右中郎将前的职官可以为中央职事官,也可以为地方职事官。虽然北魏国家对任左、右中郎将之前的职事官的职掌没有一致的规定,可是,对原来所任职事官的品级却有限定。也就是其上限品级为五品上阶;其下限品级为六品下阶。但是,可以明确,从六品级职事官中,选任的左、右中郎将,只有一人。至于表中的东郡、东莱郡,很难确定,是为上郡、中郡,还是下郡。所以,只能将东郡太守、东莱太守的品级定为四品至六品。不过,北魏后期,国家有五品郡的规定。例如,孝庄帝"又诏上党百年以下、九十以上板三品郡,八十以上四品郡,七十以上五

---

① 魏收:《魏书》卷九三《恩幸·王仲兴传》,第 1996 页。

品郡"①。孙道登"并赐五品郡、五等子爵,听子弟承袭"②。由此来看,东郡太守、东莱太守应该在五品以上。由此可以明确,北魏后期,国家很少从五品以下的职事官中,选任左、右中郎将。

另外,依据上表统计,从步兵校尉、长水校尉、越骑校尉中,除授的左、右中郎将有七人之多。虽然统计中,不见有射声校尉、屯骑校尉,应该为文献失载的缘故。从北魏后期的五校尉来看,《魏书》卷七八《孙绍传》载孙绍上表称:"四军五校之轨,领、护分事之式,征兵储粟之要,舟车水陆之资,山河要害之权,缓急去来之用,持平赴救之方,节用应时之法,特宜修置,以固堂堂之基。"《元周安墓志》:"(元周安)延昌三年,迁都水使者,寻除游击将军。五门禁重,心膂所归。"③这说明,北魏后期五校尉负有重要的侍卫职责。后《职员令》规定,左、右中郎将为四品下阶;而五校尉则为五品下阶。所以,从五校尉中,选任左、右中郎将,一方面要晋升其职位;另一方面,则要使其侍卫职能保持连续性。因此,北魏国家从原来担任五校尉职官中选任左、右中郎将,应该是使性质相同的职官职能可以保持连贯性的重要做法。

(二) 除授左、右中郎将有加授与不加授将军号的区分

北魏国家为一些受任左、右中郎将者有加授将军号的事例。《元扬墓志》:"(元扬)迁左中郎将,加显武将军。"④《周书》卷三五《裴侠传》:"(裴侠)及魏孝武与齐神武有隙,征河南兵以备之,侠率所部赴洛阳。授建威将军,左中郎将。"显然,元扬、裴侠担任左中郎将后,分别加授了显武将军、建威将军。《魏书》卷七一《江悦之传》:"(张元亮)拜东莱太守,入为平远将军、左中郎将。"《魏书》卷四二《韩秀传》:"(韩务)景明初,假节行肆州事,转左中郎将、宁朔将军。"很明显,张元亮、韩务都在他们受任左中郎将的同时,就加授了将军号。而且,很重要的是,一些为受任左、右中郎将者加授的将军号,还可以作为本将军号。例如,孟季"稍迁镇远将军、左中郎将、廷尉

---

① 魏收:《魏书》卷一〇《孝庄帝纪》,第 262 页。
② 魏收:《魏书》卷八七《节义·孙道登传》,第 1895 页。
③ 《故使持节卫大将军仪同三司定州刺史俊仪县开国男墓志铭》,载赵超:《汉魏南北朝墓志汇编》,第 247 页。
④ 《魏故使持节冠军将军燕州刺史元使君墓志铭》,载赵超:《汉魏南北朝墓志汇编》,第 75 页。

监。以本将军除广州刺史"①。由此可见,对一些受任左、右中郎将者而言,加授将军号,应该是经常采取的做法。

不过,北魏国家为一些左、右中郎将加授的将军号,是要限定品级的。统计《魏书》《北史》《北齐书》《周书》和墓志铭的记载,并参照后《职员令》的规定,可以看出,受任左、右中郎将者领有的将军号及品级为:平远将军(四品下阶)、显武将军(四品下阶)、镇远将军(四品下阶)、建威将军(从四品下阶)、宁朔将军(从四品下阶)。可以说,为左、右中郎将加授的这些将军号,都是能够"开府置佐"的。后《职员令》规定,正、从四品将军长史司马为七品上阶;正、从四品将军录事、功曹、户曹、仓曹、中兵参军事为从七品下阶;正、从四品将军主簿、列曹参军事为八品下阶;正、从四品将军列曹行参军为从八品下阶。② 而领有这些将军号的职官多有"开府置佐"的事例。例如,傅敬和"历青州镇远府长史"③。房景伯"后为沈文秀青州建威府司马"④。可见,北魏国家在需要时,使左、右中郎将与一些州刺史一样,可以依据将军号的品级设置军府僚佐官。

当然,北魏国家并没有使全部受任中郎将者都领有将军号。《魏书》卷一九中《景穆十二王中·任城王云传》:"(元嵩)后从平沔北,累有战功,除左中郎将,兼武卫将军。"《魏书》卷九三《恩幸·侯刚传》:"(侯刚)拜中散,累迁冗从仆射、尝食典御。世宗以其质直,赐名刚焉。稍迁奉车都尉、右中郎将、领刀剑左右,加游击将军、城门校尉。"很明显,元嵩、侯刚被任命为左、右中郎将后,都没有加授将军号。其实,北魏国家不为受任左、右中郎将者加授将军号并不是特例。据《魏书》《北史》《北齐书》《周书》和墓志铭的记载,受任左、右中郎将没有领有将军号者有:王仲兴、王温、茹皓、侯刚、孟栾、杨钧、王温、孟鸾、封凭、于忠、崔楷、崔挺、乞伏保、王仲兴、崔敬邕、檀宾、元嵩、元朗、元钦、高徽、孙公固、崔纂、傅竖眼,共二十三人。应该说,这并不是没有加授将军号的左、右中郎将全部人数。可是,这一统计数字却能反映一种趋势。也就是说,北魏国家为受任左、右中郎将者不加授将军号也是一种

---

① 魏收:《魏书》卷四四《孟威传》,第1006页。
② 魏收:《魏书》卷一一三《官氏志》,第2999—2001页。
③ 魏收:《魏书》卷七〇《傅竖眼传》,第1560页。
④ 魏收:《魏书》卷四三《房法寿传》,第976页。

不能忽视的做法。由于北魏国家采取这种做法，就使受任左、右中郎将者不可能"开府置佐"。北魏国家对受任左、右中郎将者，在加授将军号上，采取两种截然不同的做法，实际是要在"开府置佐"上，做出区分。由此表明，北魏国家能使一些任左、右中郎将者有设置僚佐官权力，也能使其不具有设置僚佐官的权力。由于受任左、右中郎将者存在这种差别，因而，也就表现出二者地位高低的不同。

（三）受任左、右中郎将者既有拓跋鲜卑族人，也有汉族人

《魏书》卷一九中《景穆十二王中·任城王云传》："（元嵩）后从平沔北，累有战功，除左中郎将，兼武卫将军。"元嵩为任城王拓跋云之子，为元氏宗室，因而，他受任左中郎将，应该延续了以拓跋鲜卑人担任侍卫武官的传统。依据文献记载，任左、右中郎将的拓跋鲜卑人还有：元朗、元扬、元钦、于忠、侯刚。此外，一些归顺北魏的少数民族人，也能任左、右中郎将。例如，乞伏保"高车部人也。……袭父侯爵，例降为伯。稍迁左中郎将"①。

不过，北魏国家除授左、右中郎将，也有不同孝文帝官制改革前只以拓跋鲜卑人担任幢将侍卫武官的做法。可以说，汉族人被选任为左、右中郎将，开始趋于优势的地位。《崔敬邕墓志》："（崔敬邕）博陵安平人也。……征君拜为左中郎将大都督中山王长史。"②《周书》卷二二《杨宽传》："（杨宽）弘农华阴人也。……累迁，历洛阳令、右中郎将军、华州大中正、河南尹、廷尉卿、安北将军、七兵尚书、北道大行台、恒州刺史、怀朔镇将军，卒于镇。"崔敬邕为博陵安平人；杨宽则为弘农华阴人。显然，二人都出身于北方汉族世家大族。统计《魏书》《北史》《北齐书》《周书》和墓志铭记载，受任左、右中郎将的汉族人还有：杨津、李恃显、赵革、徐謇、杨宽、张元亮、贾显度、崔挺、茹皓、孟鸾、裴侠、崔楷、崔挺、王思政、孟栾、檀宾、刘懿、高徽、孟季、崔纂、傅竖眼、裴智渊，加上，崔敬邕、杨宽，共有二十四人。不过，需要指出的是，贾显度，"中山无极人。父道监，沃野镇长史"③。应该为鲜卑化的汉人。

---

① 魏收：《魏书》卷八六《孝感·乞伏保传》，第1883页。
② 《魏故持节龙骧将军督营州诸军事营州刺史征虏将军太中大夫临青男崔公之墓志铭》，载赵超：《汉魏南北朝墓志汇编》，第98页。
③ 魏收：《魏书》卷八〇《贾显度传》，第1774页。

茹皓"旧吴人也。父让之,本名要,随刘骏巴陵王休若为将,至彭城"①。则应为汉化的越人。但他们都属于汉族人的群体。由此可见,北魏后期,受任左、右中郎将的汉族人,已经远远超过拓跋鲜卑族和其他少数族人。这种情况的出现,应该是孝文帝推行的汉化政策,在左、右中郎将选任上的体现。

此外,左、右中郎将还可以作为加官除授。北魏国家将左、右中郎将作为加官授予一些职事官,也是重要的做法。《魏书》卷五七《崔挺传》:"(崔敬邕)景明初,母忧去职。后中山王英南讨,引为都督府长史,加左中郎将,以功赐爵临淄男。"可见,崔敬邕本官为都督府长史,但他却被加授了左中郎将。不过,北魏国家采取的这种做法,多以内侍官为对象。《魏书》卷九四《阉官·王温传》:"(王)温与兄继叔俱充宦者。高祖以其谨慎,补中谒者、小黄门,转中黄门、钩盾令。稍迁中尝食典御、中给事中,给事东宫,加左中郎将。"王温所任的中给事中就属于内侍官,多由阉人充当。北魏国家为宦官加授左、右中郎将,也就使这些人除了侍奉皇帝之外,也可以起到侍卫的作用。

概而言之,北魏国家是从现任中央、地方职事官中,选任左、右中郎将。但对这些职事官的品级,一般限定在从五品以上。并且,北魏国家对选任的左、右中郎将采取加授和不加授将军号两种不同的做法。由于为左、右中郎将加授的将军号可以"开府置佐",所以,领有将军号的左、右中郎将的地位要高于没有将军号者。而且,在选任的左、右中郎将中,已经没有民族的区分。可以说,任职的汉族人已经超过拓跋鲜卑人,进而也就更有益于统领由鲜卑人和汉族人共同组成的禁卫军。

三、左、右中郎将的职能

如前所述,北魏孝文帝官制改革后开始设置左、右中郎将,并在制定和实行后《职员令》后,将左、右中郎将的设置明确化和固定化。应该说,随着北魏国家设置左、右中郎将的固定化,使其侍卫武官的职能完善化,也就更有益于国家侍卫制度的实行。

---

① 魏收:《魏书》卷九三《恩幸·茹皓传》,第2000页。

从北魏前期宫廷的侍卫来看,主要是由幢将系统的侍卫武官承担的。而孝文帝官制改革后,幢将系统的侍卫武官开始逐渐被废除,进而为新的侍卫武官所取代。左、右中郎将的设置,正适应了构建新的侍卫制度的需要,并被赋予侍卫武官的重要职能。《魏书》卷九三《恩幸·王仲兴传》:"太和中,殿内侍御中散、武骑侍郎、给事中。出入禁内十余年,转冗从仆射,犹参密近,为齐帅。高祖于马圈,自不豫、大渐迄于崩,(王)仲兴颇预侍护。达鲁阳,世宗即位,转左中郎将,仍齐帅。"《魏书》卷九三《恩幸·侯刚传》:"(侯刚)稍迁奉车都尉、右中郎将、领刀剑左右。"《魏书》卷九四《阉官·孟鸾传》:"(孟鸾)文明太后时,王遇有宠,鸾以谨敏为遇左右,往来方山,营诸寺舍。由是渐见眷识。灵太后临朝,为左中郎将、中给事中。"由这些记载可见,皇帝的近侍职官都能受任左、右中郎将。这说明,这些受任者能够出入禁中,因而,负有侍卫皇帝的职责。

因为北魏国家使左、右中郎将负有重要的侍卫职能,所以,也将受任者多与其它的侍卫武官相联系。《叔孙固墓志》:"(叔孙固)河南洛阳人也。……太和中,解褐奉朝请。稍迁直寝、左中郎将、直阁将军、燉煌镇将、武卫将军。入侍九重,居钩陈之任;出屏边裔,处都护之官。"①从公孙固职官迁转情况来看,在他任左中郎将之前担任的直寝,以及转任的直阁将军,都是孝文帝官职改革后设置的重要侍卫武官。北魏使任左、右中郎将者能够与这些侍卫武官相互迁转,正是由这些职官具有大体相同的侍卫职能决定的。

实际上,北魏国家使受任左、右中郎将者,经常与直阁将军相联系。北魏的直阁将军,是在孝文帝官制改革后设置的。《魏书》卷三九《李宝传》:"(李韶)太和十七年,携家累自汉中归国,除步兵校尉。遭母忧解任。起为都水使者。及车驾南伐,以本官兼直阁将军,从平阳,以功赐爵为伯。"李韶在跟随孝文帝南征时,兼任直阁将军,正是要侍卫亲征的孝文帝。《魏书》卷九《孝明帝纪》载胡太后诏:"内外百官文武、督将征人,遭艰解府,普加军功二阶;其禁卫武官,直阁以下、直从以上及主帅,可军功三阶;其亡官失爵,听复封位。"这说明,北魏后期,国家已经构建了以直阁将军为首的侍

---

① 《魏故使持节都督三州诸军事骠骑大将军东梁州东徐州刺史当州大都督仪同三司衮州刺史临济县开国侯叔孙公墓志之铭》,载赵超:《汉魏南北朝墓志汇编》,第 365 页。

卫武官系统。因此,一些研究者认为,直阁将军承担宿卫重任。① 正因如此,北魏国家使受任左、右中郎将者与直阁将军的联系是多方面的。《刘懿墓志》:"(刘懿)庄帝之初,以勋参义举,封敷城县开国伯,食邑五百户;除直阁将军左中郎将左将军太中大夫。"② 很明显,受任直阁将军者可以转任左中郎将。《魏书》卷九三《恩幸·茹皓传》:"(茹皓)世宗幸邺讲武,皓启求朝趋,解郡,授左中郎将,领直阁。"《北史》卷四一《杨播传》:"景明中,宣武游于北芒,(杨)津时陪从。……因拜津左右中郎将,迁骁骑将军,仍直阁。"据此可见,受任左、右中郎将者也能够兼任直阁将军。《魏书》卷八〇《贾显度传》:"正光末,北镇扰乱,为贼攻围。(贾)显度拒守多时,以贼势转炽,不可久立,乃率镇民浮河而下。既达秀容,为尔朱荣所留。寻表授直阁将军、左中郎将。"这说明,在国家需要时,能够将直阁将军与左、右中郎将一并除授。北魏国家采取这些做法,正是要强化左、右中郎将的侍卫职能。由此也就透露出,左、右中郎将与直阁将军一样,在北魏后期的侍卫武官中,占有重要的地位。

北魏国家为保证国家侍卫的强化,还使左、右中郎将兼任其它侍卫武官。《魏书》卷一一一《刑罚志》:"旧制,直阁、直后、直斋,武官队主、队副等,以比视官;至于犯谴,不得除罪。"据此可见,北魏后期的侍卫武官系统包括直阁将军、直后、直斋。当然,还有直寝、朱衣直阁也包括在内。这些侍卫武官等次不同,属于比视官。例如,公孙猗"入除直后,超进直阁,出补赵兴太守"③;元肃"属彭城外叛,公拔难还阙,特除给事中,寻稍直寝,迁直阁"④。而且,这些侍卫武官要护卫皇帝安全。《魏书》卷一六《道武七王·河南王曜传》:"(元荣)高祖时,直寝,从驾征新野。"《魏书》卷八三下《外戚下·高肇传》:"(高肇)直至阙下,衰服号哭,升太极殿,奉丧尽哀。太尉、高阳王先居西柏堂,专决庶事,与领军于忠密欲除之。潜备壮士直寝邢豹、伊瓮生等十余人于舍人省下。……(高)肇入省,壮士扼而拉杀之。"这些事例

---

① 张金龙:《魏晋南北朝禁卫武官制度研究》,第816页。
② 《魏故使持节侍中骠骑大将军太保太尉公录尚书事都督冀定瀛殷并凉汾晋建郑肆十一州诸军事冀州刺史郑肆二州大中正第一酋长敷城县开国公刘君墓志铭》,载赵超:《汉魏南北朝墓志汇编》,第335页。
③ 《魏故假节东夏州刺史公孙猗墓志铭》,载赵超:《汉魏南北朝墓志汇编》,第179页。
④ 《魏故使持节中司徒公鲁郡王墓志铭》,载赵超:《汉魏南北朝墓志汇编》,第197页。

说明,直寝负有侍卫皇帝的重要职责。直后、直斋、朱衣直阁也与直寝一样,负有同样的职责。例如,公孙略"释巾奉朝请,敕补直斋散骑侍郎,在员外。俄转给事中,领直后。仍迁羽林监,加威远将军直寝。而紫殿神严,彤庭弘敞,翼卫之重,在已兼焉"①。元叉"命宗士及直斋等三十人执怿衣袂,将入含章东省,使数十人防守之"②。元项"即拜散骑侍郎,在通直。……加朱衣直阁。……转正员郎"③。而在北魏后期,国家使一些受任左、右中郎将者,能够兼任这些侍卫武官。例如,于忠"太和中,授武骑侍郎,因赐名登。累迁左中郎将。领直寝"④。元朗"俄迁左中郎将直斋,转直阁将军"⑤。这些事例说明,使左、右中郎将兼任这些侍卫武官,是强化其侍卫职权的做法。

如第一节所述,至北齐时,左、右中郎将归属于左、右卫府。国家规定"左右卫府,将军各一人,掌左右厢。……又有武骑、云骑将军各一人,骁骑、游击、前后左右等四军将军,左右中郎将,各五人"⑥。然而,使左、右中郎将隶属于左、右卫将军,应该沿袭北魏后期的做法。也就是孝明帝开始将左、右中郎作为左、右卫将军的下属官。因为孝明帝要加强左、右卫将军的侍卫作用,所以,增加其属官也就是行之有效的做法。不过,还应该注意的是,除了左、右中郎将之外,隶属于左、右卫将军的属官还有"朱衣直阁、直阁将军、直寝,直斋,直后之属。……又有武骑、云骑将军各一人,骁骑、游击、前、后、左、右等四军将军。……步兵、越骑、射声、屯骑、长水等校尉、奉车都尉等"⑦。这就是说,北魏后期形成了以左、右卫将军为长官的侍卫武官制度。而在这种侍卫武官制度中,左、右中郎将占有重要地位,并发挥不能忽视的作用。

在孝文帝官制改革后,左、右中郎将除了有侍卫皇宫职责外,还负有其它的军事职能。《崔敬邕墓志》:"(崔敬邕)博陵安平人也。……征君拜为左中郎将大都督中山王长史。出围伪义阳,城拔凯旋。君有协规之效,功绩

---

① 《魏故使持节侍中都督嬴幽营三州诸军事骠骑大将军营州刺史尚书左仆射太尉公清苑县开国公公孙公墓志铭》,载赵超:《汉魏南北朝墓志汇编》,第333页。
② 魏收:《魏书》卷一六《道武七王·京兆王黎传》,第404页。
③ 《魏故使持节侍中太尉公尚书令骠骑大将军都督雍华岐三州诸军事雍州刺史东海王墓志铭》,载赵超:《汉魏南北朝墓志汇编》,第291页。
④ 李延寿:《北史》卷二三《于栗磾传》,中华书局,1974,第841页。
⑤ 《魏故安西将军银青光禄大夫元公之墓志铭》,载赵超:《汉魏南北朝墓志汇编》,第201页。
⑥⑦ 魏徵等:《隋书》卷二七《百官志中》,中华书局,1973,第758页。

隆盛,授龙骧将军太府少卿临青男。"①很显然,崔敬邕以左中郎将身份参与征讨作战,因立军功而受赐男爵。《魏书》卷七〇《傅竖眼传》:"(傅竖眼)从肃征伐,累有战力,稍迁给事中、步兵校尉、左中郎将,常为统军,东西征伐。"这里提到的统军,就是孝文帝官制改革后,为军事征讨而设置的军事职官。可见,傅竖眼受任左中郎将,能够以兼任统军的方式出征作战。这说明,北魏国家使左、右中郎将统军作战,采取了多种不同的做法。可见,北魏国家使左、右郎将统军作战并不是特殊的做法。也就是说,北魏国家在需要时,能够使受任左、右中郎将者作为征讨军的将领参与军事行动。

另外,北魏国家还使一些受任左、右中郎将者,可以兼任行政官。《魏书》卷五七《崔挺传》:"(崔纂)时太原王静自廷尉监迁少卿,纂耻居其下,乃与静书,辞气抑扬,无上下之体,又启求解任,乃除左中郎将,领尚书三公郎中。"崔纂兼任的尚书三公郎中,为尚书省殿中尚书郎官。《隋书》卷二七《百官志中》载北齐官制:"(三公郎)掌五时读时令,诸曹囚帐,断罪,赦日建金鸡等事。"也就是说,三公郎中有掌管五时读时令及有关刑法事务的职责。北齐规定的三公郎中的职掌,应该是从北魏后期沿续来的。由此可见,北魏国家能够使左、右中郎将以兼任中央职事官的方式,参与国家比较重要的行政事务。当然,北魏国家也使左、右中郎将可以兼任地方职事官。前引《魏书》卷四二《韩秀传》:"(韩务)景明初,假节行肆州事,转左中郎将、宁朔将军,试守常山郡。"韩务"试守常山郡",就是兼任地方郡太守的一种方式。可以说,北魏国家采取这种做法,也就使左、右中郎将与处理当地的行政事务联系起来。

四、余论

北魏孝文帝官制改革后,国家设置左、右中郎将,是与取代官制改革前拓跋鲜卑的幢将系统的侍卫职官的做法联系在一起的。也就是说,左、右中郎将与直阁将军、直寝、直后、直斋、朱衣直阁一并作为侍卫武官,并取代了

---

① 《魏故持节龙骧将军督营州诸军事营州刺史征房将军太中大夫临青男崔公之墓志铭》,载赵超:《汉魏南北朝墓志汇编》,第98页。

原来的鲜卑幢将系统的职官。而且，北魏后期，国家又使这些侍卫武官隶属于左、右卫将军，进而形成了高低有序的侍卫武官制度。可以说，这种侍卫武官制度，虽然与汉、晋制有一些联系，但更多的是，与汉、晋制有明显的区别。

从汉代的宫廷侍卫来看，应该由光禄勋职掌。《通典》卷二五《职官七》："秦有郎中令，掌宫殿掖门户，汉因之。至武帝太初元年，更名光禄勋。后汉曰光禄勋，所掌同，典三署郎，更直执戟宿卫，考其德行而进退之。"杜佑清楚地阐释了秦至东汉宫廷侍卫制度的演进。《续汉书·百官志五》：光禄勋属官"五官中郎将一人，比二千石。本注曰：主五官郎。……左中郎将，比二千石。本注曰：主左署郎。……右中郎将，比二千石。本注曰：主右署郎"。也就是说，汉代的宫廷侍卫是由光禄勋所属的五官、左右中郎将统领三署郎掌管。至晋代，五官、左右中郎将依然设置，并与武贲中郎将、羽林中郎将一并作为光禄勋属官掌管宫廷侍卫。但晋代与汉代不同的是，三署郎已经不再设置。尽管出现这种变化，但是，汉、晋国家都以光禄勋作为侍卫宫廷的长官。

北魏建国后，并没有仿照汉、晋制规定宫廷侍卫制度，而是按着拓跋鲜卑的传统构建了幢将系统武官掌管皇宫的侍卫。可以说，北魏前期，一直实行这种宫廷侍卫制度。至孝文帝官制改革，开始试图废止这种侍卫制度，但在前《职员令》中，依然还残留幢将系统的职官。在太和二十三年，孝文帝制定后《职员令》将左、右中郎将纳入国家职官系统中，则是要表明完全摆脱北魏前期的侍卫制度。

应该说，孝文帝设置左、右中郎将的目的，有尝试仿照晋制而设置侍卫中郎将的意图。可是，设置的左、右中郎将却与光禄勋没有关系，也与虎贲中郎将不在同一品级序列，并取消了羽林中郎将、五官中郎将的设置。因此，后《职员令》规定设置的左、右中郎将，也只是借用了汉、晋职官的名称。虽然左、右中郎将还具有侍卫的职能，但却是在北魏后期实行的特别侍卫武官系统中发挥作用。特别是，左、右中郎将成为左、右卫将军的属官后，也就与汉、晋官制确定的统属关系完全不同。很显然，孝文帝要使国家设置的职官汉官化，可又不能完全排除鲜卑因素的影响，所以，也就只能使左、右中郎将保留侍卫职能，并不能按照晋制的模式设置，因而，也就使这两个职官在北魏新构建的侍卫制度中,表现出胡、汉交融的职官特色,并突显所规定的作用。

无彩的奇异：宋代白色的社会功能

程民生

打开天津博物馆藏宋人张择端《金明池争标图》册页，稍作留意便可发现：众多的游人和划船士兵等人物，几乎全是白色服装。莫非，宋人全穿白？

在传统文化五正色的序列中，白色排位第三，但白色是无彩色系即没有颜色的基本色，一般视之为色彩的起点。在宋代政治、军事、文化和社会生活中，白色冲破强大的习俗忌讳压力，表现得相当活跃，发挥着重要的作用，展示了白色之美。因宋史学界尚无关注，试对此做初步探讨，以窥视宋代社会的多彩。

一、宋代白色的两面性

白色这一最单纯的色彩，在中国传统文化中，实际含义与作用却是最复杂的，地位比较尴尬。宋代就是典型时代。

首先，白色位居五正色之一，有着崇高的政治、文化地位。

在政治文化的礼制中，白色与其他正色一样，被尊为帝来敬祀，是五方帝中西方的代表。宋朝每年冬至在南郊圜丘祭祀昊天上帝时，白帝等享受从祀待遇："以五方帝、日、月、五星以下诸神从祀。"地位与日月星辰相等而稍高。另外还有专门的祭祀典礼和单独的祭坛："又以四郊迎气及土王日专祀五方帝，以五人帝配，五官、三辰、七宿从祀。各建坛于国门之外：青帝之坛，其崇七尺，方六步四尺；赤帝之坛，其崇六尺，东西六步三尺，南北六步二尺；黄帝之坛，其崇四尺，方七步；白帝之坛，其崇七尺，方七步；黑帝之坛，其崇五尺,方三步七尺。"皇祐年间按照唐《郊祀录》对其规格作了规范,"各广四丈,其崇用五行八七五九六为尺数"。① 占地面积统一,高度依五行纪数而不同,具体是:"青帝坛高八尺,赤帝坛高七尺,黄帝坛高五尺,白帝坛高九尺,黑帝坛高六尺,坛饰依方色。"②白帝坛最高,是其突出之处。另一突出之处是多有改建:"元丰六年八月,改置白帝坛。元祐九年正月,重修黑帝坛斋宫。绍圣四年闰二月八日,徙白帝坛宫。"③这是整个北宋时期五帝坛三次改建情况,白帝坛就占了两次,暗喻着白色的活跃。

在皇帝的舆服色彩中,白色与其他正色一样堂堂正正。如皇帝所乘的五种车即玉辂、金辂、象辂、革辂、木辂,其中的"革辂朱质,凡制度、装缀、名物并同金辂,饰以金涂铜鍮石;左右建太常、大白及轮衣、络带等,色皆以浅黄;大白绣熊虎六斿,如《周官》革辂建大白之制;驾马以赭白,饰樊缨五就",配有纯白色的大旗和毛色赤白相间的骏马;政和年间予以规范,其中"革辂改用白,饰以革;龙勒绦缨,建大白,色白,饰以组",④突出了白色的分量。朝廷大部分祭祀牺牲用白色,景德四年(1007年)诏令:"自今祠祭牺牲,令有司择纯白养牵,在涤无得捶扑,并如故事。"⑤以毛色纯白的牛羊为贵。纯白更比喻君子的德操。朱熹云:"君子譬如纯白底物事,虽有一点黑,是照管不到处。小人譬如纯黑底物事,虽有一点白处,却当不得白也。"⑥白为君子之喻,黑为小人之喻。李昂英感叹道:"惜乎心术纯白者,天不愁遗。"⑦洁白无瑕的君子为世所珍稀。

另一方面,白色传统上又是丧葬的象征。"白,丧祥也。"又称白祥,罕见的白色禽兽等突然出现,是不祥之兆,即白色灾异。绍熙五年(1194年)八月,扬州知州钱之望向朝廷献上白兔讨好,却被侍御史章颖劾"以孽为瑞。

---

① 脱脱:《宋史》卷一〇〇《礼志》,中华书局,1977,第2459~2460页。
② 马端临《文献通考》卷七八《郊社考》,上海师范大学古籍研究所、华东师范大学古籍研究所点校,中华书局,2011,第2424页。
③ 王应麟:《玉海》卷一〇一《宋朝五帝坛》,江苏古籍出版社,1987,第1847页。
④ 脱脱:《宋史》卷一四九《舆服志》,第3483页。
⑤ 李焘:《续资治通鉴长编》卷六七,景德四年十月乙巳,中华书局,2004,第1497页。
⑥ 黎靖德编《朱子语类》卷四四《君子而不仁者章》,王星贤点校,中华书局,1986,第1122页。
⑦ 李昂英:《文溪存稿》卷七《淳祐丙午侍右郎官赴阙奏札》,杨芷华点校,暨南大学出版社,1994,第77页。

占曰:'国有忧。'白,丧祥也。是岁,光宗崩。"①意思是献白兔预兆了宋光宗的死亡。在星象中,白色意味着战事:"白色亦主兵。"②白色是丧服之色,总是与死亡相关,象征着不祥,据说"本朝凡果实……方结实时,最忌白衣人,过则其实尽落"③。连植物也恐惧白色服装,果实全部掉落。皇宫中有白色忌讳,如宫廷女官"岁给帛多色彩尔。遇支赐俸稍绢应生白者多,即一束十端,必间有一端为红生绢,盖忌其纯白故也。此亦国朝太平一故事"④。十端绢全是白色不好听不好看,所以必搭配一端红绢以为厌胜。

奇怪的是,白色崇拜与白色忌讳的两极分化,在社会生活中既没有相互抵制,也没有相互抵消,更不会相辅相成,一般情况下常是各行其是,并行不悖。甚至转凶为吉,如对梦见丧事的解释:"梦此主得白之兆。帝王梦之为中兴之主,将相梦之为太平之象,士庶梦之得显贵,商贾梦之得大利,讼者梦之为理胜,病者梦之为寿征。唯为子者梦之不祥,亦必以居何人之丧,及其岁月之象而占之。"⑤一切吉祥基于"得白之兆"即"白鱼之祥",是指周武王伐纣时白鱼跃入王舟中出现的祥端,后来建立了周朝。在传统文化中,理论上对白色有个平和的认识,体现在对梦见白衣的解析:"白布衣,即古之深衣也。梦此有白贲之象,得朴素之义。居官者宦情恬淡,居家者体度安闲,词讼得白,病患得痊。但不利于婚姻、交易、功名、谋望。白为西方之色,属金,金能生水,祷雨梦之亦灵应。"⑥白色平淡朴素,有利于日常生活,不利于喜庆进取,由绚丽归于平淡,这是广大民众追求的"平平淡淡才是真"。

白色具有超越其他色彩的抽象表现力和神秘感,所以在宋代广泛应用,既有物质层面,也多精神层面。

---

① 脱脱:《宋史》卷六六《五行志》,第 1452 页。
② 赵汝愚编《宋朝诸臣奏议》卷三〇,北京大学中国古代史研究中心校点整理,载范镇:《上仁宗论彗出主兵乞速定大议疏(第七状)》,上海古籍出版社,1999,第 295 页。
③ 陈正敏:《遁斋闲览》,载景印文渊阁《四库全书》,台湾商务印书馆,1986,第 932 册第 662 页。按:《全宋笔记》(大象出版社,2019)虽收《遁斋闲览》,但未载此条。
④ 蔡絛:《铁围山丛谈》卷一,冯惠民、沈锡麟点校,中华书局,1983,第 18 页。
⑤ 邵雍纂辑,陈士元增删,何栋如重辑《梦林玄解》卷一一《居丧大吉》,载《续修四库全书》,上海古籍出版社,1996,第 1064 册第 9 页。
⑥ 邵雍纂辑,陈士元增删,何栋如重辑《梦林玄解》卷一六《白衣吉》,载《续修四库全书》,第 1064 册第 93 页。

二、建筑中的白色

对于宋代建筑的装饰色彩,皇家有明确规定,即"祖宗有家法,禁中墙壁惟是赤白泥"①,即红白二色的涂料。大中祥符四年(1011年),宋真宗诏令:"宫殿苑囿,下至皇亲、臣庶第宅,勿以五彩为饰。"②又有记载云:宋真宗诏"宫院、苑囿等,止用丹白装饰,不得用五彩。"③扩大到全社会,所有官私宅院基本都以此为准,是宋代时尚。其中,红色是主色,白色是底色。既是底色,就是面积大的色彩。宋代《营造法式》的"七朱八白"规范,④就是数字化的简单说明。

且看东京城内外,建筑物大面积是白色。城外官私园林密集:"大抵都城左近,皆是园囿,百里之内,并无闲地。次第春容满野,暖律暄晴。万花争出粉墙,细柳斜笼绮陌。"⑤这些园林的围墙全是白色;围绕外城则有两道白色屏障:"东都外城,方圆四十余里。城濠曰护龙河,阔十余丈。濠之内外,皆植杨柳,粉墙朱户,禁人往来。"⑥沿护城河有两道粉墙禁止闲人接近,是护城河的护河墙,犹如开封城外白色的装饰围墙。城内商家店宅也是。名画家李成喜欢到酒友"相国寺东宋药家"喝酒,醉后总要挥笔作画,"即铺门两壁亦为淋漓泼染。识者谓壁画最入神妙,惜在白垩上耳"。⑦ 药铺门外两旁墙壁为白色。杨戬、高俅带宋徽宗冶游至李师师家:"见一座宅,粉墙鸳瓦,朱户兽镮。"⑧店铺、宅院都是白墙,既醒目,也显得洁净。宋徽宗时,开封的皇家园林中"皆效江浙为白屋,不施五采,多为村居野店"⑨。可见东南地区房屋白色面积更大,举目皆白屋。

---

① 李焘:《续资治通鉴长编》卷四八〇,元祐八年正月丁亥注文,第11417、11416页。
② 李焘:《续资治通鉴长编》卷六九,大中祥符元年六月丁酉,第1549页。
③ 王栐:《燕翼诒谋录》卷二《禁侈靡》,诚刚点校,中华书局,1981,第18页。
④ 李诫:《营造法式》卷一四《丹粉刷饰屋舍》,中国书店,2006,第308页。
⑤ 孟元老:《东京梦华录笺注》卷六《收灯都人出城探春》,伊永文笺注,中华书局,2006,第613页。
⑥ 孟元老:《东京梦华录笺注》卷一《东都外城》,伊永文笺注,第1页。
⑦ 袁褧:《枫窗小牍》卷上,俞钢、王彩燕整理,载《全宋笔记》,第32册第263页。
⑧ 《宣和遗事·前集》,曹济平校点,江苏古籍出版社,1993,第39页。
⑨ 《宋史全文》卷一四,政和七年十二月,汪圣铎点校,中华书局,2016,第963页。

千千万万的穷人家庭是茅草屋，无论是什么草或秸秆，风吹雨打日晒久了总会变白，故而以白屋为代称："白茅覆屋之士，谓之白屋。"①太学生陈东自称"白屋一介之贱"②。不但屋顶，连门板都是原木素白色的。孙觌在杭州乡间路上，"独拄青藜杖，来推白版扉"③。陆游在路途中，曾"避雨来投白版扉，野人怜客不相违"④。都是乡野农家。李光晚年所居，就是"瓮牖茅檐白版扉"的茅草屋。⑤

单体高层建筑有白楼。宋仁宗时青州知州燕肃将自己制作的计时莲华漏，"建兹漏于白楼"⑥。赵鼎登临河中府城的白楼，感叹"临高怀远足悲歌"⑦。更多白色的佛塔，韩驹"已登白塔吾休矣，更上红亭子壮哉"⑧，李纲有"我登钟山顶，白塔高嶙峋"⑨的经历。

触目可见的是白色院墙。如大户人家："应是春愁禁不得，东风深院粉墙高"⑩，"更起粉墙高百尺，莫令墙外俗人看"⑪，白色围墙以高度和长度显示富裕。一般农家："白粉墙头红杏花，竹枪篱下种丝瓜"⑫，"南陌柔桑，粉墙低见谁家女"⑬。还有寺院粉墙："二十年前扣寺闱，粉墙题记墨犹存。"⑭陈岩描述新城精舍："朱甍碧瓦粉墙围，花舫回光洞户辉。"⑮院墙多白色。

---

① 曾丰：《缘督集》卷二二《茅斋记》，清抄本，转引自曾枣庄、刘琳主编《全宋文》，第 278 册第 35 页。
② 陈东：《少阳集》卷四《答江西提举监丞蒋宣卿书》，载景印文渊阁《四库全书》，第 1136 册第 316 页。
③ 孙觌：《鸿庆居士集》卷一《富阳道中》，载景印文渊阁《四库全书》，第 1135 册第 7 页。
④ 钱仲联、马亚中主编《陆游全集校注·剑南诗稿校注》卷二二《宿野人家》，浙江教育出版社，2011，第 3 册第 383 页。
⑤ 李光：《庄简集》卷五《次前韵》，载景印文渊阁《四库全书》，第 1128 册 469 页。
⑥ 夏竦：《文庄集》卷二五《颍州莲华漏铭》，载景印文渊阁《四库全书》，第 1087 册第 257 页。
⑦ 赵鼎：《忠正德文集》卷六《蒲中杂咏·白楼(府城)》，李蹊点校，上海古籍出版社，2018 年，第 107 页。
⑧ 韩驹：《陵阳集》卷三《五月八日游北禅师川登塔尽七级仆能三级而已晚过公晦偶作二首》，载景印文渊阁《四库全书》，第 1133 册第 787 页。
⑨ 李纲：《李纲全集》卷一四《登钟山谒宝公塔》，王瑞明点校，岳麓书社，2004，第 173 页。
⑩ 陈起编《江湖小集》卷九三，载景印文渊阁《四库全书》，第 1357 册第 679 页。
⑪ 魏庆之编《诗人玉屑》卷一二《诗言志》，上海古籍出版社，1978，第 258 页。
⑫ 吴渭编《月泉吟社诗·第五九名君瑞(桐江)》，载景印文渊阁《四库全书》，第 1359 册第 632 页。
⑬ 韩淲：《涧泉集》卷二〇《点绛唇(王园)》，载景印文渊阁《四库全书》，第 1180 册第 848 页。
⑭ 袁说友等编：《成都文类》卷一一，载梅挚《观旧题再रे》，中华书局，2011，第 229 页。
⑮ 陈岩：《九华诗集·新城精舍》，载景印文渊阁《四库全书》，第 1189 册第 696 页。

南方地区的官道两旁,一般有白墙。如衡州一道人拉着陈磨镜,"行官道上,诣粉墙后附耳语"①。陆游言:"粉堞临江渚,朱桥枕市楼。"②刘克庄言:"粉堞五七里,青帘三四家。客沽北府酒,女唱后庭花。"③不高的路边白墙连绵不绝。

更多星星点点的白色建筑,是遍及村落的单体小建筑——粉壁,即张贴法令、书写告示的白色墙壁:"通知条法,大字楷书,牓要闹处,晓告民庶。乡村粉壁,如法誊写。"④城市张榜,农村写到粉壁上。作为官方的公共设施,乡村吏人有维护之责:"里堠粉壁及牓示,常切照管,不得稍有损坏。"⑤以保证官方的法令告示准确完整地及时发布。粉壁是宋代盛行的官方信息终端、宣传栏,以白底衬托黑字,十分显眼。

三、白色服饰

纯净明亮的白色服饰,适合各种人、任何肤色,容易搭配,且是天然的反光板,将人脸照亮,所以历来深受欢迎,宋人概不例外。尽管有忌讳习俗,但白色服饰仍遍布于各个阶层,非常普及。

(一)皇帝

宋代皇帝服装中,多有白色。故宫南薰殿藏宋朝历代皇帝画像中,宋太祖、宋太宗、宋英宗都穿白袍。元人钱选临北宋苏汉臣《宋太祖蹴鞠图》中,宋太祖穿白袍。则是无论正装还是休闲装,都喜穿白袍。皇帝的第一套礼服大裘冕中,上衣有"白纱中单",南宋改为"白罗中单",就是纱、罗制作的内衣;"绛纱袍则衣用白纱,领、褾、襈以朱"。另一套戴通天冠,也穿"白纱

---

① 洪迈:《夷坚志·丁志》卷二〇《陈磨镜》,何卓点校,第707页。
② 钱仲联、马亚中主编《陆游全集校注·剑南诗稿校注》卷四六《物外杂题·又》,第5册第370页。
③ 刘克庄:《后村先生大全集》卷四三《商妇词十首·七》,王蓉贵、向以鲜校点,四川大学出版社,2008,第1149页。
④ 李元弼:《作邑自箴》卷一《处事》,《宋代官箴书五种》,张亦冰点校,中华书局,2019,第11页。
⑤ 李元弼:《作邑自箴》卷六《榜耆壮》,张亦冰点校,第44页。

中单,朱领、襟、襈、裾。白罗方心曲领。白袜"。① 进贤冠则"白纱中单,皂领襟襈,裾白裙襦"②。但与前代相比,白色大为减少。如前代皇帝以白纱帽为皇冠:"晋宋齐梁以来,惟人君得着白纱帽。"甚至以戴白纱帽为加冕继位的标志。③ 唐代皇帝冕十三套,其中第十一套即"白纱帽","白纱帽,(亦乌纱。)白裙襦,白韈,乌皮履。视朝听讼及燕见宾客则服之"④。南宋学者程大昌因而作出"古服不忌白"的论断,但指出"然其下注云:'亦用乌纱',则知古制虽存,未必肯用,多以乌纱代之,则习见忌白久矣"⑤。唐代皇帝虽然沿袭传统戴白纱帽,但实际常用乌纱帽代替,名义上仍然称白纱帽。到了宋代,连名义也没有了。

(二)官员

至少在北宋时期,官员公服内衣中有白色服装,外衣也很多。在宋徽宗所绘《文会图》中,共有文士、童仆二十人,其中四人穿白袍,不分贵贱(内二人一身全白);能看见的裤子、鞋子全是白色。毕仲衍《中书备对·冕服》载:"紫、绯、绿各从本服,白绶,中单白罗,方心曲领,白绫裤,本品官导驾则骑而从之。"马端临"详其说,所谓紫、绯、绿即后来之公服……但所谓白绶者,今之公服所无,而中单白罗,方心曲领,后之衣公服者,亦未尝服之。盖古人盛服必有中单、冕弁,朝祭之服,皆有之,多以白为之,而缘以朱绣之属。意公服之初制,亦必有此。后来流传既久,寖从简便而朝服之,里所衣者非中单,乃流俗不经之服"⑥。毕仲衍所载为北宋中后期的制度,大小官员在公服之内穿白罗中单、白绫裤、白色带子。马端临所载则是南宋末期的状况,毕仲衍所载之状况已经消失。日常生活中,官员们则多穿白色服装,退休后尤其如此。如宋神宗初,李柬之以太子少保官位致仕,"出都门,即幅巾

---

① 脱脱:《宋史》卷一五一《舆服志》,第3518、3529、3530页。
② 郑居中等:《政和五礼新仪》卷九《冠仪》,载景印文渊阁《四库全书》,第647册第91页。
③ 邵博:《邵氏闻见后录》卷八,刘德权、李剑雄点校,中华书局,1983,第61页。
④ 李林甫等:《唐六典》卷一一《尚衣局》,陈仲夫点校,中华书局,1982,第328页。
⑤ 程大昌:《演繁露校证》卷一三《古服不忌白》,许逸民校证,中华书局,2018,第893页。
⑥ 马端临:《文献通考》卷一一二《王礼考》,上海师范大学古籍研究所、华东师范大学古籍研究所点校,第3447-3448页。

白衣以见客"①,以无官平民身份待客。

宋人喜欢穿凉衫,但北宋、南宋凉衫的色彩大不相同。北宋时为黑灰色,如沈括言:"近岁京师士人朝服乘马,以黪衣蒙之,谓之'凉衫',亦古之遗法也。"②黪即灰黑色。南宋改为白色,绍兴末,"朝廷之上、郡县之间,悉改服凉衫纯白之衣,未几显仁升遐,亦其验已"。于是有臣僚上言:"凉衫近丧服,不可用,仍合只用紫衫","故至今皆服而不疑。天下事固有循习之久而不可改者"。③ 将宋高宗生母显仁皇后韦氏去世归咎于士大夫普遍穿白,意思是提前穿孝服了。欧洲古代也有类似情况。④ 另有记载云:"凉衫。其制如紫衫,亦曰白衫。乾道初,礼部侍郎王曮奏:'窃见近日士大夫皆服凉衫,甚非美观,而以交际、居官、临民,纯素可憎,有似凶服。陛下方奉两宫,所宜革之。……朝章之外,宜有便衣,仍存紫衫,未害大体。'于是禁服白衫,除乘马道涂许服外,余不得服。自后,凉衫祗用为凶服矣。"⑤南宋建都于东南地区的杭州,国土全在南方,气候炎热潮湿,按北方标准制定的服装不能适应,官员们追求凉快,白色的凉衫成为日常首选,公务场合连章服也不穿,这是很少见的历史现象。但朝廷接受一些卫道士的提议予以禁止,只允许外出骑马穿着。所载"凉衫祗用为凶服矣",恐过激了,仍用于外出骑马时。朱熹有"只如今上马著白衫一般"便是。⑥ 王明清载:"至今四十年不改。前此,仕族子弟未受官者皆衣白,今非跨马及吊慰不敢用。"⑦官宦子弟也不再日常穿白了。其实官员及子弟都喜欢穿白,只是朝廷有忌讳,禁止穿白的场合也是正式场合。武将的例子是刘光世,在与匪军李成交战时,"光世以儒服临军,成遥见白袍青盖,并兵围之"⑧。许多士大夫戴白帽,如梅尧臣称:

---

① 脱脱:《宋史》卷三一〇《李迪传附子李柬之传》,第 10176 页。
② 沈括:《梦溪笔谈》卷二《故事》,载《全宋笔记》,第 13 册第 17 页。
③ 袁文:《瓮牖闲评》卷六,李伟国点校,中华书局,2007,第 96 页。
④ 1559 年,苏格兰女王玛丽穿白色婚纱嫁给法兰西国王弗朗西斯二世,次年国王去世,有人因此指责玛丽诅咒了国王。加文·埃文斯:《颜色的故事——从颜色追溯人类文化发展史》,朱敬译,海南出版社,2019,第 167 页。
⑤ 脱脱:《宋史》卷一五三《舆服志》,第 3578 页。
⑥ 黎靖德编:《朱子语类》卷六四《中庸三》,王星贤点校,第 1597 页。
⑦ 周煇:《清波杂志校注》卷二《绍兴置衫帽》,刘永翔校注,中华书局,1994,第 52 页。
⑧ 脱脱:《宋史》卷三六九《刘光世传》,第 11480 页。

"入门得寄诗,欲览整白帽。"①孙觌称:"白帽炎州客,青裙酒姥家。"②又言:"禅客青鞋软,诗翁白帽斜。"③室内外都戴白帽。

宋朝册封元昊为西平王后,元昊"始衣白窄衫,毡冠红里,冠顶后垂红结绶"。④ 白窄衫是西平王的专服,显然是尊贵的象征。

(三)军人

宋初以后的军装由褐色改为彩色,其中有白色。天圣七年(1029)大理寺裁定诸军衣装,其中"不系军号"即不标示部队番号的军服,春衣中马军和步军各七事,都包括白绢汗衫、白绢夹裤、白绢衬衣三事。冬衣中马军七事,有白绢绵袜头裤、白绢夹袜头裤;步军六事有白绢绵袜头裤。⑤ 白色军装居多。皇帝大驾卤簿中的军人服装,也不乏白色。如"白泽衫""白抹带""白绢袴""白裤""白绢袴、白勒带""白裤白靴"等。⑥ 仪卫部队中,多有穿"白裤"者。⑦ 宋仁宗时,开封驻军高级军官的随从卫兵全穿白裤:"一例新紫罗衫、红罗抱肚、白绫裤。"⑧南宋建康府驻军中的单身汉,官府发给"冬衣白布绵袄三千领,该钱一十八万三千三十八贯"⑨。这都属于制服。

(四)吏人

宋代吏人服色很复杂,既有黑色,也有红色、黄色,还有白色。如李清臣年轻时,到定州谒见知州韩琦的儿子,"吏报曰:'太祝方寝。'先生求笔为诗一绝,书于刺字,授其吏曰:'太祝觉而投之。'诗云:'公子乘闲卧绛厨,白衣老吏慢寒儒。不知梦见周公否,曾说当时吐哺无?'"⑩。州衙有白衣吏。南

---

① 梅尧臣:《梅尧臣集编年校注》卷二四《次韵和吴正伸以予往南陵见寄兼惠新酝早蟹》,朱东润编年校注,上海古籍出版社,2006,第 743 页。
② 孙觌:《鸿庆居士集》卷一《富阳道中》,载景印文渊阁《四库全书》,第 1135 册第 7 页。
③ 范成大:《吴郡志》卷一六《虎丘》,陆振岳校点,江苏古籍出版社,1999,第 232 页。
④ 脱脱:《宋史》卷四八五《夏国传上》,第 13993 页。
⑤ 徐松辑《宋会要辑稿·刑法》七之九,刘琳、刁忠民、舒大刚、尹波等校点,第 8580 页。
⑥ 郑居中等:《政和五礼新仪》卷一三《序例》、卷一四《序例》,载景印文渊阁《四库全书》,第 647 册第 177、178、180、181、184、186 页。
⑦ 脱脱:《宋史》卷一四八《仪卫志》,第 3471、3472、3473、3474 页。
⑧ 李焘:《续资治通鉴长编》卷一六三,庆历八年三月甲寅,第 3928 页。
⑨ 周应合:《景定建康志》卷三八《武卫志》,南京出版社,2009,第 973 页。
⑩ 刘斧:《青琐高议·前集》卷五《名公诗话》,载《全宋笔记》,第 17 册第 52 页。

宋前期官员陈渊因故家中缺酒,担任知府的友人李深道派人馈送:"忽白衣遽至,甚副所欲也,多感。"①白衣者就是知府派来送酒的白衣吏,则府衙有白衣吏。南宋后期,陈著有海盐县游宰送酒——"某坐暑瓿中,风忽其清,望而白衣者持琴边书来,宠以名门十友惠"②,可知县衙也有白衣吏。另一例是同时期的姚勉,有县丞朋友派白衣吏送酒和菊花:"腆甚羞筥之粉糗,宛然送酒之白衣。充我凉庖。"③南宋前期官员喻良能有诗云:"赋诗红莲幕,煎茶白衣吏。"④基本上可以说,白衣吏是充当跑腿、服侍官员的吏人。

(五)士人

民间的士人,通常都穿白衣,正所谓白丁。晁补之记载:"太祖皇帝既定天下,鲁之学者始稍稍自奋,白袍举子,大裾长绅,杂出戎马介士之间,父老见而指以喜曰:'此曹出,天下太平矣。'"⑤白衣作为士人的标准服装,后来定为官学生的制服,"襕衫。以白细布为之,圆领大袖,下施横襕为裳,腰间有辟积。进士及国子生、州县生服之"⑥。襕衫也作白襕,参知政事赵抃退休后,有士人求见:"我这领白襕,直是不直钱财?"⑦白袍原本就是士子的本色服装。因而白袍又有"儒服"之称。⑧ 每年正月初一新年大朝会时,"百官皆冠冕朝服,诸路举人解首亦士服立班,其服二量冠白袍青缘"⑨。各地进京参加贡举的第一名,穿白袍出席喜庆的贺年朝会。

处士魏野"不喜巾帻,无贵贱,皆纱帽白衣以见,出则跨白驴"⑩。南宋有人画邵雍、程颢、程颐、张载四先生像,明确记载的白色服饰有:"伊川内服

---

① 陈渊:《默堂先生文集》卷一九《与李深道知府书》,载《四部丛刊》,第277页。
② 陈著:《本堂集》卷七四《答海盐游宰送酒书》,载景印文渊阁《四库全书》,第1185册第381页。
③ 姚勉:《姚勉集》卷二五《回县丞兄送菊节札子》,曹诣珍、陈伟文校点,上海古籍出版社,2012,第293-294页。
④ 喻良能:《香山集》卷一《伏日陪府公侍御登四望亭分韵得四字》,载景印文渊阁《四库全书》,第1151册第645页。
⑤ 马端临:《文献通考》卷三〇《选举考》,上海师范大学古籍研究所、华东师范大学古籍研究所点校,第875页。
⑥ 脱脱:《宋史》卷一五三《舆服志》,第3579页。
⑦ 佚名:《道山清话》,赵维国整理,载《全宋笔记》,第22编第86页。
⑧ 脱脱:《宋史》卷三六九《刘光世传》,第11480页。
⑨ 孟元老:《东京梦华录笺注》卷六《元旦朝会》,尹永文笺注,第516页。
⑩ 脱脱:《宋史》卷四五七《魏野传》,第13430页。

纯白袍","明道、康节袍以黄土色之,不见内服。项间见者:明道皂、康节杏红,领皆白。横渠内服白道袍",四人"履皆白"。① 程颐、张载都是白袍,程颢、邵雍白色衣领,四人都穿白鞋。蔡确在陈州倡家,见"美少年青巾白裘据席而坐",是位神秘算命者。② 有的戴白帽:"海邑千室士半之,异材杰出今其谁。有客有客气吐霓,行年五十缝掖衣。青鞋白帽鬓未摧,笔下妙绝黄绢碑。"③帽色与官员相同。

（六）平民

平民百姓的服色,由朝廷决定。宋初沿袭唐代制度,"有官者服皂袍,无官者白袍,庶人布袍"④。非官员者都穿白袍或素袍,十分普遍。太平兴国七年(982年),朝廷重新规定车服制度,服色方面有:"旧制,庶人服白,今请流外官及贡举人、庶人通许服皂。"⑤平民原本只准穿白,新允许穿黑。另有史料说的明白:"自今流外官及贡举人、庶人许通服皂衣、白袍。"⑥如福建,在北宋和南宋初期,"自搢绅而下,士人、富民、胥吏、商贾、皂隶衣服递有等级,不敢略相陵躐。士人冠带或褐笼衫,富民、胥吏皂衫,农、贩、下户白布襕衫。……风俗如此,不敢少变"⑦。绝大多数的贫贱人口只能穿白衫。所谓白色,其实就是纺织品原料的本色,宋代并无染白的面料,贫民一般不愿也不能奢侈地去染彩色。卫宗武言"野老披白袷"⑧,就是农民穿白的例子。凤翔农村"居民惟白帽"⑨,广南地区的市场上"市人大半以白帕蒙首"⑩。李全是山东农民出身,虽是红袄军首领,自己却"喜着白袍"⑪,实为个人偏

---

① 度正:《性善堂稿》卷一〇《四先生画像记》,载景印文渊阁《四库全书》,第1170册232页。
② 王巩:《随手杂录》,戴建国、陈雷整理,载《全宋笔记》,第20册第109页。
③ 周麟之:《海陵集》卷一《答宋子闲》,载景印文渊阁《四库全书》,第1142册第8页。
④ 王栐:《燕翼诒谋录》卷一,诚刚点校,第8页。
⑤ 脱脱:《宋史》卷一五三《舆服志》,第3574页。
⑥ 徐松辑《宋会要辑稿·舆服》四之二八,刘琳、刁忠民、舒大刚、尹波等校点,第2256页。
⑦ 《淳熙三山志》卷四〇《序拜》,梁克家纂修,李勇先校点,四川大学出版社,2007,第1641页。
⑧ 卫宗武:《秋声集》卷三《僧庵》,载景印文渊阁《四库全书》,第1187册第672页。
⑨ 苏轼:《苏轼诗集》卷四《南溪有会景亭,处众亭之间,无所见,甚不称其名。余欲迁之少西,临断岸,西向可以远望,而力未暇,特为制名曰招隐。仍为诗以告来者,庶几迁之》,王文诰辑注,孔凡礼点校,中华书局,1982,第182页。
⑩ 孙觌:《鸿庆居士集》卷三《灵泉寺》,载景印文渊阁《四库全书》,第1135册第30页。
⑪ 阙名:《宋史全文》卷三一,绍定三年十二月,汪圣铎点校,第2656页。

爱。白裤较为普遍,画家战德淳在画院试《蝴蝶梦中家万里》题时,画苏武牧羊假寐,以见万里意,遂魁。"能着色山,人物甚小,青衫白裤,乌巾黄履,不遗毫发。"①普通人多穿白裤。

(七) 妇女

女性爱美,社会也需要女性多姿多彩,朝廷并不限制其服色,仅禁止其奢侈。天圣三年(1025年)宋仁宗诏:"在京士庶不得衣黑褐地白花衣服并蓝、黄、紫地撮晕花样,妇女不得将白色、褐色毛段并淡褐色匹帛制造衣服,令开封府限十日断绝;妇女出入乘骑,在路披毛褐以御风尘者,不在禁限。"②禁止的是白色毛褐,其他面料不限。

宋代妇女都喜欢穿洁净的白色。李心传说:"中宫常服,初疑与士大夫之家异,后见《乾道邸报》临安府、浙漕司所进成恭后御衣衣目,乃知与家人等耳。其目:……熟白纱裆裤、白绢衬衣。"③宋孝宗的成恭皇后夏氏的日常服装中,有一身白,士大夫家眷穿着与此相同。南宋士大夫张镃以奢侈闻名,"其园池声妓服玩之丽甲天下",在他举办的牡丹会上,"别有名姬十辈皆衣白,凡首饰衣领皆牡丹"。④ 在此,白衣无疑是高雅的表现。底层民女的情况,如陆游诗云越州村女:"白襦女儿系青裙,东家西家世通婚。"⑤上身穿白色的短衣。在西南少数民族地区,白色服饰更多,如广西滕州:"男儿以白布为头巾,女儿以白布为衫。"⑥白色女装遍及最高层到最底层。

(八) 神仙

神和仙的形象完全是现实社会中人的塑造,反映着人的价值观和审美。在西方古代文化中,有白衣天使和总是以白色服装为代表的圣母玛利亚,白

---

① 邓椿:《画继补遗》卷六《山水林石》,庄肃补遗,王群栗点校,浙江人民美术出版社,2019,第297页。
② 脱脱:《宋史》卷一五三《舆服志》,第3575页。
③ 李心传:《建炎以来朝野杂记》附录一《建炎以来朝野杂记拾遗》,徐规点校,中华书局,2000,第910页。
④ 周密:《齐东野语》卷二〇《张功甫豪侈》,张茂鹏点校,中华书局,1983,第374页。
⑤ 钱仲联、马亚中主编《陆游全集校注·剑南诗稿校注》卷七八《村女》,第8册第78页。
⑥ 祝穆:《方舆胜览》卷四〇《藤州》,祝洙增订,施和金点校,中华书局,2003,第724页。

色为神圣之光。① 我们发现,宋代白色也有相同意义,宋人的神仙多穿白色服装。

佛教神圣中,最典型的是"白衣观音",形象为身穿白衣,左手持莲花,右手作与愿印。《宣和画谱》所收名画中,就有《白衣观音像》②。晁补之在《观世音菩萨摩诃萨像赞》中言:"一贫女鬓提鱼笱,晨朝过户言善哉。汝善画此观世音,见观世音能识不?若士不悦因谇语,汝安能识观世音?鬓女忽化白衣仙,彼鱼笱成百花筥。"③白衣仙就是白衣观音。所以,宋代多观音化身白衣女子的传说。如刘一止载:"郡人张氏病痿三年,一夕梦白衣女子告曰:'若臂不举耶?吾亦若此,若能拯我臂,吾亦拯若臂,且寿若矣。'张问所居,则曰:'居天宁西廊。'翌日,张舆掖诣寺,得大士像如梦所睹。"④慕容彦逢载,孙夫人"事观音像甚勤。尝苦臂疾,梦白衣女人按穴刺之,出白气丈余,翌日乃瘳"⑤。是白衣观音治病的故事。另有定光佛等也穿白衣。沈辽载:"有白衣来,乃定光佛。"⑥在一描写十八罗汉图的文章中,唯一言及服色者即白衣:"一尊者白衣。"⑦淳熙年间,有人在越州大善寺见神人:"伟人长可九尺,裹唐巾,白衫黑带。"⑧宋代秀州佛教寺院显济庙僧人曾"梦金冠白衣神人曰:'令俾尔画龙,龙实难画。'"⑨潜意识中的神圣多穿白衣。

再看道教神仙。洪迈载:东海青童神君乘"白舆","有骈导从东来,相续数百辈,身皆长大,着淡素宽袍。中车垂帘,色尽白"。⑩ 从车舆到车帘、随从服装,都是素白的。南宋时,有人"梦月光斜照高岩,中有物如虾蟆雪色,旁立二道士,手各持文书。人告之云:此是上界真人,号姿罗台青莲白衣

---

① 米歇尔·帕斯图鲁、多米尼克·西蒙:《善变的色彩:颜色小史》,李春姣译,重庆大学出版社,2017,第 68 页。
② 佚名:《宣和画谱》卷四《王齐翰》,王群栗点校,浙江人民美术出版社,2019,第 42 页。
③ 晁补之:《济北晁先生鸡肋集》卷六九《观世音菩萨摩诃萨像赞》,载《四部丛刊》,第 1118 页。
④ 刘一止:《刘一止集》卷二二《湖州报恩光孝禅寺新建观音殿记》,龚景兴、蔡一平点校,浙江古籍出版社,2012,第 239-240 页。
⑤ 慕容彦逢:《摛文堂集》卷一五《孙氏墓志铭》,载景印文渊阁《四库全书》,第 1123 册第 477 页。
⑥ 沈辽:《云巢编》卷六《南岩导师赞》,载景印文渊阁《四库全书》,第 1117 册第 590 页。
⑦ 葛胜仲:《丹阳集》卷九《十八罗汉赞并序》,载景印文渊阁《四库全书》,第 1127 册第 499 页。
⑧ 洪迈:《夷坚志·支丁》卷二《大善寺白衣人》,何卓点校,中华书局,2006,第 979 页。
⑨ 龚颐正:《显济庙记》,载《至元嘉禾志》卷二四,单庆修,徐硕纂,中华书局,1990,第 4593 页。
⑩ 洪迈:《夷坚志·乙志》卷一八《青童神君》,何卓点校,第 342 页。

菩萨。"据说此即宋代名道士白玉蟾。① 文同记载了另一山中仙人："时正晴，日光下照，有二童子先出。次有一人，白衣皂巾，曳杖，垂长髯，襟带随风翩然，往来下视久之。左右数青衣从行，有物若鸡犬、若虎、若鹿者先后之。又有执扇与伞者，隐隐若绘画，甚可爱。"② 白衣皂巾者是位隐名埋姓的神仙。

民间祠神中，白衣者不少。龚明之载："慧感夫人，旧谓之圣姑，或以为大士化身，灵异甚著。祝安上通守是邦，事之尤谨。每有水旱，惟安上祷祈立验。后以剡荐就除台守，既至钱唐，诘旦欲绝江，梦一白衣妇人告之曰：'来日有风涛之险。'"当地建慧感夫人祠供奉。③ 熙宁年间吴越大旱，法师"祷于天竺观音像，不应。公以疾昼寝，梦老人白衣乌帽告曰：'明日日中必雨。'问其人，曰：'山神也。'"④ 山神也是白衣。

所有这些白衣神灵，说明了白衣的神圣性，维护着白色在服饰等方面的地位，是白色崇拜的表现形式之一。在正常社会生活中，没有人敢嫌弃白衣。对神祇的塑造，反映的是人们内心深处的愿望。

（九）丧服

为亡故亲人、尊长服丧，最明显的标志就是白色服装。如盖头："凶服者亦以三幅布为之，或曰白碧绢，若罗也。"⑤ 宋太祖去世后，"士民缟素，妇人素缦"⑥。指白色的丧服和没有彩色花纹的丝织品。宋代制度规定，皇帝驾崩后，新皇帝"未成服，则素纱软脚幞头、白罗袍、黑银带、丝鞋"。成服日，穿"白绫衬衫"，周年以后"服素纱软脚幞头、白罗袍、素履、黑银带"。宋孝宗去世后，"始令群臣服白凉衫、皂带治事，逮终制乃止"。⑦ 丧事服饰都以白色为主。

---

① 白玉蟾：《白玉蟾真人全集》附录三，陆文荣统筹，六六道人辑纂，载诸葛琰：《跋鹤林紫元问道集》，海南出版社，2015，第382页。
② 文同：《丹渊集》卷二二《利州绵谷县羊摸谷仙洞记》，载《四部丛刊》，第365页。
③ 龚明之：《中吴纪闻》卷四《慧感夫人》，孙菊园点校，上海古籍出版社，1986，第83-84页。
④ 苏辙：《栾城集·后集》卷二四《天竺海月法师塔碑》，曾枣庄、马德富校点，上海古籍出版社，1987，第1446页。
⑤ 高承：《事物纪原》卷三《盖头》，李果订，金圆、许沛藻点校，中华书局，1989，第141页。
⑥ 脱脱：《宋史》卷一二二《礼志》，第2849页。
⑦ 脱脱：《宋史》卷一二五《礼志》，第2919-2920、2921页。

民间丧事同样穿白。如司马光居丧守孝期间,"非馈祭,见宾客服白布襕衫"①。日本僧人成寻,在扬州"见死人葬,船人人皆以白埋裹头"②,即白布裹头。乐史记载扶余国(今吉林农安)风俗时说,因受中原习俗影响,"其居丧,男女皆纯白,妇人著布面衣,去环佩,大体与中国相仿佛焉"③,即与宋朝百姓一样都穿白色服装。

(十) 降服

亡国之君被俘后,献俘礼上均穿白色衣服。如后蜀皇帝孟昶被押解到皇宫见宋太祖时,"著白衫小帽子勒帛"④;南唐后主李煜等人"白衣纱帽至楼下待罪"⑤。夏州党项首领李继捧(赵保忠)归顺,"白衫纱帽,待罪崇政殿庭"⑥。穿白衣意味着认罪、投降,如同后代打白旗投降一样。

(十一) 特殊的白衣称呼

宋代有三种以白衣命名的群体和现象,值得关注。

其一,白衣巫师。太平兴国六年(981年),宋太宗诏令"禁东、西川诸州白衣巫师"⑦。四川地区出现穿着白衣的巫师,不同于数量众多的普通巫觋,大概是其数量不少,影响不好,不利于社会秩序,所以要禁止。但效果有限,所以到天禧三年(1019年),宋真宗又下诏:"禁兴剑利等州、三泉县白衣师邪法。"⑧明确将白衣巫师定为邪教。应该指出的是,古代史籍中记载白衣巫师的仅此两例,⑨均在四川,此后不再出现,似为断绝。

其二,白衣会。宋代民间有诸多白衣会,性质也不相同。早在宋初,朝廷就有诏令:"禁民赛神,为竞渡戏及作祭青天白衣会,吏谨捕之。"⑩所禁三

---

① 脱脱:《宋史》卷一二二《礼志》,第2849页。
② 成寻:《新校参天台五台山记》卷三,王丽萍校点,上海古籍出版社,2009,第237页。
③ 乐史:《太平寰宇记》卷一七四《夫余国》,王文楚等点校,中华书局,2007,第3333页。
④ 勾延庆:《锦里耆旧传》卷八,储玲玲整理,载《全宋笔记》,第6册第69页。
⑤ 脱脱:《宋史》卷四七八《李煜世家》,第13860页。
⑥ 李焘:《续资治通鉴长编》卷三六,淳化五年五月丙寅,第785页。
⑦ 李焘:《续资治通鉴长编》卷二二,太平兴国六年四月丙戌,第492页。
⑧ 李焘:《续资治通鉴长编》卷九四,天禧三年十月丙申,第2169页。
⑨ 直到民国时,才出现一次"白衣巫"的记载。民国《续修桓仁县志·第五项:祭祀》(民国二十六年铅印本)载,今辽宁桓仁满族自治县在当时,"用祭品供于家祖神位之前、并约白衣巫、俗呼烧香、舞于家祖神位之前"。
⑩ 李焘:《续资治通鉴长编》卷八,乾德五年四月戊子,第194页。

种行为，都是聚众举办大型祭祀或竞赛活动，违反者要逮捕法办。此时的白衣会是"祭青天"，属于民间神祠。更多的是佛教徒的白衣会。北宋中期开封府太康县"民事浮屠法，相聚祈禳，号'白衣会'，县捕数十人送府"，知府"疑为妖，请杀其为首者而流其余"，在开封府判官荣諲的反对下，朝廷"但流其首而杖余人"。① 尽管没有严厉打击，但认定其为非法行为。越州有座废寺，被"白衣攘居之，屠牛牧豕，莫敢孰何"，为避免事端，陆游"始言于府，请逐白衣"，命僧人接管。② 此时所谓的白衣会，从"屠牛牧豕"可知并非佛教信士，而是不法之徒的宗教组织。陆游言："又有肉佛、骨佛、血佛等号，白衣乌帽，所在成社。伪经妖像，至于刻版流布。"③虽无白衣会之称，但穿着白衣作为一种特征。揭露其实质的是洪迈的记载："鄱阳少年稍有慧性者，好相结诵经持忏，作僧家事业，率十人为一社，遇人家吉凶福愿，则偕往建道场，斋戒梵呗，鸣铙击鼓。起初夜，尽四更乃散，一切如僧仪，各务精诚，又无捐丐施与之费，虽非同社，而投书邀请者亦赴之。一邦之内，实繁有徒，多著皂衫，乃名为白衣会。"④明明多穿黑衣，偏叫白衣会，充分说明了是恶少年等假借居士名号而作奸犯科。与此相似的还有吃菜事魔教，自从方腊暴动被镇压后，绍兴年间重新泛起："访闻日近又有奸滑改易名称，结集社会，或名白衣礼佛会，及假天兵，号迎神会。千百成群，夜聚晓散，传习妖教。"⑤白衣礼佛会属于吃菜事魔教的隐蔽称呼。

还有一种白衣会更离奇，是一种星象。位于金牛星座的昴星团是最有名的银河星团之一，又称七姐妹星，有时望之如白气，在古代天文学上称之为白衣会，星相家认为是凶灾的征兆。"七星皆黄，兵大起。……摇动，有大臣下狱及有白衣之会。"⑥这些与白色衣服并无关，但其命名，当与社会中白衣会不良形象有关。

有学者认为："总而言之，白色作为消极的颜色，通常表示简朴、空虚、失败、死亡，引申为贫穷、无知、投降、悲哀，因而带白的东西大都晦气。"⑦此说

---

① 脱脱：《宋史》卷三三三《荣諲传》，第 10707-10708 页。
② 陆游：《陆游全集校注·渭南文集校注》卷一九《法云寺观音殿记》，涂小马校注，浙江教育出版社，2011，第 1 册第 484-485 页。
③ 陆游：《陆游全集校注·渭南文集校注》第五《条对状》，涂小马校注，第 1 册第 125 页。
④ 洪迈：《夷坚志·三志壬》卷六《蒋二白衣社》，何卓点校，第 1512 页。
⑤ 徐松辑《宋会要辑稿·刑法》二之一一一，刘琳、刁忠民、舒大刚、尹波等校点，第 8342 页。
⑥ 脱脱：《宋史》卷五一《天文志》，第 1038 页。
⑦ 彭德：《中华五色》，江苏美术出版社，2008，第 229 页。

未免片面极端。以上可见,在所有服饰色彩中,白色最复杂、最普遍,两极化也最突出。既是神圣、高贵、高雅的象征,又是邪恶、耻辱、悲伤的象征。恰如一张白纸,可以在上面绘出任何事物,正是其作为原色之原的特点所致。

四、白色物品及其引申

(一) 白瓷

宋代是瓷器鼎盛时期,白瓷同样达到一个历史新高度,得到越来越多的生产和喜爱。

首先,我们发现皇家偏爱白瓷。朝廷专设有一座瓷器库,"掌受明、越、饶州、定州、青州白瓷器及漆器,以给用"①。名为瓷器库,并不是只收藏瓷器,也不是收藏各色瓷器,而是只收这几个州的白瓷和漆器。宋朝白瓷在南亚一带也受欢迎。如渤泥国(今文莱国)出产生香、降真香、黄蜡、玳瑁等特产,宋朝"商人以白瓷器、酒、米、粗盐、白绢、货金易之"②。白瓷器是出口此地的最主要商品。宋太祖曾赐给前来朝贡的三佛齐国(今马来群岛)白瓷器等,③也是国家间贡赐贸易的出口商品。

宋代白瓷的代表就是定瓷。定窑主要生产白瓷,达到了宋式白瓷的巅峰。宋末方夔诗云:"彼美白瓷盏,规模来定州。"④金朝人更是赞不绝口:"定州花瓷瓯,颜色天下白",而且"轻浮妾玻璃,顽钝奴琥珀","器质至坚脆,肤理还润泽"。⑤ 概括了定瓷的白、轻、净、润的特点。至今遂为天价,如2014年香港苏富比春季拍卖会上,一件牙白色的北宋定窑划花八棱大盌,成交价高达1.46亿港元。

定窑以外,其他地区多有白瓷出产。如邢州就上贡"白瓷盏"⑥,是宋朝全国唯一贡白瓷的州郡,无疑是精品。南宋中期福建人刘学箕家有"番阳白

---

① 徐松辑《宋会要辑稿·食货》五二之三七,刘琳、刁忠民、舒大刚、尹波等校点,第7190页。
② 赵汝适:《诸蕃志》卷上《渤泥国》《阇婆国》,杨博文校释,中华书局,1996,第137、55页。
③ 脱脱:《宋史》卷四八九《外国传》,第14088页。
④ 方夔:《富山遗稿》卷四《以白瓷为酒器中作覆杯状复有小石人出没其中戏作以识其事》,载景印文渊阁《四库全书》,第1189册第395页。
⑤ 刘祁:《归潜志》卷八,崔文印点校,中华书局,1983,第91页。
⑥ 脱脱:《宋史》卷八六《地理志》,第2127页。

瓷方斛者四"种植菖蒲,①表明饶州鄱阳县烧造白瓷。福建仙游县出产的货物里,有"瓷:白瓷器出仁德里"②,显然是专产白瓷。

值得特别提示的是,在中原白瓷文化向南方扩散过程中,受南方本地原料和技术的影响创作出一个瓷器新品,即白中泛青的青白瓷。挂青的白是白色的升级版,使白色更显白。青白瓷创烧于五代之际,宋代达到鼎盛,分别在今江西景德镇、湖北武汉和安徽繁昌一带形成新的瓷业中心,使青白瓷的烧造水平达到了登峰造极的地步。众多青白瓷窑口如雨后春笋般在全国遍地开花,一片欣欣向荣的景象,其中江西景德镇烧造的产品更是蜚声海内外,是中国青白瓷最高水平的代表,具有独特风格和鲜明的时代特征。③ 又如温州的青白碗瓷器,在都城杭州开设店铺销售,④颇有市场。"青白瓷器"还出口贩运到阇婆国(今印度尼西亚爪哇岛)。⑤

(二) 白麻与白帖、白契

官方文件纸张的颜色事关重大,白麻与白帖,即是宋代色彩政治的表现。

宋代文献中的白麻,通常专指用白麻纸书写的诏书。凡是"诏书德音,立后建储,行大诛讨,拜免三公、宰相、枢密使,命将曰制,并用白麻纸,不使印。百官立班宣读,故谓之白麻,亦曰宣麻"⑥。之所以说白,不仅指白麻纸,当与无红色印章有一定关系。梅尧臣诗云:"白麻新拜大丞相,黄纸首除南省郎。"⑦虽然皇帝和官府的正式诏令文告都用黄纸,⑧但重大事务却用白麻书写。白麻由普通的白色麻纸,引申为所承载的皇帝诏令。

宋真宗末期,王钦若与丁谓权力竞争激烈,当朝的丁谓借宋真宗病重之机,"寻有诏,钦若以太子太保归班。钦若袖诏书白上:'臣已归班,不识诏旨所谓。'上留其诏,改除司空、资政殿大学士。顷之,钦若宴见,上问:'卿

---

① 刘学箕:《方是闲居士小稿》卷下《菖蒲记》,载景印文渊阁《四库全书》,第1176册第601页。
② 《宝祐仙溪志》卷一《货殖》,赵与泌修,黄岩孙纂,载《宋元方志丛刊》,中华书局,1990,第8279页。
③ 吴同、汪常明:《宋以前及宋代青白瓷分布和特征》,《中国陶瓷工业》2020年第3期。
④ 吴自牧:《梦粱录》卷一三《铺席》,浙江人民出版社,1984,第117页。
⑤ 赵汝适:《诸蕃志》卷上《渤泥国》《阇婆国》,杨博文校释,第137、55页。
⑥ 高晦叟:《珍席放谈》卷上,孔凡礼整理,载《全宋笔记》,第17册第282页。
⑦ 梅尧臣:《梅尧臣集编年校注》卷二六《送广西提刑潘比部》,朱东润编年校注,第832页。
⑧ 参见拙作《宋代社会中黄色的功能》,《中州学刊》2021年第8期。

何故不之中书?'对曰:'臣不为宰相,安敢之中书?'上顾都知,送钦若诣中书视事。钦若既出,使都知入奏:'以无白麻,不敢奉诏。'因归私第。上命中书降麻"①。宋真宗任命王钦若的官位虽然很高,并派宦官送他去中书上班,但因"无白麻"即正式委任状而拒不上任,最终逼迫皇帝降白麻。白麻的重要性和象征性,由此可见。

白帖一词,古今文献、辞书均未见解释,但在宋代官场普遍流行。

元祐年间,河北路都转运司请示一些物资处理事宜,"伏乞朝廷特赐详酌指挥。白帖子称:'近准朝旨节文,二十将毡帐等,为系不可停留之物,权罢制造。今来桦烛等与上件毡帐等事体一般,乞赐指挥。'诏松明、桦烛权罢计置制造外,余并依元降指挥施行,诸路准此"②。此处的白帖子,是中书政事堂请示皇帝的上行文件。

章惇执政时,任意打击元祐旧臣,"以白帖贬谪元祐臣僚,安焘争论不已,哲宗疑之。雍欲为自安计,谓惇曰:"熙宁初,王安石作相,常用白帖行事。"惇大喜,取其案牍怀之,以白哲宗,遂其奸。"③这是宰相贬责大臣的下行文件,曾受到君臣的质疑,郑雍为了讨好章惇,说王安石执政时也常用白帖行事,解脱了章惇。

宋真宗派宦官向田锡传宣的内容中,提到"上更著白帖子,言里面有贴黄。卿自来奏状,朕一一亲览,但祇状内著黄贴子"④。则是皇帝也用白帖。

地方官府更频繁使用白帖。黄震批评道:"扰民之事,莫大于白帖权摄。权摄之弊,莫甚于无缺创员。盖无正缺而差权官,则白帖奸人永同正任",指地方官在低级官员没有缺额时,不经朝廷擅发白帖任命人员临时行使官员职权。具体例子如某县原本职数"惟有一尉,初无东西尉之分。昨因本府无以应副江湖丐谒之士,私立西尉称呼,使白帖凭空权摄"⑤。在不缺县尉的情况下,府级长官可以用白帖私自增加一名县尉。在制度上的危害和对民间的危害,不言而喻。赵升载:"帅抚、监司、州郡,选有官或待阙人摄职,谓之权局。本官自谓之被檄是也。若白身人借摄文学、助教、将仕郎、副尉、承

---

① 司马光:《涑水记闻》卷七,邓广铭、张希清整理,载《全宋笔记》,第11册第90页。
② 李焘:《续资治通鉴长编》卷四四六,元祐五年八月庚子,第10734页。
③ 脱脱:《宋史》卷三四二《郑雍传》,第10900页。
④ 田锡:《咸平集》卷二七《知杂后谢传宣》,罗国威校点,巴蜀书社,2008,第306页。
⑤ 黄震著,张伟、何忠礼主编:《黄震全集·黄氏日钞》卷七〇《再申判府朱大参乞免再差权摄西尉状》《申提刑司乞省免西尉状》,浙江大学出版社,2013,第2084页。

信之类,谓之白帖,在法有禁。"①明确指出用白帖任用平民为官是违法行为。

白帖的另一作用是非法征收赋税。宣和年间有官员投诉:"如放欠负一事,自来朝廷黄纸放,监司白纸催。"宋徽宗说:"白纸催,正做得抗敕,待令觉察,编置监司数人便可止绝,令百姓受实惠。"②朝廷原本发布正式的黄纸诏令蠲免赋税,地方政府却用白帖继续催缴,公然抗旨违法。

以上事例说明,宋代广泛行使的白帖,是官员写在白纸上的非正式但有效的文件。

在民间流行的是白契,即未经官方登记盖红印的交易契约。因为契税很重:"大率买产百千,输官者十千有畸,而买契纸赂吏案之费不与焉。故人多隐藏白契。"③这是逃避官府契税的产物,买卖双方认可,但官府不认可、不保护这种非法交易,"民间争田,执白契者勿用"④。然而白契在官府的打压中始终不衰。

白麻、白帖、白契之白,一是白纸,二是没有红色官印。

五、白色涂料

无色系的白色是基本色,就纺织品而言,所谓白色不过就是原本的素色,难以染白,最多漂白。据说,"北绢黄色者,以鸡粪煮之,即白。鸽粪煮亦好","红苋菜煮生麻布,则色白如苎"。⑤ 对其它物体如建筑而言,则有以下几种白色涂料。

(一) 白垩

白垩就是白土:"白垩……即画家所用者,多而且贱,一名白善土……今

---

① 赵升编:《朝野类要》卷三《差摄》,王瑞来点校,中华书局,2007,第69-70页。
② 阙名:《宋史全文》卷一四,宣和元年十二月,汪圣铎点校,第969页。
③ 俞文豹:《吹剑四录》,许沛藻、刘宇整理,载《全宋笔记》第74册第227页。
④ 脱脱:《宋史》卷一七四《食货志》,第4222页。
⑤ 苏轼:《物类相感志·衣服》,载曾枣庄、舒大刚主编《三苏全书》,语文出版社,2001,第19册第511-512页。

处处皆有,人家往往用以浣衣。"①白垩是一种微细的碳酸钙的沉积物。其得名,一说主要分布在西欧的白垩纪地层;一说"土以黄为正色,则白者为恶色,故名垩。后人讳之,呼为白善"②。人们以恶难听,且多利好,遂反其道而改言白善。其用途除了药用、洗涤外,主要是涂刷墙壁。吴县西北的阳山,"有白垩可用圬墁,洁白如粉"③。大中祥符元年(1008年)建造玉清昭应宫时调集全国建材,其颜料就有"卫州之白垩"④,卫州盛产优质白土。其次即用于书画,上文所言"即画家所用者"。还当作粉笔写字,如宋仁宗时苏州"民家一夜有人以白垩书其墙壁,悉似'在'字,字稍异。一夕之间,数万家无一遗者"⑤。参知政事石中立戏效陈尧佐的堆墨书,在政事堂的"黑漆大饭床"上,"取白垩横画其中,可尺余",说是学写堆墨书"田"字。⑥ 或作提示的标识,如募兵体检"试瞻视"即视力时,"刻木作手,加白垩,举以试之"。⑦ 涂白垩是便于观看。

(二) 石灰

石灰是一种以氧化钙为主要成分的无机胶凝材料,用石灰石、白云石、白垩、贝壳等碳酸钙含量高的原料煅烧而成。作为人类最早应用的胶凝材料,因洁白、卫生、防潮等优势,在我国有悠久的历史。宋代的石灰生产如"今近山生石,青白色,作灶烧竟,以水沃之,即热蒸而解末矣"⑧。作为涂料主要用于粉刷墙壁。如开封一围棋国手好到处题写歪诗,"尝书人新洁墙壁,主人憾怒诉官,官为收之拘縶,使市石灰,更圬墁讫,乃得纵舍"⑨。强制他买石灰为人重新粉刷。南宋初宋金战争中,名将刘锜在扬州"用石灰尽白城壁,书曰:'完颜亮死于此。'金主多忌,见而恶之,遂居龟山,人众不可容,

---

① 唐慎微等:《重修政和经史证类备用本草》卷五《代赭》,陆拯、郑苏、傅睿等校注,中国中医药出版社,2013,第 317 页。
② 李时珍:《本草纲目》卷七《白垩》,李伯钦校注,中医古籍出版社,2015,第 311 页。
③ 朱长文:《吴郡图经续记》卷中,载《宋元方志丛刊》,第 663 页。
④ 李攸:《宋朝事实》卷七《道释》,中华书局,1955,第 108 页。
⑤ 沈括:《梦溪笔谈》卷二一《异闻》,胡静宜整理,载《全宋笔记》,第 13 册第 158 页。
⑥ 江少虞:《宋朝事实类苑》卷六四《陈文惠》,上海古籍出版社,1981,第 850 页。
⑦ 施宿:《嘉泰会稽志》卷四《军营》,载《宋元方志丛刊》,第 6775 页。
⑧ 唐慎微等:《重修政和经史证类备用本草》卷五《石灰》,陆拯、郑苏、傅睿等校注,第 298 页。
⑨ 江少虞编《宋朝事实类苑》卷六五《语嘲》,第 866 页。

以致是变云"①。将城墙用石灰刷白,书写很多标语,完颜亮忌讳躲避于龟山,酿成内乱被杀。这是心理战的成功战例。

在军事上,用生石灰粉标记路标。"造小布袋一枚,内贮石灰令满,安在搭袋之内。遇白昼兼程,星夜潜发,路无辨认,野无踪迹⋯⋯雨则用石灰布袋之属,印灰点于地面之上,仍以点之多寡而寓其远近、先后之别。"②后队根据白色灰点的存在与多少,判断行进情况。

(三) 其他

一种是有机生物颜料蛤粉,即蛤蚌壳经煅制粉碎后的灰白色粉末,古人又称白盛:"白盛之蜃,则饰墙使白⋯⋯今犹以为粉饰面,谓之蛤粉。"③粉饰墙壁使变白的蜃灰像石灰一样,而且档次更高,甚至可以涂抹在脸上美容。故而,建造玉清昭应宫所用的颜料,就有"郓州之蚌粉"④。

另一种是无机化学制品铅白,宋代称胡粉又名韶粉、定粉、粉锡,是用铅烧造的白色粉末,即碱式碳酸铅,"韶粉乃铅烧者"⑤,粉锡"即今化铅所作胡粉也","粉锡,胡粉也,只名定粉"。⑥ 在河北澶州、相州的土贡中,各有"胡粉一十斤"⑦。建造玉清昭应宫所用的颜料,有"河南之胡粉"⑧,也是优质建筑颜料。因生产成本高,有毒且不溶于水和乙醇,宋代主要用于绘画涂料、化妆品。

还有一种硅酸盐矿物白色涂料滑石:"静江瑶峒中出滑石,今《本草》所谓桂州滑石是也。滑石在土,其烂如泥,出土遇风则坚,白者如玉,黑如苍玉⋯⋯他路州军,颇爱重之,桂人视之如土,织布粉壁皆用,在桂一斤直七八文而已。"⑨其白如玉者用来粉壁,低廉的价格表明产量很大。

---

① 脱脱:《宋史》卷三六六《刘锜传》,第 11408 页。
② 华岳:《翠微南征录北征录合集·翠微北征录》卷六《治安药石·自认》,马君骅点校,黄山书社,1993,第 217 页。
③ 罗愿:《尔雅翼》卷三一《蜃》,石云孙点校,黄山书社,1991,第 318 页。
④ 李攸:《宋朝事实》卷七《道释》,第 108 页。
⑤ 张世南:《游宦纪闻》卷二注文[九],张茂鹏点校,中华书局,1981,第 20 页。
⑥ 唐慎微等:《重修政和经史证类备用本草》卷五《粉锡》,陆拯、郑苏、傅睿等校注,第 311、313 页。
⑦ 王存:《元丰九域志》卷二《澶州》《相州》,王文楚、魏嵩山点校,中华书局,1984,第 64、78 页。
⑧ 李攸:《宋朝事实》卷七《道释》,第 108 页。
⑨ 周去非:《岭外代答校注》卷七《滑石》,杨武泉校注,中华书局,1999,第 281 页。

六、结语

白色位居五正色之一，有着崇高的政治、文化地位，与其他正色一样，被尊为白帝来敬祀。在皇帝的舆服色彩中，白色与其他正色一样堂堂正正。另一方面，白色又是丧事的象征，总是与死亡相关，难免忌禁。此类两极分化在社会生活中却各行其是。白色在宋代广泛应用，既有物质层面，也有精神意义。建筑物在北方多粉墙，在南方多白屋，官道两旁甚至有白墙，粉壁更密布村庄。上至皇帝、皇后，下至平民、村女，白色服饰遍布于各个阶层及全国各地。且有军装和吏人的白色制服，神仙中也颇多穿着白色。以定瓷为代表的白瓷达到一个历史新高度。白垩、石灰等白色涂料类多量大，使用普遍。

白色具有无彩的奇异，虽为原色，却有自己的色彩优势。其一是面积大。在宋代所有的人文色彩中，应该是白色所占面积最大，因为在服装方面最多的人口穿白，在建筑方面最大面积的墙壁涂白。其二是张力强。作为色彩的起始，有着很强的伸张力，多有精神层面的延伸意义。诸如白屋、白丁等，至于官方文件白麻与白帖，是宋代色彩政治学的表现。宋代的白色文化，表现出色，成就不凡。

附记：朱先生一直是我仰望的高山。先生在冷板凳上勤勉不已，94岁还在写论文，96岁仍在思考学术问题。近十多年来，民生常常自我评估：我到这个岁数，还能不能作学问？其中实际包括三个问题：第一，我能不能活到这个岁数？第二，活到这个岁数还能不能作学问？第三，可以的话写的论文能不能发表？每次评估的结果都是达不到。岂非高山仰止，仰之弥高？虽望山跑死马，但丝毫不影响遥望高山，敬仰高山。有万岁的口号，没有万岁的人，先生泰山其颓，已近周年。为人徒者，当守心孝。白色最能表现灿烂生命消失的空无效果，白色丧服冰雪般的寒冷，骨灰版的绝望，最直观地表达以及激发了人们的悲伤，坦陈着生命的无常与珍贵。谨以此文祭献先生，尚飨！

2023年元月受业生民生顿首

有关宋辽交聘中泛使概念的几点辨析

贾玉英

泛使是宋辽交聘中重要的使节,宋真宗以后,宋辽关系的每次重大变化,泛使无不率先斡旋其间,肩负着重要的使命。泛使概念不仅是研究宋辽关系的重要问题,而且与中国古代外交制度的一些基本概念密不可分。20世纪40年代以来,张亮采先生的《补辽史交聘表》、聂崇岐先生的《宋辽交聘考》、傅乐焕先生的《宋辽聘使表稿》、陶晋生先生的《宋辽关系史研究》、陶玉坤先生的《宋辽对峙中的使节往还》等论著①,虽然对宋辽交聘使节作了较多的补考,但对泛使问题缺乏深入考察,代表当代宋代官制最高研究水平的《宋代官制辞典》也没有将泛使收录其中,中国大陆的《中国历史大辞典》《汉语大词典》,及台湾的《大辞典》《中文大辞典》等工具书,对泛使的解释与史实出入太大。有鉴于此,本文拟就对宋辽交聘中泛使的概念问题作一些探讨。

迄今为止,学术界对宋辽交聘中泛使概念的认识存在着以下三种说法。

第一,泛使是国信使的俗称。聂崇岐先生说:"普通聘问或有所报告要求于邻邦者,曰国信使,俗称泛使。"②《中国历史大辞典·宋史卷》解释道:"国信使,官名;开宝八年(975年)后,宋辽不断通使,其一般聘问往来或有求于对方者,称国信使,俗称泛使。"③新出版的《中国历史大辞典》与《中

---

① 聂崇岐:《宋辽交聘考》,《燕京学报》1940年第27期;傅乐焕:《宋辽聘使表稿》,《历史语言研究所集刊》1949年第14本;张亮采:《补辽史交聘表》,中华书局,1958;陶晋生:《宋辽关系史研究》,台北联经出版事业公司,1986;陶玉坤:《宋辽对峙中的使节往还》,《内蒙古大学学报》1999年第2期。
② 聂崇岐:《宋辽交聘考》,《燕京学报》1940年第27期。
③ 《中国历史大辞典·宋史卷》,上海辞书出版社,1984,第281页。

历史大辞典·宋史卷》的解释几乎相同:"国信使,官名;开宝八年(975年)后,宋辽不断通使,其一般聘问往来或有求于对方者,称国信使,俗称泛使。"①

第二,泛使是一般的使节。《辞源》解释说:"泛使,一般的使节。与专使、特使相对。《宋史》三二九《王广渊传》附王临:'嘉祐初,契丹泛使至,朝论疑所应。'"②台湾三民书局股份有限公司出版的《大辞典》解释云:"泛使,不定期而来的外国使臣,与特使、专使相对;《宋史·王广渊传》:'嘉祐初,契丹泛使至,朝论疑所应。'"③上海汉语大词典出版社的《汉语大词典》解释道:"汎使,亦作泛使,宋代称派往他国临时办理事务的一般使节;宋邵伯温《闻见前录》卷四:'熙宁七年春,契丹遣汎使萧禧来言代北对境有侵地。请遣使画。'"④

第三,泛使是渡海而来的他国使者。台湾中国文化学院出版部出版的《中文大辞典》解释说:"泛使,谓渡海而来之他国使者;《宋史·王临传》:'嘉祐初,契丹泛使至,朝论疑所应。'"⑤

以上三种说法,似乎不无道理,但笔者翻阅了大量的文献之后,不敢苟同以上对泛使概念的解释。

一、泛使不是国信使的俗称,而仅仅是国信使中的一种使节

国信使的前身是信使,西汉时已经有之。史载:"汉高祖遣娄敬使匈奴结和亲约,此中国与北敌通使之始也。"⑥五代后晋出现了契丹国信使,天福三年(938年)十月,后晋高祖石敬瑭"以右金吾大将军马从斌为契丹国信使,考功郎中刘知新副之"⑦。后周也置契丹国信使,广顺元年(951年)二

---

① 《中国历史大辞典》,上海辞书出版社,2000,第1799页。
② 《辞源》,商务印书馆,1982,第1739页。
③ 《大辞典》,台湾三民书局股份有限公司,1985,第2593页。
④ 《汉语大词典》,汉语大词典出版社,1990,第5本第929页。
⑤ 《中文大辞典》,中国文化研究所,1968,第19册第154页。
⑥ 谢维新:《古今合璧事类备要·后集》卷六四《国信使》,四库全书文渊阁本。
⑦ 《旧五代史》卷七七《晋书·高祖纪三》,中华书局,1986标点本。

月,太祖郭威"以尚书左丞田敏充契丹国信使"①。

974年(宋开宝七年,辽应历六年)三月,宋辽交聘开始,双方的使节均以国信使为名。开宝八年(975年)十一月,宋朝"命秘书省校书郎、直使馆宋准假朝请大夫、少府监为契丹国信使"②。当时的宋辽交聘使节"以国信为名,未有贺正之目也"。宋太宗即位后,命冯正等人出使辽朝,将登基之事告诉辽朝,当时国信使中亦"未有告登宝位之名也"③。太平兴国二年(977年)十一月,宋太宗以监察御史李续假太府卿为契丹正旦使,"正旦之名始此"④,正旦使亦名贺正使。澶渊之盟以后,伴随宋辽交聘制度的发展,国信使中使节的名称越来越多。宋真宗东封泰山,"遣秘书监孙奭特报"契丹。契丹"欲讨高丽,遣耶律宁持书"特告北宋,泛使到京师开封"自此始矣"⑤。景德二年(1005年)十月,真宗遣度支判官、太常博士周渐为契丹国主生辰使,国信使中的"生辰之名自此始"。不久,国信使中出现了"贺契丹国母生辰使"的名称。乾兴元年(1022年)二月,宋真宗驾崩,"遣内殿承制、阁门祗候薛贻廓,告哀契丹",国信使中有了告哀使的名称。此后,宋真宗遣度支副使、礼部郎中薛田为契丹遗留礼信使,国信使中"于是有遗留礼物之名"。宋仁宗即位以后,命兵部员外郎、判盐铁勾院任中行出使契丹,"告皇帝初登宝位",国信使中"于是有告登宝位之名"⑥称。天圣元年(1023年)七月,宋仁宗以户部郎中、直史馆刘锴为皇后回谢契丹使,工部郎中赵贺为皇帝回谢使,国信使中"于是有皇太后、皇后回谢礼物之名"⑦称。同年八月,宋仁宗以礼部郎中、知制诰张师德为契丹妻萧氏生辰国信使,国信使中的"契丹妻生辰专遣使始此"⑧。嘉祐三年(1058年),"契丹母萧氏卒",宋朝遣朱处约为祭奠使,李师中为吊慰使。建中靖国元年(1101年),宋徽宗命张舜民为

---

① 《旧五代史》卷一一一《周书·太祖纪二》。
② 《宋会要辑稿》职官五一之一,中华书局,1997影印本。
③ 谢维新:《古今合璧事类备要·后集》卷六四《国信使》。
④ 潘自牧:《记纂渊海》卷三三《国信使》,四库全书文渊阁本。
⑤ 魏泰:《东轩笔录》卷一五,中华书局,1983标点本。
⑥ 谢维新:《古今合璧事类备要·后集》卷六四《国信使》。
⑦ 潘自牧:《记纂渊海》卷三三《国信使》。
⑧ 李焘:《续资治通鉴长编》(本篇以下简称《长编》)卷九九,乾兴元年八月壬寅,中华书局,1979、1985、1992标点本。

辽国贺登位国信使,"自是使名益众矣"①。

我们从以上国信使种类不断增多的过程中可以看出,国信使是宋辽交聘中众多使节的总称。明朝徐一夔等人曾总结说:"宋使外国,谓之国信使。"②辽朝遣往宋朝的各类使节也是总称国信使,宋人叶梦得记载道:"契丹馆于都亭驿,使命往来,称'国信使'。"③泛使仅仅是国信使中众多的使节名称之一。换言之,我们可以说泛使俗称为国信使,因为它是国信使中的一种使节;但决不能说"国信使,俗称泛使",因为国信使是贺正旦使、贺生辰使、告登宝位使、告哀使、祭奠使、吊慰使、遗留使、泛使等众多使节的总称,作为包括众多使节总称的国信使,怎么能俗称泛使呢!《中国历史大辞典·宋史卷》和新出版的《中国历史大辞典》等工具书中,"国信使,俗称泛使"的解释,是不妥当的。

二、泛使不是一般的使节,而是与一般使节不同的特别使节

我们不妨从两个层面考察这一问题。

(一) 泛使不是一般的使节

聂崇岐先生曾把宋辽交聘中众多的使节分为:正旦使、生辰使、告哀使、遗留使、告登位使、祭奠使、吊慰使、贺登位使、贺册礼使、回谢使、国信使(俗称泛使)、答谢国信使等十二种④。毫无疑问,聂先生的这种分类法为深入研究宋辽使节奠定了基础。但是,当今学术界对泛使的认识仍停留在"一般使节"的传统结论上。史实上,泛使并不是一般的使节,请看以下宋朝人对泛使概念的相关记载。

首先,苏颂在宋神宗元丰年间撰写的《华戎鲁卫信录总序》中说:"南北将命往还约束细大之务,动循前比,故次之以条例,凡此皆常使也,诞辰岁节致礼

---

① 谢维新:《古今合璧事类备要·后集》卷六四《国信使》。
② 徐一夔等:《明集礼》卷三二《遣使·总序》,四库全书文渊阁本。
③ 叶梦得:《石林燕语》卷七,中华书局,1984。
④ 聂崇岐:《宋辽交聘考》,《燕京学报》1940年第27期。

而已;至若事干大体,则有专使导之,故次之以泛使。"①这里的"南北"分别指北宋和辽,北宋为南朝,辽为北朝。宋朝人苏颂明确指出:宋辽交聘中的贺生辰使、贺正旦使、贺册礼使等等,只不过是"诞辰岁节致礼"的一般使节,谓之"常使";关系到宋辽双方"大体"的重要事务,"则有专使导之,"所以遣特别使节泛使,谓之"专使"。由此可见,泛使是和一般使节不同的特别使节,宋朝人称其为专使。

其次,右正言邹浩在元符二年(1099年)二月写给宋哲宗的奏疏中说:"臣伏闻曾旼往界首接伴北使,与之纷争,累日方决,终不能夺北使之议……旼等曾不审处于未见北使之前,而乃轻发于已见北使之后,此何谓也? 又况泛使实与常使不同,既未知其的为何求而来,正赖接伴预以道理处之,使不能妄有生事之渐。"②这里的"北使",是指辽朝的使节。邹浩的话明确地告诉我们,宋辽交聘中的泛使是与常使不同的特别使节,而不是一般的使节。

其三,接伴辽国泛使曾旼等人,在元符二年(1099年)六月给宋哲宗的上奏中也说:"新修《国信敕令仪制》等,其中条例不无增损,而事干北人者,恐难改革。又泛使往来虽系不常,而新令条目,元不该及。乞下元修官审照旧例刊除,略加添修。"③这里的"北人"指的是辽朝人。曾旼的这段奏文又进一步告诉我们,宋辽交聘中泛使是往来不常的专使。

其四,宋朝人晁说之认为,泛使是辽朝每隔十年或二十年前来要挟宋朝的特别使节。他记载说:"彼往时所谓刘六符者,有古燕男子之风,尝为其国谋主谓曰:大辽虽与中国通和,要当十年、二十年必以事挠之,使中国知吾非怯而忘战者,中国常惴惴不自德于岁币,则大辽常有中国为之奉矣。今彼二十年间,必遣泛使有要于朝廷者,六符之谋行也。"④

在晁说之看来,辽朝泛使决不是一般的使节,而是向宋朝挑起事端的特别使节。辽朝每隔十年或二十年遣泛使要挟北宋就是采用刘六符的计谋。

其五,在宋朝著名史学家李焘、陈钧等人的笔下,辽朝泛使也不是一般的使节。澶渊之盟后,由于辽朝泛使的几次入宋,不是索要钱财土地就是求

---

① 苏颂:《苏魏公文集》卷六六《华戎鲁卫信录总序》,四库全书文渊阁本。
② 李焘:《长编》卷五〇六,元符二年二月丁酉。
③ 李焘:《长编》卷五一一,元符二年六月己丑。
④ 晁说之:《景迂生集》卷二《朔问下》,四库全书文渊阁本。

皇帝的画像，所以，宋朝上至皇帝下至士大夫，人人畏惧泛使。宋神宗熙宁七年(1074年)二月，辽朝泛使尚未到开封，北宋的"士大夫已汹汹"①。辽朝抓住宋朝人的害怕心理，动辄声言要遣泛使。熙宁八年(1075年)闰四月，王安石竭力劝宋神宗改变这一状况。李焘对此记载道：

> 王安石言……缘契丹习见朝廷惮其泛使，故每言难免往复，今明许其来，来有何伤？上以为然，诏雄州牒涿州如安石言。既而复令进呈牒本，谓安石："彼若果遣泛使来当如何？"安石曰："彼以我为惮其泛使，今示以无所惮，彼或不遣；示以惮遣，则其来决矣。泛使于我何苦而惮其来也！"上曰："来此偃蹇不去如何？"安石曰："乡者萧禧来，陛下两开天章阁议事，又连遣使就商量地界，乃所以长其偃蹇。今若复遣泛使来，待彼说一句即答一句，若不说即勿语，或不肯去，即厚加馆饩节次，牒报契丹，彼亦无所发怒，何由使至交兵？"②

从李焘记载中可见看出，王安石竭力主张向辽朝示意不怕其派遣泛使。但由于宋神宗的妥协退让，宋朝害怕辽泛使的状况始终没有改变。在外交策略上，辽朝对宋朝常采用以泛使斡旋和军事压力相结合的战略。宋徽宗崇宁五年(1106年)三月，辽朝泛使萧保先、牛舒温等入宋"为夏人请地，时边报称北境点集甚急，泛使至馆，人情汹汹"③。试想，假如泛使是一般的使节，宋朝能"人情汹汹"吗？

(二) 泛使在宋辽关系中的重要作用

宋辽交聘中众多的使节，如果以派遣的目的为线索划分，可分为两大类。第一类是两国礼尚往来的一般使节，即常使。其主要包括每年正旦向对方皇帝、皇太后或皇后祝贺节日的贺正旦使，向对方皇帝、皇太后或皇后祝贺生辰的贺生辰使，祝贺对方新皇帝登位的贺登位使，将本朝新皇帝登位消息告诉对方的告登位使，祝贺对方皇太后受册封的贺册礼使；祭奠对方皇帝或皇太后逝世的祭奠使，吊慰对方皇太后或皇帝逝世的吊慰使，及将本朝

---

① 李焘：《长编》卷二五〇，熙宁七年二月乙亥。
② 李焘：《长编》卷二六三，熙宁八年闰四月丙申。
③ 陈钧：《九朝编年备要》卷二七，四库全书文渊阁本。

皇帝驾崩或皇太后逝世消息告诉对方的告哀使,把本朝逝世皇帝或皇太后部分遗留物馈赠给对方的遗留使,答谢、答聘对方赏赐或吊唁等礼遇的回谢使等等。这些使节用宋人苏颂的话说是"皆常使也,诞辰岁节致礼而已"①。第二类是商议重大事务的特别使节。主要指泛使、横使、报聘使、审行商议使等。第二类使节与宋辽关系的重要变化密切相关,尤其是泛使,澶渊之盟以后宋辽关系的每一次重大变故,泛使无不率先斡旋其间,起着重要的作用,请看以下史实。

宋仁宗庆历二年(1042年),辽朝乘宋与西夏战争连败之机,遣泛使萧英、刘六符致书宋朝,索求五代后周世宗收复的关南十县之地,"且问兴师伐夏及沿边疏浚水泽,增益兵戍之故"②。与此同时,辽朝还采用刘六符的计谋,"聚兵幽、涿,声言欲入寇"③。在辽朝泛使萧英等人的斡旋恐吓和军事压力之下,宋朝派遣富弼出使辽朝。双方交涉之后,宋朝以每年增加绢十万匹、银十万两予辽为代价,换取了辽朝对西夏的"不结盟政策"。

宋神宗熙宁七年(1074年)三月,辽朝以宋人"深越封陲"侵入蔚、应、朔三州界内为由,遣泛使林牙和萧禧前"来致书",要求重新划分宋辽"蔚、应、朔三州地界"。宋神宗面谕辽朝泛使萧禧等使者道:"此细事,疆吏可了,何须遣使?待令一职官往彼计会,北朝一职官对定。"④不久,泛使萧禧返回辽朝。此后宋辽进行了多次谈判,但双方仍争执不决,辽朝坚持以蔚、应、朔三州分水岭为界,并以兵侵入代州相威胁。

熙宁八年(1075年)三月,辽朝再次遣泛使林牙和萧禧致书于宋,催促"早委边臣,各加审视"⑤,商定地界。泛使萧禧等人到京师开封以后,"久留不肯还",以此给宋朝施加压力。宋神宗以沈括为报聘辽国信使。沈括临行前"于枢密院阅案牍,得契丹顷岁始议地畔书,指以古长城为分,今所争乃黄嵬山,相远三十余里"⑥。在谈判中,沈括根据宋朝的图籍档案,力争以黄嵬山脚为界,拒绝以分水岭划界。经过多次谈判,辽朝放弃了黄嵬山,争到了

---

① 《苏魏公文集》卷六六,《华戎鲁卫信录总序》。
② 《辽史》卷一九《兴宗纪二》,中华书局,1974,第227页。
③ 李焘:《长编》卷一三五,庆历二年三月己巳。
④ 李焘:《长编》卷二五一,熙宁七年三月丙辰、癸亥。
⑤ 李焘:《长编》卷二六一,熙宁八年三月庚子。
⑥ 李焘:《长编》卷二六一,熙宁八年三月辛酉

天池等地。此后,宋神宗以韩缜等人与辽朝交涉商议,最终宋朝让步,双方以分水岭划界。按照制度,辽朝的"使者留京不过十日",而泛使萧禧与宋朝的韩缜等人争论地界"或至夜分,留京师几一月"①才返回辽朝,对宋朝的让步起到了重要威胁作用。

哲宗亲政以后,宋朝对西夏采用攻打开边政策。西夏向辽朝求援。元符二年(1099年)三月,辽朝以"西人煎迫"②为由,遣泛使萧德崇和李俨入宋,"为夏国游说息兵及还故地"③。宋朝为了对付泛使萧德崇和李俨,专门设置了"馆伴辽国泛使所"④。泛使萧德崇和李俨以久留住京师开封不返回相威胁,宋辽双方经过多次谈判,结局仍以宋朝妥协同意罢兵而告终。辽朝泛使萧德崇和李俨"留京师凡三十七日乃归"⑤,对迫使宋朝中止开边计划,无疑起到了重要作用。

宋徽宗崇宁四年(1105年),北宋与西夏战争取得了青唐战役决定性的胜利,西夏向辽朝求援。同年四月,辽朝"遣其签书枢密院萧良来为泛使",指责宋朝"出兵侵夏国",且言"大辽以帝妹嫁夏国主,请还所侵地",蔡京"谓辽书悖慢"。五月,宋徽宗以林摅为报聘使,蔡京欲开边衅,密谕林摅激怒辽主。翌年三月,辽朝再次"遣泛使同平章事萧保先、牛舒温来为夏人请地",并以大兵压境威胁宋朝。辽朝泛使至京师开封,宋朝大臣"张康国、吴居厚、何执中、邓洵武皆谓势须与北境交通"⑥。宋、辽泛使多次交涉以后,宋朝与西夏通好。泛使又一次在迫使宋朝终止对西夏开边计划的实施中,起到了重要作用。

总之,无论宋朝人文献的直接记载,还是泛使在宋、辽、西夏三国外交关系中的重要作用,均说明了宋辽交聘中的泛使不是一般的使节,而是与一般使节相对的特别使节。台湾三民书局股份有限公司出版的《大辞典》和上海汉语大词典出版社的《汉语大词典》等工具书,把泛使解释为"一般的使节,与专使、特使相对",或"宋代称派往他国临时办理事务的一般使者"的

---

① 李焘:《长编》卷二六二,熙宁八年四月丙寅。
② 李焘:《长编》卷五〇五,元符二年正月丙寅。
③ 李焘:《长编》卷五〇七,元符二年三月丙辰。
④ 李焘:《长编》卷五〇七,元符二年三月己未。
⑤ 李焘:《长编》卷五〇九,元符二年四月辛卯。
⑥ 陈钧:《九朝编年备要》卷二七。

说法，都是错误的。

老一辈史学家聂崇歧先生曾对宋辽使节出使路线作过深入的考证："辽使入宋自白沟起，南行为雄州，再南经莫州……而至东京"；"宋使入辽，自白沟起，北行为新城县，再北经涿州……遂至炭山"。① 孙冬虎先生在《宋使辽境经行道路的地理和地名学考察》一文中，对宋辽交聘的交通路线和道路作了更深入的考察②。这些研究成果表明：宋辽交聘中使节往来走的是陆路，而不是渡海，限于篇幅，本文不作赘述。

三、横使与泛使是同一种使节

学术界对宋辽交聘中横使的研究甚少。史实上，横使和泛使是同一种使节，都是指国信使中的特别使节。

横使的"横"字，和宋真宗赵恒的"恒"字有同音之讳③。历宋真宗一朝，宋辽交聘的特别使节，不称横使，而称泛使，史载："真宗与北蕃谋和，约以逐年除正旦、生辰外，彼此不遣泛使。"④

宋仁宗统治时期，对宋辽交聘中的特别使节，有称泛使的，也有称横使的，即使同一种文献对同一批特别使节的称呼记载也不一样，时而称"泛使"，时而又谓之"横使"。《宋史·王临传》载：

> 嘉祐初，契丹泛使至，朝论疑所应，临言："契丹方饥困，何能为？然《春秋》许与之义，不可以不谨。彼尝求驯象，可拒而不拒；尝求乐章，可与而不与，两失之矣。今横使之来，或谓其求圣像，圣像果可与哉？"朝廷善其议。

显然，这里的"泛使"和"横使"，都是指辽朝派来求宋仁宗画像的耶律防等特别使节，《宋史》作者脱脱等人叙述时使用的是"泛使"，而北宋人王临上言时使用的是"横使"。毫无疑问，"泛使"和"横使"是同一种使节，指的都是辽朝的耶律防等人。

---

① 聂崇岐：《宋辽交聘考》，《燕京学报》1940 年第 27 期。
② 孙冬虎：《宋使辽境经行道路的地理和地名学考察》，《中国历史地理论丛》2004 年第 4 期。
③ 陈垣：《史讳举例·宋讳例》，中华书局，2004，第 125 页。
④ 魏泰：《东轩笔录》卷一五。

宋神宗统治时期,上自皇帝下至大臣,称特别使节为横使者更为普遍。熙宁八年(1075年)四月,辽朝泛使萧禧等再次入宋。宋神宗在赐给韩琦、富弼、文彦博、曾公亮的手诏中说:

> 朝廷通好北朝几八十年,近岁以来,生事弥甚,代北之地,素有定封,而辄造衅端,妄来理辨,比敕官吏,同加案行,虽图籍甚明,而诡辞不服。今横使复至,意在必得。朕以祖宗盟好之重,固将优容,敌情无厌,势恐未已,万一不测,何以待之?古之大政,必询故老,卿夙怀忠义,历相三朝,虽尔身在外,乃心罔不在王室,其所以待遇之要、御备之方,密具以闻,朕将亲览。①

宋神宗手诏中称辽朝特别使节萧禧等人为"横使"。大臣韩琦在给宋神宗的密奏中也称萧禧等人为"横使"。他说:辽朝"屡遣横使,以争理地界为名,观我应之之实如何耳"。另一大臣富弼在给宋神宗的密奏中,同样也是称萧禧等特别使节为横使。他说:"今衅端已成,代北各屯兵马境上,争议逾年未决。横使再至,事归朝廷。"②

从以上文献记载中可以看出,横使与泛使是同一种使节,我们从现存的文献中还可以列举出很多例证,恕不赘举。横使的"横"字,有其特殊的含义。宋人张邦基的《墨庄漫录》载云:"自汉后十年,唯韩退之之于文,李太白之于诗,亦皆横者。"③这里"横"字的含义是"不寻常""特别"之意,宋辽交聘中"横使"的"横"字,亦取其义。横使的概念是不寻常的、特别的使节,与泛使的含义是一样的。

一言以蔽之,宋辽交聘中"泛使"的准确概念应解释为:与一般使节不同的、"往来不常"的特别使节,和横使是同一种使节,即宋朝人文献中记载的"专使"。

---

①② 李焘:《长编》卷二六二,熙宁八年四月丙寅。
③ 张邦基:《墨庄漫录》卷六,四库全书文渊阁本。

嵇文甫先生旧学师承渊源考略

郑永福

嵇文甫先生,本名明,字文甫,以字行,河南汲县(今卫辉市)人。先生是饮誉中国学术界的大家,于哲学、史学等领域造诣颇深,道德文章,均称一流,为学界所景仰。值先生诞辰一百周年之际,不揣浅陋,谨对先生旧学渊源做一粗略的考察,以为纪念,并表示对先生的敬仰之情。

一

研究中国古代哲学、历史,没有点旧学的底子,恐怕不行。反过来说,嵇文甫先生之所以成为蜚声中外的史学、哲学大家,一个重要条件是得益于深厚的旧学功底,这应该说是没有疑问的。研究嵇先生的旧学师承渊源,对我们把握其一生的治学风格、治学思想、治学道路,不无裨益,同时这也是研究先生学术思想的课题之一。

探讨嵇先生的旧学师承关系,难度较大,但不是没有线索可寻。1941年,先生被国民党囚禁于洛阳期间曾赋诗词数首,其中一联曰:"寝馈六经三史,瓣香一峰二山。"① 一峰是指孙奇逢,二山指王夫之、全祖望。王夫之(1619—1692年),明清之际思想家。字而农,号姜斋,衡阳人。晚年隐居湘西蒸左石船山,学者称船山先生。明亡后,曾隐伏深山,研究著述垂四十年,对天文、历法等均有研究,尤精于经学、史学、文学。哲学上总结和发展了中

---

① 嵇道之:《嵇文甫传略》,载《晋阳学刊》编辑部《中国现代社会科学家传略》第一辑,山西人民出版社,1982,第342页。

国传统的朴素的辩证法和唯物论。全祖望(1705—1755年),清代经学家、史学家。字绍衣,号榭山,学者称榭山先生。浙江鄞县人,乾隆年间进士,选翰林院庶吉士。因受大学士张廷玉排斥,贬任知县,后辞官归乡,主讲蕺山书院、端溪书院。经学、史学、词科三者兼治,为浙东学派的重要代表。学术上承黄宗羲等"钻研史籍、通经致用"的传统。嵇文甫先生史学哲学理论方面受王夫之影响很大,而在治学门路上则近乎全祖望代表的浙东学派。但从总体上来说,其为人处世、读书治学,受孙奇逢的影响更大一些,这是有案可查的。

孙奇逢(1585—1675年),字启秦,号钟元,直隶容城人(今属河北),清初迁居河南辉县(今河南省辉县市)苏门山下夏峰村,学者称之为夏峰先生。清初,北方学者奉孙奇逢为泰山北斗,与黄宗羲、李颙并称"三大儒",是颇有影响的一代儒宗。奇逢在苏门山下隐居二十余年,躬耕自食,授徒讲学,弟子甚多。当时直隶、河南一带的学者,多出自奇逢之门。嵇文甫先生的故乡汲县与辉县毗邻,汲县的学者受夏峰先生的遗风影响更加明显。而且考究起来,嵇先生的老师是李敏修,李敏修的老师是王少白,王少白治学便是承继孙夏峰,其中的师承关系应该说是非常清楚的。

据嵇先生之公子嵇道之先生云,文甫先生"处人处世以孙夏峰为师"①。那么,夏峰先生为人处世如何呢?他为人谦和,对来访者均能真诚相待。他见长者言仁,见少者言孝。不论是做官的还是种田的,学问大的还是初学者,奇逢都能与之交谈开导,其学术影响波及到江浙一带。在生活上,他甘居土室,粗茶淡饭,一心问学教书。他治学严谨,持之以恒,到八九十岁了还执着地研究追求。他注重名节,注重心性修养,为时人所称道②。这些,可能就是嵇先生景仰夏峰先生的重要原因吧。

孙奇逢一生以理学家自处,著述颇多,入清后三十一年间就有《四书近指》《理学宗传》等近二十种。其《理学宗传》在理学发展史上有一定的开创意义。该书强调理学宗传必须本"天",不能本心,本心乃是禅学,这实有贬斥陆王心学之意。但是,孙奇逢曾学宗陆、王,到了晚年也并不完全尊程、朱而退陆、王。他认为后世学者之所以对程朱、陆王的异同争诉不已,是缺乏

---

① 嵇道之:《嵇文甫传略》,第342页。
② 郑永福:《一代儒宗名隐孙奇逢》,载《隐士传》,河南人民出版社,1994,第462-470页。

融通之见,失去了两学派的原初之旨,才产生了诸多分歧。诚如嵇先生后来指出的:"夏峰是著名的朱陆调和派。……夏峰仍沿袭着宋明理学的旧传统,并未脱出其窠臼,但是至少在注重躬行实践,打破一般理学等先生们偏执迂拘狭隘的门户之见这一方面,实际上是作了通向颜李学风的一道桥梁。"①夏峰先生这些学术观点,对他的弟子们有相当的影响,嵇文甫先生后来致力于左派王学的研究并取得了突出的成就,也与夏峰有关。嵇先生曾写道:"我向来有一种臆说,以为陆、王学说中含有实用主义成分,孕育着清初经世致用的学风,而夏峰之学更直接和颜习斋有关系,可以作为从陆、王到颜、李的桥梁。这其间错综微妙异同流变的情形,我已经从许多方面步步证实。"②嵇先生在这篇题为《孙夏峰学派的后劲——马平泉的学术》一文中,进一步分析说,"本来平泉是从赵宽夫以上接夏峰学派的。夏峰之学,专务躬行实践,不讲玄妙,不立崖岸,宽和平易悃愊无华,和一般道学家好为高论,而孤僻迂拘,不近人情者,大异其趣。平泉从这一路发展下去,而更神会于陆、王,泛滥于百家。所谓'权略机应皆适道,空明澄澈不是禅',正揭出陆、王妙谛……这显然自成一格,已非复夏峰所能限了"③。

二

我们知道,宋代之后形成的理学,主要有四个大的学派,这就是以周敦颐为代表的濂学,以程颢、程颐、邵雍为代表的洛学,以张载为代表的关学和以朱熹为代表的闽学。程颢、程颐、邵雍均为河南人,系理学大家,朱熹继于二程,集理学之大成,故理学又称程朱理学。元代最大的理学家之一许衡,河南河内(今沁阳)人,曾向元朝统治者建议用程朱理学统一人们的思想,深受当局重视。到了明代,河南又有吕坤,为理学张目,颇具影响。河南的理学传统,可谓根深蒂固。

明末清初,随着大明朝的衰败,国内不少思想大家进行反思,进而抨击

---

① 嵇文甫:《颜习斋与孙夏峰学派》,载《嵇文甫文集》下册,河南人民出版社,1990,第641页。
② 嵇文甫:《孙夏峰学派的后劲——马平泉的学术》,载《嵇文甫文集》中册,河南人民出版社,1990,第438页。马平泉,名时芳,号平泉,河南禹州人,乾隆年间曾任封丘、巩县教谕,著述颇多。
③ 嵇文甫:《孙夏峰学派的后劲——马平泉的学术》,载《嵇文甫文集》中册,第439页。

程朱理学,但河南学术界的风气仍无改变。梁启超曾经说过,清代初期,"中州学者,无一不渊源于夏峰"①。嵇先生在谈到河南省学术流变时也说过:"河南本理学最盛之区。其在清初,有孙、汤、耿、李、窦、二张所谓八先生者,树立坛坫,更唱迭和,苏门嵩岳之间,彬彬如也。"②

嵇文甫先生这里说的清初八先生中的孙,即指孙奇逢;汤是指汤斌,汤氏(1627—1687年),字孔伯,顺治九年(1652年)进士,河南睢州(今睢县)人,以孙奇逢为师,笃守程朱理学,又主张调和程朱陆王,造诣颇深,著有《洛学篇》《汤子遗书》等。汤斌不以学媚世,后以忤权相明珠而遭杀戮;耿即耿介(?—1686年),字介石,河南登封人,顺治九年(1652年)进士,主嵩阳书院讲席,以阐扬宋明理学为己任,著有《中州道学篇》《理学正宗》等;李即李灼然(1654—1721年),字来章,河南襄城人,康熙十四年(1675年)举人,幼读《二程遗书》,著述甚丰;窦即窦克勤(生卒年不详),字敏修,河南柘城人,康熙二十七年(1688年)进士,谢病归里后,于朱阳书院精研经学,著有《理学正宗》《朱阳书院讲习录》等数十种;二张指张沐、张伯行。张沐(生卒年不详),字仲诚,上蔡人,顺治十五年(1658年)进士,时称当代真儒。曾从孙奇逢游,与汤斌、耿介往来讲学,深受汤斌推重,后主讲游梁书院,著述十数种,学宗陆王,不废程朱。张伯行(1651—1725年),字孝先,康熙二十四年(1685年)进士,河南仪封(今兰考县)人,博览儒家群籍,精研程朱学说,著述富赡,主要有《正谊堂论文集》《性理正宗》《濂洛关闽书》等。按:嵇先生文中说清初八先生,文集中实只点了七人姓氏,疑遗漏者为冉觐祖。冉氏(1638—1718年),字永光,河南中牟县人,曾杜门潜居,精研《四书集注》凡二十年,康熙三十年(1691年)进士。主讲请见及嵩阳两书院,以程朱理学为宗,著述仅刊刻者即达数百卷。清初,以上述诸人为核心的知识分子群,形成以宋明理学为浓重氛围的中州文化圈。

在顾炎武、黄宗羲提倡下,清初经世致用之风大起,其后汉学大盛,全国景从,至乾嘉时期,考据大家如林。独河南学者,恪守前轨(即程朱理学),不为时风众好所转移。这一时期及其后,河南考据学家寥寥,影响甚微,而有相当影响的学者如夏用九、马平泉、李棠阶、王少白诸先生,皆闇(暗)然

---

① 梁启超:《清代学风之地理分布》,载《饮冰室合集·文集》之四十一,中华书局,1989,第58页。
② 嵇文甫:《读〈毋自欺斋文字纪年〉》,载《嵇文甫文集》中册,第393页。

自修,孤行其志,沿着程朱理学的路子走。李棠阶(1798—1865年),道光二年(1822年)进士,先后任军机大臣、工部尚书,1864年任礼部尚书。称病归里后主讲河朔书院,理学大家。其为学无所偏主,不龂龂为程朱陆王之辨。王少白(1810—1891年),名辂字少白,河南武陟人。其父六吉先生系中州理学大家李棠阶之讲学之友,少白曾从棠阶研习理学。少白弟子门人甚多,其中毛昶熙(1817—1882年)官至尚书。少白"泊然乡里,笃守儒素,讲学以程朱为归,亦不批驳汉儒、瑕疵陆王"。教导学生"躬行实践,莫尚空谈"。被称作"经师人师,俱臻绝顶"①。

1840年前后,中国正处于社会大变动之中。社会转型呼唤文化变迁,文化变迁推动着社会转型。鸦片战争前夕,就在已经没落的宋学(即程朱理学)与汉学(即考据学)互争正统的时候,今文经学崛起,其后西学东渐加剧。而河南学术界对此反应迟钝,笼罩在中州大地上的、占主导地位的仍是程朱理学。对此,我们这里不多作评析,只是想说明,直到清末,河南思想界的理学传统仍未动摇。1866年出生的、后来对中州学界发生重大影响的李敏修,"早岁从武陟王少白先生游,笃守洛闽矩矱。既而出入诸经,博观约取,特心折于船山之学,故其教人,由船山以上溯洛闽,而归宗于洙泗"②。李敏修继承乡正遗绪,成为河南历史上最后一位很有影响的理学家。

三

对嵇文甫先生影响最直接最大的当属李敏修。李敏修(1866—1943年),又名时灿,号闇(暗)斋,与文甫先生同为汲县人。光绪十八年进士,授刑部主事。青少年时代,李敏修受王少白等人影响,对理学情有独钟。光绪十五年(1889年)他24岁时还对好友王锡彤云:"名教自有乐地,周(敦颐)、程(程颢、程颐)、张(载)、朱(熹)之书,为孔孟真传,吾辈不可不勉,以之自修,以之淑世,达而在朝,穷而在野,皆有安身立命之地。"③

---

① 王锡彤:《浮生梦影》,载《抑斋自述》,1915,第48-58页。按:王锡彤(1866—1938),汲县人,与李敏修关系甚密,曾问学王少白,著述多种。
② 嵇文甫:《读〈毋自欺斋文字纪年〉》,载《嵇文甫文集》中册,第392页。文中"上溯洛闽"指上溯二程和朱熹,"归宗于洙泗"系指归宗于孔子。洙、泗原是鲁国水名,孔子是鲁国人,于是有是说。
③ 王锡彤:《浮生梦影》,载《抑斋自述》,1915,第46页。

光绪二十七年（1901年），李敏修在汲县县城创办经正书舍，收藏图书最多时达三十余万卷。经正书舍不仅供乡里青少年借阅图书，还由李敏修、王锡彤等人为青少年批阅读书笔记，从今人眼光看来实有业余学校性质。

嵇文甫先生学童时期，常到经正书舍看书，对李敏修非常敬仰。李敏修，中州"一代耆儒，早岁讲学，笃守程朱。至晚年则行事类夏峰，持论宗船山"。文甫先生十二三岁时曾见敏修一篇《告汲县父老文》，"读斯文至成诵，感受实深且切也"。嵇先生回忆说："余生也晚，未及侍先生盛年之讲席。自先生罢政故里，始得相从问业。"后来嵇先生到故都开封任教职，寄居李敏修寓庐，"益得朝夕侍坐。每饭毕，杂论古今，尽情倾吐，往往连五六时，不知日之落夜之深也"。当时嵇先生给敏修师的寿诗谓："小子生同里，叨置弟子列。奖引逾寻常，闻见倍亲切。"敏修赠文甫题扇诗中有云——"晚年起予得吾子，探索新旧觅新知"，视文甫如子，属望至殷，足见两人关系密切之程度。①

19、20世纪之交，河南的一批文化名人往来唱和，切磋学问，自然形成一个覆盖中州的网络。这些人中有：汲县李敏修、王锡彤，辉县史筱舟，新乡王靖（一作静）波，新蔡刘纯仁，汜水（今属荥阳）魏联奎，南阳张嘉谋等。这些人为学多以宋学为归，以传衍理学遗绪为己任，讲求修身养性。其中魏联奎，学宗宋儒，认为义利之辨是人禽之别；王锡彤耻于言商，以至于清末赴禹州三峰煤矿公司任经理，当局要以三峰书院山长的名义邀请他，唯恐他不肯去，其实当时只有煤矿，并无书院。当然，社会改革的大潮毕竟吹动了固守传统的中州，这个知识圈中的人们，也逐渐发生了重大变化。李敏修与时俱进，鼓吹新学新政，致力于新式教育，成为河南举足轻重贡献颇多的教育家。

嵇先生对李敏修师十分尊重，评价甚高。1946年李先生逝世三周年时，特为《河南民报》撰写社论《纪念李敏修先生》。其中写道："我们应该知道，学术的确是国家民族的精神命脉所系，……任何时代，任何国家，一到了所谓'学绝道丧'，所谓'上无礼，下无学'，一到了大家都'不悦学'，不尊重学术，不尊重学者，那就是必亡的征兆……李老先生讲学数十年，……现在河南教育界四十岁以上的人士，大概都直接间接受过他的影响……自然，他

---

① 本段引文参见嵇文甫：《闇（暗）斋师伤辞》，载《嵇文甫文集》中册，第398-399页。

是个理学家,他所讲的那一套,不一定尽合现代人的口味。然他始终以学术为他的安身立命所在,热心地追求着,仔细地探索着。不以学成德尊而鄙夷新进,不以衰病颠沛而姑息偷安……李老先生逝世了!无论怎样伟大的学者,谁也不能不受时代的限制,地域的限制,李老先生当然也不例外。然而只要是一个真正学者,总都是超然独立于势力纷华之外,而别有一种崇高伟大的境界,以自乐其天怀。视世之蝇营狗苟者如无物,他那种忠心于学术,献身于学术的精神,总是永远光明的。"[1]我们引用上述这些话,不仅是想说明李敏修先生的品德高尚,同时感到,这也正是嵇文甫先生所追求的思想境界。

综上所述,由于嵇文甫先生生活在一个特定的文化传统氛围之中,决定了他熟谙程朱理学和陆王心学,并有极深的情感;加之直接受李敏修的影响,又钟情于船山之学。嵇先生一生研究领域甚宽,在许多方面取得了引人瞩目的成就,但在左派王学及船山学派研究方面尤勤且精,不能不说和他的旧学师承有极大的关系。当然,嵇先生的研究水平远远超出了他的前辈们,这不仅是因为他处的时代不同了,更主要的是,嵇先生既有深厚的旧学功底,又通西学,还掌握了辩证唯物主义和历史唯物主义的理论武器。

---

[1] 嵇文甫:《纪念李敏修先生》,载《嵇文甫文集》中册,第390-391页。

乾嘉考据学的遗产与 20 世纪中国史学的发展

王记录

20 世纪中国历史学的发展,无法脱离中国史学的传统。积蕴深厚的传统史学是 20 世纪历史学体系建立的重要资源。"加强对中国史学遗产的研究,发掘和梳理其中有价值、有意义的成果,并加以继承和发扬……是显示历史学的中国特点、中国作风、中国气派的重要路径。"①在中国史学发展史上,清代乾嘉时期成熟而完善起来的考据学就是这样一种"有价值、有意义的成果",它有着一套自成体系的思想与方法,不仅深刻地影响了"新史学"的一大批学者,成为"新历史考证学"产生的基础,而且在马克思主义史学影响下进一步在历史研究中展示了自身的价值。探寻乾嘉考据学在现代史学发展中的演化,透过种种表面现象考量其合理内核的长久生命力和永恒价值,将之注入当代历史学的发展之中,庶几可以从一个侧面揭示 20 世纪历史学体系构建中最关键的问题。

一、"实事求是":自成思想与方法体系的乾嘉考据学

考据学,又称考证学,虽然成熟发达于乾嘉时期,但其起源甚早。先秦时期,就有了"以考其信"的说法;及至汉代,出现了"考据"一词,指对古籍的文字音义及古代的名物制度等进行考核辩证,其一系列方法得到学者们

---

① 瞿林东:《关于当代中国史学话语体系建构的几个问题》,《中国社会科学》2011 年第 2 期,第 24 页。

的广泛采用；两宋时期，又不断充实了考据的内容与方法；到了清代尤其是乾嘉时期，考据学达于鼎盛，又有"考证学""考核学""汉学""朴学""制数学""名物典制之学"等称谓，形成了一套系统的思想与方法①。顾颉刚曾说考据学是"土生土长的中国之学"②，在中国学术史、史学史、思想史上独树一帜。乾嘉学者对于"考据""考证"有着极为自觉的认识，围绕"实事求是"的治学宗旨，形成了自成体系的思想与方法。

乾嘉考据学者在进行文献和历史考辨时，始终秉持"实事求是"的宗旨。"实事求是"语出《汉书·景十三王传》，传中说河间献王刘德"修学好古，实事求是"③。从传文看，河间献王的所谓"修学"，指的是"举六艺""修礼乐"；所谓"好古"，指的是喜欢收集先秦图书；所谓"实事求是"，颜师古注云："务得事实，每求真是也。"指河间献王在文献搜求和图书版本校勘上采用实证的治学态度和方法。乾嘉考据学者将这一治学理念继承下来并加以发展，把它当作学者治学的根本宗旨而极力倡导。钱大昕、汪中、戴震、凌廷堪、阮元、洪亮吉、王引之等人高举"实事求是"的大旗，前后呼应，蔚为大观，所谓"昔河间献王实事求是。夫实事在前，吾所谓是者，人不能强辞而非之，吾所谓非者，人不能强辞而是之也，如六书、九数及典章制度之学是也"④。他们号召"通儒之学，必自实事求是始"⑤，主张"实事求是，不尚墨守"⑥，将"实事求是"列为治学最高追求，"推明古训，实事求是而已，非敢立异也。"⑦他们不仅自我标榜"实事求是"，在评论他人学术时，也同样以"实事求是"相推许。洪亮吉推崇邵晋涵，指出邵氏治学"于学无所不窥，而尤能推求本原，实事求是"⑧。钱大昕赞赏戴震，指出戴氏"实事求是，不偏

---

① 关于考据学的起源与发展，参见庞天佑：《考据学研究》（新疆大学出版社1994年版）；漆永祥：《乾嘉考据学研究》（中国社会科学出版社1998年版）；郭康松：《清代考据学研究》（崇文书局2001年版）；汪启明：《考据学论稿》（巴蜀书社2010年版）；等等。
② 顾颉刚：《古籍考辨丛刊》，中华书局，1955，序第1页。
③ 班固：《汉书》卷五三《景十三王传》，中华书局，1962，第4210页。
④ 凌廷堪：《校礼堂文集》卷三五《戴东原先生事略状》，中华书局，1998，第317页。
⑤ 钱大昕：《潜研堂文集》卷二五《卢氏群书拾补序》，载《嘉定钱大昕全集》（九），江苏古籍出版社，1997，第403页。
⑥ 汪中：《文集》第五辑《与巡抚毕侍郎书》，载《新编汪中集》，广陵书社，2005，第428页。
⑦ 阮元：《研经室集》自序，载《研经室集》（上），中华书局，1993。
⑧ 洪亮吉：《卷施阁文甲集》卷九《邵学士家传》，载《洪亮吉集》（第一册），刘德权点校，中华书局，2001，第192页。

主一家"①。王引之景仰钱大昕,指出顾炎武、梅文鼎、阎若璩、江永、惠栋诸人治学"皆实事求是",而钱大昕则"生于其后而集其成"②。阮元评价整个乾嘉学风,特别点明"实事求是"这一学术特征:"《汉书》云:修学好古,实事求是……我朝儒者,束身修行,好古敏求,不立门户,不涉二氏,似有合于实事求是之教。"③晚清曾国藩也说:"近世乾嘉之间,诸儒务为浩博……本河间献王实事求是之旨,薄宋贤为空疏。"④总之,"实事求是"是乾嘉时期普遍张扬的学风,是乾嘉学者品量学术价值、评价学人水平的最重要标准。

在"实事求是"治学宗旨的感召下,乾嘉学者反对"凿空"和"株守"。宋儒空衍义理,被乾嘉学者看作"凿空",备受诟病。凌廷堪说:"虚理在前,吾所谓是者,人既可别持一说以为非,吾所谓非者,人亦可持一说以为是也,如理义之学是也。"⑤在他看来,宋儒强调义理,而义理的正确与否,并没有什么客观标准,因此宋儒的义理之学多是"虚理"。以"虚理"治经史,只能发"凿空"之论。乾嘉时期,有些学者"株守"汉学,泥古不化,同样遭到批评。阮元指出:"余以为儒者之于经,但求其是而已矣,是之所在,从注可,违注亦可,不必定如孔、贾义疏之例也。"⑥钱大昕也说:"后儒之说胜于古,从其胜者,不必强从古可也;一儒之说而先后异,从其是焉者可也。"⑦株守汉儒、树立门户必然导致学术上的故步自封,"从其是"才是学问正道。由此可见,作为治学宗旨的"实事求是",包含不空谈、不强作解释、不墨守、不株守门户等内容,一切以"求是""求真"为核心,以获得学术真谛。

乾嘉学者坚持"博求实证"的治学原则,要求研究学问要有多种手段和方法,言必有据,无征不信。唯此,才能使学问建立在坚实的基础上,并臻于完善。乾嘉学者有着广博的知识积累和储备,精通当时各种学问。江藩盛

---

① 钱大昕:《潜研堂文集》卷三九《戴先生震传》,载《嘉定钱大昕全集》(九),第672页。
② 王引之:《王文简公文集》卷四《詹事府少詹事钱先生神道碑铭》,载《高邮王氏遗书》,江苏古籍出版社,2000,第211页。
③ 阮元:《研经室三集》卷五《惜阴日记序》,载《研经室集》(下),中华书局,1993,第687—688页。
④ 曾国藩:《曾文正公全集·文集》,台北文海出版社,1974,第12487页。
⑤ 凌廷堪:《校礼堂文集》卷三五《戴东原先生事略状》,第317页。
⑥ 阮元:《研经室一集》卷一一《焦里堂循群经宫室图序》,载《研经室集》(上),中华书局,1993,第250页。
⑦ 钱大昕:《潜研堂文集》卷九《答问六》,载《嘉定钱大昕全集》(九),第116页。

赞钱大昕"不专治一经,而无经不通;不专攻一艺,而无艺不精。经史之外,如唐宋元明诗文集、小说、笔记,自秦汉及宋元金石文字,皇朝典章制度,满洲、蒙古氏族,皆研精究理,不习尽功……学究天人,博综群籍,自开国以来,蔚然一代儒宗也"①。至于惠士奇、惠栋、朱筠、王昶、纪昀、戴震、王念孙、王引之、江声、余萧客、王鸣盛、邵晋涵、程瑶田等人,也均为博通经史百家之辈。淹贯博通的目的是综合运用各学科的知识和方法究治经史,触类旁通,严核是非。乾嘉学者普遍认为,究治经史,必须掌握小学、天文、典制、舆地、名物、算术、律吕、金石、目录、版本、校勘、辨伪等学科知识和方法。因为考据的内容无所不涉,交互使用这些知识和方法,泛览博涉,遍为搜讨,穷尽一切证据,归纳义例,反复比较,才能得出可靠的结论。

"实事求是"既是一种理念,也是一种方法。乾嘉学者治学,在方法上强调渊综、贯通和实证。他们特别注重从小学入手治经史,用通例归纳的方法治文献,用无征不信的方法求真相,重视博涉专精与综观会通相结合,重视实地调查观察,甚至使用数学等自然科学的方法治经治史②。他们讲求博证,注重归纳,长于考证,有着一套严格的治学路数,特色鲜明,自成一体。具体到史学领域,"实事求是"则又包含坚持直书、反对曲笔,史贵求真、以存信史,寓论断于叙事、反对书法褒贬等考证理念以及比较、参互、归纳、溯源等考证方法。"就是要以记载和考证历代典制与事迹之真实为己任,然后写出尊重真实事实的信史。"③

总之,围绕"实事求是"这一宗旨,乾嘉考据学已经形成了一套自成体系的理论与方法体系,"其基本精神是为文献的求真、求实服务,其方法也不拘一格"④。这种土生土长的奠定中国传统学问基础的考据学,在20世纪史学发展中,无论研究范式如何变化,始终贯穿其中,其中因由,不可不察。

---

① 《国朝汉学师承记》卷三《钱大昕》,载江藩:《汉学师承记笺释》(上),漆永祥笺释,上海古籍出版社,2006,第321页。
② 参见漆永祥:《乾嘉考据学研究》,中国社会科学出版社,1998;郭康松:《清代考据学研究》,崇文书局,2001。
③ 罗炳良:《清代乾嘉历史考证学研究》,北京图书馆出版社,2007,第70页。
④ 汪启明:《考据学论稿》,巴蜀书社,2010,第13页。

二、考据学的重构:新旧中西文化碰撞下的新历史考证学

凡是有生命力的学术研究的理论与方法,都会在后世产生重要的影响,并在新的历史条件下发生转化,成为后人从事学术研究的重要工具。20世纪上半叶,在"新史学"的感召下,产生了影响深远的"新历史考证学",并成为当时"中国史学的主流"。①

新历史考证学是新旧中西文化碰撞下的产物,其思想与方法来源主要有以下几个方面:其一,乾嘉考据学的传统与影响。新历史考证学者"继承了乾嘉考据学的传统,而又大大发展了这个传统,是远非乾嘉考据学所能比的。我们可以称之为新考据学"②。其二,西方史学观念与研究方法的输入与推动。尤其是兰克学派强调"审查史料"、注重实证的治学方法触发了新历史考证学者的研究兴趣。其三,西方科学观念的传入与刺激。科学观念深入知识阶层,使他们开始用科学的眼光看待历史考据和历史研究。其四,"新史学"观念勃兴与濡染。"新史学"注重探求史料之间的联系和历史的因果关系、演进趋势,促使新历史考证学者用新的治史范式观照历史。其五,新史料的发现。20世纪初年"四大新史料"(甲骨卜辞、敦煌文书、汉晋简牍、内阁大库档案)的发现为新历史考证学者从事历史研究提供了新资料、新课题和新领域③。在以上诸多因素中,乾嘉考据学与西方观念的结合,是促成新历史考据学兴盛的最主要因素。

"清代历史考证学是20世纪新历史考证学的直接源头。"④作为新历史考证学的代表人物,梁启超、王国维、陈寅恪、陈垣、傅斯年、胡适等人的治学虽侧重点不同,但都以乾嘉考据学的思想与方法为出发点,在审查资料、征实考信方面下功夫。

梁启超对乾嘉考据学的利弊有清醒地认识,同时赞赏乾嘉考据学者的

---

① 林甘泉:《二十世纪的中国历史学》,《历史研究》1996年第2期。
② 白寿彝主编《史学概论》,宁夏人民出版社,1983,第299页。
③ 参见侯云灏:《20世纪中国史学思潮与变革》,北京师范大学出版社,2007;张越:《新旧中西之间:五四时期的中国史学》,北京图书馆出版社,2007;陈其泰:《20世纪中国历史考证学》,北京师范大学出版社,2021。
④ 张越:《五四前后新历史考证学兴起原因初探》,《人文杂志》2003年第6期,第116页。

贡献、精神和方法，指出他们"替我们开出许多门路来，我们不能不感谢"，"至于他们的研究精神和方法，确有一部分可以做我们模范的，我们万不可以看轻他"①。胡适将乾嘉考据学上升到科学的高度来认识，认为"中国旧有的学术，只有清代的朴学确有'科学'的精神"②。他指出"拿证据来"就是科学的精神，"大胆的假设，小心的求证"就是科学的方法。钱大昕重视证据和考证，被胡适推举为"十八世纪最有科学头脑的人里的一个"③。胡适将乾嘉考据学比附科学，虽不尽符合实际，但反映了他对乾嘉考据学者重证据、善考证、长于归纳等治学方法的赞赏。王国维精通乾嘉学者严密的考证方法，对传统考据学有独到的领悟，他具有标杆性的"二重证据法"，便是在深刻理解乾嘉考据学的治学方法，结合近代考古学发展而提出来的。他推崇戴震，继承了乾嘉考据学的小学方法来研究先秦历史名物。"王国维研究古文字和古史，在学术源流上，与乾嘉学者有密切关系；后期的考古方法则又接受西方实证主义思想的影响。"④陈垣有乾嘉史学殿军之称，曾明言自己的治学受到钱大昕、顾炎武的影响，"从前专重考证，服膺嘉定钱氏；事变后，颇趋重实用，推尊昆山顾氏"⑤，陈寅恪则称陈垣"精思博识，吾国学者，自钱晓徵以来，未之有也"⑥，更进一步揭示了陈垣与钱大昕之学的学术承继关系。陈寅恪虽然认为有清一代史学不如两宋，但服膺钱大昕的学问，认为他治学"精思博识"，为"清代史家第一人"⑦。钱大昕治史重视对舆地、官制、氏族的解析，陈寅恪著史，也常以职官之演变与氏族之升降为论述的重心。在20世纪史学家中，傅斯年以倡导"史学便是史料学"而著称，追本溯源，他的史学思想不外乎两个来源，一个是乾嘉考据学，另一个是德国兰克学派的语言考据学。他强调史料的重要，主张治史应严格恪守史料，杜绝穿凿附会，这样的主张，"在中国，固为司马光以至钱大昕之治史方法，在

---

① 梁启超：《中国近三百年学术史》，东方出版社，1996，第200页。
② 胡适：《清代学者的治学方法》，载胡明主编《胡适精品集》第1册，光明日报出版社，1998，第369页。
③ 胡适：《中国哲学里的科学精神与方法》，载胡明主编《胡适精品集》第16册，光明日报出版社，1998，第59页。
④ 洪认清：《中国史学思想通史·近代后卷》，黄山书社，2002，第6~7页。
⑤ 吴泽主编《陈垣史学论著选》，上海人民出版社，1981，第624页。
⑥ 陈寅恪：《金明馆丛稿二编》，生活·读书·新知三联书店，2001，第270页。
⑦ 陈寅恪：《金明馆丛稿二编》，第23页。

西洋,亦为软克(即兰克)、莫母森之著史立点"①,道出了他与乾嘉考据学的学术关联。顾颉刚考辨古史,推崇崔述,《东壁遗书》"整理古代史实,刊落百家谬妄",他读后"大痛快","真想不到有这样一部规模弘大而议论精锐的辨伪的大著作已先我而存在!",于是决定接续崔述的事业,"要比他进一步……作彻底的整理"。②

由以上论列可以看出,20 世纪的新历史考证学家,几乎无一例外地都承受了乾嘉考据学的惠泽,继承了乾嘉考据学的优良传统。他们得益于传统考证学所打下的坚实基础,又与西方的史学观念相结合,取得了丰硕的研究成果,奠定了他们在国内乃至国际学术界的重要地位。

在新史学观念的濡染、西方史学理论与方法的冲击、科学观念的介入下,新历史考证学者将乾嘉考据学的思想与方法与上述观念融会贯通,利用新发现的史料,不仅实现了传统考据学的升华,而且赋予了其新的时代内涵,开启了新的史学研究门径。新历史考证学之所以"新",主要表现在两个方面,一是把"复古"变成"求新知",二是将"考实"与"贯通"相结合。就前者而言,乾嘉考据学者治学推尊汉儒,思想被经学笼罩,虽然也接触到西洋天文、地理、历算等知识,但主导取向是"复古"而不是"开新","即力求回到古代最合理的治学方法中去,而不是面向西方融汇新知"③。新历史考证学则不同,一大批学者在掌握考据学工具的基础上,主动接受西方的科学观念和史学思想,开阔学术视野,从模仿到独立,面向国际,展示出"融汇新知"的特点。就后者而言,陈其泰以"实证考察"和"贯通认识"概括之。所谓实证考察,就是"严密考证和重视扩充史料";所谓贯通认识,就是重视历史见识和理论指导。④ 乾嘉学者也重视"考实"与"贯通",但新历史考证学者在史料审查的观念与逻辑、占有资料的范围、科学观念的运用、历史因果的探求等方面,都超越了传统考据学者,达到了更高层次。譬如王国维,利用传世文献与出土文献互证,创立了"二重证据法",扩大了史料范围,并在

---

① 傅斯年:《傅斯年全集》第 4 册,联经出版事业公司,1980,第 356 页。
② 顾颉刚:《〈古史辨〉第一册自序》,载《当代中国史学》,辽宁教育出版社,1998,第 170-171 页。
③ 杨念群:《清代考据学的科学解释与现代想象》,《史学史研究》2019 年第 2 期,第 51 页。
④ 陈其泰:《新历史考证学的学术路向及其宝贵启示》,《天津社会科学》2014 年第 5 期,第 128 页。

琐细的资料之间,纵横贯穿,"将甲骨文字的研究引到古史上去,为中国古代史的研究开辟了一个新的途径"①。再如陈垣,继承乾嘉考据学的传统而又运用近代科学的方法,实现了校勘学、年代学、目录学、避讳学的"条理化、系统化"②,推动了古典校雠学向近代文献学的转换。陈寅恪长期致力于"中古民族文化之史"的研究,在乾嘉学者实事求是、严密考证方法的基础上,吸纳近代西方学者所重视的"民族—文化"观念,钩稽贯穿史料,以小见大,抉幽阐微,通过比较研究,归纳因果关系,力求从总体上把握历史事物的联系。傅斯年积极吸纳兰克学派的治史方法,将其与乾嘉考据学者"实事求是,无征不信,广参互证,追根求源"的思想相结合,重视扩大史料和严密考证,并运用新的观点,写出了一批重要著作,在史坛上产生了很大影响。

总之,20世纪新历史考证学家吸纳乾嘉考据学派的治学理念和方法,与西方史学观念相结合,或修正其流弊而用于历史研究,或领会其精神而提出考据方法的新见解,在很多方面超越了传统考据学。"二重证据法"将考古资料与传世文献相结合,获得广泛赞誉,在整理古文献、研究古史方面比乾嘉学者更胜一筹;西方实证主义和实验主义的思想和方法,扩大了乾嘉考据学的研究领域和范围,突破了经学笺注式方法的禁锢,眼界更加开阔,方法运用更为自觉,为考据学提供了新工具;"整理国故"运动由旧入新,把中国传统文化的整理和研究推向了近代化;少数民族语言、外文与传统音韵训诂相结合,应用于文献整理与历史研究,拓展了乾嘉考据学运用小学方法治学的新领域。如此等等,在中国学术史、史学史上都具有划时代的意义。可以说,新历史考证学是乾嘉考据学在新的历史环境下的重新建构,崇尚考证的近代史家利用西学革新了乾嘉考据学,将传统与近代相结合,"较乾嘉诸老更上一层"③。他们不仅在整理史料方面取得了可观的成绩,而且建立了新的史学理论与方法体系,将乾嘉学者所开创的学术道路推进到一个新的阶段,实现了乾嘉考据学的近代转型。

---

① 齐思和:《晚清史学的发展》,载《中国史探研》,河北教育出版社,2000,第684页。
② 白寿彝主编《史学概论》,宁夏人民出版社,1983,第323页。
③ 汪荣祖:《陈寅恪评传》,百花洲文艺出版社,2015,第36页。

三、考据与理论的结合：唯物史观视野下考据学的价值

新中国成立以后，马克思主义史学成为主流史学，旧学修养深厚、以史料考证为根基、受新历史考证学濡染的一大批学者或主动或被动地接受了唯物史观教育，将考据与马克思主义理论相结合，作出了重要的学术贡献。一批马克思主义史学家，在运用唯物史观研究历史的过程中，也极为重视资料的考辨。重考证的史家接受了唯物史观，重史观的史家认识到史料考辨的重要，考据学的价值在新的历史条件下被重新诠释。

20世纪上半叶，秉持唯物史观的马克思主义史学产生并不断壮大，对此，那些接受了新历史考证学治史理念的史学家，并非完全拒斥。早在1933年，顾颉刚就说自己"决不反对唯物史观"，并认为考证辨伪可以为秉持唯物史观的学者提供资料的便利，"等到我们把古书和古史的真伪弄清楚，这一层的根柢又打好了，将来从事唯物史观的人要搜取材料时就更方便了，不会得错用了。是则我们的'下学'适以利唯物史观者的'上达'"①。吕思勉是以实证方法治史的重要史家，他特别重视分析历史上的经济现象且很有深度，原因就在于他跨越门户，掌握了一些唯物史观的基本原理。早在1945年他即指出"马克思以经济现象为社会最重要的条件，而把他种现象看作依附于其上的上层建筑，对于史事的了解，实在是很有帮助的"②。

新中国成立初期，开展唯物史观教育，一大批受到严密考证方法训练的中青年考证学者接受了马克思主义的思想观念③，集体转向唯物史观，开始将史料考证与唯物史观联系起来，将唯物史观融入到对历史问题的实证研究之中，取得了一系列足以流传后世的学术成就。如岑仲勉，早年就职于"中央研究院"历史语言研究所，这是新历史考证学派的大本营，他本人也以考证精良闻名学界，多有创获。新中国成立后，他"努力学习马列主义、毛

---

① 罗根泽编著《古史辨》第4册，上海古籍出版社，1982，顾序第22—23页。
② 吕思勉：《吕思勉读史札记》，上海古籍出版社，1982，第3页。
③ 这些学者主要有岑仲勉、蒙文通、徐中舒、郑天挺、罗尔纲、刘节、金景芳、张维华、韩儒林、缪钺、邓广铭、童书业、梁方仲、杨向奎、赵光贤、谭其骧、唐长孺、傅衣凌、胡厚宣、何兹全、史念海、周一良、王仲荦、张政烺、王玉哲、杨志玖、韩国磐等。参见陈其泰：《20世纪中国历史考证学》，北京师范大学出版社，2021。

泽东思想,力图运用唯物史观来解决中国古代史的问题"①,治史境界发生巨大变化。其所著《隋唐史》《黄河变迁史》,史料厚重,考证缜密,视野开阔,内容丰富,成为20世纪史学名著。又如蒙文通,新中国成立之前,擅长考证之学,新中国成立后,自觉接受唯物史观,其享誉学林的《越史丛考》,既体现出蒙文通精于史料考证运用、学术根底深厚的治学特色,又体现出运用唯物史观洞察历史问题本质的卓识。再如唐长孺,治学受刘承幹、吕思勉、陈寅恪、李剑农影响,既继承了考据史学的传统,又受到唯物史观的影响。他研究魏晋南北朝隋唐史,除了进行复杂的史料校勘和史实考证工作外,还力图把握这一时期的历史特征,确立该时期在中国历史长河中的位置及变化,从土地制度、赋役制度诸要素判定该时期社会的性质,这显然是唯物史观的学术理路。他曾深有感触地说:"在研究过程中,我深刻体会到企图解决历史上的根本问题,必须掌握马克思列宁主义的理论。"②正因为实现了实证研究与唯物史观的结合,才在魏晋南北朝隋唐史研究领域成就卓著。类似于岑仲勉、蒙文通、唐长孺这样的诸多史家,在新中国成立后都走了将考证学与唯物史观相结合的治学道路,在不同领域取得了重要成就。

早年接受考据训练成长起来的这批学者,在新中国成立后接受马克思主义唯物史观,并运用于学术研究,促使他们的治史路径发生了转化:由原来的严密考证史料,以史料说明历史,不以史观为急图,向以唯物史观为指导,史观与史料考证相结合,探求历史的规律转变。这一研究路径的转变,不仅增强了历史考证之作的理论性,而且赋予了马克思主义史学新的发展内涵。众所周知,在很长一段时间内,不少史家在运用马克思主义理论研究历史问题时,出现了以史实附会马列经典,"以论带史"甚至"以论代史"的教条化现象。但是,擅长文献考证的这批学者,在实际的历史研究中,将马克思主义理论内化到具体文献辨析与历史研究之中,基本保持了"实事求是"的治学本色。他们在资料收集上竭泽而渔,在史料考辨上无征不信,在史料运用上细密周详,将唯物史观的观点和方法,体现在实证考察的分析论证中,寓论于史,论从史出,使他们的论著呈现出浓厚的实证色彩,经得起时

---

① 陈达超:《岑仲勉先生传略》,载北京图书馆《文献》丛刊编辑部、吉林省图书馆学会会刊编辑部编《中国当代社会科学家》第五辑,书目文献出版社,1983,第144页。
② 唐长孺:《魏晋南北朝史论丛》,河北教育出版社,2000,跋语第433页。

间的检验,成为相关研究领域的翘楚。

在讨论唯物史观对考证学派学者的影响时,我们还应该看到,马克思主义史学家对历史考证学者的学术成就和治学方法也颇多肯定,对史料考证的工作进行了积极评价。范文澜早年治学崇尚乾嘉考据,"追踪乾嘉老辈","沉溺在训诂考据的圈子里",从事经学研究。① 他曾一度"想把汉学的训诂考据和宋学的性命义理融成一片,希望做个沟通汉宋的学者"②,以传统经史研究自期。郭沫若认为王国维、罗振玉的古史考辨和研究是马克思主义史学发展无法绕开的,"大抵在目前欲论中国的古学,欲清算中国的古代社会,我们是不能不以罗、王二家之业绩为其出发点了"③,推尊王国维是"新史学的开山"。侯外庐研究中国古代思想史就吸收了乾嘉考据学考辨资料的方法,并欲图进一步超越,他说:"研究中国古代思想史的第一步,当以文献学为基础,作者的时代、著书的真伪,文字的考证,材料的头绪,皆专门学问,清代学者于此成就虽宏,而慎以取舍,颇为难题,若稍不慎,即张冠李戴。"④他"赞赏王国维考辨史料的谨严方法",原因就在于王氏"对待历史材料应谨守科学的法则,善于汲取前人的考据成果,同时又有自己的鉴别能力,勇于创新"⑤。翦伯赞则指出,在史料考证方面,必须继承乾嘉学者和新历史考证学者的遗产,然后"开辟一种新的考据学",所谓"一面批判地接受清代学者对文献上的史料之考证的成果;另一方面,又要开辟一种新的考据学,进行对考古学上的资料之考证。用现在既存的考古学的资料,去衡量清代学者考证过的史料,使考古学的资料与文献上的资料结合为一,然后史料的考证,才算达到最后的完成"⑥。吕振羽也指出,"对于过去考据学的优秀成果,还是应该批判地继承"⑦,并非常明确提出,在借鉴乾嘉考据学及近代新历史考证学的基础上,建立"马克思主义考据学的体系"⑧。马克思

---

① 范文澜:《从烦恼到快乐》,《中国青年》1940年第3卷第2期。
② 范文澜:《范文澜全集》第10卷,河北教育出版社,2002,第18页。
③ 郭沫若著作编辑出版委员会编《郭沫若全集》(历史编),第一卷,人民出版社,1982,自序第8页。
④ 侯外庐:《中国古代思想学说史》,文风书局,1946,自序第2页。
⑤ 侯外庐:《韧的追求》,生活·读书·新知三联书店,1985,第225页。
⑥ 翦伯赞:《史料与史学》,北京大学出版社,1985,第73页。
⑦⑧ 吕振羽:《中国历史讲稿》记录稿,中共中央高级党校1961年印行,第6、20页。转引自李勇:《吕振羽史料学理论与实践》,《历史教学问题》2021年第1期,第14页。

主义史家由继承传统考据学而提出建立"马克思主义考据学的体系",足见史料考证在历史研究中具有不可替代的作用。

马克思主义史家对考证学家深厚的考辨功力、求实的治学态度、缜密而科学的考证方法等给予了高度评价,并把继承其学术成果、借鉴其考据方法、发扬其治学精神,看作是发展马克思主义史学的至关重要的条件。这说明秉持唯物史观的马克思主义史家并非只重理论阐发而忽视史料考证。事实上,20世纪上半叶的马克思主义史学,尽管非常重视唯物史观对历史研究的指导,但从来不排斥广泛搜集资料,充分占有资料,认真审查资料,严谨考辨资料,仔细甄别资料,力求自己的研究言必有据,立论坚实。尽管他们在实际的历史研究中还是存在着理论先行的问题,但发现问题后即进行改正。譬如郭沫若、范文澜都曾对历史研究中存在的问题进行自我批判。新中国成立以后,马克思主义史家在研究历史时存在教条主义问题,出现了"以论带(代)史"的现象,但这种现象很快就遭到马克思主义史家自身的反对。这也从一个侧面说明,从资料出发,广泛占有资料,认真考辨资料,是阐发历史发展规律的前提,舍此,所有的历史结论都是虚幻的泡影,在这一点上,重考证和重理论的史家的认识是相同的。

四、考据学的地位与历史学的发展

我们不厌其烦地梳理了乾嘉考据学自身的思想与方法体系及其在近现代史学发展中的演变,意在通过一个具体的实例,说明传统史学中有价值、有意义的部分对20世纪以来的历史学所产生的巨大的影响,所具有的恒久的生命力。也意在说明,历史学无论怎样发展,以"实事求是"为宗旨,以"无征不信"为基本特征,通过对史料的辨伪考证、批判审查、归纳贯通,以达到对历史的征实求真及合理解释为目的的考据学,依然有着自己不可替代的历史地位。

乾嘉考据学作为传统史学的重要精神资源,在其后的历史发展中受到过追捧,遭受过批判,可谓历经沧桑。但时至今日,以文献考证为重心的考据学,作为一种思想观念和治史方法,依然成为一代又一代史学工作者遵循的法则。从清代的乾嘉考据学,到20世纪上半叶的新历史考证学,再到秉持唯物史观的马克思主义史学,其间,社会性质、意识形态、思想文化、史学范式都发生了巨大变化。可是,在如此不同的社会条件、文化氛围和历史研究发展的不同阶段中,以文献考证为重心的考据学虽数度被改造,但始终贯穿在不同的史学形态和研究范式之中。为什么考据学的治史方法会经久不衰,具有永恒的生命力和价值呢?其特殊的内在因由值得探讨。

其一,史学优良传统的持久生命力。中国传统史学在长期的发展过程中,形成了自成体系的理论和话语。就历史思想而言,有天命与人事、古与今、变与常、时与势、兴与亡、华与夷、君与民、王道与霸道、封建与郡县、正统与闰位、一统与分裂等对客观历史进程之重大问题的认识与论述,形成了中国人解释历史发展的思想体系和话语体系;就史学思想而言,更有着层次分明的关于史学问题的认识与论述,诸如表述史学社会功能的鉴戒、资治、经世,彰显治史态度的直书、实录、信史,归纳历史编纂的编年、纪传、纪事本末、书法、体例、通史、断代,表达史家修养的史才、史学、史识、史德,等等,同样形成了中国人有关史学工作的思想体系与话语体系。历史无法割断,这些体系化的理论和话语,经过新的整合与阐释之后,大多都融会到现当代历史理论与史学理论之中,在当代史学发展中发挥着积极作用。考据学作为其中最具生命力的一部分,它所形成的以"实事求是"为核心的话语与方法,同样能穿越时空,与近现代以来的史学观念相结合,在历史研究最基础的领域——历史资料的整理、辨析、批判中发挥其重要作用。

其二,史料考证是历史研究的必经门径,是整个历史研究不可或缺的重要环节。客观历史一去不复返了,研究历史只能依靠历史资料,舍此,历史研究根本无法进行。而要通过真伪间杂的历史资料获得真实的历史,资料考辨便必不可少。对此,不同流派的史学家都有清醒的认识,新史学的代表人物梁启超说:"无论做哪门学问,总须以别伪求真为基本工作。因为所凭借的资料若属虚伪,则研究出来的结果当然也随而虚伪,研究的工作便算白费了。"[1]新历史考证学的代表人物陈垣说:"考证为史学之门,不由考证入者,其史学每不可信。"[2]马克思主义史学的代表人物郭沫若说:"无论做任何研究,材料的鉴别是最必要的基础阶段。材料不够固然大成问题,而材料

---

[1] 梁启超:《中国近三百年学术史》,东方出版社,1996,第274页。
[2] 陈垣:《通鉴胡注表微》,科学出版社,1958,第70页。

的真伪或时代性如未规定清楚,那比缺乏材料还要更加危险。因为材料缺乏,顶多得不出结论而已,而材料不正确便会得出错误的结论。这样的结论比没有更要有害。"①另一代表人物翦伯赞反复强调"从具体的史实出发"研究历史,而具体的史实就隐含在史料之中,所以他也认为史料是历史研究的基础,"只有掌握了更丰富的史料,才能使中国的历史,在史料的总和中,显出它的大势;在史料的分析中,显出它的细节;在史料的升华中,显出它的发展法则"②。"研究历史没有史料是不行的,史料是弹药,没有弹药专放空炮是打不中敌人的。"③占有资料和考证资料是历史研究的入门功夫和能力,是任何学派的史家都无法绕过去的。"可以说没有或不懂考据学,不可能成为好的史学家。"④几千年史学的发展证明了这一点,以后还将继续证明这一点。

其三,史学求真精神、怀疑精神与批判精神的需要。史学求真有多个层面的含义,辨析资料、去伪存真是其中重要的内容。"实事求是"是乾嘉考据学者治学的基本立足点,他们有着反对迷信、注重证据的治史态度,形成了广搜史料和慎重考订的学风,利用各种手段考史,广搜博采,无征不信,凡立一义,必有证据。可以这样讲,乾嘉考据学"培养了中国史学的求实精神和理性精神,创造了一套行之有效的考证辨析史料的方法,扭转了长期以来史学著作资料选择的主观性和论点的直觉性"⑤。近现代史家在分析批判的基础上,吸收了考据学派的这些合理因素,结合时代发展和新的史学观念,创造出了辉煌的史学业绩。恰如陈垣所说:"考据为史学方法之一,欲实事求是,非考据不可。"⑥时至今日,为了反对历史研究学风浮躁、流于空疏的积弊,历史考证学依然被有见识的史家提倡,兴而不衰,说明历史学的求真和科学性永远是史学研究追求的重要目标之一。

当下,哲学社会科学学科体系、学术体系和话语体系的构建问题因为政

---

① 郭沫若著作编辑出版委员会编《郭沫若全集》(历史编),第二卷,人民出版社,1982,第3-4页。
② 翦伯赞:《史料与史学》,北京大学出版社,1985,第17页。
③ 翦伯赞:《目前史学研究中存在的几个问题》,载《翦伯赞历史论文选集》,人民出版社,1980,第88页。
④ 侯云灏:《20世纪中国史学思潮与变革》,北京师范大学出版社,2007,第64页。
⑤ 王记录:《中国史学思想通史·清代卷》,黄山书社,2002,第15页。
⑥ 陈垣:《通鉴胡注表微》,科学出版社,1958,第98页。

府的推动,成为了讨论的"热点"。具体到历史学领域,确乎需要对以往史学的来路进行回顾,对当下史学的发展进行反思。当我们从乾嘉考据学的遗产这一视角看待当下史学发展问题时,可能会排除很多虚妄的想法,得到很多有益的启示。

就史学学科体系而言,中国古人没有现代学科观念,如今的史学学科,是20世纪新史学产生以来才逐步建立起来的。一百多年来,历史学学科体系构建大致经历了四种模式,一是强调社会科学对历史研究和历史学学科建设的重要性,这一模式将人类学、社会学、政治学、经济学、法学、哲学、社会心理学等社会科学纳入史学领域,成为研习史学的先决条件。二是强调以整理史料为核心,加强史学典籍的研习,掌握历史研究的工具和方法。三是20世纪50年代从苏联引进的"八大块"体系,即中国古代史、中世纪史、近代史、现代史和世界古代史、中世纪史、近代史、现代史。四是20世纪90年代以来的分级构建模式,其间经过了多次调整,2011年开始在历史学大类下设立中国史、世界史、考古学三个一级学科[①]。以今日眼光观之,无论哪一种学科构建模式,都离不开最基本的史料建设这一基础性工作。中国史当中的历史文献学、世界史当中的西方文献学、考古学当中的考古资料与传世文献的相互印证,都说明了史料建设和辨析的重要。历史学学科构建,考据学的遗产是必须继承而且要占有重要地位的。这是最能体现中国特色和中国风格的内容。拿掉最基础的史料考证这一学科内容,历史学学科体系建设就是一个虚幻的框架。

学术体系是系统的、专门的学问体系,是由思想、理论、学说、知识体系、研究方法等要素构成的完备的理论体系。在历史学学术体系构建中,乾嘉学者所提倡的"实事求是"的治学宗旨尤其具有长久的生命力。"实事求是"本来是考据学意义上的治学方法和态度,但马克思主义者对其进行了一番改造,赋予了历史唯物主义的解释,上升到哲学认识论的高度进行认识,使其具有了特定的内涵,成为中国共产党的思想路线。毛泽东阐述"实事求是"云:"'实事'就是客观存在着的一切事物,'是'就是客观事物的内部联系,即规律性,'求'就是我们去研究……不凭主观想象,不凭一时的热情,

---

① 周文玖:《构建中国史学科体系的定位与方向》,《河南师范大学学报(哲学社会科学版)》2022年第6期。

不凭死的书本,而凭客观存在的事实,详细地占有材料,在马克思列宁主义一般原理的指导下,从这些材料中引出正确的结论。"①无论是学术上的"实事求是"还是意识形态上的"实事求是",都彰显着一个共同的观念,那就是"从实际出发",而不是从观念出发来看待问题。马克思主义主张从社会实际出发考察社会现象,历史研究则必须坚持从史料出发研究历史。人们讨论历史学学术体系构建,特别强调唯物史观的理论指导意义,这当然是必须要坚持的。但是,马克思主义经典作家说:"不是从观念出发来解释实践,而是从物质实践出发来解释各种观念形态。"②因此,在历史学学术体系构建中,最重要的是要处理好理论和史料的关系,坚持从历史资料出发而不是从观念出发来探讨历史。对那些不全面、不完整、不准确的资料进行考辨,做到论据真实充分,然后在此基础上获得对历史发展规律的深刻认识,启迪后人,促进学术和社会进步。"实事求是"是史学学术体系建构的内在法则,理论的提升和史料的考辨是史学发展的两翼,理论的不断突破为史学的腾飞插上翅膀,文献的考辨为史学发展打下基础。考据是历史研究的手段,不是历史研究的终极目的,但是,舍弃了这样的手段,终极目的就难以达到,没有文献整理加持的史学学术体系是沙漠中的海市蜃楼,没有根基,不会得到人们的认可。

"话语体系是学理的系统表达"③,史学话语体系就是围绕着思想、理论、观念等所形成的概念、范畴、语言风格等史学的表述形式。话语体系的变迁标志着思想观念的变化,从中国史学发展史来看,中国传统史学在长期的发展过程中形成了自成体系的话语体系,乾嘉考据学中的诸多概念都是这一体系的重要组成部分;20世纪新史学诞生,形成了新史学话语体系;马克思主义传入中国以后,逐步形成了以唯物史观等相关概念为核心的马克思主义史学话语体系,并在新中国成立后成为主流话语;改革开放以后,西方史学话语不断被引进,在历史研究中占据一定的地位。以今日眼光观之,20世纪以来中国史学话语体系一直处在不断创新和重构的过程中。新史

---

① 毛泽东:《毛泽东选集》第3卷,人民出版社,1991,第801页。
② 《马克思恩格斯选集》第1卷,第3版,人民出版社,2012,第172页。
③ 李政君:《"中国历史学话语体系建设"学术研讨会综述》,《史学理论研究》2021年第1期,第154页。

学扬弃了传统史学话语体系,马克思主义史学取代了新史学话语体系。改革开放以来,随着中国社会与思想的变化,史学界对马克思主义史学话语体系存在的问题进行反思,又试图在唯物史观的框架内,用自己的话语,根据中国历史的实际构建新的历史体系,诸如田昌五著《中国历史体系新论》、姜义华主编《中国通史教程》、曹大为等主编《中国大通史》、刘泽华等著《中国古代政治思想史》等,这些著作观点各异,但都试图超越既有的标准化、程式化的话语体系,用本土话语揭示中国历史的实际。譬如刘泽华对中国思想史的系列研究,其一大特色就是"使用本土话语"。"刘泽华是一个思想家,其学术具有强烈的思辨色彩,但他却很少使用哲学化的语言,很少使用五颜六色的西方理论术语,其理论表达多是从中国固有的文化系统中摄取概念词语,表现出一种本土化的语言风格。"①刘泽华使用这样的话语,充分梳理历史资料,构建了自己的"王权主义历史观",在学界产生了巨大影响。改革开放以来的不少史家之所以对马克思主义史学话语体系存在的问题进行反思,就在于"话语"必须与历史实际相契合,而不是用"话语"改造历史实际。过往的历史实际就蕴藏在史料之中,只有对古代文献进行考辨、归纳,提炼出相应的概念,而不被现有的理论所遮蔽,庶几才能总结出中国历史的真正特征,不至于滑入非历史主义的泥潭。一句话,在 20 世纪以来史学话语体系不断变化的过程中,作为支撑话语体系的基础——史料考辨——一直在扮演着重要的角色。任何话语体系的构建都要建立在充分的、可信的历史资料基础之上,没有充分的、可信的历史资料,所有的话语无异于梦呓,经不起任何推敲。

  总之,以史料考证为重心的考据学在史学体系的构建中处于基础性的地位,"实事求是"应该成为史学发展的准则,因为它集中体现的是一种求实的方法、求真的精神、批判的意识。唯有"求实",才能做到理论与史料并重和互释,防止出现不要理论的史料堆砌和理论先行的"以论带史";唯有"求真",才能重视对资料的考辨,尊重历史的真相,撰写出令人信服的自成体系的史著;唯有"批判",才能不断反思既有的史学体系存在的问题,认识自身缺陷,敢于对自己进行否定性评价,接纳新思想,建立新的史学体系。

---

① 李振宏:《论"刘泽华史学"》,《河南师范大学学报(哲学社会科学版)》2022 年第 6 期,第 116 页。

五、几点思考

结合乾嘉考据学在 20 世纪以来新历史考证学及马克思主义史学体系构建中的起伏变化,深感在历史学学科发展中,以下几个关系必须得到妥善处理。

(1) 封闭与开放。任何史学体系的构建都不能自说自话、自言自语,它应该是开放的而非封闭的。这主要体现在三个方面,第一是突破固有思想的自觉意识,第二是学科间的开放,第三是国际间的对话与交流。乾嘉时期,吴派代表人物惠栋,治学崇尚汉儒,株守汉学,倡导凡汉皆好、凡古必真,所谓"古训不可改也,经师不可废也"①。他的这一思想遭到同为乾嘉考据学者的王引之和钱大昕的强烈反对,王引之指出惠栋"株守汉学而不求是者,爽然自失"②。钱大昕则主张破除门户,实事求是,"斟酌古今,不专主一家言"③。乾嘉学者强调治学"求是",其突破固有思想的自觉意识值得我们重视。李振宏在讨论中国思想史研究时,进一步倡导突破固有思想的意义,指出"只有'异于是'的新学派的产生,才可能带来新方法、新视野,创造新的言说方式和新的话语体系,从而使中国思想史研究别开生面"④。此外,乾嘉考据学在 20 世纪上半叶被改造成新历史考证学,人们自觉破除了传统史学的封闭性,打破了学科和中西间的壁垒,社会科学、自然科学的知识都被应用于历史的实证研究,西方的史学观念与本土的史料考证相结合,构建了新的史学体系,创造了史学史上的辉煌。当下的史学体系建设,同样要破除封闭,打破程式化的思路、方法和话题,"从多学科的对话、融通中,发现理论、方法创新的灵感……坚持学术走出去,与其他国家和民族的史学开展平等的对话和交流,从中汲取有益的智慧和营养"⑤。史学体系的构建需要根

---

① 惠栋:《松崖文钞》卷一《九经古义述首》,载《惠氏三种》,江苏广陵古籍刻印社,1986。
② 王引之:《王文简公文集》卷四《与焦理堂先生书》,载罗振玉辑印《高邮王氏遗书》,江苏古籍出版社,2000,第 205 页。
③ 钱大昕:《潜研堂文集》卷二四《虞东学诗序》,载《嘉定钱大昕全集》(九),江苏古籍出版社,1997,第 369 页。
④ 李振宏:《中国思想史研究中的学派、话语与话域》,《学术月刊》2010 年第 11 期,第 121 页。
⑤ 李葳、武雪彬:《努力推动当代中国史学话语体系的形成》,《中国社会科学报》2014 年 10 月 13 日。

据时代的变化,不断融入新内容,吸纳相关学科的理论与方法,坚决杜绝闭门造车,盲目排外,要与世界史学对话,开展各国史学体系的比较研究,汲取其精华,探索其异同,丰富我们的思想。

(2) 理论与史料。史学体系的构建,既需要理论,又需要史料,二者不能偏废。考据学把史料的搜集、整理、考订看作是史学研究的中心任务,考证务求审慎,引用务求详备,不崇尚历史理论的阐发,造成的结果就是具体考实性研究成就很高,但在对历史作出宏观性、规律性的解释方面却勉为其难。史料固然是历史研究的基础,"在历史研究中,只有历史唯物主义的一般原理而没有史料,那是空洞无物的"①。在史料与理论之间,"史料是重要的,但更重要的是理论。不用正确的理论来分析研究,史料就等于废物"②。这些论断对史学体系的构建是有指导意义的。但是,从近代以来史学发展来看,一个新的理论或研究方法的提出与确立,往往是在新旧中西史学的碰撞中以及对本土史料深入辨析中生发出来的,且往往会演化成一个新的史学流派,甚至产生新的学科。因此,理论与史料应该密切互动,从真实的历史资料出发而非根据需要改铸资料,不断打破理论与思想上的禁锢,不断打破固有的研究范式和话语体系,庶几才能推进史学进步。

(3) 本土与外来。乾嘉考据学之所以能在 20 世纪史学转型中发挥作用,根源在于"新史学"兴起后,中国史家一面引进西方史学理论与方法,一面挖掘中国传统考据学的合理因素,立足点是对中国传统史学方法进行更新和改造,既非简单照搬外国,又不是全盘接受传统,由此不断构建新的、不同于以往的史学体系。任何文化都是在本土与外来的碰撞中不断更新发展的,史学亦不能例外。改革开放以来,中国史学界在封闭了多年后开眼看世界,出现了拿西方史学的理论、观点、范畴及话语来解读中国历史的现象,这本是学术研究的正常现象,不足为奇。问题是,在中外史学对话中,不少关于中国历史的问题都是先由西方人提出来,然后引起我们的回应和讨论。难道是中国史家缺乏足够的学术能力,无法提出中外史家共同关注的学术

---

① 郭沫若著作编辑出版委员会编《郭沫若全集》(历史编),第三卷,人民出版社,1984,第 486 页。
② 翦伯赞:《目前历史教学中的几个问题》,载《翦伯赞历史论文选集》,人民出版社,1980,第 46 页。

话题,以引起中外史家的共同讨论?这是一个很难回答的问题。但我们似乎也能感受得到,中国史学话语要在世界上产生一定影响,理论的开放程度和思想的宽容精神必不可少。从全球的视野关注中国历史,"提出具有宏大主旨的问题,不仅为中国史学家所关注,也受到外国史学家的关注,由这种共同关注而引发的讨论,必将在更加深刻的意义上推动中国史学话语体系的当代建构,并使其在世界范围内产生影响"①。史学体系的构建固然离不开民族文化的载体,但也离不开外来文化的滋养。只重视传统,不与世界接轨,不关注世界史学的发展,盲目自信地构筑体系,实际上会脱离世界史学发展的轨道,变成自鸣得意、毫无价值的空中楼阁,无法影响世界。

---

① 瞿林东:《关于当代中国史学话语体系建构的几个问题》,《中国社会科学》2011年第2期,第26页。

粤海关陋规名目及其历史影响考察

王宏斌

关于清代陋规问题,学术界已经有很多研究①,但尚未涉及粤海关这一特殊部门的陋规问题。由于粤海关是清代前期对外的窗口,其陋规在清代前期曾经引起一系列国际纠纷,有很大社会危害性,具有重要研究价值。本文拟对粤海关这个特殊部门的陋规加以探讨。那么,在清代粤海关究竟有哪些陋规名色呢?其社会危害如何?历史影响如何?政治根源何在?本文针对这些问题,一一寻觅其答案。

首先要说明的是,"陋规",乃是明清时期一种缺乏明确规定的,却又是实际运行的,得到官场默认的普遍的收受费用的潜规则。时至今日,一些陋规仍然在各种社会管理活动中隐隐约约起着某种作用。在清代,"规例"、"例规"和"规费",均是"陋规"的同义词,在文献中可以互相置换。诸如,"江苏巡抚衙门额定养廉银外,向提扬关例规以为公用"②;"地方官吏本有

---

① 李映发:《清代州县陋规》,《历史档案》1995年第2期;李春梅:《试探清朝前期督抚的陋规收入》,《内蒙古社会科学》(汉文版)2005年第4期;李春梅:《清朝前期督抚陋规收入的用途》,《内蒙古社会科学》(汉文版)2007年第2期;郑小春:《清代陋规及其对基层司法和地方民情的影响:从徽州讼费账单谈起》,《安徽史学》2009年第2期;柏桦:《明清州县衙门陋规的存留与裁革》,《史学集刊》2010年第3期;张晨:《清代部费陋规问题研究》2013年5月1日,博士学位论文,2013;陈支平:《从王开泰案看清末学官的陋规》,《中国社会经济史研究》2013年第3期;张艺维:《道光朝陋规整顿与朝政困局探微——以道光末年晋抚王兆琛复设陋规案为中心》,《中南大学学报(社会科学版)》2019年第5期;吴瑜:《道光后期州县征漕收支及其与陋规加派的关系——以浙江乌程县为中心的考察》,《中国经济史研究》2020年第1期;等等。

② 《清高宗实录》卷一二九,乾隆五年十月丁卯,载《清实录》第10册,中华书局,1985-1986年影印版,第889页。

缉私之责,若因该省陋规禁革,不能从中分润,遂竟视同膜外"①;"浙省近年办理漕粮,上下视为利薮,劣衿地棍乘机挟制,包揽把持,竟成规例"②;"报灾之先,吏胥辄向灾区索取规费,被灾轻重,并不核实勘报"③。"规礼"则与前者稍有不同,多指上下级官员之间每逢庆寿过节时期接受和致送的礼金。例如,"州县致送上司规礼,习为故常"。④ 当然,"规礼"有时也等同"规例",使用并不十分严格。例如,"该处水陆弁兵先犹出入盘查,后因收受规礼,纵容不问"。⑤ 因此,本文所探讨的"陋规",包括"例规"、"规例"、"规费"和"规礼"。

一、粤海关陋规名目及其遗传性

粤海关自1684年(康熙二十三年)正式设立,所辖总口7处,分口53处,挂号口22处。大致说来,设立不久,在正税和船钞之外,就有了各项陋规名目。"私收规礼、火足、验舱、开舱、押船、丈量、贴写、放关、领牌、小包以及分头、担头等项陋规银两,每年不下六、七万两。从前原系官吏私相收受入己。"⑥自1726年(雍正四年)起,经管关巡抚杨文乾节次奏请归公,这些名色全部列入例册征收。

1728年(雍正六年),广东巡抚杨文乾参劾广州将军阿克敦侵蚀粤海关火耗,并令家人勒索暹罗米船规礼诸事,建议将粤海关各项陋规全部充公。1729年9月4日(雍正七年闰七月十二日),杨文乾在奏报粤海关整顿事宜时这样说:"窃臣兼理粤海关税务,自上年九月内到任至十二月止,即届一年报满之期,臣已将前官及臣接任所收正税、赢余俱已具疏题报。又,分头、担头一项及行家缴送先收一半一项,俱已另具批文,解送户部,转解内库讫。又,臣将各书吏及各口巡役向来收用陋规,令其尽收尽报,除酌给饭食、纸笔、赡家、使费之外,尚余节省银一万零二两,又在分、担及行家缴送之外,未

---

① 《清高宗实录》卷一三二八,乾隆五十四年五月甲子,载《清实录》第25册,第984页。
② 《清高宗实录》卷一一七二,乾隆四十八年正月戊戌,载《清实录》第23册,第717页。
③ 《清德宗实录》卷三,光绪元年正月壬寅,载《清实录》第52册,第106页。
④ 《清德宗实录》卷一〇六,光绪六年七月乙酉,载《清实录》第53册,第116页。
⑤ 《清高宗实录》卷一一〇五,乾隆四十五年九月癸巳,载《清实录》第22册,第898页。
⑥ 梁廷枏等编《粤海关志》卷八,广东人民出版社,2017,第166页。

经请旨,不敢遽解户部。"①由此可知,在1728年(雍正六年)以前,粤海关向商人收取的陋规主要有:船规、分头、担头、耗羡、行商(中国行商)缴送和夷商(外国商人)规礼等六项。

1736年5月30日(乾隆元年四月二十日),新任广东巡抚兼粤海关监督杨永斌与副监督郑五赛针对先前将各项陋规充公措施提出两项建议:一是减免部分陋规银两。"请将挂号、船头、开舱、放关、牌照、对单、小包等项归公银三万余两,米、麦、豆、鱼等项归公银三千余两,又缴送银三、四万两不等,并洋船进出口规礼、杂费一万余两,每年约银八、九万两,悉予减免。"二是将征收的分头和担头两项陋规银两存留粤海关以备办公支销。"其分头每年约银一万数千两,并担头每年约银三、四万两,系开关以来即有之项,请存留支销。"②户部官员在审核杨永斌的建议和粤海关会计清册时,发现存在以下两个问题:

其一,历年解部案内并无挂号、船头、开舱、放关、牌照、对单、小包等项归公名色,亦无洋船进出口规礼、杂费款项。且该巡抚呈报册内所开细数,均系吏役人等例规。"是此二项银四万余两,原为酌给官吏办公、饭食之费,并非归公解部之项。"

其二,"其装载米、麦、豆、鱼等项归公银三千余两,归入何项解部之处,从前并未咨报。今折内又未声明,均属无凭查核,应令该抚等确查妥议"。

这是说,经过前任巡抚杨文乾的大力整顿,已将粤海关"收受入己"的各项陋规充公,纳入考核范围,而今新任巡抚杨永斌等又奏请将分头、担头存留支销,并奏请将挂号、船头、开舱、放关、牌照、对单、小包等项以及洋商规礼悉予减免,有所不妥。"如果有累商民,应行裁革者,另行具折奏请。若系相沿旧例,日久相安者,仍行照旧办理,使伊办公有资,不致别生弊端,有亏课额。至洋船缴送与分头、担头等项,皆系前抚臣杨文乾等奏准充公,递年批解,考核无异。"③

从上述情况可以看出,杨文乾在1728年(雍正六年)对粤海关陋规进行

---

① 《世宗宪皇帝朱批谕旨》卷二七上,载《四库全书》史部六,第42-43页。
②③ 《户部尚书张廷玉等奏议粤海关减免船规等项银两事》乾隆元年四月二十四日,中国第一历史档案馆藏朱批奏折,档号:04-01-35-0308-024。

了整顿①,仅仅过了七年,已经开始有所变化。仔细分析,所谓的挂号、船头、开舱、放关、牌照、对单、小包等项应属"船规"范围。根据户部的奏请,船规、分头、担头、耗羡等项目继续征收,维持不变,仅将行商缴送的归公银两豁免征收,夷商"规礼"是时尚无明文禁止。经过整顿,粤海关归公的陋规银两,"每年自数万两至十五万余两不等"②。

根据广州将军署广东巡抚策楞 1744 年(乾隆九年)奏报:粤海关每年关税收入有三项:正额银 43750 两;赢余银 119916.475 两;另外有陋规银,即耗羡、船规、分头、担头等银,"共六万二百五十四两七钱四分三厘"③。旧的陋规归公了,新的陋规又出现了。这一年又查出三项新的名目,即"漏税罚料、应给吏役火足和截旷银两",每年约计二千余两。④ 这说明,即使是一项意义深远的财政改革,也不可能一劳永逸。

1748 年(乾隆十三年),户部议覆两广总督策楞奏折时指出,例册内有紫泥口装载货物之船,每船规银二钱,内给水手盘费银三分,余银一钱七分归公;崖州口每船家人、巡役,每收车轿银七八钱,水手把港钱二三百文,向给家人、巡役、水手,不入归公册报,等语。户部官员认为,前项陋规既经奏明,刊入例册,理应征收解部。其家人、巡役、水手,已经支给工食银两,未便又将前项规银重复给发。为此,奏请饬令两广总督将该项陋规,仍照旧例征收,解交户部⑤。

1760 年 1 月 9 日(乾隆二十四年十一月二十二日),两广总督李侍尧和粤海关监督尤拔世奏请豁免夷商"规礼"时指出,在审理李永标一案时,检阅粤海关则例,内载外洋帆船进口,"自官礼银起,至书吏、家人、通事、头役止,共规礼、火足、开舱、押船、丈量、贴写、小包等名色,共三十条。又放关出口书吏、家人等,共验船、放关、领牌、押船、贴写、小包等名色三十八条,头绪纷如,实属冗杂。臣等查直省各关从无关礼名色。再如则例,独粤海关存有

---

① 《世宗宪皇帝朱批谕旨》卷二七上,第 42-43 页。
② 《户部尚书张廷玉等奏议粤海关减免船规等项银两事》乾隆元年四月二十四日,中国第一历史档案馆藏朱批奏折,档号:04-01-35-0308-024。
③ 《户部尚书海望等题为察核署广东巡抚监管粤海关税务策楞乾隆八年至九年征收正税钞银数目事》乾隆十年三月十七日,中国第一历史档案馆藏朱批奏折,档号:04-01-04-13848-010。
④ 梁廷枏等编《粤海关志》卷八,第 166 页。
⑤ 梁廷枏等编《粤海关志》卷八,第 163 页。

此名者。从前此等陋规,皆系官吏私收入已。自雍正四年起……统作一条造报"①。

由这一奏疏可以看出,直到1760年,在粤海关征收的例则中仍保留着诸多陋规名目,除了分头、担头、耗羡、规礼之外,中外商船凡进口,征收的陋规有规礼、火足、开舱、押船、丈量、贴写和小包等7种;凡出口,征收的陋规有验船、放关、领牌、押船、贴写、小包等6种。事实上,粤海关的陋规还有一些新的名目,诸如工食银、饭食银、舟车银等。1763年(乾隆二十八年),两广总督苏昌奏请,除了向来征收的正额货税、船钞和耗羡之外,各种陋规名目计有:均应统一改为归公银两,以资公用。"其余一切纷繁条款,悉行删除。"②

总之,从1684年开海贸易到两广总督苏昌奏请将一切陋规名目统统改为"归公银两"这一年为止,共有80年,粤海关先后出现的陋规名目计有:耗羡、截旷、船规、分头、担头、规礼、押船、丈量、开舱、验舱、放关、领牌、贴写、小包、罚料、火足、饭食、工食、舟车等19种之多。其中除了分头、担头、耗羡和规礼之外,其它15种陋规均可归入船规范畴。从这些名目中不难看出,中外商船进出口的各个环节都有陋规,权力寻租可谓无孔不入。

粤海关陋规显然具有遗传性能,旧的陋规或被暂时抑制,新的陋规就会重新萌蘖,花样翻新,层出不穷。没有对权力的合理规范和有效监督,权力寻租就会无孔不入。"至于抽收之弊,则巧立名色,明索暗增。火耗之外,又有饭钱,有单钱。及至纳税,又或重其戥砝,或短其丈尺,层层扣剥,种种勒掯,商民之受累,实职此之由。"③

陋规作为一种常态,有清一代几乎无处不在,无时不有。1859年(咸丰九年),总税务司李泰国参照上海海关收税章程,任命外国人接管粤海关部分业务,称为洋关。原来的粤海关辖属各口一分为二,除了分离出去的洋关外,还有一部分关口,被称为常关,继续由粤海关监督负责管理。肇庆府黄江税厂就是按照粤海关传统模式运行的常关。1887年(光绪十三年),再次

---

① 《两广总督李侍尧奏议粤海关征收规礼等名色情形事》乾隆二十四年十一月二十二日,中国第一历史档案馆藏朱批奏折,档号:04-01-35-0332-021。
② 梁廷枏等编《粤海关志》卷八,第167页。
③ 梁廷枏等编《粤海关志》卷一四,第292页。

清理粤海关陋规,发现肇庆府黄江税厂除了"加平"之外,又有办用钱、官厘头钱、船头钱、墟艇钱、黑钱、包揽钱等六项新的规费,主要用于该税厂书吏充规、节礼、堂礼、薄规、火烛以及布政使衙门之季规、充规等支出。① "所谓黑钱、办用钱、包揽钱,乃额外苛剥商人者。"②这些陋规,有的很明显继承了前期的基因。例如,加平、办用钱、船钱和墟艇钱;有些是新增的名目,例如,黑钱、厘头和包揽钱。

综上所述,我们知道粤海关在1763年(乾隆二十八年)以前有19种陋规,这些陋规具有病体基因的遗传性,或明或暗长期在粤海关中存在,后期出现的7种陋规便是早期陋规的变异。下面有必要对这26种陋规名色之涵义以及征收方法加以简介。

耗羡,系全国性的陋规之一。清初各地官员征收钱粮,往往以耗损为由,加征一些钱银,属于正税之外无定例可循的附加税。清朝定鼎北京后,耗羡一项,仍存其名。

火耗,又称火足,系全国性的陋规之一。就粤海关来说,针对正税和船钞征收耗羡之后,再次以熔铸解部为名,加征火耗,名义上用于补贴员工费用。例如,"澳门总口征收正税、钞、耗,系十字番银,库平每两补八分。其担规杂项,收十字番银、九八六澳平,每月仍核实库平,除支工火外,余存银两,按季解贮大关"③。

截旷,又称书役截旷,系全国性的陋规之一。是指以员工缺额为名,将其薪饷截留,积少成多,侵吞海关经费的一种陋规。例如,道光初年,广东筹办快船经费,两广总督奏请在关税、平余及罚料、截旷等项目下,每年动支银二千两,以资接济。④

加平,又称加枰或平余,系全国性的陋规之一。是指正税之外加征的平余银两。清代实行银钱并用制度,由于各地称量单位大小不一,而解交国库,均按库平银两计算,不得不允准各地官员加收平余银两,以保证解交国库的足够数量。

---

① 《清德宗实录》卷二二七,光绪十二年十月庚寅,载《清实录》第55册,第66-67页。
② 《查革肇潮两府税厂积弊折》光绪十二年三月二十一日,载王树枬编《张文襄公(之洞)全集》卷十五,1928,北平文华斋刻本,第19-20页。
③ 梁廷枏等编《粤海关志》卷十,第215页。
④ 《清宣宗实录》卷一二三,道光七年八月乙亥,载《清实录》第34册,第1057页。

船规,系指按照商渔船只规模征收陋规的总体名称。就粤海关来说,船规的项目计有挂号、船头、开舱、放关、牌照、对单、小包等。①

挂号,"凡系出入船只,挂号稽查,船户向俱送给陋规,如有例带米石之外,多带米粮,仍须格外加送"。②

船头,粤海关按照船只规模征收的费用有两项:一是船钞,二是船头。船钞属于正税,类似于现在的吨位费。通常按照前后椇之间的距离与梁头宽度相乘积,计算得到缴纳船钞的单位。③ 单位越大,交得越多;单位越小,交的越少。官吏丈量船只规模,一般从船头开始量到船尾。船头,系陋规,也是按照船只大小计算的。"船例丈量,长阔相乘,至一十六丈零,作为头等,每尺一两五钱;长阔相乘,至一十四丈,作为二等,每尺一两三钱;长阔相乘,至一十丈零,作为三等,每尺一两一钱;长阔相乘,至八丈者,作为四等,每尺九钱。如相乘数目有不相近者,禀明以两等船例对报。另收旧船规银三十五两。"④

开舱,又称下舱小票。商船进入口岸,经过验货,交纳货税、船钞以及陋规之后,方准开舱起货。例如,海关接到理事官知照后,方准取牌开舱起货,倘有未领牌照之先,擅行起货者,罚银五百元,并将卸运之货一概没收归官。

放关,又称掣批放关。系外商进入口岸购置货物的许可证。洋船来粤买货,"每船一只进口有放关规礼银一百三十二两"。⑤

牌照,是指中国商人前往外国,或外国商人进入中国口岸贸易,海关颁发的贸易许可证。⑥

对单,系粤海关员工对单查验进出口商船后征收的一种规费。

小包,是指在征收杂款时附加的一种陋规。例如,"每千两又额外索取小包银五、六两不等"。⑦

分头,系粤海关针对外国商人出口货值征收的陋规。"粤海关惟赖夷

---

① 《闽浙总督郝玉麟奏报遵旨查明渔税原委事》乾隆元年五月初九日,中国第一历史档案馆藏朱批奏折,档号:04-01-35-0543-017。
② 《钦定平定台湾纪略》卷六一,《四库全书》本,第 10 页。
③④ 梁廷枏等编《粤海关志》卷二九,第 557 页。作者按语:此处的丈尺,系指平方丈和平方尺。
⑤ 《世宗宪皇帝朱批谕旨》卷二七下,第 18 页。
⑥ 《清高宗实录》卷二八五,乾隆十二年二月丙戌,载《清实录》第 12 册,第 714 页。
⑦ 《世宗宪皇帝朱批谕旨》卷二五〇上,第 29-31 页。

船,但夷船必待风信于五、六月到粤,所载货物无几,大半均属番银,输钞纳饷,必候夷人买货完毕,除所买货物按则纳饷外,统计每银一两抽分头银三分九厘,此系旧例。"①

担头,系粤海关按照中外商船货物重量征收的陋规,主要用于办公经费及各口书役人等养赡之费。"凡进出各货物,照则例科征正税,火耗加一。又按正税每两收银一分六厘,按货每百斤收担头银三分八厘。"②

缴送,是指广州中国行商向粤海关缴纳的陋规。例如,1729年(雍正七年),杨文乾奏报:行商缴送,先收一半,"俱已另具批文,解送户部,转解内库"。③

规礼,是指粤海关向外国商人征收的规礼。例如,"每船一只进口,有放关、规礼银一百三十二两,向为左翼镇等衙门规礼"。④

罚料,又名漏税罚料。有时是对偷漏税者进行正常罚款,有时则是变相收费。前者如1817年(嘉庆二十二年),粤海关监督祥绍奏报,本年供查获三起重大走私案,"将一半银全数归公,一半内三成银发给充赏,其一半七成仍归罚料项下报解。统计三案罚料银二万四千五百六十九两一分二厘"。⑤例如,1762年(乾隆二十七年),尤拔世任粤海关监督,其家人李忠利用这种手段,大肆敛财。"所缺正税七万七千余两,而罚项转至四万九千余两之多"。⑥

工食费,是粤海关为其200余名员工生活补贴加征的陋规。按照货物的重量征收,"每百斤收担银一分一厘零至一分三厘不等,每年约收银三四千两。"⑦

饭食费与舟车费,是粤海关为虎门及潮州、雷州、琼州各口岸查船人员征收的陋规。"每担自一、二十文以至五、六百文不等,向或以一半归公,一

---

① 《世宗宪皇帝朱批谕旨》卷四○,第32-34页。
② 梁廷枏等编《粤海关志》卷一一,第218页。
③ 《世宗宪皇帝朱批谕旨》卷二七上,第42-43页。
④ 《世宗宪皇帝朱批谕旨》卷二七下,第18页。
⑤ 《粤海关监督祥绍奏报罚料银两照解户部事》嘉庆二十二年十二月初二日,中国第一历史档案馆藏朱批奏折,档号:04-01-35-0947-002。
⑥ 《清高宗实录》卷六七○,乾隆二十七年九月庚申,载《清实录》第17册,第482页。
⑦ 梁廷枏等编《粤海关志》卷八,第166页。

半赏给,或全数给与,载入例册征收。"①

船钱与墟艇钱,是晚清时期粤海关征收的陋规,是早期船规的变种。船钱,又称船头,即米船每只征收一千三百文,谷船每只征收六百文。墟艇钱,按照大小型号,各征数百文不等。"此两项系充官厂杂用者,每年共约银五六千两。"②

办用钱,是晚清时期粤海关征收的一项陋规,是早期"分头""担头"银的改头换面。"药材杂货按税每两收三四钱至五六钱不等;木料、茶叶每两七钱;柴炭每两多至一两四钱;此厂书役所得者,每年共约收银九万余两。"③

厘头,又称官厘头,系晚清全国性的陋规之一。"按税每两抽三、四厘至七、八厘、一分不等。"④这项陋规具有晚清特色,是咸丰同治时期遇卡征厘的产物。

黑钱,又名入柜款,是晚清粤海关陋规之一。扦子手勾结商人,少报货税所得,名曰黑钱。"此无定款,亦无定数。此项即一名入柜款也。"⑤

包揽钱,是晚清时期一种新的陋规。包税人利用其与衙门中的书役、巡丁熟识便利条件,包揽纳税。从中取利,数量不定。

晚清时期,两广总督张之洞在奏折中承认,不仅肇庆黄冈税厂存在耗羡等严重问题,而且在所有传统海关中都存在加平、船钱、墟艇钱、办用钱、厘头、黑钱和包揽钱等各项陋规⑥。于此可见,陋规犹如病毒基因,不断变异,始终在粤海关中存活。

二、粤海关陋规的危害性

(一) 粤海关陋规对中国商业危害

陋规是商民的沉重负担。1736 年 5 月 30 日(乾隆元年四月二十日),新任广东巡抚兼粤海关监督杨永斌与副监督郑五赛整顿海关陋规时,承认

---

① 梁廷枏等编《粤海关志》卷八,第 166 页。
②③④⑤⑥ 《查革肇潮两府税厂积弊折》光绪十二年三月二十一日,载王树枏编《张文襄公(之洞)全集》卷十五,第 19-20 页。

挂号、船头、开舱、放关、牌照、对单、小包等归公银有三万余两,米、麦、豆、鱼等项归公银三千余两,缴送银三、四万两不等,并洋船进出口规礼、杂费一万余两,每年约银八、九万两;其分头每年约银一万数千两,并担头每年约银三、四万两。① 如此算来,船规、分头、担头等项,征收的总量已经达到十四、五万两,这还不包括"耗羡"在内。是时,粤海关征收的正税、船钞、耗羡以及陋规归公银两,合计大约在40万两左右。若将耗羡银两加入到陋规中,估计各项陋规之和相当于粤海关征银总量的50%左右。也就是说,征收正税和船钞每一两,就要加征一两左右的陋规。这对中国商业来说,肯定是一种沉重的负担。

当时,清廷在各个海关推行了一种包税制。按照乾隆时期户部对海关和常关的规定,关税上缴分为两个部分:一是正额,二是盈余。关税和盈余统一以1735年(雍正十三年)征收数目为定额。1749年(乾隆十四年),重新制订《关税考核定例》。1749年以前,曾经规定:收税官欠不及半分者,降一级留任;欠半分至一分以上者,降一级;欠二分以上者,降二级;欠三分以上者,降三级;欠四分以上者,降四级;皆调用。欠五分以上者,革职。嗣后比较上届短少不及一分者,免议外,其一分以上者,罚俸一年;二分以上者,罚俸二年;三分以上者,降一级留任。四分以上者,降一级调用,五分以上者,降二级调用②。

"各关征税,于正额之外,将赢余一项,比较上三届征收最多年分。如有不敷,即著经征之员赔补。"③ 由于"赢余"的上缴,是"比较上三届最多年分",数额便不断有所提高。例如粤海关,1744年(乾隆九年)赢余银119916.475两④,到1799年(嘉庆四年)其赢余已经增加到855500两,后者相当于前者的7倍有余。就粤海关来说,盈余数额的不断增加,既是对外贸易不断发展的结果,也是经征官员千方百计征收的"成效"。任何海关经手的贸易量都不可能是有增而无减。在贸易量不断增加情况下,不断提高"赢

---

① 《户部尚书张廷玉等奏议粤海关减免船规等项银两事》乾隆元年四月二十四日,中国第一历史档案馆藏朱批奏折,档号:04-01-35-0308-024。
② 托津等编《钦定大清会典事例》卷一九〇,嘉庆朝(1796-1820年)刻本,第14页。
③ 《清仁宗实录》卷四一,嘉庆四年三月丙子,载《清实录》第29册,第488-489页。
④ 《户部尚书海望等题为察核署广东巡抚监管粤海关税务策楞乾隆八年至九年征收正税钞银数目事》乾隆十年三月十七日,中国第一历史档案馆藏朱批奏折,档号:04-01-04-13848-010。

余"数额,"尽收尽解"是可行的。但在贸易量出现减少的情况下,要求海关人员用赔补的方法,保证绝对数量的完成,则是有问题的。例如,1794年(乾隆五十九年),粤海关监督苏楞额奏报:该关自乾隆五十八年八月二十六日起,至五十九年八月二十五日止,一年共到洋船四十三只,通关各口共收正杂赢余银九十七万二千九百四十八两零。虽比较五十八年分多收银八万七千三百三十五两零,比较五十六年少收银,其收银十五万四千六百一十四两零。① 这种不合理的包税制度长期以来没有得到纠正。

直到1799年(嘉庆四年),才停止上述"三年比较之例",并查照往年加多之数,分别核减。核减的结果是,浙海关盈余从44000两,减少5000两,为39000两;江海关、闽海关和粤海关盈余维持不变,分别仍为42000两,113000两,855500两。② 此次核减之后,仍规定短少银两,必须由管关者赔补。如有多余,则尽收尽解。

为了鼓励海关人员尽职尽责,朝廷把监督和将军超额完成征收任务作为"议叙"的条件。这样势必鼓励海关监督、将军及其员工想尽一切办法,包括合法的和不合法的手段,向商人"诛求不已"。1736年(乾隆元年),兵部尚书甘汝来对此分析指出,各个海关"近日则视赢余多寡为议叙,是以监督有司悉力苛索,多方取盈,甚则不问则例有无定额,总藉口于赢余无出,而诛求不已。毫发无遗,嗟兹商旅,何堪剥削!况其病不独在商也,商增一分之税,即货长一分之价,而民受一分之害。是所增赢余者,非富商之资本,实穷民之脂膏也"③。在这种奖励和惩罚都要求管理者必须完成绝对数额的包税制度下,陋规的孳生是必然的。1742年(乾隆七年),有人奏称:"各关司榷人役巧立名色,重戡征收,勒掯需索,弊端百出,大为行旅之害。"④此处的"人役",应当包括史籍中所称的"胥役"、"吏役"、"书役"、"弁役"和"营役"等,是一个帮助长官办事的一群员工,通常情况下,与长官结成了一个利益共同体。

---

① 《粤海关监督苏楞额奏为通年征收关税总数事》乾隆五十九年九月二十四日,中国第一历史档案馆藏录副奏折,档号:03-0607-044。
② 托津等编:《钦定大清会典事例》卷一九〇,嘉庆二十三年刻本,第28页。
③ 《兵部尚书甘汝来奏报清除烦苛之榷税事》乾隆元年正月十八日,中国第一历史档案馆藏朱批奏折,档号:04-01-35-0306-010。
④ 梁廷枬等编《粤海关志》卷八,第170页。

1836年(道光十六年),有人奏报苏松太道阳金城晓谕各口告示,概不用印,稿不存案。宠用家丁三十余人,以查船为名,任意骚扰,讹索往来商旅。非格外贿求,即留难不放。甚至将已经输税起货之船,拿究严讯。调取关东沙船原票比较,扦多则就扦科税,扦少则就票科税。各船偶遇飓风,或将货物抛弃。"该道惟以发票为凭,勒令将抛弃之货一概输税。又分派官亲家丁前往吴淞口,以复查进出船为名,勒取看舱钱文,给则免验放行,否则捐留,以致商船不能及时贸易,视海关为畏途。众怨沸腾,半将歇业。"①由此可知,粤海关的看舱陋规,早已传染江南,成为盘剥商民的重要手段之一。

海关滥征乃是一种普遍现象。江南道监察御史金溶奏报:各地海关报解"赢余"存在种种弊端。"商贾生意尚觉萧条,居民不沾实惠,行旅啧有烦言,俨若报解盈余,实有以困商民者,则有续增口岸过多,胥役需索倍甚,以至商本加重,物贵难售,此实权关之吏,借盈余之名,以私图便利者之惟累也。伏查会典内开:各关近多滥征,甚至支河小港以及关之近地旱路,俱行拦截,肩挑负担之民迸遭检束。"②

正如雍正时期,浙江黄岩镇总兵冯廷辅所指出的那样,凡是商渔船只络绎不绝出入海口的地方,设立官弁,驻守稽查出入,督缉私贩。而不肖员弁从中取利,纵容家人衙役,"凡遇船只出入,串通随防把总百计苛求,任意需索。有利者出入自由,无利者拦阻不放。致使滨海穷民以海为田者,举家束手待毙,民怨沸腾,劣迹昭著"③。

前揭粤海关陋规的在沿海地区的普遍存在,不仅以私害公,而且以情害理,对于中国的商业发展极为有害。不仅如此,陋规是政治腐败的温床,国家税务机关受到严重腐蚀。税务机构是陋规的受益者,几乎人人受益,只有贪腐程度之不同,没有清廉与腐败之根本区别。无官不贪,见怪不怪。陋规在清代显然不是偶发的孤立事件,而是一种习惯势力,带有一定的普遍性。一旦这种习惯形成,就会成为官场潜规则,并渗透到社会各个角落,对整个社会风气和人们生活方式起着毒化作用。

---

① 《清宣宗实录》卷二七八,道光十六年二月甲子,载《清实录》第37册,第289页。
② 梁廷枏等编《粤海关志》卷一四,第291页。
③ 《浙江黄岩镇总兵冯廷辅奏为特参海门游击任尚礼心术奸险事》雍正四年二月十一日,中国第一历史档案馆藏朱批奏折,档号:04-01-30-0154-023。

（二）粤海关陋规引起的国际商业纠纷

粤海关陋规对于中国国内商业危害很大，对于国际贸易也同样不利，曾经引起了许多商业纠纷。下面我们通过几个案件管窥一斑。

其一，粤海关监督舒恕向英国商船索取规费案。1689 年（康熙二十八年），一艘英国船只到达广州。这条船到达两星期后，粤海关开始派员丈量其船只，计算征收船钞的单位。"官方丈量员开始是从船头量到船尾，但一经受贿，就允许从后桅之前量到前桅之后；事实上，后一种丈量方法是丈量任何船只的唯一合法的和照例的成规，不论它是中国船只或外国船只。随后便索银 2484 两；船货管理员拒不付给，并且以不作任何贸易即行离去相威胁，一星期后，减为 1500 两，其中 1200 两作为归公的船钞，300 两作为对'粤海关监督'的规费。"①

其二，署广东巡抚阿克敦向暹罗米船索取规礼案。② 1727 年 3 月（雍正五年二月），广东巡抚杨文乾请假，常赉、阿克敦、石礼哈、傅泰等广东高级官员相继短暂署理广东巡抚。杨文乾于雍正六年回任之后，接到夷商和属员密报，广州将军阿克敦在兼署广东巡抚期间，不仅闻盗不缉，而且侵挪粤海关税银，还纵令家人向暹罗国运米船索取规礼，遂上奏参劾。据巡抚衙门书役庄耀禀报，前一年九月内，署巡抚阿克敦发出谕帖一封，令内班门子胡龙超前往虎门，调令暹罗国船主到省，经由允升行商人崔峻观之手，将白银六百两缴与王堂官和胡门子，方准开舱起货，等语。又据暹罗国船主叶舜德番官乃唎等禀称：他们仰慕天朝，航海载米来卖，被风飘流到粤，遭署巡抚索去银两，将来国王不准开销，着落赔补，关系身家性命。杨文乾认为阿克顿向暹罗商船索取规礼，有辱国体。

"臣闻之不胜骇异，随发交司道等公同查讯。随据录报船主叶舜德等供称：去年八月载米觅卖，船只被风飘来，驶到虎门，阿巡抚因其新

---

① Auber, Peter. *China: An Outline of Its Government, Laws, and Policy*, London : Partbury, Allen Go. 1834, P. 149; Davis, John Francis. *A General Description of the Empire of China and Its Inhabitants* 2 Vols London Charles Knight, 1836, P. 147; Samuel Wells Williams. *The Middle Kingdom*, 1848, P. 446; 马士：《中华帝国对外关系史》第一卷，张汇文、姚曾廙、杨志信等合译，上海书店出版社，2006，第 55—56 页。

② 粤海关在康熙二十四年成立时，设立监督一员，专官收税。雍正元年，奉旨裁撤，改归广东巡抚兼管。雍正七年，复设监督。

来,于额税之外,另索规礼银八百两,差庄耀、胡龙超连日催逼,无可奈何,将米卖银六百两,交王堂官亲手收去,等语。讯之经手庄耀等,吐供相符。又据番官乃喃等供称:叶舜德系初次来粤贸易,船已进港,无奈曲从,等语。臣思皇上德威遐播远方,绝域重译来朝,竭诚进贡,实为从来之所未有。皇上格外加恩,何等深厚,而阿克敦反向遭风之夷商勒索规礼,若传布遐方,在阿克敦之声名固不足惜,其如我天朝国体何!臣再四思维,即暂借公项银六百两,令司道公同传齐番官、番商,当堂晓谕,'此项银两并非署巡抚阿克敦所得,俱系衙役家人指名勒索,今已究出照数发还,免尔等回国赔补。'叶舜德等感激皇恩,欢呼载道。俱称我等仰慕圣朝高厚。今次愈加深切,共皆舞跃而去。臣谨将前后情由据实奏闻,伏乞睿鉴。"①

是时,两广总督孔毓珣亦参劾阿克敦挪用太平关耗羡。雍正帝闻讯大怒,立即下令逮捕阿克敦。经过审讯,以纵令家人贪索暹罗米船陋规定谳,拟绞监候。

其三,英国东印度公司翻译洪任辉状告粤海关陋规案。乾隆初期,英国东印度公司在广州的贸易份额越来越大,公司的负责人对广州的行商制度和海关陋规十分不满,他们于1755年(乾隆二十年)派遣洪任辉(英文名字为詹姆士·弗林特,James Flint)率领船队到达宁波定海港,出售欧洲的商品,并采购茶丝等中国产品。当英国商船抵达宁波港时,受到当地官员的欢迎。更令他们惊喜的是,不仅浙海关税率和陋规比粤海关低,而且各种商品价格也比广州方面低得多。"一切科税诸事,无不逾格从宽。"②洪任辉因此发了一笔大财。于是,在1756年和1757年中,英国东印度公司派遣商船多次前往宁波贸易,相应减少了在广州的商船数量。这自然影响了粤海关的关税收入。两广总督杨应琚在各方要求下,奏请皇帝,希望通过提高浙海关关税的手段,以便迫使东印度公司商船重新回到广州。乾隆皇帝收到杨应琚的这一奏折,认为是一个好方案,立即谕令闽浙总督喀尔吉善与浙江海关更定税则。"但使浙省税额重于广东,令番商无利可图,自必仍归广东贸易。

① 《世宗宪皇帝朱批谕旨》卷九下,第34-36页。
② 梁廷枏等编《粤海关志》卷八,第163页;《闽浙总督喀尔吉善奏呈酌拟更定浙海关征收外洋船货估价事》乾隆二十一年十二月二十日,中国第一历史档案馆藏朱批奏折,档号:03-0586-081。

此不禁自除之道也。"①这是一个所谓"不禁之禁"的方案。

经过一段时间的公文旅行后，闽浙总督喀尔吉善与两广总督杨应琚终于制订了一个从重加税的方案。经过户部议准，最后奏请皇帝批准。略谓："外洋红毛等国番船向俱收泊广东。近年收泊定海，运货宁波。请将粤海、浙海两关税则更定章程。嗣后除照例科征之比例、规例二项，彼此均无增减，无从议外，至正税一项，如向来由浙赴粤之货，今就浙置买，税饷脚费俱轻。而外洋进口之货，分发苏、杭亦易，获利加多。请将浙海关征收外洋正税，照粤海关则例酌议加征。其中有货物产自粤东，原无规避韶、赣等关税课者，概不议加。如货本一两，征银四分九厘。但浙省货值有与粤省原例不符者，应照时值增估更定。其价同货物，仍循其旧。至船只梁头之丈尺及货物进口出口之担头，悉照粤海关税则，不准减免。"②针对这一请求，乾隆皇帝批谕，提高浙海关税率，加征"船头"等规费。③

但是，杨应琚调任闽浙总督后又呈上了一个奏折，说明宁波接近茶、丝原产地，即使浙海关提高了税率，加征了"船头"，也难于有效防止西洋商人继续前往宁波贸易，不如采取直截了当的办法，勒令西洋"番商"只能在广州进行贸易。乾隆皇帝认为杨应琚的建议可行。"从前令浙省加定税则，原非为增添税额起见，不过以洋船意在图利，使其无利可图，则自归粤省收泊，乃不禁之禁耳。今浙省出洋之货，价值既贱于广东，而广东收口之路，稽查又加严密，即使补征关税、梁头，而官办只能得其大概。商人计析分毫，但予以可乘，终不能强其舍浙而就广也。"④这样，浙海关加税的讨论失去实际意义。于是，谕令禁止西洋各国商船前往福建、浙江和江南等地贸易，将中国和西洋各国贸易限制在广州一个口岸。

英国东印度公司不顾中国限制令，于1759年6月3日（乾隆二十四年五月初九日），再次派遣洪任辉带领商船直航宁波。此事为南海县知事所发觉，报告两广总督李侍尧，李通知海防同知密切注视其行踪。五月三十日，

---

① 《清高宗实录》卷五三〇，乾隆二十二年正月庚子，载《清实录》第15册，第680页。
② 《清高宗实录》卷五三三，乾隆二十二年二月甲申，载《清实录》第15册，第720。按语：所谓"规例"，是指载入例册的常见的货物，按照规定税率纳税；所谓"比例"，是指尚未载入税册的罕见的货物，只能比照同类货物征税，另外载入比例册中。
③ 《清高宗实录》卷五三三，乾隆二十二年二月甲申，载《清实录》第15册，第721页。
④ 《清高宗实录》卷五三〇，乾隆二十二年十一月戊戌，载《清实录》第15册，第1023页。

洪任辉商船到达定海时，浙江总兵罗英笏派出水师，阻止其驶进宁波。洪任辉按公司的指示，继续北上天津，停泊在大沽海口水域。当前往检查的官员登上他的海船时，他自称是英吉利国的四品官，一向在澳门、广州两地做生意，因有冤情，广东地方当局不予受理，所以前来京师鸣冤告状，把"状纸"送给直隶总督方观承，请其转呈乾隆皇帝。第一，状告粤海关监督李永标纵容家人属吏敲诈勒索，征收陋规杂费 68 项，约计银 1000 多两"关口勒索陋规，每船收关，总巡口索礼十两，黄埔口索礼十五两，东炮台口索礼五两，充每船买办总巡口索礼五十两，黄埔口三十两，每船通事总巡口索礼五十两，黄埔口索礼三十两，每船验货总巡口索银一百两，每口家人验货索称金七钱，俱通事、买办经手；由一船除货税外，先缴银三千三四百两不等"；第二，状告资元行老板黎光华，拖欠东印度公司货款 5 万多两；第三，状告广州官吏不循旧例接见洋人，纵容家人属吏敲诈勒索；第四，行商制度弊病甚多，影响英国和中国正常贸易①。

乾隆皇帝阅读洪任辉"状纸"后，认为"事涉外夷，关系国体"，命福州将军新柱、给事中朝诠为钦差大臣，前往广东，会同两广总督李侍尧查办此案。"审讯得夷船进口同出口，向有各项归公税礼银两，每船番银一千九百五十两，折实纹银一千七百余两不等。"②粤海关监督李永标供称：家人等勒索陋规，伊实不知，其余各款供吐游移。新柱等人奏请将李永标革职究拟。其家人七十三娄索多赃，亦应逐款严鞫。至洪任辉呈词。询系在葛尔巴地方，请华侨代写。乾隆帝谕令：管关之人非督抚可比，一应税务势不得不用家人。"家人勒索，即主人勒索也。"不可以失察开脱其罪。至外夷抬价居奇，亦不可以开其端。而内地人代写呈词者，尤应严其处分。③

最后的审理结果是，粤海关监督李永标被革职，对于粤海关陋规做了如下处理：豁免了夷船"规礼"，中外商船进出口照旧征收开舱、放关、领牌、押

---

① ② 《福州将军新柱等奏报审理英吉利商人控李永标各款事》乾隆二十四年八月十九日，中国第一历史档案馆藏录副奏折，档号：03-1293-040。
③ 《两广总督李侍尧奏议粤海关征收规礼等名色情形事》乾隆二十四年十二月二十二日，中国第一历史档案馆藏朱批奏折，档号：04-01-35-0332-021；《清高宗实录》卷五九四，乾隆二十四年八月丙戌，载《清实录》第 16 册，第 619 页。

船、丈量、贴写和小包等船规,而将各项陋规名色一概删除,合刊合算。① 同时,重申西洋商船不可前往宁波贸易。洪任辉明知,违犯禁令,不顾地方官多次警告,擅赴天津告状,判罚圈禁于澳门前山寨。圈禁期满,驱逐回国。代写诉状并呈状词的四川商人刘亚匾,以触犯讼棍教诱主唆律条,被处死。② 洪任辉供称指使告状的徽州商人汪圣仪,与洪任辉交结收受英国大班银一万三百八十两,按交结外国商人,互相买卖借贷财物例治罪,但潜逃未获。③

从上述乾隆朝君臣处理洪任辉宁波贸易案的过程来看,英国东印度公司的主要诉求有两项:即增加贸易港口和改变粤海关规例。朝廷政策的着眼点也是两项:即维护海防安全和保障粤海关税收。双方较量的结果是,乾隆帝漠视商业利益,认为,"国家四海之大,内地所产何所不有"。为了海防安全,而把西洋各国对华贸易限制在广州一地,粤海关管理上的陋规并未得到应有的重视和解决。经过这一事件,粤海关例规事实上更加严重,"向之裁改归公者,又增其费而加重焉。各洋商皆以为不便,而惩洪任辉之往事,未敢讼言"④。

其四,马戛尔尼使团请求改善粤海关管理体制案。由于东印度公司的主要诉求未能得到解决,英国人不能不继续寻求解决方法。早在1754年(乾隆十九年),英国东印度公司在广州的大班庇古(Frederick Pigou)就建议在恰当的时候,派遣一个使团,与北京进行直接谈判。1761年(乾隆二十六年),东印度公司派遣的特使哥达(Nicholas Skottowe)到达广州,向两广总督衙门提交了一份改善广州贸易状况的禀帖。由于,该禀帖涉及粤海关许多贸易规定和陋规,自然遭到拒绝。1787年(乾隆五十二年),英王乔治三世任命国会议员卡斯卡特(Charles Cathcart)为使臣,启程访华。但由于卡斯卡特中途病逝,不得不再一次取消访华计划。

1792年(乾隆五十七年),英王决定派遣马戛尔尼(George Viscount

---

① 《两广总督李侍尧奏议粤海关征收规礼等名色情形事》乾隆二十四年十二月二十二日,中国第一历史档案馆藏朱批奏折,档号:04-01-35-0332-021;梁廷枏等编《粤海关志》卷八,第165页。
② 《清高宗实录》卷五九七,乾隆二十四年九月癸亥,载《清实录》第16册,第650页;《清高宗实录》卷598,乾隆二十四年十月庚辰,载《清实录》第16册,第676页。
③ 《清高宗实录》卷六五〇,乾隆二十五年正月辛未,载《清实录》第16册,第793-794页。
④ 《皇朝续文献通考》卷五七,市籴二,第8127页。

Macarney)为特使,斯当东(Sir George Leonard Staunton)为副使访华。英国政府的训令是,英国在华贸易的人数最多,超过任何国家,而英国人每每被误解,而得不到应有的尊重。因此,英国国王对于自己的在远方的臣民不能不予以应有的关怀,"并以一个大国君主的身份有力地要求中国皇帝对于他们的利益予以应有的保护"①。该使团名义上由英王派遣,经费则由东印度公司供应。因此,东印度公司对于马戛尔尼使团发出的要求是,设法在中国沿海获得一块像澳门那样的居留地;获取在广州以北海口贸易的特权;"废除公行之专利权"②。

东印度公司提出了上述要求,但又担心该使团态度过于强硬,把在华贸易搞砸。"一些谨慎的东印度公司董事们一方面了解他们的商业在中国所遭受的困难,同时又意识到完全断绝往来对他们所造成的更大的不利,深怕使节过早地为他们的困难申诉或要求更多的利益会引起中国方面的惊骇,以致中国完全禁绝对外贸易。"③该使团本为扩大贸易范围而来,本为"照章纳税后,不得另行加收"诉求而来,然而在北京和承德避暑山庄遇到的最大障碍却是"礼仪"问题。

这一方面的研究成果已经很多,在此无须深入讨论。总之,该使团除了备承款待,得到的礼让较为优厚之外,并没有得到一点真正的好处,中英之间的贸易纠纷一点也没有得到解决。

其五,阿美士德再次尝试改善粤海关管理体制案。尽管马戛尔尼使团毫无成效,但当中国更换了新皇帝之后,英国政府还想继续派遣使团,碰碰运气。"其目的在于消除一向受到种种冤抑,免除将来这种或其他类似性质的情况继续发生,并将东印度公司的贸易建立在一种安稳、健全和公平的基础上,避免地方当局任意侵害,并受到中国皇帝的保护。"④阿美士德使团于1816年2月8日(嘉庆二十一年正月十一日)离开英国,8月28日顺利到达中国京城。然而,阿美士德使团如同马戛尔尼使团一样,没有越过清朝的"礼仪"障碍,没有解决任何问题,碰了一鼻子灰,被水师押解回广东。

---

① 斯当东:《英使谒见乾隆纪实》,叶笃义译,上海书店,2005,第23页。
② 朱杰勤:《中外关系史译丛》,海洋出版社,1984,第198页。
③ 斯当东:《英使谒见乾隆纪实》,叶笃义译,第13页。
④ Auber, Peter. *China: An Outline of Its Government, Laws, and Policy*, London: Partbury, Allen Go. 1834, P. 256.

通过上述案件,我们可以清楚地看到,直到 19 世纪初年,英国派遣访华使团的主要目的是扩大对华贸易,解决在广州的贸易纠纷,消除粤海关的陋规,建立一个稳固的对华贸易基地。而中国皇帝仍然认为自己是一个领土广阔的大国,是一个无所不有的富国,并不依赖对外贸易。中国的典章制度是良好的,无需加以改革。虽然,也认为粤海关的陋规不是什么好东西,但杜绝起来十分困难,没有加以应有的重视,导致中英贸易纠纷不断升级。现在我们认为,中英之间的贸易纠纷很大程度上是英国不断要求扩大中国贸易市场的产物,但也不可轻视粤海关陋规所起的负面作用。

三、粤海关陋规的传染性与腐蚀性

如前所说,粤海关陋规有 25 种之多。在这些陋规中,有的在全国范围内存在,有的是粤海关特有的。属于全国性的陋规主要有 5 种,即耗羡、火耗(火足)、平余(加平)、截旷(书役截旷)和厘头(官厘头);属于粤海关特有的陋规有 20 种,即分头、担头、押船、丈量、开舱、验舱、放关、领牌、贴写、小包、规礼、罚料、饭食、工食、舟车、办用钱、船钱、墟艇钱、黑钱和包揽钱。我们无法分清全国性陋规的传染源,究竟是其他衙门传染给了粤海关,还是粤海关传染给了其他衙门。由于全国性的陋规蔓延范围很大,并且有了较多研究,例如关于耗羡的研究①,无须赘述。在此,我们重点关注粤海关前期特有的陋规传染力。

在具体考察粤海关特有的陋规传染力之前,我们首先看一看朝廷对于陋规的基本态度和采取的政策。

---

① 雍正朝开始实行的耗羡归公是清代财政史和政治史上的一个重要事件,引起了众多学者的关注(葛寒峰:《清代田赋中之耗羡》,《农学月刊》1939 年第 5 期;安部健夫:《耗羡提解的研究》,《东洋史研究》1958 年第 16 卷第 4 号;岩见宏:《关于养廉银制度的创设》,《东洋史研究》1963 年第 22 卷第 3 号;王业键:《清雍正时期的财政改革》,《中央研究院历史语言研究所集刊》1960 年第 32 本;佐伯富:《清代雍正朝养廉银之研究》,《东洋史研究》1970 年第 29 卷第 1 号,1970 年第 29 卷第 2、3 号,1972 年第 30 卷第 4 号;薛瑞录:《清代养廉银制度实施时间考》,《清史研究通信》1982 年第 2 期;何本方:《清代户部诸关耗羡归公的改革》,《南开史学》1984 年第 2 期;陈东林:《试论雍正"提耗羡设养廉"的财政改革》,《史学集刊》1984 年第 4 期;萧国亮:《雍正帝与耗羡归公的财政改革》,《社会科学辑刊》1985 年第 3 期;庄吉发:《清初火耗归公的探讨》,《大陆杂志》1985 年第 70 卷第 5 期;董建中:《清代耗羡归公起始考》,《清史研究》1999 年第 1 期)。

(一) 清廷对于陋规的基本态度和政策

雍正帝登基后,开始改革,重点推行"耗羡归公"。所谓"耗羡归公",就是以各地实际结余的耗羡为基数,提取归公;这笔钱除补充国库亏空外,一律用作官员的养廉银,即补贴朝廷发给地方官吏的薪俸。在雍正帝看来,耗羡等陋规的存在,在于官员俸禄较低,缺乏固定的补贴。他进一步强调了耗羡归公和再分配的理由,"与其州县存火耗以养上司,何如上司拨火耗以养州县乎……耗羡与正项同解,分毫不能入己。州县自知重耗无益于己,孰肯额外加征乎?是提解火耗,既给上下养廉之资,而且留补亏空,有益于国计。若将州县应得之数扣存于下,势必额外加增,私行巧取,浮于应得之数,累及小民"①。

大致说来,耗羡归公之后,再从所提解的耗羡银中支取一部分作为官员的养廉银,用于支持各级衙门正常办公费用,不失为一个比较正确的预防新的陋规产生的方案。布政使为五千至九千两,按察使为三千至八千两,道员为二千至六千两,知府为八百至四千两,知县为五百至二千两,依此类推。这样一项改革,实质上就是把官方长期默许的私下收费变成了朝廷正规的附加税。这种改革用意良苦,试图通过统一征收统一发放补贴的方法,杜绝官员个人不法索取和贪污行为,具有由人治到法治,由伦理式管理到制度化管理的某些合理因素。

有人因此极力称赞说:"我宪皇帝(即雍正帝)澄清吏治,裁革陋规,整饬官方,惩治贪墨,实为千载一时。彼时居官,大法小廉,殆成风俗,贪冒之徒,莫不望风革面,时势然也。今观传志碑状之文,叙雍正年府州县官,盛称杜绝馈遗,搜除积弊,清苦自守,革除例外供支,其文洵不愧于循吏传矣。"②但养廉银制度在事实上并不能预防腐败,并不能杜绝陋规的发生。因为,国家机关缺少有效的社会监督机制。

粤海关"陋规归公"具有同样价值和作用。根据《粤海关改正归公规例》记载,当时到广州经商的洋船,每条船送给粤海关衙门的陋规多达1950两白银。时任粤海关监督的杨文乾,仿照"耗羡归公"政策,大刀阔斧整顿,

---

① 《清世宗实录》卷二二,雍正二年七月丁未,载《清实录》第 7 册,第 352 页。
② 刘知几、章学诚:《史通·文史通义》内篇卷五,岳麓书社,1993,第 172 页。

把粤海关陋规变为正式附加税,统一归公,再按弥补缺额、生活补贴和办公需求,加以分配,拨到相关衙门。这种化"入己"为公款的"陋规归公",以现代人的眼光,倒是符合韦伯式科层官僚制的基本精神,但同中国国情却偏偏那么隔膜。没有陋规,就没有了润滑剂,海关衙门办起事来也就不那么顺溜。外商叫苦,官吏埋怨,吏胥怠工,行商喊屈。不久,粤海关便出现了新的陋规,恢复了昔日的常态。

1820年(嘉庆二十五年),道光皇帝登基,户部财政拮据,御史郑家麟奏请全面清查各地衙门陋规,略谓:各地州县历年私取陋规数目多者巨万,少者亦不下数千①。军机大臣英和公开表示支持清查,道光帝也深以为然。于是谕令各督抚开始清查陋规,分别应存应革,"俾州县不能诿为赔累,而小民不致以有限之脂膏,日受朘削"②。在郑家麟看来,州县私取数目多者巨万,少亦不下数千。与其默许他们暗中取之,不若明以予之,犹为有制。道光皇帝好像下了极大决心,彻底割掉这一寄生在国家肌体上的毒瘤。通谕各直省督抚,"将从前各州县陋规严查密访,务俾详尽。其州县不敷办公之处,亦据实查明。于所得陋规中,应存应革,悉心妥议。总期于地方有益,不妨稍宽时日具奏。毋得讳饰畏难,潦草塞责,仍致有名无实"③。

新皇帝的决心似乎很大,要干成一件伟大的事业。但一碰到现实问题,他立即知难而退。45天之后,他就下了一道新的谕令,收回了先前全面清查陋规的谕令,并且还作了一个相当深刻的自我检查,为自己树立了一个虚心纳谏的明君形象。说是自己刚刚亲政,于天下吏治民生情形不太熟悉,听信了英和的建议,匆忙作出了一个错误决定。而谕旨甫下,就遭到大臣纷纷反对。先是吏部左侍郎汤金钊、右春坊右庶子陈官俊、礼部尚书汪廷珍等先后陈奏,都认为此事不可行。直隶总督方受畴更是奏称格碍难行。四川总督蒋攸铦入对,力陈其不可。湖广总督孙玉庭等人奏称:直省陋规,本干例禁。方今府、厅、州、县。固不能不藉地方旧有之陋规,以充办公之需。然未闻准其明取于民,垂为令甲者。且为官吏制用,而查及舟车行户,事涉琐屑,尤失政体。全面清查陋规,在将来是否获益尚未看到,而目前之纷扰已很严

---

① 《江南道监察御史郑家麟奏为清查陋规不实易滋流弊请各省从容详查密访事》嘉庆二十五年十月三十日,中国第一历史档案馆藏朱批奏折,档号:04-01-01-0612-009。

②③ 《清宣宗实录》卷七,嘉庆二十五年十月癸丑,载《清实录》第33册,第169页。

重。"舆情不协,国体有关。"①

道光皇帝看到清查陋规的谕令遭到一片反对,而后下了两个罪己诏。略谓:"此事不但无益于民生,抑且有伤于国体。幸而内外臣工知其不可,尚肯据实驳正。若皆缄默不言,听其舛误,其失可胜言乎!朕非饰非文过之主,今既洞悉其弊,则迁善改过,犹恐不及。著即明白宣示各督抚停止查办。"②"英和受皇考特达深恩,任事有年。朕亦知其才力可取,办事认真,不避嫌怨。朕擢英和于军机者此也。不料英和听信邪言,谓清查陋规有益于国计民生,率尔陈奏。在伊实系因公起见,并无别故,总由朕审度不明,几至误事。朕断不肯诿过臣下,亦不肯文过饰非。幸朝有诤臣,连章入告,使朕胸中黑白分明,而又无伤于政体,朕不胜欣悦之至。汪廷珍、汤金钊、方受畴、蒋攸铦、陈官俊,俱著交部议叙。孙玉庭具折陈辨,尤为剀切通达,直言无隐,可谓公忠体国之大臣矣!著交部从优议叙,以为竭忠尽职者劝。"③

平心而论,清查陋规相对容易,或许能够做到,但要真正防止陋规重新出现则是十分困难的。在专制政体之下,在人治社会,根本无法杜绝形形色色的陋规。当然,这不等于陋规不可清查、不该清查,尤其是在国家肌体已经严重腐败情况之下。上述官员之所以一致反对清查陋规,不是认为这种陋规有多么合理,而是认为将其"暗征"改为"明取"的方法不妥当。雍正时期的耗羡归公并不成功。如果再次采用"明取"的方法,商民就会明白其中的奥秘,可能会引起社会不安和动荡。社会政治稳定压倒一切,维持政治稳定的官僚阶层的奶酪动不得。

雍正皇帝试图消灭官场陋规,在州县将耗羡改为附加税,在海关将一切陋规归公,大力推行的养廉银制度,却不能预防腐败;道光皇帝即位后,为了解决国库亏空和腐败问题,试图通过清理全国各个领域的陋规,解决财政困难,结果遭到官场一片反对,吓得赶紧收回成命。

(二) 粤海关的陋规传染性

粤海关的陋规不仅对于本关有着持久的影响,同时也影响到中国所有

---

①② 《清宣宗实录》卷十,嘉庆二十五年十二月乙未,载《清实录》第33册,第209页。
③ 《清宣宗实录》卷十,嘉庆二十五年十二月丙申,载《清实录》第33册,第210-211页。

沿江沿海地区。现在就清代前期粤海关特有的陋规传染性做一简要考察。

其一，"船规"之征收范围和历史延续性。"船规"是一个笼统的名词，至少包括押船、丈量、开舱、验舱、放关、领牌、贴写、小包、火足、饭食、工食和舟车等12种陋规，因此影响巨大。1732年1月4日（雍正九年十二月初七日），通政司右通政署理苏州巡抚乔世臣奏报，据苏州布政使查明，雍正六年议给养廉后，各属开报有引费一万九百余两，俱系出自营销之商人，并非取诸民间，原无干碍，但各员既给有养廉，不当复取，亦应并解司库，以备紧要公务之用。此外查有当规共一千四百余两，船规等银九百余两，虽系相沿陋例，未免藉端转滋剥削，自当饬令一体严加禁革，其盐规等项似应分析查明，以雍正六年议给养廉后为始，如有欺瞒私收入己者，俱照数勒追充公①。江南省的船规何时发生，难以考察。这里我们需要关注的是，不仅"船规"早已成为江南地区的"相沿陋例"，而且于1728年充公之后，江南省各属旧的陋规未曾断绝，新的"引费名色"（例如"当规"）又复萌生。真正是割不断理还乱。1730年，江苏布政使于闰七月十二日到任后，随将赵向奎任内存库印簿并所存库房底簿查出，逐一核对，内有止记底簿而不入印簿者，并有底簿亦不明填而止记暗号者。所收火工等项，确有实数可计者共银七千八百六十余两。"所收小锭及杂款钱粮，每千两又额外索取小包银五六两不等。"②由此可知小包银陋规已经侵染江南布政使衙门。

1735年（雍正十三年），江南总督赵宏恩奏报，查出江海关监督年希尧征课，以十足纹银作九七扣算。又在货税外，征收加平，"通计每两加至四钱四分有零。又，楼税，每货百斤私收银一厘五毫。又巧立客费、揽头、看舱、照票、验票、杆量、算手、抽单、桅封、小饭钱各种名色，总曰饭食，以避各色苛取之名。"③此处的"楼税"应当是"漏税"的谐音，即漏税罚料。由此可知，江南关税征收陋规名目繁多，加平一项相当沉重，"通计每两加至四钱四分有零"。其它各项陋规与粤海关基本一致，甚至又多了客费、揽头和桅封等

---

① 《世宗宪皇帝朱批谕旨》卷一三三，第10页。
② 《世宗宪皇帝朱批谕旨》卷二五〇上，第29-31页。
③ 《清高宗实录》卷九，雍正十三年十二月辛卯，载《清实录》第9册，第333页。

项陋规名色①。

1736年（乾隆元年），闽浙总督郝玉麟奏报制订征收渔船课税例则，商渔船只按照大小，征收陋规。遇有歇业年份，分别涨荒豁除②。

1752年（乾隆十七年），浙江巡抚雅尔哈善奏称粮船规费，多由头帮军伍指端派敛，实为诸弊之薮。嗣后如有将已裁陋规，复行婪索者，惟头帮是问，将该员弁计赃治罪。刑部议覆：应如所请③。

1757年2月8日（乾隆二十一年十二月二十日），闽浙总督喀尔吉善与两广总督杨应琚奏请更定浙江海关洋船税例，强调货物进口出口之担头以及丈量船只梁头等船规，"悉照粤海关税则征收"④。由此可知，粤海关的船规等在1757年已经被全部照搬到浙海关。

1762年（乾隆二十七年），江苏巡抚陈弘谋条陈浒墅关弊端，要求取消陋规，其中就有江海关之驳票、给单、持号、油烛、饭费和看舱、验舱等钱文⑤。

1828年（道光八年），盛京将军奕颢奏请酌借办公银两，分年扣缴一折。谕令：仍照向例准其借银三万两，"即于本年征收船规闲款项下支给。分限五年，筹补归款"⑥。

1830年（道光十年），两广总督李鸿宾等奏请妥议酌减夷船进口规银一折。略谓：各国夷船来粤贸易，于船钞、货税之外，另有进口规银一项，原与正饷不同。恳请量为变通。道光帝谕令，着照所请，嗣后各国夷船进口规银，仿照1685年（康熙二十四年）酌减洋船钞银二分之例，将一、二、三等各

---

① 例如，"客费"和"揽头"。"客费"，是针对旅客征收的附加税。"揽头"，是针对包揽者征收的陋规。在江南未设牙行的零星口岸，有一种职业，负责揽载客货，"朋比攫averaging，谓之包头、揽头"。所谓"桅封"，系指清初江南地区盐船运输贴在桅杆上的许可证。例如，康熙二十七年，"淮南纲引盐例有额征桅封银两，原因既掣之后，船中总散难稽，故每船给以印封帖之桅上"。（《江南通志》卷八一，第27、49页）

② 《闽浙总督郝玉麟奏报遵旨查明渔税原委事》乾隆元年五月初九日，中国第一历史档案馆藏朱批奏折，档号：04-01-35-0543-017。

③ 《清高宗实录》卷四二六，乾隆十七年十一月辛未，载《清实录》第14册，第580页。

④ 《闽浙总督喀尔继善两广总督杨应琚奏为更定浙海关洋船税例》乾隆二十一年十二月二十日，中国第一历史档案馆藏录副奏折，档号：03-0589-004。

⑤ 《清高宗实录》卷六七〇，乾隆二十七年九月庚申，载《清实录》第17册，第483页。

⑥ 《清宣宗实录》卷一四八，道光八年十二月癸酉，载《清实录》第35册，第269页。

船规银均减去十分之二,以示体恤。①

1835年(道光十五年),闽海关奏报四柱清册,开列道光十二年六月十六日起至道光十三年五月十五日连闰计一年期内,漏税罚料、平余和书役截旷三项陋规收银共四千四百四十八两七钱五分六厘四毫。②

1844年(道光二十四年),江苏民人陈宝广呈控游击杨得邦抽提商船规费,纵盗殃民。谕军机大臣等交壁昌等亲提严审。略谓:营员私抽商税,纵盗殃民,如果属实,自应严参惩办。经壁昌查实,杨得邦并无纵盗殃民情事,惟私抽商船规费,津贴巡防兵丁,应照例革职。③

1859年(咸丰九年),财政拮据,咸丰帝谕军机大臣等:朕闻奉天没沟营、田庄台等处为商贾辐辏之地。船只来往向有规费,着玉明、倭仁、景霖察看情形,将没沟营、田庄台船规酌量归公。④

1877年(光绪三年),奉天饷糈不敷,拟整顿船规、货厘,实力稽征并察看情形,试办斗税。以裨饷需⑤。

1893年,闽海关奏报四柱清册,开列光绪十七年八月十六日起至光绪十八年七月十五日连闰计一年期内,漏税罚料、平余和书役截旷三项陋规收银共五千一百七十三两二钱二分七厘⑥。

从上述各个谕令和奏折来看,合规的与不合规的船规一直从清初延续到同光时期,并在沿海各省以不同名义、不同程度存在,可见该项陋规传染力极强。

其二,分头担头银的征收范围与历史延续

1757年(乾隆二十二年),户部覆准闽浙总督喀尔吉善、两广总督杨应琚奏请按照粤海关则例,更定浙海关洋船章程。其粤海关估价一项,系将该

---

① 《两广总督李鸿宾奏为遵旨议减夷船进口规银事》道光十年正月二十八日,中国第一历史档案馆藏录副奏折,档号:03-3160-044;《清宣宗实录》卷一六六,道光十年三月癸巳,载《清实录》第35册,第568页。
② 《福州将军兼管闽海关乐善呈闽海关并封平余漏税罚料和书役截旷三项同节年用存各款清单》道光十五年四月二十六日,中国第一历史档案馆藏录副奏折,档号:03-3343-054。
③ 《清宣宗实录》卷四九〇,道光二十四年九月乙酉,载《清实录》第38册,第136页。
④ 《清文宗实录》卷二九五,咸丰九年九月辛卯,载《清实录》第44册,第317页。
⑤ 《清德宗实录》卷四十八,光绪三年二月乙巳,载《清实录》第52册,第666页。
⑥ 《福州将军兼管闽海关希元呈一年期内并封平余漏税罚料和书役截旷三项同节年用存各款清单》光绪十九年八月十五日,中国第一历史档案馆藏录副奏折,档号:03-6389-023。

商出口货物估计价值,按货本一两,征收银四分九厘,名为分头,今应遵照办理。"但如湖丝、磁器、茶叶等各种货物现就浙江时值,多与粤海关原例不符,似应按照时值增估更定,其中有时价相符者仍循其旧。至船只梁头之丈尺及货物进口出口之担头,悉照粤海关则例征收,不准减免。"①按照户部奏定的这一浙海关征税章程,浙海关将分头、担头、船头银等陋规完全搬移到了浙海关。

1785年(乾隆五十年),闽浙总督富勒浑奏报浙省海塘岁修经费一折。称该省尚有闽船到粤贸易,缴到放关、分头银两,等等。旋即调任两广总督,奉旨查明粤海关放关和分头银两,自1759年起至1785年,共收取326400余两②。

1822年(道光二年),御史佘文铨奏请革除吏、户、礼、兵、刑、工等部规费名目。略谓:外省每遇奏销地丁,则向州县提取、报销部费。而且有由首府首县行用印文催提者。甚至调一缺,题一官,请一议叙及办理刑名案件,皆以部费为词。有"打点"、"照应"、"招呼"、"斡旋"各名目。河工、军需、城工、赈恤诸务,则曰"讲分头",所需部费自五六万至三四十万两不等。此等银两,非先事于公项提存,即事后于各属摊派。上司既开通融之门,属员遂多浮滥之用。克扣侵欺,弊端百出。③

在此,我们不仅注意到河工、军需、城工、赈恤诸务仍然存在分头银,而且更让我们吃惊的是,吏、户、礼、兵、刑、工各部均存在诸多陋规。④

其三,"罚料"的征收范围与历史影响

---

① 《清高宗实录》卷五三三,乾隆二十二年二月甲申,载《清实录》第15册,第720-721页。
② 《两广总督富勒浑奏为查明洋船缴送放关分头银两事》乾隆五十一年五月初八日,中国第一历史档案馆藏录副奏折,档号:03-0004-032;《清高宗实录》卷一二五四,乾隆五十一年五月庚戌,载《清实录》第24册,第854页。
③ 《清宣宗实录》卷四二,道光二年十月庚戌,载《清实录》第33册,第758页。
④ 京官陋规,大体可分为两类:放差陋规和坐京陋规。"放差陋规"是指京官奉派出京办事时由沿途或办事地点官员馈赠的费用,雅称为"钦差程仪"。每逢钦差大臣莅临本土,地方官为了联络感情,无不趋迎馈送,而钦差大臣对于这些礼金,通常事来者不拒。"坐京陋规"是京外官员以各种名目向京师各部衙门进呈的钱和物。又可分为"部费"和"规礼"两类。"部费"是指地方官向京师机关申报某些待审项目、待销经费时,奉送给主管部门的规费。"规礼"是京外官员向京师各衙门馈赠的礼金,主要有别敬、冰敬、碳敬等名目。"别敬",是地方官到京师述职或离京时,向有关机关个人致送的礼金;"冰敬"是地方官向京官个人按季节呈送的消暑费;炭敬是地方官按季节向京官个人赠送的御寒费。

"罚料",是粤海关早期陋规之一。这一陋规,先后传染到江南、福建和浙江。1735年(雍正十三年),江南总督赵宏恩奏报,查出年希尧管关征课,陋规名目繁多,大多与粤海关一致。其中就有"楼税"名目,"每货百斤,私收银一厘五毫"①。既然该项陋规是在正税之外,按照货物的重量征收的,类似于粤海关的"漏税罚料"。

1762年(乾隆二十七年),两江总督陈弘谋查出江海关监督安宁家人李忠于丈量货船,预留罚料地步,将正税变为罚项,名曰重罚漏税,实则暗亏正课,以致额税转亏至七万余两②。乾隆皇帝痛斥道:"从前李永标在粤纵容家人等多征少报,苦累客商,今安宁家人复有此等肆横欺侵之事。数年之间,弊坏如出一辙。朕方以伊等系内务府世仆,办公倍当谨饬,是以加恩委任。若似此肆行无忌,侵亏动盈巨万,负恩已极,法难复贷。伊等不能承受恩典,势必将关盐各差,概不用包衣之人而后已。独非伊等自取乎?著传谕各关监督并该盐政等,及今早为查察,以李永标、安宁为前车之鉴。倘有仍蹈覆辙,如恶奴李忠等舞弊侵亏之事,应将该监督、盐政等加倍治罪。"③

1830年(道光十年),有人奏报,浒墅关向有罚料一项,其所罚银,一向以一半分给丈量之人,为补贴饭食之需;一半留为织造办公之用。此例原为偷漏商人而设,近来商船到关,丈量等人悉听沈培主持,无论是否漏税,任意丈量,指为以多报少,无船不罚,无罚不多,有不服者,辄行索系,往来磨课如何。"因罚料一项,并无印票,仅有大关签单,不过以微末委员标明所罚数目,签单又随发随缴,在官而不在商,商人无凭控诉。且以少罚多,并无底册,不畏稽查。遂至恣其勒索。其商贾之狡黠者,多给使费,不但可免重罚,即应完之正课,亦可以多报少。"④

福州驻防八旗满洲汉军按照福州将军奏定章程,每月发给白银4720两。福州将军萨秉阿奏请,将闽海关库贮关税平余、漏税罚料和截旷银两,每年留关充用外,尽数赏给孤寡。朝廷认为,上述几项陋规征收数量不小,除了用于办公之外,剩余较多,不能全部交给福州将军,不可全部赏给

---

① 《清高宗实录》卷九,雍正十三年十二月辛卯,载《清实录》第9册,第333页。
② 《清高宗实录》卷六七〇,乾隆二十七年九月庚申,载《清实录》第17册,第482页。
③ 同上书,第483页。
④ 《清宣宗实录》卷二六七,道光十五年六月己酉,载《清实录》第37册,第106页。

孤寡。①

由上述资料可知,江海关和闽海关都长期存在罚料、平余和截旷等项陋规,用于固定支出。

(三) 缴送与规礼的腐蚀性

如前所说,缴送,是指广州行商向粤海关缴送的银两;规礼,是指粤海关向外国商人征收的例规,实质两者是一回事,都是私相致送和收受贿赂的活动,不同的只是致送者身份有所不同而已。这一种陋规对官员的腐蚀性最强。

1760年(乾隆二十五年),两广总督李侍尧奏请议除粤海关一切规礼名色。但是,无论是行商"缴送"还是夷商的"规礼",都始终渗透在王朝的肌体中,只要有权力,就会有缴送和规礼,大大小小的衙门无不存在这种陋规。例如,乾隆末年,福康安等参奏台湾文职自道员以至厅县,武职自总兵以至守备千总,巡查口岸出入船只,于定例收取办公饭食之外,婪索陋规,每年竟至盈千累万,而督抚大吏辄委之耳目难周,不能详查,于是益无忌惮。②

缴送和规礼对于公共权力的掌握者具有极强的腐蚀性,不仅可以腐蚀掉文官衙门里成群的官吏,而且可以腐蚀掉大大小小成群的军官。例如,台湾镇总兵柴大纪肆无忌惮,每年收取各营员生日节礼番银三千七百余圆。③台湾文武官员无不瞄准陋规,大肆贪污。"缴送"与"规礼"现象普遍存在。经福康安派员查明,鹿耳门海口安设文武两馆,其武馆系由总兵派令安平中、左、右三营游击、千总分年按季轮流管理,凡船只入口,船户送给番银三圆,出口每船四圆。又额外多带米石,每百石给番银六圆,每年约收番银二万圆,内送给总兵陋规银三千八百八十八圆。柴大纪到任,又令春季加送六百圆。安平协副将得受陋规银二千余圆。又书吏工食纸张费用约需番银一千余圆,余俱管口之游击、千总各员收用。其文馆则系海防厅同知管理,入口船每只收取番银二圆,出口船每只收番银三圆,领取硃单,每年加收番银九圆。又各船遇有额外多带米石,每百石收取番银六圆,每年约收番银三万

---

① 《清宣宗实录》卷五二,道光三年五月丙戌,载《清实录》第33册,第934页。
② 《钦定平定台湾纪略》卷首一,第12页。
③ 同上书,第12—13页。

余圆。除饭食、纸张及设立小船引带商艘出入一切零星费用二千余圆外,余俱同知收用。虽海洋风信靡常,台湾年岁亦有丰歉多寡,不能画一,但调查历年船只出入号簿,核计所得陋规约略相等。

鹿仔港也是这样。自四十九年经原任福州将军永德条奏议准添设口岸,系理番同知与安平左营守备管理,船只出入及多带米石陋规,与鹿耳门相同。而船只较少,每年同知约得番银一万余圆,守备约得番银六千余圆,送给总兵规礼一千二百圆。

淡水八里坌海口,按例不准船只出入,常有私自收入港口,因该处产米甚多,商贩图利,顺便贩运,出口亦有陋规,并无定数。该处系淡水同知与上淡水都司管理,每年同知约得番银六七千圆,都司约得番银四五千圆。都司又于所得银内分送总兵一千圆,文武各员及书吏人等供出数目均属相符。金称相沿日久,实不知起自何年。① 于此可知,台湾文武官员收受海口海关规礼具有长期性与普遍性的特征。

总而言之,从清初到清末,从内陆到边疆,从京城里的高级衙门到偏远海岛的基层衙门,从海关到滨海盐政,无一不把征收陋规,视为办理公务和中饱私囊的重要手段。粤海关与其他海关以及各地行政机关处在同一个社会生态环境中,是一个相互依存的共生体。粤海关的陋规可以传染给各地衙门,而各地官僚机构的风气也会影响粤海关。例如,"耗羡"、"平余""火耗"和"截旷"这四种陋规,至少从明朝开始就成为普遍的丑陋政治现象,到了清代,更是无所不在的幽灵。至于"厘头",尽管出现得较晚,但在晚清影响巨大,几乎是无孔不入。就粤海关特有的陋规来说,不仅传染到各个海关,而且影响到各个海口,凡是以海船为运载工具的地方,无不受其传染。陋规是一种政治病毒,既有遗传性又有传染性,很容易在相同的环境中遗传和传染。

四、粤海关陋规的社会政治根源

陋规作为一种缺乏明确规定的,却又是实际运行的,得到官场默认的潜

---

① 《钦定平定台湾纪略》卷六一,第18—19页。

规则。在清初的粤海关中已经出现,有的是海关衙门独有的特性,有的是官僚衙门普遍存在的积习。各种各样的陋规既相互影响又相互作用。陋规的发生超越时空,无论是在封建主义经济基础之上,还是资本主义和社会主义制度之下,都会发生和存在。陋规在很大程度上是由于政治制度不健全造成的。从根本上讲,清代陋规的存在,是由体制性弊病导致的,不对其政治体制进行全面改革,只对枝节进行纠正,终归是治标不治本。

其一,俸禄低薄,难于廉洁奉公。清代官俸之薄,前所未有,官员所得不足以维持其家人、胥役、幕宾最起码的日常用度。因此,权力寻租,收受贿赂,寻求陋规势所必然。陋规实际上是对官员俸禄不足的一种补贴。不仅州县官员依靠耗羡,自府厅以上衙门,若道员、若布政使、若督抚,若京师各部院衙门,无不按季按节收受规礼,视为当然。既然人人需要陋规,官场必然形成贪污之风。是时,官员之间没有贪婪与清廉的区别,彼此之间只有程度差别,五十步笑百步而已。皇帝对此心知肚明。1714年(康熙五十三年),皇帝指出:"清官多刻,刻则下属难堪。清而宽,方为尽善。朱子云:居官人清而不自以为清,始为真清。又如易云:不家食,为官之人凡所用之物,若皆取诸其家,其何以济。故朕于大臣官员,每多包容之处,不察察于细故也。人当做秀才时,负笈徒步。及登仕版,从者数人,乘马肩舆而行。岂得一一问其所从来耶!"①1724年(雍正二年),新皇帝看到了陋规引起的严重危害。"州县征收火耗,分送上司,各上司日用之资,皆取给于州县,以致耗羡之外,种种馈送名色繁多,故州县有所借口而肆其贪婪,上司有所瞻徇而不肯参奏,此从来之积弊所当剔除者也。"②因此,他下定决心从制度层面解决俸禄太低问题,大力推行养廉银制度,部分满足官员的日用居常需求。自从实行养廉银制度后,皇帝认为"养廉银"基本可以满足各级官员的优裕生活,然后在行政上对于官员提出了明确的要求,要求他们廉洁奉公,要求他们不得私自征收陋规。尽管养廉银制度并没有真正起到防止贪污的作用,但必须承认,养廉银制度的推行在一定程度上改变了长期以来各级官府公私界限不分的状况。由于社会问题非常复杂,高薪不一定能完全阻止贪污和腐败。但是,毫无疑问,高薪对绝大多数官员行为可以起到约束作用。因

① 《清圣祖实录》卷之二六一,康熙五十三年十二月戊子,载《清实录》第6册,第12页。
② 《清世宗实录》卷二二,雍正二年七月丁未,载《清实录》第7册,第351页。

此,防止陋规的滋生,实行高薪制度是最基本的条件,但不是唯一的条件。

其二,财政缺乏统筹,难以避免亏空。行政事务缺钱找不到合情合理的解决途径,不得不允许官员自己设法弥补。清代的赋税收入在财政管理上分为"起运"与"存留"两部分,起运部分归中央,存留部分归地方。照理清廷在"起运"与"存留"的比例上不应畸轻畸重,但事实上并没有这样做。粤海关除了正额和盈余之外,并没有为粤海关公务留下足够的办公经费。尤其是在贸易量减少情况下缺乏合理的预留资金。在这种情况下,既要保证向户部等衙门缴送的绝对数量,又要保证海关机构的章程运行,在财政制度出现这一漏洞时,不能不允许粤海关征收陋规以满足其办公需求。那么,征收多少陋规才能满足其需要呢?显然没有相应的标准。于是,收多收少全凭官员的自律。缺乏制度的制约,其发展结果必然是私征、滥派和中饱私囊。因此,建立合理合情的财政平衡制度十分必要。既要统筹财政来源的合法性,又要解决财政支出的合理性,同时应预防入不敷出的现象发生,彻底杜绝官府借口特殊情况私征、滥派。

其三,人治社会,难以革除规礼。在人治社会里,只有少数人掌握着公共权力,掌握着生产生活资源,他们可以随时剥夺他人的生命和财产。没有权力的多数人无法依靠法律手段保护自己的利益,只能依靠向权势者低头和馈送金钱或礼物的方法,来避免自己的利益受损,或争取比他人更多的利益机会。在这种情况下,致送和收受规礼不仅是必要的也是必须的。1744年(乾隆九年),广东将军策楞针对粤海关人役收受船规痼疾之难以根除问题做了如下解释:

> 自设关以至今日,相习已同故常。今若将各项例规悉行革除,另行议给工食,在国家设关所以恤商,原不惜此数千金之经费,而臣任榷政亦何难奏请裁革,而转为此酌留陋规名色。惟是若辈之欲壑难填,相沿之规例已久,且往来商贩情熟者多经手牙行,皆其狼狈,纵使令给之工食优于先得之商规,尚不能保其必无暗里私收,仍前巧取之事。而况工食自有定额,岂能饱其无厌之求乎?不第此也。贩海商船不同内地,或南或北,风信有时,其出入往来又全凭潮水,每有稽迟不过一、二日,即误其经岁行程者。是以历来商船到关,惟求开放便捷,从不惜此些小之费。更恐既革例规之后,不似今之声气联络,转致借故留难。而远方商

贩未知行商从而中饱,皆属必有之事。臣积筹累月,窃以此等人役惟在司榷者稽查严密,有犯必惩,杜其勾通家人扰商侵课为要。似此日久相安之陋例,与其革之而徒縻帑项,不若仍留而俯顺舆情。①

策楞的看法不无道理,在人治社会里,大大小小的权力都要寻租。旧的例规可以被暂时禁止,新的陋规必然再产生。陋规的真正清除,依赖于人治社会向法治社会的转换。法律不健全,制度上有漏洞,一些人就会钻空子。由人治社会向法治社会转换的时间是漫长的,陋规的清除也是长期的。有清一代,关于陋规问题始终没有明确的法律规定,不能从立法上杜绝形形色色的陋规,未能区分合法与非法的界限,未能树立罪与非罪的标准。大多数的禁令只是一时一事进行亡羊补牢,而陋规名目总是层出不穷,难以及时发现,难以彻底禁绝。

其四,长官权力独大,缺乏有效监督。清代各级机关都是长官负责制,拥有绝对权力。权力滋生腐败,绝对权力滋生绝对腐败。清代的陋规属于典型的贪污手段,陋规的存在不为国家律文认可,其影响却遍及官场各个角落,成为官吏心目中奉行不二的规则,牵引着官僚机器的运转。到康熙末年,各种陋规已经发展到不得不加以整改的地步。"耗羡归公"和海关"陋规归公"是雍正帝推行的一大财政改革。这种改革虽然在一定程度上解决了官员低薪问题,但未对整个财政体制做统筹规划,没有财政预算和平衡,也就是说从未考虑在源头上彻底杜绝陋规,其改革成效必然不能持久。道光皇帝登基后,虽然下达了在全国清理陋规的谕旨。但在一片反对声中,碰了一鼻子灰,不得不对陋规下旗息战。清代整个国家机关的设计,只有上级长官对下级的考核,而无必要的外部的社会监督。虽说,制度规定上级衙门对下级官员有考核和监督权,三年一次,但非同城办公,很难监督下级的违法行为。例如,粤海关监督通常是由内务府派出的,从京师到广州,遥隔数千里,内务府很难掌握粤海关监督"公权"的滥用,难以防止权力寻租。关于陋规的禁令毕竟是纸面的东西,禁令的落实是关键,没有有效的社会监督,不过是一道具文。官员为了权力寻租,有很多方法可以打太极,可以玩

---

① 《广州将军策楞奏请酌留粤海关相沿之例规事》乾隆九年五月二十九日,中国第一历史档案馆藏朱批奏折,档号:04-01-35-0316-045。

擦边球。陋规的发生既不能完全归因于个人私欲的存在，也不能简单说是"法制不健全"，而在于"公权"存在的场合太多了，且缺乏有效的内部制约和外部社会监督。必须从立法上使官员们掌握的"公权"尽可能缩小范围，并且接受严格的内部和外部监督，陋规的发生才能大大减少。

中国思想史学科主体性问题的再思考

张宝明

思想史书写的学科主体性一直是学界长期以来关注的话题,但直到现在,思想史学科的主体性尚未得到厘正,其学科标准和研究规范依然有待讨论。就目前思想史领域的研究状况而言,论及思想史的学科主体性很容易陷入关于思想史研究对象的争论中。诸如梁启超、胡适、钱穆、冯友兰、侯外庐、张岂之等前辈的探索虽然没有更多理论阐述和学科厘定,但他们的诸多论著已经成为后来学者以资借鉴的经典文本。撇开这些具有尝试或说开创意义的思想史写作范例,我们不妨重点回顾一下当代学者关注的热点问题。在一些学者看来,中国思想史是研究中国人思想观念及存在结构演变过程的学科。① 这一类说法应该说占据了思想史研究领域学者的主场。但如果细说起来,还有更多的疑点需要进一步追问。究竟是人的哪些"观念及其存在结构演变"可以纳入思想史研究的视野?鉴于思想史研究领地或说对象与生俱来的模糊性给学科边界带来的困扰与日俱增,于是也就有了该领域同人乐此不疲的学术争论。在耿云志看来,思想史研究的对象应该以精英为主体;②在葛兆光那里,则有借重社会史的倾向,更加注重民间与社会底层的活动;③还有的学者认为思想史"研究对象有界无边",可以不受"任何一种学科藩篱的限制,同时又向一切学科开放",是一个十足的、覆盖一切历

---

① 蒋广学:《论中国思想史的研究对象》,《江苏社会科学》2000 年第 3 期。
② 耿云志:《中国近代思想史研究的对象及发展的五个条件》,《吉首大学学报(社会科学版)》2005 年第 1 期。
③ 葛兆光:《道统、系谱与历史——关于中国思想史脉络的来源与确立》,《文史哲》2006 年第 3 期。

史现象的"超级学科"。① 鉴于如此,从事这一领域研究的同人们很容易将研究对象与哲学史、史学史、学术史等学科的划界牵扯进来并旧事重提。譬如有的学者就针对这一命题再添新枝:"问题的微妙之处不在于史学与哲学各自功能的差异,而在于某些模糊不清的'哲学史研究'或'思想史研究'。"思想史在这里被看作了"史学与哲学之间的灰色地带"。② 因为学科的交叉性,从事思想史研究的学者有哲学史、学术史及社会史等不同知识背景和学术路径,有学者指出"从哲学史角度切入中国思想史这一路,由于获得西方哲学的支持,对自己的研究对象逐渐获得清晰的认识","但从学术史、社会史角度切入中国思想史研究的两途,在这一问题上则缺乏系统的探讨和认识不足"。③ 在多学科的勾连萦绕之下,各成体系、缺少对话的思想史何以成为一门学科,正是这一问题的特殊性和凸显性引发了张岂之、耿云志、葛兆光、欧阳哲生、张荣明等诸多学者对思想史学科建构问题的关注和探讨。对此,笔者也曾以"改写"还是"打造"为题,撰写过一篇关于中国近现代思想史学科体系的小文,④其中对思想史尤其近现代思想史学科的主体性提出了自己的浅见,今天看来如何建构思想史的学科规范、提升思想史的学科主体性,依然是思想史研究要面临的重要课题。

一、作为学科的"思想史":何为思想史的主体性?

中国思想史研究自诞生以来就备受学界关注,不但出现了梁启超、胡适、侯外庐、钱穆、蔡尚思、张岂之等思想史大家,也是当代文学、史学、哲学等各个学科学者竞相转向躬耕的学术领域。与此形成鲜明对比的是,按照现行学科分类,中国思想史是划归历史学专门史的"三级学科",可以说思想史是历史学的学科体系下的边缘学科,同时也是与经学、法律、政治、经

---

① 张分田:《大力弘扬思想史研究所固有的开放性——关于中国思想史学科定位问题的若干思考》,《天津社会科学》2008 年第 3 期。
② 张荣明:《近百年中国思想史研究探索与反思》,《西北大学学报》2009 年第 3 期。
③ 欧阳哲生:《作为一门学科的中国思想史研究》,载傅光明主编《在文学馆听讲座(1)·文学的风景》,青岛出版社,2008,第 204 页。
④ 张宝明:《重新改写还是重新打造——关于建立中国近现代思想史学科体系的思考》,《天津社会科学》2005 年第 4 期。

济、美学、哲学、宗教等不可分割的交叉学科。思想史研究与多学科结合，乃是思想史研究的生命力所在。但同时需要注意的是，思想史作为学科必须要有学科的主体性。面对文史哲不分的学术传统，思想史在研究对象、研究内容、学术边界等问题上始终含混不清，更难与同样以中国传统学术为研究对象的哲学史、学术史等学科厘清关系。当然，强调思想史的学科主体性不是不要交叉，更不是画地为牢，而是基于思想史学科质的规定性做出的判断。虽然思想本身没有学科，但是思想史有自己的必要设定（无论是内涵——质的规定性，还是外延——边界意识）。它需要同哲学史、社会史、学术史等"剪不断，理还乱"的相近学科进行区分比较。

一是要做出相对于哲学史的界定。晚清以降，中国的知识、思想和观念都被纳入西方学科知识体系下进行重新观照，并由此催生了第一批哲学史著作。例如谢无量的《中国哲学史》、陈黻宸的《中国哲学史》、胡适的《中国哲学史大纲》等。此中，胡适《中国哲学史大纲》的撰写推进了中国学术从传统到现代的转型，成为一种学术典范，直接影响了冯友兰等后学的哲学史写作。但后来胡适又将《中国哲学史大纲》改名为《中国古代思想史》，显然对之前的哲学史书写有了自我反思，他也逐渐意识到"哲学史"和"思想史"是有区别的。在胡适看来，"哲学"是西方学术传统中一门很重要也很严肃的学科，重视"知识论"和"逻辑方法"等抽象演绎的形而上的知识，而中国古代的思想史具有强烈的实践性格，表现出明显的经世特征，而不太重视"知识论"和"逻辑方法"，因此胡适所书写的与其说为"中国哲学史"，毋宁说是"中国思想史"。如果承认哲学史关注的是"知识论"和"逻辑方法"等形而上的知识，那么中国古代有很多思想问题很难纳入哲学体系之中。"思想史"是历史地研究思想史的发展，它主要是研究某一历史时代物质条件和社会背景是如何影响和决定一个人、一个学派、一个时代思想的。

二是要做出相对于社会史的分野。以社会史理论方法来阐释思想史，可以拓宽思想史研究的视野。侯外庐的《中国思想通史》写作开创了思想史与社会史相结合的研究路径，它以社会经济结构的分析为基础，又补充了当前社会史研究的新成果。侯外庐在回顾思想史书写问题时指出："把社会史和思想史有机地结合成一个系统进行研究,我认为是一个合理的路径。"①侯外庐把社会史与思想史进行结合研究,成为中国思想史研究的典型范式之一。当然,侯外庐的思想史结合社会史的研究不是当下学界所讲的社会史路径,而是依据马克思的唯物史观进行阐述的社会发展史,意在挖掘中国社会历史发展的规律,在思想史研究中丰富对马克思主义的认知。与此形成鲜明对照的是葛兆光的《中国思想史》,葛氏打破了学界精英化的思想史书写范式,试图将民间的知识、思想与制度纳入思想史视野,从而将思想史与社会史的结合推向一个新的维度。但必须看到,思想史与社会史的分野也是存在的。思想史作为一门历史学科,突出强调其历史性和思想性的重要一面。思想史要研究一定社会历史时期的"社会思潮",但社会史强调结构性与功能性问题,葛兆光的思想史研究已超出思想史研究的藩篱,进入社会史的范畴。

三是要明晰学术史与思想史的差异。在中国传统学术脉络中,只有经学史、学术史等名目,而没有"思想史"的说法。学术是专门化、系统化的学说与方法,中国学术史研究源远流长,它考察历朝历代有代表性的学术成果,评析各个知识领域知识精英的思想学说,历史地呈现各种学说延续的源流与脉络。与学术史相较,中国学界的思想史研究是在西方学术思潮影响下逐渐兴起的,它虽然也关注历史中知识精英的思想学说,也有类似学案体的思想史研究成果,但整体来看,思想史研究更偏重考察思想学说与现实社会的互动关系,重点探讨思想学说在历史语境中如何传播扩散进而作用于社会发展进程的问题。

就"思想史""哲学史""社会史"和"学术史"等学科而言,尽管各自学科的问题意识与学术关怀有很大差异,但都凭借各自学科的知识理路试图探寻人类历史发展的逻辑规律。同时必须看到,它们按照各自学科的知识理路对历史发展规律进行阐释分析,都不可避免地选择适合各自学科理路的论证材料,形成自圆其说的"真理"。这些所谓的"真理"并没有放之四海而皆准的解释效力,因为学科区隔,它们只能呈现某种角度的历史真相,只能钩沉某个层面的逻辑规律。需要清楚的是,没有学科的"边界意识"就没

---

① 侯外庐:《韧的追求》,生活·读书·新知三联书店,1985,第118页。

有所谓的专业化。思想史的专业化过程就是一个边界明晰的过程。可以成为思想史研究的内容很多,但并不是所有的问题在任何时候都属于思想史的学术范畴。有些问题偏向于哲学,那么从理论上讲,它可能就不是一个典型的思想史研究对象。在与哲学史、社会史、学术史三者比较的基础上,我们要进一步确定"思想史"的自我定义。思想史不是简单的 intellectual history,也不是所谓的 history of idea。与此同时,还要看到,其思想史的"史"不单单是历史的"史"。文学、哲学、史学都是一门学科,将思想史的"史"简单说成是一种历史书写,就将这门学科简单化了。在一定意义上,笔者更倾向于将思想史看作是思想(史)学,即是一门如何思想的学问。譬如阅读史、人文史中的"史"显然就带有"学"的成分。当然,这里就包含了思想是什么,以及思想从哪里来、到哪里去的命题。进一步说,思想史(学)的主体性,既包括了内涵,也包含了外延。思想史的任务既要研究"历史的思想",也要研究"思想的历史"。具体到思想史的书写,也就有了研究方法和体例的与众不同。思想史同样应该具有自身的基本理论、术语、解释框架、个案研究、史料分析技术、文本解读方法等构成的复杂的知识系统,并通过这一知识系统确立自身的相对清晰的边界。在这些方面,我们已有不少积累,但真正要把思想史学科的主体性体系构建起来,还有更为耐心、细致的梳理工作要做。

二、以问题为引擎:思想史研究的学术对象

晚清以降,分科治学的理念在中国已经走过百年。这种理念推进了中国知识教育的发展进步,但同时也因分科太细导致中国学人在学术研究中出现片面性、壁垒性、遮蔽性等问题。有感于分科治学的负面作用,部分学者开始倡导淡化学科意识、强化问题意识,笔者也曾撰文支持这种观点。① 但同时需要注意的是,学科意识与问题意识并非是完全对立的存在。学科性学术和问题性学术从来都是相辅相成的。换言之,相克亦相生。在笔者看来,思想史学想要打造学科的主体性,恰恰需要以问题意识为引擎。思想

---

① 张宝明:《问题意识是学术本土化的根本》,《社会科学报》2005 年 6 月 23 日;张宝明:《问题意识:在思想史与文学史的交叉点上》,《天津社会科学》2006 年第 1 期。

史学科得以成立,恰恰需要有较为自觉和集中的学术问题存在,需要以学科化的方式来提出问题、确立问题、展开问题、回答问题,形成分门别类的问题域。但是,这一问题域至今并没有给予明晰的界定,更没有得到思想史研究者的共同确定。据《八十年来史学书目(1900—1980)》统计,书名中含有"中国思想史""中国思想发展史"等关键词的著作有八九种,加上张岂之的《中国思想史》、李泽厚的《中国思想史论》、葛兆光的《中国思想史》,以及《中国政治思想史》《中国科技思想史》等专门思想史,有关中国思想史的著作已经形成一定的数量与规模。阅读这些中国思想史著作,我们会发现著述者将中国历史中各种思潮、学派、人物、著作、思想等都纳入考察视野。这也恰如思想史书写的先行者钱穆所指出的:"每一思想家之生卒年代及其师友渊源,生活出处,以及时代背景,均为研究思想史者必须注意之项目。"① 钱穆对思想史内容的界定脱离了哲学知识逻辑的禁锢,将思想史书写带入知识的海洋和思想的江河中。从事思想史研究的学者,如何在知识的海洋和思想的江河中寻得渡江过海的舟楫呢?问题意识或许就是我们苦苦寻找的渡江过海的舟楫。

学术研究要以问题意识为引擎,这是学界可以达成的共识。如果我们承认问题意识是思想史研究的对象,那么随之而来的问题是:思想史写作的问题意识如何打捞和提取呢?思想史问题选择的独特性在于:根本还是"思"与"想"的问题。每个历史时代都有自己的时代命题,面对时代命题,每个思想家都有自己的回应与解答;面对历史中思想家们的回应与解答,后来的思想史书写者有着不同的价值研判与书写选择。这种价值研判与书写选择所要回应的问题是:思想家如何处理个人与自我、与他者、与社会、与国家、与世界的关系,以及思想家的思想观念在历史发展中处于何种位置。这也是各种思想史书写都会论及个人、国家、社会之关系论述的原因,而不同的关系处理和秩序评判导致了思想史书写的差异性。思想史研究的对象是过去,但思想史研究的问题意识却是以当下激活过去。在"过去"和"现在"之间,思想史家要通过"现实"的中介进行问题转换,架起一座沟通心灵的桥梁,这是思想史学家理应承担起的学术担当。与其他历史研究相较,思想

---

① 钱穆:《中国思想史》,九州出版社,2012,第11页。

史研究看似关注前人思考的经验、方法和理念,其实更重视历史对现实的观照价值。"未来如同历史",①马克斯·韦伯的这句话一直是笔者从事思想史研究的内在动力。写思想史不是玄而又玄才好,不是故作深沉就妙,它必须具有活生生的人文关怀:批判性、主体性、前瞻性,应该是思想史写作的基本理念和原则。"思"是面对现实而发,"想"是具有前瞻性的考量。思想史的书写,需要再现过去,但再现过去不是为过去而过去,而是为了观照现在,映照未来。回眸历史的意义是什么?难道是为了在历史的废墟上自说自话?抑或是在尘封的记忆中寻找惨不忍睹的创伤?历史已经"死亡",它本身已经不具有意义,关键是我们要赋予它意义;历史已经"过去",它已经无法复制,关键是要我们在再现"过去"的同时激活当下、映照未来。

但要知道,问题意识有时是朦胧的,所要探讨的问题也是从千头万绪的历史现实中抽绎出来的,并非依靠单一学科便可以阐释清楚,只有借助多个学科的知识才能予以纾解。在这个意义上,思想史研究者既要有学科主体性,同时又要对现代学术研究的多元范式持开放的态度,努力把学科意识和问题意识结合起来。相对于在知识逻辑的框架中进行思辨的哲学史研究,思想史研究要求研究者在关注历史上的思想问题时不忘关注社会现实问题。思想史研究并非简单的思想论述,因此不能脱离历史的脉络和社会的结构,在保持问题意识的基础上实现与相近学科的融合,方能不断催生新的学术生长点。把"思想"问题置于历史的脉络和社会的结构之中,就不能依靠简单僵化的学科条块来认知分析,就势必需要借助一种跨学科的知识视野和理论工具,例如思想史与文化史、思想史和学术史的结合,以多学科的交叉研究深化思想史问题的探掘。回到本题,面对那么多"剪不断"的细枝末节,我们将如何化解呢?在笔者看来,只有回到问题本身,才能走出这样一个"理还乱"的尴尬局面。正如笔者在分析思想史与文学史之关系问题时所谈道的:"问题意识如同树的'根'与'藤',由此可以花开数朵,结出'数果'(硕果)。我们从事学术研究者可以根据兴趣各摘一枝,也可以独占花魁,一手多拥。同时也必须清醒地看到,从事文学史与思想史研究的学者之学术路径可以各领风骚,但在打通学科壁垒的同时,还要有相应的尊重'这

---

① 蔡少卿主编《再现过去:社会史的理论视野》,浙江人民出版社,1988,序言第4页。

一个'的个性自由、自主意识。思想史可以为文学史撑腰打气，但它却不能越俎代庖。学者可以兼做文学和思想史两类学科的学术研究，但这并不意味着两者不分彼此甚至合二为一。"①从文学史与思想史关系再回到思想史学科的周边地带，如果按照传统的套路，还可以细分为政治思想史、社会思想史、经济思想史、军事思想史、民主思想史、自由思想史，等等。如果我们明白了思想史的主体性，我们就不难回到它与其他学科的区别。鉴于它与哲学史、社会史的近亲关系，我们要说的是它既不是抽象的形而上的学问，也不是具体的形而下的学问。思想史就是用历史的方法来研究思想。这不是一种一般意义上的历史学科当中的思想史研究，因为它的目的可能不在于历史，而在于思想。

三、以文本为本文：思想史研究的学术方法

思想史研究要以问题意识为引擎，便意味着它不是抽象的思想演绎和理论推导，而是处于历史脉络与社会结构中的问题式探究。历史研究者以历史为研究对象，然而历史已经消逝，研究者不能回到历史现场去观看历史发生时刻的真实场景，而想要还原历史真相，研判历史的是非曲直，就不得不借助于历史遗留的史料文本以开展学术研究。自从胡适、傅斯年倡导实证史学以来，"用史料说话"已是历史学界众人皆知的学术准则。以此来观照思想史研究，逝去的思想历史也无法自动呈现出来，不会成为从事思想史研究者的直接研究对象，思想史研究者面对的也只是大量的思想史资料。这些思想史资料是由浩若烟海、形形色色的文本组成。我们借助这些文本回到历史现场，同时这些文本也是指引我们走向本文、寻找本文的桥梁与凭借。需要说明的是，历史上的文本非常之多，并非所有文本都可算作思想史文本，例如历史上的公文文本，乃是政治史研究的内容；流传于民间的歌谣等文本，则是文学史的一个资源依托；表层生活的林林总总，又是社会史研究的主要取法对象。唯有知识或说文化精英的文本，才是思想史的根据。思想家借助语言、逻辑和文本进行思考，历史上留存下的文本中包含着以往

---

① 张宝明：《问题意识：在思想史与文学史的交叉点上》，《天津社会科学》2006年第1期。

思想者对历史的感受,对问题的经验,对未来的思考。这使得个体的思想文本置身于整个思想历史的问题脉络之中。在某种意义上,笔者更倾向于思想史的书写主要是精英流向的叙述。

思想史的研究方法是多元的,可以使用传统的历史分析和逻辑分析,也可以借用社会学、政治学、阐释学等理论方法,但这些方法都必须建基于大量的思想史文本的分析之上。正是这个意义上,笔者将思想史研究的方法简约为"以文本为本文"。"以文本为本文",这句话听起来拗口难懂,这里可借用语言学家索绪尔的"能指"和"所指"理论加以解释:"本文"相当于所指(事实、存在),而"文本"相当于能指(语言、符号)。在现实生活中,人们容易远离事实存在(本文)而针对语言符号(文本)发起议论甚至形成激烈争论。① 从思想史视野来思考"文本"和"本文"的关系,我们可以以此作解:从事思想史研究首先要探究的是历朝历代思想家的"思想",但思想本身是看不见摸不着的,我们只能借助留下来的大量承载"思想"的史料进行打捞勾陈。此处,史料就是文本,而思想就是本文。文本是我们走向本文的一种工具,思想史料也是我们借以触摸古人思想的一座桥梁。思想史,无论中西,也无论古今,在笔者看来都是关于"注解"的学问。我们常说的一部西方文明史或思想史,无非都是对苏格拉底和柏拉图思想注解的历史,这个表达已经包含了这个意思。中国也不例外。思想史书写是围绕思想文本展开各式各样的书写阐释活动。"解释历史"与"还原历史"向来是历史学家的两条基本学术路径,两者需要一个相辅相成的互动。但在思想史写作上,"解释历史"比"还原历史"更重要。在学术思想上,我们反对"过度的阐释",但这不等于阐释的多余。尤其是对思想史学科而言,其个性和主体性在根本意义上还是流布在"还原"基础上的"阐释"。思想史不是不要考据,我们强调的是在"学术"考据上的进一步升华。因此,前者是基础,是前提,是铺垫。正是在这个意义上,缺乏扎实的文本考证不能撑起"思想史"的厚度和凝重,也就难有思想史应具备的说服力。反过来也一样,无论思想史的支撑点或说材料支柱如何牢靠、坚固、厚重,如果没有思想家抽象的思辨、价值的提炼、理论的分析、深度的梳理,就不会有思想史的闪光点和兴奋点。

---

① 参见徐新建:《寻找"本文"》,《文艺研究》1997年第1期。

毕竟,历史发生过的一切(史料)是共性的"存照",是一个尘封的固定范式,所有研究思想史的人都会以此为蓝本进行"知识考古""谱系梳理",只有以不同的思想史视野和研究方法进行行文立论的思想史学者才会写出个性鲜明、绘声绘色的特色之作。

以文本作为中心的思想史研究,故必然会提出"本文"的要求。阐释思想,还原历史,是历史学家的一门基本"技艺",此中关联着正确理解文本的问题。这就决定了思想史必须以"文本"为主体进行主题书写和深描,也就是以精英思想为主线生发开来。思想史研究应注重精英思想的来龙去脉,其中包括对个案、"文本"、群体等的考察和分析,而民众观念史无论如何也难以成为地道的思想史。要知道,即使后来被认为民间文化的代表——"巫",在古代也是属于知识分子范畴的"精英"人士。所以,笔者强调思想史的社会性的时候,千万不可将"巫"的思想简单看成底层社会思想,更不能代替思想史书写。我们只能说,精英的思想表达来自于现实社会,当其浓缩成文时,则是少数精英分子的选择和表达了。与民间社会的知识、观念和信仰相较,精英思想家的思想文本能更准确捕捉历史发展的思想脉动,能更有效回应时代前沿的思想命题,由此精英思想家的思想文本也成为探测一个历史时代思想肌理的最佳材料。思想史研究注重分析一个时代与另一个时代之间思想的勾连、演绎与差异,对历史事件的研究也不能离开思想"脉络"来分析历史"文本"。譬如解读五四学生运动,历史学科将其视为历史事件考察其发生的显见的前因后果,而思想史研究要求我们穿过学生运动的事件表象进而分析新文化运动引发的思想革命,不但要审视当时思想先驱发表了何种观点,回答了何种思想命题,而且要将其放在中国思想史脉络中去理解,考察这些思想讨论如何改变了青年群体的社会认知和思维方式,如何改造了个人、社会、国家之间的传统思想格局,从而将五四学生运动作为思想史事件放置于历史与时代之纵横交叉的坐标上加以审视。

我们在进行思想史研究时还需要注意:同是思想史,在以"他山之石"攻玉的同时,切忌丧失主体性,沦为完全意义上的西方的框架。要知道,西方主智,中国主德。只有这样才算是在本土话语背景下接地气的思想史。正是在这个意义上,在文本中寻找本文,也要反对任何理论方法导致的扭曲解读,从史料而不是从理论出发,以史料为依据重现历史思想的原貌及其发展脉络。正如钱穆所言:"治史者先横梗一理论于胸中,其弊至于认空论为实事,而转轻实事为虚文。近人每犯此病。"①之所以如此强调,是因为现在学界援引的理论多是根据西方史实总结提炼出来的地方性知识。这些理论有时是思想史分析的凭借,但有时也是我们寻找"本文"的障碍,"我们该从中国思想之本身立场来求认识中国思想之内容,来求中国思想本身所自有之条理组织系统,进展变化,与其派别之分歧。此始成为中国的思想史"②。问题的焦点也是难点在于,同样是注解,思想史和哲学史、文化史、政治史等不一而足的"史"有何不同?如果过去我们说社会史是在历史学和社会学的交叉点上,那么思想史就是在以问题(意识)为导向的文化史和政治史的交叉点上。这里,笔者更倾向于它是历史哲学的近亲。在此,存在着多维度的对应与重叠。形而上与形而下、朝(官方)与野(民间)、学术与政治等的整合会直接决定着思想史的张力或向度。

四、道统·学统·政统:思想史学科主体性的另一面

就中国思想史的研究和书写而言,确立了本土话语和体系后,一个基本的框架也在"他者"的存照下确立了基本范式。这个基本范式就是思想史学科主体性的另一解读:思想的独立性。只有独立地思考,才能具有批判性、前瞻性和当代性。为此,就有必要厘清道统、学统和政统三者的关系,不然就会与政治思想史、学术思想史纠缠不清。之所以要着重分析中国思想史上的道统、学统和政统,乃是因为这三者的融会贯通是中国思想史的主脉。思想史就是思想学的通约或说约定(俗成)的表达。思想史上的每一次论争、每一个文本的出现又无不渗透着人类何去何从的哲学思考,贯穿着个人、国家、社会之关系的思想阐述。若要了解一个时代,则要洞悉身处那个时代的思想家,因为他们是反映时代风气最为重要的象征。思想史书写仿佛在中国传统中寻找可以称为"思想"的资源。"思想"尽管看似只属于上层精英的思维层面,但知识精英在道统、学统和政统的架构下去传播实践思想理念,也就成为民间文化的知识投射。从思想家个人的思想到知识精

---

① 钱穆:《中国历史研究法》,九州出版社,2012,第139页。
② 钱穆:《中国思想史》,自序第8页。

英群体的行动,知识、伦理和政治便紧密联系起来,知识精英的学理知识和普罗大众的公共事务也便联系起来,思想也不再是高高在上的抽象概念,而是具体可行的现实实践。正是在这个意义上,笔者不同意舍弃精英思想去书写民间思想。思想史书写尽管可以将民间知识、思想、观念纳入考察视野,但其主脉依然是精英知识分子的思想文本和精神统绪。

阅读梁启超、胡适、侯外庐、钱穆、蔡尚思、张岂之等大家的思想史著作,他们在思想史书写实践中,不可避免地追溯思想传统,同时内蕴着一种发掘精神资源以为当代重新树立"统绪"的理念。中国知识精英的精神"统绪"蕴含着道统、学统、政统等多元内容。道统、学统、政统的概念并非自古有之,道统是由唐朝韩愈提出、南宋朱熹系统阐释的概念,学统、政统是当代学者牟宗三因应西方科学、民主提出的概念。① 道统、学统、政统概念虽然晚出,但其精神统绪是可以触摸的历史存在。依据学界的研究,道统是指以儒家为主的价值观传统及与之相关联的思想体系;学统是指以儒家为主所承续的知识和教化体系;政统是指稳定存在的政治形态及政体的发展与延续。② 此中,道是价值观念,学是知识体系,政是政治形态,道统、学统、政统各自成统,但又紧密相连,既是构成古今精神传承的思想史主脉,也是打通上下思想沟通的社会性场域。这显著体现在自古至今中国知识人一以贯之的"内圣外王之道"。冯天瑜梳理中国的道统、政统、学统问题时将其追溯到中华元典文本:"中华元典的'伦理—政治'型学说体系,包括内在的人的主观伦理修养论和外在的客观的政治论这样两个彼此联系着的组成部分,前者被儒家发展为'仁'学,或'内圣'之学;后者被儒家发展为'礼'学,或'外王'之学。在孔子那里,这两个侧面还浑然统一在一个体系内,他主张'学人事'的'下学'与'达天命'的'上达'彼此系于一线,'下学而上达',不应相互割裂。"③ 在中国传统社会里,"道统"基本上是以"内圣"为核心的,需要不断地学习实践才能够达成,而"政统"则是以"外王"为原则的,需要

---

① 牟宗三以融纳希腊传统的"知性主体"来界定学统,以肯定民主政治的政体发展来界定政统。这一"学统""政统"理念受到广泛质疑,学统、政统概念在使用过程中也突破了牟宗三的狭义设定,更多指代中国思想史中固有的学术传统和政治传统。牟宗三:《生命的学问》,三民书局,1997,第61页。

② 郑红晓:《道统、学统和政统话语体系的当代诠释》,《华北电力大学学报》2019年第6期。

③ 冯天瑜:《中华元典精神》,上海人民出版社,1994,第269页。

在治国理政的现实实践中不断完善提升。"道统"从个人自律出发,追求个人德性修养以实现"内在超越",而"政统"基于社会他律原则,追寻"外在规范"以维护政治秩序。无论是道统还是政统,在实现路径上都无法绕过知识精英所掌握的学统,解读道统、政统与学统之间的逻辑关系还需回到最初的元典文本《大学》:"古之欲明明德于天下者,先治其国;欲治其国者,先齐其家;欲齐其家者,先修其身;欲修其身者,先正其心;欲正其心者,先诚其意;欲诚其意者,先致其知,致知在格物。物格而后知至,知至而后意诚,意诚而后心正,心正而后身修,身修而后家齐,家齐而后国治,国治而后天下平。自天子以至于庶人,壹是皆以修身为本,其本乱而末治者否矣。"①无论将其归结为政治哲学还是将其说成是社会理想,孔子那由"圣人"而为"圣王"的士人情结还是清晰可见的。中华元典精神中蕴含的"内圣外王之道"就是这样一种代代相传的包含着道统、学统、政统的精神统绪。中国传统士大夫的情怀以及后来的知识分子情结无不是圣贤经典点化的结果,而这种一以贯之的情怀、情结都是思想史书写无可回避的内容,也是讨论思想史学必须关注的问题。

从古代到现代,中国思想家借用的概念可能会有变化,但挖掘其思想肌理,也有着隐秘的统绪传承。以"内圣外王"来观测中国道统、学统、政统的演进,去审视中国近代学问家、思想家、政治家、革命家的思想实践,大多走了一条由超越到回归的道路,最终皆以伦理上的"个人"为"永恒真理服务""为公众幸福不惜一死"所淹没和终结。五四启蒙先贤采取的"取一否一""不塞不流""不止不行"的"打倒""决裂"激进方式实在是出于对传统根深蒂固的思想情结的嫉恨心理。② 凡此种种,在启蒙者和士大夫这些所谓的新旧知识分子之间,不过是名词的转换,他们有着千年一线牵的道统、学统、政统,修身、齐家、治国、平天下就是"铁肩担道义"和"内圣外王"的打通与转化的媒介。当然,思想史家归根结底不是梳理、确证道统、学统、政统的精神统绪,而是以此为主脉顺藤摸瓜去探讨问题,因为思想史本质上还是质疑既有的思想史叙述,去反抗或抵制种种惯常而非正确的历史书写,去呈现思

---

① 《四书集注》,朱熹注,王浩整理,凤凰出版社,2008,第4页。
② 张宝明:《新文化元典与现代性的偏执:五四启蒙精神与"内圣外王"思维的吊诡》,《郑州大学学报(哲学社会科学版)》2004年第4期。

想史的多样形态。

五、结语

从学科意义上说,中国思想史的研究应该有独特的视角和立足点。无论是古代思想史的写作还是近现代思想史的研究,无论是研究对象还是研究范式,都是以思想家的思想为主体,从思想家的思想变化、影响入手来撰写思想史。就目前学界的情形看,从内涵上说,中国思想史到底是什么样的界定并不清晰;从外延上说,思想史的研究对象、立论范围不甚明了;从论证方法上说,思想史还没有达到如其他人文学科炉火纯青的地步。鉴于此,需要对思想史书写的学科主体性做出进一步的分析和研判。当然,以上仅是就笔者个人从事思想史研究经验教训的总结和理论方法的体悟。从个体如何上升为普遍性,或者说这能否成为普遍性,都是可以继续进行讨论的。正如有学者指出的:"思想史研究的方法并非一定要壁垒分明、势不两立。当我们坚持用一种思想史研究的方法去诠释一个历史人物或课题时,这种思想史的方法可能会反而成了狭隘的框框,把自己和历史都局限在我们自己定出来的框框里面。"①思想史学科建设的独立性和主体性不可能一蹴而就,也不可能由一人之手炮制出一个人人赞同的方案,但每个从事思想史研究的同人对此问题都应该有一个问题自觉和切实回应。在这个意义上,笔者提出的"以问题为引擎""以文本为本文"和"道统·学统·政统"的言说并没有想为思想史研究立法的奢念,而只是描述一己学术实践和学术追求的个人体悟,以求教于方家。

---

① 李焯然:《多元学科研究与中国思想史》,《学术月刊》2007 年第 4 期。

简论墨法之间的隐性对立

张荣明

春秋战国,诸子相争。其荦荦大者,有儒墨之争,有儒法之争,学界对此所论甚多。至于墨法关系,彼此同异,则鲜见论及。其故安在?此乃拘于显而不知隐者也。兹先分述墨法学说要义,然后解析彼此关系之真谛。

一、墨家道德主义

墨家学说要义,大略言之有五。第一,做君子而非小人。墨家重视培养君子人格。《墨子》中有《修身》《所染》《法仪》①三篇,专论人格培养。《修身篇》讲述做君子。墨子认为,对每个人而言,行是本,言是末,做重于说。对君子来说,是非之言无入于耳,非人之议无出乎口,害人之事无发于心。墨家宣扬君子之道:贫能廉,富能义,生能爱,死能哀,身能恭,口能顺。《所染篇》阐发了社会环境对人的影响。墨子见工匠染丝,感慨道:纯白之丝,染于黑则黑,染于黄则黄,人格形成亦是如此。《法仪篇》进一步阐述了模范人物的榜样作用。墨子以工匠之事为譬:工匠为圆以规,为方以矩,为直以绳,做人之理仿此。儒墨两家都崇尚君子,学者多论儒家而寡言墨家。其实就思想品格而言,墨家比儒家更纯洁、更高尚,故《庄子·天下》谓墨子乃天下"求之不得"的好人②。第二,尚贤尚同。选官用人,墨家尚贤。所谓尚贤,就是选拔"贤良之士"治国理政。根据《尚贤篇》,"贤良之士"有三种素

---

① 有学者疑此三篇属儒家作品。此乃先入为主之见,亦不察墨学根柢所致。
② 郭庆藩:《庄子集释》,中华书局,1982,第1080页。

质,"厚乎德行,辩乎言谈,博乎道术"①。墨家尤重德行,认为贤人不贪私利,乐于助人,劝人为善。他们夙兴夜寐,一心秉公。有了这样的官员,诸侯与之,万民亲之,贤人归之。至于"道术"的内容,墨家寡论。《尚同篇》专论尚同。所谓尚同,就是统一国民的思想与行动。"上之所是,必皆是之;所非,必皆非之。"②尚同是政治需要,没有统一就没有秩序。墨子说,圣王皆以尚同为政,故天下治:"唯能以尚同一义为政,然后可矣!"③从理论上说,墨家的尚同不是统一于暴君的意志,而是统一于神圣的天意,统一于道德正义。各级官员必须遵守尚同原则。在墨家的政治设计中,各级官员都是仁者、贤人,从里长、乡长、诸侯到天子,都是道德典范。各级官员以身作则,统一人们的思想和行动,严惩不尚同者。墨家的尚同有神圣专制或道德专制的性质。《淮南子》说墨家门徒"赴火蹈刃,死不旋踵"④,或与此有关。第三,节葬节用。墨家批评了社会中奢侈的丧葬现象。比如厚葬,商周时期贵族阶层厚葬成风,棺椁必重,埋葬必深,衣衾必多,文绣必繁,丘陇必巨。在墨家看来,这样的做法"靡民之财,不可胜计"⑤。再如殉葬,天子杀殉,众者数百,寡者数十;将军、大夫杀殉,众者数十,寡者数人,甚背人道。还有久丧,按照儒家传统,人们为双亲守丧三年,茅庐而居,寝苫枕块,饥而不食,寒而不衣。结果是守丧者面容憔悴,手足无力,以至"扶而能起""杖而能行"⑥。王公大人不能上朝理政,农夫不能耕稼树艺,工匠不能修舟车为器皿,妇女不能纺绩织纴,社会生活遭受严重冲击。针对社会生活中的奢侈浪费现象,墨家宣扬节用。手工业产品够用即可,杜绝浪费。对于国君来说,赋税劳役凡不利于民生者,一律停止。吃饭是为了活命和强壮筋骨,过此以往便无意义,所以墨家主张"不极五味之调、芬香之和,不致远国珍怪异物"⑦。穿衣是为了抵御风寒,保身护体,贵族阶层锦衣纹绣没有必要。人们建造房屋也是为了生存,冬天御寒,夏天避暑。贵族阶层宫殿重重,耗费

---

① 孙诒让:《墨子间诂》,中华书局,1986,第40页。
② 孙诒让:《墨子间诂》,第68页。
③ 孙诒让:《墨子间诂》,第83页。
④ 《淮南子》,陈广忠译注,中华书局,2012,第1204页。
⑤ 孙诒让:《墨子间诂》,第169页。
⑥ 孙诒让:《墨子间诂》,第158页。
⑦ 孙诒让:《墨子间诂》,第149页。

民财。诸如此类，不一而足。第四，兼爱非攻。《兼爱篇》专论兼爱。墨子说，君主治国，应知治国之理。社会动乱的根本原因在于人们只知爱己，不知爱人；只知利己，不知利人。强者执弱，富者侮贫，贵者傲贱，智者欺愚。墨子主张用兼爱代替别爱，把对方的利益当作自己的利益，把对方的家庭当作自己的家庭，把对方的国家当作自己的国家。若能如此，一切冲突皆可化解。因为主张兼爱，所以反对战争。《非攻篇》说，在社会生活中，如果某人偷摘邻居桃李，必受舆论谴责。如果某人偷窃别家牛马，会遭法律惩处。然而，自己之国攻人之国，屠戮别国人民，不但不作批评，反而认为正义，此乃颠倒是非。工程科技乃墨家三学之一，但墨家军事工程只讲防守，不讲进攻，缘由在此。第五，信奉鬼神。《墨子》书中有《天志》《明鬼》，从篇名看是两个主题，从内容看大同小异。墨家坚信世上存在鬼神和上帝，上帝是正义的化身，奖善罚恶，没有上帝就没有人间正义。天兼爱万物，也兼爱天下百姓。天神贵于天子，天子听命于天神。就此而言，墨家政治具有神圣色彩，墨家政治是神圣政治。综上，墨家主张培养君子、尚贤尚同、崇尚节俭、兼爱非攻和政治神圣，这五大主张有一条主线贯穿其中——道德主义。没有道德主义，墨家学说失去统绪。

二、法家功利主义

　　法家学说要义，大略言之亦五。第一，依法治国。法家之所以被称为法家，乃在于极重规则，要求国民按规则办事，严惩违规者。法家之法包括奖励和惩罚两个方面。法家主张依法奖励，商鞅变法"立木取信"，此众所周知。秦国奖励耕战，建立军功爵制度，无论谁立了军功就给爵位。法家主张依法惩罚，王子犯法与庶民同罪，律条绝不因人而异。士卒戍边，失期者斩，不讲原因。法家执法的原则是"一断于法"①，法是裁量事情的唯一准绳。法家不讲人情，通常不考虑行为动机。在法家心目中，人类天性为己，世上没有所谓的好人。为了普及法律，韩非提出以法为教，以吏为师。后来秦帝国焚书坑儒，李斯把这一理念付诸政治实践。第二，以术治臣。因为法家的

---

① 司马迁：《史记》卷一三〇《太史公自序》，中华书局，1959，第3291页。

信条是人人为己,所以法家劝诫君主以术治臣。术,是技术,在法家学说中特指政术。术的秉持者是君主,对象是各级政府官员。韩非说:"术者,藏之于胸中,以偶众端而潜御群臣者也。"①有人质疑:法家强调依法治国,为什么又主张用术?这是因为二者实施的对象不同,法的对象是全体国民,术的对象是政府官员。政府官员是特殊群体,他们手握行政资源,在政务活动中有可能徇私舞弊。制度再详密也有疏漏,各级官吏有可能钻空子。君主应极尽各种手段,使各级官员恪尽职守,不敢牟取私利。韩非给君主出了很多主意,比如深藏不露、用人如鬼、装聋作哑、故意做错等。第三,以势束己。势是尊严、威势,功能是让臣民畏惧君主。韩非说:"势者,胜众之资也。"②在以往的研究中,学者们注意到韩非强调君主必有"威严之势",比如韩非说"严家无悍虏,而慈母有败子,吾以此知威势之可以禁暴,而德厚之不足以止乱也"③,但忽略了势有君主约束自己的一面。法家强调,君主要管好自己,约束自己。君主应该紧紧把持权力,不可让大臣分享,大事独断,如大臣的任免、重要人犯的处决、重大的经济和政治决策等。更有甚者,君主应该独寝,以防自己说梦话泄露机密。与此紧密相关,秦国君主佩冕。冕的功能就是约束君主的举止,使其行为持重,示人尊严。有学者说冕旒是为了遮掩帝王面目,使其显得神秘。其实,冕旒的主要功能是约束君主举止,迫使帝王端架子。民间有"官架子"一词,当官与端架子合二为一。在法家看来,政治管理者必须端架子,这是自尊。他尊与自尊,二者相得益彰。第四,富国强兵。法家把不辛勤劳作却坐享别人劳动成果者视为社会蛀虫,甚至主张把这些人从社会中消灭。韩非著《五蠹篇》,他宣称当时有五种社会蛀虫,即儒者、侠客、纵横之徒、私门之徒、商人。韩非主张限制甚至除掉这五种人:"此五者,邦之蠹也。人主不除此五蠹之民……则海内虽有破亡之国、削灭之朝,亦勿怪矣。"④法家主张物质刺激,实施严格的奖惩制度,奖有功而罚有过。奖励是诱饵,使人奋进努力;惩罚是鞭子,使人不敢怠惰。秦国实施奖励耕战政策,农业丰收者国家奖励,懒惰致贫者国家罚为奴隶。士兵

---

① 梁启雄:《韩子浅解》,中华书局,1960,第 381 页。
② 梁启雄:《韩子浅解》,第 448 页。
③ 梁启雄:《韩子浅解》,第 500 页。
④ 梁启雄:《韩子浅解》,第 490 页。

杀敌多,国家给予爵位,战场上的逃兵本人受罚,家属也要连坐。法家重本抑末。为了抑末,秦国征课很重的市场税和关税,不许商人贩卖涉及国计民生的粮食,商人的奴仆必须为国家服役。第五,不信鬼神。大体上说,法家是无神论者,他们认为世界上不存在鬼神,信奉鬼神会导致亡家亡国。《韩非子·亡徵》旗帜鲜明地指出:"用时日,事鬼神,信卜筮,而好祭祀者,可亡也。"①《韩非子·饰邪》举例说,越王勾践信鬼神而亡国,十年生聚十年教训,抛弃迷信而务实求强,最终灭吴而报仇雪耻。综上,法家主张依法治国、以术治臣、以势束己、富国强兵和不信鬼神,这五种理念的最大公约数是利益,功利主义是法家政治理念的统绪。

三、隐性的对立

春秋战国诸子政治学说之间的对立与冲突,大略可归纳为两类。第一类,显性的对立。比如儒家与墨家,《墨子》中有《非儒》《非乐》,对儒家学说进行激烈抨击;墨家主兼爱,孟子斥之为"禽兽"。再如儒家与法家,儒家法先王,法家重现实,儒家主张"刑不上大夫"②,商鞅主张"刑无等级"③,韩非谓"儒以文乱法"④,贬儒者为"五蠹"之一。此类对立,双方唇枪舌剑,彼此学说南辕北辙似不共戴天。第二类,隐性的对立。比如墨家与法家,两家之间各说各话,从宏观上看双方概念、观点无大干系:墨家主张做君子、尚贤尚同、崇尚节俭、兼爱非攻并信奉鬼神;法家主张依法治国、以术治臣、以势束己、富国强兵并不信鬼神。墨家学说的主题,在法家学说中缺省;法家学说的主题,在墨家学说中缺省。《墨子》书中鲜见对法家的訾议,法家文献中偶见对墨家的抨击。此类对立,彼此之间极少争吵,似乎都漠视对方的存在。

接下来的问题是,应该如何评估墨家学说与法家学说之间的关系。对于儒墨之间、儒法之间的学术纷争,学界讨论甚多,而对于墨法关系却极少

---

① 梁启雄:《韩子浅解》,第113页。
② 《礼记·曲礼上》,载《十三经注疏》,阮元校刻,中华书局,1980,第1249页。
③ 高亨:《商君书注译》,中华书局,1974,第130页。
④ 梁启雄:《韩子浅解》,第476页。

论及,似乎二者之间鲜有对立。实际情形断非如此:墨家学说的基本概念,比如君子、贤人、圣人、兼爱、节用、天志、善恶等,对法家来说天真虚幻而不切实际,因而根本没有意义;法家学说的基本主张,比如人人为己、依法治国、以术治臣、权力至上、利己主义、不信鬼神等,对墨家来说毫无人性而天良尽弃。这是两种迥异的观念体系,基于不同的思想内核。墨家学说属于道德主义或理想主义,一切从良心出发,关爱他人胜过自己,企盼天下太平盛世。法家学说属于功利主义或现实主义,一切从物质利益出发,人人利己,丛林法则,弱肉强食。墨家同情弱者,认为人的智力、体力天生有别,弱者未必不肯努力。法家赞赏强者,认为享受劳动所得天经地义,否则谁还肯奋进努力。因此,墨法之间不是局部的对立,而是全局的对立;不是表面的对立,而是深层的对立——道德主义与功利主义是根本对立的两种价值观念体系,一种隐性的对立。隐性对立比显性对立更深刻、更彻底。

  诸子争鸣的历史留给我们一个重要启示:彼此之间激烈争吵的两派之间往往是大同小异的对立,激烈争吵恰恰是因为彼此之间有共同话题和话语基础;彼此之间偶见訾议的两派之间往往是小同大异,因为彼此之间鲜有共同的概念和话语基础。道不同不相为谋,古今皆然。诚所谓小异不然、大异不言,小别辩辩大别莫见者也。

历史人物评价中的"翻案"问题

刘克辉

在历史人物研究中,存在着为某某人"翻案"的说法。如何看待历史人物评价中的"翻案"问题?"翻案"的提法是否确切?"翻案"思维对史学研究会产生什么影响?现就这些问题做一些初步的讨论。

一、关于翻案:从对曹操、李鸿章的评价说起

按照《现代汉语词典》的解释,翻案就是要推翻原定的判决,泛指推翻原来的处分、评价、决定等等。可以看出,所谓翻案,是针对传统的定论而言的,是对传统定论的一种颠覆或否定。用郭沫若的话来说,就是站在今天的立场,"推翻历史的成案,对于既成事实加以新的解释、新的阐发"[①]。

1959年,郭沫若提出"应该为曹操翻案",并以实际行动为"翻案"做了诠释。1959年1月7日,郭沫若在其《谈蔡文姬的〈胡笳十八拍〉》一文中坚信《胡笳十八拍》系蔡文姬所作,并根据此诗内容认定曹操蒙受了"不白之冤",应以"民族英雄"称代之。他在文章中为曹操鸣不平:"曹操对于民族的贡献是应该作高度评价的,他应该被称为一位民族英雄。然而自宋以来所谓'正统'观念确定了之后,这位杰出的历史人物却蒙受了不白之冤。自《三国演义》风行之后,更差不多连三岁的小孩子都把曹操当成坏人,当成

---

① 郭沫若:《我怎样写〈棠棣之花〉》,载《沫若文集》第3卷,人民文学出版社,1957,第168页。

一个粉脸的奸臣,实在是历史上的一大歪曲。"①

1959年3月14日,郭沫若撰写《替曹操翻案》一文,发表于当月23日的《人民日报》,引起史学界强烈反响。这篇文章是《蔡》剧"塑造的曹操形象的基础",他称曹操是"了不起的历史人物","曹操对于民族的发展和文化的发展有大的贡献",在同时代人中贡献最大,"曹操冤枉地做了一千多年的反面教员,我们在今天是要替他恢复名誉"。②

翦伯赞也认为:"在我看来,曹操不仅是三国豪族中第一流的政治家、军事家和诗人,并且是中国封建统治阶级中有数的杰出人物","像这样一个中国史上有数的杰出人物,却长期被当作奸臣,这是不公平的。我们应该替曹操摘去奸臣的帽子,替曹操恢复名誉","在否定曹操的过程中,三国演义的作者可以说尽了文学的能事。三国演义简直是曹操的谤书"。③

自从郭沫若、翦伯赞发表替曹操翻案的文章后,学术界就展开了热烈的讨论。短短几个月里,各地陆续发表的文章和报道有一百多篇。在争论的过程中,史学家们的意见分为截然对立的两极:一是赞成郭沫若、翦伯赞的观点,认为应该为过去否定的历史人物"翻案";另一种观点则不同意翻案,持这种观点的一部分人认为:既然历史上对于曹操的评价并不是一边倒,不存在翻案问题;另一部分人认为历史上对一些(反面)人物有定论,就不应该"翻案"。

谭其骧是反对"翻案"的学者之一,他的观点是不存在翻案问题。在《论曹操》一文中,他认为对曹操不存在翻案的问题。"说是替某人翻案,无论正翻反也好,反翻正也好,总得新的评价和旧的评价完全相反或基本上相反,才算得上翻案"。但"自古及今,果然有很多人说曹操坏,却也有不少说他好,也有人在某些方面认为他好,同时在某些方面又认为他坏的。"他列举了近几十年来所出版的历史课本中,对曹操的评价一般并不特别坏。范文澜的《中国通史简编》和吕振羽的《简明中国通史》虽然骂了他,但只是当作

---

① 郭沫若:《谈蔡文姬的〈胡笳十八拍〉》,《光明日报》1959年1月25日。对曹操这评价受到学术界批评后,他将"高度评价"改为"适度评价",将"民族英雄"改为"杰出的历史人物"。参见http://hi.baidu.com/lclbbb13/blog/i-tem/dd65eb7ac8b284ea2e73b3e8.html。
② 郭沫若:《替曹操翻案》,《人民日报》1959年3月23日。
③ 翦伯赞:《应该替曹操恢复名誉——从〈赤壁之战〉说到曹操》,《光明日报》1959年2月19日。

汉末军阀的一员,对他的评价远在刘备、孙权之上。解放前后专论曹操的论文或小册子,对他也是肯定多于否定。"既然过去人们对曹操的评价不全是否定的,也有肯定的,那么我们今天要肯定曹操,怎能说是替他恢复名誉,替他翻案呢?"至于小说戏曲中都说曹操坏,不说他好,"那又是一个历史小说、历史剧是否定要符合于历史事实的问题,也不是翻案不翻案的问题。"①

在讨论中,坚持全盘否定曹操而不能为其翻案的也不乏其人。杨柄就主张根据战争来评价曹操,认为"曹操不止是战争的积极参加者,而且是许多战争的发动者,许多重大战争的主使者,许多战争的严重后果的责任者","曹操的一切政策和措施全都服务于战争"。他把曹操从事的战争分成四类,认为全是反革命、反人民的性质,②因而不应该为曹操"翻案"。这是不同于谭其骧先生讲的不存在翻案的观点。

2003年,59集电视剧《走向共和》在中央电视台播出,沉寂了多年的"翻案"话题又被提了出来。有的观众说这部《走向共和》可以当作历史教科书,能够客观地用历史唯物主义思想审视历史,给历史人物一个客观的评价。也有观众认为,电视剧不能这样随意"更改"人们对李鸿章、袁世凯、慈禧等人的评价,"是对反面人物的翻案",是不负责任的做法。

李鸿章是《走向共和》这部电视剧前半部的主角,是编创者所着力塑造的重点人物。电视剧中的李鸿章一反往昔历史教科书中昏庸无能、卖国求荣的嘴脸。反对者认为:为了美化李鸿章,编创者随心所欲,玩历史于股掌之中,或随意裁剪,或作不合理的虚构。尽管电视剧和历史教科书不同,历史教科书要完全根据史实,不能虚构;电视剧允许虚构,不然就不成为历史剧。但是,既然是历史剧,就要受历史时代的制约,受历史事实(包括人物)的制约,不能随心所欲地捏造,任意修改。不论写历史教科书也好,编历史题材的电视剧也罢,都要对历史负责,对民族、对子孙后代负责。历史不是历史工作者的专利,中华民族的历史是炎黄子孙们所共有的,大家都有责

---

① 谭其骧:《论曹操》,《文汇报》1959年3月31日。
② 杨柄:《曹操应当被肯定吗?》,《人民日报》1959年4月21日。

任,谁也不应该糟蹋我们民族的历史。①

在中国,老百姓获得历史知识的途径主要不是历史课本,而是演义、小说等,就像《三国演义》对人们的影响一样。因此,撰写历史文学或历史影视剧本也应有一种鲜明的社会责任感,自觉坚持唯物史观的指导。

二、"翻案"问题与定论思维

在讨论"翻案"问题的文章中,持反对意见的学者经常说的话是:"这个问题早已有定论,没有必要再讨论","此人尽人皆知,早有公论",等等。这里面有两个关键词:一是定论,二是公论。

当前,在历史人物评价中,人们虽然很少提"千古不变之真理",但由定论所涵养成的思维定式却是存在的,不太容易改变。一种新的问题提出来之后,人们的反应首先是这种说法是否与书本"一致",是否与传统的观念相冲突,而不是去分析它是否具有合理性。自从有历史学以来,就有了对历史人物的评价,有多少历史人物是我们能够给予"定论"的呢?即使这样,还是有一些人坚信自己对历史人物的评价是"定论"。另外有些人也承认不可能对历史人物下定论,可是在具体研究过程中表现出来的思维模式仍未能脱离"定论"的窠臼。

20世纪80年代中期以来,史学认识论的研究受到史学界的重视,人们对于史家主体意识问题进行了多角度的探讨,认为史家的主体意识在史学认识中发挥着重要的作用。一般认为,史学认识大致包括考实性认识、抽象性认识和价值性认识三种形式。考实性认识的目的在于求得历史之真,弄清历史客体的客观面貌,是全部历史认识中最基础的一步。② 在考实性认识阶段,很多历史事实是不能改变的,可以有"定论"。但在抽象性认识和

---

① 参见李文海、龚书铎、梁柱主编《近代中国是怎样走向共和的——大型电视连续剧〈走向共和〉引发的思考》,华龄出版社,2003。关于近代史上的一些重大是非问题,是20世纪90年代以来史学界讨论比较激烈的问题,参考沙健孙、龚书铎主编《走什么路——关于中国近现代历史上的若干重大是非问题》,山东人民出版社,1997。

② 参考李振宏、刘克辉:《历史学的理论与方法》,河南大学出版社,2008,第232页。抽象性认识,是把历史客体所蕴涵的必然性揭示出来,予以解释和说明。而价值性认识,就是对历史客体的时代价值、历史价值的价值判断。这两个方面都有史家的主体意识渗入,分歧和变化是其基本特征。

价值性认识阶段,无论从认识的主体方面还是客体方面讲,史学研究都不可能穷极历史真理。

第一,从史学研究的主体方面来讲,认识主体在认识事物时,不可避免要受哲学观点、政治立场、知识基础、生活经验、情感、性格气质的影响,因而任何认识都带有认识者个人的印记,①这决定了每个历史学家对于问题的认识是不同的,同一个人的看法也会随着认识的深入而改变。至于说到不同时代对于历史人物的评价问题,则差别更大。

从新中国成立后"翻案"问题的主角曹操身上可以看出,对他的评价并不是一味否定的,这一点从前引谭其骧的文章中已经谈到。而历史上不同时期对于曹操的评价也不存在定论。按照吴晗的观点,在北宋以前,没有什么人说过曹操的坏话。陈寿在《三国志》中对曹操的优点和缺点都有涉及,并不是一边倒的评价。到了唐代,唐太宗就把曹操看成是一个了不起的人。大约在10世纪以后,对曹操的评价改变了,被说成是一个反面人物。从宋代以来,对魏蜀谁是正统问题发生了争论。历史上,隋唐继自魏晋,承认魏是正统。但宋朝情况改变了,北宋的北方有辽,南宋和金南北对立。如以魏作正统,北边的辽、金就成为正统,宋便不是正统了。特别是南宋和蜀汉的处境相似,以此朱熹便帝蜀寇魏,以刘备为正统。到元代这种争论更加激烈,元人要自命正统,又反过来帝魏寇蜀,但民间广大人民和爱国知识分子,不甘于民族压迫,通过戏曲表达帝蜀寇魏,说刘备的好话而大骂曹操。这期间由于封建的正统观念和复杂的民族关系,由于时代的变换,对曹操的评价也就不会不发生影响。② 小说《三国演义》写曹操的基调是"治世之能臣,乱世之奸雄",全书奉行"尊刘贬曹",为了丑化曹操,作者在他身上集中了阴险狡诈、虚伪冷酷、专横跋扈、好色贪财等种种污行秽德。根据《三国演义》改编的戏剧,更是起到了推波助澜的作用。读史书《三国志》者少,读小说《三国演义》者多,由于《三国演义》思想和艺术的巨大成就,产生了深远的社会影响,集残暴和奸诈于一身的曹操形象从此更加深入人心,曹操也就成

---

① 李振宏:《历史学家的主体意识》,《历史研究》1988年第3期。
② 吴晗:《从曹操问题的讨论谈历史人物评价问题——在北京教师进修学院对中学历史教师的讲话》,《历史教学》1959年第7期。

了一个更加定型的反面人物。① 但很多学者认为,作为文学作品的《三国演义》中对曹操的评价不能代替史学评价,即使它在民众中的影响很大,也不能成为史学研究的结论。

从对李鸿章的评价中我们同样可以看出史学认识的发展变化。中国近代史研究专家胡滨1955年著《卖国贼李鸿章》一书,反映了新中国成立以后很长一段时间对李鸿章评价的基本观点。他认为:李鸿章一生的历史,是一部对内镇压人民起义、对外出卖民族利益的反动历史。② 而到了80年代初,随着"现代化"和"革命还是改良"等问题的提出,胡滨在他和李时岳共同发表的文章中又认为,李鸿章与当时的顽固派相比较,是开明和进步的;李鸿章积极倡导的洋务思想是积极向上的;他所举办的各项洋务事业在军事上提高了清军的实力,有抵抗外国侵略的一面;在经济上一定程度地阻止或限制了外国经济侵略和扩张,并符合了近代中国发展民族经济的趋势;在教育上不但培养了洋务人才,而且对近代资产阶级力量的兴起有某种促进作用。胡滨、李时岳对李鸿章创办轮船招商局给予了基本肯定的评价,认为轮船招商局在经营上虽最终走向失败,但基本上是一个民族资本主义性质的企业,是作为外国资本主义的对立物出现的,在适应中国近代民族经济的发展趋势和收回民族权利上有着积极的意义。③ 同一个人对于李鸿章的评价前后的不同,说明史学认识是不断变化的。从这个意义上说,对李鸿章的评价不同应该是史学认识的常态。戴仕军在《李鸿章研究概述》一文中,对于李鸿章死后人们的评价进行了一番梳理,可以看出对李鸿章评价的变化。他总结道:"百年来海内外的李鸿章研究,数量众多,成果丰硕。鉴于李鸿章在晚清历史上的重要地位和影响,这些研究无疑推动了我们对整个近代史的认识。但我们仍可以看到,李鸿章的研究还存在许多缺漏和不足之处。首先表现在材料的使用上,虽然研究者们不断发现和挖掘新材料,但仍多以吴汝纶所编《李文忠公全集》为蓝本。事实上,这部全集由于种种原因,只出版了所订全部文稿的一部分,再加上其他未刊印的原始档案材料,其所含

---

① 邱复兴:《曹操今论》,北京大学出版社,2003,第304页。
② 胡滨:《卖国贼李鸿章》,新知识出版社,1955。
③ 参见胡滨、李时岳:《略论李鸿章的洋务思想》,《文汇报》1980年12月29日。另外可以参考李时岳、胡滨:《从闭关到开放——晚清"洋务"热透视》,人民出版社,1988。

内容的完整性如何,可想而知。……其次,对李鸿章的研究虽多,但重复和价值不高的论著亦不在少数,这一方面与研究者个人学术素质有关,但历史的研究往往多受时代和政治的影响,研究者不能实事求是、客观地探讨问题恐怕是更为关键的原因。三是研究者们对某些问题的研究还不够深入或忽视未谈。比如,学者们长期以来重视对李鸿章办理洋务和外交的研究,而忽视了李鸿章仍是一个封疆大吏,对他治理直隶的研究远远不够。还比如,人们对李鸿章的各类思想虽多有阐述,却没有系统地分析他思想形成的根源。此外,对李鸿章和淮系集团、李鸿章个人的品质、性格和做人等问题的研究也有待进一步的深入。"① 既然如此,对于李鸿章的研究就还有很多工作可以做,需要学者们从多个角度继续进行研究。

人类的思维水平是不断提高的,历史的划时代变革、历史进程中重大事件内涵的逐渐揭露、当代社会开始自我批判从而促进对过去的反省、新材料的发现,等等因素,决定了人们对历史进行再认识的必要性。推动历史再认识的因素,是时代发展的需要、认识主体的创造精神、整个人类认识水平的发展。正是这些因素,要求人们站在现代科学的高度去审视过去,并由此推动历史认识的深化和发展。② 而历史认识提高了,对于同一历史人物的评价就会有很大的不同,以前人们认为是"定论"的观点也就会改变。

第二,从史学研究的客体方面讲,更不存在什么绝对真理。历史人物评价中的客体是已经成为过去而且一般是历史上有影响的人。人的一生的活动不是单一的,而是多面复杂的,一生中的多面性和复杂性很难一下子被完全揭示出来。正因为如此,梁启超才如此说:"天下惟庸人无咎无誉。举天下人而恶之,斯可谓非常之奸雄矣乎。举天下人而誉之,斯可谓非常之豪杰矣乎。虽然,天下人云者,常人居其千百,而非常人不得其一,以常人而论非常人,乌见其可? 故誉满天下,未必不为乡愿;谤满天下,未必不为伟人。语曰:盖棺论定。吾见有盖棺后数十年数百年,而论犹未定者矣。各是其所是,非其所非,论人者将乌从而鉴之? 曰:有人于此,誉之者千万,而毁之者亦千万;誉之者达其极点,毁之者亦达其极点;今之所毁,适足与前之所誉相消,他之所誉,亦足与此之所毁相偿;若此者何如人乎? 曰是可谓非常人矣。

---

① 戴仕军:《李鸿章研究概述》,《首都师范大学学报(社会科学版)》,2003年增刊,第144页。
② 参考李振宏、刘克辉:《历史学的理论与方法》,第251-265页。

其为非常之奸雄与为非常之豪杰姑勿论,而要之其位置行事,必非可以寻常庸人之眼之舌所得烛照而雌黄之者也。知此义者可以读我之'李鸿章'。"①看来,梁启超早就看到李鸿章的人生所表现出的多面性和复杂性。

充分认识客体的多面性或复杂性,对于史学工作者是非常重要的,它有助于提出新的问题,从不同的角度去认识客体,并促使史学研究者的头脑复杂起来,从而使自己的研究成果更加丰富多彩,笔下的人物更加鲜活。

三、两点认识

在历史人物研究问题上,所有的评说不过是大家从不同角度对历史人物进行的研究,不过是在认识不断发展过程中的"旧说"与"新说"。谭其骧就觉得"恢复名誉""翻案"这样的字眼用得不大妥当,他认为郭沫若对曹操的评价,不过是历史研究进程中的一个新观点而已,对这个新观点,他还颇不认同,因为"评价历史人物,应该是是非非,尽可能做到恰如其分,不应该恶之则恨不得把他打入地狱,爱之则唯恐捧不上天。在郭老的笔底下,似乎曹操简直没有什么不是,即使有也算不得什么大不是;我看郭老这种看法在许多地方是值得商榷的"②。

邱复兴的《曹操今论》解细地叙述了曹操生前死后千余年来的褒贬。认为曹操是有两重性的伟人,唐以前,说曹操好话的人多些,骂曹操的也不乏其人。北宋以来,曹操遭贬斥较多,但颂扬曹操的也大有人在。曹操有功有罪,评论者有褒有贬,相互争议,并没一边倒,没有什么案由可以立案。今天我们肯定曹操的功绩,也不是翻历史上否定曹操罪过的案子。反之亦然。论功说过,都是评论曹操之所为,谈不上翻不翻案的问题。③

尽管有人不同意"翻案"的提法,但并未陈述"翻案"会导致的后果,实际上"翻案"说的存在既有强化定论思维的弊端,也会使"两分法"成为人物评价中的准则。

---

① 梁启超:《李鸿章传》,生活·读书·新知三联书店,2000,第1页。
② 谭其骧:《论曹操》,《文汇报》1959年3月31日。
③ 邱复兴:《曹操今论》,第311页。

（一）"翻案"说容易强化人们的"定论"思维

史学研究中强调"定论"，不利于他人提出新的看法。而"定论"成为习惯之后，也会使一部分史学家形成思维定式，把某一评价凝固化，导致了人物评价中因人废言或因言因事废人，或者相反——因人立言立事或因言因事立人。"一锤定音"，表面上看是统一了思想和意见，但从认识的发展规律看，这是最有害的做法。在这些结论或定论面前，史学工作者不仅失去了主体意识，一切要以既定的结论为准，而且还要顺着这个方向广搜材料为这些结论与定论作证，甚至有意无意地阉割、歪曲历史事实以顺从或迎合这些结论或定论，其结果是导致历史失真，并由此带来一系列荒谬的后果。更为严重的是，当我们的研究者想方设法让读者相信他的思考是唯一的思考，读者也会形成一种惰性思维习惯，慢慢地就失去了自己的个性和判断力。因为只有一种答案，就不需要判断，只需把书本上的结论记下来就可以了。

中国有句古话："是非功过，任由后人评说。"武则天死后留下一块"无字碑"就是这个意思。的确，任何人的功和过，都不认"金口玉言"，都要接受后人的评头论足。而后人复后人，无穷尽也。任何一代后人如果下了"定论"，就等于剥夺了更多后人评说的权利，实际上这也是做不到的。① 随着时代的发展、社会的进步，人们对问题的认识肯定会有所改变，史学认识会不断向前发展，也应该向前发展，变得更为全面和公允。

（二）"翻案"说使"正面和反面人物的两分法"成为人物评价的准则，影响人物研究的正常开展

现在的翻案文章一般都是针对过去人们心目中的"反面人物"，由于公众对这一类人物固定的思维模式，认为反面人物就是反面人物，不容重新评价。一旦出现不同的观点，便接受不了。翦伯赞说"替曹操说好话是很危险的，因为他是人所共知的奸臣"②。简单地将历史人物区分为正面人物和反

---

① 参考盛大林：《历史何曾有"定论"》，http://www.southcn.con/news/china/gdspcn/200305130520.htm。
② 翦伯赞：《应该替曹操恢复名誉——从〈赤壁之战〉说到曹操》，《光明日报》1959年2月19日。

面人物,是一种形而上学贴标签的方法。人物的性格及承担的社会角色是非常复杂的,需要我们多角度的观察和评价历史人物。

长期以来,在评价所谓的"反面人物"的时候,存在很多问题,主要有:第一,以偏概全,在历史人物的评价上,流行着一种"逆推论"。某个人物只要后来在政治上出了问题,就把他说成生来就坏、一切皆坏,予以全盘否定。第二,夸大错误,把原来属于一般认识上的错误说成是罪恶。反面历史人物的演变有一个过程。之所以夸大错误,是基于这样一种认识,说坏人坏,总不会有错,似乎把反面人物说得丑恶一点没有关系。殊不知真理朝前跨出一步,哪怕是一小步,也会变成谬误。第三,掩饰优点,对反面人物在历史上曾经起过的进步作用,一些人物传记和历史读本往往隐而不显,略而不言,或者语焉不详。第四,简单对号,使反面历史人物脸谱化、公式化。① 经过时间的推移,形成了定式之后,就很难改变。

因此,具体问题具体分析,是评价一些历史人物的要义所在,所有的研究者都应认识到,史学研究从来没有达到"终极真理"的观点。只有百花齐放,百家争鸣,才能把我们的史学研究不断推向前进,促进史学的真正繁荣。

---

① 夏宏根:《略论反面历史人物评价中的几个问题》,《求实》1986 年第 3 期。

《战国策》的廉政思考

张彦修　徐田亮

战国时期激烈、复杂、残酷的政治、军事和外交斗争,不仅考量着统治集团能力和智慧,而且对他们的廉政也提出了要求。战国专制体制下的国君和权贵,掌握经济、政治和军事最高权力,由于直接制约因素严重缺失,有些国君权贵沉溺于酒色美味和亭榭欢娱,走上国亡君死的绝路。面对这种冷酷的现实,《战国策》提出了自己的廉政思考。

一、对人性贪婪的认知

人是历史与社会的主体,反映人本质属性的"人性"在战国历史舞台上得到了充分的展示。因为人性的善恶廉贪与励精图治,国力强盛,或奢靡怠政,君亡政息有直接的逻辑关系,《战国策》首先对人性做出了判断。

齐人谭拾子认为,人追求富贵,贪婪财富,远离贫穷是人之本性与"理之固然"。他说:"理之固然者,富贵则就之,贫贱则去之。此事之必至,理之固然者。"[1]人对财富的贪婪必然驱使着人们围绕着财富展开争夺勾斗。公元前270年,秦、赵战于阏与,赵国战胜秦国之后,天下合纵之士相聚于赵国邯郸,商议攻秦之事。秦相国应侯范雎认为利用人性的贪婪,很容易破解这次合纵,"秦于天下之士非有怨也,相聚而攻秦者,以己欲富贵耳。王见大王之狗,卧者卧,起者起,行者行,止者止,毋相与斗者;投之一骨,轻起相牙者,

---

[1] 刘向集录:《战国策》卷——《孟尝君逐于齐而复反》,上海古籍出版社,1985,第406页。

何则? 有争意也"①。

战国纵横家苏秦在自己的人生经历中,深切感受到人在财富面前的贪婪。苏秦,洛阳乘轩里的平民,初次出山游说秦国,"说秦王书十上而说不行。黑貂之裘弊,黄金百斤尽,资用乏绝,去秦而归。嬴縢履蹻,负书担橐,形容枯槁,面目犁黑,状有归色。归至家,妻不下纴,嫂不为炊,父母不与言"②。游说失败带来的贫穷、尴尬和委屈使苏秦痛苦万分,他头悬梁,锥刺股,发愤练就短长纵横之术。经过数年不懈努力,苏秦受到燕、赵、齐、韩、魏等国君的敬重,担负起合纵抗秦的重任。在苏秦南下游说楚王,路过洛阳时出尽了风头,真实地体会到了财富的特殊价值。苏秦的"父母闻之,清宫除道,张乐设饮,郊迎三十里。妻侧目而视,倾耳而听;嫂蛇行匍伏,四拜自跪而谢。苏秦曰:'嫂,何前倨而后卑也?'嫂曰:'以季子之位尊而多金。'"③。苏秦感慨地说:"嗟乎! 贫穷则父母不子,富贵则亲戚畏惧。人生世上,势位富贵,盖可忽乎哉!"④魏人江乙与苏秦有相同的感慨:"以财交者,财尽而交绝;以色交者,华落而爱渝。"⑤

战国时期,农民劳作艰辛,收获微薄,他们"解冻而耕,暴背而耨,无积粟之实"⑥。商贾虽然"无把铫推耨之势,而有积粟之实"⑦。濮阳商人吕不韦贪婪且精于计算,善于投机取巧。当他发现从赵国送秦质子异人归还秦国,然后有可能立异人为秦王这个巨大的商机之后,与其父亲认真算计了盈利得失:"濮阳人吕不韦贾于邯郸,见秦质子异人,归而谓父曰:'耕田之利几倍?'曰:'十倍。''珠玉之赢几倍?'曰:'百倍。''立国家之主赢几倍?'曰:'无数。'曰:'今力田疾作,不得煖衣余食;今建国立君,泽可以遗世。愿往事之。'"⑧吕不韦在比较了农耕、经营珠玉和政治投机的赢利之后,认定"立国家之主"可赢利"无数",是一条致富的捷径,于是对财富的贪婪就自然地延伸为对职官权力的追逐。在吕不韦的策划斡旋下,异人最终被立为秦庄襄王,自己也因此而成为秦的相国,封为文信侯,食蓝田十二县。

---

① 刘向集录:《战国策》卷五《天下之士合纵相聚于赵》,第 202 页。
② 刘向集录:《战国策》卷三《苏秦始将连横》,第 85 页。
③④ 刘向集录:《战国策》卷三《苏秦始将连横》,第 90 页。
⑤ 刘向集录:《战国策》卷一四《江乙说于安陵王》,第 489 页。
⑥⑦ 刘向集录:战国策》卷六《秦王欲见顿弱》,第 238 页。
⑧ 刘向集录:《战国策》卷七《濮阳人吕不韦贾于邯郸》,第 275 页。

基于对人性贪婪的深刻认识,战国时期所以许多的政治、军事、外交活动都充分利用了人性贪婪的弱点,利益诱惑收买甚至性贿赂成为战国政治、外交等活动中的常用手段。例如:张仪为了破坏楚、齐的邦交关系,许诺"请使秦王献商於之地,方六百里"①。当楚怀王发觉受骗上当之后,一怒之下要兴兵伐秦。陈轸认为,事已至此,伐秦不如联秦伐齐,建议楚怀王"赂之一名都,与之伐齐"②。赵国夺取东周之祭地,东周君非常不安,为仕于东周的郑朝以三十金贿赂赵国太卜,赵国太卜借赵君患病之际占卜曰:"周之祭地为祟。"③赵乃归还东周之祭地。秦国为了拉拢西戎之国的义渠君,"因以文绣千匹,好女百人,遗义渠君"④。魏国为了拉拢楚国,"魏王遗楚王美人,楚王说之"⑤。

《战国策》没有对人性直接做出的善恶的判断,但肯定了人性的贪婪。人性的贪婪在行为层面体现为趋利避害,好利恶难,贪得无厌,如果没有相应的制约因素,人性的贪婪就会恶性膨胀,贪欲横流,沉溺于奢靡享乐之中。

二、对廉政铁律的揭示和制约机制建立的尝试

在战国专制体制下,王权缺失有效制约,国君权贵专权傲横,专横跋扈,奢侈淫逸是国君和权贵的常态。先生王斗描述齐宣王的生活状况说:"世无骐麟騄耳,王驷已备矣。世无东国俊、庐氏之狗,王之走狗已具矣。世无毛嫱、西施,王宫已充矣。"⑥苏子谓楚王曰:"今王之大臣父兄,好伤贤以为资,厚赋敛诸臣百姓。"⑦

《战国策》清醒地认识到,骄奢淫逸,浪费挥霍了大量的财富,伤害了民力,离散了民心,削弱了政治、军事力量,腐蚀了国君权贵的肌体,弱化了他们锐气和斗志,最终导致政务荒废,国力衰减,国亡君死。庄辛谓楚襄王曰:

---

① 刘向集录:《战国策》卷三《齐助楚攻秦》,第134页。
② 刘向集录:《战国策》卷三《齐助楚攻秦》,第137页。
③ 刘向集录:《战国策》卷一《赵取秦之祭地》,第32页。
④ 刘向集录:《战国策》卷四《义渠君之魏》,第145页。
⑤ 刘向集录:《战国策》卷一七《魏王遗楚王美人》,第553页。
⑥ 刘向集录:《战国策》卷一一《先生王斗造门而欲见齐宣王》,第415页。
⑦ 刘向集录:《战国策》卷一六《苏子谓楚王》,第537页。

"君王左州侯,右夏侯,辇从鄢陵君与寿陵君,专淫逸侈靡,不顾国政,郢都必危矣。"①蔡圣侯"南游乎高陂,北陵乎巫山,饮茹谿流,食湘波之鱼,左抱幼妾,右拥嬖女,与之驰骋乎高蔡之中,而不以国家为事"②,根本不知道亡国的危险马上就要降临。

田单将攻狄,三月不克,鲁仲子认为是因为他养尊处优,失去了当年即墨之役的精神和锐气。鲁仲子说:"将军之在即墨,坐而织蒉,立则丈插,为士卒倡曰:'可往矣!宗庙亡矣!云曰尚矣!归于何党矣!'当此之时,将军有死之心,而士卒无生之气,闻若言,莫不挥泣奋臂而欲战,此所以破燕也。当今将军东有夜邑之奉,西有菑上之虞,黄金横带,而驰乎淄、渑之间,有生之乐,无死之心,所以不胜者也。"③田单接受了鲁仲子的建议,重振即墨之勇,"明日,乃厉气循城,立于矢石之所,乃援枹鼓之,狄人乃下"④。

沉痛的历史教训和残酷的现实揭示了奢靡与亡国的内在逻辑,鲁共公总结出统治集团沉溺酒、味、色、高台陂池亡国的铁律:"昔者,帝女令仪狄作酒而美,进之禹,禹饮而甘之,遂疏仪狄,绝旨酒,曰:'后世必有以酒亡其国者。'齐桓公夜半不嗛,易牙乃煎敖燔炙,和调五味而进之,桓公食之而饱,至旦不觉,曰:'后世必有以味亡其国者。'晋文公得南之威,三日不听朝,遂推南之威而远之,曰:'后世必有以色亡其国者。'楚王登强台而望崩山,左江而右湖,以临彷徨,其乐忘死,遂盟强台而弗登,曰:'后世必有以高台陂池亡其国者。'"⑤鲁共公警告梁王魏婴说:"今主君之尊,仪狄之酒也;主君之味,易牙之调也;左白台而右闾须,南威之美也;前夹林而后兰台,强台之乐也。有一于此,足以亡其国。今主君兼此四者,可无戒与!"⑥

奢靡国亡君死铁律提示人们,要倡导清廉简朴,善待百姓。苏子希望楚王"用民之所善,节身之嗜欲"⑦;史疾告诫楚王"其任官置吏,必曰廉洁胜任"⑧。孟尝君出行至楚国,登徒人献上价值千金的象床,孟尝君门人公孙

---

① 刘向集录:《战国策》卷一七《庄辛谓楚襄王》,第555页。
② 刘向集录:《战国策》卷一七《庄辛谓楚襄王》,第559页。
③④ 刘向集录:《战国策》卷一三《田单将攻狄》,第467页。
⑤ 刘向集录:《战国策》卷二三《梁王魏婴觞诸侯于范台》,第846页。
⑥ 刘向集录:《战国策》卷二三《梁王魏婴觞诸侯于范台》,第847页。
⑦ 刘向集录:《战国策》卷一六《苏子谓楚王》,第537页。
⑧ 刘向集录:《战国策》卷二七《史疾为韩使于楚》,第992页。

成认为,"小国所以皆致相印于君者,闻君于齐能振达贫穷,有存亡继绝之义。小国英桀之士,皆以国事累君,诚说君之义,慕君之廉也"①。也就是说,孟尝君之所以受到敬重,是因为他"能振达贫穷,有存亡继绝之义,"人们"说君之义,慕君之廉也。"倘若没有了这些也就失去了威望和被敬重的基础。正直、清廉是战国时期人们所推崇的价值标准。例如,齐国的颜斶不仅告诫齐宣王不要重蹈"倨慢骄奢,则凶从之"②的历史旧辙,而且他直接拒绝齐宣王"食必太牢,出必乘车,妻子衣服丽都"③的聘请,归隐山林,过着"晚食以当肉,安步以当车,无罪以当贵,清静贞正以自虞"④的隐居生活。

奢靡国亡君死是国君权贵不得不面对的现实,但如何使国君权贵保持头脑清醒和行为廉洁则是难题。《战国策》认为虚心纳谏是使国君权贵保持廉政的重要制约机制。齐国邹忌受妻、妾和客人无视客观现实而谄媚自己的启发,向齐威王进谏说:"今齐地方千里,百二十城,宫妇左右,莫不私王;朝廷之臣,莫不畏王;四境之内,莫不有求于王。由此观之,王之蔽甚矣!"因此,齐威王虚心接受了邹忌的建议,下令,"群臣吏民,能面刺寡人之过者,受上赏;上书谏寡人者,受中赏;能谤议于市朝,闻寡人之耳者,受下赏。"⑤"令初下,群臣进谏,门庭若市。数月之后,时时而间进。期年之后,虽欲言,无可进者。燕、赵、韩、魏闻之,皆朝于齐。此所谓战胜于朝廷。"⑥孟尝君从公孙戍拒收象床之事中看到了他人提醒的重要性,发布公告,"有能扬文之名,止文之过,私得宝于外者,疾入谏"⑦。事实上,上述"庄辛谓楚襄王""苏子谓楚王""齐宣王见颜斶""先生王斗造门而欲见齐宣王"等都是《战国策》中纳谏纠错,保持廉洁的典型案例。

开言路纳谏是一种弹性很大的做法,开不开言路,接收不接受臣民的建议,怎样纠正不正确的做法,全部取决于国君权贵的选择,而国君权贵怎样选择又不受刚性制度的限制,很大程度上依赖于国君权贵的观念、性情甚至一时的情绪心态,所以效果非常有限。于是,商鞅变法试图通过法令的手段

---

① 刘向集录:《战国策》卷一〇《孟尝君出行国至楚》,第385页。
② 刘向集录:《战国策》卷一一《齐宣王见颜斶》,第409页。
③ 刘向集录:《战国策》卷一一《齐宣王见颜斶》,第412页。
④ 刘向集录:《战国策》卷一一《齐宣王见颜斶》,第413页。
⑤⑥ 刘向集录:《战国策》卷八《邹忌修八尺有余》,第326页。
⑦ 刘向集录:《战国策》卷一〇《孟尝君出行国至楚》,第387页。

来解决奢靡淫逸等问题,"商君治秦,法令至行,公平无私,罚不讳强大,赏不私亲近,法及太子,黥劓其傅。期年之后,道不拾遗,民不妄取,兵革大强,诸侯畏惧"①。虽然商鞅变法的"法令"暂时解决了部分问题,但因其建立在君主专制制度基础之上,国君凌驾于"法令"之上,国君权贵可以随意践踏"法令",超越"法令"使用的驭臣牧民之术,不仅"刻深寡恩,特以强服之耳"②,而且还会随着最高统治集团人员、观念和需要的变化而改变。秦孝公死,秦惠王车裂商鞅,以"法令"手段解决淫逸腐败问题的尝试失败。

进谏是对国君权贵语言或行为提出的批评或规劝,是战国时期国君权贵广开言路,匡正自身言行的重要途径。但是,坦言进谏与虚心纳谏在建立在双方自觉自愿前提下的一种约定或惯例,没有硬性的制度规定,因此进谏的言路可开可不开,进谏者可谏可不谏,国君权贵对于谏者的意见可采纳可不采纳。开言进谏是一种非制度性的监督机制,因此它的作用在现实中大打折扣,在很多场景下流变为一种政治作秀。商鞅变法的"法令"是带有刚性的制度约束,但其治民治臣不治君的取向把最高统治集团置于"法令"制约范围之外,"法令"不仅制约不了国君权贵,反而成为治民的手段,也正是因为这种缺失,商鞅变法不得不以悲剧的方式画上了句号。

三、道德在廉政建设中的作用

孔子把"君君、臣臣、父父、子子"③同列,把调节家族伦理关系的道德准则上升为政治规则,视道德为治理天下的根本,"为政以德,譬如北辰,居其所而众星共之"④。孔子认为,治理国家需要"德""礼""政"和"刑",但"德"是基石,"道之以政,齐之以刑,民免而无耻。道之以德,齐之以礼,有耻且格"⑤。这也就是说,塑造纯洁善良,高尚无私的道德之人,不仅是个人的道德操守问题,还是政治廉洁和官吏"身正"的之基:首先,"身正"是廉洁

---

①② 刘向集录:《战国策》卷三《卫鞅亡魏入秦》,第75页。
③ 刘宝楠:《论语正义》卷一五《颜渊》,载《诸子集成》第一册,中华书局,1954,第271页。
④ 刘宝楠:《论语正义》卷二《为政》,载《诸子集成》第一册,第20页。
⑤ 刘宝楠:《论语正义》卷二《为政》,载《诸子集成》第一册,第22页。

的保障,"政者,正也。子帅以正,孰敢不正?"①。其次,"身正"是政令畅通的必然条件,"其身正,不令而行,其身不正,虽令不从"②。第三,"身正"是引领社会道德的风向标,"苟正其身矣,于从政乎何有?不能正其身,如正人何?"③。"君子之德风,小人之德草。草上之风,必偃。"④

孟子在孔子的基础上,以自然的怵惕恻隐之心和天然的良知、良能为底层逻辑,构建起系统的性善论,然后又从性善论演绎出了仁政。在肯定人先天性善的前提之下,孟子设计出国君权贵道德自律来保证简朴廉政的机制,他告诫梁惠王要自觉自律:"狗彘食人食,而不知检,途有饿莩,而不知发。人死,则曰非我也,岁也。是何异于刺人而杀之,曰非我也,兵也。王无罪岁,斯天下之民至焉。"⑤孟子之所以认为国君权贵能够自律,是因为他坚信人先天性善,一定能够"以不忍人之心,行不忍人之政"⑥,自觉地"恭俭礼下,取于民有制"⑦。

《战国策》与孔子、孟子的看法不同,它认为道德的作用范畴与对政治行为的制约力是有限的,道德规范替代不了政治规则。"孝"、"信"、"廉"是战国时期备受人们的推崇的德行,曾参和孝己是孝的楷模;伯夷、鲍焦和史䲡,是清廉刚正,坚守节操的楷模;尾生是守信用的楷模。但《战国策》认为,孝、廉、信属于个人道德,作用的范围仅限于日常生活中的行为,属于独善其身的"自覆之术"⑧或仁义者的"自完之道也"⑨。如果把它们扩展为政治、军事、外交活动的规则,不仅于事无补,反而会成为开拓进取羁绊。苏秦说:"且夫孝如曾参,义不离亲一夕宿于外,足下安得使之之齐?廉如伯夷,不取素飡,污武王之义而不臣焉,辞孤竹之君,饿而死于首阳之山。廉如此者,何肯步行数千里,而事弱燕之危主乎?信如尾生,期而不来,抱梁柱而

---

① 刘宝楠:《论语正义》卷一五《颜渊》,载《诸子集成》第一册,第274页。
② 刘宝楠:《论语正义》卷一六《子路》,载《诸子集成》第一册,第286页。
③ 刘宝楠:《论语正义》卷一六《子路》,载《诸子集成》第一册,第289页。
④ 刘宝楠:《论语正义》卷一五《颜渊》,载《诸子集成》第一册,第275页。
⑤ 焦循:《孟子正义》卷一《梁惠王上》,载《诸子集成》第一册,第36页。
⑥ 焦循:《孟子正义》卷三《公孙丑上》,载《诸子集成》第一册,第138页。
⑦ 焦循:《孟子正义》卷五《滕文公上》,载《诸子集成》第一册,第196页。
⑧ 刘向集录:《战国策》卷二九《人有恶苏秦于燕王者》,第1048页。
⑨ 刘向集录:《战国策》卷二九《苏代谓燕昭王》,第1071页。

死。信至如此,何肯扬燕、秦之威于齐而取大功乎哉?"①苏代说:"孝如曾参、孝己,则不过养其亲其。信如尾生高,则不过不欺人耳。廉如鲍焦、史䲡,则不过不窃人之财耳。今臣为进取者也。臣以为廉不与身俱达,义不与生俱立。"②"以自忧为足,则秦不出殽塞,齐不出营丘,楚不出疏章。三王代位,五伯改政,皆以不自忧故也。若自忧而足,则亦之周负笼耳,何为烦大王之廷耶?昔者楚取章武,诸侯北面而朝。秦取西山,诸侯西面而朝。曩者使燕毋去周室之上,则诸侯不为别马而朝矣。"③苏秦和苏代关于孝、廉、信的述评表明了《战国策》道德作用范畴有限的看法,伦理道德作为行为规范在生活领域的价值是应该充分肯定的,但当其超越日常生活领域而上升为政治、军事、外交活动规则的时候,它们不仅不会建立扬燕国之威的功绩,而且将会成为开拓进取的障碍。以这样的道德功能评价逻辑推演下去,它当然不可能成为保持政治廉洁的利器,更不可能构建出一个以伦理道德为核心的廉政机制。正是在这种认知的支配之下,《战国策》从来不抨击那些有道德污点的重要人物,并把用其长,不计其短,重视才干,疏忽道德作为人才策略,"明主不取其汙,不听其非,察其为己用。故可以存社稷者,虽有外诽者不听;虽有高世之名,无咫尺之功者不赏"④。

《战国策》没有抨击孝、廉、信,但反对以道德代替政治、军事、外交活动规则,把道德教化排除在廉政建设之外。这种认知固然忽视了道德对政治、军事、外交等活动主体的影响,但却看到了道德适应范围的有限性。道德是人们日常行为的准则和规范,主要功能是调节人们的日常生活行为,适应范畴是社会生活,手段是社会舆论和说服教育,运行机制是自律。政治、军事、外交等活动的主体都是一定道德准则承载者,道德也因此而无处不在,但它却无法替代政治、军事、外交等活动的规则。如果把道德的价值无限扩大,以道德替代政治、军事、外交活动规则,用它来保障国君权贵的廉政,显然是使道德承载了根本不能胜任的责任,圣洁的道德在这里苍白无力,扭曲变形,甚至有可能沦为任人摆布的玩偶或愚弄他人的工具。

《战国策》从对人性贪婪的认识,到廉政铁律的揭示、进谏与法令制约

---

①② 刘向集录:《战国策》卷二九《人有恶苏秦于燕王者》,第1047页。
③ 刘向集录:《战国策》卷二九《苏代谓燕昭王》,第1072页。
④ 刘向集录:《战国策》卷七《四国为一将以功秦》,第296页。

的廉政尝试,再到道德作用有限的断定,形成了一个自成体系的廉政思考。这个思考有很多欠缺,但却启示后代,人性贪婪和奢靡国亡君死铁律是中国古代历史中长鸣的警钟。

庄子学说之独立性研究

——以内七篇为中心

徐 莹

自汉代以来，庄子学说一直归属于道家门下；庄子其人则被视为老子学说的继承人，甚或是道家学派的集大成者。虽屡有学者论及老、庄之异，但多将其不同之处定性为同一学派内部的差异。老庄并称，同为道家学派的代表，业已成为一种固定的认知模式。但是，若将《庄子》内七篇和《老子》两个文本进行分析、比较则可以看到，庄学与老学的相同之处仅仅表现在一个共同的起点——原始的"道"概念，而其学说的宗旨和目的却十分不同。在判断一种学说的性质和归属时，我们应该以学说的目的和宗旨作为判断依据或基本的权重指标，而非仅仅是其立论的起点。从同一个思想原点出发，发展出不同的思想体系，在人类思想史上不乏其例。

本文所要论述的中心是"庄学的独立性问题"，这与以往诸多论述老庄之异的文章，在立足点、基本观点和中心论题上都有所不同。以往老庄之异讨论中的多数学者认为：老、庄之间尽管存在着这样或那样的思想分歧，但这些枝节性的分歧并不影响二者思想本质的相同性，不妨碍他们同属道家学派。而笔者认为，老、庄之间的思想分歧是深刻的本质性差异，其差异足以使二者成为两个独立的学派，而无法站在同一面旗帜之下。虽然，老、庄之学在理论体系的发端处都使用了一个"法自然"的最高本体之道，但他们拿着这一原始的"道"概念，是去做了两类性质迥异的事情。老、庄从共同的起点出发，最终到达的是两个相距甚远、各自不相关联的目的地。而正是由于二者在学说目的和宗旨上的本质之异，也使得他们共同具有的那个原始的"道"概念,只是作为学说的前提条件高悬在空中。其后,随着学说主题思想和中心内容的演进,这个原始之"道"也蜕变为并不相同的两个概念了。所以,将庄学归入道家学派门下的理论基础是十分值得商榷的。

在学界辨异老庄关系的论述中,也有一些学者在行文中对庄子学说的独立性问题有所论及①,但其文章或是从文献考证的角度讨论问题,或是仅就某些零散的具体概念加以分析。对于老、庄在思想主题和学说目的上的本质性不同,并未能够全面而深入地梳理出一个整体轮廓。因此,庄子学说的独立性,至今仍是一个没有得到解决的问题②。

一、老、庄"道"论之分殊

自汉代以来,庄子学说失去自身的独立性,老庄并称的关键点主要在一个"道"字。"道"同为老学与庄学的核心概念,然而,老、庄之"道"概念虽在原始起点上具有相同之处,但最终却随着学说主题的推进而分化开去。概言之,老、庄之"道"的相同之处在于天,在于思想系统发端处所预设的前提条件的一致性;而其不同之处在于人,在于这种前提条件在人世间的别样演绎和推展。这一状况犹如站在共同起点之上的分道扬镳,当形而上的最高

---

① 如廖群先生在《庄子与老子关系的新审视——以〈庄子·内篇〉和简本〈老子〉为据》一文中有云:"庄子在《内篇》中没有称引《老子》,显示了他并不宗老、解《老》的态度。庄子是不步人后尘的独创学派的思想家"(《理论学刊》2005年第11期);刘丰先生《老庄关系辨异》一文提出:"从文献资料上看,庄承老学无据可考;从思想上看,老庄在道论、政治思想、伦理思想等方面都有明显的不同"(《唐都学刊》1998年第2期);王运生先生的《庄老异同》一文比较庄、老思想后,得出结论:"尽管千年以来老庄并提,其实,老子思想和庄子思想本质上是不同的"(《昆明师范高等专科学校学报》2006年第1期)。

② 本文的研究方法是一种纯文本性的解读方式,所依据的文本分别为《庄子》内七篇、传世本的《老子》及《论语》。文中所言的"庄子""老子"及"孔子",并非与先秦时代曾经真实存在过的历史人物庄、老、孔完全同一,而是指这三个学派的思想灵魂。采用这一研究方法的原因,主要是基于以下考虑:以庄学为例,无论庄子个人的人生经历如何,无论《庄子》内七篇的作者、成书年代及编纂过程如何,毕竟,庄子学说自汉代以来,主要就是通过《庄子》内七篇长久且深刻地影响了中国的传统思想文化。同样,对于老学的研究,也以传世本的《老子》为依据,暂时未将简本纳入考察范围。虽然笔者认为郭店楚简《老子》甲、乙、丙三组的文本,与传世本《老子》或《道德经》有显著差异,并认为简本《老子》比传世本《老子》更接近于真实的老子其人;但本文意在从定型于汉代的中国传统文化的角度考察问题,而对这种传统文化真正产生影响的则是传世本而非简本。确切地说,本文的研究对象是汉代以来业已成熟和定型了的庄子、老子、孔子学说,是故,文中所引论的庄、老、孔思想,均以传世文献为据,而对其学说的产生和形成过程暂且搁置不论。

本体之道渐渐向下运行,从天而降地到达人世,老子之道最终成为一种规律和法则,而庄子之道则体现为一种个体性的精神境界。"道"概念在老、庄之学中,也因其本质属性的差别而迥异。

(一) 自然——老、庄之道的共同起点

庄学与老学的共同点是在学说的开端处,都使用了"自然"的最高本体之道这一基本相同的原始概念。老子云"人法地,地法天,天法道,道法自然";庄子说"已而不知其然,谓之道",二人这里所表述的"自然"即为老、庄之道的共同起点。"自然"一词在庄子和老子的学说体系中,均释意为自然而然,本身如此。它是用来表述道的性质和状态,而非客观世界之大自然。

《老子》第二十五章①曰:

> 有物混成,先天地生。寂兮寥兮,独立而不改,周行而不殆,可以为天地母。吾不知其名,强字之曰道,强为之名曰大。大曰逝,逝曰远,远曰反。
>
> 故道大,天大,地大,人亦大。域中有四大,而人居其一焉。
>
> 人法地,地法天,天法道,道法自然。

老子此类关于道体的论述散见于《老子》书中的第一、四、六、十四等章,内容较为一致,理解起来无甚歧义,兹不多举。简言之,对于形而上的道,老子意为:其一,道是宇宙空间中的实存,它以"虚状的实存"这一特殊的方式存在着。其二,道是世界的本源和动力,它变动不拘,生生不息,独立长存。其三,道法自然。人取法地,地取法天,天取法道,而道则是这一追问的终极者。"道法自然"具有两层含义:第一,道本身的自然性。"道的本质是自然的"②,具有不证自明的性质;第二,道以自身为根本。大道自然而然,本身如此,因此,老子的道作为最终的极致,无需再向上、向外追溯,道本身的自然性必然地决定了道所取法的也就是它自身。大道的这两重自然性相辅相成、相互照应,老子将其总括为:道法自然。

---

① 本文传世本《老子》的引文均采自陈鼓应《老子注译及评介》一书(中华书局,1984)。引文只标注篇次,不再显示《老子》书名。

② 童书业:《先秦七子思想研究》,转引自陈鼓应:《老子注译及评介》,第168页。

《庄子》内七篇中对于道体的陈述,虽不及老子那样直白、具体和丰富,但是在寥寥数笔之中,依然对"道"作出了极为确切地定义:

> 唯达者知通为一,为是不用而寓诸庸;因是已。已而不知其然,谓之道。(《齐物论》)①

"因是"乃顺物忘怀,因顺自然之意;"不知其然"意即自然而然。因顺自然的样子,而不知道为什么这样,这就是道。很显然,庄子的"已而不知其然"与老子的"道法自然"息息相通。对于道的本原地位及其本身的自然性,庄子更明确的表述在《大宗师》篇:"自本自根,未有天地,自古以固存。"道以自身为根为本,未有天地之前,已然这样地存在着;"神鬼神帝,生天生地",这个自本自根、自古以固存的道生出了天地万物;它真实的存在于"太极之上""六极之下","先天地生""长于上古"的无限深广的、由时间与空间构成的二维世界里,"夫道,有情有信"。同时,无所不在的道也是"无为无形"的,因为道本身就是虚状的,"唯道集虚"(《人间世》)。惟其"虚",方可无所不在的实存于域中。由此可见,庄子认为大道是宇宙的原初,天地万物的本源及动力源,而道的存在则是以自身为根本,具有终极的性质。

综上所述,作为世界万物的本原,庄子和老子对于最高本体的道,在实存性、本源性以及自然性几方面的确具有共识,这是二者之"道"的共同起点。但与此同时,对于大道的因任自然,在共同的起点处,老、庄论述的侧重点已经有所不同。"人法地,地法天,天法道,道法自然"中的"法"字串,显示出老子侧重于大道作为自然规律的法则性,并强调效法大道的自然性而行;而庄子的"已而不知其然,谓之道",则侧重于描述大道本身的自然性,强调的是其自然而然、浑然一体的状态。老、庄之道的本质差异,在此业已初露端倪。

(二) 共同起点处的分道扬镳

前述老、庄对于道体的共识,历来是论者判断其二者同宗同源、同属道家学派的主要依据。而此处必须讨论的问题是,如果老学与庄学的思想取

---

① 本文所引用的《庄子》内七篇原文,均采自陈鼓应《庄子今注今译》一书(中华书局,1983)。此后的行文中仅注篇名,篇名前不再出现"《庄子》内七篇"字样。

向都仅以探讨宇宙的起源和自然的奥秘为旨归,那么,当然可以毫无疑问地将二者划归同一学派。但是,纵观源头处的中国传统文化,诸子百家均已彰显出民族心理的务实精神,重实际而黜玄想。老子"人法地,地法天,天法道,道法自然"的理论序列,通过天、地最终将人与道串联起来,省略掉这一推导过程的中间项,该理论表达式可以简化为:人法道,道法自然。由此,老子学说的真实意图昭然若揭,即将自然界的规律作为法则,对人世间的社会秩序施以整顿和规范。立足于人事,高举"执古御今"大旗的老学的"道",绝不仅是飘荡在高空中的神秘冥想。而庄学虽然空灵缥渺,却也并非脱离人世的幽远玄思。正是为了困顿于现实世界的生命,才有了《逍遥游》中的神人和鲲鹏。当形而上的、最高本体的道向人世作必然地回归时,老学与庄学、老子的道和庄子的道,便朝着两个不同的方向和目的地,分道扬镳而去。

1. 反者道之动,弱者道之用:老子之道的中心

在老子书中,"道"的"符号型式虽然一样,但是意义内容却不尽同"①。它们可以大致划分为最高本体、自然规律和人世法则三大类。其中,老子对第一类最高本体之道的基本观点如前所述,这里无需赘言。在此需要指出的是,这一类最高本体之道虽然高举,但却只是老子道论的前提和基础,远非重心。从分量方面考察,描述此最高本体之道的文字的数量还不及总数的十分之一。而且,即使是在这些对大道那恍惚、玄妙的本体进行描述的章节里,老子也尽显其对另外两类大道的关注,即形而上的最高本体之道的功用问题。如第十四章在论述了道体虚状存在之后的"执古之道,以御今之有。能知古始,是谓道纪"。对于这个看不见、听不到、摸不着的玄而又玄的道,明知其不可名状却还要强自为之,反反复复地左冲右突,企图突破文字和常识的限制进行艰难的描述,这是为什么呢?老子对此直言不讳:执守此自古已存的无形大道,是用来统率和驾驭现今有形的事物的,对不可名状的强自为之,为的就是现实世界中,人世的混乱和苦难,需要、也必须用大道进行救治。在第四十章,老子将他"执古御今"的道纪,其道论的中心,也即第二类的自然规律之道概括为"反者道之动,弱者道之用"。

"反者道之动"意为"在运动中相反相成的对立项相互转化"②。首先,

---

① 陈鼓应:《老子注译及评介》,第13页。
② 李泽厚:《中国古代思想史论》,人民出版社,1985,第92页。

事物是在其对立项中得以确立的。"有无相生,难易相成"(《二章》)恒也。其次,事物是运动、变化的。比如天地,"虚而不屈,动而愈出"(《五章》),一直处于不停地运动和变化之中。最后,既然事物是变动的,那么,其运动、变化的方向和规律是什么?老子说,低洼向充盈,破旧向崭新,"曲则全,枉则直"(《二十二章》),事物都是向着自身的反面运动的。对立转化规律在个体不断地反向运动中,形成总体的循环往复之态,以物极必反和循环往复的方式显示出事物发展的必然。

在揭示了事物的"反动"规律之后,老子随即推出了关乎大道之用的下半阕道论:在现实世界两两对立的事物那相反相成的对立转化之中,守柔守弱的"弱者道之用"。一方面,依据道的"反"动之律进行推论,在强与弱的对立中,强的运动方向是弱,亦即现在强大的事物将要变为衰弱,"物壮则老"(《三十章》)。另一方面,与此相对应,弱的运动方向是强,柔弱的东西必然向强大发展。明白了这个道理,进而持守住柔弱,也就是保持住了永远向上的发展方向,此即"柔弱处上"(《七十六章》)。而一直保持上升状态的事物是不会走向消亡的,因此,"柔弱者生之徒"(《七十六章》),柔弱的东西归属于生存之列,是富有生命力的。如"绵绵若存,用之不勤"的大道在连续不断的绵软柔弱之中,生天生地,生出了宇宙万物。由此可见,"柔弱"在老子书中并非软弱无力之意,恰恰相反,它是顽强、坚韧的生命力的象征,是事物内部巨大潜能的蓄积和含藏,是坚强者莫之能胜的恒久恒强。

"反者道之动,弱者道之用"完整地揭示出自然的规律,这第二类的道,是老子道论的中心。第三类道是以"无为"为总纲的人世的法则。它与第二类道的联系是:自然的规律是永恒不变的常法,而人世的法则应效仿和取法这一统御宇内的自然规律而行。它与第二类道的区别在于,第二类的道——自然的规律是宇宙间的普遍规律,适用于天地万物,也包括人;而第三类道,人事的法则是特指人类社会的。自然的规律是一般,人类的法则是特殊。张岱年先生在《中国古典哲学概念范畴要论》一书中指出:"道指天地万物共同具有的普遍性,德指每一物所具有的与众不同的特殊性。"[1]因此,第三类道的意义已经相当于"德",在此不再予以讨论。可以说,为了规

---

[1] 张岱年:《中国古典哲学概念范畴要论》,中国社会科学出版社,1987,第157页。

范现实世界的社会秩序,老子创造了一个形而上的道。道既是形而上学的最高范畴,又是解决现实世界之问题的工具和方法,所以,老子的道,在最高本体的基础上,显示为对立转化、柔弱处上的永恒不变的自然规律,以便最终将人世的法则高高举起。

对于庄子来说,站在形而上之道的最高本体之处,他对老子"曲则全,枉则直"、"柔弱胜刚强"的自然规律并不以为意。《庄子》内七篇中的道最终是作为一种个体生命的精神境界存在着的。而庄子与老子的分道扬镳,也正是从他对"相反相成,对立转化"规律的超越开始的。

2. 道通为一:庄子之道的新起点

"道通为一"一词虽然只在《齐物论》篇出现过一次,但却是通向庄子之道的枢机。它从老子"相反相成,对立转化"的自然规律中抽身而出,将"道"置于一个崭新的起点上。《齐物论》曰:

> 物无非彼,物无非是。自彼则不见,自是则知之。故曰彼出于是,是亦因彼。彼是方生之说也,虽然,方生方死,方死方生;方可方不可,方不可方可。因是因非,因非因是。是以圣人不由,而照之于天,亦因是也。
>
> 是亦彼也,彼亦是也。彼亦一是非,此亦一是非。果且有彼是乎哉?果且无彼是乎哉?彼是莫得其偶,谓之道枢。枢始得其环中,以应无穷。是亦一无穷,非亦一无穷也。故曰莫若以明。
>
> 道行之而成,物谓之而然。有自也而可,有自也而不可。有自也而然,有自也而不然。恶乎然?然于然。恶乎不然?不然于不然。恶乎可?可于可。恶乎不可?不可于不可。物固有所然,物固有所可。无物不然,无物不可。故为是举莛与楹,厉与西施,恢诡谲怪,道通为一。其分也,成也;其成也,毁也。凡物无成与毁,复通为一。
>
> 唯达者知通为一,为是不用而寓诸庸;因是已。已而不知其然,谓之道。

"彼出于是,是亦因彼"谓事物于自己的对立面中产生和存在,承接老子的"相反相成"说。"是亦彼也,彼亦是也"谓对立项之间的相互转化,承接老子的"对立转化"说。但是,非同于老子的守柔守弱,庄子已然从这一对立转化的循环中抽身而出,站在"是亦一无穷,非亦一无穷"的无穷流变的圆环的中央,将是非、成败、生死,将天地万物"道通为一"了。

"道通为一"的关键在于消解事物之间的对立关系,即"彼是莫得其偶,谓之道枢"。面对着"苶然疲役",无休无止地进行着"与物相刃相靡"(《齐物论》)的现实和人生,庄子认为,人类的争端均是源于彼此的对立,而彼此的对立则是起自于一己的成心。人们由一己之成心建立起种种不同的价值判断标准,以此度量世界,将原本完整的事物割裂成许多部分。从各自不同的角度和立场出发进行观察,自此不见彼、自彼亦不见此地将自己所得知的那一部分当作事物的本然和全部,"故有儒墨之是非,以是其所非而非其所是"(《齐物论》)。庄子对此反问道:"果且有彼是乎哉?果且无彼是乎哉?"果真有这些是非和分别的存在吗?"夫随其成心而师之,谁独且无师乎?"若以个人的成见作为判断是非的标准,那么,人人都有自己的标准。用自己心中的成见去判断是非,"是今日适越而昔至也"(《齐物论》),就像今日出发去越国,而昨天已经到了那样荒谬可笑。如此这般的无中生有,即使神明的大禹,也是不能理解事实的真相的。"大知闲闲,小知间间",大知与小知都陷入到"因是因非,因非因是",是非无定、永无穷尽的圈子中而纠缠不清,终生疲役且无所成。最后,"道隐于小成,言隐于荣华"(《齐物论》),世界的真相和事物的本来面目都隐约而不可见了。

所以,庄子在《齐物论》的篇首即提示"吾丧我","我"是自身在与物、与他人和世界的对立中所产生的小我,"吾丧我"即是叫人丧失掉一己的成心,从而丧失掉"彼是莫得其偶"中的偶,从而消解事物间的对立关系。不在对立的关系中以小我为中心观察世界,自可恢复物我之真。站在事物自身的立场上看,"物固有所然,物固有所可",任何事物的然与不然、可与不可都有其自身的原因,它们天生就是这样、本来如此,从这个意义上说,没有什么事物是"非"、是不可以的。"自其同者视之,万物皆一也"(《德充符》),在因任自然的道看来,天地万物,"莛与楹,厉与西施",一切稀奇古怪的东西就本质来说,并无不同。从具体的、局部的角度上升到整体的角度观察,凡事都处于此消彼长的流变过程之中,并没有生成和毁灭的区别,是非、成败、生死,以及天地万物都在自然的流变中与大道融为一体。此即是"道通为一"。

"道通为一"的庄子超越了物我的两相对立而得入环中,他说:"天地与我并生,而万物与我为一。"(《齐物论》)从形而上的最高本体到无毁无成的复通为一,庄子之道最终成为一种与天地精神同来往的精神境界。在《应帝王》篇的结尾处,他塑造了一个"混沌"的形象:

> 南海之帝为儵,北海之帝为忽,中央之帝为浑沌。儵与忽时相与遇于浑沌之地,浑沌待之甚善。儵与忽谋报浑沌之德,曰:"人皆有七窍以视听食息,此独无有,尝试凿之。"日凿一窍,七日而浑沌死。

陈鼓应先生解释"混沌"喻指"真朴的人民"①,而笔者以为,"混沌"是庄子对"道通为一"之精神境界的意象性表达,是人停止了一切感官的活动和作用,以神不以智,运用心神而达到的一种精神生活状态。其特征是没有分别和对待的浑然一体,是丧"我"之吾的独立无待和顺物无己,也是消除了物我对立之紧张感的安然自适和自由自在。与现实世界中是非、成败、荣辱之间的"彼出于是,是亦因彼"不同的是,混沌没有七窍,不会视、听、食、息,故而既没有智识和欲望,也没有成心与对立,所以,混沌自身的存在并不是在与彼、与物的对立中获得确立和支撑,而是一种无待的,无"我"亦无物的"自在"。这种自在的精神境界源于大道的自然而然和浑然一体。庄子书中的至人、真人秉承上天所赋予的自然本性,破除智识、欲望对生命的人为增益,宗大道为师而一通物我壁垒,"不将不迎,应而不藏"的在空明的心境中,悠游于天人合一的精神境界。这是生命对真实自我的回归,是人对天、对大道的回归,同时也是混沌由人类婴儿时期那人之初的自发状态,到至人、真人们的理性自觉的升华过程。而庄子的道,将最高本体的形而上照之于人,就是"其一也一,其不一也一"(《大宗师》)的与天为一、圆满无缺的混沌状态。

站在共同的起点之上,从因任自然的最高本体出发,老子之道与庄子之道分道扬镳。老子以理智探求自然的规律,治世御今;庄子以直觉感受大道无物无我、浑然一体的境界,一通天地,乘物游心。因此我们说:目的和意义截然不同的老、庄之道,一为自然规律,一为精神境界,具有本质性的区别和歧义,是两个极为不同的概念。

---

① 陈鼓应:《庄子今注今译》,第211页。

二、老、庄学说属性之差异

沿着老、庄之道的不同继续前行,即可十分清晰地看到二者在学说属性上的巨大差异。老学从自然的规律推导出人世的法则,作为统治者施政的纲领和依据,其学说性质为社会政治学说;庄学由大道的状态提炼出天人合一的精神境界,作为个体生命的寓所,其学说性质是个体生命学说。

(一) 为政之道:老子学说的社会性取向

关于老学的社会性取向,毋庸更多举证,仅从《老子》书的前三章即可窥见一斑。

> 道可道,非常道;名可名,非常名。无,名天地之始;有,名万物之母。故常无,欲以观其妙;常有,欲以观其徼。此两者,同出而异名,同谓之玄。玄之又玄,众妙之门。(《第一章》)
>
> 天下皆知美之为美,斯恶已;皆知善之为善,斯不善已。有无相生,难易相成,长短相形,高下相盈,音声相和,前后相随,恒也。是以圣人处无为之事,行不言之教;万物作而弗始,生而弗有,为而弗恃,功成而弗居。夫唯弗居,是以不去。(《第二章》)
>
> 不尚贤,使民不争;不贵难得之货,使民不为盗;不见可欲,使民心不乱。是以圣人之治,虚其心,实其腹,弱其志,强其骨。常使民无知无欲。使夫智者不敢为也。为无为,则无不治。(《第三章》)

上引老子之书的前三章,貌似不甚相关,其实却是作者独具匠心、刻意安排的一个完整的结构体系,以此简明扼要、清晰准确地归纳出老学的思维逻辑和思想方向。第一章首论形而上的最高本体之道,并对其进行了总体性的描述:其一,道是天地万物的本原;其二,它是一种虚状的实存。第二章分为两节,"是以圣人处无为之事"之前为上段,论述对立转化、相反相成的规律,它是包括人类社会在内的现实世界的普遍规律;下半段指出,圣人自觉践行这一自然规律,将其作为自己立身行事的准则,故可立于不败之地。该章的上半段承接第一章的道,论述自然界的对立转化、相反相成是道的

"反动"规律;下半段由自然界的一般规律引出人类的法则——"处无为之事,行不言之教",由此顺理成章的完成了从道到人、从自然规律到人世法则的过渡和转换。第三章,老子将思索的目光从天空完全收回到人间,他一方面剖析现实社会的动乱原因:个人对名位、财物以及欲望的追逐,另一方面推出解决这一问题的方法,即依循第二章所指出的规律和法则,行无为之治。并同时指出其良好的预期和效果:为无为,则无不治。

以上三章总领全书,起笔于最高本体的道,经由自然规律和人世法则的转承,最后落脚于治理人类社会的原则和方法,脉络清晰地展示出老学的内在逻辑和主题思想:依自然之道行无为之治,则天下大治。书中其后的章节均围绕这一主题展开,具体论述前三章的观点,即关于形而上的道、关于自然的规律和人世的法则、关于治理社会的具体方法,以及这三者之间的相互关系和作用。其重点在于无为而治的治世之方。

(二) 个体生命:庄子学说的终极关怀

在老子满怀救世之愿,谆谆教导着统治者无为而治,并信心十足地预言了无为而无不为的理想蓝图时,庄子的心早已离开困苦的人世,寄寓于大道的境界,在精神世界的天空中自由飞翔。百家争鸣的热闹场景中,为绝大多数学者所热衷的那些关于政治秩序、社会伦理等方面的探讨,并不能真正进入庄子的心灵。通过传世本《庄子》内七篇的文字,展现出一个别样的人生、别样的思想世界。

1. 庄子的人生感受

在《庄子》外杂篇的《山木》篇,有一则"螳螂捕蝉,黄雀在后"的故事。故事中的庄子在栗林中执弹追鸟,见一蝉得美荫而忘其身,螳螂执翳而搏之,异鹊在后,而鹊鸟的身后又有执弹的庄周,这情景马上令庄周感到惊怵,当即扔下弹弓回头就走,看园子的虞人以为他偷栗子,追着他责骂,庄周回去以后整整三天都很不高兴。由观鸟引发的这一事件,对于一般人来说,也许只不过是郊游过程中一个小小的插曲,而庄子对此的强烈反应,无疑表现出他内心异于常人的敏感。敏感的庄子到底在纷乱的人世间感受着什么?厘清这一问题,对于理解庄子思想来说是非常重要的。在内七篇的《人间世》,狂接舆有诗曰:

凤兮凤兮,何如德之衰也! 来世不可待,往世不可追也。天下有道,圣人成焉;天下无道,圣人生焉。方今之时,仅免刑焉。福轻乎羽,莫之知载;祸重乎地,莫之知避。已乎已乎,临人以德! 殆乎殆乎,画地而趋! 迷阳迷阳,无伤吾行! 郤曲郤曲,无伤吾足!

《人间世》篇正如它的篇名一样,是描述现实的人间世事。很显然,这样的人间令庄子感到痛苦和无奈。第一,凤凰作为一种有德行的鸟,只有在太平盛世才会出现,若现身于当今这样的乱世,那是连凤凰的德行也衰败得很厉害了。这是庄子对政治生活和统治阶层的绝望,绝望到"来世不可待,往世不可追"。第二,对于个人功业心的失落。相信即使是庄子,也曾经有过成就一番事业的激情和冲动,例如在《养生主》中所流露出的,庖丁于解牛之后的"提刀而立,为之四顾,为之踌躇满志"。"天下有道,圣人成焉",然而,现实世界的混乱,完全不具备个人建功立业的客观条件,除非你与混浊的世事同流合污。庄子是清醒的,也是洁身自好的,所以他说,天下无道,圣人也仅能保全生命,个人功业的建立只能放弃掉了。第三,对于生命安全的危机感。由人性的贪欲而引发的倾轧和战乱,不仅断送了庄子成就一番功业的追求,而且连生存最基本的条件,生命的安全都得不到丝毫的保障。个人的生命时刻处于极度的危险之中,"福轻乎羽""祸重乎地",每迈出一步都很有可能受到伤害,也如"游于羿之彀中"(《德充符》),游走于神箭手羿的弓箭射程之内般岌岌可危。第四,对于无道时世的无可奈何。庄子透过狂接舆此诗所传达出的消极情绪是显而易见的,但是,应该说"已乎已乎""殆乎殆乎"的叹息背后,更多的是对于改造世事的无能为力之感,而并非漠然处之,处之泰然。"汝不知夫螳螂乎? 怒其臂以当车辙,不知其不胜任也。"(《人间世》)庄子认为孔子式的"临人以德"就像是螳臂挡车,不仅于事无补,而且会白白牺牲掉自己的生命,这样的事情干嘛还要去做呢? 然而,人世间的纷争和战乱依然在无休无止地上演着,现实世界的混乱无道、生灵涂炭,与庄子内心清醒的无能为力冲突激荡,其结果是"已乎"、"殆乎"的深切无奈。

其实,不仅仅是狂接舆的吟唱,在《人间世》和整个内七篇的字里行间,都反映出庄子内心与现实世界的紧张、冲突,以及由此而产生的痛苦。比如,在人物形象的设计方面,《人间世》中的支离疏,"颐隐于脐,肩高于顶,会撮指天,五管在上,两髀为胁";《德充符》篇中的兀者王骀、叔山无趾,闉跂支离无脤等每一位人世间的有德者都是肢体残缺,畸形、丑陋、怪异。对于这样着意的安排,学界诠释为:庄子是要通过这一系列的人物形象,破除人们心中对形体的执着;庄子有着一种遗形忘情的审美价值取向等等。但其实,这些形象的扭曲残缺、丑陋怪异本身,就是现实生活给予庄子的痛苦感受,是其对人世间无边无际的沉重苦难的写照和控诉,是《大宗师》中子桑"父邪!母邪!天乎!人乎!"的痛彻心扉的绝望弦歌。也许,这正是隐含在上述诠释背后的东西,是诸多诠释的根源所在。不仅如此,对于庄子来说,痛苦并不只是来源于无道的现实世界本身,它还源自于主体自身对于这无道世界的无能为力的无可奈何。人们在提到庄子的时候,常常津津乐道于他的洒脱和飘逸,其实,透过内七篇的字字句句,在潇洒背后,在清醒之中,庄子内心的痛苦和无奈一直相伴相行,一步步渐深渐远。即使是作为书中最美丽的文字、最完美的形象,藐姑射山冰肌雪肤,吸风饮露的神人也在完美中透着彻骨的清冷,折射出庄子内心对于现实世界的痛苦和无奈。如《大宗师》中子桑所说:"父母岂欲吾贫哉?天无私覆,地无私载,天地岂私贫我哉?求其为之者而不得也。然而至此极者,命也夫!"最终,庄子将这人生的困境归结为命运。

2. 个体的顺应与解脱

命运往往是不可抗拒的,况且,庄子又不是一名仗剑而起,去扼住命运喉咙的勇士。因此,命运对于庄子来说是具有肯定意味的,残酷的现实世界也是必须接受的。在接受的同时,处于痛苦和无奈中的生命也必需为自己寻求一条出路。既无能为力,又洁身自好的庄子面对无道之世,是从改变自己入手,用一种特别的"离开"来安顿生命,即形就而不入、心逍遥而游。其特别之处在于形、心分离,形体留在人间,而心灵却飞离了,飞去与天地精神同往来的境地。形就而不入的"形就"之说出自《人间世》篇的蘧伯玉之口:

> 善哉问乎!戒之,慎之,正汝身也哉!形莫若就,心莫若和……彼且为婴儿,亦与之为婴儿;彼且为无町畦,亦与之为无町畦;彼且为无崖,亦与之为无崖。达之入于无疵。

"形就"是一种对现实社会有所保留的妥协,目的在于保全生命。"虎之与人异类而媚养己者,顺也;故其杀之者,逆也。"(《人间世》)置身如牛体一般盘根错节、纷繁芜杂的社会,《养生主》中代表人和生命的庖丁和刀子,是游走于代表社会的牛体的骨间缝隙①,这类"彼且为婴儿,亦与之为婴儿"的顺应姿态就是形之"就"。然而,"就"之顺应仅仅是表面的妥协。妥协的表象下更为实质性的存在,是顺应者内心"不入"的坚持。也即庄子对其顺应对象——无道之世的不可融合与排斥,拒绝与其同流合污。然而,面对庞大的社会、残暴的君主,弱小个体的主观愿望需要客观条件的配合才能得以实现,为此,"不入"的庄子在人世间求"无用"。本身不愿入世,又因无所见用于时世和人主而不被要求介入,这样,庄子才能彻底地实现他内心与无道人世的分离。在《人间世》篇,他塑造了一棵"无用"的,"其大蔽数千牛,絜之百围,其高临山,十仞而后有枝,其可以为舟者旁十数"的栎社树。

"匠石之齐,至于曲辕,见栎社树。"匠石起初对栎社树不屑一顾,因为其材质不能用来制造任何东西,造船则沉,为棺则腐,做器具、门、柱则必坏。从一个木匠的角度,以常人的标准来度量,栎社树的确是毫无用处的废物,不值一提。待匠石从齐国返家后,栎社树托梦与他,讲述了自己的价值观:柤梨橘柚等瓜果树木,因为果实成熟而遭剥落、折枝,以至于中道夭折。我因为无所可用,方得安安稳稳地保全生命,尽享天年,这正是无用的大用啊。末了,庄子以"且也若与予也皆物也,奈何哉其相物也?而几死之散人,又恶知散木"之句强调,人、树皆物,栎社树的价值观同样有效地适用于人类社会。

人类社会的现实状况在庄子笔下是统治者独断专行、喜怒无常、残酷暴戾,致使国家混乱、民不聊生。面对如《人间世》篇的卫君、卫灵公太子这样的君王,本着"乱国就之,医门多疾"的救世之心施以劝诫和教导,在庄子看来,一方面,对乱国、暴君来说,不会产生丝毫的作用,因为"其德天杀",那些统治者是天性如此,其残忍、刻薄的天性是不可改变的;另一方面,对于劝诫者自身来说,"强以仁义绳墨之言衒暴人之前者,是以人恶育其美也,命之曰灾人。灾人者,人必反灾之",在无法教导、纠正暴人行径的同时,会将自己限于灾祸之中。"人必反灾之"的结果也许是肢残,也许是命断,但都是

---

① 王博指出"庖人、刀和牛在养生的主题下各自象征着什么呢?简单地说,它们分别代表着人、生命和社会"。王博:《庄子哲学》,北京大学出版社,2005,第52页。

对上天所赋予的自然生命的人为伤害。站在个体生命的角度,庄子说:若有幸生于有道之世,自是可以追求和成就一番事业的,但在如今这个无道的乱世,所求的仅仅是免于刑戮,保全生命罢了。为此,不能强行以仁义道德去规劝和教导君主,而是应该尽可能地远离和躲避他们。躲避的方法即是趣取无用,使自身无所见用,无所可用于统治者。

才美足以自害,无用方可全生。趣取无用表达了个体生命在现实社会中作别人主与政事的决绝,庄子由此彻底地完成了他的形之就而不入。《德充符》篇中的"有人之形,无人之情。有人之形,故群于人,无人之情,故是非不得于身";杂篇《天下》篇中的"不谴是非,以与世俗处"等,均是这一生存状态的写照。一个对于人世已经形如槁木,心如死灰,只求表面顺应的人,世俗社会的是是非非都是与己无关的,因为形体虽在,心已离开。

3. 生命的理想性存在

离开的心灵并非死亡的心灵,而是在现实世界之外的精神世界里逍遥而游。作为《庄子》内七篇的首篇,"逍遥游"的篇名表达了在形、心分离之中,心灵所栖息的世界和个体精神的归宿,进而表达出一种理想的个体生存状态。

首先,"逍遥游"的旅程在一个极为广阔的背景下展开:

> 北冥有鱼,其名为鲲。鲲之大,不知其几千里也。化而为鸟,其名为鹏。鹏之背,不知其几千里也;怒而飞,其翼若垂天之云。是鸟也,海运则将徙于南冥。南冥者,天池也。(《逍遥游》)

是篇随后出现的诸多形象,从常识的角度观察,无一不大得离奇。这种广大既包括对象自身,也包括其所处的环境,即时间和空间上的深厚。鲲鹏之大,"不知其几千里";上古的大椿,"以八千岁为春,八千岁为秋";棘在回答汤的提问时说,上下四方是"无极之外,复无极也"。这样上下纵横、主体与客观环境的全方位的广大,不禁使得人们的视野和心胸为之豁然开朗。而"大",确切地说是"无穷大",也正是庄子冠名以"逍遥游"的这一理想生存状态的第一个特征。因为大,水可以负大舟;风可以负大翼;鲲化为鹏,绝云气负青天,扶摇而上,从九万里的高空俯视身下那个苍苍茫茫的世界,"其远而无所至极"。这一高远境界的获得,是因为大鹏培风高举。但对于腾跃于蓬蒿之间的蜩和学鸠来说,"数仞之间"已经是飞翔的极至,"朝菌不知晦朔,蟪蛄不知春秋",哪里能够理解大鹏的世界。小小的蜩和学鸠一面嘲笑大鹏:"我决起而飞,抢榆枋而止,时则不至而控于地而已矣,奚以之九万里而南为?"一面自鸣得意地"翱翔蓬蒿之间"。那么,人群中的情况又是如何呢?

> 故夫知效一官,行比一乡,德合一君而征一国者,其自视也亦若此矣。(《逍遥游》)

自身的才智和德行能够被君主赏识从而获得任用,是许多人毕生汲汲以求,并为之志得意满的事情。但在庄子看来,他们的洋洋自得也就像蜩和学鸠在杂草间的腾跃、翱翔一样浅薄可笑,囿于一己的固陋而为外物所役使的心如同形体上的目盲与耳聋者,是人们心智上的残疾。借肩吾与连叔的问答,庄子道出了一个真正广大无穷的世界。

> 肩吾问于连叔曰:"吾闻言于接舆,大而无当,往而不返。吾惊怖其言,犹河汉而无极也;大有径庭,不近人情焉。"
>
> 连叔曰:"其言谓何哉?"
>
> "曰'藐姑射之山,有神人居焉,肌肤若冰雪,绰约若处子;不食五谷,吸风饮露;乘云气,御飞龙,而游乎四海之外。其神凝,使物不疵疠而年谷熟。'吾以是狂而不信也。"(《逍遥游》)

经过一系列如鲲鹏般奇幻形象的造势和铺垫,庄子思想世界的主角出场了。在藐姑射山上有神人的居所,那里是一个在肩吾看来大而无当,犹如天上的银河一般漫无边际的地方。就像小鸟不理解大鹏,朝生暮死的小虫不知道一个月的时间长度一样,这段美丽的文字所表达的境界也不能为肩吾那样的常人所信服和理解,因为它不是一种可以用常识观察到的物质的实体性存在,而是那些"旁礴万物以为一",乘天地之正,游于无穷者的精神世界和心灵家园。道通为一的庄子,用他的心灵熔铸了整个宇宙,并与之合为一个整体。它在血腥、纷乱的现实世界之外,安顿和慰藉着个体的精神生命。遨游其间,这一"大"是涵盖了无极的时间与空间的无穷的广大。平治四海的尧到达那里之后,"窅然丧其天下",其天下显得何其微小而不足为道。

"逍遥游"的第二个特征是顺化。

鲲与鹏的寓言在"广大"之外,还传达出一种在常人、以常识看来依然十分费解的信息:一条鱼可以突然之间变成一只鸟,庄子将其称之为"化"。化既是大道的自然而为,也是人在顺道、闻道之后获得的安然和自由。《逍遥游》起首以鲲化而为鹏;《齐物论》结尾处庄周梦化蝴蝶;《大宗师》中子舆设想自己身体的各部分可以化为鸡、马、车轮等,而子犁在子来喘喘然将要病死的时候,一面驱赶子来哭泣的妻子,一面赞叹着子来以死亡参与其中的、造物主生生不息的万千变化的伟大。

《大宗师》中现实世界的"化"带有被动的、不可抗拒的意味,比如生老病死。在常人看来,这"化"也是沉重的、痛苦的,因为它总是和人们赖以存在的形体的缺失相关。但是,在体道者看来,形体的缺失只不过是物质自身从一种状态到另一种状态的转变,比如从健康到疾病;或者是各种物质形态之间的转变,即由此物质的形态转变为彼物质的形态,比如死亡使人由人形变为鼠肝、虫臂。变化本身并无所谓好与坏,它们只是大道运行过程中一个自然而然的环节,该来的时候它就会来,来了就顺应它,"得者,时也,失者,顺也;安时而处顺,哀乐不能入也"。所以子舆病到"曲偻发背,上有五管,颐隐于齐,肩高于顶,句赘指天"依然"心闲而无事。"(《大宗师》)不仅如此,人的生命在自然中也是随着大道的运行而生生不息,"万化而未始有极",所以,当变化到来的时候,体道者在顺应的同时还为之赞叹,"伟哉造化!又将奚以汝为,将奚以汝适?以汝为鼠肝乎?以汝为虫臂乎",赞叹大道显示出的神秀,以及自己的参与其中。

在梦境中,脱离开沉重的现实世界,庄周与蝴蝶之间的"化"就显得轻盈了许多,庄子将其置于《齐物论》篇的结尾处。

> 昔者庄周梦为胡蝶,栩栩然胡蝶也,自喻适志与!不知周也。俄然觉,则蘧蘧然周也。不知周之梦为胡蝶与,胡蝶之梦为周与?周与胡蝶,则必有分矣。此之谓"物化。"

对于庄周的梦蝶,需要注意的是,事件的全过程并不只是庄周在梦中变成了一只翩翩飞舞的蝴蝶,而是庄周与蝴蝶之间的相互转化:梦中的蝴蝶是庄周,现实中的庄周可能也是蝴蝶的一个梦。庄周与蝴蝶在形体上是截然不同的,但这种不同是相对的,是在人与蝶的对立和比较中才显现出来的。就像没有大就无所谓小,没有此就无所谓彼,如果没有相互的对待,人去掉了执著于人形、执著于自我的成心,那么,也就没有了庄周与蝴蝶的分别。分别只是相对的、暂时的,同一与变化却是绝对的、永恒的。以"道通为一"的观点来看,庄周与蝴蝶以及世间的万物都可以互为彼此,合而为一的"物化"。物化就是指物与我之间的界限消失,"天地与我并生,而万物与我为一"之中,《逍遥游》中的鲲化为鹏,也是十分自然的事情了。

从《大宗师》中人世的被动和沉重,经过《齐物论》梦境的迷幻,"化"最后到达了《逍遥游》的轻灵与自由。人世间的种种困苦,蘧蘧然的庄周到栩栩然、自喻适志的蝴蝶,水中的大鱼鲲到一飞冲天的鹏鸟,以至于藐姑射山上的神人,指示出一个心灵在解除了自我束缚之后,从现实世界到精神世界的上升过程。人一旦秉受天地之气而成形,就只能以人的形体行走于人世间。但是,与形体相对应的心灵却可以顺道而化,化为翩翩飞舞的蝴蝶自喻适志,化为大鹏鸟直上九霄;更可以自由自在地顺化而为,"乘云气,御飞龙,而游乎四海之外",游于无穷无尽的无何有之乡。

"逍遥游"的第三个特征是无待。与无待相关联的是一则列子御风而行的故事。

> 夫列子御风而行,泠然善也,旬有五日而后反。彼于致福者,未数数然也。此虽免乎行,犹有所待者也。(《逍遥游》)

列子虽然可以轻轻巧巧的乘风飞行,旬有五日而后返,但在庄子看来,御风而行的"有翼而飞"还是远远不够的,因为"此虽免乎行,犹有所待者也"。所待者指的是列子飞行所需要的外部条件,比如风。列子之飞,在依靠这些条件的同时,也受到这些条件的约束和限制。而正是由于列子飞行需要依靠它们,所以,他无法摆脱这些条件的束缚,这就是有待的不自由。在《齐物论》篇,也有一则类似的讨论。

> 罔两问景曰:"曩子行,今子止;曩子坐,今子起;何其无特操与?"
> 景曰:"吾有待而然者邪?吾所待又有待而然者邪?吾待蛇蚹蜩翼邪?恶识所以然!恶识所以不然!"

蝉的起飞有待于羽翼,蛇的爬行有待于腹下鳞皮,影子的起坐行止更是有待于人的静动,这种种的"有待"是彰显于外,显而易见的。影子所待者是人,那么,"吾所待又有待而然者邪"? 对于人来说,所待者不外乎智识聪明及其衍生品仁义礼乐、功名利禄。人们为自身形体和聪明所产生的种种欲望而劳顿奔波,嗜欲渐深,天真日丧,直至走向僵死。庄子说:"离形去知,同于大通"。去掉这些对自然本性的人为附加和束缚,去掉以自我为中心的价值判断标准和追名逐利之心,使心灵不为任何外物、也包括执著于自我的成心所役使,即可解除有待的不自由。"虚而待物",虚空的心境容纳天地万物;"虚室生白",虚空的心境生出无限的光明来。此虚空之心,通过齐物、心斋、坐忘、守宗诸方法的洗练,引导出心灵的无翼而飞。在无所执著,因而也无所依待间获得高举和解脱,逍遥于无穷无尽、完美自足的精神之乡。这就是庄子透过他书中的文字,传达出的生命的理想生存状态。在内七篇的开篇处,这种精神境界形象化为藐姑射山的神人,被赋予最美丽的文字表述为:"肌肤若冰雪,绰约若处子;不食五谷,吸风饮露;乘云气,御飞龙,而游乎四海之外。"

《逍遥游》中的绰约处子与全书结尾处的混沌遥遥相望,首尾呼应。纵观《庄子》内七篇全书,在《养生主》篇末所书"指穷于为薪,火传也,不知其尽也"所高举的以精神为生命主体的旗帜下,于《人间世》的纷乱中,在虚己顺物的保全生命的同时,宗大道为师,因任自然的遨游于天地一体的《逍遥游》的精神境界,这就是庄子在内七篇中表达的主题。在一路到达逍遥游的过程中,道通天地,安时处顺,遗忘的是形骸,充盈的是德行。而《齐物论》篇则为这一精神生活提供了主要的理论支持。至于内七篇的最后一篇——《应帝王》,在以厌恶之情对为政之事聊作应答以后,该篇浓墨重彩地突出了神巫为壶子看相时,壶子所展现出的道通为一的精神境界,并以混沌之死喻指人类在智识和欲望、在成心与对立中的迷失。其主旨依然是关于个体生命的。①

作为个体生命学说，庄子用"道"、用天人合一的精神境界安顿了个体生命，对于治世和治世者，他以"趣取无用"的姿态唯恐避之不及。这与作为社会政治学说，用"道"规范社会秩序，谆谆教导统治者行无为之治的老学有着本质性的区别。这一本质性区别，也在日后的史实中不证自证。汉代以来，老学每每在不同朝代的君主手中，作为与民休息、恢复国力民生的国家政策的指导思想和理论依据。纵观中国古代的历史，却未闻有哪一朝代的君主曾拿庄子学说来治理国家和社会。栖息在庄学里的，多是那些困厄于现实社会中，无所依托、无路可逃的孤苦灵魂。他们在藐姑射之山的清冷和美丽中，在返璞归真、顺物无己的混沌境界里，期望获得心灵的解脱、安慰和庇护。

三、以孔学为参照的老、庄比较

传统观念中，老学和庄学结成联盟，与儒学成对峙之态，也是老、庄并提的一个重要原因。然而，通过对《老子》、《论语》、《庄子》内七篇三个文本的梳理与比较可以看出，老学与孔学之间，仅仅是为着同一个目标所选择的路径有所不同，一者是天道之道、一者是人道之道；而庄学与孔学之间则存在着个体与群体、天上与人间的根本性差异。如果比较三家学术之异同，老学与孔学则是有着更具实质意义的一致性。老、庄之间的距离，远远大于老、孔之间的分歧。

---

① 关于《应帝王》篇的主题，陈鼓应先生"主旨在说为政当无治"（《庄子今注今译》，第210页）的观点，还是有一些讨论的余地。首先，《应帝王》篇名中的"应"字含有不得已、勉强之意。一句"去！汝鄙人也"，使得作者对于"为天下之问"的厌恶之情跃然纸上。只是在天根的再三追问下，无名人才勉强作出了简短回答。如果该篇主旨在于论政，那么，花费一整篇的笔墨作一个不得已的回应，回答一个不豫之问，一个梦语般的令人不屑和反感的问题，似乎是不合逻辑的。其次，作为人生的细枝末节，为天下之事一直都不是庄子讨论的重点。只是因为"臣之事君，义也，无适而非君也，无所逃于天地之间"（《人间世》），庄子出于全生的角度才不得不有所顾忌，聊作回应。若以此为该篇的主旨，则不尽符合庄子的性情和一贯主张。最后，从整体布局上看，论为政之事所占的篇幅仅为该篇的一小部分。在不得已地回应了为天下之后，该篇的浓墨重彩之处在于其后三节，即神巫为壶子看相，至人之用心若镜，和混沌之死。其主旨依然是关于个体生命的。

（一）老子与孔子：天道之道与人道之道

老子的天道是指自然的规律，多次出现于老子之书。如前所述，人法天、天法道，依天道御人道治理业已陷入混乱之中的社会秩序，是为老学之道，也即天道之道。为此，他创造出了一个虚状的形而上的道，作为其天道的载体和支撑。形而上的道作为必然的法则作用于治世者身上，是修身与治世两位一体的无为而治的人间正道。与老子一样，孔子也同样致力于规范人间的社会秩序。但与老子所不同的是，在纷乱的人世中，孔子并未将探求的目光投向天空，他所因循的路子乃是实实在在的人之道。

这一人道之道，即按人的本性、基于人的心理情感去发掘社会治理的途径。具体来讲，孔学所设计的治世蓝图是一个以外在的社会化的行为规范——"礼"为表现形式的，以内在的个体情感——"孝"为基础的，内在于个体心灵中，作为一种群体性的、社会性的情感范式和道德准则的仁学思想体系。可以说，孔学的人道即是"仁道"，而其人道之道即是以"仁"的情感诉求外化而为群体性的道德规范，并以此作为治理社会的方法和途径。其间充满了与老学的天道之道那冷静的理性相对应的人伦之爱，即家庭与社会、血亲与非血亲关系中的脉脉温情。植根于人类共同的血缘纽带，"孝"经忠恕之道放大而为"仁"，故而"仁"既基础坚实又亲切平和。"非礼勿视，非礼勿听"[1]（《颜渊》），"礼"作为具体的行为规范，仪式条文和典章制度，既是"仁"的外在节度，同时又通过践行"礼"制，培育和强化了仁爱的情感内涵。其间，无论是孝、仁还是礼，均以"爱"的人文情感为本质，此即孔学人道的内核。

从人类最温暖的人伦亲情入手，孔学以强大的情感力量统摄人心，希望通过编制人伦之爱的情感纽带，建立起一个和平稳定的国家体制和社会秩序。由此可见，在冷静的老学与温暖的孔学之间，虽然路径不同，然而最终却是殊途同归。一者以柔弱无为的自然规律统御人间的社会秩序；一者则挖掘人类自身的特性，以情感和人伦的力量匡正人心和社会。貌似两相对立的老学和孔学，其区别主要只是方式和方法上的不同，而二者的学说目的

---

[1] 本文《论语》引文采自杨伯峻《论语译注》一书（中华书局，1980）。行文中只注篇名。

则是十分一致的。

(二) 庄子与孔子:个体与群体的天上、人间

追求个体精神生活的庄学与作为社会政治伦理学说的孔学之间的对立是显而易见的。这种对立是个体与群体、天上与人间的根本性分歧。吊诡的庄子,常将自己的思想暗含在一个个寓言故事中。在《逍遥游》篇,庄子讲述了一则"尧让天下于许由"的故事。

> 尧让天下于许由,曰:"日月出矣,而爝火不息,其于光也,不亦难乎!时雨降矣,而犹浸灌,其于泽也,不亦劳乎!夫子立,而天下治,而我犹尸之,吾自视缺然。请致天下。"
> 许由曰:"子治天下,天下既已治也。而我犹代子,吾将为名乎?名者实之宾也。吾将为宾乎?鹪鹩巢于深林,不过一枝;偃鼠饮河,不过满腹。归休乎君,予无所用天下为!庖人虽不治庖,尸祝不越樽俎而代之矣。"

这则寓言中,尧欲将天下让位于许由,但被许由拒绝了。庄子躲在许由的背后说,天下对我来说如"宋人资章甫而适诸越,越人断发文身"一样的"无所用之"。庖人治庖,尸祝主祭,对于一个以精神生活为主体的个体生命来说,"鹪鹩巢于深林,不过一枝;偃鼠饮河,不过满腹",在物质方面,仅需获得最基本的生活保障,要天下做什么呢?况且,为了保身、全生,"有人之形,无人之情"者要竭力避免一切伤及生命的祸患。生命的祸患主要来自两方面:一种来自外界,如《人间世》篇的伴君之险;另一种由自身而起,心为物困,"与物相刃相靡",比如"以坚白鸣"的惠子。对应的解决办法,一则求无用,不为当世者见用;另一则是经由齐物之论,解除心灵的桎梏。此间,治者与政事对于全生的主题都是有害而无益的,是应该远离或丧失掉的,一如尧在"汾水之阳"的"窅然丧其天下焉"。庄子学说的个体性由此可见一斑,这与孔学的社会性、孔子入仕的积极姿态形成了何其鲜明的对比。

站在个体生命的角度,庄学对"人"的认识,也着重于个体的差异性、独特性,并对个体的独特性,以及各物种的独特性及其意义持肯定的态度。这一基本思想在庄子一书的理论篇——《齐物论》中表达得淋漓尽致。该篇

王倪在回答啮缺关于万物的"同是"与"相知"问题时,说道:

> 庸讵知吾所谓知之非不知邪?庸讵知吾所谓不知之非知邪?且吾尝试问乎汝:民湿寝则腰疾偏死,鳅然乎哉?木处则惴栗恂惧,猨猴然乎哉?三者孰知正处?民食刍豢,麋鹿食荐,蝍蛆甘带,鸱鸦嗜鼠,四者孰知正味?猨猵狙以为雌,麋与鹿交,鳅与鱼游。毛嫱、西施,人之所美也;鱼见之深入,鸟见之高飞,麋鹿见之决骤。四者孰知天下之正色哉?自我观之,仁义之端,是非之涂,樊然殽乱,吾恶能知其辩!

泥鳅睡在湿地里不会腰痛和半身不遂;猿猴爬上高树不会害怕;人吃肉、麋鹿吃草、蜈蚣吃小蛇;貌美的毛嫱、西施人人艳羡,而动物见到她们却都快速的躲开。庄子列举以上种种自然现象,论证了物种之间的差异性,并以价值判断的相对性表达对这一差异性的肯定:猫头鹰和乌鸦喜欢吃老鼠,人类是不能以自身的膳食习惯去否定它们的。自然界如此,在人群中亦然。对于大知小知们的辩论和争执,庄子说"既使我与若辩矣,若胜我,我不若胜,若果是也,我果非也邪?我胜若,若不吾胜,我果是也,而果非也邪?其或是也,其或非也邪?其俱是也,其俱非也邪?我与若不能相知也,则人固受黮暗,吾谁使正之",辩论中各方的目的都是以己方的观点去统一他人,进而得出一致的价值判断标准去统一社会。然而,辩论中的胜出者,果然就是对的吗?庄子说,没有人可以判定这其中的是非曲直。凡人都有自己的见解,个体的差异性决定了价值标准的相对性,"仁义之端,是非之涂,樊然淆乱,吾恶能知其辩",辩论是根本没有结果的,也是毫无意义的。若定要求得一个"物之所同是",强以自己的价值观判断他人和世界,人人如此,现实世界则因此而"樊然殽乱"。

基于对人类个体性的判断和肯定,庄子建立起"道通为一"的齐物论。在其学说中,个体与个体之间、物种与物种之间,自然界中的万事万物都平等的具有自身的独特性和差异性。此"物不齐"者,乃是人类社会及整个自然界的一个基本事实。在认识和肯定这一事实的基础上,才可以齐物我,通天地。与庄学相异,孔学在这一基本问题上的观点,则是肯定人的群体性和社会性。群体性强调人作为一个类概念的整体性,以及整体之中个体本质的共同性。孔学讲"君君,臣臣,父父,子子"(《颜渊》),人群组成的社会中,处于一系列社会关系节点上的个体,被深深地打上了社会性的烙印。与此同时,个体也正是在整体中体现和完善着自身的存在。而整体之中个体的共同本质,即是血亲关系中的"孝"。谁人不是父母生养,孔学正是抓住了这一点,为其"仁"学的思想大厦打下了坚固的理论和心理基础。孔学构建了以孝、仁、礼为核心概念的,包含敬、义、信等诸多次生条目的,体现为一整套价值和道德标准的思想学说体系。与庄子"吾丧我"的扬弃截然不同的是《为政》篇中孔子的语录:"攻乎异端,斯害也已。"孔学正是要用这个绝对的价值判断标准去统一人心。

《逍遥游》篇,紧接着许由拒绝尧让天下这段文字的,即是肩吾与连叔关于"藐姑射之山,有神人居焉"的对话。天下被斥为"无用"之后,不肯"弊弊焉以天下为事"的庄子展示了他的人生理想:"乘云气,御飞龙,而游乎四海之外",在无己、无功、无名,与天地精神同来往的精神境界里安顿着个体生命。毋庸多言,飞翔在精神世界的天空中的庄子与"修己以安百姓"(《宪问》)的孔子之学,在学术方法和宗旨上,都是有着天上、人间的根本不同。

当庄子的心在天空中自在而飞的时候,孔子的身心始终深深地沉浸在人世间,而老子也从对天空的仰望和思索中,得出了治理人世的自然法则。此三者,并非习惯思维中所划分的那样,老庄并列,形成共同的反儒阵营。尽管老、庄使用了原始的道概念这一类似的方法,但其学术目的与宗旨截然不同;而尽管老、孔运用的方法有所不同,却有着相同的学术旨归。可以说,若以老、庄、孔三者相较,老学是更加靠向孔学一边的。以上是以文本解读的方式,立足于思想内涵和学术宗旨的分析,阐述庄子学说的独立性。而从学术史方面考察,在先秦时代,学者们也从没有把庄子和老子联系在一起。在最早的学术史著作《庄子·天下》篇中,庄学是一个独立于老子思想之外,有着自我学术个性的单独学派。庄子归属于老子的道家学派是汉代人的学术分野。而无论是司马谈的《论六家要旨》还是班固的《汉书·艺文志》,他们所阐释的道家"事少而功多""君人南面之术"等思想特征,都只是对老子学说的理论抽象,并不涉及庄子的思想属性。① 在目前的学术界,庄学"安顿生命"的主题及其个体生命学说的学说性质已经得到越来越多的

---

① 以上先秦及秦汉学术史方面的分析引述自李振宏:《论"先秦学术体系"的汉代生成》,《河南大学学报(社会科学版)》2008年第2期。

学者们的支持和肯定。既然老学与庄学在学说的宗旨和目的上有着如此明显的根本性差异,那么,仅仅因为老、庄起始于相同的思想原点,而把个体生命学说的庄学归入到以政治论说为特征的老子的道家学派,显然是不成立的。至于前人为何忽略了庄子学说的独立性,如《史记》对老庄申韩的同传而书,其原因一来是因为老庄的确使用了共同的原始"道"概念,同时,此概念玄而又玄的鲜明特色也极易掩盖掉二者主体"道"概念的差异;二来也是因为"以政治哲学为头等主题"①,《史记》只列举了《庄子》外杂篇的《渔父》《盗跖》《胠箧》为庄学的思想代表②,却并未提及《庄子》内七篇的内容。而后世的庄子之所以是庄子,长久且深刻地影响了中国传统思想文化的庄学的思想代表则是《庄子》内七篇。所以我们认为,以传世本《庄子·内七篇》为代表的庄子学说不应归入以老学为代表的道家学派,它是一个以个体生命为主题的独立的思想系统。

四、余论

庄子学说独立性研究的价值和意义,不仅有利于认识庄、老、孔三家的思想特征及其历史作用,更有利于对中国传统思想文化系统的分析和解读。以往,当庄学附属于道家门下,道家学派中老学的社会性和政治性使得庄学的个体学说性质隐约不彰。以至于人们怀疑,中国传统文化中是否有个体性学说存在。个体性是人的基本性质之一。它既是人性中不可抹杀的事实,也是任何民族文化都会对之有所思考的基本问题之一,中华民族也不例外。当庄子学说的独立性得到认可,其"个体性"学说的基本属性也将会得到应有的重视。

不过,以庄学为代表的个体性学说本身既是弱势的,同时,也在中国传

---

① 李泽厚:《中国古代思想史论》,第178页。
② 《庄子·外杂篇》中的政治学说的确十分接近老学。外杂篇非同于内七篇的完整性和统一性,其各篇之间,以及同篇之内的段落间常常主题内容不一、结构间架松散,应为多人杂撰而成。其中,有内七篇的思想主题,亦有内篇之外的、近于老学的思想学说。辨析内篇与外杂篇的关系,笔者倾向于认为:仅就文本分析而言,结构完整,内容统一的内篇为一人所撰,其人可能是庄子,也可能是反映庄子思想的庄子后学;驳杂的外杂篇则在庄子学说中含混了庄子后学中的亲老派,抑或是老子之学的其他学派之言(如关锋认为外杂篇是属于庄、老、杨朱三派的著作)。外杂篇论说无为之治,内七篇不屑于、亦厌恶于为政之事,二者应非同一思想系统。

统思想文化体系中处于一种相当弱势的地位。人世间的困苦和危机对于庄子来说如同"游于羿之彀中",在岌岌可危的同时个体却无丝毫反抗的能力和可能。"迷阳迷阳,无伤吾行!郤行郤曲,无伤吾足",他仅仅是希求着不被伤害。为了"不夭斤斧","物莫之伤",庄子外求无用,内分形心,若即若离于苦难的人世。而其书中对理想人格的设计,也以无所伤为主要特征,"至人神矣!大泽焚而不能热,河汉沍而不能寒,疾雷破山而不能伤、飘风振海而不能惊"(《齐物论》)。无伤、无害与顺、化、应、无所逃等庄学的语言风格,突出的表现出其人其学弱势的被动姿态。而这样一个弱势与被动的个体学说,在以老学和孔学为主体的社会性思想文化系统中,则既是必然的,也是必要或必须的。

  分别从人道和天道两方面立论的孔学和老学,一刚一柔,刚柔并济地组成了中国古代思想文化系统的主干,此即人们常说的"儒道互补"。栖身其中的庄学则与此系统主干行成了二次互补,充当的是一个补充者的弱势角色。这其中的原因有二:第一,是因为庄学的个体学说性质。个体性作为人的自然本质之一,虽然可以弱化,但却不可能完全泯灭掉。所以,强调和重视人的社会性的主体文化,需要有一种个体性的学说作为补充。但是,并非在所有观点对立的学说之间都可以形成互补。互补的前提条件是保证主体自身的安全性和稳定性,前述庄学自身的弱势正满足了此点要求,这也是其与主体形成互补之势的第二个原因:一个消极和被动的个体学说,不会对占主导形态的社会性学说构成丝毫的冲击和威胁。

  事实上,庄学在中国古代思想文化系统中,不仅没有对占主导形态的社会性学说构成丝毫的冲击和威胁,反而是起到了保证和增强系统稳定性的作用。对此,可以借用力学中"弹性变形"的概念加以形象地说明。当一个构件受到外力作用时,通常要以自身的变形为代价,抵抗和化解外力的冲击。变形分为弹性变形和塑性变形两种,其中,弹性变形是可以恢复的变形,即,当冲击力被逐渐消化和吸收,其变形也随之恢复,构件基本保持原来的性态。塑性变形则与此相反。由于变形的不可恢复,构件通常在外力的作用下遭到彻底地破坏。中国古代思想文化系统就是一个以弹性变形为特征的,极为稳定的文化系统,庄学正是在这方面起到了十分重要的作用。它帮助主体文化(孔学与老学)消化和吸收了内部的分离力及外来的冲击力,从而保障了系统的稳定性。例如,从系统内部来说,当王朝走向没落和崩溃时,庄学为世人提供了精神的避难所和心灵的安慰剂,在一定程度上,遏制了新思想火花的萌芽和迸发;对于外来文化的冲击,如佛教,经由庄学的消化吸收,不仅抵挡住了这一外来文化的破坏性力量,还由此孕育出了中国禅宗的落地开花。可以说,庄学是中国古代思想文化系统中的弹性材料,极大地保证和增强了系统的稳定性。由此,也可以部分地解释中国古代思想文化何以绵延两千年,而又难以冲破的原因。

汉代循吏的法家履践

乔松林

"循吏"和"酷吏"是中国历史上一个重要的政治文化现象,他们作为古代社会两种不同施政风格的群体,一直受到人们关注。自从司马迁创制《循吏列传》《酷吏列传》之后,历代正史基本上继承了这个体例。"二十四史"中有十九部史书设有循吏的传,十部史书有酷吏的传。长期以来,学术界对循吏、酷吏的关注集中在其对社会、历史的作用和影响上。较早研究中国古代循吏的张纯明在《中国循吏研究》中认为中国古代的循吏主要有三个特征:一是改善人民的生活;二是重视教育;三是理讼。① 影响较大的是余英时的《汉代循吏与文化传播》,虽然他主要探讨的是汉代循吏在儒家教化过程中的影响和作用,但作为对比,他并没有忽略酷吏这个群体的作用。他认为:"终两汉之世,循吏和酷吏两大典型虽因各时期的中央政策不同而互为消长,但始终有如二水分流,未曾间断。从思想源流的大体言之,循吏代表了儒家的德治,酷吏代表了法家的刑政。"② 余文观点影响很大,学界的论述大多在其框架之中。阎步克的《士大夫政治演生史稿》从儒法合流的角度考察了儒生与文吏的融合,着重探讨了法家思想对文吏的影响。③ 于振波的《汉代的循吏与酷吏》对"循吏代表儒家的礼教,酷吏代表法家的法治,循吏重教化,酷吏重刑罚"的看法进行了商榷,认为虽然循吏重视教化,但也没

---

① Chang, Chun-ming(张纯明), The Chinese standards of Good Government: Being a Study of the "Biographies of Model Officials" in Dynastic Histories, *Nankai Social and Economic Quarterly*, vol. VIII, no. 2, 1935.
② 余英时:《士与中国文化》,上海人民出版社,2003,第139页。
③ 阎步克:《士大夫政治演生史稿》,北京大学出版社,1996,第165-211页。

有忽视法律的作用,酷吏则更多地是执行君主的旨意,所作为有的超出法律范围,故不能称为"法治"。① 于文对余英时的观点进一步探讨,值得重视,但该文主要从执法的角度来看循吏、酷吏的作为,对于两者与法家学说之间的关系还有进一步讨论的余地。作为官吏中的特别阶层,考察他们的实践活动与法家思想之间的关系,能够在更大程度上发现秦朝之后法家思想在政治实践层面的影响。需要说明的是,本文所考察的循吏和酷吏以《史记》《汉书》和《后汉书》这三部史书的循吏传和酷吏传所收人物为主体,此外不另设自己的标准,以最大程度反映当时史家的历史意识和评价官吏的标准。笔者以下就汉代循吏对法家学说的实践方面做一初步的历史考察。

一、汉代循吏奉法循理、执法如山

"循吏"的名称最早来自司马迁的《史记》。司马迁首设《循吏列传》,其后班固的《汉书》、范晔的《后汉书》都设有《循吏传》,此后的正史均沿袭了这一传统。通常所说的"二十四史"中有19部正史设有《循吏传》,名称不尽相同。② 需要指出的是,《史记》中所列举的循吏和后来正史中所举循吏有些不同。司马迁对循吏是这样的描述:"奉法循理之吏,不伐功矜能,百姓无称,亦无过行。作《循吏列传》。"③在《循吏列传》中他又说:"法令所以导民也,刑罚所以禁奸也。文武不备,良民惧然身修者,官未曾乱也。奉职循理,亦可以为治,何必威严哉?"④在司马迁的心目中,循吏的第一标准是"奉法循理"或者"奉职循理",其次才是不自夸功劳不自称贤能。至于政绩方面,既没有做出老百姓称赞的事迹,也没有过失行为。这里司马迁还将法令和刑罚的作用提出来,并以其所起作用来判定循吏。

与司马迁记载循吏多为"奉法循理"者不同的一点,《汉书》和《后汉书》所载的循吏在此之外又有重教化的特征,如文翁,"仁爱好教化";黄霸所

---

① 于振波:《汉代的循吏与酷吏》,《湖南城市学院学报》2006年第1期,后收入氏著《简牍与秦汉社会》,湖南大学出版社,2012,第282—295页。
② 在"二十四史"中,《晋书》《宋书》《梁书》《魏书》《旧唐书》《元史》作"良吏",《南齐书》《辽史》作"良政""能吏"。
③ 《史记》卷一三〇《太史公自序》,中华书局,2014,第4025页。
④ 《史记》卷一一九《循吏列传》,第3767页。

治,"吏民乡于教化";①卫飒,"修庠序之教,……邦俗从化";仇览,"期年称大化";②等等。关于这点不同,余英时在《士与中国文化》中已经指出二者的差异:《史记》中的循吏和宣帝以下的循吏虽同名而异实,其中一个显著的分别是前者是道家的无为,而后者是儒家的有为。③ 但是余英时对循吏的习"法"背景没有给予足够的重视,如循吏的代表人物黄霸"少学律令","为人明察内敏,又习文法"④;王涣"读律令,略举大义"⑤。我们在考察循吏时,不能忽略其熟悉"法"的背景。

此外,我们还需要关注汉代循吏集中出现的时期。西汉的循吏尤为明显,《汉书·循吏传》所载六名循吏,其中四位的主要活动都在汉宣帝时期。汉宣帝训斥太子:"汉家自有制度,本以霸王道杂之,奈何纯任德教,用周政乎!且俗儒不达时宜,好是古非今,使人眩于名实,不知所守,何足委任?"⑥汉宣帝将法家学说视为"霸道",道出了法家学说在政治实践中的合理性。汉宣帝曾感叹:"庶民所以安其田里而亡叹息愁恨之心者,政平讼理也。与我共此者,其唯良二千石乎!"此语深得韩非子"明主治吏不治民"之精髓。《汉书·萧望之传》也说汉宣帝"不甚从儒术,任用法律"⑦,无怪乎《汉书·宣帝纪》赞曰"信赏必罚"。以上史料都表明汉宣帝有着明确的崇尚法家的政治倾向,而循吏在宣帝时期的盛行,也昭示其绝非仅仅是儒家德治教化学说的践行者,而应该有受到法家学说影响之处。

循吏对法家学说的实践,主要体现在对法的践行上。司马迁称循吏为"奉法循理之吏",遗憾的是,他在循吏传中所收录五位传主,其活动时期都在汉代之前,除鲁相公仪休活动时期不太确定外,楚相孙叔敖、郑相子产、晋理官李离、楚相石奢都是春秋时人。然而我们去考核《汉书》《后汉书》所载循吏,可以发现这些循吏的行为在很大程度上都符合司马迁所言循吏的标准。

---

① 班固:《汉书》卷八九《循吏传》,中华书局,1962,第3631页。
② 范晔:《后汉书》卷七六《循吏列传》,中华书局,1965,第2480页。
③ 余英时:《士与中国文化》,第137-138页。
④ 班固:《汉书》卷八九《循吏传》,第3628页。
⑤ 范晔:《后汉书》卷七六《循吏列传》,第2468页。
⑥ 班固:《汉书》卷九《元帝纪》,第277页。
⑦ 班固:《汉书》卷七八《萧望之传》,第3284页。

从执法层面来看。法家主张严格、公正执法,要做到"不引绳之外,不推绳之内;不急法之外,不缓法之内"①。循吏中有不少如此执法者,汉和帝时的王涣,虽然习《尚书》,但也读律令。他在做太守陈宠的功曹时,"当职割断,不避豪右",于此可以看出其奉职执法,敢于冲撞豪强。后来担任温县令,"县多奸猾,积为人患。涣以方略讨击,悉诛之。境内清夷,商人露宿于道。其有放牛者,辄云以属稚子,终无侵犯",后迁任兖州刺史,"绳正部郡,风威大行",王涣一如既往厉行法治,而且收到了良好效果。在任洛阳令时,王涣更是"以平正居身,得宽猛之宜。其冤嫌久讼,历政所不断,法理所难平者,莫不曲尽情诈,压塞群疑",又能"以谲数发擿奸伏"。王涣不仅处理冤假错案,还能够防患于未然,将那些潜藏的不法之人揭发出来,依法处理。王涣尽心奉公,依法办事的风格得到邓太后的首肯:"故洛阳令王涣,秉清修之节,蹈羔羊之义,尽心奉公,务在惠民,功业未遂,不幸早世,百姓追思,为之立祠。"②尽心奉公之吏既是法家所提倡的,更是后来历代王朝所推崇的。其他如昭宣之时的循吏黄霸"处议当于法""持法平"③;桓帝时刘宠"禁察非法";和帝时仇览"严设科罚";灵帝时不其令童恢"执法廉平",等等。④这些都可以看出循吏对法的遵循。

法家的"严刑峻法"以公正执法为前提,因此其"重刑"思想虽体现出"严而少恩"的冷峻色彩,却同时主张"用刑过者民不畏"⑤,"立可为之赏,设可避之罚"⑥,反对滥用刑罚、专恃残暴。相比于酷吏的严酷,循吏的执法更得法家"发矢中的,赏罚当符"⑦之公正精神。

从守法层面来看。法家先驱管子提出"明君知民之必以上为心也,故置法以自治,立仪以自正也。故上不行,则民不从"⑧,为政者应以法的标准来要求自己,使自己成为臣民守法的榜样。"明主之国,官不敢枉法,吏不敢为

---

① 《韩非子·大体》,载王先慎:《韩非子集解》,中华书局,1998,第 209 页。
② 范晔:《后汉书》卷七六《循吏列传》,第 2468–2470 页。
③ 班固:《汉书》卷八九《循吏传》,第 3628 页。
④ 范晔:《后汉书》卷七六《循吏列传》,第 2478、2480、2482 页。
⑤ 《韩非子·饰邪》,载王先慎:《韩非子集解》,第 124 页。
⑥ 《韩非子·用人》,载王先慎:《韩非子集解》,第 205 页。
⑦ 《韩非子·用人》,载王先慎:《韩非子集解》,第 207 页。
⑧ 《管子·法法》,载黎翔凤:《管子校注》,中华书局,2004,第 312 页。

私,货赂不行"①,"上下同法"才是法家理想的政治生态。从这一点上讲,循吏朱邑"性公正,不可交以私","廉洁守节,退食自公,亡强外之交,束脩之馈"②;刘矩"矩性亮直,不能谐附贵势",以致得罪大将军梁冀;刘宠"前后历宰二郡,累登卿相,而清约省素,家无货积"③,这些循吏都符合执法守法、奉公守法的要求。

二、汉代循吏以法术绳下驭下

循吏的守法不仅表现在管好自己,还表现在管好身边的人和手下的人。召信臣任职南阳时,对待下属官吏的家属也严格要求,一遵于法,"府县吏家子弟好游敖,不以田作为事,辄斥罢之,甚者案其不法,以视好恶"④;卫飒任桂阳太守时,为杜绝下属奸吏增加百姓"传役"负担,"凿山通道五百余里";秦彭为山阳太守时,"吏有过咎,罢遣而已,不加耻辱","于是奸吏跼蹐,无所容诈";王涣做兖州刺史时,对下属各郡官吏进行考察,"绳正部郡,风威大行";不其令童恢严格治吏,赏罚并施,"吏人有犯违禁法,辄随方晓示","若吏称其职,人行善事者,皆赐以酒肴之礼,以劝励之"。⑤ 清明的政治离不开良好的吏治,汉代循吏对自身、对下属和身边人的严格要求,践行了法家的奉公守法精神。

兼用法术,也是循吏借鉴法家思想的显著特征。"术"与"法""势"并列为法家思想的三大支柱。《韩非子》书中多处论及"术",其中重要的表述有两处:

> 术者,因任而授官,循名而责实,操杀生之柄,课群臣之能者也,此人主之所执也。⑥

> 术者,藏之于胸中,以偶众端,而潜御群臣者也。故法莫如显,而术

---

① 《韩非子·八说》,载王先慎:《韩非子集解》,第 427 页。
② 班固:《汉书》卷八九《循吏传》,第 3636 页。
③ 范晔:《后汉书》卷七六《循吏列传》,第 2479 页。
④ 班固:《汉书》卷八九《循吏传》,第 3642 页。
⑤ 范晔:《后汉书》卷七六《循吏列传》,第 2459、2467、2468、2482 页。
⑥ 《韩非子·定法》,载王先慎:《韩非子集解》,第 397 页。

不欲见。……用术,则亲爱近习莫之得闻也,不得满室。①

可以看出,韩非所说的"术"包含两个方面:一为循名责实之术,一为潜御群臣之术。前者是强调言责一致的考核手段,后者是君主驾驭臣下的权谋手腕。我们对"术"的印象大多停留在阴谋权术上,其实"术"的循名责实这个方面对监管下属还是有可以借鉴的地方的。汉代循吏就有践行这方面的人。

《汉书·循吏传》记载黄霸事无巨细,均细细考问,"吏民见者,语次寻绎,问它阴伏,以相参考",从与官吏民众对话的字里行间挖掘可供参考验证的信息。这样的手段使得其手下官吏不敢轻易欺瞒作假。如黄霸曾派吏员去密查事情,这位吏员在道旁用餐时,遭乌鸦"夺食"。这一幕恰被前往官府办事的百姓目睹,并在与黄霸的言谈中告诉了后者。待吏员复命,黄霸在慰劳的同时谈及此事,结果"吏大惊,以霸具知其起居",以至"所问豪氂不敢有所隐"。② 黄霸此举正是《韩非子》"七术"之一的"挟智而问"。《韩非子》云:"挟智而问,则不智者至;深智一物,众隐皆变。"为了说明这个问题,书中还举了韩昭侯的例子:

> 韩昭侯使骑于县,使者报,昭侯问曰:"何见也?"对曰:"无所见也。"昭侯曰:"虽然,何见?"曰:"南门之外,有黄犊食苗道左者。"昭侯谓使者:"毋敢泄吾所问于女。"乃下令曰:"当苗时禁牛马入人田中,固有令,而吏不以为事,牛马甚多入人田中。亟举其数上之;不得,将重其罪。"于是三乡举而上之。昭侯曰:"未尽也。"复往审之,乃得南门之外黄犊,吏以昭侯为明察,皆悚惧其所而不敢为非。③

韩昭侯为了从多种渠道获得消息以免自己被手下人欺瞒,故意派出使者查探消息,以便于同其他下属的汇报做对比。虽然黄霸并没有特地派出人员查询,但他在搜集事情的主动精神和细致程度与韩昭侯相比并无二致。

---

① 《韩非子·难三》,载王先慎:《韩非子集解》,第 380 页。
② 班固:《汉书》卷八九《循吏传》,第 3630 页。
③ 《韩非子·内储说上七术》,载王先慎:《韩非子集解》,第 236-237 页。

三、汉代循吏以法治民易俗

循吏对法家学说的实践还表现在治理社会、管理民众的具体措施上。移风易俗的主张即是其一。关于风俗,有学者下了这样的定义:

> 风俗大致包括两个部分,其核心内容是人们在对待外部环境以及交往中所呈现的普遍行为方式和精神世界,作为其外延部分则是构成这种行为方式和精神世界基础的自然与人文环境。所谓"普遍行为"意味着风俗是一种群体方式,所谓"精神世界"则是指任何一种风俗都具有精神或心理凭借。①

将这个定义同古代中国社会结合,不难发现,作为"普遍行为方式和精神世界"的风俗不仅受古代的统治者所重视,而且受到思想家的关注。

韩非的老师荀子就十分重视风俗与政治的关系。在荀子看来,"无国而不有美俗,无国而不有恶俗"②,而"论礼乐,正身行,广教化,美风俗,兼覆而调一之"是"辟公之事"。③ 在荀子看来,只有达到"风俗美"的条件,才能"以守则固,以征则强,居则有名,动则有功"。④ 因此,移风易俗包括两个方面:倡美俗、遏恶俗。法家与儒家一样,主张自上而下地移风易俗,只不过法家主张由君主自上而下地进行移风易俗。在这点上,韩非的观点与其师不大相同。荀子认为要统治者要致力于统一风俗,"政令以定,风俗以一",而韩非则超越区域风俗的差异,更多关注作为一种普遍社会心理的社会风俗。宋洪兵曾专门指出韩非子对移风易俗的关注点不仅仅在具体的风俗上,更在于是与非的问题上盛行的观念和行为,移风易俗的关键就是要在社会实践领域与舆论领域向盛行的例外规则宣战,阻止其蔓延,从而杜绝"不敢清白"与"不愿清白"的道德现象。⑤

韩非子的移风易俗观念,在《韩非子·奸劫弑臣》有直接的表述:

---

① 彭卫、杨振红:《中国风俗通史·秦汉卷》,上海文艺出版社,2002,第 2 页。
② 《荀子·王霸》,载王先谦:《荀子集解》,中华书局,1988,第 219 页。
③ 《荀子·王制》,载王先谦:《荀子集解》,第 170-171 页。
④ 《荀子·王霸》,载王先谦:《荀子集解》,第 229 页。
⑤ 宋洪兵:《循法成德:韩非子真精神的当代诠释》,三联书店,2015,第 146 页。

> 古秦之俗,君臣废法而服私,是以国乱兵弱而主卑。商君说秦孝公以变法易俗而明公道,赏告奸,困末作而利本事。当此之时,秦民习故俗之有罪可以得免,无功可以得尊显也,故轻犯新法。于是犯之者其诛重而必,告之者其赏厚而信。故奸莫不得而被刑者众,民疾怨而众过日闻。孝公不听,遂行商君之法,民后知有罪之必诛,而私奸者众也,故民莫犯,其刑无所加。是以国治而兵强,地广而主尊。此其所以然者,匿罪之罚重,而告奸之赏厚也。此亦使天下必为己视听之道也。①

韩非提出"古秦之俗,君臣废法而服私,是以国乱兵弱而主卑",商鞅游说秦孝公"变法易俗而明公道",秦孝公推行了商君之法,"民后知有罪之必诛,而私奸者众也,故民莫犯,其刑无所加"。可见,对于移风易俗,儒家侧重柔性的德政教化,而法家注重赏罚等刚性措施。循吏的移风易俗实践在注重德化的同时,也注重使用法律的强制手段。

蜀地郡守文翁见蜀地有蛮夷风,"欲诱进之,乃选郡县小吏开敏有材者张叔等十余人亲自饬厉,遣诣京师,受业博士,或学律令……数岁,蜀生皆成就还归,文翁以为右职"②,可见文翁的移风易俗离不开精通律令之士的支持。龚遂任渤海太守,"齐俗奢侈,好末技",他除了以身作则倡导节约之外,还通过发布行政命令这种强制的方式规定百姓的种植养殖标准:

> 劝民务农桑,令口种一树榆、百本薤、五十本葱、一畦韭,家二母彘、五鸡。民有带持刀剑者,使卖剑买牛,卖刀买犊,曰:"何为带牛佩犊!"春夏不得不趋田亩,秋冬课收敛,益蓄果实菱芡。③

其细致程度与睡虎地秦简《仓律》所载秦朝百姓种植规定类似:

> 种:稻、麻亩用二斗大半斗,禾、麦亩一斗,黍、荅亩大半斗,叔(菽)亩半斗。利田疇,其有不尽此数者,可殴(也)。其有本者,称议种之。
>
> 县遗麦以为种用者,毇禾以臧(藏)之。
>
> 【粟一】石六斗大半斗,舂之為糲米一石;糲米一石為鑿米九斗;九斗為毇(毀)米八斗。稻禾一石。有米委賜,稟禾稼公,盡九月,其人弗

---

① 《韩非子·奸劫弑臣》,载王先慎:《韩非子集解》,第101—102页。
② 班固:《汉书》卷八九《循吏传》,第3625页。
③ 班固:《汉书》卷八九《循吏传》,第3640页。

取之,勿鼠(予)。①

召信臣任职南阳太守时也有强制性易俗措施,"禁止嫁娶送终奢靡,务出于俭约"。循吏以强制手段来遏制恶俗,这与儒家所提倡的美俗正好互补。法家的这种易俗方式,也取得了与儒家德化类似的效果。龚遂的治下,"郡中皆有蓄积,吏民皆富实";召信臣的治下,"户口增倍,盗贼狱讼衰止"。②

四、结语

司马迁以"奉法(职)循理"描述汉代之前的循吏,而《汉书》《后汉书》则以"移风易俗""不至于严,而民从化""导德齐礼"作为汉代循吏的表现,因此后世也把循吏作为儒家德化思想的践行者。然而,从汉代循吏的实践活动来看,在面对具体问题时,他们对法家思想的参考和借鉴亦不可谓少。《汉书》《后汉书》的循吏定义,折射出当时"独尊儒术"的思想和舆论氛围,但政治实践呈现的法家元素,一方面反映历史事实与历史书写之间的张力,另一方面反映了法家思想在古代国家和社会治理中的价值。

综上,以往学界通常把循吏视为儒家德治的代表,而酷吏则是法家刑政的代表。然而从具体的政治实践来看,循吏身上未必体现出泾渭分明的儒法对立,他们对法家思想亦有所借鉴和履践,可以说他们也具备了法家的气质。值得一提的是,与循吏相对的酷吏,在汉代被冠以"严削""猛政""刑罚用兴"之名,后来常被贴上法家的标签。大部分酷吏虽然熟习律令,却做不到严格执法、公正司法。相反,他们阿主曲法、严酷好杀的行为更是与法家的核心精神相距甚远。

---

① 睡虎地秦墓竹简整理小组编《睡虎地秦墓竹简》,文物出版社,1990,第29页。
② 班固:《汉书》卷八九《循吏传》,第3640、3642页。

论荀子思想体系中的"敬"观念

张文瀚

"敬"是中国古代传统道德的重要范畴,有着丰富的意涵。《故训汇纂》对历代典籍中"敬"字的含义和用法作了较为完备的收集和整理,多达 87 条,其中大多数是对先秦时期"敬"字用法的训释。① 从文献典籍的记载看,在殷商时期诸多德行的文化主张中,"敬"观念隐晦不彰。到西周时期,"敬"开始引起统治者、贵族知识阶层的重视。如《尚书·召诰》载:"天亦哀于四方民,其眷命用懋。王其疾敬德。"②"王敬作所不可不敬德。"③"肆惟王其疾敬德。王其德之用,祈天永命。"④"敬德""敬天保民"的民本思想成为周统治者实现政治长期稳定的指导思想。至春秋时,孔子继承了传统"敬"观念蕴含的情感、态度和规范的意义,并对其加以改造和利用。"敬"是孔子思想中仁、礼、孝、恭、忠、义等伦理道德借以实践自身的中介。⑤ 延至战国末期,在对先秦诸子思想,包括儒家思想的批判和总结的基础上,荀子形成了以礼为理论主体、内涵广大宏博的思想体系。"敬"在荀子的思想论说里时时闪现,涉及个体修养、家庭伦理、政治活动、祭祀礼仪、社会交往等方方面面,成为研究荀子思想不应忽视的一个重要领域。

回顾荀学研究史,以往林林总总的荀子思想研究,大多致力于荀子思想体系的构成、荀子伦理思想的主要命题、"性恶论""天人相分""隆礼重法"

---

① 宗福邦、陈世铙、萧海波主编《故训汇纂》,商务印书馆,2003,第 966-967 页。
② 孔安国传,孔颖达疏:《尚书正义·召诰》,北京大学出版社,1999,第 395-396 页。
③ 孔安国传,孔颖达疏:《尚书正义·召诰》,第 398 页。
④ 孔安国传,孔颖达疏:《尚书正义·召诰》,第 400 页。
⑤ 张文瀚:《孔子思想体系中的"敬"观念》,硕士学位论文人,2010,河南大学,第 44-46 页。

等的内涵和意义;集中在人性论、认识论、宇宙论等哲学思想方面的价值意涵、历史影响等方面。仅有少数学者对荀子"敬"观念作专门研究。如姜红认为,荀子的"敬一情二"思想是一种只务外表不求内心的礼貌观,它强调主体在利益因素介入后所体现出的礼的优位性。这一思想在日本徂徕学派手中实现了近代转换,推动了日本礼貌文化的形成和公德建设的发展。① 李桂民认为,荀子的主敬思想包括敬天、尊祖、隆君师等方面,其思想摆脱了宗教神秘色彩,完全植根于天地君亲师的现实功用之上。② 张晓琼对先秦儒家敬论的梳理中,赞同李桂民的判断并有所延伸。③ 李敬峰描述了儒家"敬"义演变的轨迹,认为荀子"敬"的内涵主要集中在"尊敬、严肃"之义上。④ 总体上看,学界有限的研究成果中,虽不乏深刻的见解,但仍然无法回答"敬"在荀子思想体系中的价值属性问题。而且,已有研究存在一定的理论泛化现象。一些学者按照今天的语言诠释,认为先秦时期的"敬"即等同于今天的"尊敬""尊重""恭敬""敬畏""慎重""谨慎"等意涵,脱离了"敬"作为字脉出现的特定场合、环境和语域,讨论荀子等儒家代表人物或学派的敬思想、敬观念,造成研究范围的空旷疏阔、理论边界模糊不清,无法得出对"敬"思想或观念的正确认识。这是值得反思的问题。从"敬"出发,探求荀子的思想构成、内在逻辑,分析其理论价值和社会实践意义,对丰富荀子乃至先秦社会思想、价值观念的研究有着重要价值。

一、"天"的刚健品格和"敬"的主体自觉

在先秦诸子之中,荀子对天道自然的认识独树一帜。《荀子·天论》揭示的天的自然规律属性、天人关系,人在天道自然面前施展作为的价值和意义,是荀子思想的核心,具有崇高的思想史创生价值。而荀子提出"君子敬

---

① 姜红:《荀子"敬一情二"思想新议》,《社会科学战线》2008年第6期;姜红:《论"敬一情二"思想的日本近代转换》,《史学集刊》2008年第3期。
② 李桂民:《论荀子主敬思想对传统的继承和诠释》,《聊城大学学报(社会科学版)》2009年第4期。
③ 张晓琼:《先秦儒家"敬"论研究》,博士学位论文,2016,西北大学,第147页。
④ 李敬峰:《儒家"敬"义的演变》,《绥化学院学报》2010年第4期。

其在己者,而不慕其在天者"①,在肯定"天"的刚健品格基础上,强调作为行为主体的君子对此应有清醒的认识,有所有为。这样的主体自觉意识,构成荀子思想的逻辑支点。

《荀子·天论》说:

> 天行有常,不为尧存,不为桀亡。应之以治则吉,应之以乱则凶。强本而节用,则天不能贫;养备而动时,则天不能病;修道而不贰,则天不能祸。故水旱不能使之饥渴,寒暑不能使之疾,祆怪不能使之凶。本荒而用侈,则天不能使之富;养略而动罕,则天不能使之全;倍道而妄行,则天不能使之吉。……故明于天人之分,则可谓至人矣。②

荀子认为,天道运行是不以人的意志为转移的。表面上看,民众生活的贫困、疾病、水旱等自然灾祸、社会的治乱兴替等变化,似乎与"天"相关,实际上都是由人的自主作为所决定。"天有其时,地有其财,人有其治,夫是之谓能参。"③在荀子看来,君子和天、地齐同,具有同样重要的特质。因此,荀子主敬,并非如有李桂民等先生所言,是因为天的养育功能。④ 恰恰是在天人关系对立与区分上,荀子强调"大天而思之,孰与物畜而制之?从天而颂之,孰与制天命而用之?"⑤尊天慕天、从天颂天,不如善于蓄积财物力量、运用天时之利,裁量利用天道规律,有所作为。在这个意义,王博提出,荀子对于天的理解,带有浓厚的物质和自然的色彩,与秩序和道德无关。荀子把道德和秩序的根据完全扎根于人的领域,表现出强烈的对于人的自信。⑥

荀子提出,"君子大心则敬天而道"⑦,君子胸怀宽广,会敬奉自然而遵循规律。"天有常道矣,地有常数矣,君子有常体矣"⑧,天地皆有规律和法

---

① 王先谦:《荀子集解·天论》,中华书局,1988,第312页。
② 同上书,第306–308页。
③ 同上书,第308页。
④ 李桂民:《论荀子主敬思想对传统的继承和诠释》,《聊城大学学报(社会科学版)》2009年第4期,第60页。
⑤ 王先谦:《荀子集解·天论》,第317页。
⑥ 王博:《中国儒学史·先秦卷》,北京大学出版社,2011,第542页。
⑦ 该句出自《荀子·不苟》,王先谦《荀子集解·不苟》中无此"敬"字,而为"则"字(第42页)。《韩诗外传》卷四第二十三章所引与此处同,据以改之。参见许维遹:《韩诗外传集释》,中华书局,1980,第151页。
⑧ 王先谦:《荀子集解·天论》,第311页。

则,君子亦有恒常的体统和规矩。这种"常体"使君子在天地面前足以树立。荀子在此表现了一种高度的清醒和自觉:

> 故君子敬其在己者,而不慕其在天者;小人错其在己者,而慕其在天者。君子敬其在己者而不慕其在天者,是以日进也;小人错其在己者而慕其在天者,是以日退也。故君子之所以日进与小人之所以日退,一也。君子小人之所以相县者在此耳。①

荀子明确说明,君子"敬其在己、不慕其在天",慎重、严肃地对待取决于自己的事情,而不羡慕那些由天所决定的运势福禄。君子的道德、学问和志业,完全取决于个人的努力。这与小人产生了根本的分歧。君子就是以"敬其在己"这样的主体意识,得以在志业、道德和学问方面取得进步,进而为一切社会实践提供基本的条件。

在儒家的思想体系中,"敬己""敬身"类似这样的观念,常被儒者所重视。孔子曾说"修己以敬",以敬的品格,进行自我涵养和塑造,这是实现孔子所推崇的完全人格的前提性要求。② 孔子也讲"敬身",孔子说:"君子无不敬也,敬身为大。……君子言不过辞,动不过则,百姓不命而敬恭。如是则能敬其身;能敬其身,则能成其亲矣。"③孔子的"敬身"也有着敬惜父母双亲赐予的身躯,成全孝道,成就父母亲声名的意义。

荀子的"敬其在己",表面上看,与孔子的"修己以敬""敬身",具有相同的价值内核,都是塑造君子人格、进而施展君子理想的基础。但荀子的立足点是在冷静地观察和体悟天道基础上强调个体的积极主动和理性自觉。比孔子对上天认识的质朴混沌、单纯注重人伦道德修养,显得更为具备理性色彩和积极意义。荀子认为,日月运行、四季更迭、星坠木鸣、风雨博施等自然现象使人觉得奇怪和难以琢磨,但君子并不应因此感到畏惧恐慌,反而应当关注人事的反常变化"人祅"④。人祅种种,诸如田地荒芜、饿殍遗路、政令不当、礼义失修乃至父子相疑、君臣离心、外寇内乱等等,这才是真正可怕

---

① 王先谦:《荀子集解·天论》,第 312-313 页。
② 张文瀚:《孔子思想体系中的"敬"观念》,硕士学位论文,2010,河南大学,第 12 页。
③ 郑玄注,孔颖达疏:《礼记正义·哀公问》,北京大学出版社,1999,第 1376-1379 页。
④ 王先谦:《荀子集解·天论》,第 314 页。

的。"错人而思天,则失万物之情。"①放弃了人为的努力,指望上天的恩赐,就违背了万物的实情。"敬其在己"是荀子体认天道基础上的对自我价值的认识和肯定,有了这样的主体自觉,荀子的个人修养、人生价值和社会思想呈现了客观、理性的光芒,道德伦理、社会规范乃至政治实践的展开,才有了坚实的基础。

二、道德伦理的形成和"敬"的渗透

在道德原则的建构上,荀子对孔子思想表现出明显的承袭性。在孔子的思想体系中,"敬"不仅是一种道德品格,更具有贯彻仁、礼、义、孝、忠、勇、恭、宽、恕等诸德的实践意义。孔子高度概括仁的核心价值在于尊重、惠爱世人。《论语·颜渊》中,"樊迟问仁,子曰:'爱人。'"②。孔子又说:"敬慎者,仁之地也。"孔颖达疏云:"仁者之儒以敬慎为地。地所以居止万物,仁者之儒亦居止敬慎,故云仁之地。"③如同大地可以居止万物,敬慎是承载仁德的基础和根本。杨天宇先生对此解释说:"地,犹践履",即恭敬谨慎是用来实践仁的。④ 孔子说:"爱与敬,其政之本与。"⑤和仁爱、惠爱一样,"敬"是为政的根本。

荀子继承并发展孔子的仁思想,如荀子亦称"彼仁者爱人"⑥。孔子说:"饭疏食饮水,曲肱而枕之,乐亦在其中矣。不义而富且贵,于我如浮云。"⑦而荀子则称颂"仁之所在无贫穷,仁之所亡无富贵"⑧。荀子宣扬的仁的境界和追求,表达了对孔子思想的高度认同。

但总体上看,荀子从思想理论的架构上扩大了孔子思想指涉的范围。孔子强调个体自觉,注重道德伦理、注重个人道德原则的建立和坚守。荀子

---

① 王先谦:《荀子集解·天论》,第317页。
② 何晏注,邢昺疏:《论语注疏·颜渊》,北京大学出版社,1999,第168页。
③ 郑玄注,孔颖达疏:《礼记正义·儒行》,第1589-1590页。
④ 杨天宇:《礼记译注》,上海古籍出版社,2004,第798页。
⑤ 郑玄注,孔颖达疏:《礼记正义·哀公问》,第1376页。
⑥ 王先谦:《荀子集解·议兵》,第276页。
⑦ 何晏注,邢昺疏:《论语注疏·述而》,第91页。
⑧ 王先谦:《荀子集解·性恶》》,第447页。

更重视社会现实中建树道德过程中遇到的阻碍力量,注重从人性的复杂性、现实的复杂性、社会实践的复杂性角度,整饬和规范道德行为。以"仁"与"敬"的关系为例,荀子说:

> 仁者必敬人。凡人非贤则案不肖也。人贤而不敬,则是禽兽也;人不肖而不敬,则是狎虎也。禽兽则乱,狎虎则危,灾及其身矣。……故仁者必敬人。敬人有道:贤者则贵而敬之,不肖者则畏而敬之;贤者则亲而敬之,不肖者则疏而敬之。其敬一也,其情二也。若夫忠信端悫而不害伤,则无接而不然,是仁人之质也。忠信以为质,端悫以为统,礼义以为文,伦类以为理,喘而言,臑而动,而一可以为法则。①

在道德实践过程中,荀子重新阐释了"敬"的意义。荀子"敬"人,不分贤与不肖。从表面看,敬虽一致,但实质不尽相同。贤者须以尊贵之心、亲近之心敬之,不肖者应以畏惧之心、疏远之心敬之。要在坚守"仁人之质"的原则上,"敬"所有的人。姜红认为,荀子对贤与不肖者"敬一情二"反映了荀子的礼貌观,凸显礼的优位性,是一种交际策略和内外相悖的知行模式。② 此说仍有未安之处。荀子的"敬"观念,表面上看,具有齐同贤能不肖的无差别性,实际上体现的是坚守仁人原则基础上的理性精神。以仁作为最高的道德,在此统属之下,"敬"渗透于荀子所建构的伦理道德体系的各个层面:

在"孝"这种家庭伦理方面,荀子继承并发展了孔子的思想。孔子把人子对父母的"孝"放在孝道的中心地位,用"敬"来强调父母的意愿、地位应受到不可违逆的尊重,维护和强固了以父母为中心的家庭伦理道德关系。③孔子说:"事父母几谏,见志不从,又敬不违,劳而不怨。"④孔子强调的是子女对父母单向的、近于绝对的无原则的顺从和恭敬。而荀子倡导孝子之德,对什么是孝,什么是不孝,孝与敬是什么关系,强调仔细分辨。荀子认为,孝的实质可以从几个方面理解:

---

① 王先谦:《荀子集解·臣道》,第 255 页。
② 姜红:《荀子"敬一情二"思想新议》,《社会科学战线》2008 年第 6 期,第 247-248 页。
③ 张文瀚:《孔子思想体系中的"敬"观念》,硕士学位论文,2010,河南大学,第 18 页。
④ 何晏注,邢昺疏:《论语注疏·里仁》,第 53 页。

> 孝子所以不从命有三：从命则亲危，不从命则亲安，孝子不从命乃衷；从命则亲辱，不从命则亲荣，孝子不从命乃义；从命则禽兽，不从命则修饰，孝子不从命乃敬。……明于从不从之义，而能致恭敬、忠信、端悫以慎行之，则可谓大孝矣。①

荀子认为孝的本质在于是否真正利于双亲，而不是一味地愚孝，对父母的意愿顺从不违。如果服从父母之命，会威胁到父母的安危荣辱，那么，违命不从则是忠诚的、符合义的，真正做到了"敬"。大孝的核心要义是明白个人的行为合宜与否，然后以恭敬、忠信、端悫的态度谨慎行之。"敬"要真正去体现"孝"的真谛，要遵循客观明晰的社会价值判断，既要有利于双亲，又要在社会普遍的伦理道德面前做出理智的选择。同样用"敬"来实践孝道，荀子是在孔子"敬"观念领域的明显进步。

在个人修养与社会交往层面，《荀子·不苟》说君子"宽而不僈，廉而不刿，辩而不争，察而不激，寡立而不胜，坚强而不暴，柔从而不流，恭敬谨慎而容，夫是之谓至文"②。君子是心胸宽广的，有原则，守礼义，有辩才，明察事理，独立出众，并且柔顺温和，不随波逐流。一句话，君子恭敬谨慎而有威仪，这是最文雅的。

"信"是儒家宣扬的德目之一。孔子曾表达了对"信"与"敬"关系的看法："言忠信，行笃敬，虽蛮貊之邦行矣。言不忠信，行不笃敬，虽州里行乎哉？"③而荀子的这段话，简直是孔子思想的翻版："体恭敬而心忠信，术礼义而情爱人，横行天下，虽困四夷，人莫不贵。"④信和敬是密切联系的，关系着行为举措能否被世人接受，关系着政事、教化能否顺利展开。在此基础上，荀子进一步对"信"与"敬"的关系做出严格的剖分，把它上升至君子和小人的道德判断标准层面。"信而不见敬者，好剸行也；此小人之所务而君子之所不为也。"⑤单纯的恪守信用还是不够的，如果没有"敬"的渗透，则变成了独断专行，小人常常这样做，而非君子之所为。在对人性和社会现实的清醒

---

① 王先谦：《荀子集解·子道》，第529页。
② 王先谦：《荀子集解·不苟》，第40页。
③ 何晏注，邢昺疏：《论语注疏·卫灵公》，第208页。
④ 王先谦：《荀子集解·修身》，第28页。
⑤ 王先谦：《荀子集解·荣辱》，第54–55页。

观照之下,荀子建树道德伦理的努力充满着现实主义和理性精神。

三、社会秩序的建构和"敬"的落实

"礼"是荀子思想体系中的核心概念。荀子说:"礼,上事天,下事地,尊先祖而隆君师,是礼之三本也。"①揭示了礼的根本:事天、事地、尊崇先祖、君长。从天地到人间社会,这实际也说明了礼的社会功用问题,其目的在于建构一种稳固和谐的社会秩序。然而,"礼"的核心价值的实现,需要君子以"敬"来落实与贯彻。《荀子·君道》篇中,荀子阐明礼治的意义,无论君臣父子之道,还是兄弟夫妻之义,这些治世的根本原则得以确立,最重要的是透彻地理解礼,并且"敬而安之"。荀子说:

> 故君子之于礼,敬而安之;其于事也,径而不失;其于人也,寡怨宽裕而无阿;其所为身也,谨修饰而不危;其应变故也,齐给便捷而不惑;其于天地万物也,不务说其所以然而致善用其材;其于百官之事、技艺之人也,不与之争能而致善用其功;其待上也,忠顺而不懈;其使下也,均遍而不偏;其交游也,缘义而有类;其居乡里也,容而不乱。……夫是之谓圣人。审之礼也。②

荀子明确提出,对于礼,君子首先秉持的原则和态度是"敬而安之",敬重礼义,遵守礼义,安于礼义。荀子认为君子对礼所代表的一切社会秩序和规则,能做到"敬而安之",即在各类社会活动和社会关系网络中体现和落实"敬"的精神。在这样的前提下,面对社会上纷纭人事,君子立身应变,善尽物用,事上使下,交游乡居,无不恰如其分。进而言之,君子推行仁德和智慧,是建立勋业、成为圣人的关键。

在荀子所处的时代,于国于民而言,祭礼、丧礼无疑是最重要的礼仪活动,为社会各阶层所重视。对此,荀子有深刻的议论:

> 礼者,谨于治生死者也。生,人之始也;死,人之终也;终始俱善,人道毕矣。故君子敬始而慎终,终始如一,是君子之道,礼义之文也。夫

---

① 王先谦:《荀子集解·礼论》,第349页。
② 王先谦:《荀子集解·君道》,第233—234页。

> 厚其生而薄其死，是敬其有知而慢其无知也，是奸人之道而倍叛之心也。……故事生不忠厚、不敬文谓之野，送死不忠厚、不敬文谓之瘠。君子贱野而羞瘠，故天子棺椁十重，诸侯五重，大夫三重，士再重，然后皆有衣衾多少厚薄之数，皆有翣菨文章之等；以敬饰之，使生死终始若一，一足以为人愿，是先王之道，忠臣孝子之极也。①

荀子认为，在联系着人的生死大节上，礼的价值在于凸显善待人生终始的人道意义。所以，做到敬始慎终、终始如一，才是坚守君子之道，才是礼义所具的美善文德。为人臣、为人子者，尊重自己的君上和父母双亲，生前侍奉，死后葬送，做不到忠诚笃厚、恭敬有礼，就是粗野浇薄。而像对天子、诸侯、大夫、士，棺椁、衣衾、翣菨纹饰等方面的讲究，这样敬而重之地文饰丧礼，无非就是为了满足人们完成人道的心愿，这体现着先王之道，忠臣孝子的准则，这也就是礼的核心价值。可见，"敬始慎终"，才能实现"礼"的精神。

以祭礼为例，荀子对"礼"的实质亦有深入的分析：

> 故曰：祭者，志意思慕之情也。忠信爱敬之至矣，礼节文貌盛矣，苟非圣人，莫之能知也。圣人明知之，士君子安行之，官人以为守，百姓以成俗。其在君子，以为人道也；其在百姓，以为鬼事也。②

祭祀的节仪之中，表达的是生人的意志、情感、敬慕等各种人之常情。祭礼传达的忠诚信用、亲爱笃敬这样的伦理和情感，以及细致、隆重的礼节安排，无不体现着圣人传扬人道的睿智。陈来认为，从荀子对丧祭之礼的解释来看，表示丧祭之礼的隆重安排与其说是对鬼魂世界的敬畏，不如说是为了满足生人对死人的感情，也是生人感情面对死亡时的一种感情的表达方式。礼制中保留的宗教性内容，不过是发扬人道的一种体现。③ 可以说，"忠信爱敬之至"和"礼节文貌之盛"，二者相辅相成。既是从自然的人伦感情出发，通过人的感情纽带、亲缘关系或上下等级关系，以及各种关系的交织和互渗，建构成为一种完整的人道、治道的逻辑链条，把祭祀、丧葬之礼，

---

① 王先谦：《荀子集解·礼论》，第358—360页。
② 同上书，第376页。
③ 陈来：《古代宗教与伦理》，北京大学出版社，2017，第320页。

扩展成为教化百姓之道、治民之道,加以肯定、强调和弘扬。"敬"落实和实践了"礼"追求的价值目标,为健康、良好、稳固的社会秩序的形成提供了可能。

荀子的礼论内容丰富,除了"事生""送死"这样的祭祀、丧葬之礼外,还有军旅、亲迎、朝聘、会见、舆服等等诸多礼义规范要求。荀子说"不时宜,不敬文,不欢欣,虽指,非礼也"①、"礼之敬文也"②,因为"敬"的贯注和落实,礼才能得以建树,国家政治和社会治理才能依次展开。

四、政治原则的确立与"敬"的实践

作为儒家现实主义流派的代表,荀子的天道观、人性论、仁礼之说等丰富的思想观念,最终指向人间社会。荀子认为,儒家所推崇的恭敬、忠信、仁义、谦逊、端正、诚恳、宽容等德行、涵养和临事态度都是无往而不利、处处行得通的立身处世的方法,他把这种方法称之为"天下之行术":

> 天下之行术,以事君则必通,以为仁则必圣。立隆而勿贰也。然后恭敬以先之,忠信以统之,慎谨以行之,端悫以守之,顿穷则从之疾力以申重之。君虽不知,无怨疾之心;功虽甚大,无伐德之色;省求,多功,爱敬不倦:如是,则常无不顺矣。以事君则必通,以为仁则必圣,夫是之谓天下之行术。③

荀子的"天下之行术",说到底就是内在地坚守仁、礼、义的原则,"恭敬"是这种原则的先导,忠信、谨慎、端悫、顺从,都是为了实行和维护这种原则。劳而无怨、不矜夸、不自得,少欲求,多建功劳,对君主长上的敬爱不倦怠,这就是所谓的"天下之行术"。由此,无论为臣还是为君,功业和仁德都可以得以树立。荀子的政治观充满了自信乐观、积极进取的儒家处世精神。荀子所宣扬的政治原则,赋予了"敬"丰富而具体的实践意义。

荀子提出了一般的政治推行的阶段性原则,《荀子·致士》说:

---

① 此处原文为"不敬交",据王先谦等考证,应为"不敬文",据以改之。参见王先谦:《荀子集解·大略》,第488页。
② 王先谦:《荀子集解·劝学》,第12页。
③ 王先谦:《荀子集解·仲尼》,第112-113页。

> 临事接民而以义，变应宽裕而多容，恭敬以先之，政之始也；然后中和察断以辅之，政之隆也；然后进退诛赏之，政之终也。故一年与之始，三年与之终。用其终为始，则政令不行而上下怨疾，乱所以自作也。①

荀子把"恭敬以先之"，放置于政事治理的起始阶段。这一阶段，治民者监临处理政务，接待民众，要坚持正义、随机应变，要有容人容物之量，还要以恭敬的态度作为先导。这是第一步。政事活动依次展开，然后才能中正、和谐、明察、果断去辅助成就事业。最后的阶段，才能有进用、黜陟、惩罚和奖赏去督促和检验政事的成败。以"恭敬"作为前导，既有利于坚持儒家价值原则，也有利于减少赏罚这样刚硬强暴的手段遭到民众反抗的阻力。这种循序渐进的态度，体现了荀子政治论具有的现实主义和理性主义色彩。

"敬"与政治的关系，孔子曾予以强调。孔子说："道千乘之国，敬事而信，节用而爱人，使民以时"②、"居上不宽，为礼不敬，临丧不哀，吾何以观之哉"③、"居敬而行简，以临其民"④，等等。涉及为政治民具备的态度、为君为臣之道，君臣关系的处理等方面。可是，孔子政治论中，"敬"并没有被纳入整个社会政治实践的过程加以评价和阐释，如政治活动的阶段性原则，政治人才的选拔原则和标准、政治关系的处理及其内在的原因等等，孔子政治思想中的"敬"观念，大多切近具体事务，但并没有完整、清晰的逻辑推演。而荀子的政治论中，对敬与政治原则的关系有详细深刻的解说。

把"恭敬"作为政治的先导，体现在荀子对贤能政治的重视上面。荀子提出了选用人才的标准以及实现政治稳定的要节：

> 选贤良，举笃敬，兴孝弟，收孤寡，补贫穷，如是，则庶人安政矣。庶人安政，然后君子安位。……故君人者欲安则莫若平政爱民矣，欲荣则莫若隆礼敬士矣，欲立功名则莫若尚贤使能矣，是君人者之大节也。三节者当，则其余莫不当矣。⑤

良好的政治是百姓安定，君子安于其位。做到这些，要选用德才兼备、

---

① 王先谦：《荀子集解·致士》，第262页。
② 何晏注，邢昺疏：《论语注疏·学而》，第4—5页。
③ 何晏注，邢昺疏：《论语注疏·八佾》，第46页。
④ 何晏注，邢昺疏：《论语注疏·雍也》，第70页。
⑤ 王先谦：《荀子集解·王制》，第152—153页。

忠厚恭敬的人才,倡导孝悌,收养孤儿寡妇,救助贫穷百姓。这是作君主的安享尊荣、建立功业的关键大节。选用人才需"笃敬"之人,对待人才需"礼敬",可见,"敬"是选拔人才的标准,也是很好利用人才的手段。

在君臣关系方面,荀子对臣德提出了明确的要求。在《荀子·臣道》篇里,荀子指出了各类臣子的行为特征,也论述了臣下事奉各类君主时应遵循的准则。其中有言:

> 恭敬而逊,听从而敏,不敢有以私决择也,不敢有以私取与也,以顺上为志,是事圣君之义也。忠信而不谀,谏争而不谄,挢然刚折,端志而无倾侧之心,是案曰是,非案曰非,是事中君之义也。调而不流,柔而不屈,宽容而不乱,晓然以至道而无不调和也,而能化易,时关内之,是事暴君之义也。
>
> 事人而不顺者,不疾者也;疾而不顺者,不敬者也;敬而不顺者,不忠者也;忠而不顺者,无功者也;有功而不顺者,无德者也。……故君子不为也。①

依荀子的看法,臣德或者臣道,就是敬、顺、忠、建立功业,维护德行。荀子阐述的为臣之德或臣道不仅强调对臣的规范意义,"事圣君之义""事中君之义""事暴君之义"也从反面揭示国家政治生活中对君主道德的要求,"无功者也""无德者也""君子不为也"不仅是对臣属的要求,也是对君主之德的戒饬和劝勉。

在《荀子·议兵》中,荀子阐明了他的军事思想和政治原则:

> 夫是之谓至臣。虑必先事而申之以敬,慎终如始,终始如一,夫是之谓大吉。凡百事之成也必在敬之,其败也必在慢之。故敬胜怠则吉,怠胜敬则灭。……敬谋无圹,敬事无圹,敬吏无圹,敬众无圹,敬敌无圹;夫是之谓五无圹。慎行此六术、五权、三至而处之以恭敬无圹,夫是之谓天下之将,则通于神明矣。"②

统军打仗,最称职的是"至臣"(将领),这种"至臣",虑事必敬,慎始慎

---

① 王先谦:《荀子集解·臣道》,第252—254页。
② 王先谦:《荀子集解·议兵》,第278页。

终。各种军国大事,取得成功一定在于"敬",失败一定是因为轻慢。涉及战争的每个环节和步骤,军事谋划安排,吏卒的指挥和统领,临阵对敌的态度等等,皆须"恭敬无圹",敬之慎之,尽心避免各种失误和疏漏,这关乎战争的成败,也是成为天下之将的关键。"恭敬无圹",不单单关乎将帅等军事人才的选拔,映射于荀子常常论述的国家政治生活,可以说也是政治活动展开的必要条件。

从政治活动的展开需要的原则和态度,到选拔人才、任用贤者的基本条件,从君主用人之术到臣属所具之德,从行军打仗、处理军务到国家政令的推行,"恭敬以先之",不仅是荀子宣导的"政之始也",也是贯穿国家政治生活的基本原则。在此基础上,君主权威的树立,国家的政令推行、刑赏威严的建立、道德教化和社会治理,才得以逐步实现。

五、结语

从对天道自然的体认开始,荀子注重效法天的刚健品格,"敬其在己者也,而不慕其在天者",强调个体存在,倡导个人修养和自我价值实现的意义。在确立以仁统摄各种道德行为规范的过程中,荀子提出"仁者必敬人",坚守"仁人之质",其在家庭伦理、人际交往和其他社会关系网络里,阐明"敬"对实践孝、信诸德、实现完善人格的意义,体现了荀子对人性、现实和社会实践复杂性的重视,遵循客观明晰的社会价值判断。在建构以"礼"为表征的社会秩序方面,荀子提出"君子之于礼,敬而安之",荀子以"敬"落实和实践祭礼、丧礼、军旅、亲迎、朝聘盟会、舆服等各类礼义规范和行为,以实现"礼"所追求的价值目标。荀子的道德论和伦理观落实于现实的社会政治实践,"敬"成为荀子宣导的"天下之行术"——构成处世方法、从事社会活动的原则性立场和态度。"恭敬以先之,政之始也",这是国家政治生活的健康运转的要求,以减少刚性的、严厉而粗暴的刑罚手段带来的施政阻力。并且,荀子把"敬"的精神贯穿于人才的选拔、君臣关系的处理、政治道德的树立等纷繁复杂的政事活动中。荀子以"敬"这样的道德伦理、精神品格要求,建树君子道德,消解和规避人性之恶,推行政治与教化,使其思想和学说具备了强烈的理性色彩和儒家学者的现实实践精神,影响后世。战国末年乃至汉初,韩非、李斯、陈嚣、毛亨、浮丘伯、张苍这些重要的历史人物俱出自其门下。① 荀子的学说被不同的历史人物所继承,以不同的方式运用于社会政治实践和学术传播,表现出强烈的实践性学术品格。"敬"为我们提供了观照荀子思想的一个重要侧面。

---

① 孔繁:《荀子评传》,南京大学出版社,1997,第279页。

"十三经"逻辑结构研究

邱梦艳

一、问题的提出

经学是以经典体系为核心的思想学说整体。以往对经学的研究,在名物制度、概念解读、字词考辨、版本校勘及思想阐释等方面取得了丰厚的成果,但也有失于支离破碎,难以做到对经学体系的整体把握,而如果不能把握整体,那么,无论是从任何方面进行研究,都难免或多或少地失之于偏颇,也就不能认识它的本质。只有通过整体的考察,从结构上进行剖析,才能对经学本质有清楚的认识。而对经学的整体把握,研究其体系组成的逻辑结构,是一条深入其内的路径。

"十三经"是一个具有内在逻辑的经典体系,而不是十三部经书的任意组合。忽视它的整体性,容易使人将"十三经"当作散在的十三部书,从而忽略它们在经学体系中特殊的地位和作用。经学整体功能的建构由逻辑结构决定,不研究逻辑结构,其整体功能就不能得到很好的认识,出现的结果是就经说经、就书论书、就一句话谈一句话。不重视经学整体面貌的研究,犹如盲人摸象,各执一面,很难使人对经学有本质的认识。只有从整体入手,才能洞察事物的本质。整体研究有许多方式,也有很多切入路径,从经学的内部逻辑去研究,或许是一条最重要的路径。

实际上,对于经典体系的整体性,古人早有论说。战国时期,儒家经典组合就被认为是各经典功能指向同一的完整体系。如《庄子·天下》篇、

《郭店楚简》《荀子》等皆有类似的论说。此后,直到清代结束,儒家经典组合一直被视为一个有机的整体。经学传承中断以后,经典组合的整体性逐渐被忽视,当学界恢复对经学的研究兴趣时,大多数采取的是零散的割裂式研究。近些年来,学界开始注意这个问题。张林川提出"十三经""是一个较为完整的整体,在思想和内容上具有较强的系统性"①,其后一些学者开始注意到经典的系统性,如舒大刚便使用了"体系"的概念研究经典的发展过程②。尽管学界已经意识到儒家经典的整体性,目前还是未找到合适的研究路径。

这当然不是说,学界从未有过对经典体系的研究。早在周予同论述今古文分别的时候,已研究其"六经"的不同次第及其背后的逻辑;近来程苏东也探讨了先秦、汉代经目组合的不同逻辑;笔者也曾提出研究经学体系逻辑结构的学术意义,并重点分析了汉代经典体系的结构和逻辑。③ 就整体研究状况而言,经典体系的逻辑结构研究,无论在理论方法上还是具体路径上,仍需要进行更深入的思考。

"十三经"有一个历史形成的过程,其内在逻辑结构是历史发展的结果,因此,研究"十三经"的逻辑结构,应该是一个过程性的考察,即坚持历史主义的研究方法,考察其不同时代所担负和实现的历史使命。在考察过程中,一方面从学术发展的角度出发,考察其逻辑建构的要求;另一方面与历史时代的发展相联系,考察时代主题的影响。譬如,宋代《孟子》的升经运动,就不仅是学术发展的结果,更与时代政治紧密相关。于是,经典体系逻辑结构研究的方法论,在文本分析、经典体系逻辑分析的同时,必须重视历史分析,从历史时代的特征出发,去考察经目的发展和逻辑结构的调整。在逻辑结构的发展变化中,发现其中不变的内容,探讨经学的本质。

---

① 张林川:《论〈尔雅〉的"经典"性质》,《江汉大学学报》1991年第4期。对于"十三经"系统的研究,张林川曾表示想专门写一篇研究文章,可惜后面没有发现他有这样的论文。从他这篇文章的相关内容来看,他对"十三经"系统研究的构想,是基于现代学科分类的原则:《周易》属于哲学经典;《尚书》《周礼》等属于政治经典;《左传》属于历史经典;《诗经》《孝经》等属于教育经典。
② 舒大刚也发表了类似的观点,参见《〈十三经〉:儒家经典体系形成的历史考察》,《社会科学研究》2011年第4期。
③ 参见周予同:《经今古文学》,商务印书馆,1926,第5-11页;程苏东:《从六艺到十三经——以经目演变为中心》,北京大学出版社,2018,第24-367页;邱梦艳:《关于中国古代经学逻辑体系的思考》,《史学月刊》2017年第11期。

"十三经"代表着中国传统文化的基本特质,弄清"十三经"的逻辑结构,认识经学的思想本质,对于认识中国传统文化的基本属性,是一项基础性的理论工作。这样一项经学研究的目标或任务,对于今天清醒而理智地进行传统文化的批判继承,具有重要的理论意义。

二、先秦"六艺":圣王政道

儒家经典体系,无论是"五经"还是"十三经",其基本主题和主体逻辑结构,在前经学时代即已形成,时间下限应为战国时期。

(一)"六艺"的时代主题

"五经"之源可追溯至先秦之"六艺"①。有一种观点认为,以"孔子删订"为分割线,作为共同思想文化资源之"六艺"开始与儒家之"六经"有所区分。他们认为,《左传》之"《诗》《书》、礼、乐"与《国语》之"春秋""诗""乐""故志""训典"等等,皆是旧法世传之典籍,而孔子之后七十弟子所传,才是孔子删定有史实、有义理的儒家经典。② 这个说法强调了"六经"作为儒家经典后,关于秩序伦理之"义理"的生成。作为思想的载体,文本在传播授受之间,都承载着一定的义理,就思想的脉络而言,"孔子删定"后的"六经",是否发生了"质"的区别? 由于史料的匮乏,目前无法提供有效的论说。然而能够确定的是,战国时期作为公共典籍之"六艺",与儒家传播文本之"六经",在功能与逻辑结构上具有一致性。

战国时期"六艺"承担了怎样的思想功能? 如何实现? 与当时的时代政治需求有关,也与"六艺"的逻辑主题确立和建构相关。

---

① 古代文献中的"六艺"有两个含义:一是"诗""书""礼""乐"等六门课程;二是《诗》《书》《礼》《乐》等"六经"。二者本是课程与教本的关系,不严格使用时,统称为"六艺"。当"六艺"含义为课程时,其所对应的教本就不仅是《诗》《书》《礼》《乐》等,还包括相应的传记之类。参见吴龙辉:《六艺的变迁及其与六经之关系》,《中国哲学史》2005 年第 2 期。"诗""书""礼""乐"既指课程也指文本时,本文采用"六艺"来指称。

② "六经"形成为何时,是经学史研究中争论较多的问题。经典体系有个动态形成的过程,这一点是学者们的共识。皮锡瑞以"孔子删定"来区分儒家"六经"与作为共同思想文化资源之"六经",参见皮锡瑞:《经学历史》,中华书局,2012,第 3 页。舒大刚也发表了类似的观点,参见舒大刚:《〈十三经〉:儒家经典体系形成的历史考察》,《社会科学研究》2011 年第 4 期。

春秋战国长期的争霸战,一次又一次地打破了原有的建立在血缘基础上的权力等级关系。在杀人以求功的时代,连年不断的战争,使个体生命被战争和动荡所夹裹,乱世求安,人们普遍期望的是社会秩序的重建和稳定。社会秩序的核心是权力秩序,而权力秩序也是治国模式的核心。于是,对权力秩序和个体生命的关怀,表现为对理想治国模式的争辩与探讨,人们普遍将希望寄托于"圣王",认为只有"圣王之道"才是治国良方,诸子学说都围绕着"圣王政道"展开。①

儒家"六艺"反映了他们理想的治国模式。在不断地阐释中,"六艺"逐渐形成固定的结构关系。不同学派对"六艺"结构关系的看法,反映了其内在的思维方式。《庄子·天下》篇和《荀子》的论说,便是先秦时期关于"六艺"的两种解说体系。

(二)《庄子》论"六艺"

《庄子·天下》篇追溯各家学派学术根源时,论及"六艺":"其在于《诗》《书》《礼》《乐》者,邹、鲁之士、搢绅先生多能明之。《诗》以道志,《书》以道事,《礼》以道行,《乐》以道和,《易》以道阴阳,《春秋》以道名分。"②这里所述"六艺",是公共的思想文化资源,不止"邹鲁之士"明之,"搢绅先生"也能明之。"六艺"此时已经建构为一个体系,其功能是对"天下"的引导和治理。而其建构,是在圣王之道皆出于"一"的观念体系中,作为圣王之道的具体化,体现着治国的根本之道(本数)与治国理政的具体措施(末度)③,分别在"志""事""行""和""阴阳""名分"方面进行阐述。

具体而言,"志"是内在心理,"行"是外在实践,"事"为国家大政,"和"为情志通达,"阴阳"为天道规律,"名分"为身份秩序。亦即:《易》和《春秋》属于道德法则层面,《春秋》法则来源于《易》;《诗》《乐》属于精神心理层面,从"我志"之发到"众志"之和;《书》《礼》属于实践层面,包括个体言

---

① 李振宏:《先秦圣王治国论的理论盲点》,《河南师范大学学报(哲学社会科学版)》2019年第6期。
② 王先谦:《庄子集解》卷八,中华书局,1990,第288页。
③ "圣有所生,王有所成,皆原于一";"明于本数,系于末度,六通四辟,小大精粗,其运无乎不在。其明而在数度者,旧法世传之史尚多有之。其在于《诗》《书》《礼》《乐》者,邹鲁之士、搢绅先生多能明之"。见王先谦:《庄子集解》卷八,第287-288页。

行、社会交接、国家事务。"六艺"结构成为贯通精神心理、行为实践和道德规范三个层面,以"圣王政道"为逻辑主题,阐发其理想的治国模式,以期实现内心与外在、个体与社会、人事与天道的和谐不违。

《天下》篇对"六艺"的思想功能认知,基于这样一种思维逻辑:"六艺"出于"圣"成于"王",是治理天下的数度,最本之源为"一";"一"是万物发生之初,蕴含着"生"的最初之道。其理路简化如下:

"一"→"圣""王"→六艺

天道不可知,圣王不世出,"六艺"成为"圣王政道"的载体。"六艺"之中,《易》承载阴阳天道,其他经典处于人事之道的不同层面。在权威层次上,《易》高于其他几部经典。之所以是这样的层次关系,源于他们对权威思想来源的认知:"一"生万物,它既是万物之母,也是一切后来规则的来源。而《易》道是"一"的体现,其他经典是具体的事物之道,因此"六艺"的结构关系为:

《易》→《诗》《书》《礼》《乐》《春秋》

这个结构关系反映了"天道→规则"的思维模式,依据的是"生"的逻辑。

从同时期其他文献的论述来看,《天下》篇对"六艺"的结构及其理路的阐发,可算是当时的主流看法。类似的论说有:

> 丘治《诗》《书》《礼》《乐》《易》《春秋》六经,自以为久矣,孰知其故矣,以奸者七十二君,论先王之道而明周、召之迹,一君无所鉤用。①
>
> 诗,所以会古含(今)之恃(志)也,者书,……者也。豊(礼),交之行述(序)也。乐,或生或教者也。易,所以会天衍(道)人衍(道)也。旹(春)秋,所以会古含(今)之事也。②
>
> 古(故)夫夫、妇妇、父父、子子、君君、臣臣,六者客(各)行亓(其)戠(职),而衾(讻)孛(誇)亡(无)繇(由)迮(作)也。雚(观)者(诸)呺(《诗》)、箸(《书》),炅(则)亦才(在)言(矣),雚(观)者(诸)豊(《礼》)、《乐》,炅(则)亦才(在)言(矣)。雚(观)者(诸)《易》、《春

---

① 王先谦:《庄子集解》卷四,第 130 页。
② 刘钊:《郭店楚简校释》,福建人民出版社,2005,第 181 页。

秋》,㝅(则)亦才(在)壴(矣)。①

《天运》篇中"六经"也是承载了"先王之道",记载了"周召之迹",与《天下》篇所说"六经"生成的理路本质相同,但没说到"一"的层面。《郭店楚简》现存的有关资料,论述"六经"功能更为具体:《诗》是古今之"恃"的交会,"恃"的解释有几种,不论是从"恃"的本义,还是"持"的通假来看,都与所依仗的道德品质有关,与"诗言志"暗合。《乐》是"或生或教者",或者生而知之,或者是教而知之,既然达到了真正的理解,在精神层面就能和谐,与"《乐》以道和"一致。《礼》是"交"之行述,"交"即"关系",礼是根据"关系"规定的人的行为,"《礼》以道行"类同。《易》所以会天道、人道,天人之道皆可归为阴阳之道,与"《易》以道阴阳"相同。《春秋》会古今之事,在秩序社会中,安于名分便是稳定秩序,这不就是"《春秋》以道名分"吗?《郭店楚简》与《天下》篇的论说,在实质上是相同的。

《郭店楚简》的另一段,将"六经"直接与"夫妇父子君臣"之三纲六职对应,亦即上一段《诗》之"恃"、《礼》之"行"、《易》之"道"、《春秋》之"事"所依据的道理。而"三纲六职"不正是"先王之道"吗?

《天下》篇是其他学派看待"六经",《郭店楚简》为孔子后学所述,但是两者的论述有着内在的一致性。这个现象,一方面说明"六经"在战国时期已被视为一个整体,已经结构成明确指向"圣王政道"的文本教化体系;另一方面也说明了这种结构是当时的主流,无论是否为儒家学说,都采用了相同的论说模式。

(三)《荀子》论"五经"

战国末期,《荀子》将"五经"在逻辑结构上进一步细化,加强经典的权

---

① 刘钊:《郭店楚简校释》,第108-109页。

威性，明确了经典的治国作用，并论及了它们互相支撑的关系。①

《荀子》通过确立经典、圣人与治道的关系，赋予了"五经"在政治思想上的权威性。"圣人也者，道之管也。天下之道管是矣，百王之道一是矣，故《诗》《书》《礼》《乐》之归是矣。"②道是精神世界最高原则的统称，圣人是道的枢纽，经典是道的载体，即经典承载的是精神权威。《荀子》从现实效用出发，从正反两方面说明遵循道的权威性。"应之以治则吉，应之以乱则凶。强本而节用，则天不能贫；养备而动时，则天不能病；修道而不贰，则天不能祸。"③因此，经典所载是治国理政之大法，也是政治思想的权威。

《荀子》所说之道是人道，"道者，非天之道，非地之道，人之所以道也，君子之所道也"，"唯圣人为不求知天"。④《荀子》认为探求人道即可，因此对蕴含天道阴阳之理的《易》弃而不论。而其他五部经典分别承载了圣人的言行事功。"《诗》言是，其志也；《书》言是，其事也；《礼》言是，其行也；《乐》言是，其和也；《春秋》言是，其微也。"⑤《诗》蕴涵的是圣人之志，《书》记载的是圣人之事，《礼》表述的是圣人之行，《乐》彰显了圣人精神世界的和谐，《春秋》暗含了圣人的大义微旨。各经典发挥着不同功能，已经包罗天地之间所有的事相物理："《礼》之敬文也，《乐》之中和也，《诗》《书》之博也，《春秋》之微也，在天地之间者毕矣。"⑥《礼》主导敬诚恭行，《乐》表现中正雍和，《诗》《书》记载言行事功之开阔博大，《春秋》记载兴衰成败之动静微源，可以说，"五经"已经穷毕世间万物之理。"五经"记载了圣人的言行事功，穷毕世间万物之理，理想的治国模式由此而出，便是"圣王政道"。

《荀子》又将"圣王政道"的内核确定为礼。"礼者，法之大分，类之纲纪

---

① 荀子的教化体系是否"六经"之组合？学界尚有争论，争论焦点便是荀子与《易》的关系。相对而言，《易》在《荀子》较少被论及，这是否是一种省略的说法，以《诗》《书》《礼》《乐》或《诗》《书》代指"六经"？还是荀子所认可的教化体系并不包含《易》？荀子多次提及的经典组合中，并没有《易》的出现，而且《易》所蕴含的天地阴阳之理，也超出了他所认为的学习范围，"故学也者，固学止之也。恶乎止之？曰：止诸至足。曷谓至足？曰：圣也。圣也者，尽伦者也；王也者，尽制者也。两尽者，足以为天下极矣"（见王先谦：《荀子集解》卷一五，中华书局，1988，第406-407页）。但《易》与天道的关系，在其《成相》篇已有体现。荀子不论《易》，与其教化目的直接相关。
② 王先谦：《荀子集解》卷四，第133页。
③ 王先谦：《荀子集解》卷一一，第307页。
④ 王先谦：《荀子集解》卷一一，第122、309页。
⑤ 王先谦：《荀子集解》卷四，第133页。
⑥ 王先谦：《荀子集解》卷一，第12页。

也,故学至乎礼而止矣。夫是之谓道德之极。"①礼是法的根本精神,是具体法则的大纲要领,对于人道而言已是极致。因此,《荀子》认为,"五经"事理各有侧重,最终皆以明礼为思想目的,具体而言:

《乐》的功能指向是礼。荀子在《乐论》中反复强调乐在个人修养和国家治理中的重要作用:"夫声乐之入人也深,其化人也速,故先王谨为之文。"②荀子所说的"乐"不是纯粹的艺术,而是教化的手段。乐的使用效果是"入人也深""化人也速",容易对人产生影响,因此需要"谨为之文",以使其符合礼的原则。在符合礼的原则下,乐与礼在教化方面,共同起着引导和规正的作用:"故乐行而志清,礼修而行成"③,乐引导心志,礼规范行为;"乐合同,礼别异"④,乐合同群类,礼分别贵贱亲疏。在依靠自律的道德政治构想中,政治逻辑是社会治理基于个人自觉,个人自觉始于心志自治。由于乐在心志方面的引导作用,《荀子》认为"是王者之始也"⑤,"始"为始基,即乐是王道的始基,由此始基可通向王道之礼。

《诗》《书》的功能指向是礼。"不道礼宪,以《诗》、《书》为之,譬之犹以指测河也,以戈舂黍也,以锥飡壶也,不可以得之矣。"⑥如果不以礼为法则,人们就《诗》《书》而言《诗》《书》,就像伸指头测量河水的深浅,拿一握粗的戈去舂黍米,用细锥从壶里取食物,只能徒劳而无功。因此,应该以礼为原则去学习《诗》《书》,"隆礼义而杀《诗》、《书》"⑦,甚至宁可少学些《诗》《书》,也要多学些礼义,可见礼的地位远高于《诗》《书》。

《春秋》的功能指向是礼。"《春秋》言是,其微也","微"是圣人微旨,在大义的原则下,体会《春秋》隐而未发的圣人志意。《春秋》的"记与不记"与"善恶褒贬",本就是按照礼的标准所裁定,所以只有理解了礼义,才能体察其中隐微。因此《春秋》本身就是礼的文本实践。

《礼》的内容包括典礼、制度和仪行,也包括对礼义的论述,是礼最明确的文本载体。然而,它并不是荀子所说的人道之极。《荀子》在教化体系中

---

① 王先谦:《荀子集解》卷一,第11-12页。
② 王先谦:《荀子集解》卷一四,第380页。
③④ 王先谦:《荀子集解》卷一四,第382页。
⑤ 王先谦:《荀子集解》卷一四,第380页。
⑥ 王先谦:《荀子集解》卷一,第16页。
⑦ 王先谦:《荀子集解》卷一,第14-15页。

所提到的礼有两种:一是精神制度,二是文本载体,二者关系不言而喻。《荀子》所说的以礼义为旨归,指的是精神层面的礼。《礼》作为具体制度仪节的载体,能够反映礼的精神和原则,但它只是形而下的层面。礼的具体规定因时而变,精神原则不变。即,文本之《礼》,也是表现礼具体的制度仪节,与《诗》《书》等处于同一层次。

"五经"的结构关系为:

《诗》《书》《礼》《乐》→《春秋》

这个结构关系背后的思维逻辑是:礼(人道)→规则。《荀子》认为,治国使用"五经"教化天下,使人遵循由礼派生出来的规则,最终就能达到天下大治。

比较《荀子》与《庄子》《郭店楚简》的经典体系建构。《庄子》等将"六经"视为承载"圣王政道"的文本,在天人之道的系统中进行经典关系建构;《荀子》也将儒家经典视为"圣王政道",但经典关系建构只在人道系统中。《庄子》等将《易》置放于最高层次,其他经典是《易》道的不同层面;《荀子》的体系不包括《易》,它将礼作为最高之道,其他五经各是礼教的一环。《庄子》等认为"圣王政道"根源于宇宙法则,遵循的是"生"的逻辑;《荀子》的治国模式源自先王政道,将经验作为最高权威,同时定为社会秩序合理性的来源。

尽管两者存在以上不同,在体系功能和逻辑结构上却表现出一致性;都将经典集合视为功能完备的政道体系,强调圣王之道的权威性,在各个层面构建道的规则,区别人的身份地位,以身份地位限定人的情感和行为;都认为,当经典实现了它们的功能时,社会将呈现出一片祥和之态,实现一于道、一于王的统治景象。

三、汉代"五经":帝王之道

儒家自认为理想的治国模式,在战国时期并没有受到君王们的推崇,甚至遭到了其他诸子特别是法家的排斥,商鞅曾强烈奏请秦孝公"燔《诗》

《书》而明法令"①,认为儒者是影响国势发展的"六虱"之一②。秦统一天下之后,用法家,绌儒术。吊诡的是,起于草莽武夫的汉代统治集团,却最终尊崇儒学为"百家之首",将"五经"视为"帝王之道"的文本载体。

(一) 汉帝对治道的选择

"五经"成为"帝王之道"的载体,跃居于百家之上,成为思想的权威文本,同时"六艺"核心文本定为"五经"。这就使儒家经典获得权威性的同时,也成为政治意识形态;使儒家"六艺"之学变为以"五经"为核心的经典传承体系。"五经"在汉代备受推崇,与汉代对治国之道的探索有关。

汉初,在群生凋敝的情况下,统治集团使用黄老无为之术,国库日渐充盈,儒术也被重视起来。为何选择儒术作为治道,司马迁说得通透:"夫阴阳、儒、墨、名、法、道德,此务为治者也。""若夫列君臣父子之礼,序夫妇长幼之别,虽百家弗能易也。"③诸子学说皆是围绕治道,然而关于尊卑长幼的等级秩序,还是儒家最为彻底。汉继承秦的皇帝制度,皇权进一步加强,家天下的皇帝制度,需要的正是尊卑等级的伦理秩序。这种秩序不仅要在制度上得到保障,还需要在思想上得到强化。正因如此,儒学才跃居于百家之上,以"帝王之道"为主题,承担了意识形态建设的使命。

帝王的选择与儒者的希冀,集中反映在汉武帝与董仲舒的对策中。武帝召集贤良大夫"欲闻大道之要,至论之极",董仲舒认为"夫仁谊礼智信五常之道,王者所当修饬也"。武帝想知道治国大道的要害,董仲舒认为治国大道在儒术。武帝觉得有道理,同时又有疑惑:都是"帝王之道",尧舜所为为何不同?董仲舒对曰:"所遇之时异也。"尧舜之道在根本上是相同的,皆在于"明尊卑,异贵贱,而劝有德也",皆认为达到这一点需要以儒道教化天下。"臣闻圣王之治天下也,少则习之学,长则材诸位,爵禄以养其德,刑罚以威其恶,故民晓于礼谊而耻犯其上。"武帝又追问道:"夫三王之教所祖不同,而皆有失,或谓久而不易者道也,意岂异哉?"三王之道来源不同,也非尽

---

① 王先慎:《韩非子集解》,中华书局,1998,第97页。
② "《商君书·靳令》:法已定矣,而好用六虱者,亡。……六虱:曰礼乐、曰诗书、曰修善、曰孝弟、曰诚信、曰贞廉、曰仁义、曰非兵、曰羞战。"见蒋礼鸿:《商君书锥指》,中华书局,1986,第79-80页。
③ 司马迁:《史记》卷一三〇,中华书局,1959,第3288-3290页。

善尽美的,而道应该是恒久不变,这又如何解释呢？他怀疑儒道是否为至治永恒之道。董仲舒论辩道：三王之道没有根本上的不同,之所以看起来不同,是社会情况不一样。并且,"道之大原出于天,天不变,道亦不变",三王之道皆出于天而有所损益,因此,汉也应该使用三王之道而有所制宜,"今汉继大乱之后,若宜少损周之文致,用夏之忠者"。既然三王之道为永恒至治之道,帝王应该坚定地采用"六艺"治理国家,于是他进一步提出："臣愚以为诸不在六艺之科孔子之术者,皆绝其道,勿使并进。邪辟之说灭息,然后统纪可一而法度可明,民知所从矣。"只有"六艺"才是帝王之道,才能统理天下。①

汉武帝与董仲舒的三问三策,代表了儒者治国理想与帝王政治需求的磨合与统一。从此,儒学被尊崇为"百家之首",定位为"帝王之道",成为政治思想的权威。帝王想要知道的是自己应该如何做,才能治平天下,长期保有政权；儒者也正想推出"六艺"之学、孔子之道,规范君主的言行政策。此时汉帝与儒者都将治道针对的对象定为帝王,看重帝王在国家政治中的中心作用。"以为人主为天下之仪表也",因此修德先自君主始,"主倡而臣和,主先而臣随"。② 如果人君能自正,"故为人君者,正心以正朝廷,正朝廷以正百官,正百官以正万民,正万民以正四方。四方正,远近莫敢不一于正,而亡有邪气奸其间者"③。汉帝对治国之道的求索,是对"帝王之道"的求索；儒者对孔子之道的推崇,是对"帝王之道"的回应。他们共同以"六艺"引导规范帝王之言行政策,使"六艺"担负起了"帝王之道"的时代使命。

(二) 经典体系与"六艺"之学

"六艺"的核心经典,在汉代定为"五经"。人们在论述经学时,会同时使用"五经""六经""六艺"等概念。这不免会造成概念上的模糊,因此有必要对这几个概念进行辨析。

对于它们之间的区别,已有学者进行过剖析,并得出了具有启发意义的结论。笔者赞同邓安生和吴龙辉的看法,认为"六艺"与"六经"涵义是有区

---

① 班固：《汉书》卷五六,中华书局,1962,第 2495—2523 页。
② 司马迁：《史记》卷一三〇,第 3289 页。
③ 班固：《汉书》卷五六,第 2502—2503 页。

别的,"六艺"侧重于课程,文本载体包括以"六经"为主干的传记解说;"六经"侧重于文本,是特指"六艺"课程依据的权威性的文本。虽然两者的涵义不同,使用时会互相指代。① 比如"论大道则先黄老而后六经"②,文句中"六经"与"黄老"相对,指的是关于"大道"的学问。文本不等同于"大道",此处"六经"指的是文本所载的思想道术,义同于"六经之学"。类似的还有"其论术学,则崇黄老而薄五经"③,此处"五经"也是"五经之学"的简称。从性质上说,"六艺之学"属于经学体系,可以包含所有关于"六艺"的经传说解,甚至基础入门的知识技艺,它不限于文本;"五经"属于经典体系,是经典文本之间建立的具有逻辑关系的结构性整体。

弄清经典体系与经学体系的辩证关系,儒者论说"六艺"往往混杂"五经"的情况也更清楚了。乐是西周贵族教育的一部分,它不仅是门艺术,也是重大典礼不可或缺的部分,更是重要的教化手段。《乐经》虽然缺失,其功能和作用,深深影响着汉儒学术体系的构造。在汉代,不仅《乐经》没有了,连儒家的乐教也淡出视野。如班固在《汉书·礼乐志》就先大谈乐教对于养正情性、和乐上下的作用,接着不无惋惜地说:"汉兴,乐家有制氏,以雅乐声律世世在大乐官,但能纪其铿鎗鼓舞,而不能言其义。"④世代位居大乐官的制氏,到汉代也只知道如何演奏,而不能详述其义。更糟糕的是,通于时变的大儒们建议朝廷制作新的雅乐,以用之于乐教,河间献王也毫不吝啬地进呈所集雅乐,结果却是"皆以郑声施于朝廷"⑤。无论是《乐经》的重集,还是乐教的推广,都落了空。儒者们逐渐接受了只有"五经"的现实,将乐教融入其他经典,特别是《诗》与《礼》。因此,"五经"担负的是"六教"的功能。

了解了"六艺""五经"的概念及变化过程,也就厘清了汉代对经典体系论述中的概念问题。汉代对"五经"具有代表性的论说主要有司马迁说、班

---

① 本文对"六艺""六经""五经"的认识主要参考邓安生:《论"六艺"与"六经"》,《南开学报(哲学社会科学版)》2000年第2期;吴龙辉:《六艺的变迁及其与六经之关系》,《中国哲学史》2005年第2期。
② 班固:《汉书》卷六二,第2738页。
③ 范晔:《后汉书》卷四〇,中华书局,1965,第1325页。
④ 班固:《汉书》卷二二,第1043页。
⑤ 班固:《汉书》卷二二,第1071页。

固说①和郑玄说。下面分别对这三种学说进行分析。

(三) 司马迁的"六艺"说

司马迁引孔子之言:"六艺于治一也。《礼》以节人,《乐》以发和,《书》以道事,《诗》以达意,《易》以神化,《春秋》以义。"②司马迁认为,六艺都是关于"治道"的学术,分别担负不同的功能。《礼》用来约束言行,《乐》用来和谐关系,《书》用来引导政事,《诗》用来表达志意,《易》用来体悟天地之化,《春秋》用来彰明大义。而其不同的功能,则是由文本自身内容所决定:"《易》著天地阴阳四时五行,故长于变;《礼》经纪人伦,故长于行;《书》记先王之事,故长于政;《诗》记山川谿谷禽兽草木牝牡雌雄,故长于风;《乐》乐所以立,故长于和;《春秋》辩是非,故长于治人。"③经典内容与功能的联系,循着这样的思路:

《易》言天道,记载万物兴衰,让人体悟恒常之变——"长于变",从而敬畏人事变化背后的主宰——阴阳五行之化,所以《易》的功能是"神化"。

《礼》言人伦,记载进退揖让,让人明白秩序规则——"长于行",明白如何在规则下行事,也就达到了"节人"的目的。

《书》言先王政事,记载先王执政经验,让人体会为国之道——"长于政",把握为国大政,可为当下政事的指导。

《诗》言草木鱼虫男女之自然,由常见之事讲述人情物理——"长于风",以喜闻乐见的方式让人明白,收到通达志意之效。

《乐》包含诗、乐、舞等艺术形式,在乐的展演之中,使人明白立身立国的道理,以达到安乐和谐——"故长于和"。笙歌乐舞荡人心脾,情志在不知不觉中被同化感染,作用是和谐众庶。

《春秋》记载国之兴衰存亡、人之宠辱灾殃,在世事万变中辨明是非,明白所循之义,从而达到对人的规范——"长于治人"。从历史中得到借鉴,做出合乎时宜的行为,所以功能是"以道义"。

由上可知,司马迁的"六艺"是关于"王道"的学说体系,"礼乐自此可得

---

① 《白虎通》亦有对经典体系的论说,但其说与班固类同,因此不对其做特别的分析。
② 司马迁:《史记》卷一二六,第 3197 页。
③ 司马迁:《史记》卷一三〇,第 3297 页。

而述,以备王道,成六艺"①。其关于"治"的法则、内容及权威性,循着这样的逻辑理路:《易》为天道,是王道的来源。从理论来源上看,它处于"六艺"最高理论指导层面;《礼》为秩序人伦,是个人、社会、国家遵循的各种规则,具体的行为规定,其合理性源于《易》所载的王道;《书》为先王政道,是国政的原则指导,是经过历史锤炼总结的王道;《诗》述情理,从百姓日用中体悟人情物理,也为"王道"之一面;《乐》关于"所以立",其立身立国的精神符合王道;《春秋》以史事融通《诗》《书》《礼》《乐》的道理,由世事变迁体悟《易》所载的王道。因此,从内容上看,"六经"可以分为三个层次:

《易》为天道层面,为王道之所出,是其他经典所载法则合理性的来源,是最高的思想权威。

《诗》《书》《礼》为王道层面,三者可以互补,从意志到行为,从个人到国家,从家庭到朝廷,属于具体的规则,权威性低于《易》;《乐》就"所以立"而言,是礼制的艺术表现,与《礼》属于同一层面。

《春秋》以史事验证天人之道,指导现实人事,它是王道的历史实践,最具有实践上的参考意义,而其思想权威性源自《诗》《书》《礼》,更源自《易》之道。

就"五经"内部各部经典的重要性、权威性而言,呈现为单向性的层级结构:

《易》　　→《诗》《书》《礼》→　　《春秋》
↓　　　　　　　↓　　　　　　　↓
天道阴阳法则体系　→　人道之理体系　→　现实实践法则体系

这种层级结构,借由"生"的逻辑构建起来。万物生于阴阳五行,阴阳五行源自天,因此,万物之生的法则源于天道;人为万物之一,人道也源于天道,因此人应该遵循人道;人道之极为王道,人更应该遵循王道;从历代国之兴衰存亡来看,人不仅是应该而且是必须遵循王道。

司马迁的"六艺"以王道为逻辑主题,借由"生"的线性逻辑,构建了"《易》→《诗》《书》《礼》→《春秋》"层级而下的规则系统,这个系统囊括了个人的精神世界和行为规则、社会关系和国家秩序。在这个系统中,"五

---

① 司马迁:《史记》卷四七,第 1936−1937 页。

经"最为本质的逻辑结构是:宇宙规则→伦理原则→秩序规则,简而言之即:天道→人法。这是一种简单的线性逻辑,在这个线性逻辑之下,伦理原则贯穿:心、身、家、国、天下,使个人的一切精神与行为都服从于"宇宙规则"。①

(四) 班固的"六艺"说

一般认为,司马迁代表着今文学,而班固属于古文学。下引班固的论说资料,分析其"六艺"体系:

> 六艺者,王教之典籍,先圣所以明天道,正人伦,致至治之成法也。②

> 六艺之文:《乐》以和神,仁之表也;《诗》以正言,义之用也;《礼》以明体,明者著见,故无训也;《书》以广听,知之术也;《春秋》以断事,信之符也。五者,盖五常之道,相须而备,而《易》为之原。故曰"《易》不可见,则乾坤或几乎息矣",言与天地为终始也。至于五学,世有变改,犹五行之更用事焉。③

班固认为六经是"王教之典籍"。所谓"王教之典籍",即君王统治天下,教化民众使用的权威文本。班固认为"六经"蕴含着治国大法,出自"先圣"之手,通过它们可以明达天道而理正人伦,最终能够达到"至治"。

以"五经"为核心的"六艺",在班固看来,有如下功能:

《乐》的功能在"和神",是"仁德"的表征。乐是"圣人之所乐也,而可以善民心",乐作为一种艺术,"其感人深,其移风易俗易",容易感动人的性情,容易"移风易俗",因此先王将乐作为一种国家教化的手段,"先王著其教焉"。人之情"应感而动,然后心术形焉"。乐既是人情志的反映,也能摇撼人的情志。因此先王制乐是"本之情性,稽之度数","是以荐之郊庙则鬼神飨,作之朝廷则群臣和,立之学官则万民协"。这样的音乐用到哪里,哪里都会受到感化,以致万物自然运转轮回,则可谓"天地顺而嘉应降",这就是

---

① 司马迁认为对于国家治理而言,《春秋》是最重要的经典:"拨乱世反之正,莫近于《春秋》","万物之散聚皆在《春秋》"。见《史记》卷一三〇,第 3297 页。每部经典在某种功能上可能都是最重要的,而这种重要性本身不影响以治为目的的体系逻辑结构。
② 班固:《汉书》卷八八,第 3589 页。
③ 班固:《汉书》卷三〇,第 1723 页。

真正的"和神"了。① 乐之为教,赞天地而育万物,即是仁德最大的表征。

《诗》的功能在于"正言",是"义"的外发。"在心为志,发言为诗","言之正"根于"志之正",因此,"正言"亦即"正志"。"志"能"正",源于心中有"义","义"即事物是否"合宜"。心之"义"不可见,言中之"义"则可闻,从这个角度看,《诗》是"义"的外发。

《礼》的功能在于"明体"。"体",即"礼之大体"。"凡礼之大体,体天地,法四时,则阴阳,顺人情,故谓之礼。"②礼是顺应天地四时、人情物理的法则,是尊卑亲疏关系的秩序规定。这种上下尊卑的名分秩序,通过人在典章制度和仪行器物中的熏染,无需过多训导,便使人领会遵从,"明者著见,故无训也"。"明体"即在于"明礼"。

《书》的功能在于"广听",是"知"之术用。"《易》曰:'河出图,洛出书,圣人则之。'故《书》之所起远矣,至孔子纂焉,上断于尧,下讫于秦,凡百篇,而为之序,言其作意。"③《书》起源于"洛书",承载着圣人治世的法则。《书》之所记为王者的言行政令,"君举必书,所以慎言行,昭法式也"。孔子之编选自唐尧之典章,一直到周秦之政令,从"小康"到"家天下",从"百兽率舞"到"荒度作刑"。王者观《书》,增广见闻,于历代圣哲贤王之政令臧否有鉴,从中能够得到治国的大智慧,即"知"之术用。

《春秋》的功能在于"断事",是"信"的符契。《春秋》以史事让人明白礼义的作用,其效果正如董仲舒所言:"臣谨案《春秋》之中,视前世已行之事,以观天人相与之际,甚可畏也。"④《春秋》以天道为源,以礼义为本,所记行事皆有征验,依《春秋》断事,能够契合天人之道,故谓"信"之符。

《易》的功能是承载"乾坤之道",记载万法之源。"'《易》不可见,则乾坤或几乎息矣',言与天地为终始也。"《易》道恒久,是五经之原。"五者,盖五常之道,相须而备,而《易》为之原。"世道不同,重视的程度也会不一样,就像五行会轮番更替一样,故曰"至于五学,世有变改,犹五行之更用事

---

① 班固:《汉书》卷二二,第 1036-1039 页。
② 孔颖达疏,阮元校刻:《礼记正义》卷六三,载《十三经注疏》,中华书局,1980,第 1694 页。
③ 班固:《汉书》卷三〇,第 1706 页。
④ 班固:《汉书》卷五六,第 2498 页。

焉"①,但《易》是与天地并存,始终都是权威的文本。

班固"六艺"是关于君主治道的思想体系,其中《易》的权威地位被明确提了出来。其他五经,与仁义礼智信对应,担负了儒家核心道德的教育功能,凸显了王教典籍的文本性质。其中,《春秋》又以"断事"为突出特点,成为帝王治法重要的参考。由此推出班固"五经"说的逻辑结构:

《易》 → 《诗》《书》《礼》 → 《春秋》
　↓　　　　　　↓　　　　　　　↓
天道　→　　　人伦　　→　　世法

班固将"六艺"看作是关于王道的学说体系,五经是王道在不同层面的文本载体。不难看出,班固也是按照"生"的线性逻辑,将"五经"建构成层级而下的权威规则体系。

比较班固和司马迁对六艺五经的论说。相同的是,在五经当中,《易》处于最高层次,为其他经书道法之原,儒家经典皆为治世之具。不同的是,司马迁父子认为宇宙至高之道,是道家自然无为之道,儒家学说服务的是"家天下"的社会,而不是最善的永恒之道;班固认为儒家之道已经囊括天地,是宇宙万物、古往今来永恒之道,时代的更易,只会引起儒家经典体系内部五经的更相叠替,而不会是儒经与其他学说的相互代替。除此之外,班固将"五经"文本直接对应了五常之德,借由"五经"的权威地位,论证了儒家伦理道德在日常生活中的权威性。

随着儒学变为百家之首,这一时期的"五经"建构,及其以"天道→人法"为核心的线性逻辑结构,为后世经学所继承。

(五) 郑玄的"六艺论"

继司马迁、班固之后,对后世有重要影响的是郑玄经学。郑玄的体系建构,主体上继承了班固的论说。

郑玄认为"六艺"是关于王道政教的学说体系,"六艺者,图所生也。河图洛书,皆天神言语,所以教告王者也"②,"六艺"是天神教告王者如何统治

---

① 班固:《汉书》卷三〇,第1723页。
② 皮锡瑞:《六艺论疏证》,载《续修四库全书·群经总义类》(影印上海辞书出版社图书馆藏清光绪二十五年刻本,第0171册),第270-271页。

天下的书籍。其产生有先后次序：《易》《书》《诗》《礼》《春秋》，对应的时代分别为伏羲、尧舜、文王、周公、孔子。经典先后次序，与所载之道的逻辑生成相关。具体为：《易》所载的是阴阳、天地变化之象，王者体会天地变化之道，便可依道而治，因此《易》也是"政教之所生"①。既生"政教"，必有治法，不同的政教有相应的治法，《书》便是记载先王治法之书，"孔子求《书》……断远取近，定可以为世法者"②。虽然有先王之法教，毕竟现实中有各种事物应对，君王不能一人独断，便需要辅臣的辅助匡谏，《诗》是臣下对王政纠偏的产物，"君道刚严，臣道柔顺，于是箴谏者希情志不通，故作诗者以诵其美而讥其过"③。政教世法，最终会形成制度，反过来说，制度的形成，必依着更高一级的法——政教世法。郑玄认为，《春秋》是世乱道衰的情况下，孔子"为后世受命之君"所制的"明王之法"，是拨乱反正的产物。④《春秋》是以史事贯通政教、治法、辅谏、制度，融贯《易》《书》《诗》《礼》之教的帝王大法，从发生逻辑上看，它居于体系末位。由此可知郑玄经典体系的建构：

郑玄经典体系仍以"王道"为逻辑主题，只是体系的层级更加细化。在郑玄经典体系中，《易》仍居于最高层级，《春秋》位于体系中的最末级，其结构关系依然依赖"生"的线性逻辑建立。

与司马迁、班固不同的是，郑玄神化了"六艺"的文本内容——"皆天神言语，所以教告王者也"。汉代，特别是东汉，解经喜用谶纬，认为谶纬正是神意之显。"辰在天门，出入侯听"，"言神在戌亥，司候帝王兴衰得失，厥善则昌，厥恶则亡"⑤。"神"用各种方式显现人政得失，人便根据各种迹象，结合经书言语规正君王言行。所以，郑玄的"六艺"体系也反映着在政教、世法、箴谏、制度等方面天神对王者的教告，以使君王在"帝王之道"的轨道上

---

① 皮锡瑞：《六艺论疏证》，第 272 页。
② 皮锡瑞：《六艺论疏证》，第 279 页。
③ 皮锡瑞：《六艺论疏证》，第 280 页。
④ 皮锡瑞：《六艺论疏证》，第 288 页。
⑤ 皮锡瑞：《六艺论疏证》，第 281 页。

运行。

在郑玄的"六艺"体系中,核心经典开始扩张,如礼就包括了《周礼》和《仪礼》。他认为两者皆是周公所制,其中《周礼》反映了邦家制度,体现的王道已经完备,是礼的根本,也是后世王者应该法行的制度文本。

"六经"之外,郑玄也论说了《论语》和《孝经》与"六艺"的关系。"孔子以六艺题目不同,指意殊别,恐道离散,后世莫知根源,故作《孝经》以总会之。"①《论语》《孝经》在汉代未被单独列为经目,但已是读书之人必读书,《汉志》将它们附于经部。郑玄的这个说法使《论语》和《孝经》与"五经"的关系更为明晰,影响了后世经典体系的扩张和建构。

司马迁、班固和郑玄的"六艺"说,皆以"帝王之道"为主题,通过"生"的线性逻辑,建构起以《易》为首,层级而下的权威规则体系。这个体系通过"天道→规则"的核心逻辑,为经验世界的法则——等级秩序赋予了最高的权威,而经典成为秩序规则在不同层面的演绎。

四、唐代"九经":纲纪道德

到了唐代,"六艺"的核心文本扩展为九部,号称"九经"。"九经"的正式提出,见于唐代中后期的官方文件。《唐六典》卷四"尚书礼部"记载:"凡正经有九:《礼记》《左氏春秋》为大经,《毛诗》《周礼》《仪礼》为中经,《周易》《尚书》《公羊春秋》《穀梁春秋》为小经。"同样的说法还见于《唐六典》卷二②。为何经典体系要扩为"九经"?先看一下唐代经学发生了什么变化?

(一)经学权威形式的转变

"五经"发展至"九经"的过程,大体如王应麟所说:

>《记》之"经解"指"诗""书""礼""乐""易""春秋"之教,未始正六经之名。《庄子·天运篇》始述老子之言曰"六经,先王之陈迹也",实

---

① 皮锡瑞:《六艺论疏证》,第287页。
② 张九龄等:《唐六典》卷二,载《景印文渊阁四库全书》(第0595册),台湾商务印书馆,1986,第0039b、0022d页。

昉乎此。太史公《滑稽传》以《礼》《乐》《诗》《书》《易》《春秋》为六艺，而《班史》因之又以五学配五常，而《论语》《孝经》并纪于《六艺略》中。自时厥后，或曰五经，或曰六经，或曰七经。至唐贞观中谷那律淹贯群书，褚遂良称为"九经库"，"九经"之名又昉乎此。其后明经取士，以《礼记》《春秋左传》为大经，《诗》《周礼》《仪礼》为中经，《易》《尚书》《春秋公谷》为小经，所谓九经也。①

王应麟将"九经"形成的过程做了描述，看起来似乎是非常自然的发展结果，然而，《论语》《孝经》在东汉已并纪于《六艺略》中，时人也以"七经"称之，按照自然发展的逻辑，唐代"九经"应该包含它们，事实却并非如此。这是为什么呢？

对比一下汉代"五经"和唐代"九经"的经目，也许能够发现一些问题。汉代"五经"定为"十四博士"，实为师法家学限制下的各个权威学派。汉代博士不仅负责经学的传授，培养通经的人才，以备官选，同时还担负出使、议政等国家大事，在国家政治生活中的参与度很高。儒者可凭借"博士"一职，实现为"王者师"、引导国家政治生活的抱负，即"十四博士"是以经学学派为形式的权威话语。隋唐时期，"十四博士"不再是权威话语的形式，取而代之的是官方统一的文本阐释。这是因为，官方以"帖经墨义"的方法明经取士，又以统一的文本经解作为参考标准，这样便消解了以人为传承形式的思想垄断地位。这种转变带来两个明显的结果：一是改变了世家大族久居政治主体地位的情况，渐渐实现科举选才的阶层对流；二是改变了士族对思想话语权的垄断，变为朝廷官方统一掌控。

经学权威形式的转变带来的后果如此严重，选用哪一学派的解说作为统一的经义，必然又会引起儒者们的纷争不休。最能说明这个现象的就是《五经正义》的成书。为了统一经义，唐太宗命孔颖达等编修《五经正义》，以作为科举考试经学的评判标准。撰成后，孔颖达等自认为"其事必以仲尼为宗"②，唐太宗也下诏褒奖道："博综古今，义理该洽，考前儒之异说，符圣

---

① 朱彝尊：《经义考》，载《景印文渊阁四库全书》（第0680册），台湾商务印书馆，1986，第0788a-0788c页。
② 孔颖达疏，阮元校刻：《周易正义》，载《十三经注疏》，第6页。

人之幽旨,实为不朽。"① 然而,时儒的看法并不如此,当时太学博士马嘉运就驳斥《五经正义》"颇多繁杂","每掎摭之,诸儒亦称为允当"。② 马嘉运的质疑获得了当时不少儒者的赞同。统一经义关系到思想话语的权威,因此,无论用哪种经义注解,都会有质疑的声音。更何况《五经正义》中,有新经典取代老经典的情况,如《礼记》取代《仪礼》,《左传》取代《公羊》,这就使它更难以令人信服。

如何确定令众人信服的经典权威?用哪个注解才不致引起强烈的反对?答案莫过于孔子后学流传下来的经典版本与传记。原"五经"之中,《诗》《书》《易》的注解家虽多,然而版本却是统一的,经学家可以透过经书文字,体悟圣意;而礼和《春秋》,却长期存在分歧。礼目当中,《周礼》《小戴礼记》与圣人的关系日益被认可,有取《仪礼》而代之之势;《春秋》传中《公羊》的权威,也逐渐被《穀梁》和《左传》分割。即"五经"之目下,与孔子关系密切的经典与注解,在唐代正是这九部典籍。

从思想权威的角度看,唐代"九经"与汉代"十四博士"的角色是相同的,都扮演了"五经"在意识形态中的思想权威。其共同点在于,它们都是"五经"话语框架下的拓展;不同之处在于,汉代"五经"阐释的最高权威借由"十四博士"实现,而唐代博士泛滥,"五经"阐释的最高权威借由统一的文本和传记得以实现。"九经"改变了思想的垄断形式,将以人为载体转变为以文本为载体。因此,唐代"九经"是继"十四博士"之后的新的思想权威。

应该说,"九经"的形成与"五经"思想权威形式的转变密切相关。然而,真正促使"九经"确立的原因,最终还是经学时代主题的要求以及与主题相应的逻辑建构的需求。

(二)"九经"的时代使命

从文本关系考察,"九经"的基本框架仍是"五经"。为何"三礼""三传"需要并立为"经"?下面就从唐代的具体背景入手,分析"九经"面对的

---

① 刘昫等:《旧唐书》卷七三,中华书局,1975,第 2602-2603 页。
② 刘昫等:《旧唐书》卷七三,第 2603 页。

问题。

国家意识形态的确立和发展,主要是建立在权力组织结构之上,与权力群体的构成也相关。除了权力组织结构的本质,组织内部层级之间的权力流动也是考虑的内容,而基于不同文化信仰的群体,对权力建构合理性的认识也不同。

经历了将近三百年的分裂与征战,北方族群不断南下,隋唐社会群体早已是胡汉杂处并居,在文化信仰上也更加多元。最主要的表现为儒、释、道并存发展,既有争斗,又呈现出渗透融合的趋势。隋文帝视自己为法轮王的化身,而唐高宗和唐太宗建国伊始便称自己是老子之后裔,在佛道二教之争中,定道教地位高于佛教。唐朝皇帝大多崇信道教,日常炼丹修仙以求长生。民间佛道信徒众多,到处都有佛寺道观。多元文化对于儒家在精神世界的主导地位造成了很大冲击。虽然佛道二众逃离现世,远离政治权力的争斗,但是佛教的"众生平等",道家道教的"以尧舜为秕糠",都具有颠覆皇权专制的思想潜力。二教在精神世界中让人感觉到了更多的自由,提供了"脱离苦海"或"白日升仙"等诸多可能解脱桎梏的方式,使人产生对皇权专制所依赖的社会秩序的蔑视。在这种社会和思想背景下,儒家经典有什么作用呢?

隋唐对于文化的包容性的确很强,但从根本上说,家天下需要的还是维护君主权力、上下秩序的思想学说。三教之中,显然儒家思想最为匹合。所以我们看到,隋唐时期皇帝一方面崇道信佛,广修庙宇,一方面大招名儒贤士,立孔庙,祭先师,设馆开学,明经取士。如隋文帝于仁寿元年诏曰:"儒学之道,训教生人,识父子君臣之义,知尊卑长幼之序,升之于朝,任之以职,故能赞理时务,弘益风范。"[1]唐太宗也表示:"朕今所好者,惟在尧、舜之道,周、孔之教,以为如鸟有翼,如鱼依水,失之必死,不可暂无耳。"[2]对于统治者而言,儒家经学不可或缺,需要用其"训教生人",使民明白父子君臣的道理,知晓尊卑长幼的秩序。这样的人在朝廷担任职务,帮助皇帝治理天下,对于君王而言,将是非常有益的事情。这种观点在《隋书·经籍志》中可以得到印证:"夫经籍也者,机神之妙旨,圣哲之能事,所以经天地,纬阴阳、正

---

[1] 魏徵等:《隋书》卷二,中华书局,1973,第46—47页。
[2] 《贞观政要》卷六,中华书局,2009,第170页。

纪纲,弘道德。"①经籍的作用是经纬天地,理正纲纪,弘扬道德。"夫仁义礼智,所以治国也"②,道德仁义正是治国利具。

虽然儒学有利于家天下的统治,然而在多元文化信仰下,如何让人信服并遵从以礼义为中心的道德伦理,既关系到儒学学术逻辑的建设,也与当时的认知思维相关。三教各自有不同的思想体系,其建构的思维方式却相同:现世或为镜花水月,或为俗世凡尘,总有一个权威世界在其上主导。权威世界规定现实世界的法则,佛有佛法,道有道规,儒有儒教,人若想安平过一生,必须遵从它们的引导。引导人们去向何处?三教也是一样的思路,认为人生命最好的结局是能复归于万物最初的本原。而复归本原的途径皆可以概括为"复性",即去除后天的各种欲念情志,使人真正认识到本然的佛性、道性、天性,落实到方法上,便是遵循权威世界的各种法则。

什么是权威世界的法则?为何要遵循?三教各有不同论说,然而他们又有一个共同的关键点:在到达最高也是最真的权威世界之前,其途径也有等级和尊卑秩序;现实世界的等级尊卑,便是源于权威世界。只有按照这一等级秩序运行,社会才能够安宁。"故《易》者,所以断天地、理人伦而明王道","顺阴阳以正君臣、父子、夫妇之义","于是人民乃治,君亲以尊,臣子以顺,群生和洽,各安其性"。③ 于是,儒家提倡的"纲纪道德"又合乎逻辑地成为现世规则的权威。

唐代经学的思想目的是"君亲以尊,臣子以顺,群生和洽,各安其性",看起来似乎这与汉代"五经"功能没有不同,然而细究之下,会发现差异。"君亲以尊,臣子以顺",是朝廷纲纪的应然状态,是主动的治理者状态;而"群生和洽,各安其性",是被动的治理结果。只有理正纲纪,才能群生安顺,"各安其性",最终才能复性、复归于初,即"理正朝纲"是此时期经学的主要目的。"理正朝纲"对应的是"君亲以尊,臣子以顺",关注点转移到君亲之尊和臣子之顺。汉代帝王和儒者关注的是帝王言行如何符合王道,唐代则关注如何维持君尊臣顺的朝廷秩序,将道德束缚的对象更多对准了臣民。

---

① 魏徵等:《隋书》卷三二,第 903 页。
② 魏徵等:《隋书》卷三二,第 909 页。
③ 孔颖达疏,阮元校刻:《周易正义》,载《十三经注疏》,第 8 页。

要使臣民服膺于君尊臣顺的纲纪,需要进行令人信服的论证。受到佛教辩证思维的影响,儒家学说也需要通过义理的辩证,才具有说服力。因此,隋唐时期经学具体的使命包括:辩证义理,论证纲纪道德的权威性;统一经义,希望统一经义以统一思想,统一思想以统一社会。统一经义可以由政府主导,但要使统一的经义获得思想的权威,还需要通过辩证义理来完成。"五经"扩至"九经",围绕着纲纪道德的主题,以义理辨析的方式,重新构建了经典之间的逻辑关系。

(三)《仪礼》和《春秋》的扩张

"九经"以"五经"为中心,将原《仪礼》与《春秋》,扩充为"三礼"和"三传"。扩充后的"三礼"和"三传",恰好弥补了原经典体系在制度和义理上的缺环,使经典体系的主题转移到"纲纪道德"上。

先看《仪礼》增为"三礼"带来的转变。

汉代礼经为《仪礼》,记录了古代贵族从成人到娶妻交友,在政治社交上的各种典礼,包括死后丧葬等各种仪节规范,是朝廷礼典和民间各种仪俗的重要参考。《仪礼》都是关于器物仪节、时间方位的具体记录,其蕴含的礼义却没有说明。而且《仪礼》十七篇是否完整,也一直存在争议。即,原"五经"之"礼"在完整性上令人怀疑,又没有义理方面的说明,信服力不够,难以成为经典权威中的一环。《周礼》和《礼记》的加入,恰好弥补了这个缺失。

《礼记》对"礼"权威性的论证:"夫礼者,经天地,理人伦,本其所起,在天地未分之前,故《礼运》云'夫礼必本于大一',是天地未分之前已有礼也。礼者,理也。"①《礼记·礼运》中有对"礼"来源的说明。"大一"即"太一"。在万物未生、天地未分之前,礼本于"太一",是对其为天地自然之理的说明。于是,"礼者,理也",礼便成为天经地义的规则。《礼记》中又以经验的方法,多次论及守礼的必要性,如《礼运》:"所以达天道顺人情之大窦也。故唯圣人为知礼之不可以已也,故坏国、丧家、亡人,必先去其礼。"②唐人也以同样的模式论证守礼的必要性:"顺之则宗祐固、社稷宁、君臣序、朝廷正,

---

① 孔颖达疏,阮元校刻:《礼记正义·序》,载《十三经注疏》,第 1223 页。
② 孔颖达疏,阮元校刻:《礼记正义·序》,载《十三经注疏》,第 1226 页。

逆之则纪纲废、政教烦、阴阳错于上、人神怨于下。故曰人之所生礼为大也。非礼无以事天地之神,辨君臣长幼之位,是礼之时义大矣哉!"①可以说,《礼记》弥补了《仪礼》在义理方面的不足,同时也使《仪礼》《周礼》的内容更加完整,"此记二礼之遗阙,故名《礼记》"②。

《周礼》《仪礼》在礼制完整性上互为补充。唐人承续郑玄的观念,认为它们皆出于周公,是周公摄政太平之书,互为本末。③

> 至于《周礼》《仪礼》,发源是一,理有终始,分为二部,并是周公摄政太平之书。《周礼》为末,《仪礼》为本。本则难明,末便易晓。④

> 玄以为括囊大典、网罗众家,是以《周礼》大行,后王之法。⑤

> 陆氏德明曰《周》《仪》二礼,并周公所制,"三礼"次第《周》为本《仪》为末。……《周》为本《仪》为末者,《周礼》乃礼之纲要,《仪礼》乃礼之节目也。贾氏又谓《周礼》为末《仪礼》为本者,《周礼》乃经世宰物之宜,《仪礼》乃敦行实践之事也。⑥

《周礼》《仪礼》记载了周公制定的器物仪节和制度,由这些规制可以窥见先王政教之一斑。时代更易,规制可以变,其背后的理念却是不变的道理。"三礼"分别从制度、典礼、义理层面,对现实世界"礼"之权威性来源、制度原则和具体仪节进行了说明。礼目扩张为"三礼",贯通了国家制度、社会关系和个人行为的诸种规则,承担了兴正纲纪的功能。

再看《春秋》扩为"三传"发生的改变。

汉代将《春秋》视为圣人所制,是"万世法则",其褒贬取舍之间,有圣人之微言大义。至唐代,人们仍然这样看待《春秋》,"实永世而作则,历百王而不朽者也"⑦。然而,《春秋》记事过于简略,只凭文本很难明白其中意旨,

---

① 孔颖达疏,阮元校刻:《礼记正义·序》,载《十三经注疏》,第1222页。
② 孔颖达疏,阮元校刻:《礼记正义·序》,载《十三经注疏》,第1229页。
③ 虽然《五经正义》之"礼"为《礼记》,但从唐人的论述中,《礼记》仍被视为《周礼》《仪礼》的补充,并没有处于"本"的地位。
④ 贾公彦疏,阮元校刻:《仪礼注疏》,载《十三经注疏》,第945页。
⑤ 贾公彦疏,阮元校刻:《周礼注疏》,载《十三经注疏》,第636页。
⑥ 秦蕙田:《五礼通考·卷首》,载《景印文渊阁四库全书》(第0135册),台湾商务印书馆,1986,第0066c-0067a页。
⑦ 孔颖达疏,阮元校刻:《春秋左传正义》,载《十三经注疏》,第1698页。

需要对经文进行专门的解说。"《左氏》经之与传,犹衣之表里,相待而成。经而无传,使圣人闭门思之,十年不能知也。"①《春秋》如果只有"经",其思想价值就不能显现,换句话说,对于《春秋》这部书,没有"传"的说解,"经"的存在也就没有意义了。

汉代最先立为官学的是《公羊传》,而《公羊传》是在天人合一的思想系统中,以"天不变,道亦不变"为依据,论证了尊王卑臣的等级秩序,《公羊传》已经完成了《春秋》之法在理论上的建设。然而,《公羊传》对君权有比较多的限制,这与唐代将教化重点转移到臣民上不同。《春秋》需要重新定义其"世法",并对新"世法"的权威性进行论证。"三传"共同完成了这一使命。

> 《左氏》善于礼,《公羊》善于谶,《穀梁》善于经,是先儒同遵之义也。言《左氏》善于礼者,谓朝聘、会盟、祭祀、田猎之属不违周典是也;《公羊》善于谶者,谓黜周王鲁及龙门之战等是也;《穀梁》善于经者,谓"大夫曰卒""讳莫如深"之类是也。②

"三传"在《春秋》阐释的互补性方面,已经逐渐得到认可。"《公羊》善于谶",侧重理论的建构;"《穀梁》善于经",侧重君臣父子的关系原则;"《左传》善于礼",长于以史事验证礼制。同时,它们也存在不足,"《左氏》艳而富,其失也巫;《穀梁》清而婉,其失也短;《公羊》辩而裁,其失也俗。若能富而不巫,清而不短,裁而不俗,则深于其道者也"③。《左传》富于史事,合于礼制,却记了兆验之事;《公羊》大义分明,但权变原则未免从于流俗;《穀梁》原则分明而言辞委婉,只是过于简短。"三传"如果互相补弊救偏,方能深知《春秋》之"道"。

《公羊》主旨为尊王大一统,明君臣纲纪,诛乱臣贼子;《穀梁》主旨为严格尊卑,推崇君主的绝对权威,"朝服虽敝,必加于上;弁冕虽旧,必加于首;周室虽衰,必先诸侯"④;《左传》的主旨为崇君卑臣,"崇君父,卑臣子,强干

---

① 桓谭:《新论》,上海人民出版社,1977,第37页。
② 杨士勋疏,阮元校刻:《春秋穀梁传注疏》,载《十三经注疏》,第2358页。
③ 杨士勋疏,阮元校刻:《春秋穀梁传注疏》,载《十三经注疏》,第2361页。
④ 杨士勋疏,阮元校刻:《春秋穀梁传注疏》,载《十三经注疏》,第2395页。

弱枝,劝善戒恶"①。唐代《春秋》扩为"三传",使《春秋》的理论纲常有了史事的验证;以《左传》为本,使最初《公羊》的尊君亦绌君,以天帝限制王权,转变为崇君卑臣的纲纪伦理。

《仪礼》扩为"三礼",由单纯的典礼仪节记录,转变为贯穿国家、社会和个人的典制规范,重新论证了规则的权威性,以达到兴正纲纪的目的;《春秋》扩为"三传",以《左传》为本,贯通了理论、原则和践行,同时也使君主的权威进一步扩张,使纲常侧重于"崇君父,卑臣子"。《仪礼》和《春秋》扩张的根本原因,既是对纲常伦纪在义理层面的强化,也是其重点转移到"训教生民"的需要。

(四)"九经"的关系建构

除了礼扩为"三礼",《春秋》扩为"三传",其他三部经典在阐释方面,也发生了方向性的改变。这里举《易》为例,可从其中窥见一斑。

> 盖《易》之三义唯在于"有",然"有"从"无"出,理则包无。……是知《易》理备包有无,而易象唯在于有者,盖以圣人作《易》本以垂教,教之所备,本备于有。②
>
> 而物之性命各有情也。所禀生者谓之性,随时念虑谓之情。③
>
> 不性其情何能久行其正者? 性者天生之质,正而不邪;情者性之欲也,言若不能以性制情,使其情如性,则不能久行其正。④

以上资料说明了以下几点:第一,《易》理包含"有无",即《易》理可溯源于"有"之前,伴随宇宙万物而生,有万物生成的本初之理;第二,《易》象唯在于"有",是《易》道"有"层面的反映,是万有之理的显现;第三,物皆有"性命","性命"各有"情","性"是物秉天而生,是内在之理,"情"为外在所感而动,以"性"正"情",不使"情"伐"性","命"才能长久。

这仍然是一个"生"的逻辑:"情"生于"性","性"生于"天","天"生于

---

① 范晔:《后汉书》卷三六,第1237页。
② 孔颖达疏,阮元校刻:《周易正义·卷首》,载《十三经注疏》,第8页。
③ 孔颖达疏,阮元校刻:《周易正义》卷一,载《十三经注疏》,第14页。
④ 孔颖达疏,阮元校刻:《周易正义》卷一,载《十三经注疏》,第17页。

"有","有"生于"无",于是,其中之"理"也层级而上,可追溯至最原初的"无","无"是最高的"道"。而《易》理"备包有无",无论是形而上的道,还是形而下的器,皆可在《易》中得到反映,因此,《易》承载的是无所不包的道。在经典之中,《易》处于第一序位,《旧唐书》:"甲部为经,其类十二:一曰《易》。"①其功能仍是"断天地、理人伦而明王道"②。

现在看看其他经典的内容和功能阐释:"《书》以纪帝王遗范",是君王秉政的参考③;"《诗》以纪兴衰诵叹",诗因情而发,既是王政的反馈,也是王政对万民的教化④;"《礼》以纪文物体制","三礼"共同担负了兴正纲纪的使命;"《春秋》以纪行事褒贬","三传"以《左传》为本,重点转向了"崇君父,卑臣子"。除了《易》"备包有无",其他各经都处于"有"的阶段,从权威性的来源来看,都处于《易》的层次之下。

将"九经"简化为"五经"之目⑤,其逻辑结构也就更为清晰,它延续了先秦两汉以来以"生的逻辑"为关系纽带而建立的权威阶梯次序:

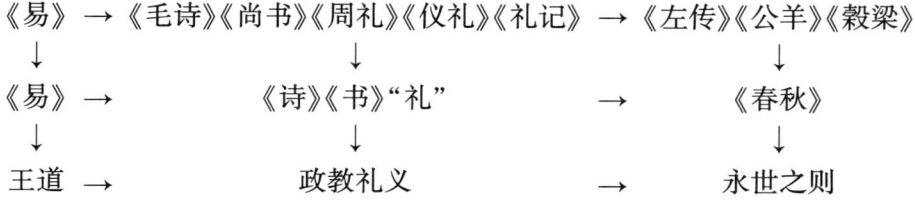

---

① 《旧唐书》卷四六,第1963页。
② "故《易》者,所以断天地、理人伦而明王道。是以画八卦、建五气以立五常之行,象法乾坤,顺阴阳以正君臣、父子、夫妇之义,度时制宜作为网罟,以佃以渔以赡民用。于是人民乃治,君亲以尊,臣子以顺,群生和洽,各安其性,此其作《易》垂教之本意也。"见孔颖达疏,阮元校刻:《周易正义·卷首》,载《十三经注疏》,第8页。
③ "伏牺、神农、黄帝之书谓之《三坟》,言大道也;少昊、颛顼、高辛、唐虞之书谓之《五典》,言常道也。至于夏、商、周之书,虽设教不伦,雅诰奥义,其归一揆,是故历代宝之以为大训。……所以恢弘至道,示人主以轨范也。帝王之制,坦然明白,可举而行,三千之徒,并受其义。"见孔颖达疏,阮元校刻:《尚书正义》,载《十三经注疏》,第113—115页。
④ "夫诗者,论功颂德之歌,止僻防邪之训。虽无为而自发,乃有益于生灵。六情静于中,百物荡于外。情缘物动,物感情迁。若政遇醇和,则欢娱被于朝野;时当惨黩,亦怨刺形于咏歌。作之者所以畅怀舒愤,闻之者足以塞违从正。发诸情性,谐于律吕。故曰感天地,动鬼神,莫近于诗。此乃诗之为用,其利大矣。"见孔颖达疏,阮元校刻:《毛诗正义·序》,载《十三经注疏》,第261页。
⑤ 前人已经使用"经目"一词,有将"目"置于"经"下,有将"经"置于"目"下。此处将"目"置于"经"上,以便更好地说明体系内部文本的不同。"九经"与"五经"同样有这样的关系。"九经"是在汉代"五经"的框架之下,权威文本的扩张;"五经"为"目","九经"为目下之文本。所谓"五经"为"目":《诗》目下为《毛诗》,《春秋》目下为《左传》《公羊》《穀梁》,"礼"目下为《周礼》《仪礼》《礼记》,《易》目下为《周易》,《书》目下为《古文尚书》。

九经"沿着"生"的逻辑,自上而下获取义理的权威。其逻辑结构反映的思维模式,与先秦两汉一样,仍是"信仰——规则",即从社会之外寻求法则,并将其作为至高的唯一的权威。从唐人对经典的内容和功能阐释来看,经学仍是对圣王之政的阐发,然而其逻辑主题已经变为"纲纪道德",作用的对象为"生人",功能为"训教",训教的路径是以"威行"以诱导①,最终的效果是"化民",将民驯化为皇权专制下的拥趸。

五、宋"十三经":心性义理

"十三经"的形成是一个里程碑,它以"心性义理"为逻辑主题,以"内圣外王"为思想目的,结构成多层复合式的体系,将社会控制的焦点,最终落实到人的心灵深处。经典体系发展至此,可谓极致而严密了!然而,"十三经"究竟形成于何时,关系到经学转变背景与动因,因此有必要对其进行讨论。

(一) 十三经的形成标准

"十三经"的形成时期是个纷争不断的问题。学者们判断的标准不同,也就有不同的结果。目前主要有以下几个标准:"十三经"之名的提出,"十三经注疏"刻本的第一次出现,"十三经注疏"官刻本的第一次结集,《孟子》升经的时间。而对于以上标准所涉时间,又有不同的考证和推断结果。这就导致对于"十三经"的最后形成时间,有了许多不同的结论。约略而言,有以下几种意见:五代后蜀说、北宋说、南宋说、明中说②等。因此,要想弄清"十三经"成于何时,需要先分析判断标准的问题。

"十三经"之名的提出,能否作为"十三经"体系出现的时间?答案是否定的。因为名是后起的、人为的,既可以同名异实,也可以同实异名。就像

---

① 唐人张守节作正义云:"以礼义导天下,天下伏而归之,故为威行之道也;以礼义率天下,天下咸遵之,故为功名之总。"见司马迁:《史记》卷二三《礼书》,"正义"第一、二条,第1165页。

② 舒大刚:《〈十三经〉:儒家经典体系形成的历史考察》,《社会科学研究》2011年第4期;杜中新、窦秀艳:《孝治与〈孝经〉入十三经》,《中州大学学报》2002年第4期;徐洪兴:《唐宋间的孟子升格运动》,《中国社会科学》1993年第5期;程苏东:《从六艺到十三经——以经目演变为中心》,北京大学出版社,2018,第657页。

"六经"许多时候不代表六部经典,它可以是"五经""九经"或者"十三经"的代名词,也可以是儒家经学甚至儒学的代称。所以判断某一事物出现的时间,不能仅用名称作为标准去确认,还需要参考其实际结集的时间。因此,"十三经"提出的时间,不能代表"十三经"形成的时间。"十三经注疏"刻印本的时间,也不能成为"十三经"形成的判断标准,更不能成为"十三经"开始被接受的标准。因为,"十三经"是经典集合的名称,而"十三经注疏"则是在已经接受"十三经"之后的某一时期,对其解释体系标准化的一项工程,它们是不同的问题。而《孟子》升经才应该是合理的判断标准。

也有学者认为《孟子》升经之时,其他经典譬如《孝经》《尔雅》等,未必被人们重视,因此《孟子》升经也不能作为"十三经"形成的时间。① 这里存在着经典体系与经的身份的判定问题。经典体系是由具有经的身份的书籍通过某种关系建构而成,因此经的身份才是判断经目的关键。在经典体系之中,各经受重视的程度,自始至终都不是齐头并进,如班固所言,"至于五学,世有变改,犹五行之更用事焉"②,因此用是否受重视来判断经典体系的具体书目,并不合理。

按照《孟子》升经是最终定成的标志,"十三经"体系在宋代已经形成。"宋《礼部韵略》所附条式,自元祐中即以《论语》《孟子》试士,是当时已尊为经。"虽然其后《孟子》地位有所动摇,最终宋徽宗宣和六年补刻《孟子石经》,正式宣告了它的经书身份。③ 某部经典获得"经"的身份并不是突变型的,《孟子》如此,"十三经"的形成也是如此。至少我们可以获知,"十三经"的初步形成,始于北宋。

而《孟子》升经,绝不是当政者一时的推动所致,一定有更为复杂的缘由。除了其自身的思想价值,《孟子》的升经,与经学的时代使命相关。值得注意的是,"十三经"不同于"五经""九经",它不是立于学官的组合,也不

---

① 清人以最后获得经书身份的《孟子》升经的时代为下限判断"十三经"的成立,是以后一时代的经学眼光来看待前一时代的经目,当代有学者并不赞同这一判断,指出《孟子》在北宋熙宁年间升为兼经的同时,《仪礼》、《春秋》及"三传"却失去了正经的身份,而《孝经》和《尔雅》也未能与《孟子》同时进入兼经。参见程苏东:《从六艺到十三经——以经目演变为中心》,第 5 页注释 3。我们认为,《仪礼》和《春秋》"三传"并没有失去正经的身份,是否为正经,不能以士人学习的热度来判定。
② 班固:《汉书》卷三〇,第 1723 页。
③ 参见李华瑞:《关于西夏儒学研究中的几个问题》,《西夏学》2010 年第 6 辑,第 109-115 页。

是科考经目的组合,而是在长期的发展中,经学家们自己选择出来并获得公认的组合。也就是说,"十三经"是一种文化自觉的选择,人们选择这个文本集合作为自己精神权威的最终载体。"十三经"形成的时间确定后,下面探讨其形成的背景和动因。

(二) 正心明理的诉求

唐季藩镇割据和五代的快速更迭,将整个社会卷入到残酷的战争中。在地盘和政权争夺战中,武力再次被当权者崇尚,上下之间,以力为柄,以诈为谋,道德仁义荡然无存,整个社会席卷在野蛮和暴力中。皇帝的权力和生命得不到保障,随时可能会被骄兵悍将杀死或换掉;文官的尊严和生命得不到保障,常因小事被侮辱杀戮;牙兵牙将活的也并不安全,他们既是首领统治的法宝,也是对首领最要命的威胁,因此时常处于被团灭的危险中;普通百姓更是宛如草芥,任人残害,肆意践踏。皇帝、武将文臣、普通百姓,都处于一种极不安定、随时罹祸的生存状态。

以"兵变"上台的宋初皇帝,深知此中利害,也急需稳定秩序皇权。除了加强对政权、兵权和财政权力的控制,建立叠床架屋互相牵制的机构,采取一系列强干弱枝的政策,还需要解决什么呢?五代以来,政权的维系主要凭靠威力和利益,显然,这种关系是极不稳定的。文官武将都已经没有了效忠意识,上下级之间缺乏了稳定的联系纽带,造成的后果便是"置君犹易吏,变国若传舍"①。尽管文官武将不可能全都受忠义的约束,相对而言,长治久安还是需要拉拢士大夫阶层。② 因此,宋代统治者的政治诉求是重建君臣之间的道德伦理,同时去除武人政治,与士大夫共治天下。

儒者们也认为唐末五代社会混乱的根源在于社会道德的沦丧,"礼义日以废,恩爱日以薄,其习久而遂以大坏"③。宋统治者与士大夫共治天下,也使士大夫重新自我定位,激起"为生民立命,为万世开太平"之担当与豪迈。总之,重建社会秩序,重建道德伦理,又一次成为皇帝与士大夫的共同认识。

如何重建?以功名导之?以利禄诱之?这一时期儒者对这一传统的方

---

① 参见欧阳修:《新五代史》,中华书局,1974,第 5-7 页。
② 以上内容参考张鸣:《中国政治制度史导论》,中国人民大学出版社,2010,第 132-149 页。
③ 参见欧阳修:《新五代史》,第 5-7 页。

式提出了异议。

> "夫欲兴德行,在于君人者修身以格物,审好恶以表俗,若欲设科立名以取之,则是教天下相率而为伪也。上以孝取人,则勇者割股,怯者庐墓。上以廉取人,则弊车、羸马、恶衣、菲食,凡可以中上意者无所不至。"
>
> 帝读轼疏曰:"吾固疑此,得轼议,释然矣。"①

以"兴德行"的方式重建社会秩序和伦理道德,然而它的弊端是可能引发整个社会的作伪风气:统治阶层提倡什么,便会有什么样的表演,"凡可以中上意者无所不至",为了能够迎合统治者的心意,什么违反人性的事情都可以做出来。一旦这样的人被选做栋梁之材,进入官僚系统,他们只会欺下媚上,对国家百姓有百害而无一利。皇帝也明白这个道理,毕竟江山是他自己家的,因此还是会考虑怎样得到真正的人才。他们认为,如果人真正能明白义理,也就真正能行仁义了,也就可以为朝廷出力了。于是,以经术教化士人,使民明理知义,成为这一时期经学的使命。而明理知义,最终落实到人心上。

> 先是,上谕执政曰:"今岁南省所取,多知名举人,士皆趣义理之学,极为美事。"王安石曰:"民未知义,则未可用,况士大夫乎?"
>
> 上善之,曰:禧言朝廷以经术变士人,十已八九变矣。然盗袭人之语,而不求心通者,亦十八九,此言是也。②

经学求"心通"求"义理",已经成为时代风尚。此时经学关注"心性义理",也是儒学自身发展的需求。禅宗在两宋进入了全兴期,简洁明快而注重体悟的学风对儒学影响甚大。中唐以来,以啖助、赵匡等为代表的士人,已经开始了就经典本身直求经义的学风,至宋仁宗时期,摆脱汉唐、追求义理之风再次涌现。朱熹追述此时风气道:

> 理义大本复明于世,固自周、程,然此诸儒亦多有助。旧来儒者不

---

① 脱脱等:《宋史》卷一五五,中华书局,1977,第 3617 页。
② 李焘:《续资治通鉴长编》,载《景印文渊阁四库全书》(第 0318 册),台湾商务印书馆,1986,第 0153d、0236b 页。

越注疏而已,至永叔、原父、孙明复诸公,始自出议论,如李泰伯文字亦自好。此是运数将开,理义渐欲复明于世故也。①

此时期经学追求的是"义理之学",追求义理的目的是"明理知义",而"明理知义"的方法是"心通",将经学的着力点对准了"人心"。无论是政治伦理的需求,还是学术风气的转变,都促使这一时期经学亟待建立以伦理道德为用、"心性义理"为宗的经典体系。

(三)《孟子》升经

唐代"九经"在文本和阐释方面,已经向着"义理"方向转变,但它针对的是"有"的世界,在终极的本体上,并没有树立起绝对的权威,对于现实的秩序,也缺乏细密深入的论证,"九经"不能圆满回答"心性义理"的终极与应然的问题。而《论语》《孝经》《尔雅》《孟子》的加入,却解决了"九经"在思想逻辑上的缺环。四部经书在新的经典体系中不可替代,缺少任何一部,其经典结构都不会完整。即,《孟子》等四部书入经并非官方意志,而是经学自身发展逻辑自洽性的需要。为了说明这一点,下面以《孟子》升经作为案例,从时人的争议中,了解其在思想惯性与经典神圣性的压力下升经之艰难,亦可见其进入经典体系不可阻挡之必要。其他几部经典可依此类推。

自汉代,《孟子》就被视为儒学中的重要典籍,不断有儒者奏请朝廷,希望将其列入经部。"在《孟子》尝试入经的过程中,韩愈是个极其重要的人物。韩愈对孟子思想的大力提倡与推崇,促使孟子在中唐以后的地位迅速提升,成为继承孔子之道、地位仅亚于孔圣的大儒,《孟子》一书也开始逐渐向经书的地位靠拢。"②虽然不断有儒者奏请立《孟子》为经,终唐一代,《孟子》一直处于辅经地位,隶属子部。直到在王安石的建议下,宋神宗熙宁四年《孟子》才正式进入经部。③

然而,《孟子》地位仍存在很大的争议,尊孟者有之,非孟者也不少,特别是当政者的态度,会直接影响士子学习《孟子》的热情。如王安石推崇

---

① 黎靖德编《朱子语类》,载《景印文渊阁四库全书》(第 0701 册),台湾商务印书馆,1986,第 0707b 页。
② 屈博:《〈孟子〉教本研究》,博士学位论文,2016,华东师范大学,第 65 页。
③ 参见程苏东:《从六艺到十三经——以经目演变为中心》,第 543 页。

《孟子》,其主政时《孟子》地位就大为上升;而其好友兼政敌司马光不喜《孟子》,其主政时《孟子》就受到贬抑;而司马光之后,《孟子》地位又开始回升。为何儒者对《孟子》的态度有如此大的分歧?看看尊孟者和非孟者的观点。

尊孟派的石介说:"孔子既没,微言遂绝。杨、墨之徒,充塞正路。孟子正人心,息邪说,距诐行,放淫辞,以辟杨墨;说齐宣、梁惠王七国之君,以行仁义。"①石介认为孟子有卫道之功,其学说基于道德上的"正人心",终于政治上的"行仁义"。其后张载进一步论说《孟子》之功用:"要见圣人,无如《论》《孟》为要","学者信书,且须信《论语》《孟子》"。② 他认为《孟子》同《论语》一样,是了解圣人之意的要津,学者应该对其信奉不疑。

疑孟派代表人物李觏、司马光等人的观点恰恰相反。如李觏认为,今人"信《孟子》而不信经,是犹信他人而疑父母也"③。这就从根本上否定了《孟子》与圣道和"六经"的关系。然而,从另一个角度来看,李觏所反对的由《孟子》解"六经",正是当时具有影响力的做法,否则,他也不会这样极力反对。

从尊孟和疑孟两派的言论中,不难看出,时人的关注点在《孟子》与"六经"的关系,而又集中在圣道之传续和"心""性""仁""天"等的阐明之功。宋代既是《孟子》升经之关键期,也是尊孟与非孟斗争的白热化期,毕竟,"经"关系到整个国家意识形态的建设,其中也涉及到党派和政治伦理的问题。其复杂过程可从下面资料窥见一斑:

> 宋《礼部韵略》所附条式,自元祐中即以《论语》、《孟子》试士,是当时已尊为经。而晁氏《读书志》,《孟子》仍列儒家。至陈氏《书录解题》,始与《论语》同入经部。盖宋尊《孟子》,始王安石。元祐诸人务与作难,故司马光《疑孟》、晁说之《诋孟》作焉。非攻《孟子》,攻安石也。白珽《湛渊静语》所记,言之颇详。晁公武不列于经,犹说之之家学耳。陈振孙虽改晁氏之例,列之于经,然其立说,乃以程子为词,则亦非尊《孟子》,仍尊程子而已矣。……纷纷门户之爱憎,皆逐其末也。

---

① 《徂徕石先生文集》卷一四,载石介:《徂徕石先生集》,陈植点校,中华书局,1984,第162页。
② 张载:《张载集》,章锡琛点校,载《经学理窟·义理》,中华书局,1978,第272、277页。
③ 余允文:《尊孟辨》卷中,载《景印文渊阁四库全书》(第0196册),台湾商务印书馆,1986,第0535b页。

尽管纷争不断,宋徽宗宣和六年知成都府席旦补刻《孟子石经》,《孟子》正式列入儒家经典。① 其根本缘由,尊孟和疑孟两派的言论已经能够说明,即《孟子》对经典体系发展"心性义理"之学有必不可少的功用。

随着《孟子》的入经,以"心性义理"为逻辑主题的"十三经"也得以形成,最终织成了从本体到心性、从意念到行为、从道德到政治严密的秩序网络。

(四)新增四经的作用

前面已经提到《孟子》入经的必要性,其他三部经典也相同,它们共同弥补了"心性义理"建构的逻辑缺环。下面来看新增四经对原经典体系的作用。

> 《孝经》《论语》为经义之总汇,《尔雅》为经训之总汇也,《诗诂训传》全从此经写出。②

> 夫总群圣之道者莫大乎六经,绍六经之教者莫尚乎《孟子》……导王化之源以救时弊,开圣人之道以断群疑。其言精而瞻,其旨渊而通,致仲尼之教独尊于千古,非圣贤之伦安能致于此乎?③

> "尔雅"者,《释文》云:所以训释五经,辩章同异,实九经之通路,百氏之指南。……《礼三朝·记》:哀公曰:寡人欲学小辩以观于政,其可乎?孔子曰:《尔雅》以观于古,足以辩言矣。……夫《尔雅》之为书也,文约而义固;其陈道也,精研而无误。真九经之检度,学问之阶路,儒林之楷素也。④

> 《孝经》者道德之渊源,治化之纲领也。六经之本皆出《孝经》。⑤

《孝经》为"六经之本"。《孝经》作为"十三经"阐释系统中"义"的层面,阐释的是修身行道之本原和"先王之道"的纲领,最重要的是,它构建了

---

① 参见李华瑞:《关于西夏儒学研究中的几个问题》,《西夏学》2010年第6辑,第109-115页。
② 董凌锋选编:《尔雅今释》卷二,载《宋育仁文集》(第2册),国家图书馆出版社,2016,第424页。
③ 孙奭疏,阮元校刻:《孟子注疏·孟子正义序》,载《十三经注疏》,第2660页。
④ 邢昺撰,阮元校刻:《尔雅注疏》,载《十三经注疏》,第2567页。
⑤ 黄道周:《孝经集传》,载《景印文渊阁四库全书》(第0182册),台湾商务印书馆,1986,第0157a页。

一个以孝为中心、德位相匹、纵向贯通于天子庶人的系统,于"夫孝者,百行之本,万善之先,自天子至庶人所不可以一日废也"①。《孝经》将所有人都纳入了儒家的道德系统。

《论语》是孔子言行与弟子问答之书,是理解"六经"之旨的必要中介。"《论语》为圣人传道之书,精及于一贯之微,粗及于饮食衣服,语言起居之细,何非道之散见?然非有《论语》显易明白,可以探本穷源,则《周易》之旨终不可得而达也。"②《论语》也处于"十三经"阐释系统中"义"的层面,阐释的是修身行道之"一贯",是体悟"圣人之道"的关键。其最令人称道的是"一以贯之",即修道贯穿于人的一生,在各个层面,无处不在,无时不在。

《论语》将人无时无处地纳入"修道"的情境;《孝经》构建了从天子至庶人以孝为纽带的德位系统。按照《论语》和《孝经》的建构,凡是生人,皆处于这个道德系统中,应该无时无刻不修德。然而,修德的目标是什么?其功用又是什么?到底能否达到这个目标呢?《孟子》回答了这个问题。

《孟子》提出的"人人皆可为尧舜",是以往经典体系所未谈,这就使人修道成圣成为可能;而修道成圣的要诀,便在于发心之"善端",养"浩然之气"。这便回答了修德的目标是成圣,途径是反观内心,只要去邪欲、发"善端",人人皆能成圣贤。

然而对于如何识得正心,体悟天理,还需要通过"五经"所载圣人之意获得启示。"五经"能否被正确理解,关系到天理的体认。《尔雅》对字词的权威训释,正是通解圣意之书。《尔雅》是解释六艺五经的训诂之书,经学家认为,只有通训诂,才能辨言,才能明修身、齐家、治国、平天下之道。《尔雅》作为"十三经"阐释系统中"训"的层面,是词语训释的权威文本,发挥着通六艺以明王道的功能。

新增的四部经书搭建了道德秩序系统,论证了人修德的必要性和成圣的可能性,并指出修德的途径。之前的经典体系,正缺少这样一个包罗所有人,使人无时无处不修道的思想构架,以及人人皆可成圣的路径论证。这使儒家道德伦理成为人人必修之科目,成为人日常之所习所想,从而使经典体

---

① 孔安国:《古文孝经孔氏传》,载《景印文渊阁四库全书》(第0182册),台湾商务印书馆,1986,第0004b页。
② 胡煦:《附卜法详考等四种》,程林点校,载《周易函书》,中华书局,2008,第992页。

系再次获得思想上绝对的权威。

（五）十三经的逻辑结构

曾有儒者提出"十四经"或"二十一经"，却只是昙花一现，其根本原因在于"十三经"已经是一个逻辑结构完整的体系。其体系的完备性及内部经典的关系，古人早有议论。

> 自汉以五经隶学宫而经之名著。益之以《周礼》《孝经》《论语》为九经，益之以《仪礼》《左氏》《春秋》《尔雅》为十三经，而《大戴礼》不与焉。备矣，美矣，其名定矣！①

> 传经之书厥名曰"传"，《左》《公》《穀》之传并列而为十三经，以其有功于经也。《论》《孟》四子之书其初亦一传耳。②

> 愚尝言十三经经皆有传，传即在经之中，不必外求。如"十翼"传《易》，"三传"传《春秋》，皆不待言。《尔雅》，《书》《诗》传也；《戴记》，《仪礼》传也。《仪礼》又自有子夏《丧服传》。《孟子》即谓《论语》之传也。考经内有经有传，其无传者独《周官》耳。③

用清人阎若璩的话来说，经典体系发展至"十三经"，即使是曾与《小戴礼记》齐名的《大戴礼记》，也加不进来了，因为体系已经完备了。为何说它已经完备？"十三经"是经传一体的经典集合，可以说是经中有经，经中亦有传。它们之间不但有横向并列的关系，也有纵向层层阐释的关系，从理论文本到阐释工具都没有缺环。

阎若璩认为，"十三经"内部不仅存在经典之间的经传关系，如《论语》《孟子》是"五经"之传；经典内容自身也存在经传关系，如《易》之"经"与"十翼"。当然，阎若璩的这种观点只属于当时的一种，更为普遍的看法是将"五经"视为核心，"九经"视为"五经之目"的扩展，《论语》《孝经》《尔雅》《孟子》整体属于传的层面。而上节论及新增四经的功用，也说明了它

---

① 吴浩：《十三经义疑》，载《景印文渊阁四库全书》（第0191册），台湾商务印书馆，1986，第253c页。

② 张尚瑗：《三传折诸》，载《景印文渊阁四库全书》（第0177册），台湾商务印书馆，1986，第0002c-0002d页。

③ 阎若璩：《尚书古文疏证》卷五（上），上海古籍出版社，1987，第433页。

们是"五经"作为绝对思想权威的理论铺垫。

"十三经"中的"九经"是"五经之目"的扩展,经典之间的关系结构与唐"九经"体系相同。总而括之,"六经之道"源于天理,天理借由"生"的途径,落实为"心之理":"由此以思六经者,吾心之常道。心之理固非有所欠于经也,经之理亦非有所溢于心也,以受乎天地之中,环之而应。"①分而言之,"六经之文虽不同体,以理为主耳"②。这一时期,对"五经"的解释向"心性义理"的方向转化,出现了一个"理本体"的倾向,而与此相应,儒家这一套治世哲学变成了本体性的天理。

"《周易》为圣人所传之道,而六经皆由此出。读书不达《周易》,则不解圣道为何旨矣"③,《易》仍为"六经"之源,不读就不能通达圣道。《易》是"顺性命之理,通幽明之故",其所顺之"理"虽不可目见,却可通过"象"表现出来,"至微者理也,至著者象也。体用一源,显微无间"。④ 这几句对《易》的阐释,包含着"十三经"整体建构的思路:《易》通至高之本体——天理,不明《周易》,就不能够通达圣道。而这种思路,明显源于"心性义理"之学。⑤天理由"生"而成"性命之理",内含于万物本性、人的心性之中,即"天理→心性"。因此,反求天理,便是用回溯的方式,反观内心之理,使内心本有的天理彰显,"存天理,灭人欲"。"十三经"所载为圣人之道,是士庶格求天理之正途。

《书》为"二帝三王圣贤君臣之心"⑥,由圣心观至理。《诗》"皆合于喜

---

① 傅以渐:《易经通注》,载《景印文渊阁四库全书》(第 0037 册),台湾商务印书馆,1986,第 0200a 页。
② 胡煦:《附卜法详考等四种》,程林点校,载《周易函书》,第 1055 页。
③ 胡煦:《附卜法详考等四种》,程林点校,载《周易函书》,第 1048 页。
④ 程颐:《伊川易传》,载《景印文渊阁四库全书》(第 0009 册),台湾商务印书馆,1986,第 0157a—0157b 页。
⑤ 尽管学者将性理之学分为不同的派别——理本论、气本论和心本论,然而从其生成逻辑上看,它们之间并不矛盾,甚至只是诉说的角度不同。它们的共同点是将天理视为万理的来源、宇宙最初的本体。理的抽象性与气的物质性,不可同日而语,理气孰先,都撼动不了天理的至高地位,而心本论,是从感知的角度而言。因此从生成逻辑来看,都是"天理→性理→心性",或者简化为"天理→心性"。
⑥ 金履祥:《尚书表注》,载《景印文渊阁四库全书》(第 0060 册),台湾商务印书馆,1986,第 0432c 页。

怒哀乐之中节,以其思之正故也"①,《诗》规正情性而得天理之正。"礼之事虽显于形名度数之粗,而礼之理实隐于道德性命之微"②,礼有"事"有"理",由"事"可以体悟"理";"求之天理则君臣也、父子也、兄弟也、朋友也、夫妇也,无不在也,求之人事则治也、教也、礼也、政也、刑也、事也、无不备也"③。《春秋》通过历史的展现,凸显天理的存在,"五经之有《春秋》犹法律之有断例也"④。

新增四部经书构建的德位系统和"一以贯之"修为的工夫,反求内心的途径,"人皆可为尧舜"的可能,将天理人心纳入社会所有人的生命中。

至此,"十三经"作为"六艺"核心文本,建立起了以"心性义理"为宗的经典体系,从思想理论的权威性到文本的阐释,形成了完整的层次结构。这个体系,针对的对象从天子到庶民,囊括了社会上的每一个人;这个体系,将道德的权威,强加于国家制度、社会关系、个体行为直至内心欲念;这个体系,以"内圣外王"为修道目标,以"一道德"为治国手段,构建了千人一面的理想之国。至此,可以说"十三经"作为"六艺"核心文本,已经演化成了内容完备、逻辑结构完整的体系。"十三经"建构的理路:

《易》 → 《诗》《书》"三礼" → "三传" → 《论语》《孟子》《尔雅》《孝经》
　↓　　　　　↓　　　　　　　　↓　　　　　　↓
天理 → 情理、政理、制理 → 事理 → 　　　　心性义理

经典建构的逻辑是:"天理"是最高权威,是一切的原初和来源;万物秉受于天,各有不同,天然就存在着关系与秩序,这是万殊之理;"理一,分殊",反过来,"万殊,归一"。"十三经"因循着"理"与"物"的生成逻辑和万殊归一的探求次序,建构起以"心性义理"为宗的经典复合体系。

可以说"十三经"是融经典与阐释的权威为一体,为经学思维搭建了更加严密的框架。千百年来,经学家在这个框架内以经证经,重复使用着"十

---

① 李樗、黄櫄:《毛诗李黄集解》卷一,《景印文渊阁四库全书》(第 0071 册),台湾商务印书馆,1986,第 0003a 页。

② 王昭禹:《周礼详解》,载《景印文渊阁四库全书》(第 0091 册),台湾商务印书馆,1986,第 0199c 页。

③ 叶梦得:《叶氏春秋传》,载《景印文渊阁四库全书》(第 0149 册),台湾商务印书馆,1986,第 0002c-0002d 页。

④ 胡安国:《胡氏春秋传》,载《景印文渊阁四库全书》(第 0151 册),台湾商务印书馆,1986 年版,第 0005c 页。

三经"内部互证的方式,考词穷理,予夺经义,以期不断规正内心,使其符合道德政治伦理。直至修撰《四库全书总目》时,这种内部互证以求天理的方法达到了登峰造极。①

不难看出,这一建构的理路看起来似乎更加复杂,实际上与汉唐时期并没有本质区别,仍是"天理——人事"的权威路径。只不过,天理已经不是高悬的权威,而是通过"分殊"和"映照"的方式,威严地端坐在人的心灵深处。这使思想权威实实在在地落实到了人心,使人时时刻刻对意识进行自我监督,唯恐有一念之差,唯恐越雷池一步。"十三经"体系的建构和阐释,引发的经学转变不是天理落实到具体规则,而是三纲五常本身已变成天理!

六、结语

"十三经"体系的生成有一个历史的过程,从"五经""九经"到"十三经";而这个体系的生成演化,实际上表现为一个逻辑结构的演化。它既不是简单的经目的添加,也不是诸种经典的累积,而是围绕着特定逻辑主题的不断深化,而演化出一个合乎逻辑的思想发展过程。总括全文,可以得到几点明确的认识:

(1)在经学体系演化的过程中,始终有一个不变的逻辑,那就是无论是"五经""九经"还是"十三经",其结构逻辑都表现为一个"生"的逻辑,经学体系的内部结构层次是一个生成演化的程序。"五经"是以《易》为原,《诗》《书》《礼》为《易》道之散见,《春秋》为各经之道所生世法的载体,呈现出"《易》道→人伦→世法"的思想权威层级结构;"九经"在原"五经"的体系上,扩"礼"为"三礼"、《春秋》为"三传",仍保持了以《易》为原的思想结构体系;"十三经"新增加的四部书,使整个体系的理论阐释大大加强,并且成功地将"易道"置换为天理,而《论语》《孟子》等并列为体系的阐释层面。"十三经"仍呈现出以《易》为之原",思想权威层级而下,通过层层阐释最终落在"人心"。通过经典体系结构的演变,不难发现,无论经目如何增加演化,这个"生"的逻辑始终不变,逻辑的起点"易道"不变。而这说明了什

---

① 赵涛:《〈四库全书总目〉的经学考证方法探原——以其经部提要与分纂稿比较为中心》,《宝鸡文理学院学报(社会科学版)》2016年第1期。

么问题呢？"易道"即天道，即万物之理，这样一种逻辑安排，给人的启示是，经学传递给人们的帝王之法、治国之道、伦理之常，都是自然法则，是世间万物都必须遵循的天理，即所谓"天地之常经，古今之通宜也"，是亘古不变之通则，是人世间不能违背的伦常之道。这样的逻辑构造，宣示了经学体系的神圣和威严。

（2）从先秦时期的"六艺"之学，到汉代的"五经"、唐代的"九经"、宋代的"十三经"，其逻辑结构的演化，表现为一个依循时代变化而不断深化其逻辑主题的过程。先秦时期"六艺"之学的逻辑主题是"圣王之道"，汉代"五经"的逻辑主题是"帝王之道"，唐代"九经"的逻辑主题是"纲纪道德"，宋代"十三经"的逻辑主题是"心性义理"。这种逻辑主题的深化或变化，表现为社会控制从最初的人们对治国理想模式的期待，到帝王治国之道的奉行，控制焦点从外在行为逐渐落实到人心欲念的发展趋势，而当最后把思想教化彻底深入到人们的心理层面的时候，这个传延千年的经学体系，就彻底地掌控了这个民族。它从帝王观念、权威意识、政治理念、社会伦理、价值观念、思维方式、心理素质、行为方式等等各个方面，支配了这个民族全体成员的一言一行。

（3）关于经学逻辑结构的研究，是从整体上认识经学本质的一条路径。如果从支离破碎的方面进行研究，难以做到对经学体系的整体把握；而如果不能把握整体，难免或多或少地失之偏颇，也就不会真正认识它的本质。只有通过整体的考察，从结构上剖析它的本质，才能对经学的目的性有更为清楚的认识。

易学当代创新发展简论

范毓周

以《周易》为经典的易学作为中国传统思维模式的主体已经经历了数千年的传承与发展,随着时代变迁,人们的生活方式和生产方式的不断变革,传统易学在当今科学空前昌盛、技术突飞猛进的新时代还有无促进思维认识世界的价值,这是海内外易学界近年都在思考的问题。这个问题实际上也关系到传统的易学思维模式作为中国传统文化的重要内涵对于当今世界还有无继续存续和传承发展的价值。

对于这个问题,我在去年出席海峡两岸周易论坛时,在主持大会发言和点评时,感触很深。会后做了一些思考,兹将思考这一问题所得的一些浅见整理如下,供海内外易学界同人参考。

一、传统易学的本体论与认识论价值

传统易学是依中国古老典籍《周易》一书逐步展开的。在中国文化长达数千年的历史发展过程中,曾经成为传统经学的首要基础。历代围绕《周易》一书展开的各种研究成果丰硕,汗牛充栋①,在近代以前一直把《周易》

---

① 汉代以前易学研究,今本《周易》之《易传》十翼当为汉初儒生整理,应为早期研究成果。两汉易学研究,清人李光地在《周易折中》卷首细列传承关系,吴翊寅《易汉学考》述之更详。此不枚举。

列为知识界必须学习和研究的古代典籍的群经之首①。其原因无非是《周易》给当时的知识界提供了一个从哲学上认识世界和解释事物演化的思维模式和认识工具。

易学是基于《周易》的研究和阐释的学术体系,其与《周易》文献本身已有本质的差别。我们知道,《周易》是远古时期进行占筮遗留下来的记录资料,经过系统整理编辑成的一部历史文献。易学则是通过对《周易》文献的解读和体系化认识形成的理论体系,尤其是借助《周易》的符号化体系的探讨,已经突破原有占筮记录的局限,形成具有哲学本体论和认识论的思维模式与认知体系。

作为中国本土哲学本体论和认识论的核心内容,易学实际上在近代以前的中国社会已经成为知识界探求世界本质和事物变化原因的认知体系和思维工具。历代易学家通过对《周易》文本的义理探讨,逐步形成一套探索宇宙和人生的基本问题并从中寻求哲学认识和事物发展规律的理论体系,成为一门中国特有的本土哲学认知体系。

早在两千多年前的战国时期,儒家集大成的思想家荀子在其《荀子·大略篇》中就曾说:"善为易者不占。"足见这种情形早在先秦时期就已开始出现。战国末期形成的《易传》可以说为易学的哲学化奠定了理论基础,并将易学的原理融入中国医学的理论与实践,构成理解自然变化、社会人文变革和人体变易的认识体系。两汉时期的易学家又将易学原理援入天文历法,二者的结合的结合从而创立了天人感应的学说,形成"卦气说"的理论构架,经过魏晋、隋唐时期老庄道家玄学的影响而玄学化,直至两宋理学兴起与新儒家哲学的结合成为宋明理学的重要认知体系内涵,经过清初进一步发展,易学经历了一系列的哲学化探索逐步形成一整套理论认识体系。清代因重考据之学而在易学的理论建设上成就不大,但易学仍是一般知识界认识世界和人生进行思维探索所依循的理论范式。故而在中国数千年的传

---

① 中国古代最早的文化典籍是所谓"六经",最早见于道家的《庄子》,其《礼运》篇有孔子治"六经"之说而谓"丘治《诗》、《书》、《礼》、《乐》、《易》、《春秋》六经",《易》已在六经之中。汉代也称"六经"为"六艺",《汉书·艺文志》在叙述"六艺之文"称道《易》是其他五"经"的本源说"而《易》为之原,故曰:'《易》不可见,则乾坤或几乎息矣!'言与天地为始终也"。可知《易》在六经中地位之重要。故后世增加儒家典籍演为"十二经"、"十三经"或"四书五经",均把《周易》列为群经之首。

统社会的历史发展历程中被儒家列为群经之首,被道教奉为其经典"三玄"之一。可以说易学在传统中国文化中是哲学认识理论的根基和核心,是历代人们认识世界和人生的最重要的本体论与认识论体系。

在近代西方学术尤其是哲学理论传入中国以前,中国人对世界和人生的哲学认知基本上都是基于易学构建的理论体系。这种哲学认识体系还在东亚社会得到广泛传播,成为东方社会的支柱性哲学体系。其中尤为明显的是作为中华民族的健康保障的中医药理论基础就是建立在易学理论构架的基础之上的,源于中国医药学的日本的汉方医学和朝鲜半岛的东医也都以易学理论为其认识基础,可以说在东亚的汉文化圈内概莫如此。毫无疑问,这种理论构架解决了数千年来人们对自然变化、人与自然的关系和人本身的生命运行体系的基本认识,维护了数亿人口的健康。其本体论和认识论的价值是不可低估的。

二、传统易学认知体系的形成历程与当代意义

传统易学对于世界和人生的本体论和认识论的基础是借助《周易》卦象的构成要素"阴爻"和"阳爻"两种对立的符号来模写宇宙万物的对立变化。应当说这种理论立足的基础是符合宇宙万物的变化实质的。

从今天物理学对宇宙的认知来讲,宇宙间一切构成的源头是来自波动,波动产生的能量形成易粒子为基础的各种物质的结构和形态。根据波动的不同形态,其产生的能量可以分为正能量和负能量,正能量通过结构可以构成不同的物质形态,这些物质形态就是宇宙间我们能够感知的万物,它们的内在要素是正能量,表现为阳性。而负能量通过结构构成暗物质,形成我们无法感知的世界,其内在要素是负能量,表现为阴性。可以说宇宙间万物的变化都是两种能量相互作用和不断转化的过程。因而《周易》的阴、阳爻可以作为这种宇宙本质的本体表述工具,从而形象地演示两种能量相互影响和互相转化的认识工具。

《周易》则借助这种符号化的工具把世界和人生的发展变化演化成三维要素的变化过程,就是所谓传说伏羲"八卦"的经卦,文王演易则是在三维要素变化的基础上把卦象设立成六维要素的变化过程,从而构成了"六十

四卦"的复卦。这是根据数学组合论原理排列出来的基本形式。这种形式上的卦象在一定程度上反映事物复杂变化的原理。应当说在古代科学理论和数学推算技术不太发达的时代,从本体论和认识论的角度看已经达到它应有的水平,可以成为认识世界和事物演化的思维工具,从而构成东方社会比较合理的形象化的本体论和认识论体系。

根据新石器时代和商、周考古发现的文字符号,我们可知,汉字的数字形态早在西安半坡和临潼姜寨的仰韶文化陶器刻画符号中已有雏形[1],商代甲骨文中汉字的十进位制数字体系已经完全形成,并在占卜中用于记录,在商代后期和西周早期的甲骨文与器物上已有3个数字或6个数字叠加形成的数字卦卦象[2]。众所周知,今本《周易》是一套以阴、阳爻作为基本符号,以这两种符号进行六维叠加构成64复卦,演化成一个符号串结构体系。从商、周的数字卦转化为今本的符号串结构体系应当是一个相当长的过程。我曾发现,至少直到战国中期,尚未出现以符号化的"– –""—"组合来表现卦象,战国后期的清华简《筮法》第二十四节的《卦位图》中开始概括数字的不同属性的阴、阳爻[3]。而数字六即"∧"最后转化为代表具有阴性的偶数代表[4]。应当说这是经过人们长期对于数字的奇偶性进行归纳用代表性的1和6来概括占筮所得数字余数的对应的结果到简化为符号化的"– –""—"阴、阳爻组合表达,是使原始的占筮转化为哲学认知体系。对于阴、阳爻的来源,学者间曾由多种推测,从今本《周易》的爻辞称阴爻为"六"似乎可以说明今本《周易》的阴爻称"六"可能脱胎于此。可以说,《周易》从复杂的十进位数字叠加表达占筮结果到阴阳爻表达的关键。这一转化过程不早于战国中期。但从《马王堆帛书》的《周易》虽然卦序分宫与今本不同,毫无疑问已经是以阴、阳爻符号构成六位叠加的卦象符号体系至迟在汉初已经

---

[1] 参看中国科学院考古研究所、陕西省西安半坡博物馆编《西安半坡》,图一四一,文物出版社,1963,第197页;西安半坡博物馆、陕西省考古研究所、临潼县博物馆:《姜寨——新石器时代遗址发掘报告》,图一〇九,文物出版社,1988,第143页。

[2] 参看张政烺:《试论周初青铜器中的易卦》,《考古学报》1980年第4期;张亚初、刘雨:《从商周八卦数字符号谈筮法的几个问题》,《考古》1981年第2期。

[3] 参看蔡运章:《清华简〈卦位图〉哲学思想考辨》图一,载蔡运章、董延寿、张应桥主编《易学考古论集》,中华书局,2016。

[4] 其实在战国晚期的天星观楚简、包山楚简和葛陵楚简中都有类似清华简《卦位图》的现象。参看李学勤:《清华楚简〈筮法〉与数字卦问题》,《文物》2013年第8期。

形成。由此可知,《周易》是经过长期数代哲人的研究、摸索、思考、探索和改进,完成了从占筮记录转化成哲学认知工具的重要演变,终于在战国晚期到汉初形成一个真正具有认知工具的哲学体系。这个体系经过汉代学者的象数推演直至宋代学者的义理解析以及近代以来学者的研究,逐步完善成为一个博大精深的哲学认知体系。

那么以《周易》为基础的这一中国传统认知体系面对今天的世界是否还有认知的价值和意义,这是当代易学必须回答的问题。

无可否认,在工业化后世界由于科技快速发展,当今世界在计算机技术与互联网通信的有力推动下,已经跨入一个前所未有的数字化时代。易学如果还停留在《周易》原有框架范围内只做语言学和语义学的分析和循环式的预测研究,肯定在认知上有极大的局限性。其实这与西方哲学碰到的问题颇为相似。西方哲学在20世纪末来应对世界和入社会人文环境的巨大变化,曾经进行一系列的革命。但是正如有的学者的分析,西方哲学在20世纪哲学革命后,在对新型科技发展猛烈冲击人的主体性和人文真实性面前,仍然显得苍白无力。相反哲学家在主张自然语言包含逻辑语言的思维框架下,开始寻求用符号体系把握对世界和人生的认识,希望从科学真实推出人文真实,迄今为止似乎仍然没有找到解决问题的途径①。

哲学认知是人们对于世界和人生进行系统认知的一种能力,虽然不同时代需要面对不同的世界格局和人文环境,但认知是一种渐进发展的能力,在一定意义上已有的认知能力依然具有价值和意义。新的认知能力一般来讲是需要在原有基础上进行创新发展才能形成。从这一角度看,传统的易学体系在今天仍然具有认知的价值和意义。但是随着世界的急剧变化和社会的繁纷复杂加剧,人们面对新的世界格局,在完全运用未加发展的原有认知体系去认识世界和人生,应该会有捉襟见肘的感觉。这就需要对原有的传统认知体系进行创新发展,以适应新的世界格局和人文环境。

值得注意的是,《周易》所提供的符号系统恰恰是以早期人文历史背景为依托的人文认知体系,由于这一符号体系具有宇宙根本法则的阴、阳变化的各种组合模式可以提供人们认识世界变化和人文环境变迁,给我们认识

---

① 参看金观涛:《序言:开放社会的理想》,载氏著《消失的真实:现代社会的思想困境》,中信出版集团,2022。

当今的变幻不定的世界格局和纷纭复杂的社会人文环境提供一个哲学认知工具。《周易》虽然来自人文历史经验，但是如前所述在形成简易的数字象征阴、阳爻不同组合的六维符号体系后，却具有一定的自然语言性质。如何突破原有的研究局限，结合人类最新科技手段对原有易学体系进行创新和发展，使之在更大范围内具有更符合科学经验的真实性值得与人文历史的经验真实获得相对对应，易学的价值在当代哲学的发展中将会具有全新的意义和价值。

三、易学的当代创新与发展

今天如果还停留在传统易学的范畴里来认识世界和人生，显然是不够的。如何因应时代的发展和科学技术的空前进步，使传统易学能获得新的发展和应用，无疑是当前易学研究应当认真考虑的重要问题。我认为问题的解决应当从传统出发充分借助现代科学认识和最新科技手段进行大胆创新，把易学从清代以来的停滞不前的窠臼中彻底解脱出来，进行易学的根本性变革，开拓出一条基于数学和计算机算法的新体系。

首先建立一套从本体论和认识论到方法论的全新认知体系。如果能够完成这一体系的创新，中国的易学仍然能够在当代全新社会人文环境下继续发挥哲学思维价值和补充西方哲学理论的不足，为人类文明发展做出新的贡献。

我们首先回到哲学的本体论上，《周易》给易学的最大启示是其以阴、阳作为表达世界和人生变化的基本因素，并以形象化的阴爻和阳爻进行符号化的表达，易学家才可以把原来的占筮体系引申出认识世界和人生本质的哲学体系。前已述及，应当说这种阴、阳的对立与今天物理学对于宇宙本源源于波动和不同的波动构成不同的能量，其中正能量构成可以感觉的物质和负能量构成不能感知的暗物质的认识是基本一致的。也就是说，易学借助《周易》卦爻和卦象可以反映宇宙的本体构成。

从认识论角度看，则易学单纯依靠《周易》符号化模型认识世界和人生应当说具有一定的局限性。首先从现代科学看待宇宙万物，宇宙空间是多维的，用简单的三维或六维符号体系并不能全面进行概括。宇宙间事物的维度是极其复杂的,是由多维度相互作用塑造出来的。在这方面由印度传入中国并本土化的佛学却有很可贵的启示。佛学中的唯识学的"因果论"主张一切诸法须依靠众多因缘方能生起,《大智度论》中则明确主张"观一切自在从因缘生,从因缘生即无自性。无自性毕竟空,毕竟空者是名般若波罗蜜。"强调的正是世界万物的构成是由多维度构成的结果,不能主观地从自我认识出发去作主观判断,舍去主观判断达到最高水准就是空,这种空就是佛学主张的大智慧观察世界超越自己主观判断达到的觉悟境界。这种认识论实际上是基于对客观世界的多维度认识产生的感悟。因而佛学由不同于西方逻辑学的唯识论为前提形成探明果的诸多成因的"因明学"①。西方逻辑学强调的是三段论,是由因推果,容易产生不能考虑果是多维原因形成的。因明学由果求因就是多维度寻求形成果的全部原因,方为觉悟。这种多维度的认识方法一定优于直线型的逻辑推理。

佛学特别强调"缘",用今天的科学理念考量,所谓"缘"应当是多维的"因"交错影响汇集于一点儿而形成的即时性"果",我们可以称之为"即时性结构"。这种即时性结构是多维因素交互影响的临时有序状态,这种状态也是转瞬即逝的。故佛学强调要"惜缘",即任何"即时性状态"都是阶段性结构,转瞬即逝,不复再现。

借助上述佛学原理,我们可以考量易学中的类似认识。易学中最早阐述《周易》的哲学价值的是《易传》,其中有句名言说《周易》的根本价值是"通神明之德,类万物之情。"所谓"神明之德"就是古人心目中的宇宙秩序,是左右稳态结构的有序状态的能量平衡规律,所谓"万物之情"是促动非稳态结构的无序状态的能量转化的失衡样态。易学一开始就希望借助《周易》的卦、爻分布和变化模式来探求宇宙的规律和万物差异变化的实质。这在古代社会的认知条件下是非常难能可贵的。就这一终极哲学命题来讲和西方早期哲学家创造的哲学认知体系可以说是殊途而同归,不分伯仲。甚至可以说在认知的终极目的方面有过之而无不及。

基于这种认识,易学中的宋学义理学代表邵雍把太极理论和先天八卦的图式作为认知宇宙万物变化的依据是十分重要的飞跃。

---

① 参看弘学:《唯识学概论》,巴蜀书社,2016,第241-251页。

我们看到所谓"先天八卦",如果不局限于邵雍在《观物外篇》下所强调的"图皆自中起"的解读方式,而从"坤"至"震"至"离"至"兑"而至"乾",然后再由"乾"至"巽"至"坎"至"艮"而至"坤"的整个运行顺序看,更能体现由极阴"坤"生阳,不断壮大阴而至极阳的"乾",然后由极阳的"乾"生阴,不断增强阴,而至极阴的"坤"的爻变过程。这种分布各卦的位置更能反映各卦之间阴、阳爻变化的演化过程①。

但是古人的认识毕竟有其时代局限。其实上述变化是一个最简化的阴阳消息演变图示。重要的是这个图示启示我们更深入地认识前述《易传》的"通神明至德,类万物之情"。如果说"神明之德"就是古人心目中的宇宙秩序,是左右稳态结构的有序状态的能量平衡规律,所谓"万物之情"是促动非稳态结构的无序状态的能量转化的失衡样态。那么这种平衡规律和失衡样态是如何转化完成的。根据邵雍提出的易卦先天图我们从上述顺序看可以看出,卦象爻变并不是直接转化的,而是一个渐变到突变的过程。如果做最简要的描述,这种变化可以分成四个过程,即由相对平衡的有序态被阴阳变化的因素打破平衡转为无序状态,由无序状态转化为进一步胶着的混沌状态,再由混沌状态逐渐转为接近有序的的准有序状态,最后由准有序状态发生突变而转化成新的有序状态。邵雍的"先天八卦图"其实是一个很好的转化程序图,只是邵雍没有从这个角度去看待转化的轨迹而令人遗憾。

如果认可这种转化模式反映了宇宙万物的对立性转变,在考量转变的实际过程时,就应当设计三个不同的过度状态:原有序态→无序态→混沌态→新有序态,其变化可以归结为:"原序渐变—胶着—新序突变"三个阶段,其结果可能是正面的有序结构转化成负面的有序结构,而转化的重要阶段是胶着阶段的混沌态。这种混沌态可以看作是介于相反的两个有序态的中和。从原有序态变无序态再到混沌态和从混沌态经无序态至新有序态可以看作是转化的渐进过程。

从数学描述的角度看,过去由于技术条件限制,莱布尼兹受《周易》卦象中阴、阳爻的启发,以 0 和 1 分别代表两种相反的因素,发明二进位制,促使计算机的发明,给科技迅猛发展带来突飞猛进,使我们进入数据化时代。

---

① 参看邵雍:《先天易数》,华龄出版社,2011。

但在今天看来我们从邵雍的《先天八卦图》得到新的启发,应当把上述三种情况用新的三进位制:-1、0、+1来进行数学模拟无疑更为合理。而-1到0和0到+1的转化是可以用微积分来进行细微运算的。这与正在研制的量子计算机所需要的模拟计算是恰相一致的①。这无疑说明正确解读邵雍的"先天八卦图"对于今天认识世界仍然有极其重要的意义。如果说《周易》卦象爻变的符号系统的价值在于给人以认识世界两极性相互转换的过程是认识世界万物转化变易不已的启迪,今天我们利用《周易》的这种启迪可以比古人做更精细的分析和演算。

今天要想更精密地认识世界和人生,我们还应当突破《周易》六十四卦的局限,运用经卦到复卦的原理进行多重叠加,把原来的三维变六维扩张模式扩大到尽可能多的维度,在狭义相对论理论基础上进行洛伦兹变换将会推导出更为精细和接近于实际的推算成果。

实际上,这种新建立的叠加型易象模型更有利于把握宇宙和宇宙间万物变化的实际过程。考虑到无论多少层的叠加,新的系统是一个可以建模进行算法设计而利用计算机进行高速推算的体系。根据已有关于《周易》体系的数学运算探索,我们可以首先建立用于推导的"公理系统"②,然后利用数学工具进行算法设计,是可以极大地改进易学原有不能适应当代科技发展需要的境况。

实际上已有不少科技工作者利用数学原理和计算机实际算法对于《周易》原有系统进行过数学模拟论证③。我们应当借鉴他们探索的思路和行之有效的数学工具对新的叠加体系进行更缜密的算法设计并借助计算机极强的数据处理能力作这些方面的尝试。例如,把叠加的新易象体系看作一个体系化的代数结构格,进行格论解析,看作是一个群,进行群论分析,运用布尔代数、泛系理论和模糊数学等数学手段进行算法设计和计算,这种借助现代科技手段构成的新易学一定会超越古代原有水平,能够成为当今世界新的认识世界本质和万物变化实质的认知工具,成为判断宇宙变化与万物

---

① 参看李联宁:《量子计算机》,清华大学出版社,2019。
② 参看张家龙:《公理学、元数学与哲学》,上海人民出版社,1983。
③ 参看栾任之、王景祜:《周易思维与现代科学》,文汇出版社,2009。

演化的可能性结果的有效认识体系[1]。这就是我对易学创新发展的主要想法和思路。特向海内外易学界同道请益,希望科技界的朋友与哲学界的朋友对以上思路进行批评指正,是以为祷。

---

[1] 参看理查德·萨顿、安德鲁·巴图:《强化学习》,俞凯等译,电子工业出版社,2019。

河大校园的日本灯塔之谜
——兼谈河大礼堂变成了日军的马厩

李玉洁

河南大学文物馆的门口,有一个用钢筋水磨石制成的东西。它四面挑角(现已缺了一个角),上面有一个尖尖的圆球,约有2米高,像一个缩小的亭子。我曾经不知道那是个什么东西,因此问过学校的一些老教师。他们说,这是日本侵华时留下来的,1958年大炼钢铁时,学校成立铁塔钢铁厂,于是在上面就刻了"开封铁塔钢铁厂"的字样;但不知道有什么用处。

2007至2008年,我为了完成教育部重点研究基地的一个研究项目《黄河文明的历史变迁》,考察黄河文明与日本文化的交流;受河南大学的派遣、日本皇学馆大学的邀请,客座日本皇学馆大学,时间一年。在日本国,我见到许多象征性的灯塔,与我们校园里的那个不知名的东西一模一样,才知道那是日本人制作的象征性灯塔。

日本是一个海岛国家,人们的活动较多在海洋中,有时候在茫茫大海里,特别是黑夜中,人们难以辨别方向,他们渴望有一盏灯塔照耀道路、指引方向、给人以温暖和光明,所以对灯塔表示出特别的需求。这当是日本人把灯塔当神物看待的重要原因,也是日本人非常重视灯塔的原因。

日本奈良的春日大社的每一条参道上都有成排的石灯塔,春日大社一些殿堂的走廊下、檐廊下也挂满了铜的吊灯。据有人统计春日大社石灯塔和铜质灯共有3000多盏。有人说,这里有石造灯塔1780盏,铜吊灯1012盏,我没有数过,所以也不知到底有多少。这些石灯塔和铜质灯,在节日时会全部点亮,成为春日大社的一道奇观。

我在日本进行研究的机构皇学馆大学,在日本天皇的祖庙——伊势神宫所在地伊势市。从皇学馆大学的校门口直至伊势神宫有一条大路是天皇参拜的御幸路,10多里长,每隔十米左右就有一个石刻的"灯塔",为祖先天照大神照明。

在日本的神宫、神社中,无一例外的都竖立着石刻的灯塔。日本的停车场亦立有灯塔,当也是为了照明,或是祈求路神保护。日本墓地上的灯塔是为死者照明,也祈求地神的保护。

日本的灯塔怎么会竖立在河南大学的校园里呢?

1937年卢沟桥事变,日本开始发动大规模的侵华战争,不久河南省城开封沦陷。河南大学辗转迁徙至河南鸡公山、镇平、嵩县、潭头、荆紫关、陕西宝鸡等地办学,河大医学院则多次由荆紫关到汉中,又到宝鸡等地。河南大学流亡办学中,曾在潭头与日本人遭遇,发生"潭头惨案",河南大学死伤数十名师生。河南大学在外流亡整整八年,抗战胜利后才回到开封。

开封沦陷后,日军进入河南大学时,遭到开封军民的拼死抵抗,曾在河南大学的东门口打死日军士兵20多人。

日本人为了报复,疯狂地血洗了开封,占领了河大。河大成为日寇的司令部。日寇把河南大学礼堂的铁椅子扔在铁炉里化掉,去做枪炮,再枪杀中国人民。平日河大师生们开会、集会、学术报告的神圣礼堂,现在变成了日军的马厩、养马圈。

灯塔本来是日本人民对亲人寄托关怀和对死者祝福的物品,表达一种非常善良的愿望,但当日寇占领河大之时,因在学校东门口被打死的20多个日本侵略兵,日本军国主义者根据日本的习俗,为在进攻河南大学时被打死的日本人建立灯塔,以照亮冥路。

日本人建在河大的原来有两个灯塔,分放在河南大学东门口内的路两边,还有塔座,挺高的。1958年大炼钢铁时,河南大学在东门之内建立铁塔钢铁厂,这两个灯塔就在钢铁厂内。有很多国人不知这是什么东西,于是就有人在这个灯塔上刻了"开封铁塔钢铁厂"的字样。在河大东门口两个灯塔,2004年被民工开电动货车撞坏一个;现在只剩下一个这样的灯塔了。

如今这个日本人造的灯塔被搬到河大文物馆门前的草地上,留下了日本侵略中国、践踏河大、践踏中国教育的罪证。这既是日本法西斯侵略中国的铁证,也是中国人民顽强抵抗日本侵略的一个纪念。

2016年中国古代史研究概述

晋 文 沈 杰

2016年的中国古代史研究取得了丰硕成果,不仅出版了许多专著,而且发表了大量论文,还举办了一些有影响的学术研讨会。

一、总论

改革开放已三十多年。《史学月刊》第4期以新史学理论研究的回顾与展望为题组织了笔谈,发表了赵轶峰《"新时期"史学理论之我见》、陈启泰《新时期史学理论进展的两点思考》和彭卫《试说历史学的实践性》等一组文章。《史学理论研究》第3期圆桌会议邀请专家学者就"学科渗透与历史学的边界"为题展开讨论,刊发了郑大华的《学科渗透与中国近代思想史的边界》、左玉河《互鉴共赢:历史学与各专门学科的交叉渗透》、马勇《学科渗透与历史学的本质》和焦润明的《文化史学之学科渗透及其边界》。《中国史研究动态》第4期就青年学者广泛关注的"历史书写"或称为"史料批判"话题展开回顾与展望,孙正军《通往史料批判研究之途》、徐冲《历史书写与中古王权》、赵晶《谫论中古法制史研究中的"历史书写"取径》和刘峰所翻译的日本学者安部聪一郎的《日本学界"史料论"研究及其背景》,均引人注目。

近二十余年来,域外汉籍的大量影印出版,中国学术界出现了一种新的研究视野。《史学理论研究》第2期圆桌会议就"东亚视野下的历史研究"刊发了一组文章,有乔治忠《论中国史学史研究的东亚视域》、韩东育《"德与前近代东亚世界的中国站位》、黄俊杰《从东亚视域论中国历史思维的几个关键词》、张伯伟《新材料·新问题·新方法——域外汉籍研究三阶段》和孙卫国的《东亚视野下的中国史研究》。

国家起源是今年学界热议的话题。李伯谦《从中国文明化历程研究看国家起源的若干理论问题》(《中原文化研究》第 1 期)认为,研究中国国家的起源、形成和发展,应该将之放在中国所处的特定地理自然环境、特定文化格局中。许宏《中国考古学界国家起源探索的心路历程与相关思考》(《中原文化研究》第 2 期)认为,迄今的中国国家起源研究结论具有相对性和不可验证性。但如果用东亚大陆来表述讨论的空间范畴,以二里头文化出现为界,就可以把东亚大陆的早期文明史划分为两个大的阶段,即以中原为中心的"中原(中国)王朝时代"和此前政治实体林立的"前中国时代"或"前王朝时代"。苏秉琦《满天星斗:苏秉琦论远古中国》(中信出版社)从宏观角度探讨中国文明的起源问题,将新石器时期的中国文明状态传神地描述为"满天星斗",同时提纲挈领地梳理几大区系文化的渊源、特点和发展道路。关于中国专制皇权,李振宏《从政治体制角度看秦至清社会的皇权专制属性》(《中国史研究》第 3 期)认为,在秦至清两千多年的中国帝制社会中,无论是以三公九卿和三省六部为基本体制的中央官僚制度,还是以皇权为中枢的郡县官僚制度,都是皇权的派生物,其职能都在于保障皇权控制社会的绝对性。

二、史前史

关于史前经济,杨富学、陈亚欣《河西史前畜牧业的生成及其特点》(《中国经济史研究》第 6 期)提出,河西地形气候环境的独特,使得这条走廊既有利于原始农业的孕育,也便于牧业的发展。从考古资料看,河西地区的原始农业文明要早于牧业,牧业文明是由原始农业文明转化而来的。刘学堂《彩陶与青铜的对话》(商务印书馆)则围绕"彩陶"与"青铜"这两类特殊器物,探索史前时期东西方文化交流进程。

关于早期文明,韩建业《中原和江汉地区文明化进程比较》(《江汉考古》第 6 期)认为,中原和江汉存在稍有不同的文明演进模式,即中原模式和东方模式中的江汉亚模式。江汉生活较为优裕,文化发展平稳,难免耽于安乐,少思进取,这或许就是中原之兴与江汉之衰的内因。孙周勇《公元前第三千纪北方地区社会复杂化过程考察——以榆林地区考古资料为中心》(《考古与文物》第 4 期)认为,公元前 2300 年前后,以石峁城址为核心的北方地区"大一统"的政治格局形成,开启了早期城市化道路,迈开了走向早期国家的步伐。石峁遗址不仅成为国内已知规模最大的龙山时期至二里头早期阶段城址,也是北方地区地缘政治的中心。进入第二千纪早期,夏文化的影响在夏王朝建立初期远未波及北方地区,这里可以说是独立发展的。

天人关系是哲学的基本问题之一。陈望衡从神话传说与考古文物两个角度来认识史前中华民族的人天关系观,认为可分为五种:人天一体,体现为盘古开天的神话;人代天工,体现为女娲补天神话;神为超人,体现为史前的神像雕塑;中介通天,体现在玉为神物,以玉通天;人天分职,体现为颛顼"绝地天通"传说(《史前中华民族的人天关系观——上古神话及史前出土文物的哲学解读》,《江海学刊》第 2 期)。

三、先秦史

经济史研究,陈雪香《中国青铜时代小麦种植规模的考古学观察》(《中国农史》第 3 期)提出,经历了史前时期的初步传播之后,小麦在夏商时期出现了强化种植的趋势,而这一种植规模的显著提升主要局限于中原地区。刘兴林《牛耕起源和早期的牛耕》(《中国农史》第 2 期)认为,在牛耕起源问题上,牛的驯化和驾驭、犁架的形成、相关套牛技术的出现是三个密切相关的要素,缺一不可。根据牛耕起源三要素的形成情况,把我国牛耕发生的时间定在商代应是比较可信的。西周春秋是牛耕的早期阶段,战国开始进入到推广期。

在政治方面,胡宁《从大河口鸟形盉铭文看先秦誓命规程》(《中国史研究》第 1 期)认为,山西翼城大河口西周霸国墓地出土的鸟形盉,主要记录了誓约过程中的两次立誓,铭文中称为"誓"和"报厥誓",提示先秦誓约规程中包含立誓和报誓两个环节。杨文胜、孙虎成《从墓葬统计资料考察两周女性贵族间等级关系及变迁》(《中原文化研究》第 4 期)认为,两周随葬青铜礼乐器制度以一种形式上的平等将女性贵族接纳到礼器使用范畴中。田侃《先秦时期信用思想探析:国家治理的视角》(《中国经济史研究》第 5 期)认为,"信用"这一概念产生于上古时代,到西周和春秋战国时期有了进一步发展。"信用"作为中国政治伦理和道德准则,以软约束的形式规范了君主、民众甚至国家的行为。

文化方面,高婧聪从近年来公布的西周中期系列青铜器乭器铭文入手,探讨了西周的西周宗族形态及德教(《西周宗族形态及德教——以乭器所见遣氏宗族为中心的考察》,《历史研究》第 6 期)。罗新慧《"帅型祖考"和"内得于己":周代"德"观念的演化》(《历史研究》第 3 期)认为,西周时周人德的来源主要有二:一是天或上帝;二是祖先。"修"德的重要途径即遵循和效法祖考。春秋之后,个体意识增强德由祖先所有转而为生者所有即是"内得于己"。吴昊、吕金伟《春秋战国时期诈病现象研究》(《浙江学刊》第 1 期)认为,诈病是一种非病之病,是一种自我病态化的行为,在权力争夺、邦交斡旋、政治诉求、保全生命、价值选择等方面展现出其功能,成为社会生活中的一种隐喻。

先秦诸子研究,李锐提出周人的古史系统有三次建构,存在三阶段差别,周人逐步将祖先的时代提前,最终以黄帝为祖,形成了一个以炎黄为中心的复杂的古史系统(《上古史新研——试论两周古史系统的四阶段变化》,《清华大学学报》第 4 期)。钟书林《对话圣贤与经典——孔子成圣之路与先秦诸子经典的形成》(《文史哲》第 2 期)认为,从某种程度上说,春秋战国时期孔子形象的神化、成圣之路,也就是先秦诸子经典文本的形成过程。

清华简的研究愈发深入。黄国辉《清华简〈厚父〉新探——兼谈用字和书写之于古书成篇与流传的重要性》(《清华大学学报》第 3 期)认为,清华简《厚父》记述的应当是西周早中期的思想内容,但带有浓厚的西周中晚期以来的用词与书写风格,反映出清华简《厚父》可能是一个不完全的转抄本。沈建华认为,简本《唐(汤)处于唐丘》的发现,证明《贵义》可能在战国中期就已经形成,并不很晚(《清华简〈唐(汤)处于唐丘〉与〈墨子·贵义〉文本》,《中国史研究》第 1 期)。李均明论述了《清华简〈殷高宗问于三寿〉所反映的忧患意识》(《中国史研究》第 1 期))。黄儒宣《清华简〈系年〉成书背景及相关问题考察》(《史学月刊》第 8 期)认为,《系年》叙述各国早期历史阶段,取材特别偏重秦国与卫国。

四、秦汉史

经济史研究,王彦辉《秦汉户籍管理与赋役制度研究》(中华书局)讨论了秦汉县乡机构设置、户籍登记与管理、聚落形态的演变与社会控制、资产登记与财产税演变、徭役与兵役体系及正卒与材官骑士制度等方面的问题,其中有不少看法颇具新意和启发。朱圣明提出,秦至汉初的"户赋"征收与同时期施行的"名田宅"制度有直接关联,从二者的关系入手可以获得对户赋更加清晰的认识(《再谈秦至汉初的"户赋"征收——从其与"名田宅"制度的关系入手》,《中国经济史研究》第 3 期)。朱德贵、庄小霞《岳麓秦简所见"訾税"问题新证》(《中国经济史研究》第 4 期)认为,最新刊布的《岳麓书院藏秦简(叁)》首次披露了有关秦"訾税"征收的历史真相。根据这批简文记载,"秦及汉初不存在财产税"的观点显然是错误的。

政治史方面,晋文《西汉"武功爵"新探》(《历史研究》第 2 期)认为,武功爵的设置是汉武帝时期国家财政紧缺为奖励军功而设置的,授爵对象必须是获得军功的将士。"武功爵"共分十一级,奖励或支出总价值为"三十余万金",其设置是利大于弊的。崔建华《西汉"复作"的生成机制及身份归属探讨》(《中国史研究》第 2 期)认为,西汉复作已具有独立标识身份的功能,应当是介于编户民与刑徒之间的过渡身份。邬文玲《汉代"使主客"略考》(《中国史研究》第 3 期)认为,"使主客"是皇帝派出的使者,一般由"郎""郎中""中郎将""谏大夫""散骑光禄大夫"等皇帝身边的近臣出任,带有临时加官的性质。

文化史研究,程苏东《〈春秋繁露〉"五行"诸篇形成过程新证》(《史学月刊》第 7 期)认为,《春秋繁露》"五行"诸篇包括董子原作、后人续作及二次续作三个层面,展现了后儒将董子"五行"生胜思想与秦汉时月令思想、《洪范》五行学乃至《孝经》学思想进行融合,构建新的"五行"学体系的尝试。姜生《汉帝国的遗产:汉鬼考》(科学出版社)从汉代宗教信仰的角度出发,以多学科交叉的研究方法探讨了汉墓中的时空隐喻要素以及见诸汉画的神祇与仙谱。

海昏侯墓的发现使海昏侯研究成为热点。江西省文物考古研究所、南昌市博物馆和南昌市新建区博物馆的《南昌市西汉海昏侯墓》(《考古》第7期)认为,海昏侯刘贺墓形象地再现了西汉时期高等级贵族的生活。朱绍侯对昌邑国的所在地和刘贺翻案问题作了缜密考证,认为昌邑国在山阳郡(今山东金乡县),刘贺被废乃咎由自取,霍光的做法是为了汉帝国的长治久安(《昌邑王废帝海昏侯刘贺经历考辨》,《南都学坛》第4期)。王子今《"海昏"名义考》(《中国史研究动态》第2期)认为,"海昏"两字可能非县邑名,而具有特别的象征意义。南齐萧宝卷的"东昏侯"名称可作为启发。王泽文《试说"海昏"》(《中国史研究》第4期)分析了关于西汉海昏地名来历的几种说法,认为海昏地名与西周青铜器柞伯鼎铭文中的地名"昏"有关。《史学月刊》第9期组织了"海昏侯刘贺评价"笔谈,徐卫民《汉废帝刘贺新论》认为,对刘贺的评价既不能完全否定正史中的文献记载,也不能全面为刘贺翻案。臧知非《刘贺立、废的历史分析》认为,仅凭出土儒家典籍,还不能说刘贺是儒家信徒,更不等于刘贺为昌邑王时就是儒家学说的践行者。孙筱《从"为人后者为之子"谈汉废帝刘贺的立与废》认为,无论是根据经学的经义对刘贺的评价,还是史籍对其事迹的记述,给刘贺翻案皆无本可据。辛德勇《海昏侯刘贺》(三联书店)则是第一部有关海昏侯及其时代的专著。

关于简牍研究,晏昌贵《天水放马滩木板地图新探》(《考古学报》第3期)依据最新红外照片,释出放马滩木板地图中"北方"二字,从而确定放马滩木板地图的方位为上南下北。这一结果,不同于此前的任何研究者,但它最符合木板地图的内在逻辑和图幅所表现的比例关系,也符合墓主人生前的身份等级和社会地位。

五、魏晋南北朝史

经济史研究,李书吉、赵洋《北魏班赐制度发微》(《中国经济史研究》第2期)认为,北魏早期官员主要依靠从征获取战利品维生实行"班赐"制度。这是源于原本出身游牧民族的"国人"自身的观念,它是北魏诸帝对贪暴屡禁不止,地方叛乱频繁的根结所在。朱成实、张剑光《东晋时期的钱币及其流失》(《史林》第 2 期)提出,东晋时期"比轮""四文"和"小钱"三类钱币在钱重和币值的对比上存在着较严重的失衡,引起了大规模的钱币流失。夏炎以历史学的研究理论来探讨中古灾害,认为魏晋南北朝的地方官灾后救济存在着两条并行的轨道,其一是"法内"行为,即严格的"先表后给"程序;其二是"被合法化"的"法外"行为,即擅自开仓与私产赈济(《中古灾害史研究的新路径:魏晋南北朝地方官灾后救济的史实重建》,《史学月刊》第 10 期)。

政治史方面,楼劲《谶纬与北魏建国》(《历史研究》第 1 期)认为,在北魏建国过程中"当涂高"等谶实际是一种不可缺位的要素,其所蕴内涵之丰富深刻,所施影响之直接、重大,地位当不在经学及诸前朝典章故事之下。王铿考察了六朝时期三吴地域内的寒人阶层的政治出路,认为当时寒人们往往利用自身的财富为自己铺就了一条政治出路(《六朝时期三吴地域非门阀士族人士的政治出路——商人、门生、恩幸之关系》,《中华文史论丛》第 2 期)。朱绍侯《论刘裕》(《军事历史研究》第 6 期)提出,用历史主义观点评价刘裕,他是一位有勇有谋、有作为的开国皇帝,对祖国局部统一作了贡献,他所建立的刘宋政权也成为南朝时期各政权中最强大和最兴盛的一个。

在文化礼仪方面,王铭《北魏太武帝庙号升格问题考议》(《中国史研究》第 1 期)认为,北魏太武帝拓跋焘死后被追尊为"世祖",很可能是在太和十五年改议祖宗、颁布《改易庙号诏》之时,孝文帝出于确立北魏太庙"三祖"格局的需要,而将太武庙号由"世宗"升格为"世祖"。胡克森认为北魏州郡学不是承袭汉魏地方官学传统,而是承袭了汉魏中央官学体系,其学校名称、教师称谓、学制规模、考试方法均与两汉太学相似(《北魏州郡学的统一建立与拓跋鲜卑的汉化改革——兼谈北魏汉族士人儒学复兴的艰辛历程》,《史学月刊》第 6 期)。王春阳《论西晋元会礼的建构与用乐的雅化》(《社会科学战线》第 8 期)认为,元会礼兴起于汉初,经过几百年的发展,到西晋时期形成了完备的仪注仪规。在皇帝与大臣揖让有节、周旋有度的仪节中蕴含着确立帝王权威、调和君臣关系的重要内涵,对于巩固中央集权统治具有重要意义。刘可维《汉魏晋南北朝葬仪中"殊礼"的形成与变迁》(《史学月刊》第 11 期)通过梳理史料,认为汉魏晋南北朝葬仪中所用殊礼主要包括有辒辌车、黄屋左纛、鸾辂、龙旂九旒、虎贲百人等车舆及仪仗。追根溯源,这些殊礼的下赐均源自西汉霍光以及东汉诸侯王的葬礼故事。郑岩《魏晋南北朝壁画墓研究(增订版)》(文物出版社)加入《北朝葬具孝子图的形式与意义》及《前朝楷模 后世之范》两文,并补记了2002年以后出土的新材料。

民族关系方面,胡鸿提出,六朝时期在长江中游的山区出现强大的非华夏势力,局部地区的华夷力量对比发生逆转。华夏网络的断裂是造成华夷间政治主动权局部逆转的主要原因,而断裂带上的南方山地社会在获得局部政治、军事优势的同时,加速了华夏化的演进(《六朝时期的华夏网络与山地族群——以长江中游地区为中心》,《历史研究》第5期)。

六、隋唐五代史

经济史研究,王义康《唐代周边内附诸族赋役问题探讨》(《中国经济史研究》第2期)认为,唐代周边内附诸族承担赋役方式大体可分两类:一类,内附诸族注籍以编户身份承担额税;二类,内附诸族以集体为单位承担赋役。孟宪实《唐西州马价考》《新疆师范大学学报》第3期)通过吐鲁番出土文书,考证唐前期西州马价及其演变,再通过对比敦煌、中原的相关资料,考察西州马价在全国的状态,从而为全面理解唐代西州,提供一个新的具体观察视角。宁欣《唐德宗财税新举措析论》(《历史研究》第4期)认为,唐德宗时期在对藩镇用兵的背景下,推行的借商、僦质、税间架、算除陌等一系列财税征收新举措由于损害了普通城市居民、权贵豪族等既得利益集团的利益而失败,但是其改革的方向是符合历史的潮流的。陈国保《王朝经略与隋唐南疆商业贸易的发展》(《中国边疆史地研究》第4期)认为,隋唐王朝在统一岭南后开始着手对南疆交州的经略。作为隋唐帝国海外交通与贸易门户的交州(安南)地区,因为有国家力量的保障,其商业贸易呈现出空前繁荣的发展态势。

政治史方面,李鸿宾《唐朝前期的南北兼跨及其限域》(《中国边疆史地研究》第2期)认为,农耕王朝兼跨的局限乃在于自身的生计方式与草原游牧生计存在着难以兼容的张力。刘海霞《从"封"与"授"的四次转化看唐与东突厥关系之嬗变》(《中国边疆史地研究》第3期)认为,由唐对东突厥册封与授官的四次转化,可以看出双方关系的变化。胡宝华《唐代谏官补阙、拾遗定员考》(《中国史研究》第3期)认为,唐朝补阙、拾遗的编制先后经历了从"各两员"向"各六员"的发展阶段,左右补阙、拾遗各"六人"是唐后期制度发展的真实反映。张雨《大理寺与唐代司法政务运行机制转型》(《中国史研究》第4期)认为,大理寺前期仅作为在京法司参与司法政务的处理,唐后期逐渐成为天下刑狱的具体审断机关。这为宋代大理寺"掌断天下奏狱"机制的形成奠定了基础。

宗教史方面,张金龙《隋代虞弘族属及其祆教信仰管窥》(《文史哲》第2期)认为,《虞弘墓志》所载"鱼国"是指已经灭亡的茹茹国,即柔然游牧帝国;虞弘及其家族信奉祆教,不排除其年少出使波斯时接受祆教洗礼的可能性,但更可能是因为其所属部族原本就信奉祆教。李智君认为,道宣所采用的空间整合的核心方法,使中土成为佛所王土的一部分,弥补了佛教典籍在早期结集时对印度域外地理知识的不足,完善或补充了佛教的空间结构系统,也在很大程度上昌明了中土佛教的正统性(《天竺与中土:何为天地之中央——唐代僧人运用佛教空间结构系统整合中土空间的方法研究》,《学术月刊》第6期)。介永强《唐代胡僧僧伽生平事迹考索》(《史学集刊》第5期)认为,胡僧僧伽是西域何国人,即今中亚乌兹别克斯坦人,被唐中宗尊为"国师",他的到来与当时佛教本土化和世俗化的社会环境是分不开的。

社会史方面,官德祥《隋文帝与开皇十四年旱灾》(《中国农史》第1期)认为,透过分析隋文帝的民本性格、救灾政策、政治环境以及当时的灾情实况,发现隋文帝并非如唐太宗所言救灾不力。此外,此次旱灾还带来民间义仓的历史性改革。陈磊《唐人饮食中的石蜜、甘蔗和饴糖》(《史林》第3期)认为,唐人饮食中最重要的三种甜味食物分别是蜂蜜、蔗糖(乳糖)和饴糖。夏炎认为,唐后期南贬北人之间存在一种互赠南方物产的风气,其背后实际上蕴含着某种南北互动信息(《"北人""南物"与唐后期南北问题的重新审视——以南贬北人间的礼物馈赠为中心》,《清华大学学报》第4期)。吕博《头饰背后的政治史:从"武家诸王样"到"山子军容头"》(《历史研究》第4期)认为,人们服饰配件与饰品,也是政治运作的一种象征,传达着身份、地位、职业、道德、婚姻、宗教等诸多社会信息。

七、辽宋西夏金元史

经济史研究，唐晔、张婷《宋代耕牛价格水平蠡测》（《中国经济史研究》第 1 期），推测北宋耕牛市价通常不超过 10 贯铜钱。而南宋由于战争等原因，耕牛价格则大大上升，由此也可看出北宋经济状况应当优于南宋。黄纯艳《论宋代的近海贸易》（《中国经济史研究》第 2 期）认为，宋代已经形成一个有着相对独立特点、贸易规模颇大的近海区域市场，为沿海地区商品经济和海外贸易发展提供了前提和基础。骆详译、李天石以水利管理方面的律文为重点，探讨西夏地方财政的运作模式，认为转运司不仅垂直管理地方郡县财政，还握有地方财政的审核权（《从〈天盛律令〉看西夏转运司与地方财政制度——兼与宋代地方财政制度比较》，《中国经济史研究》第 3 期）。李春园《黑水城文书所见元代亦集乃路物价》（《中国经济史研究》第 2 期）探讨了元代亦集乃路地区的货币、利率及商品物价。史金波《黑水城出土西夏文雇工契研究》（《中国经济史研究》第 4 期）认为，其发现填补了这一时期的雇工契空白，在形式和内涵上都继承了中国的契约传统，从一个侧面折射出西夏农业经济的部分运行特点。

政治史方面，刘迎胜的《"拔都西征"决策讨论及相关问题》（《历史研究》第 2 期）探讨了拔都西征的背景、直接原因以及汉族没有参与原因等问题。杨军《辽代捺钵三题》（《史学集刊》第 3 期）认为，四时捺钵的随行人员驻扎的地域相当广阔，并不皆与皇帝在一起，辽中期后的捺钵地既有宫殿又有官员的私人建筑。陈晓伟对辽代"四楼"问题也有比较新颖的论述（《捺钵与行国政治中心论——辽初"四楼"问题真相发覆》，《历史研究》第 6 期）。李月新《辽朝"入阁礼"考论》（《史学集刊》第 4 期）补充了学界对于辽朝的入阁礼认识。宋卿《论金代宣徽使》（《史学集刊》第 5 期）认为，金代宣徽使的民族成分是汉人、契丹、渤海外族人占居多数。孙久龙《金朝礼部官员民族构成初探》（《史学集刊》第 5 期）认为，金朝礼部官员之民族成分复杂，各族的比例不尽相同，整体上来说是以汉族为主。

俞菁慧、雷博从经学的角度出发阐述了北宋熙宁青苗法背后的政治形势以及双方的财用观和经济观（《北宋熙宁青苗借贷及其经义论辩——以王安石〈周礼〉学为线索》,《历史研究》第 2 期)。俞菁慧还从经术与政治结合的角度审视熙宁新法,更进一步从根源上认知王安石关于新法之顶端设计的理念来源与制度架构(《〈周礼〉"比闾什伍"与王安石保甲经制研究》,《中国史研究》第 2 期)。范帅《沿袭与趋势:宋代东宫衰微之原因》(《史学月刊》第 11 期)认为,专制社会不断加强的皇权不允许储君对其产生威胁,中唐以降储君权力的衰落已成趋势,宋代东宫衰微则是这一历史趋势下的产物。

社会史和文化史研究,梁建国《朝堂之外:北宋东京士人交游》(中国社会科学出版社)探讨了北宋东京士人社会的交游活动及其都市空间的互动。严耀中《玄学与理学在江南社会的比较》(《史林》第 5 期)认为,玄学和理学分别在东晋南朝和宋代在江南成为显学,虽然它们对江南乃至全国产生了重要的影响,但后者更具持久性。

八、明清史

经济史方面,蓝勇《清代京运铜铅打捞与水摸研究》(《中国史研究》第 2 期)提出,清代滇铜、黔铅京运过程中的沉铜、沉铅事件大多发生在四川泸州以东的长江和大运河沿线。孙杰《民生、国计与求道之方——明代"本业"观的多重内涵》(《中国经济史研究》第 3 期)认为,明代的"本业"观涉及百姓、国家与士大夫等多个层次。赵世瑜、杜洪涛《重观东江:明清易代时期的北方军人与海上贸易》(《中国史研究》第 3 期)认为,东江史事背后的海上贸易虽然只是随东江镇的短暂存在而兴盛一时,但依然是辽东长城战守的延伸,其影响甚大。

政治史研究,秦博《洪武朝勋臣的爵、官与职权》(《中国史研究》第 1 期)认为,朱元璋立国不久就构建了一套功臣封爵制度,但在政治实践过程中,勋臣的职官逐步虚化,他们主要通过受领钦差职事广泛参与军国庶务,形成明初特有的贵族政治倾向。吴艳红、姜永琳通过《四川地方司法档案》这一目前仅见的明代地方司法档案,发现明代布政司在立案、审问以及详谳等司法过程中均发挥了重要作用(《布政司与明代司法——以明代〈四川地方司法档案〉为中心的研究》,《南京大学学报》第 4 期)。王志明《清代职官人事研究:基于引见官员履历档案的考证分析》(上海书店出版社)收集40994 名官员的履历,以计量史学方法研究清代官僚人事制度。

文化宗教方面,王健《嘉靖初期毁淫祠与废佛寺政策的地方实践——以江南、福建为重点》(《史林》第 3 期)提出,毁淫祠与废佛寺是嘉靖初期宗教政策的重要内容,其推行背后有着帝王偏好、礼制改革、乡约推行等多重因素的驱动。谢贵安《明代宫廷女教论析》(《中原文化研究》第 3 期)认为,在程朱理学和纲常观念盛行的背景下,明代宫廷女性在接受教育上得到了一定的保障,基本上形成了相对完善的教育机制。马西沙《清代康、雍、乾三朝对民间宗教的政策及其后果》(《世界宗教研究》第 5 期)认为,康熙时代对待民间宗教政策即全面实施与民休息的政策,雍正王朝总体上说是宽严兼济,并有区别对待的政策,乾隆时代当局对民间宗教采取了残酷镇压的政策,造成了严重后果。

关于外交关系,刘晓东、年旭认为,目前研究多将明太祖对日交涉核心目的归结为禁倭,但以洪武初年对外诏书的对比来看,禁倭很可能只是次要目的,申交方是明太祖对日交涉的核心目的(《禁倭与申交:明太祖对日交涉目的探析——以洪武初年的对外诏书为中心》,《外国问题研究》第 1 期)。万明《明代历史叙事中的中琉关系与钓鱼岛》(《历史研究》第 3 期)认为,钓鱼岛自古以来就是中国的领土,现在的中琉官私文书及国家叙事和民间叙事中可以明显看出一条完整的线索链。孙卫国从明清易代,以及朝鲜燕行使参观明清所立历代帝王庙阐述了明清中朝文化交流特点(《明清时期历代帝王庙的演变与朝鲜使臣之认识》,《南开学报》第 5 期)。

社会史方面,常建华通过对《清嘉庆朝刑科题本社会史料辑刊》所载山西档案资料中的案件分析,研究了当时的人口、婚姻、家庭等状况(《清中叶山西的日常生活——以 118 件嘉庆朝刑科题本为基本资料》,《史学集刊》第 4 期)。钱杭从山西沁县族谱出发,对"门"及其"门"型族谱的一系列理论和实际生活的运用进行了阐述,认为移民特别影响了当地的族谱(《沁县族谱中的"门"与"门"型系谱——兼论中国宗族世系学的两种实践类型》,《历史研究》第 6 期)。此文一定程度上改变了中国宗族世系研究中的单一性,强调各地域之间的差异。定宜庄、邱源媛的《近畿五百里:清代畿辅地区的旗地与庄头》(中国社会科学出版社)梳理了清代庄园制度对畿辅地区旗人群体的多样性、旗人社会的内部分化等问题。

关于新清史研究,常建华《祈福:康熙帝巡游五台山新探》(《历史研究》第2期)认为,新清史强调康熙帝巡游五台山接续元朝传统的看法可以商榷。康熙帝五次巡游五台山,进香礼佛意在调适满、蒙、藏、汉四者的关系。邹怡《游牧、农耕两大生态区整合背景中的清代多民族治理》(《复旦学报》第3期)认为,清政府处理民族事务的对象和技巧,固然与满洲人出身内陆亚洲的地缘关系和政治传统有关,但其多民族治理的目标继承了前代对中央集权国家的追求。刘文鹏《内陆亚洲视野下的"新清史"研究》(《历史研究》第4期)认为,"新清史"学者们将满洲特性泛化为以游牧文化为核心的内亚特性,有违以往内亚史学者之本义。将"内陆亚洲"从一个文化概念演绎为一种与"中国"对立的政治概念,逻辑上存在偏差,也不符合历史实际。刘凤云《奠都盛京:清朝入关前文化体系的构建》(《清史研究》第3期)提出,从内亚研究的结果来看,来自蒙古世界的所谓"精华",明显不如儒家的汉文化对清朝的影响大。

2015年底以来,多家报刊以四川江口考古新发现为题,对张献忠沉银作了大规模报道。《中国史研究动态》第5期刊发了李飞《张献忠"沉银埋宝"初步研究》、江玉祥《张献忠藏宝之文献考察》、万明《张献忠为什么会有大量白银沉于江口》和张献忠《"张献忠屠蜀"与清朝政治合法性之建构》一组文章。

九、总结与期望

综观2016年中国古代史研究,可以明显看出,传统的政治史、制度史领域依然是学界的热点,相对来说其成果也最为丰富。经济史、社会史、文化史研究也引人注目,而民族史和边疆史研究则相对较少。同时,中国古代史前半段过度依赖出土文献和器物的"碎片化"现象在2016年度基本没有改变,一些论著也有"炒冷饭"之嫌。另一方面,跨学科的趋势愈发明显,不少论著涉及文学、哲学和社会科学,甚至是借助自然科学。但大多数论著仍有些拘泥于断代研究,从宏观整体上探讨中国古代史的成果还相对较少。总体来说,2016年度中国古代史研究取得了很多可喜成果,今后应更多地开展对新材料、新问题、新方法和跨学科的通史探索。

附记:由于种种原因,我未能写出一篇纪念朱绍侯先生的专稿。但翻检旧文却惊喜发现,这篇师生合撰的概述(未刊稿)简要介绍了朱先生的两篇大作。朱先生当年已九十高龄,仍然活跃在学术前沿,发表了多篇高水平的论文。其旺盛的学术青春,"鞠躬尽瘁,死而后已"的治学精神,令学生不胜钦佩之至。

谨以此文纪念和缅怀著名历史学家朱绍侯先生!

南京师范大学历史系　晋文

2023年3月22日

略论20世纪中后期英国工党修正主义

阎照祥

英国修正主义早就有之。早在1900年,考茨基已指出德国的修正主义者实际上是效法"英国典范"①。所谓"典范",是指工党之前的费边派。20世纪初列宁也指出,英国的费边派是德国伯恩斯坦派的先驱和同类。

在第二国际修正主义出现之前,"修正主义"含义多属中性,而后它是指德国伯恩斯坦对马克思主义基本信条的系统修改,是"改坏"和"扭曲"。20世纪的修正主义,不仅用来指那些社会民主党的改良主义者或理想破灭的共产党人,而且还用以指共产主义组织中的右翼领袖以及相应的理论②。

20世纪80年代,英国政治思想史作家格林立夫给予较经典的阐释:"修正主义"是"创新解释"的同义词,是"异说"和"偏离",具有贬义③。

如果说,伯恩斯坦修正主义具有系统性,涉关哲学、政治、经济等领域,主张用发展变化的观点对欧洲资本主义重新评判;那么,格林立夫则认为20世纪中期的英国处于类似时期。而且,工党不再像一两代之前那样,似乎是资产阶级的敌对者。国家经济和社会等方面已发生变化,旧的理论观点被质疑,需要一个新的纲领去适应之④。

有人认为,在英国,将20世纪五六十年代的工党修正主义者称之为盖茨克尔派(Butskellites),是不贴切的。毕竟是克罗斯兰,而非盖茨克尔,提

---

① 丹坎·坦讷等编《工党的第一个世纪》,剑桥大学出版社,2000,第314页。
② 拉布迪兹编《修正主义》,阿兰和温文出版公司,1962,第9页。
③ W. H. 格林立夫:《英国政治传统·第2卷·意识形态遗产》,麦森出版公司,1983,第475页。
④ 同上书,第476页。

供了系统的修正主义思想,并影响到党内意识形态。而赞成以"盖茨科尔派"为工党修正主义之名分者则觉得,盖氏不仅是工党右翼代表人物,还是其公认领袖,具有无人可比的影响力;考虑到工党修正主义已经成为一种党内"运动",将右翼的思想称为盖茨克尔主义(Gaitskellism)是颇为得当的。

研究20世纪中期英国工党修正主义问题,首先应梳理该党修正主义的代表作。于此方面,帕特利克·戴蒙德功力可嘉。他近年出版的英国工党修正主义著作选集《新工党的旧根:工党的修正主义思想家(1930—1997)》,不仅节选了20世纪最重要的工党修正主义代表作,还向人们提供了宏观视野。另外,各个时期还有相关文献和论著频频问世,其中包括工党年会报告、执行委员会决议和大选宣言等一手资料。这些成果,跨越历史学和政治学等不同领域,勾画出英国工党围绕公有制和混合经济而论争的脉络。

比较而言,在中国学界,研究英国20世纪中后期英国修正主义的学术论著始终不多。虽有少许研究克罗斯兰修正主义的硕士论文和学术论作,但总体研究20世纪中后期英国修正主义的论作仍暂付阙如。对英国学界的相关研究的介绍也明显不足。其中本应涉及的一些问题,如:20世纪中期英国修正主义产生的原因,修正主义的基本内容,英国修正主义所倡导的"混合经济"与当今别国"混合经济"的区别?以及如何宏观看待20世纪中后期英国修正主义的发展趋势,等等,依旧缺少足够解析。此文不揣浅陋,斗胆为文,其中不当之处,敬请师友批评指教。

在研究方法上,拙文试图主次兼顾,即以20世纪50年代至60年代初为基点,重点探究盖茨克尔主义的内容及其与比万派的论争,再将射线投至20世纪90年代的"新工党"时期。由此展现出工党修正主义最后成功的曲线,揭示出其发展特征和趋势。

一、战后修正主义的缘起

20世纪50年代盖茨克尔主义产生并非偶然。

第一,早在第二次世界大战之前,就已经有某些工党社会主义者开始重新审视工党政治纲领,引起英国思想界对下层阶级的关注,其标志是 R. H.

陶尼《平等论》的发表。

当时,思想界最典型的思潮,是工党一些社会主义者,质疑党纲中公有制这一概念的可行性。那时,工党修正主义者是以牛津大学的知识分子为主,由 G. D. H. 柯尔出面组织,系统发展工党思想,影响了工党执行委员会的分支。其一流成员有赫伯特·莫里逊、尤·道尔顿和尤·盖茨克尔(Hugh Haitskell,1906-1963)等。他们重新定义民主社会主义原则,坚持将凯恩斯的宏观经济干预思想引入工党。其中道格拉斯·加伊(1907—1996)挑战公有制理念,主张根据收入和财产征税;并坚信,以社会主义生产方式为基础的所有制是错误的,应被通行的私有财产继承取而代之。

英国出现修正主义,除了国际国内的政治环境外,还有着不太久远的历史因素。比如,在 20 世纪 30 年代,E. F. M. 德宾(1906—1948)就不加区别地反对纳粹主义和共产主义,攻击工党内部的马克思主义思潮。再后,他发表《民主社会主义政治》(1940),断言社会主义革命学说不适合英国国情,英国资本主义政治民主的价值难以估量,足以抵抗任何快速的社会变革;并呼吁人们疏远哈罗德·拉斯基[1],认清苏联的"专制主义本质"。德宾因此被称为"英国最早的修正主义代表者之一"[2]。

在政治态度上与德宾互为伯仲的还有道格拉斯·加伊,其代表作《社会主义状况》发表于 1937 年,核心内容是:单一阶级权势不会保证社会稳定、平等和正义,而规范有序的市场经济、多元经济和股份制倒是社会祥和的关键。

德宾、加伊和盖茨克尔、道尔顿关系密切,均在战后工党政府中任要职,并围绕盖茨克尔组成工党右翼。这就为修正主义在工党内部的产生提供了组织基础。

第二,工党修正主义的出现是对两大政党"共识政治"的背离。

1945 年工党艾德礼政府建立后,尽力实行经济国有化,建立福利社会。保守党委曲求全,被迫向工党政策靠拢。"共识政治"由此出现。其间,修正主义论著频频问世,有关国有化、社会主义和平等的争论逐步尖锐化。修

---

[1] 哈罗德·拉斯基(1893—1950)是英国工党领导人之一,西方民主社会主义重要理论家、政治学家,政治多元主义的重要思想代表。

[2] 杰弗瑞·福特:《英国工党政治思想史》,圣马丁出版公司,1997,第 188 页。

正主义者在工党内部成为一种势力,影响到工党基本政策。也引发与工党内的另一左翼派别"比万派"的分歧。虽经党魁克勒蒙特·艾德礼尽力调解,亦难尽意。例如,工党的 1955 年大宣言中,把和平与防务、帝国和英联邦当作头等大事,仅用很少的篇幅提及国有化①。以后在 1957 年的政策声明和 1959 年大选声明,工党均采取了较为保守的主张,在国有化和公有制等原则问题上持谨慎态度,只说企业国有化要"部分实施"②。这种做法被工党左翼"比万派"称之为"令人忧虑的修正主义现象"。

20 世纪 50 年代工党的修正主义思想体系的形成,有赖于两个重要因素。其一,以盖茨克尔和安东尼·克罗斯兰(Anthony Crosland, 1918—1977)等人为代表的工党右翼,在政治上拒绝了工党社会主义公有制的传统理念。其二,公有制只是实现个人自由、社会福利和社会平等价值观的手段,而不是确定社会主义目标的要素。

第三,工党在大选中的失败导致派别组建。

1950 年大选中,工党已显颓势③。翌年 10 月,工党为摆脱在议会立法中的窘况,提前举行大选,并在竞宣言中重申充分就业、降低生活用度和提高工薪、建立正义社会。可大选结果使之懊恼:工党获得 48.8% 的选票,只获 295 个席位④。支持保守党的选民少了些许,却赢得 321 个议席,以体面多数上台执政⑤。大选落败导致思想分歧,工党内部矛盾加剧,派别出现。其中一派是"原教旨主义者"(fundamentalists),因守护 1918 年党章的公有制条款而得名。该派以左翼比万派(Bevanite Left)为主体,维护 1945—1949 年的改革方案,倡导国有经济,力图扩大改革成就,实现社会主义目标。为此,他们拟将一系列私有企业列入政府购买名册。该派坚信,这是一条必由

---

① 即一面计划将钢铁企业重新收归国有,以及接管部分化学工业和机器制造业(雷因·达尔编《1990—1997 年间英国工党大选宣言》,劳特里奇出版社,2000,第 81-82、85-86 页;W. H. 格林立夫:《英国政治传统·第 2 卷·意识形态遗产》,第 476 页)。

② 丹尼斯·卡瓦那:《撒切尔主义和英国政治:公式政治的终结?》,牛津大学出版社,1987,第 155 页。

③ 1950 年 2 月 23 日,大选结果公布,工党获得 315 个议席,仅比保守党多 17 席。保守党在竞选宣言中宣称"社会主义失败"。雷因·达尔辑《1990—1997 年间英国工党大选宣言》,第 63 页;雷因·达尔辑《1990—1997 年间英国保守党大选宣言》,第 75 页。

④ 雷因·达尔辑《1990—1997 年间英国工党大选宣言》,第 177 页。

⑤ 同上书,第 95 页。

道路。其领导者阿纽林·比万(1897—1960)在一份有关公有制信仰的声明中宣称:我们作为社会主义者发现了某种康庄道路,将不必通过艰辛磨难去实现社会主义目标。再一派是拼合派(consolidators)。先以莫里森为首,后演变为盖茨克尔派。该派支持莫里森在1948年提出的国有化发展计划;工党在实现大规模国有化之前,强化国有工业并提高效能,减缓国家购买私有企业的步伐,谨慎扩大公有制的范围①。拼合派的优势,是其多是有着名校教育背景的知识分子,掌控《新费边论丛》和党内其他的宣传工具,能够清晰、系统深刻地构建修正主义理论体系。

第四,50年代工党形成修正主义理论体系,还与其代表人物素质有关,其中尤以尤·盖茨克尔和安东尼·克洛斯兰为典型代表。

尤·盖茨克尔是英国工党著名政治活动家,出身中产阶级家庭。他在高校读书时成为社会主义者,并与加伊和德宾结为同道,接受凯恩斯经济思想。1945年大选,盖茨克尔进入议会下院。工党政府建立后,他应艾德礼首相邀请入阁。1950年大选后艾德礼首相调整内阁时,他任财政大臣,成为工党二号人物和右翼盖茨克尔派领袖,有着突出的领导才能和号召力。

盖茨克尔派最杰出的理论家是安东尼·克洛斯兰。他作为工党修正主义的主将、著名政治家和作家,曾在艾德礼内阁中任多种官职。且勤于思考,精于著述。其有关奋斗目标的完整思路,是在他的文章"来自资本主义变化"中表达的:由于战后一系列的重要发展,典型的资本主义已经变化,包括大型股份公司的成长,加大了企业管理分化,结果使"有产阶级为此失去了它的传统的资本主义的职能;并且随着这种职能的失去,权力也失去"②。其中他宣布:

工党运动的真正目标始终不是由工人阶级戏剧性地夺取政权,而是由国家转变社会的权利和基调……质疑马克思关于内部斗争的原理,工党坚定地设想英国人民能听从一致通过的法令,去服从国家机构的经济权力,去文明地改变社会变化中的固有矛盾③。

---

① 都铎·琼斯:《工党的重建:从盖茨克尔到布莱尔》,鲁特勒基出版社,1996,第27-28页。
② C. A. R. 克洛斯兰:"来自资本主义的变化",载 R. H. S. 克洛斯曼主编《新费边社论丛》,特恩斯蒂尔出版公司,1952,第37页。
③ C. A. R. 克洛斯兰:"来自资本主义的变化",载 R. H. S. 克洛斯曼主编《新费边社论丛》,第26页;罗德尼·巴克:《近代英国政治思想》,麦森出版公司,1978,第180页。

克洛斯兰论著颇丰,观点系统深刻,使他当之无愧地成为英国工党在20世纪中后期的首位代言人。

与盖茨克尔和克洛斯兰同等的工党修正主义理论家,还包括道格拉斯·加伊和罗伊·詹金斯等人,他们均是善讲能写的下院前排议员和理论能手。

盖茨克尔的对立面比万派亦因其首领安钮林·比万而名。他幼年饱尝社会苦辛,参加过大罢工,对无产者具有强烈同情心,在工人中享有盛誉。1929年当选为下院议员,发言辩论时极具道德感染力,是公认的一流演讲家。他在辩论中秉持工人阶级立场,还支持独立工党①和共产党人的合作。

比万在议会辩论中断定,私有制是资本主义竞争的基础,由此过渡到现代工业经济;但它未提供社会安全的保证,尤其当银行破产时,千万家庭破产,苦情万端②。对比万而言,贫富冲突是英国政治所必须面对的问题③。比万的激进主义观点,被党内右翼讥讽为"比万主义"(Bevanism)。他们甚至与保守党人联手对抗,致使比万派屡屡尴尬。

比万号召工党把立法之箭射向财产权的红心,将议会变成阶级斗争场所。他不仅揭露有产者的不道德行为,呼吁反对议会传统理念,还批评长期制约着议员行为的议会惯例和程序。但比万并非赞成"乌托邦幻境",而是蔑视社会主义者对私有财产的侵夺。至于党内的盖茨克尔主义,他最关键的是反对他们要求修改党章第四条的建议,并为此坚决捍卫。在1959年工党年会上,比万反对修正主义者修改党章第四条。

工党右翼盖茨克尔派比起比万派来具有明显强势,前者有着良好的教育背景和思辨、鼓动能力,而后者虽有"原教旨社会主义"的理论家,但毕竟是以工人议员为主体;思想正统教条,创新能力不足;在当时下院辩论和院外的文字论战中,很难占据上风。1960年比万病故,比万派元气受损了。

---

① 独立工党是工党内部的激进派别。英国共产党在第二次世界大战间支持反对法西斯的英国政府。
② 杰弗瑞·福特:《英国工党政治思想史》,第266页。
③ 阿纽林·比万:《恐怖地带》,麦克吉本出版社,1961,第1页。

二、盖茨克尔主义的基本内容

盖茨克尔主义是 20 世纪工党右翼的修正主义的思想和理论体系，内容颇为复杂。

1952 年，《新费边社论丛》（以下简称《论丛》）发表了重新评估国有化的系列文章，委婉质疑 1918 年工党党章有关公有制的第四条。《论丛》由此成为工党修正主义者在 20 世纪年代的理论平台。

理查德·克洛斯曼（1907—1974）是《论丛》主编。他在开篇明示，他们的重要目标是"制定一项有关政治、经济和社会情势的分析，作为重建社会主义原则的基础"①。另一位作者约翰·斯特拉奇坚信：依靠现有政府，可"令当代资本主义离开其正常发展轨道，使它巨大的生产资源去提高民众的生活水准"。这显然有悖于当时正统社会主义中有关阶级斗争、革命和专政学说，坚持了"议会道路"的主张。他还在题为"社会主义与新专制主义"的论文中指出：越来越多的人，对他们曾认可的中央计划和国有制进行反思。这意味着建立大量官僚企业，一个庞大的中央集权的国家官僚体系，而这对民主构成了重大威胁。《论丛》的问世标志着盖茨克尔修正主义的发端。

在《论丛》中，克洛斯兰的"来自资本主义的变化"不同凡响，它全面概括当代资本主义的发展，指出随着其经济扩张，工人阶级的生活水平明显提高，"资本主义正在蜕变成一种完全不同的制度，这使得学术界对传统分析产生了很大的影响"②。

堪与上文媲美的，是克洛斯兰的代表作《社会主义的未来》。该书于 1956 年发表，影响巨大。其中，克罗斯兰提炼了他对战后资本主义的研究，构成了自 1945 年以来英国修正主义思想的系统表述。很关键的一点，是它否决了英国社会主义思想中占据优势地位的马克思主义的论断，以他自己

---

① R. H. S. 克洛斯曼主编《新费边社论丛》，前言，第 xi 页。克洛斯曼并非修正主义者，他在《新费边社论丛》前言中，是以主编的身份，根据系列论文的基本内容，归纳出工党修正主义系列论文的基本观点的。

② C. A. R. 克洛斯兰："来自资本主义的变化"，载 R. H. S. 克洛斯曼主编《新费边社论丛》，第 27 页。

的非传统经济学的分析,提供了修正主义的理论基础①。

作为一种政治思想体系,克洛斯兰认为社会主义的本质是平等而非公有制,国有化是手段而非目的,二者不应混淆;战后超越意识形态的税收、福利政策已加快了实现社会主义的理想。而政府对经济的干预,企业管理权与所有权的分离,使所有权问题降到次要地位。克洛斯兰和其他修正主义者还认为,由于社会阶级的变化,工党已经由原来工人阶级政党转化为全民党,这有必要认可现有的以私有经济为主体的混合经济体制。

克洛斯兰的论文在公有制问题上影响了所有的修正主义者。企业所有权和管理权不再是不可分割的。公有制不再是社会主义政策和策略方面不可缺少的。使用政府控制和财政措施是同样有用的②。

克洛斯兰关于战后资本主义社会生产资料所有制的概念,使他得出一个引发激烈争辩的结论:工党党章第四条中有关生产资料公有制的传统社会主义观念,是绝对化的和不适当的。他坚持,该概念不认为社会主义是以一种特别的所有制类型为基础的经济组织形式③。克罗斯兰的这一重要观点,实际是扬弃"费边夫妇"④的费边主义遗产。

这些观点影响着工党右翼。他们共享1956年由克罗斯兰等人表达的信念,放弃传统有关实现公有制的承诺。所以,"他们将……不再是社会主义者,他们将沦为向善的、彬彬有礼的、无根基的、动摇的社会改良派"⑤。

国有化问题与所有制问题密切相关。克洛斯兰考察英国和西欧的经济变化,坚信"大多数的对战后资本主义的分析已经失去了实用性,过去那多被嗤之以鼻的指导性书籍现在必须被丢弃"⑥。他的分析和结论,抛弃了对正统社会主义的认同,而用它的实践形式,作为对资本主义财产的再分配手段,取而代之⑦。

---

① C. A. R. 克洛斯兰:《社会主义的未来》,乔纳森·科普出版公司,1956,参阅第1部分。
② 都铎·琼斯:《工党的重建:从盖茨克尔到布莱尔》,第29页。英国工党理论界有关企业所有制和管理分离的论著相当多。它们大多依据经验主义,强调对企业管理实行严格的监督。其中在修正主义阵营中最著名的,有约翰·斯特拉奇的作品。
③ 都铎·琼斯:《工党的重建:从盖茨克尔到布莱尔》,第31页。
④ "费边夫妇"是指费边社的主要理论家西德尼·韦伯及其夫人比阿特丽斯。
⑤ J. 斯特拉奇:"新修正主义者",《新国务活动家》1956年10月6日。
⑥ C. A. R. 克洛斯兰:《社会主义的未来》,第43页。
⑦ 同上书,第328页。

在《社会主义的未来》中，克洛斯兰展望未来，得出一些结论：第一，在企业所有权和经营权分开后，社会主义者的任务不是争取所有权，而是力求在企业内部实行民主管理。第二，社会主义运动的目标不是企业国有化。第三，英国未来社会主义发展方案并非改造经济结构，而是发扬民主的政治力量，推进社会民主化。第四，社会主义可以在经济上实行多元主义。企业可以国营、民营、合作社经营。政府不必拥有企业，却可享有管理权，并且是实力强大的消费者。第五，道德上同样实施多元化，包括妇女权利、堕胎权、新闻自由等①。

20 世纪 50 年代，修正主义的另一主要代言人是盖茨克尔，他身处工党顶层，在党内政治问题上态度明确尖锐。盖茨克尔的名作是他在 1956 年发表的小册子《社会主义与国有化》。其观点主要是限制国有化，保留私有制。在这本小册子中，他首先承认，工党坚持将一些私营工业部门转为国有，是考虑到国有化是提高生产力、防止垄断的最好方法，可以改善企业上下关系。再者，诸如煤炭之类的命脉性企业，国家必须负起责任，防止私有企业插手。国有化的益处是明显的，但弊病不止一处：产品定价偏低或因原料涨价会导致亏损，管理不当则导致效率低下；企业领导人待遇偏低，主动性不强，容易招致批评，为此难以吸引有才干者任职。其他还有拖延扯皮、冷淡浮躁、优秀人才短缺等等。通过较全面论证，盖茨克尔指出，第二次世界大战以来的经验提醒：不扩大国有化，仅靠公私并存的"混合经济"照样可以维持充分就业②。为此，他断定国有化既然是工业管理和所有权在制度上的转变，"就必须被当作一种手段，而不应该同最终目的混为一谈"③。

工党右翼对国有化的不满，导致了他们探索其他经济体制的愿望。其中最具创新性的建议，是围绕私有企业的竞争性、国有企业和国有股份提出的。前者最先由加伊提出，得到党内右翼政要的赞同④。政策的第二点即国有股份，即作为部分公有制的形式、而没有公共管控的部分，是由加伊提出来的。1945 年以来加伊就倡导国家拥有一半股份。到了 50 年代，他考察

---

① 参见约翰·麦克里兰：《西方政治思想史》，彭淮栋译，海南出版社，2003，第 634—636 页。
② 盖茨克尔：《社会主义与国有化》（内部发行），商务印书馆，1962，第 43 页。
③ 盖茨克尔：《社会主义与国有化》，第 7 页。
④ 例如，R. 詹金斯：《力求进步》，黑尼曼出版公司，1953，第 107 页。

了法国意大利经验教训,于 1957 年提出建议,让个人"拥有诸多公司的某些股票"①,并在其著作中论证道,国家可以扩大工商业财产的所有权,而不必对个体公司和工业采用细微具体的管控。此举结果,是利用国家取代被动的股东,获取红利,并代表社会获取资本收益②。而后,这一创新性政策思路,被加伊、盖茨克尔和克罗斯兰等著名修正主义者讨论良久③。他们将其作为切实可行的方式,用以提升混合经济的生产率,降低财富的不平等。当然,他们提议这么做,是作为一个改善型策略,而非英国资本主义变革手段。

加伊的提议遭到多人质疑。1957 年,其建议在党的政策文件《工业和社会》中刊登出来.但它所体现的真意,是未被政府管制的私有企业的部分公有制,这被传统主义批评家认作是非原则性的和解,甚至是资本主义制度的直接参与,因此工党将很快成为"被资本主义制度绑缚住手脚的人质"④。

如何将私有企业转变为国有化?盖茨克尔反对冒进,坚持将实力雄厚的私营部门长久保留,并且政府要维持选民对它们的信任,使私有企业顺利而有效地运行。此外,在盖茨克尔和克洛斯兰等人的论著中,被认为与马克思主义基本观点相悖的还有:

其一,在国家职能不变的情况下,企业管理权却发生了变化。1948—1952 年间英国国民收入提升了 20%,几乎与美国经济增长率持平⑤。国家和政府已经实施了战略性改革,使诸多经济决策脱离了市场影响,受制于政治监控。大企业的资本主义特色化为乌有,甚至私有企业的所有权性质也打了折扣⑥。

其二,资本主义拥有自身调整能力,不会崩溃。理由首先是,现代西方国家并非像人们所预言那样,国民分化为两大截然对立阶级,中间阶级和阶层依然存在。服务类就业人数迅速增加,这与生产方式无关。其次,即便在物资生产部门,生产规模和复杂性加大,管理和技术人员增多,社会劳动力

---

① D. 加伊:《变化和命运》,胡钦森出版公司,1980,第 263 页。
② D. 加伊:《变化和命运》,第 264 页。
③ 都铎·琼斯:《工党的重建:从盖茨克尔到布莱尔》,第 33 页。
④ 《英国工党年会报告》,工党,1957,第 132–133 页。
⑤ 克洛斯兰:《社会主义的未来》,第 22–23 页。
⑥ 同上书,第 62–63 页。

不再局限于体力劳动者①。再次,社会矛盾趋于缓和。虽有罢工和较剧烈的冲突,但诸多争执可以通过协调达成协议②。在贫困消失之后,资本家不再是工人阶级的敌人,他们很少直接参加企业管理。但工会拥有强大的谈判地位③。

盖茨克尔则建议重用社会中上层人士,参加国有企业管理,在国有企业中推行股份制。并且允准原有企业主和管理者继续在国有公司中担任董事会要职,发挥管理才能。据统计,当时各种国有化管理局共有委员 131 人,其中近一半是过去私有公司的董事、经理,其余委员大多来自社会上层。④这种量才使用的做法是合理的。

其三,英国仍是阶级社会,但有别于过去。通过实现充分就业与扩大社会服务,实现了更多的社会平等,减少和消灭了贫困。克罗斯兰根据约克郡的统计数据证实,从 1936 年至 1950 年,居于贫困线之下工人阶级已由 31% 降至 3% 以下,而全国居民中相应的比率则由 18% 降为 1.6%,其他阶层的民众生活水准也有明显提高⑤。

其四,在议会民主下,人们的政治选择并非遵循严格的政治立场,其政治观点也并非与阶级面貌一致。不少中产阶级习惯于支持工党,亦有许多工人阶级将选票投给保守党。人们有关阶级划分的争论显得平和宽容,并被严格限制在民主秩序之内⑥。

盖茨克尔还极为明确地强调议会道路,反对暴力革命。盖茨克尔将这类文字放在小册子的第 1 章《社会主义的理想》中,并用黑体字加以强调:"我们想创造的,是一个没有社会阶级而有上述含义的机会均等、高度的经济平等、充分就业、迅速发展的生产力、工业民主以及社会成员间普遍合作精神的社会。"盖茨克尔还说:打算通过议会民主来逐步实现这些理想,因为

---

① 克洛斯兰:《社会主义的未来》,第 172 页。
② 同上书,第 66-67 页。
③ 在最具争议性的最后一部分中,他指出,私有企业中最重要的结构变化是导致权力从资产阶级转向以薪金为待遇的管理阶层。他在其 1952 年的论文中阐发了以上观点。此类观点早在 1932 年由博勒和敏斯提出,然后由詹姆斯·伯恩汉在《管理革命》中加以推广。
④ 克洛斯兰:《社会主义的未来》,第 187-188 页。
⑤ 同上书,第 143 页。
⑥ 同上书,第 187-188 页。

我们把保持议会民主看作同等重要的目标。这种理论有利于宪政下的社会稳定。

英国工党右翼的修正主义有着双重任务：一是反对传统的与公有制相关的社会主义认同，二是逐步实现社会民主和平等的政策和纲领。这些依托于一种政策承诺：持久的经济成长和充分就业，以及在此基础上实行高额度的社会税收收缴，并不断提升社会福利，以追求社会财富和资源的最大平等。这样一来，凯恩斯主义的政府干预手段就成为修正主义和民主社会主义均可采用的经济理论基础。

修正主义的这些特点，既可以吸引拥有类似思想的知识界，也能吸引越来越多的选民。而且，他们的纲领确实蕴含着对传统观点的突破。

修正主义的任务需要重新评估传统社会主义理论的每一部分。最主要的方法是，他们拒绝公有制基础上的所谓科学社会主义定义，以及最终目标的伦理主义性质的声明。他们努力拒绝那些坚持公有制的传统的主张，不再把公有制视为社会主义的基础部分，并由此来显示他们对这一神话观点的漠不关心。他们对公有制的伦理性是不屑于认可的。

这种所谓神话渐成为工党内部辩论的主要议题。在年会上，在社会主义的期刊上，修正主义者以怀疑眼光贬低公有制的地位和功能。他们以欣然的心情赞扬私有制和混合企业①。

修正主义者的立场得到工党右翼的支持。整个50年代，工党与保守党所达成的共识政治，限制了该党独立行动的范围，并使工党很难实现党内团结，表现在：修正主义者所提出的混合经济，不仅是作为应急的条款，还是稳定环境、促进经济和社会变革的理论变通。他们与左翼的争论"是关于前进的步伐，而非前进的最后方向"②。

三、工党两派的论争

修正主义的观点在党内引起不安。比万派谴责盖茨克尔派偏离了社会主义基本价值和信仰，摈弃了工党的社会主义特征。因此，混合经济的主张

---

① 可参阅题为"工业和社会"部分，，见《1957年英国工党年会报告》，第131—155页。
② R.米利班德：《议会社会主义》，墨林出版社，1972，第332页。

被质疑。加伊在1957年关于国有股票的提议,遭到工党左翼的严厉指责:无异于"与资本主义并肩而行"①。

面对党内思想分歧,工党领袖呼吁加强党内联合,却非易事。大部分中下层成员笃信以公有制为基础的社会主义共和国目标。所谓混合经济的提法仅被他们勉强接受,视作社会主义道路上的准备阶段。

1957年,工党年会通过文件《工业和社会》,不再把国有化视作实现公有制的唯一途径,主张实施多元性混合经济。两年后,工党再次竞选失利,盖茨克尔作为反对党领袖,急于说服工党改写党纲第四条,彻底解除"沉重的精神枷锁",遭到比万派抵制。他们不同意更改党的价值观念的核心部分。盖茨克尔只好作罢。但党内有关党章第四条的争论并未停止。1960年5月,工党全国执行委员会发表《工党的目标》,提出了折中主张:

公有制将采取不同的形式,包括国有工业和商行、生产者和消费者的合作、地方国营及官方参与私营。由于意识到国有、私营在经济中各有一定的地位,工党相信进一步扩大公有制的措施应按照这些目标,并根据情况适当考虑到有关工人和消费者的观点,逐步加以解决②。

至此,修正主义问题似乎已经淡化,但未了结。这是因为,依据现实对原有理论加以修正,是社会变革的需要。修正主义是工党实用主义产物,它希望不断修正理论、纲领和原则,以适应不断发展变化的现实需要,恢复它在议会政治中的强势。

大致看来,20世纪50年代工党的理论和政治冲突,能在一定程度上得到控制,其原因是多方面的。

首先,内部原因。关键在于,新一代工党领导人哈罗德·威尔逊(Harold Wilson,1916—1995)做了大量调节工作。他帮助恢复了工党与30年代在公有制理论之间的联系。反对现行的国家计划思维,倡导科学技术。许多情况下,他在党内扮演了矛盾调解人的角色。

其次,外部原因。1957年,发生了苏伊士运河危机,给英国政府和政党造成压力,促使两派暂时和解。

再次,是工党力图整饬力量,迎接大选。接连两次大选失败,其头面人

---

① G. D. H. 科尔:"工业和社会评论",《新国务活动家》1957年9月28日。
② 哈罗德·威尔逊:《英国社会主义的有关问题》,李崇淮译,商务印书馆,1966,第11页。

物不敢掉以轻心。1959年大选之际,工党关于公有制和民主社会主义目标的分歧,被党内追求团结的愿望弱化。尽管如此,工党还是在大选中落败。

大选失败引发党内论争,集中于三点:党的领导问题;党内未来政策的方向;党的宗旨是否还要坚持。修正主义者很快出面,就第二和第三个问题提出挑战。加伊、克罗斯兰等人发表论著挑战工党的国有化政策和教义。嗣后,盖茨克尔提出要修改党章的第四条,即公有制问题,并称之为"社会主义神话"①。

大选结果公布两日后,盖茨克尔在家为工党资深要员道尔顿举行了退休告别聚会。会上,加伊发言说,为记取本党大选失败教训,应放弃国有化,终结工党与工会的关系,与自由党达成协议。此事被视为修正主义者要求废除党章第四条行动的重要起点②。比万派则将此聚会称之为"汉普斯梯德密谋"(Hampstead Plot)。

比万派对"汉普斯梯德密谋"的担心,受到加伊在修正主义期刊《前行》上发表的文章所刺激。后者断言:工党未来的选举胜利将移去党内两个"致命的障碍",即工党的工人阶级表征,以及"国有化神话"。他认为,此神话立足于两种曲解:其一,国有化和公有制之间的混乱;其二,普遍相信工党力图将"任何所有的一切国有化"。加伊的观点发表后,盖茨克尔、道尔顿和克洛斯兰发文附和③。

加伊的声明激活了工党内部论争。在随即召开的工党年会(1959年11月28—29日)上,围绕国有化和公有制,以及党的性质和目标、政策、策略和意识形态等问题,双方激辩。盖茨克尔首先发表进攻式演讲。而加伊坚持限制国有化实施范围,扩充公有制的内涵,让它变成充满矛盾的概念,这自然会导致异议。

会上,工党总书记摩根·菲利普斯在工作报告中强调,大选失败是由党的模棱两可的提议所引起的。盖茨克尔本人断言,国有化之类的宣传使工党失去了众多选票。因此,他要求用灵活策略代替它④。与会多数对国有

---

① 都铎·琼斯:《工党的重建:从盖茨克尔到布莱尔》,第11页。
② P. 威廉姆斯:《尤·盖茨克尔:一个政治家的传记》,科普出版公司,1973,第539、549页。
③ 都铎·琼斯:《工党的重建:从盖茨克尔到布莱尔》,第43页。
④ P. 威廉姆斯:《尤·盖茨克尔:一个政治家的传记》,第546、916页。

化和公有制的态度依然如旧。经过认真思考和与同党们交谈,他认为,修改党章第四条的时机到来了,党内的中心目标应该是:

保证体力和脑力劳动者他们劳作的成果,可能是最平等的分配,在大众管理和控制每项企业和服务的最好的获取体系,通过生产、分配和交换的共同所有制方式①。

在整个50年代有关国有化和公有制的各种各样的论著中,盖茨克尔始终支持所谓国有化是手段而非目的的修正主义观点;同时表明,追求平等是最高的社会主义目标。

1959年之后,盖茨克尔一再声明,党章第四条是误读和错误解释。可是,所谓误读者和错误解释者,在工党内是绝大多数,即工党总体上坚持英国经济的公有制。

盖茨克尔的声音是孤独的,其提议未能得到党内足够赞同和回应。加伊在大选后的文章中也没有提到废除党章第四条。矿工领导人萨姆·瓦特森警告盖茨克尔切勿跨越底线。道尔顿也指出,公有制的规定源于1918年的工党党章,一定要慎重②。

可是,盖茨克尔决心重提他的意见。1959年11月28日年会上,盖茨克尔分析了英国在经济和政治背景的重大变化:工人阶级人数和成分变化,失业率降低,社会福利政策提高了生活标准,实现了较高的消费。这些重要的社会经济变化,实际上就是"资本主义的重大变化",不利于工党在大选中获取成功③。面对社会发展,盖茨克尔断言,工党应习惯于接触"普通人",避免成为一个受教条狂热折磨的小集团,隔断与时代生活的主流社会的联系。这一调整应该采取的措施有:跟上自由党人,更换党的名字,隔断与工会的联系④。

盖茨克尔深知工党大选失败的原因:一些现有的国有企业名声不佳,不适当的投资使所谓国有化有害无利⑤;再是工党对未来发展政策的解释混乱。这不仅引起反对者抗议,还使很多人担心会把更多私企转为国有⑥。

---

① 都铎·琼斯:《工党的重建:从盖茨克尔到布莱尔》,第44页。
② P. 威廉姆斯:《尤·盖茨克尔:一个政治家的传记》,第551页。
③ 《英国工党1959年年会报告》,工党,1959,第107页。
④ 同上书,第108-109页。
⑤⑥ 同上书,第110页。

他希望在两种极端观点中寻找中间道路。可困难在于：首先，公有和私有的界限应不予改变；其次，原教旨主义者的国有化或公有制的信仰事关一切，是社会主义的第一原则和目标。可实际上，这种信仰是混淆了社会主义的目标和方式①。为了消除党内分歧，盖茨克尔认真思考"英国民主社会主义最基本的第一原则"②。这关乎平等分配财富的社会正义，即没有势利、特权和社会等级壁垒的"无阶级社会"的理想，一个兑现自由和民主的自治政府。这肯定是一个范围广大的平等和人道主义的理想。在工党的辩论中，显现出两个修正主义目标：其一，一个关于伦理的，而非所有制基础上的，走向社会主义的重述。其二，它有助于强调要追求的目标和手段之间的差别。在此基础上，盖茨克尔得出结论，工党要对全国声明两点：一是"无意放弃公有制"，但"不是视公有制为目标，而是为工具"；二是公有制不是工党唯一的政治追求，还有充分就业、更好的平等和更高的生产力③。盖茨克尔相信有必要"在这些基本问题上清理我们的心灵"。工党多数领导人认为，当下必须对一些被忽略了的问题，如殖民地自由、种族关系、裁军、充分就业和发展计划加以补充。而党的国内目标包含在党章第四条中，甚为遗憾。为此，盖茨克尔说：

它表明我们的目标是将所有一切国有化，是这样吗？当然不是！所有一切？即我们所有的轻工业，全部的农业，所有的店铺——甚至小酒吧和车库？当然不是的！在可以看得见的未来，起码在某种形式上，我们要接受一种混合经济……④

盖茨克尔还坚信，老一代工党精英在起草工党党章时，很可能会是带有神秘感的。可工党是一个向前看的组织，对各个党派有着广泛的诉求，当然不会继续挥舞旧时代的旗帜，所以，工党全国性上层机构，应在其后的几个月中，制定和提出1959年的，而非1918年的英国民主社会主义的基本原则⑤。

盖茨克尔的年会发言，是党内修正主义者对公有制问题清晰的表述。

---

① 都铎·琼斯：《工党的重建：从盖茨克尔到布莱尔》，第44页。
② 同上书，第47页。
③④ 《英国工党1959年年会报告》，第111—112页。
⑤ 同上书，第11页。

他的基本原则得到当代社会学和经济学的印证,与当时克罗斯兰和加伊的观点相呼应,形成一个较完整的理论体系。它将若干社会民主的修正主义论点融合在一起,强调将公有制当作手段而非目标,并用混合经济取而代之。回头看来,这并非以前所说的,是理论的倒退和反动,是对当时国际上修正主义思潮的迎合,而是本着一种积极态度、果敢精神,依据英国社会发展的现实,果敢提出的新的政治战略目标和策略。

盖茨克尔在布莱克普尔工党年会上的演讲,很快传播开来。捍卫传统社会主义观点的声音应声而至。率先发出批评声音的是芭芭拉·卡斯尔。她曾在工党年会中担任主持人,对党内修正主义者美化资本主义、抛弃国有化和公有制的言行嗤之以鼻①。

卡斯尔褒扬正统社会主义,宣传公有制是工党现今的核心思想,可用于取代"商业化社会"及其他形态。她又说,以全社会的名义接管和控制私有企业,不仅使它们提高效率,"还能使其对我们大家负责"②。

比较起来,支持盖茨克尔者声音寥寥、势力弱小,反对者气势汹汹。盖茨克尔的观点被普遍认为是极其危险的,是摧毁党内对有关方向和目标的共识,并败坏了社会主义在人们心目中的形象。迈克尔·富特即是反对者之一。他认为,盖茨克尔将公有制当作手段而非目的,是一种"谬论"③。

在批判者中,言辞最激烈、态度最坚决的是工党左翼领袖比万。他对盖茨克尔年会讲话的直接反应是勃然大怒,在发言中表达了势不两立的立场;甚至将盖茨克尔的言行称为"政变行径",是一种追求私有经济的冒险行为。会上比万还呼吁加强党的团结,坚持传统的社会主义承诺;并赫然宣称:"我是一名社会主义者,我信仰公有制。"④随后,他又呼吁维护党的团结,避免分裂。甚至加伊认为比万做了他人做不到的事情,最终缓和了党内的暴烈气氛⑤。

故事尚未结束,1960年年初,盖茨克尔陆续受到党内要人批评。工党影子内阁中,半数成员对党魁心怀疑虑。但是,盖茨克尔不肯轻易让步。他发表演讲、分发邮件,指出:党章第四条含义过于狭窄。忽略了党的许多基

---

①② 《英国工党1959年年会报告》,第84页。
③④ 同上书,第153页。
⑤ A.比万:"我们如何避免破产",《论坛报》1959年12月11日。

本目标。稍后,工党内部有了"旧约全书"和"新约全书"的说法。"旧约全书"是指写入公有制的1918年党章。"新约全书"包含了盖茨克尔的意见,共10条,重申了英国民主社会主义的基本原则。作为年会声明,"新约全书"于1960年3月提交工党执行委员会审议。会议上,珍妮·李的修改意见是:其一,公有制应该有多种形式;其二,同时认可公有企业和私有企业各在其位,可采用"混合经济"提法。此外,比万关于公有制为国有"经济命脉"的说法,也在盖茨克尔考虑之中。终于,盖茨克尔采用"公共所有权"代替了"公有制"。最后,盖茨克尔的声明中第10条做了比较拗口的表述:

(工党)相信:社会和经济目标,唯有通过授予共同体以经济命脉权的公共所有权扩张方可达到。公共所有权采用多种形式,包括国家所有的工商业、生产者与消费者的合作社、公司和公众参与的私有企业。在承认公有和私有企业均在经济中占一席之地时,工党相信公共所有权的进一步扩张将会不时根据这些目标,依照具体情况,对劳动者和消费者的想法给以应有的关注①。

声明改动后,双方均可接受。盖茨克尔心情愉快,以为他对党章第四条做了让步性修改,大体上实现了预定的目标。比万派对声明另有理解,以为守住了原有的党章底线,也心平气和。可实际上,盖茨克尔的混合经济表述不同于党章第四条真实含义,工党内部的意识形态论争依然会延续下去。

关键时刻,克洛斯兰于同年5月发表小册子支持党魁修正党章。他列举奥地利、联邦德国、瑞典、荷兰和瑞士等西欧国家,依照当代社会和经济的变化,相继修改党纲的事实,来说明盖茨克尔等人要求修改党章的必要性和合理性②。

然而,同年夏天,工党内主流意向很快明晰。拥有较多选票的工会组织,依次表达了它们维护党章第四条的坚定立场。6个大工会中,有4大工会分别在各自年会上明确反对修改党章。仅有造船工会和综合工会同意盖茨克尔的"新约"理念进入党章。③ 这些大工会,会员人数多在10万至35万之间,在工党年会上拥有"团体投票"的特权,实力巨大,易被工会领袖操

---

① "英国工党的目标",工党,1960。
② R. H. S. 克洛斯曼:《修正主义的幽灵》,《邂逅》1960年4月号。
③ 都铎·琼斯:《工党的重建:从盖茨克尔到布莱尔》,第55页。

纵,是工党内部庞大的"团体性民粹主义"势力,能轻易决定工党投票的输赢。盖茨克尔身居工党高位,却对工联主义思潮把握不准。嗣后,盖茨克尔每想至此,为自己贸然打开潘达拉盒子而懊悔。

盖茨克尔日子所余不多,却依旧坚持。1960年工党年会上,他修改党章第四条的要求再次被两个最大的工会(交通运输工会和综合工会)所阻断,党魁威望有所降低。1961年工党会议上,他推翻了关于核裁军的提议,使工党重新达成团结。1962年工党布里顿年会召开,重点讨论英国是否加入欧洲共同体问题,盖茨克尔呼吁维护英国作为一个欧洲国家的独立性,万万不可中断不列颠千年的独立国家历史,沦为欧洲的一个行省①。表决时,许多人考虑到参加欧洲共同体的益处,对加入欧共体持肯定态度,致使盖茨克尔获票甚少。可他依旧在党内享有较高威望。1963年年初,他突然患病,很快去世。

回顾盖茨克尔派的历程,会发现该派修正主义理论在当时成功的可能性很小。但给盖茨克尔与威尔逊顺利实现了的权力交接,维护了工党的统一。

盖茨克尔担任工党领袖不久,决意修改党章第四条,显得突兀。可长远看来,他与克洛斯兰等人共同提出修改党章重要条款的建议,不但表现了他依据本国国情和发展趋势,毅然坚持政治思想改革的果敢性,还展示了他的宏观预见性和强韧的社会责任心。遗憾的是,他对此重大举措准备不足,未能防止工党内部思想过度分化。这也是由当时历史发展的条件所限定的。此外,他对当时本国经济发展、阶级结构等客观因素估计不足,对社会大众对公有制的认可等主观因素也认识不到位。当时"英国病"虽已浮现,尚不严重。多数国民对公有制和国家统管之下的福利保障体系仍抱有很高期望。这就显得盖茨克尔的思路过于超前,使他远离了工党大众,容易遭到党内左翼的抵制。政党史作家R.T.麦肯齐称他修改党章的举动"是现代政党政治史上最笨拙的行为"。新一代的工党领袖和内阁首相哈罗德·威尔逊怅然慨叹:"此举在策略和战略上是均属误判。"②如此教训,值得记取。

---

① 《英国工党1962年年会报告》,第30页;基斯·雷本:《20世纪英国政治舞台上的五十人》,鲁特勒奇,2002,第110页。

② 都铎·琼斯:《工党的重建:从盖茨克尔到布莱尔》,第58页。

但是，即便如此，人们尚不可简单否认盖茨克尔主义的产生，毕竟它为后人提供了宝贵的经验。经验之一，盖茨克尔主义对国家经济前景具有较强的认知能力和预见性。它认识到公有制的诸般弊病，包括导致庞大臃肿的管理机构，主管人员责任心不强，投资效益差等。经验之二，对因国有化失去产业的企业主，盖茨克尔主义主张依照维护财产权的法律，给予适度补偿。这符合法律和伦理道义。这比起有些国家在此方面实行的"剥夺剥夺者"的强硬政策，更适合英国国情。

随着盖茨克尔派和比万派连续十余年争论的结束，两派矛盾似乎要告一段落。

四、1963—1994 年修正主义的持续发展

盖茨克尔的逝世标志着盖茨克尔派的终结。此后 30 年工党修正主义发展速度减缓。这与工党党魁威尔逊、金诺克等人的策略思想和作为有关。他们为弱化党内矛盾不露声色地做了一些工作。

先看威尔逊。威尔逊作为政坛精英，为抑制党内修正主义的不露山水、潜移默化。1960 年，他与盖茨克尔竞选党魁失利，却得票可观，荣任工党全国执行委员会主席。自此，他铭记教训，缄口不提党章修改，并在党内细心做安抚工作。另外，他刻意提出新口号，以转移本党成员和选民的注意力。所谓新口号称作"科学革命"。威尔逊宣示："社会主义必须利用科学，而科学必须利用社会主义。"他主张：诸多工业部门的"科学革命"需要公有制支持；工党应具有社会主义雄心，发动释放活力的革命，使人类梦想变得更加丰富多彩[1]。

盖茨克尔的妥协和威尔逊的进取，不仅使工党避开了修改党章的敏感话题，还将公有制的必要性提高到新地步。一家刊物则评论说，新政策声明为工党提供了"使用现代语汇重新解释其社会目标"的机遇[2]。

威尔逊当选为工党党魁后，借助党内机构和媒体，加快实施"科学革命"政策。1964 年 10 月大选中，工党发表了题为《新英国》的竞选声明，开

---

[1] "20 世纪 60 年代的工党"，《英国工党》，1960，第 6 页。
[2] 《论坛报》社论，1960 年 10 月 7 日；《新国务活动家》社论，1961 年 3 月 24 日。

篇强调,今后几年里,英国需要做到:其一,依照国民计划动用技术资源;其二,将国民的脑力财富和才能用于科学创新和医学发现①。正文中,宣言详细表达了国家计划、科学技术的作用。宣言还将以上两点与公有制相提并论,并将某些保守党势力较差的地区作为发展重点,以便赢得更多选民的支持②。

1964年,威尔逊任首相后,立即实施"科学革命"的发展规划。首先,内阁于1964年10月组建了一个新的"经济事务部"(DEA),强化政府对企业私有股份的管控,并改变私有企业的结构。其次,在内阁人事安排上,尽量兼顾党内两翼,以求党内团结。典型例子,是让左翼要人卡斯尔任海外发展大臣。让党内修正主义代表人物克罗斯兰担任多种要职:内阁初建时,他在经济事务部发挥骨干作用,翌年改任教育部大臣;1967年任贸易部长官,两年后又担任地方政府和地区规划大臣。在威尔逊的第二届内阁中,克罗斯兰依然是内阁核心要员,先任环境部大臣,继而任外交大臣。为此,后人评价威尔逊知人善任,维护党内团结,在驾驭左翼时,不疏远右翼③。再次,也是比较重要的一点,是威尔逊政府的基本路线和政策,在对待所谓公有制原则方面,行止有度。一些似乎雄心勃勃的国民发展计划,在整个国民经济中所占份额不大,充其量不过是盖茨克尔等人所肯定的"混合经济"。实践证明,较为保守的混合经济,是当时英国经济提升和社会进步的一个重要因素。

修正主义始终未得到工党内部的明显认可,这与当时社会结构和民众认知水平有关。20世纪五六十年代,英国占据社会人口多数的依然是体力劳动者,他们对盖茨克尔、克罗斯兰等人的"管理革命"理解不透。面对通货膨胀和高失业率压力以及"英国病"的折磨,他们希冀通过公有制和国家计划经济的扩充,加大社会保障的力度。在如此形势下,纵然党内外仍有不同声音,有政见各异的论著发表,但不会导致工党的意识形态混乱。在威尔逊的领导下,不列颠修正主义的影响相对淡化。

与此同时,对工党的四类政治精英——议员、议会候选人、地方议员和

---

① 雷因·达尔辑《1990—1997年间英国工党大选宣言》,第105页。
② 雷因·达尔辑《1990—1997年间英国工党大选宣言》,第10-11页。
③ 都铎·琼斯:《工党的重建:从盖茨克尔到布莱尔》,第81页。

年会代表——所做的政治意识、立场和态度的量化调查,也反映出工党的分化和差别。

英国工党精英政治意识、立场以及态度调查问卷①

	左(%)	中左(%)	中右(%)	右(%)
议会议员	17.6	25.5	41.5	15.7
议会候选人	25.6	40.0	28.7	5.6
地方议会议员	11.2	25.8	46.1	16.9
年会代表	33.1	28.7	30.3	7.9
平均百分比	26.0	31.2	33.4	9.4

以上显示,工党议会议员中持左倾和中左意向者达43.1%,低于该党右倾和中右意向的57.2%。而议员候选人中情况相反,左倾和中左者高达65.6%,右倾和中右者仅有34.3%。地方议会议员中持左倾和中左者意向者仅有37%,右倾和中右意向者高达63%。年会代表中左倾和中左者高达61.8%,左倾和中右者仅有38.2%②。

分析以上百分比可知,在议会议员和地方议会议员中,左倾和中左者比率接近,稍低于半数。而议会候选人和年会代表的比率高于60%,右倾和中右者略高于30%。为此人们可联想到,议会和地方议会中,右倾实力较强,能与左翼势力长期博弈。而议会候选人和年会代表中左倾者实力较强,他们实际上更能代表工党大多数选民的意向。如此情况,是工党上层与中下层政治观点和立场不对等,总体上左右两种力量呈现出一种平衡状态。可见在70年代,工党右翼修改党章第四条的时机尚未成熟。

英国工党意识形态变化和分化的深层原因,是工党内部阶级结构的变化。这表现为中产阶级群体的扩大和工人阶级中体力劳动者的缩小。英国当代政治史研究的大量论著证实了以上结论。例如,J. H. 戈尔德索普在其著作中指出:20世纪六七十年代,英国社会阶级结构迅速地变化着。突出表现为中产阶级群体的扩大和体力劳动者的萎缩。70年代末,体力劳动者的比例在所有就业人员中仅为43.8%,明显低于他们父辈的将近55%③。

两个阶级群体在意识形态方面的区别也是突出的。中产阶级不仅关注

---

① 保罗·威特利:《工党危机》,麦森出版社,1983,第37页。
② 保罗·威特利:《工党危机》,第44页。
③ J. H. 戈尔德肖普:《现代英国社会流动和阶级结构》,克拉伦登出版公司,1980,第44页。

政治问题,而且具有主动性;对重大政治问题的认知,容易上升到理论高度,能够通过多种途径加以表述。为此他们的政治认知和表达能力被称为"表达理性"(Expressive reasons)型。原因在于,他们普遍有较高的文化教育素养,社会联系广泛,有着较稳定的理论表达意向;遇到较复杂的问题时,善于采取讨论和辩论的方式,沟通能力强,必要时可以妥协和让步,容易成为工党右翼的骨干。

相应之下,以体力劳动为特征的工人阶级大多文化教育素养不高,交往和表达能力有限,兴趣很难持久。他们对一些问题的关注多属本能。对于与自身利益和家庭关系密切问题,如失业和就业,通货膨胀和社会平等,格外关切。但容易被动接受他人影响。为此,其认知能力被成为"工具理性"(Instrumental reasons)型。他们对一些中产阶级感兴趣的的问题。如对外援助、国防开支,不甚关切,且党性意识不强,很容易放弃和改变原来立场。

与工党内部阶级结构变化相关联的再一点,是以积极分子为主体的党务人员也发生了类似变化:具有中产阶级社会面貌者的人数增加,以体力劳动者为主体的党务工作者减少。这种情况不仅会影响到工党"草根"的递减,还会导致地方议会选举和全国议会大选的失败,导致工党意识形态的多元化。

撒切尔夫人上台后,开始了以私有化为核心的新自由主义改革①。工党政治劣势步步加深。进入80年代后,党魁迈克尔·富特面对保守党政府业绩和党内抱怨,被迫辞职,工党陷于漫长危机。

1983年,内尔·金诺克当选为工党领袖。他显露出左派倾向,善于灵活变通。当年10月,他以71.3%的选票任工党领袖,自此兼顾工党派别政治平衡成为他的工作要点。

为使工党摆脱困境,金诺克努力使工党避开罢工引发的矛盾。他批评

---

① 在工党限制国有企业发展的过程中,以及20世纪80年代撒切尔夫人领导的保守党经济改革中,由于相当成熟的市场经济的运作,议会等机构的监管,因此没有出现官商勾结和国有资产外流等不良现象。

"战斗报派"①擅自发起全国性大罢工,使工党骑虎难下。1985年10月工党年会上,当该派领袖接受欢呼时,金诺克报以蔑视和冷淡;大会演说中,他批评过激行为是"拿人民的饭碗开玩笑"②。

自此,金诺克注重团结工党右翼和温和左翼,有意疏远左派及其相关组织;在工党决策时谨言慎行,不做过分的承诺。就这样,他一步步树立起了沉稳干练的政治家形象。

金诺克抛开了国有化诺言,拉近了与保守党的距离。在此前后,以撒切尔夫人为首的保守的人正进行经济改革,工党右翼领袖罗伊·哈特斯雷同样强调私有化的必要性,还得到了1985年工党年会的认可,这意味工党的1918年社会主义公有制纲领遭遇严峻挑战。金诺克也悉心赞同保守党政府以私有化为核心的工业改革框架,但党魁身份所限,不便公开表态。

金诺克的第一个任期较为平稳。他尽力消除工党在一些国民中的不良印象,打消人们对工党极端行为的恐惧。他深知,工党作为一个整体,不可右倾过度,否则会失去社会主义"本色"。如在对外政策和防务问题上,他坚持单边主义核裁军策略,重申1985年工党年会上"无核防务政策"。1987年金诺克承诺:未来的工党政府将会尽快撤出大西洋公约组织的北极星潜艇巡航系统,招致党内右翼批评,他又急忙进行政策调整。

同年大选中,金诺克和工党上层郑重提出工党的施政纲领,宣称将以较低成本降低失业率,重整制造业,缩小不同地区、社区、阶级、种族和贫富之间的差别,但因当时"撒切尔革命"成果明显,赢得较多选民的拥护,所以工党在大选中失败。大选失败使金诺克和工党领导核心承受严重压力,引发党内著作频频问世。

亚历山大·诺维在《切实可行的社会主义经济学》中断言,社会主义经济往往是"专断独裁的",因而是低效和不景气的。继而断言,缺少市场体

---

① "战斗报派"是英国工党内部一个激进派组织,因1964年出版的《战斗报》而得名,其成员声称继承了马克思、恩格斯、列宁和托洛斯基的革命精神,行为激进,渐为工党所忌讳。1983年,工党宣布它不再是其附属组织,该报编辑部5名成员被开除出工党。随后,战斗报派在利物浦城的激进行动遭到官方禁止和惩罚。1985年以来,金诺克领导工党通过一系列动议,终止该派在工党中活动,取消其三名下院议员的党员资格。1989—1991年间,战斗报派领导了反人头税联盟抗税斗争。多数成员退出工党。"战斗工党"改名为"社会党"。

② 基斯·雷本:《20世纪英国政治舞台上的五十人》,第145页。

系的支持和需要,苏联只余下一个"丑陋的官僚体制",一个无作为的经济体系。书中得出结论:社会主义需要一套与混合经济相结合的市场体制①。

随后雷蒙德·普兰特的小册子《平等、市场和国家》问世。它提出几个与加强英国社会民主的哲学问题,例如,从伦理层面积极为自由辩护,坚信自由和平等互不分离;英国社会应该有市场位置,但市场必须受到道德约束②;批评过分追求平等的观点,但避免权力过度官僚化,削弱个人自由。书中指出,工党倡导的平等,并非新自由主义的"机会平等",亦非马克思主义的"结果平等",而是美国政治哲学家约翰·罗尔斯倡导的"民主式平等",即允许合法的、合乎情理的不平等现象的存在③。

工党理论家伯纳德·科瑞克的《社会主义价值和时代》也在工党内部引起对社会民主价值观的广泛讨论。其中坚信自由和博爱与平等价值结合在一起时,必然要采用社会民主方式,因为没有自由,博爱是一场噩梦;没有博爱,民主是残忍可怕的,而有博爱的自由是人间最伟大的梦④。

在当时工党几位争论家中,罗伊·哈特斯雷的论著产生了更大的影响。他是资深议员,1983年竞选副领袖成功。他在1987年发表的《选择自由:民主社会主义的未来》中,一方面诠释社会民主作为工党政治理念核心的重要性,另一方面指明社会经济结构和阶级结构均发生了较大变化;必须首先改变党的政治原则,逐步祛除国有化、公有制等正统社会主义理念,转向西欧盛行的民主社会主义。哈特斯雷认为:在社会经济活动中,比较充分的平等会导致较大的个人自由,更能实现社会民主目标。他在自由和平等问题上,赞同克罗斯兰的结论:直到实现真正的平等时,才会有真正的自由。

在20世纪80年代思想家中,布莱恩·苟尔德的作用也很突出。1985年,他针对党内关于社会民主价值的争论,发表了颇有影响的著作《社会主义和自由》,断定自由必须孕育在正当的框架之内:"因为自由不是出在底端末梢,不是抽象费解的,而应是切实可行的。没有可行性,它根本不是自

---

① 亚历山大·诺维:《似乎可行的社会主义经济学》,阿兰和温文出版公司,1983,第101页。
② 雷蒙特·普兰特:《平等、市场和国家》,费边社学说汇纂(第494册,费边社),1984,第13页。
③ 雷蒙特·普兰特:《平等、市场和国家》,第24-28页。
④ 伯纳德·科瑞克:《社会主义的未来前景和时代》,《费边文摘》第495册,费边社,1984,第23页。

由。它作为一种景象,只能是幻影般的,却不能看得见。"①

苟尔德继而说明社会主义的不同类型。一是苏联式的绝对不同于民主社会主义。苟尔德坚信:民主社会主义的主要任务是反对权力过度集中,否则必然会侵犯个人自由②。

以上5位工党政治精英著作的理论要点,大同小异。他们的论著不仅指出了新自由主义阶级偏见,还扬弃了工党原有思想的简单推理。比起党内左翼各派别来,他们谨慎向右转;比起党内右翼来,他们适当地向左移。这就为以后布莱尔时期的工党政治改革提供了先决条件。

当时英国,不止以上5位工党理论家对社会重大政治和经济问题加以阐述。其他还有各大学学者围绕类似问题,借鉴本国出版自由,以新自由主义和苏联东欧模式为参照系,各抒己见,从而形成了自由、理性、深刻的辩论氛围。

金诺克的高明之处,是他利用上述党内出版物,用细雨润物的方式,不显山水地影响着党内同人。

20世纪80年代工党的思想论争,恰好距离苏联东欧解体不远,几位思想家已经以苏联社会主义教训为负面借鉴。这对以后人们反思以往苏联政治,具有理论和实践意义。

至此,我们就能理解工党领袖金诺克在当时持稳健立场的原因了。就大党之间实力对比而言,保守党盛运未衰,在政治经济改革中占据主动;工党获取多数选民支持、实现政治翻盘的时机未到。从工党内部来看,右翼和左翼力量势均力敌,胜负未决,金诺克作为党魁,即便赞同党内右翼思想体系,也不好轻易表态,否则会引起党内派别对立和矛盾,乃至分裂。

1987—1992年间,金诺克带领工党稳步右移。这可以从其一系列政策报告中可以看出来。如在1988年的《迎接挑战实现变革》中,公有制原则被轻描淡写,代之以"私有企业将在英国未来社会中起重要作用"的新提法。再如1992年的竞选宣言中,工党也在放弃凯恩斯主义的同时,放弃了国家干预主义和公有制的主张。

---

① 布雷因·苟尔德:《社会主义和自由》,麦克米伦出版公司,1985,第21页。
② 布雷因·苟尔德:《社会主义和自由》,第56页。

即便如此,保守党多年改革的优势还是压制了工党的上台。1992年4月9日大选揭晓,工党仅获得271个席位,依然屈居台下。这就降低了金诺克的个人威望。面对冷言风语和批评,年底金诺克辞职。

凭心而论,金诺克是工党杰出的政治家,前后9年领导工党不露声色地改造工党偏左的政策。若是时运适当,使他得到掌权执政机会,会在英国政治舞台上有所作为。

金诺克碰钉子不止一次。1991年,他试图悄悄取消党章第四条,让人印了许多没有第四条的党证,引来了严厉批评,党证只好作废①。

1993年年初,工党继任领袖约翰·史密斯在对本党议员讲话时讲道,目前党要奉行一项政策,"反对教条和采取一些切实的通情达理的解决办法"。他还说,工党只有放弃它一贯奉行的社会主义方针,才可能重新当选。史密斯的讲话引起了党内左派的愤慨。即便如此,史密斯仍然坚持党内改革,在组织方面,试图采用全党党员"一人一票制"选举领导人,以取代过去的集团投票制和议会党团推选制。比起金诺克来,史密斯的改革比较顺利;然天不假年,1994年5月,他突发心脏病去世。

从富特,经金诺克,到威廉斯,3位工党领袖的政治生涯均有悲剧色彩,他们成为工党领袖,却均未感受过以首相身份组阁的滋味。但他们不是简单的失败者。尤其是金诺克,逐步从工党政治纲领中,移除先前构成左派激进形象的各种重要准则,使工党从一个以社会主义标榜的政党,演变成一个中左偏右的社会民主党。从而为以后工党的重大改革准备了必要条件。

五、"新工党"与不露声色的修正

英国工党的理论更新,并非是从布莱尔就任工党领袖时开始,而是自1983年金诺克担任党魁以来,就开始了自身政治主张的变化。换言之,金诺克和史密斯递交给布莱尔的,已经不是卡拉汉和富特时代的传统工党了。这会使20世纪中期以来的修正主义水到渠成。

---

① 很快,工党实行领袖选举。此时,年会决定,废除选举团制,分别在议会党团、工会和地方性选区改行一人一票的选举制,即三方各拥有三分之一的选票。经过一番周折,约翰·史密斯成为工党党魁。

在工党历史上。托尼·布莱尔想不出名都难。他1994年2月23日当选工党党魁,担起领导反对党的重任;1997年5月1日成为内阁首相,结束了保守党长达18年的漫长统治。

布莱尔是新一代的工党领袖。他在思想观念上与以前各位领袖有着重要区别。工党领袖都声称自己是英国工人阶级的代表,关心以"蓝领阶级"为主体的体力劳动者的利益需求。但遗憾的是,他们要么是未能看出几十年后英国经济结构和阶级结构的变化,要么缺少对工党实行政治改革的魄力和勇气。

英国学界断定,金诺克未能清晰意识到一个重要变化:"曾经奠定工党胜利的那些工作在煤炭、钢铁、造船和汽车制造业的蓝领工人们,已经被服务型经济中新兴的阶级所取代。英国中产阶级依然依附保守党。"① 在工党对党章采取大手术之前,他们不会轻易地重建营盘。再靠前的富特、卡拉汉和威尔逊,都有类似的问题。

而精明强干的布莱尔做法则明显不同。他任党魁伊始,就在1994年10月的工党年会上提出了"新工党,新英国"的简洁口号,正式提出修改党章的动议。翌年4月29日,他在特别大会上发表激情演说,强调改革不容置疑,强烈要求工党抛弃坚持多年的公有制政策,并亲自着手修改了工党党章第四条,将工党目标改为"建立多数人享有权力、财富和机会的社会。"这是工党第一次对市场及私营经济、混合经济采取肯定性提法,使党的政治目标和价值观明显区别于原党章。党章修改的重大意义,是顺应了国内外形势发展,改变了工党多年政治上的被动局面,赢得一些中产阶级的支持。其中对公有制条文的删除,为工党制定更加灵活、切实可行的社会经济政策打下了基础,同时也改变了长期以来工党意识形态色彩过于浓重的形象。

此外,布莱尔还有意拉开工党与工会的距离,同工商企业界联络感情,并宣告工党同样代表企业主利益。大选时,布莱尔则强调工党是一个"跨越民族,跨越阶级,跨越政治界限",能代表全英国的全民党②。在1997年大

---

① 菲利普·斯蒂芬斯:《托尼·布莱尔——一位世界级领导人的成长经历》,刘欣、毕素珍译,东方出版社,2006,第50页。
② 1918年工党要员西德尼·韦伯制定党章时,是以俄国革命为背景和参照系的,它表达了当时的社会主义观点:英国土地和工业的私人占有纯属剥削的物质基础,下层阶级的辛苦劳动只会使有产者更加富有。

选宣言中,工党则表明它是一个全民性的、得到目前社会各领域、各阶层支持的全民性政党。实行的纲领是一种新的中间偏左的政策①。

即便如此,布莱尔在就任党魁初期依旧谨慎。他试图兼顾贫富、左右逢源的做法让人嘲笑。1996 年秋天的一日,他先是接受了一家倾向于保守党的报纸的采访,议题是"让英国成为百万富翁的领地"。又接受了一家支持工党的报纸的专访,题目是"为什么我永远不会允许我们的人民在贫困中老去"②。当时,布莱尔还公开赞美撒切尔夫人的政治贡献,似乎忘记了她在三次大选中做过工党的政治杀手。于是人们以为他尚未蜕变成为油滑的政客,把他的矛盾行为理解为坦率真诚。

为追求政治翻身和大选胜利,布莱尔在工党大选宣言中,直截了当地使用了"新工党"的名号。之所以如此,是因为它在挑战一个有别于以往的世界;即将来临的"千禧年"为英国开辟了新纪元。作为工党领袖,布莱尔对英国未来繁荣充满信心,断言工党有勇气去改变、并且去建立一个更好的英国;新工党的目的,是给英国一个共同基点之上的政治选择,这就是在两大政党之间:一个被诸多事务折磨得筋疲力尽的保守党政府,一个充满生机的,并决心改变未来的新工党之间,所做出的选择。工党还声明,它已改变了制定政策的方式,将其与工会关系置于一个公平的可接受的基础之上。

与以往几次几次大选声明有着重要区别的是,工党上层认识到,1997年的政党关系既不同于 1947 年和 1967 年,而是新的价值观;需要制定出一个内容丰富、细节详实、重点突出,并且切实可行的"居中偏左的政治规划",它包括如下的政策变更:其一,适当发挥市场作用。政府和企业必须协调一致,去促进市场活力。其二,调整企业与工会关系,不赞成任何违反政府工会法的罢工行动。罢工是为了维护劳动者的权益,但不得随意在劳资之间制造矛盾③。其三,在经济管理方面,工党接受全球化经济的现实。不赞成过左或过右、闭门造车和单干式的极端政策。其四,在教育方面,赞同根据不同学生的个体差别因材施教,使学生们在不同学科得到进步。其五,在健康卫生方面,工党维护国家医疗服务体系的基本原则。使各类医疗机

---

① 雷因·达尔辑《1990—1997 年间英国工党大选宣言》,第 347 页。
② 同上书,第 346 页。
③ 同上书,第 347 页。

构各司其职,互相配合,减少不必要的开支。

宣言中,工党声明:未来的政府"将是一个激进政府,但激进定义既非教条式的,也不是左倾或右倾的,而是一个成功的政府。新工党是一个具有理念和理想的政党,但不是观念过时的政党"①。

1997年5月1日,工党以该党空前的优势获胜,得到了659个下院席位的419席,占总数的63.6%,比保守党多254席。这是第二次大战后历次大选中最高得票率。

工党的胜利主要归功于理论和政策革新。而导致工党政策变化的深层原因,是战后英国社会阶级结构的变化。它潜移默化,历经漫长岁月,出现了一个人数不断扩大的以知识分子——学者、医生、律师和公司白领职员等——为主体的中等阶级群体,加上第三产业规模的扩大和就业人员增多,原有产业工人队伍渐趋萎缩,熟练工人比例相对提高。这使工党领袖认识到:若要得到掌权机会,必须争取中产阶级支持。由此看来,工党在政策上的右倾化,顺应了本国阶级变化趋势。

布莱尔和新工党的做法表明,一个政党,只有不断进行思想和政策更新,政府和国家才会焕发生机,赢得选民支持。

布莱尔任首相后,一再声称工党已完成了政策更新,成了"新工党"。新工党执政后的突出特点是寻求改革,实现布莱尔建设"新英国"的种种设想。1998年9月,费边社发表了布莱尔撰写的小册子《第三条道路:新世纪的新政治》,标志着"第三条道路"成形。

什么是"第三条道路"?工党杰出理论家和精神领袖安东尼·吉登斯②的阐释最具权威性。他在其代表作《超越左与右——激进政治的未来》和《第三条道路》中,作了权威性阐述。其基本思路是要在左翼与右翼之间、在保守主义与民主社会主义之间,找出一种更合理更适中的道路,从而造成新的选举优势。吉登斯提出一种值得深思的政治现象:左与右、激进与保守,由于其自身的片面性,总是不可避免地要走向它们各自的反面,而且任

---

① 雷因·达尔辑《1990—1997年间英国工党大选宣言》,第348页。
② 安东尼·吉登斯(Anthony Gidens,1938—)是英国著名社会理论家和社会学家,当代欧洲和世界最有影响的学者之一,截至2017年,已发表了40种著作和论文集,并被翻译为40种文字。1996年为伦敦经济学院院长,兼任剑桥大学教授。其代表作还有《历史唯物主义的当代批判》《民主——国家与暴力》等。

何国家都不例外。某一政府或政党,无论执行左倾或右倾的,激进或保守的政策,都难免要偏离历史中心;即便偶尔取得某些进展和成就,最终还要遭遇困难和教训。理想的做法是使政党政策向"时代中心"靠拢,切实解决社会问题。① 吉登斯在解释"第三条道路"的特征时,总是谨慎地使用"资本主义"和"社会主义"的词汇。他宁愿说:"目前,一个中左立场的政党必须使其关注竞争和社会正义,并且必定要使二者融合在一起。"②质言之,所谓"第三条道路",既有民主社会主义的实用主义特点,又是对以往民主社会主义理论的创新性发展。它不是介于社会主义与资本主义之间的"中间道路"或"半社会主义",而是在具有凯恩斯主义特征的民主社会主义与传统保守主义之间的审慎选择。它被人定位为"中左偏右"。回首展望,他是在较大程度上实现和超越了盖茨克尔主义。

六、结语

20世纪中后期,英国工党围绕修正主义的论争时起时伏,持久曲折,多有变化,呈现出某些特点和趋势,引发笔者思考。这里述要如下。

其一,英国工党修正主义的萌生,是工党右翼一些有远见的政治家认真审视本国国有化和社会保障带来的问题,提出的一些具有预见性的应对思维。换言之,它不是党内不同派别权势争斗的产物,而是一些具有预见能力的政治家对现实问题的批判和对未来经济发展的设想。

其二,英国工党修正主义的含义值得认真推敲。在资本主义的英国,从属于工党修正主义话语体系的一些概念,如"公有制"和"国有化"等,有着特定的语境与含义。而与修正主义密切关联的"混合经济",也蕴含着"变革""更新"等正面含义。

其三,若是短时段的阶段性研究,很难发现和评判工党修正主义发展的基本态势和真实结局。而长时段大角度的考察,则会发现工党修正主义的基本发展态势:20世纪中期是盖茨克尔修正主义的强势阶段。1963至80

---

① 安东尼·吉登斯:《超越左与右——激进政治的未来》,李惠斌、杨雪冬译,社会文献出版社,2000,第2页。
② 安东尼·吉登斯:"尽意求新",《新国务活动家》2001年6月11日。

年代初是工党修正主义的持续发展的时期,其间金诺克等人的政治路线和策略为布莱尔的改革做了重要铺垫。而 1995 年布莱尔对 1918 年党章第四条的修改,在一定程度上是对盖茨克尔主义的理性回归。

其四,工党左右两翼的思想和理论分歧始终采取了相对温和的方式。多是通过工党年会、执行委员会会议以及党内外出版物等方式进行论争。两派的论争体现了一种不列颠式的绅士风度。两派之间,有论争而无论战,有辩解而无人身攻击;充满理性、妥协、让步、调和和宽容①,呈现出较高的政治文明。这就不会影响他们在党内和内阁中的合作。可见,他们是将分歧限制在思想和理论的范围,而非强硬的政治路线分歧和你死我活的宗派斗争。

其五,英国工党的盖茨克尔主义之所以得不到党内多数的认可,是受当时国民经济发展水平和阶级结构,以及人们认识能力的限制。20 世纪 60—70 年代威尔逊能成功领导"科学革命",暂时弥合工党内部分歧,也是顺从了时代发展。而后的金诺克是在国内经济结构和阶级结构发生明显变化的情况下,不露声色地进行党内政治思想改革。最后布莱尔之所以能够成功,也是因为其行为吻合了时代脚步。

---

① 此类事例举不胜举。例如,在 1957 年工党年会上,两派领袖盖茨克尔和比万在激烈辩论之后,娓娓和好,并一起拍摄合影像。有趣的是,盖茨克尔夫人站在二位男士中间,以显示友好之意[斯蒂芬·哈舍勒:《盖茨克尔派:英国工党中的修正主义(1951—1964)》,麦克米伦出版公司,1969,第 10 页]。

"仰之弥高,钻之弥坚"
——在朱绍侯先生追思会上的发言

卜宪群

尊敬的河南大学各位领导、各位先生,朱先生亲属:

今天是我国著名历史学家、教育家、中国秦汉史研究会顾问、河南大学教授朱绍侯先生逝世"五七"祭奠日,大家举行一个追思会,缅怀朱先生的学术贡献、总结先生的学术思想和学术精神,是件很有意义的事情。

朱先生的一生都贡献给了中国历史学的学术事业,即使在耄耋之年也还孜孜不倦地坚持学术研究,在 90 岁高龄时还能坚持每天读书写作六个小时,这甚至是我们不少中青年人都有所不及。直到 94 岁高龄,先生还坚持读书写作,每年都有学术论著发表。这都是我们学习的典范和楷模。

朱先生治秦汉史,最令人钦佩的就是那种抓住问题长期坚持、深入开拓的学术韧性,他的许多重大研究,都是穷毕生之精力而坚持不懈的结果,最为人称道的就是关于战国秦汉时代的军功爵制研究。从二十世纪五十年代到本世纪的 2017 年,先生这项研究坚持了六十年,发表了几十篇论文,出版了《军功爵制试探》(上海人民出版社 1982 年版)、《军功爵制研究》(上海人民出版社 1990 年版)、《军功爵制考论》(商务印书馆 2008 年版)、《军功爵制研究(增订版)》(商务印书馆 2017 年版)四部著作,做出了国内国际学界都瞩目敬仰的成果,建树了巍峨的学术丰碑。大家知道日本学者西嶋定生先生曾著有《二十等爵制》一书,影响很大,而朱先生的爵制研究,则体现了中国学者在爵制研究上的最高成就,意义十分重大。我本人从朱先生的爵制研究中,也受益很多,比如关于楚汉之际的楚爵与汉爵的关系问题,我较早曾经有过研究,但不如朱先生看得清楚。朱先生是一位马克思主义史学家,注重从社会经济史的角度看待历史变法,他的秦汉魏晋南北朝土地制度与阶级关系研究、名田制研究,不仅是持续几十年的研究,而且都渗透着唯物史观的指导。这种学术方向、学术精神、学术韧性都堪称典范,永不过时。

朱先生古史研究的另一特色是他坚持宏大问题研究,坚持从具体的实证研究入手解决重大历史问题。除了军功爵制、名田制研究之外,他在户籍制度史研究、治安制度史研究方面,也都有开拓性的贡献。这种重视重大历史问题探讨的学术特色,体现着他的治学宗旨,体现着他研究历史为现实服务的情怀。这些,对今天的学界来说,都极具宝贵的示范意义。

朱先生一生尤重教书育人,重视历史学科的教材建设,他所主编的十院校本《中国古代史》五次再版,数十次印刷,发行140万册,惠及几代学人,享誉学界。这方面所体现的仍然是他锲而不舍、持之以恒、精益求精、追求卓越的精神。十院校本《中国古代史》以及它的编纂、修订、再版的几十年历史,给我们留下了高校教材建设的宝贵财富。

朱先生还是一位文献学家,他所主持校注的《今注本二十四史·宋书》,是他文献工作的卓越成果。从发凡起例到成功编纂,从孜孜不倦地一遍遍修改定稿,到400万字巨著的样稿校对,历时二十余年,为学界留下了极其宝贵的财富。在这项文献学工程中,朱先生所表现出的精湛学识和敬业精神,令后学敬仰。

朱先生的学术名扬学界,而同时也是平凡的教学岗位上的"老师"。他人淡如菊,心素如简,从不以名家自恃。他曾说过:"有人说我是名教授,做出了很大贡献。这话好像有点夸大,我就是个老师。"为人师表,身先垂范,朱先生将教学和科研结合起来,把培养学生当作自己的主业,他认真对待每一堂课,用心教授每一位学生,教之以事而喻诸德也,堪称真正的"师者"。

大智者谦和,大善者宽容,朱先生的大家风范不仅体现在教书育人上,还体现在为人做事上,他低调谦逊、待人宽厚、淡泊名利,从不苛责别人,是一位心中有丘壑、眉目作山河的长者。就先生在秦汉史学界的地位而论,他是秦汉史学会的发起人之一,连续多年担任学会的副会长职务;就影响力而论,他的军功爵制研究享誉海内外,他的《中国古代史》誉满天下。但先生从来都是那么谦和,不以名家自居,没有有些大学者的架子,对后学晚辈总是循循善诱,扶持提携,永远是一位温文尔雅、可亲可敬的长者。做人做事做学问,朱先生都做到了极致。《史记·孔子世家》中,颜渊谈论他的老师孔子说:"仰之弥高,钻之弥坚。瞻之在前,忽焉在后。夫子循循然善诱人,博我以文,约我以礼,欲罢不能。既竭我才,如有所立,卓尔。虽欲从之,蔑由也已。"朱先生在我们后学心中,大概就是像孔子这样的人。

  先生的逝世,是中国史学界的重大损失,是我们秦汉史学界的重大损失,但先生给我们留下了丰厚的精神财富。我们秦汉史学界同人,一定会把先生的精神和思想发扬光大,把先生的学术事业继承下去,永远以先生为榜样,努力前行。这就是我们纪念先生的意义!

2022 年 8 月 26 日上午

深切怀念朱绍侯教授

赵世超

2022年7月23日,朱绍侯教授在河南开封与世长辞。虽然知道生老病死乃自然之理,虽然知道先生享年九十有六已属高寿,但得到消息后,依然悲从中来,不能自已。深深的怀念将我带回遥远的过去,朱老师的形象在我的脑海里变得既高大又清晰。

一、著名的历史学家

我心目中的朱老师,首先是一位学者,是当代著名的历史学家。他从1956年开始进入研究领域,直到逝世之前,仍每天坚持写作,笔耕不辍六十余年,出版学术专著和个人论文集9部,主编著作和教材13部,发表论文200多篇,可谓将自己的一生都奉献给了学术事业。

当年,朱老师曾对我们这些晚生后辈说:"做学问一定得有问题意识。瞄准方向后,零敲碎打,步步深入,终能洞悉真相,得出令人信服的结论。"现在看来,这正是朱老师的经验之谈。为了弄清楚汉代司隶校尉一职的起源和发展,他先后写过4篇文章。对名田制问题,他从很早的时候就开始关注,发表过3篇专论,2001年《张家山汉墓竹简》公布之后,他又根据内中所记吕后二年所颁布的受田律令,连续推出4篇系列论文,终于使自己的观点获得无懈可击的坚实基础,成为学术界广泛认可的共识。至于军功爵制研究,众所周知,那更是朱老师探索的重点,从二十世纪五十年代开始,共完成论文数十篇,出版专著4部,内容越来越丰富,认识越来越深入,论证越来越完善。当前,几乎众口一词,国内外学者都把他看作这一领域的权威。记得年轻时,我每次到家里拜访,看到的都是他在窗前伏案的背影,曾让我联想到河南常见的黄牛,每日耕耘于田间,永不停步,猛抬头,早已有几块沃土被开垦起来,连成一片了。如今我更觉得,朱老师在学术上的成功就在于他有一种锲而不舍的韧劲和踏踏实实的"黄牛"精神。比起朱老师,我们都差得太远。纪念朱老师,首先要继承他的这种学术精神。

如果说执着的追求和对事业的热爱是学术成功的前提,那么,能否采取正确的研究方法,则是实现目标的必备条件。朱老师的方法可以概括为两条,即穷尽典籍的全部内涵和及时利用新材料,两者之间的关系又是相辅相成、相互促进的。他曾经告诉我们:对于基本的典籍,一定要通读,认真读,精细读,要做好笔记,记下心得,摘抄卡片,对史料进行分类排队。在他看来,没有扎实的文献功底,就不可能敏锐发现新材料的价值,反之,不接触新材料,不仅无法填补历史空白,也无法在对传统记录的理解上取得突破。毫不夸张地说,朱老师在利用传统文献奠定基础,又主动利用新材料不断校正,从而使学术观点臻于完善方面,为我们树立了光辉的典范。如,关于名田制,他曾根据史书上常见的买卖××所名有土地的记载,认为就是一种土地私有制,《睡虎地秦墓竹简》和青川木牍《田律》发现后,进一步研究才认识到,由商鞅变法所建立的名田制、辕田制等,都不是土地私有制,于是,便采用了更准确的说法:土地长期占有制。军功爵制材料分散,必须下大功夫才能做好。所以,朱老师对散见于正史、子书、文集、策论中的材料,一遍一遍进行拉网式的搜寻和精细研读,终于集腋成裘,却仍觉意有未安,乃名其书曰《军功爵制试探》。后来,也是通过及时消化利用简牍材料,才弄清了从汉高祖到文、景时期军功爵制的基本面貌,写成了《军功爵制考论》《军功爵制研究》等新的著作。朱老师做学问的方法和路径值得我们学习。

由于精神执着和方法得当,朱老师的成果便充满了创新性。有的是对前人研究的深化,更多的则是自己的独到见解。针对第一类情况,我想举出两例以见一斑。一是关于汉代乡亭制度的研究。传统上,人们以《汉书·百官公卿表》为据,认定汉代基层组织是"十里一亭,十亭一乡"。1954年,王毓铨先生曾发文纠谬,指出:只有乡和里才是汉代主管民事的两级基层行政机构,而亭则属于另外一个司奸盗的治安系统。朱老师支持王先生的新说,并进一步对亭长、亭侯、亭父、求盗、亭卒、校长、鼓吏的职责分工做了仔细考证,使亭的内部组织及运作方式更加明晰。在此基础上,朱老师又用大量的材料说明:汉代中央的丞相和太尉、郡级的太守和都尉、县级的县令和县尉在职责上都是分开的,亭是都尉、县尉的派出机构,其任务是课射巡禁、押解转送徒隶、管理传舍、为官吏提供审案场所等。有了朱老师的跟进和深挖,我们便能更加清楚地认识到,秦汉最高统治者是凭借行政和更带军管性质的治安系统才实现了"权力下县"。第二个例子是关于民族的形成问题。范文澜先生认为:"在秦统一以后,汉民族已有了共同经济生活、共同地域、共同语言、共同心理素质。"朱老师则用发展的眼光做分析,将中华民族的抟成史划分为四个阶段,即从春秋战国到秦统一,在中国的腹心地区,出现了以蛮夷戎狄华夏化为内容的大融合,形成了拥有两三千万人口的民族共同体;从魏晋南北朝到隋唐,通过民族迁徙、双向交流和推行汉化政策,一个朝气蓬勃的新汉族逐步定型;继宋辽金元更为剧烈的民族冲突和混融之后,明朝政府在东北和大西南设置管理机构,使边疆与内地的联系制度化;到清王朝建立,一个以辽阔疆域为基础、包括汉族和各少数民族在内的中华民族开始屹立于世界的东方。朱老师把中华民族当作民族形成的主体,并将民族形成过程动态化的做法,不仅符合实际,也更有利于民族团结。

至于朱老师个人的学术创见,那就更是不胜枚举了。是他,详细论述了两汉皇帝的三层保卫制度,澄清了宋人王应麟将郎卫置于南军之下的错误;是他,探索了司隶校尉一职的起源和发展,开辟了观察两汉政治走势的新视角;是他,研究了"禁民二业"政策由重农措施向禁止兼营的演变,展现了西汉中期以前行政管控经济的有力和严酷;是他,证明了居延敦煌汉简中的"庸"实为替人在边疆服役的"践更者"和"过更者",找到了受雇戍卒佣价要比民间雇工高的真实原因。在思想史领域,朱老师认为:贾谊是中国提出"疑罪从无"的第一人;王充并不反孔,只是想擦去汉代俗儒涂抹在孔子身上的油彩,王充学说也并不代表农民,只是统治思想中较为进步的一支;王符视工商业中的致用、通货为本,巧饰、鬻奇为末,鼓吹"农工商贾各有其本,各有其末",这种思想要比传统上以农为本、以商为末更加进步,等等;都是发人深思的异响,足以发挥拨乱反正的作用。在讨论汉羌关系时,朱老师首创"羌变"一词,以代替古籍中的"羌乱"和新史学所谓"羌族大起义",大大有助于深挖汉羌冲突的真实根源和复杂性。而他对石勒、苻坚及前燕慕容氏政权的再评价，以及对魏晋南北朝时期经济、社会、科学、文化发展的分析，等等，则不仅肯定了少数民族杰出人物的历史功绩，更使我们认识到，分裂并不等于倒退，历史会在动荡中曲折前进。

当然，朱老师最大的贡献是在军功爵制和土地制度两个领域。通过他的研究，军功爵制、辕田制、名田制、假田制、屯田制、占田制、均田制的内涵才变得更加明确，各项制度从起源、发展到走向衰亡的过程一目了然地呈现在读者面前，它们的影响和作用也都得到了合乎历史实际的评判。而由朱老师提出的"赐民爵八级制"曾从"军功爵制中游离出来"，成为"独立奖赏体系"的论点，实为军功爵制研究的重要突破。只有将吏爵与民爵分开，限制底层民众靠积累爵位得官，才能更好地维护上层统治者的特权，这是军功爵制发展的必然归宿。朱老师此论可谓抓住了事物的本质。

恩格斯在《反杜林论》中说："一切文明民族都是从土地公有制开始的……它被废除，被否定，经过了或短或长的中间阶段之后转变为私有制。"朱老师的研究告诉我们从春秋后期到魏晋南北朝结束，就是一个中间阶段，名田制、屯田制、占田制、均田制，都是土地国有制下的私人长期占有制，一方面，政府以国有的名义强烈干预经济，实施剥削，另一方面，私有制也以特有的活力不断冲击行政力量的束缚。历史上，两种制度交替的过程既绵长又缓慢，刀斩斧切式区分新与旧、公与私的做法不可取。朱老师的意见在方法论上具有指导意义，应该牢记和发扬。

朱老师的军功爵制及土地制度研究还告诉我们一个重要史实，即在周代以亲亲为原则的贵族专制政体瓦解之后，曾经存在一个军功地主掌权的历史阶段。在这个阶段上，由凭军功或事功获得高爵者占据要津，推行名田制，由国家按军功爵的级别颁授给他们田宅土地，靠属于武职的不同级别的尉和基层的亭强化治安，再以精细的户籍制度"以县系乡，以乡系里，以里系伍，以伍系户，以户系口"，进行严密管控和摊派赋役。这样的统治实为带军管性质的军事专制，是战争年代举国体制的继续。由此可见，国内大规模的战争虽然结束了，但从武人政治、武化社会过渡到文人政治、文治社会，却仍需时日。

重读朱老师的文章和著作时可以发现，他的成果都不是国家规划项目，选题完全出自兴趣、怀疑、学术争鸣和课堂教学。正是这些独立的研究解决了一系列热点、难点问题，在学术界引起了强烈反响，也奠定了他的学术地位，使他无愧于著名历史学家的称号。由此我便想到，学术本质上是个人的思想活动，或许根本就不需要规划。规划越死，百家争鸣式的学术繁荣就越难出现。

二、学术活动的组织者和指挥者

改革开放初期，国家重视人才，许多专业人士走上领导岗位，于是有了"双肩挑"这一叫法。朱老师也是"双肩挑"。不过，他对集体事业的关心和热爱是自发的，一贯的，有行政职务是这样，没有行政职务也是这样。所以，在我看来，他就是一位天生的学术活动的组织者和指挥者。

河南大学创建于1912年，是我国屈指可数的百年老校，历史学科作为主干学科，始终以其不凡的实力而为世所重。远的不说，1949年以后在此担任过教职的即有嵇文甫、赵纪彬、孙海波、朱芳圃、刘尧庭、孙作云、赵丰田、张秉仁、黄元起、鞠秀熙、毛健予、赵希鼎等等，堪称名师荟萃。然而，"文化大革命"的暴风骤雨却顿使花木凋零，硕果仅存的老先生则已步入暮年，于是，朱老师很自然地便把复兴本学科看成了自己这辈人的责任，经常与年龄相仿的郭人民、胡思庸、韩承文等私下切磋"复兴大计"，并不断向系领导上条陈，希望好的想法能尽快变为现实。

朱老师深知，教师队伍建设是振兴学科的关键。他未雨绸缪，在"文革"结束前即四处联络，希望从老五届大学生中找到"接棒者"。在他的帮助和积极运作下，我于1976年5月调入河大，成为历史系成功引进的第一人。但对青黄不接的严重程度而言，这只能算杯水车薪，在七七、七八级相隔半年连续入校后，教师短缺的情况便更加突出。朱老师这时只是个教研室主任，但看起来似乎比谁都着急。

1978年，河南大学开始招收研究生。说老实话，当时我很想考，一是希望通过攻读学位弥补因"文化大革命"造成的学业上的不足，二是要甩掉"红卫兵大学生"的帽子。正当我跃跃欲试准备报名时，朱老师却主动找上门来，苦口婆心地劝导我说："现在人事调动有多难，你是知道的。招研究生是个网罗人才、解决高校师资不足问题的捷径。你已经进来了,为什么不省出一个指标让系上多招点人呢?何况你读了研,留下的课由谁接?"朱老师的大局观念令人感动。于是,我遂断了念头,放弃了一次深造的机会。结果,这一届单中国古代史就招了郑慧生、杨天宇、程有为、刘韵叶、张诚、周士龙、刘坤太、魏千安、贾玉英等九人,加上世界史和中国近现代史,总数不下十五、六人。那时候,研究生都随研究室活动,来了这么多年轻人,系上的气氛空前活跃起来。三年后,首批研究生毕业,郑慧生、杨天宇、刘韵叶、刘坤太、贾玉英,还有世界史的杨麦龙及中国近现代史的郑永福等,都留校任教,程有为、魏千安、张诚去了河南省社会科学院和郑州大学,只有马生祥、周士龙回了河北。

不久,藏龙卧虎的七七、七八级本科生也要毕业了,朱老师抓住机遇,一下子留了李振宏、程民生、王宏斌、安庆征、王光兴等人,都曾是"文革"前的老高中生。龚留柱则在跟他当了研究生后,留到学校。同时他又接受了我北京大学的同学、陕西师范大学史念海教授的研究生郭绍林,调入了郑永福的爱人、北京师范大学毕业的才女吕美颐。至此,河南大学历史系不仅在教师队伍的年龄结构和学缘结构上得到了调整,而且一下子变得人才济济,堪称一时之盛。这中间的许多人,后来都成了本专业领域的知名学者,以突出的成绩为河南大学赢得了声誉。当然,建设这样一支队伍,并非一人之功,积极参与谋划的还有郭人民、韩承文、胡思庸、周宝珠诸先生。但他们或过早病逝,或被省上调出,另有任用,真正长期发挥"主心骨"作用的,实首推朱先生。所以,我常对人说,朱老师是新时期河南大学史学队伍的主要奠基人。

一支好的学术队伍不单需要有人,更需要有好的学风。然而,早在"文化大革命"以前,"左"的风气就已经很厉害,"以论带史"或"史论结合"最终演化为"以论代史",把所谓的无产阶级观点拿来到处套,使学术活动变成了"贴标签"。到"文化大革命"中,又以"为革命研究历史"的名义大搞影射史学,历史竟被政治野心家当作篡党夺权的工具,中国古代史则只剩下了儒法斗争和农民战争两条主线。朱老师虽也被迫搞过"评法批儒",参与编写过《中国农民起义领袖小传》,但内心是非常抵触的,时刻期盼能有机会扭转学风,使历史研究从被利用的迷失中走出,真正成为公开坚持理性的利器。1976年,"四人帮"垮台了,在大地复苏的1977年初春,他立即联络孙作云、郭人民、胡思庸诸先生,在河南大学召开了全国第一个批判影射史学的研讨会,为史学界的拨乱反正开了头炮。我当时是系上唯一的青年教师,一直在会上服务,记得来自各地的史学名家即有杨志玖、漆侠、王思治、高敏、黎虎等二十多位,瞿林东似乎尚未回归北京师范大学,是以通辽师范学院教师身份参加的。在大会发言中,漆侠谈的是中国古代的小农,杨志玖谈的是唐代政治制度,孙作云谈的是商代甲骨和从《天问》看夏史,高敏谈的是云梦秦简,朱老师则讲摒弃阶级斗争学说、重写中国古代史的意义,都为"什么才是史学研究"提供了范例,开了新风气。这次会议实应以其所起的开创和推动作用而载入史册。

二十世纪70年代末、80年代初,真是一段足可令人永远回味的好时光,有人称之为"科学的春天",真是一点也不过分。高考制度和研究生制度恢复了,无数被耽误了十年的青年才俊荟萃到学校,改革开放引进了许多新书籍、新理论、新思维、新方法,宣传部门均以宽松、宽容、宽厚的态度对待,从而使各种思考和观点都可以得到自由表达。在中国古代史领域,社会发展的根本动力、亚细亚生产方式、封建专制主义、历史人物评价、周代社会性质,甚至五种生产方式是否都存在于中国等,纷纷成为争鸣的焦点。振宏他们班级里组织的讨论会、报告会活跃异常,研究生也个个摩拳擦掌。朱老师这时候已经升任系里分管科研的副主任,他既从年轻人身上看到了本学科的无限生机,也担心盲目和偏激滋蔓起来,会使事物由一个极端走向另一个极端。由此意识到,端正学风不能仅限于批评影射史学,更重要的是要让大家学会运用历史唯物主义方法看问题。于是,他便通过到会点评、参加小组讨论、个别答疑等方式,一边鼓励学生的创新精神,一边进行引导和校正。还联合中文、政教两系举办全校性的文科学术交流活动,事后编印论文选集,让好的文章发挥示范作用。现在回过头来看,七七、七八级中的不少人后来能在学术上健康发展,成为自己专业领域的健将,即起步于此时,而河南大学良好学风的形成既与这一学术繁荣期有关,更离不开朱老师等人的努力和付出。

随着"四人帮"的垮台,历史课只讲儒法斗争史和农民战争史的时代结束了。但在新形势下采用什么教材却成了问题,《中国史稿》阶级斗争的味道太重,范文澜的《中国通史》部头太大,翦伯赞的《中国史纲要》又过于简略,正因为这样,活跃在教学第一线的骨干教师都不约而同地产生了编一部更适合大学生需求的《中国古代史》的想法。1978年底,山东大学、西北大学、陕西师范大学、河南大学、安徽师范大学、山西师范大学、南充师范学校、广西师范大学、福建师范大学的教师代表迎着漫天飞雪来到西子湖畔的杭州大学,共商编写大计,推举朱老师担任主编,负责编写计划的实施。朱老师当仁不让,迎难而上,大胆提出了"跳出史学为无产阶级政治服务的缰索,不追时尚,吸收最新考古资料,本着为学校、学生、社会负责的精神,介绍基本历史线索,传授稳定知识"的主导思想,并就体例、文字及篇幅都做出相应的规定。在朱老师的领导和协调下,编写工作进展十分顺利。全书约100万字,分上、中、下三册,经过在开封、桂林两地的修改、定稿,1979年5月即由福建人民出版社出版,先由十院校试用。1980年11月,由山东大学主办,在烟台召开了新编《中国古代史》的审稿会,经过再次修订,于1982年成为教育部推荐教材。该书以博采众长、内容丰富、图文并茂为特征,又能反映当代科研成果,受到大学师生及社会各界的普遍好评。1982年后,重印20多次,修订改版4次,发行百余万册。20世纪末,教育部在广州召开的史学教材研究会上公布,全国综合大学和师范大学采用十院校教材者占53%。这一骄人成绩固然由多人共创,但在制定大纲、统一体例和观点、修订文字方面,朱老师灌注的心血最多,堪称新时期教材建设的大功臣。

朱老师深知,要搞好科学研究,促进学术繁荣,就得有园地。应该说,河南大学对办刊物的认识一直很高。刚解放就恢复了因战乱停办的《河南大学学报》,并于1951年创办了《新史学通讯》,后更名为《史学月刊》。"文化大革命"前,专属历史学科的杂志并不多,如果我没记错的话,可能只有北京的《历史研究》、天津的《中学历史教学》和开封的《史学月刊》,可谓之三足鼎立,其重要性自不待言。但随着历史的发展,《史学月刊》的隶属关系却变得复杂起来。二十世纪六十年代,河南成立了哲学社会科学部历史研究所,办公地点仍在河南大学院内,却将《史学月刊》划到所里,俨然成了学部的机关刊物。改革开放后,学部扩大成了河南省社会科学院,改在郑州办公,就想把《史学月刊》也一起搬过去。朱老师知道后,坚决不同意,认为这份杂志是河南大学办起来的,归了社科院,根就断了。他联合几位有影响的老师到处找人,反复讲道理,争到最后,只好由省里出面和稀泥,主办单位定为河南大学、河南省社会科学院和郑州大学,编辑部地址暂时不动。但三家、两地、若干编委来回跑着开会统稿太不方便,所以,省历史学会恢复活动后,经过协商,又改为河南大学主管、河南大学及河南省历史学会主办。学会涵盖了河南省内所有的史学工作者,同时又是个虚体,人、财、物及编辑、出版权重新统一,实际上又一起归了河南大学。把《史学月刊》留在开封,是朱老师等人的功劳,这对河南大学的发展具有重要意义。如今,经过孙心一、李振宏、郭常英等几任主编的持续努力,这份有着悠久历史的老刊物青春焕发,再度辉煌,已成为举世公认的名刊,不仅增强了河南大学的学术影响力,更为学校提供了培育史学人才的最佳园地。虽不能说"近水楼台先得月",但毕竟就近了解编辑意图,就近听取修改意见,就近校对纠错要方便得多。试问,河南大学历史系哪一位教师没有得到过《史学月刊》的帮助呢?我自己就是受惠者之一。"吃水不忘挖井人",每当想起《史学月刊》在个人成长过程中的作用,我就不能不感念守护这块园地的朱老师。

1985年春天,河南大学获准成立出版社,朱老师被任命为总编辑。于是,他又发扬老黄牛精神,去为大家开辟新的园地。记得首批出了三本书。其中,高文教授的《汉碑集释》由朱老师亲自担任责编,出版后,很快售罄,只好重印第二版。该书曾经获得过多种奖励。如果把它看作河南大学出版社的第一块基石,那么,我们也应该牢记,这块基石正是朱老师亲手安放的。

朱老师退休之后,又主持了《今注本二十四史·宋书》的编纂工作。2012年12月,由中华文化促进会和凤凰卫视主办的第四届"中华文化人物"评选活动揭晓,决定授予朱绍侯等10位人士"中华文化人物"荣誉称号,评语虽然重点强调他在"今注本二十四史"编纂期间所表现的令人敬佩的学术精神和史学贡献,却可视为对他组织和指挥的所有学术活动的全面肯定。

三、年轻人的良师益友

朱老师待人平实、宽厚,年轻人都把他当作良师益友,我自己更从他那里受益甚多。

我在河北定县工作时，曾经协助河北省文物工作队挖过几座汉墓，便对秦汉史产生了兴趣，朱老师帮我调进学校，本意是想让我搞中国古代史。但报到后，系里负责业务工作的副主任韩承文老师却不同意，理由是：世界近代史的课只有赵克毅老师一个人在上，已经拉不开栓了，好容易来了个年轻人，就得放到最需要的地方。情况也的确如此。朱老师没有办法，只好同意让我先去准备世界近代史的讲稿。不久，1973年通过考试招收的那届工农兵大学生毕业了，他立刻又去找韩先生商量，说："这个年级有个阎照祥，人品好，学习好，又喜欢英语，把照祥留到世界史教研室，和赵世超换一下，你保证不吃亏。"韩先生自己是搞世界史的，也知道照祥是个好苗子，两人一拍即合，立刻达成交换协议。于是，蹉跎半年之后，我才回到中国古代史教研室，有了适合自己的专业舞台。朱老师这种千方百计帮助青年人实现愿望的做法令人感动，因此，我也加倍努力，予以回报。

为了保证教学正常进行和广揽人才，朱老师曾劝我不要考研，但内心里却始终惦着这件事，害怕我因此丧失继续深造的机会。所以，待系中人手稍多，他就派我先后参加了受教育部委托、由四川大学徐中舒教授主持的先秦史师资培训班和由华中师范大学张舜徽教授主持的中国文献学研究班，从而使我得见大家风范，扩大了学术视野。1985年，为了解决学位问题，他又支持我到四川大学随徐老读博。39岁的我，重新负笈远行，成了四川大学一名"老童生"。在我走过的路上，处处都印刻着朱老师待人的一片至诚。

1979年底，在四川大学举办的先秦史师资培训班就要结业了。学员们纷纷建议："继承徐老的学术思想，非一朝一夕之事。培训班散了，人不能散，得有个组织。"当时似乎还没有什么学会，光是我们这些学员参加，代表性不广，也不足以称学会，议来议去，便想出了先秦史学社这个名字，还拟了章程，决定每年开一次学术年会。但时近岁尾，转眼就是新的一年，这第一次年会在哪儿开呢？培训班的支部书记詹子庆和班长刘宝才对我吩咐道："河大朱老师已当了管科研的副系主任，你先回去向他汇报一下，争取把年会放在开封。"隆冬时节，我怀着忐忑不安的心情往回赶，谁知朱老师一听就答应了。他对我说："单独报批需要很长时间，既然人数不多，就附在明年召开的历史教学法的会里边，经费统一安排。"就这样，培训班诸友又以先秦史学社社员的身份在1980年春易地相聚，朱老师还从东北师范大学请来了他的导师陈连庆教授和徐喜辰教授,从而使学术讨论的质量获得很大提升。

1982年初夏,在先秦史学社不断发展壮大的基础上,中国先秦史学会成立了。成立大会召开期间,大家一边感念朱老师曾经给予的支持,一边盛赞他是个真正懂科研、重视科研的好领导。其实,我早就知道,朱老师对学术研究有着自己独到的理解。他认为,从事人文社会科学是一种思想活动,而思想则是大学的灵魂,相反,一所没有思想创造的学校则只能因长期缺乏活力而停滞不前。所以,他在作教研室主任时就表示过,他要从两方面替大家营造一个好的环境。一是要把这个小单位变成能让人精神沉潜、思想高飞的地方,使每个人都能摆脱外界的干扰,坚持学术独立;二是要催生人的使命感和责任感,把以文会友当作同事的相处之道,让虚度光阴者自感愧疚。基于这样的认识,他不像某些老先生那样,总是告诫年轻人,不要急于发表文章,反而,隔一段就要提醒我们一下:"有什么想法赶快写下来。不然,手生了,就再也下不了手了。"并且亲自统计每个老师的科研成果,在年终总结会上分出优良中差。那时虽然没有一分钱奖金,但这一做法却能够激发大家你追我赶的积极性。记得程有为的《西周宗法制度的几个问题》一文发表在《河南大学学报》上,又被《史学情报》摘登,《人大报刊复印资料》全文转载,朱老师见自己的学生尚未毕业即已崭露头角,更是掩饰不住内心的喜悦,到处宣传和表扬,他的此类举动都给我们带来过不小的压力和鞭策。现在想来,也多亏朱老师抓得紧,才使大家不畏难、不退缩,都在学术上开辟出了属于自己的园地。

朱老师重视科研,并不等于就轻视教学。他认为,教学与科研应该相辅相成、相互促进。一方面,科研有助于深化教学内容,增强教学效果;另一方面,教学过程又是发现问题的过程,只有找准问题,科研工作才能避免无的放矢、无病呻吟。况且,"师者,传道、授业、解惑者也",搞好课堂教学原是教师的基本责任。遥想当年,朱老师不仅自己始终活跃在教学第一线,而且为培养年轻人的教学能力采取过许多有力举措。其中最主要的有三条:一是必须指定导师传、帮、带;二是必须通过试讲;三是经常听课检查。我一回到中国古代史教研室,朱老师就宣布:"孙作云教授是你的指导教师。"因而,我每次上课的讲稿都要送给孙先生修改把关,而为孙先生服务的工作,也由我承担,以便随侍左右,聆听教诲。后来,即使在青年教师较快增长的情况下,教研室的这一做法也仍然坚持。记得杨天宇的导师是郭人民先生,刘韵叶的导师是郭豫才先生等等。导师制的好处首先是有利于青年教师的成长,有利于保证教学质量,有利于学术传承;其次,也能使对老年教师的照顾和协助落到实处;真是一举数得的好办法。但试讲却曾让人胆怯和犯愁,常被视为一道难关。试想,台下坐的是同室的全体教师,单是一双双挑剔的眼睛,就把你吓住了。所以,我们总是脸红、心跳,手足无措地放不开,讲一遍不行,还得再来一遍,胆子越来越小。但朱老师从不高抬贵手,还举出学校里曾经发生过的例子警告大家说:"第一次上课讲不好,被学生轰下台来,会留下心理疾患,一辈子都过不了教学关。"典型的例子就出在历史系,流传甚广,我们也听说过。经朱老师一提醒,不由惊出一身冷汗,以破釜沉舟的决心再试,反而比较轻松自如,居然通过了,这才算取得了上课的资格。至于听课检查,同样有些吓人。朱老师和导师们总是不打招呼,自己搬个凳子就来了。当你突然发现他们坐在教室后边时,内心的慌乱往往掩饰不住,只有经历多次之后,才能做到安之若素。正是在朱老师的严格管理和帮助下,一个个青年才俊成了教学、科研全面发展的优秀教师,并对河南大学的教学风气产生了重要影响。

  朱老师对身边的晚生后辈关爱有加,对兄弟院校的同行更是接之以礼、待之以情,深合善邻睦友之道。他担任《中国古代史》主编时,非常注重处理、协调各校之间的关系,不仅保证了编写工作顺利进行,还使十院校变成了融洽、和谐、长期合作的稳固群体,这件事已在学术界传为美谈,而且诱发了对成功原因的分析和讨论。在我看来,朱老师之所以能够服众,除了深厚的学术造诣,就是他具有强烈的平等意识。他出身寒门,虽作为双肩挑干部,负责过一些业务工作,但基本上是民,不是官,所以他根本没有把主编当作一种领导岗位,除亲自执笔、不作空头主编外,更能平等地交换意见,适当地做出让步。朱老师的这种处事态度当然令人心悦诚服,当然能赢得大家的尊重。《孟子·尽心上》曾言,要向贤者请教,是不能"挟贵而问""挟长而问"的。可见与有知识的人相处,首先必须去身份化。朱老师的做法可谓深合圣人的遗训。

  朱老师得享高寿,是上辈人中的幸运者,也是一位典型的代表,身上凝聚着一代人的光辉。朱老师的逝世使我恍然觉得这是否会成为一个阶段的结束。因此尤感有必要提倡学习他的品格,发扬他的精神,继承他的方法,进而保障以追求真理为宗旨的良好学术传统不至于断绝。朱老师地下有知,请给我们勇气和力量!

我心目中的朱绍侯先生

宋应离

2022年7月23日晚上,接到刘小敏同志的电话,告诉我朱绍侯教授于当天下午与世长辞了。噩耗传来,我十分悲痛。

我和朱教授在河南大学出版社相处多年。他刻苦的治学精神,全身心投入出版工作,严把质量关,求真务实的工作作风,给我留下了深刻的印象。回忆往事,许多感人之事永远难忘。

初识朱先生是20世纪50年代。1955年我考入河南师范学院(现河南大学)中文系。当时的系领导在新生入学教育时常给我们讲"文、史不分家",意思是学中文的要有历史知识的根底,学历史的要学点语言文学知识,二者互补,才有利于将来学业上的发展。出于这样的考虑,学校为我们开设了一门必修课——中国通史。当时担任历史系中国通史课的朱绍侯先生为我们讲授这门课。刚入大学,听讲这门课感到很新鲜,也饶有兴趣。我今天仅有的一点历史知识就是从那时学到的。1959年我大学毕业留中文系教学,和朱先生不在一个系,接触就不多了。

和朱先生接触较多的是在1990年后。1985年河南大学出版社创建,朱先生担当首任总编辑,我于1990年到出版社担任社长,从此与朱先生朝夕相处,晨昏相见。在以后长期相处的日子里,朱先生的为人治学、工作作风给我留下了深刻难忘的印象,对我后半生学习工作产生了积极影响。

勇于担当的使命感是朱先生工作中的一个突出特点。作为出版社的总编辑,面临各种关系和种种矛盾。其中一个突出问题是如何坚持出版工作为人民服务、为社会主义服务的方向,正确处理好社会效益和经济效益的关系。

出版社成立不久,在市场经济的大潮中,在经济和社会舆论的压力下,一股不健康的潮流风靡一时,一些出版社一度出现了不顾社会效益,片面单纯追求经济效益,见利忘义,一切向钱看的不良倾向。"不管书稿质量深与浅,给钱就出版",一些平庸书、格调不高的书,甚至政治内容有错误的书,一时泛滥成灾,扰乱了图书市场。由于出版导向出了问题,个别出版社的社长、总编犯了错误,受到了法律制裁。面对如此严峻形势,作为总编辑的朱先生常常和我在一起议论,他常提醒我们,做领导要保持清醒头脑,要守土有责,出版社要讲经济效益,但要在坚持社会效益第一的前提下,重视经济效益,如两者发生矛盾时,经济效益应服从社会效益。他以某个出版社在出书方向上出了问题为例说:平时我们衡量评价一个单位工作总是说工作成绩是主要的,错误缺点是次要的,常拿九个指头和一个指头的关系作比喻,来评价工作中的成绩与失误,但作为文化出版单位就不好这样讲。一个出版社出了很多好书,但是出了一本坏书,政治上有问题的书,出版社的工作就会前功尽弃。他的这一番警示之言常在我耳边响起。他不但是这样说的,而且在实践中,在选题制定和图书出版时也是这样做的。有一次一个作者带着一部书稿找到他,声称这本书只要出版要钱多少好商量。后来书稿经他初看之后,认为内容有问题,就婉言不予出版,表现了一个出版者见利不举、见害不容的高尚原则品格。正因为他在出版工作中始终保持清醒头脑,才使得河南大学出版社在长期的出版工作中没有"踩高压线""误闯红灯",出版工作一直沿着正确方向健康发展,可以说在这方面朱先生功不可没。

强烈的责任感是朱先生的一贯作风。一个出版社的总编辑是一个出版社出书的总设计师、决策人和图书质量的守门人,是指挥一个社编辑人员的将军,特别是在制定选题规划、提高图书质量等方面起着关键性的作用。总编辑的工作职能具体说就是出好书,传播、积累先进文化。根据这一任务,作为总编辑,要带领编辑一班人作好图书选题,特别是抓好重点选题,出版高品位的重点图书。在他的主持下,河南大学出版社在建社不久即出版了许多有特色的精品图书,如"宋代研究"丛书、"元典文化"丛书等,深受社会好评。除抓好选题外,总编辑的另一任务是严把图书质量关,切实履行出版工作的"三审制"。"三审制"即对书稿实行责任编辑初审、编辑室主任复审、总编辑终审的审稿制度。实践证明,这是新中国建立以来保证图书质量行之有效的制度。为了执行这一制度,朱先生身体力行。对责编、编辑室主任审读过的书稿,总是认真负责地把关,因书稿太多,不可能对所出的每一本书稿全部终审,他尽量抽出时间,静下心,至少对每本书稿审读三分之一。在审读中发现责编对某些书稿价值判断不准或粗心失误的地方,就退回编辑重新审查,并帮助责编说服作者修改书稿。这就从源头上堵塞了不合格品进入出版流程,拒绝了平庸书和格调不高有问题的图书,保证了精品图书的出版。在这个过程中,朱先生是切实履行了总编辑职责的。既坚持原则,又不盲目附和,随波逐流。

勤于治学的紧迫感贯穿朱先生的一生。朱先生从1954年执教于河南大学历史系,不论他担任历史系主任期间还是担任出版社总编辑期间,在工作十分繁忙的情况下从不放松学术研究。他通熟中国历史,尤其精通秦汉史,他主编的《中国古代史》作为高校历史专业教材,自1981出版后5次再版,数十次印刷,发行140余万册;他撰写的有关军功爵制的研究著作,成为这一领域的权威著作。他把读书、教书、编书、著书看做一生最大的乐趣。有人说,人生最大的不幸是找不到自己最酷爱的领域,人最大的价值很大程度上是通过自己在最热爱的领域发挥潜能来实现的。朱先生就是在这个看似平凡的史学领域中眷恋学术,结出丰盛的果实。朱先生虽已迈入耄耋之年,但在治学上仍是"情思未减壮年时",活力四射,脑健笔挺耕作不止。每当和他交谈时总是谈及研究的话题。他常说做学问贵在坚持,越做越有兴趣,一旦放下停止研究,再拾起来就很困难。他真正做到了天天坐,天天作,从不歇脚。他积累丰厚,厚积薄发,有一股坚持不懈,永不休止,锲而不舍,金石可镂的恒心、韧劲。在他身上洋溢着一股醇厚浓烈的文化气息和对传统文化的温情与敬意,在他身上看到了人愈年长,治学之情愈浓的富有紧迫感的辛勤学者的崇高形象。

和朱先生长年接触中,我从他身上学到了许多书本上学不到的东西。他作风朴实,为人正派、谦和、低调、内敛、掩而不露。有的人做学问是少做多说;有的是亦做亦说;而朱先生则是做而不说。他虽已著作等身,声誉鹊起,但从不沾沾自喜,而是光而不耀,沉下去,耐得住寂寞。

功夫不负有心人,功到成处喜自来。朱先生在六十余年学术生涯中取得了不凡的学术成果,得到社会广泛认可与高度评价。2012年他与诺贝尔文学奖获得者莫言等九位学界、文艺界优秀人物被评为中华文化名人,在颁奖典礼上,评奖主席团对朱先生做如下评价:"在历史研究领域尤其是在'今注本二十四史'编纂期间,朱先生表现出令人敬佩的学术精神,并做出了珍贵的史学贡献。"凤凰卫视在朱先生的专题报道中写道:"他,秉烛先行,耄耋之年,仍奋斗在开拓性研究第一线;他,桃李天下,三尺讲台将传统文化代代相传;他,研究历史,着眼未来,胸怀天下,以历史为镜,照亮未来。"这一殊荣的获得是对朱先生的褒奖,也是河南大学的光荣。这一喜讯传来,出版社特为他举办一个小型的庆贺会,但朱先生殊而不惊,只是脸上露出甜蜜的微笑,表现了他的大度谦和。朱先生虽年事已高,身患疾病,本应颐养天年,享受桑榆之乐,但他的读书、著书、写作活动仍在路上。德国著名科学家爱因斯坦曾说过:"一个人的价值应当看他贡献了什么,而不应当看他取得什么";"人只有献身于社会才能找出那短暂而有风险的生命意义"。在我心目中,朱先生是一位在工作和学术研究事业上只知奉献,淡泊名利,不求索取的无私的人、高尚的人和学习楷模。

> 教书编书著书伴一生,
> 研史成果卓著天下名。
> 耄耋之年脑健笔更勤,
> 青春永驻昭示后来人。

朱先生安稳地走了,愿他在天国一切安好!

我与朱先生近半个世纪的交往

熊铁基

半个世纪不算太短,我与朱绍侯先生的交往就有半个世纪。

1972年,我与两位同事前往西安等地考察,就是那一次,我带回了一瓶洛阳含嘉仓的谷子,要回了陕西博物馆赠送的一些文物,现藏我校博物馆。第一站到的就是开封,我受到了朱先生的细心接待。记不得是如何联系的,那时候没有手机,电话也不很普遍。记忆中有两个镜头:一是当时学校门外,靠着城墙边是一片沙土地,但已经修盖了一些房子,朱先生带我们去拜访韩承文(系副主任),他家就在那里;二是朱先生带我们游览开封,搭乘公共汽车,好像他手上缠有绷带。当时有些街上店面很小,少数柜台上还摆着鼓风的桶子,房子矮小,围墙伸手可及。见一妇女买一盘卤肉在那里吃着。当时的印象和九十年代以后的大不一样。

1974年以后,有几年我下放了,与外界少有联系。但那时接触了友人谭维四(湖北省博物馆馆长)赠送的"云梦秦简"油印本,开始写一点文章,如《啬夫考》之类。转折是1979年以后,朱先生大概参加了1979年的全国社会科学规划会,接着组成了一个秦汉史研究会的筹备组,由陈直先生领衔,林甘泉、林剑鸣、朱绍侯、周乾荣(天津师范大学一位老先生)组成,后来筹备组邀请安作璋(山东),熊铁基(武汉)、张荣芳(广州)3人参加。1981年在西安召开了一次学术研讨会,正式成立了秦汉史研究会,同时成立了理事会,又按地区增加了东北的柳春藩、四川的周九香等人。关于研究会的成立,我前些年就说过,并请有关负责人"求证"。现在朱先生走了,张荣芳还在。如果写学会史,请赶快再求证一下。在这次会上,我和朱先生算是老熟人了(1972年我们见面就因为我的"顶头上司"吴量恺是朱先生在东北师范大学研究生班的同学),我们共同主持会议,他总是让我"唱戏",他坐镇指挥。

再以后,因为十院校的《中国古代史》教材编写,经常开会,我就成了"第十一院校"的代表。缺席过没有,我不记得,反正是经常参加,十院校的人以后还有些变动,我这"第十一院校"的代表似乎缺席得不多。教材会议活动时间应该主要是二十世纪八十年代。我参加最早的一次应该是1980年,在那次会上遇见了安作璋先生(他好像也不是十院校的),我们从那时开始联系、合作。林剑鸣也是那次会上初见(西北大学应该是十院校之一,韩养民参加编写)。

《中国古代史》教材讨论会开了多少次,记不清楚了,大概我是每次都参加了的。保留的两封信有参考价值。其中11月26日的信写道:

铁基同志:

你写的评语我已拜读,对《中国古代史》评价很高,十分感谢。在南宁时我根本不知道为《中国古代史》写评语事。由南宁回来的第二天,我又去郑州参加河南省高教职称评委会,在会议中我才接省教委的通知,说是国家教委要评选高校教材,河南已把十院校编的《中国古代史》推荐上去,要求有三位副教授以上职称的专家为《中国古代史》写评语,而且要11月18日交到省教委。我没办法,只好临时抱"佛脚",请您和安作璋、史苏苑教授写评语。现在三份评语均拿到,并已上交省教委,今后命运如何,那就由上帝决定吧!

由于分手不久,没其他话可说了,谢谢。

敬礼

绍侯 11月26日

不知道是哪一年?但一份河南大学的公函可以证明是1987年11月。河南大学派丁建定到我校历史系索要"书面鉴定"。大概即朱先生写信的年份。

教材之后还有"教学大纲"的编写之事,我记得"大纲"的会议是在我校召开的,有朱先生和魏千志等先生参加的合照。

我和朱先生联系的另一场合就是秦汉史研究会的年会。1999年在昆明开第八届年会时,他和我说连续参加八次会议,就他和我两人,后来我连续至今,他缺席了九、十等届。第八届年会上有一点小插曲,高敏先生认为他也是创始人,这是不准确的,创会筹备组最早的是陈直、林甘泉、林剑鸣、朱绍侯、周乾䇷(天津师范大学)五人,后来筹备组行文邀请了安作璋、熊铁基、张荣芳参加筹备组,为此还在朱先生之前我两次要求学会秘书处落实,现在只剩张荣芳和我了,不知张的记忆如何?

还有河南、山东等地,由于朱先生与安作璋先生的影响,还有一些地方性的活动,我们也是一起参加的,例如河南永城,这个是朱先生早就关心的"汉兴之地",21世纪初就曾开过两三次会议。每次我们都可以聚会。除了共商一些问题之外,也一起参观考察一些古迹。我曾在《光明日报》上发表的《永城访古》(2007.8.3),就是那时候写的,文章开头写道:"今年五月,我有幸与秦汉史研究的同行老友朱绍侯、安作璋、周天游、王子今、宋超、李振宏等在河南永城相聚……"我们确实努力把永城宣传了一下,也把永城与秦汉史研究会联系起来。后来每次秦汉史研究会的活动,都有永城的代表学者参加。

在河南的活动,朱先生是主人地位。山东的一些活动,我们都在被邀请之列。但增加了我们联络的次数,照样的同行、同吃、同住(同在一个招待所或宾馆)。我们随时交流、互相关照。

河南大学校门外,从前旁边有土城墙和沙土地,给我的印象特别深刻,甚至有点怀念早期的景象,我和朱先生最初结识是在那时那地。朱先生晚年也是生活在那里,我最后一次去他家,应该就是原来的那个地方。不过由矮城墙、沙土地变成了车水马龙的闹市。朱先生在那里生活了半个世纪。

朱绍侯先生逝世一周年祭

黄留珠

朱绍侯先生是我十分尊敬的前辈学者。

1926年朱先生出生于辽宁新宾,求学时期非常艰苦,最终毕业于东北师范大学研究部(研究生学历),分配至开封师范学院(今河南大学)任教,直到2022年逝世。如此一生恪守一个单位,相当难得。

我第一次听到朱先生的大名,是从林剑鸣先生那里得知的。那时,林先生和朱先生一起编写十院校本《中国古代史》教材,经常说起朱先生如何如何。所谓"十院校",指山东大学、杭州大学(今并入浙江大学)、西北大学、山西大学、陕西师范大学、安徽师范大学、福建师范大学、广西师院(今广西师范大学)、南充师院(今四川师范大学)、开封师院十所高等院校。1977年,十院校在杭州商议共同编写《中国古代史》教材问题,在找不到教材主编的情况下,朱先生奋身而起,挑起了重担。而这一点,大家都赞口不绝。所以,我心目中留下的朱先生印象是:"敢"字当头,勇于人先。

朱先生担起主编重任后,充分显示了他高超的领导能力、组织能力和协调能力。首先,编写教材要有个大纲,编写人员按大纲操作,如此才能步调一致。朱先生快刀斩乱麻,很快便解决了这个问题,使编写队伍做到有纲可循。其次,编写者来自不同的单位,不同单位有其不尽相同的风格,如何把这些风格有差异的文稿糅合在一起,而且显现出某种统一性?尽管有大纲所起的束缚作用,但远远不够,还需要主编者的严格管理。这一点,朱先生出色地做到了:凡不合格文稿,一律退回重写,直到满意为止。这方面,绝不讲情面。当然,这里主编者也要具有相当的综合、剪裁功夫才行。再次,编教材时去"文革"不远,还残留不少"文革"遗风,史界也是如此。怎样在新教材里不受"影射史学"、极左思想影响,实是一件大事。为此,编委会立下几条规矩,主编严格执行,有力杜绝了这类事情的发生。总之在朱先生主持下,新教材编写相当成功,体现了20世纪70年代后期最前沿水平。其作为教育部统编教材,先后出了五版,印数高达120万册,多少代莘莘学子,都是读着朱先生主编的这部书成长起来的。就此而论,朱先生功莫大焉!

我首次与朱先生见面,是在中国秦汉史研究会大会上。朱先生身材高大魁梧,相貌堂堂,一看就知道属于那种能干大事的典型东北汉子。他与另一位河南学者高敏先生都是同年出生的年长学者,照理他们应在研究会里担当更大的责任。然而两位先生提携后学,让贤于年轻同志,让他们挑大梁。对先生们这种高尚的"让德",大家非常佩服。秦汉史研究会之所以能够出现互让领导而不是互争领导这种谦让现象,与此大有关系。

朱先生治学,路子相当宽泛。举凡解放后史家所热衷的阶级关系、土地制度等,他都有所研究,并有专著问世。即便是史家较少问津的如治安制度、官爵制度等,他也大胆探索,并取得丰硕成果。如治安制度方面,他所著《中国治安制度史》,为难得的开山之作。尤其对秦汉军功爵制的研究,他几乎搞了一辈子:20世纪80年代初始在上海人民出版社出版的7万字的《军功爵制试探》,1990年在同一出版社出版的22万字的《军功爵制研究》,2008年在商务印书馆出版的40万字的《军功爵制考论》,2017年还是在商务印书馆出版的50万字的《军功爵制研究(增订版)》。如此数十年坚持对一个课题进行"四连跳"式的不间断研究,在中外史家中,恐怕还不多见。为此,《历史研究》2019年第6期发表了朱先生的《从碎片到整体:谈谈我的军功爵制研究》一文,揭示了一个史学工作者倾毕生之力对一个问题的既执着又艰辛的研究历程,发人深思和深省。

我研究的方向,早期为选官制度。这和朱先生爵制研究比较接近,所以我们在感情上更近一层。记得那是20世纪90年代一次秦汉史研究会的年会上,朱先生特地把我叫到一旁,从包里取出一册出版不久的《军功爵制研究》,亲切地对我讲:"这是最后一本样书了,专门留给你的。"然后打开书的扉页,题字签名。那时,我还只是秦汉史界一名新兵,不想先生竟如此待我,令我感动不已。此情此景,终生难以忘怀。

朱先生晚年,学术创造异常活跃,说是"老骥伏枥,志在千里",丝毫不差。前文已经说过,2008年出版的40万字《军功爵制考论》,是他80多岁所作,2017年出版的50万字《军功爵制研究(增订版)》则是他90多岁之作。一个人毕生能有一部40万字专著和一部50万字专著,那已经是很了不起的事了,而朱先生在他耄耋之年一口气竟做完了这样的事,实在是奇迹呀!

其实,这样的奇迹在朱先生那里还有。"今注本二十四史"是中华文化促进会主持编纂的特大项目,中国社会科学院历史所及国内数十所高校、科研机构300余学者参与其事,朱先生负责其中的《宋书》。先生带领他的团队出色地完成项目并于2012年出版,此时已86岁高龄。所校注共计600万字,同样是个巨大的文化工程。

人们很容易发现,晚年朱先生论文数量骤增。这说明先生晚际岁月,行政工作干扰少,能腾出更多时间写东西;再者,先生的学问更加炉火纯青,写起东西来也更加得心应手,所以有此现象。尤其需要指出的是,先生很注意结合新的考古发现,梳理相关文献,对史实真相做出考证。如他在《南都学坛》2016年第四期发表的《昌邑王废帝海昏侯刘贺经历考辨》一文,便是很好的例证。这篇文章完全是配合江西南昌所出土的西汉海昏侯墓而写,共谈了三个问题:一、海昏侯刘贺身世简介;二、昌邑王国地望考辨;三、刘贺劣迹不能翻案。全文仔细爬梳有关史料,全面、系统地申说了作者的理由所在。言之凿凿,令人信服。刊物主编特意将此文与王子今教授的《"海昏"名义续考》连续排在一起,组成双璧,相得益彰,作为此期的开头,很有深意。

我自2017年患病,行动不便,所以极少与外界联系。先生去世时,我正巧再次犯病,自顾不暇,没能志哀吊唁,深感缺憾。感谢老朋友李振宏教授、龚留柱教授赐予机会,在先生逝世一周年时得以撰文祭奠先生在天之灵!让我心里的缺失感多少有所释然。

朱先生永远活在我们心中!

朱先生永垂不朽!

2023年6月30日于西安

缅怀朱绍侯先生

彭 卫

我与朱绍侯先生第一次见面是1981年底,当时国内一些高校历史系和中国社会科学院历史研究所筹划成立中国秦汉史研究会,会议地点放在西安,由西北大学承办,或许是考虑交通便利,地点并不在西北大学,而是安排在西安城中心钟楼西侧的一个单位招待所。后来这个会议就被"追认"为中国秦汉史研究会第一届会员代表大会。朱先生和其他许多让我仰慕已久却无缘亲见的老师们参加了这次会议。

西北大学历史系七七级历史班的李琳、郭惠敏、辛力和我,考古班的王子今和白建刚等六七个同学负责与会代表的迎送和会议期间的后勤工作。那个时代的主旋律是改革开放和思想解放,党中央向科学进军、尊重知识、尊重知识分子的号召深入人心,因此,我在学习先哲今贤的著作时,总会有一种弥漫于心中的对他们个人的崇敬之情。后来读古代希腊思想史,看到公元前5世纪智者的代表人物普罗泰戈拉——他流传至今的一句名言是"人是万物的尺度,是存在的事物存在的尺度,也是不存在的事物不存在的尺度"——到雅典传授知识,受到雅典青年们的欢呼景仰,又唤起了我的这种记忆。我感到格外亲切和温暖,也在想不仅对知识本身同时也对推动知识进步的人抱有真诚的尊重,大概是所有热爱文化地方的普遍情形。

初见朱先生正是抱着崇敬的心情。和蔼、温厚、亲切,是朱先生留给我的最初印象,也是给我的一贯印象。20世纪80年代初,百废待兴,生活条件比较差,举办会议的招待所又很一般,关中人招待客人必有的油泼辣子没有,关中人喜欢浇上香气四溢热油的凉菜也没有,早餐只有馒头、稀饭和撒了几粒黄豆的干巴巴咸菜。这自然会有抱怨,但我从没有听到朱先生有过差评。招待所没有服务员送水,打开水要走一段不太近的路,我把装了开水的暖水瓶送到朱先生房间时,他笑呵呵地说,你告诉我地方,我自己能打水。2015年,在朱先生九十华诞庆会上,李振宏和龚留柱两位学长带我面谒朱先生,他依然是那样和蔼、温厚、亲切。我想朱先生在他的学生中、在河南大学、在学术界的崇高声望,与他的人格魅力是融会在一起的。

说来有些惭愧,西安会议我和其他同学忙于会务,没有时间系统听会,对朱先生和其他先生的发言,印象很是模糊。后来,在我参加过的几次秦汉史学会年会上,都见到了朱先生,他对军功爵提出了精辟的见解,也对秦汉史研究提出了一些看法,其中他讲到简牍资料很重要,但要放到传世文献背景下进行思考。我当时以为至今仍以为这个意见对秦汉史研究是很紧要的。几次会议期间,都想过要私下求教朱先生,又想不能打搅朱先生休息,下一次开会或去开封再说吧,就是这"下一次再说"的想法,给我留下了遗憾。

历史上每一个学者值得人们回忆的主要事迹是他的研究,但是他的生平却不一定限于单纯的研究工作。记得罗素说过,希腊化时代哲学气象之于以前有许多不同,其中一点是这个时代以专业化为其特征。在城邦时代,一个有才能的希腊学者可以是样样精通,他在从事哲学研究的同时,可以是军人、政治家、立法家、律师和科学家;而在希腊化时代,再也没有一个以一身而兼任这一切的人了。罗素的说法似乎并不完全准确,例如托勒密既是天文学家,也是地理学家,同时在他的天文学研究中也提供了具有哲学思维的基本原则。这种学术专业化与哲学思想并存的态势,为罗马共和国和罗马帝国时代许多精英人物集哲学家或历史学家或科学家或政治家于一身的历史状况,提供了必要基础。其实,在所有时代的知识分子中,既有一生埋首书斋的学者,也有在读书、思想和写作的同时也从事其他活动的人,只是他们的比例确乎因时代的不同而有差别。回顾朱先生的一生,研究家、教育家和编辑家的三种身份合于一人就是他最具特色的地方,这在现代历史学家中是不多的。

作为编辑家,他的编辑工作主要是作为河南大学出版社首任总编辑对河南大学出版社建设和发展做出的巨大贡献。我读过朱先生编辑同事的回忆文章,朱先生对出版社工作的殚思竭虑牺牲了自己宝贵的研究时间,这种奉献和付出精神是因为朱先生没有把编辑当作影响研究的负担,而是作为文化事业的重要部分。这是更高层面和更高境界的融通。在我们这个时代,出版工作不仅具有商业活动的这个必然属性,也有着推动学术发展和指明知识方向的另一个必然属性。如何将二者有效地结合在一起,是一个困难的问题。在两者不可得兼的情形下,出版社的总编和社长的选择就是他们价值观念的实践,其实践也就会在不同方面显示出不同的意义。具体谈到作为出版家的朱先生,让我感触最深的是他在 1985 年出版了高文先生的《汉碑集释》。彼时,万民经商,蜂拥"下海",甚至有的文教单位也成立了名目不一的"公司",来补贴经费的不足。在这个时代背景下,要出版这样一部读者极少的不赚钱的学术著作,其难度是今天的青年朋友很难想象的。每忆及此,我就会想,如果有了良好的经济条件,朱先生在推动学术发展和指明知识方向方面必定会有更大的作为。

  作为教育家,朱绍侯先生不仅以他言传身教的方式,直接培养了河南大学的很多学生;更重要的是他主编的十院校本《中国古代史》和《中国古代史教程》以历史教材的方式广泛培养了中国广袤大地上的无数的历史学习者。2015 年 10 月,我代表中国社会科学院历史研究所、中国秦汉史研究会和中国史研究杂志社写的《朱绍侯先生九十华诞祝寿辞》说:"先生长期从事历史教学工作,桃李遍天下。您主持编写的《中国古代史》和《中国古代史教程》提倡并履践'一部成功的教材应当使学生具有更多的问题意识'的理念,其中《中国古代史教程》通过'导读''历史演变过程'和'专题分析'三个部分,清晰、准确地表述了历史知识。这两部著作是最近三十年来高水平的、重要的高校历史学教材,使莘莘学子受益无穷。"现在我要补充的是,有价值的教材必是具有了创造性、成熟性和稳定性三个基本特征,它是这三种性质不可缺一的结合。朱先生主编的这两部教材就是这样的优秀的教材。他在历史教学上的贡献功德无量,他的教育理念值得后来者仔细体味,认真研究。

  作为研究家,朱先生的领域主要是秦汉史,在秦汉史中,他的学术旨趣和贡献集中在包括军功爵制、户籍制度、名田制度、治安制度的制度史研究以及军事战略问题。他对于具体问题的杰出研究,以及这些研究对于学术界的重要影响,有目共睹无用赘言了。在此我想强调的是朱先生学术品格中的自主性选择和独立思考的精神。在一篇访谈录中,晚年的朱先生回顾了他的学术理念的变化:"我在年轻的时候,在学术研究上是随大溜的,比如'五朵金花',像农民战争、土地制度和民族问题等,我都写过文章。后来我就考虑如何能够另起炉灶,研究别人没有深入探究过的课题。"经过思考,朱先生将自己的研究目标确定为具有内在联系的几个课题,并持之以恒地贯彻了这个理念。《中国史研究》刊发多篇朱先生的论文,其中的《对居延敦煌汉简中"庸"的性质浅议》《刘秀与他的功臣》和《赤壁之战曹军是大败不是小败》都体现了他独立思考的学术研究精神。不盲从,不迷信,不以流行的意见作为预设的方向,是学术进步的前提。对于所有的时代都是如此,对于所有时代的所有个人也是如此。朱先生学术精神的启发和价值正在于此。

近些年来,秦汉史研究领域的许多老一辈先生陆续离我们而去,他们看着我们成长,我们却看着他们衰老和逝去,这个历史过程让研究历史的我在一次次黯然神伤的同时,想到了生有涯和知无涯之相悖,想到了生命的短促与对永恒的期待之相悖,想到了人的历史存在与未来存在之相悖。最后自然就想到了"不朽"。何谓"不朽"?"不朽"如何可能?这是一个古老的也许是与人类生命相始终的永恒问题,历史上的政治家、思想家和先知都有自己的关注,迄今为止的哲学、宗教和科学都有自己许多回答。《左传》襄公二十四年(前549)记载的何为"不朽"的讨论,是中国古代思想史上一篇重要文献。针对范宣子"世禄不朽"即家族代代不断的荣华富贵即是不朽的命题,叔孙豹提出了著名的"三不朽"之说:"太上有立德,其次有立功,其次有立言。"一个多世纪以后,希腊的苏格拉底和柏拉图在他们具有宗教色彩的不朽论中提出,不朽只能在精神世界中获得,它是灵魂获得了对人类最崇高和最本质的知识——"理念"的洞察。我所理解的"不朽"之可能,是与人类正义相一致的思想和实践,它既不是神秘主义的心灵贯通,也不一定属于某些试图改变或者真的改变了世界的人物,他的名姓甚至不需要为后代所记忆,因为他的行动已经进入到人类生命的长河之中,成为人类由幼稚和苦难走向成熟和幸福的不可缺少的因素,从而"不朽"属于所有可能的人:那就是如果一个人怀有热爱真理的信念,并在他的生活中知行合一,他就是不朽的。朱绍侯先生就是这样一位不朽的史学家。

先生的教诲

马小泉

去年 7 月 20 日下午，我和刘坤太老师一起去看望朱绍侯先生。当时因市政改造，学校南门外教授院拆除，朱先生租住到西区恒大未来城。我们到达时，朱先生的公子朱玉衡已在小区门外相迎，朱先生正由护工陪同坐着轮椅在院中赏绿。朱先生思维略显迟缓，见到我们非常开心，听我们谈论过往和当下的趣闻乐事，并不时点头回应。畅聊半个多钟点后，陪先生回到家中。见客厅摆满书架，玉衡说，他将朱先生的藏书全部搬运过来，朱先生见到这些书籍则精神安宁。对此我们甚感欣慰，与朱先生合影，渐晚时分告辞。

不想，三天之后，历史文化学院祁琛云院长电话告我，朱先生不幸离世，我们甚感突然，甚感哀痛，匆忙赶往医院送别。

记得在朱先生九秩华诞座谈会上，我讲述了自己大学毕业留校任教后，与朱先生在历史系、出版社的两段工作交集，以及长期的、密切的师生之谊，在此不再复述。在朱先生"五七"之日追思会上，我又作了线上发言，谈到朱先生讲过的两句话，对我影响至深。今天李振宏老师主持编辑朱先生逝世一周年纪念文集，我得有机会将其记录下来，再表对朱先生的深切思念，并与师友分享。

20 世纪 80 年代河南省历史学会恢复活动，河南大学、郑州大学、河南省社会科学院为常任理事单位，约定会长由三家轮流"坐庄"。胡思庸先生、朱绍侯先生、高敏先生先后主政，戴可来、王天奖、杨凤阁等先生为副会长。我有幸做过几年秘书长，为学会和各位先生服务。学术机构的几位先生我都熟悉，杨凤阁先生我接触不多。杨先生时任河南日报主编，为省直单位领导。他毕业于北京师范大学历史系，以专业的原因参与历史学会的活动。我感到好奇的是，杨先生毫无官员的架子，每次学会活动都参与始终，不仅对学会的工作十分认真，对我也多有鼓励。他还曾给我写信，关心我的思想成长。有一次我和朱先生谈到与杨先生交往的感受，朱先生说，凤阁老师虽然身为官员，但是很有学术情怀，所以对学会的工作非常热心。朱先生还说："做官是一时的，做学问是终生的。"这句话令我印象深刻。仰观朱先生和历史学会各位先生的学问与修为，均是做人的楷模。

我调任出版社时，朱先生已经退休。作为出版社的元老，朱先生以特有的能力和智慧，为出版社做出过他人无法比及的贡献。退休之后，朱先生仍积极参加出版社一年一度的选题论证，代表出版社参与河南省出版系统的各项活动。他提醒我们，出版工作是一票否决，无论出版多少好书，若出一本坏书则会前功尽弃。他鼓励编辑人员，出版工作是为别人做嫁衣，但每本书都要经过编辑之手才能面世，每本书都蕴含着编辑的付出，所以编辑出版工作是值得托付终生的。世纪之初大学出版社迎来转企改制大潮，有些大学出版社完全变为创利工具。2011年河南大学出版社在郑州完成企业注册，转制成为有限责任公司，并按现代企业制度，深化公司经营管理机制改革。我在公司成立大会上发言时，援用了朱先生说过的一句话："别人是借文化的产品做生意，我们则是用商业的手段做文化。"这是我对大学出版事业理解，也是处理学术与市场关系的工作准则。

时间过得很快，朱先生离别我们大半年了，而朱先生的音容仍在眼前。我作为学生与自己的老师在一所学校朝夕相伴四十余年，实乃学生之幸。先生的教诲，学生也当铭记终生。

记于2023年清明

沉痛悼念著名史学家朱绍侯先生

程有为

我国著名史学家、河南大学教授朱绍侯先生因病不治,于2022年7月23日仙逝,享年96岁。先生的去世令人沉痛,是河南大学、河南史学界和中国秦汉魏晋南北朝史学界的一大损失!

朱绍侯先生1926年出生于辽宁省新民县。1954年东北师范大学历史系研究生班毕业,分配到开封师范学院(今河南大学)工作,在河南大学从事中国古代史教学与研究68年,历任历史系主任、河南大学出版社总编辑,为国务院授予有突出贡献享受政府特殊津贴的专家,曾兼任中国史学会理事,中国秦汉史研究会副会长、中国魏晋南北朝史学会常务理事、河南省历史学会会长。他勤奋治学,耄耋之年仍笔耕不辍,发表论文200多篇,收入《雏飞集》《朱绍侯文集》及《续集》,独著和主持编写学术著作十余部,可谓著作等身,为我国当代史学的发展与繁荣做出了卓越贡献,是一位蜚声国内外的史学家。他2012年被中华文化促进会和香港卫视评为"中华文化名人",2017年被评为"感动河大人物",2019年获中共中央组织部评选的"全国离退休干部先进个人"称号。

朱先生以中国古代史为研究领域,主攻秦汉魏晋南北朝史,特别是制度史,是国内史学界对中国古代军功爵制度、户籍制度、治安制度研究的开拓者之一,取得的成就令人瞩目。

战国秦汉时期实行的军功爵制,对立有军功和事功的人员赐予爵位和田宅,是当时一种非常重要的军政制度。此制在废除西周带有世袭性质的五等爵制和世卿世禄制之后建立起来,具有历史进步性。朱先生持续研究军功爵制半个多世纪,在全面占有文献资料的基础上,又依据秦汉简牍提供的新资料,以还原历史真实面貌,先后撰写出版《军功爵制初探》《军功爵制研究》《军功爵制考论》三部专著,解决了军功爵制研究中长期不能解决的疑难问题;如二十等爵的形成,贵族爵、官爵、民爵的划分,军功爵制与名田制的关系等;确定了军功爵制的概念,总结了军功爵制产生、发展、衰亡的规律,对于深入了解军功爵制在秦汉政治生活中的地位和作用,并进而把握秦汉社会的特性,都具有非常重要的学术价值和意义,从而使他成为军功爵研究领域的权威人士。

为了廓清中国古代土地所有制和剥削关系的演变情况以及土地制度对剥削关系演变的作用,并通过这些研究解决中国古代社会的历史分期问题,朱先生花费 20 多年时间,把秦汉至魏晋南北朝的户籍制度、土地制度以及社会阶级、阶层的地位变化等涉及历史演变的一些根本性东西联系起来进行探讨,提出自己独到的见解:在中国土地制度的演变方面,指出名田制是有授无还的土地长期占有制,而不是土地私有制。至唐中叶均田制破坏,土地私有制方迅速发展起来。关于中国古史分期问题,他认为战国时期军功爵制中的"庶子"平时每月要给有爵位的大夫服六天劳役,战时则要随主人从军服役。庶子与主人的关系是典型的封建依附关系,而军功爵制中的"食邑制"实际上也是封建主向领地之民收取封建租赋。由此他确认,中国封建社会应该从战国开始。他撰写出版的《秦汉土地制度与阶级关系》和《魏晋南北朝土地制度与阶级关系》,是对秦汉魏晋经济制度和社会结构研究领域的力作,在史学界产生了一定影响。

在治安制度方面,朱先生除了自己发表文章外,又组织几位青年教师共同撰写了一部 65 万字的《中国古代治安制度史》,对历代的治安制度进行较为全面的总结,填补了该领域的一项空白,对今天的社会稳定也有借鉴意义。

"二十四史"是中国古代二十四部纪传体史书的通称。它采用本纪、列传、表、志等形式,构成一个完整地记述清朝以前中国古代社会的著作体系,包含政治、经济、思想、文化、民族、风俗等内容,形成一套展现中华民族起源和发展的重要典籍,被后世称作"正史"。但是该书在传写刻印中存在不少讹误,且其中 19 种史书无注释。虽然新中国成立后对它进行过整理,由中华书局出版标点本,但广大民众阅读仍存在不少困难。"今注本二十四史"项目1995年由文化部立项、中华文化促进会主持编纂,被称作"近代以来规模最大的一次二十四史编纂工程"。其中的《宋书》100卷由朱先生主持校注。他组织团队选取存世的最佳版本为底本,辅以各种参校本,全面纠正现行校点本的错误,疑难之处写出注解。前后历时18年,形成一套15册00余万字新的校注横排繁体版本,是《宋书》整理、研究的里程碑之作,为中华文化典籍的传承利用做出了重要贡献。

"文化大革命"结束后,各大学恢复招生,历史系师生急需新教材,全国十所高校教师决定合作编写《中国古代史》教材,公推朱先生担任主编。1980年该书出版,成为教育部推荐的大学历史系本科教材。它是改革开放后我国编写的第一部《中国古代史》教材,后来曾五次修订再版,由上、中、下三卷改为上、下两卷,共发行140余万册,使用率覆盖全国60%的高校历史院系,影响了无数青年学子,于中国古代史学科建设大有裨益。

朱先生不仅对中国古代史研究与教学倾注了毕生的心血和精力,他作为在河南连续工作大半个世纪的史学家,在河南的历史文化研究方面也做出了突出的贡献。

河南省历史悠久而绵长,文化厚重而灿烂,于是有"一部河南史,半部中国史"之说。但令人尴尬的是,直至20世纪末,河南尚没有一部本省的通史著作。1997年,河南省社会科学院历史研究所启动四卷本《河南通史》编写项目,由程有为、王天奖主持其事,自始至终得到了朱先生的指导和帮助。在次年5月召开《河南通史》学术研讨会,朱先生对该书的体例、目录、样章提出指导性意见;2002年书稿完成后,朱先生作为外审专家严格把关,认真审读了第二卷(秦汉至五代),提出中肯的修改意见;在2006年4月举行《河南通史》出版座谈会上,朱先生以《宣传河南的好响导》为题谈本书的五个特点。随后,他又写了一篇长达1.3万字的《河南通史评议》推介文章,发表于《史学月刊》2006年第8期。《河南通史》之所以能得到学界的肯定与好评,获河南省社会科学一等奖,入选国家出版总署首届"三个一百"原创作品,自然与朱先生的悉心指导、大力支持分不开。

河洛文化是黄河流域一种重要的地域文化。朱先生曾发表《河洛文化与河洛人、客家人》等多篇论文,对河洛地区、河洛文化圈、河洛文化的概念等提出了指导意义的意见。此前人们多认为西安是丝绸之路的起点,朱先生振聋发聩,发表《洛阳也是丝绸之路的起点》一文,持之有故,言之成理,其观点被我国申报丝绸之路世界遗产所采纳。

21世纪初,中原出版传媒集团组织河南省近300位专家学者编纂系统总结中原文化各个领域研究成果的文化套书——《中原文化大典》,聘请朱先生担任《人物典》的主编。先生带领团队编纂人物传、人物表凡四册,入传人物600多,入表人物5000多,客观记述中原历史文化名人的生平及其对中华文明的贡献。

2006年由中央文史研究馆组织撰写的《中国地域文化通览》,是我国第一部按照行政区划梳理地域文化的大型丛书,属于国家重点文化工程。全书凡34卷,其中的《河南卷》由朱先生担任主编,十几位专家学者历时6年完成。该书的上编纵向描述河南文化的发展史,下编重点描述河南文化的特点和亮点,具有学术性、现实性和可读性。

1985年2月,河南大学创办出版社,朱先生调任首届总编辑。在出版社的初创时期,他克服重重困难,物色人才,建章立制,秉持"坚持方向,质量第一,多出好书,奉献社会"的办社理念,为出版社的创立和发展奠定了坚实的基础。

朱先生作为一名大学教授和研究生导师,注重立德树人,为学生传道、授业、解惑,可谓"桃李满天下"。数十年来,听他讲课、受他熏陶的学生无计其数,他培养指导数十名研究生,后来都成为高等院校和科研单位从事历史教学与研究的骨干。

朱先生是我的业师,是我从事史学研究工作的领路人。我是先生招收的第一届研究生,读研期间得到先生的悉心指导,鼓励提携,一步步带我走进学术研究的殿堂。我后来供职河南省社会科学院历史研究所,在科研工作、省历史学会工作方面和先生联系密切,继续得到先生诸多指导和帮助。我参与多项先生主持的重大科研项目,和先生一起参加学术会议,受先生言传身教,获益匪浅。我能在史学研究方面取得些许成绩,都与先生的直接指导帮助分不开。先生对我恩重如山,令我没齿不忘!

朱先生作人真诚厚道,平易和善;治学孜孜不倦,成就卓著;为师循循善诱,奖掖后进。其道德文章,垂范后学,令人永远缅怀!

河南大学历史文化学院李振宏教授赠先生的一副对联,可谓其一生的真实写照:

读书教书著书与书结缘书生天性
做人诲人度人与人为善真人慧根

恩师朱绍侯先生千古!

在先生身边四十年

李振宏

说是四十年,其实是取其整数而已,若如实算来,从第一次踏入先生家门,到去年先生仙逝,已经有四十五个年头。朱先生是我人生道路上最重要的人。

我第一次到先生家里求教,是1979年的10月间,那时候先生还没有给我们这个年级上过课,但对先生的威严,则是有所耳闻,贸然登门,是会感到唐突和不安的。鼓起勇气敲开朱先生家的大门,是怀揣着一篇论文的初稿,希望听取先生的意见,并就如何投稿听听他的看法。这是我在大学二年级写作的第一篇学术论文,是和一位著名学者的商榷性文章。在写作过程中,已经请教过陈昌远老师、姚瀛艇老师、赵克毅老师和系主任黄元起先生等多位老师,得到过诸多先生的指点。相对这些先生,似乎朱先生在我的印象中更觉威严,只是到写出初稿,才敢登门打扰。

45年前的情景至今依然清晰,站在先生家门前,心情十分忐忑,踌躇半天都没有勇气按响门铃,还是朱先生出门办事发现了我这个陌生的年轻人。我说明情况后,先生热情地把我让进屋里,没有多余的话,就开始翻阅我的论文。先生大致翻看了文稿,建议我稍稍压缩一点文字,就可以投稿。我问投什么刊物合适,先生说,本来在本校学报发表就可以,我可以向学报推荐,但又似乎不太合适。你的文章是和漆侠先生商榷,漆先生是咱们请来讲学讲的这个问题。咱们请人家来讲学,然后又在学报上发文章批评人家,会造成误会。先生想了一会儿说,既然漆先生的文章是去年在《文史哲》正式发表的,你和他商榷就投《文史哲》吧,如果他们认为你讲得有道理,会乐意刊发商榷文章的。先生的话使我深受鼓舞。在当时的普遍观念中,一般教师都不鼓励学生写文章,都只是强调打基础,认为学生时代不宜把精力放在写作上。而朱先生则鼓励我投稿,对我的写作给予坚定的支持。

从先生家里回来,我把论文做了压缩和修改,投给《文史哲》。就像朱先生分析的那样,《文史哲》非常看重这篇商榷性的文章,很快就决定在第二年(1980)的第1期刊发出来。《中国封建时代的农民是"革命民主主义者"吗》,这篇论文很快在学界产生了影响,《光明日报》《解放军报》《新华月报》(文摘版)等报刊相继报道或摘录。这是我走入学术界的第一步,它对我的激励作用难以言表。我在内心深处感谢朱先生,如果他也像一些老先生那样只是单纯地教导我打基础,否定我写论文的积极性,或许就会在很大程度上影响到我的信心和勇气,之后的学术道路就难以想象。

文章发表后,我把样刊送给朱先生一册,先生看向我的目光很是温暖和赞许,说了许多鼓励的话。此后向先生登门求教的机会就多起来了,而且丝毫没有了惶恐的感觉。其实,朱先生这个人就是这样,可能是外在形象的原因吧,没有和他接触过的人,都会对他有一种难以接近的感觉,在他面前会感到一种无形的压力。而我,除了第一次有忐忑不安的感觉,此后就没有了,在不知不觉间没有了,到他家里去很自然。像之后我请他改文章,就一直在他旁边站着,他不会刻意地说让你坐下。你可以站着,也可以坐着,一切都很随意自然,就像先生自家的小孩一样。

1980年的暑假,我一直待在学校没有回家,利用一整个假期的时间阅读《汉书》。在读书过程中,一条反映地价的材料引起了我的兴趣。在汉代经济史中,一般谈到地价都说是"亩价一金",即一万钱。而《汉书·东方朔传》中的材料证明,当时关中很好的土地,才每亩一千三百钱左右,这使我对传统的说法产生了怀疑。当时,我很想考察一下汉代地价问题,但《汉书》中再无其他相关材料,便到先生家里求教。先生说,除了《史记》《汉书》《后汉书》《东观汉记》《风俗通义》等传统文献需要阅读之外,近代以来,出土过一些汉代的买地券,虽然这些墓葬出土的地券,有些不一定是真实的买卖价格,但作为真实地价的参考,也是很有意义的。你可以去资料室或图书馆翻阅近代以来的考古发掘报告,搜集地价材料。还有,三十年代出土的居延汉简中,也会有反映边郡地价方面的材料。先生还特别提到了陈直先生的《两汉经济史论丛》一书,并嘱我需要阅读今人关于汉代经济史方面的论著。先生的指导,提示了阅读的范围,指引了研究的路径,开阔了我的思路。在先生的指导下,我尽可能阅读了相关的汉史文献,翻阅了《居延汉简甲乙编》以及大量考古、文物类刊物,最后获得几十条可资参考的汉代地价资料,在1980年的下半年,利用一个学期的时间写出了《两汉地价初探》一文,并送先生审阅。那时候,我已经和著名的秦汉史学者、朱先生的至交安作璋先生建立有书信联系,在送先生的同时,也复写一份寄呈安先生求教。

青年时代总是有着蓬勃的激情,也有着诸多憧憬。在还没有拿到先生的修改意见,没有收到安先生回信的时候,1981年初,我背着先生偷偷地把论文投给了《中国史研究》。我的想法是,尽管还没有获得两位先生的修改指导,还不成熟,但我先寄给编辑部,也算是抢先占住这个选题,以免和他人撞车时被动。待到得到先生的指导意见修改之后,再寄去我的修改稿。这是我的小算盘。

1981年春季,我在拿到两位先生的修改意见后,对论文做了进一步修改,最重大的修改是补充了地价和其他物价的比较研究。在长达半年的时间里,我没有和编辑部做进一步的联系,静静地等待着他们的处理意见,如果他们有意采用需要修改的话,就以这个修改稿为基础,做最后的定稿。大概是七月份,是在暑假中,突然接到历史系办公室的通知,说是有我的包裹。我急匆匆赶到办公室,看到朱先生也在场,办公室主任程铭兰老师说,振宏,有你的包裹,你看你都成了"先生"了。我接过包裹一看,上面赫然写着"李振宏先生收"。打开来,是几本《中国史研究》杂志,是发表我的论文的样刊。有朱先生在场,我感到很狼狈,我没有和先生说过投稿的事,很怕先生批评我有急于发表文章的功利之心。这种不安,盖过了发表文章的喜悦,我赶紧向先生解释当时投稿的真实心理动因。没有想到,先生不仅没有批评我,而且还显得非常高兴。先生说,发表了好啊!我原本打算把你的文章打印出来,九月份带到西安将要召开的秦汉史学会成立大会上,作为我们学生的科研成果散发呢,现在发表了就不用再打印向会议提交了。朱先生赦免了我的过错,使我很是感动。先生是对我过于呵护了。

先生为我在《中国史研究》发表论文而高兴,甚至是有点骄傲感,后来的一件事我感受到了先生的这种心理情绪。那是在大概一年之后,我从别人口中听说，先生在 1981 年 9 月的中国秦汉史研究会成立大会上，遇到《中国史研究》编辑李祖德先生，李先生问："你们学校的李振宏先生怎么没有来？"朱先生说，李振宏是没有毕业的本科生，没有资格来开会。李祖德先生很是吃惊，说："真是名师出高徒啊。"（李祖德先生是我那篇文章的责任编辑，他发表我的这篇文章，却并不知道我还是个学生。那个时代真是淳朴得可爱，编辑选稿、发表文章，并不需要了解作者的身份，也没有给我用稿通知，就径直发表了。这在今天是不可思议的事情）这个故事是朱先生在一次学校的什么会议上讲的，并没有对我说过。

从发表第一篇文章开始，先生就对我建立了充分的信任，并高估了我的学识和水平，经常有些事让我做，而我却由于不能胜任没有做好。应该是在 1980 年的下半年吧，先生由于第二年要给我们开设"秦汉土地制度与阶级关系"选修课，而需要编印讲义。当他把稿子交给印刷厂打印后需要出差，就把校对的任务交给我来做。我从来没有做过校对，也没有秦汉史专业基础知识，实际上是不能胜任。但面对先生的信任我则不能推脱，战战兢兢地接受下来。后来讲义印刷出来之后，先生出差回来了，发现还有不少错误。先生当面没有很批评我，只是说了一句，"还是有不少错误啊"。

但这并没有影响先生对我的信任。1981 年底，毕业前夕，历史系第一届古代史专业的研究生毕业答辩，先生要我一个本科生给他们当答辩秘书。那届研究生有六个人：郑慧生、杨天宇、程有为、张诚、刘韵叶、周作龙；请的答辩主席和答辩委员是山东大学的韩连琪先生、山东师范学院的安作璋先生、郑州大学的高敏先生。六个学生，答辩了三天。先生的信任使我得以和几位学界名家相识，并在三天的答辩会中获得了不少做研究的感悟。

先生是我本科毕业论文的指导老师。1981 年初，我选定了一个较大的研究领域——汉代官吏立法研究，作为自己的研究方向，毕业论文就在这个范围内选题，定题为《西汉贵族官吏坐罪问题考论》。这个问题涉及汉代官制和官吏管理问题，除了文献阅读量较大之外，还有一些文献不易查阅，特别是图书馆的管理制度，对于一个本科生来说，有诸多限制。记得朱先生提示清人孙星衍所辑《汉官六种》也在阅读范围，而当时没有点校本，线装书学生又不能借阅，朱先生就利用他们的特殊渠道借出来，冒着一定的风险供我使用。因为这书不能借阅时间太长，先生就嘱我抄录下来，以供日后随时翻阅。于是,我就用一周时间抄录了这本《汉官六种》。老一辈学者中多有抄书的习惯,我们这一代人中干这事的就少了,我也就手抄过这一本书。90年代周天游先生点校的《汉官六种》出版之后,我的手抄本失去了使用价值,就弃之不用了,在几次搬家之后,也不知道丢到哪里去了,甚是遗憾。这也是先生指导我学习秦汉史的一个见证啊。《西汉贵族官吏坐罪问题考论》初稿写成后,我同样是呈交朱先生和安先生两位老师批改,至今还保存着安先生所提修改意见的信函。至于朱先生的指导,大多是耳提面命,而没有文字的东西保存下来。

从1979年10月第一次登门求教开始,到1982年元月本科毕业,这两年多基本上都是在先生的指导下走过来的,我不知道登过多少次先生的家门。说起来现在的人可能都不会相信,我的无数次登门求救,都没有给先生买过一分钱的礼品,哪怕是一个苹果也没有过。也没有给先生办理过一件生活小事,哪怕是倒杯水也没有过。不知道是当时的社会风气就是如此淳朴,还是我这个从农村出来的人天生愚钝,不懂得人情世故,而内心深处却深埋着对先生的敬仰和感激。出入先生的家门是那样的自由和自然,有时是他在伏案工作,有时候他和师母尚在就餐,去了连一句问候的话都不需要,他可以边吃饭边和你聊,至今脑海里还刻印着在先生家里的无数画面。

1981年年末,我们这届学生面临了毕业分配。我的分配去向很不明朗。由于发表两篇文章,一些人推测着我可能会被留校任教,也有两家科研单位,向我发出邀请。一个是山东省社会科学院历史研究所的农战史专家孙祚民先生,一个是河南省社会科学院历史研究所所长王天奖先生,王天奖先生两次给我写信,而且孙祚民和王天奖两位先生还达成约定,如果不能去河南历史所,就由他们山东所来接收。而我个人,在了解了这些之后,从情感上说是倾向于留在本校工作的。后来知道,朱先生也在为我能够留下来工作做着努力,尽管我和先生之间从来没有谈过这个话题,他是在我不知情的情况下,承受着压力在为我争取的。记得在韩连琪、安作璋、高敏几位先生来主持研究生答辩时,我在朱先生家里第一次见到三位先生,安先生问我的毕业去向,我很无奈地说,我从农村出来,在城里是举目无亲,只有服从分配,去农村高中教书是最后的退路。安先生说:振宏啊,你现在写作上有了一定的基础,以后不管在什么环境中,都不要放弃科研这条路。即使去农村中学教书，也是可以做研究的。没有书读，买一套《史记》或者《汉书》总是可以的吧，读透一部书，在这一部书里做文章，也是可以做出来的。你看抗日战争时期，很多学者在战乱中南北辗转，怎么做学问？就是背着一套书，在一套书里做文章，后来都成家了。等你做出了成就，发表了几篇文章，那些科研单位或高校就会发现你，你就有了改变处境的机会。我很是受教，也很是感激。就是在这样的谈话中，朱先生都没有谈他在为我留校而奔忙的事。

毕业去向的几种选择中，我心里是倾向于留校任教，但从没有向系里领导提出过。那时候不存在双向选择的问题，也不知道如何去活动活动。但是，不知道为什么针对我的留校问题，有些人却泼出了脏水，我听到的流言主要是攻击我有三条罪状：埋头读书写文章，不关心政治；假期不回家在校写文章，开学后请假回家，最严重的是军训时谎称老人有病而请假回家，逃避军训；成名成家思想严重（发表论文是证明）。其实，留校不留校并不重要，重要的是不能担负莫须有的罪名。什么不关心政治、成名成家思想严重云云，我并不在意，毕竟时代不同了，这些还不能置人于死地。重要的是谎称老人有病逃避军训，这个事实性的问题需要澄清。我鼓起勇气敲开了系党总支书记胡一元老师的家门，说明来意。我父亲在军训之后不久就离开了人世，以他的死证明了家里老人有病并非谎言，我要求系里澄清此事。记得胡书记说，你在学生中可是名气很大了，系里会慎重对待你的留校问题的。告诉你吧，关于你是否留校的问题，系里已经讨论过多次，讨论两个月了。你只管安心学习，服从分配，不要多想，没有根据的流言，相信系领导不会轻信。胡书记的话，使我知道系里的确是关于我的是否留校有着激烈的争论。

记得毕业前不久的一个晚饭后，我在先生家里坐着说话，突然一位系领导来访，一进屋见我在座，很是激动地对先生说："朱先生，今天下午的会上，振宏留校的事终于定下来了。"听他的口气，像是他费了很大力气才争取到这样一个结果。不管当时系里争论的是非如何，仅是从这位领导的口气与神色上，就知道争论的激烈程度。后来我才知道，其实这位领导并不多支持我留校任教。朱先生为我留校所做的努力，是在几十年后，在先生的病榻前，才对我谈起。那时候，虽然先生是系里的副主任，但他只是个普通党员，并不是总支委员,在讨论人事问题时只有建议权,并没有表决权。先生拉着我的手说,一次系总支讨论你的留校问题时,我作为系副主任列席会议。我那天有事必须提前离会去郑州,就坚持建议你留校,态度很坚决。一位领导说,李振宏即使留校也不能去古代史教研室,我说,我从来没有说过李振宏要留下来搞古代史,要留在古代史教研室,只是建议留下来。我没有表决权,能不能留下来,留下来干什么,你们看着办。说完就提前走了。先生说完这段往事,我才知道他为我的留校付出了多少心血,做了多少努力,甚至和一些人闹得不愉快。跟在先生身边几十年,他却从来没有和我提过。

留校后分配到中国现代史教研室,跟着黄元起先生做史学概论课程助教。1983 年 4 月,中国史学会第二次代表大会在北京京西宾馆召开,我因为一篇论文入选被作为特邀代表参加。河南参会的正式代表除了先生之外,还有胡思庸先生、高敏先生、王天奖先生三人。这是我走进史学界所参加的第一次会议,又是这么高层次的会议,200 多位代表中根本就没有年轻人,四十岁以下的也就我一个。但这对我则的确是一个结识前辈学者的极佳机会。报到第一天的晚饭后,先生说,我领你去认识几个人,多认识一些人对你以后的发展有好处。那晚,先生带我去拜见了安作璋先生、孙祚民先生,当先生问我要不要去认识一下漆侠先生的时候,因为以前和漆先生商榷的事情,我害怕造成尴尬而放弃了。安先生以前已经见过,孙祚民先生则是有过多年的书信联系而不曾谋面,在先生的引见下,和孙先生的会见十分愉快。

由于留校后是从事史学理论教学与研究,与先生的专业秦汉史有一定的距离,到先生家里去的机会就少了。但有了比较自信一点的文章,还会把样刊送先生一册,比如《九章算术的史学价值》(《文献》第 21 辑,书目文献出版社 1985 年版)、《"终极原因"与"相互作用"》(《历史研究》1986 年第 3 期)、《论史家主体意识》(《历史研究》1988 年第 3 期)、《居延汉简中的劳绩制度》(《中国史研究》1988 年第 2 期)等论文。这不是为了炫耀,而是用微薄的成绩去报答先生的栽培。每当这些时候,先生翻阅着样刊,总是显得很高兴。

1985 年下半年,"文革"后高校第二次大规模的职称评定工作展开,但一直延宕至 1988 年才告结束。这其中我的职称评定一波三折。一开始我申报的是讲师职称,系主任林加坤先生则动员我报副教授。待到正式评审的 1987 年,在校学术委员会的职称工作会议上,有个学校领导突然提出:据群众反映,李振宏有自由化言论,历史系林加坤先生要调查落实,到明天正式评审时说明情况。只有一夜功夫,林先生去哪里调查?如何调查?向谁调查?第二天上午八点就要正式上会,林先生便自作主张取消了我这个破格提拔的名额。朱先生当时是校学术委员会副主任,非常气愤,也无能为力。自由化,这样的政治帽子谁担待起呀!当年年底,河南副省长兼教委主任于友先来校视察,调研职称评定工作,这时候反对资产阶级自由化的运动也渐趋尾声,常务副校长申志诚和朱先生一起,把我的问题作为职称评定的遗留问题向于友先提了出来,朱先生详细介绍了我的科研情况,得到于友先的认可。到省里正式评审的时候,朱先生是评委,又是历史组组长,我破格晋级副教授一事得以顺利通过。

我的第一本书《历史学的理论与方法》,也是先生主持出版的。当时先生任河南大学出版社总编辑,我的书稿很顺利地上了 1989 年的出版选题。我后来知道,先生作为出版社的总编辑,是出版物的终审者,要在三审稿签上名字。一般的图书,先生终审时是做抽审,审阅部分章节。而我这本书,先生是通读了的。正式的出版时间是 1989 年的 11 月,这是一个特殊的年份,先生审读后在有可能涉及政治敏感性的地方,都划出来让我再三斟酌。我知道他是对出版社负责,也是在对我个人负责。

1993 年下半年,我策划了一个选题,想组织一套《元典文化丛书》,就春秋战国时期所诞生的一批文化元典著作,进行单一地元典研究,揭示文化元典著作的内在精神,阐述元典著作对中国历史、中国文化、中华民族性格的全方位历史影响,使广大读者能够在一本书中了解一种元典论著的深刻内涵,并将今天的民族精神与之联系起来,知道今人精神之来源,弄清民族文化的来龙去脉,从而更深刻地认识文化元典的历史价值,寻找文化创新的契合点。这个选题立意很为先生所赞赏,他向出版社做了推荐,由总编辑管金麟先生拍板上了 1995 年的出版选题。虽然我还年轻,但先生对我表示了充分的信任,支持我来主编这套大型丛书。我自己写的《圣人箴言录——〈论语〉与中国文化》一书,先生亲自做责任编辑。丛书第一辑 10 本于 1995 年 6 月出版发行,在社会上引起了广泛反响。丛书受到《光明日报》的重视,邀请河南大学出版社联合在光明日报社召开学术座谈会,在《光明日报》发表了长篇会议纪要;并在该报开辟"漫谈中华经典"专栏,以本丛书以依托,连续发表了14篇讨论元典精神的文章。当年11月,出版社又在国家新闻出版署召开丛书的新书发布会。这些活动,先生以70岁高龄而不辞辛劳参与其中,陪着我们两次出差北京。主编大型丛书我没有经验,很多事情都是在先生的指导下进行。丛书的出版,持续了十年,到2004年全部出齐30种,完满收官。这套丛书,从选题立项、编辑出版到发行宣传,浸透了先生的心血。最后出版社得到了收获,在1996年,连续获得"中国图书奖""河南省五个一工程"奖"河南省优秀图书奖"三项大奖。这是我在先生指导下,所完成的一项很有意义的文化事业。

1996年11月,服从学校的安排,我从历史系转到《史学月刊》编辑部,主持编辑部工作。对于本校主办的这个《史学月刊》,说实话我是并不满意的,我的研究论文很少投给这个刊物。现在刊物交到我的手上,我是必须对它有所改造的。但如何办刊？办成什么样子的刊物？确定一个什么样的办刊宗旨？学校领导和我谈话之后,我一方面有点踌躇满志的感觉,很想提升一下这个刊物,另一方面,又的确是诚惶诚恐,不知道自己到底能使刊物状况有什么样的改变。毕竟主编刊物和自己搞科研是完全不同的两码事。但是,有先生在,我心里还是踏实了不少。说实话,先生在我心里就像家里的老人一样,有句话说"家有一老,如有一宝",先生之于我就是这样。如何办刊,就向先生请教,他当了多年的河南大学出版社总编辑,对于编辑出版应该是专家的。朱先生对于我当《史学月刊》主编很是高兴,告诉我说:"《月刊》可是个重要的学术阵地啊,全国高校中有历史学专业期刊的很少,一定要把它办好了,这是河南大学历史系可以出彩的地方。"具体如何办,我没有多少主意,当出版社总编和期刊的主编,没有多少可比性,你就好好研究研究那些大的史学刊物,多翻翻他们的杂志。《历史研究》《中国史研究》《文史哲》,多向他们靠靠。我没有具体建议,但我相信你能办好！先生的鼓励似有千钧之力,从先生家里出来,我信心满怀！此后的办刊过程中,遇到具体问题,我经常去向先生求教,甚至有些稿件,我还请先生审稿把关。在先生的支持、指导下,我给刊物制定了新的办刊方针,设计新的特色风格,刊物逐步在学界赢得了声誉,成为被教育部认可的学术名刊。

1999年8月,我第一次参加中国秦汉史研究会年会。年会在昆明举行,我和朱先生同住一个房间。虽然我个人早在1981年就发表了秦汉史研究方面的学术论文,但由于毕业后主要从事史学理论方面的教学和研究,参加史学理论领域的学术活动,对于秦汉史方面的学术会议没有参加过。这次的昆明会议,是朱先生希望我参加的,而我自己也早已把主要精力转移到了秦汉史方面,从九十年代开始写作发表秦汉史方面的学术论文,还在1997年出版了《居延汉简人名编年》一书,也的确应该参加到秦汉史研究队伍中来。朱先生希望我参加秦汉史年会,是从河南大学历史系的发展考虑的。因为,他年事已高,已从学会副会长的位置上退下来,希望培养年轻人来填补河南大学历史系在秦汉史研究群体中的位置。朱先生说,我是秦汉史学会的发起人之一,多年来担任副会长,现在已经退下来了,而像咱们这样的学校,总应该在学会中有一定位置的,这次会议上我想推荐你为学会理事候选人,先成为理事,再逐渐扩大在学界的影响力。事情的进程的确是符合了朱先生的期望。先生推荐我为理事候选人,而我也的确在会员大会的理事选举中顺利当选,由此进入秦汉史研究的学术圈子。在2007年的长春秦汉史年会上,我又当选为学会的副会长,没有辜负先生的期望,保持了河南大学历史系在秦汉史学界的影响力。我心里清楚,我在秦汉史学界的些微影响,完全是先生栽培、提携的结果。

2006年我在中华书局出版自己的第一本文集《历史与思想》,请先生为我作序。先生没有推辞,在《序》文中详述了我的学术道路,褒奖我的学术风格。先生写道:

> 振宏给我的感受是,他是一个有学术个性的人,一个做事认真的人,一个有社会责任感的人。有学术个性才使他的研究不流于俗套,能够不断提出新的问题。振宏的学术个性还表现在比较大气,他的研究多是比较宏观性的问题,而且喜欢写大文章。所以他的文章有不少都发表在高层次的刊物上,大概这本文集中所选的刊于《历史研究》《中国史研究》《史学理论研究》等刊物的文章就有十几篇。做事认真,才使他无论做任何事情都能做得出色,做出成就。他从1996年底开始主持《史学月刊》的工作,很快使这个刊物有所起色,得到了史学界的一致赞赏。有社会责任感,才使他的学术研究充满激情并富有现实感,他

的不少论文都涌动着对现实的强烈关注。相信读者阅读这本文集,会读出同样的感受。

先生给我这么高的评价,我深受感动和激励。我不知道如何做才能真正对得起先生的肯定和褒扬,奖掖和提携。师恩难报,唯有把自己的工作做得更好,先生的褒扬成为我工作和成长的动力!

先生的一生是个很纯粹的学者人生。纯纯粹粹做学问,没有任何功利之心。我无数次登过先生的家门,所至,只要不是吃饭时间,先生就一定是在伏案写作,或者是拿着放大镜看文献。文章写出来了,谁要就给谁,不管是大小刊物,甚至也不管是不是正式期刊,哪怕是内部出版物,从来不考虑什么刊物级别,在哪里发表都行。在他看来,文章写出来了,就是解决了一个问题,至于发表在哪里都一样。先生的科研写作,一直坚持到94岁高龄,还是因为突然的身体患病而辍笔。读书写作就是他的生活方式,就是他生命的存在形态。在他90大寿时,我给他总结了两句话:视学术如生命,用生命做学术。他的健康与高寿是用学术来养护的,所以我又提出先生的保健术是"学术养生"。

纯粹的学者,不光是倾心于学术,而且是真正地具有求真之心,具有面对学术争鸣的平常心。先生在改革开放之初就因为主编《中国古代史》而一举成名,在秦汉史研究领域则早已是史学名家。但是,他从来不承认自己是名家、大家,更不承认是学术大师,总是以一个普通学者的身份,面对学界同人。他遇到过年轻辈的商榷,很平心静气地和对方讨论问题,在看到自己的看法确有不当之处的时候,就坦率地承认。对我们学生,也从没有师道尊严的观念,很平等地和我们讨论问题,甚至很尊重我们的意见。记得1996年初河南大学出版社和《光明日报》合作搞"漫谈中华经典"专栏文章的时候,需要他写一篇作为压轴之作,他当时有点犯难。先生似乎有点不好把握报纸文章的特点,不知道该如何下笔了,不知道写什么好了。他把文章写好后,给我和留柱兄看,要我们来给他把把关。从先生家里出来,留柱兄说,看来老先生真是有点把握不住了,这文章有点像报纸的"社论"了。我心里很是犯难。当时在《光明日报》连续发表的14篇文章,都是经我看过或修改过,我是在那套丛书之外又当了一次主编的。可是,这最后一篇是先生的文章,怎么办?老师叫把把关,就真敢把把关吗?老师说不妥当的地方可以修改，就真的可以修改？我最后还是改了，把我一部不准备出版的书稿的结语部分拿过来，改头换面，变成一篇讲传统文化批判继承的短文。改好后打印出来，怀着一颗很忐忑的心拿给先生看。先生看后笑笑说，你这一改好，就这样吧。不过，这个可是你的文章了。先生没有追究我的大不敬，我放心了。先生和我们之间就是这样，他是纯粹的学者，向真求是，而不在乎什么面子和尊严。

先生是做大学问的人。他的军功爵制研究，做了半个多世纪，最后出版的《军功爵制研究》增订版，是当代学界为数不多的可以垂世的作品之一；他主编的《中国古代史》，五次再版，数十次印刷，发行百余万册，通行数十年而不衰；他所主持校注的《今注本二十四史·宋书》，精益求精，甚至可以成为学术精品之绝响。但是，他总是那样虚怀若谷，从不自恃，不认为自己是大家、名家。当被凤凰卫视评为"2012中华文化人物"时，先生多次念叨"还真有天上掉馅饼的事"，不认为自己有多大学术贡献。他经常为学生的成绩而感到骄傲，而从不为自己的学术成就而自豪。留柱兄在为先生写的传记中说："他的眼神是慈祥的，脸色是和蔼的，腰身是谦恭的，心底是平和的，灵魂是宁静的，不以物喜，不以己悲。"这是先生最真实的画像。

在先生身边几十年，作为先生的弟子，我总是有充盈的幸福感，而我则没有为先生做过些什么。我们师生之间，真的就像是父子，起码在我心里是这样。父母养育子女，是绝对无私的，是不求回报的；而先生对于我也就是这样，他的关爱和奖掖、提携，是不求回报的。我想不出为先生做过什么，师恩如山，无论如何努力，都难报师恩以万一。我所能做的，就是让先生高兴。似乎我最大的宽慰，也就是看到先生高兴，看到他开心的笑容。

这些年，这几十年，真正算是为先生所做的事，就是我和留柱兄一起，以最大的努力和付出，为先生做了他的八十大寿、九十大寿庆典。这两次寿诞庆典，都做成了盛典。做八十大寿时，我和留柱兄发起，推动以河南大学历史文化学院、河南大学出版社、《史学月刊》编辑部三家联合举办寿诞庆典，邀请到了全国多位著名学者齐聚一堂。作为寿诞庆典，有点盛况空前的感觉。当时，好像没有以校方名义为一位学者做寿诞庆典的先例，只能由这三家合办，邀请学校一位副校长出席。没想到寿诞前夕，学校的党委书记说要参加，于是校长也来了，并都敬送贺诞礼品，这下事实上就提升了会议的规格,变成了一位副校长来主持,党委书记、校长讲话,校方成了寿诞庆典的主导者,等于是以学校的名义为先生祝寿。就我个人说,我最看不惯这官本位的东西,不在意谁来办的问题,我的眼光在学术界。而先生不同啊。他们这一代人,是完完全全在那个集体主义时代成长起来的,特别看重这个东西,这种结果对先生来说,是官方对他的认可,是更高层次的褒奖和认可,先生高兴坏了。记得庆典过后,我和留柱兄坐在先生家里,先生对校方来主持这次寿诞活动,很是满意。他算来算去,好像在河南大学还是第一次,这使他非常兴奋。再翻着出版的厚厚的两本文集,朱先生自己的论文集和学界同人的贺寿文集,喜悦之情溢于言表,久久不息。先生的九十华诞,同样做得非常隆重和喜庆。让先生高兴,是作为弟子最大的心愿。

先生还是走了。2022年7月23日15时,先生仙逝而去。身边的护工说,他走得很安详。先生生命的最后阶段,身体已经非常虚弱,各种脏器严重衰竭,对于那个令人悲痛的时刻,我们是有心理准备的。但尽管如此,先生的离开,情感上还是难以接受。我最大的心结就是没有在先生最后的时刻守在他的身旁。我和留柱兄得到消息,急匆匆赶到医院,在先生的灵前长跪不起。我家里早已没有了老人,现在又失去了相处几十年的先生,天人两隔,心里的空虚感令人发悸。在整个治丧过程中,我和留柱兄,始终站在子女亲属的行列中,跪送先生的灵魂走向另一个世界。

按照习俗,应该在殡仪馆追悼大厅有一个遗体告别仪式,我想为追悼大厅先生的遗像旁拟一副挽联。告别的前一天晚上,我不能入眠,先生的音容笑貌,一幅幅画面浮现,我该如何落笔,如何表达我对先生的认知?先生在我心里是个什么样的人?如何写出他的为人,他的人生?我不想像世俗的做法那样,只是一种夸耀,把先生写得多么高大,什么高山仰止啊,日月同辉啊,功参天地啊,嘉慧学林啊,大师宿儒啊……诸如此类的词汇我都不想用,不是先生不配,是先生不喜。先生生前最不喜欢浮夸和吹捧,我要用短短的两句话写出先生实实在在的真实人生。最后拟出的挽联是:

读书教书著书与书结缘书生天性
做人诲人度人与人为善真人慧根

这副挽联得到家属子女们的认可。但遗憾的是,第二天的告别仪式,由于疫情防控的规定，不允许在追悼大厅举行，只在大厅外边简单进行，挽联也没有条件悬挂，只是在小范围内以微信的形式流传。

　　先生走了，余下的日子只有追忆和思念。在举行告别仪式那天，我提出按照传统习俗，在"五七"的时候为先生举办追思会，希望以历史文化学院和出版社两家的名义举办。后来知道以单位的名义办这样的活动不合适，就干脆以我们学生的名义办。但实际上，历史文化学院的领导很给力，书记张占党、院长祁琛云都给予大力支持，并委托副院长李竞艳具体操办。由于是在疫情期间，外地的学者线上参加，市内学者和友人线下参与。由于时间紧迫，一切都是紧紧张张地进行着。会议选择在中州国际一个五星级酒店举行。会议前一天下午，定制的花篮都已经送到了会场，会场布置也大体就绪了，结果因为河南大学的两个家属区出现疫情被封而出现了变故。我因疫情被限制不能走出小区，铁定是不能进入第二天的会议现场了。还好，李竞艳是我带过的学生，由她在做我也放心。没有想到，到当天傍晚，酒店方通知，由于河大的疫情，不允许明天使用他们酒店的会场，追思会必须另选地方。我们当即决定改在河南大学校内历史文化学院的三楼报告厅举办，于是紧锣密鼓地调动人员做会场迁移的复杂劳动。又是没有想到，晚上似乎已经很晚了又接到通知，河南大学封校，任何人不能出入河大校门，这就意味着利用学院报告厅的线下会议也无法进行，围绕会场布置的大量工作又都成了无效劳动，操办会议的院领导和李竞艳都已经精疲力竭。这一切都是我困在家里遥控指挥，他们在前台忙乱劳碌。而这些都已经无可奈何。

　　怎么办？没有这个追思会，先生能安息吗？无论如何都得办！全部改成线上举行，无论再增加多少工作量，都必须办好这个追思会，这是我唯一能为先生做的事情。需要参会而不会线上操作的，找人代读发言稿；没有发言稿要即席发言的，连夜准备发言稿，找人线上代读。最麻烦的是，我住的小区里，有两位老先生，他们都是先生的同事，也都耄耋高龄，都不会操作电脑，不可能线上发言，只是有一个手写稿，即使找人代读也麻烦。一个是魏千志先生，92岁高龄，我找到魏先生家中，拿到了他的发言稿，而手写稿，涂抹、修改得不易识别，无法找人代读，我只能拿到家里一边辨认文字一边录入；一个是宋应离先生，87岁高龄，他之前有个传到网上较长的稿子，我可以把它下载压缩。这两篇稿子处理完，再委托人第二天代读。那个晚上，我一方面应付着李竞艳传来的各种需要处理的信息,一方面尽可能耐心地做着魏先生文章的文字录入,还担心紧张的情绪诱发我的高血压病突然爆发,因为这一天精神上、情绪上都实在是太紧张了。直到夜里 11 点多,这些事才处理完毕。我很疲劳,也很兴奋,我觉着是和先生在一起。

苍天有眼,第二天的追思会进行得非常顺利,虽然是线上,但效果很好。腾讯会议的信号顺畅,视频清晰,学界朋友都是一片真情实感。会议预计 11 点左右结束,但一直持续到 12 点多,人们似乎对先生有说不完的情思。我想,这一切先生都可以看得见,听得到,先生的在天之灵,应该是平静的。

在追思会上,我谈了对今后先生一周年、三周年以至百年诞辰时要做工作的设想。一切纪念活动的主旨,都在于把先生的思想、品格和学术继承下去。宋人张载说的"为往圣继绝学",也就是这个意思吧。传递先生之思想和学术,薪火不灭,这既是先生的遗愿,也是民族的希望!

就写这些吧。这是我几十年来第一次写这样没有谋篇布局、没有逻辑结构的文章。这是一篇幸福的回忆,也像是在先生灵前的诉说,说说自己没有对先生说过的话。就像在先生生前没有对先生说过一句感谢的话一样,而只是把先生的嘱托和鼓励,埋在心中。

怀念朱绍侯先生

赵国华

一

最初得知朱绍侯先生的名字,起缘于阅读他主编的《中国古代史》。

那是1982年秋,我在兰州大学读大四,因为决定报考研究生,复习专业课程,就经常去图书馆找书读。当时,除所用教材《中国史纲要》之外,先后借阅了郭沫若主编的《中国史稿》、范文澜的《中国通史》等。这两部著作都是多卷本,尚未出齐。朱先生主编的《中国古代史》,作为一部大学教材,从原始社会写到清朝中期,称得上一部完整的古代史,所以读后受益匪浅。只是由于咨询不便,对朱先生还缺乏了解。

1984年4月,中国秦汉史研究会第二届年会在成都举行。我已经读研一,跟随邹贤俊老师、熊铁基老师参加会议,主要是想趁机见识一下学术盛会,顺便游览一下巴蜀名胜。会议地点在四川省学术交流中心,我和王国文师兄被安排跟龚留柱、陈长琦两位学长住一个房间。所以刚一到会,就听说朱先生来参会了,便很留意于朱先生。这是我第一次见着朱先生,可惜没能抓住机会,进一步向朱先生请教。

这年秋季,正值研二上学期,按照研究生培养方案,我要做教学实习。当时,邹贤俊老师在他的中国古代史课程设计中给我安排了四个课时的教学任务,所用教材正是朱先生主编的《中国古代史》。我又把这部教材的秦汉部分仔细研读了一遍,接着开始准备教案,第一次走上大学课堂,给本系

1984级学生讲解王莽代汉与改制、西汉时期的中外关系,顺利地通过了教学实习,并且加深了对秦汉史的认识。

1986年留校任教以来,我们历史系的中国古代史课程,一直使用朱先生主编的《中国古代史》。这部教材就一直伴随着我的教学生涯。有时候只讲古代史的上半段,通常是到南北朝为止;有时候则一个学期讲完古代史,如给1995级基地班授课。经过反复讲解,我进一步熟悉了这部教材,由此建构起一套教学模式。

二

即将进入21世纪,伴随中国高等教育的发展,各个学科教育与教学改革提上日程。根据教育部的统一规划,适应高等学校历史专业教学改革的需要,华中师范大学历史系与安徽师范大学、河南大学历史系共同承担了一项教学改革研究项目:面向21世纪高师中国古代史课程教学内容和课程体系改革与实践。因为这一教学改革研究项目,我参与了《中国古代史》教材修订工作。

2000年1月,我与熊铁基老师一起赴山东大学,参加《中国古代史》教材修订工作会议。会议地点在舜都大酒店。原先这部教材的编写者悉数到会,山东大学校方高度重视。会上,朱先生就《中国古代史》教材修订的要点,如怎样看待历代王朝的疆域、阶级关系和民族关系、社会生活和科技文化等问题,讲述了他的基本观点。我参与了分组讨论,审阅了部分修改稿。朱先生的基本观点引领了这次修订工作,给我们提供了丰富的教材编写经验。

这次《中国古代史》的修订,基于对中国古代史课程体系和教学内容的大幅度调整,将原来的三册压缩为两册,更符合高校历史专业教学的基本要求。这部教材逐渐成为全国所有高校使用最广、影响最大的一部中国古代史教材。因为我们历史系和熊铁基老师的积极参与,朱先生说华中师范大学是十院校之外的第十一院校,这让我们感到很光荣。

三

说起来很投缘,在完成上述教学研究项目之后,我又得机会在朱先生的指导下,参与编写《中国古代史教程》。

那是 2005 年暑期,中国秦汉史研究会第十届年会在内蒙古呼和浩特举行。会议期间,振宏兄约我到朱先生住的房间,讨论新编中国古代史教材之事。原来,朱先生接受河南大学出版社的请求,确定主编一部新的中国古代史教材。我听了朱先生的简要说明,当即表示赞同,并且推介武汉大学谢贵安教授和本校吴琦教授参与教材编写工作。

这年 12 月,我与谢贵安教授、吴琦教授、蔡明伦博士同赴广州,参加中国古代史教材编写讨论会。会上,首先讨论指导思想,每位编写者各抒己见,朱先生特别指出了几个注意:国家统一、民族融合、科技成就、历史人物的正面形象、考古文物和学术动态。我从本科教学的角度说明了开阔视野、重视变革、注重传统、强化理论的重要性。其次讨论编写体例,确定采用章节体:每一章的内容包括本时期基本史料和研究状况(综述)、历史过程(概述)、基本问题(专题)三部分。最后,讨论各章时间断限,全书分为 10 章:远古、夏商周、春秋战国、秦汉、魏晋南北朝、隋唐五代、宋辽夏金、元、明、清。我与留柱兄、张鹤泉教授负责编写秦汉一章。

难忘 2007 年暑假,朱先生在留柱兄陪同下,顶着酷热来到我校,讨论《中国古代史教程》编写问题。照理说朱先生到我校,应该我们来接待,但不管我们怎么说,朱先生执意要请我们吃饭,说他是受河南大学出版社委托,还给我们带来一部新出版的《开封朱仙镇木板年画》。此情此景,至今念及,对朱先生提携和关爱后学的高贵品德,依然心生敬意。

到了 2010 年,经过大家的共同努力,河南大学出版社出版了《中国古代史教程》。诚如振宏兄所言,这部教材以导读、历史演变过程、专题分析的三大板块结构,在编写体例上是一个重大突破,为中国古代史教材建设提供了示范。因此,这部教材在部分高校使用过程中,得到了较好的评价,相信经过推广使用,会发挥更大的作用。

四

近四十年来与朱先生的交往,自然不限于使用、参与修订和编撰他主编的中国古代史教材,还有研习朱先生的学术论著,参加朱先生的生日纪念活动,探讨朱先生的治学成就。

2002年秋,我校举办秦汉思想文化国际研讨会,邀请朱先生莅会。朱先生在留柱兄陪同下,不但出席会议发表观点,还送给我一部《汉碑集释》。这部搜集整理汉代碑刻的资料汇编,据说是朱先生出任河南大学出版社总编辑之后担任责编的第一部学术专著。其后,每当研究有关历史问题,翻阅这部著作,我都会想起朱先生的赠书。

2007年,我到山东淄博参加齐文化讨论会,结识邯郸学院的康香阁编审,跟他谈及国内秦汉史研究状况。当时,香阁兄担任《邯郸学院学报》常务副主编,计划开设"学术名家"栏目,以访谈录的形式推介一批著名学者。我认为除访谈录之外,应当根据每位学者的学术领域和主要贡献,撰写一组专门论文,与访谈录一起发表。这样的学术名家研究,较之单纯的学术访谈更有意义,香阁兄表示赞同。于是,我请他来我校采访熊铁基老师,去山东师范大学采访安作璋先生,到河南大学采访朱先生等,并且推荐由振宏兄、留柱兄和长琦兄来撰写朱先生治学的文章。其后,在《邯郸学院学报》2010年第4期刊发了《史学大家朱绍侯先生访谈录》《朱绍侯先生与中国古代史教材建设》《朱绍侯先生与军功爵制研究》《朱绍侯先生与中国古代土地制度研究》。这组文章的发表可以说是朱绍侯史学研究的一个良好开端。

2015年秋,朱绍侯先生九十华诞暨中国古代史研究重大问题学术研讨会在河南大学举行,我应邀到会致贺。据介绍,朱先生过了80岁之后,从未停顿学术研究,直到90岁来临,除主编出版《中国古代史教程》之外,又相继撰写出版了《军功爵制考论》,主持完成了《今注本二十四史·宋书》"八志"的校注工作,还主编了《中原文化大典·人物典》和《中国地域文化通览·河南卷》,尤其是撰写发表五六十万字的学术论文,被编辑成《朱绍侯文集(续集)》。捧着这沉甸甸的学术论著,望着年及九旬的朱先生,所有后学莫不称奇。

五

2022年7月23日，我在武汉跟部分学生小聚，忽然接到振宏兄的电话：朱先生走了。这突如其来的消息令人悲痛，并勾起我对与朱先生交往的回忆，顿生无限感慨。

受疫情管控的限制，我未能参加朱先生的告别仪式，只能待在家里，收集、阅读及研究缅怀朱先生的文章，总共有二三十篇，如留柱兄的《治学不为媚时语，惟寻真知启后人——朱绍侯先生访谈录》、臧知非兄的《朱绍侯先生对中国古代史教材建设的思考与实践》、王记录教授和程洋洋的《勤于治史多创获，鲐背之年霞满天——朱绍侯先生访谈录》等，从而更深切地领略到朱先生的为人处世、教书育人和学术研究成就，乃至作为历史系主任、出版社总编辑的领导风采。

恰巧在这时候，福建省终身教育促进会陈宜安会长为《终身教育》杂志组稿，谈及终身教育和终身学习问题。我不假思索地告诉她：朱先生就是一位终身教育和终身学习的楷模，并且跟她介绍了朱先生治学的近况。陈大姐听完我的介绍，当即决定编发一组纪念朱先生的文章。于是，我把收集的一系列研究和缅怀朱先生的文章发给振宏兄、留柱兄商量，希望编发一组文章来纪念朱先生。不久，《终身教育》2022年第9期刊发了朱先生的《那段难忘的岁月》、宋应离社长的《我心目中的朱绍侯先生》、刘小敏编审的《我的人生导师——深切缅怀恩师朱绍侯先生》等。这组文章把朱先生推介给更多的读者，使朱先生的精神品格流传于世。

六

朱先生是一位卓有建树的历史学家，为高等院校历史专业教育做出了突出贡献。我自读大学起，开始阅读他主编的《中国古代史》，而后长期使用这部教材，还参与这部教材的修订工作，继而作为一位编写者，参与编写《中国古代史教程》。从这个侧面看来，我这数十年的学习和教学工作，与朱先生紧紧地连在一起。

我从与朱先生的交往中,从研究和缅怀他的文章中,不断地提出一个问题:朱先生何以备受大家尊敬?在他身上蕴含着怎样的精神魅力,散发着怎样的人生光芒?经过反复地思考,我终于悟出了答案,概括为四句话:真诚厚道的为人品格,尊师爱生的教授风范,专注坚守的治学态度,勤恳务实的创业精神。

我的人生导师

——深切缅怀恩师朱绍侯先生

刘小敏

96岁高龄的恩师朱绍侯先生于2022年7月23日下午驾鹤西去,闻知此讯,不胜悲痛,心潮起伏,彻夜难眠。回忆四十多年来,不论是做先生的学生,还是做先生的麾下,都能时时得到先生的耳提面命,谆谆教诲,使我受益终身,没齿不忘,谨以此文,寄托哀思,悼念先生。

相识

我认识朱先生是在进入河南大学(开封师范学院)历史系读书之后。我们是恢复高考后的第一届学生,给我们授课的都是系里最好的老师。那时"文化大革命"刚刚结束,老师们靠边站了十年,一朝有机会重上讲台,真是焕发了革命青春,想尽办法,使出浑身解数上好课。朱先生是历史系副系主任,因为工作比较忙,没有给我们开通史课,只给我们开设了"秦汉土地制度"讲座。朱先生是东北沈阳人,高高的身材,方方的脸庞,浓眉大眼,不苟言笑,操着一口纯正的东北话,给人一种不怒而威的感觉。

1980年,学校落实知识分子政策,给教授盖起了连体别墅,俗称"教授楼",是当时学校最好的房子。由于朱先生学术成果丰硕,是"文革"后历史系破格提升的最年轻的正教授之一,所以按照政策就搬进了这个院子。我们家和朱先生家是前后排,隔路相望,可我从未和他讲过话。一是我对先生有一种敬畏感,不敢和他说话;二是觉得我们年级一百多号学生,朱先生可能不认识我。

这年初冬的一天夜里,一场纷纷扬扬的大雪,把整个世界银装素裹。我早上起来拿着扫帚在路上扫雪,突然,一个浑厚的男中音在我身后响起:"小敏,你的毕业论文由我指导。"我吃了一惊,急忙回过身来,啊,是朱先生!我一时语塞,不知怎么回答先生的话,只是"哦哦"两声。朱先生微笑着从我身边匆匆走过,我的心里却翻江倒海,不是滋味。朱先生认识我,还知道我的名字!我却从没主动和老师讲过话,这可是大不敬啊!

为了写好毕业论文,我真是下了一番功夫。猫在图书馆查材料,列大纲,写初稿,反复修改,折腾了几个月,眼看到了交稿时间,却迟迟不敢呈送先生审阅。但是,丑媳妇终究要见公婆,实在不能再拖下去了,我才在一天傍晚,硬着头皮把稿子送到朱先生家。谁知第二天晚上,朱先生就拿着论文到我们家来了。我的心一下子提到了嗓子眼儿,心想肯定是不合格被打回来了。我忐忑不安地请朱先生落座,眼睛盯着他手里的论文。朱先生看出了我的心思,笑着把我的论文夸奖了几句,然后拿出一份刚出版的考古杂志,让我把新发现的描写汉代杂技表演的画像石的考古资料用在论文里。听着先生的指教,我心里不由得升腾起对先生治学的严谨、扎实,眼光的敏锐、高远,工作的务实、高效由衷的敬仰。在先生的悉心指导下,我的论文忝列优等。

提携

大学毕业后,我被分配到二十五中教书。1985年春的一天,朱先生来到我们家,问我愿不愿意回到河南大学出版社工作。我一听喜出望外,连声答应愿意。因为这时我们家上有八十多岁的外祖父,下有一岁多的儿子,这一老一小都需要照顾,能回母校工作,临近照顾家中的老人和孩子,是我梦寐以求的事。在朱先生的帮助下,没过多久,我就调回了学校,在朱先生任总编辑的出版社工作,由此开始了与先生的不解之缘。

记得刚到出版社时,社里连领导只有8个员工。我们什么活都干,参加校对稿子、负责邮购书款的领取以及管理资料室的书报等。一年以后,人员增多,朱先生把我调入文史编辑室做编辑工作。从此,我走上了专业人员的道路。

朱先生安排我做的第一本书是《唐代士大夫与佛教》，是北京大学历史系毕业的郭绍林先生的硕士论文。作者八易其稿才交给我们出版。那时候都是手写稿，整个文稿字迹清楚、娟秀，无一处涂改，可谓齐、清、定。更难能可贵的是，作者还把容易混淆的字都在旁边标出，以提醒编校排版人员注意。这部书稿我认真地审读了两遍，并核对了引文，竟然挑不出什么毛病，实属上乘之作。这是朱老师为照顾我这个初出茅庐的小编辑而特意安排的。随着时光的流逝，工作上的接触越来越多，对朱先生由陌生而熟悉，而敬仰，而爱戴。朱先生的言传身教，耳提面命，使我在工作中如坐春风，如沐春雨，慢慢地成长起来。

朱先生审稿从来不用红笔改稿子，都是用铅笔。他常说，作者对于编辑来说永远都是专家，编辑改稿子用铅笔，如果改错了可以随时擦掉，如用红笔，改错了不易更改，把作者的稿子画的满篇皆红，作者会不乐意，也有不尊重作者劳动之嫌。

1993年春，我的一位在河南大学历史文化学院长期从事中国思想文化研究的同学李振宏萌生了编写一套"元典文化"丛书（30本）的设想。当他把他的想法跟我谈了之后，凭着编辑的敏感使我觉得这是一个很有意义、很有价值、市场上尚缺的选题。于是就邀请他和我一起向管金麟总编（那时朱先生已退居二线）作了汇报。管总编听后非常认同，让我们起草选题策划报告，提交社里讨论。我们又一起请教了朱先生，先生对这个选题大为赞赏，并就丛书的规模提出了一些建设性意见。在社里的选题论证会上，朱先生就此选题的价值、意义、出版规模做了鞭辟入里的讲述，使选题顺利通过论证，并被省局列为重点选题。为了这套丛书能够按计划出版，朱先生不顾教学和科研工作繁忙，还主动承担了部分书稿的责编和终审任务。

1995年6月，在出版社成立10周年即将到来之际，丛书第一批10本问世了。由于丛书对社会主义精神文明建设有积极的意义和价值，所以一经出版，就受到《人民日报》《光明日报》《中国出版》等多家报刊的高度重视，相继发表书评、书讯20余篇，一致认为丛书"旨趣高远，而行文切实，为一雅俗共赏佳品"。《光明日报》"史林"版还以丛书为依托，开辟了"传统文化经典笔谈"专栏，进行了为期3个月，延续14期的专题讨论。为了扩大丛书的影响,1996年5月7日,出版社又与光明日报社理论部联合在京举办了"中华经典与现代文化建设"学术讨论会,朱先生和张岱年、季羡林、戴逸、何兹全等著名学者一起参加了会议。此次学术讨论会在学术界、文化界、出版界产生广泛影响。丛书曾一举获得了"第十届中国图书奖"、河南省"五个一工程"奖和河南省"优秀图书一等奖"等奖项。

1995年,是中国抗日战争暨世界反法西斯战争胜利50周年。1994年初,我想策划一套适合广大青少年阅读的、描写抗日战争中中国人民英勇抗击日寇的著名战事的纪实丛书,以弘扬爱国主义和革命英雄主义精神。当时,有同志认为我是在"赶热闹",让我很是踌躇不决。这时,又是朱先生高瞻远瞩,审时度势,果断地肯定了我的策划报告,坚定了我做下去的信心,他还在百忙中抽出时间和我一起参加编写会议,帮我把握方向,调整作者思路,解决写作中出现的问题,有时与作者沟通商榷直到晚上八九点钟,错过了吃晚饭时间,而朱先生始终不急不躁,耐心与作者商量,最终和作者达成了共识。他还挤出时间终审书稿,使丛书的编辑出版工作得以顺利进行。

丛书出版后,受到省委领导和省委宣传部的高度重视。一位省领导同志曾在河南省电视台"新闻联播"节目中介绍我省有关抗日战争图书出版情况时,重点介绍了这套丛书,时任省委宣传部副部长的葛纪谦同志还为丛书写了序言。《河南日报》《河南新闻出版报》《民国档案》《东南文化》等报刊也相继发表了书评、书讯,称丛书是一套"实施爱国主义教育的好教材"。丛书也由此获得河南省"五个一工程"奖和省"优秀图书二等奖"。可以说,没有朱先生的鼎力相助,就没有这套丛书的问世。

大学出版社承担着为高校教学和科研服务的重任。为了满足教学需要,出版社决定邀请著名专家学者组织编写一套高校中国史通史教材。拟请华中师范大学的章开沅先生领衔主编《中国近代史》教材,请朱先生挂帅组织编写《中国古代史》教材。朱先生虽然主编过一套颇受欢迎、连年重印的十院校本《中国古代史》,是几十年来历史学界公认最成功的高校文科教材,但为了方便教学、为了出版社的出版计划,他还是从大局出发,不顾年近耄耋,毅然承接了编写任务,和我们一起北上长春、北京,南下广州、韶关,召开编写会议,拟定编写大纲,分配编写任务,实地解决编写中的问题,最终按时高质量地完成了编写任务,有力地支持了出版社的工作。这套《中国古代史教程》抛弃社会形态概念体系,摒弃阶级斗争思维,用本土语言叙述中国历史的发展进程,是一个可喜的尝试,对今后的中国古代史教材编写将会产生重要的示范性效应。

朱先生不仅仅是对自己的学生尽力帮助、提携,对所有的同志也都是如此。众所周知,职称评定是对专业技术人员业务水平和工作能力的一种评判和认可,也是专业技术人员努力追求的目标。因评审条件时有变化,我们出版社的一位老同志行将退休,尚未晋升正高职称。就在评审日期临近之时,他突然决定退出申报。听到这个消息,朱先生很是着急,他不愿看到这位条件具备的老同志辛辛苦苦工作一辈子就这样错失良机。他约同社长赵帆声先生一起来到这位老同志家,苦口婆心地分析劝导。看到这两位年近七十的老领导,不顾天黑路滑,冒雨前来劝说,这位老同志感激之情无以言表,同意继续申报。就在这次申报后,他如愿以偿,顺利晋升正高职称。

教诲

孔子曰:"默而识之,学而不厌,诲人不倦,何有于我哉?"朱先生不仅自己勤奋治学,硕果累累,为后学的榜样。他还不遗余力地谆谆教诲身边的每一个人,这使我受益多多。

那是"元典文化"丛书刚刚启动阶段,有的同志对做这样的大型套书心存疑虑,唯恐投入大而收益小,造成亏损。当我听到议论后,心中也很纠结,觉得社里盈利非常艰难,如果此书造成亏损,挺对不起大家的,因此就想打退堂鼓。朱先生看出了我的心思,语重心长地告诫我说:"任劳任怨大家都知道,也都能做到任劳,但是任怨做起来就比较难了。你工作不怕任劳,但也要学会任怨啊!"朱先生的话消除了我的困惑,坚定了我出好书的信心。于是我排除杂念,全心全意地投入到丛书的编辑出版工作中。功夫不负有心人,几经寒暑,终于修成了正果。

从此以后,我牢记朱先生的教诲,秉承着任劳还要任怨的信念去做事,去做人。真是"经师易获,人师难得",先生的金玉良言,让我终生难忘。

还有一次,一位同志出差因派车的事与办公室负责此事的同志发生了口角,后来社长知道了此事,亲自为该同志派了车。但那位同志却赌气不出差了。当我把此事告诉朱先生时,他微笑着说:"你转告那位同志,不要得理不让人。社长已给你派车了,就应该去,要懂得得理也要让人。"当我把先生的话转述给那位同志后,那位同志很愧疚,连声说:"朱先生说得对,朱先生说得对!"朱先生的这些话,虽然并不深奥,却道出了同志之间要团结共事、谦和礼让的做人道理,也是先生为人处世大度为怀、宽厚待人的真实写照,我一直将它铭记在心。

我的毕业论文是朱先生指导的,他还鼓励我投出去发表。大学毕业后,我就试着投了出去,还真被《历史知识》采用了。当我把这个消息告诉朱先生时,他笑眯眯地说:"很好!我让其他几位同学将文章投出去,也都发表了。"先生那副欣慰的表情,比他自己发表了文章还要高兴。从那以后,处于对朱先生的敬仰和信赖,我每写一篇文章,都要拿给朱先生请他"初审",听他提意见。他不管多忙,都是欣然应诺,而且很快就审阅完毕,立马把意见反馈给我。他的意见都是高屋建瓴,一针见血,让我非常受益。以后,为了心中有底,没有经过朱先生过目并且认可的文章,我就不敢拿给别人看或者是去投稿。

另外,我在工作中遇到什么难以释怀的事情或者有解不开的疙瘩,也爱跑去向朱先生唠叨唠叨,诉说一番。朱先生总是放下手头正在做的事情,耐心地听我讲述,然后客观地进行分析,理智地做出判断,热心地给予指点。有时仅短短的几句话,犹如醍醐灌顶,顿时让我茅塞顿开,心里豁然开朗。可以说,我取得的每一点成绩,都有先生付出的汗水和心血;我前进的每一步,都有先生的扶持和教诲,先生就是我的人生导师。

振宏在朱先生九十华诞纪念文集的序言中深情地说:"子曰:'父母之年不可不知也,一则以喜,一则以惧。'作为先生的弟子,十年间,我们差不多就是以这样的心情,陪伴着先生走过来的。"这样的心情我也体会颇深。我觉得,从九十岁以后,朱先生一直在努力地爬坡,一是在爬年龄的坡,一是在爬学术研究的坡。他勇敢地越过一道又一道障碍,不断地在与年龄竞争,不断地在超越自己,实在是不容易!我们期盼着为先生举办期颐之年的庆典。但是,没有想到,先生在 96 岁高龄时离我们而去,令人万般不舍。振宏在挽联中写道:"读书教书著书与书结缘书生天性,做人诲人度人与人为善真人慧根。"这是对先生一生的真实客观的写照。愿先生的精神发扬光大,泽被后世!

河南大学图书出版的拓荒牛
——追忆朱绍侯先生

朱建伟

刚刚从外地出差回来,惊悉我社的首任总编辑朱绍侯先生仙逝的消息,一大早即赶赴家中吊唁。鞠躬致哀后,凝视朱先生安详的遗像,他的音容笑貌历历在目,他的谆谆教导声声入耳,和朱先生共事的岁月浮现在脑海。

1985年,河南大学出版社成立,他任总编辑;1985年,我从河南大学毕业,分配到出版社。机缘巧合,共同的出版事业让我们有了工作的交集;命运安排,共同的姓氏让我们有了心灵的碰撞。

出版社刚刚成立时在西一斋的二楼办公,报到后,我被安排在综合管理部门,出版社的领导既没有独立的办公室,也不需要坐班,况且,我报到不久就去北京进修。北京进修回来后,出版社即搬入六号楼办公,好在我所在的出版发行部与社长总编办公室隔壁,才和朱先生朝夕相处,熟络起来。至今,我清楚地记得和朱先生见面后他说的第一句话:"出版社是个新单位,年轻人好好干。"朴实的话语让人信心满满,终身受益。

在我的眼中,朱先生的形象是多维立体的,是高山仰止的。作为学者,他著作等身,退而不休,笔耕不辍;作为老师,他严于律己,以德立范,桃李满天;作为长者,他仁厚为怀,淡泊名利,宁静致远;作为领导,他高瞻远瞩,决策果断,开拓创新。

朱先生生于1926年,1985年出版社成立时他已59岁,退休时已年届70岁。俗话说,人过三十不学艺,但他依然实现了从作者到编者、从学者到出版管理者、从教育家到出版家的华丽转身。正像朱先生在接受河南大学档案馆访谈时所说:"我真想不到我这么一个普通的高校教师,能被派去干出版社的事情,在无论如何也推不掉的情况下,就只好去当这个新设的河南大学出版社的总编辑。"话语中既充满了无奈又显露出信心和希望。

出版社办社之初是相当困难的,作为总编辑,他既要向学校申请办社经费,又要到处招揽人才;既要跑出版社的主管部门教育厅,又要跑出版社的监管部门出版局;既要联系出版项目,又要寻找合作单位;既要管图书出版,又要搞图书推销;既要找印刷厂,又要购买纸张材料。可以说,出版社的工作事无巨细,万事开头难,费尽千辛万苦,终于把出版社开办运行了。我清楚地记得,出版社当时的书库和纸库设在六号楼的地下室,图书印完之后要搬到地下室,纸张购买之后也要先存放地下室。朱先生身先士卒,不顾自己花甲之年,和同志们一起搬进搬出,出版社的职工奉劝朱先生就不要参加了,可他坚定地说:"出版社现在正处于创业阶段,还比较困难,作为出版社的一员,我没有理由袖手旁观。"同志们听后无不动容,为有这样的社领导而连声称赞。

作为出版社特别是大学出版社的总编辑,既要考虑学术立社,又要考虑经济强社,社会效益和经济效益相统一是出版企业的显著特点,这一点朱先生有着清醒的认识。出版社出版的前三本书《汉碑集释》《全唐诗重篇索引》《美国文学简介》均是学术著作和教材。特别是高文先生的《汉碑集释》这本书,当时高先生已经将书稿交给中华书局,中华书局也已进入审稿程序,朱先生得知消息后主动找到高先生,希望这本书能在本校出版社出版,高先生欣然答应。该书出版以后,多次重印,受到学术界的好评,还获得了教育部的优秀教材二等奖。

大家知道,学术著作和高校教材是常销书和长效书,投入多而见效慢,为了出版社经济效益的快速积累,必须充分利用河南大学师范教育的优势,为基础教育服务才能奠定出版社的经济基础。为此,朱先生带领大家在激烈的基础教育出版市场中另辟蹊径,与河南教育报刊社、中学生学习报社、郑州铁路局教研室、河南省基础教育教研室等单位合作,从教师用书做起向学生用书延伸,从新华书店主渠道发行向民营书商、自办发行、系统发行渠道转变,使河大版的基础教育读物迅速占领了市场,巩固了出版社的经济基础。正像朱先生接受访谈时所说:"出版社很快就运行顺畅了,没到三年,就富起来了。到我退休的时候,出版社账上已经有几千万资金,当时这就是很了不起的事情,一个社的经济基础有几千万之多。"这是多么自豪的话语,这是多么自信的回答,其中的酸甜苦辣只有他自己知道,出版社的职工是看在眼里,记在心里。

《孙膑兵法新编注译》(河南大学出版社)

作为学者,要坚持自己的学术观点,作为总编辑,要包容作者的不同看法,朱先生在出版工作中坚持"百花齐放,百家争鸣"的出版方针,敢于出版与自己学术观点相左的作品。记得有一次,《孙膑兵法新编注译》的作者刘心健亲口对我说,其实关于《孙子兵法》和《孙膑兵法》版本问题在史学界是有广泛争议的。《孙子兵法》由春秋时吴国将军孙武所作,全书总共十三篇,其内容博大精深,思想精髓富赡,逻辑缜密严谨,是古代军事思想精华的集中体现,在我国古代军事学术和战争实践中,都起过极其重要的指导作用。《孙膑兵法》是《孙子兵法》后"孙子学派"的又一力作,作者为孙膑,传说他是孙武的后代,最早明确记载孙膑有兵法的是《史记》,但自《隋书·经籍志》始,便不见于历代著录,大约在东汉末年便已失传。我亲自参与了1972年山东临沂银雀山汉墓竹简的出土发掘工作,是银雀山汉墓竹简《孙膑兵法》等书的第一发现人和主要整理者,根据现场的考古发现提出了我自己的注释,朱先生虽然对我的学术观点有不同看法,但他还是同意出版我的这部作品,我是非常钦佩和感激朱先生的。由此我们可以看出朱先生严谨的学术风格和务实的学术作风,开放包容是一个出版人应有的高尚品德。

朱先生做出版工作有自己的底线。他常常对我们讲,出版十本优秀的出版物不一定能够支撑起一家出版社,出版一本坏书足以毁掉一家出版社,做出版工作不能见利忘义。记得20世纪90年代初,有一位书商左手提着《袁世凯外传》的书稿,右手提着装有五万元现金的提包,想让出版社出版这部图书。朱先生认真看过书稿后婉言谢绝了该书的出版,作者认为是朱先生嫌五万元出版经费太少才拒绝出版,连声说我可以出十万元。朱先生听后声色俱厉地说,这本书稿的内容不符合出版管理的相关规定,你出再多的钱我们也不能出版,据说这部书稿被别的出版社出版后受到了处罚。朱先生如果见钱眼开,唯利是图,出版社将面临灭顶之灾。近四十年来,正是秉承了朱先生"抵制低俗、拒绝庸俗、出版精品"的出版风格,才使河南大学出版社在历次的出版检查评比中佳绩频传。

朱先生从总编辑的岗位上退下来之后,还始终牵挂着出版社的发展。出版社每年一度的选题论证会只要邀请朱先生参加他都会积极参与,不论会议的地点有多远,不论会议的路程有多辛苦,不论会议的议程有多紧张,朱先生总能以饱满的热情参加会议,并对每年的选题提出自己的建议,使出版社的选题结构得以优化。

《嵩县通史》编写人员与著名历史学家、河南大学历史系教授朱绍侯(中)合影

除了工作上的事情之外,个人有什么事情朱先生也是有求必应。老家嵩县要编写一部《嵩县通史》,想请朱先生作顾问并作序,我考虑到朱先生年事已高,学术研究依然繁忙,怀着忐忑的心情向朱先生提出了我的要求,没想到朱先生满口答应,不仅亲自撰写了序言,还亲赴嵩县参加了《嵩县通史》的审稿会。朱先生的举动让嵩县史志办的同志感激涕零,体现了一位学者良好的道德风范。

教书育人终有时,千古文章世不朽,书命远比人寿长。朱先生,你亲手培养的学生将永志不忘师恩,你亲手签发出版的著作将世代传承,你亲手开创的出版基业将万古长青,愿你一路走好。

是为记。

牢记先生教导，书墨香里辑春秋

——忆建社初期与朱绍侯老师一段过往

史锡平

2022年7月23日下午，我接办公室通知说朱绍侯先生病逝了，顿时感到十分的震惊和悲痛。次日上午，我和同事去仁和公寓博士楼他家中吊唁，望着朱先生慈祥的遗容，不禁眼眶盈泪。建社之初和先生在一起共事的那段岁月，先生的亲力亲为，先生的谆谆教导，一下子萦绕在脑海里，响彻在耳边。

一

河南大学出版社 1985 年 2 月成立，1985 年 5 月正式挂牌。我于 1985 年 6 月底大学毕业留校分配到出版社工作，记不清 6 月底的哪天下午，我来到学校西一斋二楼出版社办公地报到。接待我的是办公室主任段文勇老师（现在汕头大学出版社工作），他向我介绍了出版社的基本情况。这是怎样的一家单位呀，三间办公室，五位社领导，一位办公室兼总编室主任，两位编辑，一位美编，一位校对员，5 万元启动经费。段老师可能感受到了我的迷惑和失望，他不忘幽默一下我这个刚入职的年轻人，他笑着说要相信出版社的未来嘛，面包会有的，一切都会有的。这也许是他代表出版社对我这个刚参加工作的年轻人的前景展望和鼓舞吧。

恰巧此时，一位体态较胖，穿着白色短袖上衣，戴着宽边眼镜的长者上到二楼，段老师连忙向我介绍说，这是咱们出版社总编辑朱绍侯老师。我赶忙说朱老师好,我来出版社报到。朱老师显得很高兴,握住我的手说,欢迎你到出版社工作,咱们出版社这个新生队伍又多了一位年轻人。朱先生又说,出版工作是为社会积累和传承知识的,这是人一生值得奉献的事业,虽然现在条件艰苦简陋,但咱们出版社一定会辉煌的。望着这位敦厚慈祥的师长,握住他宽厚有力的手,我多少有些失落的心,顿时安稳了不少。

这是我和朱绍侯先生的第一次见面,从此开启了和朱先生共事的一段难忘岁月。

朱绍侯先生与河南大学出版社同人在晋祠考察留念

我在出版社的第一份工作是校对工作,协助校对员汪一民老师(从校印刷厂调入)校对高文先生的《汉碑集释》书稿。高文先生是一位学识渊博、饮誉中外的著名学者。他从20世纪30年代起,就致力于汉代碑文的研究,《汉碑集释》是他几十年研究的鼎力之作。《汉碑集释》通过对60通汉代碑刻的著录详释,在史学、小学和经学等方面均有十分重要的意义。对于这样一部扛鼎之作,也是我社要出版的第一部书稿,社领导高度重视。作为总编辑的朱先生亲自担纲做责任编辑,要我们通力配合,做好校对工作。在编辑校对室,汪一民老师教我掌握、熟悉校对业务知识。他言传身教,要我折着原稿的每一行,比对着书稿校样,逐行逐字地校对,忠实于原著和编辑加工。如有疑问,要记录下来,反映给责任编辑。《汉碑集释》的原稿,是高文先生的助手王刘纯老师用一手工整、隽永的小楷毛笔字誊录的,空白处布满了朱先生用红色笔迹的修改和批注。朱先生真不愧学问大家,修改和批注都有独到见解,富有见地,弥补了原稿上的一些缺陷和疑点。在校稿过程中,朱先生亲自指出我哪一页出错了,哪一页漏了一个字,手把手地指导我。高文先生这样一位作者,朱绍侯先生这样一位责任编辑,两位学问大家联袂,珠联璧合,演绎了我社出版史上的一段佳话。果然,《汉碑集释》出版以后,在学界和业界影响很大,受到一致好评。这本书是我社上乘之作,至今还重印着。从此,也奠定了我社学术出版的风格和基调。

《汉碑集释》(河南大学出版社)

单调、枯燥的校对工作,让我难以接受。《汉碑集释》出版后,我对朱绍侯先生说:"朱老师,我来出版社是做编辑工作的,不是做校对的。"他说:"对呀!但是,要做好编辑工作,首先要做好校对工作,这是一项基本功,是一种硬功夫。没有校对工作的历练,也编辑不好图书。"朱先生语重心长地教导我,编辑工作是为他人作嫁衣的职业,一辈子可能默默无闻,乏名少利,既然选择了这个职业,就要下定决心忍耐着寂寞,忍耐着清贫,沉下心来,不要浮躁,要做好基本功,方能有所作为。他结合自己的生活阅历,从做学问,到做编辑,到做人、做事,给我讲了许多。就这样,我按照朱先生的要求,沉下心来,踏踏实实地待在校对室,又干了半年的校对工作。其后,又相继参与校对了《全唐诗重篇索引》、《美国文学简介》(英文版)等多部重要书稿。现在回想起来,这一年来的校对工作,对我影响深远,为我日后的编辑生涯,奠定了扎实的基础。

二

我到哲经法教编辑室工作后,1987年6月中旬,我的师兄刘济良(现为河南大学教育科学学院博士生导师,郑州师范学院副院长)从江西南昌市参加全国中小学德育工作会议回来后,给我带回一部《班主任工作概论》书稿,说是江西省教育科学研究所德育室主任袁真泉老师写的,问能否出版。师兄还介绍说,袁老师他们正在搞一个"中小学德育序列"的课题,是关于指导中小学德育工作的系统工程,最后成果要有四五本书稿出版,《班主任工作概论》只是其中的一部。他建议我认真关注一下。当时的情况是,由于改革开放,西方各种思潮也蜂拥而入,人们的思想普遍混乱,学校的德育工作也普遍淡薄化,引起社会的不良反应。我向朱绍侯先生汇报后,朱先生经过深思熟虑,认为这个选题很好,决定要抓好这一选题。朱先生要我去江西做实地考察,详细了解情况,形成调研报告和出版方案。我到南昌后,受到了袁真泉老师他们的热烈欢迎,并为当时社会思潮下我社高度重视这一课题而感动,表示不论遇到多少困难,一定要把这项工作完成。他们陪同我到南昌市实验区的中小学校实地参观、考察,我深感这一课题重要的社会意义。袁真泉老师向我建议,等选题结项前夕,邀请朱绍侯先生到江西的中小学考察、访问。

1988年盛夏,朱绍侯先生抽出时间,让我陪他前往江西做实地考察,并商定出版事宜。朱先生是著名学者,袁真泉老师他们早有耳闻,而且已是62岁的老人了,一路风尘劳顿,自然让他们感动。袁老师他们在力所能及的范围内,想在吃住行方面尽量为朱先生提供优厚条件,但都被朱先生拒绝了,要求不搞特殊化,一切从简。就这样,在袁老师他们的陪同下,我们连续七八天,冒着盛夏酷暑,乘长途客车先后去了江西省鹰潭市的余江县、贵溪县,吉安市的兴国县,赣州市的南康县实验区的中小学实地考察、调研,与中小学师生座谈。虽然是假期,但他们还是为我们组织了两堂观摩课。江西是革命老区,历来重视中小学生的思想政治教育,我们所到之处,都被他们执着的教书育人精神感召着;袁真泉老师他们也为朱先生严谨、敬业的精神和不怕吃苦流汗的劲头感染着。我们双方都增加了出版好这套丛书的信心和决心。

1988年底,"中小学德育序列丛书"(《中小学德育序列》《中小学德育手册》《中小学生行为规范》《班主任工作概论》《班主任工作手册》)在我社顺利出版发行。1989年夏北京那场"政治风波"之后,这套丛书在社会上引起了很大反响,国家教委给予了很高评价,1990年获江西省社会科学优秀成果一等奖。我社也取得了良好的社会效益和经济效益。

三十多年过去了,很多事都已淡忘,而这段过往,至今却铭刻我心。每当遇到不顺心的事或感到迷惘的时候,耳边时不时总会响起朱先生的谆谆教导。朱先生一生淡泊名利,潜心学问,德高望重。我很幸运,刚入职之时就能遇到朱先生这样的道德文章大家,耳提面命,事事垂范,处处楷模,使我一辈子受用无穷。先生那种严谨、科学的态度和敬业精神至今激励着我,感召着我。

谨以此文,纪念朱绍侯先生。先生千古!

2022年7月24日夜

他的生命永远定格在盛夏
——怀念朱绍侯先生

袁喜生

在这个表示一年开始进入盛夏的大暑节气里,朱绍侯先生永远离我们而去了,终年96岁。这个年纪,对于常人来说,已是难得的高寿,但在第一时间听到小敏转来的讣闻时,仍然感到震惊,觉得难以接受。因为在我眼里,朱先生一直精力旺盛,思维敏捷,著述不辍,就像一颗盛夏的大树,永远郁郁葱葱。

最早知道朱先生,是在读大二的时候,他为我们开中国通史选修课。那时受"儒法斗争"流行观点的影响,不少人在谈到一些历史人物或事件时,往往进行牵强附会的对号入座。但朱先生的课,却始终坚持以史实说话,很少贴政治标签,不但使我们学到了实实在在的历史知识,也在怎样正确处理政治与学术之间的关系方面受到了启发。

1993年,我从中文系调到出版社,开始与朱先生有了近距离的接触,逐渐对他有了更加深入的了解。在我们数十年的交往中,他给我留下最深的印象有三点:一是勤奋耕耘,硕果累累;二是奖掖后进,不遗余力;三是谦虚谨慎,平易近人。关于第一点,应是所有认识他的人的共识,而他的史学界的同行对此认识尤为深切,大可不必由我这个史学门外汉来评述了。在这里我只结合自己的亲身经历谈谈后两点。

朱先生是河南大学出版社的首任总编辑。当时社长由一名主管副校长兼任,朱先生实际上全面主持日常工作。他不但带领首批员工完成了建社初期从无到有、从小到大的艰苦探索和积累,也发现培养提拔了一批优秀人才,使他们脱颖而出,走上领导岗位,在组织上为出版社的发展打下了坚实的基础。后来的总编辑管金鳞、副社长秦守福、副总编辑程庆和许多科室干部，都是他在任时培养和引荐的。我进出版社以后，他对我也是关怀备至，在学术上的引导、奖掖尤多。二十世纪之末，我写了一本《李濂年谱》。我是中文系出身，来写属于历史学科的年谱，难免有班门弄斧之嫌。但当我怀着试试看的心态提出请他写篇序言时，他却非常爽快地应承了。当时他放下自己的著述，认真阅读了书稿，提出了许多修改意见，并很快写出了序言，总结出该书弥补了传记简略的缺憾、某些问题有重大突破、不囿于成说等特点，总体上给予了肯定的评价。由于得到他的推荐，这本年谱很快得到社会承认，并产生了积极的影响。后来，他主持《河南文化大典·人物卷》的编写工作，破例让我这个史学圈外的人撰写明代人物传记多篇，给了我难得的学习提高的机会。出版界有"编辑是杂家"的说法，是指编辑不能囿于自己的专业范围，知识面要尽量拓宽。我作为一个中文系毕业生，知识面能够一步步向史学领域拓展，是与朱先生的引导和帮助分不开的。

关于朱先生的平易近人、没有架子，我最早是听孟宪法老师说的。我刚进社时，孟老师是文史编辑部主任。当他给我介绍出版社的优良传统时，重点叙述了朱先生平易近人、礼贤下士的感人事迹。他说，我和朱先生同时进出版社，共事近10年。他作为我的顶头上司，有事总是亲自从二楼来到三楼找我商量。按年龄他是前辈，按职务他是总编辑，两人办公室又都有电话，完全可以随时打电话叫我，但从来没有打电话让我去见他。说话间，孟老师的感佩之情溢于言表，我也顿时肃然起敬。让我没有想到的是，只过了几天，朱先生居然对我这个刚刚进社还在见习阶段的新人，也来"登门拜访"了。那天他以年近七十的高龄，抱着一大摞书稿，气喘吁吁地登着又陡又窄的老式楼梯，从二楼来到三楼，让我判断书稿有没有出版价值。感动之余，我尽快看完了书稿，并提出处理建议，朱先生随即采纳我的建议对书稿做了处理。此后我在朱先生麾下工作近30年，同他打交道无数次，除了我有意识主动去找他，大都是他来找我。比如前述他为我的《李濂年谱》写的序言，为编写《中原文化大典》提供的写作要求，都是亲自送到我办公室的。

朱先生离我们而去了，但他的音容笑貌却永远留在我的记忆中。他的形象永远生气勃勃，郁郁葱葱，一如大暑季节挺立于蓝天白云之下的参天大树。他的生命永远定格在盛夏。

朱绍侯先生印象散记

田海林

  我本是河南省北部内黄县一个贫困的乡下人,小学四年级之前是在家族祠堂和柳树下度过的,到四年级才有新建的校舍。在小学阶段,除了学校发的课本,课外书就是读"文革"烧书大火的残余。我外祖父创办了我们县一所中学,"文革"爆发后,红卫兵烧书,老先生担心他四处化缘募集来的图书被焚烧光了,就私下鼓动我在中学读书的两个兄长悄悄把图书偷运回家了一部分。在小学当教师的兄长教会了我查字典,我就开始偷偷养成了读课外书的习惯,甚至不听正常教学而在课堂上阅读文科课外书。因此,1971年"批林批孔"运动开始后,由于民国时期教过私塾的外祖父庭训,也似乎懵懂明白一点"孔老二"是干什么的。在小学五年级学习了一年中山大学杨荣国教授主编的两本《批林批孔文章汇编》,开始了解一些"孔孟之道"。虽然家里藏书中有乡贤赵纪彬先生的《论语新探》,但是当时根本看不懂,也远不如看革命小说有兴趣。到初中阶段,除了继续"批林批孔",又来了"评法批儒",让学《法家著作选读》。接着还来了"评《水浒》"运动,让看小说《水浒传》。通过读《水浒传》,对曾为宋代都城的开封心生向往。

  1976年秋,开始读高中了,哪有什么高中学校啊,只有公社给的我家村南的一片盐碱地,于是就开始用全部时间夯地基、垒校舍、垛校墙。花费半年多时间,学校建成了,县里就找来几位初中老师来担任高中教师,当时我们的高中没有历史课,一直到1978年7月高考之后,因为有历史这一门高考科目,才开始设置历史课。然而当时农村新建的高中缺历史教师,于是我们原来初中的体育老师竟然摇身一变成了我们高中的历史课教师。这位张老师讲陈胜吴广农民起义口号"王侯将相宁有种乎"时,干脆望文生义地强解成"有种的给我上",同学们哄堂大笑,因为这和语文老师讲《陈涉世家选》讲的不一样。我课后就去查新买的开封师范学院历史系朱绍侯、胡思庸、魏千志三位教师编的《中国农民起义领袖小传》,终于明白了陈胜吴广农民起义是怎么回事。这是我初次从书本上接触到开封师范学院历史系朱绍侯先生。也许就是在这个时候,我与开封师范学院结缘了。

  虽然1977年就恢复了高考,但是豫北内黄我老家那里的乡野高中依然死水一潭。1978年高考之后,听老师说有某些"文革"前毕业的初中和高中毕业生考上了大学,不禁为之神往,并开始准备明年报考大学。当时因找不到复习考大学的培训班,也没有复习资料,就干脆跑到四川成都亲戚家寻找机会了。直到1979年开春,老家来信说开设高考复习班了,才从四川回来参加内黄三中的高考复习班。经过三个月的复习,1979年高考我考上了大学。因为听说乡贤赵纪彬当过开封师范学院的院长,更因为读过开封师范学院历史系朱绍侯、胡思庸、魏千志三位教师编的《中国农民起义领袖小传》,第一志愿就高兴地报考了开封师范学院历史系。入学报到的时候,学校的名字换成了河南师范大学,从此我就正式成了朱绍侯先生的学生。

  到开封入学报到之后,住在铁塔下学生平房宿舍的乙三排2号,教学在10号楼208教室,朱先生在我们开课之前就先安排魏千志老师为我们年级讲了古都开封的历史。第一学期的中国古代史课是由带四川口音的陈昌远老师讲远古和先秦史,我因为去过四川,课下还能用四川话和陈老师聊几句,收获可谓不小。

  1980年春,第二学期的中国古代史课就换成了带信阳口音的蔡行发老师来讲,蔡老师刚讲了楚汉战争,同学们就起哄罢课,要求换老师,非要朱绍侯老师讲课不可,系里无奈只好请朱先生出山,朱先生看到同学们渴望他上课,也就很乐意地答应了,我们非常兴奋地期待着朱先生上课。

  朱先生是骑一辆破旧的自行车来上课的,他体态敦厚,穿着朴实,但是一开讲却吐嘉言如锯木屑,把我们都镇住了。他操一口东北普通话,口齿非常清准。他谦虚地自我介绍之后,先对我们使用的朱先生主编的福建人民出版社出的《中国古代史》教材上中下三册(试用本)的编辑与出版做了简介,然后就开始正式讲楚汉战争之后的历史,朱先生对三国魏晋南北朝的历史,那真是了然于胸,出口成章,信手拈来,游刃有余。每当朱先生上课,我们都当成过节一样高兴。

我们79级实在太荣幸了。朱先生用他自己主编的《中国古代史》教材为我们年级从楚汉战争一直讲到隋朝灭亡,才换赵宝俊老师讲唐宋历史。朱先生上课,不仅讲教材上有的内容,还讲教材没有的内容,这拓宽了学生的视野。同学们也都非常精心地上好每一节课,做好每一次课堂笔记,还按照朱先生的课堂要求做好每一次课下作业。为了弄懂教材上的内容和查阅方便,我和很多同学在结合教学参考资料学习的同时,从图书馆借来了《辞海》各个分册,还订购了《辞源》。每到课下,就利用这些图书查阅,把《中国古代史》教材每一页的天地都写满了。因为是朱先生主编并且是讲过的教材,迄今四十多年了,我依然珍藏着这套教材。1980年暑假,我还专门找历史系办公室的程铭兰老师购买了一套朱先生主编的这套《中国古代史》上中下三册,送给我的高中历史课老师。

朱先生讲《中国古代史》,不仅按课程表准时上课,而且为了满足同学们求知渴望,还主动增加了课时。当时我们的《中国古代史》课,是上中下三册讲一年半三个学期,朱先生实际上为我们讲了两个学期。因为朱先生不仅按课程表讲教材要求的内容,还自己主动为我们额外增加了课时,专门讲《中国古代史》教材上的史料引文。原来《中国古代史》课是每周两个上午共八节,等于又增加了一个下午四个小时的《中国古代史料学》课。这令同学们大喜过望,受益匪浅。朱先生还经常讲《中国古代史》教材编辑轶事,比如讲魏晋南北朝史时,说教材上这一段是由南充师范学院刘静夫先生撰稿,其中有"官多害民,自古皆然"一语,在编辑通稿会议上有的老师主张删掉这一句借题发挥的话,刘静夫先生说"如删掉这一句,我就撤稿",先生认为这是学者很重要的学术研究心得,应该保留。通过朱先生这种介绍,我们从中窥见到了学者的思想与风骨。

朱先生除了为我们年级讲授了《中国古代史》和《中国古代史料学》课程之外,在大四还为我们开设了一门《中国古代土地制度史》选修课,系统教授了中国古代历朝土地制度和相关的赋税徭役政策,以及相关的研究学理,加深了我们对历代王朝统治基础和社会阶级的学术理解,也给我们做专题学术研究做了示范。

朱先生在历史系担任系副主任的领导职务，还有诸多学术兼职，除了教学之外，有很多学术活动和社会活动，应该是非常繁忙的。然而，他作为一名教师，从未耽误我们年级一节课，甚至也没有因故调过课。他去外地参加学术活动，为了赶回为我们上课，从来都是来去匆匆。我自己在大学历史系担任教师之后，才知道这其中是多么的不易。

1983年夏季，我们历史系79级本科毕业了。毕业分配之前，系里为了把分配工作做扎实，专门为我们组织了一场学业综合考试。我毕业后申报的就业第一志愿是洛阳师范专科学校，第二志愿是留校，第三志愿是安阳师范专科学校，其实我是很愿意留校的，只是担心自己实力不够。结果历史系团总支书记贺陆才老师奉组织之命和我谈话，问我愿意不愿意留校和为啥那般填报就业志愿表，我只得实话实说了，我说自己只是学业课程考试、毕业论文、教育实习和综合考试的成绩好，年龄小，不是学生干部，也不是党员，更没有任何关系，但我非常渴望留校。贺老师笑着表示理解，接着说"系领导黄元起主任、朱绍侯副主任、韩承文副主任和胡思庸先生等老师都同意你留校"，我听闻之后，非常激动感恩，当场表示坚决留校服务，于是我就被留校了。

1983年我留校之时，中日关系在邓小平访日后正处于蜜月期，电视上都在播放日本电视剧《血疑》，系里让我师从曾留学日本并精通多门外语的王继麟先生研究日本史，并且让我做好到郑州集训一年日语然后赴日本留学的准备，但我却因在大四听过胡思庸先生和郑永福老师讲授《中国近代思想史》选修课，想跟胡先生和郑永福老师学习研究中国近代思想史。1979年河南师范大学历史系新进了一批刚从大学历史系本科毕业的年轻教师，从北京师范大学历史系毕业的蒋晔分到了中国现代史教研室，从北京师范大学历史系毕业的李宝珍分到了中国近代史教研室，从山东大学历史系毕业的郑传斌分到了中国古代史教研室，从华中师范大学历史系毕业的高丽蓉分到了世界古代史教研室，我分到了日本史研究室，要想重新调整分配方案很麻烦。我找到朱先生和胡先生谈了自己的想法，没想到朱先生和胡先生都很痛快地答应了，马上让我与李宝珍做了换位。如此换位，我很高兴到了中国近代史教研室跟胡先生和郑老师学习中国近代思想史，李宝珍很高兴到了日本史研究室跟王继麟先生研究日本史，朱先生真是乐于成人之美。

后来慢慢知道：善于成人之美是朱先生的一贯风范。

1984年，学校恢复河南大学校名，河南师范大学挂到了原新乡师范学院的门上。随后河南大学历史系也从苏联特色的十号楼搬到了古色古香的七号楼，在历史系主任朱先生的支持下，胡思庸先生领着郑永福老师和78级留校的王宏斌师兄再加上我组建了中国近代思想史研究室。1988年我被历史系评为讲师，但是1989年10月历史系在向学校报送确认讲师名单时，历史系新领导竟然故意把我拉下了，我找到已调任学校出版社总编的朱先生了解情况之后，朱先生坚决支持我向学校领导申诉。经过曲折申诉，终于认定我的讲师职称，当我请新的系领导解释其中原因时，他们竟突然以一个很荒唐滑稽的理由来搪塞众口。在当年那种特殊情景下，朱先生能明确表态支持我，我终生至深铭感！

经过这次职称事件，看到系里被新领导闹得乌烟瘴气，我感觉不得不离开河南大学历史系了。1992年我考到湖南师范大学历史系攻读中国近现代史专业博士学位，1995年博士毕业后来到人地两生的山东师范大学历史系执教。一旦离开开封，见朱先生面求教的机会越来越少了。

1994年，我参加了在河南淇县云梦山召开的鬼谷子学术研讨会，会上遇见了朱先生，倍感亲切。朱先生还为我引见了中国社科院历史所的孟世凯先生，孟世凯先生在殷纣王墓地为我专门逐字逐句讲授了由孟先生撰写的碑文，受益良多。会间，朱先生和我谈起1989年到1992年的河南大学历史系教师队伍人心丧乱，也是唉声叹气，伤感不已，这令我记忆犹新。

2013年11月初，由河南大学与河南省历史学会共同主办的"中国近现代思想文化研究的新进展与新走向——纪念胡思庸先生逝世20周年学术研讨会"在河南大学举行。由于胡先生曾担任过开封师院院长赵纪彬先生的学术助手，并一度随赵纪彬先生到北京工作，再加上赵纪彬先生是我读大学前就知道的乡贤，我就写了一篇关于赵纪彬先生的文章。朱先生是随赵纪彬先生从新乡师范学院调到开封师范学院的，对赵纪彬先生的了解自然很多，我就向朱先生请教。朱先生谈到赵纪彬先生是受五四精神影响成长起来的左翼学者，有《论语新探》等著作，对儒家一贯持批判态度。至于赵纪彬先生那篇《关于孔子诛少正卯问题》，朱先生说当年在北京见到赵纪彬先生，赵先生哀叹说，在"批林批孔批周公"运动中，他写这篇文章也是奉命的无奈之作,关键是成稿之后被篡改得面目全非,但最后却署上赵纪彬之名发表了,自己有口难辩,苦不堪言。朱先生还谈到了赵先生离开开封师范学院的深层政治原因和晚年结局。通过赵纪彬先生的生平,朱先生深深感叹:史学研究和写作一旦被政治操弄或卷入政治旋涡,那是非常危险的。我被朱先生这句看似漫不经心的话深深震撼了,我也把这种震撼传导给了我的学生。

2020年以来,新冠病毒疫情肆虐,学界耆宿大贤深受其害,对老年人威胁最大。朱先生也不幸于2022年7月23日15时在开封逝世,虽享年96岁,堪称高寿,但因朱先生德高望重,著述等身,门下高徒如林,诸生如云,整个史学界仍倍感痛惜。我作为曾在河南大学历史系读书和工作过的人,对朱先生逝世自然感到特别伤悲。因身处疫情之中,限制流动,只能困在济南,不能亲赴母校为先生扶棺送别,实在是一大痛憾之事。我因近三十年离开了河南大学,更加明白朱绍侯先生就是河南大学历史学科的代表和象征,从此之后,河南大学历史学科进入了"后朱绍侯先生时代"了。

现在朱先生逝世快一周年了,借此心祭机缘,约略草书此文,就算是献给朱先生的一瓣心香吧!

朱绍侯先生永远活在中国后世史学诸生心中!

学生田海林　遥拜

于山东师范大学

2023年3月28日

编者的话

2023年7月23日(星期天),朱绍侯先生逝世一周年的忌日,在中岳嵩山南麓的一个公共墓地里,河南史学会同人,朱先生的家人及生前友好、学生会集一堂,隆重举行朱先生骨灰安葬仪式,以及墓碑揭幕仪式。礼毕,大家从心底祝福朱先生:魂归道山,入土为安,安息吧!

古代还有"三不朽"的说法:"太上有立德,其次有立功,其次有立言,虽久不废,此之谓不朽。"人生有七尺之形,死为一棺之土,唯立德扬名可以不朽,其次莫如著篇籍。换今天的话说,后人对已故老师的悼念方式,莫过于继承和发扬其学术思想。由此,就有了振宏兄的倡议:编纂两本书,一为《朱绍侯史学评论集》,由他亲自主编;一为《朱绍侯逝世周年纪念文集》,由我主编。两件事几乎是同时,朱先生入土为安,两本书即将付梓,其中深意值得学术界后人体察。

《朱绍侯逝世周年纪念文集》的征稿信发出以后,迅即获得学界同人的响应,在很短的时间内,就有62篇稿件寄来。其中学术论文47篇,悼念文章15篇。总计90多万字。编辑以后,大体划分为三大单元,按断代史区分,先秦秦汉魏晋为第一单元,单元内依然按选题的时代早晚划分,共30篇;宋代以后的论文包含思想史、世界史等共17篇为第二单元;剩余的15篇悼念文章为第三单元。

感谢孙君健副校长在百忙中为本书作序;感谢河南大学出版社从上到下自始至终对本书出版工作的重视和努力;感谢历史文化学院在人力物力上的支持,尤其是中国古代史教研室贾坤鹏老师及其麾下学生们在校稿期间所付出的辛勤努力,令人感动。

  是为记。

龚留柱

2023 年 7 月 25 日